Gebete In Deutsche Sprache

E. A. PHILIPSON
KLEVERPARKWEG 73
HAARLEM

Und dreimal des Tages fiel
Daniel nieder auf seine Kniee
und betete vor Gott und dankte.

וזמנין תלתה ביומא
הוא ברך על ברכוהי
ומצלא ומודא קדם אלהה

תפלת ישרים

Die täglichen Gebete der Israeliten

nebst den

sabbathlichen Piutim,

mit

deutscher Uebersetzung.

Dritte, durchaus verbesserte Auflage.

Rödelheim,
Druck u. Verlag von J. Lehrberger & Comp.
1865.

Inhalt.

סדר עטיפת הטלית.

דעז מאָרגענז ביי'ם אַנלעגען דער ארבע כנפות ווירד דיעזעז געזאָגט:

בָּרוּךְ אַתָּה יְיָ אֱלֹהֵינוּ מֶלֶךְ הָעוֹלָם אֲשֶׁר
קִדְּשָׁנוּ בְּמִצְוֹתָיו וְצִוָּנוּ לְהִתְעַטֵּף בְּצִיצִת:

בעפאָר מאַן זיך מיט דעם טלית איינהיללט, זאָגט מאַן פאָלגענדעז:

הֲרֵינִי מִתְעַטֵּף גּוּפִי בְּצִיצִת וְכֵן תִּתְעַטֵּף נִשְׁמָתִי רמ"ח אֵבָרֶיהָ ושס"ה גִּידֶיהָ בְּאוֹר הַצִּיצִת הָעוֹלֶה תרי"ג וּכְשֵׁם שֶׁאֲנִי מִתְכַּסֶּה בְּטַלִּית בָּעוֹלָם הַזֶּה כֵּן אֶזְכֶּה לַחֲלוּקָא דְרַבָּנָן וּלְטַלִּית נָאָה לָעוֹלָם הַבָּא וְעַל יְדֵי מִצְוַת צִיצִת יִנָּצְלוּ נַפְשִׁי רוּחִי וְנִשְׁמָתִי וּתְפִלָּתִי מִן הַחִיצוֹנִים וְהַטַּלִּית יִפְרֹשׂ כְּנָפָיו עֲלֵיהֶם וְיַצִּילֵם כְּנֶשֶׁר יָעִיר קִנּוֹ עַל גּוֹזָלָיו יְרַחֵף: אמן

דאַן ווירד שטעהענד דיעזע ברכה געשפראָכען:

בָּרוּךְ אַתָּה יְיָ אֱלֹהֵינוּ מֶלֶךְ הָעוֹלָם אֲשֶׁר
קִדְּשָׁנוּ בְּמִצְוֹתָיו וְצִוָּנוּ לְהִתְעַטֵּף בְּצִיצִת:

היערויף איינהיללט מאַן זיך מיט דעם טלית אונד שפריכט:

מַה־יָּקָר חַסְדְּךָ אֱלֹהִים וּבְנֵי אָדָם בְּצֵל כְּנָפֶיךָ יֶחֱסָיוּן:
יִרְוְיֻן מִדֶּשֶׁן בֵּיתֶךָ וְנַחַל עֲדָנֶיךָ תַשְׁקֵם:
כִּי עִמְּךָ מְקוֹר חַיִּים בְּאוֹרְךָ נִרְאֶה־אוֹר:
מְשֹׁךְ חַסְדְּךָ לְיֹדְעֶיךָ וְצִדְקָתְךָ לְיִשְׁרֵי־לֵב:

יְהִי רָצוֹן מִלְּפָנֶיךָ יְיָ אֱלֹהֵינוּ וֵאלֹהֵי אֲבוֹתֵינוּ שֶׁתְּהֵא חֲשׁוּבָה מִצְוַת צִיצִת זוּ כְּאִלּוּ קִיַּמְתִּיהָ בְּכָל־פְּרָטֶיהָ וְדִקְדּוּקֶיהָ וְכַוָּנוֹתֶיהָ ותרי"ג מִצְוֹת הַתְּלוּיִים בָּהּ: אמן.

סדר הנחת תפלין·

פאר תפלין לעגען ווירד פאלגענדעס געזאגט:

הנני מכוון בהנחת תפלין לקיים מצות בוראי שצונו להניח תפלין כבתוב בתורה וקשרתם לאות על ידך והיו לטטפת בין עיניך· והם ארבע פרשיות אלו· שמע, והיה אם שמוע, קדש, והיה כי יביאך· שיש בהם יחודו ואחדותו יתברך שמו בעולם· ונזכור נסים ונפלאות שעשה עמנו בהוציאו אותנו ממצרים· אשר לו הכח והממשלה בעליונים ובתחתונים לעשות בהם כרצונו· וצונו להניח על היד לזכרון זרוע הנטויה· ושהיא נגד הלב לשעבד בזה תאות ומחשבות לבנו לעבודתו יתברך שמו· ועל הראש נגד המוח שהנשמה שבמוחי עם חושי וכחותי כלם יהיו משעבדים לעבודתו יתברך שמו· ומשפע מצות תפלין יתמשך עלי להיות לי חיים ארוכים ושפע קדש ומחשבות קדושות בלי הרהור חטא ועון כלל ושלא יפתנו ולא יתגרה בנו יצר הרע ויניחנו לעבוד את יי כאשר עם לבבנו: אמן·

נון לעגט מאן דיא תפלה של יד אויף דען לינקען ארם אונד זאגט דיעזע ברכה:

בא"י אמ"ה אשר קדשנו במצותיו וצונו להניח תפלין:

דאן ווירד דיא קשירה צוזאמענגעצאגען אונד זיעבען כריכות אום דען ארם געמאכט; דאן לעגט מאן דיא תפלה של ראש אונד זאגט דיעזע ברכה:

בא"י אמ"ה אשר קדשנו במצותיו וצונו על מצות תפלין:

דאן זאגט מאן: ברוך שם כבוד מלכותו לעולם ועד:

נאכדעם מאן דיא תפלה של ראש בעפעסטיגט האט, ניממט מאן דיא רצועה של יד, מאכט דרייא כריכות אום דען מיטטעלפינגער אונד זאגט דאביי פאלגענדע פסוקים:

וארשתיך לי לעולם· וארשתיך לי בצדק ובמשפט ובחסד וברחמים· וארשתיך לי באמונה וידעת את יי:

אח"כ יאמר יהי רצון מלפניך יי אלהינו ואלהי אבותינו שתהא חשובה מצות הנחת תפלין זו כאלו קיימתיה בכל פרטיה ודקדוקיה וכונותיה ותרי"ג מצות התלוים בה: אמן·

תפלה·

ביי'ם איינטרעטען אין דיא זינאגאגע שפריכט מאן:

ואני ברב חסדך אבא ביתך אשתחוה אל־היכל קדשך ביראתך:

מאן געהט מיט אנשטאנד איניין אונד שפריכט:

בבית אלהים נהלך ברגש:

נאך דעם איינטרעטען אין דיא זינאגאגע שפריכט מאן:

מה־טבו אהליך יעקב משכנתיך ישראל: ואני ברב חסדך אבא ביתך אשתחוה אל־היכל קדשך ביראתך: יי אהבתי מעון ביתך ומקום משכן כבודך: ואני אשתחוה ואכרעה אברכה לפני־יי עשי: ואני תפלתי־לך ׀ יי עת רצון אלהים ברב־חסדך ענני באמת ישעך:

אני קראתיך כי־תענני אל הט־אזנך לי שמע אמרתי: אני בצדק אחזה פניך אשבעה בהקיץ תמונתך: ואני עליך בטחתי יי אמרתי אלהי אתה: שמע קול תחנוני בשועי אליך בנשאי ידי אל־דביר קדשך: יי אלהי שועתי אליך ותרפאני: אליך יי אקרא ואל־אדני אתחנן: האירה פניך על־עבדך הושיעני בחסדך: כי־לך יי הוחלתי אתה תענה אדני אלהי: שמעה תפלתי יי ושועתי ׀ האזינה אל־דמעתי אל־תחרש: שמע־יי וחנני יי היה־עזר לי: שיר המעלות לדוד שמחתי באמרים לי בית יי נלך:

Gebet.

Beim Eintritt in die Synagoge spricht man:

Im Vertrauen auf Deine große Güte betrete ich Dein Haus, bücke mich in Ehrfurcht vor Dir in dem Tempel Deiner Heiligkeit!

Man geht mit Anstand hinein und spricht:

Laßt uns in Gottes Haus voll Ehrfurcht treten!

Nach dem Eintritt in die Synagoge spricht man:

Wie lieblich sind Deine Zelte, Jakob, Deine Wohnungen, Israel! Im Vertrauen auf Deine große Güte betrete ich Dein Haus, bücke mich in Ehrfurcht vor Dir in dem Tempel Deiner Heiligkeit! Ewiger, ich liebe Deines Hauses Stätte, den Ort, wo Deine Herrlichkeit thronet! Hier bete ich an, beuge ich das Knie und verneige mich vor dem Ewigen, meinem Schöpfer. Hier richte ich mein Gebet zu Dir empor, o Ewiger, zur Gnadenzeit. Gott! in Deiner großen Güte erhöre mich und gewähre mir Deinen zuverlässigen Beistand!

Ich rufe Dich an, Du antwortest mir, Allmächtiger! neige Dein Ohr mir, höre mein Gebet! mit Gerechtigkeit schau' ich Dein Antlitz, ergötze wachend mich an Deiner Gottesgestalt. Ich vertraue auf Dich, Ewiger; ich spreche, mein Gott bist Du! Höre meines Flehens Stimme, wenn ich zu Dir bete, wenn ich meine Hände erhebe zu Deinem heiligen Chore. Ewiger, mein Gott, ich bete zu Dir, und Du heilst mich! Zu Dir, Ewiger, rufe ich, meinen Herrn flehe ich an. O, laß es leuchten, Dein Antlitz, über Deinen Knecht, hilf mir durch Deine Güte! Denn auf Dich, Ewiger, harre ich, Du antwortest, mein Herr, mein Gott! Höre mein Gebet, Ewiger, und mein Flehen! — o vernimm! schweige zu meinen Thränen nicht! Höre, Ewiger, und sei mir gnädig! Ewiger, sei ein Helfer mir!

Stufengesang Davids. Ich freue mich, wenn man zu mir spricht: „Laß in des Ewigen Haus uns geh'n." Ich

שָׂשׂ אָנֹכִי עַל־אִמְרָתֶךָ כְּמוֹצֵא שָׁלָל רָב: הַקְשִׁיבָה לְקוֹל שַׁוְעִי מַלְכִּי וֵאלֹהָי כִּי אֵלֶיךָ אֶתְפַּלָּל: יְיָ בֹּקֶר תִּשְׁמַע קוֹלִי בֹּקֶר אֶעֱרָךְ־לְךָ וַאֲצַפֶּה: אֲנִי קְרָאתִיךָ כִי־תַעֲנֵנִי אֵל הַט־אָזְנְךָ לִי שְׁמַע אִמְרָתִי: רַגְלִי עָמְדָה בְמִישׁוֹר בְּמַקְהֵלִים אֲבָרֵךְ יְיָ:

שלשה עשר עקרים, בחרוזים מסודרים.

יִגְדַּל אֱלֹהִים חַי וְיִשְׁתַּבַּח נִמְצָא וְאֵין עֵת אֶל מְצִיאוּתוֹ:
אֶחָד וְאֵין יָחִיד כְּיִחוּדוֹ נֶעְלָם וְגַם אֵין סוֹף לְאַחְדּוּתוֹ:
אֵין לוֹ דְּמוּת הַגּוּף וְאֵינוֹ גוּף לֹא נַעֲרוֹךְ אֵלָיו קְדֻשָּׁתוֹ:
קַדְמוֹן לְכָל־דָּבָר אֲשֶׁר נִבְרָא רִאשׁוֹן וְאֵין רֵאשִׁית לְרֵאשִׁיתוֹ:
הִנּוֹ אֲדוֹן עוֹלָם לְכָל נוֹצָר יוֹרֶה גְדֻלָּתוֹ וּמַלְכוּתוֹ:
שֶׁפַע נְבוּאָתוֹ נְתָנוֹ אֶל־אַנְשֵׁי סְגֻלָּתוֹ וְתִפְאַרְתּוֹ:
לֹא קָם בְּיִשְׂרָאֵל כְּמֹשֶׁה עוֹד נָבִיא וּמַבִּיט אֶת־תְּמוּנָתוֹ:
תּוֹרַת אֱמֶת נָתַן לְעַמּוֹ אֵל עַל־יַד נְבִיאוֹ נֶאֱמַן בֵּיתוֹ:
לֹא יַחֲלִיף הָאֵל וְלֹא יָמִיר דָּתוֹ לְעוֹלָמִים לְזוּלָתוֹ:
צוֹפֶה וְיוֹדֵעַ סְתָרֵינוּ מַבִּיט לְסוֹף דָּבָר בְּקַדְמָתוֹ:
גּוֹמֵל לְאִישׁ חֶסֶד כְּמִפְעָלוֹ נוֹתֵן לְרָשָׁע רַע כְּרִשְׁעָתוֹ:
יִשְׁלַח לְקֵץ יָמִין מְשִׁיחֵנוּ לִפְדּוֹת מְחַכֵּי קֵץ יְשׁוּעָתוֹ:
מֵתִים יְחַיֶּה אֵל בְּרֹב־חַסְדּוֹ בָּרוּךְ עֲדֵי־עַד שֵׁם תְּהִלָּתוֹ:

freue mich Deines Wortes, wie ein Finder großer Beute. Vernimm die Klage meiner Wehmuth, mein König und mein Gott, wenn ich vor Dir bete! Ewiger, frühe wollest Du mich hören, frühe verfüge ich mich zu Dir und harre. Ich rufe Dich an, denn Du antwortest mir, Allmächtiger! neige Dein Ohr mir, höre mein Gebet! Mein Fuß steht auf ebner Bahn, in Chören dank' ich dem Ewigen!

Die dreizehn Glaubenslehren.

1. Hochgelobt sei der lebendige Gott, und gepriesen! er ist, aber sein Dasein ist nicht in Zeit.
2. Er ist ein einzig; keine Einheit gleicht der seinen, unbegreiflich und unendlich ist das Wesen seiner Einheit.
3. Er hat nicht die Form eines Körpers, hat nichts des Körpers; unvergleichlich ist seine Heiligkeit.
4. Er ist der Urheber aller Wesen, der Erste, dem nichts vorangegangen.
5. Er ist der Herr der Welt — bezeugt in Allem, was er schafft, seine Größe und seine Herrlichkeit.
6. Den Strom prophetischen Lichtes gewährte er den Männern seiner Wahl — seines Ruhmes Verkünder.
7. Nie erstand in Israel als wie Mosche ein Prophet, der geschauet die Gestalt der erscheinenden Gottheit.
8. Lehre der Wahrheit gab der Allmächtige seinem Volke, durch diesen seinen Propheten und Vertrauten seines Hauses.
9. Diese seine Lehre wird er, der Allmächtige, nie umwandeln und in Ewigkeit sie mit einer andern nicht verwechseln.
10. Er sieht und weiß unser tiefstes Sinnen, er schaut den Ausgang jeder Sache, bevor sie noch beginnt.
11. Er belohnt einen Jeden mit Gutem, seinen Thaten gemäß, und bestraft den Frevler mit Bösem, seinem Frevel gemäß.
12. Am Ende der Tage wird er unsern Messias senden, zu erlösen, die seiner Hülfe harren.
13. Einst wird er, der Allmächtige, die Todten erwecken, in seiner großen Huld. Gelobt sei in Ewigkeit der Name seines Ruhms!

אֲדוֹן עוֹלָם אֲשֶׁר מָלַךְ · בְּטֶרֶם כָּל־יְצִיר נִבְרָא:
לְעֵת נַעֲשָׂה בְחֶפְצוֹ כֹּל · אֲזַי מֶלֶךְ שְׁמוֹ נִקְרָא:
וְאַחֲרֵי כִּכְלוֹת הַכֹּל · לְבַדּוֹ יִמְלוֹךְ נוֹרָא:
וְהוּא הָיָה וְהוּא הֹוֶה · וְהוּא יִהְיֶה בְּתִפְאָרָה:
וְהוּא אֶחָד וְאֵין שֵׁנִי · לְהַמְשִׁיל לוֹ לְהַחְבִּירָה:
בְּלִי רֵאשִׁית בְּלִי תַכְלִית · וְלוֹ הָעֹז וְהַמִּשְׂרָה:
וְהוּא אֵלִי וְחַי גֹּאֲלִי · וְצוּר חֶבְלִי בְּעֵת צָרָה:
וְהוּא נִסִּי וּמָנוֹס לִי · מְנָת כּוֹסִי בְּיוֹם אֶקְרָא:
בְּיָדוֹ אַפְקִיד רוּחִי · בְּעֵת אִישַׁן וְאָעִירָה:
וְעִם־רוּחִי גְּוִיָּתִי · יְיָ לִי וְלֹא אִירָא:

בָּרוּךְ אַתָּה יְיָ אֱלֹהֵינוּ מֶלֶךְ הָעוֹלָם אֲשֶׁר קִדְּשָׁנוּ בְּמִצְוֹתָיו וְצִוָּנוּ עַל נְטִילַת יָדָיִם:

בָּרוּךְ אַתָּה יְיָ אֱלֹהֵינוּ מֶלֶךְ הָעוֹלָם אֲשֶׁר יָצַר אֶת הָאָדָם בְּחָכְמָה וּבָרָא בוֹ נְקָבִים נְקָבִים חֲלוּלִים חֲלוּלִים גָּלוּי וְיָדוּעַ לִפְנֵי כִסֵּא כְבוֹדֶךָ שֶׁאִם יִפָּתֵחַ אֶחָד מֵהֶם אוֹ יִסָּתֵם אֶחָד מֵהֶם אִי אֶפְשַׁר לְהִתְקַיֵּם וְלַעֲמוֹד לְפָנֶיךָ: בָּרוּךְ אַתָּה יְיָ רוֹפֵא כָל־בָּשָׂר וּמַפְלִיא לַעֲשׂוֹת:

Der Herr der Welt, er hat regiert, ehe noch ein Wesen geschaffen war. Und als durch seinen Willen das All entstand, wurde sein Name Regent genannt. Und wenn das weite All vergeht, wird er allein, der Furchtbare, regieren. Er war, er ist und er wird sein in Herrlichkeit. Er ist einzig, kein Zweiter ist ihm gleich, ihm ähnlich. Ohne Anfang ist er und ohne Ende, sein ist die Macht und die Herrschaft. Er ist mein Gott! mein Erlöser lebt, mein Fels im Leiden zur Zeit der Noth. Er ist mein Panier, meine Zuflucht, mein Kelch des Heils, wenn ich ihn anrufe. Seiner Hand empfehle ich meinen Geist, wenn ich schlafe und wenn ich erwache; und mit meinem Geiste auch meinen Leib. Gott ist mit mir, ich fürchte nichts!

Gelobt seist Du, Ewiger, unser Gott, Weltregent, der uns durch seine Gebote geheiligt und uns das Händewaschen befohlen.

Gelobt seist Du, Ewiger, unser Gott, Weltregent, der den Menschen in Weisheit gebildet und ihn mit Oeffnungen und Höhlungen geschaffen hat. Es ist offenbar und bekannt vor dem Throne Deiner Herrlichkeit, daß, wenn eine von ihnen sich öffnet oder schließt, es nicht möglich ist, bestehen zu können und am Leben zu bleiben vor Deinem Angesichte. Gelobt seist Du, Ewiger, der alles Fleisch heilet und wundervoll erhält.

בָּרוּךְ אַתָּה יְיָ אֱלֹהֵינוּ מֶלֶךְ הָעוֹלָם אֲשֶׁר
קִדְּשָׁנוּ בְּמִצְוֹתָיו וְצִוָּנוּ לַעֲשׂוֹק בְּדִבְרֵי תוֹרָה:
וְהַעֲרֶב נָא יְיָ אֱלֹהֵינוּ אֶת דִּבְרֵי תוֹרָתְךָ בְּפִינוּ
וּבְפִי עַמְּךָ בֵּית יִשְׂרָאֵל וְנִהְיֶה אֲנַחְנוּ וְצֶאֱצָאֵינוּ
(וצאצאי צאצאינו) וְצֶאֱצָאֵי עַמְּךָ בֵּית יִשְׂרָאֵל כֻּלָּנוּ יוֹדְעֵי
שְׁמֶךָ וְלוֹמְדֵי תוֹרָתֶךָ לִשְׁמָהּ בָּרוּךְ אַתָּה יְיָ
הַמְלַמֵּד תּוֹרָה לְעַמּוֹ יִשְׂרָאֵל: בָּרוּךְ אַתָּה יְיָ
אֱלֹהֵינוּ מֶלֶךְ הָעוֹלָם אֲשֶׁר בָּחַר בָּנוּ מִכָּל־
הָעַמִּים וְנָתַן לָנוּ אֶת תּוֹרָתוֹ בָּאַיְ נוֹתֵן הַתּוֹרָה:
יְבָרֶכְךָ יְיָ וְיִשְׁמְרֶךָ: יָאֵר יְיָ פָּנָיו אֵלֶיךָ וִיחֻנֶּךָּ: יִשָּׂא יְיָ פָּנָיו
אֵלֶיךָ וְיָשֵׂם לְךָ שָׁלוֹם: אֵלּוּ דְבָרִים שֶׁאֵין לָהֶם שִׁעוּר הַפֵּאָה
וְהַבִּכּוּרִים וְהָרֵאָיוֹן וּגְמִילוּת חֲסָדִים וְתַלְמוּד תּוֹרָה: אֵלּוּ
דְבָרִים שֶׁאָדָם אוֹכֵל פֵּרוֹתֵיהֶם בָּעוֹלָם הַזֶּה וְהַקֶּרֶן קַיֶּמֶת
לָעוֹלָם הַבָּא: וְאֵלּוּ הֵן כִּבּוּד אָב וָאֵם וּגְמִילוּת חֲסָדִים
וְהַשְׁכָּמַת בֵּית הַמִּדְרָשׁ שַׁחֲרִית וְעַרְבִית וְהַכְנָסַת אוֹרְחִים
וּבִקּוּר חוֹלִים וְהַכְנָסַת כַּלָּה וְהַלְוָיַת הַמֵּת וְעִיּוּן תְּפִלָּה
וַהֲבָאַת שָׁלוֹם בֵּין אָדָם לַחֲבֵרוֹ וְתַלְמוּד תּוֹרָה כְּנֶגֶד כֻּלָּם:
אֱלֹהַי נְשָׁמָה שֶׁנָּתַתָּ בִּי טְהוֹרָה הִיא אַתָּה
בְרָאתָהּ אַתָּה יְצַרְתָּהּ אַתָּה נְפַחְתָּהּ בִּי וְאַתָּה

Gelobt seist Du, Ewiger, unser Gott, Weltregent der uns durch seine Gebote geheiligt und uns befohlen hat, mit den Worten der Thora uns zu beschäftigen.

Laß doch, Ewiger, unser Gott, die Worte Deiner Thora angenehm sein unserem Munde und dem Munde Deines Volkes, des Hauses Israel, daß wir und unsere Sprößlinge und die Sprößlinge Deines Volkes, des Hauses Israel, allesammt Deinen Namen erkennen und Deine Thora erlernen. Gelobt seist Du, Ewiger, unser Gott, Weltregent, der seinem Volke Israel die Thora gelehrt. Gelobt seist Du, Ewiger, unser Gott, Weltregent, der aus allen Völkern uns erkoren und seine Thora uns gegeben. Gelobt seist Du, Ewiger, der die Thora gegeben.

Er segne dich, der Ewige, und behüte dich! Er lasse leuchten, der Ewige, sein Antlitz dir, und sei dir gnädig! Er erhebe, der Ewige, sein Antlitz dir und gebe dir Frieden! — אלו [1]) Für die folgenden Dinge ist kein beschränkendes Maaß festgesetzt: für die Enden des Ackerfeldes, die für die Armen bestimmt sind, für die darzubringenden Erstlingsfrüchte, für die Opfer beim Erscheinen im Tempel, für die Werke der Wohlthätigkeit und für das Erlernen der Thora. Von folgenden zehn Dingen genießt der Mensch die Früchte in dieser Welt, während die Hauptsumme ihm sicher gestellt ist für die künftige Welt. Dies sind sie: die Ehrfurcht gegen Vater und Mutter, die Werke der Wohlthätigkeit, der Besuch des Lehrhauses früh und spät, die Gastlichkeit gegen Heimathlose, die Krankenpflege, die Ausstattung von Bräuten, das Geleit der Todten zum Grabe, die Andacht beim Gebete, das Friedenstiften unter den Lebenden — das Erlernen des göttlichen Gesetzes aber hält allen diesen das Gleichgewicht.

Mein Gott, die Seele, die Du mir gegeben, ist rein! Du hast sie geschaffen, Du sie gebildet und mir

[1]) Mischna, Pea 1, 5. — Thalmud Sabbath 127, 1.

מְשַׁמְּרָהּ בְּקִרְבִּי וְאַתָּה עָתִיד לִטְּלָהּ מִמֶּנִּי וּלְהַחֲזִירָהּ בִּי לֶעָתִיד לָבֹא: כָּל־זְמַן שֶׁהַנְּשָׁמָה בְקִרְבִּי מוֹדֶה אֲנִי לְפָנֶיךָ יְיָ אֱלֹהַי וֵאלֹהֵי אֲבוֹתַי רִבּוֹן כָּל־הַמַּעֲשִׂים אֲדוֹן כָּל־הַנְּשָׁמוֹת בָּרוּךְ אַתָּה יְיָ הַמַּחֲזִיר נְשָׁמוֹת לִפְגָרִים מֵתִים:

בָּרוּךְ אַתָּה יְיָ אֱלֹהֵינוּ מֶלֶךְ הָעוֹלָם אֲשֶׁר נָתַן לַשֶּׂכְוִי בִינָה לְהַבְחִין בֵּין יוֹם וּבֵין לָיְלָה:

בָּרוּךְ אַתָּה יְיָ אֱלֹהֵינוּ מֶלֶךְ הָעוֹלָם שֶׁלֹּא עָשַׂנִי נָכְרִי:

בָּרוּךְ אַתָּה יְיָ אֱלֹהֵינוּ מֶלֶךְ הָעוֹלָם שֶׁלֹּא עָשַׂנִי עָבֶד:

בָּרוּךְ אַתָּה יְיָ אֱלֹהֵינוּ מֶלֶךְ הָעוֹלָם שֶׁלֹּא עָשַׂנִי אִשָּׁה:

דיא פרויען זאגען: בָּרוּךְ אַתָּה יְיָ אֱלֹהֵינוּ מֶלֶךְ הָעוֹלָם שֶׁעָשַׂנִי כִּרְצוֹנוֹ:

בָּרוּךְ אַתָּה יְיָ אֱלֹהֵינוּ מֶלֶךְ הָעוֹלָם פּוֹקֵחַ עִוְרִים:

בָּרוּךְ אַתָּה יְיָ אֱלֹהֵינוּ מֶלֶךְ הָעוֹלָם מַלְבִּישׁ עֲרֻמִּים:

בָּרוּךְ אַתָּה יְיָ אֱלֹהֵינוּ מֶלֶךְ הָעוֹלָם מַתִּיר אֲסוּרִים:

בָּרוּךְ אַתָּה יְיָ אֱלֹהֵינוּ מֶלֶךְ הָעוֹלָם זוֹקֵף כְּפוּפִים:

בָּרוּךְ אַתָּה יְיָ אֱלֹהֵינוּ מֶלֶךְ הָעוֹלָם רוֹקַע הָאָרֶץ עַל־הַמָּיִם:

בָּרוּךְ אַתָּה יְיָ אֱלֹהֵינוּ מֶלֶךְ הָעוֹלָם שֶׁעָשָׂה לִי כָּל־צָרְכִּי:

בָּרוּךְ אַתָּה יְיָ אֱלֹהֵינוּ מֶלֶךְ הָעוֹלָם אֲשֶׁר הֵכִין מִצְעֲדֵי־גָבֶר:

בָּרוּךְ אַתָּה יְיָ אֱלֹהֵינוּ מֶלֶךְ הָעוֹלָם אוֹזֵר יִשְׂרָאֵל בִּגְבוּרָה:

בָּרוּךְ אַתָּה יְיָ אֱלֹהֵינוּ מֶלֶךְ הָעוֹלָם עוֹטֵר יִשְׂרָאֵל בְּתִפְאָרָה:

eingehaucht; Du bewahrst sie in mir, nimmst mir sie einst und gibst sie mir wieder in einem zukünftigen Leben. So lange die Seele in mir ist, will ich Dir danken, Ewiger, mein Gott und Gott meiner Väter, Herr aller Thaten, Urheber aller Seelen! Gelobt seist Du, Ewiger, der die todten Körper wieder beseelt!

Gelobt seist Du, Ewiger, unser Gott, Weltregent, der dem Hahne den Naturtrieb gegeben, die Scheidung zwischen Tag und Nacht zu bemerken!

Gelobt seist Du, Ewiger, unser Gott, Weltregent, der mich nicht zum Heiden erschaffen!

Gelobt seist Du, Ewiger, unser Gott, Weltregent, der mich nicht zum Sklaven erschaffen!

Gelobt seist Du, Ewiger, unser Gott, Weltregent, der mich nicht zum Weibe erschaffen!

(Die Frauen sagen: Gelobt seist Du, Ewiger, unser Gott, Weltregent, der mich nach seinem Wohlgefallen erschaffen.)

Gelobt seist Du, Ewiger, unser Gott, Weltregent, der die Blinden sehend macht!

Gelobt seist Du, Ewiger, unser Gott, Weltregent, der die Nackten kleidet!

Gelobt seist Du, Ewiger, unser Gott, Weltregent, der die Gefesselten löset!

Gelobt seist Du, Ewiger, unser Gott, Weltregent, der die Gebeugten aufrichtet!

Gelobt seist Du, Ewiger, unser Gott, Weltregent, der die Erde über den Wassern ausgedehnt!

Gelobt seist Du, Ewiger, unser Gott, Weltregent, der für alle meine Bedürfnisse sorgt!

Gelobt seist Du, Ewiger, unser Gott, Weltregent, der die Schritte eines Jeglichen lenket!

Gelobt seist Du, Ewiger, unser Gott, Weltregent, der Israel mit Macht umgürtet!

Gelobt seist Du, Ewiger, unser Gott, Weltregent, der Israel mit Herrlichkeit krönet!

בָּרוּךְ אַתָּה יְיָ אֱלֹהֵינוּ מֶלֶךְ הָעוֹלָם הַנּוֹתֵן לַיָּעֵף כֹּחַ:
בָּרוּךְ אַתָּה יְיָ אֱלֹהֵינוּ מֶלֶךְ הָעוֹלָם הַמַּעֲבִיר שֵׁנָה מֵעֵינָי
וּתְנוּמָה מֵעַפְעַפָּי: וִיהִי רָצוֹן מִלְּפָנֶיךָ יְיָ אֱלֹהֵינוּ וֵאלֹהֵי
אֲבוֹתֵינוּ שֶׁתַּרְגִּילֵנוּ בְּתוֹרָתֶךָ וְדַבְּקֵנוּ בְּמִצְוֹתֶיךָ וְאַל תְּבִיאֵנוּ
לֹא לִידֵי חֵטְא וְלֹא לִידֵי עֲבֵרָה וְעָוֹן וְלֹא לִידֵי נִסָּיוֹן וְלֹא לִידֵי
בִזָּיוֹן וְאַל תַּשְׁלֶט בָּנוּ יֵצֶר הָרָע וְהַרְחִיקֵנוּ מֵאָדָם רָע וּמֵחָבֵר
רָע וְדַבְּקֵנוּ בְּיֵצֶר הַטּוֹב וּבְמַעֲשִׂים טוֹבִים וְכוֹף אֶת יִצְרֵנוּ
לְהִשְׁתַּעְבֶּד־לָךְ וּתְנֵנוּ הַיּוֹם וּבְכָל־יוֹם לְחֵן וּלְחֶסֶד
וּלְרַחֲמִים בְּעֵינֶיךָ וּבְעֵינֵי כָל־רוֹאֵינוּ וְתִגְמְלֵנוּ חֲסָדִים
טוֹבִים בָּרוּךְ אַתָּה יְיָ גּוֹמֵל חֲסָדִים טוֹבִים לְעַמּוֹ יִשְׂרָאֵל:

יְהִי רָצוֹן מִלְּפָנֶיךָ יְיָ אֱלֹהַי וֵאלֹהֵי אֲבוֹתַי
שֶׁתַּצִּילֵנִי הַיּוֹם וּבְכָל־יוֹם מֵעַזֵּי פָנִים וּמֵעַזּוּת
פָּנִים מֵאָדָם רָע וּמֵחָבֵר רָע וּמִשָּׁכֵן רָע וּמִפֶּגַע
רָע וּמִשָּׂטָן הַמַּשְׁחִית מִדִּין קָשֶׁה וּמִבַּעַל דִּין
קָשֶׁה בֵּין שֶׁהוּא בֶן־בְּרִית וּבֵין שֶׁאֵינוֹ בֶן־בְּרִית:

לְעוֹלָם יְהֵא אָדָם יְרֵא שָׁמַיִם בְּסֵתֶר וּמוֹדֶה
עַל־הָאֱמֶת וְדוֹבֵר אֱמֶת בִּלְבָבוֹ וְיַשְׁכֵּם וְיֹאמַר:

רִבּוֹן כָּל־הָעוֹלָמִים לֹא עַל־צִדְקוֹתֵינוּ אֲנַחְנוּ
מַפִּילִים תַּחֲנוּנֵינוּ לְפָנֶיךָ כִּי עַל רַחֲמֶיךָ הָרַבִּים·

Gelobt seist Du, Ewiger, unser Gott, Weltregent, der dem Ermatteten Kraft verleiht!

Gelobt seist Du, Ewiger, unser Gott, Weltregent, der den Schlaf wegführt von meinen Augen und den Schlummer von meinen Wimpern!

Möge es Dein Wille sein, Ewiger, unser Gott und Gott unserer Väter, uns in Deiner Lehre anzuleiten und uns Anhänglichkeit an Deinen Geboten zu verleihen! Laß uns nicht kommen in die Gewalt der Sünde, nicht in die Gewalt von Vergehung und Missethat, nicht in Versuchung und nicht in Schande. Laß die Lust zum Bösen uns nicht beherrschen; halte uns fern von bösen Menschen und böser Gesellschaft; laß uns fest anhangen dem Triebe zum Guten und den guten Werken; beuge unseren Sinn, daß er Dir sich unterwerfe! Laß uns heute und an jedem Tage Gunst, Gnade und Erbarmen finden in Deinen Augen und in den Augen Aller, die uns sehen, und erzeige uns Gutes in Gnaden. Gelobt seist Du, Ewiger, der seinem Volke Israel Gutes erzeigt in Gnaden.

Möge es Dein Wille sein, Ewiger, mein Gott und Gott meiner Väter, mich heute und alle Tage zu bewahren vor Unverschämten und vor Unverschämtheit, vor bösen Menschen und böser Gesellschaft, vor bösem Nachbar, vor bösem Begegnisse und vor verderblicher Verführung, vor hartem Gerichte und einem harten Gegner, er sei Bundesgenosse oder nicht.

Vor Allem soll der Mensch gottesfürchtig sein im Innern, die Wahrheit bekennen und die Wahrheit reden, wie er sie im Herzen hat, und am frühen Morgen bete er Folgendes:

Herr aller Welten! nicht im Vertrauen auf unsere Verdienste legen wir unsere Bitten vor Dir nieder, sondern im Vertrauen auf Deine große Barmherzigkeit.

תפלת שחרית

מָה אָנוּ מֶה חַיֵּינוּ מֶה חַסְדֵּנוּ מַה צִּדְקוֹתֵינוּ מַה יְשׁוּעָתֵנוּ מַה כֹּחֵנוּ מַה גְּבוּרָתֵנוּ מַה נֹּאמַר לְפָנֶיךָ יְיָ אֱלֹהֵינוּ וֵאלֹהֵי אֲבוֹתֵינוּ הֲלֹא כָל הַגִּבּוֹרִים כְּאַיִן לְפָנֶיךָ וְאַנְשֵׁי הַשֵּׁם כְּלֹא הָיוּ וַחֲכָמִים כִּבְלִי מַדָּע וּנְבוֹנִים כִּבְלִי הַשְׂכֵּל כִּי רֹב מַעֲשֵׂיהֶם תֹּהוּ וִימֵי חַיֵּיהֶם הֶבֶל לְפָנֶיךָ. וּמוֹתַר הָאָדָם מִן הַבְּהֵמָה אָיִן כִּי הַכֹּל הָבֶל:

אֲבָל אֲנַחְנוּ עַמְּךָ בְּנֵי בְרִיתֶךָ. בְּנֵי אַבְרָהָם אֹהַבְךָ שֶׁנִּשְׁבַּעְתָּ לּוֹ בְּהַר הַמֹּרִיָּה. זֶרַע יִצְחָק יְחִידוֹ שֶׁנֶּעֱקַד עַל גַּבֵּי הַמִּזְבֵּחַ. עֲדַת יַעֲקֹב בִּנְךָ בְּכוֹרֶךָ שֶׁמֵּאַהֲבָתְךָ שֶׁאָהַבְתָּ אוֹתוֹ וּמִשִּׂמְחָתְךָ שֶׁשָּׂמַחְתָּ בּוֹ קָרָאתָ אֶת שְׁמוֹ יִשְׂרָאֵל וִישֻׁרוּן: לְפִיכָךְ אֲנַחְנוּ חַיָּבִים לְהוֹדוֹת לְךָ וּלְשַׁבֵּחֲךָ וּלְפָאֶרְךָ וּלְבָרֵךְ וּלְקַדֵּשׁ וְלָתֵת שֶׁבַח וְהוֹדָיָה לִשְׁמֶךָ: אַשְׁרֵינוּ מַה טּוֹב חֶלְקֵנוּ וּמַה נָּעִים גּוֹרָלֵנוּ וּמַה יָּפָה יְרֻשָּׁתֵנוּ אַשְׁרֵינוּ שֶׁאֲנַחְנוּ מַשְׁכִּימִים וּמַעֲרִיבִים עֶרֶב וָבֹקֶר וְאוֹמְרִים פַּעֲמַיִם בְּכָל יוֹם

Was sind wir? was unser Leben? was unsere Frömmigkeit? was unsere Tugend? was unsere Hülfe? was unsere Kraft? was unsere Stärke? was können wir vorbringen vor Dir, Ewiger, unser Gott und Gott unserer Väter. Sind nicht alle Helden vor Dir wie ein Nichts und die Männer von Namen, als wären sie nie gewesen und die Weisen wie ohne Wissen, und die Einsichtigen wie ohne Verstand? denn die Menge ihrer Thaten ist nur Tand und die Tage ihres Lebens sind eitel, und des Menschen Vorzug vor dem Thiere ist nichts! denn Alles ist eitel!

Wir aber, Dein Volk, sind Genossen Deines Bundes, Kinder Abrahams, Deines Freundes, dem Du jene Verheißung gethan auf dem Berge Morijah[1]); wir sind Nachkommen Isaak's, seines einzig Geliebten, der sich Dir hingeben wollte auf dem Altare; wir sind die Gemeinde Jakobs, Deines erstgebornen Sohnes, den Du so sehr geliebt, an dem Du Dich so sehr erfreuet, daß Du ihn Israel und Jeschurun genannt.

Daher sind wir verpflichtet, Dir zu danken, Dich zu preisen und zu rühmen, Deinen Namen zu loben, zu heiligen und ihm Preis und Dank zu widmen. Heil uns! wie herrlich ist unser Antheil, wie lieblich unser Loos, und wie schön unser Erbe! — Heil uns, die wir zweimal an jedem Tage, des Morgens früh und des Abends spät, ausrufen:

---

[1]) 1. B. M. 22, 16—19.

שְׁמַע יִשְׂרָאֵל יְיָ אֱלֹהֵינוּ יְיָ אֶחָד:

בלחש בָּרוּךְ שֵׁם כְּבוֹד מַלְכוּתוֹ לְעוֹלָם וָעֶד:

אַתָּה הוּא עַד שֶׁלֹּא נִבְרָא הָעוֹלָם אַתָּה הוּא מִשֶּׁנִּבְרָא הָעוֹלָם אַתָּה הוּא בָּעוֹלָם הַזֶּה וְאַתָּה הוּא לָעוֹלָם הַבָּא קַדֵּשׁ אֶת שִׁמְךָ עַל מַקְדִּישֵׁי שְׁמֶךָ וְקַדֵּשׁ אֶת שִׁמְךָ בְּעוֹלָמֶךָ וּבִישׁוּעָתְךָ תָּרִים וְתַגְבִּיהַּ קַרְנֵנוּ בָּרוּךְ אַתָּה יְיָ מְקַדֵּשׁ אֶת־שִׁמְךָ בָּרַבִּים:

אַתָּה הוּא יְיָ אֱלֹהֵינוּ בַּשָּׁמַיִם וּבָאָרֶץ וּבִשְׁמֵי הַשָּׁמַיִם הָעֶלְיוֹנִים. אֱמֶת אַתָּה הוּא רִאשׁוֹן וְאַתָּה הוּא אַחֲרוֹן וּמִבַּלְעָדֶיךָ אֵין אֱלֹהִים. קַבֵּץ קוֶֹיךָ מֵאַרְבַּע כַּנְפוֹת הָאָרֶץ יַכִּירוּ וְיֵדְעוּ כָּל־בָּאֵי עוֹלָם כִּי אַתָּה הוּא הָאֱלֹהִים לְבַדְּךָ לְכֹל מַמְלְכוֹת הָאָרֶץ. אַתָּה עָשִׂיתָ אֶת־הַשָּׁמַיִם וְאֶת־הָאָרֶץ אֶת־הַיָּם וְאֶת כָּל־אֲשֶׁר בָּם. וּמִי בְּכָל־מַעֲשֵׂה יָדֶיךָ בָּעֶלְיוֹנִים אוֹ בַתַּחְתּוֹנִים שֶׁיֹּאמַר לְךָ מַה־תַּעֲשֶׂה. אָבִינוּ שֶׁבַּשָּׁמַיִם עֲשֵׂה עִמָּנוּ חֶסֶד בַּעֲבוּר שִׁמְךָ הַגָּדוֹל שֶׁנִּקְרָא עָלֵינוּ וְקַיֶּם־לָנוּ יְיָ אֱלֹהֵינוּ מַה־שֶּׁכָּתוּב בָּעֵת הַהִיא אָבִיא אֶתְכֶם וּבָעֵת קַבְּצִי אֶתְכֶם כִּי־אֶתֵּן אֶתְכֶם לְשֵׁם וְלִתְהִלָּה בְּכֹל עַמֵּי הָאָרֶץ בְּשׁוּבִי אֶת־שְׁבוּתֵיכֶם לְעֵינֵיכֶם אָמַר יְיָ:

Höre, Israel, der Ewige, unser Gott, ist ein einiges ewiges Wesen!

Gelobt sei der Name seiner glorreichen Majestät immer und ewig!

Du warst derselbe, bevor das Weltall geschaffen war, Du warst derselbe, nachdem die ganze Schöpfung stand, Du bist derselbe in dieser Welt, bist es in der zukünftigen. Heilige Deinen Namen durch die zu seiner Heiligung Berufenen, heilige ihn in Deiner Welt, und durch Dein Heil erhebe und erhalte unser Glückshorn. Gelobt seist Du, Ewiger, der Du Deinen Namen heiligest vor aller Welt!

Du bist der Ewige, unser Gott, im Himmel, auf Erden und in den Himmeln der höchsten Himmel. Wahr ist es, Du bist der Erste und Du der Letzte, und außer Dir gibt es keinen Gott! O, sammle doch, die Deiner harren, aus den vier Enden der Erde! damit alle Weltbürger einsehen und erkennen, daß Du allein nur Herr über alle Reiche der Erde bist. Du hast den Himmel geschaffen und die Erde, das Meer und Alles, was darin ist. Wer unter allen Deinen Geschöpfen, höherer oder niederer Wesen, kann zu Dir sagen: was thust Du da? — Unser Vater im Himmel, erzeige uns Gnade um Deines großen Namens willen, nach welchem wir genannt werden, und erfülle an uns, Ewiger, unser Gott, was geschrieben steht: Zur selbigen Zeit werde ich euch heimbringen, zur Zeit, da ich euch sammeln werde; denn ich werde euch Namen und Ruhm unter allen Völkern der Erde verschaffen, indem ich euere Gefangenen zurückführen werde vor euern Augen — spricht der Ewige!

שמות ל׳ ויקרא ו׳

וַיְדַבֵּר יְהֹוָה אֶל־מֹשֶׁה לֵּאמֹר: וְעָשִׂיתָ כִּיּוֹר נְחֹשֶׁת וְכַנּוֹ נְחֹשֶׁת לְרָחְצָה וְנָתַתָּ אֹתוֹ בֵּין־אֹהֶל מוֹעֵד וּבֵין הַמִּזְבֵּחַ וְנָתַתָּ שָׁמָּה מָיִם: וְרָחֲצוּ אַהֲרֹן וּבָנָיו מִמֶּנּוּ אֶת־יְדֵיהֶם וְאֶת־רַגְלֵיהֶם: בְּבֹאָם אֶל־אֹהֶל מוֹעֵד יִרְחֲצוּ־מַיִם וְלֹא יָמֻתוּ אוֹ בְגִשְׁתָּם אֶל־הַמִּזְבֵּחַ לְשָׁרֵת לְהַקְטִיר אִשֶּׁה לַיהֹוָה: וְרָחֲצוּ יְדֵיהֶם וְרַגְלֵיהֶם וְלֹא יָמֻתוּ וְהָיְתָה לָהֶם חָק־עוֹלָם לוֹ וּלְזַרְעוֹ לְדֹרֹתָם: וְלָבַשׁ הַכֹּהֵן מִדּוֹ בַד וּמִכְנְסֵי־בַד יִלְבַּשׁ עַל־בְּשָׂרוֹ וְהֵרִים אֶת־הַדֶּשֶׁן אֲשֶׁר תֹּאכַל הָאֵשׁ אֶת־הָעֹלָה עַל־הַמִּזְבֵּחַ וְשָׂמוֹ אֵצֶל הַמִּזְבֵּחַ: וּפָשַׁט אֶת־בְּגָדָיו וְלָבַשׁ בְּגָדִים אֲחֵרִים וְהוֹצִיא אֶת־הַדֶּשֶׁן אֶל־מִחוּץ לַמַּחֲנֶה אֶל־מָקוֹם טָהוֹר:

במדבר כ״ח

וַיְדַבֵּר יְהֹוָה אֶל־מֹשֶׁה לֵּאמֹר: צַו אֶת־בְּנֵי יִשְׂרָאֵל וְאָמַרְתָּ אֲלֵהֶם אֶת־קָרְבָּנִי לַחְמִי לְאִשַּׁי רֵיחַ נִיחֹחִי תִּשְׁמְרוּ לְהַקְרִיב לִי בְּמוֹעֲדוֹ: וְאָמַרְתָּ לָהֶם זֶה הָאִשֶּׁה אֲשֶׁר תַּקְרִיבוּ לַיהֹוָה כְּבָשִׂים בְּנֵי־שָׁנָה תְמִימִם שְׁנַיִם לַיּוֹם עֹלָה תָמִיד: אֶת־הַכֶּבֶשׂ אֶחָד תַּעֲשֶׂה בַבֹּקֶר וְאֵת הַכֶּבֶשׂ הַשֵּׁנִי תַּעֲשֶׂה בֵּין הָעַרְבָּיִם: וַעֲשִׂירִית הָאֵיפָה סֹלֶת לְמִנְחָה בְּלוּלָה בְּשֶׁמֶן כָּתִית רְבִיעִת הַהִין: עֹלַת תָּמִיד הָעֲשֻׂיָה בְּהַר סִינַי לְרֵיחַ נִיחֹחַ אִשֶּׁה לַיהֹוָה: וְנִסְכּוֹ רְבִיעִת הַהִין לַכֶּבֶשׂ הָאֶחָד בַּקֹּדֶשׁ הַסֵּךְ נֶסֶךְ שֵׁכָר לַיהֹוָה: וְאֵת הַכֶּבֶשׂ

הַשֵּׁנִי תַּעֲשֶׂה בֵּין הָעַרְבָּיִם כְּמִנְחַת הַבֹּקֶר וּכְנִסְכּוֹ תַּעֲשֶׂה אִשֵּׁה רֵיחַ נִיחֹחַ לַיהוָה׃

וְשָׁחַט אֹתוֹ עַל יֶרֶךְ הַמִּזְבֵּחַ צָפֹנָה לִפְנֵי יְהוָה וְזָרְקוּ בְּנֵי אַהֲרֹן הַכֹּהֲנִים אֶת־דָּמוֹ עַל־הַמִּזְבֵּחַ סָבִיב׃

אַתָּה הוּא יְיָ אֱלֹהֵינוּ שֶׁהִקְטִירוּ אֲבוֹתֵינוּ לְפָנֶיךָ אֶת־קְטֹרֶת הַסַּמִּים בִּזְמַן שֶׁבֵּית הַמִּקְדָּשׁ קַיָּם. כַּאֲשֶׁר צִוִּיתָ אוֹתָם עַל יְדֵי מֹשֶׁה נְבִיאֶךָ כַּכָּתוּב בְּתוֹרָתֶךָ׃

וַיֹּאמֶר יְהוָה אֶל־מֹשֶׁה קַח־לְךָ סַמִּים נָטָף וּשְׁחֵלֶת וְחֶלְבְּנָה סַמִּים וּלְבֹנָה זַכָּה בַּד בְּבַד יִהְיֶה׃ וְעָשִׂיתָ אֹתָהּ קְטֹרֶת רֹקַח מַעֲשֵׂה רוֹקֵחַ מְמֻלָּח טָהוֹר קֹדֶשׁ׃ וְשָׁחַקְתָּ מִמֶּנָּה הָדֵק וְנָתַתָּה מִמֶּנָּה לִפְנֵי הָעֵדֻת בְּאֹהֶל מוֹעֵד אֲשֶׁר אִוָּעֵד לְךָ שָׁמָּה קֹדֶשׁ קָדָשִׁים תִּהְיֶה לָכֶם׃ וְנֶאֱמַר וְהִקְטִיר עָלָיו אַהֲרֹן קְטֹרֶת סַמִּים בַּבֹּקֶר בַּבֹּקֶר בְּהֵיטִיבוֹ אֶת־הַנֵּרֹת יַקְטִירֶנָּה׃ וּבְהַעֲלֹת אַהֲרֹן אֶת־הַנֵּרֹת בֵּין הָעַרְבַּיִם יַקְטִירֶנָּה קְטֹרֶת תָּמִיד לִפְנֵי יְהוָה לְדֹרֹתֵיכֶם׃

תנו רבנן פטום הקטורת, הצרי והצפורן החלבנה והלבונה משקל שבעים שבעים מנה. מור וקציעה שבולת נרד וכרכום, משקל ששה עשר ששה עשר מנה, הקושט שנים עשר, וקלופה שלשה, וקנמון תשעה. בורית כרשינה תשעה קבין. יין קפריסין, סאין תלתא וקבין תלתא, ואם אין לו יין קפריסין, מביא חמר חורין עתיק, מלח סדומית רובע הקב, מעלה עשן כל שהוא. רבי נתן אומר אף כפת הירדן כל שהוא. ואם נתן בה דבש פסלה, ואם חסר אחת מכל סמניה חייב מיתה: רבן שמעון בן גמליאל אומר, הצרי אינו אלא שרף, הנוטף מעצי

הקטף. בורית כרשינה ששפין בה את הצפורן, כדי שתהא נאה. יין קפריסין ששורין בו את הצפורן, כדי שתהא עזה. והלא מי רגלים יפין לה, אלא שאין מכניסין מי רגלים בעזרה, מפני הכבוד:

תניא רבי נתן אומר כשהוא שוחק אומר הדק היטיב היטיב הדק מפני שהקול יפה לבשמים, פטמה לחצאין כשרה לשליש ולרביע לא שמענו. אמר רבי יהודה זה הכלל, אם כמדתה, כשרה לחצאין, ואם חסר אחת מכל סמניה חייב מיתה:

תני בר קפרא אחת לששים או לשבעים שנה היתה באה של שירים לחצאין. עוד תני בר קפרא, אלו היה נותן בה קורטוב של דבש אין אדם יכול לעמוד מפני ריחה, ולמה אין מערבין בה דבש, מפני שהתורה אמרה כי כל שאור וכל דבש לא תקטירו ממנו אשה ליי:

יְיָ צְבָאוֹת עִמָּנוּ מִשְׂגָּב לָנוּ אֱלֹהֵי יַעֲקֹב סֶלָה: יְיָ צְבָאוֹת אַשְׁרֵי אָדָם בֹּטֵחַ בָּךְ: יְיָ הוֹשִׁיעָה הַמֶּלֶךְ יַעֲנֵנוּ בְיוֹם קָרְאֵנוּ: אַתָּה סֵתֶר לִי מִצַּר תִּצְּרֵנִי רָנֵּי פַלֵּט תְּסוֹבְבֵנִי סֶלָה: וְעָרְבָה לַייָ מִנְחַת יְהוּדָה וִירוּשָׁלָיִם כִּימֵי עוֹלָם וּכְשָׁנִים קַדְמוֹנִיּוֹת:

אַם שבת ווירד פאָלגענדעס הינצוגעזעצט:

במדבר כ״ח ט׳. וּבְיוֹם הַשַּׁבָּת שְׁנֵי־כְבָשִׂים בְּנֵי־שָׁנָה תְּמִימִם וּשְׁנֵי עֶשְׂרֹנִים סֹלֶת מִנְחָה בְּלוּלָה בַשֶּׁמֶן וְנִסְכּוֹ: עֹלַת שַׁבַּת בְּשַׁבַּתּוֹ עַל־עֹלַת הַתָּמִיד וְנִסְכָּהּ:

אַם ראָש חדש ווירד נאָך פאָלגענדעס הינצוגעזעצט:

במדבר כ״ח. וּבְרָאשֵׁי חָדְשֵׁיכֶם תַּקְרִיבוּ עֹלָה לַייָ פָּרִים בְּנֵי־בָקָר שְׁנַיִם וְאַיִל אֶחָד כְּבָשִׂים בְּנֵי־שָׁנָה שִׁבְעָה תְּמִימִם: וּשְׁלשָׁה עֶשְׂרֹנִים סֹלֶת מִנְחָה בְּלוּלָה בַשֶּׁמֶן לַפָּר הָאֶחָד וּשְׁנֵי עֶשְׂרֹנִים סֹלֶת מִנְחָה בְּלוּלָה בַשֶּׁמֶן לָאַיִל הָאֶחָד: וְעִשָּׂרֹן עִשָּׂרוֹן סֹלֶת מִנְחָה בְּלוּלָה בַשֶּׁמֶן לַכֶּבֶשׂ הָאֶחָד עֹלָה רֵיחַ נִיחֹחַ אִשֶּׁה לַייָ: וְנִסְכֵּיהֶם חֲצִי הַהִין יִהְיֶה

לַפָּר וּשְׁלִישִׁית הַהִין לָאַיִל וּרְבִיעִית הַהִין לַכֶּבֶשׂ יָיִן זֹאת
עֹלַת חֹדֶשׁ בְּחָדְשׁוֹ לְחָדְשֵׁי הַשָּׁנָה: וּשְׂעִיר עִזִּים אֶחָד
לְחַטָּאת לַיְיָ עַל־עֹלַת הַתָּמִיד יֵעָשֶׂה וְנִסְכּוֹ:

זבחים פ״ה

א אֵיזֶהוּ מְקוֹמָן שֶׁל־זְבָחִים קָדְשֵׁי קָדָשִׁים שְׁחִיטָתָן בַּצָּפוֹן
פַּר וְשָׂעִיר שֶׁל־יוֹם הַכִּפּוּרִים שְׁחִיטָתָן בַּצָּפוֹן וְקִבּוּל דָּמָן
בִּכְלִי שָׁרֵת בַּצָּפוֹן וְדָמָן טָעוּן הַזָּיָה עַל־בֵּין הַבַּדִּים וְעַל
הַפָּרֹכֶת וְעַל־מִזְבַּח הַזָּהָב מַתָּנָה אַחַת מֵהֶן מְעַכָּבֶת שְׁיָרֵי
הַדָּם הָיָה שׁוֹפֵךְ עַל יְסוֹד מַעֲרָבִי שֶׁל־מִזְבֵּחַ הַחִיצוֹן אִם
לֹא נָתַן לֹא עִכֵּב: ב פָּרִים הַנִּשְׂרָפִים וּשְׂעִירִים הַנִּשְׂרָפִים
שְׁחִיטָתָן בַּצָּפוֹן וְקִבּוּל דָּמָן בִּכְלִי שָׁרֵת בַּצָּפוֹן וְדָמָן טָעוּן
הַזָּיָה עַל־הַפָּרֹכֶת וְעַל־מִזְבַּח הַזָּהָב מַתָּנָה אַחַת מֵהֶן
מְעַכָּבֶת שְׁיָרֵי הַדָּם הָיָה שׁוֹפֵךְ עַל יְסוֹד מַעֲרָבִי שֶׁל־מִזְבֵּחַ
הַחִיצוֹן אִם־לֹא נָתַן לֹא־עִכֵּב אֵלּוּ וָאֵלּוּ נִשְׂרָפִין בְּבֵית
הַדָּשֶׁן: ג חַטֹּאת הַצִּבּוּר וְהַיָּחִיד אֵלּוּ הֵן חַטֹּאת הַצִּבּוּר
שְׂעִירֵי רָאשֵׁי חֳדָשִׁים וְשֶׁל־מוֹעֲדוֹת שְׁחִיטָתָן בַּצָּפוֹן וְקִבּוּל
דָּמָן בִּכְלִי שָׁרֵת בַּצָּפוֹן וְדָמָן טָעוּן אַרְבַּע מַתָּנוֹת עַל אַרְבַּע
קְרָנוֹת: כֵּיצַד עָלָה בַכֶּבֶשׁ וּפָנָה לַסּוֹבֵב וּבָא לוֹ לְקֶרֶן
דְּרוֹמִית מִזְרָחִית. מִזְרָחִית צְפוֹנִית. צְפוֹנִית מַעֲרָבִית.
מַעֲרָבִית דְּרוֹמִית. שְׁיָרֵי הַדָּם הָיָה שׁוֹפֵךְ עַל יְסוֹד דְּרוֹמִי.
וְנֶאֱכָלִין לִפְנִים מִן הַקְּלָעִים לְזִכְרֵי כְהֻנָּה בְּכָל־מַאֲכָל

לַיּוֹם וָלַיְלָה עַד חֲצוֹת: ו הָעוֹלָה קֹדֶשׁ קָדָשִׁים שְׁחִיטָתָהּ
בַּצָּפוֹן וְקִבּוּל דָּמָהּ בִּכְלִי שָׁרֵת בַּצָּפוֹן וְדָמָהּ טָעוּן שְׁתֵּי
מַתָּנוֹת שֶׁהֵן אַרְבַּע וּטְעוּנָה הֶפְשֵׁט וְנִתּוּחַ וְכָלִיל לָאִשִּׁים:
ה זִבְחֵי שַׁלְמֵי צִבּוּר וַאֲשָׁמוֹת. אֵלּוּ הֵן אֲשָׁמוֹת אֲשַׁם גְּזֵלוֹת
אֲשַׁם מְעִילוֹת אֲשַׁם שִׁפְחָה חֲרוּפָה אֲשַׁם נָזִיר אֲשַׁם
מְצוֹרָע אָשָׁם תָּלוּי. שְׁחִיטָתָן בַּצָּפוֹן וְקִבּוּל דָּמָן בִּכְלִי שָׁרֵת
בַּצָּפוֹן וְדָמָן טָעוּן שְׁתֵּי מַתָּנוֹת שֶׁהֵן אַרְבַּע. וְנֶאֱכָלִין לִפְנִים
מִן הַקְּלָעִים לְזִכְרֵי כְהֻנָּה בְּכָל מַאֲכָל לְיוֹם וָלַיְלָה עַד חֲצוֹת:
ו הַתּוֹדָה וְאֵיל נָזִיר קָדָשִׁים קַלִּים שְׁחִיטָתָן בְּכָל מָקוֹם
בָּעֲזָרָה וְדָמָן טָעוּן שְׁתֵּי מַתָּנוֹת שֶׁהֵן אַרְבַּע. וְנֶאֱכָלִין בְּכָל
הָעִיר לְכָל אָדָם בְּכָל מַאֲכָל לְיוֹם וָלַיְלָה עַד חֲצוֹת: הַמּוּרָם
מֵהֶם כַּיּוֹצֵא בָהֶם אֶלָּא שֶׁהַמּוּרָם נֶאֱכָל לַכֹּהֲנִים לִנְשֵׁיהֶם
וְלִבְנֵיהֶם וּלְעַבְדֵיהֶם: ז שְׁלָמִים קָדָשִׁים קַלִּים שְׁחִיטָתָן
בְּכָל מָקוֹם בָּעֲזָרָה וְדָמָן טָעוּן שְׁתֵּי מַתָּנוֹת שֶׁהֵן אַרְבַּע
וְנֶאֱכָלִין בְּכָל הָעִיר לְכָל אָדָם בְּכָל מַאֲכָל לִשְׁנֵי יָמִים
וְלַיְלָה אֶחָד: הַמּוּרָם מֵהֶם כַּיּוֹצֵא בָהֶם אֶלָּא שֶׁהַמּוּרָם
נֶאֱכָל לַכֹּהֲנִים לִנְשֵׁיהֶם וְלִבְנֵיהֶם וּלְעַבְדֵיהֶם: ח הַבְּכוֹר
וְהַמַּעֲשֵׂר וְהַפֶּסַח קָדָשִׁים קַלִּים שְׁחִיטָתָן בְּכָל מָקוֹם
בָּעֲזָרָה וְדָמָן טָעוּן מַתָּנָה אֶחָת. וּבִלְבָד שֶׁיִּתֵּן כְּנֶגֶד הַיְסוֹד:
שִׁנָּה בַּאֲכִילָתָן הַבְּכוֹר נֶאֱכָל לַכֹּהֲנִים וְהַמַּעֲשֵׂר לְכָל אָדָם

וּטְבָלִין בְּכָל חָצֵיר בְּכָל בַּאֲכָל לְשָׁנֵי יָמִים וְלַיְלָה אֶחָד. הַפֶּסַח אֵינוֹ נֶאֱכָל אֶלָּא בַלַּיְלָה וְאֵינוֹ נֶאֱכָל אֶלָּא עַד חֲצוֹת וְאֵינוֹ נֶאֱכָל אֶלָּא לִמְנוּיָו וְאֵינוֹ נֶאֱכָל אֶלָּא צָלִי:

רַבִּי יִשְׁמָעֵאל אוֹמֵר בִּשְׁלֹשׁ עֶשְׂרֵה מִדּוֹת הַתּוֹרָה נִדְרֶשֶׁת: מִקַּל וָחֹמֶר וּמִגְּזֵרָה שָׁוָה. מִבִּנְיַן אָב מִכָּתוּב אֶחָד. וּמִבִּנְיַן אָב מִשְּׁנֵי כְתוּבִים. מִכְּלָל וּפְרָט וּמִפְּרָט וּכְלָל וּכְלָל וּפְרָט וּכְלָל אִי אַתָּה דָן אֶלָּא כְּעֵין הַפְּרָט. מִכְּלָל שֶׁהוּא צָרִיךְ לִפְרָט. וּמִפְּרָט שֶׁהוּא צָרִיךְ לִכְלָל. כָּל דָּבָר שֶׁהָיָה בִּכְלָל וְיָצָא מִן הַכְּלָל לְלַמֵּד לֹא לְלַמֵּד עַל עַצְמוֹ יָצָא אֶלָּא לְלַמֵּד עַל הַכְּלָל כֻּלּוֹ יָצָא. כָּל דָּבָר שֶׁהָיָה בִּכְלָל וְיָצָא לִטְעוֹן טַעַן אֶחָד שֶׁהוּא כְעִנְיָנוֹ יָצָא לְהָקֵל וְלֹא לְהַחֲמִיר. כָּל דָּבָר שֶׁהָיָה בִּכְלָל וְיָצָא לִטְעוֹן טַעַן אַחֵר שֶׁלֹּא כְעִנְיָנוֹ יָצָא לְהָקֵל וּלְהַחֲמִיר. כָּל דָּבָר שֶׁהָיָה בִּכְלָל וְיָצָא לִדּוֹן בְּדָבָר הֶחָדָשׁ אִי אַתָּה יָכוֹל לְהַחֲזִירוֹ לִכְלָלוֹ עַד שֶׁיַּחֲזִירֶנּוּ הַכָּתוּב לִכְלָלוֹ בְּפֵרוּשׁ. דָּבָר הַלָּמֵד מֵעִנְיָנוֹ. וְדָבָר הַלָּמֵד מִסּוֹפוֹ. וְכֵן שְׁנֵי כְתוּבִים הַמַּכְחִישִׁים זֶה אֶת זֶה עַד שֶׁיָּבֹא הַכָּתוּב הַשְּׁלִישִׁי וְיַכְרִיעַ בֵּינֵיהֶם:

יְהִי רָצוֹן מִלְּפָנֶיךָ יְיָ אֱלֹהֵינוּ וֵאלֹהֵי אֲבוֹתֵינוּ שֶׁיִּבָּנֶה בֵּית הַמִּקְדָּשׁ בִּמְהֵרָה בְיָמֵינוּ וְתֵן חֶלְקֵנוּ בְּתוֹרָתֶךָ: וְשָׁם נַעֲבָדְךָ בְּיִרְאָה כִּימֵי עוֹלָם וּכְשָׁנִים קַדְמוֹנִיוֹת:

בָּרוּךְ שֶׁאָמַר וְהָיָה הָעוֹלָם· בָּרוּךְ הוּא· בָּרוּךְ עוֹשֶׂה בְרֵאשִׁית· בָּרוּךְ אוֹמֵר וְעוֹשֶׂה· בָּרוּךְ גּוֹזֵר וּמְקַיֵּם· בָּרוּךְ מְרַחֵם עַל הָאָרֶץ· בָּרוּךְ מְרַחֵם עַל הַבְּרִיּוֹת· בָּרוּךְ מְשַׁלֵּם שָׂכָר טוֹב לִירֵאָיו· בָּרוּךְ חַי לָעַד וְקַיָּם לָנֶצַח· בָּרוּךְ פּוֹדֶה וּמַצִּיל בָּרוּךְ שְׁמוֹ· בָּרוּךְ אַתָּה יְיָ אֱלֹהֵינוּ מֶלֶךְ הָעוֹלָם· הָאֵל הָאָב הָרַחֲמָן הַמְהֻלָּל בְּפִי עַמּוֹ מְשֻׁבָּח וּמְפֹאָר בִּלְשׁוֹן חֲסִידָיו וַעֲבָדָיו· וּבְשִׁירֵי דָוִד עַבְדֶּךָ נְהַלֶּלְךָ יְיָ אֱלֹהֵינוּ בִּשְׁבָחוֹת וּבִזְמִירוֹת נְגַדֶּלְךָ וּנְשַׁבֵּחֲךָ וּנְפָאֶרְךָ וְנַזְכִּיר שִׁמְךָ וְנַמְלִיכְךָ מַלְכֵּנוּ אֱלֹהֵינוּ יָחִיד חֵי הָעוֹלָמִים· מֶלֶךְ מְשֻׁבָּח וּמְפֹאָר עֲדֵי עַד שְׁמוֹ הַגָּדוֹל· בָּרוּךְ אַתָּה יְיָ מֶלֶךְ מְהֻלָּל בַּתִּשְׁבָּחוֹת:

לה"ט ט"ו

הוֹדוּ לַייָ קִרְאוּ בִשְׁמוֹ הוֹדִיעוּ בָעַמִּים עֲלִילוֹתָיו: שִׁירוּ לוֹ זַמְּרוּ־לוֹ שִׂיחוּ בְּכָל־נִפְלְאוֹתָיו: הִתְהַלְלוּ בְּשֵׁם קָדְשׁוֹ יִשְׂמַח לֵב מְבַקְשֵׁי יְיָ: דִּרְשׁוּ יְיָ וְעֻזּוֹ בַּקְּשׁוּ פָנָיו תָּמִיד: זִכְרוּ נִפְלְאוֹתָיו אֲשֶׁר עָשָׂה מֹפְתָיו וּמִשְׁפְּטֵי־פִיהוּ: זֶרַע יִשְׂרָאֵל

Gelobt sei er, auf dessen Wort das Weltall ward, gelobt sei er! Gelobt sei der Schöpfer von Anbeginn, gelobt, der spricht und vollführt, gelobt, der beschließt und vollzieht, gelobt, der sich der Erde erbarmet, gelobt, der sich der Geschöpfe erbarmet, gelobt, der seinen Verehrern heilvollen Lohn vergilt, gelobt, der ewig lebt und immerdar besteht, gelobt, der erlöset und errettet — gelobt sei sein Name! Gelobt seist Du, Ewiger, unser Gott, Weltregent, Allmächtiger, erbarmungsvoller Vater, dessen Ruhm im Munde seines Volkes, dessen Lob und Preis auf der Zunge seiner Frommen und Diener schwebt! Und mit den Psalmen Davids, Deines Knechtes, wollen auch wir Dich lobpreisen, Ewiger, unser Gott; mit Lobgesängen und Liedern wollen wir Dich erheben, preisen und rühmen, Deinen Namen verherrlichen und Dir huldigen als unserem Gott und König, Einziger! Allbelebender! — Herr, in alle Ewigkeit gepriesen und verherrlicht sei Dein großer Name! — Gelobt seist Du, Ewiger! König, gepriesen durch Lobgesänge!

(1. Chron. 16, 8.)

Danket dem Ewigen, rufet seinen Namen an, verkündet unter den Völkern seine Thaten! Singet ihm, laßt ihm Saitenspiel ertönen, unterhaltet euch von seinen Wunderthaten allen! Rühmet euch seines heiligen Namens, daß sich das Herz der Gottesverehrer freue! Suchet den Ewigen und seinen Schutz, verlanget nach ihm allezeit! Gedenket seiner Wunder, die er gethan, seiner Wunderzeichen und der Aussprüche seines Mundes! Nachkommen Israels, seines Knechtes!

עַבְדּוֹ בְּנֵי יַעֲקֹב בְּחִירָיו: הוּא יְיָ אֱלֹהֵינוּ בְּכָל־
הָאָרֶץ מִשְׁפָּטָיו: זִכְרוּ לְעוֹלָם בְּרִיתוֹ דָּבָר צִוָּה
לְאֶלֶף דּוֹר: אֲשֶׁר כָּרַת אֶת־אַבְרָהָם וּשְׁבוּעָתוֹ
לְיִצְחָק: וַיַּעֲמִידֶהָ לְיַעֲקֹב לְחֹק לְיִשְׂרָאֵל בְּרִית
עוֹלָם: לֵאמֹר לְךָ אֶתֵּן אֶרֶץ־כְּנָעַן חֶבֶל
נַחֲלַתְכֶם: בִּהְיוֹתְכֶם מְתֵי מִסְפָּר כִּמְעַט וְגָרִים
בָּהּ: וַיִּתְהַלְּכוּ מִגּוֹי אֶל־גּוֹי וּמִמַּמְלָכָה אֶל־עַם
אַחֵר: לֹא־הִנִּיחַ לְאִישׁ לְעָשְׁקָם וַיּוֹכַח עֲלֵיהֶם
מְלָכִים: אַל־תִּגְּעוּ בִּמְשִׁיחָי וּבִנְבִיאַי אַל־
תָּרֵעוּ: שִׁירוּ לַייָ כָּל־הָאָרֶץ בַּשְּׂרוּ מִיּוֹם־אֶל־
יוֹם יְשׁוּעָתוֹ: סַפְּרוּ בַגּוֹיִם אֶת־כְּבוֹדוֹ בְּכָל־
הָעַמִּים נִפְלְאֹתָיו: כִּי גָדוֹל יְיָ וּמְהֻלָּל מְאֹד
וְנוֹרָא הוּא עַל־כָּל־אֱלֹהִים: כִּי כָּל־אֱלֹהֵי הָעַמִּים
אֱלִילִים וַייָ שָׁמַיִם עָשָׂה: הוֹד וְהָדָר לְפָנָיו עֹז
וְחֶדְוָה בִּמְקֹמוֹ: הָבוּ לַייָ מִשְׁפְּחוֹת עַמִּים הָבוּ
לַייָ כָּבוֹד וָעֹז: הָבוּ לַייָ כְּבוֹד שְׁמוֹ שְׂאוּ מִנְחָה
וּבֹאוּ לְפָנָיו הִשְׁתַּחֲווּ לַייָ בְּהַדְרַת־קֹדֶשׁ: חִילוּ
מִלְּפָנָיו כָּל־הָאָרֶץ אַף־תִּכּוֹן תֵּבֵל בַּל־תִּמּוֹט:

Kinder Jakobs, seines Auserwählten! Er, der Ewige, ist unser Gott! über die ganze Erde ergehen seine Gerichte. Gedenket ewiglich seines Bundes, des Wortes, das er entboten bis in's tausendste Geschlecht, des Bundes, den er mit Abraham geschlossen, den er Isaak zugeschworen, und den er für Jakob aufgestellt zum Gesetze, für Israel zum ewigen Bunde. Damals sprach er: „Dir gebe ich das Land Kanaan, euer sei es als erblich Besitzthum." Da waret ihr noch von geringer Zahl, wenig noch und fremd im Lande. Und sie zogen von Volk zu Volk, aus diesem Reich hinaus zu jener Nation hin. Von Niemanden ließ er sie bedrücken, züchtigte Könige ihretwegen. „Rühret meine Gesalbten nicht an! thuet meinen Propheten kein Leid!" — Singet dem Ewigen, alle Welt! Verkündet von Tag zu Tag seine Hülfe! Erzählet unter den Völkern seine Herrlichkeit, unter allen Nationen seine Wunder! Denn groß ist der Ewige und hochgepriesen, und furchtbar ist er über alle Götter. Alle Götter der Völker sind nichtig; der Ewige hat den Himmel geschaffen. Majestät und Pracht ist vor ihm her, Triumph und Freude walten an seiner Stätte. Bringet dem Ewigen, Völkergeschlechter, bringet dem Ewigen Ruhm und Triumph! Bringet dem Ewigen seines Namens Ruhm, nehmet Geschenke und kommet vor ihn! werfet euch nieder vor dem Ewigen in heiligem Schmuck! Bebet, alle Welt, vor ihm! fest steht die

יִשְׂמְחוּ הַשָּׁמַיִם וְתָגֵל הָאָרֶץ וְיֹאמְרוּ בַגּוֹיִם יְיָ
מָלָךְ: יִרְעַם הַיָּם וּמְלוֹאוֹ יַעֲלֹץ הַשָּׂדֶה וְכָל
אֲשֶׁר בּוֹ: אָז יְרַנְּנוּ עֲצֵי הַיָּעַר מִלִּפְנֵי יְיָ כִּי בָא
לִשְׁפּוֹט אֶת הָאָרֶץ: הוֹדוּ לַייָ כִּי טוֹב כִּי לְעוֹלָם
חַסְדּוֹ: וְאִמְרוּ הוֹשִׁיעֵנוּ אֱלֹהֵי יִשְׁעֵנוּ וְקַבְּצֵנוּ
וְהַצִּילֵנוּ מִן הַגּוֹיִם לְהוֹדוֹת לְשֵׁם קָדְשֶׁךָ
לְהִשְׁתַּבֵּחַ בִּתְהִלָּתֶךָ: בָּרוּךְ יְיָ אֱלֹהֵי יִשְׂרָאֵל
מִן הָעוֹלָם וְעַד הָעֹלָם וַיֹּאמְרוּ כָל הָעָם אָמֵן
וְהַלֵּל לַייָ: רוֹמְמוּ יְיָ אֱלֹהֵינוּ וְהִשְׁתַּחֲווּ
לַהֲדֹם רַגְלָיו קָדוֹשׁ הוּא: רוֹמְמוּ יְיָ אֱלֹהֵינוּ
וְהִשְׁתַּחֲווּ לְהַר קָדְשׁוֹ כִּי קָדוֹשׁ יְיָ אֱלֹהֵינוּ: וְהוּא
רַחוּם יְכַפֵּר עָוֹן וְלֹא יַשְׁחִית וְהִרְבָּה לְהָשִׁיב
אַפּוֹ וְלֹא יָעִיר כָּל חֲמָתוֹ: אַתָּה יְיָ לֹא תִכְלָא
רַחֲמֶיךָ מִמֶּנִּי חַסְדְּךָ וַאֲמִתְּךָ תָּמִיד יִצְּרוּנִי:
זְכֹר רַחֲמֶיךָ יְיָ וַחֲסָדֶיךָ כִּי מֵעוֹלָם הֵמָּה: תְּנוּ עֹז
לֵאלֹהִים עַל יִשְׂרָאֵל גַּאֲוָתוֹ וְעֻזּוֹ בַּשְּׁחָקִים:
נוֹרָא אֱלֹהִים מִמִּקְדָּשֶׁיךָ אֵל יִשְׂרָאֵל הוּא נוֹתֵן
עֹז וְתַעֲצֻמוֹת לָעָם בָּרוּךְ אֱלֹהִים: אֵל נְקָמוֹת

Welt und wanket nie. Es freue sich der Himmel und juble die Erde; unter den Völkern werde verkündet: der Ewige regieret! Es brause das Meer und was es erfüllt, es frohlocke die Flur und was sie enthält; drein jauchzen die Bäume des Waldes vor dem Ewigen; denn er kommt, zu richten die Erde! Danket dem Ewigen, denn er ist freundlich, ewig währet seine Güte. Sprechet: hilf uns, Gott unseres Heils, sammle und errette uns aus den Völkern, zu danken dem Namen Deiner Heiligkeit und uns zu rühmen Deines Lobes. Gelobt sei der Ewige, der Gott Israels, von Ewigkeit zu Ewigkeit! Und alles Volk spreche: „Amen!" und „Lob dem Ewigen!" — Erhebet den Ewigen, unseren Gott, und werfet euch nieder vor seiner Füße Schemel, heilig ist er! Erhebet den Ewigen, unseren Gott, und werfet euch nieder an seinem heiligen Berge, denn heilig ist der Ewige, unser Gott! Er, der Allbarmherzige, vergibt die Missethat und vertilgt nicht; er wendet oft seinen Zorn ab, und nie läßt er seinen ganzen Grimm erwachen. Du, o Ewiger, wirst Deine Barmherzigkeit mir nicht entziehen; Deine Liebe und Deine Treue werden mich stets bewahren. Gedenke Deiner Barmherzigkeit, o Ewiger, und Deiner Liebe, denn sie sind von Ewigkeit her. — Gebet Gott Triumph! über Israel waltet seine Majestät, und seine Allmacht in Himmelshöhen. Furchtbar bist Du, o Gott, von Deinem Heiligthume aus; der Gott Israels, er gibt dem Volke Macht und Stärke; gelobt sei Gott! — Gott der Rache, Ewiger, Gott der Rache,

ײ: אל נקמות הופיע: הנשא שפט הארץ השב גמול על גאים: לײ הישועה על עמך ברכתך סלה: ײ צבאות עמנו משגב לנו אלהי יעקב סלה: ײ צבאות אשרי אדם בטח בך: ײ הושיעה המלך יעננו ביום קראנו: הושיעה את עמך וברך את נחלתך ורעם ונשאם עד העולם: נפשנו חכתה לײ עזרנו ומגננו הוא: כי בו ישמח לבנו כי בשם קדשו בטחנו: יהי חסדך ײ עלינו כאשר יחלנו לך: הראנו ײ חסדך וישעך תתן לנו: קומה עזרתה לנו ופדנו למען חסדך: אנכי ײ אלהיך המעלך מארץ מצרים הרחב פיך ואמלאהו: אשרי העם שככה לו אשרי העם שײ אלהיו: ואני בחסדך בטחתי יגל לבי בישועתך אשירה לײ כי גמל עלי:

אן שבת וי"ט, ע"כ, ע"פ חוה"מ פסח ווירד קיין מזמור לתודה געזאגט.

מזמור לתודה הריעו לײ כל הארץ: עבדו את ײ בשמחה באו לפניו ברננה: דעו כי ײ הוא אלהים הוא עשנו ולא (ולו ק) אנחנו עמו וצאן מרעיתו: באו שעריו בתודה חצרתיו בתהלה הודו לו ברכו שמו: כי טוב ײ לעולם חסדו ועד דר ודר אמונתו:

אן אפגעזאגטען פאלגט היער יהי כבוד וכו' (זייטע 46).

erscheine! Erhebe Dich, Richter der Erde! vergilt den Uebermüthigen nach Verdienst! Bei dem Ewigen ist die Hülfe; Dein Segen komme über Dein Volk, Selah! Der Ewige Zebaoth ist mit uns, Jakobs Gott ist unsere Veste, Selah! — Ewiger Zebaoth! Heil dem Menschen, der Dir vertrauet! Ewiger, hilf! König, erhöre uns am Tage unseres Flehens! Hilf Deinem Volke, segne Dein Erbe, weide und trage sie bis in Ewigkeit! Unsere Seele harret auf den Ewigen; unsere Hülfe, unser Schild ist er. In ihm wird froh unser Herz, denn auf seinen heiligen Namen vertrauen wir. Laß Deine Liebe, Ewiger, walten über uns, wie wir auf Dich harren! Laß uns schauen, Ewiger, Deine Huld, und schenke uns Deine Hülfe! Erhebe Dich, stehe uns bei, und erlöse uns, um Deiner Güte willen! „Ich bin der Ewige, dein Gott, der aus Egypten dich geführt! thue deinen Mund weit auf, ich fülle ihn." Heil dem Volke, dem es so ergeht! heil dem Volke, dessen Gott der Ewige! darum vertraue ich auf Deine Liebe, frohlocket mein Herz ob Deiner Hülfe. Singen will ich dem Ewigen, denn er hat mir wohlgethan!

An Sabbath- und Festtagen, am Tage vor Jom Kippur und am Tage vor Pesach, sowie an Chol ha-Moed Pesach wird folgender Psalm nicht gebetet.

(Psalm 100.) Psalm bei'm Dankopfer. Jauchzet dem Ewigen, alle Welt! dienet dem Ewigen mit Freuden, kommt mit Frohlocken vor ihn! Erkennet, daß der Ewige Gott ist! er schuf uns, wir sind sein, sein Volk, die Heerde seiner Weide. Gehet zu seinen Pforten ein mit Dank, mit Lobgesang zu seinem Vorhof, danket ihm, lobet seinen Namen! denn gütig ist der Ewige, ewig währet seine Gnade, seine Treue für und für!

An Wochentagen folgt hier „Ewig währet" u. s. w. (S. 47).

שבת אונד יום טוב, (אין ווחכלען געאייטרען אויך הושענא רבא) ווערדען פאָלגענדע מזמורים געבעטעט:

יט לַמְנַצֵּחַ מִזְמוֹר לְדָוִד: הַשָּׁמַיִם מְסַפְּרִים כְּבוֹד־אֵל וּמַעֲשֵׂה יָדָיו מַגִּיד הָרָקִיעַ: יוֹם לְיוֹם יַבִּיעַ אֹמֶר וְלַיְלָה לְּלַיְלָה יְחַוֶּה־דָּעַת: אֵין אֹמֶר וְאֵין דְּבָרִים בְּלִי נִשְׁמָע קוֹלָם: בְּכָל־הָאָרֶץ יָצָא קַוָּם וּבִקְצֵה תֵבֵל מִלֵּיהֶם לַשֶּׁמֶשׁ שָׂם־אֹהֶל בָּהֶם: וְהוּא כְּחָתָן יֹצֵא מֵחֻפָּתוֹ יָשִׂישׂ כְּגִבּוֹר לָרוּץ אֹרַח: מִקְצֵה הַשָּׁמַיִם מוֹצָאוֹ וּתְקוּפָתוֹ עַל־קְצוֹתָם וְאֵין נִסְתָּר מֵחַמָּתוֹ: תּוֹרַת יְהוָה תְּמִימָה מְשִׁיבַת נָפֶשׁ עֵדוּת יְהוָה נֶאֱמָנָה מַחְכִּימַת פֶּתִי: פִּקּוּדֵי יְהוָה יְשָׁרִים מְשַׂמְּחֵי־לֵב מִצְוַת יְהוָה בָּרָה מְאִירַת עֵינָיִם: יִרְאַת יְהוָה טְהוֹרָה עוֹמֶדֶת לָעַד מִשְׁפְּטֵי־יְהוָה אֱמֶת צָדְקוּ יַחְדָּו: הַנֶּחֱמָדִים מִזָּהָב וּמִפַּז רָב וּמְתוּקִים מִדְּבַשׁ וְנֹפֶת צוּפִים: גַּם־עַבְדְּךָ נִזְהָר בָּהֶם בְּשָׁמְרָם עֵקֶב רָב: שְׁגִיאוֹת מִי־יָבִין מִנִּסְתָּרוֹת נַקֵּנִי: גַּם מִזֵּדִים חֲשֹׂךְ עַבְדֶּךָ אַל־יִמְשְׁלוּ־בִי אָז אֵיתָם וְנִקֵּיתִי מִפֶּשַׁע רָב: יִהְיוּ לְרָצוֹן אִמְרֵי־פִי וְהֶגְיוֹן לִבִּי לְפָנֶיךָ יְהוָה צוּרִי וְגֹאֲלִי:

לד לְדָוִד בְּשַׁנּוֹתוֹ אֶת־טַעְמוֹ לִפְנֵי אֲבִימֶלֶךְ וַיְגָרְשֵׁהוּ וַיֵּלַךְ:

אֲבָרְכָה אֶת־יְהוָה בְּכָל־עֵת תָּמִיד תְּהִלָּתוֹ בְּפִי:

בַּיהוָה תִּתְהַלֵּל נַפְשִׁי יִשְׁמְעוּ עֲנָוִים וְיִשְׂמָחוּ:

גַּדְּלוּ לַיהוָה אִתִּי וּנְרוֹמְמָה שְׁמוֹ יַחְדָּו:

An Sabbath- und Festtagen (in manchen Gemeinden auch Hoschanna Rabba) werden folgende Psalmen gebetet.

(Psalm 19.) Dem Sangmeister ein Psalm von David. Die Himmel erzählen die Ehre Gottes, und seiner Hände Werk verkündet das Firmament. Ein Tag strömt die Rede dem andern zu, und Nacht flüstert die Kunde zu der Nacht. Keine Rede, keine Worte, nicht wird vernommen ihre Stimme — doch über die ganze Erde erstreckt sich ihre Saite, und bis an's Ende der Welt ihr Vortrag. Dem Sonnenball stiftete er ein Zelt unter ihnen; und dieser, wie ein Bräutigam geht er hervor aus seinem Trauhimmel, freut sich wie ein Held, zu durchlaufen die Bahn. Von jener Himmelsgrenze geht er aus, den Kreislauf durch, bis wieder zu ihr hin, und nichts bleibt seiner Gluth verborgen. Die Lehre des Ewigen ist vollkommen, labt die Seele; das Zeugniß des Ewigen ist zuverlässig, macht Alberne weise; die Befehle des Ewigen sind gerade, erfreuen das Herz; das Gebot des Ewigen ist lauter, erleuchtet die Augen; die Furcht des Ewigen ist rein, bestehet ewiglich; die Aussprüche des Ewigen sind Wahrheit, alle gerecht. Sie sind angenehmer als Gold und viel köstlich Metall und süßer als Honig und Zuckersaft. Auch ist Dein Knecht gewarnt durch sie; großer Lohn erwartet den, der sie bewahrt. Unwissentliche Fehler, wer merket sie? Bewahre mich vor unbekannten Sünden! Entfern' mich auch von übermüthigen Gedanken, laß sie nicht herrschen über mich! so kann ich, von Verbrechen frei, mich der Vollendung nahen. Mögen doch wohlgefallen die Worte meines Mundes und die Gedanken meines Herzens, Dir, Ewiger, mein Hort und mein Erlöser!

(Psalm 34.) Von David, als er seinen Verstand verleugnete vor Abimelech, dieser ihn von sich trieb und er entkam. Lobpreisen will ich den Ewigen alle Zeit, sein Lob sei beständig in meinem Munde! Meine Seele rühme sich des Ewigen, daß die Bedrängten es hören und sich freuen. Preist mit mir des Ew'gen Größe, laßt uns

דָּרַשְׁתִּי אֶת־יְהֹוָה וְעָנָנִי וּמִכָּל־מְגוּרוֹתַי הִצִּילָנִי׃
הִבִּיטוּ אֵלָיו וְנָהָרוּ וּפְנֵיהֶם אַל־יֶחְפָּרוּ׃
זֶה עָנִי קָרָא וַיהֹוָה שָׁמֵעַ וּמִכָּל־צָרוֹתָיו הוֹשִׁיעוֹ׃
חֹנֶה מַלְאַךְ־יְהֹוָה סָבִיב לִירֵאָיו וַיְחַלְּצֵם׃
טַעֲמוּ וּרְאוּ כִּי־טוֹב יְהֹוָה אַשְׁרֵי הַגֶּבֶר יֶחֱסֶה־בּוֹ׃
יְראוּ אֶת־יְהֹוָה קְדֹשָׁיו כִּי אֵין מַחְסוֹר לִירֵאָיו׃
כְּפִירִים רָשׁוּ וְרָעֵבוּ וְדֹרְשֵׁי יְהֹוָה לֹא־יַחְסְרוּ כָל־טוֹב׃
לְכוּ־בָנִים שִׁמְעוּ־לִי יִרְאַת יְהֹוָה אֲלַמֶּדְכֶם׃
מִי־הָאִישׁ הֶחָפֵץ חַיִּים אֹהֵב יָמִים לִרְאוֹת טוֹב׃
נְצֹר לְשׁוֹנְךָ מֵרָע וּשְׂפָתֶיךָ מִדַּבֵּר מִרְמָה׃
סוּר מֵרָע וַעֲשֵׂה־טוֹב בַּקֵּשׁ שָׁלוֹם וְרָדְפֵהוּ׃
עֵינֵי יְהֹוָה אֶל־צַדִּיקִים וְאָזְנָיו אֶל־שַׁוְעָתָם׃
פְּנֵי יְהֹוָה בְּעֹשֵׂי רָע לְהַכְרִית מֵאֶרֶץ זִכְרָם׃
צָעֲקוּ וַיהֹוָה שָׁמֵעַ וּמִכָּל־צָרוֹתָם הִצִּילָם׃
קָרוֹב יְהֹוָה לְנִשְׁבְּרֵי־לֵב וְאֶת־דַּכְּאֵי־רוּחַ יוֹשִׁיעַ׃
רַבּוֹת רָעוֹת צַדִּיק וּמִכֻּלָּם יַצִּילֶנּוּ יְהֹוָה׃
שֹׁמֵר כָּל־עַצְמוֹתָיו אַחַת מֵהֵנָּה לֹא נִשְׁבָּרָה׃
תְּמוֹתֵת רָשָׁע רָעָה וְשֹׂנְאֵי צַדִּיק יֶאְשָׁמוּ׃
פּוֹדֶה יְהֹוָה נֶפֶשׁ עֲבָדָיו וְלֹא יֶאְשְׁמוּ כָּל־הַחֹסִים בּוֹ׃
צ תְּפִלָּה לְמֹשֶׁה אִישׁ־הָאֱלֹהִים אֲדֹנָי מָעוֹן אַתָּה הָיִיתָ לָּנוּ

vereint seinen Namen erheben. Ich suchte den Ewigen, und er antwortete mir, und aus allen meinen Nöthen rettete er mich. Die aufschauen zu ihm, strahlen freudig, und ihr Angesicht wird nie zu Schanden. Da ist ein Armer, er rief, der Ewige vernahm's und half aus allen Nöthen ihm. Des Ew'gen Engel lagern rings um seine Verehrer und befreien sie. Fühlet und sehet, wie gütig er ist, der Ewige; heil dem Manne, der auf ihn vertraut! Fürchtet den Ewigen, ihr, seine Heiligen! denn keinen Mangel haben, die ihn fürchten. Junge Leuen darben und hungern, aber die nach Gott verlangen, ermangeln keines Gutes. Kommet her, ihr Kinder, höret mir zu, Furcht Gottes will ich euch lehren! Ist wo ein Mann, der Lust am Leben hat, Tage wünschet, um Glück zu schauen? Bewahre deine Zunge vor Bösem, und deine Lippen vor Betrüglichreden. Weiche vom Bösen und thue Gutes, suche den Frieden und strebe ihm nach! Auf Gerechte merken die Augen des Ewigen, auf ihr Flehen seine Ohren; sein Zornblick trifft die Uebelthäter, zu tilgen von der Erde ihr Angedenken. Wenn jene schrei'n, so hört's der Ewige und rettet sie aus aller Noth. Gebrochnen Herzen ist der Ew'ge nahe, und hilft zerschlagenen Gemüthern. Viel sind die Leiden des Gerechten, aber aus allen errettet ihn der Ewige. Er behütet alle seine Gebeine, daß keines von ihnen gebrochen werde. Das Laster bringt den Frevelhaften um, Verdammniß trifft die Feinde des Gerechten. Der Ewige erlöst die Seelen seiner Knechte; die ihm vertrauen, werden nie verdammt.

(Psalm 90.) Gebet von Mosche, dem Manne Gottes. Herr, Zuflucht warst Du uns von Geschlecht zu Ge-

כְּדֹר וָדֹר: בְּטֶרֶם הָרִים יֻלָּדוּ וַתְּחוֹלֵל אֶרֶץ וְתֵבֵל
וּמֵעוֹלָם עַד־עוֹלָם אַתָּה אֵל: תָּשֵׁב אֱנוֹשׁ עַד־דַּכָּא
וַתֹּאמֶר שׁוּבוּ בְנֵי־אָדָם: כִּי אֶלֶף שָׁנִים בְּעֵינֶיךָ כְּיוֹם
אֶתְמוֹל כִּי יַעֲבֹר וְאַשְׁמוּרָה בַלָּיְלָה: זְרַמְתָּם שֵׁנָה יִהְיוּ
בַּבֹּקֶר כֶּחָצִיר יַחֲלֹף: בַּבֹּקֶר יָצִיץ וְחָלָף לָעֶרֶב יְמוֹלֵל וְיָבֵשׁ:
כִּי־כָלִינוּ בְאַפֶּךָ וּבַחֲמָתְךָ נִבְהָלְנוּ: שַׁתָּ* עֲוֹנֹתֵינוּ לְנֶגְדֶּךָ
עֲלֻמֵנוּ לִמְאוֹר פָּנֶיךָ: כִּי כָל־יָמֵינוּ פָּנוּ בְעֶבְרָתֶךָ כִּלִּינוּ
שָׁנֵינוּ כְמוֹ־הֶגֶה: יְמֵי שְׁנוֹתֵינוּ בָהֶם שִׁבְעִים שָׁנָה וְאִם
בִּגְבוּרֹת שְׁמוֹנִים שָׁנָה וְרָהְבָּם עָמָל וָאָוֶן כִּי גָז חִישׁ
וַנָּעֻפָה: מִי־יוֹדֵעַ עֹז אַפֶּךָ וּכְיִרְאָתְךָ עֶבְרָתֶךָ: לִמְנוֹת יָמֵינוּ
כֵּן הוֹדַע וְנָבִא לְבַב חָכְמָה: שׁוּבָה יְהוָֹה עַד־מָתָי וְהִנָּחֵם עַל־
עֲבָדֶיךָ: שַׂבְּעֵנוּ בַבֹּקֶר חַסְדֶּךָ וּנְרַנְּנָה וְנִשְׂמְחָה בְּכָל־יָמֵינוּ:
שַׂמְּחֵנוּ כִּימוֹת עִנִּיתָנוּ שְׁנוֹת רָאִינוּ רָעָה: יֵרָאֶה אֶל־עֲבָדֶיךָ
פָעֳלֶךָ וַהֲדָרְךָ עַל־בְּנֵיהֶם: וִיהִי נֹעַם אֲדֹנָי אֱלֹהֵינוּ עָלֵינוּ
וּמַעֲשֵׂה יָדֵינוּ כּוֹנְנָה עָלֵינוּ וּמַעֲשֵׂה יָדֵינוּ כּוֹנְנֵהוּ:
צא ישֵׁב בְּסֵתֶר עֶלְיוֹן בְּצֵל שַׁדַּי יִתְלוֹנָן: אֹמַר לַיהוָֹה מַחְסִי
וּמְצוּדָתִי אֱלֹהַי אֶבְטַח־בּוֹ: כִּי הוּא יַצִּילְךָ מִפַּח יָקוּשׁ מִדֶּבֶר
הַוּוֹת: בְּאֶבְרָתוֹ יָסֶךְ לָךְ וְתַחַת כְּנָפָיו תֶּחְסֶה צִנָּה וְסֹחֵרָה
אֲמִתּוֹ: לֹא־תִירָא מִפַּחַד לָיְלָה מֵחֵץ יָעוּף יוֹמָם: מִדֶּבֶר
בָּאֹפֶל יַהֲלֹךְ מִקֶּטֶב יָשׁוּד צָהֳרָיִם: יִפֹּל מִצִּדְּךָ אֶלֶף

*) שתה ק׳.

schlecht. Ehe die Berge geboren, Erd' und Weltall entstanden war, von Ewigkeit zu Ewigkeit bist Du Gott. Du führst die Menschheit bis zur Zermalmung, dann sprichst Du: kehret um, ihr Erdenkinder! Denn tausend Jahre sind in Deinen Augen wie der gestrige Tag, der vorüber, wie eine Wache in der Nacht. Du strömst sie hinweg; in Schlummer entstehen sie — des Morgens wachsen sie wie das Gras; des Morgens grünt es und wächst, des Abends ist es welk und dürr; so vergehen wir in Deinem Zorne, so schleudert uns Dein Grimm dahin. Du stellest unsere Missethat vor Dich, unsere Heimlichkeit vor Deines Angesichtes Licht; da schwinden alle unsere Tage in Deinem Zorne; wir vollbringen unsere Jahre wie einen eitlen Gedanken. Unsere Lebenszeit währt siebzig Jahre, achtzig ist ihr fernstes Ziel, und ihr Stolz ist Müh' und Kummer; schnell abgeschnitten, so fliegen wir hin! Doch wer erkennet Deines Grimmes Allgewalt, daß er ihn fürchte, so furchtbar Du bist? Ach, lehr' uns unsere Tage zählen, damit wir weisen Herzens seien! Kehre wieder, Ewiger! — wie lange noch! — und erbarme Dich Deiner Knechte! Erquicke uns des Morgens mit Deiner Gnade, und wir jauchzen und freuen uns alle unsere Tage. Schenke uns so viel Freuden-, wie Du uns Leidenstage bereitet, so viel Jahre als wir Unglück geschauet. Zeige Dein erhabnes Werk an Deinen Knechten, an ihren Kindern Deine Majestät. — Unseres Gottes Freundlichkeit werde uns beschieden, so gelinget unserer Hände Werk; all' unser Thun gelinget nur durch ihn.

(Psalm 91.) Wer im Schirm des Höchsten wohnet, der ist geborgen im Schatten des Allmächtigen. Ich rufe zum Ewigen: „mein Schutz und meine Burg, mein Gott, auf den ich vertraue!" Ja, er befreiet dich aus des Verfolgers Schlinge, aus der Pest, verderbensvoll. Mit seinem Fittige decket er dich, unter seinen Flügeln bist du geborgen. Schild und Harnisch ist seine Treue. Du hast nicht Furcht vor dem Schauer der Nacht, vor dem Pfeile, der des Tages schwirret, vor der Pest, die im Dunkeln schleicht, vor der Seuche, die am Mittag wüthet. Fallen Tausende zu deiner Linken, Zehntausende zu deiner Rech-

וּרְבָבָה מִימִינֶךָ אֵלֶיךָ לֹא יִגָּשׁ: רַק בְּעֵינֶיךָ תַבִּיט וְשִׁלֻּמַת
רְשָׁעִים תִּרְאֶה: כִּי־אַתָּה יְהֹוָה מַחְסִי עֶלְיוֹן שַׂמְתָּ מְעוֹנֶךָ:
לֹא־תְאֻנֶּה אֵלֶיךָ רָעָה וְנֶגַע לֹא־יִקְרַב בְּאָהֳלֶךָ: כִּי מַלְאָכָיו
יְצַוֶּה־לָּךְ לִשְׁמָרְךָ בְּכָל־דְּרָכֶיךָ: עַל־כַּפַּיִם יִשָּׂאוּנְךָ פֶּן־
תִּגֹּף בָּאֶבֶן רַגְלֶךָ: עַל־שַׁחַל וָפֶתֶן תִּדְרֹךְ תִּרְמֹס כְּפִיר
וְתַנִּין: כִּי בִי חָשַׁק וַאֲפַלְּטֵהוּ אֲשַׂגְּבֵהוּ כִּי־יָדַע שְׁמִי:
יִקְרָאֵנִי וְאֶעֱנֵהוּ עִמּוֹ אָנֹכִי בְצָרָה אֲחַלְּצֵהוּ וַאֲכַבְּדֵהוּ:
אֹרֶךְ יָמִים אַשְׂבִּיעֵהוּ וְאַרְאֵהוּ בִּישׁוּעָתִי: אורך ימים וכו׳.

קלה הַלְלוּיָהּ הַלְלוּ אֶת־שֵׁם יְהֹוָה הַלְלוּ עַבְדֵי יְהֹוָה: שֶׁעֹמְדִים
בְּבֵית יְהֹוָה בְּחַצְרוֹת בֵּית אֱלֹהֵינוּ: הַלְלוּיָהּ כִּי־טוֹב יְהֹוָה זַמְּרוּ
לִשְׁמוֹ כִּי נָעִים: כִּי־יַעֲקֹב בָּחַר לוֹ יָהּ יִשְׂרָאֵל לִסְגֻלָּתוֹ: כִּי
אֲנִי יָדַעְתִּי כִּי־גָדוֹל יְהֹוָה וַאֲדֹנֵינוּ מִכָּל־אֱלֹהִים: כֹּל אֲשֶׁר־
חָפֵץ יְהֹוָה עָשָׂה בַּשָּׁמַיִם וּבָאָרֶץ בַּיַּמִּים וְכָל־תְּהֹמוֹת:
מַעֲלֶה נְשִׂאִים מִקְצֵה הָאָרֶץ בְּרָקִים לַמָּטָר עָשָׂה מוֹצֵא־רוּחַ
מֵאוֹצְרוֹתָיו: שֶׁהִכָּה בְּכוֹרֵי מִצְרָיִם מֵאָדָם עַד־בְּהֵמָה:
שָׁלַח אוֹתֹת וּמֹפְתִים בְּתוֹכֵכִי מִצְרָיִם בְּפַרְעֹה וּבְכָל־
עֲבָדָיו: שֶׁהִכָּה גּוֹיִם רַבִּים וְהָרַג מְלָכִים עֲצוּמִים: לְסִיחוֹן
מֶלֶךְ הָאֱמֹרִי וּלְעוֹג מֶלֶךְ הַבָּשָׁן וּלְכֹל מַמְלְכוֹת כְּנָעַן:
וְנָתַן אַרְצָם נַחֲלָה נַחֲלָה לְיִשְׂרָאֵל עַמּוֹ: יְהֹוָה שִׁמְךָ לְעוֹלָם
יְהֹוָה זִכְרְךָ לְדֹר־וָדֹר: כִּי־יָדִין יְהֹוָה עַמּוֹ וְעַל־עֲבָדָיו יִתְנֶחָם:

ten; dir nahet es nicht! Nur mit deinen Augen wirst du es schauen; der Frevler Strafe siehst du mit an — „denn Du, Ewiger, bist meine Zuversicht!“ Den Höchsten machst du zu deiner Zuflucht. Kein Uebel wird dir widerfahren, kein Mißgeschick nahen deinem Zelte. Denn seine Engel entbietet er dir, dich zu behüten auf allen deinen Wegen. Auf den Händen werden sie dich tragen, daß an keinem Steine dein Fuß sich verletze. Ueber Leuen und Nattern schreitest du weg, zertrittst Löwen- und Schlangenbrut. — „Denn mir hängt er an, darum errette ich ihn; ich will ihn erhöhen; bei ihm bin ich in der Noth, ich befreie ihn und bring' ihn zu Ehren. Mit langem Leben will ich ihn sättigen und mein Heil ihn schauen lassen.“

(Psalm 135.) Hallelujah! Lobet den Namen des Ewigen, lobet ihr Knechte des Ewigen, die ihr stehet im Hause des Ewigen, in den Vorhöfen unseres Gotteshauses. Lobet Gott, denn er ist gütig, lobsinget seinem Namen, denn er ist freundlich! Jakob hat der Herr sich erwählt, Israel zu seinem Eigenthume. Das weiß ich: größer ist der Ewige, unser Herr, denn alle Götterwesen. Alles, was der Ewige will, das vollbringet er, im Himmel und auf Erden, in den Meeren und allen Tiefen; er führt Wolken herauf vom Ende der Erde, schafft zum Regen Blitze, entläßt aus seinen Behältern den Wind. Er schlug Egyptens Erstgeburt, vom Menschen bis zum Viehe, ließ über dich Zeichen und Wunder kommen, Egyptenland, über Pharao und alle seine Diener! Er, der große Völker schlug, erlegte mächt'ge Könige, Sichon, den König Emori's, Og, den König von Basan, und alle Reiche Kanaans, und gab ihr Land zum Besitze seinem Volke Israel. Ewiger, Dein Name währet ewig, für und für Dein Ruhm! Der Ewige schafft seinem Volke Recht,

עֲצַבֵּי הַגּוֹיִם כֶּסֶף וְזָהָב מַעֲשֵׂה יְדֵי אָדָם: פֶּה־לָהֶם וְלֹא יְדַבֵּרוּ עֵינַיִם לָהֶם וְלֹא יִרְאוּ: אָזְנַיִם לָהֶם וְלֹא יַאֲזִינוּ אַף אֵין־יֶשׁ־רוּחַ בְּפִיהֶם: כְּמוֹהֶם יִהְיוּ עֹשֵׂיהֶם כֹּל אֲשֶׁר־בֹּטֵחַ בָּהֶם: בֵּית יִשְׂרָאֵל בָּרְכוּ אֶת־יְהוָה בֵּית אַהֲרֹן בָּרְכוּ אֶת־יְהוָה: בֵּית הַלֵּוִי בָּרְכוּ אֶת־יְהוָה יִרְאֵי יְהוָה בָּרְכוּ אֶת־יְהוָה: בָּרוּךְ יְהוָה מִצִּיּוֹן שֹׁכֵן יְרוּשָׁלָיִם הַלְלוּיָהּ:

הוֹדוּ לַיהוָה כִּי־טוֹב כִּי לְעוֹלָם חַסְדּוֹ:
הוֹדוּ לֵאלֹהֵי הָאֱלֹהִים כִּי לְעוֹלָם חַסְדּוֹ:
הוֹדוּ לַאֲדֹנֵי הָאֲדֹנִים כִּי לְעוֹלָם חַסְדּוֹ:
לְעֹשֵׂה נִפְלָאוֹת גְּדֹלוֹת לְבַדּוֹ כִּי לְעוֹלָם חַסְדּוֹ:
לְעֹשֵׂה הַשָּׁמַיִם בִּתְבוּנָה כִּי לְעוֹלָם חַסְדּוֹ:
לְרֹקַע הָאָרֶץ עַל־הַמָּיִם כִּי לְעוֹלָם חַסְדּוֹ:
לְעֹשֵׂה אוֹרִים גְּדֹלִים כִּי לְעוֹלָם חַסְדּוֹ:
אֶת־הַשֶּׁמֶשׁ לְמֶמְשֶׁלֶת בַּיּוֹם כִּי לְעוֹלָם חַסְדּוֹ:
אֶת־הַיָּרֵחַ וְכוֹכָבִים לְמֶמְשְׁלוֹת בַּלָּיְלָה כִּי לְעוֹלָם חַסְדּוֹ:
לְמַכֵּה מִצְרַיִם בִּבְכוֹרֵיהֶם כִּי לְעוֹלָם חַסְדּוֹ:
וַיּוֹצֵא יִשְׂרָאֵל מִתּוֹכָם כִּי לְעוֹלָם חַסְדּוֹ:
בְּיָד חֲזָקָה וּבִזְרוֹעַ נְטוּיָה כִּי לְעוֹלָם חַסְדּוֹ:
לְגֹזֵר יַם־סוּף לִגְזָרִים כִּי לְעוֹלָם חַסְדּוֹ:
וְהֶעֱבִיר יִשְׂרָאֵל בְּתוֹכוֹ כִּי לְעוֹלָם חַסְדּוֹ:

nimmt sich wieder seiner Diener an. Der Heiden Götzen sind Silber und Gold, Werk von Menschenhänden. Einen Mund haben sie und reden nicht, Augen und sehen nicht, Ohren und hören nicht, auch ist kein Odem in ihrem Munde. Ihnen gleich sind ihre Bildner, Alle, die auf sie vertrauen. Ihr, vom Hause Israels, preiset den Ewigen! Ihr, vom Hause Aharons, preiset den Ewigen! Ihr, vom Hause Levi, preiset den Ewigen! Die ihr den Ewigen ehrfürchtet, preiset den Ewigen! Gepriesen sei von Zion aus der Ewige, der in Jerusalem thronet! Hallelujah!

(Psalm 136.)

Danket dem Ewigen, denn er ist freundlich,
ewig währet seine Güte!
Danket ihm, dem Gott der Götter, ewig währet seine Güte.
Danket ihm, dem Herrn der Herren,
ewig währet seine Güte.
Der große Wunder thut allein, ewig währet seine Güte.
Der mit Vernunft die Himmel geschaffen,
ewig währet seine Güte.
Der die Erde über den Wassern ausgedehnt,
ewig währet seine Güte.
Der die großen Lichter gemacht,
ewig währet seine Güte.
Die Sonne vorzusteh'n dem Tage,
ewig währet seine Güte.
Mond und Sterne vorzusteh'n der Nacht,
ewig währet seine Güte.
Der Egypten schlug in seinen Erstgebornen,
ewig währet seine Güte.
Und befreite Israel aus seiner Mitte,
ewig währet seine Güte.
Mit starker Hand und ausgestrecktem Arme,
ewig währet seine Güte.
Der das Schilfmeer getheilt in Stücke,
ewig währet seine Güte.
Und Israel hindurchziehen ließ, ewig währet seine Güte.

וְנִעֵר פַּרְעֹה וְחֵילוֹ בְיַם־סוּף כִּי לְעוֹלָם חַסְדּוֹ:
לְמוֹלִיךְ עַמּוֹ בַּמִּדְבָּר כִּי לְעוֹלָם חַסְדּוֹ:
לְמַכֵּה מְלָכִים גְּדֹלִים כִּי לְעוֹלָם חַסְדּוֹ:
וַיַּהֲרֹג מְלָכִים אַדִּירִים כִּי לְעוֹלָם חַסְדּוֹ:
לְסִיחוֹן מֶלֶךְ הָאֱמֹרִי כִּי לְעוֹלָם חַסְדּוֹ:
וּלְעוֹג מֶלֶךְ הַבָּשָׁן כִּי לְעוֹלָם חַסְדּוֹ:
וְנָתַן אַרְצָם לְנַחֲלָה כִּי לְעוֹלָם חַסְדּוֹ:
נַחֲלָה לְיִשְׂרָאֵל עַבְדּוֹ כִּי לְעוֹלָם חַסְדּוֹ:
שֶׁבְּשִׁפְלֵנוּ זָכַר לָנוּ כִּי לְעוֹלָם חַסְדּוֹ:
וַיִּפְרְקֵנוּ מִצָּרֵינוּ כִּי לְעוֹלָם חַסְדּוֹ:
נֹתֵן לֶחֶם לְכָל־בָּשָׂר כִּי לְעוֹלָם חַסְדּוֹ:
הוֹדוּ לְאֵל הַשָּׁמָיִם כִּי לְעוֹלָם חַסְדּוֹ:

לג רַנְּנוּ צַדִּיקִים בַּיהוָה לַיְשָׁרִים נָאוָה תְהִלָּה:
הוֹדוּ לַיהוָה בְּכִנּוֹר בְּנֵבֶל עָשׂוֹר זַמְּרוּ־לוֹ:
שִׁירוּ לוֹ שִׁיר חָדָשׁ הֵיטִיבוּ נַגֵּן בִּתְרוּעָה: כִּי־יָשָׁר דְּבַר
יְהוָה וְכָל־מַעֲשֵׂהוּ בֶּאֱמוּנָה: אֹהֵב צְדָקָה וּמִשְׁפָּט חֶסֶד
יְהוָה מָלְאָה הָאָרֶץ: בִּדְבַר יְהוָה שָׁמַיִם נַעֲשׂוּ וּבְרוּחַ פִּיו כָּל
צְבָאָם: כֹּנֵס כַּנֵּד מֵי הַיָּם נֹתֵן בְּאֹצָרוֹת תְּהוֹמוֹת: יִירְאוּ
מֵיְהוָה כָּל־הָאָרֶץ מִמֶּנּוּ יָגוּרוּ כָּל־יֹשְׁבֵי תֵבֵל: כִּי הוּא אָמַר
וַיֶּהִי הוּא צִוָּה וַיַּעֲמֹד: יְהוָה הֵפִיר עֲצַת גּוֹיִם הֵנִיא

Und stürzte Pharao mit seinem Heer hinein,
ewig währet seine Güte.
Der sein Volk durch die Wüste führte,
ewig währet seine Güte.
Der große Könige schlug, ewig währet seine Güte.
Und mächtige Herrscher erlegte, ewig währet seine Güte.
Sichon, den König Emori's, ewig währet seine Güte.
Und Og, den König von Basan,
ewig währet seine Güte.
Und gab ihr Land zum Besitze, ewig währet seine Güte.
Zum Besitze seinem Volke Israel,
ewig währet seine Güte.
Der in unserer Erniedrigung unser gedachte,
ewig währet seine Güte.
Und uns erlöste von unseren Feinden,
ewig währet seine Güte.
Der allem Geschöpfe Speise gibt,
ewig währet seine Güte.
Danket ihm, dem Gott des Himmels,
ewig währet seine Güte.

(Psalm 33.) Jauchzet, ihr Gerechten, in dem Ewigen; den Redlichen geziemet Lobgesang. Danket dem Ewigen mit der Cither, mit zehnsaitiger Harfe spielet ihm! Singet ihm ein neues Lied, laßt Jubellieder herrlich schallen! Denn redlich ist des Ewigen Verheißung, und all sein Thun ist treuerfüllt. Er liebet Billigkeit und Recht; die Erd' ist voll des Ew'gen Güte. Die Himmel entstanden auf des Ewigen Wort, auf seines Mundes Hauch ihr ganzes Heer. Er thürmet Meereswogen wie Mauern, verwahrt in Tiefen den Abgrund. Den Ew'gen fürchte alle Welt, vor ihm scheue sich jeder Erdbewohner; denn er spricht und es geschieht, er gebeut und es steht da! Der Ewige zerstört den Rathschluß der Völker,

מַחְשְׁבוֹת עַמִּים: עֲצַת יְהֹוָה לְעוֹלָם תַּעֲמֹד מַחְשְׁבוֹת
לִבּוֹ לְדֹר וָדֹר: אַשְׁרֵי הַגּוֹי אֲשֶׁר־יְהֹוָה אֱלֹהָיו הָעָם בָּחַר
לְנַחֲלָה לוֹ: מִשָּׁמַיִם הִבִּיט יְהֹוָה רָאָה אֶת־כָּל־בְּנֵי הָאָדָם:
מִמְּכוֹן־שִׁבְתּוֹ הִשְׁגִּיחַ אֶל כָּל־יֹשְׁבֵי הָאָרֶץ: הַיֹּצֵר יַחַד
לִבָּם הַמֵּבִין אֶל־כָּל־מַעֲשֵׂיהֶם: אֵין הַמֶּלֶךְ נוֹשָׁע בְּרָב־חָיִל
גִּבּוֹר לֹא־יִנָּצֵל בְּרָב־כֹּחַ: שֶׁקֶר הַסּוּס לִתְשׁוּעָה וּבְרֹב חֵילוֹ
לֹא יְמַלֵּט: הִנֵּה עֵין יְהֹוָה אֶל־יְרֵאָיו לַמְיַחֲלִים לְחַסְדּוֹ: לְהַצִּיל
מִמָּוֶת נַפְשָׁם וּלְחַיּוֹתָם בָּרָעָב: נַפְשֵׁנוּ חִכְּתָה לַיהֹוָה עֶזְרֵנוּ
וּמָגִנֵּנוּ הוּא: כִּי־בוֹ יִשְׂמַח לִבֵּנוּ כִּי בְשֵׁם קָדְשׁוֹ בָטָחְנוּ:
יְהִי־חַסְדְּךָ יְהֹוָה עָלֵינוּ כַּאֲשֶׁר יִחַלְנוּ לָךְ:

צב מִזְמוֹר שִׁיר לְיוֹם הַשַּׁבָּת: טוֹב לְהֹדוֹת לַיהֹוָה וּלְזַמֵּר
לְשִׁמְךָ עֶלְיוֹן: לְהַגִּיד בַּבֹּקֶר חַסְדֶּךָ וֶאֱמוּנָתְךָ בַּלֵּילוֹת:
עֲלֵי־עָשׂוֹר וַעֲלֵי־נָבֶל עֲלֵי הִגָּיוֹן בְּכִנּוֹר: כִּי שִׂמַּחְתַּנִי
יְהֹוָה בְּפָעֳלֶךָ בְּמַעֲשֵׂי יָדֶיךָ אֲרַנֵּן: מַה־גָּדְלוּ מַעֲשֶׂיךָ יְהֹוָה
מְאֹד עָמְקוּ מַחְשְׁבֹתֶיךָ: אִישׁ בַּעַר לֹא יֵדָע וּכְסִיל לֹא
יָבִין אֶת־זֹאת: בִּפְרֹחַ רְשָׁעִים כְּמוֹ־עֵשֶׂב וַיָּצִיצוּ כָּל
פֹּעֲלֵי אָוֶן לְהִשָּׁמְדָם עֲדֵי־עַד: וְאַתָּה מָרוֹם לְעֹלָם יְהֹוָה:
כִּי הִנֵּה אֹיְבֶיךָ יְהֹוָה כִּי־הִנֵּה אֹיְבֶיךָ יֹאבֵדוּ יִתְפָּרְדוּ כָּל
פֹּעֲלֵי אָוֶן: וַתָּרֶם כִּרְאֵים קַרְנִי בַּלֹּתִי בְּשֶׁמֶן רַעֲנָן:
וַתַּבֵּט עֵינִי בְּשׁוּרָי בַּקָּמִים עָלַי מְרֵעִים תִּשְׁמַעְנָה אָזְנָי:

vereitelt die Entwürfe der Nationen. Der Rathschluß des Ewigen besteht in Ewigkeit, die Entwürfe seines Herzens für und für. Heil dem Volke, dessen Gott der Ewige, der Nation, die er sich zum Eigenthum erwählt! Vom Himmel sieht der Ewige herab, blickt auf alle Menschenkinder, beschauet alle Erdbewohner von seinem festen Thronsitz. Er, der ihre Herzen allesammt gebildet, bemerkt auch all' ihr Thun. Könige siegen nicht durch Heeresmacht, Helden entrinnen nicht durch große Kraft; trüglich ist das Roß zur Hülfe, durch seine Kraftfülle rettet es nicht. Sieh', des Ew'gen Auge blickt auf seine Verehrer, die da harren auf seine Gnade, um zu retten vom Tode ihre Seele und sie zu erhalten in Hungersnoth. Unsere Seele harret auf den Ewigen; unsere Hülfe, unser Schild ist er. In ihm wird froh unser Herz, denn wir vertrauen auf seinen heil'gen Namen. Möge Deine Güte, Ewiger, walten über uns, wie wir auf Dich harren!

(Psalm 92.) Psalmlied für den Sabbath. Schön ist es, dem Ewigen zu danken, und Deinem Namen, Höchster, zu lobsingen; des Morgens zu verkünden Deine Gnade und Deine Treue in den Nächten; mit Psalter und mit Harfe, mit Gesang zum Citherspiel. Denn Du erfreuest mich, Ewiger, durch Deine Thaten, ob Deiner Hände Werk juble ich. Wie groß sind Deine Werke, Ewiger, wie so tief Deine Gedanken! O Unvernunft, die es nicht erkennen, o Thorheit, die es nicht begreifen will. Wenn Frevler grünen wie frisches Gras und blühen die Uebelthäter alle — ihr Sturz ist unausbleiblich. Denn Du bist ewiglich erhaben, Ewiger! Sieh', Deine Feinde, Ewiger, Deine Feinde kommen um, Uebelthäter fahren hin; aber wie des Waldstiers Krone steigt mein Horn empor, mein Alter glänzt von frischem Oele. Und mein Auge schauet, was meine Widersacher, mein Ohr vernimmt, was empörte Frev-

צַדִּיק כַּתָּמָר יִפְרָח כְּאֶרֶז בַּלְּבָנוֹן יִשְׂגֶּה: שְׁתוּלִים בְּבֵית יְהוָֹה בְּחַצְרוֹת אֱלֹהֵינוּ יַפְרִיחוּ: עוֹד יְנוּבוּן בְּשֵׂיבָה דְּשֵׁנִים וְרַעֲנַנִּים יִהְיוּ: לְהַגִּיד כִּי־יָשָׁר יְהוָֹה צוּרִי וְלֹא*־עַלָתָה בּוֹ:

צג יְהוָֹה מָלָךְ גֵּאוּת לָבֵשׁ לָבֵשׁ יְהוָֹה עֹז הִתְאַזָּר אַף־תִּכּוֹן תֵּבֵל בַּל־תִּמּוֹט: נָכוֹן כִּסְאֲךָ מֵאָז מֵעוֹלָם אָתָּה: נָשְׂאוּ נְהָרוֹת ׀ יְהוָֹה נָשְׂאוּ נְהָרוֹת קוֹלָם יִשְׂאוּ נְהָרוֹת דָּכְיָם: מִקֹּלוֹת ׀ מַיִם רַבִּים אַדִּירִים מִשְׁבְּרֵי־יָם אַדִּיר בַּמָּרוֹם יְהוָֹה: עֵדֹתֶיךָ ׀ נֶאֶמְנוּ מְאֹד לְבֵיתְךָ נַאֲוָה*־קֹדֶשׁ יְהוָֹה לְאֹרֶךְ יָמִים:

*) מפיק א׳.

יְהִי כְבוֹד יְיָ לְעוֹלָם יִשְׂמַח יְיָ בְּמַעֲשָׂיו: יְהִי שֵׁם יְיָ מְבֹרָךְ מֵעַתָּה וְעַד־עוֹלָם: מִמִּזְרַח־שֶׁמֶשׁ עַד־מְבוֹאוֹ מְהֻלָּל שֵׁם יְיָ: רָם עַל־כָּל־גּוֹיִם ׀ יְיָ עַל הַשָּׁמַיִם כְּבוֹדוֹ: יְיָ שִׁמְךָ לְעוֹלָם יְיָ זִכְרְךָ לְדֹר־וָדֹר: יְיָ בַּשָּׁמַיִם הֵכִין כִּסְאוֹ וּמַלְכוּתוֹ בַּכֹּל מָשָׁלָה: יִשְׂמְחוּ הַשָּׁמַיִם וְתָגֵל הָאָרֶץ וְיֹאמְרוּ בַגּוֹיִם יְיָ מָלָךְ: יְיָ מֶלֶךְ יְיָ מָלָךְ יְיָ ׀ יִמְלֹךְ לְעֹלָם וָעֶד: יְיָ מֶלֶךְ עוֹלָם וָעֶד אָבְדוּ גוֹיִם מֵאַרְצוֹ: יְיָ הֵפִיר עֲצַת גּוֹיִם הֵנִיא מַחְשְׁבוֹת עַמִּים: רַבּוֹת מַחֲשָׁבוֹת בְּלֶב־אִישׁ וַעֲצַת יְיָ הִיא תָקוּם: עֲצַת

der trifft. — Der Gerechte, wie die Palme blüht er, wie die Zeder am Libanon steigt er empor! Was im Hause des Ewigen stehet, was in seinem Vorhof grünet, muß noch im höchsten Alter blühen, immer frisch und saftvoll bleiben, muß lehren, daß der Ewige gerecht, mein Hort ohn' allen Tadel sei.

(Psalm 93.) Der Ewige ist König, herrlich geschmückt; der Ewige hat sein Gewand, die Majestät, angelegt und fest umgürtet; da stehet die Welt, und wanket nie! Unerschüttert steht Dein Thron seitdem — Du selbst, von Ewigkeiten her! Wasserströme, Ewiger, erheben, Wässerström' erheben ihr Ungestüm, die Ströme heben die Wellen empor! Erhabner als der Fluthen Getöse brausen die Wogen des Weltmeers; erhabner noch ist der Ewige in den Höhen. Deine Zeugnisse sind treu bewährt, Deinen Tempel zieret Heiligkeit, o Ewiger, für und für!

Ewig währt des Ewigen Ruhm; der Ewige hat Freude an seinen Werken. Gepriesen sei der Name des Ewigen von nun an bis in Ewigkeit. Von Sonnenaufgang bis zum Niedergang wird der Name des Ewigen gerühmt. Erhaben über alle Völker ist der Ewige, über die Himmel seine Herrlichkeit. Ewiger, Dein Name währet ewig, für und für Dein Ruhm. Der Ewige hat im Himmel seinen Thron gegründet, und seine Herrschaft waltet über Alles. Es freue sich der Himmel und juble die Erde, unter den Völkern werde verkündet: der Ewige regiert! Der Ewige regiert, der Ewige hat regiert, der Ewige wird regieren immer und ewig! Der Ewige ist König immer und ewig; geschwunden sind die Heiden von seiner Erde. Der Ewige zerstört den Rathschluß der Völker, vereitelt die Pläne der Nationen. Viel Pläne sind in des Menschen Herzen, der Rathschluß des Ewigen aber hat Bestand. Der Rathschluß des Ewigen besteht in Ewig-

יְיָ לְעוֹלָם תַּעֲמֹד מַחְשְׁבוֹת לִבּוֹ לְדֹר וָדֹר: כִּי הוּא אָמַר וַיֶּהִי הוּא צִוָּה וַיַּעֲמֹד: כִּי־בָחַר יְיָ בְּצִיּוֹן אִוָּהּ לְמוֹשָׁב לוֹ: כִּי־יַעֲקֹב בָּחַר לוֹ יָהּ יִשְׂרָאֵל לִסְגֻלָּתוֹ: כִּי לֹא־יִטֹּשׁ יְיָ עַמּוֹ וְנַחֲלָתוֹ לֹא יַעֲזֹב: וְהוּא רַחוּם יְכַפֵּר עָוֹן וְלֹא־יַשְׁחִית וְהִרְבָּה לְהָשִׁיב אַפּוֹ וְלֹא־יָעִיר כָּל־חֲמָתוֹ: יְיָ הוֹשִׁיעָה הַמֶּלֶךְ יַעֲנֵנוּ בְיוֹם־קָרְאֵנוּ:

אַשְׁרֵי יוֹשְׁבֵי בֵיתֶךָ עוֹד יְהַלְלוּךָ סֶּלָה:

אַשְׁרֵי הָעָם שֶׁכָּכָה לּוֹ אַשְׁרֵי הָעָם שֶׁיְיָ אֱלֹהָיו:

קמה תְּהִלָּה לְדָוִד

אֲרוֹמִמְךָ אֱלוֹהַי הַמֶּלֶךְ וַאֲבָרְכָה שִׁמְךָ לְעוֹלָם וָעֶד:

בְּכָל־יוֹם אֲבָרְכֶךָּ וַאֲהַלְלָה שִׁמְךָ לְעוֹלָם וָעֶד:

גָּדוֹל יְהוָה וּמְהֻלָּל מְאֹד וְלִגְדֻלָּתוֹ אֵין חֵקֶר:

דּוֹר לְדוֹר יְשַׁבַּח מַעֲשֶׂיךָ וּגְבוּרֹתֶיךָ יַגִּידוּ:

הֲדַר כְּבוֹד הוֹדֶךָ וְדִבְרֵי נִפְלְאֹתֶיךָ אָשִׂיחָה:

וֶעֱזוּז נוֹרְאֹתֶיךָ יֹאמֵרוּ וּגְדֻלָּתְךָ אֲסַפְּרֶנָּה: וגדולתך ק׳.

זֵכֶר רַב־טוּבְךָ יַבִּיעוּ וְצִדְקָתְךָ יְרַנֵּנוּ:

חַנּוּן וְרַחוּם יְהוָה אֶרֶךְ אַפַּיִם וּגְדָל־חָסֶד: יתיר ו׳.

טוֹב־יְהוָה לַכֹּל וְרַחֲמָיו עַל־כָּל־מַעֲשָׂיו:

keit, die Entwürfe seines Herzens für und für; denn er spricht und es geschieht, er gebeut und es steht da. Zion hat der Ewige sich erwählt, es erkoren zu seiner Residenz; Jakob hat der Herr sich erwählt, Israel zu seinem Eigenthume; denn der Ewige verstößt sein Volk nicht, verlässet nicht sein Eigenthum. Er, der Allbarmherzige, vergibt die Missethat und vertilgt nicht; er wendet oft seinen Zorn ab, und nie läßt er seinen ganzen Grimm erwachen. Ewiger, hilf! König, erhöre uns am Tage unseres Flehens!

Heil den Bewohnern Deines Tempels! sie preisen Dich ohn' Unterlaß.

Heil dem Volke, dem es so ergeht! heil dem Volke, dessen Gott der Ewige!

(Psalm 145.) Loblied Davids.

Mein Gott, o König, Dich will ich erheben, Deinen Namen ewig preisen! Täglich lobe ich Dich, rühme Deinen Namen für und für. Groß ist der Ewige und hochgerühmt, unerforschlich seine Größe. Ein Geschlecht rühmt dem andern Deine Werke, und verkündet Deiner Allmacht Thaten. Die Pracht und Herrlichkeit Deiner Majestät, und Deine Wunder will ich besingen. Alles spricht von Ehrfurcht Deiner Allmacht, auch ich will Deine Herrlichkeit verkünden. Alles singt ein Denkmal Deiner großen Güte und rühmet Deine Allgerechtigkeit: Allgnädig, allbarmherzig ist der Ewige, langmüthig und von großer Liebe! Gütig ist der Ewige gegen Alle, und sein Erbarmen waltet über alle

יוֹדוּךָ יְהֹוָה כָּל־מַעֲשֶׂיךָ וַחֲסִידֶיךָ יְבָרְכוּכָה:
כְּבוֹד מַלְכוּתְךָ יֹאמֵרוּ וּגְבוּרָתְךָ יְדַבֵּרוּ:
לְהוֹדִיעַ לִבְנֵי הָאָדָם גְּבוּרֹתָיו וּכְבוֹד הֲדַר מַלְכוּתוֹ:
מַלְכוּתְךָ מַלְכוּת כָּל־עֹלָמִים וּמֶמְשַׁלְתְּךָ בְּכָל־דּוֹר וָדֹר:
סוֹמֵךְ יְהֹוָה לְכָל־הַנֹּפְלִים וְזוֹקֵף לְכָל־הַכְּפוּפִים:
עֵינֵי כֹל אֵלֶיךָ יְשַׂבֵּרוּ וְאַתָּה נוֹתֵן־לָהֶם אֶת־אָכְלָם בְּעִתּוֹ:
פּוֹתֵחַ אֶת־יָדֶךָ וּמַשְׂבִּיעַ לְכָל־חַי רָצוֹן:
צַדִּיק יְהֹוָה בְּכָל־דְּרָכָיו וְחָסִיד בְּכָל־מַעֲשָׂיו:
קָרוֹב יְהֹוָה לְכָל־קֹרְאָיו לְכֹל אֲשֶׁר יִקְרָאֻהוּ בֶאֱמֶת:
רְצוֹן־יְרֵאָיו יַעֲשֶׂה וְאֶת־שַׁוְעָתָם יִשְׁמַע וְיוֹשִׁיעֵם:
שׁוֹמֵר יְהֹוָה אֶת־כָּל־אֹהֲבָיו וְאֵת כָּל־הָרְשָׁעִים יַשְׁמִיד:
תְּהִלַּת יְהֹוָה יְדַבֶּר־פִּי וִיבָרֵךְ כָּל־בָּשָׂר שֵׁם קָדְשׁוֹ לְעוֹלָם וָעֶד:
קט"ו י"ח וַאֲנַחְנוּ · נְבָרֵךְ יָהּ מֵעַתָּה וְעַד־עוֹלָם הַלְלוּיָהּ:

קמו הַלְלוּיָהּ הַלְלִי נַפְשִׁי אֶת־יְהֹוָה: אֲהַלְלָה יְהֹוָה בְּחַיָּי אֲזַמְּרָה לֵאלֹהַי בְּעוֹדִי: אַל־תִּבְטְחוּ בִנְדִיבִים בְּבֶן־אָדָם · שֶׁאֵין לוֹ תְשׁוּעָה: תֵּצֵא רוּחוֹ יָשֻׁב לְאַדְמָתוֹ בַּיּוֹם הַהוּא אָבְדוּ עֶשְׁתֹּנֹתָיו: אַשְׁרֵי שֶׁאֵל יַעֲקֹב בְּעֶזְרוֹ שִׂבְרוֹ עַל־יְהֹוָה אֱלֹהָיו: עֹשֶׂה · שָׁמַיִם וָאָרֶץ אֶת־הַיָּם וְאֶת־כָּל־אֲשֶׁר־בָּם הַשֹּׁמֵר אֱמֶת לְעוֹלָם: עֹשֶׂה מִשְׁפָּט · לַעֲשׁוּקִים נֹתֵן לֶחֶם לָרְעֵבִים יְהֹוָה מַתִּיר אֲסוּרִים: יְהֹוָה פֹּקֵחַ עִוְרִים יְהֹוָה זֹקֵף כְּפוּפִים

seine Werke. Ewiger, Dir danken alle Deine Werke, Dich lobpreisen Deine Frommen, besingen Deines Reiches Herrlichkeit, unterhalten sich von Deiner Allmacht, um kund zu thun den Menschenkindern Deine Thaten, die Pracht und Herrlichkeit Deines Reiches! Dein Reich ist das Reich aller Ewigkeiten, und Deine Herrschaft geht durch alle Geschlechter. Der Ewige stützet alle Fallenden, und richtet auf alle Gebeugten. Aller Augen harren auf Dich, und Du gibst ihnen ihre Speise zur rechten Zeit. Allmilde öffnest Du Deine Hand und sättigst was da lebt mit Wohlgefallen. In allen seinen Wegen ist der Ewige gerecht, in allen seinen Thaten gütig. Der Ewige ist nahe Allen, die ihn anrufen, Allen, die ihn anrufen in Wahrheit. Er thut, was Gottesfürchtigen behagt, erhört ihr Flehen und hilft ihnen. Er behütet Alle, die ihn lieben, und rottet alle Frevler aus. Mein Mund soll Lob des Ewigen singen, alles Fleisch lobsinge seinem heiligen Namen immer und ewig! Wir preisen Jah — von nun an bis in Ewigkeit! Hallelujah!

(Psalm 146.) Hallelujah! Den Ewigen lobe meine Seele! Ich lobe meinen Gott, so lang' ich lebe, mein Saitenspiel ertönt dem Ewigen, so lang' ich da bin. Vertrauet nicht auf Fürsten, auf den Menschensohn, bei dem nicht Hülfe ist. So ihn der Geist verläßt, kehrt er zu seiner Erde zurück; an selbigem Tage sind seine weisesten Entwürfe dahin. Heil dem, der Jakobs Gott zur Hülfe hat, der auf den Ewigen vertraut, auf Gott, der Himmel und Erde geschaffen, das Meer und Alles, was darin ist, der Treue bewahret in Ewigkeit, der Recht verschafft den Bedrückten, der Speise gibt den Hungernden. Der Ewige löset die Gefesselten, der Ewige macht die Blinden sehend, der Ewige richtet die Gebeugten auf, der Ewige liebt

יְהוָה אֹהֵב צַדִּיקִים: יְהוָה שֹׁמֵר אֶת־גֵּרִים יָתוֹם וְאַלְמָנָה
יְעוֹדֵד וְדֶרֶךְ רְשָׁעִים יְעַוֵּת: יִמְלֹךְ יְהוָה׀ לְעוֹלָם אֱלֹהַיִךְ
צִיּוֹן לְדֹר וָדֹר הַלְלוּיָהּ:

קמז הַלְלוּיָהּ כִּי־טוֹב זַמְּרָה אֱלֹהֵינוּ כִּי־נָעִים נָאוָה תְהִלָּה:
בּוֹנֵה יְרוּשָׁלַםִ יְהוָה נִדְחֵי יִשְׂרָאֵל יְכַנֵּס: הָרוֹפֵא לִשְׁבוּרֵי לֵב
וּמְחַבֵּשׁ לְעַצְּבוֹתָם: מוֹנֶה מִסְפָּר לַכּוֹכָבִים לְכֻלָּם שֵׁמוֹת
יִקְרָא: גָּדוֹל אֲדוֹנֵינוּ וְרַב־כֹּחַ לִתְבוּנָתוֹ אֵין מִסְפָּר:
מְעוֹדֵד עֲנָוִים יְהוָה מַשְׁפִּיל רְשָׁעִים עֲדֵי־אָרֶץ: עֱנוּ לַיהוָה
בְּתוֹדָה זַמְּרוּ לֵאלֹהֵינוּ בְכִנּוֹר: הַמְכַסֶּה שָׁמַיִם׀ בְּעָבִים
הַמֵּכִין לָאָרֶץ מָטָר הַמַּצְמִיחַ הָרִים חָצִיר: נוֹתֵן לִבְהֵמָה
לַחְמָהּ לִבְנֵי עֹרֵב אֲשֶׁר יִקְרָאוּ: לֹא בִגְבוּרַת הַסּוּס יֶחְפָּץ
לֹא־בְשׁוֹקֵי הָאִישׁ יִרְצֶה: רוֹצֶה יְהוָה אֶת־יְרֵאָיו אֶת־
הַמְיַחֲלִים לְחַסְדּוֹ: שַׁבְּחִי יְרוּשָׁלַםִ אֶת־יְהוָה הַלְלִי אֱלֹהַיִךְ
צִיּוֹן: כִּי־חִזַּק בְּרִיחֵי שְׁעָרָיִךְ בֵּרַךְ בָּנַיִךְ בְּקִרְבֵּךְ: הַשָּׂם
גְּבוּלֵךְ שָׁלוֹם חֵלֶב חִטִּים יַשְׂבִּיעֵךְ: הַשֹּׁלֵחַ אִמְרָתוֹ אָרֶץ
עַד־מְהֵרָה יָרוּץ דְּבָרוֹ: הַנֹּתֵן שֶׁלֶג כַּצָּמֶר כְּפוֹר כָּאֵפֶר
יְפַזֵּר: מַשְׁלִיךְ קַרְחוֹ כְפִתִּים לִפְנֵי קָרָתוֹ מִי יַעֲמֹד:
יִשְׁלַח דְּבָרוֹ וְיַמְסֵם יַשֵּׁב רוּחוֹ יִזְּלוּ־מָיִם: מַגִּיד *דְּבָרָו
לְיַעֲקֹב חֻקָּיו וּמִשְׁפָּטָיו לְיִשְׂרָאֵל: לֹא עָשָׂה כֵן׀ לְכָל־גּוֹי
וּמִשְׁפָּטִים בַּל־יְדָעוּם הַלְלוּיָהּ:

*) דבריו ק׳.

die Gerechten, der Ewige beschützt die Fremdlinge, er hilft Wittwen auf und Waisen und führt auf krummen Pfad die Frevler. Der Ewige regiert ewiglich, dein Gott, o Zion, von Geschlecht zu Geschlecht! Hallelujah!

(Psalm 147.) Hallelujah! Denn köstlich ist es, unserem Gotte Lob anstimmen; solch' ein Lobgesang ist schön und lieblich. Der Ewige erbauet Jerusalem, versammelt wieder Israels Verstoßene! Er heilet die gebrochenen Herzens sind, und lindert ihre Schmerzen. Der Sterne Zahl hat er bestimmt und nennt sie alle mit Namen. Groß ist unser Herr und allgewaltig, unaussprechlich sein Verstand. Der Ewige hilft auf den Gebeugten und erniedrigt die Frevler bis zur Erde. Stimmt dem Ewigen Dankgesänge an, laßt unserem Gotte Harfenspiel ertönen, ihm, der den Himmel mit Wolken bedeckt, der der Erde Regen bereitet, der auf den Bergen das Gras sprossen läßt, ihm, der dem Vieh sein Futter gibt, den jungen Raben, die da rufen. Er hat nicht Lust an Rosses Stärke, an Manneskraft nicht Wohlgefallen. Dem Ewigen gefällt, wer ihn ehrfürchtet, wer nur auf seine Güte hoffet. Jerusalem, o preise den Ewigen! lobe, Zion, deinen Gott! Er befestigt die Riegel deiner Thore, und segnet deine Kinder in deiner Mitte; er verleihet Frieden deinem Gebiete und sättigt dich mit des Waizens Marke. Er sendet sein Wort zur Erde; wie schnelle läuft sein Befehl! Da gibt er Schnee, wie Wolle, streuet Reif wie Asche hin, schleudert sein Eis in Stücken; wer kann vor seinem Frost bestehen? Er sendet wieder sein Wort und löset sie auf, läßt wehen seinen Wind — da rinnen die Wasser. Seinen Willen machte er Jakob kund, gab Israel Gesetz und Recht. So that er keinem Volke, seine Rechte, sie kennen sie nicht. Hallelujah!

קמח הַלְלוּיָהּ הַלְלוּ אֶת־יְהוָה מִן־הַשָּׁמַיִם הַלְלוּהוּ
בַּמְּרוֹמִים: הַלְלוּהוּ כָל־מַלְאָכָיו הַלְלוּהוּ כָּל־צְבָאָו*:
הַלְלוּהוּ שֶׁמֶשׁ וְיָרֵחַ הַלְלוּהוּ כָּל־כּוֹכְבֵי אוֹר: הַלְלוּהוּ שְׁמֵי
הַשָּׁמָיִם וְהַמַּיִם אֲשֶׁר מֵעַל הַשָּׁמָיִם: יְהַלְלוּ אֶת־שֵׁם
יְהוָה כִּי הוּא צִוָּה וְנִבְרָאוּ: וַיַּעֲמִידֵם לָעַד לְעוֹלָם חָק־נָתַן
וְלֹא יַעֲבוֹר: הַלְלוּ אֶת־יְהוָה מִן־הָאָרֶץ תַּנִּינִים וְכָל־
תְּהֹמוֹת: אֵשׁ וּבָרָד שֶׁלֶג וְקִיטוֹר רוּחַ סְעָרָה עֹשָׂה דְבָרוֹ:
הֶהָרִים וְכָל־גְּבָעוֹת עֵץ פְּרִי וְכָל־אֲרָזִים: הַחַיָּה וְכָל־
בְּהֵמָה רֶמֶשׂ וְצִפּוֹר כָּנָף: מַלְכֵי־אֶרֶץ וְכָל־לְאֻמִּים שָׂרִים
וְכָל־שֹׁפְטֵי אָרֶץ: בַּחוּרִים וְגַם־בְּתוּלוֹת זְקֵנִים עִם־
נְעָרִים: יְהַלְלוּ אֶת־שֵׁם יְהוָה כִּי־נִשְׂגָּב שְׁמוֹ לְבַדּוֹ הוֹדוֹ
עַל־אֶרֶץ וְשָׁמָיִם: וַיָּרֶם קֶרֶן לְעַמּוֹ תְּהִלָּה לְכָל־חֲסִידָיו
לִבְנֵי יִשְׂרָאֵל עַם קְרֹבוֹ הַלְלוּיָהּ:

קמט הַלְלוּיָהּ שִׁירוּ לַיהוָה שִׁיר חָדָשׁ תְּהִלָּתוֹ בִּקְהַל
חֲסִידִים: יִשְׂמַח יִשְׂרָאֵל בְּעֹשָׂיו בְּנֵי־צִיּוֹן יָגִילוּ בְמַלְכָּם:
יְהַלְלוּ שְׁמוֹ בְמָחוֹל בְּתֹף וְכִנּוֹר יְזַמְּרוּ־לוֹ: כִּי־רוֹצֶה יְהוָה
בְּעַמּוֹ יְפָאֵר עֲנָוִים בִּישׁוּעָה: יַעְלְזוּ חֲסִידִים בְּכָבוֹד יְרַנְּנוּ
עַל־מִשְׁכְּבוֹתָם: רוֹמְמוֹת אֵל בִּגְרוֹנָם וְחֶרֶב פִּיפִיּוֹת בְּיָדָם:
לַעֲשׂוֹת נְקָמָה בַּגּוֹיִם תּוֹכֵחוֹת בַּלְאֻמִּים: לֶאְסֹר מַלְכֵיהֶם

---

*) צבאיו ק׳.

(Psalm 148.) Hallelujah! Lobet den Ewigen vom Himmel her, lobet ihn in den Höhen! Lobet ihn, alle seine Engel, lobet ihn, alle seine Heere! Lobet ihn, Sonne und Mond, lobet ihn, alle Lichtgestirne! Lobet ihn, aller Himmel Himmel, Gewässer in der Himmelsluft! Loben sollen sie des Ewigen Namen, denn er gebot, und sie wurden geschaffen; und er erhält sie ewiglich; ein Gesetz gab er, unübertretbar. Lobet den Ewigen, ihr, von der Erde! Seewunder und Meerestiefen alle! Blitz und Hagel, Schnee und Nebel! Sturmwind, der sein Geheiß vollstreckt; Gebirg' und alle Hügel, Fruchtbäum' und Zedern alle! Gewild und zahmes Thier! Gewürm und luftiges Gefieder! der Erde Könige und Staaten, ihr Fürsten und Beherrscher! Jünglinge sammt den Jungfrauen, Greise mit den Knaben! Loben sollen sie des Ewigen Namen, denn erhaben ist sein Name allein, seine Majestät über Erde und Himmel. Er erhöhet seines Volkes Horn; er ist der Ruhm aller seiner Frommen, der Kinder Israel, das ihm nahe Volk! Hallelujah!

(Psalm 149.) Hallelujah! Singet ein neues Lied dem Ewigen! sein Lob im Chore seiner Frommen! Es freue sich Israel seines Stifters, es frohlocken Zions Kinder ihres Königs. Loben sollen sie seinen Namen mit Reigen, mit Pauken und Cither ihm lobsingen. Denn Wohlgefallen hat der Ewige an seinem Volke, er verherrlicht die Gebeugten mit Sieg. Da freuen sich seines Ruhms die Frommen, frohlocken laut auf ihrem Lager. Lob Gottes führen sie im Munde, zweischneidig Schwert in ihrer Hand, und üben Rache an Barbaren, Züchtigung an Nationen aus, und binden ihre Könige mit Fesseln, mit eisernen Banden

בְּזִקִּים וְנִכְבְּדֵיהֶם בְּכַבְלֵי בַרְזֶל: לַעֲשׂוֹת בָּהֶם ׀ מִשְׁפָּט
כָּתוּב הָדָר הוּא לְכָל־חֲסִידָיו הַלְלוּיָהּ:
קנ הַלְלוּיָהּ ׀ הַלְלוּ־אֵל בְּקָדְשׁוֹ הַלְלוּהוּ בִּרְקִיעַ עֻזּוֹ:
הַלְלוּהוּ בִגְבוּרֹתָיו הַלְלוּהוּ כְּרֹב גֻּדְלוֹ: הַלְלוּהוּ בְּתֵקַע
שׁוֹפָר הַלְלוּהוּ בְּנֵבֶל וְכִנּוֹר: הַלְלוּהוּ בְתֹף וּמָחוֹל הַלְלוּהוּ
בְּמִנִּים וְעוּגָב: הַלְלוּהוּ בְצִלְצְלֵי־שָׁמַע הַלְלוּהוּ בְּצִלְצְלֵי
תְרוּעָה: כֹּל הַנְּשָׁמָה תְּהַלֵּל יָהּ הַלְלוּיָהּ: כה״ת י״ה:

בָּרוּךְ יְיָ לְעוֹלָם אָמֵן ׀ וְאָמֵן: בָּרוּךְ יְיָ ׀ מִצִּיּוֹן שֹׁכֵן
יְרוּשָׁלָיִם הַלְלוּיָהּ: בָּרוּךְ ׀ יְיָ אֱלֹהִים אֱלֹהֵי יִשְׂרָאֵל
עֹשֵׂה נִפְלָאוֹת לְבַדּוֹ: וּבָרוּךְ ׀ שֵׁם כְּבוֹדוֹ לְעוֹלָם
וְיִמָּלֵא כְבוֹדוֹ אֶת־כֹּל הָאָרֶץ אָמֵן ׀ וְאָמֵן:

ד״ה א׳ כ״ט
וַיְבָרֶךְ דָּוִיד אֶת־יְיָ לְעֵינֵי כָּל־הַקָּהָל וַיֹּאמֶר דָּוִיד בָּרוּךְ
אַתָּה יְיָ אֱלֹהֵי יִשְׂרָאֵל אָבִינוּ מֵעוֹלָם וְעַד־עוֹלָם: לְךָ יְיָ
הַגְּדֻלָּה וְהַגְּבוּרָה וְהַתִּפְאֶרֶת וְהַנֵּצַח וְהַהוֹד כִּי־כֹל בַּשָּׁמַיִם
וּבָאָרֶץ לְךָ יְיָ הַמַּמְלָכָה וְהַמִּתְנַשֵּׂא לְכֹל ׀ לְרֹאשׁ: וְהָעֹשֶׁר
וְהַכָּבוֹד מִלְּפָנֶיךָ וְאַתָּה מוֹשֵׁל בַּכֹּל וּבְיָדְךָ כֹּחַ וּגְבוּרָה
וּבְיָדְךָ לְגַדֵּל וּלְחַזֵּק לַכֹּל: וְעַתָּה אֱלֹהֵינוּ מוֹדִים אֲנַחְנוּ לָךְ
וּמְהַלְלִים לְשֵׁם תִּפְאַרְתֶּךָ: נחמי׳ ט׳ אַתָּה הוּא יְיָ לְבַדֶּךָ אַתָּה
עָשִׂיתָ אֶת־הַשָּׁמַיִם שְׁמֵי הַשָּׁמַיִם וְכָל־צְבָאָם הָאָרֶץ וְכָל־

ihre Edlen, das Urtheil, das geschrieben steht, an ihnen zu vollziehen; ein Schmuck ist er für alle seine Frommen! Hallelujah!

(Psalm 150.) Hallelujah! Lobet Gott in seinem Heiligthume, lobet ihn in seiner Himmelsveste! Lobet ihn nach seiner Allmacht Thaten, lobet ihn nach seiner großen Hoheit! Lobet ihn beim Schmettern der Posaune, lobet ihn mit Harfen und mit Cither; lobet ihn mit Pauken und mit Reigen, lobet ihn mit Saitenspiel und Flöte; lobet ihn mit Zymbelklang, lobet ihn mit Zymbelschall — Alles, was Odem hat, lobe den Herrn! Hallelujah!

Gelobt sei der Ewige in Ewigkeit! Amen! Amen! Gelobt sei von Zion aus der Ewige, der in Jerusalem thronet; Hallelujah! Gelobt sei der Ewige, Gott, der Gott Israels, der allein Wunder thut! Und gelobt sei der Name seiner Majestät ewiglich, und es erfülle seine Herrlichkeit die ganze Erde! Amen! Amen!

(I. Chron. 29.)

David pries den Ewigen vor den Augen der ganzen Versammlung und sprach: Gelobt seist Du, Ewiger, Gott Israels, unsres Vaters, von Ewigkeit zu Ewigkeit! Dein, Ewiger, ist die Größe und die Macht und die Herrlichkeit und der Sieg und die Majestät, ja Alles im Himmel und auf Erden; Dein, Ewiger, ist das Reich, und Du bist das Haupt über Alles. Reichthum und Ehre kommen von Dir, und Du herrschest über Alles; in Deiner Hand ist Kraft und Macht, und in Deiner Hand steht es, Alles groß und stark zu machen. Und so danken wir Dir, unser Gott, und lobpreisen den Namen Deiner Herrlichkeit!

(Nehem. 9.)

Du allein bist der Ewige; Du hast den Himmel gemacht, der Himmel Himmel und ihr ganzes Heer, die Erde und Alles

אֲשֶׁר עָלֶיהָ הַיַּמִּים וְכָל־אֲשֶׁר בָּהֶם וְאַתָּה מְחַיֶּה אֶת־כֻּלָּם
וּצְבָא הַשָּׁמַיִם לְךָ מִשְׁתַּחֲוִים: אַתָּה הוּא יְיָ הָאֱלֹהִים
אֲשֶׁר בָּחַרְתָּ בְּאַבְרָם וְהוֹצֵאתוֹ מֵאוּר כַּשְׂדִּים וְשַׂמְתָּ
שְּׁמוֹ אַבְרָהָם: וּמָצָאתָ אֶת־לְבָבוֹ נֶאֱמָן לְפָנֶיךָ וְכָרוֹת עִמּוֹ
הַבְּרִית לָתֵת אֶת־אֶרֶץ הַכְּנַעֲנִי הַחִתִּי הָאֱמֹרִי וְהַפְּרִזִּי
וְהַיְבוּסִי וְהַגִּרְגָּשִׁי לָתֵת לְזַרְעוֹ וַתָּקֶם אֶת־דְּבָרֶיךָ כִּי צַדִּיק
אָתָּה: וַתֵּרֶא אֶת־עֳנִי אֲבֹתֵינוּ בְּמִצְרָיִם וְאֶת־זַעֲקָתָם שָׁמַעְתָּ
עַל־יַם־סוּף: וַתִּתֵּן אֹתֹת וּמֹפְתִים בְּפַרְעֹה וּבְכָל־עֲבָדָיו
וּבְכָל־עַם אַרְצוֹ כִּי יָדַעְתָּ כִּי הֵזִידוּ עֲלֵיהֶם וַתַּעַשׂ־לְךָ שֵׁם
כְּהַיּוֹם הַזֶּה: וְהַיָּם בָּקַעְתָּ לִפְנֵיהֶם וַיַּעַבְרוּ בְתוֹךְ־הַיָּם בַּיַּבָּשָׁה
וְאֶת־רֹדְפֵיהֶם הִשְׁלַכְתָּ בִמְצוֹלֹת כְּמוֹ־אֶבֶן בְּמַיִם עַזִּים:

וַיּוֹשַׁע יְהוָֹה בַּיּוֹם הַהוּא אֶת־יִשְׂרָאֵל מִיַּד מִצְרָיִם וַיַּרְא
יִשְׂרָאֵל אֶת־מִצְרַיִם מֵת עַל־שְׂפַת הַיָּם: וַיַּרְא יִשְׂרָאֵל
אֶת־הַיָּד הַגְּדֹלָה אֲשֶׁר עָשָׂה יְהוָֹה בְּמִצְרַיִם וַיִּירְאוּ הָעָם
אֶת־יְהוָֹה וַיַּאֲמִינוּ בַּיהוָֹה וּבְמֹשֶׁה עַבְדּוֹ:

אָז יָשִׁיר־מֹשֶׁה וּבְנֵי יִשְׂרָאֵל אֶת־הַשִּׁירָה הַזֹּאת לַיהוָֹה וַיֹּאמְרוּ
לֵאמֹר   אָשִׁירָה לַיהוָֹה כִּי־גָאֹה גָּאָה   סוּס
וְרֹכְבוֹ רָמָה בַיָּם: עָזִּי וְזִמְרָת יָהּ וַיְהִי־לִי
לִישׁוּעָה   זֶה אֵלִי וְאַנְוֵהוּ   אֱלֹהֵי
אָבִי וַאֲרֹמְמֶנְהוּ:   יְהוָֹה אִישׁ מִלְחָמָה יְהוָֹה

was darauf, die Meere und Alles, was darin ist. Du belebest sie alle, und das Heer des Himmels beugt sich vor Dir. Du bist der Ewige, der wahre Gott, der Du Abram erwählt, ihn aus Ur-Kasdim herausgeführt und ihm den Namen Abraham gegeben hast. Du fandest sein Herz getreu vor Dir, und schlossest mit ihm den Bund, das Land des Kanaani, Chitti, Emori, Perissi, Jebussi und Girgaschi seinen Nachkommen zu geben, und Du hast Dein Wort gehalten, denn gerecht bist Du. Du sahest das Elend unserer Väter in Egypten und hörtest ihr Klaggeschrei am Schilfmeere. Du thatest Zeichen und Wunder an Pharao, an all' seinen Dienern und an allem Volke seines Landes, denn Du wußtest, wie sie gefrevelt an ihnen, und hast Dir einen Namen gemacht, der heute noch gefeiert wird. Du hast vor ihnen (unsern Vätern) das Meer getheilt, daß sie mitten durch dasselbe gingen auf dem Trockenen; ihre Verfolger hingegen schleudertest Du in die Tiefen, wie einen Stein in gewaltige Wasser.

So rettete der Ewige an jenem Tage Israel aus der Hand der Egypter, und Israel sah die Egypter todt am Ufer des Meeres. Da sah Israel die Macht, welche der Ewige an den Egyptern ausgeübt, und es fürchtete das Volk den Ewigen, und glaubte an den Ewigen und an Mosche, seinen Diener.

Damals sangen Mosche und die Kinder Israels dieses Lied dem Ewigen, und also sprachen sie: Ich singe dem Herrn, denn er ist hocherhaben, er stürzte das Roß und den Reiter in's Meer! Mein Sieg und Sang ist Jah, er ward zur Hülfe mir! Der ist mein Hort, ihn will ich preisen, Gott meines Vaters, ihn erheb' ich! Der Ewige ist Herr des Krieges,

שְׁמוֹ׃ מַרְכְּבֹת פַּרְעֹה וְחֵילוֹ יָרָה בַיָּם וּמִבְחַר
שָׁלִשָׁיו טֻבְּעוּ בְיַם סוּף׃ תְּהֹמֹת יְכַסְיֻמוּ יָרְדוּ בִמְצוֹלֹת כְּמוֹ
אָבֶן׃ יְמִינְךָ יְהֹוָה נֶאְדָּרִי בַּכֹּחַ יְמִינְךָ
יְהֹוָה תִּרְעַץ אוֹיֵב׃ וּבְרֹב גְּאוֹנְךָ תַּהֲרֹס
קָמֶיךָ תְּשַׁלַּח חֲרֹנְךָ יֹאכְלֵמוֹ כַּקַּשׁ׃ וּבְרוּחַ
אַפֶּיךָ נֶעֶרְמוּ מַיִם נִצְּבוּ כְמוֹ־נֵד
נֹזְלִים קָפְאוּ תְהֹמֹת בְּלֶב־יָם׃ אָמַר
אוֹיֵב אֶרְדֹּף אַשִּׂיג אֲחַלֵּק שָׁלָל תִּמְלָאֵמוֹ
נַפְשִׁי אָרִיק חַרְבִּי תּוֹרִישֵׁמוֹ יָדִי׃ נָשַׁפְתָּ
בְרוּחֲךָ כִּסָּמוֹ יָם צָלְלוּ כַּעוֹפֶרֶת בְּמַיִם
אַדִּירִים׃ מִי־כָמֹכָה בָּאֵלִם יְהֹוָה מִי
כָּמֹכָה נֶאְדָּר בַּקֹּדֶשׁ נוֹרָא תְהִלֹּת עֹשֵׂה
פֶלֶא׃ נָטִיתָ יְמִינְךָ תִּבְלָעֵמוֹ אָרֶץ׃ נָחִיתָ
בְחַסְדְּךָ עַם־זוּ גָּאָלְתָּ נֵהַלְתָּ בְעָזְּךָ אֶל־נְוֵה
קָדְשֶׁךָ׃ שָׁמְעוּ עַמִּים יִרְגָּזוּן חִיל
אָחַז יֹשְׁבֵי פְּלָשֶׁת׃ אָז נִבְהֲלוּ אַלּוּפֵי
אֱדוֹם אֵילֵי מוֹאָב יֹאחֲזֵמוֹ רָעַד נָמֹגוּ
כֹּל יֹשְׁבֵי כְנָעַן׃ תִּפֹּל עֲלֵיהֶם אֵימָתָה
וָפַחַד בִּגְדֹל זְרוֹעֲךָ יִדְּמוּ כָּאָבֶן עַד־

Ewiger ist sein Name! Die Wagen und das Heer des Pharao hat er in's Meer gestürzt, und seiner Heeresführer Beste, gesenkt in's Schilfmeer wurden sie; Abgründe decken sie, sie sanken in die Tiefen wie ein Stein. Deine Rechte, o Ewiger, mächtig an Kraft, Deine Rechte, o Ewiger, sie zerschmettert den Feind! In Deiner großen Hoheit zerstörst Du Deine Feinde; Du sendest Deinen Grimm, der sie verzehrt wie Stoppeln. Durch Deines Odems Hauch ward aufgethürmt das Wasser, stand Fließendes gleich einer Mauer, gefroren in des Meeres Herz Abgründe. Da sprach der Feind: Ich verfolge, erreiche, theile Beute aus! gesättigt sei an ihnen meine Wuth! ich zieh' mein Schwert, und meine Hand verderbe sie! — Da blies Dein Hauch, sie deckt die See, sie sinken gleich Blei in mächtige Gewässer. Wer ist gleich Dir, Herr, unter den Mächtigen? Wer ist gleich Dir, gewaltig in Heiligkeit, furchtbar im Ruhme, Wunderthäter? Du neigtest Deine Rechte, die Erde schlingt sie ein! — Nun führst Du gnadenvoll dies Volk, das Du erlöst; Du leitest es mit Deiner Macht in Deine heil'ge Wohnung. Es hören's Völker, sie erbeben, ein Zittern faßt Pelischthäa's Bewohner. Da erschrecken Edoms Fürsten; die Mächt'gen Moab's, sie ergreift ein Beben; es zagen Kanaans Bewohner alle. Es überfällt sie Angst und Bangigkeit; wenn sich Dein Arm erhebt, verstummen sie wie Stein — bis daß

יַעֲבֹר עַמְּךָ יְהֹוָה עַד־יַעֲבֹר עַם־זוּ קָנִיתָ׃ תְּבִאֵמוֹ וְתִטָּעֵמוֹ בְּהַר נַחֲלָתְךָ מָכוֹן לְשִׁבְתְּךָ פָּעַלְתָּ יְהֹוָה מִקְּדָשׁ אֲדֹנָי כּוֹנְנוּ יָדֶיךָ׃ יְהֹוָה ׀ יִמְלֹךְ לְעֹלָם וָעֶד׃ יְיָ יִמְלֹךְ לְעֹלָם וָעֶד׃ כי בא סוס פרעה ברכבו ובפרשיו בים וישב יי עלהם את מי הים. ובני ישראל הלכו ביבשה בתוך הים׃

כִּי לַיְיָ הַמְּלוּכָה וּמוֹשֵׁל בַּגּוֹיִם׃ וְעָלוּ מוֹשִׁעִים בְּהַר צִיּוֹן לִשְׁפֹּט אֶת־הַר עֵשָׂו וְהָיְתָה לַיְיָ הַמְּלוּכָה׃ וְהָיָה יְיָ לְמֶלֶךְ עַל־כָּל־הָאָרֶץ בַּיּוֹם הַהוּא יִהְיֶה יְיָ אֶחָד וּשְׁמוֹ אֶחָד׃ וּבְתוֹרָתְךָ כָּתוּב לֵאמֹר שְׁמַע יִשְׂרָאֵל יְיָ אֱלֹהֵינוּ יְיָ אֶחָד׃

אַן שבת אונד י"ט פֿאַנגט היער נשמת (זייטע 190).

יִשְׁתַּבַּח שִׁמְךָ לָעַד מַלְכֵּנוּ הָאֵל הַמֶּלֶךְ הַגָּדוֹל וְהַקָּדוֹשׁ בַּשָּׁמַיִם וּבָאָרֶץ כִּי לְךָ נָאֶה יְיָ אֱלֹהֵינוּ וֵאלֹהֵי אֲבוֹתֵינוּ שִׁיר וּשְׁבָחָה הַלֵּל וְזִמְרָה עֹז וּמֶמְשָׁלָה נֶצַח גְּדֻלָּה וּגְבוּרָה תְּהִלָּה וְתִפְאֶרֶת קְדֻשָּׁה וּמַלְכוּת בְּרָכוֹת וְהוֹדָאוֹת מֵעַתָּה וְעַד עוֹלָם׃ בָּרוּךְ אַתָּה יְיָ אֵל מֶלֶךְ גָּדוֹל בַּתִּשְׁבָּחוֹת אֵל הַהוֹדָאוֹת אֲדוֹן הַנִּפְלָאוֹת הַבּוֹחֵר בְּשִׁירֵי זִמְרָה מֶלֶךְ אֵל חֵי הָעוֹלָמִים׃ הש"ץ אומר ח"ק.

vorüber ist Dein Volk, o Herr, bis daß vorüber ist dies Volk, das Du erworben! Du führest sie hin, Du pflanzest sie ein auf Deines Eigenthumes Berg, den Ort, Ewiger, den Du zu Deiner Wohnung geschaffen, das Heiligthum, das Deine Hände, o Herr, gegründet. Der Ewige wird herrschen immerdar!!! — Der Ewige wird herrschen immerdar!!!

Denn dem Ewigen ist das Reich, er herrschet über die Völker. Erretter werden hinaufziehen auf Zions Berg, Esaus Gebirge zu richten, dann wird das Reich dem Ewigen sein. Der Ewige wird König sein über die ganze Erde; an jenem Tage wird der Ewige einzig sein und sein Name: Einiger. Und in Deiner Thora steht geschrieben: „Höre, Israel, der Ewige, unser Gott, ist ein einiges ewiges Wesen!"

(An Sabbath- und Festtagen folgt hier Nischmath (S. 191).

ישתבח Gepriesen in Ewigkeit sei Dein Name, unser König, allmächtiger, großer und heiliger Regent, im Himmel und auf Erden! Ja, Dir, Ewiger, unser Gott und Gott unserer Väter, geziemet Lied und Preis, Lob und Sang, Macht und Herrschaft, Sieg, Größe und Stärke, Ruhm und Herrlichkeit, Heiligung und Huldigung, Lobeserhebungen und Danksagungen von nun an bis in alle Ewigkeit. Gelobt seist Du, Ewiger, allmächtiger König, groß im Ruhme, gewaltig im Lobe, Meister in Wunderwerken, waltend in Erhabenheit, der an Lobgesängen Wohlgefallen hat — Herr! Gott! Allbelebender!

דער פארבעטער רופט אויס: וועהרענד דעסען בעטעט דיא געמיינדע לייזע:

ברכו את־יי המברך:

קהל: ברוך יי המברך לעולם ועד:

ברוך אתה יי אלהינו מלך העולם יוצר אור ובורא חשך עשה שלום ובורא את־הכל:

ק׳ יתברך וישתבח ויתפאר ויתרומם ויתנשא שמו של מלך מלכי המלכים הקדוש ברוך הוא שהוא ראשון והוא אחרון ומבלעדיו אין אלהים סלו לרכב בערבות ביה שמו ועלזו לפניו. ושמו מרומם על כל ברכה ותהלה:
ברוך שם כבוד מלכותו לעולם ועד:
יהי שם יי מבורך מעתה ועד עולם:

המאיר לארץ ולדרים עליה ברחמים· ובטובו מחדש בכל־יום תמיד מעשה בראשית: מה רבו מעשיך יי· כלם בחכמה עשית· מלאה הארץ קנינך: המלך המרומם לבדו מאז· המשבח והמפאר והמתנשא מימות עולם: אלהי עולם ברחמיך הרבים רחם עלינו· אדון עזנו צור משגבנו· מגן ישענו משגב בעדנו: אל ברוך גדול דעה· הכין ופעל זהרי חמה· טוב יצר כבוד לשמו· מאורות נתן סביבות עזו· פנות צבאיו קדושים רוממי שדי· תמיד מספרים כבוד־אל

(Der Vorbeter ruft laut:)

ברכו Preiset den Ewigen, den Hochgepriesenen!

(Die Gemeinde antwortet:)

Gepriesen sei der Ewige, der Hochgepriesene, in Ewigkeit!

Gelobt seist Du, Ewiger, unser Gott, Weltregent, der das Licht gebildet und die Finsterniß geschaffen, der Frieden stiftet und Alles hervorbringt.

(Während dessen betet die Gemeinde leise:)

Gepriesen und gerühmt, verherrlicht, hochgelobt und erhaben ist der Name des Königs aller Könige, des Heiligen, gelobt sei er! Er ist der Erste und er der Letzte, und außer ihm gibt es keinen Gott. Macht ihm Bahn, ihm, der durch die Aetherwüste fährt! sein Name ist Jah! frohlocket vor ihm! Erhaben ist sein Name über alles Lob und allen Preis. Gepriesen sei der Name seiner verherrlichten Majestät in Ewigkeit! Hochgepriesen sei der Name des Ewigen von nun an bis in Ewigkeit!

המאיר Er spendet Licht der Erde und den auf ihr Wohnenden in Barmherzigkeit, und in seiner Güte verjünget er täglich neu das Schöpfungswerk. Wie groß sind Deine Werke, Ewiger, Alle hast Du sie mit Weisheit eingerichtet, voll ist die Erde von Deinen Gütern. Er, der König, unvergleichlich in seiner Hoheit von ewig her, gepriesen, gerühmt und hocherhaben ist er seit den Tagen der Urwelt. — Gott des Weltalls! in Deiner großen Barmherzigkeit erbarme Dich unser, Herr unserer Macht, Fels unserer Burg, Schild unseres Heiles, Schutzwehr um uns! Gott, der Hochgelobte, in großer Weisheit berettete und machte er die Strahlen der Sonne; in Güte bildete er sie zur Ehre seines Namens; mit Leuchten rings umgab er seine Veste; die Häupter seiner Heere sind heilig, sie erheben den Allmächtigen und verkünden unaufhörlich

וּקְדֻשָּׁתוֹ: תִּתְבָּרַךְ יְיָ אֱלֹהֵינוּ עַל־שֶׁבַח מַעֲשֵׂה יָדֶיךָ. וְעַל־מְאוֹרֵי־אוֹר שֶׁעָשִׂיתָ יְפָאֲרוּךָ סֶּלָה:

תִּתְבָּרַךְ צוּרֵנוּ מַלְכֵּנוּ וְגֹאֲלֵנוּ בּוֹרֵא קְדוֹשִׁים יִשְׁתַּבַּח שִׁמְךָ לָעַד מַלְכֵּנוּ יוֹצֵר מְשָׁרְתִים וַאֲשֶׁר מְשָׁרְתָיו כֻּלָּם עוֹמְדִים בְּרוּם עוֹלָם וּמַשְׁמִיעִים בְּיִרְאָה יַחַד בְּקוֹל דִּבְרֵי אֱלֹהִים חַיִּים וּמֶלֶךְ עוֹלָם: כֻּלָּם אֲהוּבִים כֻּלָּם בְּרוּרִים כֻּלָּם גִּבּוֹרִים וְכֻלָּם עֹשִׂים בְּאֵימָה וּבְיִרְאָה רְצוֹן קוֹנָם וְכֻלָּם פּוֹתְחִים אֶת־פִּיהֶם בִּקְדֻשָּׁה וּבְטָהֳרָה בְּשִׁירָה וּבְזִמְרָה וּמְבָרְכִים וּמְשַׁבְּחִים וּמְפָאֲרִים וּמַעֲרִיצִים וּמַקְדִּישִׁים וּמַמְלִיכִים:

אֶת־שֵׁם הָאֵל הַמֶּלֶךְ הַגָּדוֹל הַגִּבּוֹר וְהַנּוֹרָא קָדוֹשׁ הוּא: וְכֻלָּם מְקַבְּלִים עֲלֵיהֶם עֹל מַלְכוּת שָׁמַיִם זֶה מִזֶּה. וְנוֹתְנִים רְשׁוּת זֶה לָזֶה. לְהַקְדִּישׁ לְיוֹצְרָם בְּנַחַת רוּחַ בְּשָׂפָה בְרוּרָה וּבִנְעִימָה קְדֻשָּׁה כֻּלָּם כְּאֶחָד עוֹנִים וְאוֹמְרִים בְּיִרְאָה:

קָדוֹשׁ קָדוֹשׁ קָדוֹשׁ יְיָ צְבָאוֹת מְלֹא כָל־הָאָרֶץ כְּבוֹדוֹ:

die Herrlichkeit Gottes und seine Heiligkeit. Sei gelobt, Ewiger, unser Gott, durch den Ruhm Deiner Hände Werk und durch die strahlenden Leuchten, die Du gemacht, Dich zu verherrlichen! Selah!

תתברך Sei gelobt, Du, unser Hort, unser König, unser Erlöser und Schöpfer so vieler Heiligen! ewig sei Dein Name gepriesen, unser König und Schöpfer so vieler Diener, die alle in jenen höhern Welten stehen und sämmtlich in Ehrfurcht die Befehle des lebendigen Gottes und des Weltregenten laut verkünden. Sie sind Alle lieblich, Alle auserlesen, Alle mächtig, Alle vollstrecken sie in tiefer Ehrfurcht den Befehl ihres Schöpfers, und Alle öffnen sie den Mund in Heiligkeit und Weihe zu Gesang und Lied, loben und preisen, rühmen und verehren, heiligen und verherrlichen den Namen des Allmächtigen, des großen, allvermögenden und furchtbaren Königs — heilig ist er! Alle unterziehen sie sich stufenweise den Obliegenheiten des Himmelreichs und ertheilen wechselseitig die Erlaubniß, ihren Schöpfer zu heiligen mit seligem Vergnügen. In reiner Sprache und mit Anmuth stimmen sie die Heiligung an, und rufen in Ehrfurcht, Alle wie Einer:

„Heilig, heilig, heilig ist der Ewige Zebaoth!
Voll ist die ganze Erde seiner Herrlichkeit!"

וְהָאוֹפַנִּים וְחַיּוֹת הַקֹּדֶשׁ בְּרַעַשׁ גָּדוֹל מִתְנַשְּׂאִים לְעֻמַּת שְׂרָפִים לְעֻמָּתָם מְשַׁבְּחִים וְאוֹמְרִים:
בָּרוּךְ כְּבוֹד יְיָ מִמְּקוֹמוֹ:

לָאֵל בָּרוּךְ נְעִימוֹת יִתֵּנוּ. לְמֶלֶךְ אֵל חַי וְקַיָּם זְמִירוֹת יֹאמֵרוּ וְתִשְׁבָּחוֹת יַשְׁמִיעוּ. כִּי הוּא לְבַדּוֹ פּוֹעֵל גְּבוּרוֹת עוֹשֶׂה חֲדָשׁוֹת בַּעַל מִלְחָמוֹת זוֹרֵעַ צְדָקוֹת מַצְמִיחַ יְשׁוּעוֹת בּוֹרֵא רְפוּאוֹת נוֹרָא תְהִלּוֹת אֲדוֹן הַנִּפְלָאוֹת הַמְחַדֵּשׁ בְּטוּבוֹ בְּכָל יוֹם תָּמִיד מַעֲשֵׂה בְרֵאשִׁית: כָּאָמוּר לְעֹשֵׂה אוֹרִים גְּדֹלִים כִּי לְעוֹלָם חַסְדּוֹ: אוֹר חָדָשׁ עַל צִיּוֹן תָּאִיר וְנִזְכֶּה כֻלָּנוּ מְהֵרָה לְאוֹרוֹ. בָּרוּךְ אַתָּה יְיָ יוֹצֵר הַמְּאוֹרוֹת:

אַהֲבָה רַבָּה אֲהַבְתָּנוּ יְיָ אֱלֹהֵינוּ חֶמְלָה גְדוֹלָה וִיתֵרָה חָמַלְתָּ עָלֵינוּ אָבִינוּ מַלְכֵּנוּ בַּעֲבוּר אֲבוֹתֵינוּ שֶׁבָּטְחוּ בְךָ וַתְּלַמְּדֵם חֻקֵּי חַיִּים כֵּן תְּחָנֵּנוּ וּתְלַמְּדֵנוּ: אָבִינוּ הָאָב הָרַחֲמָן הַמְרַחֵם רַחֵם עָלֵינוּ וְתֵן בְּלִבֵּנוּ לְהָבִין וּלְהַשְׂכִּיל לִשְׁמֹעַ לִלְמֹד וּלְלַמֵּד לִשְׁמֹר וְלַעֲשׂוֹת וּלְקַיֵּם אֶת כָּל דִּבְרֵי תַלְמוּד תּוֹרָתֶךָ בְּאַהֲבָה: וְהָאֵר עֵינֵינוּ בְּתוֹרָתֶךָ וְדַבֵּק לִבֵּנוּ בְּמִצְוֹתֶיךָ וְיַחֵד לְבָבֵנוּ לְאַהֲבָה וּלְיִרְאָה שְׁמֶךָ וְלֹא נֵבוֹשׁ לְעוֹלָם וָעֶד: כִּי בְשֵׁם קָדְשְׁךָ הַגָּדוֹל וְהַנּוֹרָא בָּטָחְנוּ נָגִילָה וְנִשְׂמְחָה בִּישׁוּעָתֶךָ: וַהֲבִיאֵנוּ לְשָׁלוֹם מֵאַרְבַּע כַּנְפוֹת הָאָרֶץ וְתוֹלִיכֵנוּ קוֹמְמִיּוּת לְאַרְצֵנוּ: כִּי אֵל פּוֹעֵל

והאופנים Die Ophannim und heiligen Chajoth erheben sich mit mächtigem Getöse den Seraphim gegenüber, und ihnen erwiedernd, lobpreisen sie:

„Gelobt sei die Herrlichkeit Gottes, ihres Ortes!"

לאל Gott, dem Hochgelobten, weihen sie liebliche Gesänge; Gott, dem Weltgebieter, dem lebendigen und unvergänglichen, stimmen sie Loblieder an und lassen Lobsprüche ertönen. Denn er allein wirkt Gewaltiges, stiftet Neues, bewältiget Kriege, säet Wohlthaten, pflanzet Rettungsmittel, schaffet Heilkräfte — furchtbar in Ruhmesthat, Meister in Wunderdingen, der in seiner Güte täglich neu das Schöpfungswerk verjünget. Wie es heißt (Ps. 136, 7): „Danket dem Schöpfer der großen Lichter, ewig währet seine Güte." — Mögest Du auch über Zion ein neues Licht strahlen lassen und wir Alle bald genießen seines Glanzes! Gelobt seist Du, Ewiger, Schöpfer der Himmelsleuchten!

אהבה Reiche Liebe hast Du uns zugewendet, Ewiger, unser Gott, große und besondere Huld uns erwiesen. Unser Vater! unser König! um unserer Urväter willen, die auf Dich vertraueten, und denen Du Gesetze des Lebens lehrtest, sei auch uns gnädig und belehre auch uns. Unser Vater, erbarmungsvoller Vater — allerbarmend, erbarme Dich unser, und rüste unser Herz aus, damit wir verstehen und begreifen, aufmerken, lernen und lehren, beobachten, ausüben und vollziehen mögen alle Worte der Lehre Deines Gesetzes in Liebe! Erleuchte unsere Augen in Deiner Lehre, befestige unser Herz in Deinen Geboten und einige unser Gemüth, Deinen Namen zu lieben und zu fürchten, auf daß wir nicht zu Schanden werden für und für! Denn wir vertrauen Deinem heiligen, großen und furchtbaren Namen, frohlocken und freuen uns Deines Heils. O, bringe in Frieden uns aus den vier Enden der Erde und führe uns aufrecht in unser Land zurück!

ישועות אתה ובנו בחרת מכל־עם ולשון וקרבתנו לשמך
הגדול סלה באמת. להודות לך וליחדך באהבה: ברוך
אתה יי הבוחר בעמו ישראל באהבה: יחיד אומר אל מלך נאמן.

דברים ו׳ ד׳.

שמע ישראל יהוה אלהינו יהוה אחד:

בלחש ברוך שם כבוד מלכותו לעולם ועד:

ואהבת את יהוה אלהיך בכל־לבבך ובכל
נפשך ובכל־מאדך: והיו הדברים האלה
אשר אנכי מצוך היום על־לבבך: ושננתם
לבניך ודברת בם בשבתך בביתך ובלכתך
בדרך ובשכבך ובקומך: וקשרתם לאות
על־ידך והיו לטטפת בין עיניך: וכתבתם
על־מזזות ביתך ובשעריך:

דברים י״א י״ג. והיה אם־שמע תשמעו אל־מצותי אשר
אנכי מצוה אתכם היום לאהבה את־יהוה
אלהיכם ולעבדו בכל־לבבכם ובכל
נפשכם: ונתתי מטר־ארצכם בעתו יורה
ומלקוש ואספת דגנך ותירשך ויצהרך:
ונתתי עשב בשדך לבהמתך ואכלת

Denn ein Stifter des Heils bist Du, o Gott! und uns hast Du erkoren aus allen Völkern und Zungen, und uns Deinem großen Namen genähert, für immer, in Wahrheit, um Dir zu huldigen und Deine Einheit in Liebe anzuerkennen. Gelobt seist Du, Ewiger, der sein Volk Israel erkoren in Liebe!

(V. Mos. 6, 4.)

Höre, Israel, der Ewige, unser Gott, ist ein einiges ewiges Wesen!

Gelobt sei der Name seiner glorreichen Majestät immer und ewig!

Du sollst den Ewigen, deinen Gott, lieben von ganzem Herzen, von ganzer Seele und von ganzem Vermögen! Die Worte, die ich dir jetzt befehle, sollen dir stets im Herzen bleiben; du sollst sie deinen Kindern einschärfen und davon reden, wenn du in deinem Hause sitzest und wenn du auf dem Wege gehest, wenn du dich niederlegst und wenn du aufstehst; binde sie zum Zeichen an deine Hand, trage sie als Stirnband zwischen deinen Augen und schreibe sie auf die Pfosten deines Hauses und an deine Thore.

(V. Mos. 11, 13.) Werdet ihr also meinen Geboten gehorchen, die ich euch jetzt gebe, den Ewigen, euern Gott, von euerm ganzen Herzen und von eurer ganzen Seele zu lieben und ihm zu dienen, so will ich euerm Lande Regen geben zur rechten Zeit, Frühregen und Spätregen, damit du dein Getreide, deinen Most und dein Oel einsammelst, und will für dein Vieh Gras wachsen lassen auf deinem Felde, daß du zu essen

וְשָׂבָעְתָּ: הִשָּׁמְרוּ לָכֶם פֶּן־יִפְתֶּה לְבַבְכֶם
וְסַרְתֶּם וַעֲבַדְתֶּם אֱלֹהִים אֲחֵרִים וְהִשְׁתַּחֲוִיתֶם
לָהֶם: וְחָרָה אַף־יְהוָה בָּכֶם וְעָצַר אֶת־
הַשָּׁמַיִם וְלֹא־יִהְיֶה מָטָר וְהָאֲדָמָה לֹא תִתֵּן
אֶת־יְבוּלָהּ וַאֲבַדְתֶּם מְהֵרָה מֵעַל הָאָרֶץ
הַטֹּבָה אֲשֶׁר יְהוָה נֹתֵן לָכֶם: וְשַׂמְתֶּם אֶת־
דְּבָרַי אֵלֶּה עַל־לְבַבְכֶם וְעַל־נַפְשְׁכֶם
וּקְשַׁרְתֶּם אֹתָם לְאוֹת עַל־יֶדְכֶם וְהָיוּ לְטוֹטָפֹת
בֵּין עֵינֵיכֶם: וְלִמַּדְתֶּם אֹתָם אֶת־בְּנֵיכֶם לְדַבֵּר
בָּם בְּשִׁבְתְּךָ בְּבֵיתֶךָ וּבְלֶכְתְּךָ בַדֶּרֶךְ וּבְשָׁכְבְּךָ
וּבְקוּמֶךָ: וּכְתַבְתָּם עַל־מְזוּזוֹת בֵּיתֶךָ
וּבִשְׁעָרֶיךָ: לְמַעַן יִרְבּוּ יְמֵיכֶם וִימֵי בְנֵיכֶם
עַל הָאֲדָמָה אֲשֶׁר נִשְׁבַּע יְהוָה לַאֲבֹתֵיכֶם
לָתֵת לָהֶם כִּימֵי הַשָּׁמַיִם עַל־הָאָרֶץ:

במדבר ט״ו ל״ז.

וַיֹּאמֶר יְהוָה אֶל־מֹשֶׁה לֵּאמֹר: דַּבֵּר אֶל־
בְּנֵי יִשְׂרָאֵל וְאָמַרְתָּ אֲלֵהֶם וְעָשׂוּ לָהֶם צִיצִת
עַל־כַּנְפֵי בִגְדֵיהֶם לְדֹרֹתָם וְנָתְנוּ עַל־צִיצִת
הַכָּנָף פְּתִיל תְּכֵלֶת: וְהָיָה לָכֶם לְצִיצִת

habest im Ueberflusse. Hütet euch aber, daß euer Herz nicht bethört werde, daß ihr etwa abfallet und andern Göttern dienet und sie anbetet! Der Zorn des Ewigen würde über euch entbrennen, er würde den Himmel verschließen, daß kein Regen sei, die Erde würde ihr Gewächs nicht hervorbringen, und ihr würdet gar bald zu Grunde gehen, fern von dem vortrefflichen Lande, das euch der Ewige geben will. Nehmet diese meine Worte euch zu Herzen und zu Gemüthe, bindet sie zum Zeichen an euere Hand und traget sie als Stirnband zwischen euren Augen; lehret sie eure Söhne, davon zu reden, wenn du in deinem Hause sitzest und wenn du auf dem Wege gehest, wenn du dich niederlegst und wenn du aufstehst; schreibe sie auf die Pfosten deines Hauses und an deine Thore! damit ihr und eure Kinder auf dem Erdreiche, welches der Ewige euern Vätern zugeschworen, ihnen zu geben, lange Jahre bleiben möget, solange der Himmel über der Erde sein wird.

(IV. Mos. 15, 37.) Der Ewige sprach zu Mosche wie folgt: Rede zu den Kindern Israels und sage ihnen, sie sollen, bei allen ihren Nachkommen, an die Ecken ihrer Kleider Schaufäden machen und an diese Eckenschaufäden eine Schnur aus dunkelblauer Wolle befestigen. Diese sollen euch zu Schaufäden dienen, daß

וּרְאִיתֶם אֹתוֹ וּזְכַרְתֶּם אֶת־כָּל־מִצְוֹת יְהוָה
וַעֲשִׂיתֶם אֹתָם וְלֹא תָתוּרוּ אַחֲרֵי לְבַבְכֶם
וְאַחֲרֵי עֵינֵיכֶם אֲשֶׁר־אַתֶּם זֹנִים אַחֲרֵיהֶם׃
לְמַעַן תִּזְכְּרוּ וַעֲשִׂיתֶם אֶת־כָּל־מִצְוֹתָי וִהְיִיתֶם
קְדֹשִׁים לֵאלֹהֵיכֶם׃ אֲנִי יְהוָה אֱלֹהֵיכֶם
אֲשֶׁר הוֹצֵאתִי אֶתְכֶם מֵאֶרֶץ מִצְרַיִם לִהְיוֹת
לָכֶם לֵאלֹהִים אֲנִי יְהוָה אֱלֹהֵיכֶם׃ יש לסמוך אלהיכם לאמת.

אֱמֶת וְיַצִּיב וְנָכוֹן וְקַיָּם וְיָשָׁר וְנֶאֱמָן וְאָהוּב
וְחָבִיב וְנֶחְמָד וְנָעִים וְנוֹרָא וְאַדִּיר׃ וּמְתֻקָּן
וּמְקֻבָּל וְטוֹב וְיָפֶה הַדָּבָר הַזֶּה עָלֵינוּ לְעוֹלָם
וָעֶד׃ אֱמֶת אֱלֹהֵי עוֹלָם מַלְכֵּנוּ צוּר יַעֲקֹב מָגֵן
יִשְׁעֵנוּ׃ לְדֹר וָדֹר הוּא קַיָּם וּשְׁמוֹ קַיָּם וְכִסְאוֹ
נָכוֹן וּמַלְכוּתוֹ וֶאֱמוּנָתוֹ לָעַד קַיָּמֶת׃ וּדְבָרָיו
חָיִים וְקַיָּמִים נֶאֱמָנִים וְנֶחֱמָדִים לָעַד וּלְעוֹלְמֵי
עוֹלָמִים עַל־אֲבוֹתֵינוּ וְעָלֵינוּ עַל־בָּנֵינוּ וְעַל
דּוֹרוֹתֵינוּ וְעַל כָּל־דּוֹרוֹת זֶרַע יִשְׂרָאֵל עֲבָדֶיךָ׃

עַל הָרִאשׁוֹנִים וְעַל הָאַחֲרוֹנִים דָּבָר טוֹב וְקַיָּם
לְעוֹלָם וָעֶד׃ אֱמֶת וֶאֱמוּנָה חֹק וְלֹא יַעֲבוֹר׃

ihr sie sehet und euch aller Gebote des Ewigen erinnert und sie befolget, nicht aber euerm Herzen und euern Augen nachwandelt, die euch auf Abwege führen. Damit ihr euch all meiner Gebote erinnert und sie befolget, und ihr heilig seiet euerm Gotte. Ich bin der Ewige, euer Gott, der ich euch aus dem Lande Egypten herausgeführt, um euer Gott zu sein. Ich, der Ewige, euer Gott!

אמת Wahr und sicher, zuverlässig und unwandelbar, richtig und wahrhaft, lieblich und angenehm, schätzbar und ergötzend, achtbar und herrlich, bewährt und erprobt, nützlich und heilsam ist dieses Wort für uns auf immer und ewig. Wahr ist es, der Weltengott ist unser König, Jakobs Fels der Schild unseres Heils! Von Geschlecht zu Geschlecht dauert er, dauert sein Name, sein Thron ist unwandelbar und sein Reich und seine Treue ewigdauernd; seine Verheißungen sind lebendig und ewigbestehend, wahrhaft und erquickend für immer und in alle Zeit und Ewigkeit — für unsere Voreltern und für uns, für unsere Kinder und für unsere Nachkommen, sowie für alle Nachkommen des Stammes Israel, Deine Knechte.

על Der Vor- und Nachwelt ist's eine wohlthätige Verheißung, sie dauert ewig: Wahrheit und Wahrhaftigkeit, ein unwandelbares Gesetz. Wahr ist's, daß

אֱמֶת שָׁאַתָּה הוּא יְיָ אֱלֹהֵינוּ וֵאלֹהֵי אֲבוֹתֵינוּ׃ מַלְכֵּנוּ מֶלֶךְ אֲבוֹתֵינוּ גּוֹאֲלֵנוּ גּוֹאֵל אֲבוֹתֵינוּ יוֹצְרֵנוּ צוּר יְשׁוּעָתֵנוּ פּוֹדֵנוּ וּמַצִּילֵנוּ מֵעוֹלָם שְׁמֶךָ ׃ אֵין אֱלֹהִים זוּלָתֶךָ׃

עֶזְרַת אֲבוֹתֵינוּ אַתָּה הוּא מֵעוֹלָם מָגֵן וּמוֹשִׁיעַ לִבְנֵיהֶם אַחֲרֵיהֶם בְּכָל־דּוֹר וָדוֹר׃ בְּרוּם עוֹלָם מוֹשָׁבֶךָ וּמִשְׁפָּטֶיךָ וְצִדְקָתְךָ עַד אַפְסֵי אָרֶץ׃ אַשְׁרֵי אִישׁ שֶׁיִּשְׁמַע לְמִצְוֹתֶיךָ וְתוֹרָתְךָ וּדְבָרְךָ יָשִׂים עַל לִבּוֹ׃ אֱמֶת אַתָּה הוּא אָדוֹן לְעַמֶּךָ וּמֶלֶךְ גִּבּוֹר לָרִיב רִיבָם׃ אֱמֶת אַתָּה הוּא רִאשׁוֹן וְאַתָּה הוּא אַחֲרוֹן וּמִבַּלְעָדֶיךָ אֵין לָנוּ מֶלֶךְ גּוֹאֵל וּמוֹשִׁיעַ׃ מִמִּצְרַיִם גְּאַלְתָּנוּ יְיָ אֱלֹהֵינוּ וּמִבֵּית עֲבָדִים פְּדִיתָנוּ׃ כָּל־בְּכוֹרֵיהֶם הָרַגְתָּ וּבְכוֹרְךָ גָּאָלְתָּ וְיַם־סוּף בָּקַעְתָּ וְזֵדִים טִבַּעְתָּ וִידִידִים הֶעֱבַרְתָּ וַיְכַסּוּ מַיִם צָרֵיהֶם אֶחָד מֵהֶם לֹא נוֹתָר׃ עַל זֹאת שִׁבְּחוּ אֲהוּבִים וְרוֹמְמוּ אֵל וְנָתְנוּ יְדִידִים זְמִירוֹת שִׁירוֹת וְתִשְׁבָּחוֹת בְּרָכוֹת וְהוֹדָאוֹת לְמֶלֶךְ אֵל חַי וְקַיָּם׃ רָם וְנִשָּׂא גָּדוֹל וְנוֹרָא מַשְׁפִּיל גֵּאִים וּמַגְבִּיהַּ שְׁפָלִים מוֹצִיא אֲסִירִים וּפוֹדֶה עֲנָוִים וְעוֹזֵר דַּלִּים וְעוֹנֶה לְעַמּוֹ בְּעֵת שַׁוְּעָם אֵלָיו׃ תְּהִלּוֹת לָאֵל עֶלְיוֹן בָּרוּךְ הוּא וּמְבֹרָךְ ׃ מֹשֶׁה וּבְנֵי יִשְׂרָאֵל לְךָ עָנוּ שִׁירָה בְּשִׂמְחָה רַבָּה וְאָמְרוּ כֻלָּם׃

Du, Ewiger, unser Gott und unserer Väter Gott bist, unser König, König unserer Väter, unser Erlöser, Erlöser unserer Väter, unser Schöpfer, Fels unseres Heils; unser Befreier und Retter war von Ewigkeit her Dein Name — kein Gott ist außer Dir!

עזרת Der Beistand unserer Väter warst Du von jeher, Schild und Retter ihren nachfolgenden Söhnen in jedem Geschlecht. In Weltenhöhen ist Dein Thron, und Deine Gerichte und Deine Huld reichen bis zu der Erde Enden. Heil dem Manne, der auf Deine Gebote hört, Deine Lehre und Dein Wort sich zu Herzen nimmt! Es ist wahr, Du allein bist Herr Deines Volkes, ein mächtiger König, ihre Sache zu führen! Es ist wahr, Du allein bist der Erste, Du allein der Letzte, und außer Dir haben wir weder König, noch Erlöser, noch Erretter! Aus Egypten hast Du uns erlöst, Ewiger, unser Gott, und aus dem Sklavenhause uns befreit; die Erstgebornen Jener hast Du getödtet und Deine Erstgebornen erlöst; das Schilfmeer hast Du getheilt, die Frevler versenkt, die Lieblinge hindurchgeführt, und die Fluthen verschlangen ihre Verfolger, daß nicht Einer von ihnen entkam. Darob lobsangen die Geliebten, erhoben den Allmächtigen und die Lieblinge weiheten Lieder, Gesänge und Psalmen, Lobsprüche und Danksagungen dem allmächtigen, lebendigen und unvergänglichen Weltenherrn, der hoch und erhaben, groß und furchtbar ist, der die Stolzen beuget und die Gebeugten aufrichtet, der die Gefesselten löset und die Bedrückten befreit, den Armen beisteht und seinem Volke antwortet, wenn es zu ihm ruft. Lob sei ihm, dem Allmächtigen, Allerhöchsten! gelobt sei er und hochgepriesen! Mosche und die Kinder Israels stimmten Dir ein Lied an mit großer Freude, und sie Alle sprachen:

מי־כמכה באלם יהוה מי כמכה נאדר בקדש נורא תהלת עשה פלא: שירה חדשה שבחו גאולים לשמך על־שפת הים יחד כלם הודו והמליכו ואמרו. יהוה ימלך לעלם ועד:

צור ישראל קומה בעזרת ישראל ופדה כנאמך יהודה וישראל. (גאלנו יי צבאות שמו קדוש ישראל.) ברוך אתה יי גאל ישראל:

אדני שפתי תפתח ופי יגיד תהלתך:

ברוך אתה יי אלהינו ואלהי אבותינו אלהי אברהם אלהי יצחק ואלהי יעקב האל הגדול הגבור והנורא אל עליון גומל חסדים טובים וקנה הכל וזוכר חסדי אבות ומביא גואל לבני בניהם למען שמו באהבה.

אין דען צעהן בוסטאגען ווירד זכרנו איינגעשאלטעט.

זכרנו לחיים מלך חפץ בחיים. וכתבנו בספר החיים למענך אלהים חיים:

מלך עוזר ומושיע ומגן ב״א״י מגן אברהם:

אתה גבור לעולם אדני מחיה מתים אתה רב להושיע.

אים ווינטער: משיב הרוח ומוריד הגשם:

מכלכל חיים בחסד מחיה מתים ברחמים

„Wer ist unter den Mächten, o Ewiger, wie Du? wer ist wie Du? verherrlicht in Heiligkeit, furchtbar im Ruhme, Wunderthäter!“ Ein neues Lied sangen die Erlösten Deinem Namen am Ufer des Meeres; einmüthig dankten sie Alle, und huldigend sprachen sie: „Der Ewige wird regieren immer und ewig!“

צור O Fels Israels, mache Dich auf zur Hülfe Israels und befreie, nach Deiner Verheißung, Jehuda und Israel! (Unser Erlöser, Ewiger Zebaoth ist sein Name, der Heilige Israels!) Gelobt seist Du, Ewiger, der Israel erlöst hat!

Herr, öffne meine Lippen, und mein Mund verkünde Deinen Ruhm!

ברוך Gelobt seist Du, Ewiger, unser Gott und Gott unserer Väter, Gott Abrahams, Gott Isaaks und Gott Jakobs; großer, mächtiger und furchtbarer Gott! Herr in den Höhen! der Wohlthaten erzeiget in Güte, als Eigenthümer des Weltalls, der gedenket der Frömmigkeit der Urväter, und ihren spätesten Enkeln einen Erlöser bringet, um seines Namens willen in Liebe!

In den zehn Bußtagen wird Folgendes eingeschaltet:

(זכרנו Gedenke unser zum Leben, o König, der Du Wohlgefallen hast am Leben; schreibe uns ein in das Buch des Lebens, um Deinetwillen, Herr des Lebens!)

König, Helfer, Retter und Schild! Gelobt seist Du, Ewiger, Schild Abrahams!

אתה Mächtig bist Du in Ewigkeit! o Herr! Du belebst die Todten wieder, mächtiger Retter!

Im Winter wird Folgendes eingeschaltet:

(משיב Der dem Winde zu wehen und dem Regen zu fallen gebeut.)

Deine Gnade ernährt die Lebenden, Deine unendliche Barmherzigkeit läßt die Todten wieder aufleben!

רבים סומך נופלים ורופא חולים ומתיר אסורים ומקים אמונתו לישני עפר. מי כמוך בעל גבורות ומי דומה לך מלך ממית ומחיה ומצמיח ישועה. אין דען 10 בוסטאגען ווירד מי כמוך איינגעשאלטעט: מי כמוך אב הרחמים זוכר יצוריו לחיים ברחמים. ונאמן אתה להחיות מתים בא"י מחיה המתים:

אתה קדוש ושמך קדוש וקדושים בכל יום יהללוך סלה:

קדושה לש"ץ בחזרת התפלה.

נקדש את שמך בעולם כשם שמקדישים אותו בשמי מרום ככתוב על יד נביאך וקרא זה אל זה ואמר קו"ח קדוש וקדוש קדוש יי צבאות מלא כל הארץ כבודו: ח' לעמתם ברוך יאמרו. קו"ח ברוך כבוד יי ממקומו: ח' ובדברי קדשך כתוב לאמר. קו"ח ימלך יי לעולם אלהיך ציון לדר ודר הללויה: ח' לדור ודור נגיד גדלך ולנצח נצחים קדשתך נקדיש ושבחך אלהינו מפינו לא ימוש לעולם ועד כי אל מלך גדול וקדוש אתה.

ברוך אתה יי האל (בעשי"ת המלך) הקדוש:

אתה חונן לאדם דעת ומלמד לאנוש בינה. חננו מאתך דעה בינה והשכל. בא"י חונן הדעת:

השיבנו אבינו לתורתך וקרבנו מלכנו לעבודתך והחזירנו בתשובה שלמה לפניך. ברוך אתה יי הרוצה בתשובה:

Du bist der Wankenden Stütze, der Kranken Heil und Befreier der Gefesselten! Du hältst treulich Deine Zusage Jenen, die in der Erde schlummern! Wer ist wie Du, allmächtiger Gott! Wer ist Dir ähnlich? König, der da tödtet und wieder belebet und Heil aufkeimen läßt.

In den zehn Bußtagen wird Folgendes eingeschaltet:

('מ Wer ist wie Du, Vater des Erbarmens, der seiner Geschöpfe zum Leben gedenkt in Erbarmen?!)

Deiner Verheißung getreu, belebst Du einst die Todten wieder! Gelobt seist Du, Ewiger, der die Todten belebt!

אתה Du bist heilig, heilig ist Dein Name und Heilige lobpreisen Dich jeglichen Tag! Selah! Gelobt seist Du, Ewiger, heiliger Gott! (In den 10 Bußtagen: heiliger König!)

Bei der lauten Wiederholung wird Folgendes eingeschaltet:

נקדש: (Vorb.) Wir heiligen Deinen Namen auf Erden, wie man in hohen Himmeln ihn heiligt; wie geschrieben steht durch Deinen Propheten: Und Einer rief dem Andern zu und sprach:

(Gem. u. Vorb.) „Heilig, heilig, heilig ist der Ewige Zebaoth, voll ist die ganze Erde seiner Herrlichkeit!"

(Vorb.) Ihnen gegenüber ruft's: „Gelobt!"

(Gem.) „Gelobt sei die Herrlichkeit Gottes, ihres Ortes!"

(Vorb.) Und in Deinen heiligen Worten heißt es:

(Gem.) „Der Ewige regieret ewiglich, dein Gott, o Zion, von Geschlecht zu Geschlecht. Hallelujah!"

(Vorb.) Von Geschlecht zu Geschlecht verkünden wir Deine Größe, und in alle Ewigkeit feiern wir Deine Heiligkeit. Dein Lob, o Gott, weiche nicht aus unserem Munde immer und ewig; denn Gott, König, groß und heilig bist Du! Gelobt seist Du, Ewiger,

אתה Du begnadigst den Erdensohn mit Erkenntniß und ertheilst dem Sterblichen Vernunft! O, so begnadige uns denn mit Deiner Erkenntniß, Vernunft und Klugheit! Gelobt seist Du, Ewiger, der mit Erkenntniß begnadigt!

השיבנו Führ' uns zurück, o Vater, zu Deiner Lehre, nähere uns Deinem Dienste wieder, o König, und bring' uns durch vollkommene Buße zu Dir zurück! Gelobt seist Du, Ewiger, der an Buße Wohlgefallen hat!

סְלַח לָנוּ אָבִינוּ כִּי חָטָאנוּ מְחַל לָנוּ מַלְכֵּנוּ כִּי פָשָׁעְנוּ בתענית צבור אומרין כאן סליחות כִּי מוֹחֵל וְסוֹלֵחַ אָתָּה׃ בָּרוּךְ אַתָּה יְיָ חַנּוּן הַמַּרְבֶּה לִסְלֹחַ׃

רְאֵה בְעָנְיֵנוּ וְרִיבָה רִיבֵנוּ וּגְאָלֵנוּ מְהֵרָה לְמַעַן שְׁמֶךָ כִּי גוֹאֵל חָזָק אָתָּה׃ בָּא״יְ גּוֹאֵל יִשְׂרָאֵל׃

(בת״צ מוסיף ש״ץ כאן עננו ומסיים בָּרוּךְ אַתָּה יְיָ הָעוֹנֶה בְּעֵת צָרָה׃)

רְפָאֵנוּ יְיָ וְנֵרָפֵא הוֹשִׁיעֵנוּ וְנִוָּשֵׁעָה כִּי תְהִלָּתֵנוּ אָתָּה׃ וְהַעֲלֵה רְפוּאָה שְׁלֵמָה לְכָל מַכּוֹתֵינוּ כִּי אֵל מֶלֶךְ רוֹפֵא נֶאֱמָן וְרַחֲמָן אָתָּה׃ בָּרוּךְ אַתָּה יְיָ רוֹפֵא חוֹלֵי עַמּוֹ יִשְׂרָאֵל׃

בָּרֵךְ עָלֵינוּ יְיָ אֱלֹהֵינוּ אֶת הַשָּׁנָה הַזֹּאת וְאֶת כָּל מִינֵי תְבוּאָתָהּ לְטוֹבָה וְתֵן *טַל וּמָטָר לִבְרָכָה עַל פְּנֵי הָאֲדָמָה וְשַׂבְּעֵנוּ מִטּוּבֶךָ וּבָרֵךְ שְׁנָתֵנוּ כַּשָּׁנִים הַטּוֹבוֹת׃ בָּא״יְ מְבָרֵךְ הַשָּׁנִים׃

תְּקַע בְּשׁוֹפָר גָּדוֹל לְחֵרוּתֵנוּ וְשָׂא נֵס לְקַבֵּץ גָּלֻיּוֹתֵינוּ וְקַבְּצֵנוּ יַחַד מֵאַרְבַּע כַּנְפוֹת הָאָרֶץ׃ בָּרוּךְ אַתָּה יְיָ מְקַבֵּץ נִדְחֵי עַמּוֹ יִשְׂרָאֵל׃

---

*) אבענדז פון 60טען טאג נאך תקופת תשרי, וועלכער געוועהנליך אויף דען 3טען אדער 4טען דעצעמבער פאללט, פאנגט מאן אן פֿאַ היער טל ומטר איינצושאלטען, ביז פסח.

סלח Vergib uns, o Vater, wenn wir gesündigt, verzeih', o König, wenn wir gefrevelt haben; denn allvergebend und allverzeihend bist Du! Gelobt seist Du, Ewiger, Allgnädiger, der so oft verzeiht!

ראה O, schaue auf unser Elend, führe unsere Sache und erlöse uns bald, um Deines Namens willen; denn ein mächtiger Erlöser bist Du! Gelobt seist Du, Ewiger, Erlöser Israels!

רפאנו Heile Du uns, Ewiger, dann sind wir geheilt, hilf Du uns, dann wird uns geholfen sein; denn Du bist unser Ruhm! Schaffe vollkommene Genesung allen unseren Wunden! denn nur Du, allvermögender König, bist ein treuer und erbarmungsvoller Arzt. Gelobt seist Du, Ewiger, der die Kranken seines Volkes Israel heilt!

ברך Segne, Ewiger, unser Gott, dieses Jahr und dessen Früchte aller Art zum Wohlgedeihen, spende (Thau und Regen zum*) Segen auf die Fläche des Erdreichs! erquicke uns mit Deiner Güte und segne gegenwärtiges Jahr, wie eines der segenreichsten Jahre! Gelobt seist Du, Ewiger, der die Jahre segnet!

תקע Blase das große Schophar zu unserer Befreiung, erhebe das Panier, zu sammeln unsere Vertriebenen, und vereinige uns sämmtlich aus den vier Enden der Erde! Gelobt seist Du, Ewiger, der die Verstoßenen seines Volkes Israel sammelt!

*) Abends am 60. Tag nach Tekuphath Tischre, welcher gewöhnlich auf den dritten oder vierten Dezember fällt, fängt man an, hier die Worte: „Thau und Regen zum" einzuschalten, bis Pessach.

הָשִׁיבָה שׁוֹפְטֵינוּ כְּבָרִאשׁוֹנָה וְיוֹעֲצֵינוּ כְּבַתְּחִלָּה וְהָסֵר מִמֶּנּוּ יָגוֹן וַאֲנָחָה וּמְלוֹךְ עָלֵינוּ אַתָּה יְיָ לְבַדְּךָ בְּחֶסֶד וּבְרַחֲמִים וְצַדְּקֵנוּ בַּמִּשְׁפָּט. בָּא״יְ מֶלֶךְ אוֹהֵב צְדָקָה וּמִשְׁפָּט:

(בעשי"ת הַמֶּלֶךְ הַמִּשְׁפָּט ואם לא אמרו, דעת רוב הפוסקים שאין צריך לחזור.)

וְלַמַּלְשִׁינִים אַל תְּהִי תִקְוָה וְכָל עוֹשֵׂי רִשְׁעָה כְּרֶגַע יֹאבֵדוּ וְכֻלָּם מְהֵרָה יִכָּרֵתוּ וְהַזֵּדִים מְהֵרָה תְעַקֵּר וּתְשַׁבֵּר וּתְמַגֵּר וְתַכְנִיעַ בִּמְהֵרָה בְיָמֵינוּ. בָּרוּךְ אַתָּה יְיָ שׁוֹבֵר אֹיְבִים וּמַכְנִיעַ זֵדִים:

עַל הַצַּדִּיקִים וְעַל הַחֲסִידִים וְעַל זִקְנֵי עַמְּךָ בֵּית יִשְׂרָאֵל וְעַל פְּלֵטַת סוֹפְרֵיהֶם וְעַל גֵּרֵי הַצֶּדֶק וְעָלֵינוּ יֶהֱמוּ רַחֲמֶיךָ יְיָ אֱלֹהֵינוּ וְתֵן שָׂכָר טוֹב לְכָל הַבּוֹטְחִים בְּשִׁמְךָ בֶּאֱמֶת וְשִׂים חֶלְקֵנוּ עִמָּהֶם לְעוֹלָם וְלֹא נֵבוֹשׁ כִּי בְךָ בָּטָחְנוּ. בָּרוּךְ אַתָּה יְיָ מִשְׁעָן וּמִבְטָח לַצַּדִּיקִים:

וְלִירוּשָׁלַיִם עִירְךָ בְּרַחֲמִים תָּשׁוּב וְתִשְׁכּוֹן בְּתוֹכָהּ כַּאֲשֶׁר דִּבַּרְתָּ וּבְנֵה אוֹתָהּ בְּקָרוֹב בְּיָמֵינוּ בִּנְיַן עוֹלָם וְכִסֵּא דָוִד מְהֵרָה לְתוֹכָהּ

השיבה Setze unsere Richter wieder ein, wie vormals, und unsere Räthe, wie in frühern Zeiten, und verbanne von uns Kummer und Verdruß! Regiere Du, o Ewiger, allein über uns, in Gnade und Barmherzigkeit und spreche uns schuldlos im Gerichte! Gelobt seist Du, Ewiger, König, der Recht und Gerechtigkeit liebt!

(In den 10 Bußtagen: König des Gerichts!)

ולמלשינים O, daß doch den Verleumdern keine Aussicht bliebe, alle Unheilstifter mit Einemmale zu Grunde gingen und sie Alle schnell ausgerottet würden! Lähme die Gewalt der Uebermüthigen, brich und bändige sie, damit sie gedemüthigt werden bald, in unseren Tagen! Gelobt seist Du, Ewiger, der Feinde zerschmettert und Tyrannen demüthigt!

על Ueber die Rechtschaffenen und Frommen, über die Aeltesten Deines Volkes, des Hauses Israel, über den Ueberrest seiner Schriftgelehrten, über jeden tugendhaften Weltbürger, sowie über uns Alle, laß doch Dein Erbarmen rege werden, Ewiger, unser Gott! Gib heilvollen Lohn Allen, die auf Deinen Namen vertrauen in Wahrheit, und laß uns mit ihnen der Zukunft theilhaft werden! Nie werden wir beschämt werden, denn wir vertrauen auf Dich! Gelobt seist Du, Ewiger, Stütze und Zuversicht der Frommen!

ולירושלם Einst wirst Du nach Jerusalem, Deiner Stadt, erbarmungsvoll zurückkehren und darin wohnen, wie Du es verheißen. O, baue sie nächstens, in unseren Tagen, wieder auf zu einem immerwährenden Gebäude, und begründe bald darin Davids

תכין׃ *)נחם לט"ב. ברוך אתה יי בונה ירושלים׃

את־צמח דוד עבדך מהרה תצמיח וקרנו תרום בישועתך כי לישועתך קוינו כל־היום׃ ברוך אתה יי מצמיח קרן ישועה׃

שמע קולנו יי אלהינו חוס ורחם עלינו וקבל ברחמים וברצון את־תפלתנו כי אל שומע תפלות ותחנונים אתה׃ ומלפניך מלכנו ריקם אל תשיבנו׃ **)אן טייכען תענית ווירד דאָ הונטענשטעהענדע עננו געזאגט.

---

*) אן תשעה באב צו מנחה ווירד היער נחם איינגעשאלטעט.

נחם יי אלהינו את־אבלי ציון. ואת־אבלי ירושלים. ואת־העיר האבלה והחרבה והבזויה והשוממה. האבלה מבלי בניה. והחרבה ממעונותיה. והבזויה מכבודה. והשוממה מאין יושב. והיא יושבת וראשה חפוי כאשה עקרה שלא ילדה ויבלעוה לגיונות. ויירשוה עובדי זרים. ויטילו את־עמך ישראל לחרב. ויהרגו בזדון חסידי עליון. על־כן ציון במר תבכה. וירושלים תתן קולה. לבי לבי על חלליהם מעי מעי על חלליהם. כי אתה יי באש הצתה. ובאש אתה עתיד לבנותה. כאמור ואני אהיה־לה נאם־יי חומת אש סביב. ולכבוד אהיה בתוכה. ברוך אתה יי מנחם ציון ובונה ירושלים׃ את צמח וכו׳.

**) אן טייכען פאסטטאגע ווירד היער פאלגענדעס איינגעשאלטעט:

עננו יי עננו. ביום צום תעניתנו. כי בצרה גדולה אנחנו. אל־תפן אל־רשענו. ואל־תסתר פניך ממנו. ואל־תתעלם מתחנתנו. היה נא

Thron!*) Gelobt seist Du, Ewiger, der Jerusalem erbauet!

את O, laß ihn bald aufblühen, den Sprößling Deines Knechtes David, und hebe sein Glückshorn hoch empor durch Dein Heil! Täglich harren wir Deines Heils! Gelobt seist Du, Ewiger, der des Heiles Horn blühen läßt!

שמע Höre unsere Stimme, Ewiger, unser Gott, schone, erbarme Dich unser und nimm unser Gebet in Barmherzigkeit und Wohlgefallen an; denn Du, o Gott, erhörest Gebet und Flehen! Laß uns, o König, nicht unerhört von Dir zurückkehren!**)

---

*) Am neunten Tage in Ab wird hier Folgendes bei'm Minchagebet eingeschaltet:

נחם Tröste, Ewiger, unser Gott, die Trauernden Zions, die Trauernden Jerusalems und die traurige, die öde, verachtete und verwüstete Stadt; traurig über den Verlust ihrer Kinder, öde von Wohnungen, verachteter Ehre, und von Einwohnern entblößt, sitzt sie mit verhülltem Haupte, wie eine unfruchtbare Frau, die nie Kinder geboren! Legionen haben sie verheert, Götzendiener haben sie in Besitz genommen, Dein Volk Israel haben sie mit dem Schwerte niedergestürzt, und muthwillig erschlagen die Frommen des Allerhöchsten! Darum weint Zion bitterlich, und laut jammert Jerusalem: O mein Herz, mein Herz — sie sind erschlagen! o Mitleid, Mitleid! — sie sind erschlagen! — Du hast es, Ewiger, in Feuer auflodern lassen, und mit Feuer wirst Du es einst wieder befestigen! Denn so lautet die Verheißung (Zachar. 2, 9.): „Und ich werde ihr sein, spricht der Ewige, eine Feuermauer ringsumher, und meine Herrlichkeit wird in ihr wohnen!" Gelobt seist Du, Ewiger, der Zion tröstet und Jerusalem erbauet! O, laß 2c. 2c.

**) An einem Fasttage wird hier Folgendes eingeschaltet:

עננו Antworte uns, Ewiger, antworte uns an diesem unserem Fasttage, denn wir sind in großer Noth! Kehre Dich nicht an unseren Frevel, verbirg nicht Dein Antlitz vor uns, entziehe Dich nicht unserem Flehen. Sei nahe unserem Gebete, laß Deine Gnade über uns walten zu unserem

כִּי* אַתָּה שׁוֹמֵעַ תְּפִלַּת עַמְּךָ יִשְׂרָאֵל בְּרַחֲמִים · בָּרוּךְ אַתָּה יְיָ שׁוֹמֵעַ תְּפִלָּה:

רְצֵה יְיָ אֱלֹהֵינוּ בְּעַמְּךָ יִשְׂרָאֵל וּבִתְפִלָּתָם · וְהָשֵׁב אֶת הָעֲבוֹדָה לִדְבִיר בֵּיתֶךָ וְאִשֵּׁי יִשְׂרָאֵל וּתְפִלָּתָם בְּאַהֲבָה תְקַבֵּל בְּרָצוֹן וּתְהִי לְרָצוֹן תָּמִיד עֲבוֹדַת יִשְׂרָאֵל עַמֶּךָ ·

בְּ ראש חדש ובחוה"מ אומרים יעלה ויבא.

אֱלֹהֵינוּ וֵאלֹהֵי אֲבוֹתֵינוּ · יַעֲלֶה וְיָבֹא וְיַגִּיעַ וְיֵרָאֶה וְיֵרָצֶה וְיִשָּׁמַע וְיִפָּקֵד וְיִזָּכֵר זִכְרוֹנֵנוּ וּפִקְדוֹנֵנוּ וְזִכְרוֹן אֲבוֹתֵינוּ · וְזִכְרוֹן מָשִׁיחַ בֶּן דָּוִד עַבְדֶּךָ · וְזִכְרוֹן יְרוּשָׁלַיִם עִיר קָדְשֶׁךָ · וְזִכְרוֹן כָּל עַמְּךָ בֵּית יִשְׂרָאֵל לְפָנֶיךָ · לִפְלֵיטָה לְטוֹבָה

קָרוֹב לִישׁוּעָתֵנוּ. יְהִי נָא חַסְדְּךָ לְנַחֲמֵנוּ. טֶרֶם נִקְרָא אֵלֶיךָ עֲנֵנוּ. כַּדָּבָר שֶׁנֶּאֱמַר וְהָיָה טֶרֶם יִקְרָאוּ וַאֲנִי אֶעֱנֶה. עוֹד הֵם מְדַבְּרִים וַאֲנִי אֶשְׁמָע: כִּי אַתָּה יְיָ הָעוֹנֶה בְּעֵת צָרָה. פּוֹדֶה וּמַצִּיל בְּכָל עֵת צָרָה וְצוּקָה: כי אתה וכו'.

*) יש מתודים וידוי זו קודם כי אתה שומע.

אנא יי חטאתי עויתי ופשעתי לפניך מיום היותי על האדמה עד היום הזה (ובפרט בחטא**) אנא יי עשה למען שמך הגדול ותכפר לי עוני וחטאתי ופשעי שחטאתי ושעויתי ושפשעתי לפניך מנעורי עד היום הזה ותמלא כל השמות שפגמתי בשמך הגדול: כי אתה שומע וכו'.

וי"א מתפללים תפלה זו על הפרנסה.

אתה הוא יי האלהים הזן ומפרנס ומכלכל מקרני ראמים עד ביצי כנים הטריפני לחם חקי והמציא לי ולכל בני ביתי מזונותי קודם שאצטרך להם בנחת ולא בצער בהתר ולא באסור לחיים ולשלם משפע ברכה עליונה כדי שאוכל לעשות רצונך ולעסוק בתורתך ולקיים מצותיך ואל תצריכני לידי מתנת בשר ודם ויקוים בי מקרא שכתוב פותח את ידך ומשביע לכל חי רצון: כי וכו'.

Denn Du erhörest in Barmherzigkeit das Gebet Deines Volkes Israel! Gelobt seist Du, Ewiger, der erhört das Gebet!

רצה Zeige Wohlgefallen, Ewiger, unser Gott, an Deinem Volke Israel und an seinem Gebete! führe den Opferdienst wieder ein in den Chor Deines Tempels! nimm Israels Opfer — seine Gebete — in Liebe und Wohlgefallen an! O, möge Dir der Dienst Deines Volkes Israel immerdar wohlgefällig sein!

An Rosch ha-Chodesch und Chol ha-Moed wird Folgendes eingeschaltet.

אלהינו Unser Gott und Gott unserer Väter, möge aufsteigen, vor Dich kommen und zu Dir gelangen, gefällig und angenehm aufgenommen werden unser Andenken und unser Gedächtniß — das Andenken unserer Väter, das Andenken des Messias, des Sohnes Davids, Deines Knechtes, das Andenken Jerusalems, Deiner heiligen Stadt, und das Andenken Deines ganzen Volkes, des Hauses Israel — zur Rettung und zum Heile, zur Huld, zur Gnade und zum Erbarmen,

---

Troste; erhöre uns, bevor wir zu Dir rufen! — so wie es heißt: „Bevor sie zu mir rufen, werde ich antworten, noch während sie reden, werde ich erhören!" — Denn Du bist es, Ewiger, der da antwortet zur Zeit der Noth, erlöset und errettet zu jeder Zeit der Noth und Bedrängniß. Denn Du erhörest rc.

לְחֵן וּלְחֶסֶד וּלְרַחֲמִים לְחַיִּים וּלְשָׁלוֹם בְּיוֹם
לר"ח רֹאשׁ הַחֹדֶשׁ | לפסח חַג הַמַּצּוֹת | לסכות חַג הַסֻּכּוֹת
הַזֶּה. זָכְרֵנוּ יְיָ אֱלֹהֵינוּ בּוֹ לְטוֹבָה וּפָקְדֵנוּ בוֹ לִבְרָכָה וְהוֹשִׁיעֵנוּ
בוֹ לְחַיִּים. וּבִדְבַר יְשׁוּעָה וְרַחֲמִים חוּס וְחָנֵּנוּ. וְרַחֵם עָלֵינוּ
וְהוֹשִׁיעֵנוּ. כִּי אֵלֶיךָ עֵינֵינוּ. כִּי אֵל מֶלֶךְ חַנּוּן וְרַחוּם אָתָּה:

וְתֶחֱזֶינָה עֵינֵינוּ בְּשׁוּבְךָ לְצִיּוֹן בְּרַחֲמִים. בָּרוּךְ
אַתָּה יְיָ הַמַּחֲזִיר שְׁכִינָתוֹ לְצִיּוֹן:

מוֹדִים אֲנַחְנוּ לָךְ
שָׁאַתָּה הוּא יְיָ אֱלֹהֵינוּ
וֵאלֹהֵי אֲבוֹתֵינוּ לְעוֹלָם
וָעֶד צוּר חַיֵּינוּ מָגֵן
יִשְׁעֵנוּ. אַתָּה הוּא
לְדוֹר וָדוֹר נוֹדֶה לְּךָ
וּנְסַפֵּר תְּהִלָּתֶךָ. עַל
חַיֵּינוּ הַמְּסוּרִים בְּיָדֶךָ וְעַל נִשְׁמוֹתֵינוּ הַפְּקוּדוֹת
לָךְ וְעַל נִסֶּיךָ שֶׁבְּכָל יוֹם עִמָּנוּ וְעַל נִפְלְאוֹתֶיךָ
וְטוֹבוֹתֶיךָ שֶׁבְּכָל עֵת עֶרֶב וָבֹקֶר וְצָהֳרָיִם. הַטּוֹב
כִּי לֹא כָלוּ רַחֲמֶיךָ וְהַמְרַחֵם כִּי לֹא תַמּוּ
חֲסָדֶיךָ מֵעוֹלָם קִוִּינוּ לָךְ:

מודים דרבנן.

מוֹדִים אֲנַחְנוּ לָךְ שָׁאַתָּה הוּא
יְיָ אֱלֹהֵינוּ וֵאלֹהֵי אֲבוֹתֵינוּ אֱלֹהֵי כָל
בָּשָׂר יוֹצְרֵנוּ יוֹצֵר בְּרֵאשִׁית בְּרָכוֹת
וְהוֹדָאוֹת לְשִׁמְךָ הַגָּדוֹל וְהַקָּדוֹשׁ
עַל שֶׁהֶחֱיִיתָנוּ וְקִיַּמְתָּנוּ כֵּן תְּחַיֵּנוּ
וּתְקַיְּמֵנוּ וְתֶאֱסוֹף גָּלֻיּוֹתֵינוּ לְחַצְרוֹת
קָדְשֶׁךָ לִשְׁמוֹר חֻקֶּיךָ וְלַעֲשׂוֹת רְצוֹנֶךָ
וּלְעָבְדְךָ בְּלֵבָב שָׁלֵם עַל שֶׁאֲנַחְנוּ
מוֹדִים לָךְ. בָּרוּךְ אֵל הַהוֹדָאוֹת:

zum Leben und zum Frieden an diesem Tage des

am Rosch ha-Chodesch. Neumondes.	am Pesach Mazzoth-Festes.	am Succoth Succoth-Festes.

Gedenke unser, Ewiger, unser Gott, zum Guten, erinnere Dich unser zum Segen und hilf uns zur Glückseligkeit! Begünstige und begnadige uns durch Verheißung von Heil und Erbarmen, erbarme Dich unser und hilf uns! — Auf Dich allein sind unsere Augen gerichtet, denn Du, o Gott, bist ein gnädiger und erbarmungsvoller König!

Mögen unsere Augen sehen, wenn Du mit Erbarmen nach Zion zurückkehrst! Gelobt seist Du, Ewiger, der seine Majestät einst wieder in Zion thronen läßt!

מודים Wir bekennen Dir, daß Du der Ewige, unser und unserer Väter Gott bist in Ewigkeit. Du bist der Hort unseres Lebens, der Schild unseres Heils für und für! Wir danken Dir und lobpreisen Dich für unser Leben, das in Deine Hand gelegt, für unsere Seelen, die Dir anvertraut sind, für die Wunder, die Du uns tagtäglich, für die unaussprechlichen Wohlthaten, die Du uns zu jeder Zeit — Abends, Morgens und Mittags — erweisest. Allgütiger, Deine Barmherzigkeit hat keine Grenzen! Allbarmherziger, Deine Gnade geht nie zu Ende! Auf Dich hoffen wir immerdar!

מודים Wir bekennen Dir, daß Du der Ewige, unser und unserer Väter Gott bist, unser Schöpfer, Schöpfer des Anbeginns. Benedeiung und Dank Deinem großen und heiligen Namen, der Du uns bei'm Leben und aufrecht erhalten! So laß' uns ferner leben und erhalte uns, sammle unsere Vertriebenen zu den Vorhöfen Deines Heiligthums, Deine Gesetze zu befolgen, nach Deinem Willen zu handeln und Dir mit ganzem Herzen zu dienen, da wir Dir dankbar sind. Gelobt sei Gott, dem allein der Dank gebühret. —

בחנוכה ובפורים בין מעריב שחרית בין מנחה יאמר על הנסים כנוסח.

על הנסים ועל הפרקן ועל הגבורות ועל התשועות ועל המלחמות שעשית לאבותינו בימים ההם בזמן הזה:

לחנוכה.

בימי מתתיהו בן יוחנן כהן גדול חשמונאי ובניו כשעמדה מלכות יון הרשעה על עמך ישראל להשכיחם תורתך ולהעבירם מחקי רצונך ואתה ברחמיך הרבים עמדת להם בעת צרתם רבת את ריבם דנת את דינם נקמת את נקמתם מסרת גבורים ביד חלשים ורבים ביד מעטים וטמאים ביד טהורים ורשעים ביד צדיקים וזדים ביד עוסקי תורתך ולך עשית שם גדול וקדוש בעולמך ולעמך ישראל עשית תשועה גדולה ופרקן כהיום הזה ואחר כן באו בניך לדביר ביתך ופנו את היכלך וטהרו את מקדשך והדליקו נרות בחצרות קדשך וקבעו שמונת ימי חנכה אלו להודות ולהלל לשמך הגדול:

לפורים.

בימי מרדכי ואסתר בשושן הבירה כשעמד עליהם המן הרשע בקש להשמיד להרג ולאבד את כל היהודים מנער ועד זקן טף ונשים ביום אחד בשלושה עשר לחדש שנים עשר הוא חדש אדר ושללם לבוז: ואתה ברחמיך הרבים הפרת את עצתו וקלקלת את מחשבתו והשבות גמולו בראשו ותלו אותו ואת בניו על העץ:

An Chanuka und Purim wird Folgendes eingeschaltet:

ועל Für die Wunder (danken wir Dir) und für die Befreiung, für die Siege, Rettungen und Kämpfe, die Du ausgeführt hast für unsere Väter in jenen Tagen um diese Zeit:

An Chanuka.

in den Tagen des Mathitjahu, Sohn Jochanans, des Hohenpriesters, des Chaschmonai, und seiner Söhne, als Javans tyrannische Regierung gegen Dein Volk Israel aufstand, um es Deine Lehre vergessen und die Gesetze Deines Willens übertreten zu machen. Du aber in Deiner großen Barmherzigkeit standest ihnen bei in der Zeit ihrer Noth, kämpftest ihren Kampf, strittest ihren Streit und rächtest ihre Rache; die Starken liefertest Du in die Hand der Schwachen, die Ueberzahl in die Hand der Minderzahl, die Unreinen in die Hand der Reinen, die Frevler in die Hand der Gerechten und die Unheilstifter in die Hand der Anhänger Deines Gesetzes. Da hast Du Dir einen großen und heiligen Namen gemacht in Deiner Welt, und Deinem Volke Israel großen Sieg und Rettung verschafft, wie noch heute. Hierauf gingen Deine Söhne in's Innere Deines Hauses, säuberten Deinen Palast, reinigten Dein Heiligthum, beleuchteten die Vorhöfe Deines Tempels, und haben diese acht Chanukatage eingesetzt, Deinen großen Namen zu loben und zu preisen.

An Purim.

in den Tagen Mardochai's und Esthers, in der Hauptstadt Schuschan. Als der Bösewicht Haman gegen sie aufstand, da trachtete er, alle Israeliten, von Jung bis Alt, Mädchen nebst Frauen, an einem Tage, am dreizehnten des zwölften Monats — im Monat Adar nämlich — zu vertilgen, sie umzubringen, auszurotten und ihr Vermögen dem Raube preiszugeben. Du aber in Deiner großen Barmherzigkeit vereiteltest sein Vorhaben, zerstörtest seinen Plan und vergaltest ihm seinen Lohn mit dem Verluste seines Kopfes; er wurde, sammt seinen Söhnen, an den Galgen gehängt.

וְעַל־כֻּלָּם יִתְבָּרַךְ וְיִתְרוֹמַם שִׁמְךָ מַלְכֵּנוּ תָּמִיד לְעוֹלָם וָעֶד: בעשי״ת וּכְתוֹב לְחַיִּים טוֹבִים כָּל־בְּנֵי בְרִיתֶךָ:

וְכֹל הַחַיִּים יוֹדוּךָ סֶּלָה וִיהַלְלוּ אֶת־שִׁמְךָ בֶּאֱמֶת הָאֵל יְשׁוּעָתֵנוּ וְעֶזְרָתֵנוּ סֶלָה. בָּרוּךְ אַתָּה יְיָ הַטּוֹב שִׁמְךָ וּלְךָ נָאֶה לְהוֹדוֹת:

בשחרית ומוסף, ובתענית אף במנחה אומר הש״ץ או״א ברכנו, וא״א בבית אבל.

או״א אֱלֹהֵינוּ וֵאלֹהֵי אֲבוֹתֵינוּ בָּרְכֵנוּ בַבְּרָכָה הַמְשֻׁלֶּשֶׁת בַּתּוֹרָה הַכְּתוּבָה עַל יְדֵי מֹשֶׁה עַבְדֶּךָ הָאֲמוּרָה מִפִּי אַהֲרֹן וּבָנָיו כֹּהֲנִים עַם קְדוֹשֶׁךָ כָּאָמוּר: יְבָרֶכְךָ יְיָ וְיִשְׁמְרֶךָ: יָאֵר יְיָ פָּנָיו אֵלֶיךָ וִיחֻנֶּךָּ: יִשָּׂא יְיָ פָּנָיו אֵלֶיךָ וְיָשֵׂם לְךָ שָׁלוֹם:

בשחרית שים שלום.

שִׂים שָׁלוֹם טוֹבָה וּבְרָכָה חֵן וָחֶסֶד וְרַחֲמִים עָלֵינוּ וְעַל כָּל יִשְׂרָאֵל עַמֶּךָ בָּרְכֵנוּ אָבִינוּ כֻּלָּנוּ כְּאֶחָד בְּאוֹר פָּנֶיךָ כִּי בְאוֹר פָּנֶיךָ נָתַתָּ לָּנוּ יְיָ אֱלֹהֵינוּ תּוֹרַת חַיִּים וְאַהֲבַת חֶסֶד וּצְדָקָה וּבְרָכָה וְרַחֲמִים וְחַיִּים וְשָׁלוֹם. וְטוֹב בְּעֵינֶיךָ לְבָרֵךְ

במנחה ובערבית שלום רב.

שָׁלוֹם רָב עַל יִשְׂרָאֵל עַמְּךָ תָּשִׂים לְעוֹלָם כִּי אַתָּה הוּא מֶלֶךְ אָדוֹן לְכָל הַשָּׁלוֹם. וְטוֹב בְּעֵינֶיךָ לְבָרֵךְ

אֶת־עַמְּךָ יִשְׂרָאֵל בְּכָל־עֵת וּבְכָל־שָׁעָה בִּשְׁלוֹמֶךָ.

ועל Für dies Alles sei Dein Name, unser König, gelobt und hochgepriesen unaufhörlich und immerdar!

In den zehn Bußtagen wird Folgendes eingeschaltet:

(וכתוב O schreibe zum glücklichen Leben ein alle Deine Bundeskinder!)

וכל Und Alles, was lebt, soll Dir danken und preisen Deinen Namen; Allmächtiger, unser Heil und unsere Hülfe bist Du! Selah. Gelobt seist Du, Ewiger! Allgütiger ist Dein Name, und Dir allein gebühret Dank!

Der Vorbeter bei der lauten Wiederholung:

אלהינו Unser Gott und Gott unserer Väter, segne uns mit dem dreifachen Segen, welcher in der durch Deinen Diener Mosche geschriebenen Lehre enthalten ist, und welcher gesprochen wurde durch Aharon und seine Söhne, Deine geheiligten Priester — wie es heißt: „Er segne dich, der Ewige, und behüte dich! Er lasse leuchten, der Ewige, sein Antlitz dir und sei dir gnädig! Er erhebe, der Ewige, sein Antlitz dir und gebe dir Frieden!"

Zum Morgengebet.

שים Verleihe Frieden, Glück und Segen, Gunst, Gnade und Erbarmen uns und Deinem ganzen Volke Israel! Segne uns, o Vater, Alle wie Einen, im Lichte Deines Antlitzes; denn im Lichte Deines Antlitzes gabst Du uns, Ewiger, unser Gott, die Lehre des Lebens, die Liebe zum Guten und dadurch Heil und Segen, Erbarmen, Leben und Frieden. Möge es Dir gefallen, Dein Volk Israel zu jeder Zeit und Stunde mit Deinem Frieden zu segnen!

Zum Mincha- u. Abendg.

שלום Frieden in Fülle verleihe Deinem Volke Israel in Ewigkeit; denn Du, o König, bist der Herr alles Friedens! Möge es Dir gefallen, Dein Volk

בע"י בספר חיים ברכה ושלום ופרנסה טובה נזכר ונכתב לפניך אנחנו וכל עמך בית ישראל לחיים טובים ולשלום. ברוך אתה יי עושה השלום:

ברוך אתה יי המברך את עמו ישראל בשלום:

אלהי נצור לשוני מרע ושפתי מדבר מרמה ולמקללי נפשי תדום ונפשי כעפר לכל תהיה: פתח לבי בתורתך ובמצותיך תרדוף נפשי וכל החושבים עלי רעה מהרה הפר עצתם וקלקל מחשבתם. עשה למען שמך. עשה למען ימינך. עשה למען קדשתך. עשה למען תורתך. למען יחלצון ידידיך הושיעה ימינך וענני: יהיו לרצון אמרי פי והגיון לבי לפניך יי צורי וגואלי: עשה שלום במרומיו הוא יעשה שלום עלינו ועל כל ישראל ואמרו אמן:

יהי רצון לפניך יי אלהינו ואלהי אבותינו שיבנה בית המקדש במהרה בימינו ותן חלקנו בתורתך:

ושם נעבדך ביראה כימי עולם וכשנים קדמוניות:

וערבה ליי מנחת יהודה וירושלים כימי עולם וכשנים קדמוניות:

הש"ץ חוזר התפלה בקול ואומר קודם התפלה אדני שפתי תפתח בלחש.

אן ר"ח. חנוכה אונד חול המועד ווירד היער הלל געזאגט.

אין דען עשרת ימי תשובה ווירד היער אבינו מלכנו געזאגט.

ווער זיך אמרגען תענית האלטן וויל זיך נייאמט זאגט דיעזעז רבון כו' מנח' פאר יהיו לרצון.

רבון כל העולמים. הרי אני לפניך בתענית נדבה למחר. יהי רצון מלפניך יי אלהי ואלהי אבותי. שתקבלני באהבה וברצון. ותבא לפניך תפלתי. ותענה עתירתי ברחמיך הרבים. כי אתה שומע תפלת כל פה: יהיו לרצון וכו'.

In den zehn Bußtagen wird Folgendes eingeschaltet:

(בספר O, laß im Buche des Lebens, des Segens, des Friedens und des ehrbaren Auskommens uns erwähnt und verzeichnet sein vor Dir, daß wir und Dein ganzes Volk Israel gelangen zu glückseligem Leben und zum Frieden. Gelobt seist Du, Ewiger, Stifter des Friedens!)

Gelobt seist Du, Ewiger, der sein Volk Israel segnet mit Frieden!

אלהי Mein Gott, bewahre meine Zunge vor Bösem, und meine Lippen vor Betrüglichreden! Laß meine Seele gegen meine Lästerer gelassen und gegen Jeden geduldig sein, wie Staub der Erde! Erschließe mein Herz durch Deine Lehre, damit meine Seele Deinen Geboten eifrig folge. Zerstöre die Pläne aller derer, die Böses wider mich sinnen und vereitle ihre Gedanken! Thue es um Deines Namens willen, thue es um Deiner Rechten, thue es um Deiner Heiligkeit, thue es um Deiner Lehre willen! Auf daß gerettet werden Deine Lieblinge, laß mir Deine Rechte beistehen und erhöre mich! Mögen wohlgefallen die Worte meines Mundes und die Gedanken meines Herzens, Dir, o Ewiger, mein Hort und mein Erlöser! — Der da Frieden stiftet in seinen Höhen, er stifte auch Frieden bei uns und bei ganz Israel! Darauf sprechet: Amen!

Möge es Dein Wille sein, o Ewiger, unser Gott und Gott unserer Väter, den heiligen Tempel bald, in unseren Tagen, wieder zu erbauen, daß Jeder seinen Antheil an Deinem Gesetze nehme!

(Der Vorbeter wiederholt Schemone Esre laut.)

An Rosch ha-Chodesch, Chanuka und Chol ha-Moed folgt hier Hallel (Seite 405). — In den zehn Bußtagen (von Rosch ha-Schanah bis Jom Kippur) folgt täglich (außer Sabbath) nach dem Morgen- und Mincha-Schemone Esre אבינו מלכנו (Seite 465).

מן שתג רעז תענית מבעכרז לו מנחה יתגם אתן ריעזעז רבון ספר יהיו לרצון,

רִבּוֹן כָּל־הָעוֹלָמִים גָּלוּי וְיָדוּעַ לְפָנֶיךָ. בִּזְמַן שֶׁבֵּית הַמִּקְדָּשׁ קַיָּם אָדָם חוֹטֵא מַקְרִיב קָרְבָּן. וְאֵין מַקְרִיבִין מִמֶּנּוּ אֶלָּא חֶלְבּוֹ וְדָמוֹ, וְאַתָּה בְּרַחֲמֶיךָ הָרַבִּים מְכַפֵּר. וְעַכְשָׁו יָשַׁבְתִּי בְּתַעֲנִית וְנִתְמַעֵט חֶלְבִּי וְדָמִי יְהִי רָצוֹן מִלְּפָנֶיךָ שֶׁיְּהֵא מִעוּט חֶלְבִּי וְדָמִי שֶׁנִּתְמַעֵט הַיּוֹם. כְּאִלּוּ הִקְרַבְתִּיו לְפָנֶיךָ עַל־גַּב הַמִּזְבֵּחַ וְתִרְצֵנִי: יהיו לרצון וכו׳.

אַם מאָנטאַג אונד דאָננערשטאַג מאָרגענס ווירד פאָלגענדעס והוא רחום געבעטעט.

וְהוּא רַחוּם יְכַפֵּר עָוֹן וְלֹא יַשְׁחִית וְהִרְבָּה לְהָשִׁיב אַפּוֹ
וְלֹא יָעִיר כָּל־חֲמָתוֹ: אַתָּה יְיָ לֹא־תִכְלָא רַחֲמֶיךָ מִמֶּנּוּ
חַסְדְּךָ וַאֲמִתְּךָ תָּמִיד יִצְּרוּנוּ: הוֹשִׁיעֵנוּ יְיָ אֱלֹהֵינוּ וְקַבְּצֵנוּ
מִן־הַגּוֹיִם לְהֹדוֹת לְשֵׁם קָדְשֶׁךָ לְהִשְׁתַּבֵּחַ בִּתְהִלָּתֶךָ:
אִם־עֲוֹנוֹת תִּשְׁמָר־יָהּ אֲדֹנָי מִי יַעֲמֹד: כִּי־עִמְּךָ הַסְּלִיחָה
לְמַעַן תִּוָּרֵא: לֹא כַחֲטָאֵינוּ תַּעֲשֶׂה־לָּנוּ וְלֹא כַעֲוֹנוֹתֵינוּ
תִּגְמֹל עָלֵינוּ: אִם־עֲוֹנֵינוּ עָנוּ בָנוּ יְיָ עֲשֵׂה לְמַעַן שְׁמֶךָ:
זְכֹר רַחֲמֶיךָ יְיָ וַחֲסָדֶיךָ כִּי מֵעוֹלָם הֵמָּה: יַעֲנֵנוּ יְיָ בְּיוֹם
צָרָה יְשַׂגְּבֵנוּ שֵׁם אֱלֹהֵי יַעֲקֹב: יְיָ הוֹשִׁיעָה הַמֶּלֶךְ יַעֲנֵנוּ
בְיוֹם־קָרְאֵנוּ: אָבִינוּ מַלְכֵּנוּ חָנֵּנוּ וַעֲנֵנוּ כִּי אֵין בָּנוּ מַעֲשִׂים
צְדָקָה עֲשֵׂה עִמָּנוּ לְמַעַן שְׁמֶךָ: אֲדוֹנֵינוּ אֱלֹהֵינוּ שְׁמַע קוֹל
תַּחֲנוּנֵינוּ וּזְכָר־לָנוּ אֶת־בְּרִית אֲבוֹתֵינוּ וְהוֹשִׁיעֵנוּ לְמַעַן
שְׁמֶךָ: וְעַתָּה אֲדֹנָי אֱלֹהֵינוּ אֲשֶׁר הוֹצֵאתָ אֶת־עַמְּךָ
מֵאֶרֶץ מִצְרַיִם בְּיָד חֲזָקָה וַתַּעַשׂ־לְךָ שֵׁם כַּיּוֹם הַזֶּה חָטָאנוּ
רָשָׁעְנוּ: אֲדֹנָי כְּכָל־צִדְקֹתֶיךָ יָשָׁב־נָא אַפְּךָ וַחֲמָתְךָ
מֵעִירְךָ יְרוּשָׁלַיִם הַר־קָדְשֶׁךָ כִּי בַחֲטָאֵינוּ וּבַעֲוֹנוֹת
אֲבֹתֵינוּ יְרוּשָׁלַיִם וְעַמְּךָ לְחֶרְפָּה לְכָל־סְבִיבוֹתֵינוּ: וְעַתָּה
שְׁמַע אֱלֹהֵינוּ אֶל־תְּפִלַּת עַבְדְּךָ וְאֶל־תַּחֲנוּנָיו וְהָאֵר
פָּנֶיךָ עַל־מִקְדָּשְׁךָ הַשָּׁמֵם לְמַעַן אֲדֹנָי:

Am Montag und Donnerstag Morgens wird folgendes והוא רחום gebetet.

והוא רחום Er, der Allbarmherzige, vergibt die Missethat und vertilgt nicht; er wendet oft seinen Zorn ab und nie läßt er seinen ganzen Grimm erwachen. Du, o Ewiger, wirst Deine Barmherzigkeit uns nicht entziehen! Deine Liebe und Deine Treue werden uns stets bewahren! Hilf uns, Ewiger, unser Gott! sammle uns aus den Völkern, zu danken dem Namen Deiner Heiligkeit und uns zu rühmen Deines Lobes. Willst Du Sünden uns zurechnen, Herr? mein Gott, wer kann vor Dir bestehen? Aber bei Dir ist die Vergebung, auf daß man Dich ehrfürchte. Nicht nach unseren Sünden verfahre mit uns, und nicht nach unseren Missethaten vergilt uns! und sollten unsere Vergehungen wider uns zeugen — Ewiger, habe Nachsicht um Deines Namens willen! Gedenke Deiner Barmherzigkeit, o Ewiger, und Deiner Liebe, denn sie sind von Ewigkeit her! — Der Ewige erhöre uns zur Zeit der Noth! Jakobs Gott — sein Name stärke uns. — Ewiger, hilf! der König erhöre uns am Tage unseres Flehens! Unser Vater, unser König, sei uns gnädig und antworte uns, wenn wir auch kein Verdienst haben! erzeige uns Milde um Deines Namens willen! Unser Herr, unser Gott, vernimm doch die Stimme unseres Flehens! gedenke uns den Bund unserer Väter und hilf uns um Deines Namens willen. Und nun, o Herr, unser Gott, der Du hast herausgeführt Dein Volk aus dem Lande Egypten mit starker Hand, und Dir hast einen Namen gemacht, der heute noch gefeiert wird — ach, wir haben gesündigt und gefrevelt! O Herr, nach all Deiner Gerechtigkeit möge sich abwenden Dein Zorn und Dein Grimm von Deiner Stadt Jerusalem, Deinem heiligen Berge; denn durch unsere Sünden und durch die Frevelthaten unserer Väter ist Jerusalem und Dein Volk zur Schmach geworden allen unseren Umgebungen! Erhöre nun, unser Gott, Deines Knechtes Gebet und Flehen, und laß Dein Antlitz über Dein zerstörtes Heiligthum leuchten um Deinetwillen, Herr!

הַטֵּה אֱלֹהַי ׀ אָזְנְךָ וּשְׁמָע פְּקַח עֵינֶיךָ וּרְאֵה שֹׁמְמֹתֵינוּ
וְהָעִיר אֲשֶׁר נִקְרָא שִׁמְךָ עָלֶיהָ כִּי ׀ לֹא עַל־צִדְקוֹתֵינוּ
אֲנַחְנוּ מַפִּילִים תַּחֲנוּנֵינוּ לְפָנֶיךָ כִּי עַל־רַחֲמֶיךָ הָרַבִּים:
אֲדֹנָי ׀ שְׁמָעָה אֲדֹנָי ׀ סְלָחָה אֲדֹנָי הַקְשִׁיבָה וַעֲשֵׂה אַל
תְּאַחַר לְמַעַנְךָ אֱלֹהַי כִּי־שִׁמְךָ נִקְרָא עַל־עִירְךָ וְעַל־עַמֶּךָ:
אָבִינוּ הָאָב הָרַחֲמָן הַרְאֵנוּ אוֹת לְטוֹבָה וְקַבֵּץ נְפוּצוֹתֵינוּ
מֵאַרְבַּע כַּנְפוֹת הָאָרֶץ יַכִּירוּ וְיֵדְעוּ כָּל־הַגּוֹיִם כִּי אַתָּה יְיָ
אֱלֹהֵינוּ: וְעַתָּה יְיָ אָבִינוּ אַתָּה אֲנַחְנוּ הַחֹמֶר וְאַתָּה יֹצְרֵנוּ
וּמַעֲשֵׂה יָדְךָ כֻּלָּנוּ: הוֹשִׁיעֵנוּ לְמַעַן שְׁמֶךָ צוּרֵנוּ מַלְכֵּנוּ
וְגוֹאֲלֵנוּ: חוּסָה יְיָ עַל־עַמֶּךָ וְאַל־תִּתֵּן נַחֲלָתְךָ לְחֶרְפָּה
לִמְשָׁל־בָּם גּוֹיִם לָמָּה יֹאמְרוּ בָעַמִּים אַיֵּה אֱלֹהֵיהֶם: יָדַעְנוּ
כִּי חָטָאנוּ וְאֵין מִי יַעֲמוֹד בַּעֲדֵנוּ שִׁמְךָ הַגָּדוֹל יַעֲמָד־לָנוּ
בְּעֵת צָרָה: יָדַעְנוּ כִּי אֵין בָּנוּ מַעֲשִׂים צְדָקָה עֲשֵׂה עִמָּנוּ
לְמַעַן שְׁמֶךָ: כְּרַחֵם אָב עַל־בָּנִים כֵּן תְּרַחֵם יְיָ עָלֵינוּ
וְהוֹשִׁיעֵנוּ לְמַעַן שְׁמֶךָ: חֲמוֹל עַל־עַמֶּךָ רַחֵם עַל־נַחֲלָתֶךָ
חוּסָה־נָּא כְּרֹב רַחֲמֶיךָ חָנֵּנוּ וַעֲנֵנוּ כִּי לְךָ יְיָ הַצְּדָקָה
עֹשֵׂה נִפְלָאוֹת בְּכָל־עֵת:

הַבֶּט־נָא רַחֶם־נָא עַל עַמְּךָ מְהֵרָה לְמַעַן שְׁמֶךָ בְּרַחֲמֶיךָ
הָרַבִּים יְיָ אֱלֹהֵינוּ חוּס וְרַחֵם וְהוֹשִׁיעָה צֹאן מַרְעִיתֶךָ וְאַל
יִמְשָׁל־בָּנוּ קֶצֶף כִּי לְךָ עֵינֵינוּ תְלוּיוֹת הוֹשִׁיעֵנוּ לְמַעַן שְׁמֶךָ:

Neige, mein Gott, Dein Ohr und höre, öffne Deine Augen und schaue unsere Zerrüttung und die Stadt, die Deinen Namen führt! Denn nicht im Vertrauen auf unsere Verdienste legen wir unsere Bitten vor Dir nieder, sondern im Vertrauen auf Deine große Barmherzigkeit. Herr, erhöre! Herr, verzeihe! Herr, vernimm, willfahre, zögre nicht, um Deinetwillen, mein Gott! denn Dein Name ist's, nach welchem sich Deine Stadt und Dein Volk nennen. O Vater, allbarmherziger Vater, laß uns ein Zeichen zum Guten schauen! sammle unsere Zerstreuten von den vier Enden der Erde, damit alle Völker erkennen und einsehen mögen, daß Du, der Ewige, unser Gott bist! Du, Ewiger, bist ja unser Vater; wir sind der Thon, Du unser Bildner, und Deiner Hände Werk sind wir Alle. Hilf uns um Deines Namens willen, unser Hort, unser König, unser Erlöser! Schone, Ewiger, Deines Volkes, und gib Dein Erbe nicht der Schmach preis, daß Völker über es herrschen! Warum soll man unter den Völkern sprechen: „wo ist ihr Gott?" Wohl wissen wir, daß wir gesündigt haben und daß sich Niemand unser annimmt; möge uns doch Dein großer Name beistehen zur Zeit der Noth! Wohl wissen wir, daß wir kein Verdienst haben; o, erzeige uns Gnade um Deines Namens willen! Wie ein Vater sich der Kinder erbarmt, so erbarme Dich, Ewiger, unser, und hilf uns um Deines Namens willen! Bemitleide Dein Volk! erbarme Dich über Dein Erbe, schone, nach der Fülle Deiner Barmherzigkeit, sei uns gnädig und antworte uns! Denn Dein, Ewiger, ist die Gerechtigkeit, der Du Wunder thuest zu jeder Zeit.

O, schaue herab, erbarme Dich doch bald Deines Volkes um Deines Namens willen! In Deiner großen Barmherzigkeit, Ewiger, unser Gott, schone, habe Mitleid und errette das Lamm Deiner Weide! Laß nicht Zorn über uns walten, denn zu Dir schauen harrend unsere Augen! Hilf uns um Deines Namens willen, erbarme Dich unser um Deines

רַחֵם עָלֵינוּ לְמַעַן בְּרִיתֶךָ הַבִּיטָה וַעֲנֵנוּ בְּעֵת צָרָה כִּי לְךָ יְיָ הַיְשׁוּעָה לְךָ תּוֹחַלְתֵּנוּ אֱלוֹהַּ סְלִיחוֹת אָנָּא סְלַח־נָא אֵל טוֹב וְסַלָּח כִּי אֵל מֶלֶךְ חַנּוּן וְרַחוּם אָתָּה:

אָנָּא מֶלֶךְ חַנּוּן וְרַחוּם זְכוֹר וְהַבֵּט לִבְרִית בֵּין הַבְּתָרִים וְתֵרָאֶה לְפָנֶיךָ עֲקֵדַת יָחִיד לְמַעַן יִשְׂרָאֵל: אָבִינוּ מַלְכֵּנוּ חָנֵּנוּ וַעֲנֵנוּ כִּי שִׁמְךָ הַגָּדוֹל נִקְרָא עָלֵינוּ עֹשֵׂה נִפְלָאוֹת בְּכָל עֵת עֲשֵׂה עִמָּנוּ כְּחַסְדֶּךָ חַנּוּן וְרַחוּם הַבִּיטָה וַעֲנֵנוּ בְּעֵת צָרָה כִּי לְךָ יְיָ הַיְשׁוּעָה: אָבִינוּ מַלְכֵּנוּ מַחֲסֵנוּ אַל תַּעַשׂ עִמָּנוּ קֶרַח מֵעָלֵינוּ זְכֹר רַחֲמֶיךָ יְיָ וַחֲסָדֶיךָ וּכְרֹב טוּבְךָ הוֹשִׁיעֵנוּ וַחֲמָל־נָא עָלֵינוּ כִּי אֵין לָנוּ אֱלוֹהַּ אַחֵר: מִבַּלְעָדֶיךָ צוּרֵנוּ אַל תַּעַזְבֵנוּ יְיָ אֱלֹהֵינוּ אַל־תִּרְחַק מִמֶּנּוּ: כִּי נַפְשֵׁנוּ קָצְרָה מֵחֶרֶב וּמִשֶּׁבִי וּמִדֶּבֶר וּמִמַּגֵּפָה וּמִכָּל צָרָה וְיָגוֹן הַצִּילֵנוּ כִּי לְךָ קִוִּינוּ וְאַל תַּכְלִימֵנוּ יְיָ אֱלֹהֵינוּ וְהָאֵר פָּנֶיךָ בָּנוּ: זָכְר־לָנוּ אֶת בְּרִית אֲבוֹתֵינוּ וְהוֹשִׁיעֵנוּ לְמַעַן שִׁמְךָ רְאֵה בְעָנְיֵנוּ וּשְׁמַע קוֹל תְּפִלָּתֵנוּ כִּי אַתָּה שׁוֹמֵעַ תְּפִלַּת כָּל־פֶּה:

אֵל רַחוּם וְחַנּוּן רַחֵם עָלֵינוּ וְעַל כָּל מַעֲשֶׂיךָ כִּי אֵין כָּמוֹךָ יְיָ אֱלֹהֵינוּ אָנָּא שָׂא נָא פְּשָׁעֵינוּ אָבִינוּ מַלְכֵּנוּ צוּרֵנוּ וְגוֹאֲלֵנוּ אֵל חַי וְקַיָּם הֶחָסִין בְּכֹחַ חָסִיד וָטוֹב עַל כָּל מַעֲשֶׂיךָ כִּי אַתָּה הוּא יְיָ אֱלֹהֵינוּ: אֵל אֶרֶךְ אַפַּיִם וּמָלֵא רַחֲמִים עֲשֵׂה עִמָּנוּ כְּרֹב רַחֲמֶיךָ וְהוֹשִׁיעֵנוּ לְמַעַן שִׁמְךָ שְׁמַע מַלְכֵּנוּ

Bundes willen! Schaue herab und antworte uns zur Zeit der Noth, denn bei Dir, Ewiger, ist die Hülfe! Auf Dich, Gott der Vergebung, vertrauen wir! O, verzeihe doch, allgütiger und verzeihender Gott! Denn Gott, König, gnädig und barmherzig bist Du.

O König, Gnädiger und Barmherziger, gedenke und schaue auf jenen Bund zwischen den Stücken (1. B. Mos. 15), und es möge die Opferung des einzig Geliebten vor Dir erscheinen um Israels willen! Unser Vater, unser König, sei uns gnädig und antworte uns! es ist ja Dein großer Name, nach dem wir genannt werden! Der Du Wunder thust zu jeder Zeit, verfahre mit uns nach Deiner Gnade! Gnädiger und Barmherziger, schaue herab und antworte uns zur Zeit der Noth! denn bei Dir, Ewiger, ist die Hülfe! Unser Vater, unser König, unser Schirm, o, verfahre nicht mit uns nach der Bosheit unserer Handlungen, gedenke vielmehr Deiner Barmherzigkeit, Ewiger, und Deiner Gnade! Hilf uns, nach Deiner überschwenglichen Güte, und bemitleide uns! denn wir haben keinen Gott außer Dir. Unser Hort, verlasse uns nicht, Ewiger, unser Gott, sei uns doch nicht fern! denn unsere Seele ist sehr gebeugt durch Schwert und Gefangenschaft, Pest und Seuche; und von aller Noth und jeglichem Kummer rette uns, denn auf Dich hoffen wir; beschäme uns nicht, Ewiger, unser Gott! laß uns Dein Antlitz leuchten, gedenke uns den Bund unserer Väter und hilf uns um Deines Namens willen! Schaue auf unser Elend und vernimm die Stimme unseres Gebetes; Du vernimmst ja das Gebet eines jeden Mundes!

Barmherziger und gnädiger Gott, erbarme Dich über uns und über alle Deine Werke, denn Deinesgleichen gibt es nicht, Ewiger, unser Gott! O, vergib, vergib doch unsere Sünden, unser Vater, unser König, unser Hort und Erlöser! Mächtige, lebendige, ewigdauernde, allvermögende Kraft, Deine Milde und Güte walten über Deine Werke alle, denn Du bist der Ewige, unser Gott! O Allgewaltiger, Langmüthiger und Erbarmungsvoller, verfahre mit uns nach der Fülle Deiner Barmherzigkeit und hilf uns um Deines Namens willen!

תְּפִלָּתֵנוּ וּמִיַּד אוֹיְבֵנוּ הַצִּילֵנוּ שְׁמַע מַלְכֵּנוּ תְּפִלָּתֵנוּ וּמִכָּל
צָרָה וְיָגוֹן הַצִּילֵנוּ: אָבִינוּ מַלְכֵּנוּ אַתָּה וְשִׁמְךָ עָלֵינוּ נִקְרָא
אַל־תַּנִּיחֵנוּ: אַל־תַּעַזְבֵנוּ אָבִינוּ וְאַל־תִּטְּשֵׁנוּ בּוֹרְאֵנוּ וְאַל־
תִּשְׁכָּחֵנוּ יוֹצְרֵנוּ כִּי אֵל מֶלֶךְ חַנּוּן וְרַחוּם אָתָּה:

אֵין כָּמוֹךָ חַנּוּן וְרַחוּם יְיָ אֱלֹהֵינוּ אֵין כָּמוֹךָ אֵל אֶרֶךְ אַפַּיִם
וְרַב חֶסֶד וֶאֱמֶת הוֹשִׁיעֵנוּ בְּרַחֲמֶיךָ הָרַבִּים מֵרַעַשׁ וּמֵרֹגֶז
הַצִּילֵנוּ: זְכֹר לַעֲבָדֶיךָ לְאַבְרָהָם לְיִצְחָק וּלְיַעֲקֹב אַל־תֵּפֶן
אֶל־קָשְׁיֵנוּ וְאֶל־רִשְׁעֵנוּ וְאֶל־חַטָּאתֵנוּ: שׁוּב מֵחֲרוֹן אַפֶּךָ
וְהִנָּחֵם עַל־הָרָעָה לְעַמֶּךָ: וְהָסֵר מִמֶּנּוּ מַכַּת הַמָּוֶת כִּי
רַחוּם אָתָּה כִּי כֵן דַּרְכֶּךָ עוֹשֶׂה חֶסֶד חִנָּם בְּכָל־דּוֹר וָדוֹר:
חוּסָה יְיָ עַל־עַמֶּךָ וְהַצִּילֵנוּ מִזַּעְמֶךָ וְהָסֵר מִמֶּנּוּ מַכַּת
הַמַּגֵּפָה וּגְזֵרָה קָשָׁה כִּי אַתָּה שׁוֹמֵר יִשְׂרָאֵל: לְךָ יְיָ
הַצְּדָקָה וְלָנוּ בֹּשֶׁת הַפָּנִים: מַה־נִּתְאוֹנֵן מַה־נֹּאמַר
מַה־נְּדַבֵּר וּמַה־נִּצְטַדָּק: נַחְפְּשָׂה דְרָכֵינוּ וְנַחְקֹרָה
וְנָשׁוּבָה אֵלֶיךָ כִּי יְמִינְךָ פְשׁוּטָה לְקַבֵּל שָׁבִים: אָנָּא
יְיָ הוֹשִׁיעָה נָּא אָנָּא יְיָ הַצְלִיחָה נָא: אָנָּא יְיָ עֲנֵנוּ בְּיוֹם
קָרְאֵנוּ: לְךָ יְיָ חִכִּינוּ לְךָ יְיָ קִוִּינוּ לְךָ יְיָ נְיַחֵל אַל־
תֶּחֱשֶׁה וּתְעַנֵּנוּ כִּי נָאֲמוּ גוֹיִם אָבְדָה תִקְוָתָם כָּל־בֶּרֶךְ
וְכָל־קוֹמָה לְךָ לְבַד תִּשְׁתַּחֲוֶה:

הַפּוֹתֵחַ יָד בִּתְשׁוּבָה לְקַבֵּל פּוֹשְׁעִים וְחַטָּאִים נִבְהֲלָה

Vernimm, o König, unser Gebet, und rette uns aus des Feindes Hand! vernimm, o König, unser Flehen, und hilf uns aus aller Noth und Bedrängniß! O Du, unser Vater, unser König, dessen Namen wir führen, verlaß uns nicht! Verwirf uns nicht, unser Vater, verstoß' uns nicht, unser Schöpfer, und vergiß uns nicht, unser Bildner! denn Gott, König, gnädig und barmherzig bist Du!

Keiner ist gnädig und barmherzig wie Du, Ewiger, unser Gott! Keiner wie Du, o Gott, langmüthig und voller Huld und Treue! O, stehe uns bei in Deiner großen Barmherzigkeit, schütze uns vor Sturm und Wuth! Gedenke Deiner Knechte, Abrahams, Isaaks und Jakobs, kehre Dich nicht an unsere Hartnäckigkeit, Ruchlosigkeit und Vergehungen! Laß ab von Deinem entbrannten Zorne und bedenke Dich wegen des Unheils, das Deinem Volke droht! Wende ab von uns des Todes Streiche! Du bist ja der Erbarmungsvolle, dies ist ja Deine Weise, huldreich Wohlthaten zu erzeigen in allen Geschlechtern. O, schone, Ewiger, Dein Volk und rette uns von Deinem Grimme! wende ab von uns des Verderbens Streiche und hartes Verhängniß! Du bist ja der Hüter Israels! Dein, Ewiger, ist die Gerechtigkeit, uns aber — die Scham des Angesichts. Was können wir murren? was sagen? was hervorbringen und womit uns rechtfertigen? Unseren Wandel wollen wir untersuchen, durchforschen, und zu Dir zurückkehren; denn Deine Rechte ist ausgestreckt, um die Reuigen aufzunehmen. Ewiger, o, steh' uns bei! Ewiger, schenk Wohlgelingen! Ewiger, o, antworte uns, wann wir rufen! Auf Dich, Ewiger, harren wir! auf Dich, Ewiger, hoffen wir! Auf Dich, Ewiger, vertrauen wir! o, schweige nicht, laß uns nicht länger quälen! schon sprechen die Völker: „Für Diese ist keine Hoffnung mehr!" — Möge jedes Knie und alle aufrechte Gestalt vor Dir allein sich beugen!

O Du, der Du der Bekehrung eine offne Hand zureichst, um Missethäter und Sünder aufzunehmen, ach, wie ist unsere

נַפְשֵׁנוּ מֵרֹב עִצְּבוֹנֵנוּ אַל־תִּשְׁכָּחֵנוּ נֶצַח קוּמָה וְהוֹשִׁיעֵנוּ
כִּי חָסִינוּ בָךְ: אָבִינוּ מַלְכֵּנוּ אִם אֵין בָּנוּ צְדָקָה וּמַעֲשִׂים
טוֹבִים זְכָר־לָנוּ אֶת־בְּרִית אֲבוֹתֵינוּ וְעֵדוֹתֵינוּ בְּכָל־יוֹם יְיָ
אֶחָד: הַבִּיטָה בְעָנְיֵנוּ כִּי רַבּוּ מַכְאוֹבֵינוּ וְצָרוֹת לְבָבֵנוּ:
חוּסָה יְיָ עָלֵינוּ בְּאֶרֶץ שִׁבְיֵנוּ וְאַל־תִּשְׁפּוֹךְ חֲרוֹנְךָ עָלֵינוּ כִּי
אֲנַחְנוּ עַמְּךָ בְּנֵי בְרִיתֶךָ: אֵל הַבִּיטָה דַּל כְּבוֹדֵנוּ בַּגּוֹיִם
וְשִׁקְּצוּנוּ כְּטֻמְאַת הַנִּדָּה: עַד־מָתַי עֻזְּךָ בַּשְּׁבִי וְתִפְאַרְתְּךָ
בְּיַד־צָר: עוֹרְרָה גְבוּרָתְךָ וְקִנְאָתְךָ עַל־אוֹיְבֶיךָ הֵם יֵבוֹשׁוּ
וְיֵחַתּוּ מִגְּבוּרָתָם וְאַל־יִמְעֲטוּ לְפָנֶיךָ תְּלָאוֹתֵינוּ: מַהֵר
יְקַדְּמוּנוּ רַחֲמֶיךָ בְּיוֹם צָרָתֵנוּ וְאִם לֹא לְמַעֲנֵנוּ לְמַעַנְךָ
פְעַל וְאַל תַּשְׁחִית זֵכֶר שְׁאֵרִיתֵנוּ: וְחוֹן אוֹם הַמְיַחֲדִים
שִׁמְךָ פַּעֲמַיִם בְּכָל־יוֹם תָּמִיד בְּאַהֲבָה וְאוֹמְרִים
שְׁמַע יִשְׂרָאֵל יְיָ אֱלֹהֵינוּ יְיָ אֶחָד:

אין פֿאָלגענדען טאָגען ווירד קיין תחנון געזאָגט: ר"ח, חדש ניסן, ל"ג בעומר, פֿון ר"ח סיון ביז נאָך אסרו חג פֿון שבועות, ט' באב, ער"ה, פֿון עי"כ ביז נאָך סוכות (און פּיוטען קהלות ביז נאָך ר"ה חשון), חנוכה, פורים, ט"ו באב אונד ט"ו בשבט.

ש"ב כ"ד י"ד וַיֹּאמֶר דָּוִד אֶל־גָּד צַר־לִי מְאֹד נִפְּלָה־נָּא בְיַד־
יְהוָה כִּי־רַבִּים רַחֲמָו וּבְיַד־אָדָם אַל־אֶפֹּלָה:

רַחוּם וְחַנּוּן חָטָאתִי לְפָנֶיךָ יְיָ מָלֵא רַחֲמִים
רַחֵם עָלַי וְקַבֵּל תַּחֲנוּנָי: יְיָ אַל־בְּאַפְּךָ תוֹכִיחֵנִי

Seele aufgeregt, so vieler Widerwärtigkeiten halben! O, vergiß uns nicht so ganz! erhebe Dich und hilf uns! bei Dir suchen wir Schutz! Unser Vater, unser König, wenn an uns keine Tugenden und keine gute Werke sind, so gedenke uns den Bund unserer Väter, und wie wir täglich Dich als den Ewig-Einen bezeugen. Schaue auf unser Elend! denn viel sind unsere Leiden und die Bedrängnisse unseres Herzens. Schone unser, Ewiger, im Lande, wohin wir verwiesen sind, und halte Deinen Grimm zurück, daß er sich nicht über uns ergieße! wir sind ja Dein Volk, Söhne Deines Bundes! Schau herab, o Gott, wie sehr unsere Ehre gesunken unter den Völkern! sie scheuen uns, wie man eine Abgesonderte (נדה) scheut. Wie lange noch soll Deine Macht im Exil, Deine Herrlichkeit in Feindeshänden sein? Laß doch rege werden Deine Allgewalt und Deinen Eifer wider Deine Feinde, daß sie beschämt werden und verzagen an ihrer Kraft! Laß unsere Mühseligkeiten nicht gering erscheinen vor Dir. Bald möge uns entgegenkommen Dein Erbarmen am Tage unserer Noth, wenn auch nicht um unsertwillen, so thue es doch um Deinetwillen! Ueberlaß dem Verderben nicht das Andenken unseres Ueberrestes und sei einem Volke gewogen, das täglich zweimal mit beharrlicher Liebe der Einheit Deines Namens huldigt und ausruft: „Höre Israel, der Ewige, unser Gott, ist ein einiges ewiges Wesen!"

An folgenden Tagen wird kein תחנון gesagt: ר"ח, חדש ניסן, ל"ג בעומר, von ר"ח סיון bis nach אסרו חג von שבועות, ט' באב, ער"ה, von עי"כ bis nach סוכות (in vielen Gemeinden bis nach ר"ח חשון), חנוכה, פורים, ט"ו באב und ט"ו בשבט.

(II. Sam. 24, 14.) David sprach zu Gad: Mir ist sehr bange! Laßt uns fallen in die Hand des Ewigen, denn groß ist sein Erbarmen! nur in der Menschen Hand will ich nicht fallen!

רחום וחנון Barmherziger und Gnädiger, ich habe vor Dir gesündiget! Ewiger, Erbarmungsvoller, erbarme Dich über mich und nimm mein Flehen an!

וְאַל־בַּחֲמָתְךָ תְיַסְּרֵנִי: חָנֵּנִי יְיָ כִּי־אֻמְלַל אָנִי
רְפָאֵנִי יְיָ כִּי נִבְהֲלוּ עֲצָמָי: וְנַפְשִׁי נִבְהֲלָה מְאֹד
וְאַתָּה יְיָ עַד־מָתָי: שׁוּבָה יְיָ חַלְּצָה נַפְשִׁי
הוֹשִׁיעֵנִי לְמַעַן חַסְדֶּךָ: כִּי אֵין בַּמָּוֶת זִכְרֶךָ
בִּשְׁאוֹל מִי יוֹדֶה־לָּךְ: יָגַעְתִּי בְּאַנְחָתִי אַשְׂחֶה
בְכָל־לַיְלָה מִטָּתִי בְּדִמְעָתִי עַרְשִׂי אַמְסֶה:
עָשְׁשָׁה מִכַּעַס עֵינִי עָתְקָה בְּכָל־צוֹרְרָי: סוּרוּ
מִמֶּנִּי כָּל־פֹּעֲלֵי אָוֶן כִּי־שָׁמַע יְיָ קוֹל בִּכְיִי: שָׁמַע
יְיָ תְּחִנָּתִי יְיָ תְּפִלָּתִי יִקָּח: יֵבֹשׁוּ וְיִבָּהֲלוּ מְאֹד
כָּל־אֹיְבָי יָשֻׁבוּ יֵבֹשׁוּ רָגַע: (תהלים ו׳.)

אם מאנטאג אונד דאננערשטאג מארגענס ווירד פאלגענדעס הינצוגעזעטצט;
אן דען איבריגען וואכענטאגען אבער ווירד היער גלייך ואנחנו אנגעפאנגען.

סו״ק יְיָ אֱלֹהֵי יִשְׂרָאֵל שׁוּב מֵחֲרוֹן אַפֶּךָ וְהִנָּחֵם
עַל הָרָעָה לְעַמֶּךָ:

ק׳ הַבֵּט מִשָּׁמַיִם וּרְאֵה כִּי הָיִינוּ לַעַג וָקֶלֶס בַּגּוֹיִם נֶחְשַׁבְנוּ
כְּצֹאן לַטֶּבַח יוּבָל לַהֲרוֹג וּלְאַבֵּד וּלְמַכָּה וּלְחֶרְפָּה:

קו״ס וּבְכָל זֹאת שִׁמְךָ לֹא שָׁכָחְנוּ נָא אַל תִּשְׁכָּחֵנוּ:

ק׳ זָרִים אוֹמְרִים אֵין תּוֹחֶלֶת וְתִקְוָה חֹן אוֹם
לְשִׁמְךָ מְקַוֶּה טָהוֹר יְשׁוּעָתֵנוּ קָרְבָה יָגַעְנוּ וְלֹא
הוּנַח לָנוּ רַחֲמֶיךָ יִכְבְּשׁוּ אֶת־כַּעַסְךָ מֵעָלֵינוּ:

Ewiger, straf' mich nicht in Deinem Zorne! züchtige mich in Deinem Grimme nicht! Sei mir gnädig, Ewiger, ich welke dahin; heile mich, Ewiger, denn mein Gebein ermattet! Meine Seel' ist sehr ermattet; und Du, Ewiger — ach, wie lange noch? Kehre zurück, Ewiger, rette meine Seele! Hilf mir, um Deiner Güte willen! Denn im Tode gedenkt man Deiner nicht; in der Gruft — wer dankt Dir da? — Ermüdet von Seufzen, schwemm' ich jede Nacht mein Bett, netze meine Lagerstätte mit Thränen! Meine Gestalt verfällt vor Harm, altert vor so vielem Drangsal. — Weicht, Uebelthäter alle, weicht! mein Weinen hört der Ewige! der Ewige erhört mein Flehen, der Ewige nimmt meine Bitte an! Schmachvoll stürzen meine Feinde alle zurück! ein Wink — sie sind zu Schanden! (Psalm 6.)

Am Montag und Donnerstag Morgens wird Folgendes eingeschaltet; an den übrigen Wochentagen aber wird hier ואנחנו angefangen:

(Vorb. u. Gem.) Ewiger, Gott Israels, laß ab von Deinem entbrannten Zorne und bedenke Dich wegen des Unheils, das Deinem Volke droht!

(Gemeinde.) O, blicke von Deinem Himmel herab und schaue, wie wir zu Spott und Hohn unter den Völkern geworden! Wir werden wie Schlachtschafe geachtet, geführt zum Schlachten und Erwürgen, zur Qual und Schmach!

(Gem. u. Vorb.) Bei dem Allen haben wir Deinen Namen nicht vergessen; o, vergiß auch Du uns nicht! Ewiger &c.

(Gemeinde.) Fremde sagen: „Dahin ist all' ihr Trost und ihre Hoffnung!" O, sei doch einem Volke gewogen, das Deinem Namen vertraut! Allerreinster, führe doch unser Heil bald herbei! Wir härmen uns und finden nirgends Ruhe; möge doch Deine Allbarmherzigkeit Deinen Unwillen von uns abwenden!

ק"ס אָנָּא שׁוּב מֵחֲרוֹנְךָ וְרַחֵם סְגֻלָּה אֲשֶׁר בָּחָרְתָּ: ״

ק' חוּסָה יְיָ עָלֵינוּ בְּרַחֲמֶיךָ וְאַל־תִּתְּנֵנוּ בִּידֵי אַכְזָרִים לָמָּה יֹאמְרוּ הַגּוֹיִם אַיֵּה נָא אֱלֹהֵיהֶם לְמַעַנְךָ עֲשֵׂה עִמָּנוּ חֶסֶד וְאַל־תְּאַחַר:

ק"ס אָנָּא שׁוּב מֵחֲרוֹנְךָ וְרַחֵם סְגֻלָּה אֲשֶׁר בָּחָרְתָּ: ״

ק' קוֹלֵנוּ תִשְׁמַע וְתָחוֹן וְאַל־תִּטְּשֵׁנוּ בְּיַד אֹיְבֵינוּ לִמְחוֹת אֶת־שְׁמֵנוּ זְכוֹר אֲשֶׁר נִשְׁבַּעְתָּ לַאֲבוֹתֵינוּ כְּכוֹכְבֵי הַשָּׁמַיִם אַרְבֶּה אֶת־זַרְעֲכֶם וְעַתָּה נִשְׁאַרְנוּ מְעַט מֵהַרְבֵּה:

ק"ס וּבְכָל זֹאת שִׁמְךָ לֹא שָׁכָחְנוּ נָא אַל תִּשְׁכָּחֵנוּ: ״

ק' עָזְרֵנוּ אֱלֹהֵי יִשְׁעֵנוּ עַל־דְּבַר כְּבוֹד־שְׁמֶךָ

ק"ס וְהַצִּילֵנוּ וְכַפֵּר עַל־חַטֹּאתֵינוּ לְמַעַן שְׁמֶךָ:

אין פױלען געמײנדען װירד שומר ישראל נור אן אײנעם תענית געזאגט, אין אשכנז געמײנדען אבער יעדען טאג.

שׁוֹמֵר יִשְׂרָאֵל שְׁמוֹר שְׁאֵרִית יִשְׂרָאֵל וְאַל־יֹאבַד יִשְׂרָאֵל הָאֹמְרִים שְׁמַע יִשְׂרָאֵל:

שׁוֹמֵר גּוֹי אֶחָד שְׁמוֹר שְׁאֵרִית עַם אֶחָד וְאַל־יֹאבַד גּוֹי אֶחָד הַמְיַחֲדִים שִׁמְךָ יְיָ אֱלֹהֵינוּ יְיָ אֶחָד:

שׁוֹמֵר גּוֹי קָדוֹשׁ שְׁמוֹר שְׁאֵרִית עַם קָדוֹשׁ וְאַל־יֹאבַד גּוֹי קָדוֹשׁ הַמְשַׁלְּשִׁים בְּשָׁלשׁ קְדֻשּׁוֹת לְקָדוֹשׁ:

מִתְרַצֶּה בְּרַחֲמִים וּמִתְפַּיֵּס בְּתַחֲנוּנִים הִתְרַצֵּה וְהִתְפַּיֵּס לְדוֹר עָנִי כִּי אֵין עוֹזֵר:

(Gem. u. Vorb.) Laß doch ab von Deinem Zorne und bemitleide ein Kleinod, das Du erkoren! Ewiger ꝛc.

(Gemeinde.) Schone unser, Ewiger, in Deiner Barmherzigkeit! übergib uns nicht grausamen Händen! Warum sollen die Völker sprechen: „Wo ist nun ihr Gott?“ — Um Deinetwillen erzeig' uns Gnade und zögre nicht!

(Gem. u. Vorb.) Laß doch ab von Deinem Zorne und bemitleide ein Kleinod, das Du erkoren! Ewiger ꝛc.

(Gemeinde.) Vernimm unsere Stimme und sei uns gewogen! überlaß uns nicht der Feinde Hand, um unseren Namen zu vertilgen! Gedenke, wie Du unseren Urvätern zugeschworen: „Wie Sterne am Himmel will ich euern Samen mehren“ und nun sind wir ein kleines Ueberbleibsel der großen Menge!

(Gem. u. Vorb.) Bei dem Allen haben wir Deinen Namen nicht vergessen; o, vergiß auch Du uns nicht! Ewiger ꝛc.

(Gemeinde.) Hilf uns, Gott unseres Heils, um der Ehre Deines Namens willen! rette uns, verzeihe unsere Sünden, um Deines Namens willen! Ewiger, Gott Israels ꝛc.

(In vielen Gemeinden wird Folgendes nur an Fasttagen gebetet, in manchen Gemeinden aber jeden Tag.)

שומר Hüter Israels, behüte den Ueberrest Israels, auf daß nicht untergehe Israel, das ausspricht: „Höre Israel!“

Hüter eines einzigen Volkes, behüte den Ueberrest des einzigen Volkes, auf daß nicht untergehe ein einziges Volk, das der Einheit Deines Namens huldigt: „Der Ewige, unser Gott, ist ein einiges ewiges Wesen!“

Hüter eines heiligen Volkes, behüte den Ueberrest des heiligen Volkes, auf daß nicht untergehe ein heiliges Volk, das in einem dreimal „Heilig“ dem Allheiligsten huldigt!

O Du, der Du dem um Erbarmen Bittenden geneigt und dem Flehenden gewogen bist, sei geneigt und gewogen einem bedrängten Geschlechte, dem Niemand beisteht!

קו״ח אנא שוב מחרונך ורחם סגלה אשר בחרת: ״

ק׳ חוסה יי עלינו ברחמיך ואל־תתננו בידי אכזרים למה יאמרו הגוים איה נא אלהיהם למענך עשה עמנו חסד ואל־תאחר:

קו״ס אנא שוב מחרונך ורחם סגלה אשר בחרת: ״

ק׳ קולנו תשמע ותחון ואל־תטשנו ביד איבינו למחות את־שמנו זכור אשר נשבעת לאבותינו ככוכבי השמים ארבה את־זרעכם ועתה נשארנו מעט מהרבה:

קו״ס ובכל זאת שמך לא שכחנו נא אל־תשכחנו: ״

ק׳ עזרנו אלהי ישענו על־דבר כבוד־שמך

קו״ס והצילנו וכפר על־חטאתינו למען שמך:

אין פוילען געמיינדען ווירד שומר ישראל נור אן אייכען תענית געזאגט, אין מעהרערען געמיינדען אבער יעדען טאג.

שומר ישראל שמור שארית ישראל ואל־יאבד ישראל האומרים שמע ישראל:

שומר גוי אחד שמור שארית עם אחד ואל־יאבד גוי אחד המיחדים שמך יי אלהינו יי אחד:

שומר גוי קדוש שמור שארית עם קדוש ואל־יאבד גוי קדוש המשלשים בשלש קדשות לקדוש:

מתרצה ברחמים ומתפיס בתחנונים התרצה והתפיס לדור עני כי אין עוזר:

(Gem. u. Vorb.) Laß doch ab von Deinem Zorne und bemitleide ein Kleinod, das Du erkoren! Ewiger rc.

(Gemeinde.) Schone unser, Ewiger, in Deiner Barmherzigkeit! übergib uns nicht grausamen Händen! Warum sollen die Völker sprechen: „Wo ist nun ihr Gott?" — Um Deinetwillen erzeig' uns Gnade und zögre nicht!

(Gem. u. Vorb.) Laß doch ab von Deinem Zorne und bemitleide ein Kleinod, das Du erkoren! Ewiger rc.

(Gemeinde.) Vernimm unsere Stimme und sei uns gewogen! überlaß uns nicht der Feinde Hand, um unseren Namen zu vertilgen! Gedenke, wie Du unseren Urvätern zugeschworen: „Wie Sterne am Himmel will ich euern Samen mehren" und nun sind wir ein kleines Ueberbleibsel der großen Menge!

(Gem. u. Vorb.) Bei dem Allen haben wir Deinen Namen nicht vergessen; o, vergiß auch Du uns nicht! Ewiger rc.

(Gemeinde.) Hilf uns, Gott unseres Heils, um der Ehre Deines Namens willen! rette uns, verzeihe unsere Sünden, um Deines Namens willen! Ewiger, Gott Israels rc.

(In vielen Gemeinden wird Folgendes nur an Fasttagen gebetet, in manchen Gemeinden aber jeden Tag.)

שומר Hüter Israels, behüte den Ueberrest Israels, auf daß nicht untergehe Israel, das ausspricht: „Höre Israel!"

Hüter eines einzigen Volkes, behüte den Ueberrest des einzigen Volkes, auf daß nicht untergehe ein einziges Volk, das der Einheit Deines Namens huldigt: „Der Ewige, unser Gott, ist ein einiges ewiges Wesen!"

Hüter eines heiligen Volkes, behüte den Ueberrest des heiligen Volkes, auf daß nicht untergehe ein heiliges Volk, das in einem dreimal „Heilig" dem Allheiligsten huldigt!

O Du, der Du dem um Erbarmen Bittenden geneigt und dem Flehenden gewogen bist, sei geneigt und gewogen einem bedrängten Geschlechte, dem Niemand beisteht!

אבינו מלכנו חננו ועננו כי אין בנו מעשים עשה עמנו צדקה וחסד והושיענו:

ואנחנו לא נדע מה נעשה כי עליך עינינו: זכר רחמיך יי וחסדיך כי מעולם המה: יהי חסדך יי עלינו כאשר יחלנו לך: אל תזכר לנו עונות ראשונים מהר יקדמונו רחמיך כי דלונו מאד: חננו יי חננו כי רב שבענו בוז: ברגז רחם תזכור: כי הוא ידע יצרנו זכור כי עפר אנחנו: עזרנו אלהי ישענו על דבר כבוד שמך והצילנו וכפר על חטאתינו למען שמך:

ש"ץ זאגט חצי קדיש.

אין מאנטאג אונד דאננערשטאג ווירד נאך פאלגענדעס געבעטעט, אויסער אין ראש החדש, אין טאגע פאר פסח, אין טאגע פאר דעם פערזאהנונגסטאג, אין חנכה אונד אין ביידע פורים.

מנהג אשכנז ובוהם ופולין קטן.

אל ארך אפים ורב חסד ואמת אל באפך תוכיחנו: חוסה יי על עמך והושיענו מכל רע: חטאנו לך אדון סלח נא כרב רחמיך אל:

מנהג פולין גדול.

אל ארך אפים ורב חסד ואמת אל תסתר פניך ממנו: חוסה יי על ישראל עמך והצילנו מכל רע: חטאנו לך אדון סלח נא כרב רחמיך אל:

Unser Vater und König, sei uns gnädig und antworte uns, obgleich wir kein Verdienst haben; erzeig' uns Milde und Güte, und hilf uns!

ואנחנו Wir wissen nicht, was wir thun sollen; nur auf Dich sind unsere Augen gerichtet. Gedenke Deiner Barmherzigkeit, Ewiger, und Deiner Liebe, denn sie sind von Ewigkeit her! Laß Deine Liebe, Ewiger, über uns walten, wie wir auf Dich harren! Gedenke uns nicht früherer Sünden; möge uns Dein Erbarmen bald entgegenkommen, denn wir sind sehr gebeugt! Sei uns gnädig, Ewiger, sei uns gnädig, denn wir sind viel zu satt der Schmach! Im Zorn gedenke des Erbarmens! Denn Du bist es ja, der unsere Triebe kennt, eingedenk, daß wir nur Staub sind. Hilf uns, Gott unseres Heils, um der Ehre Deines Namens willen! rette uns, verzeihe unsere Sünden um Deines Namens willen!

Am Montag und Donnerstag wird noch Folgendes gebetet, ausgenommen an Rosch ha-Chodesch, am Tage vor Peßach, am Tage vor dem Versöhnungstag, an Chanuka und den beiden Purim.

אל Gott, der Du langmüthig und voller Huld und Treue bist, o, straf uns nicht in Deinem Zorne! schone, Ewiger, Deines Volkes und befreie uns von allem Uebel! Wir haben gesündigt vor Dir, Herr, vergib, nach Deiner Allbarmherzigkeit, Gott!

בײ'ם ארויסנעמען דער ס"ת פון דעם ארון הקודש ווירד פאלגענדעס געבעטעט:

ויהי בנסע הארן ויאמר משה קומה יי ויפצו איביך וינסו משנאיך מפניך: כי מציון תצא תורה ודבר יי מירושלים:

ברוך שנתן תורה לעמו ישראל בקדשתו:

דער חזן עמפפאנגט דיא ס"ת מיט בײדען הענדען אונד רופט לויט:

גדלו ליי אתי· ונרוממה שמו יחדו:

דיא געמײנדע אנטווארטעט:

לך יי הגדלה והגבורה והתפארת והנצח וההוד כי כל בשמים ובארץ לך יי הממלכה והמתנשא לכל לראש: רוממו יי אלהינו והשתחוו להדם רגליו קדוש הוא: רוממו יי אלהינו והשתחוו להר קדשו כי קדוש יי אלהינו:

בדרך הליכתו לומרים.

אב הרחמים הוא ירחם עם עמוסים ויזכור ברית איתנים ויציל נפשותינו מן השעות הרעות ויגער ביצר הרע מן הנשואים ויחון אותנו לפליטת עולמים וימלא משאלותינו במדה טובה ישועה ורחמים:

כשמגיע החזן על הבימה מניח הס"ת על השולחן ופותח ואומר:

ותגלה ותראה מלכותו עלינו בזמן קרוב ויחון פליטתנו ופליטת עמו בית ישראל לחן ולחסד לרחמים ולרצון ונאמר אמן: הכל הבו גדל לאלהינו ותנו כבוד לתורה: כהן קרב יעמד (ר"פ ב"פ הכהן) ברוך שנתן תורה לעמו ישראל בקדשתו: תורת יי תמימה משיבת נפש עדות יי נאמנה מחכימת פתי: פקודי יי ישרים משמחי לב מצות יי ברה מאירת עינים: יי עז לעמו יתן יי יברך את עמו בשלום: האל תמים דרכו אמרת יי צרופה· מגן הוא לכל החוסים בו:

קהל ואתם הדבקים ביי אלהיכם חיים כלכם היום:

Bei'm Ausheben der Thora aus der heiligen Lade wird Folgendes gebetet.

ויהי Wenn die Lade zog, sprach Mosche: „Erhebe Dich, o Ewiger, laß Deine Feinde sich zerstreuen, und die Dich hassen, vor Dir flüchtig werden!" Denn von Zion geht aus die Lehre, und das Wort des Ewigen von Jerusalem.

Gelobt sei, der seinem Volke Israel die Thora gegeben, in seiner Heiligkeit!

Der Vorbeter empfängt die Thora mit beiden Armen und ruft laut:

Preist mit mir des Ew'gen Größe! laßt uns vereint seinen Namen erheben!

Die Gemeinde antwortet:

לך Dein, o Ewiger, ist die Größe und die Allmacht, die Herrlichkeit, der Sieg und die Majestät, ja, Alles im Himmel und auf Erden! Dein, o Ewiger, ist das Reich, und Du bist über Alles das Haupt! Erhebet den Ew'gen, unseren Gott, und werfet euch nieder vor seiner Füße Schemel! heilig ist er! Erhebet den Ew'gen, unseren Gott, und werfet euch nieder an seinem heil'gen Berge! denn heilig ist der Ewige, unser Gott!

אב Der Vater des Erbarmens erbarme sich des Volkes, welches er einst liebevoll getragen, gedenke des Bundes mit den Stammvätern und bewahre unsere Seelen vor bösen Stunden; er verscheuche den bösen Trieb von Denen, die er einst so hoch gehoben; er begnadige uns durch ewige Befreiung und gewähre unsere Wünsche im vollen Maße des Heils und des Erbarmens.

פֿאָר׳ ברכו איבער דיא ס״ת: **ברכו את־יי המברך:**

והעם עונין **ברוך יי המברך לעולם ועד:** וחוזר המברך ב״י״ה״ל״ו.

ברוך אתה יי אלהינו מלך העולם אשר בחר־בנו מכל־העמים ונתן־לנו את־תורתו ברוך אתה יי נותן התורה:

נאָך־ברכה ב״א יי אלהינו מלך העולם אשר נתן־לנו תורת אמת וחיי עולם נטע בתוכנו. ברוך אתה יי נותן התורה:

ווער פֿאָן איינער קראַנקהייט גענעזען, איינע ווייטע רייזע געמאַכט אָדער אויס איינער לעבענסגעפֿאַהר ענטגאַנגען, שפּריכט פֿאָלגענדען זעגען:

ברוך אתה יי אלהינו מלך העולם הגומל לחיבים (נ״ס לרעים) טובות שגמלני כל טוב:

דיא געמיינדע אנטוואָרטעט: **מי שגמלך כל טוב הוא יגמלך כל טוב סלה:**

ביי׳ם אויפֿהעבען דער ספר תורה ווירד פֿאָלגענדעס געבעטעט:

וזאת התורה אשר שם משה לפני בני ישראל על פי יי ביד משה: עץ חיים היא למחזיקים בה ותומכיה מאשר: דרכיה דרכי נעם וכל נתיבתיה

Vor der Vorlesung aus der Thora:

ברכו (Der Aufgerufene.) Preiset den Ewigen, den Hochgepriesenen!
(Gem.) Gepriesen sei der Ewige, der Hochgepriesene, in Ewigkeit!
(Der Aufgerufene.) Gelobt seist Du, Ewiger, unser Gott, Weltregent. der uns aus allen Völkern erkoren, und uns seine Thora gegeben hat. Gelobt seist Du, Ewiger, der die Thora gegeben.

Nach dem betreffenden Abschnitt der Vorlesung:

ברוך (Der Aufgerufene.) Gelobt seist Du, Ewiger, unser Gott, Weltregent, der uns die wahre Lehre gegeben und das ewige Leben in uns gepflanzt hat! Gelobt seist Du, Ewiger, der die Thora gegeben.

Bei'm Aufheben der Thora:

וזאת Dieses ist die Lehre, welche Mosche den Kindern Israels vorgelegt, auf des Ewigen Befehl durch Mosche. Sie ist ein Baum des Lebens Denen, die an ihr festhalten, und die sie erfassen, sind selig zu preisen. Ihre Wege sind Wege der Wonne und alle ihre Pfade Frieden. Langes Leben ist in ihrer Rechten, und in ihrer Linken Reichthum und Ehre. Der Ewige will, um seiner Güte willen, die Lehre groß machen und herrlich.

שָׁלוֹם׃ אֹרֶךְ יָמִים בִּימִינָהּ בִּשְׂמֹאלָהּ עֹשֶׁר וְכָבוֹד׃ יְיָ חָפֵץ לְמַעַן צִדְקוֹ יַגְדִּיל תּוֹרָה וְיַאְדִּיר׃

כשהספר גולל כשמכניס הס"ת יאמר פסוק לך יי הגדולה וגו' גם יאמר: יהי רצון מלפניך יי אלהי ואלהי אבותי שיתגוללו רחמיך על מדותיך ותתנהג עם בניך במדת טובך ותכנס להם לפנים משורת הדין.

בשני וחמישי קודם שמכניסין הס"ת להיכל כשאומרין תחנון יאמר הש"ץ יהי רצון.

יְהִי רָצוֹן מִלִּפְנֵי אָבִינוּ שֶׁבַּשָּׁמַיִם׃ לְכוֹנֵן אֶת־בֵּית חַיֵּינוּ וּלְהָשִׁיב אֶת־שְׁכִינָתוֹ בְּתוֹכֵנוּ בִּמְהֵרָה בְיָמֵינוּ וְנֹאמַר אָמֵן׃

יְהִי רָצוֹן מִלִּפְנֵי אָבִינוּ שֶׁבַּשָּׁמַיִם׃ לְרַחֵם עָלֵינוּ וְעַל פְּלֵיטָתֵנוּ וְלִמְנֹעַ מַשְׁחִית וּמַגֵּפָה מֵעָלֵינוּ וּמֵעַל כָּל־עַמּוֹ בֵּית יִשְׂרָאֵל וְנֹאמַר אָמֵן׃

יְהִי רָצוֹן מִלִּפְנֵי אָבִינוּ שֶׁבַּשָּׁמַיִם׃ לְקַיֶּם־בָּנוּ חַכְמֵי יִשְׂרָאֵל׃ הֵם וּנְשֵׁיהֶם וּבְנֵיהֶם וּבְנוֹתֵיהֶם וְתַלְמִידֵיהֶם וְתַלְמִידֵי תַלְמִידֵיהֶם׃ בְּכָל־מְקוֹמוֹת מוֹשְׁבוֹתֵיהֶם וְנֹאמַר אָמֵן׃

יְהִי רָצוֹן מִלִּפְנֵי אָבִינוּ שֶׁבַּשָּׁמַיִם׃ שֶׁנִּשְׁמַע וְנִתְבַּשֵּׂר בְּשׂוֹרוֹת טוֹבוֹת יְשׁוּעוֹת וְנֶחָמוֹת׃ וִיקַבֵּץ נִדָּחֵינוּ מֵאַרְבַּע כַּנְפוֹת הָאָרֶץ וְנֹאמַר אָמֵן׃

אַחֵינוּ כָּל־בֵּית־יִשְׂרָאֵל הַנְּתוּנִים בְּצָרָה וּבְשִׁבְיָה׃ הָעוֹמְדִים בֵּין בַּיָּם וּבֵין בַּיַּבָּשָׁה׃ הַמָּקוֹם יְרַחֵם עֲלֵיהֶם וְיוֹצִיאֵם מִצָּרָה לִרְוָחָה׃ וּמֵאֲפֵלָה לְאוֹרָה׃ וּמִשִּׁעְבּוּד לִגְאֻלָּה׃ הַשְׁתָּא בַּעֲגָלָא וּבִזְמַן קָרִיב וְנֹאמַר אָמֵן׃

דער חזן טראגט דיא ס"ת נאך דעם ארון הקודש צוריק אונד זאגט:

יהללו את־שם יהוה כי־נשגב שמו לבדו׃

דיא געמיינדע אנטווארטעט:

הודו על־ארץ ושמים׃ וירם קרן לעמו תהלה לכל־חסידיו לבני ישראל עם קרבו הללויה׃

כד לדוד מזמור ליהוה הארץ ומלואה תבל וישבי בה׃ כי הוא על־ימים יסדה ועל־נהרות יכוננה׃ מי יעלה בהר יהוה ומי יקום במקום קדשו׃ נקי כפים ובר לבב אשר לא־נשא לשוא נפשי ולא נשבע למרמה׃ ישא ברכה מאת יהוה וצדקה מאלהי ישעו׃ זה דור דרשו מבקשי פניך יעקב סלה׃ שאו שערים ראשיכם והנשאו פתחי עולם ויבוא מלך הכבוד׃ מי זה מלך הכבוד יהוה עזוז וגבור יהוה גבור מלחמה׃ שאו שערים ראשיכם ושאו פתחי עולם ויבא מלך הכבוד׃ מי הוא זה מלך הכבוד יהוה צבאות הוא מלך הכבוד סלה׃

ביי'ם הינייןהעבען דער ס"ת אין דען ארון הקודש זאגט מאן:

ובנחה יאמר שובה יי רבבות אלפי ישראל׃ קומה יי למנוחתך אתה וארון עזך׃ כהניך ילבשו־צדק וחסידיך ירננו׃ בעבור דוד עבדך אל־תשב פני משיחך׃ כי לקח טוב נתתי לכם תורתי אל־תעזבו׃ עץ חיים היא למחזיקים בה ותומכיה מאשר׃ דרכיה דרכי־נעם וכל־נתיבותיה שלום׃ השיבנו יי אליך ונשובה חדש ימינו כקדם׃

Der Vorbeter trägt die Thora nach der heiligen Lade zurück und ruft laut:

Es lobe Alles den Namen des Ewigen, denn sein Name allein ist hocherhaben!

(Die Gem.) Seine Herrlichkeit waltet über Erd' und Himmel. Er erhöhet seines Volkes Horn; er ist der Ruhm aller seiner Frommen, der Kinder Israel, das ihm nahe Volk! Hallelujah!

(Psalm 24.) Ein Psalm von David. Des Ewigen ist die Erd' und was sie füllet, Welt und Bewohner sind sein! er hat über Meere sie festgestellt, über Ströme sie gebaut! Wer darf den Berg des Ewigen besteigen? wer seine heilige Stätte betreten! Wer reiner Hände, lautern Herzens ist, wer Meineid nie betheuert, zum Truge nie geschworen, er wird empfangen Segen vom Ewigen, und Huld vom Gotte seines Heils. Das ist das Geschlecht, das Gott verehrt, Dein Angesicht zu schau'n sich sehnt, das ist Jakobs Geschlecht! Selah! Erhebet, ihr Thore, das Haupt, erschließet euch, ewige Pforten — es kommt der König des Ruhmes! Wer ist der König des Ruhmes? Der Ewige, gewaltig und stark, der Ewige, ein Held im Streit. Erhebet, ihre Thore, das Haupt, erschließet die ewigen Pforten — er kommt der König des Ruhmes! Wer ist der König des Ruhmes? Der Ewige Zebaoth, Er ist der König des Ruhmes! Selah!

Bei'm Einheben der Thora in die heilige Lade:

ובנחה Wenn die Lade niedergesetzt ward, sprach er: „Ruhe nunmehr, o Ewiger, unter der Menge der Tausenden Israels!" Ziehe ein, o Ewiger, in Deinen Ruhesitz, Du und die Lade Deiner Herrlichkeit! laß Tugend Deine Priester kleiden, laß Deine Heiligen frohlocken! Um Deines Knechtes David willen, verweigere nicht, was Dein Gesalbter fleht! „Eine herrliche Lehre habe ich euch gegeben; meine Thora verlasset nicht! Sie ist ein Baum des Lebens Denen, die an ihr festhalten, und die sie erfassen, sind selig zu preisen. Ihre Wege sind Wege der Wonne, und alle ihre Pfade Frieden!" Führe uns zu Dir zurück, o Ewiger, und laß uns heimkehren! verjünge unsre Tage wie vormals!

אַשְׁרֵי יוֹשְׁבֵי בֵיתֶךָ עוֹד יְהַלְלוּךָ סֶּלָה:
אַשְׁרֵי הָעָם שֶׁכָּכָה לּוֹ אַשְׁרֵי הָעָם שֶׁיְיָ אֱלֹהָיו:
תְּהִלָּה לְדָוִד אֲרוֹמִמְךָ אֱלוֹהַי הַמֶּלֶךְ וַאֲבָרְכָה שִׁמְךָ לְעוֹלָם וָעֶד: בְּכָל יוֹם אֲבָרְכֶךָּ וַאֲהַלְלָה שִׁמְךָ לְעוֹלָם וָעֶד: גָּדוֹל יְיָ וּמְהֻלָּל מְאֹד וְלִגְדֻלָּתוֹ אֵין חֵקֶר: דּוֹר לְדוֹר יְשַׁבַּח מַעֲשֶׂיךָ וּגְבוּרֹתֶיךָ יַגִּידוּ: הֲדַר כְּבוֹד הוֹדֶךָ וְדִבְרֵי נִפְלְאֹתֶיךָ אָשִׂיחָה: וֶעֱזוּז נוֹרְאֹתֶיךָ יֹאמֵרוּ וּגְדֻלָּתְךָ אֲסַפְּרֶנָּה: זֵכֶר רַב טוּבְךָ יַבִּיעוּ וְצִדְקָתְךָ יְרַנֵּנוּ: חַנּוּן וְרַחוּם יְיָ אֶרֶךְ אַפַּיִם וּגְדָל חָסֶד: טוֹב יְיָ לַכֹּל וְרַחֲמָיו עַל כָּל מַעֲשָׂיו: יוֹדוּךָ יְיָ כָּל מַעֲשֶׂיךָ וַחֲסִידֶיךָ יְבָרְכוּכָה: כְּבוֹד מַלְכוּתְךָ יֹאמֵרוּ וּגְבוּרָתְךָ יְדַבֵּרוּ: לְהוֹדִיעַ לִבְנֵי הָאָדָם גְּבוּרֹתָיו וּכְבוֹד הֲדַר מַלְכוּתוֹ: מַלְכוּתְךָ מַלְכוּת כָּל עוֹלָמִים וּמֶמְשַׁלְתְּךָ בְּכָל דּוֹר וָדֹר: סוֹמֵךְ יְיָ לְכָל הַנֹּפְלִים וְזוֹקֵף לְכָל הַכְּפוּפִים: עֵינֵי כֹל אֵלֶיךָ יְשַׂבֵּרוּ וְאַתָּה נוֹתֵן לָהֶם אֶת אָכְלָם בְּעִתּוֹ: פּוֹתֵחַ אֶת יָדֶךָ וּמַשְׂבִּיעַ לְכָל חַי רָצוֹן: צַדִּיק יְיָ בְּכָל דְּרָכָיו וְחָסִיד בְּכָל מַעֲשָׂיו: קָרוֹב יְיָ לְכָל קֹרְאָיו לְכֹל אֲשֶׁר יִקְרָאֻהוּ בֶאֱמֶת: רְצוֹן יְרֵאָיו יַעֲשֶׂה וְאֶת שַׁוְעָתָם יִשְׁמַע וְיוֹשִׁיעֵם: שׁוֹמֵר יְיָ אֶת כָּל אֹהֲבָיו וְאֵת כָּל הָרְשָׁעִים יַשְׁמִיד: תְּהִלַּת יְיָ יְדַבֶּר פִּי וִיבָרֵךְ כָּל בָּשָׂר שֵׁם קָדְשׁוֹ לְעוֹלָם וָעֶד: וַאֲנַחְנוּ נְבָרֵךְ יָהּ מֵעַתָּה וְעַד עוֹלָם הַלְלוּיָהּ:

Heil den Bewohnern Deines Tempels! sie preisen Dich ohn' Unterlaß.

Heil dem Volke, dem es so ergeht! heil dem Volke, dessen Gott der Ewige!

(Psalm 145.) Loblied Davids.

Mein Gott, o König, Dich will ich erheben, Deinen Namen ewig preisen! Täglich lobe ich Dich, rühme Deinen Namen für und für. Groß ist der Ewige und hochgerühmt, unerforschlich seine Größe. Ein Geschlecht rühmt dem andern Deine Werke, und verkündet Deiner Allmacht Thaten. Die Pracht und Herrlichkeit Deiner Majestät, und Deine Wunder will ich besingen. Alles spricht von Ehrfurcht Deiner Allmacht, auch ich will Deine Herrlichkeit verkünden. Alles singt ein Denkmal Deiner großen Güte und rühmet Deine Allgerechtigkeit: Allgnädig, allbarmherzig ist der Ewige, langmüthig und von großer Liebe! Gütig ist der Ewige gegen Alle, und sein Erbarmen waltet über alle seine Werke. Ewiger, Dir danken alle Deine Werke, Dich lobpreisen Deine Frommen, besingen Deines Reiches Herrlichkeit, unterhalten sich von Deiner Allmacht, um kund zu thun den Menschenkindern Deine Thaten, die Pracht und Herrlichkeit Deines Reiches! Dein Reich ist das Reich aller Ewigkeiten, und Deine Herrschaft geht durch alle Geschlechter. Der Ewige stützet alle Fallenden, und richtet auf alle Gebeugten. Aller Augen harren auf Dich, und Du gibst ihnen ihre Speise zur rechten Zeit. Allmilde öffnest Du Deine Hand und sättigst was da lebt mit Wohlgefallen. In allen seinen Wegen ist der Ewige gerecht, in allen seinen Thaten gütig. Der Ewige ist nahe Allen, die ihn anrufen, Allen, die ihn anrufen in Wahrheit. Er thut, was Gottesfürchtigen behagt, erhört ihr Flehen und hilft ihnen. Er behütet Alle, die ihn lieben, und rottet alle Frevler aus. Mein Mund soll Lob des Ewigen singen, alles Fleisch lobsinge seinem heiligen Namen immer und ewig! Wir preisen Jah — von nun an bis in Ewigkeit! Hallelujah!

אין ר"ח, חה"מ, חנכ', ביידע טעגע פון גרויס אונד קליין פורים, ט"ב, עי"כ אונד ע"פ, ווירד למנצח ניכט געזאגט, אין פֿיעלען קהלות אויך ניכט אין ע"ש ע"ס אונד אסרו חג.

כ למנצח מזמור לדוד: יענך יהוה ביום צרה ישגבך שם אלהי יעקב: ישלח עזרך מקדש ומציון יסעדך: יזכר כל מנחתיך ועולתך ידשנה סלה: יתן לך כלבבך וכל עצתך ימלא: נרננה בישועתך ובשם אלהינו נדגל ימלא יהוה כל משאלותיך: עתה ידעתי כי הושיע יהוה משיחו יענהו משמי קדשו בגבורות ישע ימינו: אלה ברכב ואלה בסוסים ואנחנו בשם יהוה אלהינו נזכיר: המה כרעו ונפלו ואנחנו קמנו ונתעודד: יהוה הושיעה המלך יעננו ביום קראנו:

ובא לציון גואל ולשבי פשע ביעקב נאם יי: ואני זאת בריתי אותם אמר יי רוחי אשר עליך ודברי אשר שמתי בפיך לא ימושו מפיך ומפי זרעך ומפי זרע זרעך אמר יי מעתה ועד עולם: ואתה קדוש יושב תהלות ישראל: וקרא זה אל זה ואמר קדוש קדוש קדוש יי צבאות מלא כל הארץ כבודו: ומקבלין דין מן דין ואמרין קדיש בשמי מרומא עלאה בית שכינתה קדיש על ארעא עובד גבורתה קדיש לעלם ולעלמי עלמיא יי צבאות מליא כל ארעא זיו יקרה: ותשאני רוח ואשמע אחרי קול רעש גדול ברוך כבוד יי ממקומו: ונטלתני רוחא

Am Rosch ha-Chodesch, Chol ha-Moed, Chanuka, Purim, 9. Ab, an den Tagen vor Peßach und dem Versöhnungstage wird folgender Psalm nicht gebetet.

(Psalm 20.) Dem Sangmeister, ein Psalm von David. Der Ewige erhöre dich zur Zeit der Noth, Jakobs Gott — sein Name stärke dich. Er sende Hülfe dir vom Heiligthum und unterstütze dich von Zion aus! Deiner Speisegaben Duft, deiner ganzen Opfer Asche nehm' er an mit Wohlgefallen, gewähre, was dein Herz begehrt, und lasse dir gelingen jeden Plan. Dann jauchzen wir ob Deines Siegs und lassen wehen unser Siegspanier im Namen unseres Gottes. Der Ewige erfüllet deine Wünsche alle! Nun erkenn' ich, daß der Ewige seinem Gesalbten hilft und ihn erhört aus seinen heil'gen Höhen, an der großen Macht dieses Wundersieges. Jene mit Wagen und diese auf Rossen, wir in unseres Gottes Namen, — Jene stürzen und fallen, wir aber stehen aufgerichtet und bleiben. Ewiger, hilf! der König erhöre uns am Tage unseres Flehens!

ובא לציון Es wird ein Erlöser kommen für Zion und für bußfertige Sünder in Jakob, spricht der Ewige! — Ich bin's, der Ihnen dieses zusichert, es ist Gottes Verheißung: mein Geist, der auf dir ruht, und meine Worte, die ich dir in den Mund gelegt, sollen nie weichen aus deinem Munde und aus dem deiner Kinder und Kindeskinder, spricht der Ewige, von nun an bis in Ewigkeit. — Du Allheiliger, thronst unter den Lobgesängen Israels! Da ruft (im Seraphimchor) Einer dem Andern zu: „Heilig, heilig, heilig ist der Ewige Zebaoth! voll ist die ganze Erde seiner Herrlichkeit!“ Da*) nehmen sie wechselseitig Erlaubniß, und vereint ertönt der Ruf: „Heilig, im Himmel droben, dem Tempel seiner Majestät, heilig auf Erden, dem Werke seiner Allmacht, heilig in alle Ewigkeit der Ewigkeiten ist der Ewige Zebaoth! voll ist die ganze Erde vom Glanze seiner Herrlichkeit!“ Da trug mich ein Wind (sagt der Prophet), und ich vernahm hinter mir die Stimme eines mächtigen Getöses: „Gelobt sei die Herrlichkeit Gottes, von ihrer Stätte aus! Da*)

*) So lautet die chaldäische Uebersetzung des Jonathan, die zur Zeit der Abfassung dieses Stücks, da das Chaldäische Muttersprache war, für die des Hebräischen Unkundigen, mit in den Text aufgenommen ward.

וּשְׁמָעִית בַּתְרַי קָל זִיעַ סַגִּיא דִּמְשַׁבְּחִין וְאָמְרִין בְּרִיךְ
יְקָרָא דַיְיָ מֵאֲתַר בֵּית שְׁכִינְתֵּהּ: יְיָ יִמְלֹךְ לְעֹלָם וָעֶד:
יְיָ מַלְכוּתֵהּ קָאֵם לְעָלַם וּלְעָלְמֵי עָלְמַיָּא: יְיָ אֱלֹהֵי אַבְרָהָם
יִצְחָק וְיִשְׂרָאֵל אֲבֹתֵינוּ שָׁמְרָה זֹּאת לְעוֹלָם לְיֵצֶר מַחְשְׁבוֹת
לְבַב עַמֶּךָ וְהָכֵן לְבָבָם אֵלֶיךָ: וְהוּא רַחוּם יְכַפֵּר עָוֹן וְלֹא
יַשְׁחִית וְהִרְבָּה לְהָשִׁיב אַפּוֹ וְלֹא יָעִיר כָּל חֲמָתוֹ: כִּי אַתָּה
אֲדֹנָי טוֹב וְסַלָּח וְרַב חֶסֶד לְכָל קֹרְאֶיךָ: צִדְקָתְךָ צֶדֶק
לְעוֹלָם וְתוֹרָתְךָ אֱמֶת: תִּתֵּן אֱמֶת לְיַעֲקֹב חֶסֶד לְאַבְרָהָם
אֲשֶׁר נִשְׁבַּעְתָּ לַאֲבֹתֵינוּ מִימֵי קֶדֶם: בָּרוּךְ אֲדֹנָי יוֹם יוֹם
יַעֲמָס לָנוּ הָאֵל יְשׁוּעָתֵנוּ סֶלָה: יְיָ צְבָאוֹת עִמָּנוּ מִשְׂגָּב
לָנוּ אֱלֹהֵי יַעֲקֹב סֶלָה: יְיָ צְבָאוֹת אַשְׁרֵי אָדָם בֹּטֵחַ בָּךְ:
יְיָ הוֹשִׁיעָה הַמֶּלֶךְ יַעֲנֵנוּ בְיוֹם קָרְאֵנוּ: בָּרוּךְ (הוּא) אֱלֹהֵינוּ
שֶׁבְּרָאָנוּ לִכְבוֹדוֹ וְהִבְדִּילָנוּ מִן הַתּוֹעִים וְנָתַן לָנוּ תּוֹרַת
אֱמֶת וְחַיֵּי עוֹלָם נָטַע בְּתוֹכֵנוּ הוּא יִפְתַּח לִבֵּנוּ בְּתוֹרָתוֹ
וְיָשֵׂם בְּלִבֵּנוּ אַהֲבָתוֹ וְיִרְאָתוֹ וְלַעֲשׂוֹת רְצוֹנוֹ וּלְעָבְדוֹ
בְּלֵבָב שָׁלֵם לְמַעַן לֹא נִיגַע לָרִיק וְלֹא נֵלֵד לַבֶּהָלָה: יְהִי
רָצוֹן מִלְּפָנֶיךָ יְיָ אֱלֹהֵינוּ וֵאלֹהֵי אֲבוֹתֵינוּ שֶׁנִּשְׁמוֹר חֻקֶּיךָ
בָּעוֹלָם הַזֶּה וְנִזְכֶּה וְנִחְיֶה וְנִרְאֶה וְנִירַשׁ טוֹבָה וּבְרָכָה
לִשְׁנֵי יְמוֹת הַמָּשִׁיחַ וּלְחַיֵּי הָעוֹלָם הַבָּא: לְמַעַן יְזַמֶּרְךָ
כָבוֹד וְלֹא יִדֹּם יְיָ אֱלֹהַי לְעוֹלָם אוֹדֶךָּ: בָּרוּךְ הַגֶּבֶר אֲשֶׁר

trug mich ein Wind, und ich vernahm hinter mir die Stimme eines mächtigen Getöses, das lobpreisend rief: „Gelobt sei die Herrlichkeit Gottes, von der Stätte des Tempels seiner Majestät!“ Der Ewige wird regieren immer und ewig! Des Ewigen Reich dauert immer und in alle Ewigkeit! Ewiger, Gott Abrahams, Isaaks und Israels, unserer Väter, bewahre solch fromme Gesinnungen im Herzen Deines Volkes immerdar, und richte ihr Gemüth zu Dir empor. Ja, er, der Allbarmherzige, vergibt die Missethat und vertilgt nicht! er wendet oft seinen Zorn ab und nie läßt er seinen ganzen Grimm erwachen. Denn Du, o Herr, bist gütig und verzeihend und voller Huld gegen Alle, die Dich anrufen. Deine Gerechtigkeit ist ewiges Recht, und Deine Lehre Wahrheit. Du erzeigst dem Jakob Treue, dem Abraham Güte, die Du diesen unseren Vätern in den Tagen der Vorzeit zugeschworen hast. Gelobt sei Gott, Tag für Tag! was er uns auch auferlegt, der Allmächtige ist unser Heil! Selah! Der Ewige Zebaoth ist mit uns, unsere feste Burg ist Jakobs Gott! Selah! Ewiger Zebaoth, heil dem Menschen, der Dir vertrauet! Ewiger, hilf! der König erhöre uns am Tage unseres Flehens! Gelobt sei unser Gott, der uns zu seiner Verherrlichung erschaffen, und uns von Irrgläubigen gesondert, der uns die wahre Lehre gegeben und das ewige Leben in uns gepflanzt! Er schließe unser Herz mit seiner Lehre auf und lege hinein die Liebe zu ihm und die Furcht vor ihm, auf daß wir seinen Willen üben und ihm mit ganzem Herzen dienen, damit wir uns nicht eitel bemühen und keine Mißgeburten erzeugen mögen! Möge es Dein Wille sein, Ewiger, unser Gott und Gott unserer Väter, daß wir Deine Gesetze hinieden beobachten, damit wir beseligt werden, zu erleben, zu sehen und Antheil zu nehmen an jenen glücklichen und gesegneten Zeiten in den Tagen des Messias und des Lebens in der zukünftigen Welt, auf daß die verklärte Seele Dich ohne Unterlaß besinge: Ewiger, mein Gott, ewig dank' ich Dir! Gesegnet sei der Mann, der auf den Ewigen vertraut,

יִבְטַח בַּיְיָ וֶהְיָה יְיָ מִבְטַחוֹ: בִּטְחוּ בַיְיָ עֲדֵי עַד כִּי בְּיָהּ יְיָ צוּר עוֹלָמִים: וְיִבְטְחוּ בְךָ יוֹדְעֵי שְׁמֶךָ כִּי לֹא עָזַבְתָּ דֹרְשֶׁיךָ יְיָ: יְיָ חָפֵץ לְמַעַן צִדְקוֹ יַגְדִּיל תּוֹרָה וְיַאְדִּיר: ק״ת.

וְעַתָּה יִגְדַּל־נָא כֹּחַ אֲדֹנָי כַּאֲשֶׁר דִּבַּרְתָּ לֵאמֹר:

זְכֹר רַחֲמֶיךָ יְיָ וַחֲסָדֶיךָ כִּי מֵעוֹלָם הֵמָּה:

יִתְגַּדַּל וְיִתְקַדַּשׁ שְׁמֵהּ רַבָּא בְּעָלְמָא דִּי־בְרָא כִרְעוּתֵהּ וְיַמְלִיךְ מַלְכוּתֵהּ בְּחַיֵּיכוֹן וּבְיוֹמֵיכוֹן וּבְחַיֵּי דְכָל בֵּית יִשְׂרָאֵל בַּעֲגָלָא וּבִזְמַן קָרִיב וְאִמְרוּ אָמֵן: יְהֵא שְׁמֵהּ רַבָּא מְבָרַךְ לְעָלַם וּלְעָלְמֵי עָלְמַיָּא: יִתְבָּרַךְ וְיִשְׁתַּבַּח וְיִתְפָּאַר וְיִתְרוֹמַם וְיִתְנַשֵּׂא וְיִתְהַדָּר וְיִתְעַלֶּה וְיִתְהַלָּל שְׁמֵהּ דְּקוּדְשָׁא בְּרִיךְ הוּא לְעֵלָּא מִן כָּל בִּרְכָתָא וְשִׁירָתָא תֻּשְׁבְּחָתָא וְנֶחָמָתָא דַּאֲמִירָן בְּעָלְמָא וְאִמְרוּ אָמֵן:*) ק׳ קַבֵּל בְּרַחֲמִים וּבְרָצוֹן אֶת תְּפִלָּתֵנוּ:

תִּתְקַבַּל צְלוֹתְהוֹן וּבָעוּתְהוֹן דְּכָל יִשְׂרָאֵל קֳדָם אֲבוּהוֹן דִּי בִשְׁמַיָּא וְאִמְרוּ אָמֵן: ק׳ יְהִי שֵׁם יְיָ מְבֹרָךְ מֵעַתָּה וְעַד עוֹלָם:

יְהֵא שְׁלָמָא רַבָּא מִן־שְׁמַיָּא וְחַיִּים עָלֵינוּ וְעַל־כָּל־יִשְׂרָאֵל וְאִמְרוּ אָמֵן: ק׳ עֶזְרִי מֵעִם יְיָ עֹשֵׂה שָׁמַיִם וָאָרֶץ:

עֹשֶׂה שָׁלוֹם בִּמְרוֹמָיו הוּא יַעֲשֶׂה שָׁלוֹם עָלֵינוּ וְעַל כָּל יִשְׂרָאֵל וְאִמְרוּ אָמֵן:

---

*) אחר הלמוד מוסיפים עוד זה.

עַל יִשְׂרָאֵל וְעַל רַבָּנָן. וְעַל תַּלְמִידֵיהוֹן וְעַל כָּל־תַּלְמִידֵי תַלְמִידֵיהוֹן וְעַל כָּל־מָן דְּעָסְקִין בְּאוֹרַיְתָא דִּי בְאַתְרָא הָדֵין וְדִי בְכָל־אֲתַר וַאֲתַר יְהֵא לְהוֹן וּלְכוֹן שְׁלָמָא רַבָּא חִנָּא וְחִסְדָּא וְרַחֲמִין וְחַיִּין אֲרִיכִין וּמְזוֹנָא רְוִיחָא וּפוּרְקָנָא מִן־קֳדָם אֲבוּהוֹן דְּבִשְׁמַיָּא וְאַרְעָא וְאִמְרוּ אָמֵן: יהא שלמא רבא וכו׳.

dessen Vertrauter der Ewige geworden! Vertrauet auf den Ewigen in alle Ewigkeit, denn im Jah des unaussprechlichen Namens liegt der Grundstein aller Welten! Dir vertrauen, die Deinen Namen erkennen; denn Du verlässest nicht, die nach Dir fragen, Ewiger! — Der Ewige will, um seiner Güte willen, die Lehre groß machen und herrlich.

ועתה Nun werde erhoben die Allmacht des Herrn, wie Du verheißen hast! Gedenke Deiner Huld, o Herr, und Deiner Gnade, die von je gewesen!

יתגדל Verherrlicht und geheiligt werde Gottes großer Name in der Welt, die er nach seinem Willen erschaffen hat. Möge er herbeiführen sein Reich, bei euerem Leben und in eueren Tagen und bei'm Leben des ganzen Hauses Israel, bald und in naher Zeit! — Darauf sprechet:

Amen! sein großer Name sei gepriesen in alle Ewigkeit!

Gelobt und gepriesen, gerühmt und erhoben, erhöhet, verherrlicht, angebetet und verehrt werde der Name des Allheiligen, gelobt sei er hoch über alles Lob und Lied, über jede Benedeiung und Verherrlichung, die je auf Erden ausgesprochen worden! — Darauf sprechet: Amen!

O, nimm in Barmherzigkeit und Wohlgefallen unser Gebet an!

Möge das Gebet und Flehen von ganz Israel gnädig aufgenommen werden vor dem Vater im Himmel! — Darauf sprechet: Amen!

Gelobt sei der Name Gottes von nun an bis in Ewigkeit!

Des Friedens Fülle und Glückseligkeit komme vom Himmel über uns und ganz Israel! — Darauf sprechet: Amen!

Mein Heil ist von dem Ewigen, dem Schöpfer des Himmels und der Erde!

Der da Frieden stiftet in seinen Höhen, er stifte auch Frieden bei uns und bei ganz Israel! — Darauf sprechet: Amen!

*) In dem Kaddisch nach einer Vorlesung in der Agada wird Folgendes eingeschaltet:

על Ueber Israel, über die Rabbinen, über ihre Schüler und die Schüler ihrer Schüler und über Alle, die sich des Gesetzes befleißen, sowohl am hiesigen als an jedem andern Orte, komme die Fülle des Friedens; Gunst, Gnade und Erbarmen, langes Leben, reichlicher Unterhalt und Freiheit werde ihnen vom Vater im Himmel und auf Erden! — Darauf sprechet: Amen! — Des Friedens Fülle &c. &c.

כשיש מילה בבה"כנ מלין קודם עלינו.

עָלֵינוּ לְשַׁבֵּחַ לַאֲדוֹן הַכֹּל לָתֵת גְּדֻלָּה לְיוֹצֵר בְּרֵאשִׁית שֶׁלֹּא עָשָׂנוּ כְּגוֹיֵי הָאֲרָצוֹת וְלֹא שָׂמָנוּ כְּמִשְׁפְּחוֹת הָאֲדָמָה שֶׁלֹּא שָׂם חֶלְקֵנוּ כָּהֶם וְגוֹרָלֵנוּ כְּכָל הֲמוֹנָם. וַאֲנַחְנוּ כּוֹרְעִים וּמִשְׁתַּחֲוִים וּמוֹדִים לִפְנֵי מֶלֶךְ מַלְכֵי הַמְּלָכִים הַקָּדוֹשׁ בָּרוּךְ הוּא שֶׁהוּא נוֹטֶה שָׁמַיִם וְיוֹסֵד אָרֶץ וּמוֹשַׁב יְקָרוֹ (נ"א וכסא כבודו) בַּשָּׁמַיִם מִמַּעַל וּשְׁכִינַת עֻזּוֹ בְּגָבְהֵי מְרוֹמִים: הוּא אֱלֹהֵינוּ אֵין עוֹד (נ"א אַחֵר). אֱמֶת מַלְכֵּנוּ אֶפֶס זוּלָתוֹ כַּכָּתוּב בְּתוֹרָתוֹ וְיָדַעְתָּ הַיּוֹם וַהֲשֵׁבֹתָ אֶל־לְבָבֶךָ כִּי יְהֹוָה הוּא הָאֱלֹהִים בַּשָּׁמַיִם מִמַּעַל וְעַל־הָאָרֶץ מִתָּחַת אֵין עוֹד:

עַל כֵּן נְקַוֶּה לְךָ יְיָ אֱלֹהֵינוּ לִרְאוֹת מְהֵרָה בְּתִפְאֶרֶת עֻזָּךְ לְהַעֲבִיר גִּלּוּלִים מִן הָאָרֶץ וְהָאֱלִילִים כָּרוֹת יִכָּרֵתוּן. לְתַקֵּן עוֹלָם בְּמַלְכוּת שַׁדַּי וְכָל־בְּנֵי בָשָׂר יִקְרְאוּ בִשְׁמֶךָ. לְהַפְנוֹת אֵלֶיךָ כָּל־רִשְׁעֵי אָרֶץ. יַכִּירוּ וְיֵדְעוּ כָּל־יוֹשְׁבֵי תֵבֵל כִּי לְךָ תִּכְרַע כָּל־בֶּרֶךְ תִּשָּׁבַע כָּל־לָשׁוֹן: לְפָנֶיךָ יְיָ אֱלֹהֵינוּ יִכְרְעוּ וְיִפֹּלוּ. וְלִכְבוֹד שִׁמְךָ יְקָר יִתֵּנוּ. וִיקַבְּלוּ כֻלָּם אֶת־עֹל מַלְכוּתֶךָ. וְתִמְלוֹךְ עֲלֵיהֶם מְהֵרָה לְעוֹלָם וָעֶד. כִּי הַמַּלְכוּת שֶׁלְּךָ הִיא וּלְעוֹלְמֵי עַד תִּמְלוֹךְ בְּכָבוֹד: כַּכָּתוּב בְּתוֹרָתֶךָ יְהֹוָה ׀ יִמְלֹךְ לְעֹלָם וָעֶד: וְנֶאֱמַר וְהָיָה יְיָ לְמֶלֶךְ עַל־כָּל־הָאָרֶץ בַּיּוֹם הַהוּא יִהְיֶה יְיָ אֶחָד וּשְׁמוֹ אֶחָד:

עלינו Uns ist es Pflicht, zu preisen den Herrn des Weltalls, zu verkünden die Größe des Weltenschöpfers, der uns nicht den Völkern der Erde gleichgestellt und uns nicht werden ließ wie die Geschlechter des Erdkreises, der uns nicht gleichen Antheil mit ihnen und nicht gleiches Loos mit dem ihrer Schaaren beschieden. Darum beugen wir das Knie, neigen uns und beten an vor dem König der Könige, dem Heiligen, gelobt sei Er! Er ist es, der den Himmel ausgespannt und die Erde gegründet, dessen Herrlichkeit thronet im Himmel droben und dessen Allmacht waltet in den höchsten Höhen. Er allein ist unser Gott — sonst Keiner! Das ist die Wahrheit! Er ist unser König — Niemand außer ihm! Wie in seiner Lehre geschrieben steht: „Erkenne es heute, und nimm es wohl zu Herzen, daß der Ewige allein der wahre Gott ist, oben im Himmel und unten auf der Erde — sonst Keiner!"

על Darum hoffen wir zu Dir, Ewiger, unser Gott, bald den Triumph Deiner Herrlichkeit zu schauen, daß alle Greuel von der Erde verschwinden und die Götzen ausgerottet werden; daß die Welt durch das Reich des Allmächtigen vervollkommnet werde, daß alle Irdischgebornen Deinen Namen anrufen, und alle Frevler auf Erden sich zu Dir bekehren; daß alle Bewohner des Erdkreises es erkennen und einsehen, daß vor Dir allein jedes Knie sich beugen, und jede Zunge bei Dir nur schwören soll. Vor Dir allein, Ewiger, unser Gott, sollen sie knieen und niederfallen, Deinem erhabenen Namen die Ehre geben, und alle insgesammt die Verpflichtung Deines Reiches übernehmen, damit Du über sie herrschest bald und in Ewigkeit. Denn Dein ist das Reich, und immer und ewig wirst Du regieren in Herrlichkeit; wie geschrieben steht in Deiner Lehre: „Der Ewige wird regieren immer und ewig." Ferner heißt es: „Der Ewige wird König sein über die ganze Erde; an jenem Tage wird der Ewige einzig sein und sein Name: Einiger."

אַל תִּירָא מִפַּחַד פִּתְאֹם וּמִשֹּׁאַת רְשָׁעִים כִּי תָבֹא: עֻצוּ עֵצָה וְתֻפָר דַּבְּרוּ דָבָר וְלֹא יָקוּם כִּי עִמָּנוּ אֵל: וְעַד זִקְנָה אֲנִי הוּא וְעַד שֵׂיבָה אֲנִי אֶסְבֹּל אֲנִי עָשִׂיתִי וַאֲנִי אֶשָּׂא וַאֲנִי אֶסְבֹּל וַאֲמַלֵּט:

נאך דעם טעגליכען איבערגעגעבענעם ווירד איינער דער פֿאלגענדען מזמורים געבעטעט:

אם זאנטאג. היום ראשון בשבת שבו היו הלוים אומרים במקדש לדוד מזמור וכו׳, מעלה לעיל בלף 118.

אם מאנטאג. היום שני בשבת שבו היו הלוים אומרים במקדש

מח שִׁיר מִזְמוֹר לִבְנֵי־קֹרַח: גָּדוֹל יְהוָה וּמְהֻלָּל מְאֹד בְּעִיר אֱלֹהֵינוּ הַר־קָדְשׁוֹ: יְפֵה נוֹף מְשׂוֹשׂ כָּל־הָאָרֶץ הַר־צִיּוֹן יַרְכְּתֵי צָפוֹן קִרְיַת מֶלֶךְ רָב: אֱלֹהִים בְּאַרְמְנוֹתֶיהָ נוֹדַע לְמִשְׂגָּב: כִּי־הִנֵּה הַמְּלָכִים נוֹעֲדוּ עָבְרוּ יַחְדָּו: הֵמָּה רָאוּ כֵּן תָּמָהוּ נִבְהֲלוּ נֶחְפָּזוּ: רְעָדָה אֲחָזָתַם שָׁם חִיל כַּיּוֹלֵדָה: בְּרוּחַ קָדִים תְּשַׁבֵּר אֳנִיּוֹת תַּרְשִׁישׁ: כַּאֲשֶׁר שָׁמַעְנוּ כֵּן רָאִינוּ בְּעִיר יְהוָה צְבָאוֹת בְּעִיר אֱלֹהֵינוּ אֱלֹהִים יְכוֹנְנֶהָ עַד־עוֹלָם סֶלָה: דִּמִּינוּ אֱלֹהִים חַסְדֶּךָ בְּקֶרֶב הֵיכָלֶךָ: כְּשִׁמְךָ אֱלֹהִים כֵּן תְּהִלָּתְךָ עַל־קַצְוֵי־אֶרֶץ צֶדֶק מָלְאָה יְמִינֶךָ: יִשְׂמַח הַר־צִיּוֹן תָּגֵלְנָה בְּנוֹת יְהוּדָה לְמַעַן מִשְׁפָּטֶיךָ: סֹבּוּ צִיּוֹן וְהַקִּיפוּהָ סִפְרוּ מִגְדָּלֶיהָ: שִׁיתוּ לִבְּכֶם לְחֵילָה פַּסְּגוּ אַרְמְנוֹתֶיהָ לְמַעַן תְּסַפְּרוּ לְדוֹר אַחֲרוֹן: כִּי זֶה אֱלֹהִים אֱלֹהֵינוּ עוֹלָם וָעֶד הוּא יְנַהֲגֵנוּ עַל־מוּת:

אם דיענסטאג. היום שלישי בשבת שבו היו הלוים אומרים במקדש

פב מִזְמוֹר לְאָסָף אֱלֹהִים נִצָּב בַּעֲדַת־אֵל בְּקֶרֶב אֱלֹהִים

יִשְׁפֹּט: עַד־מָתַי תִּשְׁפְּטוּ־עָוֶל וּפְנֵי רְשָׁעִים תִּשְׂאוּ־סֶלָה:
שִׁפְטוּ־דַל וְיָתוֹם עָנִי וָרָשׁ הַצְדִּיקוּ: פַּלְּטוּ־דַל וְאֶבְיוֹן מִיַּד
רְשָׁעִים הַצִּילוּ: לֹא יָדְעוּ וְלֹא יָבִינוּ בַּחֲשֵׁכָה יִתְהַלָּכוּ
יִמּוֹטוּ כָּל־מוֹסְדֵי אָרֶץ: אֲנִי אָמַרְתִּי אֱלֹהִים אַתֶּם וּבְנֵי
עֶלְיוֹן כֻּלְּכֶם: אָכֵן כְּאָדָם תְּמוּתוּן וּכְאַחַד הַשָּׂרִים תִּפֹּלוּ:
קוּמָה אֱלֹהִים שָׁפְטָה הָאָרֶץ כִּי־אַתָּה תִנְחַל בְּכָל־הַגּוֹיִם:

חזן ויסמוך. היום רביעי בשבת שבו היו הלוים אומרים במקדש

אֵל־נְקָמוֹת יְהֹוָה אֵל נְקָמוֹת הוֹפִיעַ: הִנָּשֵׂא שֹׁפֵט הָאָרֶץ
הָשֵׁב גְּמוּל עַל־גֵּאִים: עַד־מָתַי רְשָׁעִים יְהֹוָה עַד־מָתַי
רְשָׁעִים יַעֲלֹזוּ: יַבִּיעוּ יְדַבְּרוּ עָתָק יִתְאַמְּרוּ כָּל־פֹּעֲלֵי אָוֶן:
עַמְּךָ יְהֹוָה יְדַכְּאוּ וְנַחֲלָתְךָ יְעַנּוּ: אַלְמָנָה וְגֵר יַהֲרֹגוּ
וִיתוֹמִים יְרַצֵּחוּ: וַיֹּאמְרוּ לֹא יִרְאֶה־יָּהּ וְלֹא יָבִין אֱלֹהֵי
יַעֲקֹב: בִּינוּ בֹּעֲרִים בָּעָם וּכְסִילִים מָתַי תַּשְׂכִּילוּ: הֲנֹטַע
אֹזֶן הֲלֹא יִשְׁמָע אִם־יֹצֵר עַיִן הֲלֹא יַבִּיט: הֲיֹסֵר גּוֹיִם הֲלֹא
יוֹכִיחַ הַמְלַמֵּד אָדָם דָּעַת: יְהֹוָה יֹדֵעַ מַחְשְׁבוֹת אָדָם
כִּי־הֵמָּה הָבֶל: אַשְׁרֵי הַגֶּבֶר אֲשֶׁר־תְּיַסְּרֶנּוּ יָּהּ וּמִתּוֹרָתְךָ
תְלַמְּדֶנּוּ: לְהַשְׁקִיט לוֹ מִימֵי רָע עַד־יִכָּרֶה לָרָשָׁע שָׁחַת:
כִּי לֹא־יִטֹּשׁ יְהֹוָה עַמּוֹ וְנַחֲלָתוֹ לֹא יַעֲזֹב: כִּי־עַד־צֶדֶק יָשׁוּב
מִשְׁפָּט וְאַחֲרָיו כָּל־יִשְׁרֵי־לֵב: מִי־יָקוּם לִי עִם־מְרֵעִים
מִי־יִתְיַצֵּב לִי עִם־פֹּעֲלֵי אָוֶן: לוּלֵי יְהֹוָה עֶזְרָתָה לִּי

אַל תִּירָא מִפַּחַד פִּתְאֹם וּמִשֹּׁאַת רְשָׁעִים כִּי תָבֹא׃ ע
וְתֻפָר דַּבְּרוּ דָבָר וְלֹא יָקוּם כִּי עִמָּנוּ אֵל׃ וְעַד זִקְנָה אֲ
שֵׂיבָה אֲנִי אֶסְבֹּל אֲנִי עָשִׂיתִי וַאֲנִי אֶשָּׂא וַאֲנִי אֶסְבֹּל

נאך דעם טאָגליכען אָפּגעגעבענעם ווירד היינער דער פאָלגענדען י

אַם זונטאָג. היום ראשון בשבת שבו היו הלויים
לדוד מזמור וכו׳, פּסלם לעיל ד

אַם מאָנטאָג. היום שני בשבת שבו היו הל׳

מח שִׁיר מִזְמוֹר לִבְנֵי־קֹרַח׃ גָּדוֹל יְיָ
אֱלֹהֵינוּ הַר־קָדְשׁוֹ׃ יְפֵה נוֹף מְשׂוֹ
יַרְכְּתֵי צָפוֹן קִרְיַת מֶלֶךְ רָב׃ אֱלֹהִים בְּאַרְ
לְמִשְׂגָּב׃ כִּי־הִנֵּה הַמְּלָכִים נוֹעֲדוּ עָבְרוּ יַחְדָּו׃ הֵמָּ
כֵּן תָּמָהוּ נִבְהֲלוּ נֶחְפָּזוּ׃ רְעָדָה אֲחָזָתַם שָׁם חִיל כַּיּוֹלֵדָה׃
בְּרוּחַ קָדִים תְּשַׁבֵּר אֳנִיּוֹת תַּרְשִׁישׁ׃ כַּאֲשֶׁר שָׁמַעְנוּ כֵּן
רָאִינוּ בְּעִיר יְהוָֹה־צְבָאוֹת בְּעִיר אֱלֹהֵינוּ אֱלֹהִים יְכוֹנְנֶהָ
עַד־עוֹלָם סֶלָה׃ דִּמִּינוּ אֱלֹהִים חַסְדֶּךָ בְּקֶרֶב הֵיכָלֶךָ׃
כְּשִׁמְךָ אֱלֹהִים כֵּן תְּהִלָּתְךָ עַל־קַצְוֵי־אֶרֶץ צֶדֶק מָלְאָה
יְמִינֶךָ׃ יִשְׂמַח הַר־צִיּוֹן תָּגֵלְנָה בְּנוֹת יְהוּדָה לְמַעַן
מִשְׁפָּטֶיךָ׃ סֹבּוּ צִיּוֹן וְהַקִּיפוּהָ סִפְרוּ מִגְדָּלֶיהָ׃ שִׁיתוּ לִבְּכֶם
לְחֵילָה פַּסְּגוּ אַרְמְנוֹתֶיהָ לְמַעַן תְּסַפְּרוּ לְדוֹר אַחֲרוֹן׃ כִּי זֶה
אֱלֹהִים אֱלֹהֵינוּ עוֹלָם וָעֶד הוּא יְנַהֲגֵנוּ עַל־מוּת׃

אַם דיענסטאָג. היום שלישי בשבת שבו היו הלויים אומרים במקדש

פב מִזְמוֹר לְאָסָף אֱלֹהִים נִצָּב בַּעֲדַת־אֵל בְּקֶרֶב אֱלֹהִים

ישעם. שראל ויהי עתם לעולם: ויאכילהו

שפטרך עש אשביעך:

רשעים הם יכת שבו היו הלוים אומרים במקדש

יפיטו כל־מ לבש וכו׳, תמצא כדף 46.

שליון כלכם: וער בכל יום אחר שיר של יום עזמור

ב בטנוס, וש״ם אותו בבית אבל ר״ל.

קומה אלהים שפ דמי־לך אל־תחרש

ין ומשנאיך נשאו

היום רב׳

עד צ תנקמות יהוה אל נקמו צפוניך: אמרו

השב גמול על־גאים: עד־מתי רשע ד: כי נועצו

רשעים יעלזו: יביעו ידברו עתק יתאמרו כל מעאלים

עמך יהוה ידכאו ונחלתך יענו: אלמנה וגר צור:

ויתומים ירצחו: ויאמרו לא יראה־יה ולא יבין ם

יעקב: בינו בערים בעם וכסילים מתי תשכילו: הנט

אזן הלא ישמע אם־יצר עין הלא יביט: היסר גוים הלא

יוכיח המלמד אדם דעת: יהוה ידע מחשבות אדם

כי המה הבל: אשרי הגבר אשר־תיסרנו יה ומתורתך

תלמדנו: להשקיט לו מימי רע עד־יכרה לרשע שחת:

כי לא־יטש יהוה עמו ונחלתו לא יעזב: כי־עד־צדק ישוב

משפט ואחריו כל־ישרי־לב: מי־יקום לי עם־מרעים

מי־יתיצב לי עם־פעלי און: לולי יהוה עזרתה לי

כִּמְעַט ׀ שָׁכְנָה דוּמָה נַפְשִׁי: אִם־אָמַרְתִּי מָטָה רַגְלִי
חַסְדְּךָ יְהֹוָה יִסְעָדֵנִי: בְּרֹב שַׂרְעַפַּי בְּקִרְבִּי תַּנְחוּמֶיךָ
יְשַׁעַשְׁעוּ נַפְשִׁי: הַיְחָבְרְךָ כִּסֵּא הַוּוֹת יֹצֵר עָמָל עֲלֵי־חֹק:
יָגוֹדּוּ עַל־נֶפֶשׁ צַדִּיק וְדָם נָקִי יַרְשִׁיעוּ: וַיְהִי יְהֹוָה לִי
לְמִשְׂגָּב וֵאלֹהַי לְצוּר מַחְסִי: וַיָּשֶׁב עֲלֵיהֶם ׀ אֶת־אוֹנָם
וּבְרָעָתָם יַצְמִיתֵם יַצְמִיתֵם יְהֹוָה אֱלֹהֵינוּ:

היום חמישי בשבת שבו היו הלוים אומרים במקדש. פון דאָננערשטאג.

פא לַמְנַצֵּחַ עַל־הַגִּתִּית לְאָסָף: הַרְנִינוּ לֵאלֹהִים עוּזֵּנוּ הָרִיעוּ
לֵאלֹהֵי יַעֲקֹב: שְׂאוּ־זִמְרָה וּתְנוּ־תֹף כִּנּוֹר נָעִים עִם־נָבֶל:
תִּקְעוּ בַחֹדֶשׁ שׁוֹפָר בַּכֵּסֶה לְיוֹם חַגֵּנוּ: כִּי חֹק לְיִשְׂרָאֵל
הוּא מִשְׁפָּט לֵאלֹהֵי יַעֲקֹב: עֵדוּת ׀ בִּיהוֹסֵף שָׂמוֹ בְּצֵאתוֹ
עַל־אֶרֶץ מִצְרָיִם שְׂפַת לֹא־יָדַעְתִּי אֶשְׁמָע: הֲסִירוֹתִי
מִסֵּבֶל שִׁכְמוֹ כַּפָּיו מִדּוּד תַּעֲבֹרְנָה: בַּצָּרָה קָרָאתָ
וָאֲחַלְּצֶךָּ אֶעֶנְךָ בְּסֵתֶר רַעַם אֶבְחָנְךָ עַל־מֵי מְרִיבָה סֶלָה:
שְׁמַע עַמִּי וְאָעִידָה בָּךְ יִשְׂרָאֵל אִם־תִּשְׁמַע־לִי: לֹא־יִהְיֶה
בְךָ אֵל זָר וְלֹא תִשְׁתַּחֲוֶה לְאֵל נֵכָר: אָנֹכִי ׀ יְהֹוָה אֱלֹהֶיךָ
הַמַּעַלְךָ מֵאֶרֶץ מִצְרָיִם הַרְחֶב־פִּיךָ וַאֲמַלְאֵהוּ: וְלֹא־שָׁמַע
עַמִּי לְקוֹלִי וְיִשְׂרָאֵל לֹא־אָבָה לִי: וָאֲשַׁלְּחֵהוּ בִּשְׁרִירוּת
לִבָּם יֵלְכוּ בְּמוֹעֲצוֹתֵיהֶם: לוּ עַמִּי שֹׁמֵעַ לִי יִשְׂרָאֵל בִּדְרָכַי
יְהַלֵּכוּ: כִּמְעַט אוֹיְבֵיהֶם אַכְנִיעַ וְעַל־צָרֵיהֶם אָשִׁיב יָדִי:

מְשַׂנְאֵי יְהוָה יְכַחֲשׁוּ־לוֹ וִיהִי עִתָּם לְעוֹלָם: וַיַּאֲכִילֵהוּ
מֵחֵלֶב חִטָּה וּמִצּוּר דְּבַשׁ אַשְׂבִּיעֶךָ:

מנהג פריינה. היום יום ששי בשבת שבו היו הלוים אומרים במקדש
יי מלך גאות לבש וכו׳, תמצא בדף 46.

בימים שאומרין תחנון נוהגי׳ הרבה קהלות לומר בכל יום אחר שיר של יום מזמור
פ״ג, ואומרין אותו אפילו בחנוכה ופורים וט״ב במנחה, וא״א אותו בבית אבל ר״ל.

פג שִׁיר מִזְמוֹר לְאָסָף: אֱלֹהִים אַל־דֳּמִי־לָךְ אַל־תֶּחֱרַשׁ
וְאַל־תִּשְׁקֹט אֵל: כִּי־הִנֵּה אוֹיְבֶיךָ יֶהֱמָיוּן וּמְשַׂנְאֶיךָ נָשְׂאוּ
רֹאשׁ: עַל־עַמְּךָ יַעֲרִימוּ סוֹד וְיִתְיָעֲצוּ עַל־צְפוּנֶיךָ: אָמְרוּ
לְכוּ וְנַכְחִידֵם מִגּוֹי וְלֹא־יִזָּכֵר שֵׁם־יִשְׂרָאֵל עוֹד: כִּי נוֹעֲצוּ
לֵב יַחְדָּו עָלֶיךָ בְּרִית יִכְרֹתוּ: אָהֳלֵי אֱדוֹם וְיִשְׁמְעֵאלִים
מוֹאָב וְהַגְרִים: גְּבָל וְעַמּוֹן וַעֲמָלֵק פְּלֶשֶׁת עִם־יֹשְׁבֵי צוֹר:
גַּם־אַשּׁוּר נִלְוָה עִמָּם הָיוּ זְרוֹעַ לִבְנֵי־לוֹט סֶלָה: עֲשֵׂה־לָהֶם
כְּמִדְיָן כְּסִיסְרָא כְיָבִין בְּנַחַל קִישׁוֹן: נִשְׁמְדוּ בְעֵין־דֹּאר
הָיוּ דֹּמֶן לָאֲדָמָה: שִׁיתֵמוֹ נְדִיבֵמוֹ כְּעֹרֵב וְכִזְאֵב וּכְזֶבַח
וּכְצַלְמֻנָּע כָּל־נְסִיכֵמוֹ: אֲשֶׁר אָמְרוּ נִירְשָׁה לָּנוּ אֵת נְאוֹת
אֱלֹהִים: אֱלֹהַי שִׁיתֵמוֹ כַגַּלְגַּל כְּקַשׁ לִפְנֵי־רוּחַ: כְּאֵשׁ
תִּבְעַר־יָעַר וּכְלֶהָבָה תְּלַהֵט הָרִים: כֵּן תִּרְדְּפֵם בְּסַעֲרֶךָ
וּבְסוּפָתְךָ תְבַהֲלֵם: מַלֵּא פְנֵיהֶם קָלוֹן וִיבַקְשׁוּ שִׁמְךָ
יְהוָה: יֵבֹשׁוּ וְיִבָּהֲלוּ עֲדֵי־עַד וְיַחְפְּרוּ וְיֹאבֵדוּ: וְיֵדְעוּ כִּי
אַתָּה שִׁמְךָ יְהוָה לְבַדֶּךָ עֶלְיוֹן עַל־כָּל־הָאָרֶץ:

נוהגים לומר בכל יום שאומרים תחנון מזמור כ"ה לדוד אליך ה' נפשי אשא וגו'. גם מזמור נ"א בבוא אליו נתן הנביא וגו'. — בר"ח אחר שיר של יום אומרים מזמור ק"ד ברכי נפשי וכו' ותמצאהו לקמן אחר תפלת מנחה של שבת.
נכון לומר בכל יום ד' זכירות אלו:

למען תזכור את יום צאתך מארץ מצרים כל ימי חייך:
זכור את יום אשר עמדת לפני יי אלהיך בחרב
פן תשכח את הדברים אשר ראו עיניך:

זכור את אשר עשה לך עמלק בדרך בצאתכם ממצרים: אשר קרך בדרך ויזנב בך כל הנחשלים אחריך ואתה עיף ויגע ולא ירא אלהים: והיה בהניח יי אלהיך לך מכל איביך מסביב בארץ אשר יי אלהיך נתן לך נחלה לרשתה תמחה את זכר עמלק מתחת השמים לא תשכח:

זכור את אשר עשה יי אלהיך למרים בדרך בצאתכם ממצרים:

חבערז תוכר אחרגעבנ חן טוסע חוער תפלות נעגט אתן ריעגננ:

יהי יי אלהינו עמנו כאשר היה עם אבתינו אל יעזבנו ואל יטשנו: להטות לבבנו אליו ללכת בכל דרכיו ולשמר מצותיו וחקיו ומשפטיו אשר צוה את אבתינו: ויהיו דברי אלה אשר התחננתי לפני יי קרובים אל יי אלהינו יומם ולילה לעשות משפט עבדו ומשפט עמו ישראל דבר יום ביומו: למען דעת כל עמי הארץ כי יי הוא האלהים אין עוד: יי נחני בצדקתך למען שוררי הישר לפני דרכך: ואני בתמי אלך פדני וחנני כי יחיד ועני אני: רגלי עמדה במישור במקהלים אברך יי: יי שמרי יי צלי על יד ימיני: עזרי מעם יי עשה שמים וארץ: יי ישמר צאתי ובואי לחיים ולשלום מעתה ועד עולם:

השקיפה ממעון קדשך מן השמים וברך את עמך את ישראל ואת האדמה אשר נתתה לנו כאשר נשבעת לאבותינו ארץ זבת חלב ודבש: אל הכבוד אתן לך שיר והלל· ואשחר לך יום וליל: ברוך יחיד ומיוחד· היה הוה ויהיה: יי אלהים אלהי ישראל מלך מלכי המלכים הקדוש ברוך הוא: הוא אלהים חיים ומלך חי וקים לעד ולעולמי עד: ברוך שם כבוד מלכותו לעולם ועד: לישועתך קויתי יי: כשיוצא מבה"כ יגע בפתח ויאמר:

אך צדיקים יודו לשמך ישבו ישרים את פניך:

ואח"כ יעמוד וישתחוה מול ארון הקודש ויאמר פסוקים אלו:

כי כל העמים ילכו איש בשם אלהיו ואני אלך בשם יי אלהים חיים ומלך עולם: עזרי מעם יי עשה שמים וארץ: יי ימלך לעלם ועד: ואח"כ ילך אל הפתח לאחוריו וישתחוה אל ארון הקודש ויאמר:

יי נחני בצדקתך למען שוררי הישר לפני דרכך:

ואח"כ כשהולך יאמר אלו ג' פסוקי'. ואח"כ למנצח בנגינות וגו' תפלה כמ"ש.

גד גדוד יגודנו והוא יגד עקב: ויהי דוד לכל דרכיו משכיל ויי עמו: ונח מצא חן בעיני יי:

אם בדעתו ללכת באותו יום לעסוק במשא ומתן יאמר אלה הפסוקים:

עזרי מעם יי עשה שמים וארץ: השלך על יי יהבך והוא יכלכלך: שמר תם וראה ישר כי אחרית לאיש שלום: בטח ביי ועשה טוב שכן ארץ ורעה אמונה: הנה אל

יְשׁוּעָתִי אֶבְטַח וְלֹא אֶפְחָד. כִּי עָזִּי וְזִמְרָת יָהּ יְיָ וַיְהִי־לִי לִישׁוּעָה: רִבּוֹנוֹ שֶׁל עוֹלָם בְּדִבְרֵי קָדְשְׁךָ כָּתוּב לֵאמֹר הַבּוֹטֵחַ בַּייָ חֶסֶד יְסוֹבְבֶנּוּ. וּכְתִיב וְאַתָּה מְחַיֶּה אֶת כֻּלָּם. יְיָ אֱלֹהִים אֱמֶת תֵּן בְּרָכָה וְהַצְלָחָה בְּכָל מַעֲשֵׂה יָדַי. כִּי בָטַחְתִּי בְךָ שֶׁעַל יְדֵי מַשָּׂא וּמַתָּן וַעֲסָקִים שֶׁלִּי תִּשְׁלַח לִי בְרָכָה כְּדֵי שֶׁאוּכַל לְפַרְנֵס אֶת־עַצְמִי וּבְנֵי בֵיתִי בְּנַחַת וְלֹא בְצַעַר בְּהֶתֵּר וְלֹא בְאִסּוּר לְחַיִּים וּלְשָׁלוֹם וִיקֻיַּם בִּי מִקְרָא שֶׁכָּתוּב הַשְׁלֵךְ עַל־יְיָ יְהָבְךָ וְהוּא יְכַלְכְּלֶךָ: אמן.

ראוי לומר בכל יום פרשת עקדה ופרשת המן ועשרת הדברות.

פרשת עקדה (בראשית כ״ב א׳.)

וַיְהִי אַחַר הַדְּבָרִים הָאֵלֶּה וְהָאֱלֹהִים נִסָּה אֶת־אַבְרָהָם וַיֹּאמֶר אֵלָיו אַבְרָהָם וַיֹּאמֶר הִנֵּנִי: וַיֹּאמֶר קַח־נָא אֶת־בִּנְךָ אֶת־יְחִידְךָ אֲשֶׁר־אָהַבְתָּ אֶת־יִצְחָק וְלֶךְ־לְךָ אֶל־אֶרֶץ הַמֹּרִיָּה וְהַעֲלֵהוּ שָׁם לְעֹלָה עַל אַחַד הֶהָרִים אֲשֶׁר אֹמַר אֵלֶיךָ: וַיַּשְׁכֵּם אַבְרָהָם בַּבֹּקֶר וַיַּחֲבֹשׁ אֶת־חֲמֹרוֹ וַיִּקַּח אֶת־שְׁנֵי נְעָרָיו אִתּוֹ וְאֵת יִצְחָק בְּנוֹ וַיְבַקַּע עֲצֵי עֹלָה וַיָּקָם וַיֵּלֶךְ אֶל־הַמָּקוֹם אֲשֶׁר־אָמַר־לוֹ הָאֱלֹהִים: בַּיּוֹם הַשְּׁלִישִׁי וַיִּשָּׂא אַבְרָהָם אֶת־עֵינָיו וַיַּרְא אֶת־הַמָּקוֹם מֵרָחֹק: וַיֹּאמֶר אַבְרָהָם אֶל־נְעָרָיו שְׁבוּ־לָכֶם פֹּה עִם הַחֲמוֹר וַאֲנִי וְהַנַּעַר נֵלְכָה עַד־כֹּה וְנִשְׁתַּחֲוֶה וְנָשׁוּבָה

אֲלֵיכֶם: וַיִּקַּח אַבְרָהָם אֶת־עֲצֵי הָעֹלָה וַיָּשֶׂם עַל־יִצְחָק
בְּנוֹ וַיִּקַּח בְּיָדוֹ אֶת־הָאֵשׁ וְאֶת־הַמַּאֲכֶלֶת וַיֵּלְכוּ שְׁנֵיהֶם
יַחְדָּו: וַיֹּאמֶר יִצְחָק אֶל־אַבְרָהָם אָבִיו וַיֹּאמֶר אָבִי וַיֹּאמֶר
הִנֶּנִּי בְנִי וַיֹּאמֶר הִנֵּה הָאֵשׁ וְהָעֵצִים וְאַיֵּה הַשֶּׂה לְעֹלָה:
וַיֹּאמֶר אַבְרָהָם אֱלֹהִים יִרְאֶה־לּוֹ הַשֶּׂה לְעֹלָה בְּנִי וַיֵּלְכוּ
שְׁנֵיהֶם יַחְדָּו: וַיָּבֹאוּ אֶל־הַמָּקוֹם אֲשֶׁר אָמַר־לוֹ
הָאֱלֹהִים וַיִּבֶן שָׁם אַבְרָהָם אֶת־הַמִּזְבֵּחַ וַיַּעֲרֹךְ אֶת־
הָעֵצִים וַיַּעֲקֹד אֶת־יִצְחָק בְּנוֹ וַיָּשֶׂם אֹתוֹ עַל־הַמִּזְבֵּחַ
מִמַּעַל לָעֵצִים: וַיִּשְׁלַח אַבְרָהָם אֶת־יָדוֹ וַיִּקַּח אֶת־
הַמַּאֲכֶלֶת לִשְׁחֹט אֶת־בְּנוֹ: וַיִּקְרָא אֵלָיו מַלְאַךְ יְהוָה מִן־
הַשָּׁמַיִם וַיֹּאמֶר אַבְרָהָם ׀ אַבְרָהָם וַיֹּאמֶר הִנֵּנִי: וַיֹּאמֶר
אַל־תִּשְׁלַח יָדְךָ אֶל־הַנַּעַר וְאַל־תַּעַשׂ לוֹ מְאוּמָה כִּי ׀ עַתָּה
יָדַעְתִּי כִּי־יְרֵא אֱלֹהִים אַתָּה וְלֹא חָשַׂכְתָּ אֶת־בִּנְךָ אֶת־
יְחִידְךָ מִמֶּנִּי: וַיִּשָּׂא אַבְרָהָם אֶת־עֵינָיו וַיַּרְא וְהִנֵּה־אַיִל
אַחַר נֶאֱחַז בַּסְּבַךְ בְּקַרְנָיו וַיֵּלֶךְ אַבְרָהָם וַיִּקַּח אֶת־הָאַיִל
וַיַּעֲלֵהוּ לְעֹלָה תַּחַת בְּנוֹ: וַיִּקְרָא אַבְרָהָם שֵׁם־הַמָּקוֹם
הַהוּא יְהוָה ׀ יִרְאֶה אֲשֶׁר יֵאָמֵר הַיּוֹם בְּהַר יְהוָה יֵרָאֶה:
וַיִּקְרָא מַלְאַךְ יְהוָה אֶל־אַבְרָהָם שֵׁנִית מִן־הַשָּׁמָיִם:
וַיֹּאמֶר בִּי נִשְׁבַּעְתִּי נְאֻם־יְהוָה כִּי יַעַן אֲשֶׁר עָשִׂיתָ אֶת־
הַדָּבָר הַזֶּה וְלֹא חָשַׂכְתָּ אֶת־בִּנְךָ אֶת־יְחִידֶךָ: כִּי־בָרֵךְ

אֲבָרֶכְךָ וְהַרְבָּה אַרְבֶּה אֶת־זַרְעֲךָ כְּכוֹכְבֵי הַשָּׁמַיִם וְכַחוֹל אֲשֶׁר עַל־שְׂפַת הַיָּם וְיִרַשׁ זַרְעֲךָ אֵת שַׁעַר אֹיְבָיו: וְהִתְבָּרְכוּ בְזַרְעֲךָ כֹּל גּוֹיֵי הָאָרֶץ עֵקֶב אֲשֶׁר שָׁמַעְתָּ בְּקֹלִי: וַיָּשָׁב אַבְרָהָם אֶל־נְעָרָיו וַיָּקֻמוּ וַיֵּלְכוּ יַחְדָּו אֶל־בְּאֵר שָׁבַע וַיֵּשֶׁב אַבְרָהָם בִּבְאֵר שָׁבַע:

אֱלֹהֵינוּ וֵאלֹהֵי אֲבוֹתֵינוּ זָכְרֵנוּ בְּזִכָּרוֹן טוֹב לְפָנֶיךָ וּפָקְדֵנוּ בִּפְקֻדַּת יְשׁוּעָה וְרַחֲמִים מִשְּׁמֵי שְׁמֵי קֶדֶם וּזְכָר לָנוּ יְיָ אֱלֹהֵינוּ אֶת הַבְּרִית וְאֶת הַחֶסֶד וְאֶת הַשְּׁבוּעָה אֲשֶׁר נִשְׁבַּעְתָּ לְאַבְרָהָם אָבִינוּ בְּהַר הַמּוֹרִיָּה וְתֵרָאֶה לְפָנֶיךָ עֲקֵדָה שֶׁעָקַד אַבְרָהָם אָבִינוּ אֶת יִצְחָק בְּנוֹ עַל גַּב הַמִּזְבֵּחַ וְכָבַשׁ רַחֲמָיו לַעֲשׂוֹת רְצוֹנְךָ בְּלֵבָב שָׁלֵם כֵּן יִכְבְּשׁוּ רַחֲמֶיךָ אֶת כַּעַסְךָ מֵעָלֵינוּ וְעַל כָּל יִשְׂרָאֵל עַמֶּךָ. וְיִגֹּלוּ רַחֲמֶיךָ עַל מִדּוֹתֶיךָ. וְתִתְנַהֵג עִמָּנוּ בְּמִדַּת הַחֶסֶד וְהָרַחֲמִים וּבְטוּבְךָ הַגָּדוֹל יָשׁוּב חֲרוֹן אַפְּךָ מֵעַמְּךָ וּמֵעִירְךָ וּמִנַּחֲלָתֶךָ. וְקַיֶּם לָנוּ יְיָ אֱלֹהֵינוּ מַה שֶּׁהִבְטַחְתָּנוּ עַל יְדֵי מֹשֶׁה עַבְדֶּךָ וְזָכַרְתִּי אֶת בְּרִיתִי יַעֲקוֹב וְאַף אֶת בְּרִיתִי יִצְחָק וְאַף אֶת בְּרִיתִי אַבְרָהָם אֶזְכֹּר וְהָאָרֶץ אֶזְכֹּר. וְעָזְרֵנוּ אֱלֹהֵי יִשְׁעֵנוּ עַל דְּבַר כְּבוֹד שְׁמֶךָ לְהַכְנִיעַ אֶת עָרְפֵּנוּ וְלָכֹף אֶת יִצְרֵנוּ הָרַע לְהִשְׁתַּעְבֵּד לָךְ וְלַעֲשׂוֹת אֶת־כָּל רְצוֹנְךָ בְּאַהֲבָה וּבְיִרְאָה וּלְעָבְדְךָ בְּלֵבָב שָׁלֵם כָּל יָמֵינוּ לְעוֹלָם:

פרשת המן.

שמות ט"ז ד'.

וַיֹּאמֶר יְהוָֹה אֶל־מֹשֶׁה הִנְנִי מַמְטִיר לָכֶם לֶחֶם מִן־הַשָּׁמָיִם וְיָצָא הָעָם וְלָקְטוּ דְּבַר־יוֹם בְּיוֹמוֹ לְמַעַן אֲנַסֶּנּוּ הֲיֵלֵךְ בְּתוֹרָתִי אִם־לֹא: וְהָיָה בַּיּוֹם הַשִּׁשִּׁי וְהֵכִינוּ אֵת אֲשֶׁר־יָבִיאוּ וְהָיָה מִשְׁנֶה עַל אֲשֶׁר־יִלְקְטוּ יוֹם יוֹם: וַיֹּאמֶר מֹשֶׁה וְאַהֲרֹן אֶל־כָּל־בְּנֵי יִשְׂרָאֵל עֶרֶב וִידַעְתֶּם כִּי יְהוָֹה

הוֹצִיא אֶתְכֶם מֵאֶרֶץ מִצְרָיִם: וּבֹקֶר וּרְאִיתֶם אֶת־כְּבוֹד
יְהֹוָה בְּשָׁמְעוֹ אֶת־תְּלֻנֹּתֵיכֶם עַל־יְהֹוָה וְנַחְנוּ מָה כִּי תַלּוֹנוּ
עָלֵינוּ: וַיֹּאמֶר מֹשֶׁה בְּתֵת יְהֹוָה לָכֶם בָּעֶרֶב בָּשָׂר לֶאֱכֹל
וְלֶחֶם בַּבֹּקֶר לִשְׂבֹּעַ בִּשְׁמֹעַ יְהֹוָה אֶת־תְּלֻנֹּתֵיכֶם אֲשֶׁר
אַתֶּם מַלִּינִם עָלָיו וְנַחְנוּ מָה לֹא־עָלֵינוּ תְלֻנֹּתֵיכֶם כִּי עַל־
יְהֹוָה: וַיֹּאמֶר מֹשֶׁה אֶל־אַהֲרֹן אֱמֹר אֶל־כָּל־עֲדַת בְּנֵי
יִשְׂרָאֵל קִרְבוּ לִפְנֵי יְהֹוָה כִּי שָׁמַע אֵת תְּלֻנֹּתֵיכֶם: וַיְהִי
כְּדַבֵּר אַהֲרֹן אֶל־כָּל־עֲדַת בְּנֵי־יִשְׂרָאֵל וַיִּפְנוּ אֶל־הַמִּדְבָּר
וְהִנֵּה כְּבוֹד יְהֹוָה נִרְאָה בֶּעָנָן: וַיְדַבֵּר יְהֹוָה אֶל־מֹשֶׁה
לֵּאמֹר: שָׁמַעְתִּי אֶת־תְּלוּנֹּת בְּנֵי יִשְׂרָאֵל דַּבֵּר אֲלֵהֶם
לֵאמֹר בֵּין הָעַרְבַּיִם תֹּאכְלוּ בָשָׂר וּבַבֹּקֶר תִּשְׂבְּעוּ־לָחֶם
וִידַעְתֶּם כִּי אֲנִי יְהֹוָה אֱלֹהֵיכֶם: וַיְהִי בָעֶרֶב וַתַּעַל הַשְּׂלָו
וַתְּכַס אֶת־הַמַּחֲנֶה וּבַבֹּקֶר הָיְתָה שִׁכְבַת הַטַּל סָבִיב
לַמַּחֲנֶה: וַתַּעַל שִׁכְבַת הַטָּל וְהִנֵּה עַל־פְּנֵי הַמִּדְבָּר דַּק
מְחֻסְפָּס דַּק כַּכְּפֹר עַל־הָאָרֶץ: וַיִּרְאוּ בְנֵי־יִשְׂרָאֵל וַיֹּאמְרוּ
אִישׁ אֶל־אָחִיו מָן הוּא כִּי לֹא יָדְעוּ מַה־הוּא וַיֹּאמֶר מֹשֶׁה
אֲלֵהֶם הוּא הַלֶּחֶם אֲשֶׁר נָתַן יְהֹוָה לָכֶם לְאָכְלָה: זֶה הַדָּבָר
אֲשֶׁר צִוָּה יְהֹוָה לִקְטוּ מִמֶּנּוּ אִישׁ לְפִי אָכְלוֹ עֹמֶר לַגֻּלְגֹּלֶת
מִסְפַּר נַפְשֹׁתֵיכֶם אִישׁ לַאֲשֶׁר בְּאָהֳלוֹ תִּקָּחוּ: וַיַּעֲשׂוּ־כֵן
בְּנֵי יִשְׂרָאֵל וַיִּלְקְטוּ הַמַּרְבֶּה וְהַמַּמְעִיט: וַיָּמֹדּוּ בָעֹמֶר

וְלֹא הֶעְדִּיף הַמַּרְבֶּה וְהַמַּמְעִיט לֹא הֶחְסִיר אִישׁ לְפִי־אָכְלוֹ
לָקָטוּ׃ וַיֹּאמֶר מֹשֶׁה אֲלֵהֶם אִישׁ אַל־יוֹתֵר מִמֶּנּוּ עַד־בֹּקֶר׃
וְלֹא־שָׁמְעוּ אֶל־מֹשֶׁה וַיּוֹתִרוּ אֲנָשִׁים מִמֶּנּוּ עַד־בֹּקֶר וַיָּרֻם
תּוֹלָעִים וַיִּבְאַשׁ וַיִּקְצֹף עֲלֵהֶם מֹשֶׁה׃ וַיִּלְקְטוּ אֹתוֹ בַּבֹּקֶר
בַּבֹּקֶר אִישׁ כְּפִי אָכְלוֹ וְחַם הַשֶּׁמֶשׁ וְנָמָס׃ וַיְהִי בַּיּוֹם
הַשִּׁשִּׁי לָקְטוּ לֶחֶם מִשְׁנֶה שְׁנֵי הָעֹמֶר לָאֶחָד וַיָּבֹאוּ כָּל־
נְשִׂיאֵי הָעֵדָה וַיַּגִּידוּ לְמֹשֶׁה׃ וַיֹּאמֶר אֲלֵהֶם הוּא אֲשֶׁר דִּבֶּר
יְהוָה שַׁבָּתוֹן שַׁבַּת־קֹדֶשׁ לַיהוָה מָחָר אֵת אֲשֶׁר־תֹּאפוּ אֵפוּ
וְאֵת אֲשֶׁר־תְּבַשְּׁלוּ בַּשֵּׁלוּ וְאֵת כָּל־הָעֹדֵף הַנִּיחוּ לָכֶם
לְמִשְׁמֶרֶת עַד־הַבֹּקֶר׃ וַיַּנִּיחוּ אֹתוֹ עַד־הַבֹּקֶר כַּאֲשֶׁר צִוָּה
מֹשֶׁה וְלֹא הִבְאִישׁ וְרִמָּה לֹא־הָיְתָה בּוֹ׃ וַיֹּאמֶר מֹשֶׁה
אִכְלֻהוּ הַיּוֹם כִּי־שַׁבָּת הַיּוֹם לַיהוָה הַיּוֹם לֹא תִמְצָאֻהוּ
בַּשָּׂדֶה׃ שֵׁשֶׁת יָמִים תִּלְקְטֻהוּ וּבַיּוֹם הַשְּׁבִיעִי שַׁבָּת לֹא
יִהְיֶה־בּוֹ׃ וַיְהִי בַּיּוֹם הַשְּׁבִיעִי יָצְאוּ מִן־הָעָם לִלְקֹט וְלֹא
מָצָאוּ׃ וַיֹּאמֶר יְהוָה אֶל־מֹשֶׁה עַד־אָנָה מֵאַנְתֶּם לִשְׁמֹר
מִצְוֹתַי וְתוֹרֹתָי׃ רְאוּ כִּי־יְהוָה נָתַן לָכֶם הַשַּׁבָּת עַל־כֵּן
הוּא נֹתֵן לָכֶם בַּיּוֹם הַשִּׁשִּׁי לֶחֶם יוֹמָיִם שְׁבוּ אִישׁ תַּחְתָּיו
אַל־יֵצֵא אִישׁ מִמְּקֹמוֹ בַּיּוֹם הַשְּׁבִיעִי׃ וַיִּשְׁבְּתוּ הָעָם בַּיּוֹם
הַשְּׁבִעִי׃ וַיִּקְרְאוּ בֵית־יִשְׂרָאֵל אֶת־שְׁמוֹ מָן וְהוּא כְּזֶרַע גַּד
לָבָן וְטַעְמוֹ כְּצַפִּיחִת בִּדְבָשׁ׃ וַיֹּאמֶר מֹשֶׁה זֶה הַדָּבָר

אשר צוה יהוה מלא העמר ממנו למשמרת לדרתיכם
למען יראו את הלחם אשר האכלתי אתכם במדבר
בהוציאי אתכם מארץ מצרים: ויאמר משה אל אהרן
קח צנצנת אחת ותן שמה מלא העמר מן והנח אתו
לפני יהוה למשמרת לדרתיכם: כאשר צוה יהוה אל
משה ויניחהו אהרן לפני העדת למשמרת: ובני
ישראל אכלו את המן ארבעים שנה עד באם אל ארץ
נושבת את המן אכלו עד באם אל קצה ארץ כנען:
והעמר עשרית האיפה הוא:

אנא האל המכין פרנסה לכל בריה ומזמין מלבוש לכל נברא ושולח
לחם מחיה שתתן לי מחיתי בשופי שתכלכלני ותפרנסני לי ולכל
אנשי ביתי ולכל ישראל פרנסה טובה של כבוד בנחת ולא בצער בהתר
ולא באסור בכבוד ולא בבזוי פרנסה שלא יהיה בה שום בושה וכלמה
פרנסה שלא תצריכני בה לידי מתנת בשר ודם כי אם מידך המלאה
והרחבה פרנסה שאוכל לעסוק בתורתך הקדושה והטהורה והתמימה
וטרף נקי ומזון ומזונתי ומזונות אנשי ביתי וכל צרכנו קודם שנצטרך
להם כדי שיהיה לבי פנוי בלי טרדה לעסוק בדברי תורה לקים המצות
ולישב בשלום על שלחני בכבוד עם כל בני ביתי ושלא אצטרך לשולחן
של אחרים ושלא אצטרך להשתעבד לשום אדם ושלא יהא עלי שום
על בשר ודם כי אם עול מלכותך לעבדך בלבב שלם ובבגדי כבוד
יהיו לבושינו ביקר ולא בבושת פנים. והצילנו מן עניות ומדלות
ושפלות ואזכה להכניס אורחים ולגמול חסד לכל אדם והזמין לי
לעשות צדקה להראוין לה ולא אכשל בבני אדם שאינן הגונין אמן:

שמות כ׳ א׳.

וַיְדַבֵּר אֱלֹהִים אֵת כָּל־הַדְּבָרִים הָאֵלֶּה לֵאמֹר: אָנֹכִי
יְהוָה אֱלֹהֶיךָ אֲשֶׁר הוֹצֵאתִיךָ מֵאֶרֶץ מִצְרַיִם מִבֵּית עֲבָדִים:
לֹא־יִהְיֶה לְךָ אֱלֹהִים אֲחֵרִים עַל־פָּנָי: לֹא־תַעֲשֶׂה לְךָ פֶסֶל
וְכָל־תְּמוּנָה אֲשֶׁר בַּשָּׁמַיִם מִמַּעַל וַאֲשֶׁר בָּאָרֶץ מִתָּחַת
וַאֲשֶׁר בַּמַּיִם מִתַּחַת לָאָרֶץ: לֹא־תִשְׁתַּחֲוֶה לָהֶם וְלֹא
תָעָבְדֵם כִּי אָנֹכִי יְהוָה אֱלֹהֶיךָ אֵל קַנָּא פֹּקֵד עֲוֹן אָבֹת עַל־
בָּנִים עַל־שִׁלֵּשִׁים וְעַל־רִבֵּעִים לְשֹׂנְאָי: וְעֹשֶׂה חֶסֶד
לַאֲלָפִים לְאֹהֲבַי וּלְשֹׁמְרֵי מִצְוֹתָי: לֹא תִשָּׂא אֶת־שֵׁם
יְהוָה אֱלֹהֶיךָ לַשָּׁוְא כִּי לֹא יְנַקֶּה יְהוָה אֵת אֲשֶׁר־יִשָּׂא אֶת־
שְׁמוֹ לַשָּׁוְא: זָכוֹר אֶת־יוֹם הַשַּׁבָּת לְקַדְּשׁוֹ: שֵׁשֶׁת יָמִים
תַּעֲבֹד וְעָשִׂיתָ כָּל־מְלַאכְתֶּךָ: וְיוֹם הַשְּׁבִיעִי שַׁבָּת לַיהוָה
אֱלֹהֶיךָ לֹא־תַעֲשֶׂה כָל־מְלָאכָה אַתָּה וּבִנְךָ וּבִתֶּךָ עַבְדְּךָ
וַאֲמָתְךָ וּבְהֶמְתֶּךָ וְגֵרְךָ אֲשֶׁר בִּשְׁעָרֶיךָ: כִּי שֵׁשֶׁת־יָמִים
עָשָׂה יְהוָה אֶת־הַשָּׁמַיִם וְאֶת־הָאָרֶץ אֶת־הַיָּם וְאֶת־כָּל־
אֲשֶׁר־בָּם וַיָּנַח בַּיּוֹם הַשְּׁבִיעִי עַל־כֵּן בֵּרַךְ יְהוָה אֶת־יוֹם
הַשַּׁבָּת וַיְקַדְּשֵׁהוּ: כַּבֵּד אֶת־אָבִיךָ וְאֶת־אִמֶּךָ לְמַעַן
יַאֲרִכוּן יָמֶיךָ עַל הָאֲדָמָה אֲשֶׁר־יְהוָה אֱלֹהֶיךָ נֹתֵן לָךְ:
לֹא תִרְצָח לֹא תִנְאָף לֹא תִגְנֹב לֹא־תַעֲנֶה בְרֵעֲךָ עֵד שָׁקֶר:
לֹא־תַחְמֹד בֵּית רֵעֶךָ לֹא־תַחְמֹד אֵשֶׁת רֵעֶךָ וְעַבְדּוֹ
וַאֲמָתוֹ וְשׁוֹרוֹ וַחֲמֹרוֹ וְכֹל אֲשֶׁר לְרֵעֶךָ:

וידבר Und Gott redete alle diese Worte, und sprach:

1) Ich bin der Ewige, dein Gott, der ich dich herausgeführt aus dem Lande Egypten, aus dem Hause der Sklaven.

2) Du sollst keine andere Götter haben vor meinem Angesichte; du sollst dir kein Götzenbild machen, kein Abbild deß, was im Himmel droben, und was auf Erden drunten, und was im Wasser unter der Erde; du sollst dich nicht vor ihnen niederwerfen, und ihnen nicht dienen: denn Ich, der Ewige, dein Gott, bin ein eifervoller Gott, der die Schuld der Väter ahndet an Kindern, am dritten und am vierten Geschlechte, denen, die mich hassen; der aber Gnade übet am tausendsten Geschlechte, denen, die mich lieben und meine Gebote beobachten.

3) Du sollst nicht aussprechen den Namen des Ewigen, deines Gottes, zum Falschen, denn nicht ungestraft wird der Ewige lassen den, der seinen Namen zum Falschen ausspricht.

4) Gedenke des Ruhetages, um ihn zu heiligen. Sechs Tage kannst du arbeiten und all' dein Werk verrichten, aber der siebente Tag ist Ruhe, dem Ewigen, deinem Gotte; da sollst du keinerlei Werk verrichten, du und dein Sohn und deine Tochter, dein Knecht und deine Magd, und dein Vieh, und dein Fremder, der in deinen Thoren. Denn in sechs Tagen hat der Ewige gemacht den Himmel und die Erde, das Meer und Alles, was darin, und am siebenten Tage hat er geruhet; deßwegen hat der Ewige den Ruhetag gesegnet und ihn geheiligt.

5) Ehre deinen Vater und deine Mutter, damit du lange lebest auf dem Erdreiche, welches der Ewige, dein Gott, dir giebt.

6) Du sollst nicht morden.

7) Du sollst nicht ehebrechen.

8) Du sollst nicht stehlen.

9) Du sollst nicht aussagen wider deinen Nächsten als falscher Zeuge.

10) Du sollst nicht begehren das Haus deines Nächsten; du sollst nicht begehren das Weib deines Nächsten, noch seinen Knecht und seine Magd, und seinen Ochsen und seinen Esel, noch Alles, was deines Nächsten ist.

א אֲנִי מַאֲמִין בֶּאֱמוּנָה שְׁלֵמָה שֶׁהַבּוֹרֵא יִתְבָּרַךְ שְׁמוֹ הוּא בּוֹרֵא וּמַנְהִיג לְכָל־הַבְּרוּאִים וְהוּא לְבַדּוֹ עָשָׂה וְעוֹשֶׂה וְיַעֲשֶׂה לְכָל הַמַּעֲשִׂים:

ב אֲנִי מַאֲמִין בֶּאֱמוּנָה שְׁלֵמָה שֶׁהַבּוֹרֵא יִתְבָּרַךְ שְׁמוֹ הוּא יָחִיד וְאֵין יְחִידוּת כָּמוֹהוּ בְּשׁוּם פָּנִים וְהוּא לְבַדּוֹ אֱלֹהֵינוּ הָיָה הֹוֶה וְיִהְיֶה:

ג אֲנִי מַאֲמִין בֶּאֱמוּנָה שְׁלֵמָה שֶׁהַבּוֹרֵא יִתְבָּרַךְ שְׁמוֹ אֵינוֹ גוּף. וְלֹא יַשִּׂיגוּהוּ מַשִּׂיגֵי הַגּוּף. וְאֵין לוֹ שׁוּם דִּמְיוֹן כְּלָל:

ד אֲנִי מַאֲמִין בֶּאֱמוּנָה שְׁלֵמָה שֶׁהַבּוֹרֵא יִתְבָּרַךְ שְׁמוֹ הוּא רִאשׁוֹן וְהוּא אַחֲרוֹן:

ה אֲנִי מַאֲמִין בֶּאֱמוּנָה שְׁלֵמָה שֶׁהַבּוֹרֵא יִתְבָּרַךְ שְׁמוֹ לוֹ לְבַדּוֹ רָאוּי לְהִתְפַּלֵּל וְאֵין רָאוּי לְהִתְפַּלֵּל לְזוּלָתוֹ:

ו אֲנִי מַאֲמִין בֶּאֱמוּנָה שְׁלֵמָה שֶׁכָּל דִּבְרֵי נְבִיאִים אֱמֶת:

ז אֲנִי מַאֲמִין בֶּאֱמוּנָה שְׁלֵמָה שֶׁנְּבוּאַת מֹשֶׁה רַבֵּנוּ עָלָיו הַשָּׁלוֹם הָיְתָה אֲמִתִּית. וְשֶׁהוּא הָיָה אָב לַנְּבִיאִים לַקּוֹדְמִים לְפָנָיו וְלַבָּאִים אַחֲרָיו:

ח אֲנִי מַאֲמִין בֶּאֱמוּנָה שְׁלֵמָה שֶׁכָּל הַתּוֹרָה הַמְּצוּיָה עַתָּה בְיָדֵינוּ הִיא הַנְּתוּנָה לְמֹשֶׁה רַבֵּנוּ עָלָיו הַשָּׁלוֹם:

ט אֲנִי מַאֲמִין בֶּאֱמוּנָה שְׁלֵמָה שֶׁזֹּאת הַתּוֹרָה לֹא תְהֵא מֻחְלֶפֶת וְלֹא תְהִי תּוֹרָה אַחֶרֶת מֵאֵת הַבּוֹרֵא יִתְבָּרַךְ שְׁמוֹ:

1. אני מאמין Ich glaube ganz aufrichtig, daß der Schöpfer — gelobt sei sein Name — alle Kreaturen schafft und lenkt, und daß er allein der Urheber ist alles deß, was geschehen ist, geschieht und geschehen wird.

2. Ich glaube ganz aufrichtig, daß der Schöpfer — gelobt sei sein Name — der Einzige ist, daß ihm keine Einheit in irgend einer Beziehung gleicht, und daß er allein unser Gott ist, der war, ist und sein wird.

3. Ich glaube ganz aufrichtig, daß der Schöpfer — gelobt sei sein Name — unkörperlich und von allen Eigenschaften des Körpers frei ist, und daß ihm durchaus keine Gestalt beigelegt werden kann.

4. Ich glaube ganz aufrichtig, daß der Schöpfer — gelobt sei sein Name — der Erste und der Letzte ist.

5. Ich glaube ganz aufrichtig, daß der Schöpfer — gelobt sei sein Name — der Alleinige ist, dem die Anbetung gebührt, und daß es unstatthaft ist, ein Wesen außer ihm anzubeten.

6. Ich glaube ganz aufrichtig, daß alle Worte der Propheten wahr sind.

7. Ich glaube ganz aufrichtig, daß die Weissagung unseres Lehrers Mosche die wahre und er der vorzüglichste aller Propheten war, der früheren sowohl als der späteren.

8. Ich glaube ganz aufrichtig, daß die ganze Thora, wie wir sie jetzt besitzen, ebendieselbe ist, die unserem Lehrer Mosche übergeben worden.

9. Ich glaube ganz aufrichtig, daß diese Thora nie vertauscht, und daß nie eine andere vom Schöpfer — gelobt sei sein Name — ausgehen wird.

י אֲנִי מַאֲמִין בֶּאֱמוּנָה שְׁלֵמָה שֶׁהַבּוֹרֵא יִתְבָּרַךְ שְׁמוֹ יוֹדֵעַ כָּל מַעֲשֵׂה בְנֵי אָדָם וְכָל מַחְשְׁבוֹתָם שֶׁנֶּאֱמַר הַיֹּצֵר יַחַד לִבָּם הַמֵּבִין אֶל כָּל מַעֲשֵׂיהֶם׃

יא אֲנִי מַאֲמִין בֶּאֱמוּנָה שְׁלֵמָה שֶׁהַבּוֹרֵא יִתְבָּרַךְ שְׁמוֹ גּוֹמֵל טוֹב לְשׁוֹמְרֵי מִצְוֹתָיו וּמַעֲנִישׁ לְעוֹבְרֵי מִצְוֹתָיו׃

יב אֲנִי מַאֲמִין בֶּאֱמוּנָה שְׁלֵמָה בְּבִיאַת הַמָּשִׁיחַ וְאַף עַל פִּי שֶׁיִּתְמַהְמֵהַּ עִם כָּל זֶה אֲחַכֶּה לּוֹ בְּכָל יוֹם שֶׁיָּבוֹא׃

יג אֲ״מ בֶּ״שׁ שֶׁתִּהְיֶה תְּחִיַּת הַמֵּתִים בְּעֵת שֶׁתַּעֲלֶה רָצוֹן מֵאֵת הַבּוֹרֵא יִתְבָּרַךְ שְׁמוֹ וְיִתְעַלֶּה זִכְרוֹ לָעַד וּלְנֵצַח נְצָחִים׃

לִישׁוּעָתְךָ קִוִּיתִי יְיָ. קִוִּיתִי יְיָ לִישׁוּעָתְךָ. יְיָ לִישׁוּעָתְךָ קִוִּיתִי׃
לְפֻרְקָנָךְ סַבְרִית יְיָ. סַבְרִית יְיָ לְפֻרְקָנָךְ. יְיָ לְפֻרְקָנָךְ סַבְרִית׃

סדר תפלת מנחה לחול

ווירד נאַך פֿאָלגענדער אָרדנונג געבעטעט: אשרי (זייטע 120), דאַן דיא שטיללער אַנדאַכט שמונה עשרה (זייטע 78), היערויף רחום וחנון (זייטע 106), נעבסט ואנחנו (זייטע 112), אַם שלוססע עלינו (זייטע 128).

סדר תפלת ערבית לחול

איזט נאַך אָרדנונג צו פֿינדען אין מוצאי שבת (זייטע 360).

דיני ערב שבת.

פֿאָר שבת, נאַכדעם דיא הויספֿרוי דיא ליכטער אַנגעצינדעט, שפּריכט זיא:

בָּא״י אֱ״מ הָעוֹלָם אֲשֶׁר קִדְּשָׁנוּ בְּמִצְוֹתָיו וְצִוָּנוּ לְהַדְלִיק נֵר שֶׁל שַׁבָּת׃

---

10. Ich glaube ganz aufrichtig, daß der Schöpfer — gelobt sei sein Name — alle Handlungen der Menschenkinder und all' ihre Gedanken kennt; wie es heißt (Psalm 33, 15): „Er, der ihre Herzen allesammt gebildet, bemerkt auch all ihr Thun."

11. Ich glaube ganz aufrichtig, daß der Schöpfer — gelobt sei sein Name — Gutes erzeigt denen, die seine Gebote beobachten, und bestraft, die seine Gebote übertreten.

12. Ich glaube ganz aufrichtig an die Ankunft des Messias und ungeachtet seines langen Ausbleibens harr' ich dennoch täglich seiner Ankunft.

13. Ich glaube ganz aufrichtig, daß einst eine Auferstehung der Todten stattfinden werde, zu der dem Schöpfer beliebigen Zeit — gelobt sei sein Name und hochgepriesen sein Andenken immer und ewig!

Auf Deine Hülfe hoffe ich, Ewiger!

Das Mincha-Gebet für Wochentage

wird nach folgender Ordnung gebetet: Zuerst אשרי (oben Seite 121), dann in stiller Andacht Schemone Esre (Seite 79), welches vom Vorbeter laut wiederholt wird, hierauf רחום וחנון (Seite 107) nebst ואנחנו (Seite 113), am Schlusse עלינו (Seite 129).

Das Abendgebet für Wochentage

befindet sich bei den Gebeten am Ausgang des Sabbath (S. 360).

Segensspruch.

Nachdem die Hausfrau die Sabbath-Lichter angezündet, spricht sie:

ברוך Gelobt seist Du, Ewiger, unser Gott, Weltregent, der uns durch seine Gebote geheiligt und uns befohlen hat: das Sabbath-Licht anzuzünden.

נאָכדעם מאַן האָט שמונה עשרה פֿון מנחה געבעט (זייטע 146) פֿאָלגענדעס טהון, ווערדען ביי'ם בעגין דעז שבת'ז פֿאָלגענדע זעכז פּזאַלמען געבעטעט.

צה ח׳ לְכוּ נְרַנְּנָה לַיְיָ נָרִיעָה לְצוּר יִשְׁעֵנוּ:
ק׳ נְקַדְּמָה פָנָיו בְּתוֹדָה בִּזְמִרוֹת נָרִיעַ לוֹ:
ח׳ כִּי אֵל גָּדוֹל יְיָ וּמֶלֶךְ גָּדוֹל עַל־כָּל־אֱלֹהִים:
ק׳ אֲשֶׁר בְּיָדוֹ מֶחְקְרֵי־אָרֶץ וְתוֹעֲפוֹת הָרִים לוֹ:
ח׳ אֲשֶׁר־לוֹ הַיָּם וְהוּא עָשָׂהוּ וְיַבֶּשֶׁת יָדָיו יָצָרוּ:
ק׳ בֹּאוּ נִשְׁתַּחֲוֶה וְנִכְרָעָה נִבְרְכָה לִפְנֵי־יְיָ עֹשֵׂנוּ:
ח׳ כִּי הוּא אֱלֹהֵינוּ וַאֲנַחְנוּ עַם מַרְעִיתוֹ וְצֹאן יָדוֹ
הַיּוֹם אִם־בְּקֹלוֹ תִשְׁמָעוּ: ק׳ אַל־תַּקְשׁוּ לְבַבְכֶם
כִּמְרִיבָה כְּיוֹם מַסָּה בַּמִּדְבָּר: ח׳ אֲשֶׁר נִסּוּנִי
אֲבוֹתֵיכֶם בְּחָנוּנִי גַּם־רָאוּ פָעֳלִי: ק׳ אַרְבָּעִים
שָׁנָה אָקוּט בְּדוֹר וָאֹמַר עַם תֹּעֵי לֵבָב הֵם וְהֵם
לֹא־יָדְעוּ דְרָכָי: ק׳וח׳ אֲשֶׁר־נִשְׁבַּעְתִּי בְאַפִּי
אִם־יְבֹאוּן אֶל־מְנוּחָתִי:

צו ח׳ שִׁירוּ לַיְיָ שִׁיר חָדָשׁ שִׁירוּ לַיְיָ כָּל־הָאָרֶץ:
ק׳ שִׁירוּ לַיְיָ בָּרְכוּ שְׁמוֹ בַּשְּׂרוּ מִיּוֹם־לְיוֹם יְשׁוּעָתוֹ:
ח׳ סַפְּרוּ בַגּוֹיִם כְּבוֹדוֹ בְּכָל־הָעַמִּים נִפְלְאוֹתָיו:
ק׳ כִּי גָדוֹל יְיָ וּמְהֻלָּל מְאֹד נוֹרָא הוּא עַל־כָּל־

Nachdem man das Schemone Esre im Minchagebet (S. 147) vollendet hat, werden bei'm Beginn des Sabbaths folgende sechs Psalmen abgesungen.

(Psalm 95.) Auf, lasset uns dem Ewigen jauchzen, frohlocken unserem Hort und Retter. Lasset uns mit Dankgesang vor ihm erscheinen, bei'm Saitenspiel ihm laut frohlocken! Der Ewige ist ein großer Gott, ein großer König über alle Götterwesen. Der Erde Schätze sind in seiner Hand, der Berge Gipfel sind sein, sein ist das Meer — er schuf es — das Trockne seiner Hände Werk. Anbeten laßt uns, niederfallen, hinknieen vor dem Ewigen, unserem Schöpfer! Er ist unser Gott, wir seiner Weide Volk, Heerde seiner Hand — noch heute, so ihr ihm gehorcht. „Verstockt „nicht eueren Sinn wie zu Meriba, am Tage der „Versuchung in der Wüste, da euere Väter mich ver„suchten, mich prüften, obschon sie meine Thaten „sahen. Vierzig Jahr' verwarf ich dies Geschlecht „und sprach: es ist ein irrsinnig Volk, will meine „Wege nicht erkennen! In meinem Zorne schwur ich „da: nie gehen sie in meine Ruhe ein!"

(Psalm 96.) Singet ein neues Lied dem Ewigen! singet dem Ewigen, alle Welt! singet dem Ewigen, lobet seinen Namen, verkündet von Tag zu Tag seine Hülfe, erzählet unter den Völkern seine Herrlichkeit, unter allen Nationen seine Wunder! Denn groß ist der Ewige und hochgepriesen, furchtbar ist er über alle

אֱלֹהִים: ח' כִּי כָּל־אֱלֹהֵי הָעַמִּים אֱלִילִים וַיְיָ שָׁמַיִם
עָשָׂה: ק' הוֹד־וְהָדָר לְפָנָיו עֹז וְתִפְאֶרֶת בְּמִקְדָּשׁוֹ:
ח' הָבוּ לַייָ מִשְׁפְּחוֹת עַמִּים הָבוּ לַייָ כָּבוֹד וָעֹז:
ק' הָבוּ לַייָ כְּבוֹד שְׁמוֹ שְׂאוּ מִנְחָה וּבֹאוּ לְחַצְרוֹתָיו:
ח' הִשְׁתַּחֲווּ לַייָ בְּהַדְרַת־קֹדֶשׁ חִילוּ מִפָּנָיו כָּל־
הָאָרֶץ: ק' אִמְרוּ בַגּוֹיִם יְיָ מָלָךְ אַף־תִּכּוֹן תֵּבֵל
בַּל־תִּמּוֹט יָדִין עַמִּים בְּמֵישָׁרִים: ח' יִשְׂמְחוּ
הַשָּׁמַיִם וְתָגֵל הָאָרֶץ יִרְעַם הַיָּם וּמְלֹאוֹ: ק' יַעֲלֹז
שָׂדַי וְכָל־אֲשֶׁר־בּוֹ אָז יְרַנְּנוּ כָּל־עֲצֵי־יָעַר:
ק'ח' לִפְנֵי יְיָ כִּי בָא כִּי בָא לִשְׁפֹּט הָאָרֶץ יִשְׁפֹּט
תֵּבֵל בְּצֶדֶק וְעַמִּים בֶּאֱמוּנָתוֹ:

צז ח' יְיָ מָלָךְ תָּגֵל הָאָרֶץ יִשְׂמְחוּ אִיִּים רַבִּים:
ק' עָנָן וַעֲרָפֶל סְבִיבָיו צֶדֶק וּמִשְׁפָּט מְכוֹן כִּסְאוֹ:
ח' אֵשׁ לְפָנָיו תֵּלֵךְ וּתְלַהֵט סָבִיב צָרָיו: ק' הֵאִירוּ
בְרָקָיו תֵּבֵל רָאֲתָה וַתָּחֵל הָאָרֶץ: ח' הָרִים
כַּדּוֹנַג נָמַסּוּ מִלִּפְנֵי יְיָ מִלִּפְנֵי אֲדוֹן כָּל־הָאָרֶץ:
ק' הִגִּידוּ הַשָּׁמַיִם צִדְקוֹ וְרָאוּ כָל־הָעַמִּים כְּבוֹדוֹ:
ח' יֵבֹשׁוּ כָּל־עֹבְדֵי פֶסֶל הַמִּתְהַלְלִים בָּאֱלִילִים

Götter. Alle Götter der Völker sind nichtig! der Ewige hat den Himmel geschaffen. Majestät und Pracht ist vor ihm her, Triumph und Schmuck in seinem Heiligthume. Bringet dem Ewigen, Völkergeschlechter, bringet dem Ewigen Ruhm und Triumph! Bringet dem Ewigen seines Namens Ruhm, nehmet Geschenke und gehet ein in seine Vorhöfe; werfet euch nieder vor dem Ewigen in heiligem Schmuck! bebet, alle Welt, vor ihm! Sprechet unter den Völkern: der Ewige ist König! fest steht die Welt und wanket nie; er richtet Völker gerecht! — Es freue sich der Himmel und juble die Erde! es brause das Meer und was es erfüllt, es frohlocke die Flur und was sie enthält; drein jauchzen alle Bäume des Waldes — vor dem Ewigen! Denn er kommt, denn er kommt, zu richten die Erde, richtet den Erdkreis in Gerechtigkeit, und die Völker in seiner Treue.

(Psalm 97.) Der Ewige regiert, froh ist das Erdreich, fröhlich die großen Eilande. Um ihn her ist Wolk' und Dunkel, seines Thrones Veste Recht und Gerechtigkeit; Feuer wallet vor ihm her, entzündet um und um die Feinde, seine Blitze erleuchten die Welt; die Erde sieht's und zittert, Berge zergehen wie Wachs — vor dem Ewigen, vor dem Herrn der ganzen Erde. Die Himmel verkünden seine Gerechtigkeit, alle Völker schauen seine Herrlichkeit. Beschämt sind alle Bilderdiener, die sich ihrer Götzen rühmten;

הִשְׁתַּחֲווּ־לוֹ כָּל־אֱלֹהִים: ק׳ שָׁמְעָה וַתִּשְׂמַח
צִיּוֹן וַתָּגֵלְנָה בְּנוֹת יְהוּדָה לְמַעַן מִשְׁפָּטֶיךָ יְיָ:
ח׳ כִּי־אַתָּה יְיָ עֶלְיוֹן עַל־כָּל־הָאָרֶץ מְאֹד נַעֲלֵיתָ
עַל־כָּל־אֱלֹהִים: ק׳ אֹהֲבֵי יְיָ שִׂנְאוּ רָע שֹׁמֵר
נַפְשׁוֹת חֲסִידָיו מִיַּד רְשָׁעִים יַצִּילֵם: ח׳ אוֹר
זָרֻעַ לַצַּדִּיק וּלְיִשְׁרֵי־לֵב שִׂמְחָה: ק״ח שִׂמְחוּ
צַדִּיקִים בַּיְיָ וְהוֹדוּ לְזֵכֶר קָדְשׁוֹ:

צח ח׳ מִזְמוֹר שִׁירוּ לַיְיָ שִׁיר חָדָשׁ כִּי־נִפְלָאוֹת
עָשָׂה הוֹשִׁיעָה־לּוֹ יְמִינוֹ וּזְרוֹעַ קָדְשׁוֹ: ק׳ הוֹדִיעַ
יְיָ יְשׁוּעָתוֹ לְעֵינֵי הַגּוֹיִם גִּלָּה צִדְקָתוֹ: ח׳ זָכַר
חַסְדּוֹ וֶאֱמוּנָתוֹ לְבֵית יִשְׂרָאֵל רָאוּ כָל־אַפְסֵי
אָרֶץ אֵת יְשׁוּעַת אֱלֹהֵינוּ: ק׳ הָרִיעוּ לַיְיָ כָּל
הָאָרֶץ פִּצְחוּ וְרַנְּנוּ וְזַמֵּרוּ: ח׳ זַמְּרוּ לַיְיָ בְּכִנּוֹר
בְּכִנּוֹר וְקוֹל זִמְרָה: ק׳ בַּחֲצֹצְרוֹת וְקוֹל שׁוֹפָר
הָרִיעוּ לִפְנֵי הַמֶּלֶךְ יְיָ: ח׳ יִרְעַם הַיָּם וּמְלֹאוֹ
תֵּבֵל וְיֹשְׁבֵי בָהּ: ק׳ נְהָרוֹת יִמְחֲאוּ־כָף יַחַד
הָרִים יְרַנֵּנוּ: ק״ח לִפְנֵי יְיָ כִּי בָא לִשְׁפֹּט הָאָרֶץ
יִשְׁפֹּט־תֵּבֵל בְּצֶדֶק וְעַמִּים בְּמֵישָׁרִים:

alle Götter beugen sich vor ihm. Zion hört's und freuet sich, fröhlich sind die Töchter Juda's, ob Deiner Richtersprüche, Ewiger! denn Du, Ewiger, bist in aller Welt der Höchste, über alle Götter hocherhaben! Ihr Freunde Gottes, haßt das Böse, er schützet seiner Frommen Leben, rettet sie aus Frevlerhand. Licht geht dem Frommen auf, Freude treugesinnten Herzen. Freut euch, Gerechte, des Ew'gen! danket seinem heil'-gen Namen!

(Psalm 98.) Singet ein neues Lied dem Ewigen, denn Wunder hat er gethan; Sieg errang ihm seine Rechte, sein hei'ger Arm. Der Ewige hat seine Hülfe kund-gethan, seine Gerechtigkeit vor den Völkern offenbart, war eingedenk der Lieb' und Treue dem Hause Is-raels: da sahen unseres Gottes Hülfe die Enden aller Welt. Jauchzet dem Ewigen, alle Welt! frohlocket, singet, spielet! schlagt an das Harfenspiel dem Ewigen! laßt Harfenklang und Psalter, Trompeten- und Po-saunenschall vor'm Ew'gen, dem Könige, ertönen! Es brause das Meer, und was es erfüllt, der Erdkreis und die ihn bewohnen! Ströme rauschen Händeklopfen, Berge jauchzen Wettgesang — vor dem Ewigen — denn er kommt, die Erde zu richten, richtet den Erd-kreis nach Recht, nach Billigkeit die Völker!

צט ח׳ יְיָ מָלָךְ יִרְגְּזוּ עַמִּים יֹשֵׁב כְּרוּבִים תָּנוּט הָאָרֶץ: ק׳ יְיָ בְּצִיּוֹן גָּדוֹל וְרָם הוּא עַל־כָּל־הָעַמִּים: ח׳ יוֹדוּ שִׁמְךָ גָּדוֹל וְנוֹרָא קָדוֹשׁ הוּא: ק׳ וְעֹז מֶלֶךְ מִשְׁפָּט אָהֵב אַתָּה כּוֹנַנְתָּ מֵישָׁרִים מִשְׁפָּט וּצְדָקָה בְּיַעֲקֹב אַתָּה עָשִׂיתָ: ח׳ רוֹמְמוּ יְיָ אֱלֹהֵינוּ וְהִשְׁתַּחֲווּ לַהֲדֹם רַגְלָיו קָדוֹשׁ הוּא: ק׳ מֹשֶׁה וְאַהֲרֹן בְּכֹהֲנָיו וּשְׁמוּאֵל בְּקֹרְאֵי שְׁמוֹ קֹרְאִים אֶל־יְיָ וְהוּא יַעֲנֵם: ח׳ בְּעַמּוּד עָנָן יְדַבֵּר אֲלֵיהֶם שָׁמְרוּ עֵדֹתָיו וְחֹק נָתַן־לָמוֹ: ק׳ יְיָ אֱלֹהֵינוּ אַתָּה עֲנִיתָם אֵל נֹשֵׂא הָיִיתָ לָהֶם וְנֹקֵם עַל עֲלִילוֹתָם: ק׳ח׳ רוֹמְמוּ יְיָ אֱלֹהֵינוּ וְהִשְׁתַּחֲווּ לְהַר קָדְשׁוֹ כִּי קָדוֹשׁ יְיָ אֱלֹהֵינוּ:

כט ח׳ מִזְמוֹר לְדָוִד הָבוּ לַיהוָה בְּנֵי אֵלִים הָבוּ לַיהוָה כָּבוֹד וָעֹז: ק׳ הָבוּ לַיהוָה כְּבוֹד שְׁמוֹ הִשְׁתַּחֲווּ לַיהוָה בְּהַדְרַת־קֹדֶשׁ: ח׳ קוֹל יְהוָה עַל הַמָּיִם אֵל־הַכָּבוֹד הִרְעִים יְהוָה עַל־מַיִם רַבִּים: ק׳ קוֹל־יְהוָה בַּכֹּחַ קוֹל יְהוָה בֶּהָדָר: ח׳ קוֹל יְהוָה שֹׁבֵר אֲרָזִים וַיְשַׁבֵּר יְהוָה אֶת־אַרְזֵי הַלְּבָנוֹן:

(Psalm 99.) Der Ewige regieret — es zittern die Völker! er thront auf Cherubim — die Erde schwankt! Groß ist der Ewige zu Zion, erhaben über alle Völker. Sie huldigen Deinem Namen, (Großer, Ehrfurchtbarer! heilig ist er!) dem Reich des Königs, der Gerechtigkeit liebt. Du hast Gerechtigkeit auf festem Fuß gesetzt, in Jakob Billigkeit und Recht verordnet. Erhebet den Ewigen, unseren Gott! werfet euch nieder vor seiner Füße Schemel! heilig ist er! Mosche und Aharon unter seinen Dienern, Samuel unter seinen Anrufern — die er erhört, wenn sie ihn rufen — aus der Wolkensäule redet' er mit ihnen; sein Zeugniß nahmen sie in Acht und das Gesetz, das ihnen er gegeben. Ewiger, unser Gott, Du erhörtest sie, warst ihnen, Gott, Vergeber und Bestrafer ihrer Uebertretungen! Erhebet den Ewigen, unseren Gott! werfet euch nieder an seinem heil'gen Berge! denn heilig ist der Ewige, unser Gott!

(Psalm 29.) Psalm von David. Bringet dem Ewigen, Söhne der Großen, bringet dem Ewigen Ruhm und Triumph! bringet dem Ewigen seines Namens Ruhm! werfet euch nieder vor ihm in heiligem Schmuck! Die Stimme des Ewigen rollt über Fluthen, der Gott der Ehre donnert über mächt'ge Fluthen. Die Stimme des Ewigen gewaltig, die Stimme des Ewigen erhaben, die Stimme des Ewigen zersplittert Zedern, Libanons Zedern zersplittert der

ק׳ וַיַּרְקִידֵם כְּמוֹ־עֵגֶל לְבָנוֹן וְשִׂרְיוֹן כְּמוֹ בֶן־רְאֵמִים: ח׳ קוֹל־יְהוָה חֹצֵב לַהֲבוֹת אֵשׁ: ק׳ קוֹל יְהוָה יָחִיל מִדְבָּר יָחִיל יְהוָה מִדְבַּר קָדֵשׁ: ח׳ קוֹל יְהוָה יְחוֹלֵל אַיָּלוֹת וַיֶּחֱשֹׂף יְעָרוֹת וּבְהֵיכָלוֹ כֻּלּוֹ אֹמֵר כָּבוֹד: ק׳ יְהוָה לַמַּבּוּל יָשָׁב וַיֵּשֶׁב יְהוָה מֶלֶךְ לְעוֹלָם: קו״ח יְהוָה עֹז לְעַמּוֹ יִתֵּן יְהוָה יְבָרֵךְ אֶת־עַמּוֹ בַשָּׁלוֹם:

פז״ן עמנן נגעיום. ראשי החרוזים שלמה הלוי.

לְכָה דוֹדִי לִקְרַאת כַּלָּה · פְּנֵי שַׁבָּת נְקַבְּלָה: לכה

שָׁמוֹר וְזָכוֹר בְּדִבּוּר אֶחָד · הִשְׁמִיעָנוּ אֵל הַמְיֻחָד · יְיָ אֶחָד וּשְׁמוֹ אֶחָד · לְשֵׁם וּלְתִפְאֶרֶת וְלִתְהִלָּה: לכה

לִקְרַאת שַׁבָּת לְכוּ וְנֵלְכָה · כִּי הִיא מְקוֹר הַבְּרָכָה · מֵרֹאשׁ מִקֶּדֶם נְסוּכָה · סוֹף מַעֲשֶׂה בְּמַחֲשָׁבָה תְּחִלָּה: לכה

מִקְדַּשׁ מֶלֶךְ עִיר מְלוּכָה · קוּמִי צְאִי מִתּוֹךְ הַהֲפֵכָה · רַב לָךְ שֶׁבֶת בְּעֵמֶק הַבָּכָא · וְהוּא יַחֲמוֹל עָלַיִךְ חֶמְלָה: לכה

הִתְנַעֲרִי מֵעָפָר קוּמִי · לִבְשִׁי בִּגְדֵי תִפְאַרְתֵּךְ עַמִּי · עַל־יַד בֶּן־יִשַׁי בֵּית הַלַּחְמִי · קָרְבָה אֶל־נַפְשִׁי גְאָלָהּ: לכה

הִתְעוֹרְרִי הִתְעוֹרְרִי · כִּי בָא אוֹרֵךְ קוּמִי אוֹרִי · עוּרִי עוּרִי שִׁיר דַּבֵּרִי · כְּבוֹד יְיָ עָלַיִךְ נִגְלָה: לכה

Ewige, läßt hüpfen sie wie muthig Kalb, Libanon und Sirion wie junges Reëm. Die Stimme des Ewigen wirft flammenden Blitz, die Stimme des Ewigen erschüttert die Wüste, die Wüste zu Kades erschüttert der Ewige. Die Stimme des Ewigen regt auf das scheue Gewild, entblättert die Wälder — aber in seinem Pallaste spricht Alles: Majestät! Der Ewige saß zur Sündfluth auf dem Throne; der Ewige allein regiert immerdar die Welt. Der Ewige gibt seinem Volke Sieg, der Ewige segnet sein Volk mit Frieden!

Empfang des Sabbaths.

Akrostichon von R. Salomo Levi, übersetzt von L. H. Löwenstein.

Komme, Geliebter, entgegen der Braut!
Laßt uns empfangen das Antlitz des Sabbaths!
„Sollst ihn hüten, sein erwähnen*)!"
Ließ mit eins uns Gott vernehmen —
Gott ist eins mit seinem Namen
Und mit Ruhm und Pracht und Hoheit! Komme 2c.

Auf, der Sabbathruh' entgegen
Laßt uns gehn, dem Born des Segens!
Herrin schon von Anbeginn,
Schluß des Werks, im Plan das Erste! Komme 2c.

O du Königsstadt, du heil'ge,
Steig' hervor aus den Ruinen!
Hast nun lang' genug geweilt
In dem Thale der Verwirrung!
Er erbarmt sich deiner wieder! Komme 2c.

Mach dich auf, wirf ab den Staub!
O, zieh' an dein Prachtkleid, Volk!
Isai's Sohn aus Bethlehem!
Bringt Erlösung meiner Seele! Komme 2c.

Licht erscheint! — erwach', erwache!
Auf und strahle! wache, wache!
Singe Lieder! es erscheint
Dir die Herrlichkeit des Herrn! Komme 2c.

---

*) זכור ושמור בדבור אחד נאמרו Siehe Mechiltha und Midrasch Jalkut, sowie Jarchi's Komment. über Exod. 20, 8, u. vergl. diese Stelle mit Deuteron. 5, 12.

לֹא תֵבֹשִׁי וְלֹא תִכָּלְמִי · מַה תִּשְׁתּוֹחֲחִי וּמַה תֶּהֱמִי · בָּךְ
יֶחֱסוּ עֲנִיֵּי עַמִּי · וְנִבְנְתָה עִיר עַל־תִּלָּהּ: לכה

וְהָיוּ לִמְשִׁסָּה שֹׁאסָיִךְ · וְרָחֲקוּ כָּל־מְבַלְּעָיִךְ · יָשִׂישׂ עָלַיִךְ
אֱלֹהָיִךְ · כִּמְשׂוֹשׂ חָתָן עַל־כַּלָּה: לכה

יָמִין וּשְׂמֹאל תִּפְרֹצִי · וְאֶת־יְיָ תַּעֲרִיצִי · עַל יַד־אִישׁ בֶּן
פַּרְצִי · וְנִשְׂמְחָה וְנָגִילָה: לכה

בּוֹאִי בְשָׁלוֹם עֲטֶרֶת בַּעְלָהּ · גַּם בְּשִׂמְחָה וּבְצָהֳלָה ·
תּוֹךְ אֱמוּנֵי עַם סְגֻלָּה · בּוֹאִי כַלָּה · בּוֹאִי כַלָּה: לכה

צב מִזְמוֹר שִׁיר לְיוֹם הַשַּׁבָּת: טוֹב לְהֹדוֹת לַיהוָה וּלְזַמֵּר
לְשִׁמְךָ עֶלְיוֹן: לְהַגִּיד בַּבֹּקֶר חַסְדֶּךָ וֶאֱמוּנָתְךָ בַּלֵּילוֹת:
עֲלֵי־עָשׂוֹר וַעֲלֵי־נָבֶל עֲלֵי הִגָּיוֹן בְּכִנּוֹר: כִּי שִׂמַּחְתַּנִי
יְהוָה בְּפָעֳלֶךָ בְּמַעֲשֵׂי יָדֶיךָ אֲרַנֵּן: מַה־גָּדְלוּ מַעֲשֶׂיךָ יְהוָה
מְאֹד עָמְקוּ מַחְשְׁבֹתֶיךָ: אִישׁ־בַּעַר לֹא יֵדָע וּכְסִיל לֹא־
יָבִין אֶת־זֹאת: בִּפְרֹחַ רְשָׁעִים ׀ כְּמוֹ עֵשֶׂב וַיָּצִיצוּ כָּל־
פֹּעֲלֵי אָוֶן לְהִשָּׁמְדָם עֲדֵי־עַד: וְאַתָּה מָרוֹם לְעֹלָם יְהוָה:
כִּי הִנֵּה אֹיְבֶיךָ יְהוָה כִּי־הִנֵּה אֹיְבֶיךָ יֹאבֵדוּ יִתְפָּרְדוּ כָּל־
פֹּעֲלֵי אָוֶן: וַתָּרֶם כִּרְאֵים קַרְנִי בַּלֹּתִי בְּשֶׁמֶן רַעֲנָן:
וַתַּבֵּט עֵינִי בְּשׁוּרָי בַּקָּמִים עָלַי מְרֵעִים תִּשְׁמַעְנָה אָזְנָי:
צַדִּיק כַּתָּמָר יִפְרָח כְּאֶרֶז בַּלְּבָנוֹן יִשְׂגֶּה: שְׁתוּלִים בְּבֵית
יְהוָה בְּחַצְרוֹת אֱלֹהֵינוּ יַפְרִיחוּ: עוֹד יְנוּבוּן בְּשֵׂיבָה דְּשֵׁנִים

Erröthe nicht, sei nicht verschämt!
Was zagest du? was jammerst du?
In dir soll Schutz der Arme finden,
Die Stadt erstehn auf ihrem Schutte! Komme 2c.

Verderben trifft nun deine Räuber,
Entfernt sind sie, die dich verheert!
Es freut dein Gott sich deiner wieder,
Wie sich ein Bräutigam der Braut! Komme 2c.

Im Herrn frohlockend, sollst du rechts
Und links ausdehnen deine Macht
Durch jenen Mann vom Stamm des Perez*).
Und wir, wir freuen uns und jubeln! Komme 2c.

Chor.

Komme mit Frieden, du Krone des Herrn!
Komme mit Freude, mit Wonnegesang
Zu den Getreuen des theueren Volkes!
Komme, o Braut! komme, o Braut!

Komme, Geliebter, entgegen der Braut!
Laßt uns empfangen das Antlitz des Sabbaths!

(Psalm 92.) Psalmlied für den Sabbath. Schön ist es, dem Ewigen zu danken, und Deinem Namen, Höchster, zu lobsingen; des Morgens zu verkünden Deine Gnade und Deine Treue in den Nächten; mit Psalter und mit Harfe, mit Gesang zum Citherspiel. Denn Du erfreuest mich, Ewiger, durch Deine Thaten, ob Deiner Hände Werk juble ich. Wie groß sind Deine Werke, Ewiger, wie so tief Deine Gedanken! O Unvernunft, die es nicht erkennen, o Thorheit, die es nicht begreifen will. Wenn Frevler grünen wie frisches Gras und blühen die Uebelthäter alle — ihr Sturz ist unausbleiblich. Denn Du bist ewiglich erhaben, Ewiger! Sieh', Deine Feinde, Ewiger, Deine Feinde kommen um, Uebelthäter fahren hin; aber wie des Waldstiers Krone steigt mein Horn empor, mein Alter glänzt von frischem Oele. Und mein Auge schauet, was meine Widersacher, mein Ohr vernimmt, was empörte Frevler trifft. — Der Gerechte, wie die Palme blüht er, wie die Zeder am Libanon steigt er empor! Was im Hause des Ewigen stehet, was in seinem Vorhof grünet, muß noch im

*) Messias, als Nachkomme Davids. Siehe Ruth 4, 18 und folg.

לֹא תֵבֹשִׁי וְלֹא תִכָּלְמִי· מַה תִּשְׁתּוֹחֲחִי וּמַה תֶּהֱ

יֶחֱסוּ עֲנִיֵּי עַמִּי· וְנִבְנְתָה עִיר עַל־תִּלָּהּ:

וְהָיוּ לִמְשִׁסָּה שֹׁאסָיִךְ· וְרָחֲקוּ כָּל־מְבַלְּעָיִךְ·

אֱלֹהָיִךְ· כִּמְשׂוֹשׂ חָתָן עַל־כַּלָּה:

יָמִין וּשְׂמֹאל תִּפְרֹצִי· וְאֶת־יְיָ תַּעֲרִיצ

פַּרְצִי· וְנִשְׂמְחָה וְנָגִילָה:

בּוֹאִי בְשָׁלוֹם עֲטֶרֶת בַּעְלָהּ·

תּוֹךְ אֱמוּנֵי עַם סְגֻלָּה· בּוֹאִי ר

צב מִזְמוֹר שִׁיר לְיוֹם הַשַּׁבָּת

לְשִׁמְךָ עֶלְיוֹן: לְהַגִּיד בַּבֹּקֶר חַסְדֶּךָ

עֲלֵי עָשׂוֹר וַעֲלֵי־נָבֶל עֲלֵי הִגָּיוֹן בְּכִנּוֹר: כִּי שִׂ

יְהוָה בְּפָעֳלֶךָ בְּמַעֲשֵׂי יָדֶיךָ אֲרַנֵּן: מַה־גָּדְלוּ מַעֲשֶׂיךָ יְהוָה
מְאֹד עָמְקוּ מַחְשְׁבֹתֶיךָ: אִישׁ בַּעַר לֹא יֵדָע וּכְסִיל לֹא
יָבִין אֶת־זֹאת: בִּפְרֹחַ רְשָׁעִים כְּמוֹ עֵשֶׂב וַיָּצִיצוּ כָּל
פֹּעֲלֵי אָוֶן לְהִשָּׁמְדָם עֲדֵי־עַד: וְאַתָּה מָרוֹם לְעֹלָם יְהוָה:
כִּי הִנֵּה אֹיְבֶיךָ יְהוָה כִּי־הִנֵּה אֹיְבֶיךָ יֹאבֵדוּ יִתְפָּרְדוּ כָּל
פֹּעֲלֵי אָוֶן: וַתָּרֶם כִּרְאֵים קַרְנִי בַּלֹּתִי בְּשֶׁמֶן רַעֲנָן:
וַתַּבֵּט עֵינִי בְּשׁוּרָי בַּקָּמִים עָלַי מְרֵעִים תִּשְׁמַעְנָה אָזְנָי:
צַדִּיק כַּתָּמָר יִפְרָח כְּאֶרֶז בַּלְּבָנוֹן יִשְׂגֶּה: שְׁתוּלִים בְּבֵית
יְהוָה בְּחַצְרוֹת אֱלֹהֵינוּ יַפְרִיחוּ: עוֹד יְנוּבוּן בְּשֵׂיבָה דְּשֵׁנִים

höchsten Alter blühen, immer frisch und saftv…
lehren, daß der Ewige gerecht, mein Hort …

(Psalm 93.) Der Ewige ist König, …
Ewige hat sein Gewand, die Majestä…
gürtet; da stehet die Welt, und …
steht Dein Thron seitdem — D…
Wasserströme, Ewiger, erheben …
stüm, die Ströme heben die …
Fluthen Getöse brausen …
noch ist der Ewige in …
bewährt, Deinen Tem…

Be… …bbaths!

(Der Vorbet… …den Sabbath. Schön ist
ברכו Preis… …en, und Deinem Namen, Höchster, zu
den Ho… …orgens zu verkünden Deine Gnade und Deine
(Die … …n Nächten; mit Psalter und mit Harfe, mit Ge-
…m Citherspiel. Denn Du erfreuest mich, Ewiger, durch
… Thaten, ob Deiner Hände Werk juble ich. Wie groß
… Deine Werke, Ewiger, wie so tief Deine Gedanken! O
…vernunft, die es nicht erkennen, o Thorheit, die es nicht be-
greifen will. Wenn Frevler grünen wie frisches Gras und blü-
hen die Uebelthäter alle — ihr Sturz ist unausbleiblich. Denn
Du bist ewiglich erhaben, Ewiger! Sieh', Deine Feinde, Ewi-
ger, Deine Feinde kommen um, Uebelthäter fahren hin; aber
wie des Waldstiers Krone steigt mein Horn empor, mein Alter
glänzt von frischem Oele. Und mein Auge schauet, was
meine Widersacher, mein Ohr vernimmt, was empörte Frev-
ler trifft. — Der Gerechte, wie die Palme blüht er, wie
die Zeder am Libanon steigt er empor! Was im Hause des
Ewigen stehet, was in seinem Vorhof grünet, muß noch im

*) Messias, als Nachkomme Davids. Siehe Ruth 4, 18 und folg.

וְרַעֲנַנִּים יִהְיוּ׃ לְהַגִּיד כִּי־יָשָׁר יְהוָה צוּרִי וְלֹא־עַ*לָתָה בּוֹ׃ צג ק׳ יְהוָה מָלָךְ גֵּאוּת לָבֵשׁ לָבֵשׁ יְהוָה עֹז הִתְאַזָּר אַף־תִּכּוֹן תֵּבֵל בַּל־תִּמּוֹט׃ נָכוֹן כִּסְאֲךָ מֵאָז מֵעוֹלָם אָתָּה׃ נָשְׂאוּ נְהָרוֹת ׀ יְהוָה נָשְׂאוּ נְהָרוֹת קוֹלָם יִשְׂאוּ נְהָרוֹת דָּכְיָם׃ מִקֹּלוֹת ׀ מַיִם רַבִּים אַדִּירִים מִשְׁבְּרֵי־יָם אַדִּיר בַּמָּרוֹם יְהוָה׃ עֵדֹתֶיךָ ׀ נֶאֶמְנוּ מְאֹד לְבֵיתְךָ נַאֲוָה־קֹדֶשׁ יְהוָה לְאֹרֶךְ יָמִים׃

*) טפיק א׳. קדיש יתום.

סדר תפלת ערבית לשבת וי״ט.

דער פֿאָרבעטער רופֿט אויס: וועהרענד דעסען בעטעט דיא געמיינדע לייזע:

ק׳ בָּרְכוּ אֶת־יְיָ הַמְבֹרָךְ׃

קו״ס בָּרוּךְ יְיָ הַמְבֹרָךְ לְעוֹלָם וָעֶד׃

ק׳ יִתְבָּרַךְ וְיִשְׁתַּבַּח וְיִתְפָּאַר וְיִתְרוֹמַם וְיִתְנַשֵּׂא שְׁמוֹ שֶׁל מֶלֶךְ מַלְכֵי הַמְּלָכִים הַקָּדוֹשׁ בָּרוּךְ הוּא שֶׁהוּא רִאשׁוֹן וְהוּא אַחֲרוֹן וּמִבַּלְעָדָיו אֵין אֱלֹהִים סֹלּוּ לָרֹכֵב בָּעֲרָבוֹת בְּיָהּ שְׁמוֹ וְעִלְזוּ לְפָנָיו. וּשְׁמוֹ מְרוֹמָם עַל־כָּל־בְּרָכָה וּתְהִלָּה׃
בָּרוּךְ שֵׁם כְּבוֹד מַלְכוּתוֹ לְעוֹלָם וָעֶד׃
יְהִי שֵׁם יְיָ מְבֹרָךְ מֵעַתָּה וְעַד עוֹלָם׃

בָּרוּךְ אַתָּה יְיָ אֱלֹהֵינוּ מֶלֶךְ הָעוֹלָם אֲשֶׁר בִּדְבָרוֹ מַעֲרִיב עֲרָבִים בְּחָכְמָה פּוֹתֵחַ שְׁעָרִים וּבִתְבוּנָה מְשַׁנֶּה עִתִּים וּמַחֲלִיף אֶת־הַזְּמַנִּים וּמְסַדֵּר אֶת־הַכּוֹכָבִים בְּמִשְׁמְרוֹתֵיהֶם בָּרָקִיעַ כִּרְצוֹנוֹ בּוֹרֵא יוֹם וָלָיְלָה גּוֹלֵל אוֹר מִפְּנֵי־חֹשֶׁךְ

höchsten Alter blühen, immer frisch und saftvoll bleiben, und lehren, daß der Ewige gerecht, mein Hort ohn' allen Tadel sei.

(Psalm 93.) Der Ewige ist König, herrlich geschmückt; der Ewige hat sein Gewand, die Majestät, angelegt und fest umgürtet; da stehet die Welt, und wanket nie! Unerschüttert steht Dein Thron seitdem — Du selbst, von Ewigkeiten her! Wasserströme, Ewiger, erheben, Wässerström' erheben ihr Ungestüm, die Ströme heben die Wellen empor! Erhabner als der Fluthen Getöse brausen die Wogen des Weltmeers; erhabner noch ist der Ewige in den Höhen. Deine Zeugnisse sind treu bewährt, Deinen Tempel zieret Heiligkeit, o Ewiger, für und für!

Bei'm Eingang des Sabbaths.

(Der Vorbeter ruft laut:)

ברכו Preiset den Ewigen, den Hochgepriesenen!

(Die Gemeinde antwortet:)

Gepriesen sei der Ewige, der Hochgepriesene, in Ewigkeit!

(Während dessen betet die Gemeinde leise:)

Gepriesen und gerühmt, verherrlicht, hochgelobt und erhaben ist der Name des Königs aller Könige, des Heiligen, gelobt sei er! Er ist der Erste und er der Letzte, und außer ihm gibt es keinen Gott. Macht ihm Bahn, ihm, der durch die Aetherwüste fährt! sein Name ist Jah! frohlocket vor ihm! Erhaben ist sein Name über alles Lob und allen Preis. Gepriesen sei der Name seiner verherrlichten Majestät in Ewigkeit! Hochgepriesen sei der Name des Ewigen von nun an bis in Ewigkeit!

Gelobt seist Du, Ewiger, unser Gott, Weltregent, auf dessen Geheiß die Abende dämmern! In Weisheit erschließt er die Himmelspforten und mit Einsicht wechselt er die Stunden und wandelt die Zeiten; er ordnet die Sterne in Abtheilungen am Firmament nach seinem Willen; er ist Schöpfer von Tag und Nacht, rollt hinweg das Licht vor der Finsterniß

וְחֹשֶׁךְ מִפְּנֵי אוֹר · וּמַעֲבִיר יוֹם וּמֵבִיא לָיְלָה וּמַבְדִּיל בֵּין יוֹם וּבֵין לָיְלָה יְיָ צְבָאוֹת שְׁמוֹ · אֵל חַי וְקַיָּם תָּמִיד יִמְלוֹךְ עָלֵינוּ לְעוֹלָם וָעֶד · בָּרוּךְ אַתָּה יְיָ הַמַּעֲרִיב עֲרָבִים:

אַהֲבַת עוֹלָם בֵּית יִשְׂרָאֵל עַמְּךָ אָהָבְתָּ, תּוֹרָה וּמִצְוֹת חֻקִּים וּמִשְׁפָּטִים אוֹתָנוּ לִמַּדְתָּ, עַל־כֵּן יְיָ אֱלֹהֵינוּ בְּשָׁכְבֵנוּ וּבְקוּמֵנוּ נָשִׂיחַ בְּחֻקֶּיךָ, וְנִשְׂמַח בְּדִבְרֵי תוֹרָתֶךָ וּבְמִצְוֹתֶיךָ לְעוֹלָם וָעֶד, כִּי הֵם חַיֵּינוּ וְאֹרֶךְ יָמֵינוּ וּבָהֶם נֶהְגֶּה יוֹמָם וָלָיְלָה · וְאַהֲבָתְךָ אַל־תָּסִיר מִמֶּנּוּ לְעוֹלָמִים · בָּרוּךְ אַתָּה יְיָ אוֹהֵב עַמּוֹ יִשְׂרָאֵל: יחיד אומר אל מלך נאמן.

דברים ו' ד'.

שְׁמַע יִשְׂרָאֵל יְהוָה אֱלֹהֵינוּ יְהוָה אֶחָד:

בלחש בָּרוּךְ שֵׁם כְּבוֹד מַלְכוּתוֹ לְעוֹלָם וָעֶד:

וְאָהַבְתָּ אֵת יְהוָה אֱלֹהֶיךָ בְּכָל־לְבָבְךָ וּבְכָל־נַפְשְׁךָ וּבְכָל־מְאֹדֶךָ: וְהָיוּ הַדְּבָרִים הָאֵלֶּה אֲשֶׁר אָנֹכִי מְצַוְּךָ הַיּוֹם עַל־לְבָבֶךָ: וְשִׁנַּנְתָּם

und die Finsterniß vor dem Licht; so führt er hinweg den Tag und führt herbei die Nacht, und scheidet zwischen Tag und Nacht — Ewiger Zebaoth ist sein Name! Er, der Allmächtige, der ewig lebt und währt, walte über uns in Ewigkeit! Gelobt seist Du, Ewiger, der die Abende dämmern läßt!

אהבת Unendliche Liebe hast Du dem Hause Israels, Deinem Volke, erwiesen; Lehre und Gebot, Gesetze und Rechte hast Du uns gelehrt. Darum, Ewiger, unser Gott, wenn wir uns niederlegen und wenn wir aufstehen, sprechen wir von Deinen Gesetzen, und freuen uns der Worte Deiner Lehre und Deiner Gebote immerdar; denn sie sind unser Leben und die Dauer unserer Tage! in ihnen wollen wir forschen Tag und Nacht. Mögest Du uns Deine Liebe nicht entziehen in Ewigkeit! Gelobt seist Du, Ewiger, der sein Volk Israel liebt!

(V. Mos. 6, 4.)

Höre, Israel, der Ewige, unser Gott ist ein einiges ewiges Wesen!

Gelobt sei der Name seiner glorreichen Majestät immer und ewig!

Du sollst den Ewigen, deinen Gott, lieben von ganzem Herzen, von ganzer Seele und von ganzem Vermögen! Die Worte, die ich dir jetzt befehle, sollen dir stets im Herzen bleiben; du sollst sie deinen Kin-

לְבָנֶיךָ וְדִבַּרְתָּ בָּם בְּשִׁבְתְּךָ בְּבֵיתֶךָ וּבְלֶכְתְּךָ
בַדֶּרֶךְ וּבְשָׁכְבְּךָ וּבְקוּמֶךָ: וּקְשַׁרְתָּם לְאוֹת
עַל־יָדֶךָ וְהָיוּ לְטֹטָפֹת בֵּין עֵינֶיךָ: וּכְתַבְתָּם
עַל־מְזֻזוֹת בֵּיתֶךָ וּבִשְׁעָרֶיךָ:

דברים י"א י"ג

וְהָיָה אִם־שָׁמֹעַ תִּשְׁמְעוּ אֶל־מִצְוֹתַי אֲשֶׁר
אָנֹכִי מְצַוֶּה אֶתְכֶם הַיּוֹם לְאַהֲבָה אֶת־יְהוָה
אֱלֹהֵיכֶם וּלְעָבְדוֹ בְּכָל־לְבַבְכֶם וּבְכָל
נַפְשְׁכֶם: וְנָתַתִּי מְטַר־אַרְצְכֶם בְּעִתּוֹ יוֹרֶה
וּמַלְקוֹשׁ וְאָסַפְתָּ דְגָנֶךָ וְתִירֹשְׁךָ וְיִצְהָרֶךָ:
וְנָתַתִּי עֵשֶׂב בְּשָׂדְךָ לִבְהֶמְתֶּךָ וְאָכַלְתָּ
וְשָׂבָעְתָּ: הִשָּׁמְרוּ לָכֶם פֶּן־יִפְתֶּה לְבַבְכֶם
וְסַרְתֶּם וַעֲבַדְתֶּם אֱלֹהִים אֲחֵרִים וְהִשְׁתַּחֲוִיתֶם
לָהֶם: וְחָרָה אַף־יְהוָה בָּכֶם וְעָצַר אֶת־
הַשָּׁמַיִם וְלֹא־יִהְיֶה מָטָר וְהָאֲדָמָה לֹא תִתֵּן
אֶת־יְבוּלָהּ וַאֲבַדְתֶּם מְהֵרָה מֵעַל הָאָרֶץ
הַטֹּבָה אֲשֶׁר יְהוָה נֹתֵן לָכֶם: וְשַׂמְתֶּם אֶת
דְּבָרַי אֵלֶּה עַל־לְבַבְכֶם וְעַל־נַפְשְׁכֶם
וּקְשַׁרְתֶּם אֹתָם לְאוֹת עַל־יֶדְכֶם וְהָיוּ לְטוֹטָפֹת

dern einschärfen und davon reden, wenn du in deinem Hause sitzest und wenn du auf dem Wege gehest, wenn du dich niederlegst und wenn du aufstehst; binde sie zum Zeichen an deine Hand, trage sie als Stirnband zwischen deinen Augen und schreibe sie auf die Pfosten deines Hauses und an deine Thore.

(V. Mos. 11, 13.) Werdet ihr also meinen Geboten gehorchen, die ich euch jetzt gebe, den Ewigen, euern Gott, von euerm ganzen Herzen und von eurer ganzen Seele zu lieben und ihm zu dienen, so will ich euerm Lande Regen geben zur rechten Zeit, Frühregen und Spätregen, damit du dein Getreide, deinen Most und dein Oel einsammelst, und will für dein Vieh Gras wachsen lassen auf deinem Felde, daß du zu essen habest im Ueberflusse. Hütet euch aber, daß euer Herz nicht bethört werde, daß ihr etwa abfallet und andern Göttern dienet und sie anbetet! Der Zorn des Ewigen würde über euch entbrennen, er würde den Himmel verschließen, daß kein Regen sei, die Erde würde ihr Gewächs nicht hervorbringen, und ihr würdet gar bald zu Grunde gehen, fern von dem vortrefflichen Lande, das euch der Ewige geben will. Nehmet diese meine Worte euch zu Herzen und zu Gemüthe, bindet sie zum Zeichen an euere Hand und traget sie als

בין עיניכם: ולמדתם אתם את־בניכם לדבר
בם בשבתך בביתך ובלכתך בדרך ובשכבך
ובקומך: וכתבתם על־מזוזות ביתך
ובשעריך: למען ירבו ימיכם וימי בניכם
על האדמה אשר נשבע יהוה לאבתיכם
לתת להם כימי השמים על־הארץ:

במדבר ט״ו ל״ז. ויאמר יהוה אל־משה לאמר: דבר אל־
בני ישראל ואמרת אלהם ועשו להם ציצת
על־כנפי בגדיהם לדרתם ונתנו על־ציצת
הכנף פתיל תכלת: והיה לכם לציצת
וראיתם אתו וזכרתם את־כל־מצות יהוה
ועשיתם אתם ולא תתורו אחרי לבבכם
ואחרי עיניכם אשר־אתם זנים אחריהם:
למען תזכרו ועשיתם את־כל־מצותי והייתם
קדשים לאלהיכם: אני יהוה אלהיכם
אשר הוצאתי אתכם מארץ מצרים להיות
לכם לאלהים אני יהוה אלהיכם: יג לגרך אלהיכם לאמת.

אמת ואמונה כל־זאת וקים עלינו כי

Stirnband zwischen euren Augen; lehret sie eure Söhne, davon zu reden, wenn du in deinem Hause sitzest und wenn du auf dem Wege gehest, wenn du dich niederlegst und wenn du aufstehst; schreibe sie auf die Pfosten deines Hauses und an deine Thore! damit ihr und eure Kinder auf dem Erdreiche, welches der Ewige euern Vätern zugeschworen, ihnen zu geben, lange Jahre bleiben möget, solange der Himmel über der Erde sein wird.

(IV. Mos. 15, 37.) Der Ewige sprach zu Mosche wie folgt: Rede zu den Kindern Israels und sage ihnen, sie sollen, bei allen ihren Nachkommen, an die Ecken ihrer Kleider Schaufäden machen und an diese Ecken-schaufäden eine Schnur aus dunkelblauer Wolle befestigen. Diese sollen euch zu Schaufäden dienen, daß ihr sie sehet und euch aller Gebote des Ewigen erinnert und sie befolget, nicht aber euerm Herzen und euern Augen nachwandelt, die euch auf Abwege führen. Damit ihr euch all meiner Gebote erinnert und sie befolget, und ihr heilig seiet euerm Gotte. Ich bin der Ewige, euer Gott, der ich euch aus dem Lande Egypten herausgeführt, um euer Gott zu sein. Ich, der Ewige, euer Gott!

אמת Wahr ist dies Alles und bewährt, unerschüt-

הוּא יְיָ אֱלֹהֵינוּ וְאֵין זוּלָתוֹ וַאֲנַחְנוּ יִשְׂרָאֵל
עַמּוֹ הַפּוֹדֵנוּ מִיַּד־מְלָכִים מַלְכֵּנוּ הַגּוֹאֲלֵנוּ
מִכַּף כָּל־הֶעָרִיצִים הָאֵל הַנִּפְרָע לָנוּ מִצָּרֵינוּ
וְהַמְשַׁלֵּם גְּמוּל לְכָל־אֹיְבֵי נַפְשֵׁנוּ הָעֹשֶׂה
גְדֹלוֹת עַד־אֵין חֵקֶר וְנִפְלָאוֹת עַד־אֵין מִסְפָּר:
הַשָּׂם נַפְשֵׁנוּ בַּחַיִּים וְלֹא־נָתַן לַמּוֹט רַגְלֵנוּ
הַמַּדְרִיכֵנוּ עַל־בָּמוֹת אוֹיְבֵינוּ וַיָּרֶם קַרְנֵנוּ
עַל־כָּל־שׂוֹנְאֵינוּ: הָעֹשֶׂה־לָּנוּ נִסִּים וּנְקָמָה
בְּפַרְעֹה אוֹתוֹת וּמוֹפְתִים בְּאַדְמַת בְּנֵי־חָם:
הַמַּכֶּה בְעֶבְרָתוֹ כָּל־בְּכוֹרֵי מִצְרָיִם וַיּוֹצֵא
אֶת־עַמּוֹ יִשְׂרָאֵל מִתּוֹכָם לְחֵרוּת עוֹלָם:
הַמַּעֲבִיר בָּנָיו בֵּין גִּזְרֵי יַם־סוּף אֶת־
רוֹדְפֵיהֶם וְאֶת־שׂוֹנְאֵיהֶם בִּתְהוֹמוֹת טִבַּע:
וְרָאוּ בָנָיו גְּבוּרָתוֹ שִׁבְּחוּ וְהוֹדוּ לִשְׁמוֹ וּמַלְכוּתוֹ
בְּרָצוֹן קִבְּלוּ עֲלֵיהֶם מֹשֶׁה וּבְנֵי יִשְׂרָאֵל לְךָ
עָנוּ שִׁירָה בְּשִׂמְחָה רַבָּה וְאָמְרוּ כֻלָּם.

מִי־כָמֹכָה בָּאֵלִם יְהוָֹה מִי כָּמֹכָה נֶאְדָּר בַּקֹּדֶשׁ

terlich für uns! Er, der Ewige, ist unser Gott, und Keiner außer ihm, und wir sind Israel, sein Volk. Er ist es, der uns aus der Hand so mancher Regenten befreit hat; Er, unser König, der uns der Gewalt aller Tyrannen entrissen; Er, der Allmächtige, der unsere Quäler bestraft und all unseren Seelenfeinden Vergeltung erwiedert; Er, der unerforschlich große Dinge vollführt und unzählige Wunderthaten; Er ist es, der unsere Seele am Leben erhält und unseren Fuß nicht wanken läßt; Er, der uns die Höhe unserer Feinde hat besteigen lassen und der unser Glückshorn hoch erhoben über Alle, die uns gehaßt; der für uns Wunder und Rache geübt an Pharao, Zeichen und Wunderdinge im Lande der Söhne Chams; der in seinem Grimme alle Erstgebornen Egyptens schlug und aus ihrer Mitte sein Volk Israel herausführte zu ewiger Freiheit; der seine Söhne mitten durch das Schilfmeer führte, und ihre Verfolger und Feinde in den Abgrund versenkte. — Als seine Kinder diese seine Allgewalt sahen, da brachen sie in Lieder und und Lobgesänge aus und huldigten seiner Herrschaft mit freudigem Willen. — Mosche und die Kinder Israels stimmten Dir ein Loblied an mit großer Freude, und sie Alle sprachen:

„Wer ist unter den Mächten, o Ewiger, wie Du? wer ist wie Du? verherrlicht in Heiligkeit, furchtbar im

נוֹרָא תְהִלֹּת עֹשֵׂה פֶלֶא: מַלְכוּתְךָ רָאוּ בָנֶיךָ בּוֹקֵעַ יָם לִפְנֵי מֹשֶׁה זֶה אֵלִי עָנוּ וְאָמְרוּ. יְיָ יִמְלֹךְ לְעֹלָם וָעֶד: וְנֶאֱמַר כִּי פָדָה יְיָ אֶת יַעֲקֹב וּגְאָלוֹ מִיַּד חָזָק מִמֶּנּוּ. בָּרוּךְ אַתָּה יְיָ גָּאַל יִשְׂרָאֵל:

הַשְׁכִּיבֵנוּ יְיָ אֱלֹהֵינוּ לְשָׁלוֹם וְהַעֲמִידֵנוּ מַלְכֵּנוּ לְחַיִּים וּפְרוֹשׂ עָלֵינוּ סֻכַּת שְׁלוֹמֶךָ וְתַקְּנֵנוּ בְּעֵצָה טוֹבָה מִלְּפָנֶיךָ וְהוֹשִׁיעֵנוּ לְמַעַן שְׁמֶךָ וְהָגֵן בַּעֲדֵנוּ וְהָסֵר מֵעָלֵינוּ אוֹיֵב דֶּבֶר וְחֶרֶב וְרָעָב וְיָגוֹן וְהָסֵר שָׂטָן מִלְּפָנֵינוּ וּמֵאַחֲרֵינוּ וּבְצֵל כְּנָפֶיךָ תַּסְתִּירֵנוּ כִּי אֵל שׁוֹמְרֵנוּ וּמַצִּילֵנוּ אָתָּה כִּי אֵל מֶלֶךְ חַנּוּן וְרַחוּם אָתָּה וּשְׁמוֹר צֵאתֵנוּ וּבוֹאֵנוּ לְחַיִּים וּלְשָׁלוֹם מֵעַתָּה וְעַד עוֹלָם.

וּפְרוֹשׂ עָלֵינוּ סֻכַּת שְׁלוֹמֶךָ. בָּרוּךְ אַתָּה יְיָ הַפּוֹרֵשׂ סֻכַּת שָׁלוֹם עָלֵינוּ וְעַל כָּל עַמּוֹ יִשְׂרָאֵל וְעַל יְרוּשָׁלָיִם:

לשבת. (שמות ל"א י"ו.)

וְשָׁמְרוּ בְנֵי יִשְׂרָאֵל אֶת הַשַּׁבָּת לַעֲשׂוֹת אֶת הַשַּׁבָּת לְדֹרֹתָם בְּרִית עוֹלָם: בֵּינִי וּבֵין בְּנֵי יִשְׂרָאֵל

Ruhme, Wunderthäter!" Deine Herrschaft sahen Deine Kinder, als Du das Meer vor Mosche gespalten. „Dies ist mein Gott!" so stimmten sie an und sprachen:

„Der Ewige wird regieren immer und ewig!" — Und also heißt es ferner: „Ja, der Ewige hat Jakob befreit und ihn erlöst aus der Hand des Stärkern." Gelobt seist Du, Ewiger, der Israel erlöst hat.

השכיבנו Laß uns niederlegen, Ewiger, unser Gott, in Frieden, und laß uns wieder aufstehen, unser König, zum Leben; breite über uns aus die Hütte Deines Friedens, vervollkommne uns durch Deinen guten Rath, und hilf uns um Deines Namens willen. Beschütze uns, wende von uns ab Feind, Pest, Schwert, Hunger und Kummer, entferne jeden Widersacher, vor unserem Angesichte und in unserem Rücken, und birg uns unter dem Schatten Deiner Flügel; denn Du, o Gott, bist unser Hüter und Retter; Du, o Gott, bist ein gnädiger und barmherziger König! Behüte uns bei unserem Gehen und Kommen zum Leben und zum Frieden, von nun an bis in Ewigkeit. Breite über uns aus die Hütte Deines Friedens! Gelobt seist Du, Ewiger, der die Hütte des Friedens ausausbreitet über uns, über sein ganzes Volk Israel und über Jerusalem!

(Am Sabbath.)

ושמרו Die Kinder Israels sollen den Sabbath beobachten, daß sie den Sabbath bei allen ihren Nachkommen halten als einen ewigen Bund. Zwischen mir und den Kindern Israels sei er ein Zeichen für

אות הוא לעלם כי־ששת ימים עשה יהוה את־השמים ואת־הארץ וביום השביעי שבת וינפש:

לשלש רגלים (ויקרא כג מד) וידבר משה את־מעדי יהוה אל־בני ישראל:

לראש השנה (תהלים פא ד) תקעו בחדש שופר בכסה ליום חגנו: כי חק לישראל הוא משפט לאלהי יעקב:

ליום כפור (ויקרא טז ל) כי־ביום הזה יכפר עליכם לטהר אתכם מכל חטאתיכם לפני יהוה תטהרו:

הש"ץ אומר ח"ק, ואח"כ מתפללין תפלה בלחש והש"ץ אינו חוזר.

אדני שפתי תפתח ופי יגיד תהלתך:

ברוך אתה יי אלהינו ואלהי אבותינו אלהי אברהם אלהי יצחק ואלהי יעקב האל הגדול הגבור והנורא אל עליון גומל חסדים טובים וקנה הכל וזוכר חסדי אבות ומביא גואל לבני בניהם למען שמו באהבה:

אין דען צעהן בוסטאגען ווירד פאלגענדעס איינגעשאלטעט:

זכרנו לחיים מלך חפץ בחיים. וכתבנו בספר החיים למענך אלהים חיים:

מלך עוזר ומושיע ומגן. ברוך אתה יי מגן אברהם:

אתה גבור לעולם אדני מחיה מתים אתה רב להושיע:

אין ווינטער: משיב הרוח ומוריד הגשם:

מכלכל חיים בחסד מחיה מתים ברחמים רבים סומך נופלים ורופא חולים ומתיר אסורים ומקים אמונתו

ewig; denn in sechs Tagen hat der Ewige den Himmel und die Erde geschaffen, und am siebenten Tage hat er geruht und gefeiert.

(Am Peßach, Schabuoth u. Sukkoth.) וידבר Mosche machte die Feste des Ewigen den Kindern Israels bekannt.

(Am Neujahr.) תקעו Blast am Neumond die Posaune, am Feiertage unseres Festes. Es ist Gesetz in Israel, Verordnung von dem Gotte Jakobs.

(Am Versöhnungstage.) כי ביום An diesem Tage wird er euch entsühnen, euch zu reinigen; von allen euern Sünden vor dem Ewigen sollt ihr rein werden.

Herr, öffne meine Lippen, und mein Mund verkünde Deinen Ruhm!

ברוך Gelobt seist Du, Ewiger, unser Gott und Gott unserer Väter, Gott Abrahams, Gott Isaaks und Gott Jakobs; großer, mächtiger und furchtbarer Gott! Herr in den Höhen! der Wohlthaten erzeiget in Güte, als Eigenthümer des Weltalls, der gedenket der Frömmigkeit der Urväter, und ihren spätesten Enkeln einen Erlöser bringet, um seines Namens willen, in Liebe!

In den zehn Bußtagen wird Folgendes eingeschaltet:

(זכרנו Gedenke unser zum Leben, o König, der Du Wohlgefallen hast am Leben; schreibe uns ein in das Buch des Lebens, um Deinetwillen, Herr des Lebens!)

König, Helfer, Retter und Schild! – Gelobt seist Du, Ewiger, Schild Abrahams!

אתה Mächtig bist Du in Ewigkeit, o Herr! Du belebst die Todten wieder, mächtiger Retter!

Im Winter wird Folgendes eingeschaltet:

(משיב Der dem Winde zu wehen und dem Regen zu fallen gebeut.)

מכלכל Deine Gnade ernährt die Lebenden, Deine unendliche Barmherzigkeit läßt die Todten wieder aufleben! Du bist der Wankenden Stütze, der Kranken Heil und Befreier der Gefesselten! Du hältst treulich Deine Zusage Jenen, die in der

לִישֵׁנֵי עָפָר מִי כָמְוֹךָ בַּעַל גְּבוּרוֹת וּמִי דּוֹמֶה לָּךְ מֶלֶךְ מֵמִית וּמְחַיֶּה וּמַצְמִיחַ יְשׁוּעָה׃

חין רען לעטן בוכשטאבען ווירד פאלגענדעס הינצוגעזעצט.

מִי כָמְוֹךָ אַב הָרַחֲמִים זוֹכֵר יְצוּרָיו לַחַיִּים בְּרַחֲמִים.

וְנֶאֱמָן אַתָּה לְהַחֲיוֹת מֵתִים׃ בָּרוּךְ אַתָּה יְיָ מְחַיֵּה הַמֵּתִים׃

אַתָּה קָדוֹשׁ וְשִׁמְךָ קָדוֹשׁ וּקְדוֹשִׁים בְּכָל יוֹם יְהַלְלוּךָ סֶּלָה׃

בָּרוּךְ אַתָּה יְיָ הָאֵל (בע״ת הַמֶּלֶךְ) הַקָּדוֹשׁ׃

אַתָּה קִדַּשְׁתָּ אֶת יוֹם הַשְּׁבִיעִי לִשְׁמֶךָ׃ תַּכְלִית מַעֲשֵׂה שָׁמַיִם וָאָרֶץ וּבֵרַכְתּוֹ מִכָּל הַיָּמִים וְקִדַּשְׁתּוֹ מִכָּל הַזְּמַנִּים וְכֵן כָּתוּב בְּתוֹרָתֶךָ׃

וַיְכֻלּוּ הַשָּׁמַיִם וְהָאָרֶץ וְכָל־צְבָאָם׃ וַיְכַל אֱלֹהִים בַּיּוֹם הַשְּׁבִיעִי מְלַאכְתּוֹ אֲשֶׁר עָשָׂה וַיִּשְׁבֹּת בַּיּוֹם הַשְּׁבִיעִי מִכָּל־מְלַאכְתּוֹ אֲשֶׁר עָשָׂה׃ וַיְבָרֶךְ אֱלֹהִים אֶת־יוֹם הַשְּׁבִיעִי וַיְקַדֵּשׁ אֹתוֹ כִּי בוֹ שָׁבַת מִכָּל־מְלַאכְתּוֹ אֲשֶׁר־בָּרָא אֱלֹהִים לַעֲשׂוֹת׃

אֱלֹהֵינוּ וֵאלֹהֵי אֲבוֹתֵינוּ רְצֵה בִמְנוּחָתֵנוּ קַדְּשֵׁנוּ בְּמִצְוֹתֶיךָ וְתֵן חֶלְקֵנוּ בְּתוֹרָתֶךָ שַׂבְּעֵנוּ מִטּוּבֶךָ וְשַׂמְּחֵנוּ בִּישׁוּעָתֶךָ וְטַהֵר לִבֵּנוּ לְעָבְדְּךָ

Erde schlummern! Wer ist wie Du, allmächtiger Gott! Wer ist Dir ähnlich? König, der da tödtet und wieder belebet und Heil aufkeimen läßt.

In den zehn Bußtagen wird Folgendes eingeschaltet:

(מי Wer ist wie Du, Vater des Erbarmens, der seiner Geschöpfe zum Leben gedenkt in Erbarmen?!)

Deiner Verheißung getreu, belebst Du einst die Todten wieder! Gelobt seist Du, Ewiger, der die Todten belebt!

אתה Du bist heilig, heilig ist Dein Name, und Heilige preisen Dich täglich! Selah! Gelobt seist Du, Ewiger, heiliger Gott! (In den zehn Bußtagen: heiliger König!)

אתה קדשת Du hast Deinem Namen geheiligt den siebenten Tag, als das Endziel der Schöpfung von Himmel und Erde, hast ihn gesegnet vor allen Tagen und hast ihn geheiligt vor allen Festes-Zeiten — und so steht geschrieben in Deiner Lehre:

ויכלו „Und vollendet waren der Himmel und die Erde und ihr ganzes Heer. Und als Gott am siebenten Tage vollendet hatte sein Werk, das er gemacht, da ruhete er am siebenten Tage von all seinem Werke, das er gemacht. Und es segnete Gott den siebenten Tag und heiligte ihn; denn an ihm ruhete er von all seinem Werke, welches Gott geschaffen und gemacht hatte."

אלהינו Unser Gott und Gott unserer Väter, zeige Wohlgefallen an unserer Ruhe, heilige uns durch Deine Gebote und gib uns unseren Antheil an Deiner Lehre, erquicke uns mit Deiner Güte und erfreue uns durch Deine Hülfe; läutere unser Herz, Dir in Wahrheit

באמת והנחילנו יי אלהינו באהבה וברצון שבת קדשך וינוחו בה ישראל מקדשי שמך. ברוך אתה יי מקדש השבת:

רצה יי אלהינו בעמך ישראל ובתפלתם. והשב את העבודה לדביר ביתך ואשי ישראל ותפלתם באהבה תקבל ברצון ותהי לרצון תמיד עבודת ישראל עמך.

בזמן ראש חדש [illegible] וה"מ [illegible] יעלה ויבא.

אלהינו ואלהי אבותינו יעלה ויבא ויגיע ויראה וירצה וישמע ויפקד ויזכר זכרוננו ופקדוננו וזכרון אבותינו. וזכרון משיח בן דוד עבדך. וזכרון ירושלים עיר קדשך. וזכרון כל עמך בית ישראל לפניך. לפליטה לטובה לחן ולחסד ולרחמים לחיים ולשלום ביום

לר"ח ראש החדש | לפסח חג המצות | לסכות חג הסכות

הזה. זכרנו יי אלהינו בו לטובה ופקדנו בו לברכה והושיענו בו לחיים. ובדבר ישועה ורחמים. חוס וחננו. ורחם עלינו והושיענו. כי אליך עינינו. כי אל מלך חנון ורחום אתה:

ותחזינה עינינו בשובך לציון ברחמים. ברוך אתה יי המחזיר שכינתו לציון:

zu dienen, und laß uns, Ewiger, unser Gott, Deinen heiligen Sabbath in Liebe und Wohlgefallen genießen, damit an ihm ruhe Israel, das Deinen Namen heiligt! Gelobt seist Du, Ewiger, der heiligt den Sabbath!

רצה Zeige Wohlgefallen, Ewiger, unser Gott, an Deinem Volke Israel und an seinem Gebete! führe den Opferdienst wieder ein in den Chor Deines Tempels! nimm Israels Opfer — seine Gebete — in Liebe und Wohlgefallen an! O, möge Dir der Dienst Deines Volkes Israel immerdar wohlgefällig sein!

An Rosch ha-Chodesch und Chol ha-Moed wird Folgendes eingeschaltet.

אלהינו Unser Gott und Gott unserer Väter, möge aufsteigen, vor Dich kommen und zu Dir gelangen, gefällig und angenehm aufgenommen werden unser Andenken und unser Gedächtniß — das Andenken unserer Väter, das Andenken des Messias, des Sohnes Davids, Deines Knechtes, das Andenken Jerusalems, Deiner heiligen Stadt, und das Andenken Deines ganzen Volkes, des Hauses Israel — zur Rettung und zum Heile, zur Huld, zur Gnade und zum Erbarmen, zum Leben und zum Frieden, an diesem Tage des

am Rosch ha-Chodesch	am Peßach	am Sukkoth
Neumondes.	Mazzoth-Festes.	Suckoth-Festes.

Gedenke unser, Ewiger, unser Gott, zum Guten, erinnere Dich unser zum Segen und hilf uns zur Glückseligkeit! Begünstige und begnadige uns durch Verheißung von Heil und Erbarmen, erbarme Dich unser und hilf uns! — Auf Dich allein sind unsere Augen gerichtet, denn Du, o Gott, bist ein gnädiger und erbarmungsvoller König!

ותחזינה Mögen unsere Augen sehen, wenn Du mit Erbarmen nach Zion zurückkehrst! Gelobt seist Du, Ewiger, der seine Majestät einst wieder in Zion thronen läßt!

מוֹדִים אֲנַחְנוּ לָךְ שָׁאַתָּה הוּא יְיָ אֱלֹהֵינוּ וֵאלֹהֵי אֲבוֹתֵינוּ לְעוֹלָם וָעֶד צוּר חַיֵּינוּ מָגֵן יִשְׁעֵנוּ אַתָּה הוּא לְדוֹר וָדוֹר נוֹדֶה לְּךָ וּנְסַפֵּר תְּהִלָּתֶךָ עַל חַיֵּינוּ הַמְּסוּרִים בְּיָדֶךָ וְעַל נִשְׁמוֹתֵינוּ הַפְּקוּדוֹת לָךְ׃ וְעַל נִסֶּיךָ שֶׁבְּכָל יוֹם עִמָּנוּ וְעַל נִפְלְאוֹתֶיךָ וְטוֹבוֹתֶיךָ שֶׁבְּכָל עֵת עֶרֶב וָבֹקֶר וְצָהֳרָיִם׃ הַטּוֹב כִּי לֹא כָלוּ רַחֲמֶיךָ וְהַמְרַחֵם כִּי לֹא תַמּוּ חֲסָדֶיךָ מֵעוֹלָם קִוִּינוּ לָךְ׃

אין חנוכה ווירד היער על הנסים (זייטע 92) היינגעשאלטען.

וְעַל כֻּלָּם יִתְבָּרַךְ וְיִתְרוֹמַם שִׁמְךָ מַלְכֵּנוּ תָּמִיד לְעוֹלָם וָעֶד׃

אין דען נעהן בוסטאגען ווירד פאלגענדעס היינגעשאלטען:

וּכְתוֹב לְחַיִּים טוֹבִים כָּל־בְּנֵי בְרִיתֶךָ׃

וְכֹל הַחַיִּים יוֹדוּךָ סֶּלָה וִיהַלְלוּ אֶת שִׁמְךָ בֶּאֱמֶת הָאֵל יְשׁוּעָתֵנוּ וְעֶזְרָתֵנוּ סֶלָה׃ בָּרוּךְ אַתָּה יְיָ הַטּוֹב שִׁמְךָ וּלְךָ נָאֶה לְהוֹדוֹת׃

שָׁלוֹם רָב עַל־יִשְׂרָאֵל עַמְּךָ תָּשִׂים לְעוֹלָם כִּי אַתָּה הוּא מֶלֶךְ אָדוֹן לְכָל־הַשָּׁלוֹם וְטוֹב בְּעֵינֶיךָ לְבָרֵךְ אֶת־עַמְּךָ יִשְׂרָאֵל בְּכָל־עֵת וּבְכָל־שָׁעָה בִּשְׁלוֹמֶךָ׃

אין דען נעהן בוסטאגען ווירד פאלגענדעס היינגעשאלטען:

בְּסֵפֶר חַיִּים בְּרָכָה וְשָׁלוֹם וּפַרְנָסָה טוֹבָה נִזָּכֵר וְנִכָּתֵב לְפָנֶיךָ אֲנַחְנוּ וְכָל עַמְּךָ בֵּית יִשְׂרָאֵל לְחַיִּים טוֹבִים וּלְשָׁלוֹם. בָּרוּךְ אַתָּה יְיָ עוֹשֵׂה הַשָּׁלוֹם׃

בָּרוּךְ אַתָּה יְיָ הַמְבָרֵךְ אֶת־עַמּוֹ יִשְׂרָאֵל בַּשָּׁלוֹם׃

אֱלֹהַי נְצוֹר לְשׁוֹנִי מֵרָע וּשְׂפָתַי מִדַּבֵּר מִרְמָה וְלִמְקַלְלַי נַפְשִׁי תִדּוֹם וְנַפְשִׁי כֶּעָפָר לַכֹּל תִּהְיֶה׃ פְּתַח לִבִּי בְּתוֹרָתֶךָ

מודים Wir bekennen Dir, daß Du, der Ewige, unser und unserer Väter Gott bist in Ewigkeit. Du bist der Hort unseres Lebens, der Schild unseres Heils für und für! Wir danken Dir und lobpreisen Dich für unser Leben, das in Deine Hand gelegt, für unsere Seelen, die Dir anvertraut sind, für die Wunder, die Du uns tagtäglich, für die unaussprechlichen Wohlthaten, die Du uns zu jeder Zeit — Abends, Morgens und Mittags — erweisest. Allgütiger, Deine Barmherzigkeit hat keine Grenzen! Allbarmherziger, Deine Gnade geht nie zu Ende! Auf Dich hoffen wir immerdar!

(Am Chanuka wird hier על הנסים [S. 93] eingeschaltet.)

ועל Für dies Alles sei Dein Name, unser König, gelobt und hochgepriesen unaufhörlich und immerdar!

In den zehn Bußtagen wird Folgendes eingeschaltet:

(וכתוב O schreibe zum glücklichen Leben ein alle Deine Bundeskinder!)

וכל Und Alles, was lebt, soll Dir danken und preisen Deinen Namen; Allmächtiger, unser Heil und unsere Hülfe bist Du! Selah. Gelobt seist Du, Ewiger! Allgütiger ist Dein Name, und Dir allein gebühret Dank!

שלום Frieden in Fülle verleihe Deinem Volke Israel in Ewigkeit; denn Du, o König, bist der Herr alles Friedens! Möge es Dir gefallen, Dein Volk Israel zu jeder Zeit und Stunde mit Deinem Frieden zu segnen.

In den zehn Bußtagen wird Folgendes eingeschaltet:

(בספר O, laß im Buche des Lebens, des Segens, des Friedens und des ehrbaren Auskommens uns erwähnt und verzeichnet sein vor Dir, daß wir und Dein ganzes Volk Israel gelangen zu glückseligem Leben und zum Frieden. Gelobt seist Du, Ewiger, Stifter des Friedens!)

Gelobt seist Du, Ewiger, der sein Volk Israel segnet mit Frieden!

אלהי Mein Gott, bewahre meine Zunge vor Bösem, und meine Lippen vor Betrüglichreden! Laß meine Seele gegen meine Lästerer gelassen und gegen Jeden geduldig sein,* wie Staub der Erde! Erschließe mein Herz durch Deine Lehre, damit meine

וּבְמִצְוֹתֶיךָ תִּרְדּוֹף נַפְשִׁי וְכָל הַחוֹשְׁבִים עָלַי רָעָה מְהֵרָה הָפֵר עֲצָתָם וְקַלְקֵל מַחֲשַׁבְתָּם. עֲשֵׂה לְמַעַן שְׁמֶךָ. עֲשֵׂה לְמַעַן יְמִינֶךָ. עֲשֵׂה לְמַעַן קְדֻשָּׁתֶךָ. עֲשֵׂה לְמַעַן תּוֹרָתֶךָ. לְמַעַן יֵחָלְצוּן יְדִידֶיךָ הוֹשִׁיעָה יְמִינְךָ וַעֲנֵנִי: יִהְיוּ לְרָצוֹן אִמְרֵי־פִי וְהֶגְיוֹן לִבִּי לְפָנֶיךָ יְיָ צוּרִי וְגוֹאֲלִי: עוֹשֶׂה שָׁלוֹם בִּמְרוֹמָיו הוּא יַעֲשֶׂה שָׁלוֹם עָלֵינוּ וְעַל כָּל יִשְׂרָאֵל וְאִמְרוּ אָמֵן: יְהִי רָצוֹן לְפָנֶיךָ יְיָ אֱלֹהֵינוּ וֵאלֹהֵי אֲבוֹתֵינוּ שֶׁיִּבָּנֶה בֵּית הַמִּקְדָּשׁ בִּמְהֵרָה בְיָמֵינוּ וְתֵן חֶלְקֵנוּ בְּתוֹרָתֶךָ:

ושם נעבדך כיראה כימי עולם וכשנים קדמניות.
וערבה ליי מנחת יהודה וירושלים כימי עולם וכשנים קדמוניות.

דער זון ווערדערהאלט נויט וויכלו חז״ו, דאן ספריכט ער פאלגענדעס:

ח' בָּרוּךְ אַתָּה יְיָ אֱלֹהֵינוּ וֵאלֹהֵי אֲבוֹתֵינוּ אֱלֹהֵי אַבְרָהָם אֱלֹהֵי יִצְחָק וֵאלֹהֵי יַעֲקֹב הָאֵל הַגָּדוֹל הַגִּבּוֹר וְהַנּוֹרָא אֵל עֶלְיוֹן קֹנֵה שָׁמַיִם וָאָרֶץ:

ק' מָגֵן אָבוֹת בִּדְבָרוֹ מְחַיֵּה מֵתִים בְּמַאֲמָרוֹ הָאֵל (נ״א הַמֶּלֶךְ) הַקָּדוֹשׁ שֶׁאֵין כָּמוֹהוּ הַמֵּנִיחַ לְעַמּוֹ בְּיוֹם שַׁבַּת קָדְשׁוֹ כִּי בָם רָצָה לְהָנִיחַ לָהֶם לְפָנָיו נַעֲבֹד בְּיִרְאָה וָפַחַד וְנוֹדֶה לִשְׁמוֹ בְּכָל יוֹם תָּמִיד מֵעֵין הַבְּרָכוֹת אֵל הַהוֹדָאוֹת אֲדוֹן הַשָּׁלוֹם מְקַדֵּשׁ הַשַּׁבָּת וּמְבָרֵךְ שְׁבִיעִי וּמֵנִיחַ בִּקְדֻשָּׁה לְעַם מְדֻשְּׁנֵי עֹנֶג זֵכֶר לְמַעֲשֵׂה בְרֵאשִׁית:

Seele Deinen Geboten eifrig folge. Zerstöre die Pläne aller derer, die Böses wider mich sinnen und vereitle ihre Gedanken! Thue es um Deines Namens willen, thue es um Deiner Rechten, thue es um Deiner Heiligkeit, thue es um Deiner Lehre willen! Auf daß gerettet werden Deine Lieblinge, laß mir Deine Rechte beistehen und erhöre mich! Mögen wohlgefallen die Worte meines Mundes und die Gedanken meines Herzens, Dir, o Ewiger, mein Hort und mein Erlöser! — Der da Frieden stiftet in seinen Höhen, er stifte auch Frieden bei uns und bei ganz Israel! Darauf sprechet: Amen!

Möge es Dein Wille sein, o Ewiger, unser Gott und Gott unserer Väter, den heiligen Tempel bald, in unsern Tagen, wieder zu erbauen, daß Jeder seinen Antheil an Deinem Gesetze nehme!

Der Vorbeter wiederholt laut das ויכלו S. 175, dann spricht er Folgendes:

(Vorb.) ברוך Gelobt seist Du, Ewiger, unser Gott und Gott unserer Väter, Gott Abrahams, Gott Isaaks und Gott Jakobs; großer, mächtiger und furchtbarer Gott! Herr in den Höhen! Eigenthümer von Himmel und Erde! —

(Gem.) Sein Wort war der Urväter Schild, sein Geheiß belebt die Todten wieder. Der Allmächtige, (in den 10 Bußtagen: der König) der Heilige ohne gleichen, er hat seinem Volke an seinem heiligen Sabbath zu ruhen befohlen, hatte an ihnen Wohlgefallen, ihnen Erholung zu schaffen. Ihm wollen wir gehorchen mit Furcht und Zittern und seinen Namen täglich preisen, jede Zeit mit geeigneten Segensformeln. Er, der Gott des Ruhms, der Urheber des Friedens, er heiligt den Sabbath, segnet den Siebenten und gewährt heilige Erholung einem Volke, das Wonne genießt zum Andenken an das Schöpfungswerk.

(Nachdem der Vorbeter das Kaddisch gesprochen, pflegt man das nachfolgende zweite Kapitel aus dem Traktat Sabbath abzulesen. Dann folgt das Schlußgebet [Seite 129]).

ס׳ אֱלֹהֵינוּ וֵאלֹהֵי אֲבוֹתֵינוּ רְצֵה בִמְנוּחָתֵנוּ קַדְּשֵׁנוּ בְּמִצְוֹתֶיךָ וְתֵן חֶלְקֵנוּ בְּתוֹרָתֶךָ שַׂבְּעֵנוּ מִטּוּבֶךָ וְשַׂמְּחֵנוּ בִּישׁוּעָתֶךָ וְטַהֵר לִבֵּנוּ לְעָבְדְּךָ בֶּאֱמֶת וְהַנְחִילֵנוּ יְיָ אֱלֹהֵינוּ בְּאַהֲבָה וּבְרָצוֹן שַׁבַּת קָדְשֶׁךָ וְיָנוּחוּ בָהּ יִשְׂרָאֵל מְקַדְּשֵׁי שְׁמֶךָ. בָּרוּךְ אַתָּה יְיָ מְקַדֵּשׁ הַשַּׁבָּת:

ברוב הקהלות אין אומרין ב"מ לא ביו"ט שחל להיות בשבת או בעי"ט גם לא בשבת חה"מ, ובכל מקום אין אומרין אותו ביו"כ שחל להיות בשבת.

שבת פ"ב בַּמֶּה מַדְלִיקִין וּבַמָּה אֵין מַדְלִיקִין, אֵין מַדְלִיקִין לֹא בְלֶכֶשׁ וְלֹא בְחֹסֶן וְלֹא בְכָלָךְ, וְלֹא בִפְתִילַת הָאִידָן וְלֹא בִפְתִילַת הַמִּדְבָּר, וְלֹא בִירוֹקָה שֶׁעַל פְּנֵי הַמַּיִם, וְלֹא בְזֶפֶת וְלֹא בְשַׁעֲוָה, וְלֹא בְשֶׁמֶן קִיק וְלֹא בְשֶׁמֶן שְׂרֵפָה, וְלֹא בְאַלְיָה וְלֹא בְחֵלֶב. נַחוּם הַמָּדִי אוֹמֵר מַדְלִיקִין בְּחֵלֶב מְבֻשָּׁל, וַחֲכָמִים אוֹמְרִים אֶחָד מְבֻשָּׁל וְאֶחָד שֶׁאֵינוֹ מְבֻשָּׁל אֵין מַדְלִיקִין בּוֹ: (ב) אֵין מַדְלִיקִין בְּשֶׁמֶן שְׂרֵפָה בְּיוֹם טוֹב. רַבִּי יִשְׁמָעֵאל אוֹמֵר אֵין מַדְלִיקִין בְּעִטְרָן מִפְּנֵי כְבוֹד הַשַּׁבָּת. וַחֲכָמִים מַתִּירִין בְּכָל הַשְּׁמָנִים בְּשֶׁמֶן שֻׁמְשְׁמִין בְּשֶׁמֶן אֱגוֹזִים בְּשֶׁמֶן צְנוֹנוֹת בְּשֶׁמֶן דָּגִים בְּשֶׁמֶן פַּקּוּעוֹת בְּעִטְרָן וּבְנֵפְט. רַבִּי טַרְפוֹן אוֹמֵר אֵין מַדְלִיקִין אֶלָּא בְשֶׁמֶן זַיִת בִּלְבָד: (ג) כָּל הַיּוֹצֵא מִן הָעֵץ אֵין מַדְלִיקִין בּוֹ אֶלָּא פִשְׁתָּן. וְכָל הַיּוֹצֵא מִן הָעֵץ אֵינוֹ מִטַּמֵּא טֻמְאַת אֹהָלִים אֶלָּא פִשְׁתָּן. פְּתִילַת הַבֶּגֶד שֶׁקִּפְּלָהּ וְלֹא הִבְהֲבָהּ, רַבִּי אֱלִיעֶזֶר אוֹמֵר טְמֵאָה הִיא וְאֵין מַדְלִיקִין בָּהּ. רַבִּי עֲקִיבָא אוֹמֵר טְהוֹרָה הִיא, וּמַדְלִיקִין בָּהּ: (ד) לֹא יִקּוֹב אָדָם שְׁפוֹפֶרֶת שֶׁל בֵּיצָה וִימַלְּאֶנָּה שֶׁמֶן וְיִתְּנֶנָּה עַל פִּי הַנֵּר

בִּשְׁבִיל שֶׁתְּהֵא מְנַטֶּפֶת וַאֲפִילוּ הִיא שֶׁל חֶרֶס. וְרַבִּי יְהוּדָה
מַתִּיר. אֲבָל אִם חִבְּרָהּ הַיּוֹצֵר מִתְּחִלָּה מֻתָּר מִפְּנֵי שֶׁהוּא
כְּלִי אֶחָד. לֹא יְמַלֵּא אָדָם קְעָרָה שֶׁמֶן וְיִתְּנֶנָּה בְּצַד הַנֵּר
וְיִתֵּן רֹאשׁ הַפְּתִילָה בְּתוֹכָהּ בִּשְׁבִיל שֶׁתְּהֵא שׁוֹאֶבֶת. וְרַבִּי
יְהוּדָה מַתִּיר: (ה) הַמְכַבֶּה אֶת הַנֵּר מִפְּנֵי שֶׁהוּא מִתְיָרֵא
מִפְּנֵי גוֹיִם מִפְּנֵי לִסְטִים מִפְּנֵי רוּחַ רָעָה אוֹ בִשְׁבִיל הַחוֹלֶה
שֶׁיִּישַׁן, פָּטוּר. כְּחָס עַל הַנֵּר כְּחָס עַל הַשֶּׁמֶן כְּחָס עַל
הַפְּתִילָה, חַיָּב. רַבִּי יוֹסֵי פּוֹטֵר בְּכֻלָּן חוּץ מִן הַפְּתִילָה
מִפְּנֵי שֶׁהוּא עוֹשָׂה פֶּחָם: (ו) עַל שָׁלֹשׁ עֲבֵרוֹת נָשִׁים
מֵתוֹת בִּשְׁעַת לֵדָתָן, עַל שֶׁאֵינָן זְהִירוֹת, בְּנִדָּה בְּחַלָּה
וּבְהַדְלָקַת הַנֵּר: (ז) שְׁלֹשָׁה דְבָרִים צָרִיךְ אָדָם לוֹמַר
בְּתוֹךְ בֵּיתוֹ עֶרֶב שַׁבָּת עִם חֲשֵׁכָה. עִשַּׂרְתֶּם עֵרַבְתֶּם
הַדְלִיקוּ אֶת הַנֵּר. סָפֵק חֲשֵׁכָה סָפֵק אֵינָהּ חֲשֵׁכָה, אֵין
מְעַשְּׂרִין אֶת הַוַּדַּאי, וְאֵין מַטְבִּילִין אֶת הַכֵּלִים. וְאֵין
מַדְלִיקִין אֶת הַנֵּרוֹת, אֲבָל מְעַשְּׂרִין אֶת הַדְּמַאי,
וּמְעָרְבִין וְטוֹמְנִין אֶת הַחַמִּין:

אָמַר רַבִּי אֶלְעָזָר אָמַר רַבִּי חֲנִינָא. תַּלְמִידֵי חֲכָמִים
מַרְבִּים שָׁלוֹם בָּעוֹלָם: שֶׁנֶּאֱמַר וְכָל בָּנַיִךְ לִמּוּדֵי יְיָ וְרַב
שְׁלוֹם בָּנָיִךְ: אַל תִּקְרָא בָּנָיִךְ אֶלָּא בּוֹנָיִךְ: שָׁלוֹם רָב
לְאֹהֲבֵי תוֹרָתֶךָ וְאֵין לָמוֹ מִכְשׁוֹל: יְהִי־שָׁלוֹם בְּחֵילֵךְ
שַׁלְוָה בְּאַרְמְנוֹתָיִךְ: לְמַעַן אַחַי וְרֵעָי אֲדַבְּרָה־נָּא שָׁלוֹם
בָּךְ: לְמַעַן בֵּית־יְיָ אֱלֹהֵינוּ אֲבַקְשָׁה טוֹב לָךְ: יְיָ עֹז
לְעַמּוֹ יִתֵּן יְיָ יְבָרֵךְ אֶת־עַמּוֹ בַשָּׁלוֹם: עלינו, ק"י, יגדל.

דער טאטע זאגט, ווען שבת אוונט ער זיינע קינדער צו בענטשן, אנשטאט פון פריער:

צו זוהנען יְשִׂמְךָ אֱלֹהִים כְּאֶפְרַיִם וְכִמְנַשֶּׁה:

צו טעכטער יְשִׂמֵךְ אֱלֹהִים כְּשָׂרָה רִבְקָה רָחֵל וְלֵאָה:

ווען מען קומט אהיים פון דער שול נאך דעם מעריב, זאגט מען פאלגענדעס:

שָׁלוֹם עֲלֵיכֶם מַלְאֲכֵי הַשָּׁרֵת מַלְאֲכֵי עֶלְיוֹן

מִמֶּלֶךְ מַלְכֵי הַמְּלָכִים הַקָּדוֹשׁ בָּרוּךְ הוּא: ג״פ

בּוֹאֲכֶם לְשָׁלוֹם מַלְאֲכֵי הַשָּׁלוֹם מַלְאֲכֵי עֶלְיוֹן

מִמֶּלֶךְ מַלְכֵי הַמְּלָכִים הַקָּדוֹשׁ בָּרוּךְ הוּא: ג״פ

בָּרְכוּנִי לְשָׁלוֹם מַלְאֲכֵי הַשָּׁלוֹם מַלְאֲכֵי עֶלְיוֹן

מִמֶּלֶךְ מַלְכֵי הַמְּלָכִים הַקָּדוֹשׁ בָּרוּךְ הוּא: ג״פ

צֵאתְכֶם לְשָׁלוֹם מַלְאֲכֵי הַשָּׁלוֹם מַלְאֲכֵי עֶלְיוֹן

מִמֶּלֶךְ מַלְכֵי הַמְּלָכִים הַקָּדוֹשׁ בָּרוּךְ הוּא: ג״פ

כִּי מַלְאָכָיו יְצַוֶּה לָּךְ לִשְׁמָרְךָ בְּכָל דְּרָכֶיךָ:

יְיָ יִשְׁמָר צֵאתְךָ וּבוֹאֶךָ מֵעַתָּה וְעַד עוֹלָם:

נאכהער זאגט מען דיעזעס:

אֵשֶׁת חַיִל מִי יִמְצָא וְרָחֹק מִפְּנִינִים מִכְרָהּ: בָּטַח בָּהּ לֵב בַּעְלָהּ וְשָׁלָל לֹא יֶחְסָר: גְּמָלַתְהוּ טוֹב וְלֹא רָע כֹּל יְמֵי חַיֶּיהָ: דָּרְשָׁה צֶמֶר וּפִשְׁתִּים וַתַּעַשׂ בְּחֵפֶץ כַּפֶּיהָ: הָיְתָה כָּאֳנִיּוֹת סוֹחֵר מִמֶּרְחָק תָּבִיא לַחְמָהּ: וַתָּקָם בְּעוֹד לַיְלָה וַתִּתֵּן טֶרֶף לְבֵיתָהּ וְחֹק לְנַעֲרֹתֶיהָ: זָמְמָה שָׂדֶה וַתִּקָּחֵהוּ מִפְּרִי כַפֶּיהָ נָטְעָ* כָּרֶם: חָגְרָה בְעוֹז מָתְנֶיהָ וַתְּאַמֵּץ

---

*) נטעה ק׳.

An Sabbath- u. Festtagen pflegt man seine Kinder zu segnen, indem man spricht:

(Zu Söhnen.) Gott lasse dich werden wie Ephrajim und Menascheh.

(Zu Töchtern.) Gott lasse dich werden wie Sarah, Ribkah, Rachel und Leah.

Wenn man aus der Synagoge nach Hause kommt, spricht man Folgendes:

שלום Willkommen ihr Engel, ihr Diener des Höchsten, des Königs aller Könige, der Heilige gelobt sei er!

בואכם Euer Kommen sei zum Frieden mir, ihr Engel des Friedens, ihr Diener des Höchsten, des Königs aller Könige, der Heilige gelobt sei er!

ברכוני Bringt Segen mir, bringt Frieden mir! ihr Engel des Friedens! ihr Diener des Höchsten, des Königs aller Könige, der Heilige gelobt sei er!

צאתכם Euer Scheiden sei zum Frieden mir, ihr Engel des Friedens, ihr Diener des Höchsten, des Königs aller Könige, der Heilige gelobt sei er!

כי מלאכיו Seine Engel entbietet dir der Herr, dich zu behüten auf allen deinen Wegen. (Psalm 91, 11.)

ה' ישמר Der Ewige behüte dich bei deinem Gehen und Kommen, von nun an bis in Ewigkeit! (Psalm 121, 8.)

Nachher sagt man dieses:

אשת Eine brave Frau, wer sie gefunden, weit köstlicher als Perlen ist solch ein Kauf. Es traut auf sie ihres Gatten Herz, und an Erwerb mangelt es nie. Sie thut ihm Gutes, niemals Leid, alle Tage ihres Lebens. Sie sorgt für Wolle und Flachs, und regt mit Lust ihre Hände. Den Handelsschiffen gleich bringt aus der Ferne ihre Nahrung sie. Sie steht auf, da es noch Nacht ist und gibt den Bedarf ihrem Hause, Weisung ihren Mädchen. Steht ihr Sinn nach einem Felde, so kauft sie es; von eigener Hände Frucht pflanzt sie einen Weinberg. Sie gürtet mit Kraft ihre Lenden und strengt

דער טאטע מוז, ווען שבת אונד י"ט זיינע קינדער צו זעגנען, אזוי ווי מען שרייבט:

צו זיהנען: ישמך אלהים כאפרים וכמנשה:

צו טעכטערן: ישמך אלהים כשרה רבקה רחל ולאה:

ווען מאן פון דער שולע נאך הויזע קומט, זאגט מאן פאלגענדעס:

שלום עליכם מלאכי השרת מלאכי עליון
ממלך מלכי המלכים הקדוש ברוך הוא: ג"פ
בואכם לשלום מלאכי השלום מלאכי עליון
ממלך מלכי המלכים הקדוש ברוך הוא: ג"פ
ברכוני לשלום מלאכי השלום מלאכי עליון
ממלך מלכי המלכים הקדוש ברוך הוא: ג"פ
צאתכם לשלום מלאכי השלום מלאכי עליון
ממלך מלכי המלכים הקדוש ברוך הוא: ג"פ

כי מלאכיו יצוה לך לשמרך בכל דרכיך:
יי ישמר צאתך ובואך מעתה ועד עולם:

נאכהער זאגט מאן דיעזעס:

אשת חיל מי ימצא ורחק מפנינים מכרה: בטח בה לב
בעלה ושלל לא יחסר: גמלתהו טוב ולא רע כל ימי
חייה: דרשה צמר ופשתים ותעש בחפץ כפיה: היתה
כאניות סוחר ממרחק תביא לחמה: ותקם בעוד לילה
ותתן טרף לביתה וחק לנערתיה: זממה שדה ותקחהו
מפרי כפיה נטע* כרם: חגרה בעוז מתניה ותאמץ

---

*) נטעה ק'.

An Sabbath- u. Festtagen pflegt man seine Kinder zu segnen, indem man spricht:

(Zu Söhnen.) Gott lasse dich werden wie Ephrajim und Menascheh.

(Zu Töchtern.) Gott lasse dich werden wie Sarah, Ribkah, Rachel und Leah.

Wenn man aus der Synagoge nach Hause kommt, spricht man Folgendes:

שלום Willkommen ihr Engel, ihr Diener des Höchsten, des Königs aller Könige, der Heilige gelobt sei er!

בואכם Euer Kommen sei zum Frieden mir, ihr Engel des Friedens, ihr Diener des Höchsten, des Königs aller Könige, der Heilige gelobt sei er!

ברכוני Bringt Segen mir, bringt Frieden mir! ihr Engel des Friedens! ihr Diener des Höchsten, des Königs aller Könige, der Heilige gelobt sei er!

צאתכם Euer Scheiden sei zum Frieden mir, ihr Engel des Friedens, ihr Diener des Höchsten, des Königs aller Könige, der Heilige gelobt sei er!

כי מלאכיו Seine Engel entbietet dir der Herr, dich zu behüten auf allen deinen Wegen. (Psalm 91, 11.)
ה' ישמר Der Ewige behüte dich bei deinem Gehen und Kommen, von nun an bis in Ewigkeit! (Psalm 121, 8.)

Nachher sagt man dieses:

אשת Eine brave Frau, wer sie gefunden, weit köstlicher als Perlen ist solch ein Kauf. Es traut auf sie ihres Gatten Herz, und an Erwerb mangelt es nie. Sie thut ihm Gutes, niemals Leid, alle Tage ihres Lebens. Sie sorgt für Wolle und Flachs, und regt mit Lust ihre Hände. Den Handelsschiffen gleich bringt aus der Ferne ihre Nahrung sie. Sie steht auf, da es noch Nacht ist und gibt den Bedarf ihrem Hause, Weisung ihren Mädchen. Steht ihr Sinn nach einem Felde, so kauft sie es; von eigener Hände Frucht pflanzt sie einen Weinberg. Sie gürtet mit Kraft ihre Lenden und strengt

זְרוֹעֹתֶיהָ׃ טָעֲמָה כִּי־טוֹב סַחְרָהּ לֹא־יִכְבֶּה בַלַּיְל° נֵרָהּ׃
יָדֶיהָ שִׁלְּחָה בַכִּישׁוֹר וְכַפֶּיהָ תָּמְכוּ פָלֶךְ׃ כַּפָּהּ פָּרְשָׂה
לֶעָנִי וְיָדֶיהָ שִׁלְּחָה לָאֶבְיוֹן׃ לֹא־תִירָא לְבֵיתָהּ מִשָּׁלֶג כִּי
כָל־בֵּיתָהּ לָבֻשׁ שָׁנִים׃ מַרְבַדִּים עָשְׂתָה־לָּהּ שֵׁשׁ וְאַרְגָּמָן
לְבוּשָׁהּ׃ נוֹדָע בַּשְּׁעָרִים בַּעְלָהּ בְּשִׁבְתּוֹ עִם־זִקְנֵי־אָרֶץ׃
סָדִין עָשְׂתָה וַתִּמְכֹּר וַחֲגוֹר נָתְנָה לַכְּנַעֲנִי׃ עוֹז־וְהָדָר
לְבוּשָׁהּ וַתִּשְׂחַק לְיוֹם אַחֲרוֹן׃ פִּיהָ פָּתְחָה בְחָכְמָה וְתוֹרַת־
חֶסֶד עַל־לְשׁוֹנָהּ׃ צוֹפִיָּה הֵילְכוֹת* בֵּיתָהּ וְלֶחֶם עַצְלוּת לֹא
תֹאכֵל׃ קָמוּ בָנֶיהָ וַיְאַשְּׁרוּהָ בַּעְלָהּ וַיְהַלְלָהּ׃ רַבּוֹת
בָּנוֹת עָשׂוּ חָיִל וְאַתְּ עָלִית עַל־כֻּלָּנָה׃ שֶׁקֶר הַחֵן
וְהֶבֶל הַיֹּפִי אִשָּׁה יִרְאַת־יְהֹוָה הִיא תִתְהַלָּל׃ תְּנוּ־לָהּ
מִפְּרִי יָדֶיהָ וִיהַלְלוּהָ בַשְּׁעָרִים מַעֲשֶׂיהָ׃ °) בלילה ק'. *) הליכות ק'.

סדר קדוש לליל שבת.

לְשֵׁם יִחוּד קֻדְשָׁא בְּרִיךְ הוּא וּשְׁכִינְתֵּהּ בִּדְחִילוּ וּרְחִימוּ הֲרֵינִי מוּכָן וּמְזֻמָּן
לְקַיֵּם מִצְוַת עֲשֵׂה לְקַדֵּשׁ עַל הַיַּיִן כְּדִכְתִיב זָכוֹר וְשָׁמוֹר וְזָכְרֵהוּ עַל הַיַּיִן׃

בלחש וַיְהִי־עֶרֶב וַיְהִי־בֹקֶר בקול יוֹם הַשִּׁשִּׁי׃ וַיְכֻלּוּ הַשָּׁמַיִם
וְהָאָרֶץ וְכָל־צְבָאָם׃ וַיְכַל אֱלֹהִים בַּיּוֹם הַשְּׁבִיעִי מְלַאכְתּוֹ
אֲשֶׁר עָשָׂה וַיִּשְׁבֹּת בַּיּוֹם הַשְּׁבִיעִי מִכָּל־מְלַאכְתּוֹ אֲשֶׁר
עָשָׂה׃ וַיְבָרֶךְ אֱלֹהִים אֶת־יוֹם הַשְּׁבִיעִי וַיְקַדֵּשׁ אֹתוֹ כִּי
בוֹ שָׁבַת מִכָּל־מְלַאכְתּוֹ אֲשֶׁר־בָּרָא אֱלֹהִים לַעֲשׂוֹת׃

ihr Arme an; denn sie fühlt, daß ihr Gewerbe Nutzen bringt. Es verlischt des Nachts ihre Leuchte nicht; die Arme streckt sie nach dem Rocken aus und ihre Hand fasset die Spindel. — Ihre Hand öffnet sie dem Armen, ihren Arm reicht sie dem Dürftigen. — Sie fürchtet nicht den Schnee für ihr Haus, denn ihre Hausgenossen alle hüllet Doppelgewand. Teppiche bereitet sie sich, Byssus und Purpur ist ihr Gewand. — Berühmt in seinem Amte ist ihr Gatte, er sitzt bei des Landes Aeltesten. — Sie verfertigt Zeuge und verkauft und liefert Gürtel dem Kaufmann. Kraft und Würde ist ihr Gewand; vergnügt sieht sie den spätern Tagen entgegen. Ihren Mund öffnet sie mit Weisheit, milde Lehre ist auf ihrer Zunge. Sie wacht über die Wirthschaft ihres Hauses; Brod der Trägheit ißt sie nie. So stehen denn ihre Kinder auf und preisen sie, ihr Gatte rühmt sie: „Viel sind der Frauen, die sich wacker beweisen, aber Du überragst sie alle!" — Trügerisch ist die Anmuth, eitel die Schönheit, eine gottesfürchtige Frau allein — sie verdient Ruhm. Lobet sie ob der Frucht ihrer Hände. Es rühmen öffentlich sie ihre Werke.

Kiddusch bei'm Eingang des Sabbaths.

Zuvörderst spreche man das Folgende über einen vollen Becher Wein:

יהי Und es ward Abend und es ward Morgen: der sechste Tag. Und vollendet waren der Himmel und die Erde und ihr ganzes Heer. Und als Gott am siebenten Tage vollendet hatte sein Werk, das er gemacht, da ruhete er am siebenten Tage von all seinem Werke, das er gemacht. Und es segnete Gott den siebenten Tag und heiligte ihn; denn an ihm ruhete er von all seinem Werke, welches Gott geschaffen und gemacht hatte.

סברי מרנן ורבנן ורבותי

ברוך אתה יי אלהינו מלך העולם בורא פרי הגפן:

ברוך אתה יי אלהינו מלך העולם אשר קדשנו במצותיו ורצה בנו ושבת קדשו באהבה וברצון הנחילנו זכרון למעשה בראשית. כי הוא יום תחלה למקראי קדש זכר ליציאת מצרים. כי בנו בחרת ואותנו קדשת מכל העמים ושבת קדשך באהבה וברצון הנחלתנו. ברוך אתה יי מקדש השבת:

ויזהר מאוד, כבסה"י, צריך להסתיר הכוס אם קדוש מעט יין ולהניחו על השלחן עד סעודה של שחרית, ואחר הקדוש יטול ידיו ויברך על נטיל' ידים ואח"כ יברך על לחם משנ'.

ברוך אתה יי אלהינו מלך העולם המוציא לחם מן הארץ:

בליל שבת בוצעין על התחתונה שכל היום שבת ובליל י"ט בוצעין על העליונה. וטוב להניח התחתונה קרוב אליו יותר מעליונה כדי שלא יהיה מעביר על המצות. וטוב לבצוע פרוסה גדולה שתספיק לו לכל הסעודה. ואחר הסעודה ואחר שלמד ד"ת על שולחנו יאמר מזמור שיר המעלות בשוב ה' את שיבת ציון וגו', ויטול ידיו במים אחרונים. ותיקן הרב ז"ל מרחות אלו לאמרם אחר מים אחרונים: יברך בה"מ על הכוס כדינו, ומברך על היין בפה"ג ואחריו ברכ' מעין שלש כמשפט.

זמר נאה לשבת. לכמה"ר יצחק.

יום זה לישראל אורה ושמחה. שבת מנוחה: יום זה

צוית פקודים. במעמד סיני. שבת ומועדים, לשמור בכל שני. לערוך לפני, משאת וארוחה. שבת מנוחה: יום זה

חמדת הלבבות, לאמה שבורה. לנפשות נכאבות, נשמה יתרה. לנפש מצרה, יסיר אנחה. שבת מנוחה: יום זה

ברוך Gelobt seist Du, Ewiger, unser Gott, Weltregent, der die Frucht des Weinstocks erschaffen!

ברוך Gelobt seist Du, Ewiger, unser Gott, Weltregent, der uns durch seine Gebote geheiligt, an uns Wohlgefallen gefunden und liebevoll seinen heiligen Ruhetag uns beschieden hat als Andenken an das Schöpfungswerk. Ja, es steht dieser Tag obenan den heiligen Festen, zum Andenken an den Auszug aus Egypten. Denn Du hast uns auserkoren und geheiligt vor allen Völkern und Deinen heiligen Ruhetag in Liebe und Wohlgefallen uns beschieden. Gelobt seist Du, Ewiger, der heiligt den Sabbath!

Dann spreche man vor dem Genusse des Brodes:

ברוך Gelobt seist Du, Ewiger, unser Gott, Weltregent, der das Brod aus der Erde hervorkommen läßt!

קִדַּשְׁתָּ בֵּרַכְתָּ, אוֹתוֹ מִכָּל יָמִים. בְּשֵׁשֶׁת כִּלִּיתָ, מְלֶאכֶת עוֹלָמִים.
בּוֹ מָצְאוּ עֲגוּמִים, הַשְׁקֵט וּבִטְחָה. שַׁבַּת מְנוּחָה: יום זה

לְאִסּוּר מְלָאכָה, צִוִּיתָנוּ נוֹרָא. אֶזְכֶּה הוֹד מְלוּכָה, אִם שַׁבָּת אֶשְׁמוֹרָה.
אַקְרִיב שַׁי לַמּוֹרָא, מִנְחָה מֶרְקָחָה. שַׁבַּת מְנוּחָה: יום זה

חַדֵּשׁ מִקְדָּשֵׁנוּ, זָכְרָה נֶחֱרֶבֶת. טוּבְךָ מוֹשִׁיעֵנוּ, תְּנָה לַנֶּעֱצֶבֶת. בְּשַׁבָּת
יוֹשֶׁבֶת, בְּזֶמֶר וּשְׁבָחָה. שַׁבַּת מְנוּחָה: יום זה

נאָכדעם װאָס דאָ איבערגעגעבען ביז ישתבח (זייטע 62) פֿאָלגענדעס, װירד היער פֿאָרטגעפֿאָהרען.

נשמת כל חי תברך את שמך יי אלהינו׃ ורוח כל בשר תפאר ותרומם זכרך מלכנו תמיד׃ מן העולם ועד העולם אתה אל׃ ומבלעדיך אין לנו מלך גואל ומושיע פודה ומציל ומפרנס ומרחם בכל עת צרה וצוקה אין לנו מלך אלא אתה׃ אלהי הראשונים והאחרונים׃ אלוה כל בריות אדון כל תולדות המהלל ברב התשבחות המנהג עולמו בחסד ובריותיו ברחמים׃ ויי לא ינום ולא יישן׃ המעורר ישנים והמקיץ נרדמים׃ והמשיח אלמים׃ והמתיר אסורים והסומך נופלים והזוקף כפופים׃ לך לבדך אנחנו מודים׃ אלו פינו מלא שירה כים ולשוננו רנה כהמון גליו ושפתותינו שבח כמרחבי רקיע׃ ועינינו מאירות כשמש וכירח׃ וידינו פרושות כנשרי שמים׃ ורגלינו קלות כאילות׃ אין אנחנו מספיקים להודות לך יי אלהינו ואלהי

Nachdem man das Morgengebet bis ישתבח (S. 68) vollendet, wird hier fortgefahren.

נשמת Die Seele alles Lebenden lobpreise Deinen Namen, Ewiger, unser Gott, und der Geist alles Fleisches verherrliche und erhebe stets Dein Andenken, unser König. Von Ewigkeit zu Ewigkeit bist Du Gott, und außer Dir haben wir keinen König, der zu jeder Zeit der Noth und Bedrängniß uns erlöse und helfe, befreie und errette, ernähre und sich unser erbarme — einen solchen König gibt es nicht außer Dir. — Gott der Vorwelt und der Nachwelt! Gott aller Geschöpfe! Urheber alles Werdenden! der gepriesen ist durch die Fülle der Loblieder, der seine Welt in Gnade und seine Geschöpfe in Barmherzigkeit lenket; Ewiger! der nicht schläft und nicht schlummert, der die Schlafenden erweckt, die Schlummernden ermuntert und die Stummen reden macht; der die Gefesselten löset, die Fallenden stützet und die Gebeugten aufrichtet — Dir allein danken wir! — Wäre unser Mund des Liedes voll, gleich der Fülle des Meeres, unsere Zunge des Lobgesangs, gleich dem Brausen seiner Wogen, unsere Lippen voll von Preis, gleich des Himmels Unermeßlichkeit; und leuchteten unsere Augen (von der Andacht Strahl), wie Sonne und Mond, und wären unsere Hände ausgebreitet, wie des Adlers Flug gen Himmel, und unsere Füße wie Rehe schnell (zu Deinem Dienste): nimmer vermöchten wir, Dir, Ewiger, unser Gott und Gott unserer Väter, gebührend zu danken

אֲבוֹתֵינוּ. וּלְבָרֵךְ אֶת־שְׁמֶךָ. עַל־אַחַת מֵאֶלֶף
אֶלֶף אַלְפֵי אֲלָפִים וְרִבֵּי רְבָבוֹת פְּעָמִים הַטּוֹבוֹת
שֶׁעָשִׂיתָ עִם־אֲבוֹתֵינוּ וְעִמָּנוּ: מִמִּצְרַיִם גְּאַלְתָּנוּ
יְיָ אֱלֹהֵינוּ וּמִבֵּית עֲבָדִים פְּדִיתָנוּ בְּרָעָב זַנְתָּנוּ
וּבְשָׂבָע כִּלְכַּלְתָּנוּ. מֵחֶרֶב הִצַּלְתָּנוּ. וּמִדֶּבֶר
מִלַּטְתָּנוּ וּמֵחֳלָיִם רָעִים וְנֶאֱמָנִים דִּלִּיתָנוּ: עַד
הֵנָּה עֲזָרוּנוּ רַחֲמֶיךָ. וְלֹא־עֲזָבוּנוּ חֲסָדֶיךָ. וְאַל
תִּטְּשֵׁנוּ יְיָ אֱלֹהֵינוּ לָנֶצַח: עַל־כֵּן אֵבָרִים שֶׁפִּלַּגְתָּ
בָּנוּ. וְרוּחַ וּנְשָׁמָה שֶׁנָּפַחְתָּ בְּאַפֵּינוּ וְלָשׁוֹן אֲשֶׁר
שַׂמְתָּ בְּפִינוּ: הֵן הֵם יוֹדוּ וִיבָרְכוּ וִישַׁבְּחוּ וִיפָאֲרוּ
וִירוֹמְמוּ וְיַעֲרִיצוּ וְיַקְדִּישׁוּ וְיַמְלִיכוּ אֶת־שִׁמְךָ
מַלְכֵּנוּ: כִּי כָל־פֶּה לְךָ יוֹדֶה. וְכָל־לָשׁוֹן לְךָ
תִשָּׁבַע. וְכָל־בֶּרֶךְ לְךָ תִכְרַע. וְכָל־קוֹמָה
לְפָנֶיךָ תִשְׁתַּחֲוֶה. וְכָל־לְבָבוֹת יִירָאוּךָ. וְכָל
קֶרֶב וּכְלָיוֹת יְזַמְּרוּ לִשְׁמֶךָ. כַּדָּבָר שֶׁכָּתוּב כָּל
עַצְמוֹתַי תֹּאמַרְנָה יְיָ מִי כָמוֹךָ. מַצִּיל עָנִי מֵחָזָק
מִמֶּנּוּ וְעָנִי וְאֶבְיוֹן מִגֹּזְלוֹ: מִי יִדְמֶה־לָּךְ וּמִי
יִשְׁוֶה־לָּךְ וּמִי יַעֲרָךְ־לָךְ. הָאֵל הַגָּדוֹל הַגִּבּוֹר

und Deinen Namen genug zu loben auch nur für Eine der Tausende und Myriaden von Wohlthaten welche Du unseren Vätern und uns erwiesen hast. — Aus Egypten hast Du uns erlöst, Ewiger, unser Gott, und aus dem Sklavenhause uns befreit; in Hungersnoth hast Du uns gesättigt und in Fülle uns gespeist; vom Schwerte hast Du uns gerettet, vor Pest uns bewahret und aus bösen und andauernden Krankheiten uns erhoben. Bis hierher hat Deine Barmherzigkeit uns beigestanden, hat Deine Gnade uns nie verlassen, und nie wirst Du uns verstoßen, Ewiger, unser Gott, in Ewigkeit! Darum sollen die Glieder, die Du uns ertheilet, Geist und Seele, die Du uns eingehaucht, und die Zunge, die Du uns in den Mund gelegt: ja sie sollen danken und loben, preisen und rühmen, erheben und verehren, heiligen und verherrlichen Deinen Namen, unser König. Denn jeder Mund soll Dir danken, jede Zunge Dir schwören, jedes Knie Dir sich beugen, alle aufrechte Gestalt vor Dir sich niederwerfen; alle Herzen sollen Dich fürchten, und alle Gemüther und Nieren[1]) Deinem Namen lobsingen, wie geschrieben steht: „Alle meine Glieder sprechen: Ewiger, wer ist wie Du! der den Bedrängten rettet aus des Stärkeren Gewalt, den Armen und Dürftigen aus der Hand seines Räubers!“ Wer ist Dir gleich, wer Dir ähnlich, wer Dir an die Seite zu stellen, großer, allgewaltiger und furchtbarer Gott!

[1]) Biblisches Bild für das Innerste.

וְהַנּוֹרָא אֵל עֶלְיוֹן קֹנֵה שָׁמַיִם וָאָרֶץ: נְהַלֶּלְךָ וּנְשַׁבֵּחֲךָ וּנְפָאֶרְךָ וּנְבָרֵךְ אֶת־שֵׁם קָדְשֶׁךָ· כָּאָמוּר לְדָוִד בָּרְכִי נַפְשִׁי אֶת־יְיָ וְכָל־קְרָבַי אֶת־שֵׁם קָדְשׁוֹ: הָאֵל בְּתַעֲצֻמוֹת עֻזֶּךָ: הַגָּדוֹל בִּכְבוֹד שְׁמֶךָ: הַגִּבּוֹר לָנֶצַח וְהַנּוֹרָא בְּנוֹרְאוֹתֶיךָ: הַמֶּלֶךְ הַיּוֹשֵׁב עַל כִּסֵּא רָם וְנִשָּׂא:

שׁוֹכֵן עַד מָרוֹם וְקָדוֹשׁ שְׁמוֹ· וְכָתוּב רַנְּנוּ צַדִּיקִים בַּיְיָ לַיְשָׁרִים נָאוָה תְהִלָּה:

בְּפִי יְשָׁרִים תִּתְהַלָּל· וּבְדִבְרֵי צַדִּיקִים תִּתְבָּרַךְ· וּבִלְשׁוֹן חֲסִידִים תִּתְרוֹמָם· וּבְקֶרֶב קְדוֹשִׁים תִּתְקַדָּשׁ·

וּבְמַקְהֲלוֹת רִבְבוֹת עַמְּךָ בֵּית יִשְׂרָאֵל בְּרִנָּה יִתְפָּאַר שִׁמְךָ מַלְכֵּנוּ בְּכָל־דּוֹר וָדוֹר שֶׁכֵּן חוֹבַת כָּל־הַיְצוּרִים לְפָנֶיךָ יְיָ אֱלֹהֵינוּ וֵאלֹהֵי אֲבוֹתֵינוּ לְהוֹדוֹת לְהַלֵּל לְשַׁבֵּחַ לְפָאֵר לְרוֹמֵם לְהַדֵּר לְבָרֵךְ לְעַלֵּה וּלְקַלֵּס עַל כָּל דִּבְרֵי שִׁירוֹת וְתִשְׁבְּחוֹת דָּוִד בֶּן־יִשַׁי עַבְדְּךָ מְשִׁיחֶךָ:

יִשְׁתַּבַּח שִׁמְךָ לָעַד מַלְכֵּנוּ הָאֵל הַמֶּלֶךְ הַגָּדוֹל וְהַקָּדוֹשׁ בַּשָּׁמַיִם וּבָאָרֶץ כִּי לְךָ נָאֶה יְיָ אֱלֹהֵינוּ וֵאלֹהֵי אֲבוֹתֵינוּ שִׁיר וּשְׁבָחָה הַלֵּל וְזִמְרָה עֹז וּמֶמְשָׁלָה נֶצַח גְּדֻלָּה

Herr in den Höhen! Eigenthümer von Himmel und Erde! Dich wollen wir rühmen, preisen und feiern, und Deinen heiligen Namen loben, wie es heißt: Von David. Lobpreise meine Seele den Ewigen, all mein Inneres seinen heiligen Namen! Gott, allmächtig durch Deine Kraft — groß in der Herrlichkeit Deines Namens — allgewaltig in Ewigkeit und furchtbar in Deinen furchtbaren Thaten — König, der da thronet auf hohem und hochherrlichem Throne —

שוכן Bewohner der Ewigkeit, Erhabener, Heiliger ist sein Name! — Und also steht geschrieben: „Frohlocket, ihr Gerechten, in dem Ewigen, den Redlichen geziemet Lobgesang!"

Durch den Mund der Redlichen wirst Du gepriesen, und durch die Worte der Gerechten gesegnet!

Durch die Zunge der Frommen wirst Du erhoben, und in der Mitte der Heiligen geheiligt!

ובמקהלות Und in den Versammlungen der Myriaden Deines Volkes, des Hauses Israel, wird Dein Name, o König, im Jubel gepriesen, in jeglichem Geschlechte. Denn so ist es die Pflicht aller Erschaffenen, Dir, Ewiger, unser Gott und Gott unserer Väter, zu danken, Dich zu loben und zu preisen, zu rühmen und zu erheben, zu verherrlichen und zu verehren, zu feiern und zu besingen nach allen den Lieder- und Sangesweisen Davids, des Sohnes Isai, Deines Knechtes und Gesalbten.

ישתבח Gepriesen in Ewigkeit sei Dein Name, unser König, allmächtiger, großer und heiliger Regent, im Himmel und auf Erden! Ja, Dir, Ewiger, unser Gott und Gott unserer Väter, geziemet Lied und Preis, Lob und Sang, Macht und Herrschaft, Sieg, Größe und Stärke, Ruhm und Herrlichkeit,

גבורה תהלה ותפארת קדשה ומלכות ברכות והודאות מעתה ועד־עולם: ברוך אתה יי אל מלך גדול בתשבחות אל ההודאות אדון הנפלאות הבוחר בשירי זמרה מלך אל חי העולמים:

כה"ן פוטר ח"ק.

דער פֿאָרבעטער רופֿט לויט:

י ברכו את יי המברך:

ק"ץ ברוך יי המברך לעולם ועד:

ברוך אתה יי אלהינו מלך העולם יוצר אור ובורא חשך עשה שלום ובורא את הכל:

וועהרענד דעסען בעטעט דיזע געמיינדע לייזע:

ק' יתברך וישתבח ויתפאר ויתרומם ויתנשא שמו של מלך מלכי המלכים הקדוש ברוך הוא שהוא ראשון והוא אחרון ומבלעדיו אין אלהים סלו לרכב בערבות ביה שמו ועלזו לפניו. ושמו מרומם על כל ברכה ותהלה:

ברוך שם כבוד מלכותו לעולם ועד:

יהי שם יי מברך מעתה ועד עולם:

כשמוערין יוכר מוסיפין זה: אור עולם באוצר חיים אורות מאפל אמר ויהי:

אין פֿעסטטאגען, דיא אויף וואכענטאג פֿאללען, זאגט מאן המאיר לארץ (זייטע 64).

הכל יודוך והכל ישבחוך. והכל יאמרו אין קדוש כיי: הכל ירוממוך סלה יוצר הכל. האל הפותח בכל־יום דלתות שערי מזרח: ובוקע חלוני רקיע. מוציא חמה ממקומה ולבנה ממכון שבתה: ומאיר לעולם כלו וליושביו.

Heiligung und Huldigung, Lobeserhebungen und Danksagungen von nun an bis in alle Ewigkeit. Gelobt seist Du, Ewiger, allmächtiger König, groß im Ruhme, gewaltig im Lobe, Meister in Wunderwerken, waltend in Erhabenheit, der an Lobgesängen Wohlgefallen hat — Herr! Gott! Allbelebender!

(Der Vorbeter ruft laut:)

ברכו Preiset den Ewigen, den Hochgepriesenen!

(Die Gemeinde antwortet:)

Gepriesen sei der Ewige, der Hochgepriesene, in Ewigkeit!

Gelobt seist Du, Ewiger, unser Gott, Weltregent, der das Licht gebildet und die Finsterniß geschaffen, der Frieden stiftet und Alles hervorbringt.

(Während dessen betet die Gemeinde leise:)

Gepriesen und gerühmt, verherrlicht, hochgelobt und erhaben ist der Name des Königs aller Könige, des Heiligen, gelobt sei er! Er ist der Erste und er der Letzte, und außer ihm gibt es keinen Gott. Macht ihm Bahn, ihm, der durch die Aetherwüste fährt! sein Name ist Jah! frohlocket vor ihm! Erhaben ist sein Name über alles Lob und allen Preis. Gepriesen sei der Name seiner verherrlichten Majestät in Ewigkeit! Hochgepriesen sei der Name des Ewigen von nun an bis in Ewigkeit!

(Bei Einschaltung des Jozer wird Folgendes vorher gesprochen:)

אור Das ewige Licht — im Schatze des Lebens aufbewahrt — die Himmelsleuchten rief aus dem Dunkel Er hervor, und sie entstanden.

הכל יודוך Alles preiset Dich, Alles rühmet Dich, und Alles verkündet: Niemand ist so heilig wie Gott. Alles erhebet Dich — Selah! — Schöpfer des Weltalls; Allmächtiger, der jeden Tag des Ostens Pforten öffnet, und die Lichträume des Firmaments erschließt; der die Sonne hervorführt aus ihrem Orte und den Mond aus seiner bestimmten Stätte, und erleuchtet

שֶׁבָּרָא בְּמִדַּת רַחֲמִים: הַמֵּאִיר לָאָרֶץ וְלַדָּרִים
עָלֶיהָ בְּרַחֲמִים. וּבְטוּבוֹ מְחַדֵּשׁ בְּכָל־יוֹם תָּמִיד
מַעֲשֵׂה בְרֵאשִׁית: הַמֶּלֶךְ הַמְרוֹמָם לְבַדּוֹ מֵאָז.
הַמְשֻׁבָּח וְהַמְפֹאָר וְהַמִּתְנַשֵּׂא מִימוֹת עוֹלָם:
אֱלֹהֵי עוֹלָם בְּרַחֲמֶיךָ הָרַבִּים. רַחֵם עָלֵינוּ
אֲדוֹן עֻזֵּנוּ צוּר מִשְׂגַּבֵּנוּ מָגֵן יִשְׁעֵנוּ מִשְׂגָּב
בַּעֲדֵנוּ: אֵין כְּעֶרְכֶּךָ וְאֵין זוּלָתֶךָ. אֶפֶס בִּלְתֶּךָ
וּמִי דּוֹמֶה־לָּךְ: אֵין כְּעֶרְכְּךָ יְיָ אֱלֹהֵינוּ בָּעוֹלָם
הַזֶּה. וְאֵין זוּלָתְךָ מַלְכֵּנוּ לְחַיֵּי הָעוֹלָם הַבָּא:
אֶפֶס בִּלְתְּךָ גּוֹאֲלֵנוּ לִימוֹת הַמָּשִׁיחַ. וְאֵין
דּוֹמֶה־לְּךָ מוֹשִׁיעֵנוּ לִתְחִיַּת הַמֵּתִים:

אֵל אָדוֹן עַל כָּל־הַמַּעֲשִׂים. בָּרוּךְ וּמְבֹרָךְ
בְּפִי כָּל־נְשָׁמָה: גָּדְלוֹ וְטוּבוֹ מָלֵא עוֹלָם. דַּעַת
וּתְבוּנָה סוֹבְבִים אוֹתוֹ: הַמִּתְגָּאֶה עַל־חַיּוֹת
הַקֹּדֶשׁ. וְנֶהְדָּר בְּכָבוֹד עַל־הַמֶּרְכָּבָה: זְכוּת
וּמִישׁוֹר לִפְנֵי כִסְאוֹ. חֶסֶד וְרַחֲמִים לִפְנֵי כְבוֹדוֹ:

die Welt und ihre Bewohner, die er geschaffen mit Barmherzigkeit. Er spendet Licht der Erde und den auf ihr Wohnenden in Barmherzigkeit, und in seiner Güte verjünget er täglich neu das Schöpfungswerk; er, der König, unvergleichlich in seiner Hoheit von ewig her, gepriesen, gerühmt und hocherhaben, seit den Tagen der Urwelt. — Gott des Weltalls! in Deiner großen Barmherzigkeit erbarme Dich unser, Herr unserer Macht, Fels unserer Burg, Schild unseres Heiles, Schutzwehr um uns! Nichts ist Dir gleichzuachten, und nichts wäre Alles ohne Dich, vergänglich Alles außer Dir, und was ist Dir nur ähnlich? Nichts ist Dir gleichzuachten, Ewiger, unser Gott, in dieser Welt, und nichts ist Alles ohne Dich, unser König, im Leben einer künftigen Welt, vergänglich Alles außer Dir, unser Erlöser, in den Tagen des Messias, und nichts ist Dir ähnlich, unser Heil, bei'm einstigen Aufleben der Todten!

אל ארון Der Allmächtige, der Urheber aller Werke, sei gelobt und gepriesen im Munde aller Beseelten; seiner Größe, seiner Güte ist voll die Welt, Verstand und Vernunft umgeben ihn! Er prangt über den heiligen Chajoth und strahlt in Majestät über der Merkaba! — Vor seines Thrones Angesicht ist Reinheit und Geradheit, Gnade und Barmherzigkeit vor

טוֹבִים מְאוֹרוֹת שֶׁבָּרָא אֱלֹהֵינוּ • יְצָרָם בְּדַעַת
בְּבִינָה וּבְהַשְׂכֵּל: כֹּחַ וּגְבוּרָה נָתַן בָּהֶם •
לִהְיוֹת מוֹשְׁלִים בְּקֶרֶב תֵּבֵל: מְלֵאִים זִיו
וּמְפִיקִים נֹגַהּ • נָאֶה זִיוָם בְּכָל־הָעוֹלָם:
שְׂמֵחִים בְּצֵאתָם וְשָׂשִׂים בְּבוֹאָם • עוֹשִׂים
בְּאֵימָה רְצוֹן קוֹנָם: פְּאֵר וְכָבוֹד נוֹתְנִים לִשְׁמוֹ •
צָהֳלָה וְרִנָּה לְזֵכֶר מַלְכוּתוֹ: קָרָא לַשֶּׁמֶשׁ
וַיִּזְרַח־אוֹר • רָאָה וְהִתְקִין צוּרַת הַלְּבָנָה:
שֶׁבַח נוֹתְנִים־לוֹ כָּל־צְבָא מָרוֹם • תִּפְאֶרֶת
וּגְדֻלָּה שְׂרָפִים וְאוֹפַנִּים וְחַיּוֹת הַקֹּדֶשׁ:

לָאֵל אֲשֶׁר שָׁבַת מִכָּל־הַמַּעֲשִׂים בַּיּוֹם הַשְּׁבִיעִי הִתְעַלָּה
וְיָשַׁב עַל־כִּסֵּא כְבוֹדוֹ תִּפְאֶרֶת עָטָה לְיוֹם הַמְּנוּחָה עֹנֶג
קָרָא לְיוֹם הַשַּׁבָּת: זֶה שֶׁבַח שֶׁלַּיּוֹם הַשְּׁבִיעִי שֶׁבּוֹ שָׁבַת אֵל
מִכָּל־מְלַאכְתּוֹ: וְיוֹם הַשְּׁבִיעִי מְשַׁבֵּחַ וְאוֹמֵר מִזְמוֹר שִׁיר
לְיוֹם הַשַּׁבָּת טוֹב לְהוֹדוֹת לַיְיָ: לְפִיכָךְ יְפָאֲרוּ וִיבָרְכוּ לָאֵל
כָּל־יְצוּרָיו • שֶׁבַח יְקָר וּגְדֻלָּה יִתְּנוּ לָאֵל מֶלֶךְ יוֹצֵר כֹּל
הַמַּנְחִיל מְנוּחָה לְעַמּוֹ יִשְׂרָאֵל בִּקְדֻשָּׁתוֹ בְּיוֹם שַׁבַּת קֹדֶשׁ:

dem Antlitze seiner Majestät. Vollkommen sind die Leuchten, die unser Gott erschaffen; er hat sie gebildet mit Einsicht, Vernunft und Klugheit; er hat ihnen Kraft und Stärke verliehen, die Herrschaft zu führen über die ganze Erdkugel. Des Glanzes voll, strahlen sie hell umher, angenehm ist ihr Abglanz der ganzen Welt. Heiter gehen sie auf und fröhlich gehen sie unter; sie vollziehen in Ehrfurcht den Willen ihres Schöpfers; Ruhm und Ehre bringen sie seinem Namen, Jubel und Gesang zu seines Reiches Gedächtniß. Er berief die Sonne, da strahlt' es Licht; seine göttliche Einsicht bildete die Gestalt des Mondes. Lob bringt ihm das ganze himmlische Heer, Ruhm und Preis die Seraphim, Ophannim und heiligen Chajoth!

לאל Ihm, dem Allmächtigen, der gefeiert nach Vollendung seiner Schöpfung! — Am siebenten Tage erhob er sich und ließ sich auf dem Throne seiner Herrlichkeit nieder. Er schmückte feierlich den Ruhetag, und Seelenvergnügen nannte er den Sabbathtag. Das ist das Loblied des siebenten Tages, an welchem der Allmächtige gefeiert von all seinem Werke; der siebente Tag stimmet es an und ruft: „singet das Lied des Sabbathtages; schön ist es, dem Herrn zu danken!" Darum rühmen und loben den Allmächtigen alle seine Geschöpfe; Ruhm, Ehre und Verherrlichung bringen sie dem Herrn, dem Könige, dem Schöpfer des Weltalls, der in seiner Heiligkeit seinem Volke Israel Ruhe beschieden am heiligen Sabbathtage.

שִׁמְךָ יְיָ אֱלֹהֵינוּ יִתְקַדַּשׁ. וְזִכְרְךָ מַלְכֵּנוּ יִתְפָּאַר. בַּשָּׁמַיִם
מִמַּעַל וְעַל הָאָרֶץ מִתָּחַת: תִּתְבָּרַךְ מוֹשִׁיעֵנוּ עַל־שֶׁבַח
מַעֲשֵׂה יָדֶיךָ וְעַל־מְאוֹרֵי־אוֹר שֶׁעָשִׂיתָ יְפָאֲרוּךָ סֶּלָה:

תִּתְבָּרַךְ צוּרֵנוּ מַלְכֵּנוּ וְגוֹאֲלֵנוּ בּוֹרֵא קְדוֹשִׁים
יִשְׁתַּבַּח שִׁמְךָ לָעַד מַלְכֵּנוּ יוֹצֵר מְשָׁרְתִים וַאֲשֶׁר
מְשָׁרְתָיו כֻּלָּם עוֹמְדִים בְּרוּם עוֹלָם וּמַשְׁמִיעִים
בְּיִרְאָה יַחַד בְּקוֹל דִּבְרֵי אֱלֹהִים חַיִּים וּמֶלֶךְ
עוֹלָם: כֻּלָּם אֲהוּבִים כֻּלָּם בְּרוּרִים כֻּלָּם גִּבּוֹרִים
וְכֻלָּם עֹשִׂים בְּאֵימָה וּבְיִרְאָה רְצוֹן קוֹנָם וְכֻלָּם
פּוֹתְחִים אֶת־פִּיהֶם בִּקְדֻשָּׁה וּבְטָהֳרָה בְּשִׁירָה
וּבְזִמְרָה וּמְבָרְכִים וּמְשַׁבְּחִים וּמְפָאֲרִים
וּמַעֲרִיצִים וּמַקְדִּישִׁים וּמַמְלִיכִים:

אֶת־שֵׁם הָאֵל הַמֶּלֶךְ הַגָּדוֹל הַגִּבּוֹר וְהַנּוֹרָא קָדוֹשׁ הוּא:
וְכֻלָּם מְקַבְּלִים עֲלֵיהֶם עֹל מַלְכוּת שָׁמַיִם זֶה מִזֶּה. וְנוֹתְנִים
רְשׁוּת זֶה לָזֶה לְהַקְדִּישׁ לְיוֹצְרָם בְּנַחַת רוּחַ בְּשָׂפָה בְרוּרָה
וּבִנְעִימָה קְדֻשָּׁה כֻּלָּם כְּאֶחָד עוֹנִים וְאוֹמְרִים בְּיִרְאָה.

קָדוֹשׁ קָדוֹשׁ קָדוֹשׁ יְיָ צְבָאוֹת מְלֹא כָל־הָאָרֶץ כְּבוֹדוֹ:

Dein Name, Ewiger, unser Gott, sei geheiligt, und Dein Andenken, unser König, gepriesen im Himmel droben und auf der Erde hienieden. Sei gelobt Du, unser Heil, durch den Ruhm Deiner Hände Werk und durch die strahlenden Leuchten, die Du gemacht, Dich zu verherrlichen! Selah!

תתברך Sei gelobt, Du, unser Hort, unser König, unser Erlöser und Schöpfer so vieler Heiligen! ewig sei Dein Name gepriesen, unser König und Schöpfer so vieler Diener, die alle in jenen höhern Welten stehen und sämmtlich in Ehrfurcht die Befehle des lebendigen Gottes und des Weltregenten laut verkünden. Sie sind Alle lieblich, Alle auserlesen, Alle mächtig, Alle vollstrecken sie in tiefer Ehrfurcht den Befehl ihres Schöpfers, und Alle öffnen sie den Mund in Heiligkeit und Weihe zu Gesang und Lied, loben und preisen, rühmen und verehren, heiligen und verherrlichen den Namen des Allmächtigen, des großen, allvermögenden und furchtbaren Königs — heilig ist er! Alle unterziehen sie sich stufenweise den Obliegenheiten des Himmelreichs und ertheilen wechselseitig die Erlaubniß, ihren Schöpfer zu heiligen mit seligem Vergnügen. In reiner Sprache und mit Anmuth stimmen sie die Heiligung an, und rufen in Ehrfurcht, Alle wie Einer:

„Heilig, heilig, heilig ist der Ewige Zebaoth!
Voll ist die ganze Erde seiner Herrlichkeit!“

אן יעדען שבת · אדר פעסטטאגע, וואו דיעזער בענעדיקציאן אויסגעלאססע-
ן ווירד, זאגט מאן והחיות סטאטט והאופנים.

והאופנים וחיות הקדש ברעש גדול מתנשאים | והחיות ישוררו וכרבים יפארו ושרפים ירנו ואראלים יברכו פני כל חיה ואופן וכרוב

לעמת שרפים לעמתם משבחים ואומרים:

ברוך כבוד יי ממקומו:

לאל ברוך נעימות יתנו· למלך אל חי וקים זמירות יאמרו ותשבחות ישמיעו· כי הוא לבדו פועל גבורות עשה חדשות בעל מלחמות זורע צדקות מצמיח ישועות בורא רפואות נורא תהלות אדון הנפלאות המחדש בטובו בכל יום תמיד מעשה בראשית: כאמור לעשה אורים גדלים כי לעולם חסדו: אור חדש על ציון תאיר ונזכה כלנו מהרה לאורו· ברוך אתה יי יוצר המאורות:

אהבה רבה אהבתנו יי אלהינו חמלה גדולה ויתרה חמלת עלינו אבינו מלכנו בעבור אבותינו שבטחו בך ותלמדם חקי חיים כן תחננו ותלמדנו: אבינו האב הרחמן המרחם רחם עלינו ותן בלבנו להבין ולהשכיל לשמע ללמד וללמד לשמר ולעשות ולקים את כל דברי תלמוד תורתך באהבה: והאר עינינו בתורתך ודבק

An jenen Sabbath- und Festtagen, an welchen hier ein besonderes אופן eingeschaltet wird, sagt man והחיות statt והאופנים.

והאופנים Die Ophanim und heiligen Chajoth erheben sich mit mächtigem Getöse, den Seraphim zugekehrt,

והחיות Die Chajoth lobsingen, die Cherubim preisen, die Seraphim jauchzen und die Erellim benedeien; sämmtliche Antlitze von Chaja, Ophan und Cherub sind und ihnen erwiedernd, lobpreisen sie:

„Gelobt sei die Herrlichkeit Gottes, ihres Ortes!“

לאל Gott, dem Hochgelobten, weihen sie liebliche Gesänge; Gott, dem Weltgebieter, dem lebendigen und unvergänglichen, stimmen sie Loblieder an und lassen Lobsprüche ertönen. Denn er allein wirkt Gewaltiges, stiftet Neues, bewältiget Kriege, säet Wohlthaten, pflanzet Rettungsmittel, schaffet Heilkräfte — furchtbar in Ruhmesthat, Meister in Wunderdingen, der in seiner Güte täglich neu das Schöpfungswerk verjünget. Wie es heißt (Pſ. 136, 7): „Danket dem Schöpfer der großen Lichter, ewig währet seine Güte.“ — Mögest Du auch über Zion ein neues Licht strahlen lassen und wir Alle bald genießen seines Glanzes! Gelobt seist Du, Ewiger, Schöpfer der Himmelsleuchten!

אהבה Reiche Liebe hast Du uns zugewendet, Ewiger, unser Gott, große und besondere Huld uns erwiesen. Unser Vater! unser König! um unserer Urväter willen, die auf Dich vertraueten, und denen Du Gesetze des Lebens lehrtest, sei auch uns gnädig und belehre auch uns. Unser Vater, erbarmungsvoller Vater — allerbarmend, erbarme Dich unser, und rüste unser Herz aus, damit wir verstehen und begreifen, aufmerken, lernen und lehren, beobachten, ausüben und vollziehen mögen alle Worte der Lehre Deines Gesetzes in Liebe! Erleuchte unsere Augen in Deiner Lehre, befestige unser Herz

לִבֵּנוּ בְּמִצְוֹתֶיךָ וְיַחֵד לְבָבֵנוּ לְאַהֲבָה וּלְיִרְאָה שְׁמֶךָ וְלֹא
נֵבוֹשׁ לְעוֹלָם וָעֶד: כִּי בְשֵׁם קָדְשְׁךָ הַגָּדוֹל וְהַנּוֹרָא בָּטָחְנוּ
נָגִילָה וְנִשְׂמְחָה בִּישׁוּעָתֶךָ: וַהֲבִיאֵנוּ לְשָׁלוֹם מֵאַרְבַּע
כַּנְפוֹת הָאָרֶץ וְתוֹלִיכֵנוּ קוֹמְמִיּוּת לְאַרְצֵנוּ: כִּי אֵל פּוֹעֵל
יְשׁוּעוֹת אָתָּה וּבָנוּ בָחַרְתָּ מִכָּל עַם וְלָשׁוֹן וְקֵרַבְתָּנוּ לְשִׁמְךָ
הַגָּדוֹל סֶלָה בֶּאֱמֶת. לְהוֹדוֹת לְךָ וּלְיַחֶדְךָ בְּאַהֲבָה: בָּרוּךְ
אַתָּה יְיָ הַבּוֹחֵר בְּעַמּוֹ יִשְׂרָאֵל בְּאַהֲבָה: יחיד אומר אל מלך נאמן.

דברים ו׳ ד׳.

שְׁמַע יִשְׂרָאֵל יְהֹוָה אֱלֹהֵינוּ יְהֹוָה אֶחָד:

בלחש בָּרוּךְ שֵׁם כְּבוֹד מַלְכוּתוֹ לְעוֹלָם וָעֶד:

וְאָהַבְתָּ אֵת יְהֹוָה אֱלֹהֶיךָ בְּכָל־לְבָבְךָ וּבְכָל־נַפְשְׁךָ וּבְכָל־
מְאֹדֶךָ: וְהָיוּ הַדְּבָרִים הָאֵלֶּה אֲשֶׁר אָנֹכִי מְצַוְּךָ הַיּוֹם עַל־
לְבָבֶךָ: וְשִׁנַּנְתָּם לְבָנֶיךָ וְדִבַּרְתָּ בָּם בְּשִׁבְתְּךָ בְּבֵיתֶךָ
וּבְלֶכְתְּךָ בַדֶּרֶךְ וּבְשָׁכְבְּךָ וּבְקוּמֶךָ: וּקְשַׁרְתָּם לְאוֹת
עַל־יָדֶךָ וְהָיוּ לְטֹטָפֹת בֵּין עֵינֶיךָ: וּכְתַבְתָּם עַל־
מְזֻזוֹת בֵּיתֶךָ וּבִשְׁעָרֶיךָ:

דברים י״א י״ג וְהָיָה אִם־שָׁמֹעַ תִּשְׁמְעוּ אֶל־מִצְוֹתַי אֲשֶׁר אָנֹכִי מְצַוֶּה
אֶתְכֶם הַיּוֹם לְאַהֲבָה אֶת־יְהֹוָה אֱלֹהֵיכֶם וּלְעָבְדוֹ בְּכָל־
לְבַבְכֶם וּבְכָל־נַפְשְׁכֶם: וְנָתַתִּי מְטַר־אַרְצְכֶם בְּעִתּוֹ יוֹרֶה
וּמַלְקוֹשׁ וְאָסַפְתָּ דְגָנֶךָ וְתִירֹשְׁךָ וְיִצְהָרֶךָ: וְנָתַתִּי עֵשֶׂב

in Deinen Geboten und einige unser Gemüth, Deinen Namen zu lieben und zu fürchten, auf daß wir nicht zu Schanden werden für und für! Denn wir vertrauen Deinem heiligen, großen und furchtbaren Namen, frohlocken und freuen uns Deines Heils. O, bringe in Frieden uns aus den vier Enden der Erde und führe uns aufrecht in unser Land zurück! Denn ein Stifter des Heils bist Du, o Gott! und uns hast Du erkoren aus allen Völkern und Zungen, und uns Deinem großen Namen genähert, für immer, in Wahrheit, um Dir zu huldigen und Deine Einheit in Liebe anzuerkennen. Gelobt seist Du, Ewiger, der sein Volk Israel erkoren in Liebe!

(V. Mos. 6, 4.)

Höre, Israel, der Ewige, unser Gott, ist ein einiges ewiges Wesen!

Gelobt sei der Name seiner glorreichen Majestät immer und ewig!

Du sollst den Ewigen, deinen Gott, lieben von ganzem Herzen, von ganzer Seele und von ganzem Vermögen! Die Worte, die ich dir jetzt befehle, sollen dir stets im Herzen bleiben; du sollst sie deinen Kindern einschärfen und davon reden, wenn du in deinem Hause sitzest und wenn du auf dem Wege gehest, wenn du dich niederlegst und wenn du aufstehst; binde sie zum Zeichen an deine Hand, trage sie als Stirnband zwischen deinen Augen und schreibe sie auf die Pfosten deines Hauses und an deine Thore.

(V. Mos. 11, 13.) Werdet ihr also meinen Geboten gehorchen, die ich euch jetzt gebe, den Ewigen, euern Gott, von euerm ganzen Herzen und von eurer ganzen Seele zu lieben und ihm zu dienen, so will ich euerm Lande Regen geben zur rechten Zeit, Frühregen und Spätregen, damit du dein Getreide, deinen Most und dein Oel einsammelst, und will für dein Vieh

בְּשָׂדְךָ לִבְהֶמְתֶּךָ וְאָכַלְתָּ וְשָׂבָעְתָּ׃ הִשָּׁמְרוּ לָכֶם פֶּן־יִפְתֶּה לְבַבְכֶם וְסַרְתֶּם וַעֲבַדְתֶּם אֱלֹהִים אֲחֵרִים וְהִשְׁתַּחֲוִיתֶם לָהֶם׃ וְחָרָה אַף־יְהוָה בָּכֶם וְעָצַר אֶת־הַשָּׁמַיִם וְלֹא־יִהְיֶה מָטָר וְהָאֲדָמָה לֹא תִתֵּן אֶת־יְבוּלָהּ וַאֲבַדְתֶּם מְהֵרָה מֵעַל הָאָרֶץ הַטֹּבָה אֲשֶׁר יְהוָה נֹתֵן לָכֶם׃ וְשַׂמְתֶּם אֶת־דְּבָרַי אֵלֶּה עַל־לְבַבְכֶם וְעַל־נַפְשְׁכֶם וּקְשַׁרְתֶּם אֹתָם לְאוֹת עַל־יֶדְכֶם וְהָיוּ לְטוֹטָפֹת בֵּין עֵינֵיכֶם׃ וְלִמַּדְתֶּם אֹתָם אֶת־בְּנֵיכֶם לְדַבֵּר בָּם בְּשִׁבְתְּךָ בְּבֵיתֶךָ וּבְלֶכְתְּךָ בַדֶּרֶךְ וּבְשָׁכְבְּךָ וּבְקוּמֶךָ׃ וּכְתַבְתָּם עַל־מְזוּזוֹת בֵּיתֶךָ וּבִשְׁעָרֶיךָ׃ לְמַעַן יִרְבּוּ יְמֵיכֶם וִימֵי בְנֵיכֶם עַל הָאֲדָמָה אֲשֶׁר נִשְׁבַּע יְהוָה לַאֲבֹתֵיכֶם לָתֵת לָהֶם כִּימֵי הַשָּׁמַיִם עַל־הָאָרֶץ׃

במדבר ט״ו ל״ז

וַיֹּאמֶר יְהוָה אֶל־מֹשֶׁה לֵּאמֹר׃ דַּבֵּר אֶל־בְּנֵי יִשְׂרָאֵל וְאָמַרְתָּ אֲלֵהֶם וְעָשׂוּ לָהֶם צִיצִת עַל־כַּנְפֵי בִגְדֵיהֶם לְדֹרֹתָם וְנָתְנוּ עַל־צִיצִת הַכָּנָף פְּתִיל תְּכֵלֶת׃ וְהָיָה לָכֶם לְצִיצִת וּרְאִיתֶם אֹתוֹ וּזְכַרְתֶּם אֶת־כָּל־מִצְוֹת יְהוָה וַעֲשִׂיתֶם אֹתָם וְלֹא תָתוּרוּ אַחֲרֵי לְבַבְכֶם וְאַחֲרֵי עֵינֵיכֶם אֲשֶׁר־אַתֶּם זֹנִים אַחֲרֵיהֶם׃ לְמַעַן תִּזְכְּרוּ וַעֲשִׂיתֶם אֶת־כָּל־מִצְוֹתָי וִהְיִיתֶם קְדֹשִׁים לֵאלֹהֵיכֶם׃ אֲנִי יְהוָה אֱלֹהֵיכֶם אֲשֶׁר הוֹצֵאתִי אֶתְכֶם מֵאֶרֶץ מִצְרַיִם לִהְיוֹת לָכֶם לֵאלֹהִים אֲנִי יְהוָה אֱלֹהֵיכֶם׃ יש לזהר שלסמוך לאמת, שלא יתן ריוח מעט אלא יחובר כא׳.

Gras wachsen lassen auf deinem Felde, daß du zu essen habest im Ueberflusse. Hütet euch aber, daß euer Herz nicht bethört werde, daß ihr etwa abfallet und andern Göttern dienet und sie anbetet! Der Zorn des Ewigen würde über euch entbrennen, er würde den Himmel verschließen, daß kein Regen sei, die Erde würde ihr Gewächs nicht hervorbringen, und ihr würdet gar bald zu Grunde gehen, fern von dem vortrefflichen Lande, das euch der Ewige geben will. Nehmet diese meine Worte euch zu Herzen und zu Gemüthe, bindet sie zum Zeichen an eurer Hand und traget sie als Stirnband zwischen euren Augen; lehret sie eure Söhne, davon zu reden, wenn du in deinem Hause sitzest und wenn du auf dem Wege gehest, wenn du dich niederlegst und wenn du aufstehst; schreibe sie auf die Pfosten deines Hauses und an deine Thore! damit ihr und eure Kinder auf dem Erdreiche, welches der Ewige euern Vätern zugeschworen, ihnen zu geben, lange Jahre bleiben möget, solange der Himmel über der Erde sein wird.

(IV. Mos. 15, 37.) Der Ewige sprach zu Mosche wie folgt: Rede zu den Kindern Israels und sage ihnen, sie sollen, bei allen ihren Nachkommen, an die Ecken ihrer Kleider Schaufäden machen und an diese Eckenschaufäden eine Schnur aus dunkelblauer Wolle befestigen. Diese sollen euch zu Schaufäden dienen, daß ihr sie sehet und euch aller Gebote des Ewigen erinnert und sie befolget, nicht aber euerm Herzen und euern Augen nachwandelt, die euch auf Abwege führen. Damit ihr euch all meiner Gebote erinnert und sie befolget, und ihr heilig seiet euerm Gotte. Ich bin der Ewige, euer Gott, der ich euch aus dem Lande Egypten herausgeführt, um euer Gott zu sein. Ich, der Ewige, euer Gott!

אֱמֶת וְיַצִּיב וְנָכוֹן וְקַיָּם וְיָשָׁר וְנֶאֱמָן
וְאָהוּב וְחָבִיב וְנֶחְמָד וְנָעִים וְנוֹרָא
וְאַדִּיר: וּמְתֻקָּן וּמְקֻבָּל וְטוֹב וְיָפֶה
הַדָּבָר הַזֶּה עָלֵינוּ לְעוֹלָם וָעֶד אֱמֶת
אֱלֹהֵי עוֹלָם מַלְכֵּנוּ צוּר יַעֲקֹב מָגֵן
יִשְׁעֵנוּ: לְדוֹר וָדוֹר הוּא קַיָּם וּשְׁמוֹ
קַיָּם וְכִסְאוֹ נָכוֹן וּמַלְכוּתוֹ וֶאֱמוּנָתוֹ
לָעַד קַיֶּמֶת וּדְבָרָיו חָיִים וְקַיָּמִים
נֶאֱמָנִים וְנֶחֱמָדִים לָעַד וּלְעוֹלְמֵי
עוֹלָמִים עַל־אֲבוֹתֵינוּ וְעָלֵינוּ עַל־
בָּנֵינוּ וְעַל־דּוֹרוֹתֵינוּ וְעַל כָּל־דּוֹרוֹת
זֶרַע יִשְׂרָאֵל עֲבָדֶיךָ: עַל־הָרִאשׁוֹנִים
וְעַל־הָאַחֲרוֹנִים דָּבָר טוֹב וְקַיָּם
לְעוֹלָם וָעֶד: אֱמֶת וֶאֱמוּנָה חֹק וְלֹא
יַעֲבוֹר: אֱמֶת שָׁאַתָּה הוּא יְיָ אֱלֹהֵינוּ
וֵאלֹהֵי אֲבוֹתֵינוּ מַלְכֵּנוּ מֶלֶךְ אֲבוֹתֵינוּ
גּוֹאֲלֵנוּ גּוֹאֵל אֲבוֹתֵינוּ יוֹצְרֵנוּ צוּר
יְשׁוּעָתֵנוּ פּוֹדֵנוּ וּמַצִּילֵנוּ מֵעוֹלָם
שְׁמֶךָ· אֵין אֱלֹהִים זוּלָתֶךָ:

כשאומרין ואדיר אומרן כשמכנן אמת ויציב זה עד אין אלהים זולתך אבל כשמולין מסליקין רק על הראשונים.

אֱמֶת וְיַצִּיב וְנָכוֹן וְקַיָּם
וְיָשָׁר וְנֶאֱמָן וְטוֹב וְיָפֶה
הַדָּבָר הַזֶּה עַל אֲבוֹתֵינוּ
וְעָלֵינוּ עַל בָּנֵינוּ וְעַל
דּוֹרוֹתֵינוּ וְעַל כָּל־הַדּוֹרוֹת
זֶרַע יִשְׂרָאֵל עֲבָדֶיךָ:

עַל הָרִאשׁוֹנִים וְעַל
הָאַחֲרוֹנִים לְעוֹלָם וָעֶד חֹק
וְלֹא יַעֲבוֹר· אֱמֶת שָׁאַתָּה
הוּא יְיָ אֱלֹהֵינוּ וֵאלֹהֵי
אֲבוֹתֵינוּ לְעוֹלָם וָעֶד: אַתָּה
הוּא מַלְכֵּנוּ מֶלֶךְ אֲבוֹתֵינוּ
אָתָּה· לְמַעַן שִׁמְךָ מַהֵר
לְגָאֳלֵנוּ*) כַּאֲשֶׁר גָּאַלְתָּ אֶת
אֲבוֹתֵינוּ: אֱמֶת מֵעוֹלָם
שִׁמְךָ הַגָּדוֹל עָלֵינוּ נִקְרָא
בְּאַהֲבָה אֵין אֱלֹהִים זוּלָתֶךָ:

*) לגאלנו כא׳ נק"ס כמשפט לא יחפוץ לגאלך (רות ג יג).

עֶזְרַת אֲבוֹתֵינוּ אַתָּה הוּא מֵעוֹלָם מָגֵן וּמוֹשִׁיעַ לִבְנֵיהֶם
אַחֲרֵיהֶם בְּכָל־דּוֹר וָדוֹר: בְּרוּם עוֹלָם מוֹשָׁבֶךָ וּמִשְׁפָּטֶיךָ
וְצִדְקָתְךָ עַד אַפְסֵי אָרֶץ: אַשְׁרֵי אִישׁ שֶׁיִּשְׁמַע לְמִצְוֹתֶיךָ

אמת Wahr und sicher, zuverlässig und unwandelbar, richtig und wahrhaft, lieblich und angenehm, schätzbar und ergötzend, achtbar und herrlich, bewährt und erprobt, nützlich und heilsam ist dieses Wort für uns auf immer und ewig. Wahr ist es, der Weltengott ist unser König, Jakobs Fels der Schild unseres Heils! Von Geschlecht zu Geschlecht dauert er, dauert sein Name, sein Thron ist unwandelbar und sein Reich und seine Treue ewigdauernd; seine Verheißungen sind lebendig und ewigbestehend, wahrhaft und erquickend für immer und in alle Zeit und Ewigkeit — für unsere Voreltern und für uns, für unsere Kinder und für unsere Nachkommen, sowie für alle Nachkommen des Stammes Israel, Deine Knechte.

על Der Vor- und Nachwelt ist's eine wohlthätige Verheißung, sie dauert ewig: Wahrheit und Wahrhaftigkeit, ein unwandelbares Gesetz. Wahr ist's, daß Du, Ewiger, unser Gott und unserer Väter Gott bist, unser König, König unserer Väter, unser Erlöser, Erlöser unserer Väter, unser Schöpfer, Fels unseres Heils; unser Befreier und Retter war von Ewigkeit her Deine Name — kein Gott ist außer Dir!

אמת Wahr und sicher, zuverlässig und unwandelbar, richtig und wahrhaft, nützlich und heilsam ist dieses Wort für unsere Voreltern und für uns, für unsere Kinder und für unsere Nachkommen, sowie für alle Nachkommen des Stammes Israel, Deine Knechte.

על Der Vor- und Nachwelt ist's ein ewigliches, unwandelbares Gesetz. Wahr ist es, daß Du, o Ewiger, unser Gott und unserer Väter Gott bist immer und ewig; Du bist unser König, unserer Väter König Du! O eile, um Deines Namens willen, uns zu erlösen, wie Du unsere Vorfahren erlöset. Wahr ist es, daß Dein großer Name von jeher über uns genannt wird in Liebe — kein Gott ist außer Dir!

עזרת Der Beistand unserer Väter warst Du von jeher, Schild und Retter ihren nachfolgenden Söhnen in jedem Geschlecht. In Weltenhöhen ist Dein Thron, und Deine Gerichte und Deine Huld reichen bis zu der Erde Enden. Heil dem Manne, der auf Deine Gebote hört, Deine Lehre und

אֱמֶת וְיַצִּיב וְנָכוֹן וְקַיָּם וְיָשָׁר וְנֶאֱמָן וְאָהוּב וְחָבִיב וְנֶחְמָד וְנָעִים וְנוֹרָא וְאַדִּיר: וּמְתֻקָּן וּמְקֻבָּל וְטוֹב וְיָפֶה הַדָּבָר הַזֶּה עָלֵינוּ לְעוֹלָם וָעֶד אֱמֶת אֱלֹהֵי עוֹלָם מַלְכֵּנוּ צוּר יַעֲקֹב מָגֵן יִשְׁעֵנוּ: לְדוֹר וָדוֹר הוּא קַיָּם וּשְׁמוֹ קַיָּם וְכִסְאוֹ נָכוֹן וּמַלְכוּתוֹ וֶאֱמוּנָתוֹ לָעַד קַיֶּמֶת וּדְבָרָיו חָיִים וְקַיָּמִים נֶאֱמָנִים וְנֶחֱמָדִים לָעַד וּלְעוֹלְ עוֹלָמִים עַל־אֲבוֹתֵינוּ וְעָלֵינוּ עַל־בָּנֵינוּ וְעַל־דּוֹרוֹתֵינוּ וְעַל כָּל־דּוֹרוֹת זֶרַע יִשְׂרָאֵל עֲבָדֶיךָ: עַל־הָרִאשׁוֹנִים וְעַל־הָאַחֲרוֹנִים דָּבָר טוֹב וְקַיָּם לְעוֹלָם וָעֶד: אֱמֶת וֶאֱמוּנָה חֹק וְלֹא יַעֲבוֹר: אֱמֶת שָׁאַתָּה הוּא יְיָ אֱלֹהֵינוּ וֵאלֹהֵי אֲבוֹתֵינוּ מַלְכֵּנוּ מֶלֶךְ אֲבוֹתֵינוּ גּוֹאֲלֵנוּ גּוֹאֵל אֲבוֹתֵינוּ יוֹצְרֵנוּ צוּר יְשׁוּעָתֵנוּ פּוֹדֵנוּ וּמַצִּילֵנוּ מֵעוֹלָם שְׁמֶךָ· אֵין אֱלֹהִים זוּלָתֶךָ:

כמשוערין וולד׳ במטכנן אמת וי׳ סין סלסים זולי מסליפין רק אֱמֶת וְ וְיָשָׁר הַדָּבָ וְעָ

וְלֹא יַעֲבוֹר· הוּא יְיָ אֱלֹהֵינוּ וֵא אֲבוֹתֵינוּ לְעוֹלָם וָעֶד: אַתָּה הוּא מַלְכֵּנוּ מֶלֶךְ אֲבוֹתֵינוּ אָתָּה· לְמַעַן שְׁמְךָ מַהֵר לְגָאֳלֵנוּ*) כַּאֲשֶׁר גָּאַלְתָּ אֶת אֲבוֹתֵינוּ: אֱמֶת מֵעוֹלָם שִׁמְךָ הַגָּדוֹל עָלֵינוּ נִקְרָא בְּאַהֲבָה אֵין אֱלֹהִים זוּלָתֶךָ:

*) לגאלנו כא׳ בק״ם במטפט לא יספון לגאל (רות ג יג).

עֶזְרַת אֲבוֹתֵינוּ אַתָּה הוּא מֵעוֹלָם מָגֵן וּמוֹשִׁיעַ לִבְנֵיהֶם אַחֲרֵיהֶם בְּכָל־דּוֹר וָדוֹר: בְּרוּם עוֹלָם מוֹשָׁבֶךָ וּמִשְׁפָּטֶיךָ וְצִדְקָתְךָ עַד אַפְסֵי אָרֶץ: אַשְׁרֵי אִישׁ שֶׁיִּשְׁמַע לְמִצְוֹתֶיךָ

Dein Wort sich zu Herzen nimmt! Es ist ...
bist Herr Deines Volkes, ein mächtiger ...
zu führen! Es ist wahr, Du allein bi...
der Letzte, und außer Dir haben ...
Erlöser, noch Erretter! Aus Eg...
Ewiger, unser Gott, und aus d...
die Erstgebornen Jener hast Du ...
erlöst; das Schilfmeer hast ...
die Lieblinge hindurchgefü...
ihre Verfolger, daß nic...
lobsangen die Geliebt...
Lieblinge weiheten ...
und Danksagungen ...
gänglichen Welter...
bar ist, der d...
der die Gese... ...e Kin-
beisteht un... ...chkommen, sowie
Lob sei i... ...men des Stammes Is-
und ... Knechte.
Dir ... Der Vor- und Nachwelt ist's eine
...thätige Verheißung, sie dauert ewig:
Wahrheit und Wahrhaftigkeit, ein unwan-
delbares Gesetz. Wahr ist's, daß Du, Ewiger,
unser Gott und unserer Väter Gott bist,
unser König, König unserer Väter, unser
Erlöser, Erlöser unserer Väter, unser
Schöpfer, Fels unseres Heils; unser Be-
freier und Retter war von Ewigkeit her
Deine Name — kein Gott ist außer Dir!

...s ... s und ... richtig ... nützlich ... ist die- ... für unsere ... und für ... unsere Kin- ... für unsere ... men, sowie ... e Nachkommen ... tammes Israel, ... e Knechte.

...o Der Vor- und ...chwelt ist's ein ewigliches, unwandelbares Gesetz. Wahr ist es, daß Du, o Ewiger, unser Gott und unserer Väter Gott bist immer und ewig; Du bist unser König, unserer Väter König Du! O eile, um Deines Namens willen, uns zu erlösen, wie Du unsere Vorfahren erlöst. Wahr ist es, daß Dein großer Name von jeher über uns genannt wird in Liebe — kein Gott ist außer Dir!

עזרת Der Beistand unserer Väter warst Du von jeher, Schild und Retter ihren nachfolgenden Söhnen in jedem Geschlecht. In Weltenhöhen ist Dein Thron, und Deine Gerichte und Deine Huld reichen bis zu der Erde Enden. Heil dem Manne, der auf Deine Gebote hört, Deine Lehre und

וְתוֹרָתְךָ וּדְבָרְךָ יָשִׂים עַל לִבּוֹ: אֱמֶת אַתָּה הוּא אָדוֹן לְעַמֶּךָ וּמֶלֶךְ גִּבּוֹר לָרִיב רִיבָם: אֱמֶת אַתָּה הוּא רִאשׁוֹן וְאַתָּה הוּא אַחֲרוֹן וּמִבַּלְעָדֶיךָ אֵין לָנוּ מֶלֶךְ גּוֹאֵל וּמוֹשִׁיעַ: מִמִּצְרַיִם גְּאַלְתָּנוּ יְיָ אֱלֹהֵינוּ וּמִבֵּית עֲבָדִים פְּדִיתָנוּ: כָּל־בְּכוֹרֵיהֶם הָרַגְתָּ וּבְכוֹרְךָ גָּאָלְתָּ וְיַם־סוּף בָּקַעְתָּ וְזֵדִים טִבַּעְתָּ וִידִידִים הֶעֱבַרְתָּ וַיְכַסּוּ מַיִם צָרֵיהֶם אֶחָד מֵהֶם לֹא נוֹתָר: עַל־זֹאת שִׁבְּחוּ אֲהוּבִים וְרוֹמְמוּ אֵל וְנָתְנוּ יְדִידִים זְמִירוֹת שִׁירוֹת וְתִשְׁבָּחוֹת בְּרָכוֹת וְהוֹדָאוֹת לְמֶלֶךְ אֵל חַי וְקַיָּם: רָם וְנִשָּׂא גָּדוֹל וְנוֹרָא מַשְׁפִּיל גֵּאִים וּמַגְבִּיהַּ שְׁפָלִים מוֹצִיא אֲסִירִים וּפוֹדֶה עֲנָוִים וְעוֹזֵר דַּלִּים וְעוֹנֶה לְעַמּוֹ בְּעֵת שַׁוְּעָם אֵלָיו: תְּהִלּוֹת לְאֵל עֶלְיוֹן בָּרוּךְ הוּא וּמְבֹרָךְ. מֹשֶׁה וּבְנֵי יִשְׂרָאֵל לְךָ עָנוּ שִׁירָה בְּשִׂמְחָה רַבָּה וְאָמְרוּ כֻלָּם:

מִי־כָמֹכָה בָּאֵלִם יְהֹוָה מִי כָּמֹכָה נֶאְדָּר בַּקֹּדֶשׁ נוֹרָא תְהִלֹּת עֹשֵׂה פֶלֶא: שִׁירָה חֲדָשָׁה שִׁבְּחוּ גְאוּלִים לְשִׁמְךָ עַל־שְׂפַת הַיָּם יַחַד כֻּלָּם הוֹדוּ וְהִמְלִיכוּ וְאָמְרוּ. יְהֹוָה יִמְלֹךְ לְעֹלָם וָעֶד:

צוּר יִשְׂרָאֵל קוּמָה בְּעֶזְרַת יִשְׂרָאֵל וּפְדֵה כִנְאֻמֶךָ יְהוּדָה וְיִשְׂרָאֵל. (גֹּאֲלֵנוּ יְיָ צְבָאוֹת שְׁמוֹ קְדוֹשׁ יִשְׂרָאֵל.) בָּרוּךְ אַתָּה יְיָ גָּאַל יִשְׂרָאֵל:

Dein Wort sich zu Herzen nimmt! Es ist wahr, Du allein bist Herr Deines Volkes, ein mächtiger König, ihre Sache zu führen! Es ist wahr, Du allein bist der Erste, Du allein der Letzte, und außer Dir haben wir weder König, noch Erlöser, noch Erretter! Aus Egypten hast Du uns erlöst, Ewiger, unser Gott, und aus dem Sklavenhause uns befreit; die Erstgebornen Jener hast Du getödtet und Deine Erstgebornen erlöst; das Schilfmeer hast Du getheilt, die Frevler versenkt, die Lieblinge hindurchgeführt, und die Fluthen verschlangen ihre Verfolger, daß nicht Einer von ihnen entkam. Darob lobsangen die Geliebten, erhoben den Allmächtigen und die Lieblinge weiheten Lieder, Gesänge und Psalmen, Lobsprüche und Danksagungen dem allmächtigen, lebendigen und unvergänglichen Weltenherrn, der hoch und erhaben, groß und furchtbar ist, der die Stolzen beuget und die Gebeugten aufrichtet, der die Gefesselten löset und die Bedrückten befreit, den Armen beisteht und seinem Volke antwortet, wenn es zu ihm ruft. Lob sei ihm, dem Allmächtigen, Allerhöchsten! gelobt sei er und hochgepriesen! Mosche und die Kinder Israels stimmten Dir ein Lied an mit großer Freude, und sie Alle sprachen:

מי „Wer ist unter den Mächten, o Ewiger, wie Du? wer ist wie Du? verherrlicht in Heiligkeit, furchtbar im Ruhme, Wunderthäter!" Ein neues Lied sangen die Erlösten Deinem Namen am Ufer des Meeres; einmüthig dankten sie Alle, und huldigend sprachen sie: „Der Ewige wird regieren immer und ewig!"

צור O Fels Israels, mache Dich auf zur Hülfe Israels und befreie, nach Deiner Verheißung, Jehuda und Israel! (Unser Erlöser, Ewiger Zebaoth ist sein Name, der Heilige Israels!) Gelobt seist Du, Ewiger, der Israel erlöst hat!

אֲדֹנָי שְׂפָתַי תִּפְתָּח וּפִי יַגִּיד תְּהִלָּתֶךָ:

בָּרוּךְ אַתָּה יְיָ אֱלֹהֵינוּ וֵאלֹהֵי אֲבוֹתֵינוּ אֱלֹהֵי אַבְרָהָם אֱלֹהֵי יִצְחָק וֵאלֹהֵי יַעֲקֹב הָאֵל הַגָּדוֹל הַגִּבּוֹר וְהַנּוֹרָא אֵל עֶלְיוֹן גּוֹמֵל חֲסָדִים טוֹבִים וְקוֹנֵה הַכֹּל וְזוֹכֵר חַסְדֵי אָבוֹת וּמֵבִיא גוֹאֵל לִבְנֵי בְנֵיהֶם לְמַעַן שְׁמוֹ בְּאַהֲבָה.

אין דען צעהן בוסטאגען ווירד פאלגענדעס איינגעשאלטעט:

זָכְרֵנוּ לְחַיִּים מֶלֶךְ חָפֵץ בַּחַיִּים. וְכָתְבֵנוּ בְּסֵפֶר הַחַיִּים לְמַעַנְךָ אֱלֹהִים חַיִּים:

מֶלֶךְ עוֹזֵר וּמוֹשִׁיעַ וּמָגֵן. בָּרוּךְ אַתָּה יְיָ מָגֵן אַבְרָהָם:

אַתָּה גִּבּוֹר לְעוֹלָם אֲדֹנָי מְחַיֵּה מֵתִים אַתָּה רַב לְהוֹשִׁיעַ.

אים ווינטער: מַשִּׁיב הָרוּחַ וּמוֹרִיד הַגָּשֶׁם:

מְכַלְכֵּל חַיִּים בְּחֶסֶד מְחַיֵּה מֵתִים בְּרַחֲמִים רַבִּים סוֹמֵךְ נוֹפְלִים וְרוֹפֵא חוֹלִים וּמַתִּיר אֲסוּרִים וּמְקַיֵּם אֱמוּנָתוֹ לִישֵׁנֵי עָפָר מִי כָמוֹךָ בַּעַל גְּבוּרוֹת וּמִי דּוֹמֶה לָּךְ מֶלֶךְ מֵמִית וּמְחַיֶּה וּמַצְמִיחַ יְשׁוּעָה:

אין דען צעהן בוסטאגען ווירד פאלגענדעס איינגעשאלטעט:

מִי כָמוֹךָ אַב הָרַחֲמִים. זוֹכֵר יְצוּרָיו לְחַיִּים בְּרַחֲמִים:

וְנֶאֱמָן אַתָּה לְהַחֲיוֹת מֵתִים. בָּרוּךְ אַתָּה יְיָ מְחַיֵּה הַמֵּתִים:

אַתָּה קָדוֹשׁ וְשִׁמְךָ קָדוֹשׁ וּקְדוֹשִׁים בְּכָל יוֹם יְהַלְלוּךָ סֶּלָה. בָּרוּךְ אַתָּה יְיָ (בש"ת הַמֶּלֶךְ) הָאֵל הַקָּדוֹשׁ:

קדושה לש"ץ בשורת סמפ"ס.

נְקַדֵּשׁ אֶת שִׁמְךָ בָּעוֹלָם כְּשֵׁם שֶׁמַּקְדִּישִׁים אוֹתוֹ בִּשְׁמֵי מָרוֹם כַּכָּתוּב עַל יַד נְבִיאֶךָ וְקָרָא זֶה אֶל זֶה וְאָמַר: קו"ה קָדוֹשׁ קָדוֹשׁ קָדוֹשׁ יְיָ צְבָאוֹת מְלֹא כָל הָאָרֶץ כְּבוֹדוֹ:

Herr, öffne meine Lippen, und mein Mund verkünde Deinen Ruhm!

ברוך Gelobt seist Du, Ewiger, unser Gott und Gott unserer Väter, Gott Abrahams, Gott Isaaks und Gott Jakobs; großer, mächtiger und furchtbarer Gott! Herr in den Höhen! der Wohlthaten erzeiget in Güte, als Eigenthümer des Weltalls, der gedenket der Frömmigkeit der Urväter, und ihren spätesten Enkeln einen Erlöser bringet, um seines Namens willen, in Liebe!

In den zehn Bußtagen wird Folgendes eingeschaltet:

(זכרנו Gedenke unser zum Leben, o König, der Du Wohlgefallen hast am Leben; schreibe uns ein in das Buch des Lebens, um Deinetwillen, Herr des Lebens!)

König, Helfer, Retter und Schild! Gelobt seist Du, Ewiger, Schild Abrahams!

אתה Mächtig bist Du in Ewigkeit, o Herr! Du belebst die Todten wieder, mächtiger Retter!

Im Winter wird Folgendes eingeschaltet:

(משיב Der dem Winde zu wehen und dem Regen zu fallen gebeut.)

מכלכל Deine Gnade ernährt die Lebenden, Deine unendliche Barmherzigkeit läßt die Todten wieder aufleben! Du bist der Wankenden Stütze, der Kranken Heil und Befreier der Gefesselten! Du hältst treulich Deine Zusage Jenen, die in der Erde schlummern! Wer ist wie Du, allmächtiger Gott! Wer ist Dir ähnlich? König, der da tödtet und wieder belebet und Heil aufkeimen läßt.

In den zehn Bußtagen wird Folgendes eingeschaltet:

(מי Wer ist wie Du, Vater des Erbarmens, der seiner Geschöpfe zum Leben gedenkt in Erbarmen?!)

Deiner Verheißung getreu, belebst Du einst die Todten wieder! Gelobt seist Du, Ewiger, der die Todten belebt!

אתה Du bist heilig, heilig ist Dein Name, und Heilige preisen Dich täglich! Selah! Gelobt seist Du, Ewiger, heiliger Gott! (In den zehn Bußtagen: heiliger König!)

Bei der lauten Wiederholung wird Folgendes eingeschaltet:

נקדש (Vorb.) Wir heiligen Deinen Namen auf Erden, wie man in hohen Himmeln ihn heiligt; wie geschrieben steht durch Deinen Propheten: Und Einer rief dem Andern zu und sprach:

(Gem. u. Vorb.) „Heilig, heilig, heilig ist der Ewige Zebaoth, voll ist die ganze Erde seiner Herrlichkeit!“

י׳אָז בְּקוֹל רַעַשׁ גָּדוֹל אַדִּיר וְחָזָק מַשְׁמִיעִים קוֹל מִתְנַשְּׂאִים לְעֻמַּת שְׂרָפִים לְעֻמָּתָם בָּרוּךְ יֹאמֵרוּ: קו״ח בָּרוּךְ כְּבוֹד יְיָ מִמְּקוֹמוֹ: מִמְּקוֹמְךָ מַלְכֵּנוּ תוֹפִיעַ וְתִמְלוֹךְ עָלֵינוּ כִּי מְחַכִּים אֲנַחְנוּ לָךְ: מָתַי תִּמְלֹךְ בְּצִיּוֹן בְּקָרוֹב בְּיָמֵינוּ לְעוֹלָם וָעֶד תִּשְׁכּוֹן: תִּתְגַּדַּל וְתִתְקַדַּשׁ בְּתוֹךְ יְרוּשָׁלַיִם עִירְךָ לְדוֹר וָדוֹר וּלְנֵצַח נְצָחִים: וְעֵינֵינוּ תִרְאֶינָה מַלְכוּתֶךָ כַּדָּבָר הָאָמוּר בְּשִׁירֵי עֻזֶּךָ עַל יְדֵי דָוִד מְשִׁיחַ צִדְקֶךָ: קו״ח יִמְלֹךְ יְיָ לְעוֹלָם אֱלֹהַיִךְ צִיּוֹן לְדֹר וָדֹר הַלְלוּיָהּ:

ס׳לְדוֹר וָדוֹר נַגִּיד גָּדְלֶךָ וּלְנֵצַח נְצָחִים קְדֻשָּׁתְךָ נַקְדִּישׁ וְשִׁבְחֲךָ אֱלֹהֵינוּ מִפִּינוּ לֹא יָמוּשׁ לְעוֹלָם וָעֶד כִּי אֵל מֶלֶךְ גָּדוֹל וְקָדוֹשׁ אָתָּה: בָּרוּךְ אַתָּה יְיָ הָאֵל (כש״ת הַמֶּלֶךְ) הַקָּדוֹשׁ:

יִשְׂמַח מֹשֶׁה בְּמַתְּנַת חֶלְקוֹ כִּי עֶבֶד נֶאֱמָן קָרָאתָ לּוֹ· כְּלִיל תִּפְאֶרֶת בְּרֹאשׁוֹ נָתַתָּ· בְּעָמְדוֹ לְפָנֶיךָ עַל הַר סִינַי· וּשְׁנֵי לוּחוֹת אֲבָנִים הוֹרִיד בְּיָדוֹ· וְכָתוּב בָּהֶם שְׁמִירַת שַׁבָּת· וְכֵן כָּתוּב בְּתוֹרָתֶךָ: וְשָׁמְרוּ בְנֵי־יִשְׂרָאֵל אֶת־הַשַּׁבָּת לַעֲשׂוֹת אֶת־הַשַּׁבָּת לְדֹרֹתָם בְּרִית עוֹלָם: בֵּינִי וּבֵין בְּנֵי יִשְׂרָאֵל אוֹת הִוא לְעֹלָם כִּי־שֵׁשֶׁת יָמִים עָשָׂה יְהֹוָה אֶת־הַשָּׁמַיִם וְאֶת־הָאָרֶץ וּבַיּוֹם הַשְּׁבִיעִי שָׁבַת וַיִּנָּפַשׁ:

וְלֹא נְתַתּוֹ יְיָ אֱלֹהֵינוּ לְגוֹיֵי הָאֲרָצוֹת· וְלֹא הִנְחַלְתּוֹ מַלְכֵּנוּ לְעוֹבְדֵי פְסִילִים· וְגַם בִּמְנוּחָתוֹ לֹא יִשְׁכְּנוּ עֲרֵלִים· כִּי לְיִשְׂרָאֵל עַמְּךָ נְתַתּוֹ

(Vorb.) Darauf mit starken, mächtigen und gewaltigen Donnertön lassen sie die Stimme erschallen, den Seraphim gegenüber sich erhebend, und rufen ihnen entgegen: „Gelobt!"

(Gem. u. Vorb.) „Gelobt sei die Herrlichkeit Gottes von ihrer Stätte aus!"

(Vorb.) Von Deiner Stätte aus erscheine in Deinem Glanze, o Herr, und walte über uns; denn wir harren auf Dich, wann Du regieren werdest in Zion. O, daß Du bald und in unseren Tagen daselbst thronetest auf immer und ewig! Verherrlicht und geheiligt werde in der Mitte Deiner Stadt Jerusalem von Geschlecht zu Geschlecht und in alle Ewigkeit. Mögen unsere Augen schauen Dein Reich, wie es verheißen ist in Deinen Ruhmesliedern durch David, Deinen frommen Gesalbten:

G. u. V. „Der Herr regieret ewiglich, dein Gott, o Zion, von Geschlecht zu Geschlecht. Hallelujah!"

V. Von Geschlecht zu Geschlecht verkünden wir Deine Größe, und in alle Ewigkeit heiligen wir Deine Heiligkeit. Dein Lob, o Gott, weiche nicht aus unserem Munde immer und ewig; denn Gott, König, groß und heilig bist Du. Gelobt seist Du, Ewiger, heiliger Gott! (In den zehn Bußtagen: heiliger König!)

ישמח Welche Freude empfand Mosche bei dem Geschenke, das ihm zu Theil geworden! Du hattest ihn Deinen treuen Diener genannt! Eine Prachtkrone zu seines Hauptes Schmuck schenktest Du ihm, als er vor Dir auf dem Berge Sinai stand, und mit eignen Händen brachte er zwei steinerne Tafeln herab, worauf die Beobachtung des Sabbaths eingezeichnet war. So heißt es auch in Deiner Lehre: „Die Kinder „Israels sollen den Sabbath beobachten, daß sie den „Sabbath bei allen ihren Nachkommen halten als „einen ewigen Bund. Zwischen mir und den Kindern „Israels sei er ein Zeichen für ewig; denn in sechs „Tagen hat der Ewige den Himmel und die Erde „geschaffen, und am siebenten Tage hat er geruht und gefeiert." Keiner Nation jener Länder gabst Du, Ewiger, unser Gott, den Sabbath, ließest ihn, o König, den Götzendienern nicht zum Erbtheil werden, gabst den Heiden an seiner Ruhe keinen Antheil. Du gabst ihn ausschließlich

בְּאַהֲבָה. לְזֶרַע יַעֲקֹב אֲשֶׁר בָּם בָּחָרְתָּ. עַם
מְקַדְּשֵׁי שְׁבִיעִי כֻּלָּם יִשְׂבְּעוּ וְיִתְעַנְּגוּ מִטּוּבֶךָ.
וּבַשְּׁבִיעִי רָצִיתָ בּוֹ וְקִדַּשְׁתּוֹ חֶמְדַּת יָמִים
אוֹתוֹ קָרָאתָ זֵכֶר לְמַעֲשֵׂה בְרֵאשִׁית:

אֱלֹהֵינוּ וֵאלֹהֵי אֲבוֹתֵינוּ רְצֵה בִמְנוּחָתֵנוּ
קַדְּשֵׁנוּ בְּמִצְוֹתֶיךָ וְתֵן חֶלְקֵנוּ בְּתוֹרָתֶךָ שַׂבְּעֵנוּ
מִטּוּבֶךָ וְשַׂמְּחֵנוּ בִּישׁוּעָתֶךָ וְטַהֵר לִבֵּנוּ לְעָבְדְּךָ
בֶּאֱמֶת וְהַנְחִילֵנוּ יְיָ אֱלֹהֵינוּ בְּאַהֲבָה וּבְרָצוֹן
שַׁבַּת קָדְשֶׁךָ וְיָנוּחוּ בָהּ יִשְׂרָאֵל מְקַדְּשֵׁי שְׁמֶךָ.
בָּרוּךְ אַתָּה יְיָ מְקַדֵּשׁ הַשַּׁבָּת:

רְצֵה יְיָ אֱלֹהֵינוּ בְּעַמְּךָ יִשְׂרָאֵל וּבִתְפִלָּתָם.
וְהָשֵׁב אֶת הָעֲבוֹדָה לִדְבִיר בֵּיתֶךָ וְאִשֵּׁי
יִשְׂרָאֵל וּתְפִלָּתָם בְּאַהֲבָה תְקַבֵּל בְּרָצוֹן וּתְהִי
לְרָצוֹן תָּמִיד עֲבוֹדַת יִשְׂרָאֵל עַמֶּךָ.

בשבת ראש חדש וחוה"מ ובחגים אומרים יעלה ויבא.

אֱלֹהֵינוּ וֵאלֹהֵי אֲבוֹתֵינוּ יַעֲלֶה וְיָבֹא וְיַגִּיעַ וְיֵרָאֶה וְיֵרָצֶה
וְיִשָּׁמַע וְיִפָּקֵד וְיִזָּכֵר זִכְרוֹנֵנוּ וּפִקְדוֹנֵנוּ וְזִכְרוֹן אֲבוֹתֵינוּ.
וְזִכְרוֹן מָשִׁיחַ בֶּן דָּוִד עַבְדֶּךָ. וְזִכְרוֹן יְרוּשָׁלַיִם עִיר קָדְשֶׁךָ.
וְזִכְרוֹן כָּל עַמְּךָ בֵּית יִשְׂרָאֵל לְפָנֶיךָ. לִפְלֵיטָה לְטוֹבָה

Deinem Volke Israel aus Liebe, den Nachkommen Jakobs, Deinen Erkorenen! Das Volk, das den Siebenten heiligt, genießt den Wonnegenuß Deiner Güte! Der Siebente gefiel Dir wohl, Du hast ihn geheiligt und nanntest ihn den anmuthigsten der Tage, zum Andenken an das Schöpfungswerk.

אלהינו Unser Gott und Gott unserer Väter, zeige Wohlgefallen an unserer Ruhe, heilige uns durch Deine Gebote uns gib uns unseren Antheil an Deiner Lehre, erquicke uns mit Deiner Güte und erfreue uns durch Deine Hülfe; läutere unser Herz, Dir in Wahrheit zu dienen, und laß uns, Ewiger, unser Gott, Deinen heiligen Sabbath in Liebe und Wohlgefallen genießen, damit an ihm ruhe Israel, das Deinen Namen heiligt! Gelobt seist Du, Ewiger, der den Sabbath heiligt!

רצה Zeige Wohlgefallen, Ewiger, unser Gott, an Deinem Volke Israel und an seinem Gebete! führe den Opferdienst wieder ein in den Chor Deines Tempels! nimm Israels Opfer — seine Gebete — in Liebe und Wohlgefallen an! O, möge Dir der Dienst Deines Volkes Israel immerdar wohlgefällig sein!

An Rosch ha-Chodesch und Chol ha-Moed wird Folgendes eingeschaltet.

אלהינו Unser Gott und Gott unserer Väter, möge aufsteigen, vor Dich kommen und zu Dir gelangen, gefällig und angenehm aufgenommen werden unser Andenken und unser Gedächtniß — das Andenken unserer Väter, das Andenken des Messias, des Sohnes Davids, Deines Knechtes, das Andenken Jerusalems, Deiner heiligen Stadt, und das Andenken Deines ganzen Volkes, des Hauses Israel — zur Rettung

לְחֵן וּלְחֶסֶד וּלְרַחֲמִים לְחַיִּים וּלְשָׁלוֹם בְּיוֹם
לר"ח רֹאשׁ הַחֹדֶשׁ | לפסח חַג הַמַּצּוֹת | לסכות חַג הַסֻּכּוֹת
הַזֶּה. זָכְרֵנוּ יְיָ אֱלֹהֵינוּ בּוֹ לְטוֹבָה וּפָקְדֵנוּ בוֹ לִבְרָכָה וְהוֹשִׁיעֵנוּ
בוֹ לְחַיִּים. וּבִדְבַר יְשׁוּעָה וְרַחֲמִים. חוּס וְחָנֵּנוּ. וְרַחֵם עָלֵינוּ
וְהוֹשִׁיעֵנוּ. כִּי אֵלֶיךָ עֵינֵינוּ. כִּי אֵל מֶלֶךְ חַנּוּן וְרַחוּם אָתָּה:

וְתֶחֱזֶינָה עֵינֵינוּ בְּשׁוּבְךָ לְצִיּוֹן בְּרַחֲמִים. בָּרוּךְ
אַתָּה יְיָ הַמַּחֲזִיר שְׁכִינָתוֹ לְצִיּוֹן:

מוֹדִים אֲנַחְנוּ לָךְ שָׁאַתָּה
הוּא יְיָ אֱלֹהֵינוּ וֵאלֹהֵי אֲבוֹתֵינוּ
לְעוֹלָם וָעֶד צוּר חַיֵּינוּ מָגֵן
יִשְׁעֵנוּ. אַתָּה הוּא לְדוֹר וָדוֹר
נוֹדֶה לְּךָ וּנְסַפֵּר תְּהִלָּתֶךָ. עַל
חַיֵּינוּ הַמְּסוּרִים בְּיָדֶךָ וְעַל
נִשְׁמוֹתֵינוּ הַפְּקוּדוֹת לָךְ וְעַל
נִסֶּיךָ שֶׁבְּכָל יוֹם עִמָּנוּ וְעַל נִפְלְאוֹתֶיךָ וְטוֹבוֹתֶיךָ שֶׁבְּכָל עֵת
עֶרֶב וָבֹקֶר וְצָהֳרָיִם. הַטּוֹב כִּי לֹא כָלוּ רַחֲמֶיךָ וְהַמְרַחֵם
כִּי לֹא תַמּוּ חֲסָדֶיךָ מֵעוֹלָם קִוִּינוּ לָךְ:

מוֹדִים אֲנַחְנוּ לָךְ שָׁאַתָּה הוּא יְיָ
אֱלֹהֵינוּ וֵאלֹהֵי אֲבוֹתֵינוּ אֱלֹהֵי כָל
בָּשָׂר יוֹצְרֵנוּ יוֹצֵר בְּרֵאשִׁית בְּרָכוֹת
וְהוֹדָאוֹת לְשִׁמְךָ הַגָּדוֹל וְהַקָּדוֹשׁ
עַל שֶׁהֶחֱיִיתָנוּ וְקִיַּמְתָּנוּ כֵּן תְּחַיֵּנוּ
וּתְקַיְּמֵנוּ וְתֶאֱסוֹף גָּלֻיּוֹתֵינוּ לְחַצְרוֹת
קָדְשֶׁךָ לִשְׁמוֹר חֻקֶּיךָ וְלַעֲשׂוֹת רְצוֹנֶךָ
וּלְעָבְדְּךָ בְּלֵבָב שָׁלֵם עַל שֶׁאֲנַחְנוּ
מוֹדִים לָךְ. בָּרוּךְ אֵל הַהוֹדָאוֹת:

אַם חנוכה ווירד היער על הנסים (זייטע 92) הינגעשטעלט.

וְעַל כֻּלָּם יִתְבָּרַךְ וְיִתְרוֹמַם שִׁמְךָ מַלְכֵּנוּ תָּמִיד לְעוֹלָם וָעֶד:

אין דען צעהן בוסטאגען ווירד פאלגענדעס הינגעשטעלט:

וּכְתוֹב לְחַיִּים טוֹבִים כָּל־בְּנֵי בְרִיתֶךָ:

und zum Heile, zur Huld, zur Gnade und zum Erbarmen, zum Leben und zum Frieden, an diesem Tage des

am Rosch ha-Chodesch	am Peßach	am Suckoth
Neumondes.	Mazzoth-Festes.	Suckoth-Festes.

Gedenke unser, Ewiger, unser Gott, zum Guten, erinnere Dich unser zum Segen und hilf uns zur Glückseligkeit! Begünstige und begnadige uns durch Verheißung von Heil und Erbarmen, erbarme Dich unser und hilf uns! — Auf Dich allein sind unsere Augen gerichtet, denn Du, o Gott, bist ein gnädiger und erbarmungsvoller König!

ותחזינה Mögen unsere Augen sehen, wenn Du mit Erbarmen nach Zion zurückkehrst! Gelobt seist Du, Ewiger, der seine Majestät einst wieder in Zion thronen läßt!

מודים Wir bekennen Dir, daß Du, der Ewige, unser und unserer Väter Gott bist in Ewigkeit. Du bist der Hort unseres Lebens, der Schild unseres Heils für und für! Wir danken Dir und lobpreisen Dich für unser Leben, das in Deine Hand gelegt, für unsere Seelen, die Dir anvertraut sind, für die Wunder, die Du uns tagtäglich, für die unaussprechlichen Wohlthaten, die Du uns zu jeder Zeit —

מודים Wir bekennen Dir, daß Du der Ewige, unser und unserer Väter Gott bist, unser Schöpfer, Schöpfer des Anbeginns. Benedeiung und Dank Deinem großen und heiligen Namen, der Du uns bei'm Leben und aufrecht erhalten! So laß' uns ferner leben und erhalte uns, sammle unsere Vertriebenen zu den Vorhöfen Deines Heiligthums, Deine Gesetze zu befolgen, nach Deinem Willen zu handeln und Dir mit ganzem Herzen zu dienen, da wir Dir dankbar sind. Gelobt sei Gott, dem allein der Dank gebühret. —

Abends, Morgens und Mittags — erweisest: Allgütiger, Deine Barmherzigkeit hat keine Grenzen! Allbarmherziger, Deine Gnade geht nie zu Ende! Auf Dich hoffen wir immerdar!

(Am Chanuka wird hier על הנסים [S. 93] eingeschaltet.)

ועל Für dies Alles sei Dein Name, unser König, gelobt und hochgepriesen unaufhörlich und immerdar!

In den zehn Bußtagen wird Folgendes eingeschaltet:

(וכתוב O schreibe zum glücklichen Leben ein alle Deine Bundeskinder!)

וכל החיים יודוך סלה ויהללו את שמך באמת האל ישועתנו ועזרתנו סלה. ברוך אתה יי הטוב שמך ולך נאה להודות:

הש"ץ אומר אלהינו ואלהי אבותינו ברכנו בברכה המשלשת בתורה הכתובה על ידי משה עבדך האמורה מפי אהרן ובניו כהנים עם קדושך כאמור: יברכך יי וישמרך: יאר יי פניו אליך ויחנך: ישא יי פניו אליך וישם לך שלום:

שים שלום טובה וברכה חן וחסד ורחמים עלינו ועל כל ישראל עמך ברכנו אבינו כלנו כאחד באור פניך כי באור פניך נתת לנו יי אלהינו תורת חיים ואהבת חסד וצדקה וברכה ורחמים וחיים ושלום וטוב בעיניך לברך את עמך ישראל בכל עת ובכל שעה בשלומך.

אין דען צעהן בוסטאגען ווירד פאלגענדעס איינגעשאלטעט:

בספר חיים ברכה ושלום ופרנסה טובה נזכר ונכתב לפניך אנחנו וכל עמך בית ישראל לחיים טובים ולשלום. ברוך אתה יי עושה השלום:

ברוך אתה יי המברך את עמו ישראל בשלום:

אלהי נצור לשוני מרע ושפתי מדבר מרמה ולמקללי נפשי תדום ונפשי כעפר לכל תהיה פתח לבי בתורתך ובמצותיך תרדוף נפשי וכל החושבים עלי רעה מהרה הפר עצתם וקלקל מחשבתם. עשה למען שמך עשה למען ימינך עשה למען קדושתך עשה למען תורתך. למען יחלצון ידידיך הושיעה ימינך ועננו: יהיו לרצון אמרי פי והגיון לבי לפניך יי צורי וגואלי: עשה שלום במרומיו הוא יעשה שלום עלינו ועל כל ישראל ואמרו אמן: יהי רצון לפניך יי אלהינו ואלהי אבותינו שיבנה בית המקדש במהרה בימינו ותן חלקנו בתורתך:

הש"ץ חוזר התפלה בקול ואומר קדושה כסדרו וגומר התפלה ואומר אחרי' קדיש תתקבל חוץ בר"ח וחנוכה וחה"מ אומרין מיד הלל אחר גמר חזרת התפלה קודם קדיש.

וכל־ Und Alles, was lebt, soll Dir danken und preisen Deinen Namen; Allmächtiger, unser Heil und unsere Hülfe bist Du! Selah. Gelobt seist Du, Ewiger! Allgütiger ist Dein Name, und Dir allein gebühret Dank!

Der Vorbeter bei der lauten Wiederholung:

אלהינו Unser Gott und Gott unserer Väter, segne uns mit dem dreifachen Segen, welcher in der durch Deinen Diener Mosche geschriebenen Lehre enthalten ist, und welcher gesprochen wurde durch Aharon und seine Söhne, Deine geheiligten Priester — wie es heißt: „Er segne dich, der Ewige, und behüte dich! Er lasse leuchten, der Ewige, sein Antlitz dir und sei dir gnädig! Er erhebe, der Ewige, sein Antlitz dir und gebe dir Frieden!"

שים Verleihe Frieden, Glück und Segen, Gunst, Gnade und Erbarmen uns und Deinem ganzen Volke Israel! Segne uns, o Vater, Alle wie Einen, im Lichte Deines Antlitzes; denn im Lichte Deines Antlitzes gabst Du uns, Ewiger, unser Gott, die Lehre des Lebens, die Liebe zum Guten und dadurch Heil und Segen, Erbarmen, Leben und Frieden. Möge es Dir gefallen, Dein Volk Israel zu jeder Zeit und Stunde mit Deinem Frieden zu segnen!

In den zehn Bußtagen wird Folgendes eingeschaltet:

(בספר O, laß im Buche des Lebens, des Segens, des Friedens und des ehrbaren Auskommens uns erwähnt und verzeichnet sein vor Dir, daß wir und Dein ganzes Volk Israel gelangen zu glückseligem Leben und zum Frieden. Gelobt seist Du, Ewiger, Stifter des Friedens!)

Gelobt seist Du, Ewiger, der sein Volk Israel segnet mit Frieden!

אלהי Mein Gott, bewahre meine Zunge vor Bösem, und meine Lippen vor Betrüglichreden! Laß meine Seele gegen meine Lästerer gelassen und gegen Jeden geduldig sein, wie Staub der Erde! Erschließe mein Herz durch Deine Lehre, damit meine Seele Deinen Geboten eifrig folge. Zerstöre die Pläne aller derer, die Böses wider mich sinnen und vereitle ihre Gedanken! Thue es um Deines Namens willen, thue es um Deiner Rechten, thue es um Deiner Heiligkeit, thue es um Deiner Lehre willen! Auf daß gerettet werden Deine Lieblinge, laß mir Deine Rechte beistehen und erhöre mich! Mögen wohlgefallen die Worte meines Mundes und die Gedanken meines Herzens, Dir, o Ewiger, mein Hort und mein Erlöser! — Der da Frieden stiftet in seinen Höhen, er stifte auch Frieden bei uns und bei ganz Israel! Darauf sprechet: Amen!

Möge es Dein Wille sein, o Ewiger, unser Gott und Gott unserer Väter, den heiligen Tempel bald, in unseren Tagen, wieder zu erbauen, daß Jeder seinen Antheil an Deinem Gesetze nehme!

An Rosch ha-Chodesch, Chanuka und Chol ha-Moed folgt hier Hallel (S. 405).

ביי'ם עפֿענען דעם ארון הקדש זאגט מאן אין אייניגען געמיינדען פֿאָלגענדעס:

אין כמוך באלהים אדני ואין כמעשיך: מלכותך מלכות כל עלמים וממשלתך בכל דור ודר: יי מלך יי מלך יי ימלך לעלם ועד: יי עז לעמו יתן יי יברך את עמו בשלום:

אב הרחמים היטיבה ברצונך את ציון תבנה חומות ירושלם:

כי בך לבד בטחנו מלך אל רם ונשא אדון עולמים:)

ביי'ם אויסהעבען דער ס"ת אויז דעם ארון הקדש ווירד פֿאָלגענדעס געבעטעט:

ויהי בנסע הארן ויאמר משה קומה יי ויפצו איביך וינסו משנאיך מפניך: כי מציון תצא תורה ודבר יי מירושלם:

ברוך שנתן תורה לעמו ישראל בקדשתו:

אן יום טוב ווירד פֿאָר בריך שמה פֿאָלגענדעס איינגעשאַלטעט:

יהוה יהוה אל רחום וחנון ארך אפים ורב חסד ואמת:
נצר חסד לאלפים נשא עון ופשע וחטאה ונקה: ג"פ.

לראש השנה ויה"כ

רבון העולם מלא משאלותינו לטובה והפק רצוננו ותן לנו שאלתנו ומחול על כל עונותינו ועל כל עונות אנשי ביתנו מחילה בחסד מחילה ברחמים וטהרנו מחטאינו ומעונותינו ומפשעינו וזכרנו בזכרון טוב לפניך: ופקדנו בפקודת ישועה ורחמים וזכרנו לחיים טובים וארוכים ולשלום לפרנסה וכלכלה ותן לנו לחם לאכול ובגד ללבוש ועושר וכבוד

לשלש רגלים.

רבונו של עולם מלא משאלות לבי לטובה והפק רצוני ותן שאלתי לי עבדך פ' בר פלונית אמתך וזכני (ואת אשתי ובני ובנותי) לעשות רצונך בלבב שלם. ומלטני מיצר הרע. ותן חלקנו בתורתך. וזכנו כדי שתשרה שכינתך עלינו והופע עלינו רוח חכמה ובינה ויתקים בנו מקרא שכתוב ונחה עליו רוח יי. רוח חכמה ובינה. רוח עצה וגבורה. רוח דעת ויראת

Beim Oeffnen der heiligen Lade betet man in einigen Gemeinden Folgendes:

אין כמוך Nichts gleicht unter Götterwesen Dir, o Herr, nichts Deinen Thaten! Dein Reich ist das Reich aller Ewigkeiten, Deine Herrschaft währet für und für. Der Ewige regiert, der Ewige hat regiert, der Ewige wird regieren immer und ewig. Der Ewige gibt seinem Volke Sieg, der Ewige segnet sein Volk mit Frieden!

אב הרחמים Vater des Erbarmens! Thue Zion wohl in Deiner Huld! erbaue die Mauern Jerusalems. Denn auf Dich allein vertrauen wir, allwaltender Gott, hoch und erhaben, Herr der Ewigkeiten!

Bei'm Ausheben der Thora:

ויהי Wenn die Lade zog, sprach Mosche: „Erhebe Dich, o Ewiger, laß Deine Feinde sich zerstreuen, und die Dich hassen, vor Dir flüchtig werden!“ Denn von Zion geht aus die Lehre, und das Wort des Ewigen von Jerusalem.

Gelobt sei, der seinem Volke Israel die Thora gegeben, in seiner Heiligkeit!

An Festtagen wird vor בריך שמה Folgendes eingeschaltet.

„ Ewiger, Ewiger, Gott, barmherzig und gnädig, langmüthig, reich an Huld und Treue, der bewahret Huld bis in's tausendste Geschlecht, der vergibt Missethat, Frevel und Sünde, und befreit von Strafe.

Für Rosch ha-Schanah u. Jom Kippur.

רבון Herr des Weltalls, erfülle unsere Herzenswünsche zum Guten, willfahre uns und gewähre unsere Bitte; vergib unsere und unserer Hausgenossen Missethaten in Gnade und Barmherzigkeit! reinige uns von unseren Sünden, von unseren Missethaten und Verbrechen; sei unser eingedenk zum Guten, und besuche uns mit Heil und Trost; schenke uns ein glückliches und langes Leben, Frieden, Nahrung und Unterhalt; gib uns Brod zur Kost, Gewand zur Kleidung, Reichthum, Ehre und langes

Für Peßach, Schabuoth u. Sukoth.

רבוני Herr des Weltalls, erfülle meine Herzenswünsche zum Guten, willfahre mir, und gewähre meine Bitte mir, Deinem Knechte (Deiner Magd), Sohn (Tochter) Deiner Magd, verleihe Fähigkeit mir und den Meinigen, Deinen Willen mit aufrichtigem Herzen zu thun, und befreie mich von lasterhaften Begierden. Laß Deine Lehre unser Antheil sein; mache uns zur Aufnahme Deiner heiligen Majestät empfänglich; bestrahle uns mit dem Geist der Weisheit und Einsicht; daß an uns erfüllt werde jene Verheißung: „Und es wird auf ihm ruhen der Geist Gottes, der Geist der Weisheit und Einsicht, der Geist des Raths und der

לראש השנה ויו"כ.

ואורך ימים להגות בתורתך ולקיים מצותיה ושכל ובינה להבין ולהשכיל עמקי סודותיה ושלח רפואה לכל מכאובינו ותברך את כל מעשה ידינו ותגזור עלינו גזרות טובות ישועות ונחמות ותבטל מעלינו כל גזרות קשות ותטה לב המלכות ויועציה ושריה עלינו לטובה. אמן וכן יהי רצון:

לשלש רגלים.

יי: וכן יהי רצון מלפניך יי אלהינו ואלהי אבותינו שנזכה לעשות מעשים טובים בעיניך. וללכת בדרכי ישרים לפניך. וקדשנו במצותיך. כדי שנזכה לחיים טובים וארוכים לחיי העולם הבא. ותשמרנו ממעשים רעים. ומשעות רעות המתרגשות לבא לעולם. והבוטח ביי חסד יסובבנהו אמן:

יהיו לרצון אמרי פי והגיון לבי לפניך יי צורי וגואלי.

ואני תפלתי לך יי עת רצון אלהים ברב חסדך ענני באמת ישעך: ג"פ

אמר רבי שמעון כד מפקין ספר תורה בצבורא למקרי ביה מפתחין תרעי דשמיא דרחמין ומעוררין את האהבה לעילא ואבעי ליה לבר נש למימר הכי:

בריך שמה דמרא עלמא בריך כתרך ואתרך. יהא רעותך עם עמך ישראל לעלם. ופרקן ימינך אחזי לעמך בבית מקדשך ולאמטויי לנא מטוב נהורך ולקבל צלותנא ברחמין. יהא רעוא קדמך דתוריך לן חיין בטיבותא. ולהוי אנא פקידא בגו צדיקיא. למרחם עלי ולמנטר יתי וית כל די לי ודי לעמך ישראל. אנת הוא זן לכלא ומפרנס לכלא. אנת הוא שליט על כלא. אנת הוא דשליט על מלכיא ומלכותא דילך היא. אנא עבדא דקודשא בריך הוא דסגידנא קמה ומקמא דיקר אוריתה בכל עדן ועדן. לא על אנש רחיצנא. ולא על בר אלהין סמיכנא. אלא באלהא דשמיא. דהוא אלהא קשוט. ואוריתה קשוט. ונביאוהי קשוט. ומסגא למעבד טבון וקשוט. בה אנא רחיץ. ולשמה קדישא יקירא אנא אמר תושבחן. יהא רעוא קדמך דתפתח לבי באוריתא ותשלים משאלין דלבי. ולבא דכל עמך ישראל. לטב ולחיין ולשלם:

Für Rosch ha-Schanah u. Jom Kippur.

Leben, Deine Lehren zu erlernen und deren Gebote erfüllen zu können; gib uns Verstand und Einsicht, ihre tiefen Geheimnisse ergründen und erforschen zu können; sende Genesung für alle unsere Schmerzen, segne all unser Thun; beschließe Glück, Heil und Trost über uns und verschenche jedes Mißgeschick. Neige das Herz des Regenten, seiner Räthe und Beamten zu unserem Besten! Amen!

Für Pesach, Schabuoth u. Sukoth.

Stärke, der Geist der Erkenntniß und Furcht Gottes." So sei es auch Dein Wille, Ewiger, unser Gott und Gott unserer Väter, uns Fähigkeit zu verleihen, Dir wohlgefällige Handlungen auszuüben, und den Weg der Tugend zu wandeln! Heilige uns durch Deine Gebote, damit uns jenes glückselige lange Leben, das Leben der künftigen Welt, zu Theil werde! Bewahre uns vor Uebelthaten und vor Unglücksfällen, die unseren Erdboden zuweilen treffen. Wer Gott vertraut, den umgibt Gnade um und um.

יהי Mögen doch wohlgefallen die Worte meines Mundes, die Gedanken meines Herzens, Dir, Ewiger, mein Hort und mein Erlöser! Amen!

ואני Ich richte mein Gebet zu Dir empor, o Ewiger, zur Gnadenzeit. Gott! in Deiner großen Güte erhöre mich mit Deiner treuen Hülfe! (Dreimal.)

In manchen Gemeinden wird noch Folgendes gebetet:

בריך שמה Gelobt sei der Name des Herrn der Welt! gelobt sei Dein Reich und Deine Residenz! Möge Dein Wohlwollen Dein Volk Israel immerdar begleiten! Zeige Deinem Volke in Deinem Tempel die Erlösung durch Deine Rechte, laß uns angedeihen das Heil Deines Lichtes und vernimm mit Barmherzigkeit unser Gebet! Möge es Dein Wille sein, gnädig unser Leben zu verlängern, Dich meiner zu erbarmen, mich zu beschützen, nebst Allem, was mein und was Deines Volkes Israel ist! Du erhältst Alles, ernährst Alles, Du beherrschest Alles, herrschest über die Könige, und das Reich ist das Deine! Ich bin der Diener des Heiligsten — gelobt sei er! — der ich mich zu jeder Zeit vor ihm und vor der Herrlichkeit seiner Lehre beuge. Auf keinen Menschen verlass' ich mich, auf kein höheres Wesen vertrau' ich, sondern bloß auf den Gott des Himmels; denn er ist ein wahrer Gott, seine Lehre ist wahr und seine Propheten sind wahr und viele Güte und Wahrheit erzeigt er; auf ihn vertrau' ich und seinem heiligen Namen weih' ich Lob. — Möge es Dein Wille sein, mein Herz zu erschließen durch die Lehre, und zu erfüllen die Wünsche meines Herzens und der Herzen Deines ganzen Volkes Israel zum Heil, zum Leben und zum Frieden!

(חז״ן אומר בקול רם) שְׁמַע יִשְׂרָאֵל יְיָ אֱלֹהֵינוּ יְיָ אֶחָד:
אֶחָד אֱלֹהֵינוּ גָּדוֹל אֲדוֹנֵינוּ קָדוֹשׁ (וְנוֹרָא) שְׁמוֹ:)

דער חזן עמפפאנגט דיא ס״ת אין ביידען ארמען אונד זאגט:

גַּדְּלוּ לַיְיָ אִתִּי • וּנְרוֹמְמָה שְׁמוֹ יַחְדָּו:

דיא געמיינדע אנטוואָרטעט:

לְךָ יְיָ הַגְּדֻלָּה וְהַגְּבוּרָה וְהַתִּפְאֶרֶת וְהַנֵּצַח וְהַהוֹד כִּי כֹל בַּשָּׁמַיִם וּבָאָרֶץ לְךָ יְיָ הַמַּמְלָכָה וְהַמִּתְנַשֵּׂא לְכֹל לְרֹאשׁ: רוֹמְמוּ יְיָ אֱלֹהֵינוּ וְהִשְׁתַּחֲווּ לַהֲדוֹם רַגְלָיו קָדוֹשׁ הוּא: רוֹמְמוּ יְיָ אֱלֹהֵינוּ וְהִשְׁתַּחֲווּ לְהַר קָדְשׁוֹ כִּי קָדוֹשׁ יְיָ אֱלֹהֵינוּ:

עַל הַכֹּל יִתְגַּדַּל וְיִתְקַדַּשׁ וְיִשְׁתַּבַּח וְיִתְפָּאַר וְיִתְרוֹמַם וְיִתְנַשֵּׂא: שְׁמוֹ שֶׁל־מֶלֶךְ מַלְכֵי הַמְּלָכִים הַקָּדוֹשׁ בָּרוּךְ הוּא: בָּעוֹלָמוֹת שֶׁבָּרָא הָעוֹלָם הַזֶּה וְהָעוֹלָם הַבָּא: כִּרְצוֹנוֹ וְכִרְצוֹן יְרֵאָיו וְכִרְצוֹן כָּל־בֵּית יִשְׂרָאֵל: צוּר הָעוֹלָמִים אֲדוֹן כָּל־הַבְּרִיּוֹת אֱלוֹהַּ כָּל־הַנְּפָשׁוֹת: הַיּוֹשֵׁב בְּמֶרְחֲבֵי מָרוֹם הַשּׁוֹכֵן בִּשְׁמֵי שְׁמֵי קֶדֶם: קְדֻשָּׁתוֹ עַל הַחַיּוֹת וּקְדֻשָּׁתוֹ עַל כִּסֵּא הַכָּבוֹד: וּבְכֵן יִתְקַדַּשׁ שִׁמְךָ בָּנוּ יְיָ אֱלֹהֵינוּ לְעֵינֵי כָּל־חָי: וְנֹאמַר לְפָנָיו שִׁיר חָדָשׁ כַּכָּתוּב: שִׁירוּ לֵאלֹהִים זַמְּרוּ שְׁמוֹ סֹלּוּ לָרֹכֵב בָּעֲרָבוֹת בְּיָהּ שְׁמוֹ וְעִלְזוּ לְפָנָיו: וְנִרְאֵהוּ

שמע Höre, Israel, der Ewige, unser Gott, ist ein einiges ewiges Wesen!

אחד Einzig ist unser Gott, groß unser Herr, Heiliger (und Furchtbarer) sein Name!

Der Vorbeter empfängt die Thora mit beiden Armen und ruft laut:

Preist mit mir des Ew'gen Größe! laßt uns vereint sein Namen erheben!

Die Gemeinde antwortet:

לך Dein, o Ewiger, ist die Größe und die Allmacht, die Herrlichkeit, der Sieg und die Majestät, ja, Alles im Himmel und auf Erden! Dein, o Ewiger, ist das Reich, und Du bist über Alles das Haupt! Erhebet den Ew'gen, unseren Gott, und werfet euch nieder vor seiner Füße Schemel! heilig ist er! Erhebet den Ew'gen, unseren Gott, und werfet euch nieder an seinem heil'gen Berge! denn heilig ist der Ewige, unser Gott!

על הכל Ueber Alles werde verherrlicht und geheiligt, gerühmt und gepriesen, erhöht und erhoben der Name des Königs aller Könige, der Heilige — gelobt sei er — in allen erschaffenen Welten, in dieser und in der künftigen Welt, nach seinem göttlichen Willen, nach dem Verlangen seiner Verehrer und dem Wunsche des ganzen Hauses Israel! Er ist der Ursprung aller Welten, Herr aller Geschöpfe, Gott aller Seelen! er läßt sich nieder in jener unermeßlichen Höhe, thront in den Himmeln der uralten Himmel! er ist heilig über die Chajoth, heilig über den Thron der Herrlichkeit. Sofort soll durch uns geheiligt werden Dein Name, Ewiger, unser Gott, vor den Augen aller Lebenden! Wir werden ihm einst ein neues Lied singen — wie es in der Schrift heißt: „Singet dem Herrn, lobpreiset seinen Namen, erhöhet ihn — der durch die Aetherwüste fährt, sein Name ist Jah — frohlocket vor ihm!" Wir werden ihn augenscheinlich schauen, wenn er

עין בעין בשובו אל נוהו ככתוב: כי עין בעין יראו בשוב יי ציון: ונאמר ונגלה כבוד יי וראו כל בשר יחדו כי פי יי דבר:

אב הרחמים הוא ירחם עם עמוסים ויזכור ברית איתנים ויציל נפשותינו מן השעות הרעות ויגער ביצר הרע מן הנשואים ויחון אותנו לפליטת עולמים וימלא משאלותינו במדה טובה ישועה ורחמים:

כשמגיע הש״ץ על הבימה מניח הס״ת על השולחן ופותחו ואומר:

ויעזור ויגן ויושיע לכל החוסים בו ונאמר אמן: הכל הבו גדל לאלהינו ותנו כבוד לתורה כהן קרב. יעמוד (פלוני בר פלוני הכהן): ברוך שנתן תורה לעמו ישראל בקדשתו: תורת יי תמימה משיבת נפש עדות יי נאמנה מחכימת פתי: פקודי יי ישרים משמחי לב מצות יי ברה מאירת עינים: יי עז לעמו יתן יי יברך את עמו בשלום: האל תמים דרכו אמרת יי צרופה מגן הוא לכל החוסים בו:

קהל ואתם הדבקים ביי אלהיכם חיים כלכם היום:

העולה מברך ואוחז ס״ת: ברכו את יי המברך:

והקהל עונין ברוך יי המברך לעולם ועד: וחוזר המברך ב״י״ה״ל״ו.

ברוך אתה יי אלהינו מלך העולם אשר בחר בנו מכל העמים ונתן לנו את תורתו ברוך אתה יי נותן התורה:

אח״כ מברך ב״א״י אלהינו מלך העולם אשר נתן לנו תורת אמת וחיי עולם נטע בתוכנו. ברוך אתה יי נותן התורה:

nach seiner Residenz zurückkehren wird — wie es in der Schrift heißt: „Denn augenscheinlich werden sie schauen, wenn der Ewige nach Zion zurückkehren wird.“ Ferner sagt die Schrift: „Und die Herrlichkeit des Ewigen wird sich offenbaren und alles Fleisch insgesammt wird dann einsehen, daß der Mund des Ewigen den Ausspruch gethan!“

אב Der Vater des Erbarmens erbarme sich des Volkes, welches er einst liebevoll getragen, gedenke des Bundes mit den Stammvätern und bewahre unsere Seelen vor bösen Stunden; er verscheuche den bösen Trieb von Denen, die er einst so hoch gehoben; er begnadige uns durch ewige Befreiung und gewähre unsere Wünsche im vollen Maße des Heils und des Erbarmens.

Die Thora wird auf den Schulchan gelegt und aufgerollt; dann spricht der Vorbeter:

ויעזר Ja, er steht bei und schützt und hilft Allen, die auf ihn vertrauen! darauf laßt uns sprechen: Amen! Erkennet Alle an die Größe unseres Gottes und gebet der Thora die Ehre! (Es nahe sich [ein Priester] N. N.) — Gelobt sei, der seinem Volke Israel die Thora gegeben, in seiner Heiligkeit! Die Lehre des Ewigen ist vollkommen, labt die Seele; das Zeugniß des Ewigen ist zuverlässig, macht Alberne weise; die Befehle des Ewigen sind gerade, erfreuen das Herz; das Gebot des Ewigen ist lauter, erleuchtet die Augen. Der Ewige gibt seinem Volke Sieg, der Ewige segnet sein Volk mit Frieden! Der Allmächtige, sein Weg ist ohne Fehl, des Ewigen Verheißung rein geläutert, er ist ein Schild Allen, die auf ihn vertrauen.

(Gem.) Ihr, die ihr anhanget dem Ewigen, euerem Gotte, ihr lebet allesammt heute! (Deuteron. 4, 4.)

Vor der Vorlesung aus der Thora:

ברכו (Der Aufgerufene.) Preiset den Ewigen, den Hochgepriesenen!

(Gem.) Gepriesen sei der Ewige, der Hochgepriesene in Ewigkeit!

(Der Aufgerufene.) Gelobt seist Du, Ewiger, unser Gott, Weltregent, der uns aus allen Völkern erkoren, und uns seine Thora gegeben hat. Gelobt seist Du, Ewiger, der die Thora gegeben.

Nach der Vorlesung:

ברוך (Der Aufgerufene.) Gelobt seist Du, Ewiger, unser Gott, Weltregent, der uns die wahre Lehre gegeben und das ewige Leben in uns gepflanzt hat! Gelobt seist Du, Ewiger, der die Thora gegeben.

ביי'ן הויבען דער ספר תורה ווירד פאָלגענדעס געבעטעט:

וְזֹאת הַתּוֹרָה אֲשֶׁר שָׂם משֶׁה לִפְנֵי בְּנֵי יִשְׂרָאֵל עַל־פִּי יְיָ בְּיַד משֶׁה: עֵץ חַיִּים הִיא לַמַּחֲזִיקִים בָּהּ וְתֹמְכֶיהָ מְאֻשָּׁר: דְּרָכֶיהָ דַרְכֵי נֹעַם וְכָל־נְתִיבוֹתֶיהָ שָׁלוֹם: אֹרֶךְ יָמִים בִּימִינָהּ בִּשְׂמֹאלָהּ עֹשֶׁר וְכָבוֹד: יְיָ חָפֵץ לְמַעַן צִדְקוֹ יַגְדִּיל תּוֹרָה וְיַאְדִּיר:

נאָך דער הפטרה בעטעט דיזע געווייכטע פאָלגענדע.

יְקוּם פֻּרְקָן מִן שְׁמַיָּא חִנָּא וְחִסְדָּא וְרַחֲמֵי וְחַיֵּי אֲרִיכֵי וּמְזוֹנֵי רְוִיחֵי וְסִיַּעְתָּא דִשְׁמַיָּא וּבַרְיוּת גּוּפָא וּנְהוֹרָא מְעַלְּיָא: זַרְעָא חַיָּא וְקַיָּמָא. זַרְעָא דִּי לָא יִפְסוּק וְדִי לָא יִבְטוּל מִפִּתְגָּמֵי אוֹרַיְתָא: לְמָרָנָן וְרַבָּנָן חֲבוּרָתָא קַדִּישָׁתָא. דִּי בְאַרְעָא דְיִשְׂרָאֵל וְדִי בְבָבֶל. לְרֵישֵׁי כַלֵּי וּלְרֵישֵׁי גַלְוָתָא וּלְרֵישֵׁי מְתִיבָתָא וּלְדַיָּנֵי דִי בָבָא: לְכָל־תַּלְמִידֵיהוֹן וּלְכָל־תַּלְמִידֵי תַלְמִידֵיהוֹן וּלְכָל־מָן דְּעָסְקִין בְּאוֹרַיְתָא. מַלְכָּא דְעָלְמָא יְבָרֵךְ יָתְהוֹן יַפִּישׁ חַיֵּיהוֹן וְיַסְגֵּא יוֹמֵיהוֹן וְיִתֵּן אַרְכָה לִשְׁנֵיהוֹן. וְיִתְפָּרְקוּן וְיִשְׁתֵּזְבוּן מִן כָּל עָקָא וּמִן כָּל־מַרְעִין בִּישִׁין מָרָן דִּי בִשְׁמַיָּא יְהֵא בְסַעְדְּהוֹן כָּל־זְמַן וְעִדָּן וְנֹאמַר אָמֵן:

Bei'm Aufheben der Thora:

וזאת Dieses ist die Lehre, welche Mosche den Kindern Israels vorgelegt, auf des Ewigen Befehl durch Mosche. Sie ist ein Baum des Lebens Denen, die an ihr festhalten, und die sie erfassen, sind selig zu preisen. Ihre Wege sind Wege der Wonne und alle ihre Pfade Frieden. Langes Leben ist in ihrer Rechten, und in ihrer Linken Reichthum und Ehre. Der Ewige will, um seiner Güte willen, die Lehre groß machen und herrlich.

Nach der Haftara betet die Gemeinde Folgendes.

יקום פרקן Vom Himmel hernieder komme Freiheit, Gnade, Gunst und Barmherzigkeit, langes Leben und sorgenfreie Nahrung, himmlischer Beistand, Gesundheit des Leibes und höhere Erleuchtung, gesunde und fortbestehende Nachkommenschaft, eine Nachkommenschaft, die nie abweicht von den Worten des Gesetzes und nie sie vernachlässigt — für unsere Lehrer und Meister, die heilige Synode im Lande Israel und in Babel, für die Häupter der Unionen, die Häupter der Vertriebenen, die Häupter der Hochschulen und die Richter am Thore, für alle ihre Schüler und die Schüler ihrer Schüler und für Alle, die sich des Gesetzes befleißigen! Der Herr der Welt segne sie, verlängere ihr Leben, mehre ihre Tage und gebe ihren Lebensjahren Dauer! sie mögen befreit und errettet werden von jeder Noth und allen übeln Zufällen! unser Herr im Himmel sei ihre Stütze zu jeder Zeit und Stunde! — darauf laßt uns sprechen: Amen!

ווער צו הויזע בעטעט זאָגט דיעזעס יקום פורקן ניכט.

יקום פורקן מן שמיא חנא וחסדא ורחמי וחיי אריכי ומזוני רויחי וסיעתא דשמיא ובריות גופא ונהורא מעליא זרעא חיא וקימא זרעא די לא יפסוק ודי לא יבטול מפתגמי אוריתא: לכל קהלא קדישא הדין · רברביא עם זעריא טפלא ונשיא · מלכא דעלמא יברך יתכון יפיש חייכון ויסגא יומיכון ויתן ארכה לשניכון · ותתפרקון ותשתזבון מן כל עקא ומן כל מרעין בישין · מרן די בשמיא יהא בסעדכון · כל זמן ועדן · ונאמר אמן:

מי שברך אבותינו אברהם יצחק ויעקב הוא יברך את כל הקהל הקדוש הזה · עם כל קהלות הקדש · הם ונשיהם ובניהם ובנותיהם וכל אשר להם · ומי שמיחדים בתי כנסיות לתפלה · ומי שבאים בתוכם להתפלל · ומי שנותנים נר למאור ויין לקדוש ולהבדלה ופת לאורחים וצדקה לעניים וכל מי שעוסקים בצרכי צבור באמונה הקדוש ברוך הוא ישלם שכרם ויסיר מהם כל מחלה וירפא לכל גופם ויסלח לכל עונם וישלח ברכה והצלחה בכל מעשה ידיהם עם כל ישראל אחיהם ונאמר אמן:

דער חזן שפריכט פאָלגענדעס געבעט פיר דען וואָהל דער רעגענטען.

הנותן תשועה למלכים וממשלה לנסיכים מלכותו מלכות כל עולמים הפוצה את דוד עבדו מחרב רעה · הנותן בים דרך ובמים עזים נתיבה · הוא יברך וישמור

Wer zu Hause betet, sagt Folgendes nicht:

יקום פרקן Vom Himmel hernieder komme Freiheit, Gnade, Gunst und Barmherzigkeit, langes Leben und sorgenfreie Nahrung, himmlischer Beistand, Gesundheit des Leibes und höhere Erleuchtung, gesunde und fortbestehende Nachkommenschaft, eine Nachkommenschaft, die nicht abweicht von den Worten des Gesetzes und nie sie vernachlässigt — für diese ganze heilige Gemeinde, groß und klein, Kinder und Frauen! Der Herr der Welt segne Euch, verlängere Euer Leben, mehre Eure Tage und gebe Euern Lebensjahren Dauer! Ihr möget befreit und errettet werden von jeder Noth und allen übeln Zufällen! unser Herr im Himmel sei Euere Stütze zu jeder Zeit und Stunde! — darauf lasset uns sprechen: Amen!

מי שברך Er, der unsere Väter, Abraham, Isaak und Jakob gesegnet, er segne diese gesammte heilige Gemeinde nebst allen heiligen Gemeinden, sammt Frauen, Söhnen und Töchtern, sowie Alle, welche Synagogen zum Gebet errichten, Alle, die dieselben besuchen, um darin zu beten, welche darin Licht zur Beleuchtung und Wein zu Kiddusch und Habdalah, welche Labung für Wandrer und Almosen für die Armen hergeben, und Alle, welche treulich Gemeindeangelegenheiten verwalten. Möge der Heiligste — gelobt sei er! — ihnen lohnen, von ihnen entfernen jedes Uebel, gesund lassen ihren ganzen Leib, verzeihen alle ihre Sünden und Glück und Segen verleihen allen Werken ihrer Hände — nebst ganz Israel, ihren Brüdern! darauf lasset uns sprechen: Amen!

Der Vorbeter spricht folgendes Gebet für das Wohl des Landesherrn.

הנותן Er, der den Königen Sieg und Gewalt den Fürsten verleiht — sein Reich ist aller Welten Reich — der seinen Knecht David gerettet von der Bosheit Schwert, der einen Weg durch's Meer, durch mächtige Fluthen einen Pfad gebahnt,

וינצור ויעזור וירומם ויגדל וינשא למעלה את אדונינו פלוני
ירום הודו. מלך מלכי המלכים ברחמיו יחייהו וישמרהו
ומכל צרה ויגון ונזק יצילהו וידבר עמים תחת רגליו ויפיל
שונאיו לפניו ובכל אשר יפנה יצליח מלך מלכי המלכים
ברחמיו יתן בלבו ובלב כל יועציו ושריו רחמנות לעשות
טובה עמנו ועם כל ישראל. בימיו ובימינו תושע יהודה
וישראל ישכון לבטח ובא לציון גואל וכן יהי רצון ונאמר אמן:

כשמברכין החדש נוהגין לאמר תפלת רב בתר צלותא (ברכות דף ט"ז ב').

יהי רצון מלפניך יי אלהינו ואלהי אבותינו שתחדש עלינו
את החדש הזה לטובה ולברכה ותתן לנו חיים ארוכים
חיים של שלום חיים של טובה חיים של ברכה חיים של
פרנסה חיים של חלוץ עצמות חיים שיש בהם יראת
שמים ויראת חטא חיים שאין בהם בושה וכלמה חיים
של עשר וכבוד חיים שתהא בנו אהבת תורה ויראת
שמים חיים שימלאו משאלות לבנו לטובה אמן סלה:

בשבת שלפני ר"ח מברכין ומכריזין החדש הבא לטובה ואומר הש"ץ מי שעשה,
ואז אין מזכירין נשמות ואין אומרים אב הרחמים חוץ מימי הספירה.

מי שעשה נסים לאבותינו וגאל אותם מעבדות
לחרות. הוא יגאל אותנו בקרוב ויקבץ נדחינו מארבע
כנפות הארץ. חברים כל ישראל ונאמר אמן:

er segne, behüte und bewahre, unterstütze, erhöhe, vergrößere und hebe hoch empor unseren Regenten N. N. — es steige dessen Glorie! — Er, der König aller Könige, der Allbarmherzigste erhalte und behüte ihn, bewahre ihn vor jedem Uebel, Verdruß und Schaden, unterwerfe Nationen seiner Botmäßigkeit, stürze seine Feinde vor ihm und beglücke ihn in allen seinen Richtungen. Er, der König aller Könige, der Allbarmherzigste, möge seinem Herzen und den Herzen seiner Räthe und Beamten Mitleid einflößen, um uns und ganz Israel wohlzuthun. In seinen und in unseren Tagen wird Juda geholfen werden und Israel wird sicher ruhen, es wird ein Erlöser kommen für Zion, so Gott will! Darauf lasset uns sprechen: Amen!

Während der Vorbeter מי שעשה absingt, betet die Gemeinde Folgendes:

יהי רצון Möge es Dein Wille sein, Ewiger, unser Gott und Gott unserer Väter, den kommenden Monat uns beginnen zu lassen zu Heil und Segen und uns langes Leben zu verleihen, ein Leben des Friedens, des Heils, des Segens, der Nahrungsfülle und der belebten Jugendkraft, ein Leben voller Gottesfurcht und Sündenscheu, ein Leben ohne alle Schande und Schmach, ein Leben voller Reichthum und Ehre, ein Leben, wo Liebe zum Gesetze und Gottesfurcht uns beseelen, ein Leben, da die Wünsche unseres Herzens zum Guten erfüllt werden! Amen!

Wenn der Eintritt des Neumondes in künftiger Woche statt hat, so wird dies am Sabbath durch den Vorbeter mit folgendem Gebete laut angekündigt:

מי שעשה Er, der unseren Voreltern Wunder gethan und sie aus der Sklaverei zur Freiheit geführt, er wird auch uns baldigst erlösen, und unsere Zerstreuten aus den vier Welt-Enden zu Einer Gesellschaft sammeln, das ganze Israel! — Darauf lasset uns sprechen: Amen!

הח"ז לוקח ס"ת בידו ואומר ר"ח פלוני יהי' ביום פלוני הבא עלינו ועל כל ישראל לטובה.

ק"ס יחדשהו הקדוש ברוך הוא עלינו ועל כל
עמו בית ישראל. לחיים ולשלום. לששון
ולשמחה. לישועה ולנחמה. ונאמר אמן:

אשרי יושבי ביתך עוד יהללוך סלה:

אשרי העם שככה לו אשרי העם שיי אלהיו:
קמה
תהלה לדוד ארוממך אלוהי המלך ואברכה שמך לעולם
ועד: בכל יום אברכך ואהללה שמך לעולם ועד: גדול יי
ומהלל מאד ולגדלתו אין חקר: דור לדור ישבח מעשיך
וגבורתיך יגידו: הדר כבוד הודך ודברי נפלאתיך
אשיחה: ועזוז נוראתיך יאמרו וגדלותך אספרנה: זכר
רב טובך יביעו וצדקתך ירננו: חנון ורחום יי ארך אפים
וגדול חסד: טוב יי לכל ורחמיו על כל מעשיו: יודוך יי
כל מעשיך וחסידיך יברכוכה: כבוד מלכותך יאמרו
וגבורתך ידברו: להודיע לבני האדם גבורתיו וכבוד הדר
מלכותו: מלכותך מלכות כל עלמים וממשלתך בכל
דור ודר: סומך יי לכל הנפלים וזוקף לכל הכפופים: עיני
כל אליך ישברו ואתה נותן להם את אכלם בעתו: פותח
את ידך ומשביע לכל חי רצון: צדיק יי בכל דרכיו וחסיד

Der Vorbeter nimmt die Thora in den Arm und ruft laut: Der Monat N. N. nimmt seinen Anfang am künftigen .... worauf die Gemeinde antwortet:

יחדשהו Möge der Heilige — gelobt sei er — ihn erneuern für uns und für sein ganzes Volk Israel zum Leben und zum Frieden, zur Wonne und zur Freude, zum Heil und zum Troste! — darauf lasset uns sprechen: Amen!

אשרי Heil den Bewohnern Deines Tempels! sie preisen Dich ohn' Unterlaß. Heil dem Volke, dem es so ergeht! heil dem Volke, dessen Gott der Ewige!

(Psalm 145.) Loblied Davids.

Mein Gott, o König, Dich will ich erheben, Deinen Namen ewig preisen! Täglich lobe ich Dich, rühme Deinen Namen für und für. Groß ist der Ewige und hochgerühmt, unerforschlich seine Größe. Ein Geschlecht rühmt dem andern Deine Werke, und verkündet Deiner Allmacht Thaten. Die Pracht und Herrlichkeit Deiner Majestät, und Deine Wunder will ich besingen. Alles spricht von Ehrfurcht Deiner Allmacht, auch ich will Deine Herrlichkeit verkünden. Alles singt ein Denkmal Deiner großen Güte und rühmet Deine Allgerechtigkeit: Allgnädig, allbarmherzig ist der Ewige, langmüthig und von großer Liebe! Gütig ist der Ewige gegen Alle, und sein Erbarmen waltet über alle seine Werke. Ewiger, Dir danken alle Deine Werke, Dich lobpreisen Deine Frommen, besingen Deines Reiches Herrlichkeit, unterhalten sich von Deiner Allmacht, um kund zu thun den Menschenkindern Deine Thaten, die Pracht und Herrlichkeit Deines Reiches! Dein Reich ist das Reich aller Ewigkeiten, und Deine Herrschaft geht durch alle Geschlechter. Der Ewige stützet alle Fallenden, und richtet auf alle Gebeugten. Aller Augen harren auf Dich, und Du gibst ihnen ihre Speise zur rechten Zeit. Allmilde öffnest Du Deine Hand und sättigst was da lebt mit Wohlgefallen. In allen seinen Wegen ist der Ewige gerecht, in allen seinen

בְּכָל־מַעֲשָׂיו: קָרוֹב יְיָ לְכָל־קֹרְאָיו לְכֹל אֲשֶׁר יִקְרָאֻהוּ בֶאֱמֶת: רְצוֹן־יְרֵאָיו יַעֲשֶׂה וְאֶת־שַׁוְעָתָם יִשְׁמַע וְיוֹשִׁיעֵם: שׁוֹמֵר יְיָ אֶת־כָּל־אֹהֲבָיו וְאֵת כָּל־הָרְשָׁעִים יַשְׁמִיד: תְּהִלַּת יְיָ יְדַבֶּר פִּי וִיבָרֵךְ כָּל־בָּשָׂר שֵׁם קָדְשׁוֹ לְעוֹלָם וָעֶד: וַאֲנַחְנוּ נְבָרֵךְ יָהּ מֵעַתָּה וְעַד־עוֹלָם הַלְלוּיָהּ:

נור למנצח ווירד נור אם שבת פֿאר שבועות אונד פֿאר ט׳ באב אב הרחמים געזאגט.

אַב הָרַחֲמִים שׁוֹכֵן מְרוֹמִים. בְּרַחֲמָיו הָעֲצוּמִים. הוּא יִפְקוֹד בְּרַחֲמִים. הַחֲסִידִים וְהַיְשָׁרִים וְהַתְּמִימִים. קְהִלּוֹת הַקֹּדֶשׁ שֶׁמָּסְרוּ נַפְשָׁם עַל קְדֻשַּׁת הַשֵּׁם. הַנֶּאֱהָבִים וְהַנְּעִימִים בְּחַיֵּיהֶם וּבְמוֹתָם לֹא נִפְרָדוּ. מִנְּשָׁרִים קַלּוּ וּמֵאֲרָיוֹת גָּבֵרוּ. לַעֲשׂוֹת רְצוֹן קוֹנָם וְחֵפֶץ צוּרָם: יִזְכְּרֵם אֱלֹהֵינוּ לְטוֹבָה. עִם שְׁאָר צַדִּיקֵי עוֹלָם. וְיִנְקוֹם מֵאוֹיְבֵנוּ (נ״י לְעֵינֵינוּ) נִקְמַת דַּם עֲבָדָיו הַשָּׁפוּךְ: כַּכָּתוּב בְּתוֹרַת מֹשֶׁה אִישׁ הָאֱלֹהִים. הַרְנִינוּ גוֹיִם עַמּוֹ כִּי דַם עֲבָדָיו יִקּוֹם. וְנָקָם יָשִׁיב לְצָרָיו וְכִפֶּר אַדְמָתוֹ עַמּוֹ: וְעַל יְדֵי עֲבָדֶיךָ הַנְּבִיאִים כָּתוּב לֵאמֹר. וְנִקֵּיתִי דָּמָם לֹא נִקֵּיתִי. וַיְיָ שֹׁכֵן בְּצִיּוֹן: וּבְכִתְבֵי הַקֹּדֶשׁ נֶאֱמַר. לָמָּה יֹאמְרוּ הַגּוֹיִם אַיֵּה אֱלֹהֵיהֶם: יִוָּדַע בַּגּוֹיִם לְעֵינֵינוּ. נִקְמַת דַּם עֲבָדֶיךָ הַשָּׁפוּךְ: וְאוֹמֵר כִּי דוֹרֵשׁ דָּמִים אוֹתָם זָכָר לֹא שָׁכַח צַעֲקַת עֲנָוִים: וְאוֹמֵר יָדִין בַּגּוֹיִם מָלֵא גְוִיּוֹת מָחַץ רֹאשׁ עַל אֶרֶץ רַבָּה: מִנַּחַל בַּדֶּרֶךְ יִשְׁתֶּה עַל כֵּן יָרִים רֹאשׁ:

דער חזן טראגט דיא ס״ת נאך דעם ארון הקודש צוריק אונד זאגט:

יְהַלְלוּ אֶת־שֵׁם יְהוָֹה כִּי־נִשְׂגָּב שְׁמוֹ לְבַדּוֹ׃

דיא געמיינדע אנטווארטעט:

הוֹדוֹ עַל־אֶרֶץ וְשָׁמָיִם: וַיָּרֶם קֶרֶן לְעַמּוֹ תְּהִלָּה לְכָל־חֲסִידָיו לִבְנֵי יִשְׂרָאֵל עַם קְרֹבוֹ הַלְלוּיָהּ:

Thaten gütig. Der Ewige ist nahe Allen, die ihn anrufen, Allen, die ihn anrufen in Wahrheit. Er thut, was Gottesfürchtigen behagt, erhört ihr Flehen und hilft ihnen. Er behütet Alle, die ihn lieben, und rottet alle Frevler aus. Mein Mund soll Lob des Ewigen singen, alles Fleisch lobsinge seinem heiligen Namen immer und ewig! Wir preisen Jah — von nun an bis in Ewigkeit! Hallelujah!

In manchen Gemeinden wird am Sabbathe vor dem Wochenfeste, sowie am Sabbathe vor dem Tage der Zerstörung Jerusalems folgendes Gebet für die Märtyrer des Glaubens verrichtet:

אב הרחמים Der Vater der Barmherzigkeit, der Bewohner jener Höhen, er möge allbarmherzig gedenken der Edlen, der Frommen, der Schuldlosen, jener heiligen Gemeinden, die ihr Leben für die Heiligkeit des göttlichen Namens hingeopfert, die, im Leben liebreich und fromm, auch im Tode nicht wankten, sondern stets leichter als Adler und muthiger denn Löwen waren, um den Willen ihres Schöpfers, das Verlangen ihres Schutzherrn zu vollstrecken! Möge unser Gott ihrer, sowie aller übrigen Frommen der Welt, zum Guten gedenken und an den Todfeinden rächen das vergossene Blut seiner Diener — wie es heißt in der Schrift des göttlichen Mosche: „Völker, jubelt, als sein Volk! denn er rächet seiner Diener Blut, er erwiedert Rache seinen Feinden, und sein Erdreich sühnt sein Volk." — Und durch Deine Diener, die Propheten, steht geschrieben (Joel 4, 21): „Und lass' ich ungeahndet! — so lass' ich doch ihr Blut nicht ungeahndet! — Es wohnt der Ewige in Zion." — Und in den heiligen Schriften heißt es (Ps. 79, 10): „Warum sollen die Völker sprechen: „„Wo ist nun ihr Gott?"" — „Kund werde den Völkern vor unseren Augen die Sühn' für Deiner Diener Blut!" — Ferner heißt es (daselbst 9, 13): „Der Blutschuld Rächer denket ihrer, vergißt der Armen Nothruf nicht!" — Und es heißt (daselbst 110, 6): „Er richtet unter den Völkern — der Leichen ist er satt — er schlägt das Haupt des mächt'gen Landes — Das trinket aus dem Bach am Wege, weil es zu hoch das Haupt erhoben!" —

Der Vorbeter trägt die Thora nach der heiligen Lade zurück und ruft laut:

Es lobe Alles den Namen des Ewigen, denn sein Name allein ist hocherhaben!

(Die Gem.) Seine Herrlichkeit waltet über Erd' und Himmel. Er erhöhet seines Volkes Horn; er ist der Ruhm aller seiner Frommen, der Kinder Israel, das ihm nahe Volk! Hallelujah!

אַן שבת צו שחרית ווירד מזמור כ"ט געזאָגט ; װאָכענטאָג אָבער דיעזער מזמור כ"ד.

כ"ט. בשבת.

מִזְמוֹר לְדָוִד הָבוּ לַיהֹוָה בְּנֵי אֵלִים
הָבוּ לַיהֹוָה כָּבוֹד וָעֹז: הָבוּ לַיהֹוָה
כְּבוֹד שְׁמוֹ הִשְׁתַּחֲווּ לַיהֹוָה בְּהַדְרַת־
קֹדֶשׁ: קוֹל יְהֹוָה עַל־הַמָּיִם אֵל־
הַכָּבוֹד הִרְעִים יְהֹוָה עַל־מַיִם רַבִּים:
קוֹל־יְהֹוָה בַּכֹּחַ קוֹל יְהֹוָה בֶּהָדָר:
קוֹל יְהֹוָה שֹׁבֵר אֲרָזִים וַיְשַׁבֵּר יְהֹוָה
אֶת־אַרְזֵי הַלְּבָנוֹן: וַיַּרְקִידֵם כְּמוֹ־
עֵגֶל לְבָנוֹן וְשִׂרְיוֹן כְּמוֹ בֶן־רְאֵמִים:
קוֹל־יְהֹוָה חֹצֵב לַהֲבוֹת אֵשׁ: קוֹל
יְהֹוָה יָחִיל מִדְבָּר יָחִיל יְהֹוָה מִדְבַּר
קָדֵשׁ: קוֹל יְהֹוָה יְחוֹלֵל אַיָּלוֹת
וַיֶּחֱשֹׂף יְעָרוֹת וּבְהֵיכָלוֹ כֻּלּוֹ אֹמֵר
כָּבוֹד: יְהֹוָה לַמַּבּוּל יָשָׁב וַיֵּשֶׁב
יְהֹוָה מֶלֶךְ לְעוֹלָם: יְהֹוָה עֹז לְעַמּוֹ
יִתֵּן יְהֹוָה יְבָרֵךְ אֶת־עַמּוֹ בַשָּׁלוֹם:

כ"ד. בי"ט כשחל בחול.

לְדָוִד מִזְמוֹר לַיהֹוָה הָאָרֶץ וּמְלוֹאָהּ
תֵּבֵל וְיֹשְׁבֵי בָהּ: כִּי־הוּא עַל־יַמִּים
יְסָדָהּ וְעַל־נְהָרוֹת יְכוֹנְנֶהָ: מִי־יַעֲלֶה
בְהַר יְהֹוָה וּמִי־יָקוּם בִּמְקוֹם קָדְשׁוֹ:
נְקִי כַפַּיִם וּבַר־לֵבָב אֲשֶׁר לֹא־נָשָׂא
לַשָּׁוְא נַפְשִׁי וְלֹא נִשְׁבַּע לְמִרְמָה:
יִשָּׂא בְרָכָה מֵאֵת יְהֹוָה וּצְדָקָה
מֵאֱלֹהֵי יִשְׁעוֹ: זֶה דּוֹר דֹּרְשָׁו
מְבַקְשֵׁי פָנֶיךָ יַעֲקֹב סֶלָה: שְׂאוּ
שְׁעָרִים רָאשֵׁיכֶם וְהִנָּשְׂאוּ פִּתְחֵי
עוֹלָם וְיָבוֹא מֶלֶךְ הַכָּבוֹד: מִי זֶה
מֶלֶךְ הַכָּבוֹד יְהֹוָה עִזּוּז וְגִבּוֹר יְהֹוָה
גִּבּוֹר מִלְחָמָה: שְׂאוּ שְׁעָרִים
רָאשֵׁיכֶם וּשְׂאוּ פִּתְחֵי עוֹלָם וְיָבֹא
מֶלֶךְ הַכָּבוֹד: מִי הוּא זֶה מֶלֶךְ הַכָּבוֹד
יְהֹוָה צְבָאוֹת הוּא מֶלֶךְ הַכָּבוֹד סֶלָה:

בײ'ם הינײנהעבען דער ס"ת אין דען ארון הקודש בעטעט מאַן:

וּבְנֻחֹה יֹאמַר שׁוּבָה יְהֹוָה רִבְבוֹת אַלְפֵי יִשְׂרָאֵל: קוּמָה
יְהֹוָה לִמְנוּחָתֶךָ אַתָּה וַאֲרוֹן עֻזֶּךָ: כֹּהֲנֶיךָ יִלְבְּשׁוּ־צֶדֶק
וַחֲסִידֶיךָ יְרַנֵּנוּ: בַּעֲבוּר דָּוִד עַבְדֶּךָ אַל־תָּשֵׁב פְּנֵי מְשִׁיחֶךָ:
כִּי לֶקַח טוֹב נָתַתִּי לָכֶם תּוֹרָתִי אַל־תַּעֲזֹבוּ: עֵץ־חַיִּים
הִיא לַמַּחֲזִיקִים בָּהּ וְתֹמְכֶיהָ מְאֻשָּׁר: דְּרָכֶיהָ דַרְכֵי־נֹעַם
וְכָל־נְתִיבוֹתֶיהָ שָׁלוֹם: הֲשִׁיבֵנוּ יְהֹוָה אֵלֶיךָ וְנָשׁוּבָה
חַדֵּשׁ יָמֵינוּ כְּקֶדֶם:

Sabbath Morgens wird dieser Psalm, bei'm Zurücktragen der Thora nach der heiligen Lade, gebetet; sonst aber immer Ps. 24. (S. 119.)

(Psalm 29.) Psalm von David. Bringet dem Ewigen, Söhne der Großen, bringet dem Ewigen Ruhm und Triumph! bringet dem Ewigen seines Namens Ruhm! werfet euch nieder vor ihm in heiligem Schmuck! Die Stimme des Ewigen rollt über Fluthen, der Gott der Ehre donnert über mächt'ge Fluthen. Die Stimme des Ewigen gewaltig, die Stimme des Ewigen erhaben, die Stimme des Ewigen zersplittert Zedern, Libanons Zedern zersplittert der Ewige, läßt hüpfen sie wie muthig Kalb, Libanon und Sirion wie junges Reëm. Die Stimme des Ewigen wirft flammenden Blitz, die Stimme des Ewigen erschüttert die Wüste, die Wüste zu Kades erschüttert der Ewige. Die Stimme des Ewigen regt auf das scheue Gewild, entblättert die Wälder — aber in seinem Pallaste spricht Alles: Majestät! Gott saß zur Sündfluth auf dem Throne; der Ewige allein regieret immerdar die Welt. Der Ewige gibt seinem Volke Sieg, der Ewige segnet sein Volk mit Frieden!

Bei'm Einheben der Thora in die heilige Lade:

ובנחה Wenn die Lade niedergesetzt ward, sprach er: „Ruhe nunmehr, o Ewiger, unter der Menge der Tausenden Israels!" Ziehe ein, o Ewiger, in Deinen Ruhesitz, Du und die Lade Deiner Herrlichkeit! laß Tugend Deine Priester kleiden, laß Deine Heiligen frohlocken! Um Deines Knechtes David willen, verweigere nicht, was Dein Gesalbter fleht! „Eine herrliche Lehre habe ich euch gegeben; meine Thora verlasset nicht! Sie ist ein Baum des Lebens Denen, die an ihr festhalten, und die sie erfassen, sind selig zu preisen. Ihre Wege sind Wege der Wonne, und alle ihre Pfade Frieden!" Führe uns zu Dir zurück, o Ewiger, und laß uns heimkehren! verjünge unsre Tage wie vormals!

דער חזן זאגט האלב קדיש, דאן בעטעט דיא געמיינדע לייזע:

אדני שפתי תפתח ופי יגיד תהלתך:

ברוך אתה יי אלהינו ואלהי אבותינו אלהי אברהם אלהי יצחק ואלהי יעקב האל הגדול הגבור והנורא אל עליון גומל חסדים טובים וקנה הכל וזוכר חסדי אבות ומביא גואל לבני בניהם למען שמו באהבה·

אין דען לעהן בוסטאגען ווירד פאלגענדע איינגעשאלטעט:

זכרנו לחיים מלך חפץ בחיים· וכתבנו בספר החיים למענך אלהים חיים:

מלך עוזר ומושיע ומגן· ברוך אתה יי מגן אברהם:

אתה גבור לעולם אדני מחיה מתים אתה רב להושיע·

אים ווינטער: משיב הרוח ומוריד הגשם:

מכלכל חיים בחסד מחיה מתים ברחמים רבים סומך נופלים ורופא חולים ומתיר אסורים ומקים אמונתו לישני עפר מי כמוך בעל גבורות ומי דומה לך מלך ממית ומחיה ומצמיח ישועה·

אין דען לעהן בוסטאגען ווירד פאלגענדע איינגעשאלטעט:

מי כמוך אב הרחמים. זוכר יצוריו לחיים ברחמים:

ונאמן אתה להחיות מתים· ברוך אתה יי מחיה המתים:

אתה קדוש ושמך קדוש וקדושים בכל יום יהללוך סלה· ברוך אתה יי האל (בש"ת המלך) הקדוש:

קדושה לנ"ץ כמורת הספלה.

נעריצך ונקדישך כסוד (שכל) שיח שרפי קדש המקדישים שמך בקדש ככתוב על יד נביאך וקרא זה אל זה ואמר ק"ה קדוש קדוש קדוש יי צבאות מלא כל הארץ כבודו:

Herr, öffne meine Lippen, und mein Mund verkünde Deinen Ruhm!

ברוך Gelobt seist Du, Ewiger, unser Gott und Gott unserer Väter, Gott Abrahams, Gott Isaaks und Gott Jakobs; großer, mächtiger und furchtbarer Gott! Herr in den Höhen! der Wohlthaten erzeiget in Güte, als Eigenthümer des Weltalls, der gedenket der Frömmigkeit der Urväter, und ihren spätesten Enkeln einen Erlöser bringet, um seines Namens willen, in Liebe!

In den zehn Bußtagen wird Folgendes eingeschaltet:

(זכרנו Gedenke unser zum Leben, o König, der Du Wohlgefallen hast am Leben; schreibe uns ein in das Buch des Lebens, um Deinetwillen, Herr des Lebens!)

König, Helfer, Retter und Schild! Gelobt seist Du, Ewiger, Schild Abrahams!

אתה Mächtig bist Du in Ewigkeit, o Herr! Du belebst die Todten wieder, mächtiger Retter!

Im Winter wird Folgendes eingeschaltet:

(משיב Der dem Winde zu wehen und dem Regen zu fallen gebeut.)

מכלכל Deine Gnade ernährt die Lebenden, Deine unendliche Barmherzigkeit läßt die Todten wieder aufleben! Du bist der Wankenden Stütze, der Kranken Heil und Befreier der Gefesselten! Du hältst treulich Deine Zusage Jenen, die in der Erde schlummern! Wer ist wie Du, allmächtiger Gott! Wer ist Dir ähnlich? König, der da tödtet und wieder belebet und Heil aufkeimen läßt.

In den zehn Bußtagen wird Folgendes eingeschaltet:

(מי Wer ist wie Du, Vater des Erbarmens, der seiner Geschöpfe zum Leben gedenkt in Erbarmen?!)

Deiner Verheißung getreu, belebst Du einst die Todten wieder! Gelobt seist Du, Ewiger, der die Todten belebt!

אתה Du bist heilig, heilig ist Dein Name, und Heilige preisen Dich täglich! Selah! Gelobt seist Du, Ewiger, heiliger Gott! (In den zehn Bußtagen: Heiliger König!)

Bei der lauten Wiederholung wird Folgendes eingeschaltet:

נעריצך (Vorb.) Wir preisen Dich und heiligen Dich nach der Weise der heiligen Seraphim, welche in Heiligkeit Deinen Namen feiern; wie es heißt durch Deinen Propheten: Und Einer rief dem Andern zu und sprach:

(G. u. V.) „Heilig, heilig, heilig ist der Ewige Zebaoth, voll ist die ganze Erde seiner Herrlichkeit!“

ש׳ כבודו מלא עולם משרתיו שואלים זה לזה איה מקום כבודו. לעמתם ברוך יאמרו: קו״ה ברוך כבוד יי ממקומו: ש׳ ממקומו הוא יפן ברחמים ויחון עם המיחדים שמו ערב ובקר בכל יום תמיד פעמים באהבה שמע אומרים: קו״ה שמע ישראל יי אלהינו יי אחד: ח׳ אחד הוא אלהינו הוא אבינו הוא מלכנו הוא מושיענו. והוא ישמיענו ברחמיו שנית לעיני כל חי להיות לכם לאלהים: קו״ה אני יי אלהיכם: (קו״ה אדיר אדירנו יי אדנינו מה אדיר שמך בכל הארץ: והיה יי למלך על כל הארץ ביום ההוא יהיה יי אחד ושמו אחד: ש׳ ובדברי קדשך כתוב לאמר: קו״ה ימלך יי לעולם אלהיך ציון לדר ודר הללויה:

ש׳ לדור ודור נגיד גדלך ולנצח נצחים קדשתך נקדיש ושבחך אלהינו מפינו לא ימוש לעולם ועד כי אל מלך גדול וקדוש אתה. ברוך אתה יי האל (בש״ת המלך) הקדוש:

לשבת.

תכנת שבת רצית קרבנותיה. צוית פרושיה עם סדורי נסכיה. מענגיה לעולם כבוד ינחלו. טועמיה חיים זכו. וגם האוהבים דבריה גדלה בחרו. אז מסיני

אם שבת ור״ח אומרים אתה יצרת:

אתה יצרת עולמך מקדם כלית מלאכתך ביום השביעי אהבת אותנו ורצית בנו ורוממתנו מכל הלשונות וקדשתנו במצותיך וקרבתנו מלכנו לעבודתך ושמך הגדול והקדוש עלינו קראת. ותתן לנו יי אלהינו באהבה

V. Seiner Herrlichkeit voll ist die Welt! — Seine Diener fragen einander: „Wo ist seiner Herrlichkeit Wohnung?" Ihnen gegenüber erwiedert's dann: „Gelobt!" G. „Gelobt sei die Herrlichkeit Gottes von seiner Stätte aus!" V. Von seiner Stätte aus wende er sich in Erbarmen und begnadige das Volk, das seiner Einheit Namen täglich zweimal, Abends und Morgens, voll Liebe huldigt, rufend: „Höre Israel!" G. „Höre Israel, der Ewige, unser Gott, ist ein einiges ewiges Wesen!" V. Einzig ist er, unser Gott, er ist unser Vater, er ist unser König, er ist unser Befreier, und er wird uns zum Zweitenmale in seiner Barmherzigkeit vor aller Lebenden Augen vernehmen lassen: Ich will euer Gott sein! G. „Ich bin der Ewige, euer Gott!"

An Festtagen wird noch Folgendes eingeschaltet:

אדיר Allmächtiger, unsere Macht, Ewiger, unser Herr, wie mächtig ist Dein Name auf der ganzen Erde! Einst wird der Ewige König sein über die ganze Erde; an jenem Tage wird der Ewige einzig sein und sein Name: Einiger.

V. Und in Deinen heiligen Worten heißt es: G. u. V. „Der Herr regieret ewiglich, dein Gott, o Zion, von Geschlecht zu Geschlecht. Hallelujah!"

V. Von Geschlecht zu Geschlecht verkünden wir Deine Größe, und in alle Ewigkeit heiligen wir Deine Heiligkeit. Dein Lob, o Gott, weiche nicht aus unserem Munde immer und ewig; denn Gott, König, groß und heilig bist Du. Gelobt seist Du, Ewiger, heiliger Gott! (In den zehn Bußtagen: heiliger König!)

Am Sabbath.

תכנת Du hast den Sabbath eingesetzt, für ihn eigene Opfer bewilligt und befohlen, wie es mit ihnen, nebst den zugeordneten Trankopfern gehalten sein sollte. Die sich an ihm ergötzen, erben ewige Ehre, die ihn selig genießen, gelangen zum wahren Leben, und die seine Verheißungen lieben, haben sich Hohes erwählet; vom Sinai stammt

Am Sabbath Rosch ha-Chodesch.

אתה יצרת Du hast Deine Welt geschaffen im Anbeginn, Dein Werk vollendet am siebenten Tage! Du liebtest uns und fandest Wohlgefallen an uns; Du hast uns erhoben über alle Nationen und uns geheiligt durch Deine Gebote! Du hast uns genähert, o König, Deinem Dienste und uns nach Deinem großen und heiligen Namen genannt. Und so gabst Du uns in Liebe, Ewiger, unser Gott, Sabbathtage

לשבת.

נצטוו עליה. ותצונו
יי אלהינו להקריב בה
קרבן מוסף שבת
כראוי. יהי רצון
מלפניך יי אלהינו ואלהי
אבותינו שתעלנו
בשמחה לארצנו
ותטענו בגבולנו. ושם
נעשה לפניך את
קרבנות חובותינו.
תמידים כסדרם
ומוספים כהלכתם.
ואת מוסף יום השבת
הזה נעשה ונקריב
לפניך באהבה
כמצות רצונך כמו

לר"ח.

שבתות למנוחה וראשי
חדשים לכפרה. ולפי
שחטאנו לפניך אנחנו
ואבותינו חרבה עירנו
ושמם בית מקדשנו וגלה
יקרנו ונטל כבוד מבית
חיינו. ואין אנחנו יכולים
לעשות חובותינו בבית
בחירתך בבית הגדול
והקדוש שנקרא שמך עליו.
מפני היד השלוחה
במקדשך. יהי רצון מלפניך
יי אלהינו ואלהי אבותינו
שתעלנו בשמחה לארצנו
ותטענו בגבולנו ושם
נעשה לפניך את קרבנות
חובותינו תמידים כסדרם
ומוספים כהלכתם: ואת
מוספי יום השבת הזה ויום
ראש החדש הזה נעשה

Am Sabbath.

sein Gebot. — Und befohlen hast Du, Ewiger, unser Gott, ein Mussaf- (Zugabe-) Opfer für den Sabbath darzubringen nach Gebühr. Möge es Dein Wille sein, Ewiger, unser Gott und Gott unserer Väter, uns freudig nach unserem Lande hinaufzuführen und uns in unser Gebiet einzusetzen. Dort wollen wir Dir unsere pflichtgemäßen Opfer zubereiten, die alltägigen nach ihrer Ordnung und die Mussafopfer nach ihrer Vorschrift. Das Mussafopfer dieses Sabbathtages wollen wir in Liebe zubereiten und Dir darbringen nach dem Gebote Deines Willens, wie

Am Sabbath Rosch ha-Chodesch.

zur Ruhe und Neumondstage zur Sühne. — Da wir aber gesündigt haben vor Dir, wir und unsere Väter, wurde unsere Stadt zerstört und das Haus unseres Heiligthums verwüstet; unsere Würde verschwand, und dahin ist die Herrlichkeit vom Hause unseres Lebens. Nun können wir unsere Pflichten nicht mehr erfüllen in jenem von Dir erkornen Tempel, in jenem großen und heiligen Hause, das Deinen Namen geführt — wegen der Gewalt, die an Deinem Heiligthum verübt worden. Möge es Dein Wille sein, Ewiger, unser Gott und Gott unserer Väter, uns freudig nach unserem Lande hinaufzuführen und uns in unser Gebiet einzusetzen. Dort wollen wir Dir unsere pflichtgemäßen Opfer zubereiten, die alltägigen nach ihrer Ordnung und die Mussafopfer nach ihrer Vorschrift. Die Mussafopfer dieses Sabbath- und Neumondstages

לשבת.

שֶׁכָּתַבְתָּ עָלֵינוּ בְּתוֹרָתֶךָ עַל־יְדֵי משֶׁה עַבְדֶּךָ מִפִּי כְבוֹדֶךָ כָּאָמוּר: וּבְיוֹם הַשַּׁבָּת שְׁנֵי־כְבָשִׂים בְּנֵי־שָׁנָה תְּמִימִם וּשְׁנֵי עֶשְׂרֹנִים סֹלֶת מִנְחָה בְּלוּלָה בַשֶּׁמֶן וְנִסְכּוֹ: עֹלַת שַׁבַּת בְּשַׁבַּתּוֹ עַל־עֹלַת הַתָּמִיד וְנִסְכָּהּ:

יִשְׂמְחוּ בְמַלְכוּתְךָ שׁוֹמְרֵי שַׁבָּת וְקוֹרְאֵי עֹנֶג עַם מְקַדְּשֵׁי שְׁבִיעִי. כֻּלָּם יִשְׂבְּעוּ וְיִתְעַנְּגוּ מִטּוּבֶךָ. וּבַשְּׁבִיעִי רָצִיתָ בּוֹ וְקִדַּשְׁתּוֹ חֶמְדַּת יָמִים

לר״ח.

וְנַקְרִיב לְפָנֶיךָ בְּאַהֲבָה כְּמִצְוַת רְצוֹנֶךָ כְּמוֹ שֶׁכָּתַבְתָּ עָלֵינוּ בְּתוֹרָתֶךָ עַל־יְדֵי משֶׁה עַבְדֶּךָ מִפִּי כְבוֹדֶךָ כָּאָמוּר: וּבְיוֹם הַשַּׁבָּת שְׁנֵי־כְבָשִׂים בְּנֵי־שָׁנָה תְּמִימִם וּשְׁנֵי עֶשְׂרֹנִים סֹלֶת מִנְחָה בְּלוּלָה בַשֶּׁמֶן וְנִסְכּוֹ: עֹלַת שַׁבַּת בְּשַׁבַּתּוֹ עַל־עֹלַת הַתָּמִיד וְנִסְכָּהּ:

וּבְרָאשֵׁי חָדְשֵׁיכֶם תַּקְרִיבוּ עֹלָה לַיָי פָּרִים בְּנֵי־בָקָר שְׁנַיִם וְאַיִל אֶחָד כְּבָשִׂים בְּנֵי־שָׁנָה שִׁבְעָה תְּמִימִם: וּמִנְחָתָם וְנִסְכֵּיהֶם כִּמְדֻבָּר שְׁלשָׁה עֶשְׂרֹנִים לַפָּר וּשְׁנֵי עֶשְׂרֹנִים לָאַיִל וְעִשָּׂרוֹן לַכֶּבֶשׂ וְיַיִן כְּנִסְכּוֹ וְשָׂעִיר לְכַפֵּר וּשְׁנֵי תְמִידִים כְּהִלְכָתָם:

יִשְׂמְחוּ בְמַלְכוּתְךָ שׁוֹמְרֵי

Am Sabbath.

Du es in Deiner Thora durch Deinen Diener Mosche aus dem Munde Deiner Herrlichkeit hast niederschreiben lassen, wie es heißt: „Am Sabbath zwei jährige Lämmer ohne Fehler, und zum Mehlopfer zwei Zehntel feinen Mehls mit Oel eingerührt, nebst dem Trankopfer dazu. Dieses ist das Ganzopfer für jeden Sabbath, außer dem täglichen Ganzopfer, nebst dem Trankopfer dazu."

ישמחו Mögen Deines Reiches sich freuen Alle, die den Sabbath feiern, die ihn ein Seelenvergnügen nennen! Ein Volk, das den Siebenten heiligt, genießt den Wonnegenuß Deiner Güte. Der Siebente gefiel Dir wohl, Du hast ihn geheiligt und nanntest ihn den anmuthig-

Am Sabbath Rosch ha-Chodesch.

wollen wir in Liebe zubereiten und Dir darbringen nach dem Gebote Deines Willens, wie Du es in Deiner Thora durch Deinen Diener Mosche aus dem Munde Deiner Herrlichkeit hast niederschreiben lassen, wie es heißt:

וביום „Am Sabbath zwei jährige Lämmer ohne Fehler, und zum Mehlopfer zwei Zehntel feinen Mehls mit Oel eingerührt, nebst dem Trankopfer dazu. Dieses ist das Ganzopfer für jeden Sabbath, außer dem täglichen Ganzopfer, nebst dem Trankopfer dazu."

ובראשי „An euren Neumonden bringet als Ganzopfer dar, dem Ewigen zu Ehren, zwei junge Stiere, einen Widder, sieben jährige Lämmer ohne Fehler; dazu ihr Mehl- und Trankopfer, wie vorgeschrieben: drei Zehntel zu jedem Stiere, zwei Zehntel zu jedem Widder, ein Zehntel zu jedem Schafe; Wein zum Trankopfer, einen Bock zur Sühne und die zwei täglichen Opfer nach ihrer Vorschrift."

ישמחו Mögen Deines Reiches sich freuen Alle, die den

לשבת.

אותו קראת. זכר למעשה בראשית: אלהינו ואלהי אבותינו רצה במנוחתנו קדשנו במצותיך ותן חלקנו בתורתך שבענו מטובך ושמחנו בישועתך וטהר לבנו לעבדך באמת והנחילנו יי אלהינו באהבה וברצון שבת קדשך. וינוחו בה ישראל מקדשי שמך. ברוך אתה יי מקדש השבת:

לשר"ח.

שבת וקוראי ענג עם מקדשי שביעי. כלם ישבעו ויתענגו מטובך. ובשביעי רצית בו וקדשתו חמדת ימים אותו קראת. זכר למעשה בראשית:

אנא רצה במנוחתנו וחדש עלינו ביום השבת הזה את החדש הזה לטובה ולברכה. לששון ולשמחה. לישועה ולנחמה. לפרנסה ולכלכלה. לחיים ולשלום. למחילת חטא ולסליחת עון (בשנת העבור ולכפרת פשע): כי בעמך ישראל בחרת מכל האמות. ושבת קדשך להם הודעת וחקי ראשי חדשים להם קבעת: ברוך אתה יי מקדש השבת וישראל וראשי חדשים:

Am Sabbath.

sten der Tage, zum Andenken an das Schöpfungswerk.

אלהינו Unser Gott und Gott unserer Väter, zeige Wohlgefallen an unserer Ruhe, heilige uns durch Deine Gebote und gib uns unseren Antheil an Deiner Lehre, erquicke uns mit Deiner Güte und erfreue uns durch Deine Hülfe; läutere unser Herz, Dir in Wahrheit zu dienen, und laß uns, Ewiger, unser Gott, Deinen heiligen Sabbath in Liebe und Wohlgefallen genießen, damit an ihm ruhe Israel, das Deinen Namen heiliget! Gelobt seist Du, Ewiger, der heiligt den Sabbath!

Am Sabbath Rosch ha-Chodesch.

Sabbath feiern, die ihn ein Seelenvergnügen nennen! Ein Volk, das den Siebenten heiligt, genießt den Wonnegenuß Deiner Güte. Der Siebente gefiel Dir wohl, Du hast ihn geheiligt und nanntest ihn den anmuthigsten der Tage, zum Andenken an das Schöpfungswerk.

אלהינו Unser Gott und Gott unserer Väter, zeige Wohlgefallen an unserer Ruhe und erneuere uns an diesem Sabbathtage diesen Monat zum Glück und zum Segen, zur Wonne und zur Freude, zum Heil und zum Trost, zur Ernährung und zur Erhaltung, zum Leben und zum Frieden, zur Verzeihung der Sünde und zur Vergebung der Schuld (und zur Sühne der Missethat)! Denn Dein Volk Israel hast Du vor allen Völkern erwählt, ihm Deinen heiligen Sabbath kund gethan und die Satzungen der Neumonde festgestellt. Gelobt seist Du, Ewiger, der heiligt den Sabbath, Israel und die Neumonde.

(Die Uebersetzung von רצה u. s. w. siehe Seite 219.)

רְצֵה יְיָ אֱלֹהֵינוּ בְּעַמְּךָ יִשְׂרָאֵל וּבִתְפִלָּתָם· וְהָשֵׁב אֶת הָעֲבוֹדָה לִדְבִיר בֵּיתֶךָ וְאִשֵּׁי יִשְׂרָאֵל וּתְפִלָּתָם בְּאַהֲבָה תְקַבֵּל בְּרָצוֹן וּתְהִי לְרָצוֹן תָּמִיד עֲבוֹדַת יִשְׂרָאֵל עַמֶּךָ׃

וְתֶחֱזֶינָה עֵינֵינוּ בְּשׁוּבְךָ לְצִיּוֹן בְּרַחֲמִים· בָּרוּךְ אַתָּה יְיָ הַמַּחֲזִיר שְׁכִינָתוֹ לְצִיּוֹן׃

מוֹדִים אֲנַחְנוּ לָךְ שָׁאַתָּה הוּא יְיָ אֱלֹהֵינוּ וֵאלֹהֵי אֲבוֹתֵינוּ לְעוֹלָם וָעֶד צוּר חַיֵּינוּ מָגֵן יִשְׁעֵנוּ· אַתָּה הוּא לְדוֹר וָדוֹר נוֹדֶה לְּךָ וּנְסַפֵּר תְּהִלָּתֶךָ· עַל חַיֵּינוּ הַמְּסוּרִים בְּיָדֶךָ וְעַל נִשְׁמוֹתֵינוּ הַפְּקוּדוֹת לָךְ וְעַל

מודים דרבנן.

מוֹדִים אֲנַחְנוּ לָךְ שָׁאַתָּה הוּא יְיָ אֱלֹהֵינוּ וֵאלֹהֵי אֲבוֹתֵינוּ אֱלֹהֵי כָל בָּשָׂר יוֹצְרֵנוּ יוֹצֵר בְּרֵאשִׁית בְּרָכוֹת וְהוֹדָאוֹת לְשִׁמְךָ הַגָּדוֹל וְהַקָּדוֹשׁ עַל שֶׁהֶחֱיִיתָנוּ וְקִיַּמְתָּנוּ כֵּן תְּחַיֵּנוּ וּתְקַיְּמֵנוּ וְתֶאֱסוֹף גָּלֻיּוֹתֵינוּ לְחַצְרוֹת קָדְשֶׁךָ לִשְׁמוֹר חֻקֶּיךָ וְלַעֲשׂוֹת רְצוֹנֶךָ וּלְעָבְדְּךָ בְּלֵבָב שָׁלֵם עַל שֶׁאֲנַחְנוּ מוֹדִים לָךְ· בָּרוּךְ אֵל הַהוֹדָאוֹת׃

נִסֶּיךָ שֶׁבְּכָל יוֹם עִמָּנוּ וְעַל נִפְלְאוֹתֶיךָ וְטוֹבוֹתֶיךָ שֶׁבְּכָל עֵת עֶרֶב וָבֹקֶר וְצָהֳרָיִם· הַטּוֹב כִּי לֹא־כָלוּ רַחֲמֶיךָ וְהַמְרַחֵם כִּי לֹא־תַמּוּ חֲסָדֶיךָ מֵעוֹלָם קִוִּינוּ לָךְ׃

חֲנוכה ווירד היער על הנסים (זייטע 92) חיינגעשאָלטען.

וְעַל כֻּלָּם יִתְבָּרַךְ וְיִתְרוֹמַם שִׁמְךָ מַלְכֵּנוּ תָּמִיד לְעוֹלָם וָעֶד׃

חין דען נעהן בוסטאָגען ווירד פאָלגענדעס חיינגעשאָלטען:

וּכְתוֹב לְחַיִּים טוֹבִים כָּל־בְּנֵי בְרִיתֶךָ׃

וְכֹל הַחַיִּים יוֹדוּךָ סֶּלָה וִיהַלְלוּ אֶת שִׁמְךָ בֶּאֱמֶת הָאֵל יְשׁוּעָתֵנוּ וְעֶזְרָתֵנוּ סֶלָה· בָּרוּךְ אַתָּה יְיָ הַטּוֹב שִׁמְךָ וּלְךָ נָאֶה לְהוֹדוֹת׃

ש"ץ אלהינו ואלהי אבותינו ברכנו בברכה המשלשת בתורה הכתובה על ידי משה עבדך האמורה מפי אהרן ובניו כהנים עם קדושך כאמור: יברכך יי וישמרך: יאר יי פניו אליך ויחנך: ישא יי פניו אליך וישם לך שלום:

שים שלום טובה וברכה חן וחסד ורחמים עלינו ועל כל־ישראל עמך ברכנו אבינו כלנו כאחד באור פניך כי באור פניך נתת לנו יי אלהינו תורת חיים ואהבת חסד וצדקה וברכה ורחמים וחיים ושלום וטוב בעיניך לברך את־עמך ישראל בכל־עת ובכל־שעה בשלומך ·

אין דען צעהן בוססטאגען ווירד פאָלגענדעס היינצוגעזעטצט:

בספר חיים ברכה ושלום ופרנסה טובה נזכר ונכתב לפניך אנחנו וכל עמך בית ישראל לחיים טובים ולשלום. ברוך אתה יי עשה השלום:

ברוך אתה יי המברך את־עמו ישראל בשלום:

אלהי נצור לשוני מרע ושפתי מדבר מרמה ולמקללי נפשי תדום ונפשי כעפר לכל תהיה פתח לבי בתורתך ובמצותיך תרדוף נפשי וכל החושבים עלי רעה מהרה הפר עצתם וקלקל מחשבתם. עשה למען שמך עשה למען ימינך עשה למען קדשתך עשה למען תורתך. למען יחלצון ידידיך הושיעה ימינך ועננו: יהיו לרצון אמרי פי והגיון לבי לפניך יי צורי וגאלי: עשה שלום במרומיו הוא יעשה שלום עלינו ועל כל ישראל ואמרו אמן: יהי רצון לפניך יי אלהינו ואלהי אבותינו שיבנה בית המקדש במהרה בימינו ותן חלקנו בתורתך:

ושם נעבדך ביראה כימי עולם וכשנים קדמניות:
וערבה ליי מנחת יהודה וירושלם כימי עולם וכשנים קדמניות:

בשבת שיש אותן אומרין מלכנו אלהיכם בסוף הקדושה.

לשבת תשובה. חתום בם הסופר שמואל חזק.

אלהיכם שופט צדק ובמישור לאמים. מדת הדין יהפוך לרחמים. ויכפר זדונות ושגגות עונות ואשמים. ארון חטאים הצהר והלבן כתמים. לכפרה מקוים לילות וימים. חוה עמך מתענים וצמים. זכור ברית ראשונים הישרים והתמימים. קיים לבניהם שבועת קדומים. וימלוך מלכם לעולמי עולמים: ם׳ ובדברי קדשך כתוב לאמר:

לשבת חול המועד סוכות. חתום בם הסופר יהודה.

אלהיכם ישיב בשלם סכו ומעונתו. הקם יקים דבירו והדר משכנתו. ועד סלה ישכן שם הוד שכינתו. דירת סכה תחיה לצל לשומרי סכתו. העת יעמיד על ארץ אגדתו. ימלוך על כל הארץ תבונה בשמים מעלתו: ובדברי קדשך.

לשבת ראש חודש. חתום בם הסופר יהודה חזק.

אלהיכם יזריח שמשו. שבעתים בגבורתו. הירח בהתחדשו. כשמש זריחתו. והחדש בהתקדשו. לחדש כפרתו. הדת היום לשמשו. חזות קדשת שכינתו. מדי חדש בחדשו. ומדי שבת בשבתו: ובדברי קדשך.

לשבת בראשית. חתום בו הסופר יהודה חז.

אלהיכם ישכיל עבדו יכון כסאו כמבראשית. העיר על תלה יבנה וארמון ישית. ומזבחו ירפא ומקום נסכו להשית. הדור יקרא לעבריה הויתה חפשית. חנה חזק ועמו קמיו יפיץ חרישית. ימלוך על עם שומר שבת בראשית: ובדברי קדשך.

לשבת תשובה.

אלהיכם Euer Gott, der in Gerechtigkeit und Geradheit die Nationen richtet, er lasse seine Gerechtigkeit uns zur Barmherzigkeit werden, versöhne unsere vorsätzlichen und unvorsätzlichen Sünden, unsere Missethaten und Verschuldungen. Herr, laß rein uns von Sünden, weiß unsere Flecken werden! denn auf Versöhnung harren wir Tag und Nacht. Siehe doch an das Fasten und Kasteien Deines Volkes, und gedenke des Bundes mit den Frühern, den Redlichen und Vollkommenen; den Schwur, den Du ihnen gegeben, bestätige deren Nachkommen, daß Du als ihr König immer und ewig über sie regieren willst!

לשבת חול המועד.

אלהיכם Euer Gott, er stelle sein Zelt, seine Residenz wieder her in Salem, richte das Allerheiligste seiner Wohnung wieder auf, um dort auf ewig seiner Majestät Thron bestehen zu lassen. Ein Schutz wird jene Hütte werden Allen, die das Hüttenfest beobachten, einstens, wann er auf Erden seine Erkorenen wieder erhebt und über die ganze Erde König ist, er, der den Himmel sich zum Saal erbaute.

לשבת ראש חודש.

אלהיכם Euer Gott, er lasse seine Sonne in siebenfacher Stärke strahlen, und erneue den Mond, daß sein Licht dem der Sonne gleichet. Des Monats Erneuerung heilige er, dem Monde zur Versöhnung, damit er nach alter Weise auch wieder am Tage herrsche, und wir wieder vor dem Allheiligen erscheinen an jedem Neumond und an jedem Sabbath.

לשבת בראשית.

אלהיכם Euer Gott, er lasse seine Diener wieder glücklich werden, er befestige seinen Thron, wie in der Vorzeit, erbaue wieder die Stadt auf ihrem Schutt und setze das Heiligthum ein; seinen Altar stelle er wieder her, den Ort, wo die Trankopfer dargebracht werden. Freiheit verkünde er der ebräischen Nation, seinen gerechten Zorn aber lasse er alle deren Widersacher fühlen! So regiere er über das Volk, das die Schöpfungsfeier hält.

לשבת חנוכה. חתום שם המחבר יהודה חזק.

אלהיכם ישלח משיחו אזור צדק והאמונה ירביר. הרשע ימית בשבט פיו אויב יאביד. ועל התמים הלל לגמור צעיר מהעביר. דעה חדשה יחדש חטות אזן מהכביר. הדר חמדת זבול קדש יקומם ויזביר. תשיר מזמור שיר חנכת הבית לדוד: ובדברי קדשך.

לשבת נחמו. חתום שם המחבר יהודה בר שמואל חזק.

אלהיכם יוסיף ידו לקבץ נפוצותיכם. העת יחיש לאמר צאו מאסוריכם. ומלאך בריתו ישלח להשיב לבבכם. דרכו פנו והיה העקב למישור ולעירו יקבצכם. השומרים שבת ברית היא בינו וביניכם. ברכו שמו ואל תתנו דמי לכם. חי זכר קדשו נחמו יאמר אלהיכם. כי אני הוא מלככם ואמלך עליכם: ובדברי קדשך.

לשבת נשואין. חתום שם המחבר שמואל חזק.

אלהיכם שכנו שם כם עילמו. מלאכיו רוחות רז לא למו. ואיה מקום כבודו הולמו. אומרים ברוך כבוד יי ממקומו. לעת ימלוך ליום קומו. חזה ציון גנון במקומו. וחיראו וירעו כל יקומו. קרוא לירושלים כסא מקומו: ובדברי קדשך.

לשבת ברית מילה.

אלהיכם אני זוכר הברית. הנה שולח לשארית. את נסתר בנחל כרית. מבשר טוב ושלום באחרית. ידעו זאת כל כרותי ברית. אמר לציון מלך אלהיך והורית: ובדברי קדשך.

לשבת ואתחנן.

אלהיכם Euer Gott, er sende seinen Gesalbten, der, mit Gerechtigkeit umgürtet und mit der Treue geschmückt, mit seines Mundes Geißel die Frevler tödtet und die Feinde vernichtet! Das kleine Israel, alsdann nicht mehr bedrückt, besingt die ihm gezeigten Wunder. Mit einem neuen Geiste werden wir alsdann beseelt, daß willig wir unser Ohr dem Gesetze neigen, nie mehr verstockt sind. Die herrliche Schönheit der heiligen Wohnung stellt Gott uns wieder her, und wir singen ein Psalmlied zur Einweihung dieses Hauses.

לשבת נחמו.

אלהיכם Euer Gott, er zeige wieder seine Macht und sammle eure Zerstreuten! Er beschleunige die Zeit, wo er spricht: „Verlasset eure Kerker!" Den Engel seines Bundes sende er, um euer Herz ihm wieder zuzuführen, und euch den Weg zu bahnen, daß der krumme Pfad zur Ebene wird und ihr in Gottes Stadt einzieht, die ihr den Sabbath haltet, den Bund zwischen ihm und euch. Lobt darum unaufhörlich seinen Namen! Er, der Ewiglebende gab uns die heilige Zusicherung: „Ihr werdet getröstet, denn ich bin euer König, ich regiere über euch!"

לשבת נשואין.

אלהיכם Euer Gott, er stellte seiner Majestät Thron in die tiefste Verborgenheit, und selbst den Geistern seinen Engeln offenbarte er dies Geheimniß nicht, sie kennen nicht den Ort seiner Herrlichkeit; darum auch sprechen sie: „Gelobt sei die Herrlichkeit Gottes von ihrer Stätte aus!" — Doch zur Zeit, wann Gott sich wieder zur Regierung erhebt, wann er Zion befestigt und diesem Orte seinen besondern Schutz verleihet, zu jener Zeit werden alle Wesen einsehen und erkennen, daß Jerusalem „Thron des Ewigen" heißt.

לשבת ברית מילה.

אלהיכם Ich, euer Gott, bin des Bundes eingedenk, und schicke eurem Ueberreste, den, der sich am Bache Kerith verborgen hielt (den Propheten Eliahu, siehe I. Kön. Kap. 17.), als Bote einer glücklichen und friedlichen Zukunft! Alle dem Beschneidungsbunde Angehörigen werden dies erfahren, und werden alsdann Zion zurufen: „Dein Gott regiert, Du prächtige!"

אֵין כֵּאלֹהֵינוּ. אֵין כַּאדוֹנֵינוּ. אֵין כְּמַלְכֵּנוּ. אֵין כְּמוֹשִׁיעֵנוּ: מִי כֵאלֹהֵינוּ. מִי כַאדוֹנֵינוּ. מִי כְמַלְכֵּנוּ. מִי כְמוֹשִׁיעֵנוּ: נוֹדֶה לֵאלֹהֵינוּ. נוֹדֶה לַאדוֹנֵינוּ. נוֹדֶה לְמַלְכֵּנוּ. נוֹדֶה לְמוֹשִׁיעֵנוּ: בָּרוּךְ אֱלֹהֵינוּ. בָּרוּךְ אֲדוֹנֵינוּ. בָּרוּךְ מַלְכֵּנוּ. בָּרוּךְ מוֹשִׁיעֵנוּ: אַתָּה הוּא אֱלֹהֵינוּ. אַתָּה הוּא אֲדוֹנֵינוּ. אַתָּה הוּא מַלְכֵּנוּ. אַתָּה הוּא מוֹשִׁיעֵנוּ: אַתָּה הוּא שֶׁהִקְטִירוּ אֲבוֹתֵינוּ לְפָנֶיךָ אֶת קְטֹרֶת הַסַּמִּים:

אין כאלהינו Keiner ist wie unser Gott, keiner wie unser Herr, keiner wie unser König, keiner wie unser Retter. Wer ist wie unser Gott? wer wie unser Herr? wer wie unser König? wer wie unser Retter? Laßt uns danken unserem Gott! laßt uns danken unserem Herrn! laßt uns danken unserem König! laßt uns danken unserem Retter! Gelobt sei unser Gott, gelobt unser Herr, gelobt unser König, gelobt unser Retter! Du bist unser Gott, Du unser Herr, Du unser König, Du unser Retter! Du bist es, dem zu Ehren unsere Väter das Räucherwerk der Spezereien (קטרת) dargebracht haben.

*) פִּטּוּם הַקְּטֹרֶת הַצְּרִי וְהַצִּפֹּרֶן וְהַחֶלְבְּנָה
וְהַלְּבוֹנָה. מִשְׁקַל שִׁבְעִים שִׁבְעִים מָנֶה: מוֹר
וּקְצִיעָה שִׁבֹּלֶת נֵרְדְּ וְכַרְכֹּם מִשְׁקַל שִׁשָּׁה
עָשָׂר שִׁשָּׁה עָשָׂר מָנֶה. הַקֹּשְׁטְ שְׁנֵים עָשָׂר.
וְקִלּוּפָה שְׁלשָׁה. וְקִנָּמוֹן תִּשְׁעָה. בּוֹרִית
כַּרְשִׁינָה תִּשְׁעָה קַבִּין. יֵין קַפְרִיסִין סְאִין תְּלָתָא
וְקַבִּין תְּלָתָא. וְאִם אֵין לוֹ יֵין קַפְרִיסִין מֵבִיא חֲמַר
חִוַּרְיָן עַתִּיק: מֶלַח סְדוֹמִית רֹבַע (הַקַּב). מַעֲלֶה
עָשָׁן כָּל שֶׁהוּא: רַבִּי נָתָן אוֹמֵר אַף כִּפַּת הַיַּרְדֵּן
כָּל שֶׁהוּא וְאִם נָתַן בָּהּ דְּבַשׁ פְּסָלָהּ. אִם חִסַּר
אַחַת מִכָּל סַמָּנֶיהָ חַיָּב מִיתָה: רַבָּן שִׁמְעוֹן בֶּן
גַּמְלִיאֵל אוֹמֵר. הַצְּרִי אֵינוֹ אֶלָּא שְׂרָף הַנּוֹטֵף
מֵעֲצֵי הַקְּטָף: בּוֹרִית כַּרְשִׁינָה שֶׁשָּׁפִין בָּהּ אֶת
הַצִּפֹּרֶן. כְּדֵי שֶׁתְּהֵא נָאָה: יֵין קַפְרִיסִין שֶׁשּׁוֹרִין
בּוֹ אֶת הַצִּפֹּרֶן. כְּדֵי שֶׁתְּהֵא עַזָּה: וַהֲלֹא מֵי
רַגְלַיִם יָפִין לָהּ אֶלָּא שֶׁאֵין מַכְנִיסִין מֵי
רַגְלַיִם בָּעֲזָרָה מִפְּנֵי הַכָּבוֹד:

---

*) Aus Thalmud Kerethoth 6, die Verfertigung der zum heiligen Räucherwerk nöthigen Spezereien enthaltend.

*)הַשִּׁיר שֶׁהַלְוִיִּם הָיוּ אוֹמְרִים בְּבֵית הַמִּקְדָּשׁ:

בַּיּוֹם הָרִאשׁוֹן הָיוּ אוֹמְרִים. לַיְיָ הָאָרֶץ וּמְלוֹאָהּ תֵּבֵל וְיֹשְׁבֵי בָהּ: (כ״ד)

בַּשֵּׁנִי הָיוּ אוֹמְרִים.

גָּדוֹל יְיָ וּמְהֻלָּל מְאֹד בְּעִיר אֱלֹהֵינוּ הַר־קָדְשׁוֹ: (מ״ח)

בַּשְּׁלִישִׁי הָיוּ אוֹמְרִים.

אֱלֹהִים נִצָּב בַּעֲדַת־אֵל בְּקֶרֶב אֱלֹהִים יִשְׁפֹּט: (פ״ב)

בָּרְבִיעִי הָיוּ אוֹמְרִים. אֵל נְקָמוֹת יְיָ אֵל נְקָמוֹת הוֹפִיעַ: (צ״ד)

בַּחֲמִישִׁי הָיוּ אוֹמְרִים. הַרְנִינוּ לֵאלֹהִים עוּזֵּנוּ הָרִיעוּ לֵאלֹהֵי יַעֲקֹב: (פ״א)

בַּשִּׁשִּׁי הָיוּ אוֹמְרִים. יְיָ מָלָךְ גֵּאוּת לָבֵשׁ לָבֵשׁ יְיָ עֹז הִתְאַזָּר אַף תִּכּוֹן תֵּבֵל בַּל־תִּמּוֹט: (צ״ג)

בַּשַּׁבָּת הָיוּ אוֹמְרִים. מִזְמוֹר שִׁיר לְיוֹם הַשַּׁבָּת: (צ״ב)

מִזְמוֹר שִׁיר לֶעָתִיד לָבֹא. לְיוֹם שֶׁכֻּלּוֹ שַׁבָּת וּמְנוּחָה לְחַיֵּי הָעוֹלָמִים:

אָמַר רַבִּי אֶלְעָזָר אָמַר רַבִּי חֲנִינָא. תַּלְמִידֵי חֲכָמִים מַרְבִּים שָׁלוֹם בָּעוֹלָם: שֶׁנֶּאֱמַר וְכָל־בָּנַיִךְ לִמּוּדֵי יְיָ וְרַב שְׁלוֹם בָּנָיִךְ: אַל תִּקְרָא בָּנָיִךְ אֶלָּא בּוֹנָיִךְ: שָׁלוֹם רָב לְאֹהֲבֵי תוֹרָתֶךָ וְאֵין לָמוֹ מִכְשׁוֹל: יְהִי־שָׁלוֹם בְּחֵילֵךְ שַׁלְוָה בְּאַרְמְנוֹתָיִךְ: לְמַעַן אַחַי וְרֵעָי אֲדַבְּרָה־נָּא שָׁלוֹם בָּךְ: לְמַעַן בֵּית־יְיָ אֱלֹהֵינוּ אֲבַקְשָׁה טוֹב לָךְ: יְיָ עֹז לְעַמּוֹ יִתֵּן יְיָ יְבָרֵךְ אֶת־עַמּוֹ בַשָּׁלוֹם:

---

*) Aus Mischna Ende Thamid, worin die von den Leviten täglich abzusingenden Psalmen angegeben sind.

עָלֵינוּ לְשַׁבֵּחַ לַאֲדוֹן הַכֹּל לָתֵת גְּדֻלָּה לְיוֹצֵר בְּרֵאשִׁית
שֶׁלֹּא עָשָׂנוּ כְּגוֹיֵי הָאֲרָצוֹת וְלֹא שָׂמָנוּ כְּמִשְׁפְּחוֹת הָאֲדָמָה
שֶׁלֹּא שָׂם חֶלְקֵנוּ כָּהֶם וְגוֹרָלֵנוּ כְּכָל הֲמוֹנָם. וַאֲנַחְנוּ כּוֹרְעִים
וּמִשְׁתַּחֲוִים וּמוֹדִים לִפְנֵי מֶלֶךְ מַלְכֵי הַמְּלָכִים הַקָּדוֹשׁ
בָּרוּךְ הוּא שֶׁהוּא נוֹטֶה שָׁמַיִם וְיוֹסֵד אָרֶץ וּמוֹשַׁב יְקָרוֹ
בַּשָּׁמַיִם מִמַּעַל וּשְׁכִינַת עֻזּוֹ בְּגָבְהֵי מְרוֹמִים: (נ״א וכסא כבודו)
הוּא אֱלֹהֵינוּ אֵין עוֹד (נ״א אַחֵר). אֱמֶת מַלְכֵּנוּ אֶפֶס זוּלָתוֹ
כַּכָּתוּב בְּתוֹרָתוֹ וְיָדַעְתָּ הַיּוֹם וַהֲשֵׁבֹתָ אֶל־לְבָבֶךָ כִּי יְהוָה
הוּא הָאֱלֹהִים בַּשָּׁמַיִם מִמַּעַל וְעַל הָאָרֶץ מִתָּחַת אֵין עוֹד:

עַל כֵּן נְקַוֶּה לְּךָ יְיָ אֱלֹהֵינוּ לִרְאוֹת מְהֵרָה בְּתִפְאֶרֶת עֻזֶּךָ
לְהַעֲבִיר גִּלּוּלִים מִן הָאָרֶץ וְהָאֱלִילִים כָּרוֹת יִכָּרֵתוּן. לְתַקֵּן
עוֹלָם בְּמַלְכוּת שַׁדַּי וְכָל־בְּנֵי בָשָׂר יִקְרְאוּ בִשְׁמֶךָ. לְהַפְנוֹת
אֵלֶיךָ כָּל־רִשְׁעֵי אָרֶץ. יַכִּירוּ וְיֵדְעוּ כָּל־יוֹשְׁבֵי תֵבֵל כִּי לְךָ
תִּכְרַע כָּל־בֶּרֶךְ תִּשָּׁבַע כָּל־לָשׁוֹן: לְפָנֶיךָ יְיָ אֱלֹהֵינוּ יִכְרְעוּ
וְיִפֹּלוּ. וְלִכְבוֹד שִׁמְךָ יְקָר יִתֵּנוּ. וִיקַבְּלוּ כֻלָּם אֶת־עֹל
מַלְכוּתֶךָ. וְתִמְלוֹךְ עֲלֵיהֶם מְהֵרָה לְעוֹלָם וָעֶד. כִּי הַמַּלְכוּת
שֶׁלְּךָ הִיא וּלְעוֹלְמֵי עַד תִּמְלוֹךְ בְּכָבוֹד: כַּכָּתוּב בְּתוֹרָתֶךָ
יְהוָה ׀ יִמְלֹךְ לְעֹלָם וָעֶד: וְנֶאֱמַר וְהָיָה יְיָ לְמֶלֶךְ עַל־כָּל־
הָאָרֶץ בַּיּוֹם הַהוּא יִהְיֶה יְיָ אֶחָד וּשְׁמוֹ אֶחָד:

היינטיגען שפּריכט מען: היום שבת קודש שבו היו הלוים אומרים במקדש,
מזמור שיר ליום השבת (זעהען זייטע 158), דאַן קדיש יתום.

שיר היחוד ליום השבת׃

אָז בְּיוֹם הַשְּׁבִיעִי נָחְתָּ. יוֹם הַשַּׁבָּת עַל כֵּן בֵּרַכְתָּ:

וְעַל כָּל פֹּעַל תְּהִלָּה עֲרוּכָה. חֲסִידֶיךָ בְּכָל עֵת יְבָרְכוּכָה:

בָּרוּךְ יְיָ יוֹצֵר כֻּלָּם. אֱלֹהִים חַיִּים וּמֶלֶךְ עוֹלָם:

כִּי מֵעוֹלָם עַל עֲבָדֶיךָ. רַב רַחֲמֶיךָ וַחֲסָדֶיךָ:

וּבְמִצְרַיִם הַחִלּוֹתָ. לְהוֹדִיעַ כִּי מְאֹד נַעֲלֵיתָ:

עַל כָּל אֱלֹהִים בַּעֲשׂוֹת בָּהֶם. שְׁפָטִים גְּדוֹלִים וּבֵאלֹהֵיהֶם:

בְּבָקְעֲךָ יַם סוּף עַמְּךָ רָאוּ. הַיָּד הַגְּדוֹלָה וַיִּירָאוּ:

כֵּן נִהַגְתָּ עַמְּךָ לַעֲשׂוֹת לְךָ. שֵׁם תִּפְאֶרֶת לְהַרְאוֹת גָּדְלֶךָ:

וְדִבַּרְתָּ עִמָּם מִן הַשָּׁמַיִם. וְגַם הֶעָבִים נָטְפוּ מָיִם:

יָדַעְתָּ לֶכְתָּם בַּמִּדְבָּר. בְּאֶרֶץ צִיָּה אִישׁ לֹא עָבַר:

נָתַתָּה לְעַמְּךָ דְּגַן שָׁמַיִם. וְכֶעָפָר שְׁאֵר וּמִצּוּר מָיִם:

תְּגָרֵשׁ גּוֹיִם רַבִּים עַמִּים. יִירְשׁוּ אַרְצָם וַעֲמַל לְאֻמִּים:

בַּעֲבוּר יִשְׁמְרוּ חֻקִּים וְתוֹרוֹת. אִמְרוֹת יְיָ אֲמָרוֹת טְהוֹרוֹת:

וַיִּתְעַדְּנוּ בְּמִרְעֶה שָׁמֵן. וּמֵחַלָּמִישׁ צוּר פַּלְגֵי שֶׁמֶן:

בִּבְנוֹתָם בָּנוּ עִיר קָדְשֶׁךָ. וַיְפָאֲרוּ בֵּית מִקְדָּשֶׁךָ:

וַתֹּאמֶר פֹּה אֵשֵׁב לְאֹרֶךְ. יָמִים צֵידָהּ בָּרֵךְ אֲבָרֵךְ:

כִּי שָׁם יִזְבְּחוּ זִבְחֵי צֶדֶק. אַף כֹּהֲנֶיךָ יִלְבְּשׁוּ צֶדֶק:

וּבֵית הַלֵּוִי בִּנְעִימוֹת זְמִרוֹ. לְךָ יִתְרוֹעֲעוּ אַף יָשִׁירוּ:

Einst ruhtest Du am siebenten Tage, und segnetest ihn darum als Tag der Ruhe (Sabbath).

Ueber jedes Deiner Werke preisen jederzeit Deine Frommen Dich mit wohlgeordneten Ruhmliedern.

Gelobt seist Du, Ewiger, Aller Schöpfer, lebendiger Gott, ewiger König,

der Du von jeher die Fülle Deiner Barmherzigkeit und Gnade über Deine Diener walten läßt!

In Egypten hast Du zu zeigen begonnen wie hocherhaben über alle Götter Du bist, da Du schwere Strafgerichte übtest an den Egyptern sammt ihren Götzen.

Du spalteteſt die Binsensee, und Dein Volk — Deine große Macht erkennend — bezeigte Ehrfurcht Dir.

Du leitetest Dein Volk, Dir zur Verherrlichung und Pracht, zur Offenbarung Deiner Größe,

und sprachst mit ihnen vom Himmel herab, Du, vor dem die Wolken Wasser trieften [1]).

Du beachtetest sie auf ihrem Zuge durch die Wüste, jenes dürre, unwirthbare Land;

gabst Deinem Volke Himmelsbrod, Fleisch gleich dem Staub in Menge, und aus dem Felsen Wasser.

Dann triebst Du jene viele Völkerschaften aus, und gabst deren Land, das Errungene der Nationen, Deinem Volke zum Besitz;

auf daß sie halten die Gesetze und Lehren, die Worte Gottes, die lautern Worte.

Und sie lebten vergnügt auf dieser fetten Weide, wo aus hartem Kiesel das Oel in Strömen floß.

Und da sie Ruhe hatten, bauten sie Deine heilige Stätte, schmückten Deinen Tempel aus;

und Du sprachst: „Hier will ich immer thronen, will dieser Gegend Nahrung segnen!" [2])

Dort opferten sie Opfer der Gerechtigkeit, dort waren Deine Priester in Unschuld gekleidet,

dort spielten die Leviten-Chöre liebliche Weisen, jauchzten Dir und sangen;

---

1) Bei der Gesetzgebung, nach Psalm 68, 9. 2) Psalm 132, 14, 15.

בֵּית יִשְׂרָאֵל וְיִרְאֵי יְיָ. יְכַבְּדוּ וְיוֹדוּ שִׁמְךָ יְיָ:

הֲטִיבוֹתָ מְאֹד לָרִאשׁוֹנִים. כֵּן תֵּיטִיב גַּם לָאַחֲרוֹנִים:

יְיָ תָּשִׂישׂ נָא עָלֵינוּ. כַּאֲשֶׁר שַׂשְׂתָּ עַל אֲבוֹתֵינוּ:

אוֹתָנוּ לְהַרְבּוֹת וּלְהֵיטִיב. וְנוֹדֶה לְךָ לְעוֹלָם כִּי תֵיטִיב:

יְיָ תִּבָּנֶה עִירְךָ מְהֵרָה. כִּי עָלֶיהָ שִׁמְךָ נִקְרָא:

וְקֶרֶן דָּוִד תַּצְמִיחַ בָּהּ. וְתִשְׁכּוֹן לְעוֹלָם יְיָ בְּקִרְבָּהּ:

וּבִימֵי צֶדֶק שָׁמָּה נִזְבְּחָה. וְכִימֵי קֶדֶם תֶּעֱרַב מִנְחָה:

וּבָרֵךְ עַמְּךָ בְּאוֹר פָּנֶיךָ. כִּי חֲפֵצִים לַעֲשׂוֹת רְצוֹנֶךָ:

וּבִרְצוֹנְךָ תַּעֲשֶׂה חֶפְצֵנוּ. הַבֶּט־נָא עַמְּךָ כֻּלָּנוּ:

בְּחַרְתָּנוּ הֱיוֹת לְךָ לְעַם סְגֻלָּה. עַל עַמְּךָ בִרְכָתְךָ סֶּלָה:

וְתָמִיד נְסַפֵּר תְּהִלָּתֶךָ. וּנְהַלֵּל לְשֵׁם תִּפְאַרְתֶּךָ:

וּמְבֹרַכְתְּךָ עַמְּךָ יְבֹרָךְ. כִּי אֶת כָּל אֲשֶׁר תְּבָרֵךְ מְבֹרָךְ:

וַאֲנִי בְּעוֹדִי אֲהַלְלָה בוֹרְאִי. וַאֲבָרְכֵהוּ כָּל יְמֵי צְבָאִי:

יְהִי שֵׁם יְיָ מְבֹרָךְ לְעוֹלָם. מִן הָעוֹלָם וְעַד הָעוֹלָם:

כַּכָּתוּב בָּרוּךְ יְיָ אֱלֹהֵי יִשְׂרָאֵל מִן הָעוֹלָם וְעַד הָעוֹלָם. וַיֹּאמְרוּ כָל הָעָם אָמֵן וְהַלֵּל לַיְיָ: עָנֵה דָנִיֵּאל וְאָמַר לֶהֱוֵא שְׁמֵהּ דִּי אֱלָהָא מְבָרַךְ מִן עָלְמָא וְעַד עָלְמָא דִּי חָכְמְתָא וּגְבוּרְתָא דִּי לֵהּ הִיא: וְנֶאֱמַר וַיֹּאמְרוּ הַלְוִיִּם יֵשׁוּעַ וְקַדְמִיאֵל בָּנִי חֲשַׁבְנְיָה שֵׁרֵבְיָה הוֹדִיָּה שְׁבַנְיָה פְתַחְיָה קוּמוּ בָּרְכוּ אֶת יְיָ אֱלֹהֵיכֶם מִן הָעוֹלָם עַד הָעוֹלָם וִיבָרְכוּ שֵׁם כְּבוֹדֶךָ וּמְרוֹמַם עַל כָּל בְּרָכָה וּתְהִלָּה: וְנֶאֱמַר בָּרוּךְ יְיָ אֱלֹהֵי יִשְׂרָאֵל מִן הָעוֹלָם וְעַד הָעוֹלָם וְאָמַר

und das Haus Israel, die Gottesfürchtigen, verherrlichten und priesen Deinen Namen, Ewiger!

Du thatest reichlich wohl den Frühern; o, thue so auch wohl den Spätern.

Erfreue doch auch uns, Ewiger, wie Du unsere Väter erfreutest,

vermehre uns und thue uns wohl — und ewiglich danken wir ob Deiner Güte Dir.

Ewiger, erbaue baldigst wieder Deine Stadt, die nach Deinem Namen genannt ist;

laß wieder das Glückshorn David's sich darin erheben, und Du, o Ewiger, residire ewiglich in ihrer Mitte!

Opfer der Gerechtigkeit werden alsdann dort wir wieder opfern, Speiseopfer duften wieder wie in der Vorzeit Tagen.

Segne im Lichte Deines Antlitzes Dein Volk, das seine Lust daran hat, Deinen Willen zu befolgen.

Nach Deinem Wohlgefallen erfülle unseren Wunsch; schaue doch, Herr! Dein Volk sind wir ja alle.

Du erwähltest uns Dir zum Eigenthum; so laß denn Deinen Segen immerfort über Dein Volk walten.

Und immerfort verkünden wir Deinen Ruhm, preisen Deinen herrlichen Namen.

Durch Deinen Segen laß Dein Volk gesegnet sein; denn jeder, den Du segnest, bleibt gesegnet. — —

Und ich, mein ganzes Dasein hindurch will ich meinen Schöpfer rühmen, will ihn loben alle Tage meiner Lebensdauer.

Gelobt sei der Name des Ewigen von Ewigkeit zu Ewigkeit!

ככתוב Wie geschrieben steht: Gelobt sei der Ewige, der Gott Israels, von Ewigkeit zu Ewigkeit! Und alles Volk sprach: „Amen", und: „Lob dem Ewigen!" (1. Chron. 16, 36.) Es begann Daniel und sprach: Es sei der Name Gottes gelobt von Ewigkeit zu Ewigkeit, denn Weisheit und Macht sind sein! (Dan. 2, 20.) Ferner heißt es: Es sprachen die Leviten Jeschua und Kadmiel, Bani, Haschabneah, Scherebjah, Hodiah, Schebanjah, Pethachjah: Auf, lobet den Ewigen, eueren Gott, von Ewigkeit zu Ewigkeit! Man lobe Deinen herrlichen Namen, der über allen Preis und Ruhm erhaben ist. (Nehem. 9, 5.) Ferner heißt es: Gelobt sei der Ewige, der Gott Israels, von Ewigkeit zu Ewigkeit, und

כָּל הָעָם אָמֵן הַלְלוּיָהּ: וַיְבָרֶךְ דָּוִיד אֶת יְיָ לְעֵינֵי כָּל הַקָּהָל וַיֹּאמֶר דָּוִיד. בָּרוּךְ אַתָּה יְיָ אֱלֹהֵי יִשְׂרָאֵל אָבִינוּ מֵעוֹלָם וְעַד עוֹלָם:

שיר הכבוד·

כשפותחין ארון הקדש לאנעים זמירות יש לאמר ד׳ פסוקים אלו.

שאו שערים ראשיכם והנשאו פתחי עולם ויבוא מלך הכבוד:
מי זה מלך הכבוד ה׳ עזוז וגבור ה׳ גבור מלחמה:
שאו שערים ראשיכם ושאו פתחי עולם ויבא מלך הכבוד:
מי הוא זה מלך הכבוד ה׳ צבאות הוא מלך הכבוד סלה:

אַנְעִים זְמִירוֹת וְשִׁירִים אֶאֱרוֹג· כִּי אֵלֶיךָ נַפְשִׁי תַעֲרוֹג:

נַפְשִׁי חָמְדָה בְּצֵל יָדֶךָ· לָדַעַת כָּל רָז סוֹדֶךָ:

מִדֵּי דַבְּרִי בִּכְבוֹדֶךָ. הוֹמֶה לִבִּי אֶל דּוֹדֶיךָ:

עַל כֵּן אֲדַבֵּר בְּךָ נִכְבָּדוֹת· וְשִׁמְךָ אֲכַבֵּד בְּשִׁירֵי יְדִידוֹת:

ע״ס א״ב·

אֲסַפְּרָה כְבוֹדְךָ וְלֹא רְאִיתִיךָ. אֲדַמְּךָ אֲכַנְּךָ וְלֹא יְדַעְתִּיךָ:

בְּיַד נְבִיאֶיךָ בְּסוֹד עֲבָדֶיךָ· דִּמִּיתָ הֲדַר כְּבוֹד הוֹדֶךָ:

גְּדֻלָּתְךָ וּגְבוּרָתֶךָ. כִּנּוּ לְתֹקֶף פְּעֻלָּתֶךָ:

דִּמּוּ אוֹתְךָ וְלֹא כְּפִי יֶשְׁךָ· וַיְשַׁוּוּךָ לְפִי מַעֲשֶׂיךָ:

הִמְשִׁילוּךָ בְּרֹב חֶזְיוֹנוֹת. הִנְּךָ אֶחָד בְּכָל דִּמְיוֹנוֹת:

וַיֶּחֱזוּ בְךָ זִקְנָה וּבַחֲרוּת· וּשְׂעַר רֹאשְׁךָ בְּשֵׂיבָה וְשַׁחֲרוּת:

זִקְנָה בְּיוֹם דִּין וּבַחֲרוּת בְּיוֹם קְרָב. כְּאִישׁ מִלְחָמוֹת יָדָיו לוֹ רָב:

חָבַשׁ כּוֹבַע יְשׁוּעָה בְּרֹאשׁוֹ· הוֹשִׁיעָה לוֹ יְמִינוֹ וּזְרוֹעַ קָדְשׁוֹ:

es spreche alles Volk: Amen, Hallelujah! (Ps. 106, 48.) Ferner heißt es: David lobte den Ewigen vor den Augen der ganzen Versammlung und sprach: Gelobt seist Du, Ewiger, Gott Israels, unseres Vaters, von Ewigkeit zu Ewigkeit! (I. Chron. 29, 10.)

Ehrengesang.

אנעים Liebliche Gesänge stimm' ich Dir an, Lieder, künstlich gewoben; denn nach Dir, Gott, sehnt sich meine Seele,

Wonne zu genießen in Deiner Allmacht Schatten, zu erkennen Deine tiefverborgenen Geheimnisse.

Indem ich rede von Deiner Herrlichkeit, schlägt mein Herz Deiner Lieb' entgegen,

und Herrliches red' ich von Dir, ehre Deinen Namen mit Preisgesängen.

Deinen Ruhm will ich erzählen — und hab' Dich nie gesehen, will Dich vergleichen, Dich bezeichnen — und hab' Dich nie erkannt.

Aber durch Deine Propheten, die Erwählten Deiner Diener, gabst Du ein Bild von der Pracht und Herrlichkeit Deiner Majestät.

Und sie bezeichneten Deine Größe und Allgewalt nach Deinen mächtigen Thaten,

entwarfen ein Bild von Dir — jedoch nicht nach Deinem Wesen; nur nach Deinen Werken haben sie Dich verglichen.

Mancherlei Gestalten gaben sie Dir in ihren vielen Weissagungen, und dennoch bist Du bei all ihren Bildern immer ein und derselbe.

Bald schauten sie Dich wie im Alter, bald wie in der Jugend, bald mit grauem Hauptthaar, bald mit jugendlichen Locken;

als Greis am Tage des Gerichtes, am Tage der Schlacht als Jüngling, als Kriegsmann mit kräftigem Arme streitend,

den Siegeshelm auf dem Haupte und mit Deiner Rechten, Deinem heiligen Arme den Sieg erkämpfend*).

---

*) Vergl. Dan. 7, 9 und Raschi zu 2. B. Mos. 20, 2; sowie Thalm. Chagiga 14, a.

טַלְלֵי אוֹרוֹת רֹאשׁוֹ נִמְלָא. וּקְוֻצּוֹתָיו רְסִיסֵי לָיְלָה:

יִתְפָּאֵר בִּי כִּי חָפֵץ בִּי· וְהוּא יִהְיֶה לִּי לַעֲטֶרֶת צְבִי:

כֶּתֶם טָהוֹר פָּז דְּמוּת רֹאשׁוֹ. וְחַק עַל מֵצַח כְּבוֹד שֵׁם קָדְשׁוֹ:

לְחֵן וּלְכָבוֹד צְבִי תִפְאָרָה· אֻמָּתוֹ לוֹ עִטְּרָה עֲטָרָה:

מַחְלְפוֹת רֹאשׁוֹ כְּבִימֵי בְחוּרוֹת. קְוֻצּוֹתָיו תַּלְתַּלִּים שְׁחוֹרוֹת:

נְוֵה הַצֶּדֶק צְבִי תִפְאַרְתּוֹ· יַעֲלֶה נָּא עַל רֹאשׁ שִׂמְחָתוֹ:

סְגֻלָּתוֹ תְּהִי בְיָדוֹ עֲטֶרֶת. וּצְנִיף מְלוּכָה צְבִי תִפְאֶרֶת:

עֲמוּסִים נְשָׂאָם עֲטֶרֶת עִנְּדָם· מֵאֲשֶׁר יָקְרוּ בְעֵינָיו כִּבְּדָם:

פְּאֵרוֹ עָלַי וּפְאֵרִי עָלָיו. וְקָרוֹב אֵלַי בְּקָרְאִי אֵלָיו:

צַח וְאָדוֹם לִלְבוּשׁוֹ אָדֹם· פּוּרָה בְדָרְכוֹ בְּבוֹאוֹ מֵאֱדוֹם:

קֶשֶׁר תְּפִלִּין הֶרְאָה לֶעָנָו. תְּמוּנַת יְיָ לְנֶגֶד עֵינָיו:

רוֹצֶה בְעַמּוֹ עֲנָוִים יְפָאֵר· יוֹשֵׁב תְּהִלּוֹת בָּם לְהִתְפָּאֵר:

רֹאשׁ דְּבָרְךָ אֱמֶת קוֹרֵא מֵרֹאשׁ. דּוֹר וָדוֹר עַם דּוֹרֶשְׁךָ דְּרוֹשׁ:

שִׁית הֲמוֹן שִׁירַי נָא עָלֶיךָ· וְרִנָּתִי תִּקְרַב אֵלֶיךָ:

תְּהִלָּתִי תְּהִי לְרֹאשְׁךָ עֲטֶרֶת. וּתְפִלָּתִי תִּכּוֹן קְטֹרֶת:

---

[3] Der ihn über den oft unbegreiflichen Gang der Geschicke belehrte, warum z. B. so mancher Fromme im Elend schmachtet, während der Frevler Wohlleben hat u. dgl. Diese Belehrung bezeichnet der Thalmud (Berach. 7.) mit dem allegorischen Ausdrucke הראה הקב"ה למשה קשר של תפלין. —

Dein Haupt vom glänzenden Thaue voll, Deine Locken — von den Tropfen der Nacht,

so rühmtest Du Dich meiner, hattest Deinen Wohlgefallen an mir, so willst Du einstens mir eine prächtige Krone sein[1]).

Dein Haupt ist reines, gediegenes Gold, auf der Stirne prangt Dein herrlicher, heiliger Name.

Und Dein Volk flicht Kränze Dir, zur prächtigen Zierde, zum herrlichen Schmuck.

Wie bei einem Jünglinge ist das Haar Deines Hauptes geordnet, in schwarzen herabwallenden Locken. —

Die Wohnung der Gerechtigkeit, das Haus Deiner Herrlichkeit — erhebe es doch wieder zum Gipfel Deiner Freude!

Nimm Deine Erkornen wieder zur Hand, als Krone, als königliches Diadem und Prachtgeschmeide.

Die Du erhoben und getragen — statte sie aus mit köstlichem Schmucke, Deinen Theuergeachteten gebe ihre Herrlichkeit wieder.

So bist Du mir und ich Dir zur Zierde, bist nahe mir, so oft ich zu Dir rufe. —

Glänzendroth in rothem Gewande, wird er einst die Kelter treten[2]), wann er von Edom kommt,

Er, der den Knoten der Verhängnißkette dem Demüthigen (Mosche) vorhergezeigt[3]), ihm, der die Erscheinung Gottes deutlich sah. —

Wohlgefallen hast Du, Herr, an Deinem Volke, schmückst die Demuthsvollen, verherrlichst Dich durch sie, Du, der Du unter Lobgesängen thronest!

Du, dessen Wortes Anbeginn Wahrheit ist, der Du von Anbeginn alle Geschlechter hervorriefst, beachte doch das Volk, das Dich suchet! —

So nimm denn meiner Lieder Menge auf, laß meinen Gesang vor Dich kommen.

Mein Lob sei eine Krone Dir um's Haupt, mein Gebet gelte Dir für Weihrauchduft.

---

1) Nach Hohl. 5, 2. und Jes. 28, 5.

2) D. h. wird Strafgerichte an den Frevlern üben. Siehe Jes. 63, 1. 2. 3.

תִּיקַר שִׁירַת רָשׁ בְּעֵינֶיךָ. כְּשִׁיר יוּשַׁר עַל קָרְבָּנֶיךָ:
בֵּרַכְתִּי תַּעֲלֶה לְרֹאשׁ מַשְׁבִּיר. מְחוֹלֵל וּמוֹלִיד צַדִּיק כַּבִּיר:
וּבְבִרְכָתִי תְּנַעֲנַע לִי רֹאשׁ. וְאוֹתָהּ קַח לְךָ כִּבְשָׂמִים רֹאשׁ:
יֶעֱרַב נָא שִׂיחִי עָלֶיךָ. כִּי נַפְשִׁי תַּעֲרוֹג אֵלֶיךָ:

קדוש ליום השבת.

וְשָׁמְרוּ בְנֵי־יִשְׂרָאֵל אֶת־הַשַּׁבָּת לַעֲשׂוֹת אֶת הַשַּׁבָּת לְדֹרֹתָם בְּרִית עוֹלָם: בֵּינִי וּבֵין בְּנֵי יִשְׂרָאֵל אוֹת הִוא לְעֹלָם כִּי־שֵׁשֶׁת יָמִים עָשָׂה יְהוָה אֶת הַשָּׁמַיִם וְאֶת הָאָרֶץ וּבַיּוֹם הַשְּׁבִיעִי שָׁבַת וַיִּנָּפַשׁ:

זָכוֹר אֶת־יוֹם הַשַּׁבָּת לְקַדְּשׁוֹ: שֵׁשֶׁת יָמִים תַּעֲבֹד וְעָשִׂיתָ כָּל־מְלַאכְתֶּךָ: וְיוֹם הַשְּׁבִיעִי שַׁבָּת לַיהוָה אֱלֹהֶיךָ לֹא־תַעֲשֶׂה כָל־מְלָאכָה אַתָּה וּבִנְךָ וּבִתֶּךָ עַבְדְּךָ וַאֲמָתְךָ וּבְהֶמְתֶּךָ וְגֵרְךָ אֲשֶׁר בִּשְׁעָרֶיךָ: כִּי שֵׁשֶׁת־יָמִים עָשָׂה יְהוָה אֶת־הַשָּׁמַיִם וְאֶת־הָאָרֶץ אֶת־הַיָּם וְאֶת כָּל־אֲשֶׁר־בָּם וַיָּנַח בַּיּוֹם הַשְּׁבִיעִי עַל־כֵּן בֵּרַךְ יְהוָה אֶת־יוֹם הַשַּׁבָּת וַיְקַדְּשֵׁהוּ: סברי מרנן ורבנן ורבותי

בָּא״יְ אֱלֹהֵינוּ מֶלֶךְ הָעוֹלָם בּוֹרֵא פְּרִי הַגָּפֶן:

Des Armen Lied möge werth Dir sein, gleich jenen Liedern, welche einst bei Deinen Opfern gesungen wurden.

Meine Benedeiung steige empor zum Segenspender, zu Dir, Schöpfer und Erzeuger, Gerechter und Starker!

Zu meiner Benedeiung neige freundlich Du das Haupt, nimm sie gnädig auf, wie ehedem der edelen Gewürze Rauch!

O, möchte Dir mein Wort gefallen; denn nach Dir, Gott, sehnt sich meine Seele!

Kiddusch für Sabbath-Morgen.

ושמרו Die Kinder Israels sollen den Sabbath beobachten, daß sie den Sabbath bei all ihren Nachkommen halten als einen ewigen Bund. Zwischen mir und den Kindern Israels sei er ein Zeichen für immer; denn in sechs Tagen hat der Ewige den Himmel und die Erde geschaffen, und am siebenten Tage hat er geruht und gefeiert.

זכור Gedenke des Ruhetages, um ihn zu heiligen. Sechs Tage kannst du arbeiten und all' dein Werk verrichten, aber der siebente Tag ist Ruhe, dem Ewigen, deinem Gotte; da sollst du keinerlei Werk verrichten, du und dein Sohn und deine Tochter, dein Knecht und deine Magd, und dein Vieh, und dein Fremder, der in deinen Thoren. Denn in sechs Tagen hat der Ewige gemacht den Himmel und die Erde, das Meer und Alles, was darin, und am siebenten Tage hat er geruhet; deßwegen hat der Ewige den Ruhetag gesegnet und ihn geheiligt.

ברוך Gelobt seist Du, Ewiger, unser Gott, Weltregent, der die Frucht des Weinstocks erschaffen!

תְּפִלַּת מִנְחָה לְשַׁבָּת *).

אַשְׁרֵי יוֹשְׁבֵי בֵיתֶךָ עוֹד יְהַלְלוּךָ סֶּלָה: אַשְׁרֵי הָעָם שֶׁכָּכָה לּוֹ אַשְׁרֵי הָעָם שֶׁיְיָ אֱלֹהָיו:

קמה

תְּהִלָּה לְדָוִד אֲרוֹמִמְךָ אֱלוֹהַי הַמֶּלֶךְ וַאֲבָרְכָה שִׁמְךָ לְעוֹלָם וָעֶד: בְּכָל־יוֹם אֲבָרְכֶךָּ וַאֲהַלְלָה שִׁמְךָ לְעוֹלָם וָעֶד: גָּדוֹל יְיָ וּמְהֻלָּל מְאֹד וְלִגְדֻלָּתוֹ אֵין חֵקֶר: דּוֹר לְדוֹר יְשַׁבַּח מַעֲשֶׂיךָ וּגְבוּרֹתֶיךָ יַגִּידוּ: הֲדַר כְּבוֹד הוֹדֶךָ וְדִבְרֵי נִפְלְאוֹתֶיךָ אָשִׂיחָה: וֶעֱזוּז נוֹרְאוֹתֶיךָ יֹאמֵרוּ וּגְדֻלָּתְךָ אֲסַפְּרֶנָּה: זֵכֶר רַב־טוּבְךָ יַבִּיעוּ וְצִדְקָתְךָ יְרַנֵּנוּ: חַנּוּן וְרַחוּם יְיָ אֶרֶךְ אַפַּיִם וּגְדָל־חָסֶד: טוֹב יְיָ לַכֹּל וְרַחֲמָיו עַל־כָּל־מַעֲשָׂיו: יוֹדוּךָ יְיָ כָּל־מַעֲשֶׂיךָ וַחֲסִידֶיךָ יְבָרְכוּכָה: כְּבוֹד מַלְכוּתְךָ יֹאמֵרוּ וּגְבוּרָתְךָ יְדַבֵּרוּ: לְהוֹדִיעַ לִבְנֵי הָאָדָם גְּבוּרֹתָיו וּכְבוֹד הֲדַר מַלְכוּתוֹ: מַלְכוּתְךָ מַלְכוּת כָּל־עֹלָמִים וּמֶמְשַׁלְתְּךָ בְּכָל־דּוֹר וָדֹר: סוֹמֵךְ יְיָ לְכָל־הַנֹּפְלִים וְזוֹקֵף לְכָל־הַכְּפוּפִים: עֵינֵי כֹל אֵלֶיךָ יְשַׂבֵּרוּ וְאַתָּה נוֹתֵן לָהֶם אֶת־אָכְלָם בְּעִתּוֹ: פּוֹתֵחַ אֶת־יָדֶךָ וּמַשְׂבִּיעַ לְכָל־חַי רָצוֹן: צַדִּיק יְיָ בְּכָל־דְּרָכָיו וְחָסִיד בְּכָל־מַעֲשָׂיו: קָרוֹב יְיָ לְכָל־קֹרְאָיו לְכֹל אֲשֶׁר יִקְרָאֻהוּ בֶאֱמֶת: רְצוֹן־יְרֵאָיו יַעֲשֶׂה וְאֶת־שַׁוְעָתָם יִשְׁמַע וְיוֹשִׁיעֵם: שׁוֹמֵר יְיָ אֶת־כָּל־אֹהֲבָיו וְאֵת כָּל־הָרְשָׁעִים יַשְׁמִיד: תְּהִלַּת יְיָ יְדַבֶּר פִּי וִיבָרֵךְ כָּל־בָּשָׂר שֵׁם קָדְשׁוֹ לְעוֹלָם וָעֶד:

---

*) Die Uebersetzung von אשרי und ובא לציון siehe S. 121 u. 123.

וַאֲנַחְנוּ נְבָרֵךְ יָהּ מֵעַתָּה וְעַד־עוֹלָם הַלְלוּיָהּ׃

וּבָא לְצִיּוֹן גּוֹאֵל וּלְשָׁבֵי פֶשַׁע בְּיַעֲקֹב נְאֻם יְיָ׃ וַאֲנִי זֹאת
בְּרִיתִי אוֹתָם אָמַר יְיָ רוּחִי אֲשֶׁר עָלֶיךָ וּדְבָרַי אֲשֶׁר שַׂמְתִּי
בְּפִיךָ לֹא יָמוּשׁוּ מִפִּיךָ וּמִפִּי זַרְעֲךָ וּמִפִּי זֶרַע זַרְעֲךָ אָמַר יְיָ
מֵעַתָּה וְעַד עוֹלָם׃ וְאַתָּה קָדוֹשׁ יוֹשֵׁב תְּהִלּוֹת יִשְׂרָאֵל׃
וְקָרָא זֶה אֶל־זֶה וְאָמַר קָדוֹשׁ ׀ קָדוֹשׁ קָדוֹשׁ יְיָ צְבָאוֹת מְלֹא
כָל־הָאָרֶץ כְּבוֹדוֹ׃ וּמְקַבְּלִין דֵּין מִן דֵּין וְאָמְרִין קַדִּישׁ
בִּשְׁמֵי מְרוֹמָא עִלָּאָה בֵּית שְׁכִינְתֵּהּ קַדִּישׁ עַל אַרְעָא עוֹבַד
גְּבוּרְתֵּהּ קַדִּישׁ לְעָלַם וּלְעָלְמֵי עָלְמַיָּא יְיָ צְבָאוֹת מַלְיָא
כָל־אַרְעָא זִיו יְקָרֵהּ׃ וַתִּשָּׂאֵנִי רוּחַ וָאֶשְׁמַע אַחֲרַי קוֹל
רַעַשׁ גָּדוֹל בָּרוּךְ כְּבוֹד יְיָ מִמְּקוֹמוֹ׃ וּנְטָלַתְנִי רוּחָא
וְשִׁמְעֵת בַּתְרַי קָל זִיעַ סַגִּיא דִּמְשַׁבְּחִין וְאָמְרִין בְּרִיךְ
יְקָרָא דַיְיָ מֵאֲתַר בֵּית שְׁכִינְתֵּהּ׃ יְיָ ׀ יִמְלֹךְ לְעֹלָם וָעֶד׃
יְיָ מַלְכוּתֵהּ קָאֵם לְעָלַם וּלְעָלְמֵי עָלְמַיָּא׃ יְיָ אֱלֹהֵי אַבְרָהָם
יִצְחָק וְיִשְׂרָאֵל אֲבוֹתֵינוּ שָׁמְרָה זֹּאת לְעוֹלָם לְיֵצֶר מַחְשְׁבוֹת
לְבַב עַמֶּךָ וְהָכֵן לְבָבָם אֵלֶיךָ׃ וְהוּא רַחוּם יְכַפֵּר עָוֹן וְלֹא
יַשְׁחִית וְהִרְבָּה לְהָשִׁיב אַפּוֹ וְלֹא יָעִיר כָּל חֲמָתוֹ׃ כִּי אַתָּה
אֲדֹנָי טוֹב וְסַלָּח וְרַב חֶסֶד לְכָל־קֹרְאֶיךָ׃ צִדְקָתְךָ צֶדֶק
לְעוֹלָם וְתוֹרָתְךָ אֱמֶת׃ תִּתֵּן אֱמֶת לְיַעֲקֹב חֶסֶד לְאַבְרָהָם
אֲשֶׁר נִשְׁבַּעְתָּ לַאֲבֹתֵינוּ מִימֵי קֶדֶם׃ בָּרוּךְ אֲדֹנָי יוֹם ׀ יוֹם

ישעם־לנו האל ישועתנו סלה: יי צבאות עמנו משגב
לנו אלהי יעקב סלה: יי צבאות אשרי אדם בטח בך:
יי הושיעה המלך יעננו ביום קראנו: ברוך (הוא) אלהינו
שבראנו לכבודו והבדילנו מן התועים ונתן לנו תורת
אמת וחיי עולם נטע בתוכנו הוא יפתח לבנו בתורתו
וישם בלבנו אהבתו ויראתו ולעשות רצונו ולעבדו
בלבב שלם למען לא ניגע לריק ולא נלד לבהלה: יהי
רצון מלפניך יי אלהינו ואלהי אבותינו שנשמור חקיך
בעולם הזה ונזכה ונחיה ונראה ונירש טובה וברכה
לשני ימות המשיח ולחיי העולם הבא: למען יזמרך
כבוד ולא ידם יי אלהי לעולם אודך: ברוך הגבר אשר
יבטח ביי והיה יי מבטחו: בטחו ביי עדי עד כי ביה יי
צור עולמים: ויבטחו בך יודעי שמך כי לא עזבת
דורשיך יי: יי חפץ למען צדקו יגדיל תורה ויאדיר: ח״ק.

ואני תפלתי לך יי עת רצון אלהים ברב חסדך
ענני באמת ישעך:

פֿאָרלעזונג אויז דער תורה; דיא דערזעלבען פֿאָרהערגעהענדען אונד פֿאָלגענדען
געבעטע ביים אויז־ אונד איינהעבען דער תורה זיעהע אָבען זייטע 114;
היערויף זאָגט מאַן האַלב קדיש.

ואני Ich richte mein Gebet zu Dir empor, o Ewiger, zur Gnadenzeit. Gott! in Deiner großen Güte erhöre mich mit Deiner treuen Hülfe.

*) אדני שפתי תפתח ופי יגיד תהלתך:

ברוך אתה יי אלהינו ואלהי אבותינו אלהי אברהם אלהי יצחק ואלהי יעקב האל הגדול הגבור והנורא אל עליון גומל חסדים טובים וקונה הכל וזוכר חסדי אבות ומביא גואל לבני בניהם למען שמו באהבה. בי"ת זכרנו.

זכרנו לחיים מלך חפץ בחיים. וכתבנו בספר החיים למענך אלהים חיים:

מלך עוזר ומושיע ומגן. ברוך אתה יי מגן אברהם:

אתה גבור לעולם אדני מחיה מתים אתה רב להושיע.

חיכן ווינטער: משיב הרוח ומוריד הגשם:

מכלכל חיים בחסד מחיה מתים ברחמים רבים סומך נופלים ורופא חולים ומתיר אסורים ומקים אמונתו לישני עפר מי כמוך בעל גבורות ומי דומה לך מלך ממית ומחיה ומצמיח ישועה. בי"ת מי כמוך.

מי כמוך אב הרחמים. זוכר יצוריו לחיים ברחמים:

ונאמן אתה להחיות מתים. ברוך אתה יי מחיה המתים:

אתה קדוש ושמך קדוש וקדושים בכל יום יהללוך סלה. ב"א יי האל (בי"ת המלך) הקדוש:

קדושה לש"ץ בחזרת התפלה.

נקדש את שמך בעולם כשם שמקדישים אותו בשמי מרום ככתוב על יד נביאך וקרא זה אל זה ואמר קו"ה קדוש קדוש קדוש יי צבאות מלא כל הארץ כבודו: ח' לעמתם ברוך יאמרו. קו"ה ברוך כבוד יי ממקומו: ח' ובדברי קדשך כתוב לאמר: קו"ה ימלך יי לעולם אלהיך ציון לדר ודר הללויה: ח' לדור ודור נגיד גדלך ולנצח נצחים קדשתך נקדיש ושבחך אלהינו מפינו לא ימוש לעולם ועד כי אל מלך גדול וקדוש אתה. ב"א יי האל (בי"ת המלך) הקדוש:

*) Die Uebersetzung von אדני שפתי bis האל הקדוש siehe S. 79.

אַתָּה אֶחָד וְשִׁמְךָ אֶחָד. וּמִי כְּעַמְּךָ יִשְׂרָאֵל גּוֹי אֶחָד בָּאָרֶץ. תִּפְאֶרֶת גְּדֻלָּה. וַעֲטֶרֶת יְשׁוּעָה. (יוֹם) מְנוּחָה וּקְדֻשָּׁה לְעַמְּךָ נָתָתָּ: אַבְרָהָם יָגֵל. יִצְחָק יְרַנֵּן. יַעֲקֹב וּבָנָיו יָנוּחוּ בוֹ: מְנוּחַת אַהֲבָה וּנְדָבָה. מְנוּחַת אֱמֶת וֶאֱמוּנָה. מְנוּחַת שָׁלוֹם וְשַׁלְוָה וְהַשְׁקֵט וָבֶטַח. מְנוּחָה שְׁלֵמָה שֶׁאַתָּה רוֹצֶה בָּהּ. יַכִּירוּ בָנֶיךָ וְיֵדְעוּ כִּי מֵאִתְּךָ הִיא מְנוּחָתָם וְעַל מְנוּחָתָם יַקְדִּישׁוּ אֶת שְׁמֶךָ:

אֱלֹהֵינוּ וֵאלֹהֵי אֲבוֹתֵינוּ רְצֵה בִמְנוּחָתֵנוּ קַדְּשֵׁנוּ בְּמִצְוֹתֶיךָ וְתֵן חֶלְקֵנוּ בְּתוֹרָתֶךָ שַׂבְּעֵנוּ מִטּוּבֶךָ וְשַׂמְּחֵנוּ בִּישׁוּעָתֶךָ וְטַהֵר לִבֵּנוּ לְעָבְדְּךָ בֶּאֱמֶת וְהַנְחִילֵנוּ יְיָ אֱלֹהֵינוּ בְּאַהֲבָה וּבְרָצוֹן שַׁבַּת קָדְשֶׁךָ וְיָנוּחוּ בָהּ יִשְׂרָאֵל מְקַדְּשֵׁי שְׁמֶךָ. בָּרוּךְ אַתָּה יְיָ מְקַדֵּשׁ הַשַּׁבָּת:

רְצֵה יְיָ אֱלֹהֵינוּ בְּעַמְּךָ יִשְׂרָאֵל וּבִתְפִלָּתָם. וְהָשֵׁב אֶת־הָעֲבוֹדָה לִדְבִיר בֵּיתֶךָ וְאִשֵּׁי

אתה אחד Du bist einzig, Einziger ist Dein Name, und wer ist Deinem Volke Israel gleich, das ein einziges Volk auf Erden ist? Einen Ehrenkranz, eine Krone des Heils, einen Tag der Ruhe und Heiligkeit hast Du Deinem Volke verliehen. Abraham freuet sich, Isaak frohlocket, Jakob und seine Söhne ruhen an ihm — eine Ruhe voll Liebe und Milde, eine Ruhe in Wahrheit und Treue, eine Ruhe voll Frieden und Eintracht, voll Genügsamkeit und Behaglichkeit, eine vollkommene Ruhe, an der Du Wohlgefallen hast; es erkennen Deine Kinder und wissen, daß von Dir ihre Ruhe ausgeht, und ob ihrer Ruhe heiligen sie Deinen Namen.

אלהינו Unser Gott und Gott unserer Väter, zeige Wohlgefallen an unserer Ruhe, heilige uns durch Deine Gebote und laß uns unseren Antheil in Deiner Lehre finden, erquicke uns mit Deiner Güte und erfreue uns durch Deine Hülfe; läutere unser Herz, Dir in Wahrheit zu dienen, und gib uns, Ewiger, unser Gott, in Liebe und Wohlwollen Deinen heiligen Sabbath zum Erbe, damit an ihm ruhe Israel, das Deinen Namen heiligt! Gelobt seist Du, Ewiger, der den Sabbath heiligt!

(Die Uebersetzung von רצה u. s. w. siehe Seite 89.)

ישראל ותפלתם באהבה תקבל ברצון ותהי לרצון תמיד עבודת ישראל עמך ׃

בר״ח וחוה״מ אומר יעלה ויבא.

אלהינו ואלהי אבותינו יעלה ויבא ויגיע ויראה וירצה וישמע ויפקד ויזכר זכרוננו ופקדוננו וזכרון אבותינו ׃ וזכרון משיח בן דוד עבדך ׃ וזכרון ירושלים עיר קדשך ׃ וזכרון כל עמך בית ישראל לפניך ׃ לפליטה לטובה לחן ולחסד ולרחמים לחיים ולשלום ביום לר״ח ראש החדש | לפסח חג המצות | לסכות חג הסכות הזה ׃ זכרנו יי אלהינו בו לטובה ופקדנו בו לברכה והושיענו בו לחיים ׃ ובדבר ישועה ורחמים ׃ חוס וחננו ׃ ורחם עלינו והושיענו ׃ כי אליך עינינו ׃ כי אל מלך חנון ורחום אתה׃

ותחזינה עינינו בשובך לציון ברחמים ׃ ברוך אתה יי המחזיר שכינתו לציון׃

מודים אנחנו לך שאתה הוא יי אלהינו ואלהי אבותינו לעולם ועד צור חיינו מגן ישענו אתה הוא לדור ודור נודה לך ונספר תהלתך על חיינו המסורים בידך ועל נשמותינו הפקודות לך ׃ ועל נסיך שבכל יום עמנו ועל נפלאותיך וטובותיך שבכל עת ערב ובקר וצהרים ׃ הטוב כי לא כלו רחמיך והמרחם כי לא תמו חסדיך מעולם קוינו לך׃

בחנוכה על הנסים.

וְעַל כֻּלָּם יִתְבָּרַךְ וְיִתְרוֹמַם שִׁמְךָ מַלְכֵּנוּ תָּמִיד לְעוֹלָם וָעֶד:

בש״ת וּכְתוֹב לְחַיִּים טוֹבִים כָּל־בְּנֵי בְרִיתֶךָ:

וְכֹל הַחַיִּים יוֹדוּךָ סֶּלָה וִיהַלְלוּ אֶת שִׁמְךָ בֶּאֱמֶת הָאֵל יְשׁוּעָתֵנוּ וְעֶזְרָתֵנוּ סֶלָה. בָּרוּךְ אַתָּה יְיָ הַטּוֹב שִׁמְךָ וּלְךָ נָאֶה לְהוֹדוֹת:

באשכנז אומרין זה.

שִׂים שָׁלוֹם טוֹבָה וּבְרָכָה חֵן וָחֶסֶד וְרַחֲמִים עָלֵינוּ וְעַל כָּל יִשְׂרָאֵל עַמֶּךָ בָּרְכֵנוּ אָבִינוּ כֻּלָּנוּ כְּאֶחָד בְּאוֹר פָּנֶיךָ כִּי בְאוֹר פָּנֶיךָ נָתַתָּ לָּנוּ יְיָ אֱלֹהֵינוּ תּוֹרַת חַיִּים וְאַהֲבַת חֶסֶד וּצְדָקָה וּבְרָכָה וְרַחֲמִים וְחַיִּים וְשָׁלוֹם. וְטוֹב בְּעֵינֶיךָ לְבָרֵךְ אֶת עַמְּךָ יִשְׂרָאֵל בְּכָל־עֵת וּבְכָל־שָׁעָה בִּשְׁלוֹמֶךָ:

בפולין אומרין זה.

שָׁלוֹם רָב עַל יִשְׂרָאֵל עַמְּךָ תָּשִׂים לְעוֹלָם כִּי אַתָּה הוּא מֶלֶךְ אָדוֹן לְכָל הַשָּׁלוֹם. וְטוֹב בְּעֵינֶיךָ לְבָרֵךְ אֶת־עַמְּךָ יִשְׂרָאֵל בְּכָל־עֵת וּבְכָל־שָׁעָה בִּשְׁלוֹמֶךָ:

בי״ת בְּסֵפֶר חַיִּים בְּרָכָה וְשָׁלוֹם וּפַרְנָסָה טוֹבָה נִזָּכֵר וְנִכָּתֵב לְפָנֶיךָ אֲנַחְנוּ וְכָל עַמְּךָ בֵּית יִשְׂרָאֵל לְחַיִּים טוֹבִים וּלְשָׁלוֹם. בָּרוּךְ אַתָּה יְיָ עוֹשֵׂה הַשָּׁלוֹם:

בָּרוּךְ אַתָּה יְיָ הַמְבָרֵךְ אֶת־עַמּוֹ יִשְׂרָאֵל בַּשָּׁלוֹם:

אֱלֹהַי נְצוֹר לְשׁוֹנִי מֵרָע וּשְׂפָתַי מִדַּבֵּר מִרְמָה וְלִמְקַלְלַי נַפְשִׁי תִדּוֹם וְנַפְשִׁי כֶּעָפָר לַכֹּל תִּהְיֶה פְּתַח לִבִּי בְּתוֹרָתֶךָ וּבְמִצְוֹתֶיךָ תִּרְדּוֹף נַפְשִׁי וְכָל הַחוֹשְׁבִים עָלַי רָעָה מְהֵרָה הָפֵר עֲצָתָם וְקַלְקֵל מַחֲשַׁבְתָּם. עֲשֵׂה לְמַעַן שְׁמֶךָ עֲשֵׂה לְמַעַן יְמִינֶךָ עֲשֵׂה לְמַעַן קְדֻשָּׁתֶךָ עֲשֵׂה לְמַעַן תּוֹרָתֶךָ. לְמַעַן יֵחָלְצוּן יְדִידֶיךָ הוֹשִׁיעָה יְמִינְךָ וַעֲנֵנִי: יִהְיוּ לְרָצוֹן אִמְרֵי פִי וְהֶגְיוֹן לִבִּי לְפָנֶיךָ יְיָ צוּרִי וְגוֹאֲלִי: עֹשֶׂה שָׁלוֹם בִּמְרוֹמָיו הוּא יַעֲשֶׂה שָׁלוֹם עָלֵינוּ וְעַל כָּל יִשְׂרָאֵל וְאִמְרוּ אָמֵן: יְהִי רָצוֹן לְפָנֶיךָ יְיָ אֱלֹהֵינוּ וֵאלֹהֵי אֲבוֹתֵינוּ שֶׁיִּבָּנֶה בֵּית הַמִּקְדָּשׁ בִּמְהֵרָה בְיָמֵינוּ וְתֵן חֶלְקֵנוּ בְּתוֹרָתֶךָ:

פֿאַלט איין שבת אויף איינע צייט איין, וואָ מאַן וואָכענטאָגען קיין תחנון געשפּראָכען ווירד (זיעהע זייטע 106), דאַן ווירד צדקתך ניכט געבעטעט.

צִדְקָתְךָ צֶדֶק לְעוֹלָם וְתוֹרָתְךָ אֱמֶת: וְצִדְקָתְךָ אֱלֹהִים עַד־מָרוֹם אֲשֶׁר עָשִׂיתָ גְדֹלוֹת אֱלֹהִים מִי כָמוֹךָ: צִדְקָתְךָ׀ כְּהַרְרֵי־אֵל מִשְׁפָּטֶךָ תְּהוֹם רַבָּה אָדָם וּבְהֵמָה תוֹשִׁיעַ יְיָ: ק״ש

עלינו זייטע 128. פֿאָן שבת בראשית ביז שבת הגדול ווערדען נאָך עלינו נאָך פֿאָלגענדע פּסאַלמען געבעטעט. (זיעהע אויך ווייטער ז. 302.)

קד בָּרְכִי נַפְשִׁי אֶת־יְיָ יְיָ אֱלֹהַי גָּדַלְתָּ מְּאֹד הוֹד וְהָדָר לָבָשְׁתָּ: עֹטֶה אוֹר כַּשַּׂלְמָה נוֹטֶה שָׁמַיִם כַּיְרִיעָה: הַמְקָרֶה בַמַּיִם עֲלִיּוֹתָיו הַשָּׂם־עָבִים רְכוּבוֹ הַמְהַלֵּךְ עַל־כַּנְפֵי־רוּחַ: עֹשֶׂה מַלְאָכָיו רוּחוֹת מְשָׁרְתָיו אֵשׁ לֹהֵט: יָסַד אֶרֶץ עַל־מְכוֹנֶיהָ בַּל־תִּמּוֹט עוֹלָם וָעֶד: תְּהוֹם כַּלְּבוּשׁ כִּסִּיתוֹ עַל־הָרִים יַעַמְדוּ־מָיִם: מִן־גַּעֲרָתְךָ יְנוּסוּן מִן־קוֹל רַעַמְךָ יֵחָפֵזוּן: יַעֲלוּ הָרִים יֵרְדוּ בְקָעוֹת אֶל־מְקוֹם זֶה יָסַדְתָּ לָהֶם: גְּבוּל שַׂמְתָּ בַּל־יַעֲבֹרוּן בַּל־יְשׁוּבוּן לְכַסּוֹת הָאָרֶץ: הַמְשַׁלֵּחַ מַעְיָנִים בַּנְּחָלִים בֵּין הָרִים יְהַלֵּכוּן: יַשְׁקוּ כָּל־חַיְתוֹ שָׂדָי יִשְׁבְּרוּ פְרָאִים צְמָאָם: עֲלֵיהֶם עוֹף

Fällt ein Sabbath auf eine Zeit im Jahre, wo an Wochentagen kein Bußgebet gesprochen wird (siehe S. 107), dann wird צדקתך nicht gebetet.

צדקתך Deine Gerechtigkeit ist ewiges Recht, und Deine Lehre Wahrheit. — Und Deine Gerechtigkeit, o Gott, reicht bis in des Himmels Höhen, der Du so Großes gethan, Gott, wer ist Dir gleich! — Deine Gerechtigkeit ist gleich mächtigem Gebirge, Deine Gerichte sind ein tiefer Abgrund. Menschen und Vieh hilfst Du, Ewiger!

Vom Sabbath nach Suckoth bis zum Sabbath vor Peßach werden vor עלינו (S. 129) noch folgende Psalmen gebetet. (Siehe auch weiter S. 303.)

(Psalm 104.) ברכי נפשי Lobpreise, meine Seele, den Ewigen! Ewiger, mein Gott, Du bist sehr herrlich, Majestät und Pracht ist Dein Gewand! Der Licht umhüllt wie einen Mantel, die Himmel spannt wie einen Teppich, der seine Söller wölbt im Wasser, der Wolken macht zu seinem Wagen und fährt auf Fittigen des Windes, der Winde nimmt zu seinen Boten, zu seinen Dienern Feuerflammen: er hat die Erde auf ihre Vesten gegründet, daß sie nicht wanket in Ewigkeit. Die Tiefen decktest Du wie mit Gewand, auf Bergen standen Gewässer: Vor Deinem Drohen flohen sie, vor Deines Donners Stimme bebten sie zurück, stürmten Berge hinan, sanken in Thäler hinab, zum Orte, den Du für sie gegründet. Nie überschreiten sie die von Dir gesetzten Grenzen; nie kehren sie zurück, die Erde zu bedecken. Du ließest Quellen sich in Bäch' ergießen; sie fließen zwischen Bergen fort, tränken alles Wild des Feldes — Waldesel löschen ihren Durst; der Lüfte Vögel über ihnen singen

הַשָּׁמַיִם יִשְׁכּוֹן מִבֵּין עֳפָאיִם יִתְּנוּ־קוֹל׃ מַשְׁקֶה
הָרִים מֵעֲלִיּוֹתָיו מִפְּרִי מַעֲשֶׂיךָ תִּשְׂבַּע הָאָרֶץ׃
מַצְמִיחַ חָצִיר ׀ לַבְּהֵמָה וְעֵשֶׂב לַעֲבֹדַת הָאָדָם
לְהוֹצִיא לֶחֶם מִן־הָאָרֶץ׃ וְיַיִן ׀ יְשַׂמַּח לְבַב־אֱנוֹשׁ
לְהַצְהִיל פָּנִים מִשָּׁמֶן וְלֶחֶם לְבַב־אֱנוֹשׁ
יִסְעָד׃ יִשְׂבְּעוּ עֲצֵי יְיָ אַרְזֵי לְבָנוֹן אֲשֶׁר נָטָע׃
אֲשֶׁר־שָׁם צִפֳּרִים יְקַנֵּנוּ חֲסִידָה בְּרוֹשִׁים בֵּיתָהּ׃
הָרִים הַגְּבֹהִים לַיְּעֵלִים סְלָעִים מַחְסֶה
לַשְׁפַנִּים׃ עָשָׂה יָרֵחַ לְמוֹעֲדִים שֶׁמֶשׁ יָדַע
מְבוֹאוֹ׃ תָּשֶׁת חֹשֶׁךְ וִיהִי לָיְלָה בּוֹ תִרְמֹשׂ כָּל־
חַיְתוֹ־יָעַר׃ הַכְּפִירִים שֹׁאֲגִים לַטָּרֶף וּלְבַקֵּשׁ
מֵאֵל אָכְלָם׃ תִּזְרַח הַשֶּׁמֶשׁ יֵאָסֵפוּן וְאֶל־
מְעוֹנֹתָם יִרְבָּצוּן׃ יֵצֵא אָדָם לְפָעֳלוֹ וְלַעֲבֹדָתוֹ
עֲדֵי־עָרֶב׃ מָה־רַבּוּ מַעֲשֶׂיךָ ׀ יְיָ כֻּלָּם בְּחָכְמָה
עָשִׂיתָ מָלְאָה הָאָרֶץ קִנְיָנֶךָ׃ זֶה ׀ הַיָּם גָּדוֹל וּרְחַב
יָדָיִם שָׁם רֶמֶשׂ וְאֵין מִסְפָּר חַיּוֹת קְטַנּוֹת עִם־

unter'm Laub hervor. Die Berge wässerst Du aus Deinen Söllern, Frucht, die Du schaffest, sättiget das Land. Du lässest Gras dem Viehe wachsen, und Saat durch Menschenarbeit, um aus der Erde Speise zu erziehen; auch Wein, der fröhlich macht des Menschen Herz, und Oel, das sein Gesicht erheitert, da Brod des Herzens Kräfte nähret. Saftvoll stehen des Ew'gen Bäume, Libanons Zedern, die er selbst gepflanzt, daß sich das Federwild dort niste, auf Tannen sein Gehäus der Habicht baue; hohe Berge sind für Gemsen, Steinklüfte Zuflucht für Kaninchen. Er schuf den Mond, die Zeiten einzutheilen, die Sonne, die das Ziel kennt ihrer Bahn. Er bringet Finsterniß — es wird Nacht; da schwärmt Gewild umher, nach Raube brüllen junge Löwen, verlangen Speise von der Gottheit. Die Sonn' erscheint — sie heben sich davon und lagern sich in ihren Höhlen; dann geht der Mensch zu seiner Arbeit, zu seinem Tagewerk, bis Abend. — Wie groß, wie viel sind Deine Werke, Ewiger! Alle hast Du sie mit Weisheit eingerichtet; voll ist die Erde von Deinen Gütern. Jenes Weltmeer — groß und weitumfassend — da wimmelt's ohne Zahl von Leben,

גְּדֹלוֹת׃ שָׁם אֳנִיּוֹת יְהַלֵּכוּן לִוְיָתָן זֶה־יָצַרְתָּ
לְשַׂחֶק־בּוֹ׃ כֻּלָּם אֵלֶיךָ יְשַׂבֵּרוּן לָתֵת אָכְלָם
בְּעִתּוֹ׃ תִּתֵּן לָהֶם יִלְקֹטוּן תִּפְתַּח יָדְךָ יִשְׂבְּעוּן
טוֹב׃ תַּסְתִּיר פָּנֶיךָ יִבָּהֵלוּן תֹּסֵף רוּחָם יִגְוָעוּן
וְאֶל־עֲפָרָם יְשׁוּבוּן׃ תְּשַׁלַּח רוּחֲךָ יִבָּרֵאוּן
וּתְחַדֵּשׁ פְּנֵי אֲדָמָה׃ יְהִי כְבוֹד יְיָ לְעוֹלָם יִשְׂמַח
יְיָ בְּמַעֲשָׂיו׃ הַמַּבִּיט לָאָרֶץ וַתִּרְעָד יִגַּע בֶּהָרִים
וְיֶעֱשָׁנוּ׃ אָשִׁירָה לַייָ בְּחַיָּי אֲזַמְּרָה לֵאלֹהַי
בְּעוֹדִי׃ יֶעֱרַב עָלָיו שִׂיחִי אָנֹכִי אֶשְׂמַח בַּייָ׃
יִתַּמּוּ חַטָּאִים מִן־הָאָרֶץ וּרְשָׁעִים עוֹד אֵינָם
בָּרְכִי נַפְשִׁי אֶת־יְיָ הַלְלוּיָהּ׃ (לא מפיק ה׳ עפ״ס.)

קכ שִׁיר הַמַּעֲלוֹת אֶל־יְיָ בַּצָּרָתָה לִּי קָרָאתִי
וַיַּעֲנֵנִי׃ יְיָ הַצִּילָה נַפְשִׁי מִשְּׂפַת־שֶׁקֶר מִלָּשׁוֹן
רְמִיָּה׃ מַה־יִּתֵּן לְךָ וּמַה־יֹּסִיף לָךְ לָשׁוֹן רְמִיָּה׃
חִצֵּי גִבּוֹר שְׁנוּנִים עִם גַּחֲלֵי רְתָמִים׃ אוֹיָה־לִי
כִּי־גַרְתִּי מֶשֶׁךְ שָׁכַנְתִּי עִם־אָהֳלֵי קֵדָר׃ רַבַּת

von Thieren groß und klein; da wandeln Schiffe, webt das Ungeheuer, das Du erschufst, darin zu scherzen. Sie Alle harren auf Dich, erwarten, daß Du ihnen Speise gebest zur rechten Zeit. Du gibst ihnen, sie lesen auf, Du öffnest Deine Hand, sie sättigen sich des Guten; Du wendest weg Dein Angesicht — sie schwinden, nimmst ihren Odem hin, und sie vergehen in ihren vor'gen Staub zurück. Du sendest Deinen Odem aus, sie entstehen — so verjüngst Du wieder die Gestalt der Erde. Ewig währt des Ew'gen Ruhm; der Ew'ge hat Freude an seinen Werken.. Er schaut die Erde an — sie bebet, berührt Gebirge — sie verrauchen! Singen will ich dem Ew'gen mein Lebenlang, spielen meinem Gotte, solang' ich da bin. O, mög' ihm mein Gedicht gefallen! Ich freue mich des Ewigen. — Daß sie vergingen von der Erd', die Sünder! daß Frevler nicht mehr seien! Lobpreise, meine Seele, den Ewigen. Hallelujah!

(Psalm 120.) Stufengesang. Zum Ewigen ruf' ich in meiner Noth — und er erhöret mich: — „Ewiger, rette mich von Lügenmäulern, von heuchlerischen Zungen! Was nützt sie dir, was frommt sie dir, die heuchlerische Zunge, die Heldenpfeile, wohlgeschärft, mit Pfriemholzkohlenglut?" — Weh' mir, ich muß in Meschech weilen, in Hütten Kedars wohnen! Zu lange geht schon

שָׁכְנָה־לָּהּ נַפְשִׁי עִם שׂוֹנֵא שָׁלוֹם: אֲנִי שָׁלוֹם וְכִי אֲדַבֵּר הֵמָּה לַמִּלְחָמָה:

קכא שִׁיר לַמַּעֲלוֹת אֶשָּׂא עֵינַי אֶל־הֶהָרִים מֵאַיִן יָבֹא עֶזְרִי: עֶזְרִי מֵעִם יְיָ עֹשֵׂה שָׁמַיִם וָאָרֶץ: אַל יִתֵּן לַמּוֹט רַגְלֶךָ אַל־יָנוּם שֹׁמְרֶךָ: הִנֵּה לֹא יָנוּם וְלֹא יִישָׁן שׁוֹמֵר יִשְׂרָאֵל: יְיָ שֹׁמְרֶךָ יְיָ צִלְּךָ עַל־יַד יְמִינֶךָ: יוֹמָם הַשֶּׁמֶשׁ לֹא־יַכֶּכָּה וְיָרֵחַ בַּלָּיְלָה: יְיָ יִשְׁמָרְךָ מִכָּל־רָע יִשְׁמֹר אֶת־נַפְשֶׁךָ: יְיָ יִשְׁמָר־צֵאתְךָ וּבוֹאֶךָ מֵעַתָּה וְעַד־עוֹלָם:

קכב שִׁיר הַמַּעֲלוֹת לְדָוִד שָׂמַחְתִּי בְּאֹמְרִים לִי בֵּית יְיָ נֵלֵךְ: עֹמְדוֹת הָיוּ רַגְלֵינוּ בִּשְׁעָרַיִךְ יְרוּשָׁלָםִ: יְרוּשָׁלַםִ הַבְּנוּיָה כְּעִיר שֶׁחֻבְּרָה־לָּהּ יַחְדָּו: שֶׁשָּׁם עָלוּ שְׁבָטִים שִׁבְטֵי־יָהּ עֵדוּת לְיִשְׂרָאֵל לְהֹדוֹת לְשֵׁם יְיָ: כִּי שָׁמָּה ׀ יָשְׁבוּ כִסְאוֹת לְמִשְׁפָּט כִּסְאוֹת לְבֵית דָּוִד: שַׁאֲלוּ שְׁלוֹם יְרוּשָׁלָםִ יִשְׁלָיוּ אֹהֲבָיִךְ: יְהִי־שָׁלוֹם בְּחֵילֵךְ שַׁלְוָה

meine Seele mit Friedenshassern um. Ich denke Frieden, rede Frieden; sie denken, reden Krieg!

(Psalm 121.) Stufengesang. Ich schau' empor nach jenen Bergen; wo kommt mir Hülfe her? Vom Ewigen kommt meine Hülfe, der Himmel schuf und Erde; Er läßt nicht gleiten deinen Fuß! dein Hüter schlummert nicht! — Er schlummert nicht, und schläft nicht, der Hüter Israels! Er sei dein Hüter, er beschatte dich zu deiner rechten Hand! Dir schade nicht des Tags die Sonne, der Mond dir nicht des Nachts. Der Ewige behüte dich vor allem Uebel, bewahre deine Seele. Der Ewige behüte dich bei deinem Gehen und Kommen, von nun an bis in Ewigkeit!

(Psalm 122.) Stufengesang von David. Ich freu' mich, so man zu mir spricht: „Laßt in des Ew'gen Haus uns gehen!" O, unsere Füße standen einst, Jerusalem, in deinen Thoren! Jerusalem, du Wohlgebaute, Hauptstadt, wo Alles sich gesellt, wohin die Stämme, die Stämme Gottes wallen zum Zeugniß Israels, um dem Ewigen zu danken; wo Stühle stehen zum Gericht, des Hauses David hohe Stühle. O, wünschet Glück Jerusalem: Wohl geh' es deinen Freunden! in deinen Mauern wohne

בְּאַרְמְנוֹתָיִךְ: לְמַעַן אַחַי וְרֵעָי אֲדַבְּרָה נָּא שָׁלוֹם בָּךְ: לְמַעַן בֵּית־יְיָ אֱלֹהֵינוּ אֲבַקְשָׁה טוֹב לָךְ:

קכג שִׁיר הַמַּעֲלוֹת אֵלֶיךָ נָשָׂאתִי אֶת־עֵינַי[1] הַיּשְׁבִי בַּשָּׁמָיִם: הִנֵּה כְעֵינֵי עֲבָדִים אֶל־יַד אֲדוֹנֵיהֶם כְּעֵינֵי שִׁפְחָה אֶל־יַד גְּבִרְתָּהּ כֵּן עֵינֵינוּ אֶל־יְיָ אֱלֹהֵינוּ עַד שֶׁיְּחָנֵּנוּ[2]: חָנֵּנוּ יְיָ חָנֵּנוּ כִּי־רַב שָׂבַעְנוּ בוּז: רַבַּת שָׂבְעָה־לָּהּ נַפְשֵׁנוּ הַלַּעַג הַשַּׁאֲנַנִּים הַבּוּז לִגְאֵ*יוֹנִים: *) לגאי יונים קרי.

קכד שִׁיר הַמַּעֲלוֹת לְדָוִד לוּלֵי יְיָ שֶׁהָיָה לָנוּ יֹאמַר־נָא יִשְׂרָאֵל: לוּלֵי יְיָ שֶׁהָיָה לָנוּ בְּקוּם עָלֵינוּ אָדָם: אֲזַי חַיִּים בְּלָעוּנוּ בַּחֲרוֹת אַפָּם בָּנוּ: אֲזַי הַמַּיִם שְׁטָפוּנוּ נַחְלָה[3] עָבַר עַל־נַפְשֵׁנוּ: אֲזַי עָבַר עַל נַפְשֵׁנוּ הַמַּיִם הַזֵּידוֹנִים: בָּרוּךְ יְיָ שֶׁלֹּא נְתָנָנוּ טֶרֶף לְשִׁנֵּיהֶם: נַפְשֵׁנוּ כְּצִפּוֹר נִמְלְטָה מִפַּח יוֹקְשִׁים הַפַּח נִשְׁבָּ*ר וַאֲנַחְנוּ נִמְלָטְנוּ: עֶזְרֵנוּ בְּשֵׁם יְיָ עֹשֵׂה שָׁמַיִם וָאָרֶץ: *) נשבר, סב׳ כפתח.

[1]) עיני, מן מתחין דספרא. [2]) שיחננו, סי׳ דגוש כס״ס כמצפט. [3]) נחלה, מלעיל.

Friede, in deinen Schlössern Sicherheit! Um meiner Freund' und Brüder willen wünsch' ich dir Heil; um unseres Gottestempels willen, such' ich dein Wohlergehen!

(Psalm 123.) Stufengesang. Zu Dir erheb' ich meine Augen, der Du im Himmel thronest! Wie Knechte schau'n auf ihres Herren Hand, wie eine Magd auf ihrer Frauen Hand, sa schauen unsere Augen hin zu unserem Gott, bis er sich unserer Noth erbarmt. Erbarm' Dich, Ew'ger, erbarm' Dich unser, denn wir sind viel zu satt der Schmach! Ja, viel zu satt ist unsere Seele des Spott's der Uebermüthigen, der Trotzigen Verachtung!

(Psalm 124.) Stufengesang von David. So der Ewige nicht bei uns wäre — so singe Israel — so der Ewige nicht bei uns wäre, da der Mensch sich aufmacht' wider uns, sie verschlängen uns lebendig, wenn ihr Zorn entflammet über uns; längst hätten Wasser uns ersäuft, wären Ströme über uns gefahren, längst gefahren über uns wären wilde Fluthen. Dank dem Ewigen, der uns ihren Zähnen nicht zum Raube gab! Unser Leben ist entkommen, wie ein Vögelein des Voglers Schlingen — Schlingen rissen, wir entkamen. Unsere Hülfe steht bei'm Ewigen, der Himmel schuf und Erde!

קכה שִׁיר הַמַּעֲלוֹת הַבֹּטְחִים בַּיָי כְּהַר־צִיּוֹן לֹא־יִמּוֹט לְעוֹלָם יֵשֵׁב: יְרוּשָׁלַם הָרִים סָבִיב לָהּ וַיָי סָבִיב לְעַמּוֹ מֵעַתָּה וְעַד־עוֹלָם: כִּי לֹא יָנוּחַ שֵׁבֶט הָרֶשַׁע עַל גּוֹרַל הַצַּדִּיקִים לְמַעַן לֹא־יִשְׁלְחוּ הַצַּדִּיקִים בְּעַוְלָתָה יְדֵיהֶם: הֵיטִיבָה יָי לַטּוֹבִים וְלִישָׁרִים בְּלִבּוֹתָם: וְהַמַּטִּים עֲקַלְקַלּוֹתָם יוֹלִיכֵם יָי אֶת־פֹּעֲלֵי הָאָוֶן שָׁלוֹם עַל־יִשְׂרָאֵל:

*) גורל, כר׳ נפתח.

קכו שִׁיר הַמַּעֲלוֹת בְּשׁוּב יָי אֶת־שִׁיבַת צִיּוֹן הָיִינוּ כְּחֹלְמִים: אָז יִמָּלֵא שְׂחוֹק פִּינוּ וּלְשׁוֹנֵנוּ רִנָּה אָז יֹאמְרוּ בַגּוֹיִם הִגְדִּיל יָי לַעֲשׂוֹת עִם־אֵלֶּה: הִגְדִּיל יָי לַעֲשׂוֹת עִמָּנוּ הָיִינוּ שְׂמֵחִים: שׁוּבָה יָי אֶת־שְׁבִיתֵנוּ כַּאֲפִיקִים בַּנֶּגֶב: הַזֹּרְעִים בְּדִמְעָה בְּרִנָּה יִקְצֹרוּ: הָלוֹךְ יֵלֵךְ וּבָכֹה נֹשֵׂא מֶשֶׁךְ־הַזָּרַע בֹּא־יָבֹא בְרִנָּה נֹשֵׂא אֲלֻמֹּתָיו:

קכז שִׁיר הַמַּעֲלוֹת לִשְׁלֹמֹה אִם־יָי לֹא־יִבְנֶה בַיִת

(Psalm 125.) Stufengesang. Die dem Ewigen vertrauen, bleiben, wie Berg Zion, unerschüttert, ewig. Jerusalem umgeben Berge; sein Volk umgibt der Ewige von nun an bis in Ewigkeit. Nein, Tyrannenzepter herrschet nie in dem Erbtheil der Gerechten, daß sie nicht auch nach unrecht Gut ausstrecken ihre Hände! O Ewiger, den Guten thue wohl, die gerechten Herzens sind! die auf krummen Weg abweichen, treibe weg, die Uebelthäter! Frieden über Israel!

(Psalm 126.) Stufengesang. Wenn aus dem Elend der Ewige nach Zion führt, so sind wir wie vom Traum erwacht; voll Lachens ist dann unser Mund, frohlockenvoll die Zunge, und unter den Völkern heißt es: „Für sie hat Wunder der Ewige gethan!" Ja, Wunder thut der Ewige für uns, deß sind wir herzensfroh! Ach, führ' uns aus dem Elend, Ewiger, wie Wasserström' in dürres Land! Die in Thränen säen, sammeln ein mit Freuden. Er gehet hin und weinet, der Säemann mit seiner Last; jauchzend kehret er zurück, träget seine Garben heim.

(Psalm 127.) Stufengesang von Salomo. Vergeblich ist der Künstler Arbeit, will Gott nicht

שָׁוְא עָמְלוּ בוֹנָיו בּוֹ אִם־יְיָ לֹא־יִשְׁמָר־עִיר שָׁוְא
שָׁקַד שׁוֹמֵר: שָׁוְא לָכֶם מַשְׁכִּימֵי קוּם מְאַחֲרֵי
שֶׁבֶת אֹכְלֵי לֶחֶם הָעֲצָבִים כֵּן יִתֵּן לִידִידוֹ שֵׁנָא*:
הִנֵּה נַחֲלַת יְיָ בָּנִים שָׂכָר פְּרִי הַבָּטֶן: כְּחִצִּים
בְּיַד־גִּבּוֹר כֵּן בְּנֵי הַנְּעוּרִים: אַשְׁרֵי הַגֶּבֶר
אֲשֶׁר מִלֵּא אֶת־אַשְׁפָּתוֹ מֵהֶם לֹא־יֵבֹשׁוּ
כִּי־יְדַבְּרוּ אֶת־אוֹיְבִים בַּשָּׁעַר: *) שנא, נא'.

קכח שִׁיר הַמַּעֲלוֹת אַשְׁרֵי כָּל־יְרֵא יְיָ הַהֹלֵךְ
בִּדְרָכָיו: יְגִיעַ כַּפֶּיךָ כִּי תֹאכֵל אַשְׁרֶיךָ וְטוֹב לָךְ:
אֶשְׁתְּךָ * כְּגֶפֶן פֹּרִיָּה בְּיַרְכְּתֵי בֵיתֶךָ בָּנֶיךָ
כִּשְׁתִלֵי זֵיתִים סָבִיב לְשֻׁלְחָנֶךָ: הִנֵּה כִי־כֵן
יְבֹרַךְ גָּבֶר יְרֵא יְיָ: יְבָרֶכְךָ יְיָ מִצִּיּוֹן וּרְאֵה בְּטוּב
יְרוּשָׁלָיִם כֹּל יְמֵי חַיֶּיךָ: וּרְאֵה־בָנִים לְבָנֶיךָ
שָׁלוֹם עַל־יִשְׂרָאֵל: *אשתך, כא' נסגול.

קכט שִׁיר הַמַּעֲלוֹת רַבַּת צְרָרוּנִי מִנְּעוּרַי* יֹאמַר
נָא יִשְׂרָאֵל: רַבַּת צְרָרוּנִי מִנְּעוּרָי גַּם לֹא־יָכְלוּ

*) מנעורי, קדעלס פתס.

selbst das Haus erbauen; vergeblich aller Wächter Fleiß, wenn Gott nicht selbst die Stadt bewacht. Vergeblich wacht ihr früh und sitzet spät und esset Brod mit Sorgen — seinen Freunden gibt er es im Schlafe. Siehe, Kinder sind Geschenk des Ewigen, Leibesfrucht der Tugend Lohn! Jugendsöhne sind Geschosse in der tapfern Streiter Hand! Wohl dem, der seinen Köcher voll von diesen Pfeilen hat! sie lassen nicht zu Schanden werden und trotzen öffentlich den Feinden.

(Psalm 128). Stufengesang. Heil dem, der den Ew'gen fürchtet, der in seinen Wegen wandelt! Nähre dich von deiner Arbeit! heil dir, du hast es gut! Dein Weib, ein traubenreicher Stock, an deines Hauses Seite; wie Oelbaumssprossen deine Kinder, um deinen Tisch herum. Seht, so wird der Mann gesegnet, der den Ewigen verehrt! Der Ew'ge segne dich von Zion aus, daß Du Jerusalem im Glücksstand sehest all' dein Lebenlang und sehest Kinder deiner Kinder! Frieden über Israel!

(Psalm 129.) Stufengesang. Oft hat man mich gedrängt von meiner Jugend auf — so sage Israel — oft hat man mich gedrängt von meiner

לִי: עַל־גַּבִּי חָרְשׁוּ חֹרְשִׁים הֶאֱרִיכוּ לְמַעֲנוֹתָם°:
יְיָ צַדִּיק קִצֵּץ עֲבוֹת רְשָׁעִים: יֵבֹשׁוּ וְיִסֹּגוּ אָחוֹר
כֹּל שֹׂנְאֵי צִיּוֹן: יִהְיוּ כַּחֲצִיר גַּגּוֹת שֶׁקַּדְמַת שָׁלַף
יָבֵשׁ: שֶׁלֹּא מִלֵּא כַפּוֹ קוֹצֵר וְחִצְנוֹ מְעַמֵּר: וְלֹא
אָמְרוּ הָעֹבְרִים בִּרְכַּת יְיָ אֲלֵיכֶם בֵּרַכְנוּ
אֶתְכֶם בְּשֵׁם יְיָ: °) למעניתם ק׳.

קל שִׁיר הַמַּעֲלוֹת מִמַּעֲמַקִּים קְרָאתִיךָ יְיָ: אֲדֹנָי
שִׁמְעָה בְקוֹלִי תִּהְיֶינָה אָזְנֶיךָ קַשֻּׁבוֹת לְקוֹל
תַּחֲנוּנָי: אִם־עֲוֹנוֹת תִּשְׁמָר־יָהּ אֲדֹנָי מִי יַעֲמֹד:
כִּי־עִמְּךָ הַסְּלִיחָה לְמַעַן תִּוָּרֵא: קִוִּיתִי יְיָ קִוְּתָה
נַפְשִׁי וְלִדְבָרוֹ הוֹחָלְתִּי: נַפְשִׁי לַאדֹנָי מִשֹּׁמְרִים
לַבֹּקֶר שֹׁמְרִים לַבֹּקֶר: יַחֵל יִשְׂרָאֵל אֶל־יְיָ כִּי
עִם־אֲדֹנָי הַחֶסֶד וְהַרְבֵּה עִמּוֹ פְדוּת: וְהוּא
יִפְדֶּה אֶת־יִשְׂרָאֵל מִכֹּל עֲוֹנֹתָיו:

קלא שִׁיר הַמַּעֲלוֹת לְדָוִד יְיָ לֹא־גָבַהּ לִבִּי וְלֹא
רָמוּ עֵינַי° וְלֹא־הִלַּכְתִּי בִּגְדֹלוֹת וּבְנִפְלָאוֹת

*) אדני כ״כבכ״י מדויק ומסר עליו קל״ד. °) עיני, מן פתחין דספרא.

Jugend auf, jedoch nicht überwältigt. Auf meinem Rücken haben sie gepflügt, gezogen ihre langen Furchen. — Gerecht ist er, der Ewige, zerhieb der Frevler Bande! Zu Schanden werden, weichen müssen alle Feinde Zions, und sein, wie Gras auf Dächern, das, eh' man's ausrauft, welkt! kein Schnitter füllet seine Hand, kein Garbenbinder seinen Arm, Vorübergeher grüßen nicht: „Der Segen des Ewigen über euch! Wir grüßen euch im Namen des Ewigen!" —

(Psalm 130.) Stufengesang. Aus den Tiefen ruf' ich, Ewiger, zu Dir: Ach Herr, erhöre meine Stimme, laß Deine Ohren merken auf mein inbrünstig Flehen! So Du Sünden willst zurechnen, Herr, wer kann bestehen? aber bei Dir ist die Vergebung, auf daß man Dich ehrfürchte. So hoff' ich denn zum Ew'gen, es hoffet meine Seele getrost auf seine Verheißung, erwartet sehnlicher den Herrn als Wachende den Morgen, den Morgen Wachende erwarten. O Israel, vertrau' dem Ewigen, denn bei dem Herrn ist Güte, und der Erlösung viel bei ihm; er wird erlösen Israel von allen seinen Sünden.

(Psalm 131.) Stufengesang. Ewiger, mein Sinn verstieg sich nie, nie fuhr mein Blick zu hoch, in große, mir verhohlne Dinge verlor sich nie mein

מִמֶּנִּי: אִם־לֹא שִׁוִּיתִי וְדוֹמַמְתִּי נַפְשִׁי כְּגָמֻל
עֲלֵי אִמּוֹ כַּגָּמֻל עָלַי נַפְשִׁי: יַחֵל יִשְׂרָאֵל אֶל
יְיָ מֵעַתָּה וְעַד־עוֹלָם:

קלב שִׁיר הַמַּעֲלוֹת זְכוֹר־יְיָ לְדָוִד אֵת כָּל־עֻנּוֹתוֹ:
אֲשֶׁר נִשְׁבַּע לַייָ נָדַר לַאֲבִיר יַעֲקֹב: אִם־אָבֹא
בְּאֹהֶל בֵּיתִי אִם־אֶעֱלֶה עַל־עֶרֶשׂ יְצוּעָי: אִם־
אֶתֵּן שְׁנָת* לְעֵינַי לְעַפְעַפַּי תְּנוּמָה: עַד־אֶמְצָא
מָקוֹם לַייָ מִשְׁכָּנוֹת לַאֲבִיר יַעֲקֹב: הִנֵּה
שְׁמַעֲנוּהָ בְאֶפְרָתָה מְצָאנוּהָ בִּשְׂדֵי־יָעַר:
נָבוֹאָה לְמִשְׁכְּנוֹתָיו נִשְׁתַּחֲוֶה לַהֲדֹם רַגְלָיו:
קוּמָה יְיָ לִמְנוּחָתֶךָ אַתָּה וַאֲרוֹן עֻזֶּךָ: כֹּהֲנֶיךָ
יִלְבְּשׁוּ־צֶדֶק וַחֲסִידֶיךָ יְרַנֵּנוּ: בַּעֲבוּר דָּוִד עַבְדֶּךָ
אַל־תָּשֵׁב פְּנֵי מְשִׁיחֶךָ: נִשְׁבַּע־יְיָ לְדָוִד אֱמֶת
לֹא־יָשׁוּב מִמֶּנָּה מִפְּרִי בִטְנְךָ אָשִׁית לְכִסֵּא
לָךְ: אִם־יִשְׁמְרוּ בָנֶיךָ בְּרִיתִי וְעֵדֹתִי זוֹ אֲלַמְּדֵם
גַּם־בְּנֵיהֶם עֲדֵי־עַד יֵשְׁבוּ לְכִסֵּא־לָךְ: כִּי־בָחַר

*) שנת, קמץ.

Tritt! An Stille ließ ich wahrlich meine Seele dem Säugling gleichen an der Mutter Brust; voll Kindeseinfalt war stets mein Gemüth. O Israel, vertrau' dem Ewigen, vertrau' ihm jetzt und immer!

(Psalm 132.) Stufengesang. Gedenke, Ewiger, dem David sein eifervolles Streben, wie er dem Ew'gen schwur, gelobte Jakobs Mächtigem: „Ich gehe nicht in meine Hütte, besteige nicht mein Ruhebett, versage Schlaf dem Auge, den Augenliedern Schlummer, bis ich dem Ew'gen einen Sitz gefunden, der Allmacht Jakobs eine Residenz." Nun hörten wir davon zu Ephrath und fanden sie im Felde Jaar. So laßt uns geh'n in seine Wohnung, uns niederwerfen vor seiner Füße Schemel! Zieh' ein, Ewiger, in Deinen Ruhesitz, Du und die Lade Deiner Herrlichkeit! Laß Tugend Deine Priester kleiden, laß Deine Heiligen frohlocken! um Deines Knechtes David willen, verweigre nicht, was Dein Gesalbter fleht! Der Ewige schwur David wahrhaft zu (er wendet sich von Wahrheit nie): „Ich setz' auf deinen Thron dir Leibesfrucht. Wenn deine Söhne halten meinen Bund, das Zeugniß meines Unterrichts, so lass' ich ihre Enkel noch auf deinem Throne sitzen ewig." Ja,

יְיָ בְּצִיּוֹן אִוָּהּ לְמוֹשָׁב לוֹ: זֹאת־מְנוּחָתִי עֲדֵי־עַד
פֹּה אֵשֵׁב כִּי אִוִּתִיהָ: צֵידָהּ בָּרֵךְ אֲבָרֵךְ אֶבְיוֹנֶיהָ
אַשְׂבִּיעַ לָחֶם: וְכֹהֲנֶיהָ אַלְבִּישׁ יֶשַׁע וַחֲסִידֶיהָ
רַנֵּן יְרַנֵּנוּ: שָׁם אַצְמִיחַ קֶרֶן לְדָוִד עָרַכְתִּי נֵר
לִמְשִׁיחִי: אוֹיְבָיו אַלְבִּישׁ בֹּשֶׁת וְעָלָיו יָצִיץ נִזְרוֹ:

קלג שִׁיר הַמַּעֲלוֹת לְדָוִד הִנֵּה מַה טּוֹב וּמַה נָּעִים
שֶׁבֶת אַחִים גַּם־יָחַד: כַּשֶּׁמֶן הַטּוֹב עַל־הָרֹאשׁ
יֹרֵד עַל־הַזָּקָן זְקַן אַהֲרֹן שֶׁיֹּרֵד עַל־פִּי מִדּוֹתָיו:
כְּטַל חֶרְמוֹן שֶׁיֹּרֵד עַל־הַרְרֵי צִיּוֹן כִּי־שָׁם צִוָּה
יְיָ אֶת־הַבְּרָכָה חַיִּים עַד־הָעוֹלָם:

קלד שִׁיר הַמַּעֲלוֹת הִנֵּה בָּרְכוּ אֶת־יְיָ כָּל־עַבְדֵי
יְיָ הָעֹמְדִים בְּבֵית־יְיָ בַּלֵּילוֹת: שְׂאוּ־יְדֵכֶם קֹדֶשׁ
וּבָרְכוּ אֶת־יְיָ: יְבָרֶכְךָ יְיָ מִצִּיּוֹן עֹשֵׂה שָׁמַיִם וָאָרֶץ:

עלינו, קדיש יתום.

Zion hat der Ew'ge sich erkoren, beliebt zu seiner Residenz. „Dies ist mein Ruhesitz auf ewig; hier thron' ich, hier gefällt's mir wohl! Ich segne dieser Gegend Nahrung, den Armen geb' ich Brods die Fülle, mit Heil bekleid' ich ihre Priester, daß ihre Heiligen frohlocken! Hier lass' ich Davids Glückshorn wachsen, hellleuchten des Gesalbten Lampe; mit Schmach bekleid' ich seine Feinde — auf seinem Haupte blüh' sein Diadem!"

(Psalm 133.) Stufengesang von David. Sieh', wie fein, wie lieblich ist es, wenn in Eintracht Brüder leben, wie vom Haupte köstlich Salböl fleußet in den Bart herab — Aharons ehrenhaften Bart, wallend auf des Kleides Borde, wie auf Hermon Morgenthau, Thau auf Zions Berge träufelt! — — Dort befiehlt der Ew'ge Segen, Lebensfreude hin auf ewig.

(Psalm 134.) Stufengesang. Lobpreiset den Ewigen, alle Knechte des Ewigen, die ihr des Nachts in seinem Hause dienet! Erhebet gen Heiligthum die Hände und lobpreiset den Ewigen! Dich segne von Zion aus der Ewige, der Himmel schuf und Erde!

פֿאָן שבת נאָך פסח ביז י״ז בתמוז (אָדער ווייניגען געוויינדען ביז ראש השנה) נעמט מאַן נאָך דעם מנחה־געבעט (פֿאַר עלינו) היינטע דער פֿאָלגענדען זעכס קאַפּיטעלן.

כָּל יִשְׂרָאֵל יֵשׁ לָהֶם חֵלֶק לָעוֹלָם הַבָּא
שֶׁנֶּאֱמַר וְעַמֵּךְ כֻּלָּם צַדִּיקִים לְעוֹלָם יִירְשׁוּ
אָרֶץ נֵצֶר מַטָּעַי מַעֲשֵׂה יָדַי לְהִתְפָּאֵר׃

פֶּרֶק רִאשׁוֹן.

א מֹשֶׁה קִבֵּל תּוֹרָה מִסִּינַי וּמְסָרָהּ לִיהוֹשֻׁעַ וִיהוֹשֻׁעַ לִזְקֵנִים וּזְקֵנִים לִנְבִיאִים וּנְבִיאִים מְסָרוּהָ לְאַנְשֵׁי כְנֶסֶת הַגְּדוֹלָה׃ הֵם אָמְרוּ שְׁלֹשָׁה דְבָרִים הֱווּ מְתוּנִים בַּדִּין וְהַעֲמִידוּ תַּלְמִידִים הַרְבֵּה וַעֲשׂוּ סְיָג לַתּוֹרָה׃ ב שִׁמְעוֹן הַצַּדִּיק הָיָה מִשְּׁיָרֵי כְנֶסֶת הַגְּדוֹלָה, הוּא הָיָה אוֹמֵר עַל שְׁלֹשָׁה דְבָרִים הָעוֹלָם עוֹמֵד עַל הַתּוֹרָה וְעַל הָעֲבוֹדָה וְעַל גְּמִילוּת חֲסָדִים׃ ג אַנְטִיגְנוֹס אִישׁ סוֹכוֹ קִבֵּל מִשִּׁמְעוֹן הַצַּדִּיק הוּא הָיָה אוֹמֵר אַל־תִּהְיוּ כַּעֲבָדִים הַמְשַׁמְּשִׁין אֶת־הָרַב עַל מְנָת לְקַבֵּל פְּרָס אֶלָּא הֱווּ כַּעֲבָדִים הַמְשַׁמְּשִׁין אֶת־הָרַב שֶׁלֹּא עַל מְנָת לְקַבֵּל פְּרָס וִיהִי מוֹרָא שָׁמַיִם עֲלֵיכֶם׃ ד יוֹסֵי בֶּן יוֹעֶזֶר אִישׁ צְרֵדָה וְיוֹסֵי בֶּן יוֹחָנָן אִישׁ יְרוּשָׁלַיִם קִבְּלוּ מֵהֶם׃ יוֹסֵי בֶּן יוֹעֶזֶר אִישׁ צְרֵדָה אוֹמֵר יְהִי בֵיתְךָ בֵּית וַעַד לַחֲכָמִים וֶהֱוֵי מִתְאַבֵּק בַּעֲפַר רַגְלֵיהֶם וֶהֱוֵי שׁוֹתֶה בַצָּמָא אֶת דִּבְרֵיהֶם׃ ה יוֹסֵי בֶּן

Vom Sabbath nach Peßach bis zum 17. Tag in Tamus (in einigen Gemeinden bis Rosch ha-Schanah) sagt man nach dem Minchagebet (vor עלינו) eines der folgenden sechs Kapiteln.

כל ישראל Das gesammte Israel hat zur künftigen Welt einen Antheil zu erwarten; denn es heißt (Jesaias 60, 21): „Dein Volk, allesammt gerecht, wird auf ewig ein Land[1]) besitzen, ein Elisium von meiner eignen Pflanzung[1]), meiner Hände Werk zum Ruhm".

Erstes Kapitel.

משה קבל 1) Mosche empfing die Thora vom Sinai, und überlieferte sie dem Josua, Josua den Aeltesten, die Aeltesten den Propheten, und die Propheten überlieferten sie den Männern der großen Synode. Diese haben folgende drei Dinge ausgesprochen: Seid behutsam im Urtheilen! nehmt viele Schüler an, und macht einen Zaun um die Thora! 2) Simon der Gerechte war einer der spätern der großen Synode; er pflegte zu sagen: Auf drei Dingen steht die Welt[2]): auf der Thora, auf dem Gottesdienst und auf dem Wohlwollen. 3) Antignos aus Socho war der Empfänger von Simon dem Gerechten; er pflegte zu sagen: Seid nicht wie die Knechte, die dem Herrn dienen um Lohn zu empfangen, sondern wie solche, die dem Herrn dienen nicht um des Lohnes willen, und seid durchdrungen von Gottesfurcht. 4) Jose, Sohn Joësers, aus Zereda, und Jose, Sohn Jochanans, aus Jerusalem, waren die Empfänger von den Vorigen. Jose, Sohn Joësers, aus Zereda, pflegte zu sagen: Laß dein Haus ein Sammelplatz für weise Männer sein, bestäube dich mit dem Staube ihrer Füße, und trinke durstig ihre Worte! 5) Jose, Sohn Jochanans, aus

---

[1]) Ein Land, das Paradies, wovon die heilige Schrift sagt: Gott, der Herr, pflanzte einen Garten in Eden u. s. w. (Genes. 2, 8.)
[2]) Sind die Grundlagen, worauf sie gestellt worden.

יוֹחָנָן אִישׁ יְרוּשָׁלַיִם אוֹמֵר יְהִי בֵיתְךָ פָּתוּחַ לִרְוָחָה וְיִהְיוּ
עֲנִיִּים בְּנֵי בֵיתֶךָ וְאַל תַּרְבֶּה שִׂיחָה עִם הָאִשָּׁה בְּאִשְׁתּוֹ
אָמְרוּ קַל וָחוֹמֶר בְּאֵשֶׁת חֲבֵרוֹ מִכָּאן אָמְרוּ חֲכָמִים כָּל
הַמַּרְבֶּה שִׂיחָה עִם הָאִשָּׁה גּוֹרֵם רָעָה לְעַצְמוֹ וּבוֹטֵל
מִדִּבְרֵי תוֹרָה וְסוֹפוֹ יוֹרֵשׁ גֵּיהִנֹּם: ו יְהוֹשֻׁעַ בֶּן־פְּרַחְיָה וְנִתַּאי
הָאַרְבֵּלִי קִבְּלוּ מֵהֶם יְהוֹשֻׁעַ בֶּן־פְּרַחְיָה אוֹמֵר עֲשֵׂה לְךָ רַב
וּקְנֵה לְךָ חָבֵר וֶהֱוֵי דָן אֶת־כָּל הָאָדָם לְכַף זְכוּת: ז נִתַּאי
הָאַרְבֵּלִי אוֹמֵר הַרְחֵק מִשָּׁכֵן רָע וְאַל תִּתְחַבֵּר לָרָשָׁע וְאַל
תִּתְיָאֵשׁ מִן הַפֻּרְעָנוּת: ח יְהוּדָה בֶּן טַבַּאי וְשִׁמְעוֹן בֶּן־שָׁטָח
קִבְּלוּ מֵהֶם יְהוּדָה בֶּן־טַבַּאי אוֹמֵר אַל־תַּעַשׂ עַצְמְךָ כְּעוֹרְכֵי
הַדַּיָּנִין וּכְשֶׁיִּהְיוּ בַּעֲלֵי הַדִּין עוֹמְדִים לְפָנֶיךָ יִהְיוּ בְעֵינֶיךָ
כִּרְשָׁעִים וּכְשֶׁנִּפְטָרִים מִלְּפָנֶיךָ יִהְיוּ בְעֵינֶיךָ כְּזַכָּאִין
כְּשֶׁקִּבְּלוּ עֲלֵיהֶם אֶת־הַדִּין: ט שִׁמְעוֹן בֶּן־שָׁטָח אוֹמֵר הֱוֵי
מַרְבֶּה לַחֲקוֹר אֶת־הָעֵדִים וֶהֱוֵי זָהִיר בִּדְבָרֶיךָ שֶׁמָּא
מִתּוֹכָם יִלְמְדוּ לְשַׁקֵּר: י שְׁמַעְיָה וְאַבְטַלְיוֹן קִבְּלוּ מֵהֶם
שְׁמַעְיָה אוֹמֵר אֱהַב אֶת־הַמְּלָאכָה וּשְׂנָא אֶת־הָרַבָּנוּת
וְאַל תִּתְוַדַּע לָרָשׁוּת: יא אַבְטַלְיוֹן אוֹמֵר חֲכָמִים הִזָּהֲרוּ
בְּדִבְרֵיכֶם שֶׁמָּא תָחוֹבוּ חוֹבַת גָּלוּת וְתִגְלוּ לִמְקוֹם מַיִם
הָרָעִים וְיִשְׁתּוּ הַתַּלְמִידִים הַבָּאִים אַחֲרֵיכֶם וְיָמוּתוּ וְנִמְצָא
שֵׁם שָׁמַיִם מִתְחַלֵּל: יב הִלֵּל וְשַׁמַּאי קִבְּלוּ מֵהֶם הִלֵּל אוֹמֵר

Jerusalem, pflegte zu sagen: Laß dein Haus der Zuflucht offen, laß Arme deine Hausgenossen sein, und plaudere nicht viel mit dem Weibe — dieses gilt selbst von seinem eigenen Weibe, um wie viel mehr von dem Weibe seines Nächsten. Daher haben die Weisen gesagt: Wer viel mit dem Weibern plaudert, zieht sich Leides zu, stört sich vom Beschäftigen in der Thora, und am Ende ist die Hölle (Gehinnom) sein Antheil 6) Josua, Sohn Perachjah's, und Nithai, der Abelite, waren Empfänger von den Vorigen. Josua, Sohn Perachjah's, hat ausgesprochen: Verschaffe dir einen Lehrer, erwirb dir einen Lehrgenossen, und beurtheile jeden Menschen von der vortheilhaften Seite! 7) Nithai, der Abelite, that den Ausspruch: Halte dich fern von einem bösen Nachbar, geselle dich nicht zu einem Gottlosen, und glaube nicht, daß die Vergeltung ausbleibe! 8) Jehuda, Sohn Tabai's, und Simon, Sohn Schatach's, waren die Empfänger von den Vorgenannten. Jehuda, Sohn Tabai's, that folgenden Ausspruch: Benimm dich nicht (im Richteramte) wie ein Sachwalter; wenn die Parteien vor dir stehen, müssen sie dir beide als schuldig erscheinen, wenn sie aber von dir scheiden, mußt du beide als unschuldig betrachten, nachdem sie den Rechtsspruch angenommen. 9) Simon, Sohn Schatach's, hat ausgesprochen: Sei beflissen, die Zeugen auszuforschen! sei aber mit deinen Worten vorsichtig, daß sie nicht etwa daraus lügen lernen! 10) Schemajah und Abtaljon waren die Empfänger von den Vorigen. Schemajah sagte: Liebe die Arbeit, hasse die Hoffart, und sei nicht zu vertraulich mit Herrschaften! 11) Abtaljon sagte: Ihr Weisen, seid vorsichtig in euern Ausdrücken! wie leicht könne es sich treffen, daß ihr durch irgend ein Verschulden verwiesen würdet: ihr wandert dann nach irgend einem Orte, dessen Wasser nicht lauter sind, die Schüler, die nach euch kommen, können trinken und sterben, und so der Name des Himmels (Gottes) entheiligt werden[1]). 12) Hillel und Schammai waren die Empfänger von den Vorigen. Hillels

[1]) Die zweideutigen Ausdrücke im Original dieses Satzes sind mit derselben Dunkelheit in der Uebersetzung wiedergegeben worden.

הֱוֵי מִתַּלְמִידָיו שֶׁל אַהֲרֹן אוֹהֵב שָׁלוֹם וְרוֹדֵף שָׁלוֹם אוֹהֵב
אֶת הַבְּרִיּוֹת וּמְקָרְבָן לַתּוֹרָה: יג הוּא הָיָה אוֹמֵר נְגִיד שְׁמָא
אֲבַד שְׁמֵהּ וּדְלָא מוֹסִיף יָסֵף וּדְלָא יַלִּיף קְטָלָא חַיָּב
וּדְאִשְׁתַּמַּשׁ בְּתָגָא חֲלָף: יד הוּא הָיָה אוֹמֵר אִם אֵין אֲנִי
לִי מִי לִי וּכְשֶׁאֲנִי לְעַצְמִי מָה אֲנִי וְאִם לֹא עַכְשָׁו אֵימָתָי:
טו שַׁמַּאי אוֹמֵר עֲשֵׂה תוֹרָתְךָ קֶבַע אֱמוֹר מְעַט וַעֲשֵׂה הַרְבֵּה
וֶהֱוֵי מְקַבֵּל אֶת כָּל הָאָדָם בְּסֵבֶר פָּנִים יָפוֹת: טז רַבָּן
גַּמְלִיאֵל הָיָה אוֹמֵר עֲשֵׂה לְךָ רַב וְהִסְתַּלֵּק מִן הַסָּפֵק וְאַל
תַּרְבֶּה לְעַשֵּׂר אֻמָּדוֹת: יז שִׁמְעוֹן בְּנוֹ אוֹמֵר כָּל יָמַי גָּדַלְתִּי
בֵּין הַחֲכָמִים וְלֹא מָצָאתִי לַגּוּף טוֹב מִשְּׁתִיקָה וְלֹא
הַמִּדְרָשׁ עִקָּר אֶלָּא הַמַּעֲשֶׂה וְכָל הַמַּרְבֶּה דְבָרִים מֵבִיא
חֵטְא: יח רַבָּן שִׁמְעוֹן בֶּן גַּמְלִיאֵל אוֹמֵר עַל שְׁלֹשָׁה
דְבָרִים הָעוֹלָם קַיָּם עַל הָאֱמֶת וְעַל הַדִּין וְעַל הַשָּׁלוֹם
שֶׁנֶּאֱמַר אֱמֶת וּמִשְׁפַּט שָׁלוֹם שִׁפְטוּ בְּשַׁעֲרֵיכֶם:

רַבִּי חֲנַנְיָא בֶּן עֲקַשְׁיָא אוֹמֵר רָצָה הַקָּדוֹשׁ
בָּרוּךְ הוּא לְזַכּוֹת אֶת יִשְׂרָאֵל לְפִיכָךְ הִרְבָּה
לָהֶם תּוֹרָה וּמִצְווֹת שֶׁנֶּאֱמַר יְיָ חָפֵץ לְמַעַן
צִדְקוֹ יַגְדִּיל תּוֹרָה וְיַאְדִּיר: עלינו, קדיש דרבנן.

Spruch war: Sei von den Schülern Aharons, friedliebend, friedfertig, Menschenfreund und Werber für die Thora. 13) Noch pflegte er zu sagen: Ein ausgebreiteter Ruf — ein gefährlicher Ruf; wer nicht zunimmt, nimmt ab, wer keine Lehre achtet, hat das Leben verwirkt, und wer sich der Krone zum Eigennutz bedient — vergeht. 14) Ferner pflegte er zu sagen: Bin ich nicht für mich, wer ist für mich? und bin ich für mich selbst, was bin ich? und wo nicht jetzt, wann denn?[1]) 15) Schammai pflegte zu sagen: Mache deine Thora zum Hauptpunkte! Sprich wenig und thue viel, und empfange Jedermann mit freundlichem Angesichte. 16) Rabbi Gamliël pflegte zu sagen: Verschaffe dir einen Lehrer, enthebe dich des Zweifels, und verzehnte nicht übermäßig nach Gutdünken. 17) Dessen Sohn Simon sagte: Mein ganzes Leben hindurch habe ich unter den Weisen zugebracht, und für den Menschen nichts ersprieslicher gefunden, als — Schweigen, und nicht die Auslegung ist die Hauptsache, sondern die That, und Wortkrämerei führt Irrthümer herbei. 18) Rabbi Simon, Sohn Gamliëls, sagte: Auf drei Dingen besteht die Welt: auf der Wahrheit, auf dem Recht und auf dem Frieden; denn es heißt (Sechar. 8, 16): „Wahrheit, Recht und Friede sollen in euern Thoren richten."

רבי חנניא Rabbi Chananja, Sohn Akaschias, sagte: Der Heilige — gelobt sei er — wollte Israel beseligen, darum gab er ihnen mehrere Lehren und Gebote — so sagt auch die Schrift (Jes. 42, 21): „Der Ewige will, um seiner Güte willen, die Lehre groß machen und herrlich."

---

[1]) In diesem Spruche kann der Redeton jedes beliebige Wort mit dem ihm entgegengesetzten besonders ausheben, wodurch immer ein anderer Sinn hervorleuchtet und eine andere Wahrheit ausgesprochen wird. Weit mehr aber sagt dieser Satz in der Originalsprache, worin doppelsinnige Worte gewählt sind, die wieder verschiedene Wahrheiten ausdrücken.

פרק שני·

כל ישראל וכו׳.

א רבי אומר איזו היא דרך ישרה שיבור לו האדם כל
שהיא תפארת לעשה ותפארת לו מן האדם, והוי זהיר
במצוה קלה כבחמורה שאין אתה יודע מתן שכרן של
מצות, והוי מחשב הפסד מצוה כנגד שכרה ושכר עברה
כנגד הפסדה· הסתכל בשלשה דברים ואין אתה בא
לידי עברה דע מה למעלה ממך עין רואה ואזן שומעת
וכל מעשיך בספר נכתבים: ב רבן גמליאל בנו של רבי
יהודה הנשיא אומר יפה תלמוד תורה עם דרך ארץ
שיגיעת שניהם משכחת עון וכל תורה שאין עמה
מלאכה סופה בטלה וגוררת עון וכל העוסקים עם הצבור
יהיו עוסקים עמהם לשם שמים שזכות אבותם מסיעתם
וצדקתם עומדת לעד ואתם מעלה אני עליכם שכר
הרבה כאלו עשיתם: ג הוו זהירין ברשות שאין מקרבין
לו לאדם אלא לצרך עצמן נראין כאוהבין בשעת הנאתן
ואין עומדין לו לאדם בשעת דחקו: ד הוא היה אומר
עשה רצונו כרצונך כדי שיעשה רצונך כרצונו בטל
רצונך מפני רצונו כדי שיבטל רצון אחרים מפני
רצונך: ה הלל אומר אל תפרוש מן הצבור ואל תאמין

Zweites Kapitel.

כל ישראל Das gesammte Israel 2c. S. 303.

רבי 1) Rabbi sagte[1]): Welches ist der rechte Weg, den der Mensch sich wählen soll? Derjenige, der ihm selber zur Ehre gereicht, und ihm Ehre bringt bei den Menschen. Laß dir eine unwichtige Mizvah (göttliche Verordnung) ebenso angelegen sein, wie eine wichtige, denn du kennst das Geschenk zur Belohnung der Mizvoth nicht; berechne immer das Schädliche einer Mizvah gegen ihr Nützliches, und das Nützliche einer Aberah (Uebertretung) gegen ihr Schädliches. Sei aufmerksam auf drei Dinge, und du kommst nicht in die Hände der Aberah: wisse, was über dir ist, ein allsehendes Auge, ein allhörendes Ohr — und alle deine Handlungen finden sich in einem Buche eingeschrieben. 2) Rabbi Gamliël, Sohn des Rabbi Jehuda Hannasi, pflegte zu sagen: Schön ist das Erlernen der Thora in Verbindung mit weltlichem Thun, weil die Mühe, auf beides gewandt, das Laster aus den Gedanken verscheucht; alles Thorawissen, womit kein Lebenserwerb verbunden, verfällt am Ende, und zieht Sünde nach sich. Alle Gemeindeverwalter sollen ihre Verwaltung im Namen des Himmels (Gottes) führen; das Verdienst ihrer (der Gemeinde) Väter unterstützt sie, und ihre Frömmigkeit leistet ewigen Beistand; euch aber (Verwalter), euch wird so großes Verdienst angerechnet, als ob ihr es vollbracht hättet. 3) Bei Herrschaften müßt ihr euch in Acht nehmen! sie lassen sich zu den Leuten nur herab zu ihrem eignen Vortheil, zeigen sich als Freunde, wenn es ihnen behagt, stehen aber selten Jemanden in der Noth bei. 4) Noch pflegte er zu sagen: Thue seinen (Gottes) Willen wie den deinigen, damit er deinen Willen zu dem seinigen mache! opfere deinen Willen dem seinen, damit er Fremder Willen dem deinen opfere! 5) Hillel sagte: Schließe dich nicht von der Gemeinde aus; setze

[1]) Rabbi — so wurde vorzugsweise R. Jehuda der Heilige, der Sammler der Mischna, genannt.

בְּעַצְמְךָ עַד יוֹם מוֹתְךָ וְאַל תָּדִין אֶת חֲבֵרְךָ עַד שֶׁתַּגִּיעַ
לִמְקוֹמוֹ וְאַל תֹּאמַר דָּבָר שֶׁאִי אֶפְשַׁר לִשְׁמוֹעַ שֶׁסּוֹפוֹ
לְהִשָּׁמַע וְאַל תֹּאמַר לִכְשֶׁאֶפָּנֶה אֶשְׁנֶה שֶׁמָּא לֹא תִפָּנֶה:
ו הוּא הָיָה אוֹמֵר אֵין בּוּר יְרֵא חֵטְא וְלֹא עַם הָאָרֶץ חָסִיד
וְלֹא הַבַּיְשָׁן לָמֵד וְלֹא הַקַּפְּדָן מְלַמֵּד וְלֹא כָל הַמַּרְבֶּה
בִסְחוֹרָה מַחְכִּים וּבִמְקוֹם שֶׁאֵין אֲנָשִׁים הִשְׁתַּדֵּל לִהְיוֹת
אִישׁ: ז אַף הוּא רָאָה גֻלְגֹּלֶת אַחַת שֶׁצָּפָה עַל פְּנֵי הַמָּיִם
אָמַר לָהּ עַל דְּאַטֵּפְתְּ אַטְפוּךְ וְסוֹף מְטַיְּפַיִךְ יְטוּפוּן:
ח הוּא הָיָה אוֹמֵר מַרְבֶּה בָשָׂר מַרְבֶּה רִמָּה מַרְבֶּה
נְכָסִים מַרְבֶּה דְאָגָה מַרְבֶּה נָשִׁים מַרְבֶּה כְשָׁפִים מַרְבֶּה
שְׁפָחוֹת מַרְבֶּה זִמָּה מַרְבֶּה עֲבָדִים מַרְבֶּה גָזֵל מַרְבֶּה תוֹרָה
מַרְבֶּה חַיִּים מַרְבֶּה יְשִׁיבָה מַרְבֶּה חָכְמָה מַרְבֶּה עֵצָה
מַרְבֶּה תְבוּנָה מַרְבֶּה צְדָקָה מַרְבֶּה שָׁלוֹם קָנָה שֵׁם טוֹב
קָנָה לְעַצְמוֹ קָנָה לוֹ דִּבְרֵי תוֹרָה קָנָה לוֹ חַיֵּי הָעוֹלָם הַבָּא:
ט רַבָּן יוֹחָנָן בֶּן זַכַּאי קִבֵּל מֵהִלֵּל וּמִשַּׁמַּאי הוּא הָיָה אוֹמֵר אִם
לָמַדְתָּ תּוֹרָה הַרְבֵּה אַל תַּחֲזִיק טוֹבָה לְעַצְמְךָ כִּי לְכַךְ
נוֹצָרְתָּ: י חֲמִשָּׁה תַלְמִידִים הָיוּ לוֹ לְרַבָּן יוֹחָנָן בֶּן זַכַּאי
וְאֵלּוּ הֵן רַבִּי אֱלִיעֶזֶר בֶּן הוֹרְקְנוֹס רַבִּי יְהוֹשֻׁעַ בֶּן חֲנַנְיָא
רַבִּי יוֹסֵי הַכֹּהֵן רַבִּי שִׁמְעוֹן בֶּן נְתַנְאֵל רַבִּי אֶלְעָזָר בֶּן עֲרָךְ:
יא הוּא הָיָה מוֹנֶה שִׁבְחָם (רַבִּי) אֱלִיעֶזֶר בֶּן הוֹרְקְנוֹס

kein Vertrauen in dich, bis zu deinem Todestage; richte deinen Nebenmenschen nicht, bis du in seine Lage gekommen; trage nichts vor, was unmöglich recht zu verstehen ist, in der Hoffnung, daß es endlich doch recht werde verstanden werden, und sprich nicht: wenn ich einst Muße haben werde, will ich abermals darauf zurückkommen; vielleicht wirst du niemals welche haben. 6) Ferner sagte er: Kein sittenloser Mensch scheut die Sünde; ein Pöbelhafter besitzt keine wahre Frömmigkeit; ein Allzublöder lernt nichts; wer empfindlich ist, taugt nicht zum Lehrer; die vielen Geschäfte machen nicht immer klug; und einem Orte, dem es an Männern fehlt, bestrebe dich, als Mann vorzustehen. 7) Einst sah er (Hillel) einen Schädel auf dem Wasser schwimmen; da sagte er zu ihm: Weil du ertränkt hast, hat man dich ertränkt; einst werden auch deine Ertränker ertrinken. 8) Ebenderselbe pflegte zu sagen: Jemehr Leib, jemehr Würmer; jemehr Güter, jemehr Sorge; jemehr Weiber, jemehr Zauberei; jemehr Mägde, jemehr Unzucht; jemehr Knechte, jemehr Diebstahl; — hingegen jemehr Thora, jemehr Leben; jemehr Hochschule, jemehr Weisheit; jemehr Rathspflege, jemehr Vernunft; jemehr Wohlthat, jemehr Eintracht. Wer einen guten Ruf erworben, der hat etwas für sich erworben; hat er sich aber die Worte der Thora erworben, dann hat er das ewige Leben erworben. 9) Rabban Jochanan, Sohn Sakkai's, erhielt die Ueberlieferung von Hillel und Schamai. Er pflegte zu sagen: Hast du auch viel Thora gelernt, so kannst du dir dennoch nichts darauf zu Gute thun, denn dazu bist du ja berufen! 10) Fünf vorzügliche Schüler hatte dieser Rabban Jochanan, Sohn Sakkai's, nämlich: Rabbi Eliëser, Sohn Horkenos, Rabbi Josua, Sohn Chananja's, Rabbi Jose der Kohen, Rabbi Simon, Sohn Nethanels und Rabbi Eleasar, Sohn Arach's. 11) Ueber deren Tugend hat er sich so ausgesprochen: Eliëser, Sohn Horkenos: ein ver-

בּוֹר סוּד שֶׁאֵינוֹ מְאַבֵּד טִפָּה (רַבִּי) יְהוֹשֻׁעַ בֶּן חֲנַנְיָא
אַשְׁרֵי יוֹלַדְתּוֹ (רַבִּי) יוֹסֵי הַכֹּהֵן חָסִיד (רַבִּי) שִׁמְעוֹן בֶּן
נְתַנְאֵל יְרֵא חֵטְא (וְרַבִּי) אֶלְעָזָר בֶּן עֲרָךְ כְּמַעְיָן הַמִּתְגַּבֵּר:
יב הוּא הָיָה אוֹמֵר אִם יִהְיוּ כָּל חַכְמֵי יִשְׂרָאֵל בְּכַף מֹאזְנַיִם
וֶאֱלִיעֶזֶר בֶּן הוֹרְקְנוֹס בְּכַף שְׁנִיָּה מַכְרִיעַ אֶת כֻּלָּם:
אַבָּא שָׁאוּל אוֹמֵר מִשְּׁמוֹ אִם יִהְיוּ כָּל חַכְמֵי יִשְׂרָאֵל בְּכַף
מֹאזְנַיִם וֶאֱלִיעֶזֶר בֶּן הוֹרְקְנוֹס אַף עִמָּהֶם וְאֶלְעָזָר בֶּן עֲרָךְ
בְּכַף שְׁנִיָּה מַכְרִיעַ אֶת כֻּלָּם: יג אָמַר לָהֶם צְאוּ וּרְאוּ אֵיזוֹ
הִיא דֶּרֶךְ טוֹבָה שֶׁיִּדְבַּק בָּהּ הָאָדָם, רַבִּי אֱלִיעֶזֶר אוֹמֵר
עַיִן טוֹבָה רַבִּי יְהוֹשֻׁעַ אוֹמֵר חָבֵר טוֹב רַבִּי יוֹסֵי אוֹמֵר שָׁכֵן
טוֹב רַבִּי שִׁמְעוֹן אוֹמֵר הָרוֹאֶה אֶת הַנּוֹלָד רַבִּי אֶלְעָזָר
אוֹמֵר לֵב טוֹב: אָמַר לָהֶם רוֹאֶה אֲנִי אֶת דִּבְרֵי אֶלְעָזָר
בֶּן עֲרָךְ מִדִּבְרֵיכֶם שֶׁבִּכְלַל דְּבָרָיו דִּבְרֵיכֶם: יד אָמַר לָהֶם
צְאוּ וּרְאוּ אֵיזוֹ הִיא דֶּרֶךְ רָעָה שֶׁיִּתְרַחֵק מִמֶּנָּה הָאָדָם,
רַבִּי אֱלִיעֶזֶר אוֹמֵר עַיִן רָעָה רַבִּי יְהוֹשֻׁעַ אוֹמֵר חָבֵר רָע
רַבִּי יוֹסֵי אוֹמֵר שָׁכֵן רָע רַבִּי שִׁמְעוֹן אוֹמֵר הַלֹּוֶה וְאֵינוֹ
מְשַׁלֵּם, אֶחָד הַלֹּוֶה מִן הָאָדָם כְּלֹוֶה מִן הַמָּקוֹם שֶׁנֶּאֱמַר
לֹוֶה רָשָׁע וְלֹא יְשַׁלֵּם וְצַדִּיק חוֹנֵן וְנוֹתֵן· רַבִּי אֶלְעָזָר אוֹמֵר
לֵב רָע: אָמַר לָהֶם רוֹאֶה אֲנִי אֶת דִּבְרֵי אֶלְעָזָר בֶּן עֲרָךְ
מִדִּבְרֵיכֶם שֶׁבִּכְלַל דְּבָרָיו דִּבְרֵיכֶם: טו הֵם אָמְרוּ שְׁלשָׁה

kalkter Born, der keinen Tropfen verliert. Josua, Sohn Chananja's: heil dessen Gebärerin! Jose der Kohen: ein Chasid (ein Frommer). Simon, Sohn Nethanels: ein sündenscheuer Mann. Eleasar, Sohn Arach's: eine immer zunehmende Quelle. 12) Noch soll er von ihnen gesagt haben: Wenn alle Weisen Israels in einer Wagschale lägen und Eliöser, Sohn Horkenos, in der andern, so würde er sie Alle aufwiegen. Abba Saúl trug diesen Ausspruch in seinem Namen so vor: Wenn alle Weisen Israels, sammt Eliöser, dem Sohn Horkenos, in Einer Wagschale lägen, in der andern aber Eleasar, Sohn Arach's, so würde Dieser jene Alle aufwiegen. 13) Einst sagte er (Rabban Jochanan) zu ihnen: Geht einmal und überdenkt, welches das sittlich Gute ist, dem der Mensch anhangen soll. Rabbi Eliöser sagte: ein gutes (wohlwollendes) Auge; Rabbi Josua sagte: ein guter Freund; Rabbi Jose sagte: ein guter Nachbar; Rabbi Simon sagte: ein folgeschauender Blick; Rabbi Eleasar sagte: ein gutes Herz. Da erwiederte er (Rabban Jochanan) ihnen: Ich ersehe mir aus euern Aussprüchen den des Eleasar, Sohn Arach's; denn in dem Umfange seiner Worte sind auch die eurigen mitbegriffen. 14) Einst sagte er zu ihnen: Geht und überlegt, welches das sittlich Böse ist, von dem der Mensch sich fern halten soll. Rabbi Elieser sagte: ein schlimmes (mißgünstiges) Auge; Rabbi Josua sagte: ein schlimmer Freund; Rabbi Jose sagte: ein schlimmer Nachbar; Rabbi Simon sagte: borgen und nicht bezahlen — vom Menschen borgen ist wie von Gott borgen; denn es heißt (Psalm 37, 21): „Der Gottlose borgt und bezahlt nicht, und der Allgerechte begünstigt und vergilt"; Rabbi Eleasar sagte: ein böses Herz. Da erwiederte er ihnen: Ich ersehe mir aus euern Aussprüchen den des Eleasar, Sohn Arach's; denn in dem Umfange seiner Worte sind auch die eurigen begriffen. 15) Jeder derselben (Schüler) hat noch drei

דְּבָרִים רַבִּי אֱלִיעֶזֶר אוֹמֵר יְהִי כְבוֹד חֲבֵרְךָ חָבִיב עָלֶיךָ
כְּשֶׁלָּךְ וְאַל תְּהִי נוֹחַ לִכְעוֹס וְשׁוּב יוֹם אֶחָד לִפְנֵי מִיתָתְךָ
וֶהֱוֵי מִתְחַמֵּם כְּנֶגֶד אוּרָן שֶׁל חֲכָמִים וֶהֱוֵי זָהִיר בְּגַחַלְתָּן
שֶׁלֹּא תִכָּוֶה שֶׁנְּשִׁיכָתָן נְשִׁיכַת שׁוּעָל וַעֲקִיצָתָן עֲקִיצַת
עַקְרָב וּלְחִישָׁתָן לְחִישַׁת שָׂרָף וְכָל דִּבְרֵיהֶם כְּגַחֲלֵי אֵשׁ:
טז רַבִּי יְהוֹשֻׁעַ אוֹמֵר עַיִן הָרָע וְיֵצֶר הָרָע וְשִׂנְאַת הַבְּרִיּוֹת
מוֹצִיאִין אֶת הָאָדָם מִן הָעוֹלָם: יז רַבִּי יוֹסֵי אוֹמֵר יְהִי
מָמוֹן חֲבֵרְךָ חָבִיב עָלֶיךָ כְּשֶׁלָּךְ וְהַתְקֵן עַצְמְךָ לִלְמוֹד
תּוֹרָה שֶׁאֵינָהּ יְרֻשָּׁה לָךְ וְכָל מַעֲשֶׂיךָ יִהְיוּ לְשֵׁם שָׁמָיִם:
יח רַבִּי שִׁמְעוֹן אוֹמֵר הֱוֵי זָהִיר בִּקְרִיאַת שְׁמַע (וּבִתְפִלָּה)
וּכְשֶׁאַתָּה מִתְפַּלֵּל אַל תַּעַשׂ תְּפִלָּתְךָ קֶבַע אֶלָּא רַחֲמִים
וְתַחֲנוּנִים לִפְנֵי הַמָּקוֹם שֶׁנֶּאֱמַר כִּי חַנּוּן וְרַחוּם הוּא
אֶרֶךְ אַפַּיִם וְרַב חֶסֶד וְנִחָם עַל הָרָעָה. וְאַל תְּהִי
רָשָׁע בִּפְנֵי עַצְמְךָ: יט רַבִּי אֶלְעָזָר אוֹמֵר הֱוֵי שָׁקוּד
לִלְמוֹד תּוֹרָה וְדַע מַה שֶּׁתָּשִׁיב לְאֶפִּיקוֹרוֹס וְדַע לִפְנֵי
מִי אַתָּה עָמֵל וּמִי הוּא בַּעַל מְלַאכְתְּךָ שֶׁיְּשַׁלֶּם לְךָ שְׂכַר
פְּעֻלָּתֶךָ: כ רַבִּי טַרְפוֹן אוֹמֵר הַיּוֹם קָצֵר וְהַמְּלָאכָה
מְרֻבָּה וְהַפּוֹעֲלִים עֲצֵלִים וְהַשָּׂכָר הַרְבֵּה וּבַעַל הַבַּיִת
דּוֹחֵק: כא הוּא הָיָה אוֹמֵר לֹא עָלֶיךָ הַמְּלָאכָה לִגְמוֹר
וְלֹא אַתָּה בֶן חוֹרִין לְהִבָּטֵל מִמֶּנָּה אִם לָמַדְתָּ תּוֹרָה

Dinge ausgesprochen. Rabbi Eliëser sagte: Laß dir die Ehre deines Nächsten ebenso theuer sein wie deine eigene, sei nicht zum Zorn geneigt, und bekehre dich Einen Tag vor deinem Tode[1]); erwärme dich an der Flamme der Weisen, beobachte aber die größte Vorsicht bei ihrem Feuer, daß du dich nicht brennest[2])! ihr Biß (Schelten) ist der Biß eines Fuchses, ihr Stich (Fluch) der Stich eines Skorpions, ihr Zischen (Verweis) das Zischen einer Klapperschlange und ihre Worte alle wie glühende Kohlen. 16) Rabbi Josua sagte: Das böse Auge (die Mißgunst), die böse Leidenschaft und der Menschenhaß bringen den Menschen von der Welt. 17) Rabbi Jose sagte: Laß dir das Vermögen deines Nächsten ebenso theuer sein wie dein eigenes; halte dich selbst an, die Thora zu erlernen — denn als Erbschaft fällt sie dir nicht zu — und alle deine Handlungen seien im Namen des Himmels (zur Ehre Gottes). 18) Rabbi Simon sagte: Laß dir das Keriath Schema[3]) angelegen sein; und wenn du betest, so behandle dein Gebet nicht wie eine drückende Bürde, sondern als eine Andacht, um Erbarmen und Gnade von Gott zu erflehen; denn die Schrift sagt (Joel 2, 13): „Er (Gott) ist allgnädig und allbarmherzig, langmüthig und von unendlicher Huld; er bedenkt sich des Uebels.“ Sei nicht ein Bösewicht im Angesichte deiner selbst. 19) Rabbi Eleasar sagte: Sei beflissen, Thora zu lernen, und beachte dabei, was du dem Epikuräer[4]) zu antworten hast; wisse, unter wessen Angesicht du arbeitest, und wer dein Werkmeister ist, der dir den Lohn deines Fleißes ausbezahlt. 20) Rabbi Tarphon sagte: Der Tag ist kurz, die Arbeit viel, und die Arbeiter sind träge, der Lohn ist groß, und der Hausherr drängt. 21) Weiter sagte derselbe: Du bist nicht verpflichtet, die ganze Arbeit zu vollenden, aber auch nicht befreit, daß du dich ihrer entziehen dürftest; hast

---

[1]) D. h. sei stets auf deine Besserung bedacht, denn du weißt nicht, wann du stirbst!

[2]) D. h. schenke ihren Lehren die größte Aufmerksamkeit, damit du sie nicht irrig auffaßt.

[3]) Den Abschnitt שמע ישראל zu lesen.

[4]) Epikuräer bedeutet bei den Thalmudisten einen Gottesleugner, Freigeist.

הַרְבֵּה נוֹתְנִין לְךָ שָׂכָר הַרְבֵּה וְנֶאֱמָן הוּא בַּעַל מְלַאכְתֶּךָ שֶׁיְשַׁלֶּם לְךָ שְׂכַר פְּעֻלָּתֶךָ וְדַע שֶׁמַּתַּן שְׂכָרָן שֶׁל צַדִּיקִים לֶעָתִיד לָבֹא: רבי חנניא בן עקשיא וכו'.

פרק שלישי.

כל ישראל וכו'.

א עֲקַבְיָא בֶּן מַהֲלַלְאֵל אוֹמֵר הִסְתַּכֵּל בִּשְׁלשָׁה דְבָרִים וְאֵין אַתָּה בָא לִידֵי עֲבֵרָה דַּע מֵאַיִן בָּאתָ וּלְאָן אַתָּה הוֹלֵךְ וְלִפְנֵי מִי אַתָּה עָתִיד לִתֵּן דִּין וְחֶשְׁבּוֹן. מֵאַיִן בָּאתָ מִטִּפָּה סְרוּחָה וּלְאָן אַתָּה הוֹלֵךְ לְמָקוֹם עָפָר רִמָּה וְתוֹלֵעָה וְלִפְנֵי מִי אַתָּה עָתִיד לִתֵּן דִּין וְחֶשְׁבּוֹן לִפְנֵי מֶלֶךְ מַלְכֵי הַמְּלָכִים הַקָּדוֹשׁ בָּרוּךְ הוּא: ב רַבִּי חֲנִינָא סְגַן הַכֹּהֲנִים אוֹמֵר הֱוֵי מִתְפַּלֵּל בִּשְׁלוֹמָהּ שֶׁל מַלְכוּת שֶׁאִלְמָלֵא מוֹרָאָהּ אִישׁ אֶת רֵעֵהוּ חַיִּים בְּלָעוֹ: ג רַבִּי חֲנַנְיָא בֶּן תְּרַדְיוֹן אוֹמֵר שְׁנַיִם שֶׁיּוֹשְׁבִין וְאֵין בֵּינֵיהֶם דִּבְרֵי תוֹרָה הֲרֵי זֶה מוֹשַׁב לֵצִים שֶׁנֶּאֱמַר וּבְמוֹשַׁב לֵצִים לֹא יָשָׁב. אֲבָל שְׁנַיִם שֶׁיּוֹשְׁבִין וְיֵשׁ בֵּינֵיהֶם דִּבְרֵי תוֹרָה שְׁכִינָה שְׁרוּיָה בֵינֵיהֶם. שֶׁנֶּאֱמַר אָז נִדְבְּרוּ יִרְאֵי יְיָ אִישׁ אֶל רֵעֵהוּ וַיַּקְשֵׁב יְיָ וַיִּשְׁמָע וַיִּכָּתֵב סֵפֶר זִכָּרוֹן לְפָנָיו לְיִרְאֵי יְיָ וּלְחֹשְׁבֵי שְׁמוֹ. אֵין לִי אֶלָּא שְׁנַיִם מִנַּיִן אֲפִלּוּ אֶחָד שֶׁיּוֹשֵׁב וְעוֹסֵק בַּתּוֹרָה שֶׁהַקָּדוֹשׁ בָּרוּךְ הוּא

du viel Thora gelernt, so wird dir großer Lohn ertheilt — und dein Werkmeister ist aufrichtig genug, um dir den Lohn deines Fleißes auszubezahlen — doch wisse, daß die Gabe zur Belohnung der Frommen zukünftig ist.

Drittes Kapitel.

כל ישראל Das gesammte Israel 2c. S. 303.

1) Akabjah, der Sohn Mahalalels, sagte: Sei aufmerksam auf drei Dinge, und du wirst nicht in Sünde gerathen: wisse, woher du gekommen, wohin du gehest, und vor wem du einst wirst Rechtfertigung und Rechnung abzulegen haben! Woher du gekommen — aus ekelhaften Tropfen; wohin du gehest — nach einer Kothstätte voller Geschmeiße und Gewürm; und vor wem du einst wirst Rechtfertigung und Rechnung abzulegen haben — vor dem König der Könige, dem Heiligen — gelobt sei er! 2) Rabbi Chanina, Priester des zweiten Ranges, sagte: Bete fleißig für die Wohlfahrt der Landesobrigkeit; denn wäre nicht die Furcht vor ihr, so würde Einer den Andern lebendig verschlingen. 3) Rabbi Chananja, Sohn T'radjons, sagte: Zwei, die sich zusammensetzen und keine Worte der Thora miteinander wechseln, bilden eine Spöttersitzung; denn die Schrift sagt von den Frommen (Psalm 1, 1): „Nie hat er gesessen in der Spötter Sitzung, sondern sein Verlangen war Gottes Lehre." Setzen sich aber Zwei zusammen und wechseln Worte der Thora, dann weilet der Glanz Gottes unter ihnen, wie es heißt (Mal. 3, 16): „Bespricht sich dann der Gottesfürchtigen Einer mit dem Andern — Gott hört's, vernimmt's und es schreibt sich ein Erinnerungsbuch in seiner Gegenwart für die Gottesfürchtigen und die, so seines Namens gedenken." Allein hier war die Rede von nicht weniger als Zweien, wovon läßt sich aber abnehmen, daß der Heilige — gelobt sei er! — auch dem Einsiedler[1]), der sich mit der Thora

---

[1]) Der Einsiedler, der den, der menschlichen Gesellschaft schuldigen Pflichten entwichen ist.

קוֹבֵעַ לוֹ שָׂכָר. שֶׁנֶּאֱמַר יֵשֵׁב בָּדָד וְיִדֹּם כִּי נָטַל עָלָיו:
ד׳ רַבִּי שִׁמְעוֹן אוֹמֵר שְׁלֹשָׁה שֶׁאָכְלוּ עַל שֻׁלְחָן אֶחָד וְלֹא
אָמְרוּ עָלָיו דִּבְרֵי תוֹרָה כְּאִלּוּ אָכְלוּ מִזִּבְחֵי מֵתִים שֶׁנֶּאֱמַר
כִּי כָּל שֻׁלְחָנוֹת מָלְאוּ קִיא צֹאָה בְּלִי מָקוֹם. אֲבָל שְׁלֹשָׁה
שֶׁאָכְלוּ עַל שֻׁלְחָן אֶחָד וְאָמְרוּ עָלָיו דִּבְרֵי תוֹרָה כְּאִלּוּ
אָכְלוּ מִשֻּׁלְחָנוֹ שֶׁל מָקוֹם. שֶׁנֶּאֱמַר וַיְדַבֵּר אֵלַי זֶה הַשֻּׁלְחָן
אֲשֶׁר לִפְנֵי יְיָ: ה׳ רַבִּי חֲנִינָא בֶּן חֲכִינַאי אוֹמֵר הַנֵּעוֹר
בַּלַּיְלָה וְהַמְהַלֵּךְ בַּדֶּרֶךְ יְחִידִי וּמְפַנֶּה לִבּוֹ לְבַטָּלָה הֲרֵי זֶה
מִתְחַיֵּב בְּנַפְשׁוֹ: ו׳ רַבִּי נְחוּנְיָא בֶּן הַקָּנָה אוֹמֵר כָּל
הַמְקַבֵּל עָלָיו עֹל תּוֹרָה מַעֲבִירִין מִמֶּנּוּ עֹל מַלְכוּת וְעֹל
דֶּרֶךְ אֶרֶץ וְכָל הַפּוֹרֵק מִמֶּנּוּ עֹל תּוֹרָה נוֹתְנִין עָלָיו עֹל
מַלְכוּת וְעֹל דֶּרֶךְ אֶרֶץ: ז׳ רַבִּי חֲלַפְתָּא בֶּן דּוֹסָא אִישׁ כְּפַר
חֲנַנְיָא אוֹמֵר עֲשָׂרָה שֶׁיּוֹשְׁבִין וְעוֹסְקִין בַּתּוֹרָה שְׁכִינָה
שְׁרוּיָה בֵינֵיהֶם שֶׁנֶּאֱמַר אֱלֹהִים נִצָּב בַּעֲדַת אֵל. וּמִנַּיִן
אֲפִילוּ חֲמִשָּׁה שֶׁנֶּאֱמַר וַאֲגֻדָּתוֹ עַל אֶרֶץ יְסָדָהּ. וּמִנַּיִן
אֲפִילוּ שְׁלֹשָׁה שֶׁנֶּאֱמַר בְּקֶרֶב אֱלֹהִים יִשְׁפֹּט. וּמִנַּיִן אֲפִילוּ
שְׁנַיִם שֶׁנֶּאֱמַר אָז נִדְבְּרוּ יִרְאֵי יְיָ אִישׁ אֶל רֵעֵהוּ וַיַּקְשֵׁב יְיָ
וַיִּשְׁמָע. וּמִנַּיִן אֲפִילוּ אֶחָד שֶׁנֶּאֱמַר בְּכָל הַמָּקוֹם אֲשֶׁר

---

3) Minder als Zehn kommt der Name Gemeinde (עדה) nicht zu.
4) Minder als Fünfen kommt der Name Bund (אגודה) nicht zu.
5) Ein Richteramt darf nach dem Gesetz nicht minder als Drei sein.

beschäftigt, eine Belohnung aussetzt? Aus folgendem Vers (Klagel. 3, 28): „Mög' er einsam wohnen und fromm, ihm wird vergolten." 4) Rabbi Simon sagte: Wenn Drei an einem Tische zusammen speisen, ohne dabei Worte der Thora zu sprechen, heißt es gleichsam Todtenopfer speisen [1]), von denen die Schrift sagt (Jesaias 28, 8): „Alle Tische sind voll des entleerten Unflaths, ohne Makom" [2]). Hingegen wenn Drei an einem Tische zusammen speisen und dabei Worte der Thora sprechen, heißt es gleichsam am Tische Gottes speisen, worauf jene Worte der Schrift zu deuten (Ezech. 41, 22): „Da sprach er zu mir: das ist der Tisch, der vor dem Ewigen (steht)." 5) Rabbi Chanina, Sohn Chachinai's, sagte: Wer ganze Nächte durchwacht, oder beständig allein wandert und sich dabei dem Müßiggange ergibt, der verschuldet sich selbst. 6) Rabbi Nechunja, Sohn des Hakkanah, sagte: Wer sich dem Joche der Thora unterzieht, der wird dem Joche des Staats und des Herkömmlichen entzogen; wer sich aber dem Joche der Thora entzieht, dem wird das Joch des Staats und des Herkömmlichen aufgebürdet. 7) Rabbi Chalaphtha, Sohn des Dosa aus Kephar-Chanania, sagte: Wenn Zehn beisammen sitzen und sich mit der Thora beschäftigen, befindet sich der Glanz Gottes unter ihnen; denn die Schrift sagt (Psalm 82, 1:) „Gott stellt sich ein in der göttlichen Gemeinde" [3]). Wovon ließe sich aber entnehmen, daß dieses auch von Fünfen gilt? Es heißt in der Schrift (Amos 9, 6): „Seinen Bund stiftet er auf Erden" [4]). Wovon ließe sich aber entnehmen, daß dieses auch von Dreien gilt? Es heißt in der Schrift (Psalm 82, 1): „In der Mitte der Richter [5]), richtet er" (Gott). Und wovon, daß dieses auch von Zweien gilt? Es heißt (Malachi 3. 16): „Bespricht sich dann der Gottesfürchtigen Einer mit dem Andern — der Ewige hört's mit an und vernimmt's." Und wovon endlich, daß dieses selbst von einem Einzigen gilt? Es heißt (Exod. 20, 21): „Aller Orten, wo ich die Veranlassung zur Erwähnung meines

---

1) Siehe Psalm 106, 28 und Num. 25, 2.

2) Makom heißt eigentlich der Ort oder Raum, worauf oder worin etwas ruhen kann; daher wird es öfters auf Gott, als Allerhalter und Allumfassenden, gedeutet.

אַזְכִּיר אֶת שְׁמִי אָבֹא אֵלֶיךָ וּבֵרַכְתִּיךָ: ח רַבִּי אֶלְעָזָר אִישׁ
בַּרְתּוֹתָא אוֹמֵר תֶּן לוֹ מִשֶּׁלּוֹ שֶׁאַתָּה וְשֶׁלְּךָ שֶׁלּוֹ וְכֵן בְּדָוִד
הוּא אוֹמֵר כִּי מִמְּךָ הַכֹּל וּמִיָּדְךָ נָתַנּוּ לָךְ: ט רַבִּי יַעֲקֹב
אוֹמֵר הַמְהַלֵּךְ בַּדֶּרֶךְ וְשׁוֹנֶה וּמַפְסִיק מִמִּשְׁנָתוֹ וְאוֹמֵר
מַה נָּאֶה אִילָן זֶה מַה נָּאֶה נִיר זֶה מַעֲלֶה עָלָיו הַכָּתוּב
כְּאִלּוּ מִתְחַיֵּב בְּנַפְשׁוֹ: י רַבִּי דוֹסְתַּאי בַּר יַנַּאי מִשּׁוּם רַבִּי
מֵאִיר אוֹמֵר כָּל הַשּׁוֹכֵחַ דָּבָר אֶחָד מִמִּשְׁנָתוֹ מַעֲלֶה עָלָיו
הַכָּתוּב כְּאִלּוּ מִתְחַיֵּב בְּנַפְשׁוֹ שֶׁנֶּאֱמַר רַק הִשָּׁמֶר לְךָ
וּשְׁמֹר נַפְשְׁךָ מְאֹד פֶּן תִּשְׁכַּח אֶת הַדְּבָרִים אֲשֶׁר רָאוּ
עֵינֶיךָ, יָכוֹל אֲפִילוּ תָּקְפָה עָלָיו מִשְׁנָתוֹ תַּלְמוּד לוֹמַר וּפֶן
יָסוּרוּ מִלְּבָבְךָ כֹּל יְמֵי חַיֶּיךָ הָא אֵינוֹ מִתְחַיֵּב בְּנַפְשׁוֹ עַד
שֶׁיֵּשֵׁב וִיסִירֵם מִלִּבּוֹ: יא רַבִּי חֲנִינָא בֶּן דּוֹסָא אוֹמֵר כֹּל
שֶׁיִּרְאַת חֶטְאוֹ קוֹדֶמֶת לְחָכְמָתוֹ חָכְמָתוֹ מִתְקַיֶּמֶת וְכֹל
שֶׁחָכְמָתוֹ קוֹדֶמֶת לְיִרְאַת חֶטְאוֹ אֵין חָכְמָתוֹ מִתְקַיֶּמֶת:
יב הוּא הָיָה אוֹמֵר כֹּל שֶׁמַּעֲשָׂיו מְרֻבִּין מֵחָכְמָתוֹ חָכְמָתוֹ
מִתְקַיֶּמֶת וְכֹל שֶׁחָכְמָתוֹ מְרֻבָּה מִמַּעֲשָׂיו אֵין חָכְמָתוֹ
מִתְקַיֶּמֶת: יג הוּא הָיָה אוֹמֵר כֹּל שֶׁרוּחַ הַבְּרִיּוֹת נוֹחָה
הֵימֶנּוּ רוּחַ הַמָּקוֹם נוֹחָה הֵימֶנּוּ וְכֹל שֶׁאֵין רוּחַ הַבְּרִיּוֹת
נוֹחָה הֵימֶנּוּ אֵין רוּחַ הַמָּקוֹם נוֹחָה הֵימֶנּוּ: יד רַבִּי דוֹסָא
בֶּן הָרְכִּינַס אוֹמֵר שֵׁנָה שֶׁל שַׁחֲרִית וְיַיִן שֶׁל צָהֳרַיִם

Namens sein werde, werd' ich zu dir kommen und dich segnen." 8) Rabbi Eleasar aus Barthotha sagte: Gib ihm (Gott) von dem Seinigen, denn du mit dem Deinigen bist sein; so heißt es auch bei David (1. Chron. 29, 14): „Denn von Dir kommt Alles, und aus Deiner Hand geben wir Dir." 9) Rabbi Jakob sagte: Wer auf dem Wege lernend wandelt, sich aber unterbricht und spricht: „Ah, wie schön ist dieser Baum! wie schön ist diese Furche!" den betrachtet die Schrift, als habe er sich selbst verschuldet[1]). 10) Rabbi Dosthai, Sohn Jannai's, im Namen von Rabbi Meïr sagte: Wer nur ein einziges Wort von seiner Mischna vergißt, den betrachtet die Schrift, als habe er sich selbst verschuldet; denn es heißt (Deut. 4, 9): „So hüte dich denn und bewahre deine Seele wohl, daß du die Dinge nicht vergessest, die deine Augen gesehen haben." Nun könnte man etwa glauben, daß dieses auch dann gilt, wenn die Mischna seine Kräfte überstiegen hat; darum heißt es weiter (daselbst): „Und daß sie deinem Herzen nicht entweichen, solange du lebst!" — folglich hat er sich nicht eher selbst verschuldet, als bis er sie nachlässig seinem Herzen hat entweichen lassen. 11) Rabbi Chanina, Sohn Dosa's, sagte: Wo Furcht vor Fehltritten der Theorie (חכמה) vorangegangen, da ist die Theorie von Dauer; wo aber die Theorie der Furcht vor Fehltritten vorangegangen, da ist die Theorie von keiner Dauer. 12) Ferner sagte er: Jeder, der mehr Praxis (מעשה) als Theorie hat, dessen Theorie ist dauerhaft, wer aber mehr Theorie als Praxis hat, dessen Theorie ist nicht von Dauer. 13) Noch sagte er: Was dem menschlichen Gemüthe genügt, genügt auch dem göttlichen, und was dem menschlichen Gemüthe nicht genügt, genügt auch dem göttlichen nicht. 14) Rabbi Dosa, Sohn des Horkinas, sagte: Der Morgenschlaf, der Mittagswein, das

[1]) Nach der zweiten chaldäischen Paraphrase zu Job 30, 4.

וְשִׁיחַת הַיְלָדִים וִישִׁיבַת בָּתֵּי כְּנֵסִיּוֹת שֶׁל עַמֵּי הָאָרֶץ
מוֹצִיאִין אֶת הָאָדָם מִן הָעוֹלָם: טו רַבִּי אֶלְעָזָר
הַמּוֹדָעִי אוֹמֵר הַמְחַלֵּל אֶת הַקֳּדָשִׁים וְהַמְבַזֶּה אֶת
הַמּוֹעֲדוֹת וְהַמַּלְבִּין פְּנֵי חֲבֵרוֹ בָּרַבִּים וְהַמֵּפֵר בְּרִיתוֹ
שֶׁל אַבְרָהָם אָבִינוּ וְהַמְגַלֶּה פָנִים בַּתּוֹרָה שֶׁלֹּא כַהֲלָכָה
אַף עַל פִּי שֶׁיֵּשׁ בְּיָדוֹ תּוֹרָה וּמַעֲשִׂים טוֹבִים אֵין לוֹ
חֵלֶק לָעוֹלָם הַבָּא: טז רַבִּי יִשְׁמָעֵאל אוֹמֵר הֱוֵה קַל
לְרֹאשׁ וְנוֹחַ לְתִשְׁחֹרֶת וֶהֱוֵה מְקַבֵּל אֶת כָּל הָאָדָם
בְּשִׂמְחָה: יז רַבִּי עֲקִיבָא אוֹמֵר שְׂחוֹק וְקַלּוּת רֹאשׁ
מַרְגִּילִין אֶת הָאָדָם לְעֶרְוָה: מַסּוֹרֶת סְיָג לַתּוֹרָה מַעַשְׂרוֹת
סְיָג לָעֹשֶׁר נְדָרִים סְיָג לַפְּרִישׁוּת סְיָג לַחָכְמָה שְׁתִיקָה:
יח הוּא הָיָה אוֹמֵר חָבִיב אָדָם שֶׁנִּבְרָא בְצֶלֶם חִבָּה יְתֵרָה
נוֹדַעַת לוֹ שֶׁנִּבְרָא בְּצֶלֶם אֱלֹהִים שֶׁנֶּאֱמַר כִּי בְּצֶלֶם אֱלֹהִים
עָשָׂה אֶת הָאָדָם: חֲבִיבִין יִשְׂרָאֵל שֶׁנִּקְרְאוּ בָנִים (לַמָּקוֹם)
חִבָּה יְתֵרָה נוֹדַעַת לָהֶם שֶׁנִּקְרְאוּ בָנִים לַמָּקוֹם שֶׁנֶּאֱמַר
בָּנִים אַתֶּם לַייָ אֱלֹהֵיכֶם: חֲבִיבִין יִשְׂרָאֵל שֶׁנִּתַּן לָהֶם כְּלִי
חֶמְדָּה חִבָּה יְתֵרָה נוֹדַעַת לָהֶם שֶׁנִּתַּן לָהֶם כְּלִי חֶמְדָּה
שֶׁבּוֹ נִבְרָא הָעוֹלָם שֶׁנֶּאֱמַר כִּי לֶקַח טוֹב נָתַתִּי לָכֶם תּוֹרָתִי
אַל תַּעֲזֹבוּ: יט הַכֹּל צָפוּי וְהָרְשׁוּת נְתוּנָה וּבְטוֹב
הָעוֹלָם נִדּוֹן וְהַכֹּל לְפִי רֹב הַמַּעֲשֶׂה: כ הוּא הָיָה אוֹמֵר הַכֹּל

Tändeln mit Kindern und das Weilen in den Sammelhäusern des Pöbels bringen den Menschen von der Welt. 15) Rabbi Eleasar der Modaïte sagte: Wer das Heilige entheiligt, wer Feiertage verachtet, wer seinen Nächsten in Gegenwart Mehrerer beschämt, wer das Bundeszeichen unseres Vaters Abraham zerstört[1]) und wer rechtswidrige Deutungen in die Thora hineinlegt, ein solcher Mann, wenn er auch sonst ein thorakundiger und tugendübender Mann ist, hat dennoch keinen Antheil an der zukünftigen Welt. 16) Rabbi Ismaël sagte: Sei dem Großen dienstfertig, dem Jünglinge gefällig, und nimm jeden Mann freundlich auf! 17) Rabbi Akiba sagte: Schäkerei und Leichtsinn verleiten den Menschen zur Unsittlichkeit. Die Massoreth[2]) ist ein Zaun für die Thora, das Verzehnten ein Zaun für den Reichthum, Gelübde ein Zaun für die Enthaltsamkeit, ein Zaun für die Weisheit ist — Schweigsamkeit. 18) Ferner sagte er: Ein Liebling (Gottes) ist der Mensch, der im Ebenbilde Gottes erschaffen; in vorzüglicher Liebe ward ihm noch kund, er sei im Ebenbilde Gottes erschaffen; so sagt die Schrift (Genes. 9, 6): „Denn im Ebenbilde Gottes hat er den Menschen erschaffen.“ Lieblinge Gottes sind die Kinder Israels, denn sie wurden Söhne Gottes genannt; in vorzüglicher Liebe ward ihnen noch kund, sie hießen Söhne Gottes; so sagt die Schrift (Deut. 14, 1): „Ihr seid Söhne des Ewigen, eures Gottes.“ Lieblinge Gottes sind die Kinder Israels, denn ihnen ward ein kostbares Gefäß geschenkt; in vorzüglicher Liebe ward ihnen noch kund, es sei ihnen ein kostbares Gefäß geschenkt worden, durch das die Welt erschaffen wurde; so sagt die Schrift (Prov. 4, 2): „Ein vortreffliches Geschenk habe ich euch gegeben; meine Thora verlasset nicht!“ 19) Es ist Alles überschaut, und die Erlaubniß ertheilt; mit Güte wird die Welt gerichtet und Alles nach der Reichhaltigkeit der That. 20) Ferner sagte er: Es ist Alles in

---

[1]) Wer das Gesetz der Beschneidung nicht beachtet.

[2]) Die Tradition über die Anzahl der Buchstaben, der Wörter, der Schreib- und Lesearten in der heiligen Schrift; damit nichts untergeschoben oder ausgelassen werden kann.

נָתוּן בְּעֶרְבּוֹן וּמְצוּדָה פְרוּסָה עַל כָּל הַחַיִּים הֶחָנוּת פְּתוּחָה וְהַחֶנְוָנִי מַקִּיף וְהַפִּנְקָס פָּתוּחַ וְהַיָּד כּוֹתֶבֶת וְכָל הָרוֹצֶה לִלְווֹת יָבֹא וְיִלְוֶה וְהַגַּבָּאִין מַחֲזִירִין תָּדִיר בְּכָל יוֹם וְנִפְרָעִין מִן הָאָדָם מִדַּעְתּוֹ וְשֶׁלֹּא מִדַּעְתּוֹ וְיֵשׁ לָהֶם עַל מַה שֶׁיִּסְמוֹכוּ וְהַדִּין דִּין אֱמֶת וְהַכֹּל מְתֻקָּן לִסְעוּדָה: כ׳ רַבִּי אֶלְעָזָר בֶּן עֲזַרְיָה אוֹמֵר אִם אֵין תּוֹרָה אֵין דֶּרֶךְ אֶרֶץ אִם אֵין דֶּרֶךְ אֶרֶץ אֵין תּוֹרָה אִם אֵין חָכְמָה אֵין יִרְאָה אִם אֵין יִרְאָה אֵין חָכְמָה אִם אֵין דַּעַת אֵין בִּינָה אִם אֵין בִּינָה אֵין דַּעַת אִם אֵין קֶמַח אֵין תּוֹרָה אִם אֵין תּוֹרָה אֵין קֶמַח: כב׳ הוּא הָיָה אוֹמֵר כָּל שֶׁחָכְמָתוֹ מְרֻבָּה מִמַּעֲשָׂיו לְמַה הוּא דוֹמֶה לְאִילָן שֶׁעֲנָפָיו מְרֻבִּין וְשָׁרָשָׁיו מוּעָטִין וְהָרוּחַ בָּאָה וְעוֹקַרְתּוֹ וְהוֹפַכְתּוֹ עַל פָּנָיו שֶׁנֶּאֱמַר וְהָיָה כְּעַרְעָר בָּעֲרָבָה וְלֹא יִרְאֶה כִּי יָבוֹא טוֹב וְשָׁכַן חֲרֵרִים בַּמִּדְבָּר אֶרֶץ מְלֵחָה וְלֹא תֵשֵׁב. אֲבָל כָּל שֶׁמַּעֲשָׂיו מְרֻבִּין מֵחָכְמָתוֹ לְמַה הוּא דוֹמֶה לְאִילָן שֶׁעֲנָפָיו מוּעָטִין וְשָׁרָשָׁיו מְרֻבִּין שֶׁאֲפִילוּ כָּל הָרוּחוֹת שֶׁבָּעוֹלָם בָּאוֹת וְנוֹשְׁבוֹת בּוֹ אֵין מְזִיזִין אוֹתוֹ מִמְּקוֹמוֹ שֶׁנֶּאֱמַר וְהָיָה כְּעֵץ שָׁתוּל עַל מַיִם וְעַל יוּבַל יְשַׁלַּח שָׁרָשָׁיו וְלֹא יִרְאֶה כִּי יָבֹא חֹם וְהָיָה עָלֵהוּ רַעֲנָן וּבִשְׁנַת בַּצֹּרֶת לֹא יִדְאָג וְלֹא

---

2) Arar ist der Name eines gewissen Dornstrauchs, der vieles Gezweig und wenig Wurzeln hat.
3) Jubal, Name des Hauptstroms aus dem Paradies (Thalmud Bechor. 55, b).

Versatz gegeben, und das Netz ist über alles Lebendige geworfen, der Laden steht offen, der Krämer gibt auf Borg, das Buch liegt aufgeschlagen, die Hand schreibt ein, und wer Lust zu borgen hat, mag kommen und borgen, die Schuldeinforderer gehen täglich umher, und machen sich vom Menschen bezahlt, mit oder ohne seine Einwilligung — sie können aufweisen, worauf sie sich stützen; die Forderung ist eine gerechte Forderung, und Alles ist zubereitet zur Mahlzeit. 21) Rabbi Eleasar, Sohn Asariah's, sagte: Wo keine Thora ist, da ist keine Sittlichkeit[1]); wo keine Sittlichkeit ist, da ist keine Thora; wo keine Weisheit ist, da ist keine Furcht (oder Scheu); wo keine Furcht ist, da ist keine Weisheit; wo kein Verstand ist, da ist keine Vernunft; wo keine Vernunft ist, da ist kein Verstand; wo kein Mehl ist, da ist keine Wissenschaft; wo keine Wissenschaft ist, da ist kein Mehl. 22) Noch pflegte er zu sagen: Wer mehr Theorie als Praxis hat, womit ist der wohl zu vergleichen? Mit einem Baume, dessen Zweige viel, dessen Wurzeln aber wenig sind; ein Windstoß kommt, entwurzelt ihn und stürzt ihn nieder; so sagt auch die Schrift (von einem Manne, der sich auf Menschen und nicht auf Gott verläßt) (Jerem. 17, 6): „Er wird einem Arar[2]) auf der Haide gleichen und nie sehen, wenn das Gute kommt; er wird, ausdorrend in der Wüste, auf salzigem und unbewohnbarem Boden wohnen". Hingegen wer mehr Praxis als Theorie hat, womit ist der zu vergleichen? Mit einem Baume, dessen Zweige wenig, dessen Wurzeln aber viel sind; wenn auch alle Orkane der Welt kämen und auf ihn losstürmten, sie könnten ihn nicht von seiner Stelle rücken; so sagt auch die Schrift (von einem Manne, der Gott vertraut) (das. 17, 8): „Er wird einem Baume gleichen, der, am Wasser gepflanzt, bis zum Jubal[3]) hin seine Wurzeln treibt; er merkt nicht, wenn Hitze eintritt, sein Laub bleibt immer grün, ihn kümmert kein Mißjahr, und

---

[1]) Alle die hier paarweise aufgezählten Dinge gedeihen nur, wenn sie wechselseitig einander die Hände bieten, weil jedes für sich allein von keinem Bestand ist.

ימיש מעשות פרי: ט רבי אלעזר (בן) חסמא אומר
קנין ופתחי נדה הן הן גופי הלכות. תקופות
וגמטריאות פרפריות* לחכמה: רבי חנניא וכו'.

פרק רביעי.

כל ישראל וכו'.

א בן זומא אומר איזהו חכם הלומד מכל אדם שנאמר
מכל מלמדי השכלתי (כי עדותיך שיחה לי): איזהו גבור
הכובש את יצרו שנאמר טוב ארך אפים מגבור ומושל
ברוחו מלכד עיר: איזהו עשיר השמח בחלקו שנאמר
יגיע כפיך כי תאכל אשריך וטוב לך. אשריך בעולם הזה
וטוב לך לעולם הבא. איזהו מכבד המכבד את הבריות
שנאמר כי מכבדי אכבד ובזי יקלו: ב בן עזאי אומר הוי רץ
למצוה קלה ובורח מן העברה שמצוה גוררת מצוה ועברה
גוררת עברה ששכר מצוה מצוה ושכר עברה עברה:
ג הוא היה אומר אל תהי בז לכל אדם ואל תהי מפליג לכל
דבר שאין לך אדם שאין לו שעה ואין לך דבר שאין לו
מקום: ד רבי לויטס איש יבנה אומר מאד מאד הוי שפל

---

*) פרפריות כן גירסת סמרוך, ומלת פרפריא (Peripheria) יונית [illegible]
נעאמעטריע, וטעמו קו הסובב; לכן המכתב כנקודה כתוך [illegible].

nie hört er auf, Früchte zu tragen." 23) Rabbi Eleasar Chisma sagte: Kinnin und Pithche Nidda[1]) sind wesentliche Traditionen; Astronomie und Geometrie sind Peripherieen zur Weisheit.

Rabbi Chananja ꝛc. S. 307.

Viertes Kapitel.

כל ישראל Das gesammte Israel ꝛc. S. 303.

1) בן זומא Ben Soma sagte: Wer ist weise? Der von einem Jeden Lehre annimmt; so heißt es in der Schrift (Psalm 119, 99): „Von Jedem, der mich belehrt, hab' ich Lehre angenommen." Wer ist stark? Der seine Leidenschaft beherrscht; so heißt es in der Schrift (Prov. 16, 32): „Tapferer ist der Langmüthige als der Held, und der Herr seiner Leidenschaften besser als der Städteeroberer." Wer ist reich? Der sich mit dem begnügt, was ihm zu Theil geworden; so sagt die Schrift (Psalm 128, 2): „Genießest du deiner Hände Fleiß, heil dir, du hast es gut!" Heil dir in dieser Welt, du hast es gut in der künftigen Welt. Wer ist geehrt? Der seine Nebenmenschen ehrt; so sagt auch die Schrift (I. Sam. 2, 30): „Die mich ehren, ehr' ich wieder, und die mich verschmähen, werden verachtet." 2) Ben Assai sagte: Eile zu jeder unwichtigen Mizvah (göttliches Gebot) und fliehe vor jeder Aberah (Sünde); denn jede Mizvah zieht eine Mizvah und jede Aberah eine Aberah nach sich; die Mizvah selbst lohnt die Mizvah und die Aberah selbst bestraft die Aberah[2]). 3) Ferner sagte er: Achte keinen Menschen für zu geringe und halte kein Ding für unmöglich; denn es gibt keinen Menschen, der nicht seine Stunde, und keine Sache, die nicht ihren Platz hätte. 4) Rabbi Levitas aus Jabneh sagte: Sei recht sehr demüthig! denn was des Menschen

[1]) Kinnin, Name eines Traktats im Thalmud über die Opfer aus der Klasse des Geflügels; Pithche Nidda sind die Lehren in Betreff der Frauenreinigung.

[2]) Die Gewissensruhe nach der Ausübung einer edlen Handlung und die Gewissensbisse nach einer begangenen Sünde.

רוּחַ שֶׁתִּקְוַת אֱנוֹשׁ רִמָּה: ז רַבִּי יוֹחָנָן בֶּן בְּרוֹקָה אוֹמֵר כָּל
הַמְחַלֵּל שֵׁם שָׁמַיִם בַּסֵּתֶר נִפְרָעִין מִמֶּנּוּ בַּגָּלוּי אֶחָד בְּשׁוֹגֵג
וְאֶחָד בְּמֵזִיד בְּחִלּוּל הַשֵּׁם: ח רַבִּי יִשְׁמָעֵאל (בַּר רַבִּי יוֹסֵי) אוֹמֵר
הַלּוֹמֵד עַל מְנָת לְלַמֵּד מַסְפִּיקִין בְּיָדוֹ לִלְמוֹד וּלְלַמֵּד
וְהַלּוֹמֵד עַל מְנָת לַעֲשׂוֹת מַסְפִּיקִין בְּיָדוֹ לִלְמוֹד וּלְלַמֵּד
(לִשְׁמוֹר) וְלַעֲשׂוֹת: ט רַבִּי צָדוֹק אוֹמֵר אַל (תִּפְרוֹשׁ מִן הַצִּבּוּר
וְאַל תַּעַשׂ עַצְמְךָ כְּעוֹרְכֵי הַדַּיָּנִין וְאַל) תַּעֲשֵׂם עֲטָרָה לְהִתְגַּדֵּל
בָּהֶם וְלֹא קַרְדּוֹם לַחְפּוֹר בָּהֶם וְכָךְ הָיָה הִלֵּל אוֹמֵר וּדְאִשְׁתַּמֵּשׁ
בְּתָגָא חֲלָף הָא לָמַדְתָּ כָּל הַנֶּהֱנֶה ס״א הֲנָאוֹת מִדִּבְרֵי תוֹרָה נוֹטֵל
חַיָּיו מִן הָעוֹלָם: י רַבִּי יוֹסֵי אוֹמֵר כָּל הַמְכַבֵּד אֶת הַתּוֹרָה גּוּפוֹ
מְכֻבָּד עַל הַבְּרִיּוֹת וְכָל הַמְחַלֵּל אֶת הַתּוֹרָה גּוּפוֹ מְחֻלָּל עַל
הַבְּרִיּוֹת: יא רַבִּי יִשְׁמָעֵאל בְּנוֹ אוֹמֵר הַחוֹשֵׂךְ עַצְמוֹ מִן הַדִּין
פּוֹרֵק מִמֶּנּוּ אֵיבָה וְגָזֵל וּשְׁבוּעַת שָׁוְא, וְהַגַּס לִבּוֹ בְּהוֹרָאָה
שׁוֹטֶה רָשָׁע וְגַס רוּחַ: יב הוּא הָיָה אוֹמֵר אַל תְּהִי דָן יְחִידִי
שֶׁאֵין דָּן יְחִידִי אֶלָּא אֶחָד וְאַל תֹּאמַר קַבְּלוּ דַעְתִּי שֶׁהֵן רַשָּׁאִין
וְלֹא אָתָּה: יג רַבִּי יוֹנָתָן אוֹמֵר כָּל הַמְקַיֵּם אֶת הַתּוֹרָה מֵעֹנִי
סוֹפוֹ לְקַיְּמָהּ מֵעֹשֶׁר וְכָל הַמְבַטֵּל אֶת הַתּוֹרָה מֵעֹשֶׁר סוֹפוֹ
לְבַטְּלָהּ מֵעֹנִי: יד רַבִּי מֵאִיר אוֹמֵר הֱוֵה מְמַעֵט בְּעֵסֶק וַעֲסֹק
בַּתּוֹרָה וֶהֱוֵה שְׁפַל רוּחַ בִּפְנֵי כָל אָדָם וְאִם בָּטַלְתָּ מִן הַתּוֹרָה
יֵשׁ לְךָ בְּטֵלִים הַרְבֵּה כְּנֶגְדְּךָ וְאִם עָמַלְתָּ בַּתּוֹרָה יֶשׁ לוֹ שָׂכָר

wartet, ist — Gewürme! 5) Rabbi Jochanan, Sohn Beroka's, sagte: Wer den Namen des Himmels (Gottes) heimlich entheiligt, den trifft die Strafe öffentlich — sei es aus Versehen oder aus Muthwillen — gleichviel, bei Entheiligung des göttlichen Namens (folgt die Ahndung immer öffentlich). 6) Rabbi Ismaël sagte: Wer in der Absicht lernt, um zu lehren, dem gelingt es, zu lernen und zu lehren; wer aber lernt in der Absicht, um auszuüben, dem gelingt es, zu lernen, zu lehren und auszuüben. 7) Rabbi Zadok sagte: Mache die Thora nicht zum Kranz, um damit zu prangen, auch nicht zum Spaten, um damit zu graben; so hat auch Hillel gesagt: Wer sich der Krone zum Eigennutz bedient, vergeht. Hieraus folgt: wer die Worte der Thora zum Nutzen für sich verwendet, nimmt sein Leben von der Welt. 8) Rabbi Jose sagte: Wer die Thora ehrt, der ist bei den Menschen auch geehrt, und wer die Thora entehrt, der ist bei den Menschen auch entehrt. 9) Dessen Sohn, Rabbi Ismaël, sagte: Wer sich dem Richten entzieht, der entledigt sich des Hasses, des Raubes und des vergeblichen Schwörens, und wer allzuvertraut mit dem Bescheiden ist, der ist ein Thor, ein Bösewicht und hochmüthiger Mensch. 10) Noch pflegte er zu sagen: Sei kein Alleinrichter, denn Niemand kann allein richten als der Einzige (Gott); sage auch nicht (zu deinen Mitrichtern): nehmt meine Meinung an! denn sie sind die Beauftragten, nicht du. 11) Rabbi Jonathan sagte: Wer die Thora im Stande der Armuth hält, der wird sie am Ende im Stande des Reichthums halten, und wer die Thora im Reichthum vernachlässigt, der wird sie am Ende vernachlässigen müssen in Armuth. 12) Rabbi Meïr sagte: Sei mäßig im Geschäft und fleißig in der Thora; sei auch gegen jeden Menschen nachgiebig. Sagst du dich von der Thora los, so stellen sich dir bald Hindernisse in Menge ein; mühest du dich aber in der Thora, dann hat er (Gott) der Belohnung viel, dir zu geben.

מַרְבֶּה לְהַרְוָחָה: יא רַבִּי אֱלִיעֶזֶר בֶּן יַעֲקֹב אוֹמֵר הָעוֹשֶׂה
מִצְוָה אַחַת קוֹנֶה לוֹ פְּרַקְלִיט אֶחָד וְהָעוֹבֵר עֲבֵרָה אַחַת
קוֹנֶה לוֹ קַטֵּגוֹר אֶחָד תְּשׁוּבָה וּמַעֲשִׂים טוֹבִים כִּתְרִיס בִּפְנֵי
הַפֻּרְעָנוּת: יב רַבִּי יוֹחָנָן הַסַּנְדְּלָר אוֹמֵר כָּל כְּנֵסִיָּה שֶׁהִיא
לְשֵׁם שָׁמַיִם סוֹפָהּ לְהִתְקַיֵּם וְשֶׁאֵינָהּ לְשֵׁם שָׁמַיִם אֵין סוֹפָהּ
לְהִתְקַיֵּם: יג רַבִּי אֶלְעָזָר בֶּן שַׁמּוּעַ אוֹמֵר יְהִי כְבוֹד תַּלְמִידְךָ
חָבִיב עָלֶיךָ כְּשֶׁלָּךְ וּכְבוֹד חֲבֵרְךָ כְּמוֹרָא רַבָּךְ וּמוֹרָא רַבָּךְ
כְּמוֹרָא שָׁמָיִם: יד רַבִּי יְהוּדָה אוֹמֵר הֱוֵה זָהִיר בְּתַלְמוּד
שֶׁשִּׁגְגַת תַּלְמוּד עוֹלָה זָדוֹן: טו רַבִּי שִׁמְעוֹן אוֹמֵר שְׁלֹשָׁה
כְתָרִים הֵן כֶּתֶר תּוֹרָה וְכֶתֶר כְּהֻנָּה וְכֶתֶר מַלְכוּת וְכֶתֶר
שֵׁם טוֹב עוֹלֶה עַל גַּבֵּיהֶן: טז רַבִּי נְהוֹרַאי אוֹמֵר הֱוֵה גוֹלֶה
לִמְקוֹם תּוֹרָה וְאַל תֹּאמַר שֶׁהִיא תָבוֹא אַחֲרֶיךָ שֶׁחֲבֵרֶיךָ
יְקַיְּמוּהָ בְיָדֶךָ וְאֶל בִּינָתְךָ אַל תִּשָּׁעֵן: יז רַבִּי יַנַּאי אוֹמֵר אֵין
בְּיָדֵינוּ לֹא מִשַּׁלְוַת הָרְשָׁעִים וְאַף לֹא מִיִּסּוּרֵי הַצַּדִּיקִים:
יח רַבִּי מַתְיָא בֶן חָרָשׁ אוֹמֵר הֱוֵה מַקְדִּים בִּשְׁלוֹם כָּל אָדָם
וֶהֱוֵה זָנָב לָאֲרָיוֹת וְאַל תְּהִי רֹאשׁ לַשּׁוּעָלִים: יט רַבִּי יַעֲקֹב
אוֹמֵר הָעוֹלָם הַזֶּה דּוֹמֶה לִפְרוֹזְדוֹר בִּפְנֵי הָעוֹלָם הַבָּא הַתְקֵן
עַצְמְךָ בִפְרוֹזְדוֹר כְּדֵי שֶׁתִּכָּנֵס לִטְרַקְלִין: כ הוּא הָיָה אוֹמֵר
יָפָה שָׁעָה אַחַת בִּתְשׁוּבָה וּמַעֲשִׂים טוֹבִים בָּעוֹלָם הַזֶּה
מִכָּל חַיֵּי הָעוֹלָם הַבָּא וְיָפָה שָׁעָה אַחַת שֶׁל קֹרַת רוּחַ בָּעוֹלָם

13) Rabbi Eleasar, Sohn Jakobs, sagte: Wer auch nur Eine Mizvah ausübt, der erwirbt sich einen Fürsprecher, und wer auch nur Eine Aberah begeht, der zieht sich einen Ankläger zu. Buße und edle Thaten sind Harnische wider Unglücksfälle. 14) Rabbi Jochanan, der Sandlar (Schuhmacher), sagte: Jede Versammlung im Namen des Himmels (Gottes) besteht zuletzt, geschieht sie aber nicht im Namen des Himmels, so hat sie zuletzt keinen Bestand. 15) Rabbi Eleasar, Sohn Schammua's, sagte: Halte auf die Ehre deines Schülers wie auf die deinige, auf die Ehre deines Schulgenossen wie auf die Achtung vor deinem Lehrer, und auf die Achtung vor deinem Lehrer wie auf die Hochachtung vor dem Himmel! 16) Rabbi Jehuda sagte: Sei bedachtsam im Unterrichten, denn ein Versehen bei'm Unterricht kann Unheil stiften[1]). 17) Rabbi Simon sagte: Es gibt drei Kronen: die Krone der Thora, die Priesterkrone und die Herrscherkrone; aber die Krone des guten Rufs übertrifft sie alle. 18) Rabbi Nehorai sagte: Wandre aus nach einem Orte, wo die Thora heimisch ist; denke aber nicht, sie werde dir nachziehen oder deine Kollegen werden sie dir erhalten können! Stütze dich auch nicht auf deine Vernunft! 19) Rabbi Jannai sagte: Es liegt nicht in unserem Erkenntnißvermögen: das Wohl der Gottlosen noch das Weh der Frommen. 20) Rabbi Mathithjah, Sohn Cheresch's, sagte: Komme Jedem mit deinem Gruße zuvor; und sei lieber der Löwen Schweif als der Füchse Kopf![2]) 21) Rabbi Jakob sagte: Diese Welt ist gleichsam die Vorhalle zur künftigen; bereite dich in der Vorhalle vor, daß du in den Pallast eingelassen wirst! 22) Ferner sagte er: Heilsamer ist eine Stunde in Buße und edlen Thaten auf dieser Welt, als das ganze Leben in der zukünftigen, und eine einzige Wonnestunde in jener Welt genüglicher, als das

[1]) Ein Beleg hiezu findet sich im Thalmud, Baba Bathra, Fol. 21, S. 2.
[2]) D. h. sei lieber den Braven untergeordnet, als das Oberhaupt der Schlauen und Betrüger.

הבא מכל חיי העלם הזה: כג רבי שמעון בן אלעזר אומר
אל תרצה את חברך בשעת כעסו ואל תנחמהו בשעה
שמתו מטל לפניו ואל תשאל לו בשעת נדרו ואל תשתדל
לראותו בשעת קלקלתו: כד שמואל הקטן אומר בנפל
איבך אל תשמח ובכשלו אל יגל לבך: פן יראה יי ורע בעיניו
והשיב מעליו אפו: כה אלישע בן אבויה אומר הלומד
ילד למה הוא דומה לדיו כתובה על ניר חדש והלומד
זקן למה הוא דומה לדיו כתובה על ניר מחוק: כו רבי יוסי
בר יהודה איש כפר הבבלי אומר הלומד מן הקטנים
למה הוא דומה לאוכל ענבים קהות ושותה יין מגתו
והלומד מן הזקנים למה הוא דומה לאוכל ענבים בשולות
ושותה יין ישן: כז רבי מאיר אומר אל תסתכל בקנקן אלא
במה שיש בו יש קנקן חדש מלא ישן וישן שאפילו חדש
אין בו: כח רבי אלעזר הקפר אומר הקנאה והתאוה
והכבוד מוציאין את האדם מן העולם: כט הוא היה אומר
הילודים למות והמתים לחיות והחיים לדון לידע ולהודיע
ולהודע שהוא אל הוא היוצר הוא הבורא הוא המבין הוא
הדין הוא העד הוא בעל דין הוא עתיד לדון ברוך הוא
שאין לפניו לא עולה ולא שכחה ולא משוא פנים ולא מקח
שוחד ודע שהכל לפי החשבון ואל יבטיחך יצרך שהשאול

ganze Leben auf dieser Welt[1]). 23) Rabbi Simon, Sohn Eleasars, sagte: Besänftige deinen Freund nicht während seines Zornes, tröste ihn nicht, während noch sein Todter vor ihm liegt, frage ihn nichts, während er sein Gelübde auf sich nimmt, und bestrebe dich nicht, ihn während seines Unfalls zu sehen. 24) Samuël Hakkatan hatte zum Wahlspruch: „Bei'm Fallen deines Feindes frohlocke nicht, bei seinem Straucheln laß ja dein Herz sich nicht freuen! wie leicht könnte Gott es ansehen mit mißfälligen Augen, und seinen Zorn von ihm zurückwenden“ (Proverb. 24, 17). 25) Elisa, Sohn Abujah's, sagte: Das, was man in der Jugend gelernt, womit ist es zu vergleichen? Mit Tinte, geschrieben auf frisches Papier; und das, was man im Alter gelernt, womit ist es zu vergleichen? Mit Tinte, geschrieben auf beschmutztes Papier. 26) Rabbi Jose, Sohn Jehuda's, aus Kephar-Babli sagte: Wer von Knaben lernt, womit ist dieser zu vergleichen? Mit einem, der unreife Trauben ißt und Wein von der Kelter weg trinkt; und wer von Alten lernt, womit ist dieser zu vergleichen? Mit einem, der reife Trauben ißt und alten Wein trinkt. 27) Rabbi Meïr sagte: Schaue nicht auf die Kanne, sondern auf das, was darin enthalten ist! Es kann eine neue Kanne voll alten Weines sein, und eine alte, worin sich nicht einmal Most befindet. 28) Rabbi Eleasar Hakkappar sagte: Neid, Wollust und Ehrgeiz bringen den Menschen von der Welt. 29) Noch pflegte er zu sagen: Was geboren wird, geht dem Tode zu, was dem Tod geworden, tritt zum Leben ein, was zum Leben eingetreten, wird vor Gericht geladen — damit man erfahre, bekenne und wisse, daß er der Allmächtige, er der Bildende, er der Schaffende, er der Prüfende, er der Richter, er der Zeuge, er der Gerichtsforderer und er es ist, der einst richten wird — gelobt sei er! vor ihm findet kein Unrecht, kein Vergessen, kein Ansehen und keine Bestechung statt. Wisse auch, hienieden wird Alles in Rechnung gebracht! Laß dich von deiner Leidenschaft nicht

[1]) Nur hier wird gesäet, und dort nur geerntet.

בֵּית מָנוֹס לָךְ שֶׁעַל כָּרְחֲךָ אַתָּה נוֹצָר וְעַל כָּרְחֲךָ אַתָּה
נוֹלָד וְעַל כָּרְחֲךָ אַתָּה חַי וְעַל כָּרְחֲךָ אַתָּה מֵת וְעַל כָּרְחֲךָ
אַתָּה עָתִיד לִתֵּן דִּין וְחֶשְׁבּוֹן לִפְנֵי מֶלֶךְ מַלְכֵי הַמְּלָכִים
הַקָּדוֹשׁ בָּרוּךְ הוּא: רבי חנניא וכו׳.

פרק חמישי.

כל ישראל וכו׳.

א בַּעֲשָׂרָה מַאֲמָרוֹת נִבְרָא הָעוֹלָם וּמַה תַּלְמוּד לוֹמַר
וַהֲלֹא בְּמַאֲמָר אֶחָד יָכוֹל לְהִבָּרְאוֹת אֶלָּא לְהִפָּרַע מִן
הָרְשָׁעִים שֶׁמְּאַבְּדִין אֶת הָעוֹלָם שֶׁנִּבְרָא בַּעֲשָׂרָה מַאֲמָרוֹת
וְלִתֵּן שָׂכָר טוֹב לַצַּדִּיקִים שֶׁמְּקַיְּמִין אֶת הָעוֹלָם שֶׁנִּבְרָא
בַּעֲשָׂרָה מַאֲמָרוֹת: ב עֲשָׂרָה דוֹרוֹת מֵאָדָם וְעַד נֹחַ לְהוֹדִיעַ
כַּמָּה אֶרֶךְ אַפַּיִם לְפָנָיו שֶׁכָּל הַדּוֹרוֹת הָיוּ מַכְעִיסִין וּבָאִין
עַד שֶׁהֵבִיא עֲלֵיהֶם אֶת־מֵי הַמַּבּוּל: ג עֲשָׂרָה דוֹרוֹת מִנֹּחַ
וְעַד אַבְרָהָם לְהוֹדִיעַ כַּמָּה אֶרֶךְ אַפַּיִם לְפָנָיו שֶׁכָּל הַדּוֹרוֹת
הָיוּ מַכְעִיסִין וּבָאִין עַד שֶׁבָּא אַבְרָהָם אָבִינוּ וְקִבֵּל שְׂכַר כֻּלָּם:
ד עֲשָׂרָה נִסְיוֹנוֹת נִתְנַסָּה אַבְרָהָם אָבִינוּ וְעָמַד בְּכֻלָּם
לְהוֹדִיעַ כַּמָּה חִבָּתוֹ שֶׁל אַבְרָהָם אָבִינוּ: ה עֲשָׂרָה נִסִּים
נַעֲשׂוּ לַאֲבוֹתֵינוּ בְּמִצְרַיִם וַעֲשָׂרָה עַל הַיָּם: ו עֶשֶׂר מַכּוֹת
הֵבִיא הַקָּדוֹשׁ בָּרוּךְ הוּא עַל הַמִּצְרִיִּים בְּמִצְרַיִם וְעֶשֶׂר

bethören, daß die Gruft eine Zufluchtsstätte für dich sei; denn wider deinen Willen wurdest du gebildet, wider deinen Willen geboren, wider deinen Willen lebst du, wider deinen Willen stirbst du, und wider deinen Willen wirst du einst Rechtfertigung und Rechnung abzulegen haben vor dem König der Könige, dem Heiligen, gelobt sei er!

Rabbi Chananja &c. S. 307.

Fünftes Kapitel.

כל ישראל Das gesammte Israel &c. S. 303.

1) Durch zehn Aussprüche, sagt die Schrift, geschah die Weltschöpfung[1]). Und was will damit gesagt sein, da sie doch durch einen Ausspruch hätte geschehen können? Damit bestraft werden sollen die Gottlosen, die verderben eine Welt, die durch zehn Aussprüche erschaffen worden, und belohnt werden sollen die Frommen, die erhalten eine Welt, die durch zehn Aussprüche erschaffen worden. 2) Zehn Geschlechtsfolgen zählt die Schrift von Adam bis Noah, um uns die außerordentliche Langmuth Gottes kund zu thun; denn sämmtliche Geschlechter haben sich gottlos fortgepflanzt, bis er die Sündfluth über sie brachte. 3) Zehn Geschlechtsfolgen zählt die Schrift von Noah bis Abraham, um uns die außerordentliche Langmuth Gottes kund zu thun; denn sämmtliche Geschlechter haben sich gottlos fortgepflanzt, bis Abraham gekommen und die Vergeltung Aller über sich genommen. 4) Durch zehn Versuchungen wurde unser Erzvater Abraham erprobt, die er bestand in allen; dies zeigt, wie mächtig die Liebe unseres Vaters Abraham war. 5) Zehn Wunder geschahen unseren Vätern in Egypten und zehn am Meere. 6) Zehn Plagen brachte der Heilige, gelobt sei er,

1) In der Erzählung der Schöpfungsgeschichte steht zehnmal: „Gott sprach, es werde" und „es sei" u. s. w.

שֶׁל חַיִּים: ז עֲשָׂרָה נִסְיוֹנוֹת נִסּוּ אֲבוֹתֵינוּ אֶת הַקָּדוֹשׁ בָּרוּךְ
הוּא בַּמִּדְבָּר שֶׁנֶּאֱמַר וַיְנַסּוּ אֹתִי זֶה עֶשֶׂר פְּעָמִים וְלֹא
שָׁמְעוּ בְּקוֹלִי: ח עֲשָׂרָה נִסִּים נַעֲשׂוּ לַאֲבוֹתֵינוּ בְּבֵית
הַמִּקְדָּשׁ. לֹא הִפִּילָה אִשָּׁה מֵרֵיחַ בְּשַׂר הַקֹּדֶשׁ וְלֹא הִסְרִיחַ
בְּשַׂר הַקֹּדֶשׁ מֵעוֹלָם, וְלֹא נִרְאָה זְבוּב בְּבֵית הַמִּטְבְּחַיִם,
וְלֹא אֵרַע קֶרִי לְכֹהֵן גָּדוֹל בְּיוֹם הַכִּפּוּרִים, וְלֹא כִבּוּ הַגְּשָׁמִים
אֵשׁ שֶׁל עֲצֵי הַמַּעֲרָכָה, וְלֹא נָצְחָה הָרוּחַ אֶת עַמּוּד הֶעָשָׁן,
וְלֹא נִמְצָא פְסוּל בָּעֹמֶר וּבִשְׁתֵּי הַלֶּחֶם וּבְלֶחֶם הַפָּנִים,
עוֹמְדִים צְפוּפִים וּמִשְׁתַּחֲוִים רְוָחִים, וְלֹא הִזִּיק נָחָשׁ וְעַקְרָב
בִּירוּשָׁלַיִם מֵעוֹלָם, וְלֹא אָמַר אָדָם לַחֲבֵרוֹ צַר לִי הַמָּקוֹם
שֶׁאָלִין בִּירוּשָׁלָיִם: ט עֲשָׂרָה דְבָרִים נִבְרְאוּ בְּעֶרֶב שַׁבָּת
בֵּין הַשְּׁמָשׁוֹת וְאֵלּוּ הֵן. פִּי הָאָרֶץ וּפִי הַבְּאֵר וּפִי הָאָתוֹן וְהַקֶּשֶׁת
וְהַמָּן וְהַמַּטֶּה וְהַשָּׁמִיר הַכְּתָב וְהַמִּכְתָּב וְהַלּוּחוֹת. וְיֵשׁ
אוֹמְרִים אַף הַמַּזִּיקִין וּקְבוּרָתוֹ שֶׁל מֹשֶׁה וְאֵילוֹ שֶׁל אַבְרָהָם
אָבִינוּ וְיֵשׁ אוֹמְרִים אַף צְבָת בִּצְבָת עֲשׂוּיָה: י שִׁבְעָה דְבָרִים
בַּגֹּלֶם וְשִׁבְעָה בֶּחָכָם, חָכָם אֵינוֹ מְדַבֵּר לִפְנֵי מִי שֶׁגָּדוֹל
מִמֶּנּוּ בְּחָכְמָה (וּבְמִנְיָן), וְאֵינוֹ נִכְנָס לְתוֹךְ דִּבְרֵי חֲבֵרוֹ,

---

pflegten unsere Weisen alle spätere Naturerscheinungen, die zwischen dem Natürlichen und Uebernatürlichen liegen, Geschöpfe, die am Eingange des Sabbaths zwischen Licht und Dunkel erschaffen worden, zu nennen, d. h. in dem Augenblick der Scheidung des Werktags vom Sabbath; ihre Existenz liege gleichsam zwischen Sein und Nichtsein. Von dieser Art sind die hier aufgezählten zehn Dinge.

auf die Egypter in Egypten und zehn am Meere. 7) Zehnmal haben unsere Vätrr Gott versucht in der Wüste; so sagt die Schrift (Numeri 14, 22): „Und sie haben mich jetzt schon zehnmal auf die Probe gestellt und meiner Stimme nicht gehorcht.“ 8) Zehn Wunder geschahen unseren Vätern im Hause des Heiligthums: Nie hat eine Frau abortirt von dem Geruche des heiligen Opferfleisches; nie hat es sich getroffen, daß das heilige Fleisch je wäre stinkend geworden; nie ward eine Schmeißfliege im Schlachthause gesehen; nie ist dem Hohenpriester am Versöhnungstage ein nächtlicher unreiner Zufall zugestoßen; nie hat ein Regen das Feuer des Scheiterhaufens auf dem Altare verlöscht; nie hat ein Wind die aufsteigende Rauchsäule überwältigt; nie fand sich etwas Entheiligendes am Omer[1]) noch an den beiden Broden[2]) noch am Schaubrode[3]); das Volk stand gedrängt, doch hatte es Raum genug, sich bequem zu bücken; nie hat eine Schlange oder ein Skorpion Jemanden in Jerusalem beschädigt, und nie sagte Einer zum Andern: es ist mir zu enge, um in Jerusalem zu übernachten. 9) Zehn Dinge wurden am Abend bei'm Eingang des Sabbaths zwischen Licht und Dunkel[4]) erschaffen; sie sind folgende: der Mund der Erde (um Korah und seine Rotte zu verschlingen — Num. 16, 32), die Mündung des Brunnens (das. 21, 16), der Mund der Eselin (das. 22, 28), der Regenbogen (Gen. 9, 13), das Manna (Exod. 16, 15), der Stab (das. 4, 17), der Schamir (S. Trakt. Gittin 68, S. 1 und Sota 48, S. 2), der Buchstabe, die Schrift und die Gesetztafeln (das. 32, 16 und Aruch unter כתב). Einige wollen noch hinzurechnen: die bösen Geister, das Grabmal Mosche (Deut. 34, 6) und den Widder unseres Vaters Abraham (Gen. 22, 13). 10) Sieben Dinge bezeichnen den Tölpel und sieben den Weisen: der Weise redet nicht vor dem, der ihm überlegen ist an Weisheit oder an Jahren, fällt einem Andern nicht in's Wort, ist nicht voreilig im Antworten,

---

[1]) Lev. 23, 10 u. 15. [2]) Das. 23, 17. [3]) Exod. 25, 17.
[4]) Da die Schöpfung der ganzen Natur in den sechs Werktagen vollbracht worden, und am Sabbath alles Schaffen aufgehört hatte, so

וְאֵינוֹ נִבְהָל לְהָשִׁיב. שׁוֹאֵל כְּעִנְיָן וּמֵשִׁיב כַּהֲלָכָה, וְאוֹמֵר עַל רִאשׁוֹן רִאשׁוֹן וְעַל אַחֲרוֹן אַחֲרוֹן, וְעַל מַה שֶׁלֹּא שָׁמַע אוֹמֵר לֹא שָׁמַעְתִּי, וּמוֹדֶה עַל הָאֱמֶת, וְחִלּוּפֵיהֶן בַּגֹּלֶם: יא שִׁבְעָה מִינֵי פֻרְעָנֻיּוֹת בָּאִין לָעוֹלָם עַל שִׁבְעָה גוּפֵי עֲבֵרָה: מִקְצָתָן מְעַשְּׂרִין וּמִקְצָתָן אֵינָן מְעַשְּׂרִין רָעָב שֶׁל בַּצֹּרֶת בָּא מִקְצָתָן רְעֵבִים וּמִקְצָתָן שְׂבֵעִים: גָּמְרוּ שֶׁלֹּא לְעַשֵּׂר רָעָב שֶׁל מְהוּמָה וְשֶׁל בַּצֹּרֶת בָּא: וְשֶׁלֹּא לִטּוֹל אֶת הַחַלָּה רָעָב שֶׁל כְּלָיָה בָּא: דֶּבֶר בָּא לָעוֹלָם עַל מִיתוֹת הָאֲמוּרוֹת בַּתּוֹרָה שֶׁלֹּא נִמְסְרוּ לְבֵית דִּין וְעַל פֵּרוֹת שְׁבִיעִית: חֶרֶב בָּאָה לָעוֹלָם עַל עִנּוּי הַדִּין וְעַל עִוּוּת הַדִּין וְעַל הַמּוֹרִים בַּתּוֹרָה שֶׁלֹּא כַהֲלָכָה: חַיָּה רָעָה בָּאָה לָעוֹלָם עַל שְׁבוּעַת שָׁוְא וְעַל חִלּוּל הַשֵּׁם: גָּלוּת בָּאָה לָעוֹלָם עַל עוֹבְדֵי אֱלִילִים וְעַל גִּלּוּי עֲרָיוֹת וְעַל שְׁפִיכוּת דָּמִים וְעַל שְׁמִטַּת הָאָרֶץ: יב בְּאַרְבָּעָה פְרָקִים הַדֶּבֶר מִתְרַבֶּה, בָּרְבִיעִית וּבַשְּׁבִיעִית וּבְמוֹצָאֵי שְׁבִיעִית וּבְמוֹצָאֵי הֶחָג שֶׁבְּכָל שָׁנָה וְשָׁנָה: בָּרְבִיעִית מִפְּנֵי מַעְשַׂר עָנִי שֶׁבַּשְּׁלִישִׁית, בַּשְּׁבִיעִית מִפְּנֵי מַעְשַׂר עָנִי שֶׁבַּשִּׁשִּׁית, בְּמוֹצָאֵי שְׁבִיעִית מִפְּנֵי פֵרוֹת שְׁבִיעִית, בְּמוֹצָאֵי הֶחָג שֶׁבְּכָל שָׁנָה וְשָׁנָה מִפְּנֵי גֶזֶל מַתְּנוֹת עֲנִיִּים: יג אַרְבַּע מִדּוֹת בָּאָדָם הָאוֹמֵר

---

perſiche und geiſtige Eigenſchaft, die der Menſch in einem gewiſſen Maaße beſitzt: Maxime, Naturell, Talent u. d. gl.

fragt gehörig und antwortet richtig, spricht über das Erste zuerst und über das Letzte zuletzt, wovon er nichts gehört hat, sagt er: ich habe nichts davon gehört, und gesteht immer die Wahrheit ein. Das Gegentheil von diesen bezeichnet den Tölpel. 11) Siebenerlei Bestrafungen treffen die Welt wegen siebenerlei Hauptversündigungen: Wenn Einige verzehnten und Einige nicht verzehnten, kommt Theuerung aus Mangel eines Landregens, wobei Manche darben und Andre satt haben; haben Alle beschlossen, nicht zu verzehnten, dann tritt eine Unersättlichkeit ein neben der Theurung; wird nach vollends die Hebe der Challah (Num. 15, 20) unterlassen, dann kommt eine allverderbliche Hungersnoth. Eine Pest trifft die Welt wegen der in der Thora ausgesprochenen Todesstrafen, die dem Gerichte nicht überliefert worden, und wegen Versündigung in Betreff der Früchte des siebenten Jahres (Lev. 25). Durch das Schwert wird die Welt heimgesucht wegen des Zauderns der Gerichte, wegen der Verdrehung des Rechts und wegen des unrichtigen Unterweisens in der Thora. Verderbliches Gewild kommt über die Welt wegen vergeblichen Schwörens und wegen Entheiligung des göttlichen Namens. Exil wird verhängt wegen Götzendienstes, Blutschande, Mordthaten und wegen der Landes-Schemitta (Lev. 26, 34). 12) In vier Zeitpunkten nimmt die Sterblichkeit zu: im vierten Jahre, im siebenten, am Schlusse des siebenten Jahres und am Schlusse des alljährlichen Erntefestes. Im vierten Jahre wegen des entzogenen Armenzehnten des dritten Jahres[1]); im siebenten wegen des entzogenen Armenzehnten des sechsten Jahres[1]); am Schlusse des siebenten Jahres wegen der Früchte des siebenten (Feier-) Jahres, und am Schlusse des alljährlichen Erntefestes wegen Beraubung der Armengaben[1]). 13) Viererlei Middoth[2]) finden sich unter den Menschen; Mancher sagt: was mein ist, ist mein, und

[1]) Von allen diesen pflichtmässigen Abgaben spricht die Schrift an mehreren Stellen, besonders aber in Lev. 19, 9, 10 und Kap. 25, dann in Deut. 14, 28 u. 26, 12.

[2]) Middah heisst eigentlich Maass, Maaßstab, dann auch jede kör-

שֶׁלִּי שֶׁלִּי וְשֶׁלְּךָ שֶׁלָּךְ זוֹ מִדָּה בֵינוֹנִית וְיֵשׁ אוֹמְרִים זוֹ מִדַּת סְדוֹם, שֶׁלִּי שֶׁלָּךְ וְשֶׁלְּךָ שֶׁלִּי עַם הָאָרֶץ, שֶׁלִּי שֶׁלָּךְ וְשֶׁלְּךָ שֶׁלָּךְ חָסִיד, שֶׁלְּךָ שֶׁלִּי וְשֶׁלִּי שֶׁלִּי רָשָׁע: יד אַרְבַּע מִדּוֹת בְּדֵעוֹת, נוֹחַ לִכְעוֹס וְנוֹחַ לִרְצוֹת יָצָא הֶפְסֵדוֹ בִּשְׂכָרוֹ, קָשֶׁה לִכְעוֹס וְקָשֶׁה לִרְצוֹת יָצָא שְׂכָרוֹ בְּהֶפְסֵדוֹ, קָשֶׁה לִכְעוֹס וְנוֹחַ לִרְצוֹת חָסִיד, נוֹחַ לִכְעוֹס וְקָשֶׁה לִרְצוֹת רָשָׁע: טו אַרְבַּע מִדּוֹת בְּתַלְמִידִים מָהִיר לִשְׁמוֹעַ וּמָהִיר לְאַבֵּד יָצָא שְׂכָרוֹ בְּהֶפְסֵדוֹ קָשֶׁה לִשְׁמוֹעַ וְקָשֶׁה לְאַבֵּד יָצָא הֶפְסֵדוֹ בִּשְׂכָרוֹ מָהִיר לִשְׁמוֹעַ וְקָשֶׁה לְאַבֵּד זוֹ חֵלֶק טוֹב קָשֶׁה לִשְׁמוֹעַ וּמָהִיר לְאַבֵּד זוֹ חֵלֶק רָע: טז אַרְבַּע מִדּוֹת בְּנוֹתְנֵי צְדָקָה הָרוֹצֶה שֶׁיִּתֵּן וְלֹא יִתְּנוּ אֲחֵרִים עֵינוֹ רָעָה בְּשֶׁל אֲחֵרִים יִתְּנוּ אֲחֵרִים וְהוּא לֹא יִתֵּן עֵינוֹ רָעָה בְּשֶׁלּוֹ, יִתֵּן וְיִתְּנוּ אֲחֵרִים חָסִיד לֹא יִתֵּן וְלֹא יִתְּנוּ אֲחֵרִים רָשָׁע: יז אַרְבַּע מִדּוֹת בְּהוֹלְכֵי בֵית הַמִּדְרָשׁ הוֹלֵךְ וְאֵינוֹ עוֹשֶׂה שְׂכַר הֲלִיכָה בְּיָדוֹ, עוֹשֶׂה וְאֵינוֹ הוֹלֵךְ שְׂכַר מַעֲשֶׂה בְּיָדוֹ, הוֹלֵךְ וְעוֹשֶׂה חָסִיד, לֹא הוֹלֵךְ וְלֹא עוֹשֶׂה רָשָׁע: יח אַרְבַּע מִדּוֹת בְּיוֹשְׁבִים לִפְנֵי חֲכָמִים סְפוֹג וּמַשְׁפֵּךְ מְשַׁמֶּרֶת וְנָפָה:

Geisteskräfte in vier Klassen theilen: Einige fassen Alles durcheinander auf und saugen es ein; Andere saugen Alles ein, lassen es aber auch wieder ablaufen; wieder Andere prüfen wohl, halten aber die Hefen an und lassen den Wein ablaufen, und wieder Andere, die bloß das Kraftmehl herausziehen.

was dein ist, ist dein; dieses ist die Maxime des Mittelschlags, oder, wie Andere meinen, die Maxime der Sodomiten. Das Meinige ist dein, und das Deinige mein[1]), so spricht der Pöbelhafte. Das Meinige ist dein und das Deinige dein, so spricht der Fromme. Das Deinige ist mein und das Meinige mein, so spricht der Gottlose. 14) Viererlei Middoth finden sich in den Temperamenten der Menschen: Wer leicht zu erzürnen und leicht zu besänftigen ist, dessen Schaden verliert sich in seinem Gewinn; wer schwer zu erzürnen und schwer zu besänftigen ist, dessen Gewinn verliert sich in seinem Schaden. Wer schwer zu erzürnen und leicht zu besänftigen, der ist ein Frommer; wer leicht zu erzürnen und schwer zu besänftigen, der ist ein Gottloser. 15) Viererlei Middoth gibt es unter den Schülern: Wer schnell auffaßt und schnell vergißt, dessen Verdienst verliert sich in seinem Schaden; wer schwer auffaßt und schwer vergißt, dessen Schaden verliert sich in seinem Gewinn. Leicht auffassen und schwer vergessen, das ist eine gute Gabe; schwer auffassen und leicht vergessen, das ist eine böse Gabe. 16) Viererlei Middoth gibt es unter denen, die Almosen spenden: Wer gern selbst gibt, aber nicht will, daß Andere geben, der hat ein mißgünstiges Auge auf das des Andern. Wer gern Andere geben läßt, aber selbst nichts geben will, der hat ein mißgünstiges Auge auf das Seinige. Wer gern selbst gibt und auch gern Andere geben sieht, das ist ein Frommer; wer selbst nicht gibt und nicht gern Andere geben sieht, das ist ein Gottloser. 17) Viererlei Middoth gibt es unter denen, die in's Lehrhaus gehen: Wer hingeht (und lernt), und nicht darnach thut, der hat den Lohn für's Hingehen; wer thut (was Recht ist), ohne hinzugehen, der hat den Lohn für sein Thun; wer hingeht und darnach thut, der ist ein Frommer; wer nicht hingeht und nicht darnach thut, der ist ein Gottloser. 18) Viererlei Middoth gibt es unter denen, die vor den Weisen sitzen; ein Schwamm, ein Trichter, eine Seihe und eine Schwinge[2]).

---

[1]) D. h. es gibt kein Eigenthumsrecht.

[2]) Die Studirenden auf hohen Schulen lassen sich in Betreff ihrer

סְפוֹג שֶׁהוּא סוֹפֵג אֶת הַכֹּל. וּמַשְׁפֵּךְ שֶׁמַּכְנִיס בְּזוֹ וּמוֹצִיא
בְּזוֹ. מְשַׁמֶּרֶת שֶׁמּוֹצִיאָה אֶת הַיַּיִן וְקוֹלֶטֶת אֶת הַשְּׁמָרִים.
וְנָפָה שֶׁמּוֹצִיאָה אֶת הַקֶּמַח וְקוֹלֶטֶת אֶת הַסֹּלֶת: יט כָּל
אַהֲבָה שֶׁהִיא תְלוּיָה בְדָבָר בָּטֵל דָּבָר בְּטֵלָה אַהֲבָה.
וְשֶׁאֵינָהּ תְּלוּיָה בְדָבָר אֵינָהּ בְּטֵלָה לְעוֹלָם. אֵיזוֹ הִיא אַהֲבָה
שֶׁהִיא תְלוּיָה בְדָבָר זוֹ אַהֲבַת אַמְנוֹן וְתָמָר. וְשֶׁאֵינָהּ תְּלוּיָה
בְדָבָר זוֹ אַהֲבַת דָּוִד וִיהוֹנָתָן: כ כָּל מַחֲלֹקֶת שֶׁהִיא לְשֵׁם
שָׁמַיִם סוֹפָהּ לְהִתְקַיֵּם. וְשֶׁאֵינָהּ לְשֵׁם שָׁמַיִם אֵין סוֹפָהּ
לְהִתְקַיֵּם. אֵיזוֹ הִיא מַחֲלֹקֶת שֶׁהִיא לְשֵׁם שָׁמַיִם זוֹ מַחֲלֹקֶת
הִלֵּל וְשַׁמַּאי. וְשֶׁאֵינָהּ לְשֵׁם שָׁמַיִם זוֹ מַחֲלֹקֶת קֹרַח וְכָל
עֲדָתוֹ: כא כָּל הַמְזַכֶּה אֶת הָרַבִּים אֵין חֵטְא בָּא עַל יָדוֹ. וְכָל
הַמַּחֲטִיא אֶת הָרַבִּים אֵין מַסְפִּיקִין בְּיָדוֹ לַעֲשׂוֹת תְּשׁוּבָה.
מֹשֶׁה זָכָה וְזִכָּה אֶת הָרַבִּים זְכוּת הָרַבִּים תָּלוּי בּוֹ שֶׁנֶּאֱמַר
צִדְקַת יְיָ עָשָׂה וּמִשְׁפָּטָיו עִם יִשְׂרָאֵל. יָרָבְעָם בֶּן נְבָט חָטָא
וְהֶחֱטִיא אֶת הָרַבִּים חֵטְא הָרַבִּים תָּלוּי בּוֹ שֶׁנֶּאֱמַר עַל
חַטֹּאות יָרָבְעָם אֲשֶׁר חָטָא וַאֲשֶׁר הֶחֱטִיא אֶת יִשְׂרָאֵל:
כב כָּל מִי שֶׁיֶּשׁ בּוֹ שְׁלֹשָׁה דְבָרִים הַלָּלוּ הוּא מִתַּלְמִידָיו שֶׁל
אַבְרָהָם אָבִינוּ. וּשְׁלֹשָׁה דְבָרִים אֲחֵרִים הוּא מִתַּלְמִידָיו
שֶׁל בִּלְעָם הָרָשָׁע. עַיִן טוֹבָה וְרוּחַ נְמוּכָה וְנֶפֶשׁ שְׁפָלָה

ein Schwamm, der Alles in sich saugt; ein Trichter, der auf der einen Seite aufnimmt und auf der andern wieder von sich gibt; eine Seihe, die den Wein ablaufen läßt und die Hefen zurückhält; eine Schwinge, die den Staub absondert und das Kraftmehl zurückhält. 19) Jede Liebe, die von irgend einer Sache abhangt — hört mit der Sache auf; jede Liebe aber, die von keiner Sache abhangt, hört in Ewigkeit nicht auf. Welche Liebe ist's, die von irgend einer Sache abhangt? Eine Liebe, wie die des Amnon zu Thamar (II. Sam. 13); und welche Liebe ist's, die von keiner Sache abhangt? Eine Liebe, wie die des David und des Jonathan (I. Sam. 20, 17). 20) Jeder Streit, der um des Himmels willen geführt wird, endet mit einem Resultat; der aber nicht um des Himmels willen geführt wird, der endet nicht mit einem Resultat. Welches ist ein Streit um des Himmels willen? Ein solcher, wie der des Hillel und Schammai; und welcher nicht um des Himmels willen? Ein solcher, wie der des Korah und seiner Rotte. 21) Wer eine Gemeinde zur Tugend anleitet, dem kommt keine Sünde zu Händen, und wer eine Gemeinde zur Sünde verleitet, dem gelingt es nie, Buße zu thun. Mosche war tugendhaft und leitete die Gemeinde zur Tugend an, darum wird ihm auch die Tugend der Gemeinde angerechnet; so heißt es in der Schrift (Deut. 33, 21): „Gerechtigkeit Gottes hat er (der Gesetzgeber Mosche) ausgeübt, und dessen Rechte für Israel." Jerobeam, Sohn Nebats, hat aber gesündigt und zugleich die Gemeinde zur Sünde verleitet, darum wird auch die Sünde der Gemeinde ihm angerechnet; so sagt auch die Schrift (I. Könige 14, 16): „Wegen der Sünden Jerobeams, der gesündigt und Israel zu Sünden verleitet hat[1])." 22) Wer die folgenden drei Eigenschaften besitzt, der stammt von den Schülern unseres Vaters Abraham ab; wer aber die drei darauffolgenden besitzt, der stammt von den Schülern des gottlosen Bileam her. Wer ein günstiges Auge, ein bescheidenes Gemüth und eine genügsame Seele besitzt, der

---

[1]) An allen Stellen, wo Jerobeams erwähnt wird (etwa 17 Mal), heißt es immer: „Jerobeam der Verführer Israels."

תלמידיו של אברהם אבינו, עין רעה ורוח גבוהה ונפש
רחבה תלמידיו של בלעם הרשע. מה בין תלמידיו של
אברהם אבינו לתלמידיו של בלעם הרשע תלמידיו של
אברהם אבינו אוכלין בעולם הזה ונוחלין העולם הבא
שנאמר להנחיל אהבי יש ואוצרותיהם אמלא: תלמידיו
של בלעם הרשע יורשין גיהנם ויורדין לבאר שחת
שנאמר ואתה אלהים תורידם לבאר שחת אנשי דמים
ומרמה לא יחצו ימיהם ואני אבטח בך: כג יהודה בן
תימא אומר הוי עז כנמר וקל כנשר רץ כצבי וגבור כארי
לעשות רצון אביך שבשמים: הוא היה אומר עז פנים
לגיהנם ובוש פנים לגן עדן: יהי רצון מלפניך יי אלהינו
ואלהי אבותינו שיבנה בית המקדש במהרה בימינו ותן
חלקנו בתורתך: כד הוא היה אומר בן חמש שנים למקרא
בן עשר שנים למשנה בן שלש עשרה למצות בן חמש
עשרה לתלמוד בן שמנה עשרה לחפה בן עשרים לרדוף
בן שלשים לכח בן ארבעים לבינה בן חמשים לעצה בן
ששים לזקנה בן שבעים לשיבה בן שמונים לגבורה בן
תשעים לשוח בן מאה כאלו מת ועבר ובטל מן העולם:
כה בן בג בג אומר הפך בה והפך בה דכלא בה ובה תחזי

---

sämmtliche Tradition, Thalmud oder Gemara die Erklärung und Auslegung der Mischna.

stammt von den Schülern unseres Vaters Abraham ab; wer aber ein mißgünstiges Auge, einen stolzen Muth und eine unersättliche Seele besitzt, der stammt von den Schülern des gottlosen Bileam her. Was unterscheidet aber die Schüler unseres Vaters Abraham von den Schülern des gottlosen Bileam? Die Schüler unseres Vaters Abraham genießen diese Welt und erwerben die zukünftige; von ihnen heißt es (Prov. 8, 21): „Meinen Freunden wird Wesentlichkeit zu Theil, und ihre Speicher werde ich füllen;" die Schüler des gottlosen Bileam aber werden zur Hölle verdammt und fahren zur Gruft des Verderbens hinab; von ihnen heißt es (Psalm 55, 24): „Und Du, o Herr, stürzest sie hinab in die Gruft des Verderbens, die Blutgierigen und Falschen! nicht die Hälfte ihrer Tage erreichen sie; ich aber vertraue Dir." 23) Jehuda, Sohn Thema's, sagte: Sei kühn wie der Leopard, leicht wie der Adler, schnell wie der Hirsch und tapfer wie der Löwe, um den Willen deines Vaters im Himmel zu vollführen! Ferner sagte er: Ein freches Gesicht gehört der Hölle, ein schamhaftes dem Paradiese an. Möge es Dein Wille sein, Ewiger, unser Gott und Gott unserer Väter, den heiligen Tempel bald, in unseren Tagen, zu erbauen, und gib uns unseren Antheil an Deiner Lehre. 24) Derselbe pflegte zu sagen: Ein fünfjähriger Knabe ist zum Mikra[1]) anzuhalten, ein zehnjähriger zur Mischna[1]), ein dreizehnjähriger zur Befolgung der Mizvoth, ein fünfzehnjähriger Jüngling zum Thalmud[1]), ein achtzehnjähriger ist zur Ehe reif, ein Zwanziger ist schon der gesetzlichen Verfolgung (des Himmels) unterworfen, ein dreißigjähriger Mann hat den höchsten Grad seiner Stärke erreicht, ein Vierziger hat seinen vollen Verstand, ein Fünfziger taugt zum Rathgeber, ein Sechziger heißt ein alter Mann, ein Siebziger ein betagter Mann, ein Achtziger ein hochbetagter Mann, ein Neunziger ein abgelebter Mann; hat er das hundertste Jahr zurückgelegt, so kann man ihn gleichsam als todt und der Welt abgestorben ansehen. 25) Ben Bag-Bag sagte: Drehe sie (die Thora)

[1]) Mikra begreift die sämmtlichen heiligen Bücher, Mischna die

וְסִיב וּבְלֶה בַהּ וּמִנַּהּ לָא תְזוּעַ שֶׁאֵין לְךָ מִדָּה טוֹבָה הֵימֶנָּה:
כו בֶּן הֵא הֵא אוֹמֵר לְפוּם צַעֲרָא אַגְרָא: רבי חנניא וכו'.

פרק ששי

הוא פרק קנין התורה.

כָּל יִשְׂרָאֵל יֵשׁ לָהֶם חֵלֶק לָעוֹלָם הַבָּא שֶׁנֶּאֱמַר וְעַמֵּךְ כֻּלָּם
צַדִּיקִים לְעוֹלָם יִירְשׁוּ אָרֶץ נֵצֶר מַטָּעַי מַעֲשֵׂה יָדַי לְהִתְפָּאֵר:

שָׁנוּ חֲכָמִים בִּלְשׁוֹן הַמִּשְׁנָה בָּרוּךְ שֶׁבָּחַר בָּהֶם
וּבְמִשְׁנָתָם: א רַבִּי מֵאִיר אוֹמֵר כָּל הָעוֹסֵק בַּתּוֹרָה לִשְׁמָהּ
זוֹכֶה לִדְבָרִים הַרְבֵּה וְלֹא עוֹד אֶלָּא שֶׁכָּל הָעוֹלָם כֻּלּוֹ כְּדַאי
הוּא לוֹ, נִקְרָא רֵעַ אָהוּב אוֹהֵב אֶת הַמָּקוֹם אוֹהֵב אֶת
הַבְּרִיּוֹת מְשַׂמֵּחַ אֶת הַמָּקוֹם מְשַׂמֵּחַ אֶת הַבְּרִיּוֹת
וּמַלְבַּשְׁתּוֹ עֲנָוָה וְיִרְאָה וּמַכְשַׁרְתּוֹ לִהְיוֹת צַדִּיק חָסִיד יָשָׁר
וְנֶאֱמָן וּמְרַחַקְתּוֹ מִן הַחֵטְא וּמְקָרַבְתּוֹ לִידֵי זְכוּת וְנֶהֱנִין
מִמֶּנּוּ עֵצָה וְתוּשִׁיָּה בִּינָה וּגְבוּרָה שֶׁנֶּאֱמַר לִי עֵצָה וְתוּשִׁיָּה
אֲנִי בִינָה לִי גְבוּרָה וְנוֹתֶנֶת לוֹ מַלְכוּת וּמֶמְשָׁלָה וְחִקּוּר דִּין
וּמְגַלִּין לוֹ רָזֵי תוֹרָה וְנַעֲשֶׂה כְּמַעְיָן שֶׁאֵינוֹ פוֹסֵק וּכְנָהָר
הַמִּתְגַּבֵּר וְהוֹלֵךְ וְהֹוֶה צָנוּעַ וְאֶרֶךְ רוּחַ וּמוֹחֵל עַל עֶלְבּוֹנוֹ
וּמְגַדַּלְתּוֹ וּמְרוֹמַמְתּוֹ עַל כָּל הַמַּעֲשִׂים: ב אָמַר רַבִּי יְהוֹשֻׁעַ
בֶּן לֵוִי בְּכָל יוֹם וָיוֹם בַּת קוֹל יוֹצֵאת מֵהַר חוֹרֵב וּמַכְרֶזֶת

und wende sie, denn sie ist der Inbegriff von Allem, und in ihr schaust du Alles; werde alt und grau bei ihr und weiche nie von ihr, denn es gibt dir keine heilsamere Middah, als sie. 26) Ben He-He sagte: Nach Verhältniß der Anstrengung wird belohnt. Rabbi Chananja ꝛc. S. 307.

Sechstes Kapitel.

כל ישראל Das gesammte Israel ꝛc. S. 303.

uw Ferner haben die Weisen im Style der Mischna Folgendes vorgetragen [1]) — Glücklich, wer sich an sie und an ihre Lehre hält! — 1) Rabbi Meir sagte: Wer sich mit der Thora beschäftigt um ihrer selbst willen, der kann großer Dinge gewärtig sein, und — was noch mehr ist — die ganze Welt, Alles findet seinen Werth in ihm; er wird Freund, wird Liebling genannt, er liebt den Schöpfer, liebt die Geschöpfe, er ist des Schöpfers, der Geschöpfe Freude; sie (die Thora) kleidet ihn mit Sanftmuth und Gottesfurcht, sie bereitet ihn vor, gerecht und rechtschaffen, redlich und aufrichtig zu werden, sie hält ihn fern von der Sünde und nähert ihn der Tugend; von ihm werden Rath und Muth, Vernunft und Kraft gewonnen; so heißt es dort [2]): „Mein ist Rath und Muth, ich bin die Vernunft, mein ist die Kraft!" Ferner gibt sie (die Thora) ihm ein Reich, eine Regierung und eine Gerichtsbarkeit, die ihm Geheimnisse der Thora entdecken; er wird gleichsam ein nieversiegender Quell, ein immer anschwellender und fortlaufender Strom; sie macht ihn bescheiden, unverdrossen und nachsichtig gegen jede Schmähung, und so verschafft sie ihm Achtung und erhöht ihn über alle Geschöpfe. 2) Rabbi Jehoschua, Sohn Levi's, sagte: Tagtäglich ertönt eine Bath-

[1]) Die Mischna wurde in der Schule des R. Jehuda des Heiligen vorgetragen. Was außer dieser Schule von Tannaim gelehrt wurde, heißt Boraitha (ברייתא), dazu auch obiger Abschnitt gehört.

[2]) In Prov. 8, 14, wo die Weisheit im Namen der Thora, als Inbegriff aller Weisheit spricht.

פרקי אבות פרק ו'

וְאוֹמֶרֶת אֲנִי לָכֶם לַבְּרִיּוֹת. מֵעֶלְבּוֹנָהּ שֶׁל תּוֹרָה שֶׁכָּל מִי שֶׁאֵינוֹ עוֹסֵק בַּתּוֹרָה נִקְרָא נָזוּף שֶׁנֶּאֱמַר נֶזֶם זָהָב בְּאַף חֲזִיר אִשָּׁה יָפָה וְסָרַת טָעַם: וְאוֹמֵר וְהַלֻּחֹת מַעֲשֵׂה אֱלֹהִים הֵמָּה וְהַמִּכְתָּב מִכְתַּב אֱלֹהִים הוּא חָרוּת עַל הַלֻּחֹת, אַל תִּקְרָא חָרוּת אֶלָּא חֵרוּת שֶׁאֵין לְךָ בֶן חוֹרִין אֶלָּא מִי שֶׁעוֹסֵק בְּתַלְמוּד תּוֹרָה. וְכָל מִי שֶׁעוֹסֵק בְּתַלְמוּד תּוֹרָה הֲרֵי זֶה מִתְעַלֶּה שֶׁנֶּאֱמַר וּמִמַּתָּנָה נַחֲלִיאֵל וּמִנַּחֲלִיאֵל בָּמוֹת:

ג הַלּוֹמֵד מֵחֲבֵרוֹ פֶּרֶק אֶחָד אוֹ הֲלָכָה אַחַת אוֹ פָּסוּק אֶחָד אוֹ דִבּוּר אֶחָד אֲפִילוּ אוֹת אַחַת צָרִיךְ לִנְהָג בּוֹ כָּבוֹד שֶׁכֵּן מָצִינוּ בְדָוִד מֶלֶךְ יִשְׂרָאֵל שֶׁלֹּא לָמַד מֵאֲחִיתֹפֶל אֶלָּא שְׁנֵי דְבָרִים בִּלְבַד קְרָאוֹ רַבּוֹ אַלּוּפוֹ וּמְיֻדָּעוֹ שֶׁנֶּאֱמַר וְאַתָּה אֱנוֹשׁ כְּעֶרְכִּי אַלּוּפִי וּמְיֻדָּעִי: וַהֲלֹא דְבָרִים קַל וָחֹמֶר וּמָה דָוִד מֶלֶךְ יִשְׂרָאֵל שֶׁלֹּא לָמַד מֵאֲחִיתֹפֶל אֶלָּא שְׁנֵי דְבָרִים בִּלְבַד קְרָאוֹ רַבּוֹ אַלּוּפוֹ וּמְיֻדָּעוֹ הַלּוֹמֵד מֵחֲבֵרוֹ פֶּרֶק אֶחָד אוֹ הֲלָכָה אַחַת אוֹ פָּסוּק אֶחָד אוֹ דִבּוּר אֶחָד אוֹ אֲפִילוּ אוֹת אַחַת עַל אַחַת כַּמָּה וְכַמָּה שֶׁצָּרִיךְ לִנְהָג בּוֹ כָּבוֹד וְאֵין כָּבוֹד אֶלָּא תוֹרָה (נ"א לחכמים) שֶׁנֶּאֱמַר כָּבוֹד חֲכָמִים יִנְחָלוּ וּתְמִימִים יִנְחֲלוּ טוֹב: וְאֵין טוֹב אֶלָּא תוֹרָה שֶׁנֶּאֱמַר כִּי

---

2) Num. 21, 19. Die Erklärung hievon findet sich im Traktat Erubin Fol. 54, S. 1 und Nedarim Fol. 55, S. 1.

Kol (himmlische Stimme) aus dem Berg Horeb hervor, welche laut das Wehe ausruft über jene Leute, so die Thora verschmähen; denn wer sich nicht mit der Thora beschäftigt, heißt ein Nasuph[1]), von dem gesagt wird (Prov. 11, 22): „Ein goldner Ring am Rüssel eines Schweines — ein hübsches aber anmuthloses Weib." Ferner sagt die Schrift (Exod. 32, 16): „Die Gesetztafeln waren ein Werk Gottes, und die Schrift eine Schrift Gottes, חרות auf die Tafeln", welches aber nicht חָרוּת (eingegraben), sondern חֵרוּת (frei) verstanden werden muß. Denn Niemand ist frei, als Jener, der sich mit der Thora beschäftigt, und Jeder, der sich mit der Thora beschäftigt, steigt empor. Hierauf deutet jene Stelle[2]): „Und von Mathana (Geschenk) gen Nachliël (Gotteserbe) und von Nachliël gen Bamoth (die Höhen)." — 3) Wer von seinem Nächsten Ein Kapitel, Eine Lektion, Einen Vers, oder auch nur Ein Wort, oder gar nur Einen Buchstaben erlernt, der ist ihm die gebührende Ehrerbietung schuldig; so finden wir, daß David, der König Israels, der von Achitophel nicht mehr als zwei Dinge erlernt, ihn dennoch als seinen Rabbi, als Meister und Lehrer anerkannte, denn so hat er ihn in jenem Vers angeredet (Psalm 55, 14): „Du aber, ein Mann meinesgleichen, mein Meister und mein Lehrer" u. s. w. Nun läßt sich doch wohl von dem Minderwichtigen auf das Wichtigere schließen: wenn David, der König Israels, den Achitophel, von dem er nicht mehr als zwei Dinge gelernt, dennoch als seinen Rabbi, als seinen Meister und Lehrer anerkannte, um wieviel mehr ist Jeder seinem Nächsten, von dem er Ein Kapitel, Eine Lektion, Einen Vers, oder auch nur Ein Wort, sei es auch nur Ein Buchstabe, gelernt, die gebührende Ehrerbietung schuldig! Ehre aber gebührt nur den Weisen, denn es heißt (Prov. 3, 35): „Ehre erwerben die Weisen, und die Redlichen erwerben das Gute." Die Benennung Gut aber kommt ausschließlich der Thora

---

[1]) Nasuph, ein Kunstausdruck, womit man jeden Kontrast zu belegen pflegte.

לקח טוב נתתי לכם תורתי אל־תעזבו: ד כך היא דרכה
של תורה פת במלח תאכל ומים במשורה תשתה ועל
הארץ תישן וחיי צער תחיה ובתורה אתה עמל אם אתה
עושה כן אשריך וטוב לך אשריך בעולם הזה וטוב לך
לעולם הבא: ה אל תבקש גדולה לעצמך ואל תחמוד כבוד
יותר מלמודך עשה ואל תתאוה לשלחנם של מלכים
ששלחנך גדול משלחנם וכתרך גדול מכתרם ונאמן
הוא בעל מלאכתך שישלם לך שכר פעלתך: ו גדולה
תורה יותר מן הכהונה ומן המלכות. שהמלכות נקנית
בשלשים מעלות והכהונה בעשרים וארבע. והתורה
נקנית בארבעים ושמונה דברים. ואלו הן בתלמוד
בשמיעת האזן בעריכת שפתים בבינת הלב באימה
ביראה בענוה בשמחה בטהרה בשמוש חכמים בדקדוק
חברים בפלפול התלמידים בישוב במקרא במשנה
במעוט סחורה במעוט דרך ארץ במעוט תענוג במעוט
שנה במעוט שיחה במעוט שחוק בארך אפים בלב טוב
באמונת חכמים בקבלת היסורין המכיר את מקומו
והשמח בחלקו והעושה סיג לדבריו ואינו מחזיק טובה
לעצמו אהוב אוהב את המקום אוהב את הבריות אוהב
את הצדקות אוהב את המישרים אוהב את התוכחות

zu; so sagt die Schrift (Prov. 4, 2): „Eine Lehre, ein Gut habe ich euch gegeben; meine Thora verlasset nicht!" 4) Folgende Lebensweise genügt der Thora: Brod mit Salz essen, Wasser mit Maß trinken, auf der Erde schlafen und kümmerlich leben; dabei mußt du aber fleißig lernen. Thust du dies, heil dir, du hast es gut! Heil dir in dieser Welt, du hast es gut in einer künftigen Welt! 5) Strebe nicht nach Größe, begehre nicht nach Ehre. Sei mehr handelnd (praktisch) als betrachtend (spekulativ[1]). Gelüste nicht nach königlicher Tafel; deine Tafel ist gehaltreicher als die ihrige, auch deine Krone kostbarer als die ihrige, und dein Werkmeister ist zuverlässig genug, um dir deinen Arbeitslohn auszubezahlen. 6) Weit würdiger ist die Thora als die Priesterwürde und die Königswürde. Die Königswürde besitzt dreißig Vorzüge[2]), die Priesterwürde vierundzwanzig[2]); allein um in den Besitz der Thora zu gelangen, werden achtundvierzig Titel erfordert, nämlich: Studium, Aufmerksamkeit, Bestimmtheit im Ausdruck, Nachsinnen, Furcht und Verehrung Gottes, Sanftmuth, Frohsinn, Reinheit, Umgang mit Weisen, Kritik der Kollegen, Disputation der Schüler, Behutsamkeit, Kenntniß der Bibel, Kenntniß der Mischna, Mäßigung der Geschäfte, des Gewöhnlichen, der sinnlichen Vergnügungen, mäßig schlafen, mäßig sprechen, sich mäßig belustigen, Gelassenheit, Gutherzigkeit, Vertrauen zu den Weisen, Geduld in Leiden, seinen Posten kennen, mit seinem Antheil zufrieden sein, seine Worte beschränken, keine Selbstgefälligkeit besitzen, sich liebreich zeigen, Gott und dessen Geschöpfe lieben, Gerechtigkeit lieben, Billigkeit lieben, Ermahnung zur Tugend lieben, sich vom Ehrgeiz weit entfernen,

---

1) Siehe oben S. 325, Mischna 22.
2) Die 30 Vorzüge des Königs, sowie die 24 des Priesters werden im Thalmud aufgezählt.

וּמִתְרַחֵק מִן הַכָּבוֹד וְלֹא מֵגִיס לִבּוֹ בְּתַלְמוּדוֹ וְאֵינוֹ
שָׂמֵחַ בְּהוֹרָאָה נוֹשֵׂא בְעֹל עִם חֲבֵרוֹ וּמַכְרִיעוֹ לְכַף זְכוּת
וּמַעֲמִידוֹ עַל הָאֱמֶת וּמַעֲמִידוֹ עַל הַשָּׁלוֹם וּמִתְיַשֵּׁב לִבּוֹ
בְּתַלְמוּדוֹ שׁוֹאֵל (כענין) וּמֵשִׁיב (כהלכה) שׁוֹמֵעַ וּמוֹסִיף
הַלּוֹמֵד עַל מְנָת לְלַמֵּד וְהַלּוֹמֵד עַל מְנָת לַעֲשׂוֹת
הַמַּחְכִּים אֶת רַבּוֹ וְהַמְכַוֵּן אֶת שְׁמוּעָתוֹ וְהָאוֹמֵר דָּבָר
בְּשֵׁם אוֹמְרוֹ הָא לָמַדְתָּ כָּל הָאוֹמֵר דָּבָר בְּשֵׁם אוֹמְרוֹ
מֵבִיא גְאֻלָּה לָעוֹלָם שֶׁנֶּאֱמַר וַתֹּאמֶר אֶסְתֵּר לַמֶּלֶךְ בְּשֵׁם
מָרְדֳּכָי: ז גְּדוֹלָה תוֹרָה שֶׁהִיא נוֹתֶנֶת חַיִּים לְעוֹשֶׂיהָ
בָּעוֹלָם הַזֶּה וּבָעוֹלָם הַבָּא שֶׁנֶּאֱמַר כִּי חַיִּים הֵם לְמֹצְאֵיהֶם
וּלְכָל בְּשָׂרוֹ מַרְפֵּא: וְאוֹמֵר רִפְאוּת תְּהִי לְשָׁרֶּךָ וְשִׁקּוּי
לְעַצְמוֹתֶיךָ: וְאוֹמֵר עֵץ חַיִּים הִיא לַמַּחֲזִיקִים בָּהּ וְתֹמְכֶיהָ
מְאֻשָּׁר: וְאוֹמֵר כִּי לִוְיַת חֵן הֵם לְרֹאשֶׁךָ וַעֲנָקִים לְגַרְגְּרֹתֶיךָ:
וְאוֹמֵר תִּתֵּן לְרֹאשְׁךָ לִוְיַת חֵן עֲטֶרֶת תִּפְאֶרֶת תְּמַגְּנֶךָּ:
וְאוֹמֵר כִּי בִי יִרְבּוּ יָמֶיךָ וְיוֹסִיפוּ לְךָ שְׁנוֹת חַיִּים: וְאוֹמֵר
אֹרֶךְ יָמִים בִּימִינָהּ בִּשְׂמֹאולָהּ עֹשֶׁר וְכָבוֹד: וְאוֹמֵר כִּי
אֹרֶךְ יָמִים וּשְׁנוֹת חַיִּים וְשָׁלוֹם יוֹסִיפוּ לָךְ: ח רַבִּי שִׁמְעוֹן
בֶּן יְהוּדָה מִשּׁוּם רַבִּי שִׁמְעוֹן בֶּן יוֹחַאי אוֹמֵר הַנּוֹי וְהַכֹּחַ
וְהָעֹשֶׁר וְהַכָּבוֹד וְהַחָכְמָה הַזִּקְנָה וְהַשֵּׂיבָה וְהַבָּנִים נָאֶה
לַצַּדִּיקִים וְנָאֶה לָעוֹלָם שֶׁנֶּאֱמַר עֲטֶרֶת תִּפְאֶרֶת שֵׂיבָה

sich nicht mit seiner Gelehrsamkeit brüsten, ungern über etwas urtheilen, seines Nächsten Joch tragen helfen, ihn von der vortheilhaftesten Seite beurtheilen, ihn zur Wahrheit anleiten, ihn zum Frieden anleiten, Gemüthsberuhigung in seinem Studium finden, dem Gegenstande gemäß fragen und regelmäßig antworten, hören und weiter nachdenken, lernen, um zu belehren, lernen, um darnach zu thun, die Maximen seines Lehrers kennen, dessen Vortrag genau fassen und jede Sache vortragen im Namen dessen, der sie hervorgebracht. Du weißt es ja, daß das Vortragen einer Sache im Namen dessen, der sie hervorgebracht, Erlösung herbeigeführt; so sagt jener Vers (Esther 2, 22): „Esther hinterbrachte es dem König im Namen Mardochai's" u. s. w. 7) Wichtig ist die Thora, sie gewährt ihren Befolgern Leben in dieser und in einer zukünftigen Welt; denn so sagt jener Vers (Prov. 4, 22): „Wahrlich, sie (die Worte der Weisheit) sind Leben denen, die sie auffassen, und dem ganzen Leibe heilsam." Ferner heißt es (daselbst 3, 8): „Balsam ist sie (die Weisheit) deinem Leibe und Mark deinen Gebeinen." Ferner (3, 18): „Ein Baum des Lebens ist sie denen, die an ihr festhalten, und die sie erfassen, sind selig zu preisen." Ferner (1, 9): „Sie sind Gehänge der Anmuth deinem Haupte und Geschmeide deinem Halse." Ferner (4, 9): „Sie schenkt deinem Haupte Gehänge voller Anmuth, einen Ehrenkranz überliefert sie dir." Ferner (9, 11): „Denn durch mich mehren deine Tage sich, und Jahre des seligen Lebens strömen dir zu." Ferner (3, 16): „Langes Leben ist in ihrer Rechten, und in ihrer Linken Reichthum und Ehre." Ferner (3, 2): „Denn langes Leben und Jahre des Glückes und Friedlichkeit vermehren sie dir." 8) Rabbi Simon, Sohn Jehuda's, sagte im Namen von Rabbi Simon, Sohn Jochai's: Schönheit, Kraft, Reichthum, Ehre, Weisheit, Alter, greises Haupt und Kinder sind eine Zierde für die Frommen und eine Zierde für die Welt; denn es heißt (Prov. 16, 31): „Eine Krone der Zierde ist das greise

בְּדֶרֶךְ צְדָקָה תִּמָּצֵא: וְאוֹמֵר תִּפְאֶרֶת בַּחוּרִים כֹּחָם
וַהֲדַר זְקֵנִים שֵׂיבָה: וְאוֹמֵר עֲטֶרֶת חֲכָמִים עָשְׁרָם:
וְאוֹמֵר עֲטֶרֶת זְקֵנִים בְּנֵי בָנִים וְתִפְאֶרֶת בָּנִים אֲבוֹתָם:
וְאוֹמֵר וְחָפְרָה הַלְּבָנָה וּבוֹשָׁה הַחַמָּה כִּי מָלַךְ יְיָ צְבָאוֹת
בְּהַר צִיּוֹן וּבִירוּשָׁלַיִם וְנֶגֶד זְקֵנָיו כָּבוֹד: רַבִּי שִׁמְעוֹן בֶּן
מְנַסְיָא אוֹמֵר אֵלּוּ שֶׁבַע מִדּוֹת שֶׁמָּנוּ חֲכָמִים לַצַּדִּיקִים
כֻּלָּם נִתְקַיְּמוּ בְּרַבִּי וּבְבָנָיו: ט אָמַר רַבִּי יוֹסֵי בֶּן קִסְמָא
פַּעַם אַחַת הָיִיתִי מְהַלֵּךְ בַּדֶּרֶךְ וּפָגַע בִּי אָדָם אֶחָד וְנָתַן
לִי שָׁלוֹם וְהֶחֱזַרְתִּי לוֹ שָׁלוֹם אָמַר לִי רַבִּי מֵאֵיזֶה מָקוֹם
אַתָּה אָמַרְתִּי לוֹ מֵעִיר גְּדוֹלָה שֶׁל חֲכָמִים וְשֶׁל סוֹפְרִים
אֲנִי אָמַר לִי רַבִּי רְצוֹנְךָ שֶׁתָּדוּר עִמָּנוּ בִּמְקוֹמֵנוּ וַאֲנִי אֶתֵּן
לְךָ אֶלֶף אֲלָפִים דִּינְרֵי זָהָב וַאֲבָנִים טוֹבוֹת וּמַרְגָּלִיּוֹת
אָמַרְתִּי לוֹ אִם אַתָּה נוֹתֵן לִי כָּל כֶּסֶף וְזָהָב וַאֲבָנִים טוֹבוֹת
וּמַרְגָּלִיּוֹת שֶׁבָּעוֹלָם אֵינִי דָר אֶלָּא בִּמְקוֹם תּוֹרָה וְכֵן כָּתוּב
בְּסֵפֶר תְּהִלִּים עַל יְדֵי דָוִד מֶלֶךְ יִשְׂרָאֵל טוֹב לִי תוֹרַת פִּיךָ
מֵאַלְפֵי זָהָב וָכָסֶף: וְלֹא עוֹד שֶׁבִּשְׁעַת פְּטִירָתוֹ שֶׁל אָדָם
אֵין מְלַוִּין לוֹ לְאָדָם לֹא כֶסֶף וְלֹא זָהָב וְלֹא אֲבָנִים טוֹבוֹת
וּמַרְגָּלִיּוֹת אֶלָּא תוֹרָה וּמַעֲשִׂים טוֹבִים בִּלְבָד שֶׁנֶּאֱמַר
בְּהִתְהַלֶּכְךָ תַּנְחֶה אֹתָךְ בְּשָׁכְבְּךָ תִּשְׁמֹר עָלֶיךָ וַהֲקִיצוֹתָ
הִיא תְשִׂיחֶךָ: בְּהִתְהַלֶּכְךָ תַּנְחֶה אֹתָךְ בָּעוֹלָם הַזֶּה

Haupt, auf dem Wege der Tugend wird es gefunden." Dann heißt es (Proverb. 20, 29): „Die Zierde der Jünglinge ist ihre Kraft, und der Schmuck der Alten ist das greise Haupt." Ferner (das. 17, 6): „Die Krone der Greise sind Kindeskinder, und die Zierde der Kinder ihre Eltern." Ferner heißt es (Jes. 24, 23): „Der Mond wird erbleichen und die Sonne erblassen — denn der Ewige Zebaoth wird auf dem Berge Zion und zu Jerusalem regieren — doch seiner Aeltesten Begegniß wird Ehre sein." 9) Rabbi Simon, Sohn Menasia's, sagte: Obige sieben Middoth, welche die Weisen für die Frommen aufgezählt, haben sich sämmtlich bestätigt gefunden bei'm Rabbi und seinen Söhnen. Rabbi Jose, Sohn Kisma's, erzählte Folgendes: Einst wandelte ich auf der Straße, da stieß mir Jemand auf, der mich grüßte; ich erwiederte ihm seinen Gruß. Dann sprach er: Rabbi, aus welcher Stadt bist du? Ich antwortete ihm: aus einer Stadt voll von Weisen und Schriftgelehrten. Da sprach er: Rabbi, beliebte es dir wohl, bei uns zu wohnen in unserer Stadt? ich gäbe dir eine Million Goldgulden, nebst Edelsteinen und Perlen! Hierauf antwortete ich: Gäbest du mir auch alles Gold und Silber und Edelsteine und Perlen der ganzen Welt, so würde ich nur wohnen in einem Orte, wo die Thora zu Hause ist. So heißt es auch in den Psalmen Davids, Königs von Israel (119, 72): „Nützlicher ist mir die Lehre Deines Mundes als Tausende von Gold- und Silberstücken." Ueberdies begleiten ja den Menschen bei seinem Hinscheiden weder Gold noch Silber noch Edelsteine oder Perlen, sondern lediglich nur Thora und gute Werke — so heißt es auch (Prov. 6, 22): „Während du wandelst, leitet sie (die Weisheit) dich, während du liegst, bewacht sie dich, und wenn du erwachest, so ist sie es, die dich unterhält." Während du wandelst, leitet sie dich — in dieser Welt; während du liegst,

בשכבך תשמור עליך בקבר והקיצות היא תשיחך
לעולם הבא. ואומר לי הכסף ולי הזהב נאם יי צבאות:
י ארבעה (חמשה) קנינים קנה (לו) הקדוש ברוך הוא בעולמו
ואלו הן. תורה קנין אחד שמים וארץ קנין אחד
(אברהם קנין אחד) ישראל קנין אחד בית המקדש קנין
אחד: תורה מנין דכתיב יי קנני ראשית דרכו קדם
מפעליו מאז: שמים וארץ מנין דכתיב (כה אמר יי
השמים כסאי והארץ הדם רגלי אי־זה בית אשר תבנו־לי ואי־זה
מקום מנוחתי: ואומר מה רבו מעשיך יי כלם בחכמה עשית
מלאה הארץ קנינך: אברהם מנין דכתיב) ויברכהו ויאמר ברוך
אברם לאל עליון קנה שמים וארץ: ישראל מנין דכתיב עד
יעבר עמך יי עד יעבר עם זו קנית: (ואומר לקדושים אשר
בארץ המה ואדירי כל חפצי בם:) בית המקדש מנין דכתיב
(מכון לשבתך פעלת יי מקדש אדני כוננו ידיך: ואומר) ויביאם
אל גבול קדשו הר זה קנתה ימינו: כל מה שברא
הקדוש ברוך הוא בעולמו לא בראו אלא לכבודו
שנאמר כל הנקרא בשמי ולכבודי בראתיו יצרתיו אף
עשיתיו: ואומר יי ימלך לעלם ועד:

רבי חנניא בן עקשיא וכו׳.

bewacht sie dich — im Grabe; und wenn du erwachest, ist sie es, die dich unterhält — in der zukünftigen Welt. Ferner heißt es (Hagg. 2, 8): „Mein ist das Silber, mein das Gold! so spricht der Ewige Zebaoth." 10) Vier Besitzungen hat sich der Allheilige, gelobt sei er, in seiner Welt erworben (die er vorzugsweise erworbene Güter nennt); sie bestehen in Folgenden: Thora, Himmel und Erde, Israel und der heilige Tempel. Die Thora spricht (Prov. 8, 22): „Gott hat mich erworben am Anfang seines Wandels, als Urstoff seiner Werke von Anbeginn." Von Himmel und Erde heißt es in der heiligen Schrift (Gen. 14, 19): „Gesegnet sei Abram dem höchsten Gott, der Himmel und Erde erworben (קנה)." Von Israel heißt es in der heiligen Schrift (Exod. 15, 16): „Bis vorüber ist, Dein Volk o Ewiger, bis vorüber ist dies Volk, das Du erworben." Vom Tempel heißt es (Psalm 78, 54): „Er brachte sie in sein heiliges Gebiet, zu diesem Berge, den seine Rechte erworben." — Alles, was der Allheilige — gelobt sei er — in seiner Welt erschaffen, erschuf er nur zu seiner Ehre. So sagt jener Vers (Jes. 43, 7): „Das Weltall, das ich mit meinem Namen hervorgerufen und zu meiner Ehre erschaffen habe, hab' ich geformt und ausgebildet." Ferner heißt es (Exod. 15, 18): „Der Ewige wird regieren immer und ewig."

Rabbi Chananja 2c. S. 307.

אַם מוצאי שבת ווירד דעם אַבענדגעבעטע נאָך פֿאָלגענדען צווייא פּסאַלמען הינצוגעפֿיגט:

קמד לְדָוִד ׀ בָּרוּךְ יְהוָֹה ׀ צוּרִי הַמְלַמֵּד יָדַי לַקְרָב אֶצְבְּעוֹתַי
לַמִּלְחָמָה: חַסְדִּי וּמְצוּדָתִי מִשְׂגַּבִּי וּמְפַלְטִי לִי מָגִנִּי וּבוֹ
חָסִיתִי הָרוֹדֵד עַמִּי תַחְתָּי: יְהוָֹה מָה אָדָם וַתֵּדָעֵהוּ בֶּן אֱנוֹשׁ
וַתְּחַשְּׁבֵהוּ: אָדָם לַהֶבֶל דָּמָה יָמָיו כְּצֵל עוֹבֵר: יְהוָֹה הַט
שָׁמֶיךָ וְתֵרֵד גַּע בֶּהָרִים וְיֶעֱשָׁנוּ: בְּרוֹק בָּרָק וּתְפִיצֵם
שְׁלַח חִצֶּיךָ וּתְהֻמֵּם: שְׁלַח יָדֶיךָ מִמָּרוֹם פְּצֵנִי וְהַצִּילֵנִי
מִמַּיִם רַבִּים מִיַּד בְּנֵי נֵכָר: אֲשֶׁר פִּיהֶם דִּבֶּר שָׁוְא
וִימִינָם יְמִין שָׁקֶר: אֱלֹהִים שִׁיר חָדָשׁ אָשִׁירָה לָּךְ בְּנֵבֶל
עָשׂוֹר אֲזַמְּרָה לָּךְ: הַנּוֹתֵן תְּשׁוּעָה לַמְּלָכִים הַפּוֹצֶה אֶת
דָּוִד עַבְדּוֹ מֵחֶרֶב רָעָה: פְּצֵנִי וְהַצִּילֵנִי מִיַּד בְּנֵי נֵכָר אֲשֶׁר
פִּיהֶם דִּבֶּר שָׁוְא וִימִינָם יְמִין שָׁקֶר: אֲשֶׁר בָּנֵינוּ ׀ כִּנְטִעִים
מְגֻדָּלִים בִּנְעוּרֵיהֶם בְּנוֹתֵינוּ כְזָוִיֹּת מְחֻטָּבוֹת תַּבְנִית
הֵיכָל: מְזָוֵינוּ מְלֵאִים מְפִיקִים מִזַּן אֶל זַן צֹאונֵנוּ מַאֲלִיפוֹת
מְרֻבָּבוֹת בְּחוּצוֹתֵינוּ: אַלּוּפֵינוּ מְסֻבָּלִים אֵין פֶּרֶץ
וְאֵין יוֹצֵאת וְאֵין צְוָחָה בִּרְחֹבֹתֵינוּ: אַשְׁרֵי הָעָם
שֶׁכָּכָה לּוֹ אַשְׁרֵי הָעָם שֶׁיְהוָֹה אֱלֹהָיו: *) יתיר ו׳.

סז לַמְנַצֵּחַ בִּנְגִינֹת מִזְמוֹר שִׁיר: אֱלֹהִים יְחָנֵּנוּ וִיבָרְכֵנוּ
יָאֵר פָּנָיו אִתָּנוּ סֶלָה: לָדַעַת בָּאָרֶץ דַּרְכֶּךָ בְּכָל גּוֹיִם

Abendgebet
bei'm Ausgange des Sabbaths.

Am Ausgang des Sabbaths wird das Abendgebet mit folgenden zwei Psalmen eingeleitet:

(Psalm 144.) Von David. Gelobt sei der Ewige, mein Hort, der meine Hände lehret streiten, meine Fäuste Kriege führen! Mein Freund, mein Schutz, Errettung mir und Burg, Schild, auf den ich traue, der Völker zwinget unter mich — Ewiger, was ist der Mensch, daß Du Dich sein so annimmst? der Erdensohn, daß Du ihn achtest? Der Mensch ist einem Hauche gleich, und seine Tage dem Schatten, der vorüberwallt. — „Ewiger, neige die Himmel, fahre herab! betaste die Berge, sie rauchen! wirf Blitze, streue sie hin! schieß' Pfeile ab, schleudre sie umher! reiche Deine Hand mir aus der Höhe, befreie, rette mich aus großen Fluthen, aus fremder Völker Macht! Trug und Falschheit lehrt ihr Mund, Meineid ihre Rechte!" — Gott, nun sing' ich Dir ein neues Lied und spiel' es auf Zehnsaitenspalter Dir, der Du den Königen den Sieg gegeben, gerettet David, Deinen Knecht, vom mörderischen Schwerte. „Befreie, rette mich aus fremder Völker Macht! Trug und Falschheit lehrt ihr Mund, Meineid ihre Rechte!" Jetzt wachsen auf, wie Schößlinge, in ihrer Jugend unsere Söhne, unsere Töchter, Säulen gleich, Bildhauerwerk, des Tempels Zier; voll sind unsere Kammern, reichen über Vorrath Vorrath, die Schafe tragen Tausende, Zehntausende auf unseren Triften, unsere Rinder wohlbeleibt — kein Schaden, kein Verlust noch Klaggeschrei auf unseren Straßen. — Heil dem Volke, dem es so ergeht; heil dem Volke, dessen Gott der Ewige!

(Psalm 67.) Dem Sangmeister auf Neginoth, ein Psalm zum Saitenspiel. Gott sei uns gnädig, geb' uns seinen Segen und lass' sein Antlitz uns erleuchten — Selah! — daß man auf Erden Deinen Weg erkenne, unter

ישועתך: יודוך עמים ׀ אלהים יודוך עמים כלם:
ישמחו וירננו לאמים כי תשפט עמים מישר ולאמים ׀
בארץ תנחם סלה: יודוך עמים ׀ אלהים יודוך עמים
כלם: ארץ נתנה יבולה יברכנו אלהים אלהינו:
יברכנו אלהים וייראו אותו כל אפסי ארץ:

ערבית לחול ולמוצאי שבת ·

ווען מאן מעריב מטכו בעטעט, זאגט מאן פאלגענדע פסוקים פאר והוא רחום.

שיר המעלות הנה ברכו את יי כל עבדי יי העמדים בבית יי בלילות:
שאו ידכם קדש וברכו את יי: יברכך יי מציון עשה שמים וארץ:

יי צבאות עמנו משגב לנו אלהי יעקב סלה: ג"פ
יי צבאות אשרי אדם בטח בך: ג"פ
יי הושיעה המלך יעננו ביום קראנו: ג"פ ח"ק.

והוא רחום יכפר עון ולא ישחית והרבה להשיב אפו
ולא יעיר כל חמתו: יי הושיעה המלך יעננו ביום קראנו:

---

allen Völkern Deine Hülfe! Dir huldigen die Völker, Gott, Dir huldigen die Völker alle! Nationen freuen sich und jauchzen, daß Du gerecht die Völker richtest, regierst auf Erden alle Reiche — Selah! — Dir huldigen die Völker, Gott, Dir huldigen die Völker alle! Das Land gibt sein Gewächs — uns segne Gott, unser Gott — Gott segne uns, und ihn verehre alle Welt!

*) דער פֿארבעטער רופֿט לויט: · וועהרענד דעססען בעטעט דיא געמיינדע לייזע:

*בָּרְכוּ אֶת־יְיָ הַמְבֹרָךְ:

קהל: בָּרוּךְ יְיָ הַמְבֹרָךְ לְעוֹלָם וָעֶד:

יִתְבָּרַךְ וְיִשְׁתַּבַּח וְיִתְפָּאַר וְיִתְרוֹמַם וְיִתְנַשֵּׂא שְׁמוֹ שֶׁל מֶלֶךְ מַלְכֵי הַמְּלָכִים הַקָּדוֹשׁ בָּרוּךְ הוּא שֶׁהוּא רִאשׁוֹן וְהוּא אַחֲרוֹן וּמִבַּלְעָדָיו אֵין אֱלֹהִים סֹלּוּ לָרֹכֵב בָּעֲרָבוֹת בְּיָהּ שְׁמוֹ וְעִלְזוּ לְפָנָיו. וּשְׁמוֹ מְרוֹמָם עַל־כָּל־בְּרָכָה וּתְהִלָּה:

בָּרוּךְ שֵׁם כְּבוֹד מַלְכוּתוֹ לְעוֹלָם וָעֶד:

יְהִי שֵׁם יְיָ מְבֹרָךְ מֵעַתָּה וְעַד עוֹלָם:

בָּרוּךְ אַתָּה יְיָ אֱלֹהֵינוּ מֶלֶךְ הָעוֹלָם אֲשֶׁר בִּדְבָרוֹ מַעֲרִיב עֲרָבִים בְּחָכְמָה פּוֹתֵחַ שְׁעָרִים וּבִתְבוּנָה מְשַׁנֶּה עִתִּים וּמַחֲלִיף אֶת־הַזְּמַנִּים וּמְסַדֵּר אֶת־הַכּוֹכָבִים בְּמִשְׁמְרוֹתֵיהֶם בָּרָקִיעַ כִּרְצוֹנוֹ בּוֹרֵא יוֹם וָלָיְלָה גּוֹלֵל אוֹר מִפְּנֵי־חֹשֶׁךְ וְחֹשֶׁךְ מִפְּנֵי־אוֹר · וּמַעֲבִיר יוֹם וּמֵבִיא לָיְלָה וּמַבְדִּיל בֵּין יוֹם וּבֵין לָיְלָה יְיָ צְבָאוֹת שְׁמוֹ · אֵל חַי וְקַיָּם תָּמִיד יִמְלוֹךְ עָלֵינוּ לְעוֹלָם וָעֶד · בָּרוּךְ אַתָּה יְיָ הַמַּעֲרִיב עֲרָבִים:

אַהֲבַת עוֹלָם בֵּית יִשְׂרָאֵל עַמְּךָ אָהָבְתָּ. תּוֹרָה וּמִצְוֹת חֻקִּים וּמִשְׁפָּטִים אוֹתָנוּ לִמַּדְתָּ. עַל־כֵּן יְיָ אֱלֹהֵינוּ בְּשָׁכְבֵנוּ וּבְקוּמֵנוּ נָשִׂיחַ בְּחֻקֶּיךָ. וְנִשְׂמַח בְּדִבְרֵי תוֹרָתֶךָ וּבְמִצְוֹתֶיךָ לְעוֹלָם וָעֶד. כִּי הֵם

---

*) Die Uebersetzung von ברכו ꝛc. siehe S. 161.

חַיֵּינוּ וְאֹרֶךְ יָמֵינוּ וּבָהֶם נֶהְגֶּה יוֹמָם וָלָיְלָה. וְאַהֲבָתְךָ אַל תָּסִיר מִמֶּנּוּ לְעוֹלָמִים: בָּרוּךְ אַתָּה יְיָ אוֹהֵב עַמּוֹ יִשְׂרָאֵל: יחיד אומר אֵל מֶלֶךְ נֶאֱמָן.

דברים ו' ד'.

שְׁמַע יִשְׂרָאֵל יְהוָה אֱלֹהֵינוּ יְהוָה אֶחָד:

בלחש בָּרוּךְ שֵׁם כְּבוֹד מַלְכוּתוֹ לְעוֹלָם וָעֶד:

וְאָהַבְתָּ אֵת יְהוָה אֱלֹהֶיךָ בְּכָל־לְבָבְךָ וּבְכָל־נַפְשְׁךָ וּבְכָל־מְאֹדֶךָ: וְהָיוּ הַדְּבָרִים הָאֵלֶּה אֲשֶׁר אָנֹכִי מְצַוְּךָ הַיּוֹם עַל־לְבָבֶךָ: וְשִׁנַּנְתָּם לְבָנֶיךָ וְדִבַּרְתָּ בָּם בְּשִׁבְתְּךָ בְּבֵיתֶךָ וּבְלֶכְתְּךָ בַדֶּרֶךְ וּבְשָׁכְבְּךָ וּבְקוּמֶךָ: וּקְשַׁרְתָּם לְאוֹת עַל־יָדֶךָ וְהָיוּ לְטֹטָפֹת בֵּין עֵינֶיךָ: וּכְתַבְתָּם עַל־מְזֻזוֹת בֵּיתֶךָ וּבִשְׁעָרֶיךָ:

וְהָיָה אִם־שָׁמֹעַ תִּשְׁמְעוּ אֶל־מִצְוֹתַי אֲשֶׁר אָנֹכִי מְצַוֶּה אֶתְכֶם הַיּוֹם לְאַהֲבָה אֶת־יְהוָה אֱלֹהֵיכֶם וּלְעָבְדוֹ בְּכָל־לְבַבְכֶם וּבְכָל־נַפְשְׁכֶם: וְנָתַתִּי מְטַר־אַרְצְכֶם בְּעִתּוֹ יוֹרֶה וּמַלְקוֹשׁ וְאָסַפְתָּ דְגָנֶךָ וְתִירֹשְׁךָ וְיִצְהָרֶךָ: וְנָתַתִּי עֵשֶׂב בְּשָׂדְךָ לִבְהֶמְתֶּךָ וְאָכַלְתָּ

וְשָׂבָעְתָּ: הִשָּׁמְרוּ לָכֶם פֶּן־יִפְתֶּה לְבַבְכֶם
וְסַרְתֶּם וַעֲבַדְתֶּם אֱלֹהִים אֲחֵרִים וְהִשְׁתַּחֲוִיתֶם
לָהֶם: וְחָרָה אַף־יְהוָה בָּכֶם וְעָצַר אֶת־
הַשָּׁמַיִם וְלֹא־יִהְיֶה מָטָר וְהָאֲדָמָה לֹא תִתֵּן
אֶת־יְבוּלָהּ וַאֲבַדְתֶּם מְהֵרָה מֵעַל הָאָרֶץ
הַטֹּבָה אֲשֶׁר יְהוָה נֹתֵן לָכֶם: וְשַׂמְתֶּם אֶת־
דְּבָרַי אֵלֶּה עַל־לְבַבְכֶם וְעַל־נַפְשְׁכֶם
וּקְשַׁרְתֶּם אֹתָם לְאוֹת עַל־יֶדְכֶם וְהָיוּ לְטוֹטָפֹת
בֵּין עֵינֵיכֶם: וְלִמַּדְתֶּם אֹתָם אֶת־בְּנֵיכֶם לְדַבֵּר
בָּם בְּשִׁבְתְּךָ בְּבֵיתֶךָ וּבְלֶכְתְּךָ בַדֶּרֶךְ וּבְשָׁכְבְּךָ
וּבְקוּמֶךָ: וּכְתַבְתָּם עַל־מְזוּזוֹת בֵּיתֶךָ
וּבִשְׁעָרֶיךָ: לְמַעַן יִרְבּוּ יְמֵיכֶם וִימֵי בְנֵיכֶם
עַל הָאֲדָמָה אֲשֶׁר נִשְׁבַּע יְהוָה לַאֲבֹתֵיכֶם
לָתֵת לָהֶם כִּימֵי הַשָּׁמַיִם עַל־הָאָרֶץ:

במדבר ט"ו ל"ז וַיֹּאמֶר יְהוָה אֶל־מֹשֶׁה לֵּאמֹר: דַּבֵּר אֶל
בְּנֵי יִשְׂרָאֵל וְאָמַרְתָּ אֲלֵהֶם וְעָשׂוּ לָהֶם צִיצִת
עַל־כַּנְפֵי בִגְדֵיהֶם לְדֹרֹתָם וְנָתְנוּ עַל־צִיצִת
הַכָּנָף פְּתִיל תְּכֵלֶת: וְהָיָה לָכֶם לְצִיצִת

וּרְאִיתֶם אֹתוֹ וּזְכַרְתֶּם אֶת־כָּל־מִצְוֹת יְהוָה
וַעֲשִׂיתֶם אֹתָם וְלֹא תָתוּרוּ אַחֲרֵי לְבַבְכֶם
וְאַחֲרֵי עֵינֵיכֶם אֲשֶׁר־אַתֶּם זֹנִים אַחֲרֵיהֶם׃
לְמַעַן תִּזְכְּרוּ וַעֲשִׂיתֶם אֶת־כָּל־מִצְוֹתָי וִהְיִיתֶם
קְדֹשִׁים לֵאלֹהֵיכֶם׃ אֲנִי יְהוָה אֱלֹהֵיכֶם
אֲשֶׁר הוֹצֵאתִי אֶתְכֶם מֵאֶרֶץ מִצְרַיִם לִהְיוֹת
לָכֶם לֵאלֹהִים אֲנִי יְהוָה אֱלֹהֵיכֶם׃ ש״ץ צריך ג׳ תיבות לשלמות.

אֱמֶת וֶאֱמוּנָה כָּל־זֹאת וְקַיָּם עָלֵינוּ כִּי
הוּא יְיָ אֱלֹהֵינוּ וְאֵין זוּלָתוֹ וַאֲנַחְנוּ יִשְׂרָאֵל
עַמּוֹ הַפּוֹדֵנוּ מִיַּד־מְלָכִים מַלְכֵּנוּ הַגּוֹאֲלֵנוּ
מִכַּף כָּל־הֶעָרִיצִים הָאֵל הַנִּפְרָע לָנוּ מִצָּרֵינוּ
וְהַמְשַׁלֵּם גְּמוּל לְכָל־אוֹיְבֵי נַפְשֵׁנוּ הָעֹשֶׂה
גְדֹלוֹת עַד־אֵין חֵקֶר וְנִפְלָאוֹת עַד־אֵין מִסְפָּר׃
הַשָּׂם נַפְשֵׁנוּ בַּחַיִּים וְלֹא־נָתַן לַמּוֹט רַגְלֵנוּ
הַמַּדְרִיכֵנוּ עַל־בָּמוֹת אוֹיְבֵינוּ וַיָּרֶם קַרְנֵנוּ
עַל־כָּל־שׂוֹנְאֵינוּ׃ הָעֹשֶׂה־לָּנוּ נִסִּים וּנְקָמָה
בְּפַרְעֹה אוֹתוֹת וּמוֹפְתִים בְּאַדְמַת בְּנֵי־חָם׃

הַמַּכֶּה בְעֶבְרָתוֹ כָּל־בְּכוֹרֵי מִצְרָיִם וַיּוֹצֵא
אֶת־עַמּוֹ יִשְׂרָאֵל מִתּוֹכָם לְחֵרוּת עוֹלָם:
הַמַּעֲבִיר בָּנָיו בֵּין גִּזְרֵי יַם־סוּף אֶת־
רוֹדְפֵיהֶם וְאֶת־שׂוֹנְאֵיהֶם בִּתְהוֹמוֹת טִבַּע:
וְרָאוּ בָנָיו גְּבוּרָתוֹ שִׁבְּחוּ וְהוֹדוּ לִשְׁמוֹ וּמַלְכוּתוֹ
בְּרָצוֹן קִבְּלוּ עֲלֵיהֶם מֹשֶׁה וּבְנֵי יִשְׂרָאֵל לְךָ
עָנוּ שִׁירָה בְּשִׂמְחָה רַבָּה וְאָמְרוּ כֻלָּם·

מִי־כָמֹכָה בָּאֵלִם יְהוָה מִי כָּמֹכָה נֶאְדָּר בַּקֹּדֶשׁ נוֹרָא
תְהִלֹּת עֹשֵׂה פֶלֶא· מַלְכוּתְךָ רָאוּ בָנֶיךָ בּוֹקֵעַ יָם לִפְנֵי מֹשֶׁה
זֶה אֵלִי עָנוּ וְאָמְרוּ· יְהוָה יִמְלֹךְ לְעֹלָם וָעֶד:

וְנֶאֱמַר כִּי־פָדָה יְיָ אֶת־יַעֲקֹב וּגְאָלוֹ מִיַּד חָזָק מִמֶּנּוּ·
בָּרוּךְ אַתָּה יְיָ גָּאַל יִשְׂרָאֵל:

הַשְׁכִּיבֵנוּ יְיָ אֱלֹהֵינוּ לְשָׁלוֹם וְהַעֲמִידֵנוּ מַלְכֵּנוּ לְחַיִּים וּפְרוֹשׂ
עָלֵינוּ סֻכַּת שְׁלוֹמֶךָ וְתַקְּנֵנוּ בְּעֵצָה טוֹבָה מִלְּפָנֶיךָ וְהוֹשִׁיעֵנוּ
לְמַעַן שְׁמֶךָ וְהָגֵן בַּעֲדֵנוּ וְהָסֵר מֵעָלֵינוּ אוֹיֵב דֶּבֶר וְחֶרֶב וְרָעָב
וְיָגוֹן וְהָסֵר שָׂטָן מִלְּפָנֵינוּ וּמֵאַחֲרֵינוּ וּבְצֵל כְּנָפֶיךָ תַּסְתִּירֵנוּ כִּי
אֵל שׁוֹמְרֵנוּ וּמַצִּילֵנוּ אָתָּה כִּי אֵל מֶלֶךְ חַנּוּן וְרַחוּם אָתָּה
וּשְׁמוֹר צֵאתֵנוּ וּבוֹאֵנוּ לְחַיִּים וּלְשָׁלוֹם מֵעַתָּה וְעַד עוֹלָם·
בָּרוּךְ אַתָּה יְיָ שׁוֹמֵר עַמּוֹ יִשְׂרָאֵל לָעַד:

בָּרוּךְ יְיָ לְעוֹלָם אָמֵן וְאָמֵן: בָּרוּךְ יְיָ מִצִּיּוֹן
שֹׁכֵן יְרוּשָׁלָיִם הַלְלוּיָהּ: בָּרוּךְ יְיָ אֱלֹהִים אֱלֹהֵי
יִשְׂרָאֵל עֹשֵׂה נִפְלָאוֹת לְבַדּוֹ: וּבָרוּךְ שֵׁם כְּבוֹדוֹ
לְעוֹלָם וְיִמָּלֵא כְבוֹדוֹ אֶת־כָּל־הָאָרֶץ אָמֵן וְאָמֵן:
יְהִי כְבוֹד יְיָ לְעוֹלָם יִשְׂמַח יְיָ בְּמַעֲשָׂיו: יְהִי שֵׁם יְיָ
מְבֹרָךְ מֵעַתָּה וְעַד־עוֹלָם: כִּי לֹא־יִטֹּשׁ יְיָ אֶת־
עַמּוֹ בַּעֲבוּר שְׁמוֹ הַגָּדוֹל כִּי הוֹאִיל יְיָ לַעֲשׂוֹת
אֶתְכֶם לוֹ לְעָם: וַיַּרְא כָּל־הָעָם וַיִּפְּלוּ עַל־פְּנֵיהֶם
וַיֹּאמְרוּ יְיָ הוּא הָאֱלֹהִים יְיָ הוּא הָאֱלֹהִים: וְהָיָה
יְיָ לְמֶלֶךְ עַל־כָּל־הָאָרֶץ בַּיּוֹם הַהוּא יִהְיֶה יְיָ אֶחָד
וּשְׁמוֹ אֶחָד: יְהִי חַסְדְּךָ יְיָ עָלֵינוּ כַּאֲשֶׁר יִחַלְנוּ לָךְ:
הוֹשִׁיעֵנוּ אֱלֹהֵי יִשְׁעֵנוּ וְקַבְּצֵנוּ וְהַצִּילֵנוּ מִן־הַגּוֹיִם
לְהוֹדוֹת לְשֵׁם קָדְשֶׁךָ לְהִשְׁתַּבֵּחַ בִּתְהִלָּתֶךָ: כָּל
גּוֹיִם אֲשֶׁר עָשִׂיתָ יָבוֹאוּ וְיִשְׁתַּחֲווּ לְפָנֶיךָ אֲדֹנָי
וִיכַבְּדוּ לִשְׁמֶךָ: כִּי־גָדוֹל אַתָּה וְעֹשֵׂה נִפְלָאוֹת

ברוך. Gelobt sei der Ewige in Ewigkeit! Amen! Amen! Gelobt sei von Zion aus der Ewige, der in Jerusalem thront! Hallelujah! Gelobt sei der Ewige, Gott, der Gott Israels, der allein Wunder thut, und gelobt sei der Name seiner Majestät ewiglich, und es erfülle seine Herrlichkeit die ganze Erde! Amen! Amen! — Ewig währt des Ew'gen Ruhm; der Ewige hat Freude an seinen Werken. Gepriesen sei der Name des Ewigen von nun an bis in Ewigkeit! Nie wird der Ewige sein Volk verlassen, um seines großes Namens willen; denn der Ewige hat es betheuert, euch zu seinem Volke zu machen. — Als das ganze Volk (die Erscheinung *) sah, da fiel Jeder auf sein Angesicht und rief: „Der Ewige ist der wahre Gott! der Ewige ist der wahre Gott!" — Der Ewige wird König sein über die ganze Erde, dann wird der Ewige einzig sein und sein Name: Einiger. Laß Deine Liebe, Ewiger, walten über uns, wie wir auf Dich harren! Hilf uns, Gott unseres Heiles, sammle und errette uns aus den Völkern, zu danken dem Namen Deiner Heiligkeit und uns zu rühmen Deines Lobes. — Alle Völker, die Du geschaffen, werden kommen und vor Dir sich niederwerfen, o Herr, und Deinen Namen ehren; denn

*) I. Könige 18, 38. 39.

אַתָּה אֱלֹהִים לְבַדֶּךָ: וַאֲנַחְנוּ עַמְּךָ וְצֹאן מַרְעִיתֶךָ
נוֹדֶה לְּךָ לְעוֹלָם לְדוֹר וָדוֹר נְסַפֵּר תְּהִלָּתֶךָ:
בָּרוּךְ יְיָ בַּיּוֹם. בָּרוּךְ יְיָ בַּלָּיְלָה. בָּרוּךְ יְיָ בְּשָׁכְבֵנוּ.
בָּרוּךְ יְיָ בְּקוּמֵנוּ: כִּי בְיָדְךָ נַפְשׁוֹת הַחַיִּים
וְהַמֵּתִים אֲשֶׁר בְּיָדוֹ נֶפֶשׁ כָּל־חָי וְרוּחַ כָּל־בְּשַׂר
אִישׁ: בְּיָדְךָ אַפְקִיד רוּחִי פָּדִיתָה אוֹתִי יְיָ אֵל
אֱמֶת: אֱלֹהֵינוּ שֶׁבַּשָּׁמַיִם יַחֵד שִׁמְךָ וְקַיֵּם
מַלְכוּתְךָ תָּמִיד וּמְלוֹךְ עָלֵינוּ לְעוֹלָם וָעֶד:

יִרְאוּ עֵינֵינוּ וְיִשְׂמַח לִבֵּנוּ וְתָגֵל נַפְשֵׁנוּ
בִּישׁוּעָתְךָ בֶּאֱמֶת בֶּאֱמֹר לְצִיּוֹן מָלַךְ אֱלֹהָיִךְ יְיָ
מֶלֶךְ יְיָ מָלָךְ יְיָ יִמְלֹךְ לְעֹלָם וָעֶד. כִּי הַמַּלְכוּת
שֶׁלְּךָ הִיא וּלְעוֹלְמֵי עַד תִּמְלוֹךְ בְּכָבוֹד כִּי אֵין לָנוּ
מֶלֶךְ אֶלָּא אָתָּה: בָּרוּךְ אַתָּה יְיָ הַמֶּלֶךְ בִּכְבוֹדוֹ
תָּמִיד יִמְלוֹךְ עָלֵינוּ לְעוֹלָם וָעֶד וְעַל כָּל מַעֲשָׂיו:

הש"ץ אומר חצי קדיש.

groß bist Du und thuest Wunder, Du, Gott, Du ganz allein! Wir, Dein Volk und Deiner Weide Schafe, wir danken unaufhörlich Dir, verkünden für und für Dein Lob.

Gelobt sei der Ewige am Tage, gelobt sei der Ewige des Nachts, gelobt sei der Ewige, wenn wir uns niederlegen, gelobt, wenn wir aufstehen. Denn in Deiner Hand sind die Seelen der Lebenden und der Todten! Ja, in seiner Hand ist die Seele aller Lebenden und der Geist jedes fleischlichen Geschöpfes! Deiner Hand empfehl' ich meinen Geist; Du erlösest mich, Ewiger, Gott der Wahrheit! Unser Gott im Himmel, einige Deinen Namen, behaupte Dein Reich immer und regiere uns in Ewigkeit!

יראו Mögen unsere Augen es sehen, und unser Herz sich erfreuen, und unsere Seele frohlocken ob Deiner treuen Hülfe, wenn zu Zion verkündet wird: „Dein Gott regiert!" Der Ewige regiert, der Ewige hat regiert, der Ewige wird regieren in Ewigkeit! Denn Dein ist das Reich, und in aller Ewigkeit wirst Du regieren in Herrlichkeit; denn wir haben keinen König außer Dir! Gelobt seist Du, Ewiger, dessen Majestät regieret immerdar! Ewiglich wird er regieren über uns und über seine Werke alle!

*) אדני שפתי תפתח ופי יגיד תהלתך:

ברוך אתה יי אלהינו ואלהי אבותינו אלהי אברהם אלהי יצחק ואלהי יעקב האל הגדול הגבור והנורא אל עליון גומל חסדים טובים וקונה הכל וזוכר חסדי אבות ומביא גואל לבני בניהם למען שמו באהבה׃

אין דען צעהן בוסטאגען ווירד זכרנו איינגעשאלטעט.

זכרנו לחיים מלך חפץ בחיים. וכתבנו בספר החיים למענך אלהים חיים:

מלך עוזר ומושיע ומגן ב״אי מגן אברהם:

אתה גבור לעולם אדני מחיה מתים אתה רב להושיע׃

אים ווינטער: משיב הרוח ומוריד הגשם:

מכלכל חיים בחסד מחיה מתים ברחמים רבים סומך נופלים ורופא חולים ומתיר אסורים ומקים אמונתו לישני עפר׃ מי כמוך בעל גבורות ומי דומה לך מלך ממית ומחיה ומצמיח ישועה׃

אין דען 10 בוסטאגען ווירד מי כמוך איינגעשאלטעט:

מי כמוך אב הרחמים זוכר יצוריו לחיים ברחמים

ונאמן אתה להחיות מתים ב״אי מחיה המתים:

אתה קדוש ושמך קדוש וקדושים בכל־יום יהללוך סלה׃ ב״אי האל (בעש״ת המלך) הקדוש:

---

*) Die Uebersetzung von Schemone Esre siehe S. 79.

אַתָּה חוֹנֵן לְאָדָם דַּעַת וּמְלַמֵּד לֶאֱנוֹשׁ בִּינָה

אַם מוֹצָאֵי שבת וי״ט ווירד הויך דיעזעס היינגעשאַלטעט:

אַתָּה חוֹנַנְתָּנוּ (ל) מַדַּע תּוֹרָתֶךָ · וַתְּלַמְּדֵנוּ לַעֲשׂוֹת (בָּהֶם)
חֻקֵּי רְצוֹנֶךָ וַתַּבְדֵּל יְיָ אֱלֹהֵינוּ בֵּין קֹדֶשׁ לְחוֹל בֵּין אוֹר לְחֹשֶׁךְ
בֵּין יִשְׂרָאֵל לָעַמִּים בֵּין יוֹם הַשְּׁבִיעִי לְשֵׁשֶׁת יְמֵי הַמַּעֲשֶׂה
אָבִינוּ מַלְכֵּנוּ הָחֵל עָלֵינוּ הַיָּמִים הַבָּאִים לִקְרָאתֵנוּ לְשָׁלוֹם
חֲשׂוּכִים מִכָּל חֵטְא וּמְנֻקִּים מִכָּל עָוֹן וּמְדֻבָּקִים בְּיִרְאָתֶךָ:

(ן) חָנֵּנוּ מֵאִתְּךָ דֵּעָה בִּינָה וְהַשְׂכֵּל · בָּרוּךְ
אַתָּה יְיָ חוֹנֵן הַדָּעַת:

הֲשִׁיבֵנוּ אָבִינוּ לְתוֹרָתֶךָ וְקָרְבֵנוּ מַלְכֵּנוּ
לַעֲבוֹדָתֶךָ וְהַחֲזִירֵנוּ בִּתְשׁוּבָה שְׁלֵמָה לְפָנֶיךָ ·
בָּרוּךְ אַתָּה יְיָ הָרוֹצֶה בִּתְשׁוּבָה:

סְלַח־לָנוּ אָבִינוּ כִּי חָטָאנוּ מְחַל־לָנוּ מַלְכֵּנוּ

Am Ausgang der Sabbath- und Festtage:

אתה Du hast uns begnadigt mit Erkenntniß Deiner Lehre, und uns gelehrt, die Gesetze Deines Willens zu befolgen! Du hast unterschieden, Ewiger, unser Gott, zwischen Heiligem und Gemeinem, zwischen Licht und Finsterniß, zwischen Israel und den Völkern, zwischen dem siebenten Tage und den sechs Werktagen! Unser Vater, unser König, o, laß die uns entgegenkommenden Tage zum Glücke beginnen, frei von jeder Sünde, rein von jeder Schuld, und hangend an Deine Verehrung!

כִּי פָשָׁעְנוּ כִּי מוֹחֵל וְסוֹלֵחַ אָתָּה. בָּרוּךְ אַתָּה
יְיָ חַנּוּן הַמַּרְבֶּה לִסְלוֹחַ:

רְאֵה בְעָנְיֵנוּ וְרִיבָה רִיבֵנוּ וּגְאָלֵנוּ מְהֵרָה לְמַעַן
שְׁמֶךָ כִּי גּוֹאֵל חָזָק אָתָּה. בָּרוּךְ גּוֹאֵל יִשְׂרָאֵל:

רְפָאֵנוּ יְיָ וְנֵרָפֵא הוֹשִׁיעֵנוּ וְנִוָּשֵׁעָה כִּי תְהִלָּתֵנוּ
אָתָּה. וְהַעֲלֵה רְפוּאָה שְׁלֵמָה לְכָל־מַכּוֹתֵינוּ
כִּי אֵל מֶלֶךְ רוֹפֵא נֶאֱמָן וְרַחֲמָן אָתָּה. בָּרוּךְ
אַתָּה יְיָ רוֹפֵא חוֹלֵי עַמּוֹ יִשְׂרָאֵל:

בָּרֵךְ עָלֵינוּ יְיָ אֱלֹהֵינוּ אֶת־הַשָּׁנָה הַזֹּאת
וְאֶת־כָּל־מִינֵי תְבוּאָתָהּ לְטוֹבָה וְתֵן טַל וּמָטָר
לִבְרָכָה עַל פְּנֵי הָאֲדָמָה וְשַׂבְּעֵנוּ מִטּוּבֶךָ וּבָרֵךְ
שְׁנָתֵנוּ כַּשָּׁנִים הַטּוֹבוֹת. בָּרוּךְ מְבָרֵךְ הַשָּׁנִים:

תְּקַע בְּשׁוֹפָר גָּדוֹל לְחֵרוּתֵנוּ וְשָׂא נֵס לְקַבֵּץ
גָּלֻיּוֹתֵינוּ וְקַבְּצֵנוּ יַחַד מֵאַרְבַּע כַּנְפוֹת הָאָרֶץ.
בָּרוּךְ אַתָּה יְיָ מְקַבֵּץ נִדְחֵי עַמּוֹ יִשְׂרָאֵל:

הָשִׁיבָה שׁוֹפְטֵינוּ כְּבָרִאשׁוֹנָה וְיוֹעֲצֵינוּ

כבתחלה והסר ממנו יגון ואנחה ומלוך עלינו אתה יי לבדך בחסד וברחמים וצדקנו במשפט. ב"א יי מלך אוהב צדקה ומשפט:

(בעשי"ת המלך המשפט, ואם לא אמרו, דעת רוב הפוסקים שאין צריך לחזור.)

ולמלשינים אל תהי תקוה וכל עושי רשעה כרגע יאבדו וכלם מהרה יכרתו והזדים מהרה תעקר ותשבר ותמגר ותכניע במהרה בימינו. ברוך אתה יי שובר איבים ומכניע זדים:

על הצדיקים ועל החסידים ועל זקני עמך בית ישראל ועל פליטת סופריהם ועל גרי הצדק ועלינו יהמו רחמיך יי אלהינו ותן שכר טוב לכל הבוטחים בשמך באמת ושים חלקנו עמהם לעולם ולא נבוש כי בך בטחנו. ברוך אתה יי משען ומבטח לצדיקים:

ולירושלים עירך ברחמים תשוב ותשכון בתוכה כאשר דברת ובנה אותה בקרוב

בְּיָמֵינוּ בִּנְיַן עוֹלָם וְכִסֵּא דָוִד מְהֵרָה לְתוֹכָהּ תָּכִין. בָּרוּךְ אַתָּה יְיָ בּוֹנֵה יְרוּשָׁלָיִם:

אֶת־צֶמַח דָּוִד עַבְדְּךָ מְהֵרָה תַצְמִיחַ וְקַרְנוֹ תָּרוּם בִּישׁוּעָתֶךָ כִּי לִישׁוּעָתְךָ קִוִּינוּ כָּל־הַיּוֹם. בָּרוּךְ אַתָּה יְיָ מַצְמִיחַ קֶרֶן יְשׁוּעָה:

שְׁמַע קוֹלֵנוּ יְיָ אֱלֹהֵינוּ חוּס וְרַחֵם עָלֵינוּ וְקַבֵּל בְּרַחֲמִים וּבְרָצוֹן אֶת־תְּפִלָּתֵנוּ כִּי אֵל שׁוֹמֵעַ תְּפִלּוֹת וְתַחֲנוּנִים אָתָּה. וּמִלְּפָנֶיךָ מַלְכֵּנוּ רֵיקָם אַל־תְּשִׁיבֵנוּ. כִּי אַתָּה שׁוֹמֵעַ תְּפִלַּת עַמְּךָ יִשְׂרָאֵל בְּרַחֲמִים. בָּרוּךְ אַתָּה יְיָ שׁוֹמֵעַ תְּפִלָּה:

רְצֵה יְיָ אֱלֹהֵינוּ בְּעַמְּךָ יִשְׂרָאֵל וּבִתְפִלָּתָם. וְהָשֵׁב אֶת־הָעֲבוֹדָה לִדְבִיר בֵּיתֶךָ וְאִשֵּׁי יִשְׂרָאֵל וּתְפִלָּתָם בְּאַהֲבָה תְקַבֵּל בְּרָצוֹן וּתְהִי לְרָצוֹן תָּמִיד עֲבוֹדַת יִשְׂרָאֵל עַמֶּךָ.

בראש חדש וחול המועד אומרים יעלה ויבא.

אֱלֹהֵינוּ וֵאלֹהֵי אֲבוֹתֵינוּ יַעֲלֶה וְיָבֹא וְיַגִּיעַ וְיֵרָאֶה וְיֵרָצֶה

וְיִשָּׁמַע וְיִפָּקֵד וְיִזָּכֵר זִכְרוֹנֵנוּ וּפִקְדוֹנֵנוּ וְזִכְרוֹן אֲבוֹתֵינוּ · וְזִכְרוֹן מָשִׁיחַ בֶּן דָּוִד עַבְדֶּךָ · וְזִכְרוֹן יְרוּשָׁלַיִם עִיר קָדְשֶׁךָ · וְזִכְרוֹן כָּל עַמְּךָ בֵּית יִשְׂרָאֵל לְפָנֶיךָ · לִפְלֵיטָה לְטוֹבָה לְחֵן וּלְחֶסֶד וּלְרַחֲמִים לְחַיִּים וּלְשָׁלוֹם בְּיוֹם

לר״ח רֹאשׁ הַחֹדֶשׁ | לפסח חַג הַמַּצּוֹת | לסכות חַג הַסֻּכּוֹת

הַזֶּה · זָכְרֵנוּ יְיָ אֱלֹהֵינוּ בּוֹ לְטוֹבָה וּפָקְדֵנוּ בוֹ לִבְרָכָה וְהוֹשִׁיעֵנוּ בוֹ לְחַיִּים · וּבִדְבַר יְשׁוּעָה וְרַחֲמִים · חוּס וְחָנֵּנוּ · וְרַחֵם עָלֵינוּ וְהוֹשִׁיעֵנוּ · כִּי אֵלֶיךָ עֵינֵינוּ · כִּי אֵל מֶלֶךְ חַנּוּן וְרַחוּם אָתָּה׃

וְתֶחֱזֶינָה עֵינֵינוּ בְּשׁוּבְךָ לְצִיּוֹן בְּרַחֲמִים · בָּרוּךְ אַתָּה יְיָ הַמַּחֲזִיר שְׁכִינָתוֹ לְצִיּוֹן׃

מוֹדִים אֲנַחְנוּ לָךְ שָׁאַתָּה הוּא יְיָ אֱלֹהֵינוּ וֵאלֹהֵי אֲבוֹתֵינוּ לְעוֹלָם וָעֶד צוּר חַיֵּינוּ מָגֵן יִשְׁעֵנוּ · אַתָּה הוּא לְדוֹר וָדוֹר נוֹדֶה לְּךָ וּנְסַפֵּר תְּהִלָּתֶךָ עַל חַיֵּינוּ הַמְּסוּרִים בְּיָדֶךָ וְעַל נִשְׁמוֹתֵינוּ הַפְּקוּדוֹת לָךְ וְעַל נִסֶּיךָ שֶׁבְּכָל יוֹם עִמָּנוּ וְעַל נִפְלְאוֹתֶיךָ וְטוֹבוֹתֶיךָ שֶׁבְּכָל עֵת עֶרֶב וָבֹקֶר וְצָהֳרָיִם · הַטּוֹב כִּי לֹא כָלוּ רַחֲמֶיךָ וְהַמְרַחֵם כִּי לֹא תַמּוּ חֲסָדֶיךָ · מֵעוֹלָם קִוִּינוּ לָךְ׃

אם חנוכה ווירד היער על הנסים (זייטע 92) איינגעשאלטעט.

ועל כלם יתברך ויתרומם שמך מלכנו תמיד
לעלם ועד:

אין דען צעהן בוסטאגען ווירד פאלגענדעס איינגעשאלטעט:

וכתוב לחיים טובים כל בני בריתך:

וכל החיים יודוך סלה ויהללו את שמך באמת
האל ישועתנו ועזרתנו סלה. ברוך אתה יי
הטוב שמך ולך נאה להודות:

שלום רב על ישראל עמך תשים לעלם כי אתה
הוא מלך אדון לכל השלום וטוב בעיניך לברך
את עמך ישראל בכל עת ובכל שעה בשלומך:

אין דען צעהן בוסטאגען ווירד פאלגענדעס איינגעשאלטעט:

בספר חיים ברכה ושלום ופרנסה טובה נזכר ונכתב לפניך אנחנו וכל
עמך בית ישראל לחיים טובים ולשלום. ברוך אתה יי עושה השלום:

ברוך אתה יי המברך את עמו ישראל בשלום:

אלהי נצור לשוני מרע ושפתי מדבר מרמה ולמקללי
נפשי תדום ונפשי כעפר לכל תהיה: פתח לבי בתורתך
ובמצותיך תרדוף נפשי וכל החושבים עלי רעה מהרה
הפר עצתם וקלקל מחשבתם. עשה למען שמך. עשה

לְמַעַן יְמִינֶךָ · עֲשֵׂה לְמַעַן קְדֻשָּׁתֶךָ · עֲשֵׂה לְמַעַן תּוֹרָתֶךָ · לְמַעַן יֵחָלְצוּן יְדִידֶיךָ הוֹשִׁיעָה יְמִינְךָ וַעֲנֵנִי: יִהְיוּ לְרָצוֹן אִמְרֵי פִי וְהֶגְיוֹן לִבִּי לְפָנֶיךָ יְיָ צוּרִי וְגוֹאֲלִי: עֹשֶׂה שָׁלוֹם בִּמְרוֹמָיו הוּא יַעֲשֶׂה שָׁלוֹם עָלֵינוּ וְעַל כָּל יִשְׂרָאֵל וְאִמְרוּ אָמֵן:

יְהִי רָצוֹן לְפָנֶיךָ יְיָ אֱלֹהֵינוּ וֵאלֹהֵי אֲבוֹתֵינוּ שֶׁיִּבָּנֶה בֵּית הַמִּקְדָּשׁ בִּמְהֵרָה בְיָמֵינוּ וְתֵן חֶלְקֵנוּ בְּתוֹרָתֶךָ:

וְשָׁם נַעֲבָדְךָ בְּיִרְאָה כִּימֵי עוֹלָם וּכְשָׁנִים קַדְמוֹנִיּוֹת:

וְעָרְבָה לַייָ מִנְחַת יְהוּדָה וִירוּשָׁלָיִם כִּימֵי עוֹלָם וּכְשָׁנִים קַדְמוֹנִיּוֹת:

אין וואָכענטאָגען פֿאָלגט נאָך מעריב ג"ע קדיש תתקבל, דאַן עלינו; אין מוצאי שבת אָבער נור האַלב קדיש אונד דאַן ויהי נועם או"וו.

ווען אויף איינען דער קאָממענדען זעכס ווערקטאָגע איין יו"ט פֿאַללט, ווירד ויהי נועם אונד וא"ק ניכט געבעטעט. אויך אַם ט' באב פֿאַללט ויהי נועם אוועג.

*) וִיהִי נֹעַם · אֲדֹנָי אֱלֹהֵינוּ עָלֵינוּ וּמַעֲשֵׂה יָדֵינוּ כּוֹנְנָה עָלֵינוּ וּמַעֲשֵׂה יָדֵינוּ כּוֹנְנֵהוּ:

יֹשֵׁב בְּסֵתֶר עֶלְיוֹן בְּצֵל שַׁדַּי יִתְלוֹנָן: אֹמַר לַייָ מַחְסִי וּמְצוּדָתִי אֱלֹהַי אֶבְטַח בּוֹ: כִּי הוּא יַצִּילְךָ מִפַּח יָקוּשׁ מִדֶּבֶר הַוּוֹת: בְּאֶבְרָתוֹ יָסֶךְ לָךְ וְתַחַת כְּנָפָיו תֶּחְסֶה צִנָּה וְסֹחֵרָה אֲמִתּוֹ: לֹא תִירָא מִפַּחַד לָיְלָה מֵחֵץ יָעוּף יוֹמָם: מִדֶּבֶר בָּאֹפֶל יַהֲלֹךְ מִקֶּטֶב יָשׁוּד צָהֳרָיִם: יִפֹּל מִצִּדְּךָ אֶלֶף

*) Die Uebersetzung von ויהי נעם siehe S. 87.

ורבבה מימינך אליך לא יגש: רק בעיניך תביט ושלמת
רשעים תראה: כי אתה יי מחסי עליון שמת מעונך: לא
תאנה אליך רעה ונגע לא יקרב באהלך: כי מלאכיו יצוה
לך לשמרך בכל דרכיך: על כפים ישאונך פן תגף
באבן רגלך: על שחל ופתן תדרך תרמס כפיר ותנין:
כי בי חשק ואפלטהו אשגבהו כי ידע שמי: יקראני
ואענהו עמו אנכי בצרה אחלצהו ואכבדהו: ארך ימים
אשביעהו ואראהו בישועתי: ארך ימים וכו'.

*) ואתה קדוש יושב תהלות ישראל:

וקרא זה אל זה ואמר קדוש קדוש קדוש יי צבאות מלא
כל הארץ כבודו: ומקבלין דין מן דין ואמרין קדיש
בשמי מרומא עלאה בית שכינתה קדיש על ארעא עובד
גבורתה קדיש לעלם ולעלמי עלמיא יי צבאות מליא
כל ארעא זיו יקרה: ותשאני רוח ואשמע אחרי קול
רעש גדול ברוך כבוד יי ממקומו: ונטלתני רוחא
ושמעית בתרי קל זיע סגיא דמשבחין ואמרין בריך
יקרא דיי מאתר בית שכינתה: יי ימלך לעלם ועד:
יי מלכותה קאים לעלם ולעלמי עלמיא: יי אלהי אברהם

*) Die Uebersetzung von ואתה קדוש siehe S. 128.

יִצְחָק וְיִשְׂרָאֵל אֲבוֹתֵינוּ שָׁמְרָה זֹּאת לְעוֹלָם לְיֵצֶר מַחְשְׁבוֹת
לְבַב עַמֶּךָ וְהָכֵן לְבָבָם אֵלֶיךָ: וְהוּא רַחוּם יְכַפֵּר עָוֹן וְלֹא
יַשְׁחִית וְהִרְבָּה לְהָשִׁיב אַפּוֹ וְלֹא יָעִיר כָּל חֲמָתוֹ: כִּי אַתָּה
אֲדֹנָי טוֹב וְסַלָּח וְרַב חֶסֶד לְכָל־קֹרְאֶיךָ: צִדְקָתְךָ צֶדֶק
לְעוֹלָם וְתוֹרָתְךָ אֱמֶת: תִּתֵּן אֱמֶת לְיַעֲקֹב חֶסֶד לְאַבְרָהָם
אֲשֶׁר נִשְׁבַּעְתָּ לַאֲבֹתֵינוּ מִימֵי קֶדֶם: בָּרוּךְ אֲדֹנָי יוֹם יוֹם
יַעֲמָס־לָנוּ הָאֵל יְשׁוּעָתֵנוּ סֶלָה: יְיָ צְבָאוֹת עִמָּנוּ מִשְׂגָּב
לָנוּ אֱלֹהֵי יַעֲקֹב סֶלָה: יְיָ צְבָאוֹת אַשְׁרֵי אָדָם בֹּטֵחַ בָּךְ:
יְיָ הוֹשִׁיעָה הַמֶּלֶךְ יַעֲנֵנוּ בְיוֹם קָרְאֵנוּ: בָּרוּךְ (הוּא) אֱלֹהֵינוּ
שֶׁבְּרָאָנוּ לִכְבוֹדוֹ וְהִבְדִּילָנוּ מִן הַתּוֹעִים וְנָתַן לָנוּ תּוֹרַת
אֱמֶת וְחַיֵּי עוֹלָם נָטַע בְּתוֹכֵנוּ הוּא יִפְתַּח לִבֵּנוּ בְּתוֹרָתוֹ
וְיָשֵׂם בְּלִבֵּנוּ אַהֲבָתוֹ וְיִרְאָתוֹ וְלַעֲשׂוֹת רְצוֹנוֹ וּלְעָבְדוֹ
בְּלֵבָב שָׁלֵם לְמַעַן לֹא נִיגַע לָרִיק וְלֹא נֵלֵד לַבֶּהָלָה: יְהִי
רָצוֹן מִלְּפָנֶיךָ יְיָ אֱלֹהֵינוּ וֵאלֹהֵי אֲבוֹתֵינוּ שֶׁנִּשְׁמוֹר חֻקֶּיךָ
בָּעוֹלָם הַזֶּה וְנִזְכֶּה וְנִחְיֶה וְנִרְאֶה וְנִירַשׁ טוֹבָה וּבְרָכָה
לִשְׁנֵי יְמוֹת הַמָּשִׁיחַ וּלְחַיֵּי הָעוֹלָם הַבָּא: לְמַעַן יְזַמֶּרְךָ
כָבוֹד וְלֹא יִדֹּם יְיָ אֱלֹהַי לְעוֹלָם אוֹדֶךָּ: בָּרוּךְ הַגֶּבֶר אֲשֶׁר
יִבְטַח בַּייָ וְהָיָה יְיָ מִבְטַחוֹ: בִּטְחוּ בַייָ עֲדֵי עַד כִּי בְּיָהּ יְיָ
צוּר עוֹלָמִים: וְיִבְטְחוּ בְךָ יוֹדְעֵי שְׁמֶךָ כִּי לֹא עָזַבְתָּ
דֹּרְשֶׁיךָ יְיָ: יְיָ חָפֵץ לְמַעַן צִדְקוֹ יַגְדִּיל תּוֹרָה וְיַאְדִּיר: ק״ת.

וְיִתֶּן־לְךָ הָאֱלֹהִים מִטַּל הַשָּׁמַיִם וּמִשְׁמַנֵּי
הָאָרֶץ וְרֹב דָּגָן וְתִירֹשׁ: יַעַבְדוּךָ עַמִּים וְיִשְׁתַּחֲוֻ
לְךָ לְאֻמִּים הֱוֵה גְבִיר לְאַחֶיךָ וְיִשְׁתַּחֲווּ לְךָ בְּנֵי
אִמֶּךָ אֹרְרֶיךָ אָרוּר וּמְבָרֲכֶיךָ בָּרוּךְ: וְאֵל שַׁדַּי
יְבָרֵךְ אֹתְךָ וְיַפְרְךָ וְיַרְבֶּךָ וְהָיִיתָ לִקְהַל עַמִּים:
וְיִתֶּן־לְךָ אֶת־בִּרְכַּת אַבְרָהָם לְךָ וּלְזַרְעֲךָ אִתָּךְ
לְרִשְׁתְּךָ אֶת־אֶרֶץ מְגֻרֶיךָ אֲשֶׁר־נָתַן אֱלֹהִים
לְאַבְרָהָם: מֵאֵל אָבִיךָ וְיַעְזְרֶךָּ וְאֵת שַׁדַּי וִיבָרְכֶךָּ
בִּרְכֹת שָׁמַיִם מֵעָל בִּרְכֹת תְּהוֹם רֹבֶצֶת תָּחַת
בִּרְכֹת שָׁדַיִם וָרָחַם: בִּרְכֹת אָבִיךָ גָּבְרוּ עַל־
בִּרְכֹת הוֹרַי עַד־תַּאֲוַת גִּבְעֹת עוֹלָם תִּהְיֶיןָ
לְרֹאשׁ יוֹסֵף וּלְקָדְקֹד נְזִיר אֶחָיו: וַאֲהֵבְךָ וּבֵרַכְךָ
וְהִרְבֶּךָ וּבֵרַךְ פְּרִי־בִטְנְךָ וּפְרִי־אַדְמָתֶךָ דְּגָנְךָ
וְתִירֹשְׁךָ וְיִצְהָרֶךָ שְׁגַר־אֲלָפֶיךָ וְעַשְׁתְּרֹת צֹאנֶךָ
עַל הָאֲדָמָה אֲשֶׁר־נִשְׁבַּע לַאֲבֹתֶיךָ לָתֶת לָךְ:
בָּרוּךְ תִּהְיֶה מִכָּל־הָעַמִּים לֹא־יִהְיֶה בְךָ עָקָר
וַעֲקָרָה וּבִבְהֶמְתֶּךָ: וְהֵסִיר יְיָ מִמְּךָ כָּל־חֹלִי
וְכָל־מַדְוֵי מִצְרַיִם הָרָעִים אֲשֶׁר יָדַעְתָּ לֹא
יְשִׂימָם בָּךְ וּנְתָנָם בְּכָל־שֹׂנְאֶיךָ:

ויתן לך Gott gebe dir vom Thau des Himmels und von der Erde Fettigkeit, Getreide und Most die Fülle. Völker werden dir dienen, Nationen sich bücken vor dir; sei deiner Brüder Herr und deiner Mutter Söhne bücken sich vor dir! Verflucht sei, wer dir flucht, und wer dich segnet, sei gesegnet! Der allmächtige Gott segne dich, mache dich fruchtbar und mehre dich, daß du zu einer Menge von Völkern werdest, und gebe dir Abrahams Segen, dir und deiner Nachkommenschaft mit dir, daß du das Land deines Aufenhaltes besitzest, welches Gott dem Abraham geschenkt hat. Von dem Gott deines Vaters, der dir beistehen wird, von dem Allmächtigen der dich segnen wird mit Segnungen des Himmels von oben, mit Segnungen der Tiefe, die unten liegt, mit Segnungen der Brüste und des Schooßes. — Die Segnungen deines Vaters übertreffen die Segnungen meiner Voreltern, bis an die Grenze ewiger Hügel; sie kommen auf das Haupt Josephs, auf die Scheitel des Gekrönten unter seinen Brüdern. Er wird dich lieben, dich segnen und dich vermehren; er wird segnen die Frucht deines Leibes und deines Feldes, dein Getreide, deinen Most und dein Oel, deine Rinderzucht und die Heerden deines Kleinviehes segnen auf dem Boden, den er dir einzugeben deinen Vätern geschworen hat. Du wirst gesegneter sein als alle Völker, es wird unter dir keinen Unfruchtbaren und keine Unfruchtbare geben, noch unter deinem Vieh! Der Ewige wird jede Krankheit von dir abwenden und alle die bösen Seuchen Egyptens, die du kennst über dich nicht verhängen, sondern sie deinen Feinden auflegen.

אין אשכנז ווירד המלאך ניכט געזאגט.

בפולין מוסיף: המלאך הגאל אתי מכל־רע יברך את־הנערים ויקרא בהם שמי ושם אבתי אברהם ויצחק וידגו לרב בקרב הארץ: יי אלהיכם הרבה אתכם והנכם היום ככוכבי השמים לרב: יי אלהי אבותכם יסף עליכם ככם אלף פעמים ויברך אתכם כאשר דבר לכם:

ברוך אתה בעיר וברוך אתה בשדה: ברוך אתה בבאך וברוך אתה בצאתך: ברוך טנאך ומשארתך: ברוך פרי־בטנך ופרי אדמתך ופרי בהמתך שגר אלפיך ועשתרות צאנך: יצו יי אתך את־הברכה באסמיך ובכל משלח ידך וברכך בארץ אשר־יי אלהיך נתן לך: יפתח יי לך את־אוצרו הטוב את־השמים לתת מטר־ארצך בעתו ולברך את כל־מעשה ידך והלוית גוים רבים ואתה לא־תלוה: כי־יהוה אלהיך ברכך כאשר דבר לך והעבטת גוים רבים ואתה לא תעבט ומשלת בגוים רבים ובך לא ימשלו: אשריך ישראל מי כמוך עם נושע ביי מגן עזרך

(In vielen Gemeinden wird Folgendes nicht gebetet.)

המלאך Der Engel, der mich von allem Uebel erlöst hat, segne diese Knaben! durch sie werde mein Name und der Name meiner Väter Abraham und Isaak genannt, und sie sollen sich stark vermehren im Lande. Der Ewige, euer Gott, hat euch vermehrt, so daß ihr jetzt den Sternen am Himmel an Menge gleich seid; möge der Ewige, der Gott eurer Väter, eurer noch tausendmal so viel werden lassen und euch segnen, wie er euch verheißen hat.

ברוך Gesegnet wirst du sein in der Stadt, und gesegnet auf dem Felde; gesegnet wirst du sein bei deinem Kommen, und gesegnet bei deinem Gehen; gesegnet dein Korb und dein Backtrog, gesegnet die Frucht deines Leibes, die Frucht deines Erdreiches und die Frucht deines Viehes, das Geworfene deiner Rinder und die Zucht deiner Schaafe. Der Ewige wird bei dir entbieten den Segen in deine Speicher und in jegliches Unternehmen deiner Hand, und dich segnen in dem Lande, das der Ewige, dein Gott, dir gibt, Der Ewige wird dir seinen guten Schatz, den Himmel aufthun, um deinem Lande zur rechten Zeit Regen zu geben, und alles Werk deiner Hand zu segnen, so daß du vielen Völkern leihest, selbst aber nichts entleihest. So wird der Ewige, dein Gott, dich segnen, wie er dir verheißen hat; du wirst vielen Völkern leihen, selbst aber nichts entleihen, du wirst über viele Völker herrschen, und über dich werden sie nicht herrschen Heil dir, Israel! wer ist dir gleich, o Volk, dem der Ewige Beistand leistet?! Er ist deiner Hülfe Schild,

וַאֲשֶׁר־חֶרֶב גַּאֲוָתֶךָ וְיִכָּחֲשׁוּ אֹיְבֶיךָ לָךְ וְאַתָּה עַל־בָּמוֹתֵימוֹ תִדְרֹךְ׃

הין אשכנז ווירד מחיתי נילט געזאגט.

מָחִיתִי כָעָב פְּשָׁעֶיךָ וְכֶעָנָן חַטֹּאותֶיךָ שׁוּבָה אֵלַי כִּי גְאַלְתִּיךָ׃ רָנּוּ שָׁמַיִם כִּי־עָשָׂה יְיָ הָרִיעוּ תַּחְתִּיּוֹת אָרֶץ פִּצְחוּ הָרִים רִנָּה יַעַר וְכָל־עֵץ בּוֹ כִּי־גָאַל יְיָ יַעֲקֹב וּבְיִשְׂרָאֵל יִתְפָּאָר׃ גֹּאֲלֵנוּ יְיָ צְבָאוֹת שְׁמוֹ קְדוֹשׁ יִשְׂרָאֵל׃

יִשְׂרָאֵל נוֹשַׁע בַּייָ תְּשׁוּעַת עוֹלָמִים לֹא־תֵבֹשׁוּ וְלֹא־תִכָּלְמוּ עַד־עוֹלְמֵי עַד׃ וַאֲכַלְתֶּם אָכוֹל וְשָׂבוֹעַ וְהִלַּלְתֶּם אֶת־שֵׁם יְיָ אֱלֹהֵיכֶם אֲשֶׁר־עָשָׂה עִמָּכֶם לְהַפְלִיא וְלֹא־יֵבֹשׁוּ עַמִּי לְעוֹלָם׃ וִידַעְתֶּם כִּי בְקֶרֶב יִשְׂרָאֵל אָנִי וַאֲנִי יְיָ אֱלֹהֵיכֶם וְאֵין עוֹד וְלֹא־יֵבֹשׁוּ עַמִּי לְעוֹלָם׃ כִּי־בְשִׂמְחָה תֵצֵאוּ וּבְשָׁלוֹם תּוּבָלוּן הֶהָרִים וְהַגְּבָעוֹת יִפְצְחוּ לִפְנֵיכֶם רִנָּה וְכָל־עֲצֵי הַשָּׂדֶה יִמְחֲאוּ־כָף׃ הִנֵּה אֵל יְשׁוּעָתִי אֶבְטַח וְלֹא אֶפְחָד כִּי עָזִּי וְזִמְרָת יָהּ יְיָ וַיְהִי־לִי לִישׁוּעָה׃ וּשְׁאַבְתֶּם־מַיִם בְּשָׂשׂוֹן מִמַּעַיְנֵי הַיְשׁוּעָה׃ וַאֲמַרְתֶּם בַּיּוֹם הַהוּא הוֹדוּ

ist deiner erhabenen Siege Schwert; deine Feinde schmeicheln dir, du schreitest einher auf ihren Höhen.

(In vielen Gemeinden wird Folgendes nicht gebetet.)

מחיתי Ich lasse deine Missethaten wie Wolke hinschwinden und wie Dunst Deine Vergehungen; kehre zurück zu mir, ich erlöse dich! Jauchzt, ihr Himmel, denn der Ewige hat es vollbracht! jubelt, ihr unterirdischen Tiefen! brecht aus, ihr Berge, in Jubelgesang, der Wald mit all' seinem Gehölze, denn der Ewige hat Jakob erlöst! Ewiger! Zebaoth ist sein Name, der Heilige Israels!

ישראל Israel soll Rettung finden in dem Ewigen, ewige Rettung! nie sollt ihr beschämt, nie zu Schanden werden, auf immer und ewig! Ihr werdet Speise genießen zur Genüge und preisen den Namen des Ewigen, eueres Gottes, der Wunderbares an euch gethan, und nie soll mein Volk zu Schanden werden, auf ewig. Ihr sollt erfahren, daß ich in Israel wohne, daß ich, der Ewige, euer Gott bin, sonst Keiner, und nie soll mein Volk zu Schanden werden, auf ewig. Ihr werdet in Freuden ausziehen und in Frieden geleitet werden; Berge und Hügel werden vor euch in Jubel ausbrechen, und alle Bäume des Feldes — die Hände klatschen! Siehe, der Allmächtige ist mein Heil, ich bin getrosten Muthes, fürchte nichts! Mein Sieg, mein Saitenspiel ist Jah, der Ewige! er ward Errettung mir! Und schöpfet ihr einst wonnevoll aus des Heiles Quellen, dann werdet ihr ausrufen: „Danket dem Ewigen, rufet seinen Namen an,

ליי קראו בשמו הודיעו בעמים עלילותיו הזכירו
כי נשגב שמו: זמרו יי כי גאות עשה מודעת
זאת בכל־הארץ: צהלי ורני יושבת ציון כי
גדול בקרבך קדוש ישראל: ואמר ביום ההוא
הנה אלהינו זה קוינו לו ויושיענו זה יי קוינו לו
נגילה ונשמחה בישועתו:

חזן אשכנז ווירד בית יעקב ניכט געזאגט.

בפולין מוסיף בית יעקב לכו ונלכה באור יי: והיה אמונת עתיך
חסן ישועת חכמת ודעת יראת יי היא אוצרו: ויהי
דוד לכל־דרכו משכיל ויי עמו: פדה בשלום נפשי
מקרב־לי כי־ברבים היו עמדי: ויאמר העם אל־
שאול היונתן ימות אשר עשה הישועה הגדולה
הזאת בישראל חלילה חי־יי אם־יפל משערת ראשו
ארצה כי־עם־אלהים עשה היום הזה ויפדו העם
את־יונתן ולא־מת: ופדויי יי ישבון ובאו ציון ברנה
ושמחת עולם על־ראשם ששון ושמחה ישיגו ונסו
יגון ואנחה: הפכת מספדי למחול לי פתחת שקי
ותאזרני שמחה: ולא־אבה יי אלהיך לשמע אל־בלעם
ויהפך יי אלהיך לך את־הקללה לברכה כי אהבך יי

verkündet unter den Völkern seine Thaten, rühmet laut seinen Namen, denn erhaben ist er! Lobsinget dem Ewigen, denn Herrliches hat er gethan! kund geworden ist dies der ganzen Erde! Frohlocke, jauchze, Bürgerin Zions, der Allerhabene ist in deiner Mitte, der Heilige Israels!" Und sprechen wird man an jenem Tage: „Siehe, das ist unser Gott, auf den wir gehofft, daß er uns helfe; das ist der Ewige, auf den wir vertraut; laßt uns froh sein, laßt uns jauchzen seiner Hülfe."

(In vielen Gemeinden wird Folgendes nicht gebetet.)

בית Haus Jakobs, auf, laßt uns wandeln im Lichte des Ewigen! Es wird eintreffen der Glaube deines Zeitalters: mächtiges Heil, Weisheit und Erkenntniß; die Gottesfurcht, sie ist sein Schatz. David war in allen seinen Wegen glücklich, und der Ewige war mit ihm. — Er erlöst in Frieden meine Seele aus dem Andrang gegen mich; denn in Menge waren sie um mich her. — Da sprach das Volk zu Saul: „Wie, Jonathan sollte des Todes sein, der ein solch' großes Heil gethan in Israel? ferne! so wahr der Ewige lebt, kein Haar seines Hauptes soll auf die Erde fallen! denn mit Gott hat er am heutigen Tage gewirkt." Das Volk befreite also Jonathan, daß er nicht des Todes wurde. — Und die Befreiten des Ewigen werden zurückkehren, in Zion mit Jubel einziehen und ewige Fröhlichkeit wird walten über ihrem Haupte, Freude und Fröhlichkeit werden eintreten, und fliehen Trauer und Kummer. — Du hast meine Klagen in Tanz mir verwandelt, Du hast mich meines Sackes entledigt, mit Freuden mich umgürtet! — Der Ewige, dein Gott, wollte dem Bileam kein Gehör geben und verwandelte dessen Fluch in Segen, denn der Ewige, dein Gott, liebt

עַרְבִית לְמוֹצָאֵי שַׁבָּת

אֱהָיךְ: אָז תִּשְׂמַח בְּתוּלָה בְּמָחוֹל וּבַחוּרִים וּזְקֵנִים יַחְדָּו וְהָפַכְתִּי אֶבְלָם לְשָׂשׂוֹן וְנִחַמְתִּים וְשִׂמַּחְתִּים מִיגוֹנָם:

בּוֹרֵא נִיב שְׂפָתָיִם שָׁלוֹם· שָׁלוֹם לָרָחוֹק וְלַקָּרוֹב אָמַר יְיָ וּרְפָאתִיו: וְרוּחַ לָבְשָׁה אֶת עֲמָשַׂי רֹאשׁ הַשָּׁלִישִׁים לְךָ דָוִיד וְעִמְּךָ בֶן יִשַׁי שָׁלוֹם· שָׁלוֹם לְךָ וְשָׁלוֹם לְעוֹזְרֶךָ כִּי עֲזָרְךָ אֱלֹהֶיךָ וַיְקַבְּלֵם דָוִיד וַיִּתְּנֵם בְּרָאשֵׁי הַגְּדוּד: וַאֲמַרְתֶּם כֹּה לֶחָי וְאַתָּה שָׁלוֹם וּבֵיתְךָ שָׁלוֹם וְכֹל אֲשֶׁר לְךָ שָׁלוֹם: יְיָ עֹז לְעַמּוֹ יִתֵּן יְיָ יְבָרֵךְ אֶת עַמּוֹ בַשָּׁלוֹם:

מין אשכנז ווירד אמר רבי נילט געזאגט.

אָמַר רַבִּי יוֹחָנָן בְּכָל מָקוֹם שֶׁאַתָּה מוֹצֵא גְדֻלָּתוֹ שֶׁל הַקָּדוֹשׁ בָּרוּךְ הוּא שָׁם אַתָּה מוֹצֵא עִנְוְתָנוּתוֹ· דָּבָר זֶה כָּתוּב בַּתּוֹרָה· וְשָׁנוּי בַּנְּבִיאִים· וּמְשֻׁלָּשׁ בַּכְּתוּבִים: כָּתוּב בַּתּוֹרָה כִּי יְיָ אֱלֹהֵיכֶם הוּא אֱלֹהֵי הָאֱלֹהִים וַאֲדֹנֵי הָאֲדֹנִים הָאֵל הַגָּדֹל הַגִּבֹּר וְהַנּוֹרָא אֲשֶׁר לֹא יִשָּׂא פָנִים וְלֹא יִקַּח שֹׁחַד: וּכְתִיב בַּתְרֵיהּ עֹשֶׂה מִשְׁפַּט יָתוֹם וְאַלְמָנָה וְאֹהֵב גֵּר לָתֶת לוֹ לֶחֶם וְשִׂמְלָה: שָׁנוּי בַּנְּבִיאִים דִּכְתִיב כִּי כֹה אָמַר רָם וְנִשָּׂא שֹׁכֵן עַד וְקָדוֹשׁ שְׁמוֹ מָרוֹם וְקָדוֹשׁ אֶשְׁכּוֹן וְאֶת דַּכָּא וּשְׁפַל רוּחַ

dich. — Dann wird sich freuen die Jungfrau im Reigentanz und Jünglinge und Greise zumal; ich werde ihre Trauer verwandeln in Wonne und sie trösten, ich werde sie erfreuen, fern von allem Kummer.

בורא Des Schöpfers Lippen entfloß: Friede! Friede dem Fernen und dem Nahen, spricht der Ewige; ich hab' ihn geheilt! — Und Muth entflammte dem Amasai, Hauptmann der Dreißiger: „Wir sind dein, David, halten mit dir, Sohn Isai's! Friede, Friede dir, Friede deinen Gehülfen, denn dein Gott steht dir bei!" David nahm sie auf und setzte sie unter die Häupter der Truppe. — Ihr sprecht dann: „So, gut Glück! Friede sei mit dir, Friede mit deinem Hause und Friede mit Allem was dein ist." — Der Ewige gibt seinem Volke Sieg, der Ewige segnet sein Volk mit Frieden!

(In vielen Gemeinden wird Folgendes nicht gebetet.)

אמר Rabbi Jochanan sagte: An allen Stellen, wo du die Größe des Allerheiligsten — gelobt sei er! — beschrieben findest, eben da findest du auch seine Herablassung beschrieben. Dieses findet sich erstens im Pentateuch, zweitens in den Propheten und drittens in den Hagiographen. Im Pentateuch heißt es: „Denn der Ewige, euer Gott, ist aller Götter Gott und aller Herren Herr, der große, mächtige und furchtbare Gott, der nicht nach Ansehen der Person richtet und keine Bestechung annimmt" — und unmittelbar darauf heißt es: „Der der Waise und der Wittwe Recht verschafft und den Fremdling liebt, ihm Speise und Kleider zu geben." Zweitens heißt es in den Propheten: „Denn so spricht der Hohe und Erhabene — Bewohner der Ewigkeit, Heiliger ist sein Name — hoch und heilig wohne ich — auch bei denen, die gebrochenen und gebeugten Gemüthes, zu beleben die gebeugten Geistes,

לְהַחֲיוֹת רוּחַ שְׁפָלִים וּלְהַחֲיוֹת לֵב נִדְכָּאִים: מְשֻׁלָּשׁ בִּכְתוּבִים דִּכְתִיב שִׁירוּ לֵאלֹהִים זַמְּרוּ שְׁמוֹ סֹלּוּ לָרֹכֵב בָּעֲרָבוֹת בְּיָהּ שְׁמוֹ וְעִלְזוּ לְפָנָיו: וּכְתִיב בָּתְרֵהּ אֲבִי יְתוֹמִים וְדַיַּן אַלְמָנוֹת אֱלֹהִים בִּמְעוֹן קָדְשׁוֹ: יְהִי יְיָ אֱלֹהֵינוּ עִמָּנוּ כַּאֲשֶׁר הָיָה עִם אֲבֹתֵינוּ אַל־יַעַזְבֵנוּ וְאַל־יִטְּשֵׁנוּ: וְאַתֶּם הַדְּבֵקִים בַּייָ אֱלֹהֵיכֶם חַיִּים כֻּלְּכֶם הַיּוֹם: כִּי־נִחַם יְיָ צִיּוֹן נִחַם כָּל־חָרְבֹתֶיהָ וַיָּשֶׂם מִדְבָּרָהּ כְּעֵדֶן וְעַרְבָתָהּ כְּגַן־יְיָ שָׂשׂוֹן וְשִׂמְחָה יִמָּצֵא בָהּ תּוֹדָה וְקוֹל זִמְרָה: יְיָ חָפֵץ לְמַעַן צִדְקוֹ יַגְדִּיל תּוֹרָה וְיַאְדִּיר:

הש"ץ מבדיל בבית הכנסת, וכן בכל מנהגנו.

קכח שִׁיר הַמַּעֲלוֹת אַשְׁרֵי כָּל־יְרֵא יְיָ הַהֹלֵךְ בִּדְרָכָיו: יְגִיעַ כַּפֶּיךָ כִּי תֹאכֵל אַשְׁרֶיךָ וְטוֹב לָךְ: אֶשְׁתְּךָ כְּגֶפֶן פֹּרִיָּה בְּיַרְכְּתֵי בֵיתֶךָ בָּנֶיךָ כִּשְׁתִלֵי זֵיתִים סָבִיב לְשֻׁלְחָנֶךָ: הִנֵּה כִי־כֵן יְבֹרַךְ גָּבֶר יְרֵא יְיָ: יְבָרֶכְךָ יְיָ מִצִּיּוֹן וּרְאֵה בְּטוּב יְרוּשָׁלָיִם כֹּל יְמֵי חַיֶּיךָ: וּרְאֵה־בָנִים לְבָנֶיךָ שָׁלוֹם עַל־יִשְׂרָאֵל:

*אשתך, כא׳ כסגול.

עלינו, וייטש 128. קדיש יתום.

zu beleben die gebrochenen Herzens sind.“ Und drittens heißt es in den Hagiographen: „Singt dem Allvermögenden, spielet seinem Namen, erhöhet ihn — der durch die Aetherwüste fährt, sein Name ist Jah — frohlocket vor ihm!“ — und gleich darauf heißt es: „Ein Vater der Waisen, ein Richter der Wittwen, Gott in seiner heiligen Wohnung.“ — Möge der Ewige, unser Gott, mit uns sein, wie er mit unseren Vätern gewesen, uns nicht verlassen, nicht verstoßen. — Und ihr, die ihr anhanget dem Ewigen, euerem Gotte, ihr lebet allesammt heute. — Ja, es tröstet der Ewige Zion, tröstet alle seine Trümmer, macht seine Wüste einem Eden gleich, und seine Einöde gleich einem Garten des Ewigen; Wonne und Freude trifft man darin, Danklied und Jubelgesang. — Der Ewige will, um seiner Güte willen, die Lehre groß machen und herrlich.

(Psalm 128.) Stufengesang. Heil dem, der den Ew'gen fürchtet, der in seinen Wegen wandelt! Nähre dich von Deiner Arbeit! heil dir, du hast es gut! Dein Weib, ein traubenreicher Stock, an deines Hauses Seite; wie Oelbaumssprossen deine Kinder, um deinen Tisch herum. Seht, so wird der Mann gesegnet, der den Ewigen verehrt! Der Ew'ge segne dich von Zion aus, daß Du Jerusalem im Glücksstand sehest all' dein Lebenlang und sehest Kinder deiner Kinder! Frieden über Israel!

עלינו siehe oben Seite 129.

קודם הבדלה זינגן מאנכע פיוט זו. נאך הבדלה זינגט מאן דיעזעס.

אליהו הנביא אליהו התשבי אליהו הגלעדי במהרה יבא אלינו עם משיח בן דוד: איש אשר קנא לשם הא׳. איש בשר שלום על יד יקותיאל. איש גש ויכפר על בני ישראל: א׳. איש דורות שנים עשר ראו עיניו. איש הנקרא בעל שער בסמניו. איש ואזור עור אזור במתניו: אליהו. איש זעף על עובדי חמנים. איש חש ונשבע מהיות גשמי מעונים. איש טל ומטר עצר שלש שנים: אליהו. איש יצא למצוא לנפשו נחת. איש כלכלוהו העורבים ולא מת לשחת. איש למענו נתברכו כד וצפחת: אליהו. איש מוסריו הקשיבו כמהים. איש נענה באש משמי גבוהים. איש סחו אחריו יי הוא האלהים: אליהו. איש עתיד להשתלח משמי ערבות. איש פקיד על כל בשורות טובות. איש ציר נאמן להשיב לב בנים על אבות: אליהו. איש קרא קנא קנאתי ליי בתפארה. איש רכב על סוסי אש בסערה. איש שלא טעם טעם מיתה וקבורה: אליהו. איש תשבי על שמו נקרא. תצליחנו על ידו בתורה. תשמיענו מפיו בשורה טובה במהרה.

Kap. 17 ff. bis II. Könige Kap. 3. Malachi 3, 23. 24, sowie auch 4. B. M. 25, 10—14, denn nach dem Midrasch (Jalkut §. 771) ist der Priester Pinchas und Eliahu eine und dieselbe Person.

2) Einer der sieben Namen Mosche's nach Thalmud Megila 13, a.

3) Nämlich das Zeitalter von Nachschon, Salmon, Boas, Obed, Ischai, David, Salomo, Rechabam, Abiah, Assa, Joschaphat und Joram.

Das Elias-Lied.

אליהו[1]) Eliahu der Prophet, Eliahu der Tischbi, Eliahu der Giladi, er komm' uns bald entgegen mit dem Sprößling Davids, dem Gesalbten. —

Der Mann, der sich für Gott ereifert, er, dem Jekuthiel[2]) den Frieden überbracht, er, der auf die Kinder Israels gesühnt — Eliahu der Prophet 2c. 2c.

Der Mann, der zwölf Generationen überlebte[3]), er, der nach seiner Tracht der Haarige genannt wurde, er, der einen ledernen Gurt um die Lenden gegürtet hatte — Eliahu der Prophet 2c. 2c.

Der Mann, der — erzürnt über die Götzenverehrer — herbeigeeilt und geschworen, daß drei Jahre lang weder Thau noch Regen fallen soll — Eliahu der Prophet 2c. 2c.

Der Mann, der durch die Flucht sein Leben gerettet, er, den die Raben verpflegten, damit er nicht dem Grab verfalle, er, um deßwillen der Mehl- und Oelkrug gesegnet wurde — Eliahu der Prophet 2c. 2c.

Der Mann, dessen Zurechtweisung die Verlechzten befolgten, er, dem aus den hohen Himmeln herab mit Feuer geantwortet wurde, er, dem das Volk entgegenrief: „der Ewige, er ist Gott!" — Eliahu der Prophet 2c. 2c.

Der Mann, der einstens aus den Aetherhimmeln uns gesendet wird, der Verkünder aller guten Botschaften, der treue Gesandte, der das Herz der Söhne den Vätern wieder zuwendet — Eliahu der Prophet 2c. 2c.

Der Mann, welcher rief: Sehr geeifert habe ich für den Ewigen! er, der mit feurigen Rossen im Sturm auffuhr, er, der nicht starb und nicht begraben wurde — Eliahu 2c. 2c.

Der Mann, den man auch den Tischbi nennt — beglücke uns durch ihn mit den tiefen Lehren deines Gesetzes, laß durch seinen Mund uns gute Botschaft hören und führe aus der Finsterniß zum Lichte uns! — Eliahu der Prophet 2c. 2c.

---

[1]) Zum Verständnisse dieses sehr alten Liedes vergleiche man alle Schriftstellen, worin des Eliahu Erwähnung geschieht, als I. Könige

תּוֹצִיאֵנוּ מֵאֲפֵלָה לְאוֹרָה: אליהו. אִישׁ תִּשְׁבִּי תַּצִּילֵנוּ מִפִּי
אֲרָיוֹת. תְּבַשְּׂרֵנוּ בְּשׂוֹרוֹת טוֹבוֹת. תְּשַׂמְּחֵנוּ בָּנִים עַל
אָבוֹת. בְּמוֹצָאֵי שַׁבָּתוֹת: אליהו. כַּכָּתוּב. הִנֵּה אָנֹכִי שֹׁלֵחַ
לָכֶם אֵת אֵלִיָּה הַנָּבִיא לִפְנֵי בּוֹא יוֹם יְיָ הַגָּדוֹל וְהַנּוֹרָא:
וְהֵשִׁיב לֵב אָבוֹת עַל בָּנִים וְלֵב בָּנִים עַל אֲבוֹתָם: אליהו.
אַשְׁרֵי מִי שֶׁרָאָה פָנָיו בַּחֲלוֹם. אַשְׁרֵי מִי שֶׁנָּתַן לוֹ שָׁלוֹם
וְהֶחֱזִיר לוֹ שָׁלוֹם. יְיָ יְבָרֵךְ אֶת־עַמּוֹ בַשָּׁלוֹם:

סדר הבדלה.

מאַן נימט דען ווייןבעכער אין דיזע האַנד אונד ספּריכט:

הִנֵּה אֵל יְשׁוּעָתִי אֶבְטַח וְלֹא אֶפְחָד כִּי עָזִּי וְזִמְרָת
יָהּ יְיָ וַיְהִי־לִי לִישׁוּעָה: וּשְׁאַבְתֶּם מַיִם בְּשָׂשׂוֹן
מִמַּעַיְנֵי הַיְשׁוּעָה: לַיְיָ הַיְשׁוּעָה עַל־עַמְּךָ בִרְכָתֶךָ
סֶּלָה: יְיָ צְבָאוֹת עִמָּנוּ מִשְׂגָּב לָנוּ אֱלֹהֵי יַעֲקֹב סֶלָה:
לַיְּהוּדִים הָיְתָה אוֹרָה וְשִׂמְחָה וְשָׂשׂוֹן וִיקָר: כֵּן
תִּהְיֶה לָּנוּ. כּוֹס יְשׁוּעוֹת אֶשָּׂא וּבְשֵׁם יְיָ אֶקְרָא:

נאָכהער ספּריכט מאַן בייא היינעם בעכער וויין, געווירצע אונד היינער
ברעננענדען קערצע פאָלגענדע לאָבספּריכע:

בָּרוּךְ אַתָּה יְיָ אֱלֹהֵינוּ מֶלֶךְ הָעוֹלָם בּוֹרֵא פְּרִי הַגָּפֶן:

Durch ihn, den Tischbi, errette uns aus der Löwen Rachen, führe das Heil uns zu, erfreuend Kinder sammt den Vätern, mit dem Ausgange des Sabbaths! — Eliahu 2c. 2c.

Wie es heißt: Siehe, ich sende euch den Propheten Eliahu, bevor jener Tag des Ewigen kommt, der große und furchtbare; und zuwenden wird er das Herz der Väter den Kindern und das Herz der Kinder ihren Vätern. — Eliahu 2c. 2c.

Heil dem, der sein Angesicht im Traum gesehen, Heil dem, der den Friedensgruß ihm gab und er Friede ihm erwiederte. — Der Ewige beglücke sein Volk mit Frieden! —

Habdalah.

Man nimmt den Weinbecher in die Hand und spricht:

הנה Siehe, der Allmächtige ist mein Heil, ihm vertraue ich und fürchte nichts! Ja, mein Sieg und Saitenspiel ist Jah, der Ewige; er war mir zur Hülfe. Schöpfet Wasser in Wonne aus den Quellen des Heils! Bei'm Ewigen ist die Hülfe; Dein Segen komme über Dein Volk! Selah. Der Ewige Zebaoth ist mit uns, Jakobs Gott ist unsere Veste! Selah. — Bei den Jehudim war Licht und Freude, Wonne und Herrlichkeit. — So möge es auch bei uns sein! Den Kelch des Heils erhebe ich, und im Namen des Ewigen bete ich an.

Sodann spricht man bei einem Becher Wein, Gewürze und einer brennenden Kerze folgende Lobsprüche:

ברוך Gelobt seist Du, Ewiger, unser Gott, Weltregent, der die Frucht des Weinstocks erschaffen!

היערויף שטעללט מאן דען בעכער צוריק, ניממט דיא געווירצע צור האנד אונד שפריכט, בעפאר מאן דאראן ריעכט:

ברוך אתה יי אלהינו מלך העולם בורא מיני בשמים:

דאן נאהערט מאן דיא הענדע דעם ליכטע אונד שפריכט:

ברוך אתה יי אלהינו מלך העולם בורא מאורי האש:

היערויף ניממט מאן דען וויינבעכער ווידער אין דיא האנד אונד שפריכט:

ברוך אתה יי אלהינו מלך העולם המבדיל בין קדש לחול בין אור לחשך בין ישראל לעמים. בין יום השביעי לששת ימי המעשה. ברוך אתה יי המבדיל בין קדש לחול:

פיוט למוצאי שבת.

סתום בו יצחק הקטן, וכל חרוזיו מסיימים על לשון הכתוב עם מלת לילה.

המבדיל בין קדש לחל. חטאתינו ימחל.
זרענו וכספנו ירבה כחול. וככוכבים בלילה:

יום פנה כצל תמר. אקרא לאל עלי גמר.
אמר שמר. אתא בקר וגם לילה:

צדקתך כהר תבור. על חטאי עבור תעבור.
כיום אתמול כי יעבר. ואשמורה בלילה:

חלפה עונת מנחתי. מי יתן מנוחתי.
יגעתי באנחתי. אשחה בכל לילה:

Hierauf stellt man den Becher zurück, nimmt die Gewürze zur Hand und spricht, bevor man daran riecht:

ברוך Gelobt seist Du, Ewiger, unser Gott, Weltregent, der die verschiedenen Gewürze geschaffen!

Dann nähert man die Hände dem Lichte und spricht:

ברוך Gelobt seist Du, Ewiger, unser Gott, Weltregent, Schöpfer des Feuerstrahls!

Hierauf nimmt man den Weinbecher wieder in die Hand und spricht:

ברוך Gelobt seist Du, Ewiger, unser Gott, Weltregent, der da scheidet zwischen Heilig und Gemein, zwischen Licht und Finsterniß, zwischen Israel und den Völkern, zwischen dem siebenten Tage und den sechs Werktagen; gelobt seist Du, Ewiger, der Du zwischen Heiligem und Gemeinem unterscheidest.

Sabbathausgang.

המבדיל Der das Heilige vom Gemeinen schied, verzeihe unsere Sünden uns, gebe Kinder uns und Reichthum in Menge, gleich dem Sande und den Sternen der Nacht.

Der Tag hat sich gewendet, wie der Palme Schatten, und ich rufe zum Allmächtigen, der über mich beschließt: „Führe doch den Tag herbei, da der Wächter spricht: „Es kommt der Morgen, auch die Nacht!““ [1])

Deine Gerechtigkeit — hoch wie der Tabor-Berg — übergehe huldvoll meine Sünden, wie der gestrige Tag, der vorüber, wie eine Wache in der Nacht!

Verschwunden sind die Zeiten meiner Opfer, ach, wo kommt nun Sühne mir her! Von Seufzen abgemattet, schwimm' ich in Thränen jede Nacht.

[1]) Morgen, d. h. Glückseligkeit für die Frommen; Nacht, d. i. Unglück für die Frevler. S. Targum zu Jes. 21, 12 u. Talm. Sanhedr. 94.

קוֹלִי בַּל יֻנְטַל • פְּתַח לִי שַׁעַר הַמְנֻטָּל •
שֶׁרֹּאשִׁי נִמְלָא טָל • קְוֻצּוֹתַי רְסִיסֵי לָיְלָה:

הֵעָתֵר נוֹרָא וְאָיוֹם • אֲשַׁוֵּעַ תְּנָה פִדְיוֹם •
בְּנֶשֶׁף בְּעֶרֶב יוֹם • בְּאִישׁוֹן לָיְלָה:

קְרָאתִיךָ יָהּ הוֹשִׁיעֵנִי • אֹרַח חַיִּים תּוֹדִיעֵנִי •
מִדַּלָּה תְבַצְּעֵנִי • מִיּוֹם עַד לָיְלָה:

טַהֵר טִנּוּף מַעֲשַׂי • פֶּן יֹאמְרוּ מַכְעִיסַי •
אַיֵּה אֱלוֹהַּ עֹשָׂי • נֹתֵן זְמִרוֹת בַּלָּיְלָה:

נַחְנוּ בְיָדְךָ כַּחֹמֶר • סְלַח נָא עַל קַל וָחֹמֶר •
יוֹם לְיוֹם יַבִּיעַ אֹמֶר • וְלַיְלָה לְלָיְלָה:

זה הרבון כמו שמובא בירושלמי פרק אין עומדין.

רִבּוֹן הָעוֹלָמִים אַב הָרַחֲמִים וְהַסְּלִיחוֹת בְּסִמָּן טוֹב וּבְמַזָּל טוֹב הָחֵל עָלֵינוּ אֶת־(שֵׁשֶׁת) יְמֵי הַמַּעֲשֶׂה הַבָּאִים לִקְרָאתֵנוּ לְשָׁלוֹם. חֲשׂוּכִים מִכָּל־חֵטְא וָפֶשַׁע וּמְנֻקִּים מִכָּל עָוֹן וְאַשְׁמָה וָרֶשַׁע. וּמְדֻבָּקִים בְּתַלְמוּד תּוֹרָה וּבְמַעֲשִׂים טוֹבִים וְתָחָנֵּנוּ דֵּעָה בִּינָה וְהַשְׂכֵּל מֵאִתְּךָ. וְתַשְׁמִיעֵנוּ בָּהֶם שָׂשׂוֹן וְשִׂמְחָה וְלֹא תַעֲלֶה קִנְאָתֵנוּ עַל

So höre doch mein Flehen, laß nicht umsonst es sein! Oeffne die erhabene Pforte mir! denn mein Haupt ist voller Thau, meine Locken voll von den Tropfen der Nacht. [1])

Laß Dich erflehen, Ehrfurchtbarer! wenn ich bete: „Sende Erlösung mir in der Abenddämmerung, in der Dunkelheit der Nacht!"

Ich rufe Dich an, hilf mir, o Gott! zeige mir den Weg zum Leben, nehme mir die Armuth ab, so im Tag, wie in der Nacht!

Laß meine Thaten rein von allen Flecken werden, damit nicht meine Necker sprechen: Wo ist denn Gott, euer Schöpfer, der Jubel tönen läßt in der Nacht?

Thon sind wir nur in Deiner Hand! Um desto eher vergib darum unsere Schwächen uns, und Dein Lob strömt ein Tag dem andern zu und eine Nacht der andern Nacht. —

רבון Herr aller Welten, erbarmungsvoller und verzeihender Vater! laß die uns entgegenkommenden sechs Werktage zum Glücke und zu allem Guten beginnen, frei von jedem Verbrechen und Frevel, rein von jeder Missethat, Schuld und Bosheit, hangend am Gesetze und an guten Werken und begünstigt von Dir mit Erkenntniß, Vernunft und Klugheit! Laß uns an ihnen Wonne und Freude zufließen, und keinen Neid weder bei Andern über uns, noch bei uns über

---

[1]) Siehe Hohesl. 5, 2. nebst Raschi's Kommentar.

מוצאי שבת

לֵב אָדָם וְלֹא קִנְאַת אָדָם תַּעֲלֶה עַל לִבֵּנוּ. מַלְכֵּנוּ אֱלֹהֵינוּ הָאָב הָרַחֲמָן שִׂים בְּרָכָה וּרְוָחָה וְהַצְלָחָה בְּכָל מַעֲשֵׂה יָדֵינוּ, וְכָל הַיּוֹעֵץ עַל עַמְּךָ בֵּית יִשְׂרָאֵל עֵצָה טוֹבָה וּמַחֲשָׁבָה טוֹבָה אַמְּצוֹ וּבָרְכוֹ גַּדְּלוֹ וְקַיֵּם קַיָּם עֲצָתוֹ כַּדָּבָר שֶׁנֶּאֱמַר יִתֶּן לְךָ כִלְבָבֶךָ וְכָל עֲצָתְךָ יְמַלֵּא: וְנֶאֱמַר וְתִגְזַר אֹמֶר וְיָקָם לָךְ וְעַל דְּרָכֶיךָ נָגַהּ אוֹר: וְכָל הַיּוֹעֵץ עָלֵינוּ וְעַל כָּל עַמְּךָ בֵּית יִשְׂרָאֵל עֵצָה שֶׁאֵינָהּ טוֹבָה תּוֹפֵר עֲצָתוֹ כַּדָּבָר שֶׁנֶּאֱמַר יְיָ הֵפִיר עֲצַת גּוֹיִם הֵנִיא מַחְשְׁבוֹת עַמִּים: וְנֶאֱמַר עֻצוּ עֵצָה וְתֻפָר דַּבְּרוּ דָבָר וְלֹא יָקוּם כִּי עִמָּנוּ אֵל: וּפְתַח לָנוּ יְיָ אֱלֹהֵינוּ אַב הָרַחֲמִים אֶרֶץ הַסְּלִיחוֹת בָּזֶה הַשָּׁבוּעַ וּבְכָל שָׁבוּעַ, שַׁעֲרֵי אוֹרָה שַׁעֲרֵי אֹרֶךְ יָמִים וְשָׁנִים שַׁעֲרֵי אֲרִיכַת אַפַּיִם, שַׁעֲרֵי בְרָכָה שַׁעֲרֵי בִינָה, שַׁעֲרֵי גִילָה שַׁעֲרֵי גְדֻלָּה שַׁעֲרֵי גְאֻלָּה שַׁעֲרֵי גְבוּרָה, שַׁעֲרֵי רָצוֹן שַׁעֲרֵי רֵעוּת, שַׁעֲרֵי הוֹד שַׁעֲרֵי הָדָר שַׁעֲרֵי הַצְלָחָה שַׁעֲרֵי הַרְוָחָה, שַׁעֲרֵי וַעַד טוֹב, שַׁעֲרֵי זְרִיזוּת שַׁעֲרֵי זִמְרָה שַׁעֲרֵי זָכִיּוֹת שַׁעֲרֵי זִיו שַׁעֲרֵי זֹהַר תּוֹרָה שַׁעֲרֵי זֹהַר חָכְמָה שַׁעֲרֵי זֹהַר בִּינָה שַׁעֲרֵי זֹהַר דַּעַת, שַׁעֲרֵי חֶדְוָה שַׁעֲרֵי חֶמְלָה שַׁעֲרֵי חֵן וָחֶסֶד שַׁעֲרֵי חַיִּים טוֹבִים שַׁעֲרֵי חָכְמָה, שַׁעֲרֵי טוֹבָה שַׁעֲרֵי טֹהַר, שַׁעֲרֵי יְשׁוּעָה שַׁעֲרֵי יֹשֶׁר, שַׁעֲרֵי כַפָּרָה שַׁעֲרֵי כַלְכָּלָה שַׁעֲרֵי כָבוֹד, שַׁעֲרֵי לִמּוּד, שַׁעֲרֵי

Andere aufkommen! — Unser König und Gott, erbarmungsvoller Vater! verleihe Segen, Gedeihen und Glück der Arbeit unserer Hände! Stärke und segne, erhebe und erhalte Jeden, der zum Wohle Deines Volkes, des Hauses Israel, rathet, und lasse seine Entwürfe zur Ausübung kommen, nach dem Worte, wo es heißt: „Er gewährt dir, was dein Herz begehrt, läßt jeden Rathschlag dir gelingen;" und wie es ferner heißt: „Du beschließt ein Wort und es bestätigt sich dir, auf deinen Wegen strahlet Licht." Jeder Rathschluß aber, der über Dein Volk, das Haus Israel, zum Unheil gefaßt wird, werde zerstört, nach dem Worte, wo es heißt: „Der Ewige zerstört den Rathschluß der Völker, vereitelt die Pläne der Nationen;" und wie es ferner heißt: „Fasset nur Beschluß — er wird zerstört, beredet euch — es gelinget nicht, denn mit uns ist Gott!" — O Ewiger, unser Gott, Vater des Erbarmens und des Verzeihens! öffne uns in dieser, sowie in jeder Woche, die Pforten des Glückes und langen Lebens, des Segens und der Größe, des Friedens und des Heils [1]); wie geschrieben

[1]) Im Texte stehen hier nach alphabetischer Ordnung eine Menge Synonymen, das Glück und den Segen bezeichnend. Um Battologie zu vermeiden, sind dieselben in der Uebersetzung in einige Hauptausdrücke zusammengefaßt worden.

מָזוֹן שַׁעֲרֵי מְנוּחוֹת שַׁעֲרֵי מְחִילוֹת שַׁעֲרֵי מַדָּע. שַׁעֲרֵי נֶחָמָה שַׁעֲרֵי נְקִיּוּת. שַׁעֲרֵי סְלִיחָה שַׁעֲרֵי סִיַּעְתָּא דִשְׁמַיָּא שַׁעֲרֵי עֶזְרָה. שַׁעֲרֵי פְדוּת שַׁעֲרֵי פַּרְנָסָה טוֹבָה. שַׁעֲרֵי צְדָקָה שַׁעֲרֵי צָהֳלָה. שַׁעֲרֵי קְדֻשָּׁה שַׁעֲרֵי קוֹמְמִיּוּת. שַׁעֲרֵי רַחֲמִים שַׁעֲרֵי רָצוֹן שַׁעֲרֵי רְפוּאָה שְׁלֵמָה. שַׁעֲרֵי שָׁלוֹם שַׁעֲרֵי שִׂמְחָה שַׁעֲרֵי שְׁמוּעוֹת טוֹבוֹת שַׁעֲרֵי שַׁלְוָה. שַׁעֲרֵי תוֹרָה שַׁעֲרֵי תְפִלָּה שַׁעֲרֵי תְשׁוּבָה שַׁעֲרֵי תְשׁוּעָה. כְּדִכְתִיב וּתְשׁוּעַת צַדִּיקִים מֵיְיָ מָעוּזָּם בְּעֵת צָרָה: וַיַּעְזְרֵם יְיָ וַיְפַלְּטֵם יְפַלְּטֵם מֵרְשָׁעִים וְיוֹשִׁיעֵם כִּי חָסוּ בוֹ: וְנֶאֱמַר חָשַׂף יְיָ אֶת זְרוֹעַ קָדְשׁוֹ לְעֵינֵי כָּל הַגּוֹיִם וְרָאוּ כָּל אַפְסֵי אָרֶץ אֵת יְשׁוּעַת אֱלֹהֵינוּ: וְנֶאֱמַר קוֹל צֹפַיִךְ נָשְׂאוּ קוֹל יַחְדָּו יְרַנֵּנוּ כִּי עַיִן בְּעַיִן יִרְאוּ בְּשׁוּב יְיָ צִיּוֹן: וְקַיֵּם לָנוּ יְיָ אֱלֹהֵינוּ מִקְרָא שֶׁכָּתוּב מַה נָּאווּ עַל הֶהָרִים רַגְלֵי מְבַשֵּׂר מַשְׁמִיעַ שָׁלוֹם מְבַשֵּׂר טוֹב מַשְׁמִיעַ יְשׁוּעָה אֹמֵר לְצִיּוֹן מָלַךְ אֱלֹהָיִךְ: רִאשׁוֹן לְצִיּוֹן הִנֵּה הִנָּם וְלִירוּשָׁלַיִם מְבַשֵּׂר אֶתֵּן, אָמֵן סֶלָה:

steht: „Heil kommt den Gerechten vom Ewigen, er ist ihre Schutzwehr in der Zeit der Noth; er steht ihnen bei und errettet sie, errettet sie von Frevlern und hilft ihnen, weil sie ihm vertrauen." Ferner heißt es: „Es zeigt der Ewige seine Macht vor den Augen aller Völker, und schauen werden alle Enden der Erde die Hülfe unseres Gottes." Ferner heißt es: „Die Stimme Deiner Wächter, sie erheben die Stimme, jauchzen allesammt, denn augenscheinlich schauen sie, wie der Ewige zurückkehrt nach Zion." — So bestätige uns denn, Ewiger, unser Gott, jenes Schriftwort: „Wie lieblich schallen auf den Bergen die Tritte des Freudenboten: er verkündet Frieden, bringt das Glück, verbreitet Heil, er spricht zu Zion: dein Gott regiert! — Ich bin der Erste, der du Zion spricht: Siehe, da sind sie! bin Jerusalem ein Freudenbote." — Amen Selah.

אַן פסח, שבועות אונד סוכות, פערנער אַן ראש החודש אונד חנוכה פֿלעגט מאַן אונהערגעגעבעט אונמיטטעלבאַר נאָך דער שמונה עשרה זאָגען הלל.

ברוך אתה יי אלהינו מלך העולם אשר קדשנו במצותיו וצונו לקרוא את ההלל:

קיג הללויה ׀ הללו עבדי יי הללו את־שם יי: יהי שם יי מברך מעתה ועד־עולם: ממזרח שמש עד־מבואו מהלל שם יי: רם על־כל גוים ׀ יי על השמים כבודו: מי כיי אלהינו המגביהי לשבת: המשפילי לראות בשמים ובארץ: מקימי מעפר דל מאשפת ירים אביון: להושיבי עם־נדיבים עם נדיבי עמו: מושיבי עקרת הבית אם־הבנים שמחה הללויה:

קיד בצאת ישראל ממצרים בית יעקב מעם לעז: היתה יהודה לקדשו ישראל ממשלותיו: הים ראה וינס הירדן יסב לאחור: ההרים רקדו כאילים גבעות כבני־צאן: מה־לך הים כי תנוס הירדן תסב לאחור: ההרים תרקדו כאילים גבעות כבני־צאן:

An den drei Hauptfesten (Peßach, Schabuoth und Sukoth), ferner an Rosch ha-Chodesch und Chanuka folgt im Morgengebet unmittelbar nach dem Schemone Esre das Hallel.

ברוך Gelobt seist Du, Ewiger, unser Gott, Weltregent, der uns durch seine Gebote geheiligt und uns befohlen hat, das Hallel zu lesen!

(Psalm 113.) Hallelujah! Lobet, ihr Diener des Ewigen, lobet den Namen des Ewigen! Gepriesen sei der Name des Ewigen von nun an bis in Ewigkeit. Vom Sonnenaufgang bis zum Niedergang wird gelobt der Name des Ewigen. Erhaben über alle Völker ist der Ewige, über die Himmel seine Herrlichkeit. Wer ist wie der Ewige, unser Gott? der so hoch thronet, der so tief schauet — im Himmel — auf die Erde? Er richtet auf vom Staube den Armen, erhebt aus der Niedrigkeit den Dürftigen, um ihn zu setzen neben Fürsten, neben Fürsten seines Volkes; er belebt das Haus der Kinderlosen, läßt sie frohe Mutter werden! Hallelujah!

(Psalm 114.) Als Israel zog aus Egypten, Jakobs Haus vom Barbarenvolke, da ward Juda sein Heiligthum, Israel sein Reich. Das Meer sah es und floh, der Jordan wich zurück; die Berge sprangen wie Widder, die Hügel wie junge Lämmer. Was ist dir, o Meer, daß du fliehest? o Jordan, daß du weichest zurück? ihr Berge, daß ihr springet wie Widder? ihr Hügel, wie junge Lämmer? Vor dem

מלפני אדון חולי ארץ מלפני אלוה יעקב: ההפכי הצור אגם מים חלמיש למעינו מים:

אין ר״ח, אונד אין פסח פאן דריטטען טאגע אן, ווירד לא לנו ניכט געבעטעט.

קטו לא לנו יהוה לא לנו כי לשמך תן כבוד על חסדך על אמתך: למה יאמרו הגוים איה נא אלהיהם: ואלהינו בשמים כל אשר חפץ עשה: עצביהם כסף וזהב מעשה ידי אדם: פה להם ולא ידברו עינים להם ולא יראו: אזנים להם ולא ישמעו אף להם ולא יריחון: ידיהם ולא ימישון רגליהם ולא יהלכו לא יהגו בגרונם: כמוהם יהיו עשיהם כל אשר בטח בהם: ישראל בטח ביהוה עזרם ומגנם הוא: בית אהרן בטחו ביהוה עזרם ומגנם הוא: יראי יהוה בטחו ביהוה עזרם ומגנם הוא:

יי זכרנו יברך יברך את בית ישראל יברך את בית אהרן: יברך יראי יי הקטנים עם הגדלים: יסף יי עליכם עליכם ועל בניכם: ברוכים אתם ליי עשה שמים וארץ: השמים שמים ליי והארץ נתן לבני אדם: לא המתים יהללו יה ולא כל ירדי דומה: ואנחנו נברך יה מעתה ועד עולם הללויה:

Herrn erbebe, o Erde, vor dem Gotte Jakobs, der den Felsen verwandelt in Wasserteich, Kieselstein in Wasserquellen!

Am Rosch ha-Chodesch, und am Peßach vom dritten Tage an, wird Folgendes nicht gebetet.

(Psalm 115.) Nicht uns, o Ewiger! nicht uns, sondern Deinem Namen gib die Ehre, um Deiner Güte, um Deiner Treue willen! Warum sollen die Völker sprechen: Wo ist nun ihr Gott? Und unser Gott ist im Himmel! Alles, was er will, vollbringt er! — Ihre Götzen aber sind Silber und Gold, Werk von Menschenhänden. Sie haben einen Mund und reden nicht, haben Augen und sehen nicht, haben Ohren und hören nicht, haben eine Nase und riechen nicht. Da sind ihre Hände, doch sie tasten nicht, ihre Füße, doch sie gehen nicht; auch kein Laut kommt aus ihrer Kehle! Ihnen gleich sind ihre Bildner, Alle, die auf sie vertrauen! — Israel, vertraue auf den Ewigen! ihr Schirm und ihr Schild ist Er. Haus Aharon, vertraue auf den Ewigen! ihr Schirm und ihr Schild ist Er. Ihr Gottesverehrer vertrauet auf den Ewigen! ihr Schirm und ihr Schild ist Er!

יי זכרנו Der Ewige gedenket unser; Er segnet! er segnet das Haus Israel, segnet das Haus Aharon, segnet die Gottesverehrer, die Kleinen mit den Großen. Der Ewige vermehre euch, euch und eure Kinder! Gesegnet seiet dem Ewigen, dem Schöpfer des Himmels und der Erde! Die Himmel sind des Ewigen Himmel, doch die Erde gab er Menschenkindern. Nicht die Todten preisen den Herrn, auch nicht jene, die sinken in Grabesstille; wir aber preisen ihn, den Herrn, von nun an bis in Ewigkeit! Hallelujah!

אַן ר״ח, אונד אַן פסח פֿאָם דריטטען טאָגע אַן, ווירד אהבתי ניכט געבעטעט.

קטז אָהַבְתִּי כִּי־יִשְׁמַע ׀ יְיָ אֶת־קוֹלִי תַּחֲנוּנָי׃ כִּי־הִטָּה אָזְנוֹ לִי וּבְיָמַי אֶקְרָא׃ אֲפָפוּנִי ׀ חֶבְלֵי־מָוֶת וּמְצָרֵי שְׁאוֹל מְצָאוּנִי צָרָה וְיָגוֹן אֶמְצָא׃ וּבְשֵׁם־יְיָ אֶקְרָא אָנָּה יְיָ מַלְּטָה נַפְשִׁי׃ חַנּוּן יְיָ וְצַדִּיק וֵאלֹהֵינוּ מְרַחֵם׃ שֹׁמֵר פְּתָאִים יְיָ דַּלֹּתִי וְלִי יְהוֹשִׁיעַ׃ שׁוּבִי נַפְשִׁי לִמְנוּחָיְכִי כִּי־יְיָ גָּמַל עָלָיְכִי׃ כִּי חִלַּצְתָּ נַפְשִׁי מִמָּוֶת אֶת־עֵינִי מִן־דִּמְעָה אֶת־רַגְלִי מִדֶּחִי׃ אֶתְהַלֵּךְ לִפְנֵי יְיָ בְּאַרְצוֹת הַחַיִּים׃ הֶאֱמַנְתִּי כִּי אֲדַבֵּר אֲנִי עָנִיתִי מְאֹד׃ אֲנִי אָמַרְתִּי בְחָפְזִי כָּל־הָאָדָם כֹּזֵב׃

מָה־אָשִׁיב לַייָ כָּל־תַּגְמוּלוֹהִי עָלָי׃ כּוֹס־יְשׁוּעוֹת אֶשָּׂא וּבְשֵׁם יְיָ אֶקְרָא׃ נְדָרַי לַייָ אֲשַׁלֵּם נֶגְדָה־נָּא לְכָל־עַמּוֹ׃ יָקָר בְּעֵינֵי יְיָ הַמָּוְתָה לַחֲסִידָיו׃ אָנָּה יְיָ כִּי־אֲנִי עַבְדֶּךָ אֲנִי עַבְדְּךָ בֶּן־אֲמָתֶךָ פִּתַּחְתָּ לְמוֹסֵרָי׃ לְךָ־אֶזְבַּח זֶבַח תּוֹדָה וּבְשֵׁם יְיָ אֶקְרָא׃ נְדָרַי לַייָ אֲשַׁלֵּם נֶגְדָה־נָּא לְכָל־עַמּוֹ׃ בְּחַצְרוֹת ׀ בֵּית יְיָ בְּתוֹכֵכִי יְרוּשָׁלָיִם הַלְלוּיָהּ׃

קיז הַלְלוּ אֶת־יְיָ כָּל־גּוֹיִם שַׁבְּחוּהוּ כָּל־הָאֻמִּים׃ כִּי גָבַר עָלֵינוּ ׀ חַסְדּוֹ וֶאֱמֶת־יְיָ לְעוֹלָם הַלְלוּיָהּ׃

An Rosch ha-Chodesch, und am Peßach vom dritten Tage an, wird Folgendes nicht gebetet.

(Psalm 116.) Lieb ist's mir, daß der Ewige meine Stimme, mein Flehen erhört. Er hat sein Ohr mir zugeneigt, nun ruf' ich ihn an, so lange ich lebe. Umringen mich des Todes Stricke, ergreifet mich die Angst der Hölle, drücken mich Jammer und Noth — so rufe ich an des Ewigen Namen: „Ach Ewiger, rette meine Seele!" Gnädig ist der Ewige und gerecht, unser Gott erbarmungsreich. Die Einfalt beschirmet der Ewige; elend war ich, doch er half mir aus. Kehre wieder, meine Seele, zu deiner Ruhe; denn der Ewige will wohl dir thun! Du befreist vom Tode meine Seele, mein Aug' von Thränen, meinen Fuß vom Gleiten; so wandl' ich vor dem Ew'gen noch im Lande der Lebendigen. Ich vertraue, wenn ich auch rede: ich bin sehr gebeugt! Ach, ich sprach in meinem Zagen: vergänglich Wesen ist der Mensch!

מה Wie soll ich nun dem Ewigen vergelten alle Wohlthaten, die er mir erzeigt? — Den Kelch des Heils erhebe ich, und im Namen des Ewigen bete ich an. Meine Gelübde bezahl' ich dem Ewigen, im Beisein seines ganzen Volkes! Theuer erscheint in den Augen des Ewigen der Tod seiner Frommen! Ach Ewiger, ich, Dein Knecht, Sohn Deiner Magd, dem Du die Fesseln löstest, Dankopfer bring' ich Dir, und im Namen des Ewigen bete ich an. Meine Gelübde bezahl' ich dem Ewigen, im Beisein seines ganzen Volkes, in den Höfen des Tempels des Ewigen, in deiner Mitte, o Jerusalem! Hallelujah!

(Psalm 117.) Lobet den Ewigen, ihr Völker alle! preiset ihn, ihr Nationen insgesammt! Denn mächtig waltet über uns seine Güte, und die Treue des Herrn in Ewigkeit! Hallelujah!

קיח

ס׳ הוֹדוּ לַיְיָ כִּי־טוֹב כִּי לְעוֹלָם חַסְדּוֹ: ק׳ הודו

ס׳ יֹאמַר־נָא יִשְׂרָאֵל כִּי לְעוֹלָם חַסְדּוֹ: ק׳ הודו

ס׳ יֹאמְרוּ־נָא בֵית־אַהֲרֹן כִּי לְעוֹלָם חַסְדּוֹ: ק׳ הודו

ס׳ יֹאמְרוּ־נָא יִרְאֵי יְיָ כִּי לְעוֹלָם חַסְדּוֹ: ק׳ הודו

מִן־הַמֵּצַר קָרָאתִי יָּהּ עָנָנִי בַמֶּרְחַבְיָהּ: יְיָ לִי לֹא
אִירָא מַה־יַּעֲשֶׂה לִי אָדָם: יְיָ לִי בְּעֹזְרָי וַאֲנִי
אֶרְאֶה בְשֹׂנְאָי: טוֹב לַחֲסוֹת בַּייָ מִבְּטֹחַ בָּאָדָם:
טוֹב לַחֲסוֹת בַּייָ מִבְּטֹחַ בִּנְדִיבִים: כָּל־גּוֹיִם
סְבָבוּנִי בְּשֵׁם יְיָ כִּי אֲמִילַם: סַבּוּנִי גַם־סְבָבוּנִי
בְּשֵׁם יְיָ כִּי אֲמִילַם: סַבּוּנִי כִדְבֹרִים דֹּעֲכוּ כְּאֵשׁ
קוֹצִים בְּשֵׁם יְיָ כִּי אֲמִילַם: דַּחֹה דְחִיתַנִי לִנְפֹּל
וַייָ עֲזָרָנִי: עָזִּי וְזִמְרָת יָהּ וַיְהִי־לִי לִישׁוּעָה: קוֹל
רִנָּה וִישׁוּעָה בְּאָהֳלֵי צַדִּיקִים יְמִין יְיָ עֹשָׂה חָיִל:
יְמִין יְיָ רוֹמֵמָה יְמִין יְיָ עֹשָׂה חָיִל: לֹא אָמוּת כִּי
אֶחְיֶה וַאֲסַפֵּר מַעֲשֵׂי יָהּ: יַסֹּר יִסְּרַנִּי יָּהּ וְלַמָּוֶת
לֹא נְתָנָנִי: פִּתְחוּ־לִי שַׁעֲרֵי־צֶדֶק אָבֹא בָם
אוֹדֶה יָהּ: זֶה־הַשַּׁעַר לַייָ צַדִּיקִים יָבֹאוּ בוֹ:
אוֹדְךָ כִּי עֲנִיתָנִי וַתְּהִי־לִי לִישׁוּעָה: אודך

(Psalm 118.) Danket dem Ewigen, denn er ist freundlich,
ewig währet seine Güte!
So singe Israel: ewig währet seine Güte!
So singe Aharons Haus: ewig währet seine Güte!
So singen, die den Ewigen verehren: ewig währet seine Güte!

מן In der Enge rief ich die Gottheit an; der Gottheit Antwort schuf mir Raum. Der Ewige ist mit mir, ich fürchte nichts; was kann ein Mensch mir thun? Der Ewige ist unter meinen Helfern; das werde ich gewahr an meinen Feinden! Besser ist's, auf den Ewigen vertrauen, als auf Menschen sich verlassen; besser ist's, auf den Ewigen vertrauen, als auf Fürsten sich verlassen. Laß alle Völker mich umringen; bei'm Ewigen, ich zerhaue sie! hier umringen, dort umringen; bei'm Ewigen, ich zerhaue sie! wie Bienen umschwärmen, wie Dornenflamm' umlodern; bei'm Ewigen, ich zerhaue sie! Wenn Alles zustürmt, mich zu stürzen, der Ewige steht mir bei. Er ist mein Sieg, mein Saitenspiel, er ward mir zum Triumph! Freudenruf, Siegeslied erschallt in den Zelten der Gerechten: „Die Rechte des Ewigen erkämpft den Sieg — die Rechte des Ewigen, erhaben — die Rechte des Ewigen erkämpft den Sieg!" Nein, noch sterb' ich nicht! ich lebe, erzähle die Thaten der Gottheit! züchtigen will mich nur die Gottheit, überläßt mich nicht dem Tode. Oeffnet mir die Pforten des Heiles, da ziehe ich ein, danke dem Herrn. „Diese Pforte ist des Ewigen, die Gerechten ziehen hinein!" Ich danke Dir, daß Du mich gezüchtigt und wieder Hülfe mir erzeigst. „Der Stein, den die

אֶבֶן מָאֲסוּ הַבּוֹנִים הָיְתָה לְרֹאשׁ פִּנָּה: אבן
מֵאֵת יְיָ הָיְתָה זֹּאת הִיא נִפְלָאת בְּעֵינֵינוּ: מאת
זֶה הַיּוֹם עָשָׂה יְיָ נָגִילָה וְנִשְׂמְחָה בוֹ: זה

החזן מתחיל אנא והקהל עונים.
אָנָּא יְיָ הוֹשִׁיעָה נָּא
אָנָּא יְיָ הַצְלִיחָה נָּא:

החזן חוזר ומתחיל אנא והקהל עונים.
אָנָּא יְיָ הוֹשִׁיעָה נָּא
אָנָּא יְיָ הַצְלִיחָה נָּא:

בָּרוּךְ הַבָּא בְּשֵׁם יְיָ בֵּרַכְנוּכֶם מִבֵּית יְיָ: ברוך
אֵל יְיָ וַיָּאֶר לָנוּ אִסְרוּ חַג בַּעֲבֹתִים עַד קַרְנוֹת
הַמִּזְבֵּחַ: א אֵלִי אַתָּה וְאוֹדֶךָּ אֱלֹהַי אֲרוֹמְמֶךָּ: א
הוֹדוּ לַייָ כִּי טוֹב כִּי לְעוֹלָם חַסְדּוֹ: הודו

יְהַלְלוּךָ יְיָ אֱלֹהֵינוּ (עַל) כָּל מַעֲשֶׂיךָ · וַחֲסִידֶיךָ צַדִּיקִים עוֹשֵׂי רְצוֹנֶךָ וְכָל עַמְּךָ בֵּית יִשְׂרָאֵל בְּרִנָּה יוֹדוּ וִיבָרְכוּ וִישַׁבְּחוּ וִיפָאֲרוּ וִירוֹמְמוּ וְיַעֲרִיצוּ וְיַקְדִּישׁוּ וְיַמְלִיכוּ אֶת שִׁמְךָ מַלְכֵּנוּ כִּי לְךָ טוֹב לְהוֹדוֹת וּלְשִׁמְךָ נָאֶה לְזַמֵּר כִּי מֵעוֹלָם וְעַד עוֹלָם אַתָּה אֵל · בָּרוּךְ אַתָּה יְיָ מֶלֶךְ מְהֻלָּל בַּתִּשְׁבָּחוֹת:

דער חזן שפריכט קדיש; היערויף פֿאָרלעזונג אויס דער תורה. דיא דערזעלבען פֿאָראַנגעהענדען אונד פֿאָלגענדען געבעטע ביים אויס- אונד איינהעבען דער תורה פֿיר שבת אונד יום טוב זיהע זייטע 224, פֿיר וואָכענטאַגע זייטע 114.

Bauleute verwarfen, er ist zum Eckstein worden!" Das ist vom Ewigen geschehen, wunderbar ist's in unsern Augen! „Diesen Tag gab uns der Ewige, laßt uns ihn feiern mit Wonnegesang!"

Ach Ewiger, o, steh uns bei!
Ach Ewiger, o, steh uns bei!
Ach Ewiger, schenk Wohlgelingen!
Ach Ewiger, schenk Wohlgelingen!

ברוך „Willkommen im Namen des Ewigen! Wir aus des Ewigen Tempel grüßen: Willkommen! Gott, der Ewige, läßt uns sein Antlitz leuchten! führt her das Opfer, mit Myrthen gebunden, hieher, bis an die Hörner des Altars!" Mein Gott bist Du, Dir will ich danken! mein Gott, Dich will ich erheben. Danket dem Ewigen, denn er ist freundlich, ewig währet seine Güte.

יהללוך Es lobpreisen Dich, Ewiger, unser Gott, Deine Werke alle; und Deine Frommen, die Gerechten, die Deinen Willen üben, sowie Dein ganzes Volk, das Haus Israel, sie danken und loben, preisen und rühmen, erheben und verehren, heiligen und verherrlichen in Jubel Deinen Namen, unser König! — Denn schön ist es, Dir zu danken, und herrlich Deinem Namen zu lobsingen; denn von Ewigkeit zu Ewigkeit bist Du Gott! Gelobt seist Du, Ewiger! König, gepriesen durch Lobgesänge.

Der Vorbeter spricht Kaddisch; hierauf Vorlesung aus der Thora. Die derselben vorangehenden und folgenden Gebete bei'm Aus- und Einheben der Thora für Sabbath und Festtage siehe oben S. 225, für Wochentage S. 115.

אֲדֹנָי שְׂפָתַי תִּפְתָּח וּפִי יַגִּיד תְּהִלָּתֶךָ:

בָּרוּךְ אַתָּה יְיָ אֱלֹהֵינוּ וֵאלֹהֵי אֲבוֹתֵינוּ אֱלֹהֵי
אַבְרָהָם אֱלֹהֵי יִצְחָק וֵאלֹהֵי יַעֲקֹב הָאֵל הַגָּדוֹל
הַגִּבּוֹר וְהַנּוֹרָא אֵל עֶלְיוֹן גּוֹמֵל חֲסָדִים טוֹבִים
וְקוֹנֵה הַכֹּל וְזוֹכֵר חַסְדֵי אָבוֹת וּמֵבִיא גוֹאֵל לִבְנֵי
בְנֵיהֶם לְמַעַן שְׁמוֹ בְּאַהֲבָה. מֶלֶךְ עוֹזֵר וּמוֹשִׁיעַ
וּמָגֵן. בָּרוּךְ אַתָּה יְיָ מָגֵן אַבְרָהָם:

אַתָּה גִבּוֹר לְעוֹלָם אֲדֹנָי מְחַיֵּה מֵתִים אַתָּה רַב
לְהוֹשִׁיעַ. אין ווינטער: מַשִּׁיב הָרוּחַ וּמוֹרִיד הַגָּשֶׁם:
מְכַלְכֵּל חַיִּים בְּחֶסֶד מְחַיֵּה מֵתִים בְּרַחֲמִים
רַבִּים סוֹמֵךְ נוֹפְלִים וְרוֹפֵא חוֹלִים וּמַתִּיר
אֲסוּרִים וּמְקַיֵּם אֱמוּנָתוֹ לִישֵׁנֵי עָפָר. מִי כָמוֹךָ
בַּעַל גְּבוּרוֹת וּמִי דּוֹמֶה לָּךְ מֶלֶךְ מֵמִית וּמְחַיֶּה
וּמַצְמִיחַ יְשׁוּעָה. וְנֶאֱמָן אַתָּה לְהַחֲיוֹת מֵתִים.
בָּרוּךְ אַתָּה יְיָ מְחַיֵּה הַמֵּתִים:

נקדש א״ז״וו זיעהע זייטע 80.

(Das Mussafgebet für Sabbath Rosch ha-Chodesch siehe S. 247.)

Herr, öffne meine Lippen, und mein Mund verkünde Deinen Ruhm!

ברוך Gelobt seist Du, Ewiger, unser Gott und Gott unserer Väter, Gott Abrahams, Gott Isaaks und Gott Jakobs; großer, mächtiger und furchtbarer Gott! Herr in den Höhen! der Wohlthaten erzeiget in Güte, als Eigenthümer des Weltalls, der gedenket der Frömmigkeit der Urväter, und ihren spätesten Enkeln einen Erlöser bringet, um seines Namens willen, in Liebe! König, Helfer, Retter und Schild! Gelobt seist Du, Ewiger, Schild Abrahams!

אתה Mächtig bist Du in Ewigkeit, o Herr! Du belebst die Todten wieder, mächtiger Retter!

Im Winter wird Folgendes eingeschaltet:

(משיב Der dem Winde zu wehen und dem Regen zu fallen gebeut.)

מכלכל Deine Gnade ernährt die Lebenden, Deine unendliche Barmherzigkeit läßt die Todten wieder aufleben! Du bist der Wankenden Stütze, der Kranken Heil und Befreier der Gefesselten! Du hältst treulich Deine Zusage Jenen, die in der Erde schlummern! Wer ist wie Du, allmächtiger Gott! Wer ist Dir ähnlich? König, der da tödtet und wieder belebet und Heil aufkeimen läßt. Deiner Verheißung getreu, belebst Du einst die Todten wieder! Gelobt seist Du, Ewiger, der die Todten belebt!

(Die Keduscha siehe Seite 81.)

אַתָּה קָדוֹשׁ וְשִׁמְךָ קָדוֹשׁ וּקְדוֹשִׁים בְּכָל־יוֹם יְהַלְלוּךָ סֶּלָה. בָּרוּךְ אַתָּה יְיָ הָאֵל הַקָּדוֹשׁ:

רָאשֵׁי חֳדָשִׁים לְעַמְּךָ נָתַתָּ. זְמַן כַּפָּרָה לְכָל תּוֹלְדוֹתָם. בִּהְיוֹתָם מַקְרִיבִים לְפָנֶיךָ זִבְחֵי רָצוֹן וּשְׂעִירֵי חַטָּאת לְכַפֵּר בַּעֲדָם. זִכָּרוֹן לְכֻלָּם יִהְיוּ. וּתְשׁוּעַת נַפְשָׁם מִיַּד שׂוֹנֵא: מִזְבֵּחַ חָדָשׁ בְּצִיּוֹן תָּכִין. וְעוֹלַת רֹאשׁ חֹדֶשׁ נַעֲלֶה עָלָיו וּשְׂעִירֵי עִזִּים נַעֲשֶׂה בְרָצוֹן. וּבַעֲבוֹדַת בֵּית הַמִּקְדָּשׁ נִשְׂמַח כֻּלָּנוּ. וּבְשִׁירֵי דָוִד עַבְדְּךָ הַנִּשְׁמָעִים בְּעִירֶךָ. הָאֲמוּרִים לִפְנֵי מִזְבְּחֶךָ. אַהֲבַת עוֹלָם תָּבִיא לָהֶם. וּבְרִית אָבוֹת לַבָּנִים תִּזְכּוֹר: וַהֲבִיאֵנוּ לְצִיּוֹן עִירְךָ בְּרִנָּה וְלִירוּשָׁלַיִם בֵּית מִקְדָּשְׁךָ בְּשִׂמְחַת עוֹלָם. וְשָׁם נַעֲשֶׂה לְפָנֶיךָ אֶת־קָרְבְּנוֹת חוֹבוֹתֵינוּ תְּמִידִים כְּסִדְרָם וּמוּסָפִים כְּהִלְכָתָם: וְאֶת־מוּסַף יוֹם רֹאשׁ הַחֹדֶשׁ הַזֶּה נַעֲשֶׂה וְנַקְרִיב לְפָנֶיךָ בְּאַהֲבָה.

אתה Du bist heilig, heilig ist Dein Name, und Heilige preisen Dich täglich! Selah! Gelobt seist Du, Ewiger, heiliger Gott!

ראשי חדשים Der Monate Beginn hast Du Deinem Volke eingesetzt als Zeit der Sühne für all' ihre Nachkommen. Indem sie Dir darbrachten wohlgefällige Opfer und Sündenböcke zu ihrer Versöhnung, wurde ihrer gedacht und ihre Seele aus des Feindes Hand gerettet[1]). Einen neuen Altar wirst Du einst in Zion errichten, auf dem wir die Ganzopfer für den Monatsbeginn werden aufsteigen lassen, und Ziegenböcke wollen wir wohlgefällig zubereiten und an dem Dienste im heiligen Tempel uns Alle freuen, und durch die Lieder Deines Knechtes David, die in Deiner Stadt gehört und vor Deinem Altare abgesungen wurden, wirst Du ihnen ewige Liebe zuwenden und der Väter Bund den Söhnen gedenken. O, führe uns wieder nach Deiner Stadt Zion in Wonne und nach Jerusalem, dem Wohnorte Deines Heiligthums, in ewiger Freude! Dort wollen wir Dir unsere pflichtgemäßen Opfer zubereiten, die alltägigen nach ihrer Ordnung und die Mussafopfer nach ihrer Vorschrift; das Mussafopfer dieses ersten Tages des Monats wollen wir in Liebe zubereiten und

[1]) Der Feind, das ist der Trieb zum Bösen.

בְּמִצְוַת רְצוֹנֶךָ כְּמוֹ שֶׁכָּתַבְתָּ עָלֵינוּ בְּתוֹרָתֶךָ· עַל־יְדֵי מֹשֶׁה עַבְדֶּךָ מִפִּי כְבוֹדֶךָ כָּאָמוּר:

וּבְרָאשֵׁי חָדְשֵׁיכֶם תַּקְרִיבוּ עֹלָה לַיְיָ פָּרִים בְּנֵי־בָקָר שְׁנַיִם וְאַיִל אֶחָד כְּבָשִׂים בְּנֵי־שָׁנָה שִׁבְעָה תְּמִימִם: וּמִנְחָתָם וְנִסְכֵּיהֶם כִּמְדֻבָּר שְׁלֹשָׁה עֶשְׂרֹנִים לַפָּר וּשְׁנֵי עֶשְׂרֹנִים לָאַיִל וְעִשָּׂרוֹן לַכֶּבֶשׂ וְיַיִן כְּנִסְכּוֹ וְשָׂעִיר לְכַפֵּר וּשְׁנֵי תְמִידִים כְּהִלְכָתָם:

אֱלֹהֵינוּ וֵאלֹהֵי אֲבוֹתֵינוּ· חַדֵּשׁ עָלֵינוּ אֶת־הַחֹדֶשׁ הַזֶּה· לְטוֹבָה וְלִבְרָכָה· לְשָׂשׂוֹן וּלְשִׂמְחָה· לִישׁוּעָה וּלְנֶחָמָה· לְפַרְנָסָה וּלְכַלְכָּלָה· לְחַיִּים וּלְשָׁלוֹם· לִמְחִילַת חֵטְא· וְלִסְלִיחַת עָוֹן (בשנת העבור וּלְכַפָּרַת פָּשַׁע)· כִּי־בְעַמְּךָ יִשְׂרָאֵל בָּחַרְתָּ מִכָּל הָאֻמּוֹת· וְחֻקֵּי רָאשֵׁי חֳדָשִׁים לָהֶם קָבָעְתָּ· בָּרוּךְ אַתָּה יְיָ מְקַדֵּשׁ יִשְׂרָאֵל וְרָאשֵׁי חֳדָשִׁים:

Dir darbringen nach dem Gebote Deines Willens, so wie Du es in Deiner Thora durch Deinen Diener Mosche aus dem Munde Deiner Herrlichkeit hast niederschreiben lassen, wie es heißt:

ובראשי „Am Anfang euerer Monate bringt ihr als Ganzopfer dar dem Ewigen zu Ehren zwei junge Stiere, einen Widder, sieben jährige Lämmer ohne Fehler. Dazu ihr Mehl- und Trankopfer, wie vorgeschrieben: drei Zehntel zu jedem Stiere, zwei Zehntel zu jedem Widder, ein Zehntel zu jedem Schafe; Wein zum Trankopfer, einen Bock zur Versöhnung und die zwei täglichen Opfer nach ihrer Vorschrift."

אלהינו Unser Gott und Gott unserer Väter, erneuere uns diesen Monat zum Glück und zum Segen, zur Wonne und zur Freude, zum Heil und zum Trost, zur Ernährung und zur Erhaltung, zum Leben und zum Frieden, zur Verzeihung der Sünde und zur Vergebung der Schuld (und zur Sühne der Missethat)! Denn Dein Volk Israel hast Du vor allen Völkern erwählt und ihm die Satzungen der Neumonde festgestellt. Gelobt seist Du, Ewiger, der heiligt Israel und die Neumonde!

(Die Uebersetzung von רצה ꝛc. siehe S. 89.)

רצה יי אלהינו בעמך ישראל ובתפלתם. והשב את העבודה לדביר ביתך ואשי ישראל ותפלתם באהבה תקבל ברצון ותהי לרצון תמיד עבודת ישראל עמך.

ותחזינה עינינו בשובך לציון ברחמים. ברוך אתה יי המחזיר שכינתו לציון:

מודים אנחנו לך שאתה הוא יי אלהינו ואלהי אבותינו לעולם ועד צור חיינו מגן ישענו. אתה הוא לדור ודור נודה לך ונספר תהלתך. על חיינו המסורים בידך ועל נשמותינו הפקודות לך ועל נסיך שבכל יום עמנו ועל נפלאותיך וטובותיך שבכל עת ערב ובקר וצהרים. הטוב כי לא כלו רחמיך והמרחם כי לא תמו חסדיך מעולם קוינו לך:

מודים דרבנן.

מודים אנחנו לך שאתה הוא יי אלהינו ואלהי אבותינו אלהי כל בשר יוצרנו יוצר בראשית ברכות והודאות לשמך הגדול והקדוש על שהחייתנו וקימתנו כן תחינו ותקימנו ותאסוף גליותינו לחצרות קדשך לשמור חקיך ולעשות רצונך ולעבדך בלבב שלם על שאנחנו מודים לך. ברוך אל ההודאות:

אין חנוכה ווירד היער על הנסים (זייטע 92) איינגעשאלטעט.

ועל כלם יתברך ויתרומם שמך מלכנו תמיד לעולם ועד: וכל החיים יודוך סלה ויהללו את שמך באמת האל ישועתנו ועזרתנו סלה. ברוך אתה יי הטוב שמך ולך נאה להודות:

ש"ץ א"ו אבותינו ברכנו בברכה המשלשת בתורה הכתובה על ידי משה

עַבְדֶּךָ הָאֲמוּרָה מִפִּי אַהֲרֹן וּבָנָיו כֹּהֲנִים עַם קְדוֹשֶׁךָ כָּאָמוּר: יְבָרֶכְךָ יְיָ
וְיִשְׁמְרֶךָ: יָאֵר יְיָ פָּנָיו אֵלֶיךָ וִיחֻנֶּךָּ: יִשָּׂא יְיָ פָּנָיו אֵלֶיךָ וְיָשֵׂם לְךָ שָׁלוֹם:

שִׂים שָׁלוֹם טוֹבָה וּבְרָכָה חֵן וָחֶסֶד וְרַחֲמִים עָלֵינוּ וְעַל
כָּל־יִשְׂרָאֵל עַמֶּךָ בָּרְכֵנוּ אָבִינוּ כֻּלָּנוּ כְּאֶחָד בְּאוֹר פָּנֶיךָ כִּי
בְאוֹר פָּנֶיךָ נָתַתָּ לָּנוּ יְיָ אֱלֹהֵינוּ תּוֹרַת חַיִּים וְאַהֲבַת חֶסֶד
וּצְדָקָה וּבְרָכָה וְרַחֲמִים וְחַיִּים וְשָׁלוֹם וְטוֹב בְּעֵינֶיךָ לְבָרֵךְ
אֶת־עַמְּךָ יִשְׂרָאֵל בְּכָל־עֵת וּבְכָל־שָׁעָה בִּשְׁלוֹמֶךָ·
בָּרוּךְ אַתָּה יְיָ הַמְבָרֵךְ אֶת־עַמּוֹ יִשְׂרָאֵל בַּשָּׁלוֹם:

אֱלֹהַי נְצוֹר לְשׁוֹנִי מֵרָע וּשְׂפָתַי מִדַּבֵּר מִרְמָה וְלִמְקַלְלַי
נַפְשִׁי תִדּוֹם וְנַפְשִׁי כֶּעָפָר לַכֹּל תִּהְיֶה: פְּתַח לִבִּי בְּתוֹרָתֶךָ
וּבְמִצְוֹתֶיךָ תִּרְדּוֹף נַפְשִׁי וְכֹל הַחוֹשְׁבִים עָלַי רָעָה מְהֵרָה
הָפֵר עֲצָתָם וְקַלְקֵל מַחֲשַׁבְתָּם· עֲשֵׂה לְמַעַן שְׁמֶךָ· עֲשֵׂה
לְמַעַן יְמִינֶךָ· עֲשֵׂה לְמַעַן קְדֻשָּׁתֶךָ· עֲשֵׂה לְמַעַן תּוֹרָתֶךָ·
לְמַעַן יֵחָלְצוּן יְדִידֶיךָ הוֹשִׁיעָה יְמִינְךָ וַעֲנֵנִי: יִהְיוּ לְרָצוֹן
אִמְרֵי־פִי וְהֶגְיוֹן לִבִּי לְפָנֶיךָ יְיָ צוּרִי וְגֹאֲלִי: עֹשֶׂה שָׁלוֹם
בִּמְרוֹמָיו הוּא יַעֲשֶׂה שָׁלוֹם עָלֵינוּ וְעַל כָּל יִשְׂרָ׳ וְאִמְרוּ אָמֵן:

יְהִי רָצוֹן לְפָנֶיךָ יְיָ אֱלֹהֵינוּ וֵאלֹהֵי אֲבוֹתֵינוּ שֶׁיִּבָּנֶה
בֵּית הַמִּקְדָּשׁ בִּמְהֵרָה בְיָמֵינוּ וְתֵן חֶלְקֵנוּ בְּתוֹרָתֶךָ:

ושם נעבדך ביראה כימי עולם וכשנים קדמוניות
וערבה ליי מנחת יהודה וירושלים כימי עולם וכשנים קדמוניות:

וועון חיין ערב יום טוב חויף חיינען מיטטוואָך אָדער דאָננערזטאַג פֿאַלט, זאָ ווירד דעז אַבענדז, פֿאָר דעם איינגאַנג דעז יום טוב, ערוב תבשילין געמאַכט, וואָביי פֿאָלגענדעז געשפּראָכען ווירד:

בָּרוּךְ אַתָּה יְיָ אֱלֹהֵינוּ מֶלֶךְ הָעוֹלָם אֲשֶׁר קִדְּשָׁנוּ בְּמִצְוֹתָיו וְצִוָּנוּ עַל מִצְוַת עֵרוּב:

בַּהֲדֵין עֵרוּבָא יְהֵא שָׁרֵא לָנָא לְמֵיפָא וּלְבַשָּׁלָא וּלְאַטְמָנָא וּלְאַדְלָקָא שְׁרָגָא וּלְמֶעְבַּד כָּל־צָרְכָּנָא מִיּוֹמָא טָבָא לְשַׁבְּתָא לָנוּ וּלְכָל־הַדָּרִים בָּעִיר הַזֹּאת:

סדר התפלה לשלשת הרגלים·

אֲדֹנָי שְׂפָתַי תִּפְתָּח וּפִי יַגִּיד תְּהִלָּתֶךָ:

בָּרוּךְ אַתָּה יְיָ אֱלֹהֵינוּ וֵאלֹהֵי אֲבוֹתֵינוּ אֱלֹהֵי אַבְרָהָם אֱלֹהֵי יִצְחָק וֵאלֹהֵי יַעֲקֹב הָאֵל הַגָּדוֹל הַגִּבּוֹר וְהַנּוֹרָא אֵל עֶלְיוֹן גּוֹמֵל חֲסָדִים טוֹבִים וְקוֹנֵה הַכֹּל וְזוֹכֵר חַסְדֵי אָבוֹת וּמֵבִיא גוֹאֵל לִבְנֵי בְנֵיהֶם לְמַעַן שְׁמוֹ בְּאַהֲבָה·

מֶלֶךְ עוֹזֵר וּמוֹשִׁיעַ וּמָגֵן· בָּרוּךְ אַתָּה יְיָ מָגֵן אַבְרָהָם:

אַתָּה גִבּוֹר לְעוֹלָם אֲדֹנָי מְחַיֵּה מֵתִים אַתָּה רַב לְהוֹשִׁיעַ·

חים ווינטער: מַשִּׁיב הָרוּחַ וּמוֹרִיד הַגָּשֶׁם:

מְכַלְכֵּל חַיִּים בְּחֶסֶד מְחַיֵּה מֵתִים בְּרַחֲמִים רַבִּים סוֹמֵךְ נוֹפְלִים וְרוֹפֵא חוֹלִים וּמַתִּיר אֲסוּרִים וּמְקַיֵּם אֱמוּנָתוֹ לִישֵׁנֵי עָפָר מִי כָמוֹךָ בַּעַל גְּבוּרוֹת וּמִי דוֹמֶה לָּךְ מֶלֶךְ מֵמִית וּמְחַיֶּה וּמַצְמִיחַ יְשׁוּעָה· וְנֶאֱמָן אַתָּה לְהַחֲיוֹת מֵתִים· בָּרוּךְ אַתָּה יְיָ מְחַיֵּה הַמֵּתִים:

נקדש ח"ז" זיעהע זייטע 214.

Wenn ein Festabend auf einen Mittwoch oder Donnerstag fällt, so wird des Abends, vor dem Eingang der Feier, Erub Tabschilin gemacht, wobei Folgendes gesprochen wird:

ברוך Gelobt seist Du, Ewiger, unser Gott, Weltregent, der uns durch seine Gebote geheiligt und uns das Gebot des Erub befohlen.

Durch diesen Erub sei es uns erlaubt, zu backen, zu kochen, die Speisen warm zu erhalten, Lichter anzuzünden und überhaupt alles Nöthige vom Festtage auf den Sabbath zu verrichten, sowohl uns als Jedem, der in diesem Orte wohnt.

Gebet für die drei Hauptfeste.

Herr, öffne meine Lippen, und mein Mund verkünde Deinen Ruhm!

ברוך Gelobt seist Du, Ewiger, unser Gott und Gott unserer Väter, Gott Abrahams, Gott Isaaks und Gott Jakobs; großer, mächtiger und furchtbarer Gott! Herr in den Höhen! der Wohlthaten erzeiget in Güte, als Eigenthümer des Weltalls, der gedenket der Frömmigkeit der Urväter, und ihren spätesten Enkeln einen Erlöser bringet, um seines Namens willen, in Liebe! König, Helfer, Retter und Schild! Gelobt seist Du, Ewiger, Schild Abrahams!

אתה Mächtig bist Du in Ewigkeit, o Herr! Du belebst die Todten wieder, mächtiger Retter!

Im Winter wird Folgendes eingeschaltet:

(משיב Der dem Winde zu wehen und dem Regen zu fallen gebeut.)

מכלכל Deine Gnade ernährt die Lebenden, Deine unendliche Barmherzigkeit läßt die Todten wieder aufleben! Du bist der Wankenden Stütze, der Kranken Heil und Befreier der Gefesselten! Du hältst treulich Deine Zusage Jenen, die in der Erde schlummern! Wer ist wie Du, allmächtiger Gott! Wer ist Dir ähnlich? König, der da tödtet und wieder belebet und Heil aufkeimen läßt. Deiner Verheißung getreu, belebst Du einst die Todten wieder! Gelobt seist Du, Ewiger, der die Todten belebt!

(Die Keduscha siehe Seite 215.)

אַתָּה קָדוֹשׁ וְשִׁמְךָ קָדוֹשׁ וּקְדוֹשִׁים בְּכָל יוֹם יְהַלְלוּךָ סֶּלָה· בָּרוּךְ אַתָּה יְיָ הָאֵל הַקָּדוֹשׁ:

אַתָּה בְחַרְתָּנוּ מִכָּל הָעַמִּים· אָהַבְתָּ אוֹתָנוּ· וְרָצִיתָ בָּנוּ· וְרוֹמַמְתָּנוּ מִכָּל הַלְּשׁוֹנוֹת· וְקִדַּשְׁתָּנוּ בְּמִצְוֹתֶיךָ· וְקֵרַבְתָּנוּ מַלְכֵּנוּ לַעֲבוֹדָתֶךָ· וְשִׁמְךָ הַגָּדוֹל וְהַקָּדוֹשׁ עָלֵינוּ קָרָאתָ:

חַן מוצאי שבת בעטעט מאַן דיעזעז.

וַתּוֹדִיעֵנוּ יְיָ אֱלֹהֵינוּ אֶת מִשְׁפְּטֵי צִדְקֶךָ וַתְּלַמְּדֵנוּ לַעֲשׂוֹת חֻקֵּי רְצוֹנֶךָ וַתִּתֶּן־לָנוּ יְיָ אֱלֹהֵינוּ מִשְׁפָּטִים יְשָׁרִים וְתוֹרוֹת אֱמֶת חֻקִּים וּמִצְוֹת טוֹבִים וַתַּנְחִילֵנוּ זְמַנֵּי שָׂשׂוֹן וּמוֹעֲדֵי קֹדֶשׁ וְחַגֵּי נְדָבָה. וַתּוֹרִישֵׁנוּ קְדֻשַּׁת שַׁבָּת וּכְבוֹד מוֹעֵד וַחֲגִיגַת הָרֶגֶל· וַתַּבְדֵּל יְיָ אֱלֹהֵינוּ בֵּין קֹדֶשׁ לְחוֹל בֵּין אוֹר לְחֹשֶׁךְ בֵּין יִשְׂרָאֵל לָעַמִּים בֵּין יוֹם הַשְּׁבִיעִי לְשֵׁשֶׁת יְמֵי הַמַּעֲשֶׂה. בֵּין קְדֻשַּׁת שַׁבָּת לִקְדֻשַּׁת יוֹם טוֹב הִבְדַּלְתָּ וְאֶת יוֹם הַשְּׁבִיעִי מִשֵּׁשֶׁת יְמֵי הַמַּעֲשֶׂה קִדַּשְׁתָּ· הִבְדַּלְתָּ וְקִדַּשְׁתָּ אֶת עַמְּךָ יִשְׂרָאֵל בִּקְדֻשָּׁתֶךָ:

וַתִּתֶּן־לָנוּ יְיָ אֱלֹהֵינוּ בְּאַהֲבָה שבתות למנוחה וּמוֹעֲדִים לְשִׂמְחָה חַגִּים וּזְמַנִּים לְשָׂשׂוֹן· אֶת יוֹם השבת הזה ואת יום

לפסח	לשבועות	לסוכות	לשמיני עצרת ולשמח״ת.
חַג הַמַּצּוֹת הַזֶּה· זְמַן חֵרוּתֵנוּ	חַג הַשָּׁבֻעוֹת הַזֶּה· זְמַן מַתַּן תּוֹרָתֵנוּ	חַג הַסֻּכּוֹת הַזֶּה· זְמַן שִׂמְחָתֵנוּ	הַשְּׁמִינִי חַג הָעֲצֶרֶת הַזֶּה זְמַן שִׂמְחָתֵנוּ

באהבה מִקְרָא קֹדֶשׁ זֵכֶר לִיצִיאַת מִצְרָיִם:

אתה Du bist heilig, heilig ist Dein Name, und Heilige preisen Dich täglich! Selah! Gelobt seist Du, Ewiger, heiliger Gott!

אתה בחרתנו Du hast uns aus allen Völkern erkoren; Du liebtest uns und fandest Wohlgefallen an uns; Du hast uns erhoben über alle Nationen, und uns geheiligt durch Deine Gebote. Du hast uns genähert, o König, Deinem Dienste und uns nach Deinem großen und heiligen Namen genannt.

Am Ausgang des Sabbaths wird Folgendes eingeschaltet:

ותודיענו Und Du machtest uns kund, Ewiger, unser Gott, die Aussprüche Deines Heiles und lehrtest uns, zu üben die Gesetze Deines Willens. — Du gabst uns, Ewiger, unser Gott, gerechte Vorschriften, wahrheitsvolle Lehren und heilsame Satzungen und Gebote. — Du schenktest uns freudige Zeiten, heilige Feier, frohe Feste, und verliehest uns sabbathliche Weihe, feiertägige Herrlichkeit, festliches Wonnegefühl. — Und wie Du unterschieden hast, Ewiger, unser Gott, zwischen Heiligem und Gemeinem, zwischen Licht und Finsterniß, zwischen Israel und den heidnischen Völkern, zwischen dem siebenten Tage und den sechs Werktagen, so hast Du auch zwischen der Heiligkeit des Sabbaths und der Heiligkeit des Festtags unterschieden; und wie Du den siebenten Tag vor den sechs Werktagen geheiligt, so hast Du bevorzugt und geweihet Dein Volk Israel durch Deine Heiligkeit.

ותתן לנו Und so gabst Du uns in Liebe, Ewiger, unser Gott, (Sabbathtage zur Ruhe,) Feiertage zur Freude, Feste und Wonnezeiten zur Fröhlichkeit, (diesen Sabbath und) dieses

Mazzoth-Fest, die Zeit unserer Befreiung,	Schabuoth-Fest, die Zeit unserer Gesetzgebung,	Sucoth- | Schemini-Azereth-Fest, die Zeit unserer Freude,

zur Heiligkeitsverkündigung, zum Andenken an den Auszug aus Egypten.

אֱלֹהֵינוּ וֵאלֹהֵי אֲבוֹתֵינוּ יַעֲלֶה וְיָבֹא וְיַגִּיעַ וְיֵרָאֶה וְיֵרָצֶה וְיִשָּׁמַע וְיִפָּקֵד וְיִזָּכֵר זִכְרוֹנֵנוּ וּפִקְדוֹנֵנוּ וְזִכְרוֹן אֲבוֹתֵינוּ. וְזִכְרוֹן מָשִׁיחַ בֶּן דָּוִד עַבְדֶּךָ. וְזִכְרוֹן יְרוּשָׁלַיִם עִיר קָדְשֶׁךָ. וְזִכְרוֹן כָּל עַמְּךָ בֵּית יִשְׂרָאֵל לְפָנֶיךָ. לִפְלֵיטָה לְטוֹבָה לְחֵן וּלְחֶסֶד וּלְרַחֲמִים לְחַיִּים וּלְשָׁלוֹם בְּיוֹם

לפסח | לשבועות | לסוכות | לשמיני עצרת ולשמחת תורה.

חַג הַמַּצּוֹת | חַג הַשָּׁבֻעוֹת | חַג הַסֻּכּוֹת | הַשְּׁמִינִי חַג הָעֲצֶרֶת הַזֶּה. זָכְרֵנוּ יְיָ אֱלֹהֵינוּ בּוֹ לְטוֹבָה וּפָקְדֵנוּ בוֹ לִבְרָכָה וְהוֹשִׁיעֵנוּ בוֹ לְחַיִּים. וּבִדְבַר יְשׁוּעָה וְרַחֲמִים. חוּס וְחָנֵּנוּ. וְרַחֵם עָלֵינוּ וְהוֹשִׁיעֵנוּ. כִּי אֵלֶיךָ עֵינֵינוּ. כִּי אֵל מֶלֶךְ חַנּוּן וְרַחוּם אָתָּה:

וְהַשִּׂיאֵנוּ יְיָ אֱלֹהֵינוּ אֶת בִּרְכַּת מוֹעֲדֶיךָ לְחַיִּים וּלְשָׁלוֹם לְשִׂמְחָה וּלְשָׂשׂוֹן כַּאֲשֶׁר רָצִיתָ וְאָמַרְתָּ לְבָרְכֵנוּ: בשבת אלהינו ואלהי אבותינו רצה במנוחתנו קַדְּשֵׁנוּ בְּמִצְוֹתֶיךָ וְתֵן חֶלְקֵנוּ בְּתוֹרָתֶךָ שַׂבְּעֵנוּ מִטּוּבֶךָ וְשַׂמְּחֵנוּ בִּישׁוּעָתֶךָ וְטַהֵר לִבֵּנוּ לְעָבְדְּךָ בֶּאֱמֶת וְהַנְחִילֵנוּ יְיָ אֱלֹהֵינוּ באהבה וברצון בְּשִׂמְחָה וּבְשָׂשׂוֹן שבת וּמוֹעֲדֵי קָדְשֶׁךָ. וְיִשְׂמְחוּ בְךָ יִשְׂרָאֵל מְקַדְּשֵׁי שְׁמֶךָ. בָּרוּךְ אַתָּה יְיָ מְקַדֵּשׁ השבת וְיִשְׂרָאֵל וְהַזְּמַנִּים:

אלהינו Unser Gott und Gott unserer Väter, möge aufsteigen, vor Dich kommen und zu Dir gelangen, gefällig und angenehm aufgenommen werden unser Andenken und unser Gedächtniß — das Andenken unserer Väter, das Andenken des Messias, des Sohnes Davids, Deines Knechtes, das Andenken Jerusalems, Deiner heiligen Stadt, und das Andenken Deines ganzen Volkes, des Hauses Israel — zur Rettung und zum Heile, zur Huld, zur Gnade und zum Erbarmen, zum Leben und zum Frieden, an diesem Tage des Mazzoth- | Schabuoth- | Suckoth- | Schemini-Azereth-Festes. Gedenke unser, Ewiger, unser Gott, zum Guten, erinnere Dich unser zum Segen und hilf uns zur Glückseligkeit! Begünstige und begnadige uns durch Verheißung von Heil und Erbarmen, erbarme Dich unser und hilf uns! — Auf Dich allein sind unsere Augen gerichtet, denn Du, o Gott, bist ein gnädiger und erbarmungsvoller König!

והשיאנו Laß uns empfangen, Ewiger, unser Gott, den Segen Deiner Feste zum Leben und zum Frieden, zur Freude und zur Wonne, wie Du wohlwollend uns zu segnen verheißen hast! (Am Sabbath: Unser Gott und Gott unserer Väter, zeige Wohlgefallen an unserer Ruhe!) Heilige uns durch Deine Gebote und gib uns unseren Antheil an Deiner Lehre, erquicke uns mit Deiner Güte und erfreue uns durch Deine Hülfe; läutere unser Herz, Dir in Wahrheit zu dienen, und laß uns, Ewiger, unser Gott, (am Sabbath: in Liebe und Wohlgefallen,) in Freude und Wonne (Deinen heiligen Sabbath und) Deine heiligen Feste genießen, damit in Dir sich freue Israel, das Deinen Namen heiligt. Gelobt seist Du, Ewiger, der heiligt (den Sabbath,) Israel und die Festes-Zeiten!

(Die Uebersetzung von רצה 2c. siehe S. 89.)

רְצֵה יְיָ אֱלֹהֵינוּ בְּעַמְּךָ יִשְׂרָאֵל וּבִתְפִלָּתָם. וְהָשֵׁב אֶת הָעֲבוֹדָה לִדְבִיר בֵּיתֶךָ וְאִשֵּׁי יִשְׂרָאֵל וּתְפִלָּתָם בְּאַהֲבָה תְקַבֵּל בְּרָצוֹן וּתְהִי לְרָצוֹן תָּמִיד עֲבוֹדַת יִשְׂרָאֵל עַמֶּךָ. וְתֶחֱזֶינָה עֵינֵינוּ בְּשׁוּבְךָ לְצִיּוֹן בְּרַחֲמִים. בָּרוּךְ אַתָּה יְיָ הַמַּחֲזִיר שְׁכִינָתוֹ לְצִיּוֹן:

מוֹדִים אֲנַחְנוּ לָךְ שָׁאַתָּה הוּא יְיָ אֱלֹהֵינוּ וֵאלֹהֵי אֲבוֹתֵינוּ לְעוֹלָם וָעֶד צוּר חַיֵּינוּ מָגֵן יִשְׁעֵנוּ. אַתָּה הוּא לְדוֹר וָדוֹר נוֹדֶה לְּךָ וּנְסַפֵּר תְּהִלָּתֶךָ. עַל חַיֵּינוּ הַמְּסוּרִים בְּיָדֶךָ וְעַל נִשְׁמוֹתֵינוּ הַפְּקוּדוֹת לָךְ וְעַל נִסֶּיךָ שֶׁבְּכָל יוֹם עִמָּנוּ וְעַל נִפְלְאוֹתֶיךָ וְטוֹבוֹתֶיךָ שֶׁבְּכָל עֵת עֶרֶב וָבֹקֶר וְצָהֳרָיִם. הַטּוֹב כִּי לֹא־כָלוּ רַחֲמֶיךָ וְהַמְרַחֵם כִּי לֹא־תַמּוּ חֲסָדֶיךָ מֵעוֹלָם קִוִּינוּ לָךְ:

מודים דרבנן.

מוֹדִים אֲנַחְנוּ לָךְ שָׁאַתָּה הוּא יְיָ אֱלֹהֵינוּ וֵאלֹהֵי אֲבוֹתֵינוּ אֱלֹהֵי כָל בָּשָׂר יוֹצְרֵנוּ יוֹצֵר בְּרֵאשִׁית בְּרָכוֹת וְהוֹדָאוֹת לְשִׁמְךָ הַגָּדוֹל וְהַקָּדוֹשׁ עַל שֶׁהֶחֱיִיתָנוּ וְקִיַּמְתָּנוּ כֵּן תְּחַיֵּנוּ וּתְקַיְּמֵנוּ וְתֶאֱסוֹף גָּלֻיּוֹתֵינוּ לְחַצְרוֹת קָדְשֶׁךָ לִשְׁמוֹר חֻקֶּיךָ וְלַעֲשׂוֹת רְצוֹנֶךָ וּלְעָבְדְּךָ בְּלֵבָב שָׁלֵם עַל שֶׁאֲנַחְנוּ מוֹדִים לָךְ. בָּרוּךְ אֵל הַהוֹדָאוֹת:

וְעַל כֻּלָּם יִתְבָּרַךְ וְיִתְרוֹמַם שִׁמְךָ מַלְכֵּנוּ תָּמִיד לְעוֹלָם וָעֶד: וְכֹל הַחַיִּים יוֹדוּךָ סֶּלָה וִיהַלְלוּ אֶת שִׁמְךָ בֶּאֱמֶת הָאֵל יְשׁוּעָתֵנוּ וְעֶזְרָתֵנוּ סֶלָה. בָּרוּךְ אַתָּה יְיָ הַטּוֹב שִׁמְךָ וּלְךָ נָאֶה לְהוֹדוֹת:

נ״ס א׳ אֱלֹהֵינוּ וֵאלֹהֵי אֲבוֹתֵינוּ בָּרְכֵנוּ בַּבְּרָכָה הַמְשֻׁלֶּשֶׁת בַּתּוֹרָה הַכְּתוּבָה עַל יְדֵי מֹשֶׁה עַבְדֶּךָ הָאֲמוּרָה מִפִּי אַהֲרֹן וּבָנָיו כֹּהֲנִים עַם קְדוֹשֶׁךָ כָּאָמוּר: יְבָרֶכְךָ יְיָ וְיִשְׁמְרֶךָ: יָאֵר יְיָ פָּנָיו אֵלֶיךָ וִיחֻנֶּךָּ: יִשָּׂא יְיָ פָּנָיו אֵלֶיךָ וְיָשֵׂם לְךָ שָׁלוֹם:

בשחרית אומרין זה.

שִׂים שָׁלוֹם טוֹבָה וּבְרָכָה חֵן וָחֶסֶד
וְרַחֲמִים עָלֵינוּ וְעַל כָּל יִשְׂרָאֵל עַמֶּךָ
בָּרְכֵנוּ אָבִינוּ כֻּלָּנוּ כְּאֶחָד בְּאוֹר פָּנֶיךָ
כִּי בְאוֹר פָּנֶיךָ נָתַתָּ לָּנוּ יְיָ אֱלֹהֵינוּ
תּוֹרַת חַיִּים וְאַהֲבַת חֶסֶד וּצְדָקָה
וּבְרָכָה וְרַחֲמִים וְחַיִּים וְשָׁלוֹם וְטוֹב
בְּעֵינֶיךָ לְבָרֵךְ אֶת־עַמְּךָ יִשְׂרָאֵל
בְּכָל־עֵת וּבְכָל־שָׁעָה בִּשְׁלוֹמֶךָ:

במנחה וערבית אומרין זה.

שָׁלוֹם רָב עַל יִשְׂרָאֵל
עַמְּךָ תָּשִׂים לְעֹלָם
כִּי אַתָּה הוּא מֶלֶךְ
אָדוֹן לְכָל הַשָּׁלוֹם
וְטוֹב בְּעֵינֶיךָ לְבָרֵךְ
אֶת־עַמְּךָ יִשְׂרָאֵל
בְּכָל־עֵת וּבְכָל־
שָׁעָה בִּשְׁלוֹמֶךָ:

בָּרוּךְ אַתָּה יְיָ הַמְבָרֵךְ אֶת־עַמּוֹ יִשְׂרָאֵל בַּשָּׁלוֹם:

אֱלֹהַי נְצוֹר לְשׁוֹנִי מֵרָע וּשְׂפָתַי מִדַּבֵּר מִרְמָה וְלִמְקַלְלַי נַפְשִׁי תִדּוֹם וְנַפְשִׁי כֶּעָפָר לַכֹּל תִּהְיֶה: פְּתַח לִבִּי בְּתוֹרָתֶךָ וּבְמִצְוֹתֶיךָ תִּרְדּוֹף נַפְשִׁי וְכָל הַחוֹשְׁבִים עָלַי רָעָה מְהֵרָה הָפֵר עֲצָתָם וְקַלְקֵל מַחֲשַׁבְתָּם. עֲשֵׂה לְמַעַן שְׁמֶךָ. עֲשֵׂה לְמַעַן יְמִינֶךָ. עֲשֵׂה לְמַעַן קְדֻשָּׁתֶךָ. עֲשֵׂה לְמַעַן תּוֹרָתֶךָ. לְמַעַן יֵחָלְצוּן יְדִידֶיךָ הוֹשִׁיעָה יְמִינְךָ וַעֲנֵנִי: יִהְיוּ לְרָצוֹן אִמְרֵי־פִי וְהֶגְיוֹן לִבִּי לְפָנֶיךָ יְיָ צוּרִי וְגוֹאֲלִי: עֹשֶׂה שָׁלוֹם בִּמְרוֹמָיו הוּא יַעֲשֶׂה שָׁלוֹם עָלֵינוּ וְעַל כָּל יִשְׂרָאֵל וְאִמְרוּ אָמֵן:

יְהִי רָצוֹן לְפָנֶיךָ יְיָ אֱלֹהֵינוּ וֵאלֹהֵי אֲבוֹתֵינוּ שֶׁיִּבָּנֶה בֵּית הַמִּקְדָּשׁ בִּמְהֵרָה בְיָמֵינוּ וְתֵן חֶלְקֵנוּ בְּתוֹרָתֶךָ:

אֲדֹנָי שְׂפָתַי תִּפְתָּח וּפִי יַגִּיד תְּהִלָּתֶךָ׃

בָּרוּךְ אַתָּה יְיָ אֱלֹהֵינוּ וֵאלֹהֵי אֲבוֹתֵינוּ אֱלֹהֵי אַבְרָהָם
אֱלֹהֵי יִצְחָק וֵאלֹהֵי יַעֲקֹב הָאֵל הַגָּדוֹל הַגִּבּוֹר וְהַנּוֹרָא אֵל
עֶלְיוֹן גּוֹמֵל חֲסָדִים טוֹבִים וְקוֹנֵה הַכֹּל וְזוֹכֵר חַסְדֵי אָבוֹת
וּמֵבִיא גוֹאֵל לִבְנֵי בְנֵיהֶם לְמַעַן שְׁמוֹ בְּאַהֲבָה׃ מֶלֶךְ
עוֹזֵר וּמוֹשִׁיעַ וּמָגֵן׃ בָּרוּךְ אַתָּה יְיָ מָגֵן אַבְרָהָם׃

אַתָּה גִּבּוֹר לְעוֹלָם אֲדֹנָי מְחַיֵּה מֵתִים אַתָּה רַב לְהוֹשִׁיעַ
בשמיני עצרת וש״ת מַשִּׁיב הָרוּחַ וּמוֹרִיד הַגָּשֶׁם׃
מְכַלְכֵּל חַיִּים בְּחֶסֶד מְחַיֵּה מֵתִים בְּרַחֲמִים רַבִּים סוֹמֵךְ
נוֹפְלִים וְרוֹפֵא חוֹלִים וּמַתִּיר אֲסוּרִים וּמְקַיֵּם אֱמוּנָתוֹ
לִישֵׁנֵי עָפָר מִי כָמוֹךָ בַּעַל גְּבוּרוֹת וּמִי דּוֹמֶה לָּךְ מֶלֶךְ
מֵמִית וּמְחַיֶּה וּמַצְמִיחַ יְשׁוּעָה׃ וְנֶאֱמָן אַתָּה לְהַחֲיוֹת מֵתִים׃
בָּרוּךְ אַתָּה יְיָ מְחַיֵּה הַמֵּתִים׃ נעריצך ח״ג וו זעהע זייטע 244

אַתָּה קָדוֹשׁ וְשִׁמְךָ קָדוֹשׁ וּקְדוֹשִׁים בְּכָל יוֹם יְהַלְלוּךָ סֶּלָה׃
בָּרוּךְ אַתָּה יְיָ הָאֵל הַקָּדוֹשׁ׃

אַתָּה בְחַרְתָּנוּ מִכָּל הָעַמִּים׃ אָהַבְתָּ אוֹתָנוּ וְרָצִיתָ בָּנוּ׃
וְרוֹמַמְתָּנוּ מִכָּל הַלְּשׁוֹנוֹת׃ וְקִדַּשְׁתָּנוּ בְּמִצְוֹתֶיךָ׃ וְקֵרַבְתָּנוּ
מַלְכֵּנוּ לַעֲבוֹדָתֶךָ׃ וְשִׁמְךָ הַגָּדוֹל וְהַקָּדוֹשׁ עָלֵינוּ קָרָאתָ׃

וַתִּתֶּן לָנוּ יְיָ אֱלֹהֵינוּ בְּאַהֲבָה שבתות למנוחה וּמוֹעֲדִים
לְשִׂמְחָה חַגִּים וּזְמַנִּים לְשָׂשׂוֹן׃ אֶת־יוֹם השבת הזה ואת יום

Herr, öffne meine Lippen, und mein Mund verkünde Deinen Ruhm!

ברוך Gelobt seist Du, Ewiger, unser Gott und Gott unserer Väter, Gott Abrahams, Gott Isaaks und Gott Jakobs; großer, mächtiger und furchtbarer Gott! Herr in den Höhen! der Wohlthaten erzeiget in Güte, als Eigenthümer des Weltalls, der gedenket der Frömmigkeit der Urväter, und ihren spätesten Enkeln einen Erlöser bringet, um seines Namens willen, in Liebe! König, Helfer, Retter und Schild! Gelobt seist Du, Ewiger, Schild Abrahams!

אתה Mächtig bist Du in Ewigkeit, o Herr! Du belebst die Todten wieder, mächtiger Retter!

An Schemini-Azereth und Simchath-Thora:
(משיב Der dem Winde zu wehen und dem Regen zu fallen gebeut.)

מכלכל Deine Gnade ernährt die Lebenden, Deine unendliche Barmherzigkeit läßt die Todten wieder aufleben! Du bist der Wankenden Stütze, der Kranken Heil und Befreier der Gefesselten! Du hältst treulich Deine Zusage Jenen, die in der Erde schlummern! Wer ist wie Du, allmächtiger Gott! Wer ist Dir ähnlich? König, der da tödtet und wieder belebet und Heil aufkeimen läßt. Deiner Verheißung getreu, belebst Du einst die Todten wieder! Gelobt seist Du, Ewiger, der die Todten belebt! (Die Kedruscha siehe S. 245.)

אתה Du bist heilig, heilig ist Dein Name, und Heilige preisen Dich täglich! Selah! Gelobt seist Du, Ewiger, heiliger Gott!

אתה בחרתנו Du hast uns aus allen Völkern erkoren; Du liebtest uns und fandest Wohlgefallen an uns; Du hast uns erhoben über alle Nationen, und uns geheiligt durch Deine Gebote. Du hast uns genähert, o König, Deinem Dienste und uns nach Deinem großen und heiligen Namen genannt.

ותתן לנו Und so gabst Du uns in Liebe, Ewiger, unser Gott, (Sabbathtage zur Ruhe,) Feiertage zur Freude, Feste und Wonnezeiten zur Fröhlichkeit, (diesen Sabbath und) dieses

לפסח	לשבועות	לסוכות	לשמיני עצרת ולש"ת
חג המצות הזה. זמן חרותנו	חג השבועות הזה. זמן מתן תורתנו	חג הסכות הזה. זמן שמחתנו	השמיני חג העצרת הזה. זמן שמחתנו

באהבה מקרא קדש זכר ליציאת מצרים:

ומפני חטאינו גלינו מארצנו ונתרחקנו מעל אדמתנו ואין אנחנו יכולים לעלות ולראות ולהשתחות לפניך ולעשות חובותינו בבית בחירתך בבית הגדול והקדוש שנקרא שמך עליו מפני היד השלוחה במקדשך: יהי רצון מלפניך יי אלהינו ואלהי אבותינו מלך רחמן שתשוב ותרחם עלינו ועל מקדשך ברחמיך הרבים ותבנהו מהרה ותגדל כבודו אבינו מלכנו גלה כבוד מלכותך עלינו מהרה והופע והנשא עלינו לעיני כל חי וקרב פזורינו מבין הגוים ונפוצותינו כנס מירכתי ארץ והביאנו לציון עירך ברנה ולירושלים בית מקדשך בשמחת עולם ושם נעשה לפניך את קרבנות חובותינו תמידים כסדרם ומוספים כהלכתם: ואת מוסף יום השבת הזה ואת מוסף יום

לפסח	לשבועות	לסוכות	לשמיני עצרת ולשמחת תורה.
חג המצות	חג השבועות	חג הסכות	והשמיני חג העצרת

הזה. נעשה ונקריב לפניך באהבה כמצות רצונך כמו שכתבת עלינו בתורתך על ידי משה עבדך מפי כבודך כאמור:

Mazzoth-Fest, die Zeit unserer Befreiung,	Schabuoth-Fest, die Zeit unserer Gesetzgebung,	Sukoth- | Schemini-Azereth-Fest, die Zeit unserer Freude,

zur Heiligkeitsverkündigung, zum Andenken an den Auszug aus Egypten.

מפני Aber um unserer Sünden willen sind wir aus unserem Lande vertrieben und weit entfernt von unserem eignen Boden; nun können wir nicht mehr hinaufwallen und erscheinen und uns niederwerfen vor Dir und können nicht erfüllen unsere Pflichten in jenem von Dir erkornen Tempel, in jenem großen und heiligen Hause, das Deinen Namen geführt — wegen der Gewalt, die an Deinem Heiligthume verübt worden. O möge es doch Dein Wille sein, Ewiger, unser Gott und Gott unserer Väter, erbarmungsvoller König, mit Deiner Allbarmherzigkeit zurückzukehren, Dich unser und Deines heiligen Tempels zu erbarmen, ihn bald wieder zu erbauen und zu erhöhen dessen Herrlichkeit! O Vater und König, laß uns kund werden die Herrlichkeit Deiner Regierung! erscheine, und erhebe Dich vor den Augen aller Lebendigen! führe unsere Zerstreuten aus den Völkern herbei und sammle unsere Verbannten aus allen Winkeln der Erde! bring' uns dann nach Deiner Stadt Zion in Wonne und nach Jerusalem, der Wohnung Deines Heiligthums, in ewiger Freude! Dort wollen wir Dir unsere pflichtgemäßen Opfer zubereiten, die täglichen nach ihrer Ordnung und die Mussafopfer nach ihrer Vorschrift; das Mussafopfer (dieses Sabbaths und) dieses Mazzoth- | Schabuoth- | Sukoth- | Schemini-Azereth-Festes wollen wir in Liebe zubereiten und Dir darbringen nach dem Gebote Deines Willens, sowie Du es in Deiner Thora durch Deinen Diener Mosche aus dem Munde Deiner Herrlichkeit hast niederschreiben lassen, wie es heißt:

לשבת וּבְיוֹם הַשַּׁבָּת שְׁנֵי־כְבָשִׂים בְּנֵי־שָׁנָה תְּמִימִם וּשְׁנֵי עֶשְׂרֹנִים סֹלֶת מִנְחָה בְּלוּלָה בַשֶּׁמֶן וְנִסְכּוֹ: עֹלַת שַׁבַּת בְּשַׁבַּתּוֹ עַל־עֹלַת הַתָּמִיד וְנִסְכָּהּ:

(זה קרבן שבת וקרבן היום כאמור ליתא בכ״י וס״ח ואין לאמרו וכ״כ יעב״ץ.)

ביום א׳ וב׳ של פסח.

וּבַחֹדֶשׁ הָרִאשׁוֹן בְּאַרְבָּעָה עָשָׂר יוֹם לַחֹדֶשׁ פֶּסַח לַיהוָה: וּבַחֲמִשָּׁה עָשָׂר יוֹם לַחֹדֶשׁ הַזֶּה חָג שִׁבְעַת יָמִים מַצּוֹת יֵאָכֵל: בַּיּוֹם הָרִאשׁוֹן מִקְרָא־קֹדֶשׁ כָּל־מְלֶאכֶת עֲבֹדָה לֹא תַעֲשׂוּ:

מיום ב׳ מס״ח ואילך אומרין לבד והקרבתם.

וְהִקְרַבְתֶּם אִשֶּׁה עֹלָה לַיהוָה פָּרִים בְּנֵי־בָקָר שְׁנַיִם וְאַיִל אֶחָד וְשִׁבְעָה כְבָשִׂים בְּנֵי שָׁנָה תְּמִימִם יִהְיוּ לָכֶם:

לשבועות.

וּבְיוֹם הַבִּכּוּרִים בְּהַקְרִיבְכֶם מִנְחָה חֲדָשָׁה לַיהוָה בְּשָׁבֻעֹתֵיכֶם מִקְרָא־קֹדֶשׁ יִהְיֶה לָכֶם כָּל־מְלֶאכֶת עֲבֹדָה לֹא תַעֲשׂוּ: וְהִקְרַבְתֶּם עוֹלָה לְרֵיחַ נִיחֹחַ לַיהוָה פָּרִים בְּנֵי־בָקָר שְׁנַיִם אַיִל אֶחָד שִׁבְעָה כְבָשִׂים בְּנֵי שָׁנָה:

ביום א׳ וב׳ של סכות.

וּבַחֲמִשָּׁה עָשָׂר יוֹם לַחֹדֶשׁ הַשְּׁבִיעִי מִקְרָא־קֹדֶשׁ יִהְיֶה לָכֶם כָּל־מְלֶאכֶת עֲבֹדָה לֹא תַעֲשׂוּ וְחַגֹּתֶם חַג לַיהוָה שִׁבְעַת יָמִים: וְהִקְרַבְתֶּם עֹלָה אִשֵּׁה רֵיחַ נִיחֹחַ לַיהוָה פָּרִים בְּנֵי־בָקָר שְׁלֹשָׁה עָשָׂר אֵילִם שְׁנָיִם כְּבָשִׂים בְּנֵי־שָׁנָה אַרְבָּעָה עָשָׂר תְּמִימִם יִהְיוּ:

(Am Sabbath.) „Am Sabbath zwei jährige Lämmer ohne Fehler, und zum Mehlopfer zwei Zehntel feinen Mehls mit Oel eingerührt, nebst dem Trankopfer dazu. Dieses ist das Ganzopfer für jeden Sabbath, außer dem täglichen Ganzopfer, nebst dessen Weinopfer."

(Am 1. u. 2. Tag Peßach:)

Am vierzehnten Tage des ersten Monats wird das Peßach dargebracht, dem Ewigen zu Ehren. Am funfzehnten Tage dieses Monats ist Fest und wird sieben Tage ungesäuert Brod gegessen. Am ersten Tage ist heilige Verkündigung, und da sollt ihr keine Kunstarbeit verrichten.

(Vom 3. Tag Peßach an und weiter nur dieses:)

Und ihr sollt dem Ewigen zu Ehren als Ganzopfer, vom Feuer zu verzehren, darbringen: zwei junge Stiere, einen Widder, sieben jährige Lämmer, die euch alle ohne Fehler sein müssen.

(Am Schabuoth:)

Am Tage der Erstlinge, wenn ihr dem Ewigen zu Ehren ein neues Mehlopfer darbringt, nämlich: wenn eure Wochen zu Ende sind, soll euch heilige Verkündigung sein, und ihr dürft keine Kunstarbeit verrichten.

Dabei habt ihr dem Ewigen zu Ehren als Ganzopfer zum angenehmen Geruch darzubringen: zwei Stiere, einen Widder und sieben jährige Lämmer.

Am 1. u. 2. T. Sukoth:

Am funfzehnten Tage des siebenten Monats sollt ihr heilige Verkündigung halten und keine Kunstarbeit verrichten; sieben Tage sollt ihr dem Ewigen zu Ehren ein Fest feiern.

Und ihr sollt (am Ersten) dem Ewigen zu Ehren als Ganzopfer zum angenehmen Geruch, vom Feuer zu verzehren, darbringen: dreizehn junge Stiere, zwei Widder, vierzehn jährige Lämmer, die ohne Fehler sein müssen.

וּמִנְחָתָם וְנִסְכֵּיהֶם כִּמְדֻבָּר. שְׁלשָׁה עֶשְׂרֹנִים לַפָּר. וּשְׁנֵי עֶשְׂרֹנִים לָאַיִל. וְעִשָּׂרוֹן לַכֶּבֶשׂ וְיַיִן כְּנִסְכּוֹ. וְשָׂעִיר לְכַפֵּר. וּשְׁנֵי תְמִידִים כְּהִלְכָתָם:

או״א מלך רחמן זייטע 438. (אַם שבת ווירד פֿריהער ישמחו געזאַגט.)

פֿאָן דריטטען טאַג סכות חול ווייטער ווירד פֿאָלגענדעז נאַך פֿאָרשריפֿט געזאַגט:

אַם 3. טאַגע סכות

וּבַיּוֹם הַשְּׁנִי פָּרִים בְּנֵי בָקָר שְׁנֵים עָשָׂר אֵילִם שְׁנָיִם כְּבָשִׂים בְּנֵי שָׁנָה אַרְבָּעָה עָשָׂר תְּמִימִם: ומנחתם וכו׳.

אַם 4. טאַגע סכות.

וּבַיּוֹם הַשְּׁלִישִׁי פָּרִים עַשְׁתֵּי עָשָׂר אֵילִם שְׁנָיִם כְּבָשִׂים בְּנֵי שָׁנָה אַרְבָּעָה עָשָׂר תְּמִימִם: ומנחתם וכו׳.

אַם 5. טאַגע סכות

וּבַיּוֹם הָרְבִיעִי פָּרִים עֲשָׂרָה אֵילִם שְׁנָיִם כְּבָשִׂים בְּנֵי שָׁנָה אַרְבָּעָה עָשָׂר תְּמִימִם: ומנחתם וכו׳.

אַם 6. טאַגע סכות.

וּבַיּוֹם הַחֲמִישִׁי פָּרִים תִּשְׁעָה אֵילִם שְׁנָיִם כְּבָשִׂים בְּנֵי שָׁנָה אַרְבָּעָה עָשָׂר תְּמִימִם: ומנחתם וכו׳.

אַם הושענא רבא

וּבַיּוֹם הַשִּׁשִּׁי פָּרִים שְׁמֹנָה אֵילִם שְׁנָיִם כְּבָשִׂים בְּנֵי שָׁנָה אַרְבָּעָה עָשָׂר תְּמִימִם: ומנחתם וכו׳.

וּבַיּוֹם הַשְּׁבִיעִי פָּרִים שִׁבְעָה אֵילִם שְׁנָיִם כְּבָשִׂים בְּנֵי שָׁנָה אַרְבָּעָה עָשָׂר תְּמִימִם: ומנחתם וכו׳.

לשמיני עצרת ולשמחת תורה.

בַּיּוֹם הַשְּׁמִינִי עֲצֶרֶת תִּהְיֶה לָכֶם כָּל־מְלֶאכֶת עֲבֹדָה לֹא תַעֲשׂוּ: וְהִקְרַבְתֶּם עֹלָה אִשֵּׁה רֵיחַ נִיחֹחַ לַיהוָה פַּר אֶחָד אַיִל אֶחָד כְּבָשִׂים בְּנֵי־שָׁנָה שִׁבְעָה תְּמִימִם:

ומנחתם וכו׳.

ומנחתם Dazu ihr Mehl- und Trankopfer, wie vorgeschrieben: drei Zehntel zu jedem Stiere, zwei Zehntel zu jedem Widder, ein Zehntel zu jedem Schafe; Wein zum Trankopfer, einen Bock zur Versöhnung und die zwei täglichen Opfer nach ihrer Vorschrift.

א"וא &c. S. 439. (Am Sabbath wird vorher ישמחו gebetet.)

Vom 3. Tag Suckoth an und weiter wird Folgendes nach Vorschrift gebetet.

Am 3. T. Suckoth.

וביום השני Am zweiten Tage zwölf junge Stiere, zwei Widder, vierzehn jährige Lämmer ohne Fehler. ומנחתם

Am 4. T. Suckoth.

וביום השלישי Am dritten Tage eilf Stiere, zwei Widder, vierzehn jährige Lämmer ohne Fehler. ומנחתם

Am 5. T. Suckoth.

וביום הרביעי Am vierten Tage zehn Stiere, zwei Widder, vierzehn jährige Lämmer ohne Fehler. ומנחתם

Am 6. T. Suckoth.

וביום החמישי Am fünften Tage neun Stiere, zwei Widder, vierzehn jährige Lämmer ohne Fehler. ומנחתם

Am 7. T. Suckoth.

וביום הששי Am sechsten Tage acht Stiere, zwei Widder, vierzehn jährige Lämmer ohne Fehler. ומנחתם

וביום השביעי Am siebenten Tage sieben Stiere, zwei Widder, vierzehn jährige Lämmer ohne Fehler. ומנחתם

(Am Schemini-Azereth und Simchath-Thora:)

Am achten Tage sollt ihr das Schlußfest feiern und keine Arbeit verrichten. Und ihr sollt dem Ewigen zu Ehren als Ganzopfer zum angenehmen Geruch, vom Feuer zu verzehren, darbringen: Einen Stier, einen Widder, sieben jährige Lämmer ohne Fehler.

ומנחתם u. s. w. siehe oben.

אם שבת ווירד היינטער ישמחו ׳ פסר או״א געזאגט.

ישמחו במלכותך שומרי שבת וקוראי עונג עם מקדשי שביעי. כלם ישבעו ויתענגו מטובך ובשביעי רצית בו וקדשתו חמדת ימים אותו קראת זכר למעשה בראשית:

אֱלֹהֵינוּ וֵאלֹהֵי אֲבוֹתֵינוּ מֶלֶךְ רַחֲמָן רַחֵם עָלֵינוּ טוֹב וּמֵטִיב הִדָּרֶשׁ לָנוּ שׁוּבָה אֵלֵינוּ בַּהֲמוֹן רַחֲמֶיךָ בִּגְלַל אָבוֹת שֶׁעָשׂוּ רְצוֹנֶךָ בְּנֵה בֵיתְךָ כְּבַתְּחִלָּה וְכוֹנֵן מִקְדָּשְׁךָ עַל־מְכוֹנוֹ וְהַרְאֵנוּ בְּבִנְיָנוֹ וְשַׂמְּחֵנוּ בְּתִקּוּנוֹ וְהָשֵׁב כֹּהֲנִים לַעֲבוֹדָתָם וּלְוִיִּם לְשִׁירָם לְזִמְרָם וְהָשֵׁב יִשְׂרָאֵל לִנְוֵיהֶם וְשָׁם נַעֲלֶה וְנֵרָאֶה וְנִשְׁתַּחֲוֶה לְפָנֶיךָ בְּשָׁלֹשׁ פַּעֲמֵי רְגָלֵינוּ כַּכָּתוּב בְּתוֹרָתֶךָ שָׁלוֹשׁ פְּעָמִים בַּשָּׁנָה יֵרָאֶה כָל־זְכוּרְךָ אֶת־פְּנֵי יְיָ אֱלֹהֶיךָ בַּמָּקוֹם אֲשֶׁר יִבְחָר בְּחַג הַמַּצּוֹת וּבְחַג הַשָּׁבֻעוֹת וּבְחַג הַסֻּכּוֹת וְלֹא יֵרָאֶה אֶת־פְּנֵי יְיָ רֵיקָם: אִישׁ כְּמַתְּנַת יָדוֹ כְּבִרְכַּת יְיָ אֱלֹהֶיךָ אֲשֶׁר נָתַן־לָךְ:

וְהַשִּׂיאֵנוּ יְיָ אֱלֹהֵינוּ אֶת בִּרְכַּת מוֹעֲדֶיךָ לְחַיִּים וּלְשָׁלוֹם לְשִׂמְחָה וּלְשָׂשׂוֹן כַּאֲשֶׁר רָצִיתָ וְאָמַרְתָּ לְבָרְכֵנוּ:

לשבת אֱלֹהֵינוּ וֵאלֹהֵי אֲבוֹתֵינוּ רְצֵה בִמְנוּחָתֵנוּ

קַדְּשֵׁנוּ בְּמִצְוֹתֶיךָ וְתֵן חֶלְקֵנוּ בְּתוֹרָתֶךָ שַׂבְּעֵנוּ מִטּוּבֶךָ וְשַׂמְּחֵנוּ בִּישׁוּעָתֶךָ וְטַהֵר לִבֵּנוּ לְעָבְדְּךָ בֶּאֱמֶת וְהַנְחִילֵנוּ יְיָ אֱלֹהֵינוּ בְּאַהֲבָה וּבְרָצוֹן בְּשִׂמְחָה וּבְשָׂשׂוֹן שַׁבָּת וּמוֹעֲדֵי קָדְשֶׁךָ. וְיִשְׂמְחוּ בְךָ יִשְׂרָאֵל מְקַדְּשֵׁי שְׁמֶךָ. בָּרוּךְ אַתָּה יְיָ מְקַדֵּשׁ הַשַּׁבָּת וְיִשְׂרָאֵל וְהַזְּמַנִּים:

Am Sabbath wird immer ישמחו vor א"א gebetet.

ישמחו Sie werden sich Deines Reiches freuen, die den Sabbath feiern und ihn ein Seelenvergnügen nennen. Ein Volk, das den Siebenten heiligt, genießt den Wonnegenuß Deiner Güte. Der Siebente gefiel Dir wohl, Du hast ihn geheiligt und nanntest ihn den anmuthigsten der Tage, zum Andenken an das Schöpfungswerk.

א"א Unser Gott und Gott unserer Väter, erbarmungsvoller König, erbarme Dich über uns! Gütiger, allgütiger Gott, laß Dich von uns erflehen, kehre zurück zu uns mit Deiner grenzenlosen Barmherzigkeit, um der Erzväter willen, die Deinen Willen geübt! Erbaue Deinen Tempel wieder wie vormals und gründe Dein Heiligthum auf seiner Stätte, laß uns dessen Bau anschauen und erfreue uns mit seiner Vollführung! führe die Priester wieder zu ihrem Dienste, die Leviten zu ihren Gesängen und Psalmen, und Israel nach seiner Heimath zurück! Daselbst wollen wir hinaufwallen und erscheinen und uns niederwerfen vor Dir an unserm dreimaligen Feste, nach Vorschrift Deiner Thora: „Dreimal im Jahre soll alles Männliche bei dir vor dem Ewigen, deinem Gotte, erscheinen, an dem Orte, den er erwählen wird, am Feste der ungesäuerten Brode, am Wochenfeste und am Laubhüttenfeste. Man soll aber nicht leer vor dem Ewigen erscheinen. Jeder nach seiner Gabe, je nach dem Segen, den der Ewige, dein Gott, dir geschenkt."

והשיאנו Laß uns empfangen, Ewiger, unser Gott, den Segen Deiner Feste zum Leben und zum Frieden, zur Freude und zur Wonne, wie Du wohlwollend uns zu segnen verheißen hast! (Unser Gott und Gott unserer Väter, zeige Wohlgefallen an unserer Ruhe!) Heilige uns durch Deine Gebote und gib uns unseren Antheil an Deiner Lehre, erquicke uns mit Deiner Güte und erfreue uns durch Deine Hülfe; läutere unser Herz, Dir in Wahrheit zu dienen, und laß uns, Ewiger, unser Gott, (in Liebe und Wohlgefallen,) in Freude und Wonne (Deinen heiligen Sabbath und) Deine heiligen Feste genießen, damit in Dir sich freue Israel, das Deinen Namen heiligt. Gelobt seist Du, Ewiger, der heiligt (den Sabbath,) Israel und die Festes-Zeiten.

(Die Uebersetzung von רצה ɔc. siehe Seite 89.)

רְצֵה יְיָ אֱלֹהֵינוּ בְּעַמְּךָ יִשְׂרָאֵל וּבִתְפִלָּתָם· וְהָשֵׁב אֶת הָעֲבוֹדָה לִדְבִיר בֵּיתֶךָ וְאִשֵּׁי יִשְׂרָאֵל וּתְפִלָּתָם בְּאַהֲבָה תְקַבֵּל בְּרָצוֹן וּתְהִי לְרָצוֹן תָּמִיד עֲבוֹדַת יִשְׂרָאֵל עַמֶּךָ· וְתֶחֱזֶינָה עֵינֵינוּ בְּשׁוּבְךָ לְצִיּוֹן בְּרַחֲמִים· בָּרוּךְ אַתָּה יְיָ הַמַּחֲזִיר שְׁכִינָתוֹ לְצִיּוֹן:

מוֹדִים אֲנַחְנוּ לָךְ שָׁאַתָּה הוּא יְיָ אֱלֹהֵינוּ וֵאלֹהֵי אֲבוֹתֵינוּ לְעוֹלָם וָעֶד צוּר חַיֵּינוּ מָגֵן יִשְׁעֵנוּ· אַתָּה הוּא לְדוֹר וָדוֹר נוֹדֶה לְךָ וּנְסַפֵּר תְּהִלָּתֶךָ· עַל חַיֵּינוּ הַמְּסוּרִים בְּיָדֶךָ וְעַל נִשְׁמוֹתֵינוּ הַפְּקוּדוֹת לָךְ וְעַל נִסֶּיךָ שֶׁבְּכָל יוֹם עִמָּנוּ וְעַל נִפְלְאוֹתֶיךָ וְטוֹבוֹתֶיךָ שֶׁבְּכָל עֵת עֶרֶב וָבֹקֶר וְצָהֳרָיִם· הַטּוֹב כִּי לֹא־כָלוּ רַחֲמֶיךָ וְהַמְרַחֵם כִּי לֹא־תַמּוּ חֲסָדֶיךָ מֵעוֹלָם קִוִּינוּ לָךְ:

מודים דרבנן.

מוֹדִים אֲנַחְנוּ לָךְ שָׁאַתָּה הוּא יְיָ אֱלֹהֵינוּ וֵאלֹהֵי אֲבוֹתֵינוּ אֱלֹהֵי כָל בָּשָׂר יוֹצְרֵנוּ יוֹצֵר בְּרֵאשִׁית בְּרָכוֹת וְהוֹדָאוֹת לְשִׁמְךָ הַגָּדוֹל וְהַקָּדוֹשׁ עַל שֶׁהֶחֱיִיתָנוּ וְקִיַּמְתָּנוּ כֵּן תְּחַיֵּנוּ וּתְקַיְּמֵנוּ וְתֶאֱסוֹף גָּלֻיּוֹתֵינוּ לְחַצְרוֹת קָדְשֶׁךָ לִשְׁמוֹר חֻקֶּיךָ וְלַעֲשׂוֹת רְצוֹנֶךָ וּלְעָבְדְךָ בְּלֵבָב שָׁלֵם עַל שֶׁאֲנַחְנוּ מוֹדִים לָךְ· בָּרוּךְ אֵל הַהוֹדָאוֹת:

וְעַל כֻּלָּם יִתְבָּרַךְ וְיִתְרוֹמַם שִׁמְךָ מַלְכֵּנוּ תָּמִיד לְעוֹלָם וָעֶד: וְכֹל הַחַיִּים יוֹדוּךָ סֶּלָה וִיהַלְלוּ אֶת שִׁמְךָ בֶּאֱמֶת הָאֵל יְשׁוּעָתֵנוּ וְעֶזְרָתֵנוּ סֶלָה· בָּרוּךְ אַתָּה יְיָ הַטּוֹב שִׁמְךָ וּלְךָ נָאֶה לְהוֹדוֹת:

ש״ץ אֱלֹהֵינוּ וֵאלֹהֵי אֲבוֹתֵינוּ בָּרְכֵנוּ בַבְּרָכָה הַמְשֻׁלֶּשֶׁת בַּתּוֹרָה הַכְּתוּבָה עַל יְדֵי מֹשֶׁה עַבְדֶּךָ הָאֲמוּרָה מִפִּי אַהֲרֹן וּבָנָיו כֹּהֲנִים עַם קְדוֹשֶׁךָ כָּאָמוּר: יְבָרֶכְךָ יְיָ וְיִשְׁמְרֶךָ: יָאֵר יְיָ פָּנָיו אֵלֶיךָ וִיחֻנֶּךָּ: יִשָּׂא יְיָ פָּנָיו אֵלֶיךָ וְיָשֵׂם לְךָ שָׁלוֹם:

שִׂים שָׁלוֹם טוֹבָה וּבְרָכָה חֵן חֶסֶד וְרַחֲמִים עָלֵינוּ וְעַל כָּל יִשְׂרָאֵל עַמֶּךָ בָּרְכֵנוּ אָבִינוּ כֻּלָּנוּ כְּאֶחָד בְּאוֹר פָּנֶיךָ כִּי בְאוֹר פָּנֶיךָ נָתַתָּ לָּנוּ יְיָ אֱלֹהֵינוּ תּוֹרַת חַיִּים וְאַהֲבַת חֶסֶד וּצְדָקָה וּבְרָכָה וְרַחֲמִים וְחַיִּים וְשָׁלוֹם וְטוֹב בְּעֵינֶיךָ לְבָרֵךְ אֶת עַמְּךָ יִשְׂרָאֵל בְּכָל עֵת וּבְכָל שָׁעָה בִּשְׁלוֹמֶךָ. בָּרוּךְ אַתָּה יְיָ הַמְבָרֵךְ אֶת עַמּוֹ יִשְׂרָאֵל בַּשָּׁלוֹם:

אֱלֹהַי נְצוֹר לְשׁוֹנִי מֵרָע וּשְׂפָתַי מִדַּבֵּר מִרְמָה וְלִמְקַלְלַי נַפְשִׁי תִדּוֹם וְנַפְשִׁי כֶּעָפָר לַכֹּל תִּהְיֶה: פְּתַח לִבִּי בְּתוֹרָתֶךָ וּבְמִצְוֹתֶיךָ תִּרְדּוֹף נַפְשִׁי וְכָל הַחוֹשְׁבִים עָלַי רָעָה מְהֵרָה הָפֵר עֲצָתָם וְקַלְקֵל מַחֲשַׁבְתָּם. עֲשֵׂה לְמַעַן שְׁמֶךָ. עֲשֵׂה לְמַעַן יְמִינֶךָ. עֲשֵׂה לְמַעַן קְדֻשָּׁתֶךָ. עֲשֵׂה לְמַעַן תּוֹרָתֶךָ. לְמַעַן יֵחָלְצוּן יְדִידֶיךָ הוֹשִׁיעָה יְמִינְךָ וַעֲנֵנִי: יִהְיוּ לְרָצוֹן אִמְרֵי פִי וְהֶגְיוֹן לִבִּי לְפָנֶיךָ יְיָ צוּרִי וְגוֹאֲלִי: עֹשֶׂה שָׁלוֹם בִּמְרוֹמָיו הוּא יַעֲשֶׂה שָׁלוֹם עָלֵינוּ וְעַל כָּל יִשְׂרָאֵל וְאִמְרוּ אָמֵן:

יְהִי רָצוֹן לְפָנֶיךָ יְיָ אֱלֹהֵינוּ וֵאלֹהֵי אֲבוֹתֵינוּ שֶׁיִּבָּנֶה בֵּית הַמִּקְדָּשׁ בִּמְהֵרָה בְיָמֵינוּ וְתֵן חֶלְקֵנוּ בְּתוֹרָתֶךָ:

וְשָׁם נַעֲבָדְךָ בְּיִרְאָה כִּימֵי עוֹלָם וּכְשָׁנִים קַדְמוֹנִיּוֹת:

וְעָרְבָה לַיְיָ מִנְחַת יְהוּדָה וִירוּשָׁלָיִם כִּימֵי עוֹלָם וּכְשָׁנִים קַדְמוֹנִיּוֹת:

(מקדשין סכ"ב, ומביא על השלחן. (ובשבת אומרין תחלה יום הששי.)

סברי... ברוך אתה יי אלהינו מלך העולם בורא פרי הגפן:

בא"י אמ"ה אשר בחר בנו מכל עם ורוממנו מכל לשון וקדשנו במצותיו. ותתן לנו יי אלהינו באהבה שבתות למנוחה ומועדים לשמחה חגים וזמנים לששון את יום השב' הזה ואת יו'

לפסח	לשבועות	לסוכות	לשמיני עצרת ולש"ת
חג המצות הזה. זמן חרותנו	חג השבעות הזה. זמן מתן תורתנו	חג הסכות הזה. זמן שמחתנו	השמיני חג העצרת הזה. זמן שמחתנו

באהבה מקרא קדש זכר ליציאת מצרים. כי בנו בחרת ואותנו קדשת מכל העמים ושבת ומועדי קדשך באהבה וברצון בשמחה ובששון הנחלתנו. ברוך אתה יי מקדש השבת וישראל והזמנים:

חן מוצאי שבת זאגט מאן אוך דיעזעז.

ברוך אתה יי אלהינו מלך העולם בורא מאורי האש: ברוך אתה יי אלהינו מלך העולם המבדיל בין קדש לחול בין אור לחשך בין ישראל לעמים. בין יום השביעי לששת ימי המעשה. בין קדשת שבת לקדשת יום טוב הבדלת. ואת יום השביעי מששת ימי המעשה קדשת. הבדלת וקדשת את עמך ישראל בקדשתך. ב"א יי המבדיל בין קדש לקדש:

חין דער סוכה ווירד נאך דיעזע ברכה פֿאר שסייכן געזאגט.

בא"י אמ"ה אשר קדשנו במצותיו וצונו לישב בסכה:

דיח ערזטע חונד נווייטע נאכט פסח שבועות סוכות שמיני עצרת זאגט מאן זהחיינו.

ב"א י' אלהינו מלך העולם שהחינו וקימנו והגיענו לזמן הזה:

ברוך Gelobt seist Du, Ewiger, unser Gott, Weltregent, der die Frucht des Weinstocks erschaffen!

ברוך Gelobt seist Du, Ewiger, unser Gott, Weltregent, der uns aus allen Völkern erkoren, über alle Nationen erhoben und durch seine Gebote geheiligt hat. Und so gabst Du uns in Liebe, Ewiger, unser Gott (Sabbath-Tage zur Ruhe), Feiertage zur Freude, Festtage zur Wonne, (diesen Sabbath und) dieses

Mazzoth-Fest, die Zeit unserer Befreiung,	Schabuoth-Fest, die Zeit unserer Gesetzgebung,	Suckoth- | Schemini-Azereth-Fest, die Zeit unserer Freude,

zur heiligen Verkündigung, zum Andenken an den Auszug aus Egypten. Denn Du hast uns auserkoren und geheiligt vor allen Völkern und (den Sabbath und) Deine heiligen Feiertage (in Liebe und Wohlgefallen) zur Freude und Wonne uns beschieden. Gelobt seist Du, Ewiger, der heiligt (den Sabbath,) Israel und die Festes-Zeiten.

(Fällt der Festabend auf einen Sabbath-Ausgang, so wird Folgendes eingeschaltet:)

ברוך Gelobt seist Du, Ewiger, unser Gott, Weltregent, der das strahlende Licht erschaffen.

ברוך Gelobt seist Du, Ewiger, unser Gott, Weltregent, der unterschieden zwischen Heiligem und Gemeinem, zwischen Licht und Finsterniß, zwischen Israel und den Völkern, zwischen dem siebenten Tage und den sechs Werktagen. Zwischen der Heiligkeit des Sabbaths und der eines Festtages hast Du einen Unterschied gemacht, und den siebenten Tag vor den sechs Werktagen geheiligt. So hast Du abgesondert und geheiligt Dein Volk Israel durch Deine Heiligkeit. Gelobt seist Du, Ewiger, der zwischen Heiligem und Heiligem unterscheidet.

(In der Laubhütte wird noch Folgendes hinzugesetzt:)

ברוך Gelobt seist Du, Ewiger, unser Gott, Weltregent, der uns durch seine Gebote geheiligt und uns befohlen hat, in der Laubhütte zu wohnen!

(Die erste und zweite Nacht von Peßach, Schabuoth, Suckoth und Schemini-Azereth sagt man noch:)

ברוך Gelobt seist Du, Ewiger, unser Gott, Weltregent, der uns am Leben und aufrecht erhalten und uns diese festliche Zeit hat erreichen lassen!

פֿאַר דעם דוכן ווירד והערב געזאגט:

ותערב עליך עתירתנו כעולה וכקרבן· אנא רחום ברחמיך הרבים השב שכינתך לציון וסדר העבודה לירושלים· ותחזינה עינינו בשובך לציון ברחמים· ושם נעבדך ביראה כימי עולם וכשנים קדמוניות:

ש״ץ מסיים ברוך אתה יי שאותך לבדך ביראה נעבוד: מודים וגו'.

אלהינו ואלהי אבותינו ברכנו בברכה המשולשת בתורה הכתובה על ידי משה עבדך האמורה מפי אהרן ובניו ש״ץ בקול כהנים עם קדושיך כאמור:

והכהנים מברכין ברוך אתה יי אלהינו מלך העולם אשר קדשנו בקדשתו של אהרן וצונו לברך את עמו ישראל באהבה:

ש״ץ מקרא.

יברכך יברכך יי מציון עשה שמים וארץ:

יי יי אדונינו מה אדיר שמך בכל הארץ:

וישמרך שמרני אל כי חסיתי בך: כשהכהנים מנגנין וישמרך אומרין זה.

רבונו של עולם אני שלך וחלומותי שלך חלום חלמתי ואיני יודע מה הוא יהי רצון מלפניך יי אלהי ואלהי אבותי שיהיו כל חלומותי עלי ועל כל ישראל לטובה בין שחלמתי על עצמי ובין שחלמתי על אחרים ובין שחלמו אחרים עלי אם טובים הם חזקם ואמצם ויתקימו בי ובהם כחלומות יוסף הצדיק· ואם צריכים רפואה רפאם כחזקיהו מלך יהודה מחליו וכמרים הנביאה מצרעתה וכנעמן מצרעתו וכמי מרה על ידי משה רבינו וכמי יריחו על ידי אלישע. וכשם שהפכת את קללת בלעם הרשע מקללה לברכה כן תהפך כל חלומותי עלי ועל כל ישראל לטובה ותשמרני ותחנני ותרצני: אמן.

Vor dem דוכן wird ותערב gebetet:

ותערב Nehme unser Flehen wohlgefällig auf, wie ehedem die Ganz- und Brandopfer! O Allerbarmer, in Deiner großen Barmherzigkeit stelle Deine Wohnung in Zion, den Opferdienst in Jerusalem wieder her! Laß unsere Augen es sehen, wenn Du mit Erbarmen nach Zion zurückkehrst, und in Ehrfurcht werden wir dort Dir wieder dienen, wie in den Tagen der Vorzeit, wie in den frühern Jahren. Gelobt seist Du, Ewiger, dem allein wir in Ehrfurcht dienen!

אלהינו Unser Gott und Gott unserer Väter, segne uns mit dem dreifachen Segen, welcher in der durch Deinen Diener Mosche geschriebenen Lehre enthalten ist, und welcher gesprochen wurde durch Aharon und seine Söhne, die **Priester**, Dein heiliges Volk, wie es heißt:

Die Priester sprechen:

ברוך Gelobt seist Du, Ewiger, unser Gott, Weltregent, der Du uns mit der Heiligkeit Aharons geheiligt und uns befohlen hast, Dein Volk Israel liebevoll zu segnen!

Die Priester:	Die Gemeinde:
Er segne dich	Es segne dich von Zion aus der Ewige, der Himmel schuf und Erde!
Der Ewige	Ewiger, unser Herr, wie mächtig ist Dein Name auf der ganzen Erde!
Und behüte dich!	Behüte mich, Gott! denn Dir habe ich mich anvertraut!

יָאֵר אֱלֹהִים יְחָנֵּנוּ וִיבָרְכֵנוּ יָאֵר פָּנָיו אִתָּנוּ סֶלָה:

יְיָ יְיָ אֵל רַחוּם וְחַנּוּן אֶרֶךְ אַפַּיִם וְרַב חֶסֶד וֶאֱמֶת:

פָּנָיו פְּנֵה אֵלַי וְחָנֵּנִי כִּי יָחִיד וְעָנִי אָנִי:

אֵלֶיךָ אֵלֶיךָ יְיָ נַפְשִׁי אֶשָּׂא:

וִיחֻנֶּךָּ הִנֵּה כְעֵינֵי עֲבָדִים אֶל יַד אֲדוֹנֵיהֶם כְּעֵינֵי שִׁפְחָה אֶל יַד גְּבִרְתָּהּ כֵּן עֵינֵינוּ אֶל יְיָ אֱלֹהֵינוּ עַד שֶׁיְּחָנֵּנוּ: רבש״ע.

יִשָּׂא יִשָּׂא בְרָכָה מֵאֵת יְיָ וּצְדָקָה מֵאֱלֹהֵי יִשְׁעוֹ. (וּמְצָא־חֵן וְשֵׂכֶל טוֹב בְּעֵינֵי אֱלֹהִים וְאָדָם:)

יְיָ יְיָ חָנֵּנוּ לְךָ קִוִּינוּ הֱיֵה זְרֹעָם לַבְּקָרִים אַף יְשׁוּעָתֵנוּ בְּעֵת צָרָה:

פָּנָיו אַל־תַּסְתֵּר פָּנֶיךָ מִמֶּנִּי בְּיוֹם צַר לִי הַטֵּה אֵלַי אָזְנֶךָ בְּיוֹם אֶקְרָא מַהֵר עֲנֵנִי:

אֵלֶיךָ אֵלֶיךָ נָשָׂאתִי אֶת־עֵינַי הַיֹּשְׁבִי בַּשָּׁמָיִם:

וְיָשֵׂם וְשָׂמוּ אֶת־שְׁמִי עַל־בְּנֵי יִשְׂרָאֵל וַאֲנִי אֲבָרְכֵם:

לְךָ לְךָ יְיָ הַגְּדֻלָּה וְהַגְּבוּרָה וְהַתִּפְאֶרֶת וְהַנֵּצַח וְהַהוֹד כִּי־כֹל בַּשָּׁמַיִם וּבָאָרֶץ לְךָ יְיָ הַמַּמְלָכָה וְהַמִּתְנַשֵּׂא לְכֹל׀ לְרֹאשׁ:

שָׁלוֹם שָׁלוֹם׀ שָׁלוֹם לָרָחוֹק וְלַקָּרוֹב אָמַר יְיָ וּרְפָאתִיו:

כשעדיין כתוב שלא יאמר אלא שלום הכהן רק יאמר זה:

יהי רצון מלפניך יי אלהי ואלהי אבותי שתעשה למען קדושת חסדיך וגודל רחמיך הפשוטים ולמען טהרת שמך הגדול הגבור והנורא

Er lasse leuchten	Gott sei uns gnädig, geb' uns seinen Segen und lasse uns sein Antlitz leuchten! Selah.
Der Ewige	Der Ewige ist unveränderlich, allmächtig, barmherzig und gnädig, langmüthig und voller Huld und Treue.
Sein Antlitz	O wende Dich zu mir, sei mir gnädig, denn einsam und bedrängt bin ich.
Dir	Zu Dir, Ewiger, erheb' ich meine Seele!
Und sei dir gnädig!	Wie Knechte schauen auf die Hand ihres Herrn, wie eine Magd auf die Hand ihrer Gebieterin, so schauen unsere Augen hin zu dem Ewigen, unserem Gotte, bis er uns gnädig ist.
Er erhebe	Er empfange Segen vom Ewigen, gerechten Lohn vom Gotte seines Heils!
Der Ewige	Ewiger, sei uns gnädig! wir harren Dein; mit jedem Morgen leiste uns neuen Beistand, Hülfe uns, in Zeiten der Noth!
Sein Antlitz	Verbirg nicht Dein Antlitz vor mir, am Tage meiner Angst, neige mir Dein Ohr, am Tage, da ich Dich rufe, eile, erhöre mich!
Dir	Zu Dir erheb' ich meine Augen, der Du im Himmel thronest!
Und gebe	Sie sollen meinen Namen über die Kinder Israels aussprechen, und ich werde sie segnen.
Dir	Dir, Ewiger! gehört die Größe und die Macht und der Ruhm und der Sieg und die Majestät, ja, Alles im Himmel und auf Erden! Dein, Ewiger, ist das Reich, und Du bist über Alles das Haupt.
Frieden!	Friede! Friede dem Fernen und dem Nahen, spricht der Ewige; ich habe ihm ausgeholfen!

בן עשרים ושתים אותיות היוצא מפסוקים של ברכת כהנים

(ויהרהר השמות האלו בהפסקתו ואל יוציאם מפיו)

אנקתם פסתם פספסים דיונסים

האמורה מפי אהרן ובניו עם קדושיך שתהיה קרוב לי בקראי לך ותשמע תפלתי ואנקתי תמיד כשם ששמעת אנקת יעקב תמימך הנקרא איש תם. ותתן לי ולכל נפשות ביתי מזונתינו ופרנסתנו ברוח ולא בצמצום בהתר ולא באסור בנחת ולא בצער מתחת ידך הרחבה כשם שנתת פסת לחם לאכול ובגד ללבוש ליעקב אבינו הנקרא איש תם ותתננו לאהבה ולחן ולחסד בעיניך ובעיני כל רואינו. ויהיו דברי נשמעין לעבודתך. כשם שנתת את יוסף צדיקך בשעה שהלבישו אביו כתונת פסים לחן ולחסד ולרחמים בעיניך ובעיני כל רואיו. ותעשה עמי נפלאות ונסים ולטובה אות. ותצליחני בדרכי ותן בלבי בינה להבין ולהשכיל ולקיים את כל דברי תלמוד תורתך וסודותיך. ותצילני משגיאות ותטהר רעיוני ולבי לעבודתך. ותאריך ימי

(וימי אשתי ובני ובנותי) (וימי אבי ואמי)

בטוב ובנעימות ברוב עוז ושלום. אמן סלה:

ויכוין לסיים עם הכהנים כדי שיענו הקהל **אמן:**

נאָכדעם דיא פריעסטער דען זעגען בעענדיגט, שפריכט דיא געמיינדע:

אַדִּיר בַּמָּרוֹם שׁוֹכֵן בִּגְבוּרָה. אַתָּה שָׁלוֹם וְשִׁמְךָ שָׁלוֹם. יְהִי רָצוֹן שֶׁתָּשִׂים עָלֵינוּ וְעַל עַמְּךָ בֵּית יִשְׂרָאֵל חַיִּים וּבְרָכָה לְמִשְׁמֶרֶת שָׁלוֹם:

והכהנים מחזירין פניהם כלפי ההיכל ואומרין:

רִבּוֹן הָעוֹלָם עָשִׂינוּ מַה שֶּׁגָּזַרְתָּ עָלֵינוּ אַף אַתָּה עֲשֵׂה עִמָּנוּ כַּאֲשֶׁר הִבְטַחְתָּנוּ. הַשְׁקִיפָה מִמְּעוֹן קָדְשְׁךָ מִן הַשָּׁמַיִם וּבָרֵךְ אֶת עַמְּךָ אֶת יִשְׂרָאֵל וְאֵת הָאֲדָמָה אֲשֶׁר נָתַתָּה לָנוּ כַּאֲשֶׁר נִשְׁבַּעְתָּ לַאֲבוֹתֵינוּ אֶרֶץ זָבַת חָלָב וּדְבָשׁ

פאר לולב בענטשן זאגט מאן:

יהי רצון מלפניך יי אלהי ואלהי אבותי בפרי עץ הדר וכפות תמרים וענף עץ עבות וערבי נחל אותיות שמך המיוחד תקרב אחד אל אחד והיו לאחדים בידי. ולידע איך שמך נקרא עלי וייראו מגשת אלי. ובנענועי אותם תשפיע שפע ברכות מדעת עליון לנוה אפריון למכון בית אלהינו. ויהא חשוב לפניך מצות ארבעה מינים כאלו קימתיה בכל פרטותיה ושרשיה ותרי"ג מצות התלוים בה. כי כונתי ליחדא שמא דקודשא בריך הוא ושכינתיה בדחילו ורחימא ליחד שם י"ה בו"ה ביחודא שלים בשם כל ישראל אמן: ברוך יי לעולם אמן ואמן:

מאן ניממט דעם לולב אין דיא האנד אונד זאגט:

ברוך אתה יי אלהינו מלך העולם אשר קדשנו במצותיו וצונו על נטילת לולב:

אם ערשטען טאג ווירד שהחינו געזאגט; אויך אבער דער ערשטע טאג אם שבת, זא ווירד ערשט אם צווייטען טאג שהחינו געזאגט.

ברוך אתה יי אלהינו מלך העולם שהחינו וקימנו והגיענו לזמן הזה:

אם ש"ע ווען מאן אויז דער סוכה גיעהט, זאגט מאן:

יהי רצון לפניך יי אלהינו ואלהי אבותינו כשם שקימתי וישבתי בסכה זו כן אזכה לשנה הבאה לישב בסכת עור של לויתן:

לערבית לשחרית ולמנחה.

אֲדֹנָי שְׂפָתַי תִּפְתָּח וּפִי יַגִּיד תְּהִלָּתֶךָ׃

בָּרוּךְ אַתָּה יְיָ אֱלֹהֵינוּ וֵאלֹהֵי אֲבוֹתֵינוּ אֱלֹהֵי אַבְרָהָם אֱלֹהֵי יִצְחָק וֵאלֹהֵי יַעֲקֹב הָאֵל הַגָּדוֹל הַגִּבּוֹר וְהַנּוֹרָא אֵל עֶלְיוֹן גּוֹמֵל חֲסָדִים טוֹבִים וְקוֹנֵה הַכֹּל וְזוֹכֵר חַסְדֵי אָבוֹת וּמֵבִיא גוֹאֵל לִבְנֵי בְנֵיהֶם לְמַעַן שְׁמוֹ בְּאַהֲבָה׃

זָכְרֵנוּ לְחַיִּים׃ מֶלֶךְ חָפֵץ בַּחַיִּים׃ וְכָתְבֵנוּ בְּסֵפֶר הַחַיִּים׃ לְמַעַנְךָ אֱלֹהִים חַיִּים׃ מֶלֶךְ עוֹזֵר וּמוֹשִׁיעַ וּמָגֵן׃ בָּרוּךְ אַתָּה יְיָ מָגֵן אַבְרָהָם׃

אַתָּה גִבּוֹר לְעוֹלָם אֲדֹנָי מְחַיֵּה מֵתִים אַתָּה רַב לְהוֹשִׁיעַ׃ מְכַלְכֵּל חַיִּים בְּחֶסֶד מְחַיֵּה מֵתִים בְּרַחֲמִים רַבִּים סוֹמֵךְ נוֹפְלִים וְרוֹפֵא חוֹלִים וּמַתִּיר אֲסוּרִים וּמְקַיֵּם אֱמוּנָתוֹ לִישֵׁנֵי עָפָר מִי כָמוֹךָ בַּעַל גְּבוּרוֹת וּמִי דּוֹמֶה לָּךְ מֶלֶךְ מֵמִית וּמְחַיֶּה וּמַצְמִיחַ יְשׁוּעָה׃

מִי כָמוֹךָ אַב הָרַחֲמִים׃ זוֹכֵר יְצוּרָיו לַחַיִּים בְּרַחֲמִים׃ וְנֶאֱמָן אַתָּה לְהַחֲיוֹת מֵתִים׃ בָּרוּךְ אַתָּה יְיָ מְחַיֵּה הַמֵּתִים׃ אַתָּה קָדוֹשׁ וְשִׁמְךָ קָדוֹשׁ וּקְדוֹשִׁים בְּכָל יוֹם יְהַלְלוּךָ סֶּלָה׃

וּבְכֵן תֵּן פַּחְדְּךָ יְיָ אֱלֹהֵינוּ עַל כָּל מַעֲשֶׂיךָ וְאֵימָתְךָ עַל כָּל־מַה־שֶּׁבָּרָאתָ וְיִירָאוּךָ כָּל־הַמַּעֲשִׂים וְיִשְׁתַּחֲווּ לְפָנֶיךָ כָּל־הַבְּרוּאִים וְיֵעָשׂוּ כֻלָּם אֲגֻדָּה

Herr, öffne meine Lippen, und mein Mund verkünde Deinen Ruhm!

ברוך Gelobt seist Du, Ewiger, unser Gott und Gott unserer Väter, Gott Abrahams, Gott Isaaks und Gott Jakobs; großer, mächtiger und furchtbarer Gott! Herr in den Höhen! der Wohlthaten erzeiget in Güte, als Eigenthümer des Weltalls, der gedenket de Frömmigkeit der Urväter, und ihren spätesten Enkeln einen Erlöser bringet, um seines Namens willen, in Liebe!

זכרנו Gedenke unser zum Leben, o König, der Du Wohlgefallen hast am Leben; schreibe uns ein in das Buch des Lebens, um Deinetwillen, Herr des Lebens, König, Helfer, Retter und Schild! Gelobt seist Du, Ewiger, Schild Abrahams!

אתה Mächtig bist Du in Ewigkeit! o Herr! Du belebst die Todten wieder, mächtiger Retter! Deine Gnade ernährt die Lebenden, Deine unendliche Barmherzigkeit läßt die Todten wieder aufleben! Du bist der Wankenden Stütze, der Kranken Heil und Befreier der Gefesselten! Du hältst treulich Deine Zusage Jenen, die in der Erde schlummern! Wer ist wie Du, allmächtiger Gott! Wer ist Dir ähnlich? König, der da tödtet und wieder belebet und Heil aufkeimen läßt.

מי Wer ist wie Du, Vater des Erbarmens, der seiner Geschöpfe zum Leben gedenkt in Erbarmen?! Deiner Verheißung getreu, belebst Du einst die Todten wieder! Gelobt seist Du, Ewiger, der die Todten belebt!

אתה Du bist heilig, heilig ist Dein Name, und Heilige preisen Dich täglich! Selah!

ובכן So verbreite denn, Ewiger, unser Gott, Deinen Schrecken über alle Deine Werke und Deine Furcht über Alles, was Du erschaffen, daß Dich ehrfürchten alle Werke, und vor Dir sich niederwerfen alle Geschöpfe, daß sie Alle in einen Bund zusammentreten, um

אַתָּה לַעֲשׂוֹת רְצוֹנְךָ בְּלֵבָב שָׁלֵם כְּמוֹ שֶׁיָּדַעְנוּ יְיָ אֱלֹהֵינוּ שֶׁהַשִּׁלְטוֹן לְפָנֶיךָ עֹז בְּיָדְךָ וּגְבוּרָה בִּימִינֶךָ וְשִׁמְךָ נוֹרָא עַל כָּל־מַה־שֶּׁבָּרָאתָ:

וּבְכֵן תֵּן כָּבוֹד יְיָ לְעַמֶּךָ תְּהִלָּה לִירֵאֶיךָ וְתִקְוָה לְדוֹרְשֶׁיךָ וּפִתְחוֹן פֶּה לַמְיַחֲלִים לָךְ שִׂמְחָה לְאַרְצֶךָ וְשָׂשׂוֹן לְעִירֶךָ וּצְמִיחַת קֶרֶן לְדָוִד עַבְדֶּךָ וַעֲרִיכַת נֵר לְבֶן יִשַׁי מְשִׁיחֶךָ בִּמְהֵרָה בְיָמֵינוּ:

וּבְכֵן צַדִּיקִים יִרְאוּ וְיִשְׂמָחוּ וִישָׁרִים יַעֲלֹזוּ וַחֲסִידִים בְּרִנָּה יָגִילוּ וְעוֹלָתָה תִּקְפָּץ־פִּיהָ • וְכָל הָרִשְׁעָה כֻּלָּהּ כְּעָשָׁן תִּכְלֶה כִּי תַעֲבִיר מֶמְשֶׁלֶת זָדוֹן מִן־הָאָרֶץ:

וְתִמְלוֹךְ אַתָּה יְיָ לְבַדֶּךָ עַל כָּל־מַעֲשֶׂיךָ בְּהַר צִיּוֹן מִשְׁכַּן כְּבוֹדֶךָ וּבִירוּשָׁלַיִם עִיר קָדְשֶׁךָ כַּכָּתוּב בְּדִבְרֵי קָדְשֶׁךָ יִמְלֹךְ יְיָ לְעוֹלָם אֱלֹהַיִךְ צִיּוֹן לְדֹר וָדֹר הַלְלוּיָהּ:

קָדוֹשׁ אַתָּה וְנוֹרָא שְׁמֶךָ וְאֵין אֱלוֹהַּ מִבַּלְעָדֶיךָ כַּכָּתוּב וַיִּגְבַּהּ יְיָ צְבָאוֹת בַּמִּשְׁפָּט וְהָאֵל הַקָּדוֹשׁ נִקְדַּשׁ בִּצְדָקָה: בָּרוּךְ אַתָּה יְיָ הַמֶּלֶךְ הַקָּדוֹשׁ:

gemeinschaftlich Deinen Willen mit aufrichtigem Herzen zu erfüllen, wie wir es erkennen, Ewiger, unser Gott, daß Dein die Herrschaft ist, Sieg in Deiner Hand, Stärke in Deiner Rechten, und daß Dein Name furchtbar ist jedem Wesen, das Du erschaffen.

ובכן So gib denn, o Ewiger, Deinem Volke Ehre, Deinen Verehrern Ruhm, und Aussicht denen, die Dich suchen, und das freie Wort denen, die Deiner harren, Freude Deinem Lande und Wonne Deiner Stadt! läß emporwachsen das Glückshorn Deines Knechtes David und hell leuchten die Lampe des Sohnes Isai's, Deines Gesalbten, bald, in unseren Tagen!

ובכן Dann werden die Frommen es sehen und sich freuen, die Redlichen frohlocken, die Heiligen in Freudengeschrei ausbrechen, und das Laster wird verstummen und der Frevel gänzlich wie Rauch hinschwinden, denn Du wirst des Frevels Gewalt von der Erde tilgen.

ותמלוך Du, o Ewiger, wirst allein regieren über alle Deine Werke, auf dem Berg Zion, dem Throne Deiner Herrlichkeit, und in Jerusalem, der Residenz Deiner Heiligkeit, so wie es geschrieben steht in Deiner heiligen Schrift: „Der Ewige regiert ewiglich, dein Gott, o Zion, von Geschlecht zu Geschlecht. Hallelujah!"

קדוש Heilig bist Du, furchtbar ist Dein Name, und außer Dir ist kein Gott! So lautet auch jener Spruch: „Groß wird sein der Ewige Zebaoth im Gerichte, und der heilige Gott geheiligt in Gerechtigkeit!" Gelobt seist Du, Ewiger, heiliger König!

אתה בחרתנו מכל העמים. אהבת אותנו. ורצית בנו. ורוממתנו מכל הלשונות. וקדשתנו במצותיך. וקרבתנו מלכנו לעבודתך. ושמך הגדול והקדוש עלינו קראת:

אין מוצאי שבת זאגט מאן אויך דיעזעז.

ותודיענו יי אלהינו את משפטי צדקך ותלמדנו לעשות חקי רצונך ותתן לנו יי אלהינו משפטים ישרים ותורות אמת חקים ומצות טובים ותנחילנו זמני ששון ומועדי קדש וחגי נדבה. ותורישנו קדשת שבת וכבוד מועד וחגיגת הרגל. ותבדל יי אלהינו בין קדש לחול בין אור לחשך בין ישראל לעמים בין יום השביעי לששת ימי המעשה בין קדשת שבת לקדשת יום טוב הבדלת ואת יום השביעי מששת ימי המעשה קדשת. הבדלת וקדשת את עמך ישראל בקדשתך:

ותתן לנו יי אלהינו באהבה את יום השבת הזה ואת יום הזכרון הזה. יום זכרון תרועה באהבה מקרא קדש זכר ליציאת מצרים:

אלהינו ואלהי אבותינו. יעלה ויבא ויגיע ויראה וירצה וישמע ויפקד ויזכר זכרוננו

אתה בחרתנו Du hast uns aus allen Völkern erkoren; Du liebtest uns und fandest Wohlgefallen an uns; Du hast uns erhoben über alle Nationen, und uns geheiligt durch Deine Gebote. Du hast uns genähert, o König, Deinem Dienste und uns nach Deinem großen und heiligen Namen genannt.

(Am Ausgang des Sabbaths wird Folgendes eingeschaltet:)

ותודיענו Und Du machtest uns kund, Ewiger, unser Gott, die Aussprüche Deines Heiles und lehrtest uns, zu üben die Gesetze Deines Willens. — Du gabst uns, Ewiger, unser Gott, gerechte Vorschriften, wahrheitsvolle Lehren und heilsame Satzungen und Gebote. — Du schenktest uns freudige Zeiten, heilige Feier, frohe Feste, und verliehest uns sabbathliche Weihe, feiertägige Herrlichkeit, festliches Wonnegefühl. — Und wie Du unterschieden hast, Ewiger, unser Gott, zwischen Heiligem und Gemeinem, zwischen Licht und Finsterniß, zwischen Israel und den heidnischen Völkern, zwischen dem siebenten Tage und den sechs Werktagen, so hast Du auch zwischen der Heiligkeit des Sabbaths und der Heiligkeit des Festtags unterschieden; und wie Du den siebenten Tag vor den sechs Werktagen geheiligt, so hast Du bevorzugt und geweihet Dein Volk Israel durch Deine Heiligkeit.

ותתן Und so gabst du uns in Liebe, Ewiger, unser Gott, diesen (Sabbath und diesen) Tag des Andenkens, einen Tag des Therua-Blasens (am Sabbath: einen Tag zur Erwähnung des Therua-Blasens) und der Heiligkeitsverkündigung, zum Andenken an den Auszug aus Egypten.

אלהינו Unser Gott und Gott unserer Väter, möge aufsteigen, vor Dich kommen und zu Dir gelangen, gefällig und angenehm aufgenommen werden unser

וּפִקְדּוֹנֵנוּ וְזִכְרוֹן אֲבוֹתֵינוּ. וְזִכְרוֹן מָשִׁיחַ בֶּן דָּוִד עַבְדֶּךָ. וְזִכְרוֹן יְרוּשָׁלַיִם עִיר קָדְשֶׁךָ. וְזִכְרוֹן כָּל עַמְּךָ בֵּית יִשְׂרָאֵל לְפָנֶיךָ. לִפְלֵיטָה לְטוֹבָה לְחֵן וּלְחֶסֶד וּלְרַחֲמִים לְחַיִּים וּלְשָׁלוֹם בְּיוֹם הַזִּכָּרוֹן הַזֶּה. זָכְרֵנוּ יְיָ אֱלֹהֵינוּ בּוֹ לְטוֹבָה. וּפָקְדֵנוּ בוֹ לִבְרָכָה. וְהוֹשִׁיעֵנוּ בוֹ לְחַיִּים: וּבִדְבַר יְשׁוּעָה וְרַחֲמִים חוּס וְחָנֵּנוּ וְרַחֵם עָלֵינוּ וְהוֹשִׁיעֵנוּ כִּי אֵלֶיךָ עֵינֵינוּ כִּי אֵל מֶלֶךְ חַנּוּן וְרַחוּם אָתָּה:

אֱלֹהֵינוּ וֵאלֹהֵי אֲבוֹתֵינוּ מְלוֹךְ עַל כָּל הָעוֹלָם כֻּלּוֹ בִּכְבוֹדֶךָ וְהִנָּשֵׂא עַל כָּל הָאָרֶץ בִּיקָרֶךָ וְהוֹפַע בַּהֲדַר גְּאוֹן עֻזֶּךָ עַל כָּל־יוֹשְׁבֵי תֵּבֵל אַרְצֶךָ. וְיֵדַע כָּל־פָּעוּל כִּי אַתָּה פְעַלְתּוֹ וְיָבִין כָּל־יָצוּר כִּי אַתָּה יְצַרְתּוֹ וְיֹאמַר כֹּל אֲשֶׁר נְשָׁמָה בְאַפּוֹ יְיָ אֱלֹהֵי יִשְׂרָאֵל מֶלֶךְ וּמַלְכוּתוֹ בַּכֹּל מָשָׁלָה:

(לשבת אֱלֹהֵינוּ וֵאלֹהֵי אֲבוֹתֵינוּ רְצֵה בִמְנוּחָתֵנוּ:)

קַדְּשֵׁנוּ בְּמִצְוֹתֶיךָ וְתֵן חֶלְקֵנוּ בְּתוֹרָתֶךָ שַׂבְּעֵנוּ מִטּוּבֶךָ וְשַׂמְּחֵנוּ בִּישׁוּעָתֶךָ.

Andenken und unser Gedächtniß — das Andenken unserer Väter, das Andenken des Messias, des Sohnes Davids, Deines Knechtes, das Andenken Jerusalems, Deiner heiligen Stadt, und das Andenken Deines ganzen Volkes, des Hauses Israel — zur Rettung und zum Heile, zur Huld, zur Gnade und zum Erbarmen, zum Leben und zum Frieden an diesem Tage des Andenkens. Gedenke unser, Ewiger, unser Gott, zum Guten, erinnere Dich unser zum Segen und hilf uns zur Glückseligkeit! Begünstige und begnadige uns durch Verheißung von Heil und Erbarmen, erbarme Dich unser und hilf uns! — Auf Dich allein sind unsere Augen gerichtet, denn Du, o Gott, bist ein gnädiger und erbarmungsvoller König!

א"א Unser Gott und Gott unserer Väter! regiere über die ganze Welt in Deiner Herrlichkeit, erhebe Dich über die ganze Erde in Deiner Majestät, und erscheine im Glanze Deines glorreichen Sieges allen Bewohnern Deines Erdkreises, damit jedes Geschöpf erkenne, daß Du es geschaffen, und jedes gebildete Wesen einsehe, daß Du es gebildet hast! Dann spreche Alles, was Odem hat in seiner Nase: Der Ewige, Israels Gott, ist König, seine Herrschaft waltet über Alles! (Am Sabbath: Unser Gott und Gott unserer Väter, zeige Wohlgefallen an unserer Ruhe!) Heilige uns durch Deine Gebote und gib uns unseren Antheil an Deiner Lehre, erquicke uns mit Deiner Güte und erfreue uns durch Deine Hülfe;

(לשבת וְהַנְחִילֵנוּ יְיָ אֱלֹהֵינוּ בְּאַהֲבָה וּבְרָצוֹן שַׁבַּת קָדְשֶׁךָ וְיָנוּחוּ בָהּ יִשְׂרָאֵל מְקַדְּשֵׁי שְׁמֶךָ׃)

וְטַהֵר לִבֵּנוּ לְעָבְדְּךָ בֶּאֱמֶת כִּי אַתָּה אֱלֹהִים אֱמֶת וּדְבָרְךָ אֱמֶת וְקַיָּם לָעַד׃ בָּרוּךְ אַתָּה יְיָ מֶלֶךְ עַל כָּל הָאָרֶץ מְקַדֵּשׁ (השבת ו)יִשְׂרָאֵל וְיוֹם הַזִּכָּרוֹן׃

רְצֵה יְיָ אֱלֹהֵינוּ בְּעַמְּךָ יִשְׂרָאֵל וּבִתְפִלָּתָם. וְהָשֵׁב אֶת הָעֲבוֹדָה לִדְבִיר בֵּיתֶךָ וְאִשֵּׁי יִשְׂרָאֵל וּתְפִלָּתָם בְּאַהֲבָה תְקַבֵּל בְּרָצוֹן וּתְהִי לְרָצוֹן תָּמִיד עֲבוֹדַת יִשְׂרָאֵל עַמֶּךָ׃

וְתֶחֱזֶינָה עֵינֵינוּ בְּשׁוּבְךָ לְצִיּוֹן בְּרַחֲמִים. בָּרוּךְ אַתָּה יְיָ הַמַּחֲזִיר שְׁכִינָתוֹ לְצִיּוֹן׃

מוֹדִים אֲנַחְנוּ לָךְ שָׁאַתָּה הוּא יְיָ אֱלֹהֵינוּ וֵאלֹהֵי אֲבוֹתֵינוּ לְעוֹלָם וָעֶד צוּר חַיֵּינוּ מָגֵן יִשְׁעֵנוּ אַתָּה הוּא לְדוֹר וָדוֹר נוֹדֶה לְּךָ וּנְסַפֵּר תְּהִלָּתֶךָ עַל חַיֵּינוּ הַמְּסוּרִים בְּיָדֶךָ וְעַל נִשְׁמוֹתֵינוּ הַפְּקוּדוֹת לָךְ. וְעַל נִסֶּיךָ שֶׁבְּכָל יוֹם עִמָּנוּ וְעַל נִפְלְאוֹתֶיךָ וְטוֹבוֹתֶיךָ שֶׁבְּכָל עֵת עֶרֶב וָבֹקֶר וְצָהֳרָיִם. הַטּוֹב כִּי לֹא כָלוּ רַחֲמֶיךָ וְהַמְרַחֵם כִּי לֹא תַמּוּ חֲסָדֶיךָ מֵעוֹלָם קִוִּינוּ לָךְ׃ וְעַל כֻּלָּם יִתְבָּרַךְ וְיִתְרוֹמַם שִׁמְךָ מַלְכֵּנוּ תָּמִיד לְעוֹלָם וָעֶד׃

וּכְתוֹב לְחַיִּים טוֹבִים כָּל בְּנֵי בְרִיתֶךָ׃

וְכֹל הַחַיִּים יוֹדוּךָ סֶּלָה וִיהַלְלוּ אֶת שִׁמְךָ בֶּאֱמֶת הָאֵל יְשׁוּעָתֵנוּ וְעֶזְרָתֵנוּ סֶלָה. בָּרוּךְ אַתָּה יְיָ הַטּוֹב שִׁמְךָ וּלְךָ נָאֶה לְהוֹדוֹת׃

(am Sabbath: laß uns, o Ewiger, unser Gott, in Liebe und Wohlgefallen Deinen heiligen Sabbath genießen, daß an ihm ruhe Israel, das Deinen Namen heiligt!) läutere unser Herz, Dir in Wahrheit zu dienen! Denn Du, o Gott, bist die Wahrheit und Dein Wort ist wahr und ewig bestehend. Gelobt seist Du, Ewiger, König über die ganze Erde, der heiligt (den Sabbath,) Israel und den Tag des Andenkens! -

רצה Zeige Wohlgefallen, Ewiger, unser Gott, an Deinem Volke Israel und an seinem Gebete! führe den Opferdienst wieder ein in den Chor Deines Tempels! nimm Israels Opfer — seine Gebete — in Liebe und Wohlgefallen an! O, möge Dir der Dienst Deines Volkes Israel immerdar wohlgefällig sein!

ותחזינה Mögen unsere Augen sehen, wenn Du mit Erbarmen nach Zion zurückkehrst! Gelobt seist Du, Ewiger, der seine Majestät einst wieder in Zion thronen läßt!

מודים Wir bekennen Dir, daß Du, der Ewige, unser und unserer Väter Gott bist in Ewigkeit. Du bist der Hort unseres Lebens, der Schild unseres Heils für und für! Wir danken Dir und lobpreisen Dich für unser Leben, das in Deine Hand gelegt, für unsere Seelen, die Dir anvertraut sind, für die Wunder, die Du uns tagtäglich, für die unaussprechlichen Wohlthaten, die Du uns zu jeder Zeit — Abends, Morgens und Mittags — erweisest. Allgütiger, Deine Barmherzigkeit hat keine Grenzen! Allbarmherziger, Deine Gnade geht nie zu Ende! Auf Dich hoffen wir immerdar!

ועל Für dies Alles sei Dein Name, unser König, gelobt und hochgepriesen unaufhörlich und immerdar!

וכתוב O, schreibe zum glücklichen Leben ein alle Deine Bundeskinder!

וכל Und Alles, was lebt, soll Dir danken und preisen Deinen Namen; Allmächtiger, unser Heil und unsere Hülfe bist Du! Selah. Gelobt seist Du, Ewiger! Allgütiger ist Dein Name, und Dir allein gebühret Dank!

בשחרית אומרין זה.

שים שלום טובה וברכה חן וחסד ורחמים עלינו ועל כל ישראל עמך ברכנו אבינו כלנו כאחד באור פניך כי באור פניך נתת לנו יי אלהינו תורת חיים ואהבת חסד וצדקה וברכה ורחמים וחיים ושלום. וטוב בעיניך לברך את עמך ישראל בכל עת ובכל שעה בשלומך:

במנחה ובערבית אומרין זה.

שלום רב על ישראל עמך תשים לעולם כי אתה הוא מלך אדון לכל השלום. וטוב בעיניך לברך את עמך ישראל בכל עת ובכל שעה בשלומך:

בספר חיים ברכה ושלום ופרנסה טובה נזכר ונכתב לפניך אנחנו וכל עמך בית ישראל לחיים טובים ולשלום. ברוך אתה יי עושה השלום:

אלהי נצור לשוני מרע ושפתי מדבר מרמה ולמקללי נפשי תדום ונפשי כעפר לכל תהיה פתח לבי בתורתך ובמצותיך תרדוף נפשי וכל החושבים עלי רעה מהרה הפר עצתם וקלקל מחשבתם. עשה למען שמך עשה למען ימינך עשה למען קדשתך עשה למען תורתך. למען יחלצון ידידיך הושיעה ימינך ועננו: יהיו לרצון אמרי פי והגיון לבי לפניך יי צורי וגאלי: עשה שלום במרומיו הוא יעשה שלום עלינו ועל כל ישראל ואמרו אמן: יהי רצון לפניך יי אלהינו ואלהי אבותינו שיבנה בית המקדש במהרה בימינו ותן חלקנו בתורתך:

קודם שיוצאין מבה"כ בלילה הראשון נוהגין לומר כ"א לחבירו:

ליחיד לשנה טובה תכתב: ולרבים תכתבו:

ולנקבה לשנה טובה תכתבי: ולרבות תכתבנה:

Zum Morgengebet.	Zum Mincha- u. Abendg.
שים Verleihe Frieden, Glück und Segen, Gunst, Gnade und Erbarmen uns und Deinem ganzen Volke Israel! Segne uns, o Vater, Alle wie Einen, im Lichte Deines Antlitzes; denn im Lichte Deines Antlitzes gabst Du uns, Ewiger, unser Gott, die Lehre des Lebens, die Liebe zum Guten und dadurch Heil und Segen, Erbarmen, Leben und Frieden. Möge	שלום Frieden in Fülle verleihe Deinem Volke Israel in Ewigkeit; denn Du, o König, bist der Herr alles Friedens. Möge

es Dir gefallen, Dein Volk Israel zu jeder Zeit und Stunde mit Deinem Frieden zu segnen!

O, laß im Buche des Lebens, des Segens, des Friedens und des ehrbaren Auskommens uns erwähnt und verzeichnet sein vor Dir, daß wir und Dein ganzes Volk Israel gelangen zu glückseligem Leben und zum Frieden. Gelobt seist Du, Ewiger, Stifter des Friedens!

אלהי Mein Gott, bewahre meine Zunge vor Bösem, und meine Lippen vor Betrüglichreden! Laß meine Seele gegen meine Lästerer gelassen und gegen Jeden geduldig sein, wie Staub der Erde! Erschließe mein Herz durch Deine Lehre, damit meine Seele Deinen Geboten eifrig folge. Zerstöre die Pläne aller derer, die Böses wider mich sinnen und vereitle ihre Gedanken! Thue es um Deines Namens willen, thue es um Deiner Rechten, thue es um Deiner Heiligkeit, thue es um Deiner Lehre willen! Auf daß gerettet werden Deine Lieblinge, laß mir Deine Rechte beistehen und erhöre mich! Mögen wohlgefallen die Worte meines Mundes und die Gedanken meines Herzens, Dir, o Ewiger, mein Hort und mein Erlöser! — Der da Frieden stiftet in seinen Höhen, er stifte auch Frieden bei uns und bei ganz Israel! Darauf sprechet: Amen!

Möge es Dein Wille sein, o Ewiger, unser Gott und Gott unserer Väter, den heiligen Tempel bald, in unseren Tagen, wieder zu erbauen, daß Jeder seinen Antheil an Deinem Gesetze nehme!

Dem Herkommen gemäß, pflegt man sich am Neujahrsabend gegenseitig zum eintretenden Jahre Glück zu wünschen, wobei folgende Formel üblich ist.

Mögest Du (Möget Ihr) für ein glückliches Jahr verzeichnet werden!

אַם שבת זאָגט מאַן ערשט יום הששי חז"ו. (זייטע 186.)

סברי מרנן ורבנן ורבותי.

בָּרוּךְ אַתָּה יְיָ אֱלֹהֵינוּ מֶלֶךְ הָעוֹלָם בּוֹרֵא פְּרִי הַגָּפֶן:

בָּרוּךְ אַתָּה יְיָ אֱלֹהֵינוּ מֶלֶךְ הָעוֹלָם אֲשֶׁר בָּחַר־בָּנוּ מִכָּל־עָם וְרוֹמְמָנוּ מִכָּל־לָשׁוֹן וְקִדְּשָׁנוּ בְּמִצְוֹתָיו· וַתִּתֶּן לָנוּ יְיָ אֱלֹהֵינוּ בְּאַהֲבָה אֶת יום השבת הזה ואת יוֹם הַזִּכָּרוֹן הַזֶּה יום זכרון תְּרוּעָה באהבה מִקְרָא קֹדֶשׁ זֵכֶר לִיצִיאַת מִצְרָיִם· כִּי בָנוּ בָחַרְתָּ וְאוֹתָנוּ קִדַּשְׁתָּ מִכָּל־הָעַמִּים· וּדְבָרְךָ אֱמֶת וְקַיָּם לָעַד· בָּרוּךְ אַתָּה יְיָ מֶלֶךְ עַל כָּל־הָאָרֶץ מְקַדֵּשׁ השבת וְיִשְׂרָאֵל וְיוֹם הַזִּכָּרוֹן:

אַם מוצאי שבת זאָגט מאַן הויך דיזעס.

בָּרוּךְ אַתָּה יְיָ אֱלֹהֵינוּ מֶלֶךְ הָעוֹלָם בּוֹרֵא מְאוֹרֵי הָאֵשׁ: בָּרוּךְ אַתָּה יְיָ אֱלֹהֵינוּ מֶלֶךְ הָעוֹלָם הַמַּבְדִּיל בֵּין קֹדֶשׁ לְחוֹל בֵּין אוֹר לְחֹשֶׁךְ בֵּין יִשְׂרָאֵל לָעַמִּים. בֵּין יוֹם הַשְּׁבִיעִי לְשֵׁשֶׁת יְמֵי הַמַּעֲשֶׂה. בֵּין קְדֻשַּׁת שַׁבָּת לִקְדֻשַּׁת יוֹם טוֹב הִבְדַּלְתָּ. וְאֶת יוֹם הַשְּׁבִיעִי מִשֵּׁשֶׁת יְמֵי הַמַּעֲשֶׂה קִדַּשְׁתָּ. הִבְדַּלְתָּ וְקִדַּשְׁתָּ אֶת עַמְּךָ יִשְׂרָאֵל בִּקְדֻשָּׁתֶךָ. בָּ"א יְיָ הַמַּבְדִּיל בֵּין קֹדֶשׁ לְקֹדֶשׁ:

מאַן זאָגט ביידע נאַכטע שהחינו.

בָּ"אַ"יְ אֱלֹהֵינוּ מֶלֶךְ הָעוֹלָם שֶׁהֶחֱיָנוּ וְקִיְּמָנוּ וְהִגִּיעָנוּ לַזְּמַן הַזֶּה:

נאָכדעם מאַן האָט מוציא געגעסען, טונקט מאַן איין שטיקקלען פֿאָן איינעם זיסען אַפּפֿעל אין האָניג, שפּריכט פֿאָלגענדע ברכה אונד ביסט עז דאַן:

בָּרוּךְ אַתָּה יְיָ אֱלֹהֵינוּ מֶלֶךְ הָעוֹלָם בּוֹרֵא פְּרִי הָעֵץ:

דאַן זאָגט מאַן פֿאָלגענדעס:

יְהִי רָצוֹן מִלְּפָנֶיךָ יְיָ אֱלֹהֵינוּ וֵאלֹהֵי אֲבוֹתֵינוּ שֶׁתְּחַדֵּשׁ עָלֵינוּ שָׁנָה טוֹבָה וּמְתוּקָה:

ברוך Gelobt seist Du, Ewiger, unser Gott, Weltregent, der die Frucht des Weinstocks erschaffen.

ברוך Gelobt seist Du, Ewiger, unser Gott, Weltregent, der uns aus allen Völkern erkoren, über alle Nationen erhoben und durch seine Gebote geheiligt hat. Und so gabst Du uns in Liebe, Ewiger, unser Gott, diesen (Sabbath und diesen) Tag des Andenkens, den Tag (zur Erwähnung) des Posaunenblasens, zur heiligen Verkündigung, zum Andenken an den Auszug aus Egypten. Denn Du hast uns auserkoren und geheiligt vor allen Völkern, und Dein Wort ist Wahrheit und ewig bestehend. Gelobt seist Du, Ewiger, König über die ganze Erde, der heiligt (den Sabbath,) Israel und den Tag des Andenkens!

Fällt der Neujahrsabend auf einen Sabbath-Ausgang, so wird Folgendes eingeschaltet.

ברוך Gelobt seist Du, Ewiger, unser Gott, Weltregent, der das strahlende Licht erschaffen.

ברוך Gelobt seist Du, Ewiger, unser Gott, Weltregent, der unterschieden zwischen Heiligem und Gemeinem, zwischen Licht und Finsterniß, zwischen Israel und den Völkern, zwischen dem siebenten Tage und den sechs Werktagen. Zwischen der Heiligkeit des Sabbaths und der eines Festtages hast Du einen Unterschied gemacht, und den siebenten Tag vor den sechs Werktagen geheiligt. So hast Du abgesondert und geheiligt Dein Volk Israel durch Deine Heiligkeit. Gelobt seist Du, Ewiger, der zwischen Heiligem und Heiligem unterscheidet.

Man sagt beide Nächte שהחינו.

ברוך Gelobt seist Du, Ewiger, unser Gott, Weltregent, der uns am Leben und aufrecht erhalten und uns diese festliche Zeit hat erreichen lassen!

Nach herkömmlichem Gebrauch wird Neujahrsabend, nachdem man מוציא gemacht, ein süßer Apfel mit Honig gegessen, wobei man Folgendes spricht:

ברוך Gelobt seist Du, Ewiger, unser Gott, Weltregent, der die Baumfrucht erschaffen!

Nachdem man davon gegessen, spricht man:

יהי Möge es Dein Wille sein, o Ewiger, unser Gott und Gott unserer Väter, uns ein glückliches und angenehmes Jahr zu erneuern!

פֿאָן ר"ה ביז י"כ ווירד טאָגליך (אויסער שבת) נאָך שחרית אונד מנחה א"מ געזאַגט.

אָבִינוּ מַלְכֵּנוּ חָטָאנוּ לְפָנֶיךָ:
אָבִינוּ מַלְכֵּנוּ אֵין לָנוּ מֶלֶךְ אֶלָּא אָתָּה:
אָבִינוּ מַלְכֵּנוּ עֲשֵׂה עִמָּנוּ לְמַעַן שְׁמֶךָ:
אָבִינוּ מַלְכֵּנוּ חַדֵּשׁ עָלֵינוּ שָׁנָה טוֹבָה:
אָבִינוּ מַלְכֵּנוּ בַּטֵּל מֵעָלֵינוּ כָּל־גְּזֵרוֹת קָשׁוֹת:
אָבִינוּ מַלְכֵּנוּ בַּטֵּל מַחְשְׁבוֹת שׂוֹנְאֵינוּ:
אָבִינוּ מַלְכֵּנוּ הָפֵר עֲצַת אוֹיְבֵינוּ:
אָבִינוּ מַלְכֵּנוּ כַּלֵּה כָּל־צַר וּמַשְׂטִין מֵעָלֵינוּ:
אָבִינוּ מַלְכֵּנוּ סְתוֹם פִּיּוֹת מַשְׂטִינֵנוּ וּמְקַטְרְגֵינוּ:
א"מ כַּלֵּה דֶּבֶר וְחֶרֶב וְרָעָב וּשְׁבִי וּמַשְׁחִית (וּמַגֵּפָה) מִבְּנֵי בְרִיתֶךָ:
אָבִינוּ מַלְכֵּנוּ מְנַע מַגֵּפָה מִנַּחֲלָתֶךָ:
אָבִינוּ מַלְכֵּנוּ שְׁלַח רְפוּאָה שְׁלֵמָה לְחוֹלֵי עַמֶּךָ:
אָבִינוּ מַלְכֵּנוּ הַחֲזִירֵנוּ בִּתְשׁוּבָה שְׁלֵמָה לְפָנֶיךָ:
אָבִינוּ מַלְכֵּנוּ סְלַח וּמְחַל לְכָל־עֲוֹנוֹתֵינוּ:
אָבִינוּ מַלְכֵּנוּ מְחֵה וְהַעֲבֵר פְּשָׁעֵינוּ (וחטאתנו) מִנֶּגֶד עֵינֶיךָ:
אָבִינוּ מַלְכֵּנוּ קְרַע רוֹעַ גְּזַר דִּינֵנוּ:
אָבִינוּ מַלְכֵּנוּ מְחוֹק בְּרַחֲמֶיךָ הָרַבִּים כָּל־שִׁטְרֵי חוֹבוֹתֵינוּ:
אָבִינוּ מַלְכֵּנוּ זְכוֹר כִּי עָפָר אֲנָחְנוּ:
אָבִינוּ מַלְכֵּנוּ זָכְרֵנוּ בְּזִכָּרוֹן טוֹב לְפָנֶיךָ:
אָבִינוּ מַלְכֵּנוּ כָּתְבֵנוּ בְּסֵפֶר חַיִּים טוֹבִים:
אָבִינוּ מַלְכֵּנוּ כָּתְבֵנוּ בְּסֵפֶר זְכֻיּוֹת:
אָבִינוּ מַלְכֵּנוּ כָּתְבֵנוּ בְּסֵפֶר פַּרְנָסָה וְכַלְכָּלָה:

חזן נעילה ווירד
שטאַטט כתבנו
חתמנו געזאַגט.

In den zehn Bußtagen (von Rösch ha-Schanah bis Jom Kippur) folgt täglich (außer Sabbath) nach dem Morgen- und Minchagebet אבינו מלכנו.

אבינו Unser Vater und König, wir haben gesündigt vor Dir!
Unser Vater und König, wir haben keinen König außer Dir!
U. V. u. K., willfahre uns um Deines Namens willen!
U. V. u. K., erneuere uns ein glückliches Jahr!
U. V. u. K., vernichte alle böse Verhängnisse!
U. V. u. K., vernichte die Entwürfe unserer Feinde!
U. V. u. K., vereitle die Anschläge unserer Hasser!
U. V. u. K., beseitige jeden unserer Beleidiger und Verräther!
U. V. u. K., laß verstummen den Mund unserer Verräther und Verleumder!
U. V. u. K., wende ab Pest, Krieg, Hungersnoth, Gefangenschaft und Verderben von Deinen Bundeskindern!
U. V. u. K., entferne jede Plage von der Dir eigenen Nation!
U. V. u. K., sende vollkommene Genesung den Kranken Deines Volkes!
U. V. u. K., führe uns durch vollkommene Buße wieder zu Dir zurück!
U. V. u. K., vergib und verzeihe alle unsere Sünden!
U. V. u. K., tilge und beseitige unsere Missethaten vor Deinen Augen!
U. V. u. K., zerreiße das über uns verhängte schlimme Urtheil!
U. V. u. K., laß Deine große Barmherzigkeit alle Urkunden vernichten, die uns anschuldigen!
U. V. u. K., laß es Dir eingedenk sein, daß wir nur Staub sind!
U. V. u. K., denke unser zum Guten!
U. V. u. K., schreib'*) uns ein in das Buch des glücklichen Lebens!
U. V. u. K., schreib' uns in das Buch der Unschuld ein!
U. V. u. K., schreib' uns ein in das Buch der Ernährung und Erhaltung!

---

*) Im Neïla wird statt schreib', siegle gesagt.

אָבִינוּ מַלְכֵּנוּ כָּתְבֵנוּ בְּסֵפֶר גְּאֻלָּה וִישׁוּעָה:
אָבִינוּ מַלְכֵּנוּ כָּתְבֵנוּ בְּסֵפֶר סְלִיחָה וּמְחִילָה:
אָבִינוּ מַלְכֵּנוּ הַצְמַח לָנוּ יְשׁוּעָה בְּקָרוֹב:
אָבִינוּ מַלְכֵּנוּ הָרֵם קֶרֶן יִשְׂרָאֵל עַמֶּךָ:
אָבִינוּ מַלְכֵּנוּ הָרֵם קֶרֶן מְשִׁיחֶךָ:
אָבִינוּ מַלְכֵּנוּ מַלֵּא יָדֵינוּ מִבִּרְכוֹתֶיךָ:
אָבִינוּ מַלְכֵּנוּ מַלֵּא אֲסָמֵינוּ שָׂבָע:
אָבִינוּ מַלְכֵּנוּ שְׁמַע קוֹלֵנוּ חוּס וְרַחֵם עָלֵינוּ:
אָבִינוּ מַלְכֵּנוּ קַבֵּל בְּרַחֲמִים וּבְרָצוֹן אֶת־תְּפִלָּתֵנוּ:
אָבִינוּ מַלְכֵּנוּ פְּתַח שַׁעֲרֵי שָׁמַיִם לִתְפִלָּתֵנוּ:
אָבִינוּ מַלְכֵּנוּ נָא אַל־תְּשִׁיבֵנוּ רֵיקָם מִלְּפָנֶיךָ:
אָבִינוּ מַלְכֵּנוּ תְּהֵא הַשָּׁעָה הַזֹּאת שְׁעַת רַחֲמִים וְעֵת רָצוֹן מִלְּפָנֶיךָ:
אָבִינוּ מַלְכֵּנוּ חֲמוֹל עָלֵינוּ וְעַל עוֹלָלֵינוּ וְטַפֵּנוּ:
אָבִינוּ מַלְכֵּנוּ עֲשֵׂה לְמַעַן הֲרוּגִים עַל־שֵׁם קָדְשֶׁךָ:
אָבִינוּ מַלְכֵּנוּ עֲשֵׂה לְמַעַן טְבוּחִים עַל־יִחוּדֶךָ:
א״מ עֲשֵׂה לְמַעַן בָּאֵי בָאֵשׁ וּבַמַּיִם עַל־קִדּוּשׁ שְׁמֶךָ:
אָבִינוּ מַלְכֵּנוּ נְקוֹם לְעֵינֵינוּ נִקְמַת דַּם־עֲבָדֶיךָ הַשָּׁפוּךְ:
אָבִינוּ מַלְכֵּנוּ עֲשֵׂה לְמַעַנְךָ אִם־לֹא־לְמַעֲנֵנוּ:
אָבִינוּ מַלְכֵּנוּ עֲשֵׂה לְמַעַנְךָ וְהוֹשִׁיעֵנוּ:
אָבִינוּ מַלְכֵּנוּ עֲשֵׂה לְמַעַן רַחֲמֶיךָ הָרַבִּים:
א״מ עֲשֵׂה לְמַעַן שִׁמְךָ הַגָּדוֹל הַגִּבּוֹר וְהַנּוֹרָא שֶׁנִּקְרָא עָלֵינוּ:
א״מ חָנֵּנוּ וַעֲנֵנוּ כִּי אֵין בָּנוּ מַעֲשִׂים עֲשֵׂה עִמָּנוּ צְדָקָה וָחֶסֶד וְהוֹשִׁיעֵנוּ:

Unser Vater und König, schreib' uns ein in das Buch der Erlösung und des Heils!
U. V. u. K., schreib' uns ein in das Buch der Verzeihung und Vergebung!
U. V. u. K., laß uns baldige Hülfe erblühen!
U. V. u. K., erhebe das Glückshorn Deines Volkes Israel!
U. V. u. K., erhebe das Glückshorn Deines Gesalbten!
U. V. u. K., fülle unsere Hände mit Deinem Segen!
U. V. u. K., fülle unsere Speicher mit Ueberfluß!
U. V. u. K., erhöre unsere Stimme, schone, und erbarme Dich unser!
U. V. u. K., nimm mit Erbarmen und Wohlgefallen unser Gebet auf!
U. V. u. K., öffne unserem Gebet die Himmelspforten!
U. V. u. K., laß uns nicht unerhört von Dir zurückkehren!
U. V. u. K., laß Dir diese Stunde eine Stunde des Erbarmens und Wohlgefallens sein!
U. V. u. K., schone uns, unsere Säuglinge und unschuldigen Kinder!
U. V. u. K., willfahre uns um Derer willen, die um Deinen heiligen Namen gemordet wurden.
U. V. u. K., willfahre uns um Derer willen, die um Deine Einheit hingeschlachtet wurden.
U. V. u. K., willfahre uns um Derer willen, die der Folter von Feuer und Wasser entgegeneilten, zur Heiligung Deines Namens!
U. V. u. K., räche vor unseren Augen das vergossene Blut Deiner Diener!
U. V. u. K., willfahre uns um Deinetwillen, wenn nicht um unsertwillen!
U. V. u. K., willfahre uns um Deinetwillen, und errette uns!
U. V. u. K., willfahre uns um Deiner grenzenlosen Barmherzigkeit willen!
U. V. u. K., willfahre uns um Deines großen, mächtigen und furchtbaren Namens willen, nach welchem wir genannt werden!
U. V. u. K., begünstige und antworte uns, denn wir haben kein Verdienst! erzeige uns Milde und Güte, und hilf uns!

*) אֲדֹנָי שְׂפָתַי תִּפְתָּח וּפִי יַגִּיד תְּהִלָּתֶךָ:

בָּרוּךְ אַתָּה יְיָ אֱלֹהֵינוּ וֵאלֹהֵי אֲבוֹתֵינוּ אֱלֹהֵי אַבְרָהָם אֱלֹהֵי יִצְחָק וֵאלֹהֵי יַעֲקֹב הָאֵל הַגָּדוֹל הַגִּבּוֹר וְהַנּוֹרָא אֵל עֶלְיוֹן גּוֹמֵל חֲסָדִים טוֹבִים וְקֹנֵה הַכֹּל וְזוֹכֵר חַסְדֵי אָבוֹת וּמֵבִיא גוֹאֵל לִבְנֵי בְנֵיהֶם לְמַעַן שְׁמוֹ בְּאַהֲבָה.

זָכְרֵנוּ לַחַיִּים. מֶלֶךְ חָפֵץ בַּחַיִּים. וְכָתְבֵנוּ בְּסֵפֶר הַחַיִּים. לְמַעַנְךָ אֱלֹהִים חַיִּים. מֶלֶךְ עוֹזֵר וּמוֹשִׁיעַ וּמָגֵן. בָּרוּךְ אַתָּה יְיָ מָגֵן אַבְרָהָם:

אַתָּה גִבּוֹר לְעוֹלָם אֲדֹנָי מְחַיֵּה מֵתִים אַתָּה רַב לְהוֹשִׁיעַ. מְכַלְכֵּל חַיִּים בְּחֶסֶד מְחַיֵּה מֵתִים בְּרַחֲמִים רַבִּים סוֹמֵךְ נוֹפְלִים וְרוֹפֵא חוֹלִים וּמַתִּיר אֲסוּרִים וּמְקַיֵּם אֱמוּנָתוֹ לִישֵׁנֵי עָפָר מִי כָמוֹךָ בַּעַל גְּבוּרוֹת וּמִי דּוֹמֶה לָּךְ מֶלֶךְ מֵמִית וּמְחַיֶּה וּמַצְמִיחַ יְשׁוּעָה.

מִי כָמוֹךָ אַב הָרַחֲמִים. זוֹכֵר יְצוּרָיו לַחַיִּים בְּרַחֲמִים. וְנֶאֱמָן אַתָּה לְהַחֲיוֹת מֵתִים. בָּרוּךְ אַתָּה יְיָ מְחַיֵּה הַמֵּתִים:

אַתָּה קָדוֹשׁ וְשִׁמְךָ קָדוֹשׁ וּקְדוֹשִׁים בְּכָל יוֹם יְהַלְלוּךָ סֶּלָה:

וּבְכֵן תֵּן פַּחְדְּךָ יְיָ אֱלֹהֵינוּ עַל כָּל מַעֲשֶׂיךָ וְאֵימָתְךָ עַל כָּל מַה שֶּׁבָּרָאתָ וְיִירָאוּךָ כָּל הַמַּעֲשִׂים וְיִשְׁתַּחֲווּ לְפָנֶיךָ כָּל הַבְּרוּאִים וְיֵעָשׂוּ כֻלָּם אֲגֻדָּה אֶחָת לַעֲשׂוֹת רְצוֹנְךָ בְּלֵבָב

---

*) Die Uebersetzung von שׂפתי אדני bis ומפני חטאינו siehe S. 451.

שיראתנו יי אלהינו שהשלטון לפניך עז בידך וגבורה בימינך ושמך נורא על כל מה שבראת:

ובכן תן כבוד יי לעמך תהלה ליראיך ותקוה לדורשיך ופתחון פה למיחלים לך שמחה לארצך וששון לעירך וצמיחת קרן לדוד עבדך ועריכת נר לבן ישי משיחך במהרה בימינו: ובכן צדיקים יראו וישמחו וישרים יעלזו וחסידים ברנה יגילו ועולתה תקפץ פיה וכל הרשעה כלה כעשן תכלה כי תעביר ממשלת זדון מן הארץ:

ותמלוך אתה יי לבדך על כל מעשיך בהר ציון משכן כבודך ובירושלים עיר קדשך ככתוב בדברי קדשך ימלך יהוה לעולם אלהיך ציון לדר ודר הללויה:

קדוש אתה ונורא שמך ואין אלוה מבלעדיך ככתוב ויגבה יי צבאות במשפט והאל הקדוש נקדש בצדקה: ברוך אתה יי המלך הקדוש:

אתה בחרתנו מכל העמים · אהבת אותנו ורצית בנו · ורוממתנו מכל הלשונות · וקדשתנו במצותיך · וקרבתנו מלכנו לעבודתך · ושמך הגדול והקדוש עלינו קראת:

ותתן לנו יי אלהינו באהבה את יום השבת הזה ואת יום הזכרון הזה · יום זכרון תרועה באהבה מקרא קדש זכר ליציאת מצרים:

וּמִפְּנֵי חֲטָאֵינוּ גָּלִינוּ מֵאַרְצֵנוּ וְנִתְרַחַקְנוּ מֵעַל אַדְמָתֵנוּ וְאֵין אֲנַחְנוּ יְכוֹלִים לַעֲשׂוֹת חוֹבוֹתֵינוּ בְּבֵית קְחִירָתֶךָ בַּבַּיִת הַגָּדוֹל וְהַקָּדוֹשׁ שֶׁנִּקְרָא שִׁמְךָ עָלָיו מִפְּנֵי הַיָּד שֶׁנִּשְׁתַּלְּחָה בְּמִקְדָּשֶׁךָ: יְהִי רָצוֹן מִלְּפָנֶיךָ יְיָ אֱלֹהֵינוּ וֵאלֹהֵי אֲבוֹתֵינוּ מֶלֶךְ רַחֲמָן שֶׁתָּשׁוּב וּתְרַחֵם עָלֵינוּ וְעַל מִקְדָּשְׁךָ בְּרַחֲמֶיךָ הָרַבִּים וְתִבְנֵהוּ מְהֵרָה וּתְגַדֵּל כְּבוֹדוֹ אָבִינוּ מַלְכֵּנוּ גַּלֵּה כְּבוֹד מַלְכוּתְךָ עָלֵינוּ מְהֵרָה וְהוֹפַע וְהִנָּשֵׂא עָלֵינוּ לְעֵינֵי כָּל חָי וְקָרֵב פְּזוּרֵינוּ מִבֵּין הַגּוֹיִם וּנְפוּצוֹתֵינוּ כַּנֵּס מִיַּרְכְּתֵי אָרֶץ וַהֲבִיאֵנוּ לְצִיּוֹן עִירְךָ בְּרִנָּה וְלִירוּשָׁלַיִם בֵּית מִקְדָּשְׁךָ בְּשִׂמְחַת עוֹלָם וְשָׁם נַעֲשֶׂה לְפָנֶיךָ אֶת קָרְבְּנוֹת חוֹבוֹתֵינוּ תְּמִידִים כְּסִדְרָם וּמוּסָפִים כְּהִלְכָתָם: וְאֶת מוּסְפֵי יוֹם (הַשַּׁבָּת הַזֶּה וְיוֹם) הַזִּכָּרוֹן הַזֶּה נַעֲשֶׂה וְנַקְרִיב לְפָנֶיךָ בְּאַהֲבָה כְּמִצְוַת רְצוֹנֶךָ כְּמוֹ שֶׁכָּתַבְתָּ עָלֵינוּ בְּתוֹרָתֶךָ עַל יְדֵי מֹשֶׁה עַבְדְּךָ מִפִּי כְבוֹדֶךָ כָּאָמוּר:

וּבְיוֹם הַשַּׁבָּת שְׁנֵי כְבָשִׂים בְּנֵי שָׁנָה תְּמִימִם וּשְׁנֵי עֶשְׂרוֹנִים סֹלֶת מִנְחָה בְּלוּלָה בַשֶּׁמֶן וְנִסְכּוֹ: עֹלַת שַׁבַּת בְּשַׁבַּתּוֹ עַל עֹלַת הַתָּמִיד וְנִסְכָּהּ:

וּבַחֹדֶשׁ הַשְּׁבִיעִי בְּאֶחָד לַחֹדֶשׁ מִקְרָא קֹדֶשׁ יִהְיֶה לָכֶם כָּל מְלֶאכֶת עֲבֹדָה לֹא תַעֲשׂוּ יוֹם תְּרוּעָה יִהְיֶה לָכֶם: וַעֲשִׂיתֶם עֹלָה לְרֵיחַ נִיחֹחַ לַיְיָ פַּר בֶּן בָּקָר אֶחָד אַיִל אֶחָד כְּבָשִׂים

ומפני Aber um unserer Sünden willen sind wir aus unserem Lande vertrieben und weit entfernt von unserem eignen Boden; nun können wir nicht mehr unsere Pflichten erfüllen in jenem von Dir erkornen Tempel, in jenem großen und heiligen Hause, das Deinen Namen geführt — wegen der Gewalt, die an Deinem Heiligthume verübt worden. O möge es doch Dein Wille sein, Ewiger, unser Gott und Gott unserer Väter, erbarmungsvoller König, mit Deiner Allbarmherzigkeit zurückzukehren, Dich unser und Deines heiligen Tempels zu erbarmen, ihn bald wieder zu erbauen und zu erhöhen dessen Herrlichkeit! O Vater und König, laß uns kund werden die Herrlichkeit Deiner Regierung! erscheine, und erhebe Dich vor den Augen aller Lebendigen! führe unsere Zerstreuten aus den Völkern herbei und sammle unsere Verbannten aus allen Winkeln der Erde! bring' uns dann nach Deiner Stadt Zion in Wonne und nach Jerusalem, der Wohnung Deines Heiligthums, in ewiger Freude! Dort wollen wir Dir unsere pflichtgemäßen Opfer zubereiten, die täglichen nach ihrer Ordnung und die Mussafopfer nach ihrer Vorschrift; die Mussafopfer (dieses Sabbaths und) dieses Tags des Andenkens wollen wir in Liebe zubereiten und Dir darbringen nach dem Gebote Deines Willens, sowie Du es in Deiner Thora durch Deinen Diener Mosche aus dem Munde Deiner Herrlichkeit hast niederschreiben lassen, wie es heißt:

(Am Sabbath:)

וביום „Am Sabbath zwei jährige Lämmer ohne Fehler, und zum Mehlopfer zwei Zehntel feinen Mehls mit Oel eingerührt, nebst dem Trankopfer dazu. Dieses ist das Ganzopfer für jeden Sabbath, außer dem täglichen Ganzopfer, nebst dessen Weinopfer."

ובחדש „Am ersten Tage des siebenten Monats sollt ihr heilige Verkündigung halten und keine Arbeit verrichten, dieses soll euch ein Tag des Lärmblasens sein. Ihr habt den Ewigen zu Ehren als ein Ganzopfer zum angenehmen Geruch darzubringen: einen jungen Stier, einen Widder, sieben jährige

בְּנֵי־שָׁנָה שִׁבְעָה תְּמִימִם: וּמִנְחָתָם וְנִסְכֵּיהֶם כִּמְדֻבָּר שְׁלשָׁה עֶשְׂרֹנִים לַפָּר וּשְׁנֵי עֶשְׂרֹנִים לָאָיִל וְעִשָּׂרוֹן לַכֶּבֶשׂ וְיַיִן כְּנִסְכּוֹ וּשְׁנֵי שְׂעִירִים לְכַפֵּר. וּשְׁנֵי תְמִידִים כְּהִלְכָתָם: מִלְּבַד עֹלַת הַחֹדֶשׁ וּמִנְחָתָהּ. וְעֹלַת הַתָּמִיד וּמִנְחָתָהּ. וְנִסְכֵּיהֶם כְּמִשְׁפָּטָם לְרֵיחַ נִיחֹחַ אִשֶּׁה לַיָי:

נ״ק קפ״ד דע וכמותי׳ סוטרי׳.

וְשָׂעִיר לְכַפֵּר מִלְּבַד עֹלַת הַחֹדֶשׁ וּמִנְחָתָהּ וְשָׂעִיר לְחַטָּאת וְנִסְכֵּיהֶם כְּמִשְׁפָּטָם וּשְׁנֵי תְמִידִים כְּהִלְכָתָם:

לשבת. יִשְׂמְחוּ בְמַלְכוּתְךָ שׁוֹמְרֵי שַׁבָּת וְקוֹרְאֵי עֹנֶג עַם מְקַדְּשֵׁי שְׁבִיעִי. כֻּלָּם יִשְׂבְּעוּ וְיִתְעַנְּגוּ מִטּוּבֶךָ וּבַשְּׁבִיעִי רָצִיתָ בּוֹ וְקִדַּשְׁתּוֹ חֶמְדַּת יָמִים אוֹתוֹ קָרָאתָ זֵכֶר לְמַעֲשֵׂה בְרֵאשִׁית:

עָלֵינוּ לְשַׁבֵּחַ לַאֲדוֹן הַכֹּל לָתֵת גְּדֻלָּה לְיוֹצֵר בְּרֵאשִׁית שֶׁלֹּא עָשָׂנוּ כְּגוֹיֵי הָאֲרָצוֹת וְלֹא שָׂמָנוּ כְּמִשְׁפְּחוֹת הָאֲדָמָה שֶׁלֹּא שָׂם חֶלְקֵנוּ כָּהֶם וְגֹרָלֵנוּ כְּכָל הֲמוֹנָם. וַאֲנַחְנוּ כּוֹרְעִים וּמִשְׁתַּחֲוִים וּמוֹדִים לִפְנֵי מֶלֶךְ מַלְכֵי הַמְּלָכִים הַקָּדוֹשׁ בָּרוּךְ הוּא שֶׁהוּא נוֹטֶה שָׁמַיִם וְיוֹסֵד אָרֶץ וּמוֹשַׁב יְקָרוֹ (נ״א וכסא כבודו) בַּשָּׁמַיִם מִמַּעַל וּשְׁכִינַת עֻזּוֹ בְּגָבְהֵי מְרוֹמִים: הוּא אֱלֹהֵינוּ אֵין עוֹד (נ״א אַחֵר). אֱמֶת מַלְכֵּנוּ אֶפֶס זוּלָתוֹ כַּכָּתוּב בְּתוֹרָתוֹ וְיָדַעְתָּ הַיּוֹם וַהֲשֵׁבֹתָ אֶל־לְבָבֶךָ כִּי יְהֹוָה

Lämmer ohne Leibesfehler. Dazu ihr Mehl- und Trankopfer wie vorgeschrieben: drei Zehntel zu jedem Stiere, zwei Zehntel zu jedem Widder, ein Zehntel zu jedem Schafe; Wein zum Trankopfer, zwei Böcke zur Versöhnung und die zwei täglichen Opfer nach ihrer Vorschrift — außer dem neumondlichen Ganzopfer und dessen Mehlopfer und außer dem täglichen Ganzopfer und dessen Mehlopfer, nebst den zu beiden gehörigen Trankopfern, nach ihrer Vorschrift, wird dies zum angenehmen Geruch dem Ewigen zu Ehren, vom Feuer zu verzehren, gegeben."

(Am Sabbath:)

„ישמחו Sie werden sich Deines Reiches freuen, die den Sabbath feiern und ihn ein Seelenvergnügen nennen. Ein Volk, das den Siebenten heiligt, genießt den Wonnegenuß Deiner Güte. Der Siebente gefiel Dir wohl, Du hast ihn geheiligt und nanntest ihn den anmuthigsten der Tage, zum Andenken an das Schöpfungswerk.

עלינו Uns ist es Pflicht, zu preisen den Herrn des Weltalls, zu verkünden die Größe des Weltenschöpfers, der uns nicht den Völkern der Erde gleichgestellt und uns nicht werden ließ wie die Geschlechter des Erdkreises, der uns nicht gleichen Antheil mit ihnen und nicht gleiches Loos mit dem ihrer Schaaren beschieden. Darum beugen wir das Knie, neigen uns und beten an vor dem König der Könige, dem Heiligen, gelobt sei Er! Er ist es, der den Himmel ausgespannt und die Erde gegründet, dessen Herrlichkeit thronet im Himmel droben und dessen Allmacht waltet in den höchsten Höhen. Er allein ist unser Gott — sonst Keiner! Das ist die Wahrheit! Er ist unser König — Niemand außer ihm! Wie in seiner Lehre geschrieben steht: „Erkenne es heute, und nimm es

הוּא הָאֱלֹהִים בַּשָּׁמַיִם מִמַּעַל וְעַל הָאָרֶץ מִתָּחַת אֵין עוֹד:

עַל כֵּן נְקַוֶּה לְּךָ יְיָ אֱלֹהֵינוּ לִרְאוֹת מְהֵרָה בְּתִפְאֶרֶת עֻזֶּךָ לְהַעֲבִיר גִּלּוּלִים מִן הָאָרֶץ וְהָאֱלִילִים כָּרוֹת יִכָּרֵתוּן· לְתַקֵּן עוֹלָם בְּמַלְכוּת שַׁדַּי וְכָל־בְּנֵי בָשָׂר יִקְרְאוּ בִשְׁמֶךָ· לְהַפְנוֹת אֵלֶיךָ כָּל־רִשְׁעֵי אָרֶץ· יַכִּירוּ וְיֵדְעוּ כָּל־יוֹשְׁבֵי תֵבֵל כִּי לְךָ תִּכְרַע כָּל־בֶּרֶךְ תִּשָּׁבַע כָּל־לָשׁוֹן: לְפָנֶיךָ יְיָ אֱלֹהֵינוּ יִכְרְעוּ וְיִפֹּלוּ· וְלִכְבוֹד שִׁמְךָ יְקָר יִתֵּנוּ· וִיקַבְּלוּ כֻלָּם אֶת־עֹל מַלְכוּתֶךָ· וְתִמְלוֹךְ עֲלֵיהֶם מְהֵרָה לְעוֹלָם וָעֶד· כִּי הַמַּלְכוּת שֶׁלְּךָ הִיא וּלְעוֹלְמֵי עַד תִּמְלוֹךְ בְּכָבוֹד: כַּכָּתוּב בְּתוֹרָתֶךָ יְהֹוָה יִמְלֹךְ לְעֹלָם וָעֶד:

וְנֶאֱמַר לֹא־הִבִּיט אָוֶן בְּיַעֲקֹב וְלֹא־רָאָה עָמָל בְּיִשְׂרָאֵל יְהֹוָה אֱלֹהָיו עִמּוֹ וּתְרוּעַת מֶלֶךְ בּוֹ: וְנֶאֱמַר וַיְהִי בִישֻׁרוּן מֶלֶךְ בְּהִתְאַסֵּף רָאשֵׁי עָם יַחַד שִׁבְטֵי יִשְׂרָאֵל: וּבְדִבְרֵי קָדְשְׁךָ כָּתוּב לֵאמֹר כִּי לַייָ הַמְּלוּכָה וּמוֹשֵׁל בַּגּוֹיִם: וְנֶאֱמַר יְיָ מָלָךְ גֵּאוּת לָבֵשׁ לָבֵשׁ יְיָ עֹז הִתְאַזָּר אַף־תִּכּוֹן תֵּבֵל בַּל־תִּמּוֹט: וְנֶאֱמַר שְׂאוּ שְׁעָרִים רָאשֵׁיכֶם וְהִנָּשְׂאוּ פִּתְחֵי עוֹלָם וְיָבֹא מֶלֶךְ הַכָּבוֹד: מִי זֶה מֶלֶךְ הַכָּבוֹד יְיָ

wohl zu Herzen, daß der Ewige allein der wahre Gott ist, oben im Himmel und unten auf der Erde — sonst Keiner!"

על Darum hoffen wir zu Dir, Ewiger, unser Gott, bald den Triumph Deiner Herrlichkeit zu schauen, daß alle Greuel von der Erde verschwinden und die Götzen ausgerottet werden; daß die Welt durch das Reich des Allmächtigen vervollkommnet werde, daß alle Irdischgebornen Deinen Namen anrufen, und alle Frevler auf Erden sich zu Dir bekehren; daß alle Bewohner des Erdkreises es erkennen und einsehen, daß vor Dir allein jedes Knie sich beugen, und jede Zunge bei Dir nur schwören soll. Vor Dir allein, Ewiger, unser Gott, sollen sie knieen und niederfallen, Deinem erhabenen Namen die Ehre geben, und alle insgesammt die Verpflichtung Deines Reiches übernehmen, damit Du über sie herrschest bald und in Ewigkeit. Denn Dein ist das Reich, und immer und ewig wirst Du regieren in Herrlichkeit; wie geschrieben steht in Deiner Lehre: „Der Ewige wird regieren immer und ewig."

ונאמר Ferner heißt es: „Man schaut kein Unglück für Jakob, man sieht kein Elend für Israel; der Ewige, sein Gott, ist mit ihm, hält königliche Residenz bei ihm." Und an einer anderen Stelle: „Da ward er König über Jeschurun, als die Häupter des Volkes versammelt, einmüthig waren die Stämme Israels." Und in den Liedern Deines Heiligen (Davids) steht geschrieben: „Denn dem Ewigen ist das Reich, er herrschet über die Völker." Ferner heißt es: „Der Ewige ist König, herrlich geschmückt; der Ewige hat sein Gewand, die Majestät, angelegt und fest umgürtet; da stehet die Welt, und wanket nie." An einer anderen Stelle heißt es: „Erhebet, ihr Thore, euer Haupt, erschließet euch, ewige Pforten! laßt ihn einziehen, den König des Ruhms! — Wer ist der König

עִזּוּז וְגִבּוֹר יְיָ גִּבּוֹר מִלְחָמָה: שְׂאוּ שְׁעָרִים
רָאשֵׁיכֶם וּשְׂאוּ פִּתְחֵי עוֹלָם וְיָבֹא מֶלֶךְ הַכָּבוֹד:
מִי הוּא זֶה מֶלֶךְ הַכָּבוֹד יְיָ צְבָאוֹת הוּא מֶלֶךְ
הַכָּבוֹד סֶלָה: וְעַל יְדֵי עֲבָדֶיךָ הַנְּבִיאִים כָּתוּב
לֵאמֹר כֹּה אָמַר יְיָ מֶלֶךְ־יִשְׂרָאֵל וְגֹאֲלוֹ יְיָ צְבָאוֹת
אֲנִי רִאשׁוֹן וַאֲנִי אַחֲרוֹן וּמִבַּלְעָדַי אֵין אֱלֹהִים:
וְנֶאֱמַר וְעָלוּ מוֹשִׁעִים בְּהַר צִיּוֹן לִשְׁפֹּט אֶת הַר
עֵשָׂו וְהָיְתָה לַייָ הַמְּלוּכָה: וְנֶאֱמַר וְהָיָה יְיָ לְמֶלֶךְ
עַל־כָּל־הָאָרֶץ בַּיּוֹם הַהוּא יִהְיֶה יְיָ אֶחָד וּשְׁמוֹ
אֶחָד: וּבְתוֹרָתְךָ כָּתוּב לֵאמֹר שְׁמַע יִשְׂרָאֵל
יְיָ אֱלֹהֵינוּ יְיָ אֶחָד:

אֱלֹהֵינוּ וֵאלֹהֵי אֲבוֹתֵינוּ מְלוֹךְ עַל כָּל הָעוֹלָם כֻּלּוֹ
בִּכְבוֹדֶךָ וְהִנָּשֵׂא עַל כָּל־הָאָרֶץ בִּיקָרֶךָ וְהוֹפַע
בַּהֲדַר גְּאוֹן עֻזֶּךָ עַל כָּל־יוֹשְׁבֵי תֵבֵל אַרְצֶךָ.
וְיֵדַע כָּל־פָּעוּל כִּי אַתָּה פְעַלְתּוֹ וְיָבִין כָּל־יָצוּר
כִּי אַתָּה יְצַרְתּוֹ וְיֹאמַר כֹּל אֲשֶׁר נְשָׁמָה בְאַפּוֹ
יְיָ אֱלֹהֵי יִשְׂרָאֵל מֶלֶךְ וּמַלְכוּתוֹ בַּכֹּל מָשָׁלָה:

des Ruhms? Der Ewige, gewaltig und ſtark, der Ewige, ein Held im Streit. Erhebet, ihr Thore, das Haupt, erſchließet die ewigen Pforten! laßt ihn einziehen, den König des Ruhms! — Wer iſt der König des Ruhms? Der Ewige Zebaoth, Er iſt der König des Ruhms! Selah!" Durch Deine Diener, die Propheten, iſt niedergeſchrieben, wie folgt: „So ſpricht der Ewige, Israels König und Erlöſer, der Ewige Zebaoth: Ich bin der Erſte, Ich der Letzte, und außer Mir iſt kein Gott!" Ferner heißt es: „Erretter werden hinaufziehen auf Zions Berg, Eſau's Gebirge zu richten; dann wird das Reich dem Ewigen ſein." Ferner: „Der Ewige wird König ſein über die ganze Erde; an jenem Tage wird der Ewige einzig ſein und ſein Name: Einiger." Und in Deiner Lehre ſteht geſchrieben: „Höre, Israel, der Ewige, unſer Gott, iſt ein einiges ewiges Weſen!"

א״או Unſer Gott und Gott unſerer Väter! regiere über die ganze Welt in Deiner Herrlichkeit, erhebe Dich über die ganze Erde in Deiner Majeſtät, und erſcheine im Glanze Deines glorreichen Sieges allen Bewohnern Deines Erdkreiſes, damit jedes Geſchöpf erkenne, daß Du es geſchaffen, und jedes gebildete Weſen einſehe, daß Du es gebildet haſt! Dann ſpreche Alles, was Odem hat in ſeiner Naſe: Der Ewige, Israels Gott, iſt König, ſeine Herrſchaft waltet über

(לשבת אֱלֹהֵינוּ וֵאלֹהֵי אֲבוֹתֵינוּ רְצֵה בִמְנוּחָתֵנוּ:)
קַדְּשֵׁנוּ בְּמִצְוֹתֶיךָ וְתֵן חֶלְקֵנוּ בְּתוֹרָתֶךָ שַׂבְּעֵנוּ מִטּוּבֶךָ וְשַׂמְּחֵנוּ בִּישׁוּעָתֶךָ ·
(לשבת וְהַנְחִילֵנוּ יְיָ אֱלֹהֵינוּ בְּאַהֲבָה וּבְרָצוֹן שַׁבַּת קָדְשֶׁךָ וְיָנוּחוּ בָהּ יִשְׂרָאֵל מְקַדְּשֵׁי שְׁמֶךָ·)
וְטַהֵר לִבֵּנוּ לְעָבְדְּךָ בֶּאֱמֶת כִּי אַתָּה אֱלֹהִים אֱמֶת וּדְבָרְךָ אֱמֶת וְקַיָּם לָעַד· בָּרוּךְ אַתָּה יְיָ מֶלֶךְ עַל כָּל־הָאָרֶץ מְקַדֵּשׁ השבת יִשְׂרָאֵל וְיוֹם הַזִּכָּרוֹן:

אַתָּה זוֹכֵר מַעֲשֵׂה עוֹלָם וּפוֹקֵד כָּל־יְצוּרֵי קֶדֶם לְפָנֶיךָ נִגְלוּ כָּל־תַּעֲלֻמוֹת וַהֲמוֹן נִסְתָּרוֹת שֶׁמִּבְּרֵאשִׁית: אֵין שִׁכְחָה לִפְנֵי כִסֵּא כְבוֹדֶךָ· וְאֵין נִסְתָּר מִנֶּגֶד עֵינֶיךָ: אַתָּה זוֹכֵר אֶת־כָּל הַמִּפְעָל· וְגַם כָּל־הַיְצוּר לֹא נִכְחַד מִמֶּךָּ· הַכֹּל גָּלוּי וְיָדוּעַ לְפָנֶיךָ יְיָ אֱלֹהֵינוּ· צוֹפֶה וּמַבִּיט עַד סוֹף כָּל־הַדּוֹרוֹת· כִּי תָבִיא חֹק זִכָּרוֹן לְהִפָּקֵד כָּל־רוּחַ וָנָפֶשׁ· לְהִזָּכֵר מַעֲשִׂים רַבִּים וַהֲמוֹן בְּרִיּוֹת לְאֵין תַּכְלִית· מֵרֵאשִׁית כָּזֹאת הוֹדַעְתָּ·

Alles! (Am Sabbath: Unser Gott und Gott unserer Väter, zeige Wohlgefallen an unserer Ruhe!) Heilige uns durch Deine Gebote und gib uns unseren Antheil an Deiner Lehre, erquicke uns mit Deiner Güte und erfreue uns durch Deine Hülfe, (am Sabbath: laß uns, o Ewiger, unser Gott, Deinen heiligen Sabbath in Liebe und Wohlgefallen genießen, daß an ihm ruhe Israel, das Deinen Namen heiligt!) läutere unser Herz, Dir in Wahrheit zu dienen! Denn Du, o Gott, bist die Wahrheit und Dein Wort ist wahr und ewig bestehend. Gelobt seist Du, Ewiger, König über die ganze Erde, der heiligt (den Sabbath,) Israel und den Tag des Andenkens!

אתה Du gedenkst aller Werke der Welt und erinnerst Dich aller Geschöpfe der Urzeit, Dir sind alle Geheimnisse offenbar und die große Menge verborgener Dinge, die von Anbeginn waren, bekannt; denn vor dem Throne Deiner Herrlichkeit findet kein Vergessen statt, und Deinen Augen bleibt nichts verborgen. Du gedenkst aller Thaten, und kein Ding entfällt Deinem Gedächtniß; Alles ist bekannt und offenbar vor Dir, Ewiger, unser Gott, der Du schauest und blickest bis an das Ende aller Zeiten. Von Anbeginn schon hast Du bekannt gemacht und vormals bereits geoffenbart, daß Du eine bestimmte Zeit wirst kommen lassen, eine Zeit des Andenkens, in welcher jeder Geist und jedes Wesen heimgesucht werden wird und wo Du Dich der vielfältigen Thaten und der unendlichen

וּמִלְּפָנִים אוֹתָהּ גִּלִּיתָ. זֶה הַיּוֹם תְּחִלַּת מַעֲשֶׂיךָ זִכָּרוֹן לְיוֹם רִאשׁוֹן. כִּי חֹק לְיִשְׂרָאֵל הוּא מִשְׁפָּט לֵאלֹהֵי יַעֲקֹב: וְעַל הַמְּדִינוֹת בּוֹ יֵאָמֵר אֵיזוֹ לַחֶרֶב. וְאֵיזוֹ לַשָּׁלוֹם. אֵיזוֹ לָרָעָב. וְאֵיזוֹ לַשֹּׂבַע. וּבְרִיּוֹת בּוֹ יִפָּקֵדוּ. לְהַזְכִּירָם לַחַיִּים וְלַמָּוֶת. מִי לֹא נִפְקָד כְּהַיּוֹם הַזֶּה. כִּי זֵכֶר כָּל הַיְצוּר לְפָנֶיךָ בָּא. מַעֲשֵׂה אִישׁ וּפְקֻדָּתוֹ. וַעֲלִילוֹת מִצְעֲדֵי גָבֶר. מַחְשְׁבוֹת אָדָם וְתַחְבּוּלוֹתָיו וְיִצְרֵי מַעַלְלֵי אִישׁ. אַשְׁרֵי אִישׁ שֶׁלֹּא יִשְׁכָּחֶךָּ. וּבֶן אָדָם יִתְאַמֶּץ בָּךְ. כִּי דוֹרְשֶׁיךָ לְעוֹלָם לֹא יִכָּשֵׁלוּ. וְלֹא יִכָּלְמוּ לָנֶצַח כָּל־הַחוֹסִים בָּךְ: כִּי זֵכֶר כָּל־הַמַּעֲשִׂים לְפָנֶיךָ בָּא וְאַתָּה דוֹרֵשׁ מַעֲשֵׂה כֻלָּם: וְגַם אֶת־נֹחַ בְּאַהֲבָה זָכַרְתָּ. וַתִּפְקְדֵהוּ בִּדְבַר יְשׁוּעָה וְרַחֲמִים בַּהֲבִיאֲךָ אֶת־מֵי הַמַּבּוּל לְשַׁחֵת כָּל־בָּשָׂר מִפְּנֵי רֹעַ מַעַלְלֵיהֶם. עַל־כֵּן זִכְרוֹנוֹ בָּא לְפָנֶיךָ יְיָ אֱלֹהֵינוּ

Menge von Geschöpfen erinnern wirst. Heute ist der Tag des Andenkens jenes Ersten, mit welchem Du Deine Weltschöpfung begannst — bestimmt für Israel, als Gerichtstag des Gottes Jakobs; heute wird über die Länder das Urtheil gesprochen, wo Krieg und wo Friede, wo Hungersnoth und wo Ueberfluß sein soll; jedes einzelne Geschöpf wird vorgeladen und seiner zum Leben oder zum Tode gedacht. Wer ist es, dessen heute nicht erwähnt würde? Das Andenken der ganzen Schöpfung sowohl als die Handlungen jedes einzelnen Wesens und seine Verwaltung, die Wirkung des kleinsten Schrittes eines jeden Mannes, seine Gedanken und Entwürfe und die Triebe zu seinen Handlungen werden sämmtlich heute vorgenommen. Heil dem Manne, der Deiner nicht vergessen! wohl dem Menschenkinde, das an Dir festhält! denn die Dich suchen, werden nimmermehr fallen, und die auf Dich vertrauen, werden nie beschämt werden. Das Andenken der ganzen Schöpfung kommt vor Dich, und Du untersuchst ihre Werke alle. Auch des Noah dachtest Du in Liebe und bewahrtest ihn durch die Verheißung des Heils und des Erbarmens, als Du die Sündfluth werden ließest, um alles Fleisch zu verderben wegen seiner schlechten Handlungen; da kam sein Andenken vor Dich, o Ewiger, unser Gott,

לְהַרְבּוֹת זַרְעוֹ כְּעַפְרוֹת תֵּבֵל. וְצֶאֱצָאָיו כְּחוֹל
הַיָּם: כַּכָּתוּב בְּתוֹרָתֶךָ וַיִּזְכֹּר אֱלֹהִים אֶת־נֹחַ
וְאֵת כָּל־הַחַיָּה וְאֶת־כָּל־הַבְּהֵמָה אֲשֶׁר אִתּוֹ
בַּתֵּבָה וַיַּעֲבֵר אֱלֹהִים רוּחַ עַל־הָאָרֶץ וַיָּשֹׁכּוּ
הַמָּיִם: וְנֶאֱמַר וַיִּשְׁמַע אֱלֹהִים אֶת־נַאֲקָתָם
וַיִּזְכֹּר אֱלֹהִים אֶת־בְּרִיתוֹ אֶת־אַבְרָהָם אֶת
יִצְחָק וְאֶת־יַעֲקֹב: וְנֶאֱמַר וְזָכַרְתִּי אֶת־בְּרִיתִי
יַעֲקוֹב וְאַף אֶת־בְּרִיתִי יִצְחָק וְאַף אֶת־בְּרִיתִי
אַבְרָהָם אֶזְכֹּר וְהָאָרֶץ אֶזְכֹּר: וּבְדִבְרֵי קָדְשְׁךָ
כָּתוּב לֵאמֹר זֵכֶר עָשָׂה לְנִפְלְאוֹתָיו חַנּוּן וְרַחוּם יְיָ:
וְנֶאֱמַר טֶרֶף נָתַן לִירֵאָיו יִזְכֹּר לְעוֹלָם בְּרִיתוֹ:
וְנֶאֱמַר וַיִּזְכֹּר לָהֶם בְּרִיתוֹ וַיִּנָּחֵם כְּרֹב חֲסָדָיו:
וְעַל יְדֵי עֲבָדֶיךָ הַנְּבִיאִים כָּתוּב לֵאמֹר הָלֹךְ
וְקָרָאתָ בְאָזְנֵי יְרוּשָׁלַםִ לֵאמֹר כֹּה אָמַר יְיָ
זָכַרְתִּי לָךְ חֶסֶד נְעוּרַיִךְ אַהֲבַת כְּלוּלֹתָיִךְ
לֶכְתֵּךְ אַחֲרַי בַּמִּדְבָּר בְּאֶרֶץ לֹא זְרוּעָה: וְנֶאֱמַר
וְזָכַרְתִּי אֲנִי אֶת־בְּרִיתִי אוֹתָךְ בִּימֵי נְעוּרָיִךְ

seinen Samen viel werden zu lassen wie den Staub der Erde und seine Nachkommenschaft wie den Sand des Meeres. Wie in Deiner Lehre geschrieben steht: „Endlich dachte Gott an Noah und an alles Thier und an alles Vieh, welches mit ihm in der Arche war, und Gott führte einen Wind über die Erde, wovon das Gewässer sich legte.“ Ferner heißt es: „Gott erhörte ihr Jammern und gedachte seines Bundes mit Abraham, Isaak und Jakob.“ Und ferner: „Ich werde meines Bundes mit Jakob und meines Bundes mit Isaak und meines Bundes mit Abraham gedenken und das Land bedenken.“ In den Liedern Deines Heiligen (David) steht geschrieben, wie folgt: „Gedächtniß seiner Wunder stiftet der Gnädige, der Barmherzige, der Ewige!“ Ferner: „Er gibt seinen Dienern Unterhalt, denkt ewiglich an seinen Bund.“ Ferner: „Er gedenkt seines Bundes mit ihnen und ändert seinen Rathschluß nach seiner großen Güte.“ Durch Deine Diener, die Propheten, ist niedergeschrieben, wie folgt: „Gehe hin und rufe laut in die Ohren der Jerusalemiten und sage, so spricht der Ewige: Ich gedenke dir deiner jugendlichen Gefälligkeit, jenes zärtlichen Zutrauens, wie du mir in die Wüste folgtest, in's unfruchtbare Land.“ Ferner heißt es: „Ich gedenke meines Bundes mit dir

וַהֲקִימוֹתִי לָךְ בְּרִית עוֹלָם: וְנֶאֱמַר הֲבֵן
יַקִּיר לִי אֶפְרַיִם אִם יֶלֶד שַׁעֲשׁוּעִים כִּי־מִדֵּי
דַבְּרִי בּוֹ זָכֹר אֶזְכְּרֶנּוּ עוֹד עַל־כֵּן הָמוּ מֵעַי
לוֹ רַחֵם אֲרַחֲמֶנּוּ נְאֻם־יְיָ:

אֱלֹהֵינוּ וֵאלֹהֵי אֲבוֹתֵינוּ זָכְרֵנוּ בְּזִכָּרוֹן טוֹב לְפָנֶיךָ וּפָקְדֵנוּ
בִּפְקֻדַּת יְשׁוּעָה וְרַחֲמִים מִשְּׁמֵי שְׁמֵי קֶדֶם וּזְכָר־לָנוּ יְיָ
אֱלֹהֵינוּ אֶת־הַבְּרִית וְאֶת־הַחֶסֶד וְאֶת־הַשְּׁבוּעָה אֲשֶׁר
נִשְׁבַּעְתָּ לְאַבְרָהָם אָבִינוּ בְּהַר הַמּוֹרִיָּה וְתֵרָאֶה לְפָנֶיךָ
עֲקֵדָה שֶׁעָקַד אַבְרָהָם אָבִינוּ אֶת־יִצְחָק בְּנוֹ עַל גַּב הַמִּזְבֵּחַ
וְכָבַשׁ רַחֲמָיו לַעֲשׂוֹת רְצוֹנְךָ בְּלֵבָב שָׁלֵם כֵּן יִכְבְּשׁוּ רַחֲמֶיךָ
אֶת־כַּעַסְךָ מֵעָלֵינוּ וּבְטוּבְךָ הַגָּדוֹל יָשׁוּב חֲרוֹן אַפְּךָ מֵעַמְּךָ
וּמֵעִירְךָ וּמִנַּחֲלָתֶךָ · וְקַיֶּם־לָנוּ יְיָ אֱלֹהֵינוּ אֶת־הַדָּבָר
שֶׁהִבְטַחְתָּנוּ בְּתוֹרָתֶךָ עַל יְדֵי מֹשֶׁה עַבְדֶּךָ מִפִּי כְבוֹדֶךָ
כָּאָמוּר: וְזָכַרְתִּי לָהֶם בְּרִית רִאשֹׁנִים אֲשֶׁר הוֹצֵאתִי־אֹתָם
מֵאֶרֶץ מִצְרַיִם לְעֵינֵי הַגּוֹיִם לִהְיוֹת לָהֶם לֵאלֹהִים אֲנִי יְיָ:
כִּי זוֹכֵר כָּל־הַנִּשְׁכָּחוֹת אַתָּה הוּא מֵעוֹלָם וְאֵין שִׁכְחָה
לִפְנֵי כִסֵּא כְבוֹדֶךָ · וַעֲקֵדַת יִצְחָק לְזַרְעוֹ (שֶׁל יַעֲקֹב)
הַיּוֹם בְּרַחֲמִים תִּזְכּוֹר · בָּרוּךְ אַתָּה יְיָ זוֹכֵר הַבְּרִית:

in deiner Jugend, den ich mit dir stiftete zu einem ewigen Bunde.“ Und an einer andern Stelle: „Ist Ephrajim mir ein theuerer Sohn, oder meiner Gespiele Knabe? denn so ich nur ein Wörtchen von ihm rede, so bleibt er mir eingedenk immerdar; darum ist mein Inneres rege für ihn. Erbarmen, ja, erbarmen will ich mich seiner — spricht der Ewige!“

א״א Unser Gott und Gott unserer Väter, gedenke unser zum Guten und empfiehl uns dem allerhöchsten himmlischen Heil und Erbarmen! gedenke uns, Ewiger, unser Gott, den Bund, die Freundschaft und den Eid, so Du unserem Urvater Abraham auf dem Berge Moriah zugeschworen! stelle Dir die Opferhandlung vor, wie Vater Abraham seinen einzigen Sohn Isaak band, auf den Altar legte, und seine Vaterliebe unterdrückte, um Dir mit ganzem Herzen zu willfahren, und laß auch Dein Erbarmen Deinen Unwillen über uns besiegen! Deine große Güte wende den entbrannten Zorn ab von Deinem Volke, von Deiner Stadt und Deinem Erbe! Erfülle, Ewiger, unser Gott, die Verheißung, die uns Deine Lehre durch Deinen Diener Mosche aus dem Munde Deiner Herrlichkeit zusichert, wie es heißt: „Ich werde des Freundschaftsbundes mit ihren Vorfahren gedenken, wie ich sie vor dem Angesichte der Völker aus Egypten geführt habe, um ihr Gott zu sein! ich, der Ewige!“ — Denn Du gedenkst von Ewigkeit her aller längstvergessenen Dinge, vor dem Throne Deiner Herrlichkeit findet kein Vergessen statt; Du wirst auch der Opferhandlung Isaaks seinen Kindern heute erbarmungsvoll gedenken! Gelobt seist Du, Ewiger, der da gedenket den Bund!

אַתָּה נִגְלֵיתָ בַּעֲנַן כְּבוֹדֶךָ עַל עַם קָדְשְׁךָ לְדַבֵּר עִמָּם מִן הַשָּׁמַיִם הִשְׁמַעְתָּם קוֹלֶךָ וְנִגְלֵיתָ עֲלֵיהֶם בְּעַרְפַּלֵּי טֹהַר גַּם כָּל הָעוֹלָם כֻּלּוֹ חָל מִפָּנֶיךָ וּבְרִיּוֹת בְּרֵאשִׁית חָרְדוּ מִמֶּךָּ בְּהִגָּלוֹתְךָ מַלְכֵּנוּ עַל הַר סִינַי לְלַמֵּד לְעַמְּךָ תּוֹרָה וּמִצְוֹת וַתַּשְׁמִיעֵם אֶת הוֹד קוֹלֶךָ וְדִבְּרוֹת קָדְשְׁךָ מִלַּהֲבוֹת אֵשׁ בְּקֹלוֹת וּבְרָקִים עֲלֵיהֶם נִגְלֵיתָ וּבְקוֹל שׁוֹפָר עֲלֵיהֶם הוֹפָעְתָּ: כַּכָּתוּב בְּתוֹרָתֶךָ וַיְהִי בַיּוֹם הַשְּׁלִישִׁי בִּהְיֹת הַבֹּקֶר וַיְהִי קֹלֹת וּבְרָקִים וְעָנָן כָּבֵד עַל הָהָר וְקֹל שֹׁפָר חָזָק מְאֹד וַיֶּחֱרַד כָּל הָעָם אֲשֶׁר בַּמַּחֲנֶה: וְנֶאֱמַר וַיְהִי קוֹל הַשֹּׁפָר הוֹלֵךְ וְחָזֵק מְאֹד מֹשֶׁה יְדַבֵּר וְהָאֱלֹהִים יַעֲנֶנּוּ בְקוֹל: וְנֶאֱמַר וְכָל הָעָם רֹאִים אֶת הַקּוֹלֹת וְאֶת הַלַּפִּידִם וְאֵת קוֹל הַשֹּׁפָר וְאֶת הָהָר עָשֵׁן וַיַּרְא הָעָם וַיָּנֻעוּ וַיַּעַמְדוּ מֵרָחֹק: וּבְדִבְרֵי קָדְשְׁךָ כָּתוּב לֵאמֹר עָלָה אֱלֹהִים בִּתְרוּעָה יְיָ בְּקוֹל שׁוֹפָר: וְנֶאֱמַר בַּחֲצֹצְרוֹת וְקוֹל שׁוֹפָר הָרִיעוּ לִפְנֵי הַמֶּלֶךְ יְיָ: וְנֶאֱמַר תִּקְעוּ בַחֹדֶשׁ שׁוֹפָר בַּכֶּסֶה לְיוֹם חַגֵּנוּ: כִּי חֹק לְיִשְׂרָאֵל הוּא מִשְׁפָּט לֵאלֹהֵי יַעֲקֹב: וְנֶאֱמַר הַלְלוּיָהּ הַלְלוּ אֵל בְּקָדְשׁוֹ הַלְלוּהוּ בִּרְקִיעַ עֻזּוֹ: הַלְלוּהוּ בִגְבוּרֹתָיו הַלְלוּהוּ כְּרֹב גֻּדְלוֹ: הַלְלוּהוּ בְּתֵקַע שׁוֹפָר הַלְלוּהוּ בְּנֵבֶל וְכִנּוֹר: הַלְלוּהוּ בְּתֹף וּמָחוֹל הַלְלוּהוּ בְּמִנִּים וְעֻגָב: הַלְלוּהוּ בְצִלְצְלֵי שָׁמַע הַלְלוּהוּ

אתה Du erschienst in einer majestätischen Wolke Deinem heiligen Volke, um mit ihm zu reden; vom Himmel herab ließest Du es Deine Stimme hören und zeigtest Dich ihm in erleuchteten Nebeln. Das gesammte Weltall bebte und die ganze Schöpfung erzitterte, als Du, unser König, über dem Berg Sinai erschienst, um Dein Volk durch Lehre und Gebote zu unterrichten; Du ließest es Deine majestätische Stimme und Deine heiligen Reden aus Feuerflammen vernehmen, unter Donner und Blitz erschienst Du ihm und offenbartest Dich unter der Stimme des Schophars. So steht es in Deiner Lehre geschrieben: „Es war am dritten Tage, als der Morgen anbrach, da war Donner und Blitz und eine dichte Wolke auf dem Berge, auch war ein sehr starker Schopharschall zu vernehmen; das Volk im Lager zitterte vor Schrecken." Ferner heißt es: „Der Schopharschall ward immer stärker; Mosche hielt die Anrede und Gott antwortete ihm mit lauter Stimme." Ferner steht geschrieben: „Das ganze Volk vernahm die Donnerstimmen, die Feuerflammen, den Schopharschall und den rauchenden Berg; als es das Volk wahrnahm, da erbebte es und blieb von Ferne stehen." Und in den Liedern Deines Heiligen (David) steht geschrieben: „Gott fährt empor unter Trompetenschall, der Ewige unter der Stimme des Schophars." Ferner heißt es: „Laßt Trompeten- und Schopharschall ertönen vor dem Ewigen, dem Könige!" Und an einer anderen Stelle: „Blast am Neumond das Schophar, am Feiertage unseres Festes! es ist Gesetz in Israel, Verordnung von dem Gotte Jakobs." Und ferner heißt es: „Hallelujah! Lobet Gott in seinem Heiligthume, lobet ihn in seiner Himmelsveste! Lobet ihn nach seiner Allmacht Thaten, lobet ihn nach seiner großen Hoheit! Lobet ihn bei'm Schmettern der Posaune, lobet ihn mit Harfen und mit Zither; lobet ihn mit Pauken und mit Reigen, lobet ihn mit Saitenspiel und Flöte; lobet ihn mit Zymbelklang, lobet ihn mit Zymbelschall —

בְּצִלְצְלֵי תְרוּעָה: כֹּל הַנְּשָׁמָה תְּהַלֵּל יָהּ הַלְלוּיָהּ: וְעַל יְדֵי עֲבָדֶיךָ הַנְּבִיאִים כָּתוּב לֵאמֹר כָּל־יֹשְׁבֵי תֵבֵל וְשֹׁכְנֵי אָרֶץ כִּנְשֹׂא־נֵס הָרִים תִּרְאוּ וְכִתְקֹעַ שׁוֹפָר תִּשְׁמָעוּ: וְנֶאֱמַר וְהָיָה בַּיּוֹם הַהוּא יִתָּקַע בְּשׁוֹפָר גָּדוֹל וּבָאוּ הָאֹבְדִים בְּאֶרֶץ אַשּׁוּר וְהַנִּדָּחִים בְּאֶרֶץ מִצְרָיִם וְהִשְׁתַּחֲווּ לַייָ בְּהַר הַקֹּדֶשׁ בִּירוּשָׁלָיִם: וְנֶאֱמַר וַייָ עֲלֵיהֶם יֵרָאֶה וְיָצָא כַבָּרָק חִצּוֹ וַאדֹנָי יֱהֹוִה בַּשּׁוֹפָר יִתְקָע וְהָלַךְ בְּסַעֲרוֹת תֵּימָן: יְיָ צְבָאוֹת יָגֵן עֲלֵיהֶם: כֵּן תָּגֵן עַל עַמְּךָ יִשְׂרָאֵל בִּשְׁלוֹמֶךָ:

אֱלֹהֵינוּ וֵאלֹהֵי אֲבוֹתֵינוּ תְּקַע בְּשׁוֹפָר גָּדוֹל לְחֵרוּתֵנוּ וְשָׂא נֵס לְקַבֵּץ גָּלֻיּוֹתֵינוּ וְקָרֵב פְּזוּרֵינוּ מִבֵּין הַגּוֹיִם וּנְפוּצוֹתֵינוּ כַּנֵּס מִיַּרְכְּתֵי אָרֶץ וַהֲבִיאֵנוּ לְצִיּוֹן עִירְךָ בְּרִנָּה וְלִירוּשָׁלַיִם בֵּית מִקְדָּשְׁךָ בְּשִׂמְחַת עוֹלָם וְשָׁם נַעֲשֶׂה לְפָנֶיךָ אֶת קָרְבְּנוֹת חוֹבוֹתֵינוּ כִּמְצֻוֶּה (נ״א כְּמִצְוָה) עָלֵינוּ בְּתוֹרָתֶךָ עַל יְדֵי מֹשֶׁה עַבְדֶּךָ מִפִּי כְבוֹדֶךָ כָּאָמוּר: וּבְיוֹם שִׂמְחַתְכֶם וּבְמוֹעֲדֵיכֶם וּבְרָאשֵׁי חָדְשֵׁיכֶם וּתְקַעְתֶּם בַּחֲצֹצְרֹת עַל עֹלֹתֵיכֶם וְעַל זִבְחֵי שַׁלְמֵיכֶם וְהָיוּ לָכֶם לְזִכָּרוֹן לִפְנֵי אֱלֹהֵיכֶם אֲנִי יְיָ אֱלֹהֵיכֶם: כִּי אַתָּה שׁוֹמֵעַ קוֹל שׁוֹפָר וּמַאֲזִין תְּרוּעָה וְאֵין דּוֹמֶה לָּךְ. בָּרוּךְ אַתָּה יְיָ שׁוֹמֵעַ קוֹל תְּרוּעַת עַמּוֹ יִשְׂרָאֵל בְּרַחֲמִים:

Alles, was Odem hat, lobe den Herrn! Hallelujah!" Durch Deine Diener, die Propheten, ist niedergeschrieben, wie folgt: „Ihr Weltbewohner und Erdenbürger alle, ihr werdet die Fahne hoch aufgesteckt sehen und den Schall des Schophars hören!" Ferner heißt es: „An jenem Tage, da wird das große Schophar geblasen, und es kommen die Verirrten im Lande Assur und die Verstoßenen im Lande Egypten, und werfen sich nieder vor dem Ewigen auf dem heiligen Berge in Jerusalem." Und an einer anderen Stelle: „Der Ewige wird über sie erscheinen und seinen Pfeil wie Blitz abschießen; Gott, der Herr, wird in's Schophar stoßen und daherfahren in südlichen Stürmen — der Ewige Zebaoth wird sie schützen." So nimm Dein Volk Israel in den Schutz Deines Friedens!

א״א Unser Gott und Gott unserer Väter, blase das große Schophar zu unserer Befreiung, erhebe das Panier, zu sammeln unsere Vertriebenen, und bringe unsere Verstoßenen aus allen Völkern herbei, und unsere Zerstreuten aus allen Theilen der Erde! führe uns dann im Triumphe nach Deiner Stadt Zion und nach Jerusalem, der Residenz Deines Heiligthums, in ewiger Freude! Dort wollen wir Dir unsere pflichtgemäßen Opfer zubereiten, wie es uns Deine Lehre durch Deinen Diener Mosche aus dem Munde Deiner Herrlichkeit befiehlt, wie es heißt: „An Freudentagen, Festen und Neumonden sollt ihr mit den Trompeten blasen bei eueren Ganz- und Friedensopfern; so sollen sie euch zum Andenken sein vor euerem Gott. Ich, der Ewige, euer Gott!" — Denn Du hörst die Stimme des Schophars und horchst der Therua; Niemand ist Dir gleich! — Gelobt seist Du, Ewiger, der Du den Theruaschall Deines Volkes Israel erbarmungsvoll vernimmst!

(Die Uebersetzung von רצה u. s. w. siehe S. 459.)

רְצֵה יְיָ אֱלֹהֵינוּ בְּעַמְּךָ יִשְׂרָאֵל וּבִתְפִלָּתָם. וְהָשֵׁב אֶת הָעֲבוֹדָה לִדְבִיר בֵּיתֶךָ וְאִשֵּׁי יִשְׂרָאֵל וּתְפִלָּתָם בְּאַהֲבָה תְקַבֵּל בְּרָצוֹן וּתְהִי לְרָצוֹן תָּמִיד עֲבוֹדַת יִשְׂרָאֵל עַמֶּךָ. וְתֶחֱזֶינָה עֵינֵינוּ בְּשׁוּבְךָ לְצִיּוֹן בְּרַחֲמִים. בָּרוּךְ אַתָּה יְיָ הַמַּחֲזִיר שְׁכִינָתוֹ לְצִיּוֹן:

מוֹדִים אֲנַחְנוּ לָךְ שָׁאַתָּה הוּא יְיָ אֱלֹהֵינוּ וֵאלֹהֵי אֲבוֹתֵינוּ לְעוֹלָם וָעֶד צוּר חַיֵּינוּ מָגֵן יִשְׁעֵנוּ אַתָּה הוּא לְדוֹר וָדוֹר נוֹדֶה לְּךָ וּנְסַפֵּר תְּהִלָּתֶךָ עַל חַיֵּינוּ הַמְּסוּרִים בְּיָדֶךָ וְעַל נִשְׁמוֹתֵינוּ הַפְּקוּדוֹת לָךְ. וְעַל נִסֶּיךָ שֶׁבְּכָל יוֹם עִמָּנוּ וְעַל נִפְלְאוֹתֶיךָ וְטוֹבוֹתֶיךָ שֶׁבְּכָל עֵת עֶרֶב וָבֹקֶר וְצָהֳרָיִם הַטּוֹב כִּי לֹא כָלוּ רַחֲמֶיךָ וְהַמְרַחֵם כִּי לֹא תַמּוּ חֲסָדֶיךָ מֵעוֹלָם קִוִּינוּ לָךְ:

וְעַל כֻּלָּם יִתְבָּרַךְ וְיִתְרוֹמַם שִׁמְךָ מַלְכֵּנוּ תָּמִיד לְעוֹלָם וָעֶד:

וּכְתוֹב לְחַיִּים טוֹבִים (כָּל) בְּנֵי בְרִיתֶךָ:

וְכֹל הַחַיִּים יוֹדוּךָ סֶּלָה וִיהַלְלוּ אֶת שִׁמְךָ בֶּאֱמֶת הָאֵל יְשׁוּעָתֵנוּ וְעֶזְרָתֵנוּ סֶלָה. בָּרוּךְ אַתָּה יְיָ הַטּוֹב שִׁמְךָ וּלְךָ נָאֶה לְהוֹדוֹת:

וא"ו אֱלֹהֵינוּ וֵאלֹהֵי אֲבוֹתֵינוּ בָּרְכֵנוּ בַבְּרָכָה הַמְשֻׁלֶּשֶׁת בַּתּוֹרָה הַכְּתוּבָה עַל יְדֵי מֹשֶׁה עַבְדֶּךָ הָאֲמוּרָה מִפִּי אַהֲרֹן וּבָנָיו כֹּהֲנִים עַם קְדוֹשֶׁךָ כָּאָמוּר: יְבָרֶכְךָ יְיָ וְיִשְׁמְרֶךָ: יָאֵר יְיָ פָּנָיו אֵלֶיךָ וִיחֻנֶּךָּ: יִשָּׂא יְיָ פָּנָיו אֵלֶיךָ וְיָשֵׂם לְךָ שָׁלוֹם:

שִׂים שָׁלוֹם טוֹבָה וּבְרָכָה חֵן וָחֶסֶד וְרַחֲמִים עָלֵינוּ וְעַל כָּל יִשְׂרָאֵל עַמֶּךָ בָּרְכֵנוּ אָבִינוּ כֻּלָּנוּ כְּאֶחָד בְּאוֹר פָּנֶיךָ כִּי בְאוֹר פָּנֶיךָ נָתַתָּ לָּנוּ יְיָ אֱלֹהֵינוּ תּוֹרַת חַיִּים וְאַהֲבַת חֶסֶד

צְדָקָה וּבְרָכָה וְרַחֲמִים וְחַיִּים וְשָׁלוֹם וְטוֹב בְּעֵינֶיךָ לְבָרֵךְ אֶת־עַמְּךָ יִשְׂרָאֵל בְּכָל־עֵת וּבְכָל־שָׁעָה בִּשְׁלוֹמֶךָ׃ בְּסֵפֶר חַיִּים בְּרָכָה וְשָׁלוֹם וּפַרְנָסָה טוֹבָה נִזָּכֵר וְנִכָּתֵב לְפָנֶיךָ אֲנַחְנוּ וְכָל עַמְּךָ בֵּית יִשְׂרָאֵל לְחַיִּים טוֹבִים וּלְשָׁלוֹם׃ בָּרוּךְ אַתָּה יְיָ עוֹשֵׂה הַשָּׁלוֹם׃

אֱלֹהַי נְצוֹר לְשׁוֹנִי מֵרָע וּשְׂפָתַי מִדַּבֵּר מִרְמָה וְלִמְקַלְלַי נַפְשִׁי תִדּוֹם וְנַפְשִׁי כֶּעָפָר לַכֹּל תִּהְיֶה פְּתַח לִבִּי בְּתוֹרָתֶךָ וּבְמִצְוֹתֶיךָ תִּרְדּוֹף נַפְשִׁי וְכָל הַחוֹשְׁבִים עָלַי רָעָה מְהֵרָה הָפֵר עֲצָתָם וְקַלְקֵל מַחְשְׁבוֹתָם׃ עֲשֵׂה לְמַעַן שְׁמֶךָ עֲשֵׂה לְמַעַן יְמִינֶךָ עֲשֵׂה לְמַעַן קְדֻשָּׁתֶךָ עֲשֵׂה לְמַעַן תּוֹרָתֶךָ׃ לְמַעַן יֵחָלְצוּן יְדִידֶיךָ הוֹשִׁיעָה יְמִינְךָ וַעֲנֵנִי׃ יִהְיוּ לְרָצוֹן אִמְרֵי פִי וְהֶגְיוֹן לִבִּי לְפָנֶיךָ יְיָ צוּרִי וְגוֹאֲלִי׃ עֹשֶׂה שָׁלוֹם בִּמְרוֹמָיו הוּא יַעֲשֶׂה שָׁלוֹם עָלֵינוּ וְעַל כָּל יִשְׂרָאֵל וְאִמְרוּ אָמֵן׃ יְהִי רָצוֹן לְפָנֶיךָ יְיָ אֱלֹהֵינוּ וֵאלֹהֵי אֲבוֹתֵינוּ שֶׁיִּבָּנֶה בֵּית הַמִּקְדָּשׁ בִּמְהֵרָה בְיָמֵינוּ וְתֵן חֶלְקֵנוּ בְּתוֹרָתֶךָ׃

סדר תשליך׃

אַם ערזטען טאָגע ראש השנה נאָך דעם מנחה־געבעט געהט מאַן אַן איינען פלוס, אָדער אַן איינע לעבענדיגע קוועללע חונר ספרילט׃

מִי אֵל כָּמוֹךָ נֹשֵׂא עָוֹן וְעֹבֵר עַל־פֶּשַׁע לִשְׁאֵרִית נַחֲלָתוֹ לֹא־הֶחֱזִיק לָעַד אַפּוֹ כִּי חָפֵץ חֶסֶד הוּא׃ יָשׁוּב יְרַחֲמֵנוּ יִכְבֹּשׁ עֲוֹנֹתֵינוּ וְתַשְׁלִיךְ בִּמְצֻלוֹת יָם כָּל־חַטֹּאתָם׃ וְכָל־חַטֹּאת עַמְּךָ בֵּית יִשְׂרָאֵל תַּשְׁלִיךְ בְּמָקוֹם אֲשֶׁר לֹא־יִזָּכְרוּ וְלֹא־יִפָּקְדוּ וְלֹא־יַעֲלוּ עַל־לֵב לְעוֹלָם׃ תִּתֵּן אֱמֶת לְיַעֲקֹב חֶסֶד לְאַבְרָהָם אֲשֶׁר־נִשְׁבַּעְתָּ לַאֲבֹתֵינוּ מִימֵי קֶדֶם׃

לערבית לשחרית ולמנחה.

אֲדֹנָי שְׂפָתַי תִּפְתָּח וּפִי יַגִּיד תְּהִלָּתֶךָ׃

בָּרוּךְ אַתָּה יְיָ אֱלֹהֵינוּ וֵאלֹהֵי אֲבוֹתֵינוּ אֱלֹהֵי אַבְרָהָם אֱלֹהֵי יִצְחָק וֵאלֹהֵי יַעֲקֹב הָאֵל הַגָּדוֹל הַגִּבּוֹר וְהַנּוֹרָא אֵל עֶלְיוֹן גּוֹמֵל חֲסָדִים טוֹבִים וְקֹנֵה הַכֹּל וְזוֹכֵר חַסְדֵי אָבוֹת וּמֵבִיא גוֹאֵל לִבְנֵי בְנֵיהֶם לְמַעַן שְׁמוֹ בְּאַהֲבָה·

זָכְרֵנוּ לַחַיִּים· מֶלֶךְ חָפֵץ בַּחַיִּים· וְכָתְבֵנוּ בְּסֵפֶר הַחַיִּים· לְמַעַנְךָ אֱלֹהִים חַיִּים· מֶלֶךְ עוֹזֵר וּמוֹשִׁיעַ וּמָגֵן· בָּרוּךְ אַתָּה יְיָ מָגֵן אַבְרָהָם׃

אַתָּה גִּבּוֹר לְעוֹלָם אֲדֹנָי מְחַיֵּה מֵתִים אַתָּה רַב לְהוֹשִׁיעַ· מְכַלְכֵּל חַיִּים בְּחֶסֶד מְחַיֵּה מֵתִים בְּרַחֲמִים רַבִּים סוֹמֵךְ נוֹפְלִים וְרוֹפֵא חוֹלִים וּמַתִּיר אֲסוּרִים וּמְקַיֵּם אֱמוּנָתוֹ לִישֵׁנֵי עָפָר· מִי כָמוֹךָ בַּעַל גְּבוּרוֹת וּמִי דּוֹמֶה לָּךְ מֶלֶךְ מֵמִית וּמְחַיֶּה וּמַצְמִיחַ יְשׁוּעָה·

מִי כָמוֹךָ אַב הָרַחֲמִים· זוֹכֵר יְצוּרָיו לַחַיִּים בְּרַחֲמִים· וְנֶאֱמָן אַתָּה לְהַחֲיוֹת מֵתִים· בָּרוּךְ אַתָּה יְיָ מְחַיֵּה הַמֵּתִים׃

אַתָּה קָדוֹשׁ וְשִׁמְךָ קָדוֹשׁ וּקְדוֹשִׁים בְּכָל יוֹם יְהַלְלוּךָ סֶּלָה׃

וּבְכֵן תֵּן פַּחְדְּךָ יְיָ אֱלֹהֵינוּ עַל כָּל־מַעֲשֶׂיךָ וְאֵימָתְךָ עַל כָּל־מַה־שֶּׁבָּרָאתָ וְיִירָאוּךָ כָּל־הַמַּעֲשִׂים וְיִשְׁתַּחֲווּ לְפָנֶיךָ כָּל־הַבְּרוּאִים וְיֵעָשׂוּ כֻלָּם אֲגֻדָּה

Herr, öffne meine Lippen, und mein Mund verkünde Deinen Ruhm!

ברוך Gelobt seist Du, Ewiger, unser Gott und Gott unserer Väter, Gott Abrahams, Gott Isaaks und Gott Jakobs; großer, mächtiger und furchtbarer Gott! Herr in den Höhen! der Wohlthaten erzeiget in Güte, als Eigenthümer des Weltalls, der gedenket der Frömmigkeit der Urväter, und ihren spätesten Enkeln einen Erlöser bringet, um seines Namens willen, in Liebe!

זכרנו Gedenke unser zum Leben, o König, der Du Wohlgefallen hast am Leben; schreibe uns ein in das Buch des Lebens, um Deinetwillen, Herr des Lebens, König, Helfer, Retter und Schild! Gelobt seist Du, Ewiger, Schild Abrahams!

אתה Mächtig bist Du in Ewigkeit! o Herr! Du belebst die Todten wieder, mächtiger Retter! Deine Gnade ernährt die Lebenden, Deine unendliche Barmherzigkeit läßt die Todten wieder aufleben! Du bist der Wankenden Stütze, der Kranken Heil und Befreier der Gefesselten! Du hältst treulich Deine Zusage Jenen, die in der Erde schlummern! Wer ist wie Du, allmächtiger Gott! Wer ist Dir ähnlich? König, der da tödtet und wieder belebet und Heil aufkeimen läßt.

מי Wer ist wie Du, Vater des Erbarmens, der seiner Geschöpfe zum Leben gedenkt in Erbarmen?! Deiner Verheißung getreu, belebst Du einst die Todten wieder! Gelobt seist Du, Ewiger, der die Todten belebt!

אתה Du bist heilig, heilig ist Dein Name, und Heilige preisen Dich täglich! Selah!

ובכן So verbreite denn, Ewiger, unser Gott, Deinen Schrecken über alle Deine Werke und Deine Furcht über Alles, was Du erschaffen, daß Dich ehrfürchten alle Werke, und vor Dir sich niederwerfen alle Geschöpfe, daß sie Alle in einen Bund zusammentreten, um

אֶחָת לַעֲשׂוֹת רְצוֹנְךָ בְּלֵבָב שָׁלֵם כְּמוֹ שֶׁיָּדַעְנוּ
יְיָ אֱלֹהֵינוּ שֶׁהַשִּׁלְטוֹן לְפָנֶיךָ עֹז בְּיָדְךָ וּגְבוּרָה
בִּימִינֶךָ וְשִׁמְךָ נוֹרָא עַל כָּל־מַה־שֶּׁבָּרָאתָ:

וּבְכֵן תֵּן כָּבוֹד יְיָ לְעַמֶּךָ תְּהִלָּה לִירֵאֶיךָ וְתִקְוָה
לְדוֹרְשֶׁיךָ וּפִתְחוֹן פֶּה לַמְיַחֲלִים לָךְ שִׂמְחָה
לְאַרְצֶךָ וְשָׂשׂוֹן לְעִירֶךָ וּצְמִיחַת קֶרֶן לְדָוִד עַבְדֶּךָ
וַעֲרִיכַת נֵר לְבֶן יִשַׁי מְשִׁיחֶךָ בִּמְהֵרָה בְיָמֵינוּ:

וּבְכֵן צַדִּיקִים יִרְאוּ וְיִשְׂמָחוּ וִישָׁרִים יַעֲלֹזוּ
וַחֲסִידִים בְּרִנָּה יָגִילוּ וְעוֹלָתָה תִּקְפָּץ־פִּיהָ׃ וְכָל־
הָרִשְׁעָה כֻּלָּהּ כְּעָשָׁן תִּכְלֶה כִּי תַעֲבִיר מֶמְשֶׁלֶת
זָדוֹן מִן הָאָרֶץ:

וְתִמְלוֹךְ אַתָּה יְיָ לְבַדֶּךָ עַל כָּל־מַעֲשֶׂיךָ בְּהַר
צִיּוֹן מִשְׁכַּן כְּבוֹדֶךָ וּבִירוּשָׁלַיִם עִיר קָדְשֶׁךָ
כַּכָּתוּב בְּדִבְרֵי קָדְשֶׁךָ יִמְלֹךְ יְיָ לְעוֹלָם
אֱלֹהַיִךְ צִיּוֹן לְדֹר וָדֹר הַלְלוּיָהּ:

קָדוֹשׁ אַתָּה וְנוֹרָא שְׁמֶךָ וְאֵין אֱלוֹהַּ מִבַּלְעָדֶיךָ
כַּכָּתוּב וַיִּגְבַּהּ יְיָ צְבָאוֹת בַּמִּשְׁפָּט וְהָאֵל הַקָּדוֹשׁ
נִקְדַּשׁ בִּצְדָקָה: בָּרוּךְ אַתָּה יְיָ הַמֶּלֶךְ הַקָּדוֹשׁ:

gemeinschaftlich Deinen Willen mit aufrichtigem Herzen zu erfüllen, wie wir es erkennen, Ewiger, unser Gott, daß Dein die Herrschaft ist, Sieg in Deiner Hand, Stärke in Deiner Rechten, und daß Dein Name furchtbar ist jedem Wesen, das Du erschaffen.

ובכן So gib denn, o Ewiger, Deinem Volke Ehre, Deinen Verehrern Ruhm, und Aussicht denen, die Dich suchen, und das freie Wort denen, die Deiner harren, Freude Deinem Lande und Wonne Deiner Stadt! laß emporwachsen das Glückshorn Deines Knechtes David und hell leuchten die Lampe des Sohnes Isai's, Deines Gesalbten, bald, in unseren Tagen!

ובכן Dann werden die Frommen es sehen und sich freuen, die Redlichen frohlocken, die Heiligen in Freudengeschrei ausbrechen, und das Laster wird verstummen und der Frevel gänzlich wie Rauch hinschwinden, denn Du wirst des Frevels Gewalt von der Erde tilgen.

ותמלוך Du, o Ewiger, wirst allein regieren über alle Deine Werke, auf dem Berg Zion, dem Throne Deiner Herrlichkeit, und in Jerusalem, der Residenz Deiner Heiligkeit, so wie es geschrieben steht in Deiner heiligen Schrift: „Der Ewige regiert ewiglich, dein Gott, o Zion, von Geschlecht zu Geschlecht. Hallelujah!"

קדוש Heilig bist Du, furchtbar ist Dein Name, und außer Dir ist kein Gott! So lautet auch jener Spruch: „Groß wird sein der Ewige Zebaoth im Gerichte, und der heilige Gott geheiligt in Gerechtigkeit!" Gelobt seist Du, Ewiger, heiliger König!

אַתָּה בְחַרְתָּנוּ מִכָּל הָעַמִּים. אָהַבְתָּ אוֹתָנוּ.
וְרָצִיתָ בָּנוּ. וְרוֹמַמְתָּנוּ מִכָּל הַלְּשׁוֹנוֹת. וְקִדַּשְׁתָּנוּ
בְּמִצְוֹתֶיךָ. וְקֵרַבְתָּנוּ מַלְכֵּנוּ לַעֲבוֹדָתֶךָ.
וְשִׁמְךָ הַגָּדוֹל וְהַקָּדוֹשׁ עָלֵינוּ קָרָאתָ:

וַתִּתֶּן־לָנוּ יְיָ אֱלֹהֵינוּ בְּאַהֲבָה אֶת־יוֹם השבת הזה
לקדושה ולמנוחה ואת יוֹם הַכִּפֻּרִים הַזֶּה לִמְחִילָה
וְלִסְלִיחָה וּלְכַפָּרָה וְלִמְחָל־בּוֹ אֶת־כָּל־עֲוֹנוֹתֵינוּ
באהבה מִקְרָא קֹדֶשׁ זֵכֶר לִיצִיאַת מִצְרָיִם:

אֱלֹהֵינוּ וֵאלֹהֵי אֲבוֹתֵינוּ. יַעֲלֶה וְיָבֹא וְיַגִּיעַ
וְיֵרָאֶה וְיֵרָצֶה וְיִשָּׁמַע וְיִפָּקֵד וְיִזָּכֵר זִכְרוֹנֵנוּ
וּפִקְדוֹנֵנוּ וְזִכְרוֹן אֲבוֹתֵינוּ. וְזִכְרוֹן מָשִׁיחַ בֶּן דָּוִד
עַבְדֶּךָ. וְזִכְרוֹן יְרוּשָׁלַיִם עִיר קָדְשֶׁךָ. וְזִכְרוֹן כָּל
עַמְּךָ בֵּית יִשְׂרָאֵל לְפָנֶיךָ. לִפְלֵיטָה לְטוֹבָה לְחֵן
וּלְחֶסֶד וּלְרַחֲמִים לְחַיִּים וּלְשָׁלוֹם בְּיוֹם הַזִּכָּרוֹן
הַזֶּה. זָכְרֵנוּ יְיָ אֱלֹהֵינוּ בּוֹ לְטוֹבָה. וּפָקְדֵנוּ
בוֹ לִבְרָכָה. וְהוֹשִׁיעֵנוּ בוֹ לְחַיִּים: וּבִדְבַר יְשׁוּעָה

אתה בחרתנו Du hast uns aus allen Völkern erkoren; Du liebtest uns und fandest Wohlgefallen an uns; Du erhobst uns über alle Nationen und heiligtest uns durch Deine Gebote; Du nähertest uns, o König, Deinem Dienste und nanntest uns nach Deinem großen und heiligen Namen.

ותתן לנו Und so gabst Du uns in Liebe, Ewiger, unser Gott, diesen (Sabbath und diesen) Tag der Versöhnung zur Vergebung, Verzeihung und Versöhnung, um an ihm alle Sünden zu vergeben; einen Tag der Heiligkeitsverkündigung, zum Andenken an den Auszug aus Egypten.

אלהינו Unser Gott und Gott unserer Väter, möge aufsteigen, vor Dich kommen und zu Dir gelangen, gefällig und angenehm aufgenommen werden unser Andenken und unser Gedächtniß — das Andenken unserer Väter, das Andenken des Messias, des Sohnes Davids, Deines Knechtes, das Andenken Jerusalems, Deiner heiligen Stadt, und das Andenken Deines ganzen Volkes, des Hauses Israel — zur Rettung und zum Heile, zur Huld, zur Gnade und zum Erbarmen, zum Leben und zum Frieden, an diesem Versöhnungstag! Gedenke unser, Ewiger, unser Gott, zum Guten, erinnere Dich unser zum Segen und hilf uns zur Glückseligkeit, begünstige und begnadige uns durch Verheißung

וְרַחֲמִים חוּס וְחָנֵּנוּ וְרַחֵם עָלֵינוּ וְהוֹשִׁיעֵנוּ כִּי אֵלֶיךָ עֵינֵינוּ כִּי אֵל מֶלֶךְ חַנּוּן וְרַחוּם אָתָּה:

אֱלֹהֵינוּ וֵאלֹהֵי אֲבוֹתֵינוּ מְחַל לַעֲוֹנוֹתֵינוּ בְּיוֹם השבת הזה וביום הַכִּפֻּרִים הַזֶּה. מְחֵה וְהַעֲבֵר פְּשָׁעֵינוּ וְחַטֹּאתֵינוּ מִנֶּגֶד עֵינֶיךָ. כָּאָמוּר אָנֹכִי אָנֹכִי הוּא מֹחֶה פְשָׁעֶיךָ לְמַעֲנִי וְחַטֹּאתֶיךָ לֹא אֶזְכֹּר: וְנֶאֱמַר מָחִיתִי כָעָב פְּשָׁעֶיךָ וְכֶעָנָן חַטֹּאתֶיךָ שׁוּבָה אֵלַי כִּי גְאַלְתִּיךָ: וְנֶאֱמַר כִּי בַיּוֹם הַזֶּה יְכַפֵּר עֲלֵיכֶם לְטַהֵר אֶתְכֶם מִכֹּל חַטֹּאתֵיכֶם לִפְנֵי יְיָ תִּטְהָרוּ: לשבת אלהינו ואלהי אבותינו רצה במנוחתנו קַדְּשֵׁנוּ בְּמִצְוֹתֶיךָ. וְתֵן חֶלְקֵנוּ בְּתוֹרָתֶךָ שַׂבְּעֵנוּ מִטּוּבֶךָ וְשַׂמְּחֵנוּ בִּישׁוּעָתֶךָ. לשבת והנחילנו יי אלהינו באהבה וברצון שבת קדשך וינוחו בה ישרא׳ מקדשי שמך וְטַהֵר לִבֵּנוּ לְעָבְדְּךָ בֶּאֱמֶת. כִּי אַתָּה סָלְחָן לְיִשְׂרָאֵל וּמָחֳלָן לְשִׁבְטֵי יְשֻׁרוּן בְּכָל־דּוֹר וָדוֹר וּמִבַּלְעָדֶיךָ אֵין לָנוּ מֶלֶךְ מוֹחֵל וְסוֹלֵחַ אֶלָּא

von Heil und Erbarmen, erbarme Dich unser und hilf uns! — Auf Dich allein sind unsere Augen gerichtet, denn Du, o Gott, bist ein gnädiger und erbarmungsvoller König!

א״א Unser Gott und Gott unserer Väter, vergib unsere Sünden an diesem (Sabbath und) Versöhnungstage! tilge, laß verschwinden vor Deinen Augen unsere Missethaten und Vergehungen, nach jener Verheißung: „Ich, ja, ich tilge deine Missethaten, um meinetwillen, und deiner Vergehungen gedenk' ich nicht.“ Ferner heißt es: „Ich lasse wie die Wolke dahinschwinden deine Missethaten und wie Dunst deine Vergehungen; kehre zurück zu mir, ich erlöse dich!“ Ferner: „Denn an diesem Tage sühnt man für euch, um euch zu reinigen; von allen euern Sünden vor dem Ewigen sollt ihr rein werden.“ (Am Sabbath: Unser Gott und Gott unserer Väter, zeige Wohlgefallen an unserer Ruhe,) heilige uns durch Deine Gebote und gib uns unseren Antheil an Deiner Lehre, erquicke uns mit Deiner Güte, und erfreue uns durch Deine Hülfe; (Am Sabbath: Laß uns, o Ewiger, unser Gott, Deinen heiligen Sabbath in Liebe und Wohlgefallen genießen, daß an ihm ruhe Israel, das Deinen Namen heiligt;) läutere unser Herz, Dir in Wahrheit zu dienen! Du bist Israel vergebend, und verzeihend den Stämmen Jeschuruns in allen Geschlechtern; wir haben außer Dir keinen König,

אַתָּה)· בָּרוּךְ אַתָּה יְיָ מֶלֶךְ מוֹחֵל וְסוֹלֵחַ לַעֲוֹנוֹתֵינוּ וְלַעֲוֹנוֹת עַמּוֹ בֵּית יִשְׂרָאֵל· וּמַעֲבִיר אַשְׁמוֹתֵינוּ בְּכָל־שָׁנָה וְשָׁנָה· מֶלֶךְ עַל־כָּל הָאָרֶץ מְקַדֵּשׁ השבת וְיִשְׂרָאֵל וְיוֹם הַכִּפֻּרִים:

רְצֵה יְיָ אֱלֹהֵינוּ בְּעַמְּךָ יִשְׂרָאֵל וּבִתְפִלָּתָם· וְהָשֵׁב אֶת הָעֲבוֹדָה לִדְבִיר בֵּיתֶךָ וְאִשֵּׁי יִשְׂרָאֵל וּתְפִלָּתָם בְּאַהֲבָה תְקַבֵּל בְּרָצוֹן וּתְהִי לְרָצוֹן תָּמִיד עֲבוֹדַת יִשְׂרָאֵל עַמֶּךָ:

וְתֶחֱזֶינָה עֵינֵינוּ בְּשׁוּבְךָ לְצִיּוֹן בְּרַחֲמִים· בָּרוּךְ אַתָּה יְיָ הַמַּחֲזִיר שְׁכִינָתוֹ לְצִיּוֹן:

מוֹדִים אֲנַחְנוּ לָךְ שָׁאַתָּה הוּא יְיָ אֱלֹהֵינוּ וֵאלֹהֵי אֲבוֹתֵינוּ לְעוֹלָם וָעֶד צוּר חַיֵּינוּ מָגֵן יִשְׁעֵנוּ אַתָּה הוּא לְדוֹר וָדוֹר נוֹדֶה לְּךָ וּנְסַפֵּר תְּהִלָּתֶךָ עַל חַיֵּינוּ הַמְּסוּרִים בְּיָדֶךָ וְעַל נִשְׁמוֹתֵינוּ הַפְּקוּדוֹת לָךְ· וְעַל נִסֶּיךָ שֶׁבְּכָל יוֹם עִמָּנוּ וְעַל נִפְלְאוֹתֶיךָ וְטוֹבוֹתֶיךָ שֶׁבְּכָל עֵת עֶרֶב וָבֹקֶר וְצָהֳרָיִם· הַטּוֹב כִּי לֹא כָלוּ רַחֲמֶיךָ וְהַמְרַחֵם כִּי לֹא תַמּוּ חֲסָדֶיךָ מֵעוֹלָם קִוִּינוּ לָךְ: וְעַל כֻּלָּם יִתְבָּרַךְ וְיִתְרוֹמַם שִׁמְךָ מַלְכֵּנוּ תָּמִיד לְעוֹלָם וָעֶד:

וּכְתוֹב לְחַיִּים טוֹבִים (כָּל־)בְּנֵי בְרִיתֶךָ:

וְכֹל הַחַיִּים יוֹדוּךָ סֶּלָה וִיהַלְלוּ אֶת שִׁמְךָ בֶּאֱמֶת הָאֵל יְשׁוּעָתֵנוּ וְעֶזְרָתֵנוּ סֶלָה· בָּרוּךְ אַתָּה יְיָ הַטּוֹב שִׁמְךָ וּלְךָ נָאֶה לְהוֹדוֹת:

verzeihend und vergebend, wie Du. Gelobt seist Du, Ewiger, verzeihender König, der unsere Sünden und die seines Volkes, des Hauses Israel, vergibt und alljährlich unsere Verschuldungen tilgt — König über die ganze Erde, der heiligt (den Sabbath,) Israel und den Versöhnungstag!

רצה Zeige Wohlgefallen, Ewiger, unser Gott, an Deinem Volke Israel und an seinem Gebete! führe den Opferdienst wieder ein in den Chor Deines Tempels! nimm Israels Opfer — seine Gebete — in Liebe und Wohlgefallen an! O, möge Dir der Dienst Deines Volkes Israel immerdar wohlgefällig sein!

ותחזינה Mögen unsere Augen sehen, wenn Du mit Erbarmen nach Zion zurückkehrst! Gelobt seist Du, Ewiger, der seine Majestät einst wieder in Zion thronen läßt!

מודים Wir bekennen Dir, daß Du, der Ewige, unser und unserer Väter Gott bist in Ewigkeit. Du bist der Hort unseres Lebens, der Schild unseres Heils für und für! Wir danken Dir und lobpreisen Dich für unser Leben, das in Deine Hand gelegt, für unsere Seelen, die Dir anvertraut sind, für die Wunder, die Du uns tagtäglich, für die unaussprechlichen Wohlthaten, die Du uns zu jeder Zeit — Abends, Morgens und Mittags — erweisest. Allgütiger, Deine Barmherzigkeit hat keine Grenzen! Allbarmherziger, Deine Gnade geht nie zu Ende! Auf Dich hoffen wir immerdar!

ועל Für dies Alles sei Dein Name, unser König, gelobt und hochgepriesen unaufhörlich und immerdar! O, schreibe zum glücklichen Leben ein alle Deine Bundeskinder!

וכל Und Alles, was lebt, soll Dir danken und preisen Deinen Namen; Allmächtiger, unser Heil und unsere Hülfe bist Du! Selah. Gelobt seist Du, Ewiger! Allgütiger ist Dein Name, und Dir allein gebühret Dank!

בשחרית ובמנחה אומרים זה.

שִׂים שָׁלוֹם טוֹבָה וּבְרָכָה חֵן וָחֶסֶד וְרַחֲמִים עָלֵינוּ וְעַל כָּל יִשְׂרָאֵל עַמֶּךָ בָּרְכֵנוּ אָבִינוּ כֻּלָּנוּ כְּאֶחָד בְּאוֹר פָּנֶיךָ כִּי בְאוֹר פָּנֶיךָ נָתַתָּ לָּנוּ יְיָ אֱלֹהֵינוּ תּוֹרַת חַיִּים וְאַהֲבַת חֶסֶד וּצְדָקָה וּבְרָכָה וְרַחֲמִים וְחַיִּים וְשָׁלוֹם. וְטוֹב בְּעֵינֶיךָ לְבָרֵךְ אֶת עַמְּךָ יִשְׂרָאֵל בְּכָל עֵת וּבְכָל שָׁעָה בִּשְׁלוֹמֶךָ:

בערבית אומרים זה.

שָׁלוֹם רָב עַל יִשְׂרָאֵל עַמְּךָ תָּשִׂים לְעוֹלָם כִּי אַתָּה הוּא מֶלֶךְ אָדוֹן לְכָל הַשָּׁלוֹם. וְטוֹב בְּעֵינֶיךָ לְבָרֵךְ אֶת עַמְּךָ יִשְׂרָאֵל בְּכָל עֵת וּבְכָל שָׁעָה בִּשְׁלוֹמֶךָ:

בְּסֵפֶר חַיִּים בְּרָכָה וְשָׁלוֹם וּפַרְנָסָה טוֹבָה נִזָּכֵר וְנִכָּתֵב לְפָנֶיךָ אֲנַחְנוּ וְכָל עַמְּךָ בֵּית יִשְׂרָאֵל לְחַיִּים טוֹבִים וּלְשָׁלוֹם. בָּרוּךְ אַתָּה יְיָ עוֹשֵׂה הַשָּׁלוֹם:

אֱלֹהֵינוּ וֵאלֹהֵי אֲבוֹתֵינוּ (נ"א אָנָּא)

תָּבֹא לְפָנֶיךָ תְּפִלָּתֵנוּ. וְאַל תִּתְעַלַּם מִתְּחִנָּתֵנוּ שֶׁאֵין אֲנַחְנוּ עַזֵּי פָנִים וּקְשֵׁי עֹרֶף לוֹמַר לְפָנֶיךָ יְיָ אֱלֹהֵינוּ וֵאלֹהֵי אֲבוֹתֵינוּ צַדִּיקִים אֲנַחְנוּ וְלֹא חָטָאנוּ אֲבָל אֲנַחְנוּ חָטָאנוּ:

אָשַׁמְנוּ. בָּגַדְנוּ. גָּזַלְנוּ. דִּבַּרְנוּ דֹפִי. הֶעֱוִינוּ. וְהִרְשַׁעְנוּ. זַדְנוּ. חָמַסְנוּ. טָפַלְנוּ שֶׁקֶר. יָעַצְנוּ רָע. כִּזַּבְנוּ. לַצְנוּ. מָרַדְנוּ. נִאַצְנוּ. סָרַרְנוּ. עָוִינוּ. פָּשַׁעְנוּ. צָרַרְנוּ. קִשִּׁינוּ עֹרֶף. רָשַׁעְנוּ. שִׁחַתְנוּ. תִּעַבְנוּ. תָּעִינוּ. תִּעְתָּעְנוּ.

Zum Morgen- und Minchagebet.

ש״ם Verleihe Frieden, Glück und Segen, Gunst, Gnade und Erbarmen uns und Deinem ganzen Volke Israel! Segne uns, o Vater, Alle wie Einen, im Lichte Deines Antlitzes; denn im Lichte Deines Antlitzes gabst Du uns, Ewiger, unser Gott, die Lehre des Lebens, die Liebe zum Guten und dadurch Heil und Segen, Erbarmen, Leben und Frieden. Möge

Zum Abendgebet.

שלום Frieden in Fülle verleihe Deinem Volke Israel in Ewigkeit; denn Du, o König, bist der Herr alles Friedens. Möge

es Dir gefallen, Dein Volk Israel zu jeder Zeit und Stunde mit Deinem Frieden zu segnen!

O, laß im Buche des Lebens, des Segens, des Friedens und des ehrbaren Auskommens uns erwähnt und verzeichnet sein vor Dir, daß wir und Dein ganzes Volk Israel gelangen zu glückseligem Leben und zum Frieden. Gelobt seist Du, Ewiger, Stifter des Friedens!

א״א Unser Gott und Gott unserer Väter, o, laß doch vor Dich kommen unser Gebet, entzieh' Dich unserem Flehen nicht! Wir sind nicht so unverschämt und verstockt, um Dir, o Ewiger, unser Gott und Gott unserer Väter, zu sagen, wir seien rechtschaffen und sündenfrei; nein — wir haben wahrlich gesündigt!

אשמנו Wir haben Manches verschuldet. Wir waren treulos, haben unsern Nächsten beeinträchtigt und verleumdet, wir haben gefehlt und gefrevelt, wir waren muthwillig und haben Gewaltthaten ausgeübt, wir haben Unwahrheit erdichtet, schädliche Rathschläge gegeben, gelogen und gehöhnt, wir waren ungehorsam und haben geschmäht, wir waren ausgelassen und haben Sünden und Missethaten begangen, wir haben beleidigt, wir waren halsstarrig, wir waren boshaft, wir sind ausgeartet, wir übten Gräuelthaten, wir verirrten uns und leiteten Andere irre.

סַרְנוּ מִמִּצְוֹתֶיךָ וּמִמִּשְׁפָּטֶיךָ הַטּוֹבִים וְלֹא שָׁוָה לָנוּ: וְאַתָּה צַדִּיק עַל כָּל הַבָּא עָלֵינוּ. כִּי אֱמֶת עָשִׂיתָ וַאֲנַחְנוּ הִרְשָׁעְנוּ:

מַה נֹּאמַר לְפָנֶיךָ יוֹשֵׁב מָרוֹם. וּמַה נְּסַפֵּר לְפָנֶיךָ שׁוֹכֵן שְׁחָקִים הֲלֹא כָּל הַנִּסְתָּרוֹת וְהַנִּגְלוֹת אַתָּה יוֹדֵעַ:

אַתָּה יוֹדֵעַ רָזֵי עוֹלָם. וְתַעֲלוּמוֹת סִתְרֵי כָּל חָי: אַתָּה חוֹפֵשׂ כָּל חַדְרֵי בָטֶן וּבוֹחֵן כְּלָיוֹת וָלֵב: אֵין דָּבָר נֶעְלָם מִמָּךְ. וְאֵין נִסְתָּר מִנֶּגֶד עֵינֶיךָ:

וּבְכֵן יְהִי רָצוֹן מִלְּפָנֶיךָ יְיָ אֱלֹהֵינוּ וֵאלֹהֵי אֲבוֹתֵינוּ. שֶׁתִּסְלַח לָנוּ עַל כָּל חַטֹּאתֵינוּ. וְתִמְחָל־לָנוּ עַל כָּל עֲוֹנוֹתֵינוּ. וּתְכַפֶּר לָנוּ עַל כָּל פְּשָׁעֵינוּ:

עַל חֵטְא שֶׁחָטָאנוּ לְפָנֶיךָ בְּאֹנֶס וּבְרָצוֹן:
וְעַל חֵטְא שֶׁחָטָאנוּ לְפָנֶיךָ בְּאִמּוּץ הַלֵּב:
עַל חֵטְא שֶׁחָטָאנוּ לְפָנֶיךָ בִּבְלִי דָעַת:
וְעַל חֵטְא שֶׁחָטָאנוּ לְפָנֶיךָ בְּבִטּוּי שְׂפָתָיִם:
עַל חֵטְא שֶׁחָטָאנוּ לְפָנֶיךָ בְּגָלוּי וּבַסָּתֶר:
וְעַל חֵטְא שֶׁחָטָאנוּ לְפָנֶיךָ בְּגִלּוּי עֲרָיוֹת:
עַל חֵטְא שֶׁחָטָאנוּ לְפָנֶיךָ בְּדִבּוּר פֶּה:
וְעַל חֵטְא שֶׁחָטָאנוּ לְפָנֶיךָ בְּדַעַת וּבְמִרְמָה:
עַל חֵטְא שֶׁחָטָאנוּ לְפָנֶיךָ בְּהַרְהוֹר הַלֵּב:

סרנו Wir sind von Deinen Geboten und guten Verordnungen abgewichen, und es hat uns nicht gefrommt. Du, Allgerechter in Allem, was uns betroffen, Du hast treulich gehandelt, wir aber — wir haben gefrevelt.

מה Was sollen wir Dir, Bewohner jener Höhen, sagen? was Dir erzählen, Himmelsthroner? weißt Du doch alle verborgene Dinge sowie die offenbaren! —

אתה Du kennst ja alle Geheimnisse der Welt, die tiefsten Verborgenheiten aller Lebendigen! Du durchschaust alle Gemächer unseres Innern und prüfst Nieren und Herz, kein Ding ist Dir geheim, und nichts bleibt Deinem Blick verborgen! —

ובכן O, möge es doch Dein Wille sein, Ewiger unser Gott und Gott unserer Väter, alle unsere Sünden zu vergeben, alle unsere Vergehungen zu verzeihen und uns alle unsere Missethaten zu erlassen!

על חטא Die Sünde, die wir begangen unwillkürlich oder willkürlich,
und die, welche wir begangen durch Herzensverstockung;
die Sünde, die wir begangen aus Unwissenheit,
und die, welche wir begangen durch Worte, die unseren Lippen entfahren;
die Sünde, die wir begangen öffentlich oder heimlich,
und die, welche wir begangen durch Blutschande;
die Sünde, die wir begangen durch unanständige Worte,
und die, welche wir begangen durch vorsätzlichen Betrug;
die Sünde, die wir begangen durch üble Gedanken,

וְעַל חֵטְא שֶׁחָטָאנוּ לְפָנֶיךָ בְּהוֹנָאַת רֵעַ:
עַל חֵטְא שֶׁחָטָאנוּ לְפָנֶיךָ בְּוִדּוּי פֶּה:
וְעַל חֵטְא שֶׁחָטָאנוּ לְפָנֶיךָ בְּוְעִידַת זְנוּת:
עַל חֵטְא שֶׁחָטָאנוּ לְפָנֶיךָ בְּזָדוֹן וּבִשְׁגָגָה:
וְעַ״חֵ שֶׁחָטָאנוּ לְפָנֶיךָ בְּזִלְזוּל הוֹרִים וּמוֹרִים:
עַל חֵטְא שֶׁחָטָאנוּ לְפָנֶיךָ בְּחֹזֶק יָד:
וְעַל חֵטְא שֶׁחָטָאנוּ לְפָנֶיךָ בְּחִלּוּל הַשֵּׁם:
עַל חֵטְא שֶׁחָטָאנוּ לְפָנֶיךָ בְּטִפְשׁוּת פֶּה:
וְעַל חֵטְא שֶׁחָטָאנוּ לְפָנֶיךָ בְּטֻמְאַת שְׂפָתָיִם:
עַל חֵטְא שֶׁחָטָאנוּ לְפָנֶיךָ בְּיֵצֶר הָרָע:
וְעַ״חֵ שֶׁחָטָאנוּ לְפָנֶיךָ בְּיוֹדְעִים וּבְלֹא יוֹדְעִים:
(וְעַל כֻּלָּם אֱלוֹהַּ סְלִיחוֹת סְלַח לָנוּ. מְחַל לָנוּ. כַּפֶּר־לָנוּ:)
עַל חֵטְא שֶׁחָטָאנוּ לְפָנֶיךָ בְּכַפַּת־שֹׁחַד:
וְעַל חֵטְא שֶׁחָטָאנוּ לְפָנֶיךָ בְּכַחַשׁ וּבְכָזָב:
עַל חֵטְא שֶׁחָטָאנוּ לְפָנֶיךָ בְּלָשׁוֹן הָרָע:
וְעַל חֵטְא שֶׁחָטָאנוּ לְפָנֶיךָ בְּלָצוֹן:
עַ״חֵ שֶׁחָטָאנוּ לְפָנֶיךָ בְּמַשָּׂא וּבְמַתָּן (נ״א במראית עין):
וְעַל חֵטְא שֶׁחָטָאנוּ לְפָנֶיךָ בְּמַאֲכָל וּבְמִשְׁתֶּה:

und die, welche wir begangen durch Hintergehung
des Nächsten;

die Sünde, die wir begangen durch Scheinbuße,
und die, welche wir begangen durch Verletzung der
Keuschheit;

die Sünde, die wir begangen aus Frevel oder
Versehen,
und die, welche wir begangen durch Geringschätzung
der Eltern und Lehrer;

die Sünde, die wir begangen durch Gewaltthätigkeit,
und die, welche wir begangen durch Entheiligung des
göttlichen Namens;

die Sünde, die wir begangen durch albernes Geschwätz,
und die, welche wir begangen durch Verunreinigung
unserer Lippen;

die Sünde, die wir begangen durch die Gewalt
böser Leidenschaften,
und die, welche wir begangen, wissend oder unwissend —

Alle diese Sünden, verzeihender Gott, vergib, verzeihe, und entsündige uns! —

Die Sünde, die wir begangen durch Bestechung,
und die, welche wir begangen durch Lügen und Trügen;

die Sünde, die wir begangen durch Verleumdung,
und die, welche wir begangen durch Spötterei;

die Sünde, die wir begangen im Handel und Wandel,
und die, welche wir begangen durch Essen und Trinken;

עַל חֵטְא שֶׁחָטָאנוּ לְפָנֶיךָ בְּנֶשֶׁךְ וּבְמַרְבִּית:

וְעַ״חַ שֶׁחָטָאנוּ לְפָנֶיךָ בִּנְטִיַּת גָּרוֹן (נ״א בכבו לפה):

עַל חֵטְא שֶׁחָטָאנוּ לְפָנֶיךָ בְּשִׂקּוּר עָיִן:

וְעַל חֵטְא שֶׁחָטָאנוּ לְפָנֶיךָ בְּשִׂיחַ שִׂפְתוֹתֵינוּ:

עַל חֵטְא שֶׁחָטָאנוּ לְפָנֶיךָ בְּעֵינַיִם רָמוֹת:

וְעַל חֵטְא שֶׁחָטָאנוּ לְפָנֶיךָ בְּעַזּוּת מֶצַח:

(וְעַל כֻּלָּם אֱלוֹהַּ סְלִיחוֹת) סְלַח לָנוּ׃ מְחַל לָנוּ׃ כַּפֶּר־לָנוּ:

עַל חֵטְא שֶׁחָטָאנוּ לְפָנֶיךָ בִּפְרִיקַת עֹל:

וְעַל חֵטְא שֶׁחָטָאנוּ לְפָנֶיךָ בִּפְלִילוּת:

עַל חֵטְא שֶׁחָטָאנוּ לְפָנֶיךָ בִּצְדִיַּת רֵעַ:

וְעַל חֵטְא שֶׁחָטָאנוּ לְפָנֶיךָ בְּצָרוּת עָיִן:

עַל חֵטְא שֶׁחָטָאנוּ לְפָנֶיךָ בְּקַלּוּת רֹאשׁ:

וְעַל חֵטְא שֶׁחָטָאנוּ לְפָנֶיךָ בְּקַשְׁיוּת עֹרֶף:

עַ״חַ שֶׁחָטָאנוּ לְפָנֶיךָ בְּרִיצַת רַגְלַיִם לְהָרַע:

וְעַל חֵטְא שֶׁחָטָאנוּ לְפָנֶיךָ בִּרְכִילוּת:

עַל חֵטְא שֶׁחָטָאנוּ לְפָנֶיךָ בִּשְׁבוּעַת שָׁוְא:

וְעַל חֵטְא שֶׁחָטָאנוּ לְפָנֶיךָ בְּשִׂנְאַת חִנָּם:

עַל חֵטְא שֶׁחָטָאנוּ לְפָנֶיךָ בִּתְשׂוּמֶת יָד:

die Sünde, die wir begangen durch Zinsen und Wucher,
und die, welche wir begangen durch Frechheit;

die Sünde, die wir begangen durch buhlerisches Auge,
und die, welche wir begangen durch Plauderei;

die Sünde, die wir begangen durch stolzes Blicken,
und die, welche wir begangen mit frecher Stirne —

Alle diese Sünden, verzeihender Gott, vergib, verzeihe, und entsündige uns! —

Die Sünde, die wir begangen durch Abwerfung des Joches*),
und die, welche wir begangen durch Urtheilen;

die Sünde, die wir begangen durch hämisches Betragen gegen unsern Nächsten,
und die, welche wir begangen durch Mißgunst;

die Sünde, die wir begangen durch Leichtfertigkeit,
und die, welche wir begangen durch Hartnäckigkeit;

die Sünde, die wir begangen durch Eilfertigkeit zum Bösen,
und die, welche wir begangen durch Klatscherei;

die Sünde, die wir begangen durch Meineid,
und die, welche wir begangen durch Menschenhaß;

die Sünde, die wir begangen durch Veruntreuung des Anvertrauten,

---

*) Das Joch abwerfen heißt, sich seinen Pflichten entziehen.

וְעַל חֵטְא שֶׁחָטָאנוּ לְפָנֶיךָ בְּתִמְהוֹן לֵבָב:

וְעַל כֻּלָּם (אֱלוֹהַּ סְלִיחוֹת) סְלַח לָנוּ. מְחַל לָנוּ. כַּפֶּר־לָנוּ:

וְעַל חֲטָאִים שֶׁאָנוּ חַיָּבִים עֲלֵיהֶם עוֹלָה:

וְעַל חֲטָאִים שֶׁאָנוּ חַיָּבִים עֲלֵיהֶם חַטָּאת:

וְעַל חֲטָאִים שֶׁחַ עֲלֵיהֶם קָרְבָּן עוֹלֶה וְיוֹרֵד:

*) אין ספר"ם אונד מעהרערן קהלות ווירד דאָ היער אונטענשטעהענדע געבעטעט:

וְעַל חֲטָאִים שֶׁחַ עֲלֵיהֶם אָשָׁם וַדַּאי וְתָלוּי:

וְעַל חֲטָאִים שֶׁחַ עֲלֵיהֶם מַכַּת מַרְדּוּת:

וְעַל חֲטָאִים שֶׁחַ עֲלֵיהֶם מַלְקוּת אַרְבָּעִים:

וְעַל חֲטָאִים שֶׁחַ עֲלֵיהֶם מִיתָה בִּידֵי שָׁמָיִם:

וְעַחֲ שֶׁחַ עֲלֵיהֶם כָּרֵת וַעֲרִירִי (נ"א וערירות):

וְעַל כֻּלָּם (אֱלוֹהַּ סְלִיחוֹת) סְלַח לָנוּ. מְחַל לָנוּ. כַּפֶּר־לָנוּ:

וְעַל חֲטָאִים שֶׁחַ עֲלֵיהֶם אַרְבַּע מִיתוֹת בֵּית דִּין

---

*) אין ספר"ם אונד מעהרערן קהלות ווירד נאָך דיעזער אָרדנונג געבעטעט.

וְעַל חֲטָאִים שֶׁאָנוּ חַיָּבִים עֲלֵיהֶם אָשָׁם:

וְעַל חֲטָאִים שֶׁאָנוּ חַיָּבִים עֲלֵיהֶם אָשָׁם תָּלוּי:

וְעַל חֲטָאִים שֶׁאָנוּ חַיָּבִים עֲלֵיהֶם כָּרֵת: (במכמס מוסיפים וַעֲרִירִי:)

וְעַל חֲטָאִים שֶׁאָנוּ חַיָּבִים עֲלֵיהֶם מִיתָה בִּידֵי שָׁמָיִם:

וְעַל חֲטָאִים שֶׁאָנוּ חַיָּבִים עֲלֵיהֶם מַלְקוּת אַרְבָּעִים:

וְעַל חֲטָאִים שֶׁאָנוּ חַיָּבִים עֲלֵיהֶם מַכַּת מַרְדּוּת: ועל כלם וכו'.

und die, welche wir begangen aus Herzenstaumel —
Alle diese Sünden, verzeihender Gott, vergib, verzeihe, und entsündige uns! —
Auch jene Sünden, wegen welcher wir verschuldet wären zu einem Ganzopfer;
auch jene Sünden, wegen welcher wir verschuldet wären zu einem Sündenopfer;
auch jene Sünden, wegen welcher wir verschuldet wären zu einem höheren und geringeren Opfer;
*) auch jene Sünden, wegen welcher wir verschuldet wären zu einem Schuldopfer für gewisse oder unentschiedene Schuld;
auch jene Sünden, wegen welcher wir verschuldet wären zu Schlägen der Züchtigung;
auch jene Sünden, wegen welcher wir verschuldet wären zu vierzig Schlägen;
auch jene Sünden, wegen welcher wir verschuldet wären zum Tode durch Gottes Hand;
auch jene Sünden, wegen welcher wir verschuldet wären zur Ausrottung und Vereinsamung —
Alle diese Sünden, verzeihender Gott, vergib, verzeihe, und entsündige uns! —
Auch jene Sünden, wegen welcher wir verschuldet wären zu den vier gerichtlichen Todesstrafen:

---

*) In Frankfurt a. M. wird nach folgender Ordnung gebetet.
Auch jene Sünden, wegen welcher wir verschuldet wären zu einem Schuldopfer;
auch jene Sünden, wegen welcher wir verschuldet wären zu einem Schuldopfer für unentschiedene Schuld;
a. j. S., wegen welcher wir verschuldet wären zur Ausrottung;
a. j. S., w. w. wir verschuldet wären zum Tode durch Gottes Hand;
a. j. S., w. w. wir verschuldet wären zu vierzig Schlägen;
a. j. S., w. w. wir verschuldet wären zu Schlägen der Züchtigung. — — Alle diese ꝛc. ꝛc. wie oben.

סְקִילָה. שְׂרֵפָה. הֶרֶג. וְחֶנֶק. עַל מִצְוַת עֲשֵׂה וְעַל
מִצְוַת לֹא תַעֲשֶׂה. בֵּין שֶׁיֵּשׁ בָּהּ קוּם עֲשֵׂה. וּבֵין שֶׁאֵין בָּהּ
קוּם עֲשֵׂה. אֶת־שֶׁגְּלוּיִם לָנוּ וְאֶת־שֶׁאֵינָם גְּלוּיִם לָנוּ.
אֶת־שֶׁגְּלוּיִם לָנוּ כְּבָר אֲמַרְנוּם לְפָנֶיךָ. וְהוֹדִינוּ לְךָ
עֲלֵיהֶם. וְאֶת שֶׁאֵינָם גְּלוּיִם לָנוּ לְפָנֶיךָ הֵם גְּלוּיִם וִידוּעִים.
כַּדָּבָר שֶׁנֶּאֱמַר הַנִּסְתָּרֹת לַיְיָ אֱלֹהֵינוּ. וְהַנִּגְלֹת לָנוּ
וּלְבָנֵינוּ עַד־עוֹלָם. לַעֲשׂוֹת אֶת־כָּל־דִּבְרֵי הַתּוֹרָה הַזֹּאת:
כִּי אַתָּה סָלְחָן לְיִשְׂרָאֵל וּמָחֳלָן לְשִׁבְטֵי יְשֻׁרוּן בְּכָל־דּוֹר
וָדוֹר וּמִבַּלְעָדֶיךָ אֵין לָנוּ מֶלֶךְ מוֹחֵל וְסוֹלֵחַ (אֶלָּא אָתָּה):
אֱלֹהַי עַד שֶׁלֹּא נוֹצַרְתִּי אֵינִי כְדַאי. וְעַכְשָׁו שֶׁנּוֹצַרְתִּי כְּאִלּוּ
לֹא נוֹצַרְתִּי. עָפָר אֲנִי בְּחַיָּי. קַל וָחֹמֶר בְּמִיתָתִי. הֲרֵינִי
לְפָנֶיךָ כִּכְלִי מָלֵא בוּשָׁה וּכְלִמָּה. יְהִי רָצוֹן מִלְּפָנֶיךָ יְיָ אֱלֹהַי
וֵאלֹהֵי אֲבוֹתַי שֶׁלֹּא אֶחֱטָא עוֹד. וּמַה שֶּׁחָטָאתִי לְפָנֶיךָ מָרֵק
בְּרַחֲמֶיךָ הָרַבִּים. אֲבָל לֹא עַל יְדֵי יִסּוּרִים וָחֳלָיִם רָעִים:

אֱלֹהַי נְצוֹר לְשׁוֹנִי מֵרָע וּשְׂפָתַי מִדַּבֵּר מִרְמָה וְלִמְקַלְלַי נַפְשִׁי תִדּוֹם
וְנַפְשִׁי כֶּעָפָר לַכֹּל תִּהְיֶה פְּתַח לִבִּי בְּתוֹרָתֶךָ וּבְמִצְוֹתֶיךָ תִּרְדּוֹף נַפְשִׁי וְכָל
הַחוֹשְׁבִים עָלַי רָעָה מְהֵרָה הָפֵר עֲצָתָם וְקַלְקֵל מַחֲשַׁבְתָּם. עֲשֵׂה לְמַעַן
שְׁמֶךָ עֲשֵׂה לְמַעַן יְמִינֶךָ עֲשֵׂה לְמַעַן קְדֻשָּׁתֶךָ עֲשֵׂה לְמַעַן תּוֹרָתֶךָ. לְמַעַן
יֵחָלְצוּן יְדִידֶיךָ הוֹשִׁיעָה יְמִינְךָ וַעֲנֵנִי: יִהְיוּ לְרָצוֹן אִמְרֵי פִי וְהֶגְיוֹן לִבִּי
לְפָנֶיךָ יְיָ צוּרִי וְגוֹאֲלִי: עֹשֶׂה שָׁלוֹם בִּמְרוֹמָיו הוּא יַעֲשֶׂה שָׁלוֹם עָלֵינוּ
וְעַל כָּל יִשְׂרָאֵל וְאִמְרוּ אָמֵן: יְהִי רָצוֹן לְפָנֶיךָ יְיָ אֱלֹהֵינוּ וֵאלֹהֵי אֲבוֹתֵינוּ
שֶׁיִּבָּנֶה בֵּית הַמִּקְדָּשׁ בִּמְהֵרָה בְיָמֵינוּ וְתֵן חֶלְקֵנוּ בְּתוֹרָתֶךָ:

Steinigen, Verbrennen, Enthaupten und Erwürgen — es seien gebietende oder verbietende Gesetze, solche, zu deren Ausübung wir angehalten sind, oder solche, zu deren Ausübung wir nicht angehalten sind, die uns bekannt und die uns unbekannt sind! Die wir wissen, haben wir hergerechnet und vor Dir bekannt, und die uns unbekannt geblieben, sind doch Dir offenbar und bewußt — sowie geschrieben steht: „Verborgene Dinge sind dem Ewigen, unserem Gotte, vorbehalten; was aber offenbar wird, geht uns und unsere Kinder an, daß wir thun alle Worte dieser Lehre." Du bist Israel vergebend, und verzeihend den Stämmen Jeschuruns in allen Geschlechtern, wir haben außer Dir keinen König, verzeihend und vergebend wie Du!

אלהי Mein Gott, ein Nichts war ich vor meinem Entstehen, und jetzt nach meinem Entstehen bin ich noch ebendasselbe; Staub nur bin ich lebend, um wie viel mehr nach meinem Hinschwinden. Siehe, hier stehe ich vor Dir, ein Wesen voller Schmach und Scham! O, möge es Dein Wille sein, Ewiger, mein Gott und Gott meiner Väter, mich nie mehr sündigen zu lassen und meine schon begangenen Sünden zu tilgen, durch Dein grenzenloses Erbarmen — nicht aber durch Schmerzen oder bösartige Krankheiten!

אלהי Mein Gott, bewahre meine Zunge vor Bösem, und meine Lippen vor Betrüglichreden! Laß meine Seele gegen meine Lästerer gelassen und gegen Jeden geduldig sein, wie Staub der Erde! Erschließe mein Herz durch Deine Lehre, damit meine Seele Deinen Geboten eifrig folge. Zerstöre die Pläne aller derer, die Böses wider mich sinnen und vereitle ihre Gedanken! Thue es um Deines Namens willen, thue es um Deiner Rechten, thue es um Deiner Heiligkeit, thue es um Deiner Lehre willen! Auf daß gerettet werden Deine Lieblinge, laß mir Deine Rechte beistehen und erhöre mich! Mögen wohlgefallen die Worte meines Mundes und die Gedanken meines Herzens, Dir, o Ewiger, mein Hort und mein Erlöser! — Der da Frieden stiftet in seinen Höhen, er stifte auch Frieden bei uns und bei ganz Israel! Darauf sprechet: Amen!

Möge es Dein Wille sein, o Ewiger, unser Gott und Gott unserer Väter, den heiligen Tempel bald, in unseren Tagen, wieder zu erbauen, daß Jeder seinen Antheil an Deinem Gesetze nehme!

---

*) אֲדֹנָי שְׂפָתַי תִּפְתָּח וּפִי יַגִּיד תְּהִלָּתֶךָ׃

בָּרוּךְ אַתָּה יְיָ אֱלֹהֵינוּ וֵאלֹהֵי אֲבוֹתֵינוּ אֱלֹהֵי אַבְרָהָם אֱלֹהֵי יִצְחָק וֵאלֹהֵי יַעֲקֹב הָאֵל הַגָּדוֹל הַגִּבּוֹר וְהַנּוֹרָא אֵל עֶלְיוֹן גּוֹמֵל חֲסָדִים טוֹבִים וְקוֹנֵה הַכֹּל וְזוֹכֵר חַסְדֵי אָבוֹת וּמֵבִיא גוֹאֵל לִבְנֵי בְנֵיהֶם לְמַעַן שְׁמוֹ בְּאַהֲבָה׃ זָכְרֵנוּ לְחַיִּים. מֶלֶךְ חָפֵץ בַּחַיִּים. וְכָתְבֵנוּ בְּסֵפֶר הַחַיִּים. לְמַעַנְךָ אֱלֹהִים חַיִּים. מֶלֶךְ עוֹזֵר וּמוֹשִׁיעַ וּמָגֵן. בָּרוּךְ אַתָּה יְיָ מָגֵן אַבְרָהָם׃

אַתָּה גִּבּוֹר לְעוֹלָם אֲדֹנָי מְחַיֵּה מֵתִים אַתָּה רַב לְהוֹשִׁיעַ. מְכַלְכֵּל חַיִּים בְּחֶסֶד מְחַיֵּה מֵתִים בְּרַחֲמִים רַבִּים סוֹמֵךְ נוֹפְלִים וְרוֹפֵא חוֹלִים וּמַתִּיר אֲסוּרִים וּמְקַיֵּם אֱמוּנָתוֹ לִישֵׁנֵי עָפָר מִי כָמוֹךָ בַּעַל גְּבוּרוֹת וּמִי דּוֹמֶה לָּךְ מֶלֶךְ מֵמִית וּמְחַיֶּה וּמַצְמִיחַ יְשׁוּעָה.

מִי כָמוֹךָ אַב הָרַחֲמִים. זוֹכֵר יְצוּרָיו לְחַיִּים בְּרַחֲמִים. וְנֶאֱמָן אַתָּה לְהַחֲיוֹת מֵתִים. בָּרוּךְ אַתָּה יְיָ מְחַיֵּה הַמֵּתִים׃
אַתָּה קָדוֹשׁ וְשִׁמְךָ קָדוֹשׁ וּקְדוֹשִׁים בְּכָל יוֹם יְהַלְלוּךָ סֶּלָה׃

וּבְכֵן תֵּן פַּחְדְּךָ יְיָ אֱלֹהֵינוּ עַל כָּל מַעֲשֶׂיךָ וְאֵימָתְךָ עַל כָּל מַה שֶּׁבָּרָאתָ וְיִירָאוּךָ כָּל הַמַּעֲשִׂים וְיִשְׁתַּחֲווּ לְפָנֶיךָ כָּל הַבְּרוּאִים וְיֵעָשׂוּ כֻלָּם אֲגֻדָּה אַחַת לַעֲשׂוֹת רְצוֹנְךָ בְּלֵבָב שָׁלֵם כְּמוֹ שֶׁיָּדַעְנוּ יְיָ אֱלֹהֵינוּ שֶׁהַשִּׁלְטוֹן לְפָנֶיךָ עֹז בְּיָדְךָ וּגְבוּרָה בִּימִינֶךָ וְשִׁמְךָ נוֹרָא עַל כָּל מַה שֶּׁבָּרָאתָ׃

---

*) Die Uebersetzung von אדני שפתי bis ומפני חטאינו siehe S. 498.

וּבְכֵן תֵּן כָּבוֹד יְיָ לְעַמֶּךָ תְּהִלָּה לִירֵאֶיךָ וְתִקְוָה לְדוֹרְשֶׁיךָ וּפִתְחוֹן פֶּה לַמְיַחֲלִים לָךְ שִׂמְחָה לְאַרְצֶךָ וְשָׂשׂוֹן לְעִירֶךָ וּצְמִיחַת קֶרֶן לְדָוִד עַבְדֶּךָ וַעֲרִיכַת נֵר לְבֶן יִשַׁי מְשִׁיחֶךָ בִּמְהֵרָה בְיָמֵינוּ:

וּבְכֵן (נ״א וְאָז) צַדִּיקִים יִרְאוּ וְיִשְׂמָחוּ וִישָׁרִים יַעֲלֹזוּ וַחֲסִידִים בְּרִנָּה יָגִילוּ וְעוֹלָתָה תִּקְפָּץ פִּיהָ וְכָל הָרִשְׁעָה כֻּלָּהּ כְּעָשָׁן תִּכְלֶה כִּי תַעֲבִיר מֶמְשֶׁלֶת זָדוֹן מִן הָאָרֶץ:

וְתִמְלוֹךְ אַתָּה יְיָ לְבַדֶּךָ עַל כָּל מַעֲשֶׂיךָ בְּהַר צִיּוֹן מִשְׁכַּן כְּבוֹדֶךָ וּבִירוּשָׁלַיִם עִיר קָדְשֶׁךָ כַּכָּתוּב בְּדִבְרֵי קָדְשֶׁךָ יִמְלֹךְ יְהוָה לְעוֹלָם אֱלֹהַיִךְ צִיּוֹן לְדֹר וָדֹר הַלְלוּיָהּ:

קָדוֹשׁ אַתָּה וְנוֹרָא שְׁמֶךָ וְאֵין אֱלוֹהַּ מִבַּלְעָדֶיךָ כַּכָּתוּב וַיִּגְבַּהּ יְיָ צְבָאוֹת בַּמִּשְׁפָּט וְהָאֵל הַקָּדוֹשׁ נִקְדַּשׁ בִּצְדָקָה׃ בָּרוּךְ אַתָּה יְיָ הַמֶּלֶךְ הַקָּדוֹשׁ:

אַתָּה בְחַרְתָּנוּ מִכָּל הָעַמִּים׃ אָהַבְתָּ אוֹתָנוּ וְרָצִיתָ בָּנוּ׃ וְרוֹמַמְתָּנוּ מִכָּל הַלְּשׁוֹנוֹת׃ וְקִדַּשְׁתָּנוּ בְּמִצְוֹתֶיךָ׃ וְקֵרַבְתָּנוּ מַלְכֵּנוּ לַעֲבוֹדָתֶךָ׃ וְשִׁמְךָ הַגָּדוֹל וְהַקָּדוֹשׁ עָלֵינוּ קָרָאתָ:

וַתִּתֶּן־לָנוּ יְיָ אֱלֹהֵינוּ בְּאַהֲבָה אֶת־יוֹם השבת הזה לקדושה ולמנוחה ואת יום הַכִּפּוּרִים הַזֶּה לִמְחִילָה וְלִסְלִיחָה וּלְכַפָּרָה וְלִמְחָל־בּוֹ אֶת־כָּל־עֲוֹנוֹתֵינוּ באהבה מִקְרָא קֹדֶשׁ זֵכֶר לִיצִיאַת מִצְרָיִם:

וּמִפְּנֵי חֲטָאֵינוּ גָּלִינוּ מֵאַרְצֵנוּ וְנִתְרַחַקְנוּ מֵעַל אַדְמָתֵנוּ וְאֵין אֲנַחְנוּ יְכוֹלִים לַעֲשׂוֹת חוֹבוֹתֵינוּ בְּבֵית בְּחִירָתֶךָ בַּבַּיִת הַגָּדוֹל וְהַקָּדוֹשׁ שֶׁנִּקְרָא שִׁמְךָ עָלָיו מִפְּנֵי הַיָּד הַשְּׁלוּחָה בְּמִקְדָּשֶׁךָ:

יְהִי רָצוֹן מִלְּפָנֶיךָ יְיָ אֱלֹהֵינוּ וֵאלֹהֵי אֲבוֹתֵינוּ מֶלֶךְ רַחֲמָן שֶׁתָּשׁוּב וּתְרַחֵם עָלֵינוּ וְעַל מִקְדָּשְׁךָ בְּרַחֲמֶיךָ הָרַבִּים וְתִבְנֵהוּ מְהֵרָה וּתְגַדֵּל כְּבוֹדוֹ אָבִינוּ מַלְכֵּנוּ גַּלֵּה כְּבוֹד מַלְכוּתְךָ עָלֵינוּ מְהֵרָה וְהוֹפַע וְהִנָּשֵׂא עָלֵינוּ לְעֵינֵי כָּל חָי וְקָרֵב פְּזוּרֵינוּ מִבֵּין הַגּוֹיִם וּנְפוּצוֹתֵינוּ כַּנֵּס מִיַּרְכְּתֵי אָרֶץ וַהֲבִיאֵנוּ לְצִיּוֹן עִירְךָ בְּרִנָּה וְלִירוּשָׁלַיִם בֵּית מִקְדָּשְׁךָ בְּשִׂמְחַת עוֹלָם וְשָׁם נַעֲשֶׂה לְפָנֶיךָ אֶת קָרְבְּנוֹת חוֹבוֹתֵינוּ תְּמִידִים כְּסִדְרָם וּמוּסָפִים כְּהִלְכָתָם: וְאֶת מוּסְפֵי יוֹם (הַשַּׁבָּת הַזֶּה וְאֶת מוּסַף יוֹם הַכִּפֻּרִים הַזֶּה. נַעֲשֶׂה וְנַקְרִיב לְפָנֶיךָ בְּאַהֲבָה

ומפני חטאינו Aber um unserer Sünden willen sind wir aus unserem Lande vertrieben und weit entfernt von unserem eignen Boden; nun können wir nicht mehr unsere Pflichten erfüllen in jenem von Dir erkorenen Tempel, in jenem großen und heiligen Hause, das Deinen Namen geführt — wegen der Gewalt, die an Deinem Heiligthume verübt worden. O möge es doch Dein Wille sein, Ewiger, unser Gott und Gott unserer Väter, erbarmungsvoller König, mit Deiner Allbarmherzigkeit zurückzukehren, Dich unser und Deines heiligen Tempels zu erbarmen, ihn bald wieder zu erbauen und zu erhöhen dessen Herrlichkeit! O Vater und König, laß uns kund werden die Herrlichkeit Deiner Regierung! erscheine und erhebe Dich vor den Augen aller Lebendigen! führe unsere Zerstreuten aus den Völkern herbei und sammle unsere Verbannten aus allen Winkeln der Erde! bring' uns dann nach Deiner Stadt Zion in Wonne und nach Jerusalem, der Wohnung Deines Heiligthums, in ewiger Freude! Dort wollen wir Dir unsere pflichtgemäßen Opfer zubereiten, die alltäglichen nach ihrer Ordnung und die Mussafopfer nach ihrer Vorschrift; das Mussafopfer (dieses Sabbaths und) dieses Versöhnungstages wollen wir in Liebe zubereiten und

בְּמִצְוַת רְצוֹנֶךָ כְּמוֹ שֶׁכָּתַבְתָּ עָלֵינוּ בְּתוֹרָתֶךָ עַל יְדֵי משֶׁה עַבְדֶּךָ מִפִּי כְבוֹדֶךָ כָּאָמוּר:

לשבת וּבְיוֹם הַשַּׁבָּת שְׁנֵי־כְבָשִׂים בְּנֵי־שָׁנָה תְּמִימִם וּשְׁנֵי עֶשְׂרֹנִים סֹלֶת מִנְחָה בְּלוּלָה בַשֶּׁמֶן וְנִסְכּוֹ: עֹלַת שַׁבַּת בְּשַׁבַּתּוֹ עַל־עֹלַת הַתָּמִיד וְנִסְכָּהּ:

(זה קרבן שבת וקרבן היום כאמור ליתא בכ"י וס"ט ואין לאמרו וכ"כ יעב"ץ.)

וּבֶעָשׂוֹר לַחֹדֶשׁ הַשְּׁבִיעִי הַזֶּה מִקְרָא־קֹדֶשׁ יִהְיֶה לָכֶם וְעִנִּיתֶם אֶת־נַפְשֹׁתֵיכֶם כָּל־מְלָאכָה לֹא תַעֲשׂוּ: וְהִקְרַבְתֶּם עֹלָה לַיְיָ רֵיחַ נִיחֹחַ פַּר בֶּן־בָּקָר אֶחָד אַיִל אֶחָד כְּבָשִׂים בְּנֵי־שָׁנָה שִׁבְעָה תְּמִימִם יִהְיוּ לָכֶם: וּמִנְחָתָם וְנִסְכֵּיהֶם כִּמְדֻבָּר שְׁלשָׁה עֶשְׂרֹנִים לַפָּר. שְׁנֵי עֶשְׂרֹנִים לָאָיִל. וְעִשָּׂרוֹן לַכֶּבֶשׂ. וְיַיִן כְּנִסְכּוֹ וּשְׁנֵי שְׂעִירִים לְכַפֵּר. (נ"א ושעיר לכפר מלבד חטאת הכפורים) וּשְׁנֵי תְמִידִים כְּהִלְכָתָם:

לשבת יִשְׂמְחוּ בְמַלְכוּתְךָ שׁוֹמְרֵי שַׁבָּת וְקוֹרְאֵי עֹנֶג עַם מְקַדְּשֵׁי שְׁבִיעִי. כֻּלָּם יִשְׂבְּעוּ וְיִתְעַנְּגוּ מִטּוּבֶךָ וּבַשְּׁבִיעִי רָצִיתָ בּוֹ וְקִדַּשְׁתּוֹ חֶמְדַּת יָמִים אוֹתוֹ קָרָאתָ זֵכֶר לְמַעֲשֵׂה בְרֵאשִׁית:

Dir darbringen nach dem Gebote Deines Willens, so-
wie Du es in Deiner Thora durch Deinen Diener
Mosche aus dem Munde Deiner Herrlichkeit hast nie-
derschreiben lassen, wie es heißt:

(Am Sabbath.) „Am Sabbath zwei jährige Lämmer ohne Fehler, und zum Mehlopfer zwei Zehntel feinen Mehls mit Oel eingerührt, nebst dem Trankopfer dazu. Dieses ist das Ganzopfer für jeden Sabbath, außer dem täglichen Ganzopfer, nebst dessen Weinopfer."

ובעשור „Am zehnten Tage des siebenten Monats sollt ihr heilige Verkündigung halten und euere Leiber kasteien, auch keinerlei Kunstverrichtung vornehmen, und dem Ewigen zu Ehren als Ganzopfer zum angenehmen Geruch darbringen: einen jungen Stier, einen Widder, sieben jährige Lämmer, die euch alle ohne Fehler sein müssen. Dazu ihr Mehl- und Trankopfer, wie vorgeschrieben: drei Zehntel zu jedem Stiere, zwei Zehntel zu jedem Widder, ein Zehntel zu jedem Schafe; Wein zum Trankopfer, zwei Böcke zur Versöhnung und die zwei täglichen Opfer, wie gewöhnlich."

(Am Sabbath:)

ישמחו Mögen Deines Reiches sich freuen Alle, die den Sabbath feiern, die ihn ein Seelenvergnügen nennen. Ein Volk, das den Siebenten heiligt, genießt den Wonnegenuß Deiner Güte. Der Siebente gefiel Dir wohl, Du hast ihn geheiligt und nanntest ihn den anmuthigsten der Tage, zum Andenken an das Schöpfungswerk.

(Die Uebersetzung von א"או u. s. w. siehe S. 499.)

אֱלֹהֵינוּ וֵאלֹהֵי אֲבוֹתֵינוּ מְחַל לַעֲוֹנוֹתֵינוּ בְּיוֹם השבת הזה וביום הַכִּפֻּרִים הַזֶּה. מְחֵה וְהַעֲבֵר פְּשָׁעֵינוּ וְחַטֹּאתֵינוּ מִנֶּגֶד עֵינֶיךָ. כָּאָמוּר אָנֹכִי אָנֹכִי הוּא מֹחֶה פְשָׁעֶיךָ לְמַעֲנִי וְחַטֹּאתֶיךָ לֹא אֶזְכֹּר: וְנֶאֱמַר מָחִיתִי כָעָב פְּשָׁעֶיךָ וְכֶעָנָן חַטֹּאתֶיךָ שׁוּבָה אֵלַי כִּי גְאַלְתִּיךָ: וְנֶאֱמַר כִּי בַיּוֹם הַזֶּה יְכַפֵּר עֲלֵיכֶם לְטַהֵר אֶתְכֶם מִכֹּל חַטֹּאתֵיכֶם לִפְנֵי יְיָ תִּטְהָרוּ: לשבת אלהינו ואלהי אבותינו רצה במנוחתנו קַדְּשֵׁנוּ בְּמִצְוֹתֶיךָ. וְתֵן חֶלְקֵנוּ בְּתוֹרָתֶךָ שַׂבְּעֵנוּ מִטּוּבֶךָ וְשַׂמְּחֵנוּ בִּישׁוּעָתֶךָ. לשבת והנחילנו יי אלהינו באהבה וברצון שבת קדשך וינוחו בה ישראל מקדשי שמך וְטַהֵר לִבֵּנוּ לְעָבְדְּךָ בֶּאֱמֶת. כִּי אַתָּה סָלְחָן לְיִשְׂרָאֵל וּמָחֳלָן לְשִׁבְטֵי יְשֻׁרוּן בְּכָל־דּוֹר וָדוֹר וּמִבַּלְעָדֶיךָ אֵין לָנוּ מֶלֶךְ מוֹחֵל וְסוֹלֵחַ (אֶלָּא אָתָּה). בָּרוּךְ אַתָּה יְיָ מֶלֶךְ מוֹחֵל וְסוֹלֵחַ לַעֲוֹנוֹתֵינוּ וְלַעֲוֹנוֹת עַמּוֹ בֵּית יִשְׂרָאֵל. וּמַעֲבִיר

תפלת מוסף ליום כפור

אֱלֹהֵֽינוּ בְּכָל־שָׁנָה וְשָׁנָה. מֶֽלֶךְ עַל־כָּל־הָאָֽרֶץ מְקַדֵּשׁ השבת וְיִשְׂרָאֵל וְיוֹם הַכִּפֻּרִים:

רְצֵה יְיָ אֱלֹהֵֽינוּ בְּעַמְּךָ יִשְׂרָאֵל וּבִתְפִלָּתָם. וְהָשֵׁב אֶת הָעֲבוֹדָה לִדְבִיר בֵּיתֶֽךָ וְאִשֵּׁי יִשְׂרָאֵל וּתְפִלָּתָם בְּאַהֲבָה תְקַבֵּל בְּרָצוֹן וּתְהִי לְרָצוֹן תָּמִיד עֲבוֹדַת יִשְׂרָאֵל עַמֶּֽךָ.

וְתֶחֱזֶֽינָה עֵינֵֽינוּ בְּשׁוּבְךָ לְצִיּוֹן בְּרַחֲמִים. בָּרוּךְ אַתָּה יְיָ הַמַּחֲזִיר שְׁכִינָתוֹ לְצִיּוֹן:

מוֹדִים אֲנַֽחְנוּ לָךְ שָׁאַתָּה הוּא יְיָ אֱלֹהֵֽינוּ וֵאלֹהֵי אֲבוֹתֵֽינוּ לְעוֹלָם וָעֶד צוּר חַיֵּֽינוּ מָגֵן יִשְׁעֵֽנוּ אַתָּה הוּא לְדוֹר וָדוֹר נֽוֹדֶה לְּךָ וּנְסַפֵּר תְּהִלָּתֶֽךָ עַל חַיֵּֽינוּ הַמְּסוּרִים בְּיָדֶֽךָ וְעַל נִשְׁמוֹתֵֽינוּ הַפְּקוּדוֹת לָךְ. וְעַל נִסֶּֽיךָ שֶׁבְּכָל יוֹם עִמָּֽנוּ וְעַל נִפְלְאוֹתֶֽיךָ וְטוֹבוֹתֶֽיךָ שֶׁבְּכָל עֵת עֶֽרֶב וָבֹֽקֶר וְצָהֳרָֽיִם. הַטּוֹב כִּי לֹא כָלוּ רַחֲמֶֽיךָ וְהַמְרַחֵם כִּי לֹא תַֽמּוּ חֲסָדֶֽיךָ מֵעוֹלָם קִוִּֽינוּ לָךְ:

וְעַל כֻּלָּם יִתְבָּרַךְ וְיִתְרוֹמַם שִׁמְךָ מַלְכֵּֽנוּ תָּמִיד לְעוֹלָם וָעֶד:

וּכְתוֹב לְחַיִּים טוֹבִים (כָּל־)בְּנֵי בְרִיתֶֽךָ:

וְכֹל הַחַיִּים יוֹדֽוּךָ סֶּֽלָה וִיהַלְלוּ אֶת שִׁמְךָ בֶּאֱמֶת הָאֵל יְשׁוּעָתֵֽנוּ וְעֶזְרָתֵֽנוּ סֶֽלָה. בָּרוּךְ אַתָּה יְיָ הַטּוֹב שִׁמְךָ וּלְךָ נָאֶה לְהוֹדוֹת:

שִׂים שָׁלוֹם טוֹבָה וּבְרָכָה חֵן חֶֽסֶד וְרַחֲמִים עָלֵֽינוּ וְעַל כָּל־יִשְׂרָאֵל עַמֶּֽךָ. בָּרְכֵֽנוּ אָבִֽינוּ כֻּלָּֽנוּ כְּאֶחָד בְּאוֹר פָּנֶֽיךָ כִּי

בְאוֹר פָּנֶיךָ נָתַתָּ לָּנוּ יְיָ אֱלֹהֵינוּ תּוֹרַת חַיִּים וְאַהֲבַת חֶסֶד וּצְדָקָה וּבְרָכָה וְרַחֲמִים וְחַיִּים וְשָׁלוֹם וְטוֹב בְּעֵינֶיךָ לְבָרֵךְ אֶת־עַמְּךָ יִשְׂרָאֵל בְּכָל־עֵת וּבְכָל־שָׁעָה בִּשְׁלוֹמֶךָ׃
בְּסֵפֶר חַיִּים בְּרָכָה וְשָׁלוֹם וּפַרְנָסָה טוֹבָה נִזָּכֵר וְנִכָּתֵב לְפָנֶיךָ אֲנַחְנוּ וְכָל־עַמְּךָ בֵּית יִשְׂרָאֵל לְחַיִּים טוֹבִים וּלְשָׁלוֹם׃
בָּרוּךְ אַתָּה יְיָ עוֹשֵׂה הַשָּׁלוֹם׃

אֱלֹהֵינוּ וֵאלֹהֵי אֲבוֹתֵינוּ (נ״א אָנָּא)

תָּבֹא לְפָנֶיךָ תְּפִלָּתֵנוּ׃ וְאַל תִּתְעַלַּם מִתְּחִנָּתֵנוּ שֶׁאֵין אֲנַחְנוּ עַזֵּי פָנִים וּקְשֵׁי עֹרֶף לוֹמַר לְפָנֶיךָ יְיָ אֱלֹהֵינוּ וֵאלֹהֵי אֲבוֹתֵינוּ צַדִּיקִים אֲנַחְנוּ וְלֹא חָטָאנוּ אֲבָל אֲנַחְנוּ חָטָאנוּ׃

אָשַׁמְנוּ׃ בָּגַדְנוּ׃ גָּזַלְנוּ׃ דִּבַּרְנוּ דֹפִי׃ הֶעֱוִינוּ׃ וְהִרְשַׁעְנוּ׃ זַדְנוּ׃ חָמַסְנוּ׃ טָפַלְנוּ שֶׁקֶר׃ יָעַצְנוּ רָע׃ כִּזַּבְנוּ׃ לַצְנוּ׃ מָרַדְנוּ׃ נִאַצְנוּ׃ סָרַרְנוּ׃ עָוִינוּ׃ פָּשַׁעְנוּ׃ צָרַרְנוּ׃ קִשִּׁינוּ עֹרֶף׃ רָשַׁעְנוּ׃ שִׁחַתְנוּ׃ תִּעַבְנוּ׃ תָּעִינוּ׃ תִּעְתָּעְנוּ׃

סַרְנוּ מִמִּצְוֹתֶיךָ וּמִמִּשְׁפָּטֶיךָ הַטּוֹבִים וְלֹא שָׁוָה לָנוּ׃ וְאַתָּה צַדִּיק עַל כָּל הַבָּא עָלֵינוּ׃ כִּי אֱמֶת עָשִׂיתָ וַאֲנַחְנוּ הִרְשָׁעְנוּ׃

מַה נֹּאמַר לְפָנֶיךָ יוֹשֵׁב מָרוֹם׃ וּמַה נְּסַפֵּר לְפָנֶיךָ שׁוֹכֵן שְׁחָקִים הֲלֹא כָּל הַנִּסְתָּרוֹת וְהַנִּגְלוֹת אַתָּה יוֹדֵעַ׃

אַתָּה יוֹדֵעַ רָזֵי עוֹלָם. וְתַעֲלוּמוֹת סִתְרֵי כָּל חָי: אַתָּה חוֹפֵשׂ כָּל חַדְרֵי בָטֶן וּבוֹחֵן כְּלָיוֹת וָלֵב: אֵין דָּבָר נֶעְלָם מִמָּךְ. וְאֵין נִסְתָּר מִנֶּגֶד עֵינֶיךָ: וּבְכֵן יְהִי רָצוֹן מִלְּפָנֶיךָ יְיָ אֱלֹהֵינוּ וֵאלֹהֵי אֲבוֹתֵינוּ. שֶׁתִּסְלַח לָנוּ עַל כָּל חַטֹּאתֵינוּ. וְתִמְחָל־לָנוּ עַל כָּל עֲוֹנוֹתֵינוּ. וּתְכַפֶּר לָנוּ עַל כָּל פְּשָׁעֵינוּ:

עַל חֵטְא שֶׁחָטָאנוּ לְפָנֶיךָ בְּאֹנֶס וּבְרָצוֹן:

וְעַל חֵטְא שֶׁחָטָאנוּ לְפָנֶיךָ בְּאִמּוּץ הַלֵּב:

עַל חֵטְא שֶׁחָטָאנוּ לְפָנֶיךָ בִּבְלִי דָעַת:

וְעַל חֵטְא שֶׁחָטָאנוּ לְפָנֶיךָ בְּבִטּוּי שְׂפָתָיִם:

עַל חֵטְא שֶׁחָטָאנוּ לְפָנֶיךָ בְּגָלוּי וּבַסָּתֶר:

וְעַל חֵטְא שֶׁחָטָאנוּ לְפָנֶיךָ בְּגִלּוּי עֲרָיוֹת:

עַל חֵטְא שֶׁחָטָאנוּ לְפָנֶיךָ בְּדִבּוּר פֶּה:

וְעַל חֵטְא שֶׁחָטָאנוּ לְפָנֶיךָ בְּדַעַת וּבְמִרְמָה:

עַל חֵטְא שֶׁחָטָאנוּ לְפָנֶיךָ בְּהַרְהוֹר הַלֵּב:

וְעַל חֵטְא שֶׁחָטָאנוּ לְפָנֶיךָ בְּהוֹנָאַת רֵעַ:

עַל חֵטְא שֶׁחָטָאנוּ לְפָנֶיךָ בְּוִדּוּי פֶּה:

וְעַל חֵטְא שֶׁחָטָאנוּ לְפָנֶיךָ בִּוְעִידַת זְנוּת:

עַל חֵטְא שֶׁחָטָאנוּ לְפָנֶיךָ בְּזָדוֹן וּבִשְׁגָגָה:
וְעַ"חֵ שֶׁחָטָאנוּ לְפָנֶיךָ בְּזִלְזוּל הוֹרִים וּמוֹרִים:
עַל חֵטְא שֶׁחָטָאנוּ לְפָנֶיךָ בְּחֹזֶק יָד:
וְעַל חֵטְא שֶׁחָטָאנוּ לְפָנֶיךָ בְּחִלּוּל הַשֵּׁם:
עַל חֵטְא שֶׁחָטָאנוּ לְפָנֶיךָ בְּטִפְשׁוּת פֶּה:
וְעַל חֵטְא שֶׁחָטָאנוּ לְפָנֶיךָ בְּטֻמְאַת שְׂפָתָיִם:
עַל חֵטְא שֶׁחָטָאנוּ לְפָנֶיךָ בְּיֵצֶר הָרָע:
וְעַ"חֵ שֶׁחָטָאנוּ לְפָנֶיךָ בְּיוֹדְעִים וּבְלֹא יוֹדְעִים:
(וְעַל כֻּלָּם אֱלוֹהַּ סְלִיחוֹת סְלַח־לָנוּ. מְחַל־לָנוּ. כַּפֶּר־לָנוּ:)
עַל חֵטְא שֶׁחָטָאנוּ לְפָנֶיךָ בְּכַפַּת־שֹׁחַד:
וְעַל חֵטְא שֶׁחָטָאנוּ לְפָנֶיךָ בְּכַחַשׁ וּבְכָזָב:
עַל חֵטְא שֶׁחָטָאנוּ לְפָנֶיךָ בְּלָשׁוֹן הָרָע:
וְעַל חֵטְא שֶׁחָטָאנוּ לְפָנֶיךָ בְּלָצוֹן:
עַ"חֵ שֶׁחָטָאנוּ לְפָנֶיךָ בְּמַשָּׂא וּבְמַתָּן (כ"א בטראוית עין):
וְעַל חֵטְא שֶׁחָטָאנוּ לְפָנֶיךָ בְּמַאֲכָל וּבְמִשְׁתֶּה:
עַל חֵטְא שֶׁחָטָאנוּ לְפָנֶיךָ בְּנֶשֶׁךְ וּבְמַרְבִּית:
וְעַ"חֵ שֶׁחָטָאנוּ לְפָנֶיךָ בִּנְטִיַּת גָּרוֹן (כ"א בנבול פה):
עַל חֵטְא שֶׁחָטָאנוּ לְפָנֶיךָ בְּשִׂקּוּר עָיִן:

וְעַל חֵטְא שֶׁחָטָאנוּ לְפָנֶיךָ בְּשִׂיחַ שִׂפְתוֹתֵינוּ:
עַל חֵטְא שֶׁחָטָאנוּ לְפָנֶיךָ בְּעֵינַיִם רָמוֹת:
וְעַל חֵטְא שֶׁחָטָאנוּ לְפָנֶיךָ בְּעַזּוּת מֶצַח:
(וְעַל כֻּלָּם אֱלוֹהַּ סְלִיחוֹת) סְלַח לָנוּ. מְחַל לָנוּ. כַּפֶּר־לָנוּ:
עַל חֵטְא שֶׁחָטָאנוּ לְפָנֶיךָ בִּפְרִיקַת־עֹל:
וְעַל חֵטְא שֶׁחָטָאנוּ לְפָנֶיךָ בִּפְלִילוּת:
עַל חֵטְא שֶׁחָטָאנוּ לְפָנֶיךָ בִּצְדִיַּת רֵעַ:
וְעַל חֵטְא שֶׁחָטָאנוּ לְפָנֶיךָ בְּצָרוּת עָיִן:
עַל חֵטְא שֶׁחָטָאנוּ לְפָנֶיךָ בְּקַלּוּת רֹאשׁ:
וְעַל חֵטְא שֶׁחָטָאנוּ לְפָנֶיךָ בְּקַשְׁיוּת עֹרֶף:
עַ״ח שֶׁחָטָאנוּ לְפָנֶיךָ בְּרִיצַת רַגְלַיִם לְהָרַע:
וְעַל חֵטְא שֶׁחָטָאנוּ לְפָנֶיךָ בִּרְכִילוּת:
עַל חֵטְא שֶׁחָטָאנוּ לְפָנֶיךָ בִּשְׁבוּעַת־שָׁוְא:
וְעַל חֵטְא שֶׁחָטָאנוּ לְפָנֶיךָ בְּשִׂנְאַת חִנָּם:
עַל חֵטְא שֶׁחָטָאנוּ לְפָנֶיךָ בִּתְשׂוּמֶת־יָד:
וְעַל חֵטְא שֶׁחָטָאנוּ לְפָנֶיךָ בְּתִמְהוֹן לֵבָב:
וְעַל כֻּלָּם (אֱלוֹהַּ סְלִיחוֹת) סְלַח לָנוּ. מְחַל לָנוּ. כַּפֶּר־לָנוּ:
וְעַל חֲטָאִים שֶׁאָנוּ חַיָּבִים עֲלֵיהֶם עוֹלָה:

וְעַל חֲטָאִים שֶׁאָנוּ חַיָּבִים עֲלֵיהֶם חַטָּאת:
וְעַל חֲטָאִים שֶׁחַ עֲלֵיהֶם קָרְבָּן עוֹלֶה וְיוֹרֵד:
*) חין ספר"ם חונד מעהרערן קהלות ווירד דח: היער חונטענגטעהענדע געבעטעט:
וְעַל חֲטָאִים שֶׁחַ עֲלֵיהֶם אָשָׁם וַדַּאי וְתָלוּי:
וְעַל חֲטָאִים שֶׁחַ עֲלֵיהֶם מַכַּת מַרְדּוּת:
וְעַל חֲטָאִים שֶׁחַ עֲלֵיהֶם מַלְקוּת אַרְבָּעִים:
וְעַל חֲטָאִים שֶׁחַ עֲלֵיהֶם מִיתָה בִּידֵי שָׁמָיִם:
וְעַ"חַ שֶׁחַ עֲלֵיהֶם כָּרֵת וַעֲרִירִי (נ"א וערירות):
וְעַל כֻּלָּם (אֱלוֹהַּ סְלִיחוֹת) סְלַח־לָנוּ. מְחַל־לָנוּ. כַּפֶּר־לָנוּ:
וְעַל חֲטָאִים שֶׁחַ עֲלֵיהֶם אַרְבַּע מִיתוֹת בֵּית דִּין סְקִילָה. שְׂרֵפָה. הֶרֶג. וְחֶנֶק. עַל מִצְוַת עֲשֵׂה וְעַל מִצְוַת לֹא תַעֲשֶׂה. בֵּין שֶׁיֵּשׁ בָּהּ קוּם עֲשֵׂה. וּבֵין שֶׁאֵין בָּהּ קוּם עֲשֵׂה. אֶת־שֶׁגְּלוּיִם לָנוּ וְאֶת־

*) חין ספר"ם חונד מעהרערן קהלות ווירד נחך דיעזער חרדנונג געבעטעט.
וְעַל חֲטָאִים שֶׁאָנוּ חַיָּבִים עֲלֵיהֶם אָשָׁם:
וְעַל חֲטָאִים שֶׁאָנוּ חַיָּבִים עֲלֵיהֶם אָשָׁם תָּלוּי:
וְעַל חֲטָאִים שֶׁאָנוּ חַיָּבִים עֲלֵיהֶם כָּרֵת:
וְעַל חֲטָאִים שֶׁאָנוּ חַיָּבִים עֲלֵיהֶם מִיתָה בִּידֵי שָׁמָיִם:
וְעַל חֲטָאִים שֶׁאָנוּ חַיָּבִים עֲלֵיהֶם מַלְקוּת אַרְבָּעִים:
וְעַל חֲטָאִים שֶׁאָנוּ חַיָּבִים עֲלֵיהֶם מַכַּת מַרְדּוּת: ועל כלם וכו'.

שֶׁאֵינָם גְּלוּיִם לָנוּ. אֶת הַגְּלוּיִם לָנוּ כְּבָר אֲמַרְנוּם לְפָנֶיךָ. וְהוֹדִינוּ לְךָ עֲלֵיהֶם. וְאֶת שֶׁאֵינָם גְּלוּיִם לָנוּ לְפָנֶיךָ הֵם גְּלוּיִם וִידוּעִים. כַּדָּבָר שֶׁנֶּאֱמַר הַנִּסְתָּרֹת לַיְיָ אֱלֹהֵינוּ. וְהַנִּגְלֹת לָנוּ וּלְבָנֵינוּ עַד עוֹלָם. לַעֲשׂוֹת אֶת כָּל דִּבְרֵי הַתּוֹרָה הַזֹּאת: כִּי אַתָּה סָלְחָן לְיִשְׂרָאֵל וּמָחֳלָן לְשִׁבְטֵי יְשֻׁרוּן בְּכָל דּוֹר וָדוֹר וּמִבַּלְעָדֶיךָ אֵין לָנוּ מֶלֶךְ מוֹחֵל וְסוֹלֵחַ (אֶלָּא אָתָּה):

אֱלֹהַי עַד שֶׁלֹּא נוֹצַרְתִּי אֵינִי כְדַאי. וְעַכְשָׁו שֶׁנּוֹצַרְתִּי כְּאִלּוּ לֹא נוֹצַרְתִּי. עָפָר אֲנִי בְּחַיַּי. קַל וָחֹמֶר בְּמִיתָתִי. הֲרֵינִי לְפָנֶיךָ כִּכְלִי מָלֵא בוּשָׁה וּכְלִמָּה. יְהִי רָצוֹן מִלְּפָנֶיךָ יְיָ אֱלֹהַי וֵאלֹהֵי אֲבוֹתַי שֶׁלֹּא אֶחֱטָא עוֹד. וּמַה שֶּׁחָטָאתִי לְפָנֶיךָ מָרֵק בְּרַחֲמֶיךָ הָרַבִּים. אֲבָל לֹא עַל יְדֵי יִסּוּרִים וָחֳלָיִם רָעִים:

אֱלֹהַי נְצוֹר לְשׁוֹנִי מֵרָע וּשְׂפָתַי מִדַּבֵּר מִרְמָה וְלִמְקַלְלַי נַפְשִׁי תִדּוֹם וְנַפְשִׁי כֶּעָפָר לַכֹּל תִּהְיֶה פְּתַח לִבִּי בְּתוֹרָתֶךָ וּבְמִצְוֹתֶיךָ תִּרְדּוֹף נַפְשִׁי וְכָל הַחוֹשְׁבִים עָלַי רָעָה מְהֵרָה הָפֵר עֲצָתָם וְקַלְקֵל מַחֲשַׁבְתָּם. עֲשֵׂה לְמַעַן שְׁמֶךָ עֲשֵׂה לְמַעַן יְמִינֶךָ עֲשֵׂה לְמַעַן קְדֻשָּׁתֶךָ עֲשֵׂה לְמַעַן תּוֹרָתֶךָ. לְמַעַן יֵחָלְצוּן יְדִידֶיךָ הוֹשִׁיעָה יְמִינְךָ וַעֲנֵנִי: יִהְיוּ לְרָצוֹן אִמְרֵי פִי וְהֶגְיוֹן לִבִּי לְפָנֶיךָ יְיָ צוּרִי וְגוֹאֲלִי: עֹשֶׂה שָׁלוֹם בִּמְרוֹמָיו הוּא יַעֲשֶׂה שָׁלוֹם עָלֵינוּ וְעַל כָּל יִשְׂרָאֵל וְאִמְרוּ אָמֵן: יְהִי רָצוֹן לְפָנֶיךָ יְיָ אֱלֹהֵינוּ וֵאלֹהֵי אֲבוֹתֵינוּ שֶׁיִּבָּנֶה בֵּית הַמִּקְדָּשׁ בִּמְהֵרָה בְיָמֵינוּ וְתֵן חֶלְקֵנוּ בְּתוֹרָתֶךָ:

*) אֲדֹנָי שְׂפָתַי תִּפְתָּח וּפִי יַגִּיד תְּהִלָּתֶךָ:

בָּרוּךְ אַתָּה יְיָ אֱלֹהֵינוּ וֵאלֹהֵי אֲבוֹתֵינוּ אֱלֹהֵי אַבְרָהָם אֱלֹהֵי יִצְחָק וֵאלֹהֵי יַעֲקֹב הָאֵל הַגָּדוֹל הַגִּבּוֹר וְהַנּוֹרָא אֵל עֶלְיוֹן גּוֹמֵל חֲסָדִים טוֹבִים וְקֹנֵה הַכֹּל וְזוֹכֵר חַסְדֵי אָבוֹת וּמֵבִיא גוֹאֵל לִבְנֵי בְנֵיהֶם לְמַעַן שְׁמוֹ בְּאַהֲבָה·

זָכְרֵנוּ לְחַיִּים· מֶלֶךְ חָפֵץ בַּחַיִּים· וְחָתְמֵנוּ בְּסֵפֶר הַחַיִּים· לְמַעַנְךָ אֱלֹהִים חַיִּים· מֶלֶךְ עוֹזֵר וּמוֹשִׁיעַ וּמָגֵן· בָּרוּךְ אַתָּה יְיָ מָגֵן אַבְרָהָם:

אַתָּה גִּבּוֹר לְעוֹלָם אֲדֹנָי מְחַיֵּה מֵתִים אַתָּה רַב לְהוֹשִׁיעַ· מְכַלְכֵּל חַיִּים בְּחֶסֶד מְחַיֵּה מֵתִים בְּרַחֲמִים רַבִּים סוֹמֵךְ נוֹפְלִים וְרוֹפֵא חוֹלִים וּמַתִּיר אֲסוּרִים וּמְקַיֵּם אֱמוּנָתוֹ לִישֵׁנֵי עָפָר מִי כָמוֹךָ בַּעַל גְּבוּרוֹת וּמִי דוֹמֶה לָּךְ מֶלֶךְ מֵמִית וּמְחַיֶּה וּמַצְמִיחַ יְשׁוּעָה·

מִי כָמוֹךָ אַב הָרַחֲמִים· זוֹכֵר יְצוּרָיו לַחַיִּים בְּרַחֲמִים· וְנֶאֱמָן אַתָּה לְהַחֲיוֹת מֵתִים· בָּרוּךְ אַתָּה יְיָ מְחַיֵּה הַמֵּתִים:

אַתָּה קָדוֹשׁ וְשִׁמְךָ קָדוֹשׁ וּקְדוֹשִׁים בְּכָל יוֹם יְהַלְלוּךָ סֶּלָה:

וּבְכֵן תֵּן פַּחְדְּךָ יְיָ אֱלֹהֵינוּ עַל כָּל מַעֲשֶׂיךָ וְאֵימָתְךָ עַל כָּל מַה שֶּׁבָּרָאתָ וְיִירָאוּךָ כָּל הַמַּעֲשִׂים וְיִשְׁתַּחֲווּ לְפָנֶיךָ כָּל הַבְּרוּאִים וְיֵעָשׂוּ כֻלָּם אֲגֻדָּה

---

*) Die Uebersetzung von אדני שפתי bis אתה נותן יד siehe S. 498.

אַתָּה לַעֲשׂוֹת רְצוֹנְךָ בְּלֵבָב שָׁלֵם כְּמוֹ שֶׁיָּדַעְנוּ יְיָ אֱלֹהֵינוּ שֶׁהַשִּׁלְטוֹן לְפָנֶיךָ עֹז בְּיָדְךָ וּגְבוּרָה בִּימִינֶךָ וְשִׁמְךָ נוֹרָא עַל כָּל־מַה־שֶּׁבָּרָאתָ:

וּבְכֵן תֵּן כָּבוֹד יְיָ לְעַמֶּךָ תְּהִלָּה לִירֵאֶיךָ וְתִקְוָה לְדוֹרְשֶׁיךָ וּפִתְחוֹן פֶּה לַמְיַחֲלִים לָךְ שִׂמְחָה לְאַרְצֶךָ וְשָׂשׂוֹן לְעִירֶךָ וּצְמִיחַת קֶרֶן לְדָוִד עַבְדֶּךָ וַעֲרִיכַת נֵר לְבֶן־יִשַׁי מְשִׁיחֶךָ בִּמְהֵרָה בְיָמֵינוּ:

וּבְכֵן צַדִּיקִים יִרְאוּ וְיִשְׂמָחוּ וִישָׁרִים יַעֲלֹזוּ וַחֲסִידִים בְּרִנָּה יָגִילוּ וְעוֹלָתָה תִּקְפָּץ־פִּיהָ. וְכָל־הָרִשְׁעָה כֻּלָּהּ כְּעָשָׁן תִּכְלֶה כִּי תַעֲבִיר מֶמְשֶׁלֶת זָדוֹן מִן־הָאָרֶץ:

וְתִמְלוֹךְ אַתָּה יְיָ לְבַדֶּךָ עַל כָּל־מַעֲשֶׂיךָ בְּהַר צִיּוֹן מִשְׁכַּן כְּבוֹדֶךָ וּבִירוּשָׁלַיִם עִיר קָדְשֶׁךָ כַּכָּתוּב בְּדִבְרֵי קָדְשֶׁךָ יִמְלֹךְ יְיָ לְעוֹלָם אֱלֹהַיִךְ צִיּוֹן לְדֹר וָדֹר הַלְלוּיָהּ:

קָדוֹשׁ אַתָּה וְנוֹרָא שְׁמֶךָ וְאֵין אֱלוֹהַּ מִבַּלְעָדֶיךָ כַּכָּתוּב וַיִּגְבַּהּ יְיָ צְבָאוֹת בַּמִּשְׁפָּט וְהָאֵל הַקָּדוֹשׁ נִקְדַּשׁ בִּצְדָקָה: בָּרוּךְ אַתָּה יְיָ הַמֶּלֶךְ הַקָּדוֹשׁ:

אַתָּה בְחַרְתָּנוּ מִכָּל הָעַמִּים. אָהַבְתָּ אוֹתָנוּ. וְרָצִיתָ בָּנוּ. וְרוֹמַמְתָּנוּ מִכָּל הַלְּשׁוֹנוֹת. וְקִדַּשְׁתָּנוּ בְּמִצְוֹתֶיךָ. וְקֵרַבְתָּנוּ מַלְכֵּנוּ לַעֲבוֹדָתֶךָ. וְשִׁמְךָ הַגָּדוֹל וְהַקָּדוֹשׁ עָלֵינוּ קָרָאתָ:

וַתִּתֶּן לָנוּ יְיָ אֱלֹהֵינוּ בְּאַהֲבָה אֶת־יוֹם השבת הזה לקדושה ולמנוחה ואת יוֹם הַכִּפֻּרִים הַזֶּה לִמְחִילָה וְלִסְלִיחָה וּלְכַפָּרָה וְלִמְחָל־בּוֹ אֶת־כָּל־עֲוֹנוֹתֵינוּ באהבה מִקְרָא קֹדֶשׁ זֵכֶר לִיצִיאַת מִצְרָיִם:

אֱלֹהֵינוּ וֵאלֹהֵי אֲבוֹתֵינוּ. יַעֲלֶה וְיָבֹא וְיַגִּיעַ וְיֵרָאֶה וְיֵרָצֶה וְיִשָּׁמַע וְיִפָּקֵד וְיִזָּכֵר זִכְרוֹנֵנוּ וּפִקְדוֹנֵנוּ וְזִכְרוֹן אֲבוֹתֵינוּ. וְזִכְרוֹן מָשִׁיחַ בֶּן דָּוִד עַבְדֶּךָ. וְזִכְרוֹן יְרוּשָׁלַיִם עִיר קָדְשֶׁךָ. וְזִכְרוֹן כָּל עַמְּךָ בֵּית יִשְׂרָאֵל לְפָנֶיךָ. לִפְלֵיטָה לְטוֹבָה לְחֵן וּלְחֶסֶד וּלְרַחֲמִים לְחַיִּים וּלְשָׁלוֹם בְּיוֹם הַכִּפֻּרִים הַזֶּה. זָכְרֵנוּ יְיָ אֱלֹהֵינוּ בּוֹ לְטוֹבָה. וּפָקְדֵנוּ בוֹ לִבְרָכָה. וְהוֹשִׁיעֵנוּ בוֹ לְחַיִּים: וּבִדְבַר יְשׁוּעָה וְרַחֲמִים חוּס וְחָנֵּנוּ וְרַחֵם עָלֵינוּ וְהוֹשִׁיעֵנוּ כִּי אֵלֶיךָ עֵינֵינוּ כִּי אֵל מֶלֶךְ חַנּוּן וְרַחוּם אָתָּה:

אֱלֹהֵינוּ וֵאלֹהֵי אֲבוֹתֵינוּ מְחַל לַעֲוֹנוֹתֵינוּ בְּיוֹם השבת הזה וביום הַכִּפֻּרִים הַזֶּה. מְחֵה וְהַעֲבֵר פְּשָׁעֵינוּ וְחַטֹּאתֵינוּ מִנֶּגֶד עֵינֶיךָ. כָּאָמוּר אָנֹכִי אָנֹכִי הוּא מֹחֶה פְשָׁעֶיךָ לְמַעֲנִי וְחַטֹּאתֶיךָ לֹא אֶזְכֹּר: וְנֶאֱמַר מָחִיתִי כָעָב פְּשָׁעֶיךָ וְכֶעָנָן חַטֹּאתֶיךָ שׁוּבָה אֵלַי כִּי גְאַלְתִּיךָ: וְנֶאֱמַר כִּי בַיּוֹם הַזֶּה יְכַפֵּר עֲלֵיכֶם לְטַהֵר אֶתְכֶם מִכֹּל חַטֹּאתֵיכֶם לִפְנֵי יְיָ תִּטְהָרוּ: לשבת אלהינו ואלהי אבותינו רצה במנוחתנו קַדְּשֵׁנוּ בְּמִצְוֹתֶיךָ. וְתֵן חֶלְקֵנוּ בְּתוֹרָתֶךָ שַׂבְּעֵנוּ מִטּוּבֶךָ וְשַׂמְּחֵנוּ בִּישׁוּעָתֶךָ. לשבת והנחילנו יי אלהינו באהבה וברצון שבת קדשך וינוחו בה ישרא׳ מקדשי שמך וְטַהֵר לִבֵּנוּ לְעָבְדְּךָ בֶּאֱמֶת. כִּי אַתָּה סָלְחָן לְיִשְׂרָאֵל וּמָחֳלָן לְשִׁבְטֵי יְשֻׁרוּן בְּכָל־דּוֹר וָדוֹר וּמִבַּלְעָדֶיךָ אֵין לָנוּ מֶלֶךְ מוֹחֵל וְסוֹלֵחַ אֶלָּא אָתָּה. בָּרוּךְ אַתָּה יְיָ מֶלֶךְ מוֹחֵל וְסוֹלֵחַ לַעֲוֹנוֹתֵינוּ וְלַעֲוֹנוֹת עַמּוֹ בֵּית יִשְׂרָאֵל. וּמַעֲבִיר

אַשְׁמוֹתֵינוּ בְּכָל־שָׁנָה וְשָׁנָה· מֶלֶךְ עַל־כָּל הָאָרֶץ מְקַדֵּשׁ השבת ו יִשְׂרָאֵל וְיוֹם הַכִּפֻּרִים:

רְצֵה יְיָ אֱלֹהֵינוּ בְּעַמְּךָ יִשְׂרָאֵל וּבִתְפִלָּתָם· וְהָשֵׁב אֶת הָעֲבוֹדָה לִדְבִיר בֵּיתֶךָ וְאִשֵּׁי יִשְׂרָאֵל וּתְפִלָּתָם בְּאַהֲבָה תְקַבֵּל בְּרָצוֹן וּתְהִי לְרָצוֹן תָּמִיד עֲבוֹדַת יִשְׂרָאֵל עַמֶּךָ·

וְתֶחֱזֶינָה עֵינֵינוּ בְּשׁוּבְךָ לְצִיּוֹן בְּרַחֲמִים· בָּרוּךְ אַתָּה יְיָ הַמַּחֲזִיר שְׁכִינָתוֹ לְצִיּוֹן:

מוֹדִים אֲנַחְנוּ לָךְ שָׁאַתָּה הוּא יְיָ אֱלֹהֵינוּ וֵאלֹהֵי אֲבוֹתֵינוּ לְעוֹלָם וָעֶד צוּר חַיֵּינוּ מָגֵן יִשְׁעֵנוּ אַתָּה הוּא לְדוֹר וָדוֹר נוֹדֶה לְּךָ וּנְסַפֵּר תְּהִלָּתֶךָ עַל חַיֵּינוּ הַמְּסוּרִים בְּיָדֶךָ וְעַל נִשְׁמוֹתֵינוּ הַפְּקוּדוֹת לָךְ· וְעַל נִסֶּיךָ שֶׁבְּכָל יוֹם עִמָּנוּ וְעַל נִפְלְאוֹתֶיךָ וְטוֹבוֹתֶיךָ שֶׁבְּכָל עֵת עֶרֶב וָבֹקֶר וְצָהֳרָיִם· הַטּוֹב כִּי לֹא כָלוּ רַחֲמֶיךָ וְהַמְרַחֵם כִּי לֹא תַמּוּ חֲסָדֶיךָ מֵעוֹלָם קִוִּינוּ לָךְ: וְעַל כֻּלָּם יִתְבָּרַךְ וְיִתְרוֹמַם שִׁמְךָ מַלְכֵּנוּ תָּמִיד לְעוֹלָם וָעֶד:

וַחֲתוֹם לְחַיִּים טוֹבִים (כָּל־)בְּנֵי בְרִיתֶךָ:

וְכֹל הַחַיִּים יוֹדוּךָ סֶּלָה וִיהַלְלוּ אֶת שִׁמְךָ בֶּאֱמֶת הָאֵל יְשׁוּעָתֵנוּ וְעֶזְרָתֵנוּ סֶלָה· בָּרוּךְ אַתָּה יְיָ הַטּוֹב שִׁמְךָ וּלְךָ נָאֶה לְהוֹדוֹת:

שִׂים שָׁלוֹם טוֹבָה וּבְרָכָה חֵן וָחֶסֶד וְרַחֲמִים עָלֵינוּ וְעַל כָּל־יִשְׂרָאֵל עַמֶּךָ בָּרְכֵנוּ אָבִינוּ כֻּלָּנוּ כְּאֶחָד בְּאוֹר פָּנֶיךָ כִּי

בְּאוֹר פָּנֶֽיךָ נָתַֽתָּ לָּֽנוּ יְיָ אֱלֹהֵֽינוּ תּוֹרַת חַיִּים וְאַֽהֲבַת חֶֽסֶד
וּצְדָקָה וּבְרָכָה וְרַחֲמִים וְחַיִּים וְשָׁלוֹם וְטוֹב בְּעֵינֶֽיךָ לְבָרֵךְ
אֶת־עַמְּךָ יִשְׂרָאֵל בְּכָל־עֵת וּבְכָל־שָׁעָה בִּשְׁלוֹמֶֽךָ·
בְּסֵֽפֶר חַיִּים בְּרָכָה וְשָׁלוֹם וּפַרְנָסָה טוֹבָה נִזָּכֵר וְנֵחָתֵם
לְפָנֶֽיךָ אֲנַֽחְנוּ וְכָל עַמְּךָ בֵּית יִשְׂרָאֵל לְחַיִּים טוֹבִים וּלְשָׁלוֹם·
בָּרוּךְ אַתָּה יְיָ עוֹשֵׂה הַשָּׁלוֹם: •

אֱלֹהֵֽינוּ וֵאלֹהֵי אֲבוֹתֵֽינוּ (נ״א אָנָּא)

תָּבֹא לְפָנֶֽיךָ תְּפִלָּתֵֽנוּ· וְאַל תִּתְעַלַּם מִתְּחִנָּתֵֽנוּ שֶׁאֵין אֲנַֽחְנוּ
עַזֵּי פָנִים וּקְשֵׁי עֹֽרֶף לוֹמַר לְפָנֶֽיךָ יְיָ אֱלֹהֵֽינוּ וֵאלֹהֵי
אֲבוֹתֵֽינוּ צַדִּיקִים אֲנַֽחְנוּ וְלֹא חָטָֽאנוּ אֲבָל אֲנַֽחְנוּ חָטָֽאנוּ:

אָשַֽׁמְנוּ· בָּגַֽדְנוּ· גָּזַֽלְנוּ· דִּבַּֽרְנוּ דֹֽפִי· הֶעֱוִֽינוּ·
וְהִרְשַֽׁעְנוּ· זַֽדְנוּ· חָמַֽסְנוּ· טָפַֽלְנוּ שֶֽׁקֶר· יָעַֽצְנוּ
רָע· כִּזַּֽבְנוּ· לַֽצְנוּ· מָרַֽדְנוּ· נִאַֽצְנוּ· סָרַֽרְנוּ·
עָוִֽינוּ· פָּשַֽׁעְנוּ· צָרַֽרְנוּ· קִשִּֽׁינוּ עֹֽרֶף· רָשַֽׁעְנוּ·
שִׁחַֽתְנוּ· תִּעַֽבְנוּ· תָּעִֽינוּ· תִּעְתָּֽעְנוּ·

סַֽרְנוּ מִמִּצְוֹתֶֽיךָ וּמִמִּשְׁפָּטֶֽיךָ הַטּוֹבִים וְלֹא שָֽׁוָה לָֽנוּ: וְאַתָּה
צַדִּיק עַל כָּל הַבָּא עָלֵֽינוּ· כִּי אֱמֶת עָשִֽׂיתָ וַאֲנַֽחְנוּ הִרְשָֽׁעְנוּ:

מַה נֹּאמַר לְפָנֶֽיךָ יוֹשֵׁב מָרוֹם· וּמַה נְּסַפֵּר לְפָנֶֽיךָ שׁוֹכֵן
שְׁחָקִים הֲלֹא כָּל הַנִּסְתָּרוֹת וְהַנִּגְלוֹת אַתָּה יוֹדֵֽעַ:

אַתָּה נוֹתֵן יָד לְפוֹשְׁעִים וִימִינְךָ פְּשׁוּטָה לְקַבֵּל שָׁבִים· וַתְּלַמְּדֵנוּ יְיָ אֱלֹהֵינוּ לְהִתְוַדּוֹת לְפָנֶיךָ עַל כָּל עֲוֹנוֹתֵינוּ לְמַעַן נֶחְדַּל מֵעֹשֶׁק יָדֵינוּ וּתְקַבְּלֵנוּ בִּתְשׁוּבָה שְׁלֵמָה לְפָנֶיךָ כְּאִשִּׁים וּכְנִיחוֹחִים לְמַעַן דְּבָרֶיךָ אֲשֶׁר אָמָרְתָּ: אֵין קֵץ לְאִשֵּׁי חוֹבוֹתֵינוּ וְאֵין מִסְפָּר לְנִיחוֹחֵי אַשְׁמָתֵנוּ וְאַתָּה יוֹדֵעַ שֶׁאַחֲרִיתֵנוּ רִמָּה וְתוֹלֵעָה לְפִיכָךְ הִרְבֵּיתָ סְלִיחָתֵנוּ· מָה אָנוּ מֶה חַיֵּינוּ מֶה חַסְדֵּנוּ מַה צִּדְקֵנוּ מַה יִּשְׁעֵנוּ מַה כֹּחֵנוּ מַה גְּבוּרָתֵנוּ וּמַה נֹּאמַר לְפָנֶיךָ יְיָ אֱלֹהֵינוּ וֵאלֹהֵי אֲבוֹתֵינוּ הֲלֹא כָל הַגִּבּוֹרִים כְּאַיִן לְפָנֶיךָ וְאַנְשֵׁי הַשֵּׁם כְּלֹא הָיוּ וַחֲכָמִים כִּבְלִי מַדָּע וּנְבוֹנִים כִּבְלִי הַשְׂכֵּל כִּי רֹב מַעֲשֵׂיהֶם תֹּהוּ וִימֵי חַיֵּיהֶם הֶבֶל לְפָנֶיךָ וּמוֹתַר הָאָדָם מִן הַבְּהֵמָה אָיִן כִּי הַכֹּל הָבֶל:

אַתָּה הִבְדַּלְתָּ אֱנוֹשׁ מֵרֹאשׁ וַתַּכִּירֵהוּ לַעֲמוֹד לְפָנֶיךָ: כִּי מִי יֹאמַר לְךָ מַה תִּפְעָל וְאִם יִצְדַּק מַה יִּתֶּן לָךְ: וַתִּתֶּן לָנוּ יְיָ אֱלֹהֵינוּ בְּאַהֲבָה אֶת

אתה Du reichst Missethätern die Hand, Deine Rechte ist ausgestreckt, um die Zurückkehrenden aufzunehmen! Du hast uns gelehrt, Ewiger, unser Gott, wie wir unsere Sünden alle bereuen sollen, und von Frevelthaten abzulassen! Vollkommene Buße nimmst Du wie Feueropfer und Wohlgerüche auf, Deiner Verheißung gemäß. Unendlich viel wären die Feueropfer, nach dem Verhältniß unserer Verschuldungen, zahllos die Wohlgerüche, nach dem Verhältniß unserer Vergehen! Aber Du weißt, was uns am Ende erwartet — Wurm und Motte! — darum hast Du auch unsere Verzeihung vervielfältigt. Was sind wir? was unser Leben? was unsere Frömmigkeit? was unsere Tugend? was unsere Hülfe? was unsere Kraft? was unsere Stärke? Was können wir vorbringen vor Dir, Ewiger, unser Gott und Gott unserer Väter? Sind nicht alle Helden vor Dir wie ein Nichts, und die Männer von Namen, als wären sie nie gewesen, und die Weisen wie ohne Wissen, und die Einsichtigen wie ohne Kenntniß? Denn die Menge ihrer Thaten ist nur Tand und die Tage ihres Lebens sind eitel, und des Menschen Vorzug vor dem Thiere ist nichts! denn Alles ist eitel!

אתה Du hast den ersten Menschen verjagt, seiner Schwachheit halben; doch vergönntest Du ihm, vor Deinem Angesichte zu stehen. Wer darf Dir sagen, was Du zu thun habest? und sei er auch tugendhaft, was frommt er Dir? — In Liebe gabst Du uns,

יוֹם (בשבת: השבת הזה ואת יום) (צוֹם) הַכִּפֻּרִים הַזֶּה קֵץ וּמְחִילָה וּסְלִיחָה עַל כָּל־עֲוֹנוֹתֵינוּ לְמַעַן נֶחְדַּל מֵעֹשֶׁק יָדֵינוּ וְנָשׁוּב אֵלֶיךָ לַעֲשׂוֹת חֻקֵּי רְצוֹנְךָ בְּלֵבָב שָׁלֵם: וְאַתָּה בְּרַחֲמֶיךָ הָרַבִּים רַחֵם עָלֵינוּ כִּי לֹא תַחְפּוֹץ בְּהַשְׁחָתַת עוֹלָם. שֶׁנֶּאֱמַר דִּרְשׁוּ יְיָ בְּהִמָּצְאוֹ קְרָאֻהוּ בִּהְיוֹתוֹ קָרוֹב: וְנֶאֱמַר יַעֲזֹב רָשָׁע דַּרְכּוֹ וְאִישׁ אָוֶן מַחְשְׁבֹתָיו וְיָשֹׁב אֶל־יְיָ וִירַחֲמֵהוּ וְאֶל־אֱלֹהֵינוּ כִּי־יַרְבֶּה לִסְלוֹחַ: וְאַתָּה אֱלוֹהַּ סְלִיחוֹת חַנּוּן וְרַחוּם אֶרֶךְ אַפַּיִם וְרַב חֶסֶד (וֶאֱמֶת) וּמַרְבֶּה לְהֵטִיב וְרוֹצֶה אַתָּה בִּתְשׁוּבַת רְשָׁעִים וְאֵין אַתָּה חָפֵץ בְּמִיתָתָם שֶׁנֶּאֱמַר אֱמֹר אֲלֵיהֶם חַי־אָנִי נְאֻם אֲדֹנָי יֱהוִה אִם־אֶחְפֹּץ בְּמוֹת הָרָשָׁע כִּי אִם בְּשׁוּב רָשָׁע מִדַּרְכּוֹ וְחָיָה שׁוּבוּ שׁוּבוּ מִדַּרְכֵיכֶם הָרָעִים וְלָמָּה תָמוּתוּ בֵּית יִשְׂרָאֵל: וְנֶאֱמַר הֶחָפֹץ אֶחְפֹּץ מוֹת רָשָׁע נְאֻם אֲדֹנָי יֱהוִה הֲלוֹא בְּשׁוּבוֹ מִדְּרָכָיו וְחָיָה: וְנֶאֱמַר כִּי לֹא אֶחְפֹּץ בְּמוֹת הַמֵּת נְאֻם אֲדֹנָי יֱהוִה וְהָשִׁיבוּ וִחְיוּ:

Ewiger, unser Gott, diesen Versöhnungstag, zur Beendigung, zur Verzeihung und Vergebung aller unserer Sünden, auf daß wir von unseren Freveltaten ablassen, zu Dir zurückkehren und mit ganzem Herzen uns den Gesetzen Deines Willens unterwerfen. O Du Erbarmungsvoller, erbarme Dich unser! Du hast ja keinen Wohlgefallen an dem Verderben der Welt. So heißt es in der Schrift (Jes. 55, 6): „Suchet den Ewigen, er ist leicht zu finden, rufet ihn an, er ist nahe!" Ferner heißt es (daselbst): „Der Frevler verlasse seinen Weg, der Uebelthäter seine Gedanken, und kehre zum Ewigen zurück, er wird sich seiner wieder erbarmen, zu unserem Gotte, der gerne vergibt!" Du, Gott der Vergebung, bist gnädig und barmherzig, langmüthig, huldreich und sehr wohlthätig; Dir gefällt die Bekehrung der Frevler, Du willst nicht, daß sie so hinsterben! So heißt es in der Schrift (Ezech. 33, 11): „Sage ihnen: so wahr ich lebe, spricht Gott, der Herr, ich habe keinen Wohlgefallen am Tode des Frevlers, sondern, daß er von seinem Wandel umkehre und lebe! Kehret um, kehret um von eueren bösen Wegen! warum wollet ihr zu Grunde gehen, ihr, von dem Hause Israels?" Ferner heißt es (Ezech. 18, 23): „Sollte ich Wohlgefallen haben an des Frevlers Tod, spricht Gott, der Herr, und nicht vielmehr, daß er umkehre von seinem Wege — und lebe?" Ferner heißt es (das. 18, 32): „Ich verlange nicht den Tod des Todschuldigen, spricht Gott, der Herr; kehret um,

כִּי אַתָּה סָלְחָן לְיִשְׂרָאֵל וּמָחֳלָן לְשִׁבְטֵי יְשֻׁרוּן בְּכָל־דּוֹר וָדוֹר וּמִבַּלְעָדֶיךָ אֵין לָנוּ מֶלֶךְ מוֹחֵל וְסוֹלֵחַ (אֶלָּא אָתָּה):

אֱלֹהַי עַד שֶׁלֹּא נוֹצַרְתִּי אֵינִי כְדַי וְעַכְשָׁו שֶׁנּוֹצַרְתִּי כְּאִלּוּ לֹא נוֹצַרְתִּי· עָפָר אֲנִי בְּחַיַּי· קַל וָחֹמֶר בְּמִיתָתִי· הֲרֵינִי לְפָנֶיךָ כִּכְלִי מָלֵא בוּשָׁה וּכְלִמָּה· יְהִי רָצוֹן מִלְּפָנֶיךָ יְיָ אֱלֹהַי וֵאלֹהֵי אֲבוֹתַי שֶׁלֹּא אֶחֱטָא עוֹד· וּמַה שֶּׁחָטָאתִי לְפָנֶיךָ מָרֵק בְּרַחֲמֶיךָ הָרַבִּים· אֲבָל לֹא עַל יְדֵי יִסּוּרִים וָחֳלָיִם רָעִים:

אֱלֹהַי נְצוֹר לְשׁוֹנִי מֵרָע וּשְׂפָתַי מִדַּבֵּר מִרְמָה וְלִמְקַלְלַי נַפְשִׁי תִדּוֹם וְנַפְשִׁי כֶּעָפָר לַכֹּל תִּהְיֶה: פְּתַח לִבִּי בְּתוֹרָתֶךָ וּבְמִצְוֹתֶיךָ תִּרְדּוֹף נַפְשִׁי וְכֹל הַחוֹשְׁבִים עָלַי רָעָה מְהֵרָה הָפֵר עֲצָתָם וְקַלְקֵל מַחֲשַׁבְתָּם· עֲשֵׂה לְמַעַן שְׁמֶךָ· עֲשֵׂה לְמַעַן יְמִינֶךָ· עֲשֵׂה לְמַעַן קְדֻשָּׁתֶךָ· עֲשֵׂה לְמַעַן תּוֹרָתֶךָ· לְמַעַן יֵחָלְצוּן יְדִידֶיךָ הוֹשִׁיעָה יְמִינְךָ וַעֲנֵנִי: יִהְיוּ לְרָצוֹן אִמְרֵי־פִי וְהֶגְיוֹן לִבִּי לְפָנֶיךָ יְיָ צוּרִי וְגוֹאֲלִי: עֹשֶׂה שָׁלוֹם בִּמְרוֹמָיו הוּא יַעֲשֶׂה שָׁלוֹם עָלֵינוּ וְעַל כָּל יִשְׂרָאֵל וְאִמְרוּ אָמֵן:

יְהִי רָצוֹן לְפָנֶיךָ יְיָ אֱלֹהֵינוּ וֵאלֹהֵי אֲבוֹתֵינוּ שֶׁיִּבָּנֶה בֵּית הַמִּקְדָּשׁ בִּמְהֵרָה בְיָמֵינוּ וְתֵן חֶלְקֵנוּ בְּתוֹרָתֶךָ:

ושם נעבדך ביראה כימי עולם וכשנים קדמוניות.

וערבה ליי מנחת יהודה וירושלים כימי עולם וכשנים קדמוניות:

und lebet!" — Ja, Du bist Israel vergebend, und verzeihend den Stämmen Jeschuruns in allen Geschlechtern; wir haben außer Dir keinen König, verzeihend und vergebend wie Du!

אלהי Mein Gott, ein Nichts war ich vor meinem Entstehen, und jetzt nach meinem Entstehen bin ich noch ebendasselbe; Staub nur bin ich lebend, um wie viel mehr nach meinem Hinschwinden. Siehe, hier stehe ich vor Dir, ein Wesen voller Schmach und Scham! O, möge es Dein Wille sein, Ewiger, mein Gott und Gott meiner Väter, mich nie mehr sündigen zu lassen und meine schon begangenen Sünden zu tilgen, durch Dein grenzenloses Erbarmen — nicht aber durch Schmerzen oder bösartige Krankheiten!"

אלהי Mein Gott, bewahre meine Zunge vor Bösem, und meine Lippen vor Betrüglichreden! Laß meine Seele gegen meine Lästerer gelassen und gegen Jeden geduldig sein, wie Staub der Erde! Erschließe mein Herz durch Deine Lehre, damit meine Seele Deinen Geboten eifrig folge. Zerstöre die Pläne aller derer, die Böses wider mich sinnen und vereitle ihre Gedanken! Thue es um Deines Namens willen, thue es um Deiner Rechten, thue es um Deiner Heiligkeit, thue es um Deiner Lehre willen! Auf daß gerettet werden Deine Lieblinge, laß mir Deine Rechte beistehen und erhöre mich! Mögen wohlgefallen die Worte meines Mundes und die Gedanken meines Herzens, Dir, o Ewiger, mein Hort und mein Erlöser! — Der da Frieden stiftet in seinen Höhen, er stifte auch Frieden bei uns und bei ganz Israel! Darauf sprechet: Amen!

Möge es Dein Wille sein, o Ewiger, unser Gott und Gott unserer Väter, den heiligen Tempel bald, in unseren Tagen, wieder zu erbauen, daß Jeder seinen Antheil an Deinem Gesetze nehme!

פֿאַר דעם אַנצינדען דער חנכה ליכטער זאָגט מאַן פֿאָלגענדעס:

בָּרוּךְ אַתָּה יְיָ אֱלֹהֵינוּ מֶלֶךְ הָעוֹלָם אֲשֶׁר קִדְּשָׁנוּ בְּמִצְוֹתָיו וְצִוָּנוּ לְהַדְלִיק נֵר שֶׁל חֲנֻכָּה:

בָּרוּךְ אַתָּה יְיָ אֱלֹהֵינוּ מֶלֶךְ הָעוֹלָם שֶׁעָשָׂה נִסִּים לַאֲבוֹתֵינוּ בַּיָּמִים הָהֵם בַּזְּמַן הַזֶּה:

אַם ערשטען אָבענד זאָגט מאַן שהחינו.

בָּרוּךְ אַתָּה יְיָ אֱלֹהֵינוּ מֶלֶךְ הָעוֹלָם שֶׁהֶחֱיָנוּ וְקִיְּמָנוּ וְהִגִּיעָנוּ לַזְּמַן הַזֶּה:

וועהרענד מאַן דיא ליכטער אַנצינדעט, זאָגט מאַן פֿאָלגענדעס:

הַנֵּרוֹת הַלָּלוּ אֲנַחְנוּ מַדְלִיקִין עַל הַנִּסִּים וְעַל הַתְּשׁוּעוֹת וְעַל הַנִּפְלָאוֹת שֶׁעָשִׂיתָ לַאֲבוֹתֵינוּ עַל־יְדֵי כֹּהֲנֶיךָ הַקְּדוֹשִׁים וְכָל־שְׁמוֹנַת יְמֵי חֲנֻכָּה הַנֵּרוֹת הַלָּלוּ קֹדֶשׁ וְאֵין לָנוּ רְשׁוּת לְהִשְׁתַּמֵּשׁ בָּהֶם אֶלָּא לִרְאוֹתָם בִּלְבַד כְּדֵי לְהוֹדוֹת לִשְׁמְךָ עַל־נִסֶּיךָ וְעַל־יְשׁוּעָתֶךָ וְעַל־נִפְלְאוֹתֶיךָ: כך היא גירסת אבודרהם והטור.

אחר ההדלקה נוהגים לומר פיוט זה, והוא בעל ל"ב תנועות, ובכמ"ש מרדכי.

מָעוֹז צוּר יְשׁוּעָתִי, לְךָ נָאֶה לְשַׁבֵּחַ,
תִּכּוֹן בֵּית תְּפִלָּתִי, וְשָׁם תּוֹדָה נְזַבֵּחַ,
לְעֵת תָּכִין מַטְבֵּחַ, מִצָּר הַמְנַבֵּחַ,
אָז אֶגְמוֹר, בְּשִׁיר מִזְמוֹר, חֲנֻכַּת הַמִּזְבֵּחַ:

Vor dem Anzünden der Chanuka-Lichter betet man Folgendes:

ברוך Gelobt seist Du, Ewiger, unser Gott, Weltregent, der uns durch seine Gebote geheiligt und uns befohlen hat, das Chanuka-Licht anzuzünden!

ברוך Gelobt seist Du, Ewiger, unser Gott, Weltregent, der unseren Vätern Wunder gethan in jenen Tagen, um diese Zeit!

Folgendes wird nur bei'm ersten Anzünden gebetet:

ברוך Gelobt seist Du, Ewiger, unser Gott, Weltregent, der uns am Leben und aufrecht erhalten und uns diese Zeit hat erreichen lassen.

Während man die Lichter anzündet, betet man Folgendes:

הנרות Diese Lichter zünden wir an zum Andenken der Wunder, der Siege und der erstaunlichen Thaten, die Du zu Gunsten unserer Väter durch Deine heiligen Priester ausgeführt hast. Ganze acht Tage hindurch sind diese Lichter heilig und ist es uns nicht erlaubt, uns ihrer zu bedienen, sondern nur, sie anzuschauen, um Dir zu danken ob Deiner Wunder, Siege und erstaunlichen Thaten.

Weihelied.

Mächtiger, Fels meines Heils,
Du, dem allein das Lob gebührt,
Gründe doch mein Bethaus bald!
Daß dort wir unsern Dank Dir weih'n
Einst — wenn den Dränger Du bestrafst
Ob seiner Lästerung.
Psalmenlieder sing' ich dann
Zu des Altares Einweihung.

רָעוֹת שָׂבְעָה נַפְשִׁי, בְּיָגוֹן כֹּחִי כָּלָה,
חַיַּי מֵרְרוּ בְקֹשִׁי, בְּשִׁעְבּוּד מַלְכוּת עֶגְלָה
וּבְיָדוֹ הַגְּדֹלָה הוֹצִיא אֶת־הַסְּגֻלָּה,
חֵיל פַּרְעֹה, וְכָל־זַרְעוֹ, יָרְדוּ כְּאֶבֶן מְצוּלָה:

דְּבִיר קָדְשׁוֹ הֱבִיאַנִי, וְגַם שָׁם לֹא שָׁקַטְתִּי,
וּבָא נוֹגֵשׂ וְהִגְלַנִי, כִּי זָרִים עָבַדְתִּי,
וְיֵין רַעַל מָסַכְתִּי, כִּמְעַט שֶׁעָבַרְתִּי,
קֵץ בָּבֶל, זְרֻבָּבֶל, לְקֵץ שִׁבְעִים נוֹשַׁעְתִּי:

כְּרוֹת קוֹמַת בְּרוֹשׁ בִּקֵּשׁ, אֲגָגִי בֶּן־הַמְּדָתָא,
וְנִהְיָתָה לּוֹ לְמוֹקֵשׁ, וְגַאֲוָתוֹ נִשְׁבָּתָה,
רֹאשׁ יְמִינִי נִשֵּׂאתָ, וְאוֹיֵב שְׁמוֹ מָחִיתָ,
רֹב בָּנָיו, וְקִנְיָנָיו, עַל הָעֵץ תָּלִיתָ:

יְוָנִים נִקְבְּצוּ עָלַי, אֲזַי בִּימֵי חַשְׁמַנִּים,
וּפָרְצוּ חוֹמוֹת מִגְדָּלַי, וְטִמְּאוּ כָּל הַשְּׁמָנִים,
וּמִנּוֹתַר קַנְקַנִּים, נַעֲשָׂה נֵס לַשּׁוֹשַׁנִּים,
בְּנֵי בִינָה, יְמֵי שְׁמֹנָה, קָבְעוּ שִׁיר וּרְנָנִים:

Meine Seele ist der Leiden satt,
Meine Stärke schwand in Kummer hin. —
Zuerst war's der Egypter Reich,
Das mit seinem schweren Drucke
Das Leben mir verbitterte.
Aber Er, der Mächtige, befreite sein erkornes Volk,
Und Phareo's Heer sammt Zugehör
Sank in die Tiefe wie ein Stein.

In seine heilige Wohnung brachte mich der Herr, —
Doch auch dort fand ich die Ruhe nicht;
Es kam der Treiber und vertrieb mich,
Den Taumelbecher mußt' ich leeren,
Weil ich gedient den Götzen hatte.
Doch weg war ich kaum —
Und Babel's Ende kam,
Und nach siebzig Jahren ward durch Serubabel mir geholfen.

Den der hohen Tanne gleichen Mordochai zu stürzen
War der Plan des Agagi, Sohn Hambatha's;
Er fiel jedoch in seine eigne Schlinge
Und sein Hochmuth ward gebeugt.
Des Jeminiten[1]) Haupt hast Du, Herr! erhoben,
Des Feindes Namen ausgetilgt,
Die Menge seiner Söhne — sein ganzer Stolz —
Ließ'st Du an den Galgen hängen.

Dann waren es die Griechen, die in der Chasmonäer-Zeit
Sich gegen mich gesammelt hatten.
Sie durchbrachen meiner Thürme Mauern,
Sie machten unrein alles Oel. —
Da geschah ein Wunder der Lilie Israel
Mit einem reingebliebenen Oelkrug,[2])
Und acht Tage setzten d'rum die Weisen ein
Zu Liedern und Gesängen.

---

1) Mordochai, nach Esther 2, 5.

2) Man siehe hierüber Thalmud Sabbath 21, b. und Megillath Thaanith Abschnitt 9.

אַן פורים, בעפֿאָר דער חזן דיה מגלה אסתר פֿאָרליעזט, ספריכט ער פֿאָלגענדע דרייא ברכות.

בָּרוּךְ אַתָּה יְיָ אֱלֹהֵינוּ מֶלֶךְ הָעוֹלָם אֲשֶׁר קִדְּשָׁנוּ בְּמִצְוֹתָיו וְצִוָּנוּ עַל מִקְרָא מְגִלָּה:

בָּרוּךְ אַתָּה יְיָ אֱלֹהֵינוּ מֶלֶךְ הָעוֹלָם שֶׁעָשָׂה נִסִּים לַאֲבוֹתֵינוּ בַּיָּמִים הָהֵם בִּזְּמַן הַזֶּה:

אין פֿיעלען געמיינדען יעדאָך ווירד נור אבענדס: שהחינו געזאגט.

בָּרוּךְ אַתָּה יְיָ אֱלֹהֵינוּ מֶלֶךְ הָעוֹלָם שֶׁהֶחֱיָנוּ וְקִיְּמָנוּ וְהִגִּיעָנוּ לִזְּמַן הַזֶּה:

נאך דעם פֿאָרלעזען דער מגלה זאגט מאן פֿאָלגענדעס:

בָּרוּךְ אַתָּה יְיָ אֱלֹהֵינוּ מֶלֶךְ הָעוֹלָם (הָאֵל) הָרָב אֶת רִיבֵנוּ וְהַדָּן אֶת דִּינֵנוּ וְהַנּוֹקֵם אֶת נִקְמָתֵנוּ וְהַמְשַׁלֵּם גְּמוּל לְכָל אוֹיְבֵי נַפְשֵׁנוּ וְהַנִּפְרָע לָנוּ מִצָּרֵינוּ: בָּרוּךְ אַתָּה יְיָ הַנִּפְרָע לְעַמּוֹ יִשְׂרָאֵל מִכָּל־צָרֵיהֶם. הָאֵל הַמּוֹשִׁיעַ:

ע"ס אבענד לו שחרית ווירד אשר הניא ניכט געזאגט סונדערן שושנת יעקב אנגעפֿאנגען.

אֲשֶׁר הֵנִיא עֲצַת גּוֹיִם וַיָּפֶר מַחְשְׁבוֹת עֲרוּמִים: בְּקוּם

Die Vorlesung der Schriftrolle Esther wird mit folgenden Segenssprüchen eröffnet:

ברוך Gelobt seist Du, Ewiger, unser Gott, Weltregent, der uns durch seine Gebote geheiligt und uns befohlen hat, die Megillah zu lesen!

ברוך Gelobt seist Du, Ewiger, unser Gott, Weltregent, der unseren Vätern Wunder gethan in jenen Tagen, um diese Zeit!

In vielen Gemeinden wird Folgendes nur Abends gebetet:

ברוך Gelobt seist Du, Ewiger, unser Gott, Weltregent, der uns am Leben und aufrecht erhalten und uns diese Zeit hat erreichen lassen!

Nach dem Vorlesen der Megillah betet man Folgendes:

ברוך Gelobt seist Du, Ewiger, unser Gott, Weltregent, der da führt unseren Kampf, streitet unseren Streit und rächet unsere Rache, der unseren Seelenfeinden Vergeltung erwiedert und unsere Dränger bestraft. Gelobt seist Du, Ewiger, der alle Dränger seines Volkes Israel bestraft, Du, allmächtiger Retter!

Im Morgengebete wird Folgendes überschlagen und שושנת (S. 548) angefangen.

אשר הניא Der der Heiden Berathung vereitelte und der Listigen Entwürfe zerstörte, als ein boshafter Mensch

עָלֵינוּ אָדָם רָשָׁע נֵצֶר זָדוֹן מִזֶּרַע עֲמָלֵק: גָּאָה בְעָשְׁרוֹ וְכָרָה לוֹ בּוֹר וּגְדֻלָּתוֹ יָקְשָׁה לוֹ לָכֶד: דִּמָּה בְנַפְשׁוֹ לִלְכּוֹד וְנִלְכַּד בִּקֵּשׁ לְהַשְׁמִיד וְנִשְׁמַד מְהֵרָה: הָמָן הוֹדִיעַ אֵיבַת אֲבוֹתָיו וְעוֹרֵר שִׂנְאַת אַחִים לַבָּנִים: וְלֹא זָכַר רַחֲמֵי שָׁאוּל כִּי בְחֶמְלָתוֹ עַל אֲגָג נוֹלַד אוֹיֵב: זָמַם רָשָׁע לְהַכְרִית צַדִּיק וְנִלְכַּד טָמֵא בִּידֵי טָהוֹר: חֶסֶד גָּבַר עַל שִׁגְגַת אָב וְרָשָׁע הוֹסִיף חֵטְא עַל חֲטָאָיו: טָמַן בְּלִבּוֹ מַחְשְׁבוֹת עֲרוּמָיו וַיִּתְמַכֵּר לַעֲשׂוֹת רָעָה: יָדוֹ שָׁלַח בִּקְדוֹשֵׁי אֵל כַּסְפּוֹ נָתַן לְהַכְרִית זִכְרָם: כִּרְאוֹת מָרְדְּכַי כִּי יָצָא קֶצֶף וְדָתֵי הָמָן נִתְּנוּ בְשׁוּשָׁן: לָבַשׁ שַׂק וְקָשַׁר מִסְפֵּד וְגָזַר צוֹם וַיֵּשֶׁב עַל הָאֵפֶר: מִי זֶה יַעֲמוֹד לְכַפֵּר שְׁגָגָה וְלִמְחוֹל חַטַּאת עֲוֹן אֲבוֹתֵינוּ: נֵץ פָּרַח מִלּוּלָב הֵן הֲדַסָּה עָמְדָה לְעוֹרֵר יְשֵׁנִים: סָרִיסֶיהָ הִבְהִילוּ לְהָמָן לְהַשְׁקוֹתוֹ יֵין חֲמַת תַּנִּינִים: עָמַד בְּעָשְׁרוֹ וְנָפַל בְּרִשְׁעוֹ עָשָׂה לוֹ עֵץ וְנִתְלָה עָלָיו: פִּיהֶם פָּתְחוּ כָּל־יוֹשְׁבֵי תֵבֵל כִּי פוּר הָמָן נֶהְפַּךְ לְפוּרֵנוּ: צַדִּיק נֶחֱלַץ מִיַּד רָשָׁע אוֹיֵב נִתַּן תַּחַת נַפְשׁוֹ: קִיְּמוּ עֲלֵיהֶם לַעֲשׂוֹת פּוּרִים וְלִשְׂמוֹחַ בְּכָל־שָׁנָה וְשָׁנָה: רָאִיתָ אֶת תְּפִלַּת מָרְדְּכַי וְאֶסְתֵּר· הָמָן וּבָנָיו עַל הָעֵץ תָּלִיתָ:

gegen uns aufstand, ein wilder Sprosse aus dem Stamme Amalek. Der Uebermuth ob seines Reichthums grub ihm eine Grube, und seine Hoffarth stellte ihm eine Falle; er wähnte in seiner Seele, zu fangen, und wurde selbst gefangen, strebte, zu vertilgen, und schnell ward er selbst vertilgt. Haman beurkundete seiner Väter Haß und weckte der Brüder Groll bei den Söhnen wieder auf; er dachte nicht an Sauls Barmherzigkeit, durch dessen Mitleid mit Agag[1]) er, der Feind, erzeugt worden. Der Frevler dachte den Gerechten auszurotten, allein der Unreine wurde durch des Reinen Hände gefangen. Die Gnade besiegte des Vaters Vergehen, und der Bösewicht häufte Sünde auf Sünden; er verbarg in sich seine heimtückischen Gedanken und übergab sich ganz der Ausübung seiner Bosheit, streckte seine Hand nach den Geheiligten Gottes aus und gab seine Schätze hin, um deren Andenken zu vertilgen. Als Mardochai sah, daß die Wuth ausgebrochen und Hamans Mandat in Schuschan schon ertheilt war, da hüllte er sich in Sack, legte Trauer an, verordnete einen Bußtag und setzte sich in Asche. — Wer aber wäre fähig, Versöhnung der Vergehungen und Vergebung der begangenen Missethaten der Väter auszuwirken? Ein Schößling ist dem Palmbaum entsprossen, Haddassah (Esther) erhob sich, die in Schlaf Versunkenen aufzumuntern. Eilends ließ sie durch ihre Dienerschaft den Haman einladen, um ihn mit der Drachen giftigem Saft zu tränken. — Sein Reichthum war seine Stütze gewesen, seine Bosheit war sein Sturz! Er ließ einen Galgen verfertigen, woran er selbst gehängt wurde! Nun war das Gespräch aller Erdbewohner, daß sich Hamans Pur (Loos) verwandelt hat in unseren Purim[2]). Der Fromme wurde der Gewalt des Frevlers entrissen; statt seiner wurde der Feind hingegeben. Nun wurde Purim zu einem alljährlichen Freudenfest eingesetzt. — Das Gebet Mardochai's und Esthers nahmst Du wohlgefällig auf; Haman und seine Söhne ließest Du an den Galgen hängen.

---

[1]) König der Amalekiter, siehe I. Sam. 15 und Thalmud Trakt. Megillah Fol. 13, S. 1. [2]) Siehe Esther 3, 7 und 9, 26.

מאָרגענס ווירד כמך האל המושיע היער אָנגעפֿאַנגען.

שׁוֹשַׁנַּת יַעֲקֹב צָהֲלָה וְשָׂמֵחָה בִּרְאוֹתָם יַחַד תְּכֵלֶת מָרְדְּכָי: תְּשׁוּעָתָם הָיִיתָ לָנֶצַח וְתִקְוָתָם בְּכָל־דּוֹר וָדוֹר: לְהוֹדִיעַ שֶׁכָּל־קֹוֶיךָ לֹא יֵבֹשׁוּ וְלֹא יִכָּלְמוּ לָנֶצַח כָּל־הַחוֹסִים בָּךְ: אָרוּר הָמָן אֲשֶׁר בִּקֵּשׁ לְאַבְּדִי· בָּרוּךְ מָרְדְּכַי הַיְּהוּדִי· אֲרוּרָה זֶרֶשׁ אֵשֶׁת מַפְחִידִי· בְּרוּכָה אֶסְתֵּר מְגִנָּה בַּעֲדִי· וְגַם חַרְבוֹנָה זָכוּר לַטּוֹב:

אָבענדס (אויסער אָן מוצאי שבת) ווירד נון ואתה קדוש (זייטע 378) היערויף קדיש אָהנע תתקבל, דאַן דאַז פֿאָלגענדע עלינו (זייטע 128) געזאָגט. אָן מוצאי שבת ווירד ויהי נעם, ואתה קדוש חנ"ו (זייטע 377) וויא געוועהנליך געזאָגט.

סדר ברכת המזון·

שלשה שאכלו כאחת חייבים לזמן. וכיצד מזמנים? המזמן אומר הב לן ונברך! או כל"א רבותי וויר וואָללען בענטשען! והם עונים יְהִי שֵׁם יְיָ מְבֹרָךְ מֵעַתָּה וְעַד עוֹלָם: והמזמן אומר ברשות ··· נְבָרֵךְ (בעשרה מוסיף אֱלֹהֵינוּ) שֶׁאָכַלְנוּ מִשֶּׁלּוֹ: והמסובים עונים בָּרוּךְ (בעשרה מוסיפים אֱלֹהֵינוּ) שֶׁאָכַלְנוּ מִשֶּׁלּוֹ וּבְטוּבוֹ חָיִינוּ: (וכל העומדים שם אף שאינם מן המסובים גם הם יענו ויאמרו ברוך ומבורך שמו תמיד לעולם ועד:)

ואחר המזמן ואומר בָּרוּךְ (אֱלֹהֵינוּ) שֶׁאָכַלְנוּ מִשֶּׁלּוֹ וּבְטוּבוֹ חָיִינוּ:

בָּרוּךְ הוּא וּבָרוּךְ שְׁמוֹ:

שושנת Die Lilie[1]) Jakobs jauchzte und frohlockte, als sämmtliche Einwohner die Prachtgewänder Mardochai's erblickten. Du warst ihr Heil von Ewigkeit her und ihre Zuversicht in jedem Zeitalter; damit es Jeder wisse, daß Alle, die Deiner harren, nicht beschämt, und die auf Dich vertrauen, nie zu Schanden werden. Verdammt ist Haman, der mich zu vernichten strebte! gesegnet Mardochai, der Jehudi! verdammt ist Seresch, das Weib meines Beängstigers! gesegnet Esther, meine Beschützerin! auch Charbona's sei zum Guten erwähnt.

Tischgebet.

Besteht die Tischgesellschaft aus drei oder mehreren gesetzpflichtigen Mannspersonen, so beginnt einer derselben als Vorbeter:

Meine Herren! wir wollen das Tischgebet verrichten!

Die Gesellschaft antwortet: Der Name des Ewigen sei gepriesen von nun an bis in Ewigkeit!

(Der Vorb.) Laßt uns preisen (unseren Gott), der uns speist!

(Die Ges.) Gelobt sei (unser Gott), der uns speist und dessen Güte uns erhält!

(Der Vorb.) Gelobt sei (unser Gott), der uns speist und dessen Güte uns erhält!
Gelobt sei er, und gelobt sein Name!

---

[1]) Beiname Israels, nach Hohesl. 2, 2.

ווער פיר זיך מזמן בענטשט, זאגט היער הזן.

ברוך אתה יי אלהינו מלך העולם הזן את העולם כלו בטובו בחן בחסד וברחמים הוא נותן לחם לכל־בשר כי לעולם חסדו: ובטובו הגדול תמיד לא־חסר לנו ואל יחסר־לנו מזון לעולם ועד: בעבור שמו הגדול כי הוא זן ומפרנס לכל ומטיב לכל ומכין מזון לכל־בריותיו אשר ברא ברוך אתה יי הזן את־הכל:

נודה לך יי אלהינו על שהנחלת לאבותינו ארץ חמדה טובה ורחבה ועל שהוצאתנו יי אלהינו מארץ מצרים ופדיתנו מבית עבדים ועל בריתך שחתמת בבשרנו ועל תורתך שלמדתנו ועל חקיך שהודעתנו ועל חיים חן וחסד שחוננתנו ועל אכילת מזון שאתה זן ומפרנס אותנו תמיד בכל־יום ובכל־עת ובכל־שעה: אן חנוכה אונד פורים ווירד היער על הנסים איינגעשלאסען.

ועל הכל יי אלהינו אנחנו מודים לך ומברכים אותך יתברך שמך בפי כל־חי תמיד לעולם

ברוך Gelobt seist Du, Ewiger, unser Gott, Weltregent, der die ganze Welt in seiner Güte ernährt, in Milde, Huld und Barmherzigkeit gibt er Speise allem Geschöpfe, denn ewig währet seine Huld! In seiner großen Güte hat es uns nie gemangelt und wird es uns nie an Nahrung mangeln, in Ewigkeit, um seines großen Namens willen; denn er ernährt und verpflegt Alles, ist gütig gegen Alle, und bereitet Nahrung allen seinen Geschöpfen, die er hervorgebracht. Gelobt seist Du, Ewiger, der Alles ernährt.

נודה Wir danken Dir, Ewiger, unser Gott, daß Du unseren Vätern ein anmuthiges, gutes und geräumiges Land zum Besitze gegeben; daß Du, Ewiger, unser Gott, uns aus Egypten geführt und uns aus dem Sklavenhause befreit; daß Du Deinen Bund an unserem Leibe besiegelt; daß Du uns Deine Thora gelehrt, und uns Deine Gesetze bekannt gemacht; für Gesundheit, Gunst und Huld, womit Du uns begnadiget, und für die Speise, mit der Du uns beständig ernährst und verpflegst, an jedem Tag, zu jeder Zeit und Stunde.

An Chanuka und Purim wird hier על הנסים (Seite 93) eingeschaltet.

ועל Für dies Alles, Ewiger, unser Gott, danken wir Dir und loben wir Dich; gepriesen sei Dein Name durch den Mund aller Lebenden stets bis in Ewigkeit! So

וָעֶד: כַּכָּתוּב וְאָכַלְתָּ וְשָׂבָעְתָּ וּבֵרַכְתָּ אֶת־יְיָ אֱלֹהֶיךָ עַל־הָאָרֶץ הַטֹּבָה אֲשֶׁר נָתַן־לָךְ׃ בָּרוּךְ אַתָּה יְיָ עַל־הָאָרֶץ וְעַל־הַמָּזוֹן׃

רַחֵם יְיָ אֱלֹהֵינוּ עַל־יִשְׂרָאֵל עַמֶּךָ וְעַל יְרוּשָׁלַיִם עִירֶךָ וְעַל צִיּוֹן מִשְׁכַּן כְּבוֹדֶךָ וְעַל מַלְכוּת בֵּית דָּוִד מְשִׁיחֶךָ וְעַל־הַבַּיִת הַגָּדוֹל וְהַקָּדוֹשׁ שֶׁנִּקְרָא שִׁמְךָ עָלָיו׃ אֱלֹהֵינוּ אָבִינוּ רְעֵנוּ זוּנֵנוּ פַּרְנְסֵנוּ וְכַלְכְּלֵנוּ וְהַרְוִיחֵנוּ וְהַרְוַח־לָנוּ יְיָ אֱלֹהֵינוּ מְהֵרָה מִכָּל־צָרוֹתֵינוּ׃ וְנָא אַל־תַּצְרִיכֵנוּ יְיָ אֱלֹהֵינוּ לֹא לִידֵי מַתְּנַת בָּשָׂר וָדָם וְלֹא לִידֵי הַלְוָאָתָם כִּי אִם לְיָדְךָ הַמְּלֵאָה הַפְּתוּחָה הַקְּדוֹשָׁה וְהָרְחָבָה שֶׁלֹּא נֵבוֹשׁ וְלֹא נִכָּלֵם לְעוֹלָם וָעֶד׃

אִם שבת [illegible] אומר רצה.

רְצֵה וְהַחֲלִיצֵנוּ יְיָ אֱלֹהֵינוּ בְּמִצְוֹתֶיךָ וּבְמִצְוַת יוֹם הַשְּׁבִיעִי הַשַּׁבָּת הַגָּדוֹל וְהַקָּדוֹשׁ הַזֶּה כִּי יוֹם זֶה גָּדוֹל וְקָדוֹשׁ הוּא לְפָנֶיךָ לִשְׁבָּת־בּוֹ וְלָנוּחַ בּוֹ בְּאַהֲבָה כְּמִצְוַת רְצוֹנֶךָ בִּרְצוֹנְךָ הָנִיחַ לָנוּ יְיָ אֱלֹהֵינוּ שֶׁלֹּא תְהִי צָרָה וְיָגוֹן וַאֲנָחָה בְּיוֹם מְנוּחָתֵנוּ וְהַרְאֵנוּ יְיָ אֱלֹהֵינוּ בְּנֶחָמַת צִיּוֹן עִירֶךָ וּבְבִנְיַן יְרוּשָׁלַיִם עִיר קָדְשֶׁךָ כִּי אַתָּה הוּא בַּעַל הַיְשׁוּעוֹת וּבַעַל הַנֶּחָמוֹת׃

befiehlt's die heilige Schrift: „Wenn du gegessen und dich gesättigt haben wirst, so sollst du dem Ewigen, deinem Gotte, danken für das vortreffliche Land, das er dir gegeben!" Gelobt seist Du, Ewiger, für das Land und für die Nahrung!

רחם Erbarme Dich, o Ewiger, unser Gott, über Dein Volk Israel, über Deine Stadt Jerusalem, über Zion, Deiner Herrlichkeit Wohnung, über das Reich Davids, Deines Gesalbten, und über das große und heilige Haus, das Deinen Namen geführt! Unser Gott und Vater, weide und ernähre uns, verpflege und versorge uns, gib uns reichliches Auskommen, und befreie uns, o Ewiger, unser Gott, bald von allen unseren Bedrängnissen! Laß uns, o Ewiger, unser Gott, nie der Gaben und Darleihen von Menschenhand bedürftig werden, sondern nur Deiner vollen, offenen, heiligen und milden Hand, auf daß wir nicht beschämt und nicht zu Schanden werden in Ewigkeit!

Am Sabbath wird hier Folgendes eingeschaltet:

רצה Sei gewogen und stärke uns, o Ewiger, unser Gott, durch Deine Gebote und durch das Gebot des siebenten Tages, dieses großen und heiligen Sabbaths! Denn dieser Tag ist groß und heilig vor Dir; er soll in Ruhe zugebracht und in Liebe gefeiert werden, nach dem Befehle Deines göttlichen Willens. So gewähre uns denn Seelenruhe, o Ewiger, unser Gott, daß sich kein Leidwesen, keine Trauer und kein Betrübniß an unserem Ruhetage ereigne! O, laß uns sehen das getröstete Zion und das neu auferbaute Jerusalem, die Stadt Deiner Heiligkeit! denn Du bist Herr des Heils, Herr des Trostes.

בר״ח חוה״מ וי״ט ור״ה אומרים יעלה ויבא.

אלהינו ואלהי אבותינו. יעלה ויבא ויגיע ויראה וירצה וישמע ויפקד ויזכר זכרננו ופקדוננו וזכרון אבותינו. וזכרון משיח בן דוד עבדך. וזכרון ירושלים עיר קדשך. וזכרון כל עמך בית ישראל לפניך. לפליטה לטובה לחן ולחסד ולרחמים לחיים ולשלום ביום
לר״ח ראש החדש: לר״ה הזכרון: לסכות חג הסכות: לשמ״ע השמיני חג העצרת: לפס׳ חג המצות: לשבועו׳ חג השבעות הזה. זכרנו יי׳ אלהינו בו לטובה ופקדנו בו לברכה והושיענו בו לחיים. ובדבר ישועה ורחמים חוס וחננו. ורחם עלינו והושיענו. כי אליך עינינו. כי אל (מלך) חנון ורחום אתה:

ובנה ירושלים עיר הקדש במהרה בימינו
ברוך אתה יי׳ בונה ברחמיו ירושלים אמן:

ברוך אתה יי׳ אלהינו מלך העולם האל אבינו מלכנו אדירנו בוראנו גואלנו יוצרנו קדושנו קדוש יעקב רוענו רועה ישראל המלך הטוב והמטיב לכל שבכל יום ויום הוא הטיב הוא מטיב הוא ייטיב לנו: הוא גמלנו הוא גומלנו הוא יגמלנו לעד לחן לחסד ולרחמים ולרוח הצלה והצלחה ברכה וישועה נחמה פרנסה

An Rosch ha-Chodesch und Festtagen wird Folgendes eingeschaltet:

אלהינו Unser Gott und Gott unserer Väter, möge aufsteigen, vor Dich kommen und zu Dir gelangen, gefällig und angenehm aufgenommen werden unser Andenken und unser Gedächtniß — das Andenken unserer Väter, das Andenken des Messias, des Sohnes Davids, Deines Knechtes, das Andenken Jerusalems, Deiner heiligen Stadt, und das Andenken Deines ganzen Volkes, des Hauses Israel — zur Rettung und zum Heile, zur Huld, zur Gnade und zum Erbarmen, zum Leben und zum Frieden an diesem Tage des

(am Rosch ha-Chodesch:)	(am Rosch ha-Schanah:)	(am Sukoth:)
Neumondes.	Andenkens.	Sukoth-Festes.
(am Schemini-Azereth:)	(am Peßach:)	(am Schabuoth:)
Schemini-Azereth.	Mazzoth-Festes.	Schabuoth.

Gedenke unser, Ewiger, unser Gott, zum Guten, erinnere Dich unser zum Segen und hilf uns zur Glückseligkeit! Begünstige und begnadige uns durch Verheißung von Heil und Erbarmen, erbarme Dich unser und hilf uns! — Auf Dich allein sind unsere Augen gerichtet, denn Du bist ein gnädiger und erbarmungsvoller Gott!

ובנה O, erbaue doch bald die heilige Stadt Jerusalem in unseren Tagen! Gelobt seist Du, Ewiger, dessen Barmherzigkeit Jerusalem wiedererbaut! Amen!

ברוך Gelobt seist Du, Ewiger, unser Gott, Weltregent, Allmächtiger, unser Vater, unser König, unser Fürst, unser Schöpfer, unser Erlöser, unser Bildner, unser Heiliger, der Heilige Jakobs, unser Hirt, der Hirt Israels, der gütige und wohlthätige König, der uns tagtäglich wohlgethan, wohlthut und wohlthun wird! Er ist's, der uns angedeihen ließ, angedeihen läßt und immerfort wird angedeihen lassen seine Huld, Gnade, Barmherzigkeit und Ersprießlichkeit. — Ja, an Freiheit und Glück, an Segen und Heil, an Genügsamkeit, Nahrung und Kost, an Gesundheit

וְכַלְכָּלָה וְרַחֲמִים וְחַיִּים וְשָׁלוֹם וְכָל־טוֹב
וּמִכָּל־טוּב אַל יְחַסְּרֵנוּ:

הָרַחֲמָן. הוּא יִמְלוֹךְ עָלֵינוּ לְעוֹלָם וָעֶד:

הָרַחֲמָן. הוּא יִתְבָּרַךְ בַּשָּׁמַיִם וּבָאָרֶץ:

הָרַחֲמָן הוּא יִשְׁתַּבַּח לְדוֹר דּוֹרִים וְיִתְפָּאַר
בָּנוּ לָנֶצַח נְצָחִים וְיִתְהַדַּר בָּנוּ לָעַד וּלְעוֹלְמֵי
עוֹלָמִים: הָרַחֲמָן הוּא יְפַרְנְסֵנוּ בְּכָבוֹד:
הָרַחֲמָן הוּא יִשְׁבּוֹר עֻלֵּנוּ מֵעַל צַוָּארֵנוּ וְהוּא
יוֹלִיכֵנוּ קוֹמְמִיּוּת לְאַרְצֵנוּ: הָרַחֲמָן הוּא יִשְׁלַח
בְּרָכָה מְרֻבָּה בַּבַּיִת הַזֶּה וְעַל שֻׁלְחָן זֶה שֶׁאָכַלְנוּ
עָלָיו: הָרַחֲמָן הוּא יִשְׁלַח לָנוּ אֶת אֵלִיָּה הַנָּבִיא
זָכוּר לַטּוֹב וִיבַשֶּׂר־לָנוּ בְּשׂוֹרוֹת טוֹבוֹת יְשׁוּעוֹת
וְנֶחָמוֹת: הָרַחֲמָן הוּא יְבָרֵךְ אֶת (אָבִי) מוֹרִי בַּעַל
הַבַּיִת הַזֶּה וְאֶת (אִמִּי) מוֹרָתִי בַּעֲלַת הַבַּיִת הַזֶּה
אוֹתָם וְאֶת בֵּיתָם וְאֶת זַרְעָם וְאֶת כָּל אֲשֶׁר לָהֶם
אוֹתָנוּ וְאֶת כָּל אֲשֶׁר לָנוּ כְּמוֹ שֶׁנִּתְבָּרְכוּ אֲבוֹתֵינוּ
אַבְרָהָם יִצְחָק וְיַעֲקֹב בַּכֹּל מִכֹּל כֹּל כֵּן יְבָרֵךְ
אוֹתָנוּ כֻּלָּנוּ יַחַד בִּבְרָכָה שְׁלֵמָה וְנֹאמַר אָמֵן:

und Friedlichkeit und an allem Guten, und an allen Arten von Gütern wird er uns nichts mangeln lassen!

Der Allbarmherzige, er wird über uns regieren ewiglich! Der Allbarmherzige, er sei gepriesen im Himmel und auf Erden! Der Allbarmherzige, er sei gelobt von Geschlecht zu Geschlecht, er werde durch uns verherrlicht immerfort und von uns hochgepriesen immerdar und in alle Ewigkeiten! Der Allbarmherzige, er wolle uns ehrenvoll ernähren! Der Allbarmherzige, er wolle das unseren Nacken drückende Joch zerbrechen und uns aufrecht führen nach unserem Lande! Der Allbarmherzige, er wolle reichen Segen spenden in dieses Haus und auf diesen Tisch, an dem wir gespeist haben! Der Allbarmherzige, er wolle uns senden den Propheten Elias, gesegneten Andenkens, daß er uns gute Botschaften, Heil und Trost verkünde! Der Allbarmherzige, er wolle segnen (meinen Herrn Vater, Onkel, Bruder u. dergl.) den Herrn dieses Hauses, und (meine Frau Mutter, Tante, Schwester u. dergl.) die Herrin dieses Hauses, sowohl sie (ihn) als ihr (sein) Haus und Familie, nebst all' dem Ihrigen (Seinigen), wie auch uns (mich), nebst all' dem Unsrigen (Meinigen). So wie unsere Väter, Abraham, Isaak und Jakob, in Allem, mit Allem und allenthalben gesegnet worden, so wolle er auch uns Alle segnen mit einem vollkommenen Segen! Darauf lasset uns sprechen: Amen!

בַּמָּרוֹם יְלַמְּדוּ עֲלֵיהֶם וְעָלֵינוּ זְכוּת שֶׁתְּהֵא לְמִשְׁמֶרֶת שָׁלוֹם וְנִשָּׂא בְרָכָה מֵאֵת יְיָ וּצְדָקָה מֵאֱלֹהֵי יִשְׁעֵנוּ: וְנִמְצָא־חֵן וְשֵׂכֶל טוֹב בְּעֵינֵי אֱלֹהִים וְאָדָם: לשבת הָרַחֲמָן הוּא יַנְחִילֵנוּ יוֹם שֶׁכֻּלּוֹ שַׁבָּת וּמְנוּחָה לְחַיֵּי הָעוֹלָמִים:

לר"ח הָרַחֲמָן הוּא יְחַדֵּשׁ עָלֵינוּ אֶת־הַחֹדֶשׁ הַזֶּה לְטוֹבָה וְלִבְרָכָה:

לי"ט הָרַחֲמָן הוּא יַנְחִילֵנוּ יוֹם שֶׁכֻּלּוֹ טוֹב:

לר"ה הָרַחֲמָן הוּא יְחַדֵּשׁ עָלֵינוּ אֶת־הַשָּׁנָה הַזֹּאת לְטוֹבָה וְלִבְרָכָה

לחה"מ דסכות הָרַחֲמָן הוּא יָקִים לָנוּ אֶת־סֻכַּת דָּוִד הַנֹּפֶלֶת:

הָרַחֲמָן הוּא יְזַכֵּנוּ לִימוֹת הַמָּשִׁיחַ וּלְחַיֵּי הָעוֹלָם הַבָּא: מַגְדִּל (בר"ח ובשבת ובי"ט אומרין מִגְדּוֹל) יְשׁוּעוֹת מַלְכּוֹ וְעֹשֶׂה חֶסֶד לִמְשִׁיחוֹ לְדָוִד וּלְזַרְעוֹ עַד עוֹלָם: עֹשֶׂה שָׁלוֹם בִּמְרוֹמָיו הוּא יַעֲשֶׂה שָׁלוֹם עָלֵינוּ וְעַל כָּל־יִשְׂרָאֵל וְאִמְרוּ אָמֵן:

יְראוּ אֶת־יְיָ קְדשָׁיו כִּי אֵין מַחְסוֹר לִירֵאָיו: כְּפִירִים רָשׁוּ וְרָעֵבוּ וְדֹרְשֵׁי יְיָ לֹא־יַחְסְרוּ כָל־טוֹב: הוֹדוּ לַיְיָ כִּי־טוֹב כִּי לְעוֹלָם חַסְדּוֹ: פּוֹתֵחַ אֶת־יָדֶךָ וּמַשְׂבִּיעַ לְכָל־חַי רָצוֹן: בָּרוּךְ הַגֶּבֶר אֲשֶׁר יִבְטַח בַּיְיָ וְהָיָה יְיָ מִבְטַחוֹ:

נער הייתי גם זקנתי ולא ראיתי צדיק נעזב וזרעו מבקש לחם:

יְיָ עֹז לְעַמּוֹ יִתֵּן יְיָ יְבָרֵךְ אֶת עַמּוֹ בַשָּׁלוֹם:

במרום O, möge man im Himmel ihnen (ihm, ihr) und uns Verdienst zuerkennen, zur Gewährung des Friedens, damit wir Segen von Gott und gerechten Lohn von dem Herrn unseres Heils empfangen und Gunst und Wohlwollen finden in Gottes und der Menschen Augen!

(Am Sabbath: Der Allbarmherzige, er wolle uns jenen vollkommenen Sabbath und beseligendem Tag im ewigen Leben zutheilen!)

(Am Rosch ha-Chodesch: Der Allbarmherzige, er wolle uns diesen Monat zum Glück und Segen erneuern!)

(Am Festtage: Der Allbarmherzige, er wolle uns jenen vollkommen guten Tag zutheilen!)

(Am Rosch ha-Schanah: Der Allbarmherzige, er wolle uns dieses Jahr zu Glück und Segen erneuern!)

(Am Chol ha-Moed Suckoth: Der Allbarmherzige, er wolle uns Davids verfallene Hütte wieder aufrichten!)

הרחמן Der Allbarmherzige, er wolle uns beseligen mit den Tagen des Messias und des ewigen Lebens in einer zukünftigen Welt! Da wird er hoch heben das Heil seines Königs und wohlthun seinem Gesalbten, David und dessen Geschlechte, in Ewigkeit. — Der da Frieden stiftet in seinen Höhen, er stifte auch Frieden bei uns und bei ganz Israel! Darauf sprechet: Amen!

יראו Verehret den Ewigen, ihr, seine Heiligen, denn seine Verehrer leiden keinen Mangel! Junge Löwen darben, hungern, dem Gottesverehrer fehlt kein Gut. Danket dem Ewigen, denn er ist gütig, ewig währet seine Huld! Du öffnest Deine Hand und sättigst, was da lebt, mit Wohlgefallen. Heil dem Manne, der auf den Ewigen vertraut, dessen Vertrauter der Ewige geworden! Der Ewige gibt seinem Volke Sieg, der Ewige segnet sein Volk mit Frieden!

זכמ"ח רונש. קודם ברכת המזון אומרים זה:

דְּוַי הָסֵר וְגַם חָרוֹן· וְאָז אִלֵּם בְּשִׁיר יָרֹן·
נְחֵנוּ בְּמַעְגְּלֵי צֶדֶק· שְׁעֵה בִּרְכַּת בְּנֵי יְשֻׁרוּן:

בִּרְשׁוּת מָרָנָן וְרַבָּנָן וְרַבּוֹתַי· נְבָרֵךְ אֱלֹהֵינוּ שֶׁהַשִּׂמְחָה בִּמְעוֹנוֹ, וְשֶׁאָכַלְנוּ מִשֶּׁלּוֹ· ועונים בָּרוּךְ אֱלֹהֵינוּ שֶׁהַשִּׂמְחָה בִּמְעוֹנוֹ וְשֶׁאָכַלְנוּ מִשֶּׁלּוֹ וּבְטוּבוֹ חָיִינוּ: וחוזר המברך ואומר בָּרוּךְ אֱלֹהֵינוּ שֶׁהַשִּׂמְחָה בִּמְעוֹנוֹ· וְשֶׁאָכַלְנוּ מִשֶּׁלּוֹ וּבְטוּבוֹ חָיִינוּ: בָּרוּךְ הוּא וּבָרוּךְ שְׁמוֹ:

היערויף פָאלְגט דאַנן טישגעבעט וויא הָבען זייטע 550 ביז צו ענדע; דאַן ווירד נאָך פָאלְגענדע הינצוגעפָאלגטעט:

בָּרוּךְ אַתָּה יְיָ אֱלֹהֵינוּ מֶלֶךְ הָעוֹלָם שֶׁהַכֹּל בָּרָא לִכְבוֹדוֹ:
בָּרוּךְ אַתָּה יְיָ אֱלֹהֵינוּ מֶלֶךְ הָעוֹלָם יוֹצֵר הָאָדָם:

בָּרוּךְ אַתָּה יְיָ אֱלֹהֵינוּ מֶלֶךְ הָעוֹלָם אֲשֶׁר יָצַר אֶת־הָאָדָם בְּצַלְמוֹ. בְּצֶלֶם דְּמוּת תַּבְנִיתוֹ. וְהִתְקִין לוֹ מִמֶּנּוּ בִּנְיַן עֲדֵי עַד. בָּרוּךְ אַתָּה יְיָ יוֹצֵר הָאָדָם: שׂוֹשׂ תָּשִׂישׂ וְתָגֵל הָעֲקָרָה בְּקִבּוּץ בָּנֶיהָ לְתוֹכָהּ בְּשִׂמְחָה. בָּרוּךְ אַתָּה יְיָ מְשַׂמֵּחַ צִיּוֹן בְּבָנֶיהָ: שַׂמֵּחַ תְּשַׂמַּח רֵעִים הָאֲהוּבִים כְּשַׂמֵּחֲךָ יְצִירְךָ בְּגַן עֵדֶן מִקֶּדֶם. בָּרוּךְ אַתָּה יְיָ מְשַׂמֵּחַ חָתָן וְכַלָּה:

בָּרוּךְ אַתָּה יְיָ אֱלֹהֵינוּ מֶלֶךְ הָעוֹלָם אֲשֶׁר בָּרָא שָׂשׂוֹן וְשִׂמְחָה חָתָן וְכַלָּה. גִּילָה רִנָּה דִּיצָה וְחֶדְוָה. אַהֲבָה וְאַחֲוָה וְשָׁלוֹם וְרֵעוּת. מְהֵרָה יְיָ אֱלֹהֵינוּ יִשָּׁמַע בְּעָרֵי יְהוּדָה וּבְחֻצוֹת יְרוּשָׁלָיִם. קוֹל שָׂשׂוֹן וְקוֹל שִׂמְחָה קוֹל חָתָן וְקוֹל כַּלָּה. קוֹל מִצְהֲלוֹת חֲתָנִים מֵחֻפָּתָם וּנְעָרִים מִמִּשְׁתֵּה נְגִינָתָם. בָּרוּךְ אַתָּה יְיָ מְשַׂמֵּחַ חָתָן עִם הַכַּלָּה: ואחר כך בפ"ה ומברך על הכוס.

(Der Vorb.) Halt ab den Gram von uns und jedes Leid,
Daß selbst der Stumme Lieder sing' in Freud';
Gott führe uns zum Heil auf eb'ner Bahn,
Jeschuruns Preis nimm wohlgefällig an! —

ברשות Im Namen der Gelehrten und Verehrten laßt uns preisen unseren Gott, von dem die Freude kommt, der uns gespeist!

(Die Tischgesellschaft.) Gelobt sei unser Gott, von dem die Freude kommt, der uns gespeist!

(Der Vorb.) Gelobt sei unser Gott, von dem die Freude kommt, der uns gespeist! Gelobt sei er und gelobt sein Name!

Hierauf folgt das Tischgebet wie S. 551 bis zu Ende; dann wird noch Folgendes eingeschaltet:

Gelobt seist Du, Ewiger, unser Gott, Weltregent, der Alles zu seiner Ehre erschuf!

Gelobt seist Du, Ewiger, unser Gott, Weltregent, Bildner des Menschen!

Gelobt seist Du, Ewiger, unser Gott, Weltregent, der den Menschen gebildet hat in seinem Ebenbilde und seiner Aehnlichkeit, und ein Weib ihm zugesellte, zur Erhaltung einer fortdauernden Nachwelt. Gelobt seist Du, Ewiger, Bildner des Menschen!

Freuen wird sich die Unfruchtbare und frohlocken, wenn Du ihre Kinder in Fröhlichkeit um sie versammelst. Gelobt seist Du, Ewiger, der Zion mit ihren Kindern erfreut!

Erfreue die in Liebe Verbundenen, wie Du einst in Edens Garten Dein Gebilde erfreutest! Gelobt seist Du, Ewiger, der Du Bräutigam und Braut erfreuest!

Gelobt seist Du, Ewiger, unser Gott, Weltregent, der Wonne und Freude erschuf, Bräutigam und Braut, Jubel und Gesang, Lust und Fröhlichkeit, Liebe und Geselligkeit, Vertrautheit und Freundschaft! Möge doch baldigst, Ewiger, unser Gott, in den Städten Jehuda's und den Straßen Jerusalems die Stimme der Wonne und Freude wieder gehört werden, das Lied des Bräutigams und der Braut, die Stimme des hohen Jubels bei den bräutlichen Zügen und der Gesang der Gäste bei'm Hochzeitsmahle! Gelobt seist Du, Ewiger, der Du den Bräutigam mit der Braut erfreuest! —

בייאן געניסט דען ווינע.

בָּרוּךְ אַתָּה יְיָ אֱלֹהֵינוּ מֶלֶךְ הָעוֹלָם בּוֹרֵא פְּרִי הַגָּפֶן׃

היבער קוכען, קאָנפעקט וד"גל.

בָּרוּךְ אַתָּה יְיָ אֱלֹהֵינוּ מֶלֶךְ הָעוֹלָם בּוֹרֵא מִינֵי מְזוֹנוֹת׃

דער זעגענשפרוך נאָך דערען געניס.

בָּרוּךְ אַתָּה יְיָ אֱלֹהֵינוּ מֶלֶךְ הָעוֹלָם עַל

נאָך ווין.

הַגֶּפֶן וְעַל פְּרִי הַגֶּפֶן

נאָך טרויבען, פייגען, מִילוֹגען, אוכר דאַטטעלן.

הָעֵץ וְעַל פְּרִי הָעֵץ

נאָך מעהל־שפייזען.

הַמִּחְיָה וְעַל הַכַּלְכָּלָה

ווען מאַן בּחקווערק געגעסען אוכר צוגלייך ווין געטרונקען.

הַמִּחְיָה וְעַל הַכַּלְכָּלָה עַל הַגֶּפֶן וְעַל פְּרִי הַגֶּפֶן

וְעַל תְּנוּבַת הַשָּׂדֶה וְעַל אֶרֶץ חֶמְדָּה טוֹבָה וּרְחָבָה שֶׁרָצִיתָ וְהִנְחַלְתָּ לַאֲבוֹתֵינוּ לֶאֱכוֹל מִפִּרְיָהּ וְלִשְׂבּוֹעַ מִטּוּבָהּ רַחֵם (נָא) יְיָ אֱלֹהֵינוּ עַל יִשְׂרָאֵל עַמֶּךָ וְעַל יְרוּשָׁלַיִם עִירֶךָ וְעַל צִיּוֹן מִשְׁכַּן כְּבוֹדֶךָ וְעַל מִזְבְּחֶךָ וְעַל הֵיכָלֶךָ וּבְנֵה יְרוּשָׁלַיִם עִיר הַקֹּדֶשׁ בִּמְהֵרָה בְיָמֵינוּ וְהַעֲלֵנוּ לְתוֹכָהּ · וְשַׂמְּחֵנוּ בְּבִנְיָנָהּ וְנֹאכַל מִפִּרְיָהּ וְנִשְׂבַּע מִטּוּבָהּ וּנְבָרֶכְךָ עָלֶיהָ בִּקְדֻשָּׁה וּבְטָהֳרָה׃ בשבת וּרְצֵה וְהַחֲלִיצֵנוּ בְּיוֹם הַשַּׁבָּת הַזֶּה׃

בר"ח וְזָכְרֵנוּ בְּיוֹם רֹאשׁ הַחֹדֶשׁ הַזֶּה׃

בי"ט וְשַׂמְּחֵנוּ בְּיוֹם חַג (פלוני) הַזֶּה׃

בר"ה וְזָכְרֵנוּ לְטוֹבָה בְּיוֹם הַזִּכָּרוֹן הַזֶּה׃

כִּי אַתָּה יְיָ טוֹב וּמֵטִיב לַכֹּל וְנוֹדֶה לְּךָ עַל הָאָרֶץ

Bei'm Genusse des Weines:

ברוך Gelobt seist Du, Ewiger, unser Gott, Weltregent, der die Frucht des Weinstocks erschaffen.

Ueber Kuchen, Konfekt u. dgl.

ברוך Gelobt seist Du, Ewiger, unser Gott, Weltregent, der Du verschiedene Arten von Speisen erschaffen!

Der Segensspruch nach deren Genuß:

ברוך Gelobt seist Du, Ewiger, unser Gott, Weltregent, für

(nach Wein:)	(nach Trauben, Feigen, Oliven und Datteln:)	(nach Mehlspeisen:)	(wenn man Backwerk gegessen und zugleich Wein getrunken:)
den Weinstock u. dessen Frucht,	den Baum u. dessen Frucht,	den Unterhalt und die Nahrung,	den Unterhalt und die Nahrung, den Weinstock und dessen Frucht,

für die Erzeugnisse des Feldes und das anmuthige, gute und geräumige Land, das Du nach Deiner Gewogenheit unseren Vätern zum Besitze gegeben, um dessen Früchte zu kosten und dessen Gut in Fülle zu genießen! Erbarme Dich, o Ewiger, unser Gott, über Dein Volk Israel, über Deine Stadt Jerusalem und über Zion, Deiner Herrlichkeit Wohnung, über Deinen Altar und Deinen Tempel! erbaue bald die heilige Stadt Jerusalem, in unseren Tagen! führe uns zu ihr hinauf und erfreue uns durch ihre Wiederherstellung, daß wir ihre Früchte kosten und deren Gut in Fülle genießen und Dich dafür in Heiligkeit und Reinheit preisen mögen!

(Am Sabbath.) Sei gewogen und erquicke uns an diesem Sabbath!

(Am Rosch ha-Chodesch.) Gedenke unser an diesem Neumondstage!

(Am Festtage.) Erfreue uns an diesem { Mazzoth- / Schabuoth- / Suckoth- / Schemini-Azereth- } Feste!

(Am Rosch ha-Schanah.) Gedenke unser zum Guten an diesem Tage des Andenkens!

Denn Du, o Ewiger, bist gütig und wohlthätig gegen Alle. Dir danken wir für das Land und

וְעַל פְּרִי הַגָּפֶן	וְעַל הַפֵּרוֹת	וְעַל הַמִּחְיָה	וְעַל הַמִּחְיָה וְעַל
בָּרוּךְ אַתָּה יְיָ	בָּרוּךְ אַתָּה	בָּרוּךְ אַתָּה	פְּרִי הַגָּפֶן בָּא״יְ עַל
עַל הָאָרֶץ וְעַל	יְיָ עַל הָאָרֶץ	יְיָ עַל הָאָרֶץ	הָאָרֶץ וְעַל הַמִּחְיָה
פְּרִי הַגָּפֶן:	וְעַל הַפֵּרוֹת	וְעַל הַמִּחְיָה	וְעַל פְּרִי הַגָּפֶן:

על שתיית מים ושאר שכר: איבער וואססער אונד זאנסטיגע געטרענקע (אויסער וויין):

בָּרוּךְ אַתָּה יְיָ אֱלֹהֵינוּ מֶלֶךְ הָעוֹלָם שֶׁהַכֹּל נִהְיָה בִּדְבָרוֹ:

על פרי העץ: ביי'ם גענוססע פאָן בוימפריכטען:

בָּרוּךְ אַתָּה יְיָ אֱלֹהֵינוּ מֶלֶךְ הָעוֹלָם בּוֹרֵא פְּרִי הָעֵץ:

על פרי הארץ: ביי'ם גענוססע פאָן ערדפריכטען:

בָּרוּךְ אַתָּה יְיָ אֱלֹהֵינוּ מֶלֶךְ הָעוֹלָם בּוֹרֵא פְּרִי הָאֲדָמָה:

ואחריהם מברך: נאך דעם גענוססע אָבער דיעזער:

בָּרוּךְ אַתָּה יְיָ אֱלֹהֵינוּ מֶלֶךְ הָעוֹלָם בּוֹרֵא נְפָשׁוֹת רַבּוֹת וְחֶסְרוֹנָם עַל כָּל־מַה־שֶּׁבָּרָא לְהַחֲיוֹת (בָּהֶם) נֶפֶשׁ כָּל חָי בָּרוּךְ חֵי הָעוֹלָמִים:

על ריח עשב: איבער וואָהלריעכענדע קרייטער:

בָּרוּךְ אַתָּה יְיָ אֱלֹהֵינוּ מֶלֶךְ הָעוֹלָם בּוֹרֵא עִשְׂבוֹת בְּשָׂמִים:

על ריח פרי: איבער וואָהלריעכענדע פריכטע:

בָּרוּךְ אַתָּה יְיָ אֱלֹהֵינוּ מֶלֶךְ הָעוֹלָם הַנּוֹתֵן רֵיחַ טוֹב בַּפֵּרוֹת:

על ריח בשמים: איבער געווירצע:

בָּרוּךְ אַתָּה יְיָ אֱלֹהֵינוּ מֶלֶךְ הָעוֹלָם בּוֹרֵא מִינֵי בְשָׂמִים:

על ריח עץ בושם: איבער וואָהלריעכענדעס האָלץ:

בָּרוּךְ אַתָּה יְיָ אֱלֹהֵינוּ מֶלֶךְ הָעוֹלָם בּוֹרֵא עֲצֵי בְשָׂמִים:

die Frucht des Weinstocks. Gelobt seist Du, Ewiger, für das Land und die Frucht des Weinstocks!	dessen Früchte. Gelobt seist Du, Ewiger, für das Land und dessen Früchte!	den Unterhalt. Gelobt seist Du, Ewiger, für das Land und für den Unterhalt!	den Unterhalt und für die Frucht des Weinstocks. Gelobt seist Du, Ewiger, für das Land, für den Unterhalt und für die Frucht des Weinstocks!

Ueber Wasser und sonstige Getränke außer Wein:

ברוך Gelobt seist Du, Ewiger, unser Gott, Weltregent, durch dessen Wort Alles entstanden ist!

Bei'm Genusse von Baumfrüchten:

ברוך Gelobt seist Du, Ewiger, unser Gott, Weltregent, der die Baumfrucht erschaffen!

Bei'm Genusse von Erdfrüchten:

ברוך Gelobt seist Du, Ewiger, unser Gott, Weltregent, der die Erdfrucht erschaffen!

Nach dem Genusse aller dieser:

ברוך Gelobt seist Du, Ewiger, unser Gott, Weltregent, Schöpfer so vieler Wesen nebst ihrem Bedarf, für Alles, was Du erschaffen, um dadurch das Leben aller Geschöpfe zu erhalten! Gelobt seist Du, Leben aller Welten!

Ueber wohlriechende Kräuter:

ברוך Gelobt seist Du, Ewiger, unser Gott, Weltregent, der die würzigen Kräuter geschaffen!

Ueber wohlriechende Früchte:

ברוך Gelobt seist Du, Ewiger, unser Gott, Weltregent, der den Früchten einen lieblichen Geruch gegeben!

Ueber Gewürze:

ברוך Gelobt seist Du, Ewiger, unser Gott, Weltregent, der die verschiedenen Gewürze geschaffen!

Ueber wohlriechendes Holz:

ברוך Gelobt seist Du, Ewiger, unser Gott, Weltregent, der wohlriechende Holzarten geschaffen!

על שמן אפרסמון: איבער וואהלריעכענדעס עהל:

ברוך אתה יי אלהינו מלך העולם בורא שמן ערב:

הרואה ברקים, וכוכבים המעופפים ונהרות בי'ם אנבליקקע דעז בליטצענז, שטערנ־
והרים רמים, וכן הרואה החמה בראשית אות שיעססענז, וועטטערלייכטענז, דעם מעער,
המאור הגדול בתקופת ניסן בד' לבוקר, מברך: געבירגע, גראססער וויסטען, ספריכט מאן:

ברוך אתה יי אלהינו מלך העולם עשה מעשה בראשית:

על רעם וסערה ורעש: בייא דאננער, ערדבעבען אדער שטורמוועטטער:

ב"א יי אלהינו מלך העולם שכחו וגבורתו מלא עולם:

הרואה הקשת: ביי'ם אנבליקקע דעז רעגענבאגענז:

ב"אי אמ"ה זוכר הברית ונאמן בבריתו וקים במאמרו:

הרואה אילנות בעת פריחת ביי'ם ערזטען אנבליקקע בליהענדער
ניסן מברך ברכה הראשונה: ביימע אים מאנאטע ניסן:

ברוך אתה יי אמ"ה שלא חסר בעולמו דבר וברא בו
בריות טובות ואילנות טובים להנות בהם בני אדם:

הרואה אילנות טובות ביי'ם ערבליקקען פארציגליכער געוועקסע
ובריות נאות מברך: אדער וואהלגעביילדעטער שאנער געשעפפע:

ברוך אתה יי אלהינו מלך העולם שככה לו בעולמו:

הרואה אדם משונה: ביי'ם ערבליקקען אייגעס צווערגעס אדער ריעזען:

ברוך אתה יי אלהינו מלך העולם משנה הבריות:

בנה או קנה בית או ביי'ם אנקויף אייגעס הויזעס, אדער נייען קליידעס א. ד. גל.,
כלים ומלבושי' מברך: זאוויא ביי'ם גענוס אייגער יעדען נייען ספייזע ספריכט מאן:

ב"א יי א"מ העולם שהחינו וקימנו והגיענו לזמן הזה:

הלובש מלבוש חדש: ביי'ם אנציעהען אייגעס נייען קליידעס ספריכט מאן:

ברוך אתה יי אלהינו מלך העולם מלביש ערומים:

Ueber wohlriechendes Oel:

ברוך Gelobt seist Du, Ewiger, unser Gott, Weltregent, der wohlriechende Oele geschaffen!

Bei'm Anblicke des Blitzes, Sternschießens, Wetterleuchtens, hoher Gebirge, großer Wüsten:

ברוך Gelobt seist Du, Ewiger, unser Gott, Weltregent, Schöpfer des großen Weltgebäudes!

Bei Donner, Erdbeben oder Sturmwetter:

ברוך Gelobt seist Du, Ewiger, unser Gott, Weltregent, dessen Macht und Kraft die Welt erfüllt!

Bei'm Anblicke des Regenbogens:

ברוך Gelobt seist Du, Ewiger, unser Gott, Weltregent, der des Bundes gedenkt, seinem Bunde treu bleibt, und fest hält an seinem Worte!

Bei'm ersten Erblicken blühender Bäume im Monate Nissan:

ברוך Gelobt seist Du, Ewiger, unser Gott, Weltregent, der Du in Deiner Welt nichts fehlen läßt und darin schöne Geschöpfe und anmuthige Bäume erschaffen hast um die Menschen damit zu erfreuen!

Bei'm Erblicken vorzüglicher Gewächse oder ausgezeichnet schöner Geschöpfe:

ברוך Gelobt seist Du, Ewiger, unser Gott, Weltregent, der solche Geschöpfe seiner Welt gegeben!

Bei'm Erblicken eines Zwerges oder eines Riesen:

ברוך Gelobt seist Du, Ewiger, unser Gott, Weltregent, der Du die Geschöpfe mannichfach veränderst!

Bei'm Ankauf eines Hauses oder neuen Kleides u. dgl. sowie bei'm Genuß einer jeden neuen Speise:

ברוך Gelobt seist Du, Ewiger, unser Gott, Weltregent, der uns am Leben und aufrecht erhalten und uns diese Zeit hat erreichen lassen!

Bei'm Anziehen eines neuen Kleides:

ברוך Gelobt seist Du, Ewiger, unser Gott, Weltregent, der die Nackten kleidet.

הקובע מזוזה מברך: בייא'ם אנשלאגען דער מזוזה:

ב"א יי אמ"ה אשר קדשנו במצותיו וצונו לקבוע מזוזה:

העושה מעקה לגגו או כותל וגדר סביב לבורו להסיר מכשול יברך: ווען מאן איינע איינצייאונג אום דען ברוננען אדער איין געלענדער אום דאז פלאטטע דאך מאכט:

ב"א יי אמ"ה אשר קדשנו במצותיו וצונו על עשיית מעקה:

על שמועות טובות לו ולאחרים: בייא'ם עמפפאנג איינער גליקליכען באטשאפט:

ברוך אתה יי אלהינו מלך העולם הטוב והמטיב:

על שמועות רעות: בייא'ם עמפפאנג איינער טרויאען נאכריכט:

ברוך אתה יי אלהינו מלך העולם דיין האמת:

הרואה את חברו אחר שנתרפא מחליו מברך: בייא'ם ווידערזעהען זיינעס פריינדעס דער פאן איינער שווערען קראנקהייט גענעזען, שפריכט מאן:

בריך רחמנא מלכא דעלמא דיהבך לן ולא יהבך לעפרא:

הרואה את חברו החביב לו אחר י"ב חדשים: ווער זיינען פריינד נאך איינעם יאהרע ווידער ערבליקט, שפריכט:

ברוך אתה יי אלהינו מלך העולם מחיה מתים:

הרואה בתי כנסיות שבתישבו שמלכנן יאמר: ווען מאן ווידערערשטאנדענע גאטטעס הייזער זיעהט:

ברוך אתה יי אלהינו מלך העולם מציב גבול אלמנה:

הרואה חכם בחכמת התורה: זיעהט מאן איינען ווייזען אין דער תורה, זא שפריכט מאן:

ב"א יי אלהינו מלך העולם שחלק מחכמתו ליראיו:

הרואה חכם בחכמ' העולם: זיעהט מאן איינען זאכקונדיגען וועלטווייזען, זא שפריכט מאן:

ב"א יי אלהינו מלך העולם שנתן מחכמתו לבשר ודם:

הרואה מלך ושריו: זיעהט מאן איינען רעגענטען אומגעבען פאן זיינען גראסען, זא שפריכט מאן:

ב"א יי אלהינו מלך העולם שנתן מכבודו לבשר ודם:

Bei'm Anschlagen der Mesusah:

ברוך Gelobt seist Du, Ewiger, unser Gott, Weltregent, der uns durch seine Gebote geheiligt und uns befohlen hat, die Thürpfostenschrift anzumachen!

Wenn man eine Einzäunung um den Brunnen oder ein Geländer um das platte Dach macht:

ברוך Gelobt seist Du, Ewiger, unser Gott, Weltregent, der uns durch seine Gebote geheiligt und uns befohlen hat, eine Umzäunung anzubringen!

Bei Empfang einer glücklichen Botschaft:

ברוך Gelobt seist Du, Ewiger, unser Gott, Weltregent, Gütiger und Wohlthäter!

Bei Empfang einer schlimmen Nachricht:

ברוך Gelobt seist Du, Ewiger, unser Gott, Weltregent, gerechter Richter!

Bei'm Wiedersehen seines Freundes, der von einer schweren Krankheit genesen:

ברוך Gelobt sei der Allerbarmer, der Weltegent, welcher dich wieder uns und nicht dem Staube zurückgab!

Wer seinen Freund nach einem Jahre wiedererblickt, spricht:

ברוך Gelobt seist Du, Ewiger, unser Gott, Weltregent, der die Todten belebt!

Wenn man wiedererstandene Gotteshäuser sieht:

ברוך Gelobt seist Du, Ewiger, unser Gott, Weltregent, welcher die Stätte der Verwittweten wieder neu begränzt.

Sieht man einen großen Gesetzgelehrten, so spricht man:

ברוך Gelobt seist Du, Ewiger, unser Gott, Weltregent, der Du Deinen Verehrern von Deiner Weisheit verliehen hast!

Sieht man einen sonstigen Weltweisen, so spricht man:

ברוך Gelobt seist Du, Ewiger, unser Gott, Weltregent, der Du dem Menschen von Deiner Weisheit verliehen hast!

Bei'm Anblicke eines Regenten, umgeben von seinen Großen:

ברוך Gelobt seist Du, Ewiger, unser Gott, Weltregent, der Du von Deiner Herrlichkeit dem Menschen verliehen hast!

ברואה מקום שנו ביי'ן ווידערזעהען איינעז אָרטעז, וואָ מאַן איינער נעשה לו נס שבכך: גראָסען געפֿאָהר ענטגאַנגען איזט, שפריכט מאַן:

בָּרוּךְ אַתָּה יְיָ אֱלֹהֵינוּ מֶלֶךְ הָעוֹלָם שֶׁעָשָׂה לִי נֵס בַּמָּקוֹם הַזֶּה:

ברואה ים אוקיינוס: זאָ מאַן דאַז וועלטמעער זיעהט:

בָּרוּךְ אַתָּה יְיָ אֱלֹהֵינוּ מֶלֶךְ הָעוֹלָם עֹשֶׂה אֶת־הַיָּם הַגָּדוֹל:

ספורס כרם רבעי מברך: ווער זייענן ווייבבערג איין פֿיערטען יאָהרע אויזלעזט:

בָּרוּךְ אַתָּה יְיָ אֱלֹהֵינוּ מֶלֶךְ הָעוֹלָם אֲשֶׁר קִדְּשָׁנוּ בְּמִצְוֹתָיו וְצִוָּנוּ עַל פִּדְיוֹן כֶּרֶם רְבָעִי:

ווען מאַן איינען ברויטטייג פֿאָן מעהר אַלס דרייא פֿונד מעהל מיט וואַססער אַנגעקנעטעט, זאָ האָט מאַן איין שטיקכען דאַפֿאָן אַבצוברעכען (חַלָּה) אונד דאַבייא פֿאָלגענדע ברכה צו זאַגען:

בָּרוּךְ אַתָּה יְיָ אֱלֹהֵינוּ מֶלֶךְ הָעוֹלָם אֲשֶׁר קִדְּשָׁנוּ בְּמִצְוֹתָיו וְצִוָּנוּ לְהַפְרִישׁ חַלָּה מִן־הָעִסָּה:

דיעזעז אַבגעבראָכענע שטיקק מוס דאַן פֿערבראַננט ווערדען.

פֿאָר שבת, נאַכדעם דיא הויזפֿרויא דיא ליכטער אַנגעצינדעט, שפריכט זיא:

בָּרוּךְ אַתָּה יְיָ אֱלֹהֵינוּ מֶלֶךְ הָעוֹלָם אֲשֶׁר קִדְּשָׁנוּ בְּמִצְוֹתָיו וְצִוָּנוּ לְהַדְלִיק נֵר שֶׁל־שַׁבָּת:

ביי'ם אַנצינדען דער יום טוב-ליכטער שפריכט זיא:

בָּרוּךְ אַתָּה יְיָ אֱלֹהֵינוּ מֶלֶךְ הָעוֹלָם אֲשֶׁר קִדְּשָׁנוּ בְּמִצְוֹתָיו וְצִוָּנוּ לְהַדְלִיק נֵר שֶׁל־יוֹם טוֹב:

אַם ערב יום כפור ווירד פֿאָלגענדעז געשפראָכען:

בָּרוּךְ אַתָּה יְיָ אֱלֹהֵינוּ מֶלֶךְ הָעוֹלָם אֲשֶׁר קִדְּשָׁנוּ בְּמִצְוֹתָיו וְצִוָּנוּ לְהַדְלִיק נֵר שֶׁל־יוֹם הַכִּפּוּרִים:

Bei'm Wiedersehen eines Ortes, wo man einer großen Gefahr entgangen ist:

ברוך Gelobt seist Du, Ewiger, unser Gott, Weltregent, der Du mir an diesem Orte Wunder gethan!

So man das Weltmeer sieht:

ברוך Gelobt seist Du, Ewiger, unser Gott, Weltregent, der das große Meer geschaffen!

Wer seinen Weinberg im vierten Jahre auslöst:

ברוך Gelobt seist Du, Ewiger, unser Gott, Weltregent, der uns durch seine Gebote geheiligt und uns befohlen hat, den Weinberg im vierten Jahre auszulösen!

Wenn man einen Brodteig von ohngefähr drei Pfund Mehl angeknetet, so hat man ein Stückchen davon abzubrechen und dabei folgenden Lobspruch zu sprechen:

ברוך Gelobt seist Du, Ewiger, unser Gott, Weltregent, der uns durch seine Gebote geheiligt und uns befohlen hat, eine Hebe vom Teige abzusondern.

(Dieses abgebrochene Stück muß dann verbrannt werden.)

Nachdem die Hausfrau die Sabbath-Lichter angezündet, spricht sie:

ברוך Gelobt seist Du, Ewiger, unser Gott, Weltregent, der uns durch seine Gebote geheiligt und uns befohlen hat, das Sabbath-Licht anzuzünden!

Bei'm Anzünden der Lichter an einem Feiertage spricht sie:

ברוך Gelobt seist Du, Ewiger, unser Gott, Weltregent, der uns durch seine Gebote geheiligt und uns befohlen hat, das Licht für den Feiertag anzuzünden!

Bei'm Anzünden der Lichter für den Versöhnungstag spricht sie:

ברוך Gelobt seist Du, Ewiger, unser Gott, Weltregent, der uns durch seine Gebote geheiligt und uns befohlen hat, das Licht für den Versöhnungstag anzuzünden!

בָּרוּךְ אַתָּה יְיָ אֱלֹהֵינוּ מֶלֶךְ הָעוֹלָם הַמַּפִּיל חֶבְלֵי שֵׁנָה עַל־עֵינָי וּתְנוּמָה עַל־עַפְעַפָּי׃ וִיהִי רָצוֹן מִלְּפָנֶיךָ יְיָ אֱלֹהַי וֵאלֹהֵי אֲבוֹתַי שֶׁתַּשְׁכִּיבֵנִי לְשָׁלוֹם וְתַעֲמִידֵנִי לְשָׁלוֹם וְאַל יְבַהֲלוּנִי רַעְיוֹנַי חֲלוֹמוֹת רָעִים וְהַרְהוֹרִים רָעִים וּתְהִי מִטָּתִי שְׁלֵמָה לְפָנֶיךָ וְהָאֵר עֵינַי פֶּן־אִישַׁן הַמָּוֶת כִּי אַתָּה הַמֵּאִיר לְאִישׁוֹן בַּת־עָיִן׃ בָּרוּךְ אַתָּה יְיָ הַמֵּאִיר לָעוֹלָם כֻּלּוֹ בִּכְבוֹדוֹ׃ אל מלך נאמן.

דברים ו׳ ד׳.

שְׁמַע יִשְׂרָאֵל יְהוָה אֱלֹהֵינוּ יְהוָה ׀ אֶחָד׃

בָּרוּךְ שֵׁם כְּבוֹד מַלְכוּתוֹ לְעוֹלָם וָעֶד׃

וְאָהַבְתָּ אֵת יְהוָה אֱלֹהֶיךָ בְּכָל־לְבָבְךָ וּבְכָל־נַפְשְׁךָ וּבְכָל־מְאֹדֶךָ׃ וְהָיוּ הַדְּבָרִים הָאֵלֶּה אֲשֶׁר אָנֹכִי מְצַוְּךָ הַיּוֹם עַל־לְבָבֶךָ׃ וְשִׁנַּנְתָּם לְבָנֶיךָ וְדִבַּרְתָּ בָּם בְּשִׁבְתְּךָ בְּבֵיתֶךָ וּבְלֶכְתְּךָ בַדֶּרֶךְ וּבְשָׁכְבְּךָ וּבְקוּמֶךָ׃ וּקְשַׁרְתָּם לְאוֹת עַל־יָדֶךָ וְהָיוּ לְטֹטָפֹת בֵּין עֵינֶיךָ׃ וּכְתַבְתָּם עַל־מְזוּזוֹת בֵּיתֶךָ וּבִשְׁעָרֶיךָ׃

ברוך Gelobt seist Du, Ewiger, unser Gott, Weltregent, der den Schlaftrieb auf meine Augen und den Schlummer auf meine Wimpern senkt! Möge es Dir wohlgefällig sein, o Ewiger, mein Gott und Gott meiner Väter, mich in Frieden[1]) niederlegen und in Frieden wieder aufstehen zu lassen, daß weder meine Phantasie, noch böse Träume oder Vorstellungen mich ängstigen. Laß mein Bett vollkommen sein vor Dir[2])! Erleuchte meine Augen, daß ich nicht in Todesschlaf versinke! Du bist es, der dem Bild im Auge Licht verleiht. Gelobt seist Du, Ewiger, der die ganze Welt mit seiner Herrlichkeit erleuchtet!

(V. Mos. 6, 4.)

Höre, Israel, der Ewige, unser Gott, ist ein einiges ewiges Wesen!

Gelobt sei der Name seiner glorreichen Majestät immer und ewig!

Du sollst den Ewigen, deinen Gott, lieben von ganzem Herzen, von ganzer Seele und von ganzem Vermögen! Die Worte, die ich dir jetzt befehle, sollen dir stets im Herzen bleiben; du sollst sie deinen Kindern einschärfen und davon reden, wenn du in deinem Hause sitzest und wenn du auf dem Wege gehest, wenn du dich niederlegst und wenn du aufstehst; binde sie zum Zeichen an deine Hand, trage sie als Stirnband zwischen deinen Augen und schreibe sie auf die Pfosten deines Hauses und an deine Thore.

---

[1]) Unter Frieden wird die Uebereinstimmung aller einzelnen Theile und Kräfte zur Erhaltung des Ganzen verstanden; hier also zur Erhaltung der Gesundheit.

[2]) Hierunter wird das Hinterlassen gottesfürchtiger Nachkommen verstanden.

וִיהִי נֹעַם אֲדֹנָי אֱלֹהֵינוּ עָלֵינוּ וּמַעֲשֵׂה יָדֵינוּ כּוֹנְנָה עָלֵינוּ וּמַעֲשֵׂה יָדֵינוּ כּוֹנְנֵהוּ:

צא יֹשֵׁב בְּסֵתֶר עֶלְיוֹן בְּצֵל שַׁדַּי יִתְלוֹנָן: אֹמַר לַייָ מַחְסִי וּמְצוּדָתִי אֱלֹהַי אֶבְטַח־בּוֹ: כִּי הוּא יַצִּילְךָ מִפַּח יָקוּשׁ מִדֶּבֶר הַוּוֹת: בְּאֶבְרָתוֹ יָסֶךְ לָךְ וְתַחַת כְּנָפָיו תֶּחְסֶה צִנָּה וְסֹחֵרָה אֲמִתּוֹ: לֹא־תִירָא מִפַּחַד לָיְלָה מֵחֵץ יָעוּף יוֹמָם: מִדֶּבֶר בָּאֹפֶל יַהֲלֹךְ מִקֶּטֶב יָשׁוּד צָהֳרָיִם: יִפֹּל מִצִּדְּךָ אֶלֶף וּרְבָבָה מִימִינֶךָ אֵלֶיךָ לֹא יִגָּשׁ: רַק בְּעֵינֶיךָ תַבִּיט וְשִׁלֻּמַת רְשָׁעִים תִּרְאֶה: כִּי־אַתָּה יְיָ מַחְסִי עֶלְיוֹן שַׂמְתָּ מְעוֹנֶךָ: לֹא־תְאֻנֶּה אֵלֶיךָ רָעָה וְנֶגַע לֹא־יִקְרַב בְּאָהֳלֶךָ: כִּי מַלְאָכָיו יְצַוֶּה־לָּךְ לִשְׁמָרְךָ בְּכָל־דְּרָכֶיךָ: עַל־כַּפַּיִם יִשָּׂאוּנְךָ פֶּן־תִּגֹּף בָּאֶבֶן רַגְלֶךָ: עַל־שַׁחַל וָפֶתֶן תִּדְרֹךְ תִּרְמֹס כְּפִיר וְתַנִּין: כִּי בִי חָשַׁק וַאֲפַלְּטֵהוּ אֲשַׂגְּבֵהוּ כִּי־יָדַע שְׁמִי: יִקְרָאֵנִי וְאֶעֱנֵהוּ עִמּוֹ אָנֹכִי בְצָרָה אֲחַלְּצֵהוּ וַאֲכַבְּדֵהוּ: אֹרֶךְ יָמִים אַשְׂבִּיעֵהוּ וְאַרְאֵהוּ בִּישׁוּעָתִי: ארך ימים וגו׳.

יְיָ מָה־רַבּוּ צָרָי רַבִּים קָמִים עָלָי: רַבִּים אֹמְרִים לְנַפְשִׁי אֵין יְשׁוּעָתָה לּוֹ בֵאלֹהִים סֶלָה: וְאַתָּה יְיָ מָגֵן בַּעֲדִי כְּבוֹדִי וּמֵרִים רֹאשִׁי: קוֹלִי אֶל־יְיָ אֶקְרָא וַיַּעֲנֵנִי מֵהַר קָדְשׁוֹ סֶלָה: אֲנִי שָׁכַבְתִּי וָאִישָׁנָה הֱקִיצוֹתִי כִּי יְיָ יִסְמְכֵנִי: לֹא־אִירָא מֵרִבְבוֹת עָם אֲשֶׁר סָבִיב שָׁתוּ עָלָי:

ויהי נועם Unseres Gottes Freundlichkeit werde uns beschieden, so gelinget unserer Hände Werk; all' unser Thun gelinget nur durch ihn.

(Psalm 91.) Wer im Schirm des Höchsten wohnet, der ist geborgen im Schatten des Allmächtigen. Ich rufe zum Ewigen: „mein Schutz und meine Burg, mein Gott, auf den ich vertraue!" Ja, er befreiet dich aus des Verfolgers Schlinge, aus der Pest, verderbensvoll. Mit seinem Fittige decket er dich, unter seinen Flügeln bist du geborgen. Schild und Harnisch ist seine Treue. Du hast nicht Furcht vor dem Schauer der Nacht, vor dem Pfeile, der des Tages schwirret, vor der Pest, die im Dunkeln schleicht, vor der Seuche, die am Mittag wüthet. Fallen Tausende zu deiner Linken, Zehntausende zu deiner Rechten; dir nahet es nicht! Nur mit deinen Augen wirst du es schauen; der Frevler Strafe siehst du mit an — „denn Du, Ewiger, bist meine Zuversicht!" Den Höchsten machst du zu deiner Zuflucht. Kein Uebel wird dir widerfahren, kein Mißgeschick nahen deinem Zelte. Denn seine Engel entbietet er dir, dich zu behüten auf allen deinen Wegen. Auf den Händen werden sie dich tragen, daß an keinem Steine dein Fuß sich verletze. Ueber Leuen und Nattern schreitest du weg, zertrittst Löwen- und Schlangenbrut. — „Denn mir hängt er an, darum errette ich ihn; ich will ihn erhöhen; bei ihm bin ich in der Noth, ich befreie ihn und bring' ihn zu Ehren. Mit langem Leben will ich ihn sättigen und mein Heil ihn schauen lassen."

„O Ewiger, wie sind der Feinde so viele, so viele, die sich setzen wider mich, so viele, die von mir frohlocken: „Für ihn ist keine Hülfe mehr bei Gott!" Du aber, Ewiger, Du bist ein Schild um mich, setzest mich zu Ehren, richtest mein Haupt empor! Mit lauter Stimme ruf' ich zum Ewigen, und von seinem heil'gen Berg erhört er mich. Nun lieg' ich ruhig, schlafe, erwache, denn mich stützt der Ewige! Vor Myriaden Volks ist mir nicht bange, umhergelagert wider mich. —

קוּמָה יְיָ הוֹשִׁיעֵנִי אֱלֹהַי כִּי־הִכִּיתָ אֶת־כָּל־אֹיְבַי לֶחִי שִׁנֵּי רְשָׁעִים שִׁבַּרְתָּ: לַייָ הַיְשׁוּעָה עַל עַמְּךָ בִרְכָתֶךָ סֶּלָה:

הַשְׁכִּיבֵנוּ יְיָ אֱלֹהֵינוּ לְשָׁלוֹם וְהַעֲמִידֵנוּ מַלְכֵּנוּ לְחַיִּים וּפְרוֹשׂ עָלֵינוּ סֻכַּת שְׁלוֹמֶךָ וְתַקְּנֵנוּ בְּעֵצָה טוֹבָה מִלְּפָנֶיךָ וְהוֹשִׁיעֵנוּ לְמַעַן שְׁמֶךָ וְהָגֵן בַּעֲדֵנוּ וְהָסֵר מֵעָלֵינוּ אוֹיֵב דֶּבֶר וְחֶרֶב וְרָעָב וְיָגוֹן וְהָסֵר שָׂטָן מִלְּפָנֵינוּ וּמֵאַחֲרֵינוּ וּבְצֵל כְּנָפֶיךָ תַּסְתִּירֵנוּ כִּי אֵל שׁוֹמְרֵנוּ וּמַצִּילֵנוּ אָתָּה כִּי אֵל מֶלֶךְ חַנּוּן וְרַחוּם אָתָּה וּשְׁמוֹר צֵאתֵנוּ וּבוֹאֵנוּ לְחַיִּים וּלְשָׁלוֹם מֵעַתָּה וְעַד עוֹלָם:

בָּרוּךְ יְיָ בַּיּוֹם· בָּרוּךְ יְיָ בַּלָּיְלָה· בָּרוּךְ יְיָ בְּשָׁכְבֵנוּ· בָּרוּךְ יְיָ בְּקוּמֵנוּ: כִּי בְיָדְךָ נַפְשׁוֹת הַחַיִּים וְהַמֵּתִים אֲשֶׁר בְּיָדוֹ נֶפֶשׁ כָּל־חָי וְרוּחַ כָּל־בְּשַׂר אִישׁ: בְּיָדְךָ אַפְקִיד רוּחִי פָּדִיתָה אוֹתִי יְיָ אֵל אֱמֶת: אֱלֹהֵינוּ שֶׁבַּשָּׁמַיִם יַחֵד שִׁמְךָ וְקַיֵּם מַלְכוּתְךָ תָּמִיד וּמְלוֹךְ עָלֵינוּ לְעוֹלָם וָעֶד:

יִרְאוּ עֵינֵינוּ וְיִשְׂמַח לִבֵּנוּ וְתָגֵל נַפְשֵׁנוּ בִּישׁוּעָתְךָ בֶּאֱמֶת בֶּאֱמֹר לְצִיּוֹן מָלַךְ אֱלֹהָיִךְ יְיָ מֶלֶךְ יְיָ מָלָךְ יְיָ יִמְלֹךְ לְעֹלָם וָעֶד· כִּי הַמַּלְכוּת שֶׁלְּךָ הִיא וּלְעוֹלְמֵי עַד תִּמְלוֹךְ בְּכָבוֹד כִּי אֵין לָנוּ מֶלֶךְ אֶלָּא אָתָּה:

הַמַּלְאָךְ הַגֹּאֵל אֹתִי מִכָּל־רָע יְבָרֵךְ אֶת הַנְּעָרִים וְיִקָּרֵא בָהֶם שְׁמִי וְשֵׁם אֲבֹתַי אַבְרָהָם

Erhebe Dich, o Ewiger, hilf mir, mein Gott! das Kinn zerschlägst Du meinen Feinden, zerschmetterst der Verruchten Zähne! — Beim Ewigen ist die Hülfe; Dein Segen komme über Dein Volk! Selah! —

השכיבנו Laß uns niederlegen, Ewiger, unser Gott, in Frieden, und laß uns wieder aufstehen, unser König, zum Leben; breite über uns aus die Hütte Deines Friedens, vervollkommne uns durch Deinen guten Rath, und hilf uns um Deines Namens willen. Beschütze uns, wende von uns ab Feind, Pest, Schwerdt, Hunger und Kummer, entferne jeden Widersacher, vor unserem Angesichte und in unserem Rücken, und birg uns unter dem Schatten Deiner Flügel; denn Du, o Gott, bist unser Hüter und Retter; Du, o Gott, bist ein gnädiger und barmherziger König! Behüte uns bei unserem Gehen und Kommen zum Leben und zum Frieden, von nun an bis in Ewigkeit.

ברוך Gelobt sei der Ewige am Tage, gelobt sei der Ewige des Nachts, gelobt sei der Ewige, wenn wir uns niederlegen, gelobt, wenn wir aufstehen. Denn in Deiner Hand sind die Seelen der Lebenden und der Todten! Ja, in seiner Hand ist die Seele aller Lebenden und der Geist jedes fleischlichen Geschöpfes! Deiner Hand empfehl' ich meinen Geist; Du erlösest mich, Ewiger, Gott der Wahrheit! Unser Gott im Himmel, einige Deinen Namen, behaupte Dein Reich immer und regiere uns in Ewigkeit!

יראו Mögen unsere Augen es sehen, und unser Herz sich erfreuen, und unsere Seele frohlocken ob Deiner treuen Hülfe, wenn zu Zion verkündet wird: „Dein Gott regiert!" Der Ewige regiert, der Ewige hat regiert, der Ewige wird regieren in Ewigkeit! Denn Dein ist das Reich, und in alle Ewigkeit wirst Du regieren in Herrlichkeit; denn wir haben keinen König außer Dir!

המלאך Der Engel, der mich von allem Uebel erlöst hat, segne diese Knaben! Durch sie werde mein Name und der Name meiner Väter Abraham und

וַיִּצְחָק וְיִדְגּוּ לָרֹב בְּקֶרֶב הָאָרֶץ: וַיֹּאמֶר אִם שָׁמוֹעַ תִּשְׁמַע לְקוֹל יְיָ אֱלֹהֶיךָ וְהַיָּשָׁר בְּעֵינָיו תַּעֲשֶׂה וְהַאֲזַנְתָּ לְמִצְוֹתָיו וְשָׁמַרְתָּ כָּל־חֻקָּיו כָּל הַמַּחֲלָה אֲשֶׁר שַׂמְתִּי בְמִצְרַיִם לֹא־אָשִׂים עָלֶיךָ כִּי אֲנִי יְיָ רֹפְאֶךָ: וַיֹּאמֶר יְיָ אֶל הַשָּׂטָן יִגְעַר יְיָ בְּךָ הַשָּׂטָן וְיִגְעַר יְיָ בְּךָ הַבֹּחֵר בִּירוּשָׁלָיִם הֲלֹא זֶה אוּד מֻצָּל מֵאֵשׁ: הִנֵּה מִטָּתוֹ שֶׁלִּשְׁלֹמֹה שִׁשִּׁים גִּבֹּרִים סָבִיב לָהּ מִגִּבֹּרֵי יִשְׂרָאֵל: כֻּלָּם אֲחֻזֵי חֶרֶב מְלֻמְּדֵי מִלְחָמָה אִישׁ חַרְבּוֹ עַל יְרֵכוֹ מִפַּחַד בַּלֵּילוֹת: יְבָרֶכְךָ יְיָ וְיִשְׁמְרֶךָ: יָאֵר יְיָ פָּנָיו אֵלֶיךָ וִיחֻנֶּךָּ: יִשָּׂא יְיָ פָּנָיו אֵלֶיךָ וְיָשֵׂם לְךָ שָׁלוֹם:

הִנֵּה לֹא יָנוּם וְלֹא יִישָׁן שׁוֹמֵר יִשְׂרָאֵל: ג״פ

לִישׁוּעָתְךָ קִוִּיתִי יְיָ. קִוִּיתִי יְיָ לִישׁוּעָתְךָ.

יְיָ לִישׁוּעָתְךָ קִוִּיתִי: ג״פ

בְּשֵׁם יְיָ אֱלֹהֵי יִשְׂרָאֵל מִימִינִי מִיכָאֵל. וּמִשְּׂמֹאלִי גַּבְרִיאֵל. וּמִלְּפָנַי אוּרִיאֵל. וּמֵאֲחוֹרַי רְפָאֵל. וְעַל רֹאשִׁי שְׁכִינַת אֵל: ג״פ

Isaak gesegnet, und sie mögen sich stark vermehren im Lande (I. Mos. 48, 16). — Gott sprach: „Wirst du der Stimme des Ewigen, deines Gottes, folgen und thun, was in seinen Augen recht ist, seinen Geboten Gehör geben und alle seine Gesetze beobachten, so will ich alle Krankheit, die ich über Egypten gebracht habe, dir nicht zuschicken; denn Ich, der Ewige, bin dein Arzt (II. Moses 15, 26). — Der Ewige sprach zum Satan: Der Ewige wird dich anfahren, o Satan, dich wird anfahren der Ewige, der Jerusalem sich erkoren! Siehe, dies ist ein Brand, aus der Flamme gerettet!" (Sechar.. 3, 2.) — Siehe, das Ruhebett Salomo's war von sechzig Helden umgeben aus den Helden Israels, sie alle schwertumgürtet, alle kriegskundig, jeder das Schwert an der Hüfte gegen mitternächtliches Grauen. (Hohesl. 3, 7.) — Der Ewige segne und behüte dich, der Ewige lasse sein Antlitz dir leuchten und sei dir gnädig, der Ewige wende sein Antlitz dir zu und gebe dir Frieden! (IV. Moses 6, 24.)

הנה Siehe, er schlummert nicht und schläft nicht, der Hüter Israels (Psalm 121, 4).

לישועתך Auf Deine Hülfe hoff' ich, Ewiger! (I. Moses 49, 18.) Ich hoffe, Ewiger, auf Deine Hülfe! Ewiger, auf Deine Hülfe hoffe ich!

בשם Im Namen des Ewigen, des Gottes Israels, stehen Michael*) mir zur Rechten, Gabriel zur Linken, vor mir Uriel, hinter mir Raphael und über meinem Haupte die Majestät Gottes.

*) Namen von Engeln.

קכח שִׁיר הַמַּעֲלוֹת אַשְׁרֵי כָּל יְרֵא יְיָ הַהֹלֵךְ בִּדְרָכָיו: יְגִיעַ כַּפֶּיךָ כִּי תֹאכֵל אַשְׁרֶיךָ וְטוֹב לָךְ: אֶשְׁתְּךָ כְּגֶפֶן פֹּרִיָּה בְּיַרְכְּתֵי בֵיתֶךָ בָּנֶיךָ כִּשְׁתִלֵי זֵיתִים סָבִיב לְשֻׁלְחָנֶךָ: הִנֵּה כִי כֵן יְבֹרַךְ גָּבֶר יְרֵא יְיָ: יְבָרֶכְךָ יְיָ מִצִּיּוֹן וּרְאֵה בְּטוּב יְרוּשָׁלָיִם כֹּל יְמֵי חַיֶּיךָ: וּרְאֵה בָנִים לְבָנֶיךָ שָׁלוֹם עַל יִשְׂרָאֵל:

רִגְזוּ וְאַל תֶּחֱטָאוּ אִמְרוּ בִלְבַבְכֶם עַל מִשְׁכַּבְכֶם וְדֹמּוּ סֶלָה: ג״פ.

אֲדוֹן עוֹלָם אֲשֶׁר מָלַךְ· בְּטֶרֶם כָּל־יְצִיר נִבְרָא:
לְעֵת נַעֲשָׂה בְחֶפְצוֹ כֹּל· אֲזַי מֶלֶךְ שְׁמוֹ נִקְרָא:
וְאַחֲרֵי כִּכְלוֹת הַכֹּל· לְבַדּוֹ יִמְלוֹךְ נוֹרָא:
וְהוּא הָיָה וְהוּא הֹוֶה· וְהוּא יִהְיֶה בְּתִפְאָרָה:
וְהוּא אֶחָד וְאֵין שֵׁנִי· לְהַמְשִׁיל לוֹ לְהַחְבִּירָה:
בְּלִי רֵאשִׁית בְּלִי תַכְלִית· וְלוֹ הָעֹז וְהַמִּשְׂרָה:
וְהוּא אֵלִי וְחַי גֹּאֲלִי· וְצוּר חֶבְלִי בְּעֵת צָרָה:
וְהוּא נִסִּי וּמָנוֹס לִי· מְנָת כּוֹסִי בְּיוֹם אֶקְרָא:
בְּיָדוֹ אַפְקִיד רוּחִי· בְּעֵת אִישַׁן וְאָעִירָה:
וְעִם־רוּחִי גְּוִיָּתִי· יְיָ לִי וְלֹא אִירָא:

שויתי יי לנגדי תמיד כי מימיני בל אמוט: שמרני אל כי חסיתי בך:

(Psalm 128.) Stufengesang. Heil dem, der den Ewigen fürchtet, der in seinen Wegen wandelt! Nähre dich von deiner Arbeit! Heil dir, du hast es gut! Dein Weib, ein traubenreicher Stock, an deines Hauses Seite; wie Oelbaumssprossen deine Kinder, um deinen Tisch herum. Seht, so wird der Mann gesegnet, der den Ewigen verehrt! Der Ewige segne dich von Zion aus, daß du Jerusalem im Glücksstand sehest, all' dein Lebenlang, und sehest Kinder deiner Kinder! — Frieden über Israel!

רגזו Bebt, und sündigt nicht! überlegt's im Herzen auf eurer Lagerstätte und seid sanftmüthig! Selah. (Psalm 4, 5.)

אדון Der Herr der Welt, er hat regiert, ehe noch ein Wesen geschaffen war. Und als durch seinen Willen das All entstand, wurde sein Name Regent genannt. Und wenn das weite All vergeht, wird er allein, der Furchtbare, regieren. Er war, er ist und er wird sein in Herrlichkeit. Er ist einzig, kein Zweiter ist ihm gleich, ihm ähnlich. Ohne Anfang ist er und ohne Ende, sein ist die Macht und die Herrschaft. Er ist mein Gott! mein Erlöser lebt, mein Fels im Leiden zur Zeit der Noth. Er ist mein Panier, meine Zuflucht, mein Kelch des Heils, wenn ich ihn anrufe. Seiner Hand empfehle ich meinen Geist, wenn ich schlafe und wenn ich erwache; und mit meinem Geiste auch meinen Leib. Gott ist mit mir, ich fürchte nichts!

ווער אין 30 טאָגען ניכט אויף דעם בית חיים וואַר, בעטעט ביי'ם היינטריטט:

בָּרוּךְ אַתָּה יְיָ אֱלֹהֵינוּ מֶלֶךְ הָעוֹלָם, אֲשֶׁר־יָצַר אֶתְכֶם בַּדִּין, וְזָן וְכִלְכֵּל אֶתְכֶם בַּדִּין, וְהֵמִית אֶתְכֶם בַּדִּין, וְיוֹדֵעַ מִסְפַּר כֻּלְּכֶם בַּדִּין, וְעָתִיד לְהַחֲזִיר וּלְהַחֲיוֹתְכֶם בַּדִּין: בָּרוּךְ אַתָּה יְיָ מְחַיֵּה הַמֵּתִים:

אַתָּה גִּבּוֹר לְעוֹלָם אֲדֹנָי מְחַיֵּה מֵתִים אַתָּה רַב לְהוֹשִׁיעַ. מְכַלְכֵּל חַיִּים בְּחֶסֶד מְחַיֵּה מֵתִים בְּרַחֲמִים רַבִּים סוֹמֵךְ נוֹפְלִים וְרוֹפֵא חוֹלִים וּמַתִּיר אֲסוּרִים וּמְקַיֵּם אֱמוּנָתוֹ לִישֵׁנֵי עָפָר מִי כָמוֹךָ בַּעַל גְּבוּרוֹת וּמִי דּוֹמֶה לָּךְ מֶלֶךְ מֵמִית וּמְחַיֶּה וּמַצְמִיחַ יְשׁוּעָה׃ וְנֶאֱמָן אַתָּה לְהַחֲיוֹת מֵתִים:

זאָבאַלד מאַן מיט דעם מת אויף דאַס בית חיים געקאָממען, שפריכט מאַן הצור תמים. אַן זאָלכען טאַגען אַבער וואָ קיין תחנון געבעטעט ווירד, ווירד עס ניכט געשפּראָכען.

הַצּוּר תָּמִים פָּעֳלוֹ כִּי כָל־דְּרָכָיו מִשְׁפָּט, אֵל אֱמוּנָה וְאֵין עָוֶל, צַדִּיק וְיָשָׁר הוּא:

הַצּוּר תָּמִים בְּכָל־פֹּעַל, מִי יֹאמַר לוֹ מַה תִּפְעַל, הַשַּׁלִּיט בְּמַטָּה וּבְמַעַל, מֵמִית וּמְחַיֶּה, מוֹרִיד שְׁאוֹל וַיָּעַל:

הַצּוּר תָּמִים בְּכָל־מַעֲשֶׂה, מִי יֹאמַר לוֹ מַה תַּעֲשֶׂה, הָאוֹמֵר וְעֹשֶׂה, חֶסֶד חִנָּם לָנוּ תַעֲשֶׂה, וּבִזְכוּת הַנֶּעֱקַד כְּשֶׂה, הַקְשִׁיבָה וַעֲשֵׂה:

Bei'm Eintritt in den Friedhof — so man in dreißig Tagen nicht dort gewesen ist — spricht man folgendes Gebet.

ברוך Gelobt seist Du, Ewiger, unser Gott, Weltregent, der mit Gerechtigkeit euch geschaffen, ernährt und erhalten hat und in seiner Gerechtigkeit euch hat sterben lassen; der die Anzahl eurer Aller kennt und euch einst wieder beleben wird nach seiner Gerechtigkeit. Gelobt seist Du, Ewiger, der die Todten belebt.

אתה Mächtig bist Du in Ewigkeit, o Herr! Du belebst die Todten wieder, mächtiger Retter! Deine Gnade ernährt die Lebenden, Deine unendliche Barmherzigkeit läßt die Todten wieder aufleben! Du bist der Wankenden Stütze, der Kranken Heil und Befreier der Gefesselten! Du hältst treulich Deine Zusage Jenen, die in der Erde schlummern! Wer ist wie Du, allmächtiger Gott! Wer ist Dir ähnlich? König, der da tödtet und wieder belebet und Heil aufkeimen läßt. Deiner Verheißung getreu, belebst Du einst die Todten wieder!

Sobald man mit dem Todten auf den Friedhof gekommen, sagt man הצור תמים.

Des Schöpfers Thun ist tadellos,
All seine Wege sind gerecht;
Ein Gott der Treue, ohne Falsch.
Gerecht ist er und redlich.
Der Schöpfer, tadellos in jedem Werk,
Wer könnt' ihn fragen: „Was thust Du da?"
Er herrscht hier unten und dort oben,
Er tödtet und belebt auch wieder,
Er führt in's Grab und wieder herauf.
Der Schöpfer, tadellos in jeder That,
Wer könnt' ihm sagen: „Was machst Du da?" —
Du, der Du verheißest und vollführst,
Erweise unverdiente Gnade uns;
Um deß' Verdienste willen,
Der sich, wie ein Lamm, zum Opfer binden ließ,
Erhöre und willfahre uns!

צַדִּיק בְּכָל־דְּרָכָיו הַצּוּר תָּמִים, אֶרֶךְ אַפַּיִם וּמָלֵא רַחֲמִים, חֲמָל־נָא וְחוּס־נָא עַל־אָבוֹת וּבָנִים, כִּי לְךָ אָדוֹן הַסְּלִיחוֹת וְהָרַחֲמִים:

צַדִּיק אַתָּה יְיָ לְהָמִית וּלְהַחֲיוֹת, אֲשֶׁר בְּיָדְךָ פִּקְדוֹן כָּל־רוּחוֹת, חָלִילָה לְּךָ זִכְרוֹנֵנוּ לִמְחוֹת, וְיִהְיוּ־נָא עֵינֶיךָ בְּרַחֲמִים עָלֵינוּ פְּקוּחוֹת, כִּי לְךָ אָדוֹן הָרַחֲמִים וְהַסְּלִיחוֹת:

אָדָם אִם בֶּן־שָׁנָה יִהְיֶה, אוֹ אֶלֶף שָׁנִים יִחְיֶה, מַה־יִּתְרוֹן לוֹ, כְּלֹא הָיָה יִהְיֶה. בָּרוּךְ דַּיַּן הָאֱמֶת, מֵמִית וּמְחַיֶּה:

בָּרוּךְ הוּא. כִּי אֱמֶת דִּינוֹ, וּמְשׁוֹטֵט הַכֹּל בְּעֵינוֹ, וּמְשַׁלֵּם לְאָדָם חֶשְׁבּוֹנוֹ וְדִינוֹ, וְהַכֹּל לִשְׁמוֹ הוֹדָיָה יִתֵּנוּ:

יָדַעְנוּ יְיָ כִּי צֶדֶק מִשְׁפָּטֶךָ, תִּצְדַּק בְּדָבְרֶךָ וְתִזְכֶּה בְּשָׁפְטֶךָ, וְאֵין לְהַרְהֵר אַחַר מִדַּת שָׁפְטֶךָ, צַדִּיק אַתָּה יְיָ וְיָשָׁר מִשְׁפָּטֶיךָ:

Du Allgerechter, Allvollkomm'ner,
Langmüthiger und Barmherziger,
O, schone und erbarme der Väter und der Kinder Dich!
Denn Dein, o Herr! ist das Verzeihen, das Erbarmen,

Gerecht bist Du, o Ewiger!
Tödtest Du, so belebst Du wieder;
In Deiner Hand sind alle Geister wohlbewahrt,
Und fern ist es von Dir, unser Andenken zu vertilgen.
So möge denn Dein Aug' mit Liebe wachen über uns!
Denn Dein, o Herr, ist das Verzeihen, das Erbarmen.

Der Mensch — mag ein Jahr er nur zählen,
Oder tausend Jahre leben —
Was bleibt ihm für Gewinn hienieden?
Es ist, als wär' er nicht gewesen.

Gelobt sei er, der in Wahrheit richtet,
Der tödtet und belebet!

Der Hochgelobte, sein Gericht ist lauter Wahrheit,
Sein Auge überblickt das All,
Und er vergilt dem Menschen nach Rechenschaft und Recht,
Und Alles — seinen Namen preisend — legt das Geständniß ab:
„Wir erkennen's, Herr! Das Recht ist Dein Gericht,
„Gerecht Du bist in Deinem Wort,
„Rein und lauter, wenn Du Urtheil sprichst,
„Und Deine Richterweisheit erhaben über jeden Tadel ist." —

Ja, gerecht bist Du, o Gott!
Dein Richterspruch gerade,

דַּיַּן אֱמֶת וְשׁוֹפֵט צֶֽדֶק וֶאֱמֶת, בָּרוּךְ דַּיַּן הָאֱמֶת, שֶׁכָּל־מִשְׁפָּטָיו צֶֽדֶק וֶאֱמֶת:

נֶֽפֶשׁ כָּל־חַי בְּיָדֶֽךָ, צֶֽדֶק מָלְאָה יְמִינְךָ וְיָדֶֽךָ, רַחֵם עַל־פְּלֵיטַת צֹאן יָדֶֽךָ, וְתֹאמַר לַמַּלְאָךְ הֶֽרֶף יָדֶֽךָ:

גְּדֹל הָעֵצָה וְרַב הָעֲלִילִיָּה, אֲשֶׁר־עֵינֶֽיךָ פְקֻחוֹת עַל־כָּל־דַּרְכֵי בְּנֵי אָדָם, לָתֵת לְאִישׁ כִּדְרָכָיו וְכִפְרִי מַעֲלָלָיו:

לְהַגִּיד כִּי־יָשָׁר יְיָ, צוּרִי וְלֹא־עַוְלָֽתָה בּוֹ:

יְיָ נָתַן, וַייָ לָקָח, יְהִי שֵׁם יְיָ מְבֹרָךְ:

וְהוּא רַחוּם יְכַפֵּר עָוֹן וְלֹא יַשְׁחִית וְהִרְבָּה לְהָשִׁיב אַפּוֹ וְלֹא יָעִיר כָּל־חֲמָתוֹ:

נאך דער קבורה זאגען דיא יתומים דיעזען קדיש חוץ קהל בעטעט מיט ביז ויקרה.

יִתְגַּדַּל וְיִתְקַדַּשׁ שְׁמֵהּ רַבָּא בְּעָלְמָא דִּי הוּא עָתִיד לְאִתְחַדָּתָא וּלְאַחֲיָאָה מֵתַיָּא וּלְאַסָּקָא יָתְהוֹן לְחַיֵּי עָלְמָא וּלְמִבְנֵא קַרְתָּא דִּי־יְרוּשְׁלֵם וּלְשַׁכְלָלָא הֵיכְלֵהּ בְּגַוַּהּ וּלְמֶעֱקַר פָּלְחָנָא נֻכְרָאָה מִן־אַרְעָא וְלַאֲתָבָא פָּלְחָנָא דִּי שְׁמַיָּא לְאַתְרֵהּ וְיַמְלִיךְ קֻדְשָׁא בְּרִיךְ הוּא בְּמַלְכוּתֵהּ וִיקָרֵהּ בְּחַיֵּיכוֹן וּבְיוֹמֵיכוֹן וּבְחַיֵּי דְכָל בֵּית יִשְׂרָאֵל בַּעֲגָלָא וּבִזְמַן קָרִיב וְאִמְרוּ וכו׳.

Ein wahrer Richter Du,
Richtend recht und wahr.
Hochgelobt seist Du!

Die Seele alle Lebenden ist in Deiner Hand,
Und von Gerechtigkeit ist Deine Rechte voll; —
O. schon' des Restes Deiner Heerde.
O, sprich zum Todesengel: „Ziehe Deine Hand zurück!"

Gerecht bist Du im Rathschlusse
Und mächtig in der Ausführung,
Du hältst Deine Augen offen
Ueber aller Menschen Wege,
Zu vergelten Jedem nach seinem Wandel
Und nach seiner Werke Frucht;
Auf daß man laut verkünde,
Wie der Herr gerecht, der Schöpfer ohne Tadel sei. —
Der Herr hat's gegeben,
Der Herr hat's genommen —
Der Name des Herrn sei gelobt!
Er, der Allbarmherzige, er vergibt den Frevel,
Und vertilget nicht;
Oft nimmt er seinen Zorn zurück.
Und seinen Grimm läßt nie er ganz erwachen!

Die Leidtragenden beten Folgendes:

יתגדל Verherrlicht und geheiligt werde sein großer Name in der Welt, die sich einst verjüngen wird! Er wird einst die Todten wieder beleben und sie erstehen lassen zum ewigen Leben; wird sie erbauen, die Stadt Jerusalem und seinen Tempel gründen in ihrer Mitte, wird fremden Dienst verschwinden lassen aus unserem Lande und die Gottesverehrung wieder einsetzen in ihre Rechte. Ja, der Heilige, gelobt sei er, wird regieren in seiner Herrlichkeit und Würde, bei euerm Leben und in euern Tagen und bei dem Leben des ganzen Hauses Israel, bald und in naher Zeit — darauf sprechet: Amen! Sein großer Name u. s. w. (S. 127.)

ביי'ם וועגגעהען פֿאָם בית חיים שטעללען זיך דיא לייטע געגענזייטיג אין צווייא רייהען (שורה), דורך דיא דער אבל צו געהען האט, אינדעם מאן צו איהם שפריכט:

הַמָּקוֹם יְנַחֵם אוֹתְךָ (אֶתְכֶם) בְּתוֹךְ שְׁאָר אֲבֵלֵי צִיּוֹן וִירוּשָׁלָיִם:

דאן רייסט מאן גראז אויז, ווירפט עס הינטער זיך אונד שפריכט:

וְיָצִיצוּ מֵעִיר כְּעֵשֶׂב הָאָרֶץ: (איינינגע זאגן) זָכוּר כִּי עָפָר אֲנָחְנוּ:

נאכדעם מאן פֿאָם בית חיים וועגגעגאנגען, וואשט מאן דיא הענדע אונד שפריכט:

בִּלַּע הַמָּוֶת לָנֶצַח וּמָחָה אֲדֹנָי יֱהֹוִה דִּמְעָה מֵעַל כָּל פָּנִים וְחֶרְפַּת עַמּוֹ יָסִיר מֵעַל כָּל הָאָרֶץ כִּי יְיָ דִּבֵּר:

נאכהער שפריכט מאן ויהי נועם וגו'.

ברכת הלבנה·

בָּרוּךְ אַתָּה יְיָ אֱלֹהֵינוּ מֶלֶךְ הָעוֹלָם· אֲשֶׁר בְּמַאֲמָרוֹ בָּרָא שְׁחָקִים· וּבְרוּחַ פִּיו כָּל־צְבָאָם· חֹק וּזְמַן נָתַן לָהֶם· שֶׁלֹּא יְשַׁנּוּ אֶת־תַּפְקִידָם: שָׂשִׂים וּשְׂמֵחִים לַעֲשׂוֹת רְצוֹן קוֹנָם· פּוֹעֵל אֱמֶת שֶׁפְּעֻלָּתוֹ אֱמֶת· וְלַלְּבָנָה אָמַר שֶׁתִּתְחַדֵּשׁ עֲטֶרֶת תִּפְאֶרֶת לַעֲמוּסֵי בָטֶן· הָעֲתִידִים לְהִתְחַדֵּשׁ כְּמוֹתָהּ· וּלְפָאֵר לְיוֹצְרָם עַל שֵׁם כְּבוֹד מַלְכוּתוֹ· בָּרוּךְ אַתָּה יְיָ מְחַדֵּשׁ חֳדָשִׁים:

Bei'm Weggehen vom Friedhofe stellen sich die Leute gegenseitig in zwei Reihen auf, durch die der Leidtragende geht, indem man zu ihm spricht:

המקום Der Welterhalter tröste dich (euch) nebst allen Trauernden Zions und Jerusalems!

Dann reißt man etwas Gras aus wirft es hinter sich und spricht:

ויציצו Einst werden sie aus der Stadt hervorblühen, wie Gras aus der Erde. (Andere sagen: Gedenke, daß wir Staub nur sind!)

Nachdem man sich vom Friedhofe entfernt, wascht man die Hände und spricht Folgendes:

בלע Einst läßt den Tod auf ewig er verschwinden. Gott, der Herr, trocknet dann die Thränen von jedem Angesichte, entfernt seines Volkes Schmach vom ganzen Erdenrund — denn er sprach es, der Ewige!

Dann sagt man ויהי נעם (S. 377).

Benedeiung bei'm Neumond.

ברוך Gelobt seist Du, Ewiger, unser Gott, Weltregent, dessen Ausspruch die Himmel und dessen Hauch die sämmtlichen Himmelsheere erschaffen! Bestimmung und Zeitmaaß gab er ihnen zur unabänderlichen Natur; sie vollziehen froh und freudig den Willen ihres Schöpfers, des wahrhaft Wirkenden, dessen Werke wahrhaftig sind, der auch dem Monde die Erneuerung eines Ehrenkranzes versprochen für die im Schooße Getragenen [1]), die sich einst ebenso wie er erneuen und ihren Schöpfer preisen werden ob des Ruhmes seiner Majestät. Gelobt seist Du, Ewiger, der die Monde erneuet.

---

1) Die Söhne Jakobs. S. Jes. 46, 3.

ג"פ ברוך יוצרך· ברוך עושך· ברוך קונך· ברוך בוראך:

ומרקד כנגד הלבנה ואומר ג"פ. (ויזהר שלא יכרע בברכיו רק אוקף באצבעותיו.)

ג"פ כשם שאני רוקד כנגדך· ואיני יכול לגע בך· כך לא יוכלו כל־אויבי לגע בי לרעה:

ג"פ תפל עליהם אימתה ופחד בגדל זרועך ידמו כאבן:
כאבן ידמו זרועך בגדל ופחד אימתה עליהם תפל:

דוד מלך ישראל חי וקים:

ואומר לחבירו ג"פ שלום עליכם: וחבירו משיב ג"פ עליכם שלום:

ג"פ סמן טוב ומזל טוב יהא לנו ולכל ישראל אמן:

קול דודי הנה זה בא· מדלג על ההרים· מקפץ על הגבעות: דומה דודי לצבי· או לעפר האילים· הנה זה עומד אחר כתלנו· משגיח מן החלנות מציץ מן החרכים:

תנא דבי רבי ישמעאל. אלמלא לא זכו ישראל אלא להקביל פני אביהם שבשמים פעם אחת בחדש דים: אמר אביי הלכך צריך למימרא מעמד:

מי זאת עלה מן המדבר מתרפקת על דודה:

ויהי רצון מלפניך יי אלהי ואלהי אבותי למלאות פגימת הלבנה. ולא יהיה שום מעוט. ויהי אור הלבנה כאור החמה·

וּכְאוֹר שִׁבְעַת יְמֵי בְרֵאשִׁית. כְּמוֹ שֶׁהָיְתָה קֹדֶם מִעוּטָהּ. שֶׁנֶּאֱמַר אֶת־שְׁנֵי הַמְּאֹרֹת הַגְּדֹלִים. וְיִתְקַיֵּם מִקְרָא שֶׁכָּתוּב וּבִקְשׁוּ אֶת־יְיָ אֱלֹהֵיהֶם וְאֵת דָּוִיד מַלְכָּם אָמֵן:

קכא שִׁיר לַמַּעֲלוֹת אֶשָּׂא עֵינַי אֶל־הֶהָרִים מֵאַיִן יָבֹא עֶזְרִי: עֶזְרִי מֵעִם יְיָ עֹשֵׂה שָׁמַיִם וָאָרֶץ: אַל־יִתֵּן לַמּוֹט רַגְלֶךָ אַל־יָנוּם שֹׁמְרֶךָ: הִנֵּה לֹא יָנוּם וְלֹא יִישָׁן שׁוֹמֵר יִשְׂרָאֵל: יְיָ שֹׁמְרֶךָ יְיָ צִלְּךָ עַל־יַד יְמִינֶךָ: יוֹמָם הַשֶּׁמֶשׁ לֹא־יַכֶּכָּה וְיָרֵחַ בַּלָּיְלָה: יְיָ יִשְׁמָרְךָ מִכָּל־רָע יִשְׁמֹר אֶת־נַפְשֶׁךָ: יְיָ יִשְׁמָר־צֵאתְךָ וּבוֹאֶךָ מֵעַתָּה וְעַד־עוֹלָם:

הַלְלוּיָהּ ׀ הַלְלוּ־אֵל בְּקָדְשׁוֹ הַלְלוּהוּ בִּרְקִיעַ עֻזּוֹ: הַלְלוּהוּ בִגְבוּרֹתָיו הַלְלוּהוּ כְּרֹב גֻּדְלוֹ: הַלְלוּהוּ בְּתֵקַע שׁוֹפָר הַלְלוּהוּ בְּנֵבֶל וְכִנּוֹר: הַלְלוּהוּ בְּתֹף וּמָחוֹל הַלְלוּהוּ בְּמִנִּים וְעוּגָב: הַלְלוּהוּ בְצִלְצְלֵי־שָׁמַע הַלְלוּהוּ בְּצִלְצְלֵי תְרוּעָה: כֹּל הַנְּשָׁמָה תְּהַלֵּל יָהּ הַלְלוּיָהּ:

דאַן זאָגט מאַן מזמור ס"ז למנצח בנגינות ח"ג. זיעהע זייטע 358.

סדר פדיון הבן·

עס ווירד דיח פפליכט דעס פאטערס, דען זאהן זיינער פרויח (דיח קיינע כהנת אדער לויה ווירט) ערזטגעבאהרענען זאהן אויזצולאזען, זאבאלד דיעזער 31 טאגע אלט ווירט *). דער פאטער לעגט נעמליך 8 בראבאנטער טהאלער אדר זילבערגעלד דעם כהן פאר; דאן איבעררייכט ער זיין זאהנליין דעם כהן, אינדעם ער שפריכט:

אִשְׁתִּי יָלְדָה לִי בֵּן זָכָר וְהוּא פֶּטֶר רֶחֶם:

Meine Frau gebar mir dieses männliche Kind als Erstgeburt.

דער כהן פראגט היערויף דען פאטער:

אֵי זֶה תִּרְצֶה יוֹתֵר · בִּנְךָ בְּכוֹרְךָ זֶה אוֹ חֲמִשָּׁה סְלָעִים שֶׁנִּתְחַיַּבְתָּ בִּפְדְיוֹנוֹ?

Was willst du lieber haben: diesen deinen erstgebornen Sohn, oder die 5 Selaïm, die du als Lösegeld für ihn zu geben schuldig bist?

דער פאטער נימט דאז זילבערגעלד אין דיח האנד אונד אנטווארטעט:

אֶת בְּנִי בְכוֹרִי אֲנִי רוֹצֶה יוֹתֵר, וְהֵא לְךָ חֲמִשָּׁה סְלָעִים בִּפְדְיוֹנוֹ:

Meinen erstgebornen Sohn habe ich lieber; hier hast du dessen Lösegeld, die fünf Selaïm! —

דאן שפריכט דער פאטער פאלגענדע ברכה:

בָּרוּךְ אַתָּה יְיָ אֱלֹהֵינוּ מֶלֶךְ הָעוֹלָם אֲשֶׁר קִדְּשָׁנוּ בְּמִצְוֹתָיו וְצִוָּנוּ עַל פִּדְיוֹן הַבֵּן:

Gelobt seist Du, Ewiger, unser Gott, Weltregent, der uns durch seine Gebote geheiligt und uns die Auslösung des erstgebornen Sohnes befohlen hat.

בָּרוּךְ אַתָּה יְיָ אֱלֹהֵינוּ מֶלֶךְ הָעוֹלָם שֶׁהֶחֱיָנוּ וְקִיְּמָנוּ וְהִגִּיעָנוּ לַזְּמַן הַזֶּה:

Gelobt seist Du, Ewiger, unser Gott, Weltregent, der uns am Leben und aufrecht erhalten und uns diese Zeit hat erreichen lassen.

אלזדאן גיבט ער דעם כהן דאז געלד, אונד נימט זיין קינד. דער כהן שפריכט:

בִּנְךָ פָּדוּי, בִּנְךָ פָּדוּי, בִּנְךָ פָּדוּי:

Dein Sohn ist ausgelöst! (dreimal)

היערויף ערטהיילט דער כהן דעם קינדע פאלגענדען זעגען:

יְשִׂמְךָ אֱלֹהִים כְּאֶפְרַיִם וְכִמְנַשֶּׁה:

Gott lasse dich werden wie Ephrajim und Menascheh!

יְבָרֶכְךָ יְיָ וְיִשְׁמְרֶךָ וכו'.

Der Ewige segne dich 2c.

יְיָ שֹׁמְרֶךָ יְיָ צִלְּךָ עַל־יַד יְמִינֶךָ: כִּי אֹרֶךְ יָמִים וּשְׁנוֹת חַיִּים וְשָׁלוֹם יוֹסִיפוּ לָךְ: יְיָ יִשְׁמָרְךָ מִכָּל־רָע יִשְׁמֹר אֶת־נַפְשֶׁךָ: אמן.

Der Ewige sei dein Hüter, der Ewige schütze dich, stehe zur Rechten dir! Er gebe langes Leben dir! Jahre des friedlichen Lebens mögen viele dir werden! Der Ewige behüte dich vor allem Uebel, behüte deine Seele! Amen.

---

*) ווירט דער פאטער איין כהן אדער לוי, זא בעדארף דאז קינד קיינער אויזלאזונג.

פיוטי

יוצר ואופן מאורה ואהבה זולת וקרובה סדר וסלוק

לכל שבת בשבתו

לפי מנהג האשכנזים

Die

Piutim

für

alle Sabbathe des Jahres.

Sorgfältig corrigirt und in's Deutsche übersetzt

von

S. Baer.

Dritte revidirte Ausgabe.

Rödelheim,

Druck u. Verlag von J. Lehrberger & Comp.

1866.

„העמידו המליצים אמונת הבורא בפיוטיהם,
והמשוררים בחרוזיהם, והחכמים בדרשותיהם."

(ס' הפרדס לר"י בודשי.)

Vorwort,

zur ersten Ausgabe

(1854).

Im Auftrage der Verlagsbuchhandlung, welche für gut erkannte, dem neu erschienenen Gebetbuche תפלת ישרים — zur Vervollständigung und ausgedehnteren Brauchbarkeit — noch die sabbathlichen Pijutim *) beizufügen, unternahm ich es, auch zu diesen eine deutsche Uebersetzung anzufertigen. Ich bestrebte mich hierbei, nach einem sorgfältig corrigirten und nach Handschriften berichtigten Texte, den Sinn so viel wie möglich, wenn auch nicht wörtlich, doch wortgetreu wiederzugeben, so, daß jene andächtigen Leser, die sich mittelst der Uebersetzung den Text zu erklären (verdeutschen) suchen, für das ebräische Wort auch ein entsprechendes Deutsches finden. Jedoch nicht überall konnte diese Regel festgehalten werden. Hauptsächlich solche Stellen, die auf eine talmudische Deutung oder Sage hinzielen und meist in äußerst kurzen und räthselhaften Ausdrücken gegeben sind, auch oft mit einem Worte einen ganz anderen Gedanken verbinden, als dessen gewöhnlicher Gebrauch bezeichnet, konnte und durfte ich nicht einfach treu übersetzen, wenn ich nicht, statt sie aufzuhellen, sie nur noch mehr verdunkeln wollte. An solchen und ähnlichen Stellen wählte ich darum eine umschreibende Uebersetzung, durch die der eigentlich beabsichtigte Sinn des Textwortes erweitert und ausgeführt ist. Einige andere Stücke hingegen, die ihres halachischen und casuitischen Inhaltes wegen, auch bei einer Umschreibung, ohne weitläufigen Erläuterungen und Erörterungen, den meisten Lesern immer noch unverständlich blieben, habe ich ganz unübersetzt gelassen. —

Ob nun dieser Plan, dem ich bei der vorliegenden Arbeit gefolgt bin, der rechte ist, darüber zu sprechen, steht mir nicht zu. Dies, so wie manches Andere, zu beurtheilen, muß ich dem competenten Leser überlassen, den ich aber ersuche, bei seiner Beurtheilung nicht vergessen zu wollen, wie viele und fast unüberwindlichen Hindernisse dem Uebersetzer vom Pijutim im Wege stehen.

S. Baer.

---

*) פיוטים Poëmen; der solche verfaßt, heißt פייטן Poët.

Vorwort,

zur zweiten Ausgabe.

Mehr noch, als bei der ersten, wurde in dieser zweiten Ausgabe der sabbathlichen Piutim alle Sorgfalt und Aufmerksamkeit auf die möglichste Richtigkeit des Textes und Klarheit der Uebersetzung verwendet. Auch wurde, nach vielseitigem Wunsche, den Stücken אז ראית S. 72 und אדיר דר S. 198 die in der ersten Ausgabe unübersetzt blieben, hier ebenfalls die Uebersetzung beigegeben, damit dem Betenden auch der Inhalt jener Stücke so weit, als es eben durch eine bloße Uebersetzung ohne weitläufigen Erklärungen geschehen kann, verständlich werde.

Biebrich, im Dezember 1861.

S. Baer.

Vorwort,

zur dritten Ausgabe.

Auch bei dieser dritten Ausgabe der Sabbath-Piutim, die im Ganzen der zweiten unverändert gleicht, ist alle Achtsamkeit darauf verwendet worden, Text wie Uebersetzung möglichst correct zu liefern.

Biebrich, im Dezember 1865.

S. Baer.

פיוטי

שבתות השנה.

ע"ס א"ב ובסוף חתום אליעזר ברבי נתן. וכל חרוזיו בעלי ה' תבנים,
זולת הסוגר שהוא על לשון הכתוב.

אפוני אימיו בטל חיים לטללה· שמורי דת אמרתו עולם
להגבילה· באמר אם לא בריתי יומם ולילה: באות
ברית קדש חתומים בקרץ· משתתים מוסדי תבל בלי
פרץ· חקות שמים וארץ: גם בדם ברית משלחי
מלהבתן· בבור אין בו מים אסיריהם מלתן· זאת אות
הברית אשר אני נתן: אל יספר בכתוב עמים מחבלו· עם
זו רשום ברית לעלו· כל הכתוב לחיים יאמר לו קדוש:

דבר קדשו זוכר לזרע תניכיו· הקדים אצלו לבשח
משרתיו ומברכיו· מקים דבר עבדו ועצת מלאכיו: הלא
לפנים צורו ערלה לעבד· הוליד בטהרה ידיד ויחיד ונבור·
חגור תרכך על ירך גבור: ואז נפקד בנעקד פרי בטנו·
ולשמנה התמו ובדם ברית התנו· וימל אברהם את יצחק
בנו: ומורתו חקוקה בכסא אלים· נולד מהול וחבב קוצות
תלתלים· ויעקב איש תם ישב אהלים: תנימו בבא שוטן
שפי לקב· חן שפוני חול ופץ מה אקב· מי מנה עפר
יעקב: טמון בחול חק נדרש ומשלם· חל גבול לים
חק עולם· ויעמידה ליעקב לחק לישראל ברית עולם:

Die Ihm in Ehrfurcht Zugewandten wird Er, der Herr, mit dem Thaue des Lebens bethauen; denn sie halten das Gesetz, sein Wort, und damit die Welt in ihren Schranken, nach jenem Ausspruche: „Wenn mein Bund nicht wäre, so bestünden nicht Tag und Nacht." Mit der Beschneidung, dem Zeichen des heiligen Bundes, sind sie (Israel) gezeichnet und somit unzerstörbar befestigt die Grundfesten des Erdballs, unwandelbar des Himmels und der Erde Gesetze. — O, mögen meine Verlassenen, durch das Blut des Bundes geschützt, nie hingegeben sein, gefesselt im Gefängnisse zu verschmachten! O Gott! laß dieses sein das Zeichen des Bundes, den Du setztest! Wann der Allmächtige die seines Antheils würdigen Völker verzeichnet, zähle Er auch dieses Volk (Israel) mit, das bezeichnet ist mit dem Bunde, Ihn zu verherrlichen! denn jeder, der verzeichnet steht zum ewigen Leben, heilig wird er genannt. —

Abraham, des heiligen Wortes eingedenk, vollzog die Beschneidung an allen seinen Untergebenen. Da ließ denn auch der Ewige seine himmlischen Diener ihm erscheinen und ihm erfreuliche Botschaft bringen, und bestätigte seiner Diener Wort, seiner Boten Verkündigung. Ja, er (Abraham), der in Reinheit, den geliebten, einzigen und tugendhaften Sohn zeugen sollte, sollte zuvor die Vorhaut sich hinweg nehmen; es ward ihm der Befehl: lege das Messer an die Lenden, du Glaubensheld! Kaum war er mit einem Sohne bedacht, so bezeichnete er auch diesen am achten Tage mit dem Blute des Bundes, „Und Abraham beschnitt seinen Sohn Isaak."— Isaak's Sprößling, abgebildet am Throne der Allmacht, ward ohne Vorhaut geboren; er liebte die Sammlung der göttlichen Gebote, „Jakob war ein vollkommener Mann, der gern in Zelten wohnte." Dessen Nachkommen zu fluchen, kam schleichend jener Gegner (Bileam); da erblickte er die an Menge den Sandkörnern Gleichen und sprach: „Wie dürft' ich fluchen? wer zählt den Staub Jakobs?" — Die forschenswerthe, vollkommene Lehre war noch nicht geoffenbart, da stellte Er, der dem Meere seine Grenze bestimmte zum ewigen Gesetze, schon die Satzung auf für Jakob, für Israel den ewigen Bund

יושבי נף חדלו ברית תוי· עד זמן פקודתם לצאת
ולהרוי· אך את משה לוי: כאשר איש האלהים ברכו להלם·
ונביא קלסו לכל לעלם לעילום· בריתי היתה אתו החיים
והשלום: לא מל בכורו ונתבקש במלונה· לולי לקחה צר
זריזה ומשנה· ותכרת את ערלת בנה: מפרך הדרתיך
בבשר דודיך תמימיך· כגנתנו ריח דודיך וסמדרי
כרמיך· ואעבר עליך ואראך מתבוססת בדמיך: נפשך
החייתי כל בכור במחיי· בתויתי על פתחיך תו תחיי·
ואמר לך בדמיך חיי: שכר שעבוד תורים ונקודות הכסף·
בין אברותיה ירקרק חרוצי להוסף· כנפי יונה נחפה
בכסף: עליון בברית לשון ים החרים· ומקרא מלא הן
הן הדברים· לגזר ים סוף לגזרים: פסו וחדלו מפני
סרח הדרך· מלמול הולכי ישימון עלי דרך· כל העם
הילדים במדבר בדרך: צלחו ירדן משרת ועם צ'· צוה
לעשות חרבות צרים כהאל· ושוב מל את בני ישראל:
קצין עם כנכנם למרחץ משלל· פן אין פתיל ואין ראשי
מכלל· חנני יי כי אמלל: רוקך רב שירות ותשבחות
לאלהיך· ואמר לך עלי חתימות בריתך· שוש אנכי על

(der Beschneidung). Noph's Bewohner (die Egypter) hielten das Volk vom Bunde seines heiligen Zeichens ab, bis die Zeit herankam, da es zur Freiheit ausging; nur Levi's Stamm, der ließ sich nicht zurückhalten. Darum segnete auch später der göttliche Mann (Moses) diesen Stamm, darum pries ihn auch für immer selig der Prophet (Malachi): „Mein Bund wird mit ihm sein, Leben und Glückseligkeit!" — Moses hatte seinen Erstgebornen nicht beschnitten und wäre deßhalb in der Herberge gestorben, wenn nicht dessen ausgezeichnete Gattin schnell den scharfen Stein genommen und ihres Sohnes Vorhaut abgeschnitten hätte. — Vom Drucke befreite ich dich, spricht Gott, um der Tugend deiner frommen Vorfahren willen. Da dufteten angenehm deine Lieblinge, in herrlicher Blüthe standen deine Weinberge; ich zog an dir vorüber und sah dich bedeckt mit dem Blute der Beschneidung, — bei'm Leben erhielt ich dich darum, als ich jeden Erstgebornen (Egyptens) vertilgend schlug, zeichnete an deinen Thüren das Zeichen des Lebens und sprach zu dir: „Lebe wegen deines eignen Blutes!" — Der Lohn für der Israeliten Dienst in Egypten waren goldne Schnüre mit silbernen Pünktchen; es wurden der keuschen Taube (Israel) Schwingen mit feinem Gold und Silber belegt. Des Bundes wegen trocknete der Höchste die Meereszunge aus; dies deutet jenes Schriftwort an: „Er spaltete die Binsensee den Beschnittenen*)." — Wegen der Beschwerden der Reise unterließ das in der Wüste wandernde Volk die Beschneidung an allen Neugebornen; aber nachdem der Diener Mosis (Josua) und Gottes Volk über den Jarden gegangen waren, da befahl der Ewige, scharfe Messer zu machen und die Kinder Israel wieder zu beschneiden. — Ging der Volksfürst (David) in's Bad und war aller heiligen Gewänder entkleidet, so sprach er: „Ich bin jetzt ohne Schaufäden und mein Haupt ist ohne Denkriemen; sei mir gnädig, Herr, denn schwach bin ich!" Doch das Zeichen Deines Bundes an sich gewahrend,

---

*) Im Texte לגזרים (Psalm 136, 13), welches der Midrasch (Jalk. §. 241.) wie לגזורים erklärt.

אמרתך: שר כי שמינית שמית לזמור. והשמיע לכל
גדל תהלתך לאמר. למנצח על השמינית מזמור: תשבי
קנא כפן לפני ה׳. קנא קנאתי לה׳ מושיע וגו׳. כי עזבו
בריתך בני ישראל: אכן כבן עשים שני כסאות. לו ולבעל
הברית לישב ולראות. לפני העדות למשמרת לאות:
לרפאתו שלשה כסא מתקן לכן. רמז ביום השלישי
להקימכם ולהחיותכם. כי הנה אנכי שלח לכם: יחיש
יבא לגאל שבטו מלעכב. וו עבטו עבוטה לעדות ביעקב.
חברתי את בריתי יעקוב: עמי בחירי מעל שלתני נרחק.
ארחים ואזכור בזכות ברית יצחק. ואף את בריתי יצחק:
זרוים לארבע כרויי בלתך וכד. אשרוק ואקבץ עוד
לכל למכור. ואף את בריתי אברהם אזכר: ברית שבת
ותורה חברו להתאים. בגללם נוסדו הדם וגיהים
וגבהים. בראשית ברא אלהים: בקיום שלש אלה
תגאלו עמוסי. שמרי משמרתי מצותי חקתי ותורתי.
אך אשר ישמרו את שבתתי: יד ושם אתן לכם בביתי.
טוב הצפון אשביעכם עמי ונחלתי. בחרו באשר
חפצתי ומחזיקים בבריתי: נופשי ענג ושומרי שבת

---

als hätte Elijahu sein Wav dem Jakob zum Pfand gegeben, daß er zur Erlösungszeit kommen werde. Siehe Raschi's Kommentar zu III. B. M. 26, 44.

verherrlichte er Dich mit vielen Liedern und Gesängen und sprach: „O wie freue ich mich Deines Wortes!“ Er sah, daß die Beschneidung zu acht Tagen das spinnenfeindselige Seir vernichten werde; indem er Deinen Ruhm laut verkündete, sagte er darum: „Sieger sind wir durch die Achttagsweihe, Sieger bis zur Vernichtung!“ — Der Tischbite (Elijahu) eiferte, rief vor Gott: „Für Dich eifere ich, Du Retter und Erlöser! denn verlassen haben Deinen Bund die Kinder Israel.“ Man bereitet deßhalb zwei Sitze, für ihn (den Propheten Elijahu) einen, und einen für den Gevatter, auf daß sie sitzen und zusehen dem Zeugniß des bewahrten Zeichens. Bis zur Heilung, drei Tage lang, bleibt der Stuhl so stehen, und deutet an, daß im dritten Zeitpunkt Israel wieder belebt und aufgerichtet und der Prophet Elijahu ihm wieder gesendet wird. — Möge er bald kommen, ohne Aufschub sein Unterpfand zu lösen, wie es mit dem Buchstaben Vav (ו) dem Jakob versichert wurde in dem Verse: „Und ich werde gedenken meines Bundes mit Jakob!“*) — Mein erwähltes Volk — spricht Gott — ist von meinem Tische entfernt; ich will mich seiner wieder annehmen, wegen des ihnen besiegelten Bundes, und wegen meines Bundes mit Isaak. Die nach allen vier Winden Zerstreuten, mir eigenthümlich Erkauften werde ich herbei rufen und sammeln, um sie nie wieder zu verlassen; denn auch meines Bundes mit Abraham werde ich gedenken! — Der Beschneidungsbund, der Sabbath und die Gotteslehre zeigen sich uns heute freundlich vereint; ihretwegen wurde der Erdball, die Unter- und Oberwelt befestigt, als im Anfange Gott Alles erschuf. Durch das Bestehen dieser drei werdet ihr erlöst, meine Lieben, die ihr meine Vorschriften, Gebote, Gesetze und Lehren beobachtet; besonders aber müßt ihr meine Sabbathtage halten. Einen ewigen Namen setze ich euch in meinem Hause, und mit dem höchsten Heil sättige ich euch, mein Volk und mein Erbe, die ihr wählet was mir gefällt und festhaltet an meinem Bunde!“ — Die ihr seelenvergnügt

---

*) Im Worte אליה — Malachi 3, 23. fehlt das Vav, dagegen ist im Worte יעקוב III. B. M. 26, 42. das Vav überflüssig; gleichsam

ומודליו· תנו עז לאלהים כגדל מפעליו· רוממו יי אלהינו והשתחוו להדם רגליו· קדוש: הכל יודוך.

אופן.

נעשה סאגרוים מרובע אם המסבר אליעזר, וכל בתיו בעלי ד' חרוזים, סוף סן כסגר.

אזורי אימה ברואי יראה· אמיצי כח כסאו לנשאה· אימים רועדים ועובדים ביראה· אומרים למלכם תהלה נאה: ועמו כורתי ברית· מהללים לזוכר הברית: למלך המהולל מי לא יהדר· למלך המשבח מי לא יאדר· למלך הקדוש לעלה ולהדר· לסלסל ולפאר שבחו לסדר: ועמו ערבית ושחרית· מיחדים לזוכר הברית: יתגברו יתגברו משרתי עליון· יתנשאו יתעלו בעלי זהיון· יפארו יבארו להללו בצביון· ישאו כנור עלי הגיון: ועמו כטל שארית· מפארים לזוכר הברית: עירי גבורה מפעמי שכינה· עוטרי כתרים לאלהי מעונה· עליון מרננים בגילה ורנה· עושים מלאכתם באמן אמונה: ואם בת עברית· מהדרת לזוכר הברית: זמרה וברכה שבח והלל· זקי חשמלים פוצחים למלל· זהירי מעלה מכתירים לכלל· זהירים זריזים גדלו לסלל: ואם נאוה שחרחורית· משבחת לזוכר הברית: רכב אלהים אלפי רבבתים· רוגשים שלוש קדוש במתנותים· רוחשים

ruhet und den Sabbath beobachtet, ihr Beschnittenen alle, erkennet die Allmacht Gottes nach der Größe seiner Werke! erhebet den Ewigen, unsern Gott, betet an, vor seiner Füße Schemel, ihn, den Allheiligen!

אומן:

Die mit Ehrfurcht Umgürteten, furchtbar Erschaffenen, die kräftig die Hoheit Gottes besingen, sie beben und dienen mit Ehrerbietung, stimmen ihrem Könige würdige Loblieder an; und auch sein Volk, des Bundes beflissen, lobet ihn, der des Bundes gedenkt. Den lobenswerthen König, wer sollte ihn nicht rühmen? den hochgepriesenen König, wer sollt' ihn nicht verherrlichen? den heiligen König, sie erheben ihn alle und bestreben sich, ihn zu verherrlichen mit geordneten Gesängen; und sein Volk ist Morgens und Abends beflissen, zu verkünden die Einheit dessen, der des Bundes gedenkt. Sie nehmen an Kraft zu, schwingen sich hinan, die Diener des Höchsten, hoch erheben sich die Heitern; sie tönen, verbreiten mit Lust sein Lob, vereinend die Harf' dem Gedanken; und sein Volk, dem Thauessegen verglichen, rühmt laut ihn, der des Bundes gedenkt. Die immer wachen, von Gottes Herrlichkeit durchdrungen, winden Kränze ihm, dem Gott der Sphären, besingen den Höchsten in Freude und Jubel, und folgen ihrem Rufe mit pünktlicher Treue; und das Volk des ibrischen Stammes verherrlicht den, der des Bundes gedenkt. Gesang und Lob und Preis und Ruhm stimmen die funkelnden Chasmalim*) an, die glänzenden Obern vollenden die Krone, stets bereit, Gottes Größe zu preisen; und das Volk, einst herrlich, jetzt verdunkelt, preist ihn, der des Bundes gedenkt. Das göttliche Gesetz, vielfältige Myriaden, rauscht das „Dreimal

*) Namen von Engeln.

בָּרוּךְ בְּלִי עֲצַלְתַּיִם· רוֹעֲשִׁים וּמְנִיעִים סִפֵּי אַמּוֹתַיִם:
וְאִם תְּתוּמָּה בִּבְרִית· מְבָרֶכֶת לְזוֹכֵר הַבְּרִית: והחיות.

זולת.

ע"ס א"ב ובסוף חתום אליקים. וכל בתיו בעלי ה' ענפים, והסוגר על לשון הכתוב.

אות ברית שלשתי למרפא עולם· בענינת קשת לזכר ברית עולם· גזרה ויום נפש נתתי כגבולם· ביני ובין בני ישראל אות היא לעלם: דודי בם מעטרים בחורי בחוני· המסמנים ומאתתים להנצל מרשפי כויני· וכל רואיהם יכירום מתאמים לפני· כי הם זרע ברך יי: זמנו צרים חמשה לברית בשרים· חצב אבות שנים המה היוצרים· טהורה שלשה ובן נון שתים הרים· ויעש לו יהושע חרבות צרים: יוסבו צרים לחרבות במו להמול· כאשר מלו בצר שלשום ותמול· לכן סמכם בצווי משרת למול· עשה לך חרבות צרים ושוב מל: מטיב לנגן איש הבינים כפלחו· נזדמנו חמשתן ונעשו אחת לצלחו· סלק הברזל עצמו כזכר ארחו· ותטבע האבן במצחו: עשק מילה שבת דוחה עשייתה· פריעתה ומציצתה רחיצתה כמון ואספלניתה· צרך מלאכה שאי אפשר מבערב לעשותה· לקרבה אל המלאכה לעשות אתה: קנית קדם עדתך מבין חמורים· ראותך תבוסת דם בהכותך

Heilig" in seinen Heeren, und flüstert „Gebenedeiet" ohne Ermüden; es stürmet und brauset; daß der Schöpfung Säulen erbeben; — und das Volk mit dem Bunde der Beschneidung gezeichnet, benedeiet ihn, der des Bundes gedenkt.

זולת·

Dreifach ist das Bundeszeichen, das ich zum Heile der Welt gegeben: der Regenbogen zur ewigen Erinnerung, die Beschneidung und der Ruhetag zu gleicher Bestimmung! zwischen mir und den Kindern Israels seien sie ein ewiges Zeichen. Meine lieben Erwählten und Geprüften sind mit diesen Zeichen geschmückt, sind durch sie bezeichnet und nach ihnen benannt, um vor meinen verzehrenden Bränden geschützt zu sein, und Alle, die sie sehen, werden sie als vollkommen vor mir erkennen, als eine Nation von Gott gesegnet. — Fünfmal wurden scharfe Steine verwendet bei'm Vollzug des Bundes am Fleische; ursprünglich bei zweien der Erzväter, jenes reine Weib (Mosis Ehefrau) war es drittens, die es that, und Nun's Sohn (Josua) beschnitt zweimal, wie es heißt: „Josua bereitete sich Messer und Steine." Die Steine nämlich, womit man früher beschnitt, wurden später mit Messern vertauscht; dieses bedeutet denn der Befehl, welcher dem Diener Mosis gegeben wurde: „Mache dir Messer für die Steine und beschneide wieder." Als der Meistersänger David den Zweikämpfer Goliath tödlich traf, da hatten sich die Fünfe vorgefunden und wurden zu Einem, um ihn (Goliath) zu durchbohren; das Erz wich, da David gewohnterweise den Namen Gottes erwähnte, und der Stein drang in die Stirne ein. — Die Beschäftigung mit der Beschneidung setzt die Heiligkeit des Sabbath's zurück, und alle einzelne Verrichtungen — Wegziehen der Vorhaut, Aussaugen des Blutes, Baden, Pulvern und Pflastern — welche man vor Eingang des Sabbath's nicht wohl verrichten konnte, darf man am Sabbath verrichten. — Du, Ewiger, erwarbst ehedem Deine Gemeinde Dir aus der Mitte von groben Bedrückern; die in ihrem Blute sich Welzenden erblicktest

בכורים · שדי תסעדנו ואויבינו תפסג גזרים · כאשר שמע
למצרים יחילו צרים: ציקים בחסדו ניבו למלאת · יחיש
לרחמנו למלטנו שנית מתלאות · כימי קדם ישוב
יראנו נפלאות · גאלנו קדוש שמו יי צבאות: עזרת וכו'.

יוצר לשבת וראש חדש ·

ע״פ א״ב ובסוף חתום בנימן.

אלהינו אלהים אמת · ותורתו אמונת אמת · אמנם
ראש דברו אמת · וסופו מוכיח על האמת · ומעמיד יסוד
העולם על הדין ועל השלום ועל האמת: בן מקדמי קדם
על עצת תושיה · היתה כתובה בזרועו הנטויה · כי לא
נבראת שם זהב ולא עור בהמה וחיה: גלל אפל וחשך
מפני פקיעת האור · כשר כי נתעלה על כל גיה ומאור ·
גנזו והאצימו לעושקים בתורת אור: דק וחלד צוה כמלך
על עבדיו · ונבראו בבת אחת כהכריע נשיא בתלמידיו ·
וראיה לדבר קרא אני אליהם יעמדו יחדו: התרחבו לאין
די רקיעי הוד דירתו · קשבו דייכם ורדו על אמידתו ·
עמודי שמים ירופפו ויתמהו מגערתו: ואז פלג והצה
שעולים המדודים · מחציתם השיא ועלה לכבודים · הם

Hillel's, nach welcher die Erde zuerst geschaffen wurde (Midrasch Beresch. rabba §. 1 gegen Ende).

Du, und schlugst die Erstgebornen Egyptens. Allmächtiger! möchtest Du auch uns erlösen und unsre Feinde stürzen, daß die Dränger zittern, wie vor'm Schreckensrufe in Egypten. Möge doch der Ewige in seiner Gnade sein Wort erfüllen, möge er bald sich unser erbarmen und zum zweitenmale unsrer Leiden uns entheben; wie in den Tagen der Vorzeit lasse er uns wieder Wunder sehen! Unser Erlöser, Heiliger ist sein Name, Ewiger Zebaoth. —

יוצר לשבת וראש חדש·

Unser Gott ist ein Gott der Wahrheit, seine Lehre enthält nur Wahrheit, und so wie seiner Worte Erstes bleibet Wahrheit, so bewährt der Erfolg die Wahrheit; denn er stellte die Grundfesten der Welt auf Recht, auf Frieden und auf Wahrheit. Schon vor der Dinge Anbeginn unterwarf er seiner Einsicht den Gegenstand des höchsten Menschengutes (das Gesetz), welches, von seiner Allmacht Kraft geschrieben, schon bestand, als noch kein Metallblech und kein zum Beschreiben taugliches Thierfell vorhanden war. Er wälzte Dunkel und Finsterniß weg vor dem Strahle des Lichtes, und als er sah, daß dieses Licht zu erhaben zur Beleuchtung sei, da hob er es auf und verwahrte es für die Frommen, die dem lichtklaren Gesetze leben. Himmel und Erde ließ er durch sein gebietendes Wort entstehen und sie waren mit einem Male geschaffen, wie dies jener Oberlehrer*) seinen Schülern erörterte mit dem Schriftbeweise: „Ich (Gott) rief ihnen zu, da standen sie beide zugleich" (Jes. 48, 13). Ohne Aufhören erweiterten sich der Himmel glanzvollen Räume; da vernahmen sie: „Genug ist's!" und blieben stehen auf sein Geheiß, die Säulen des Himmels bebten und staunten ob seinem Drohen. Nun vertheilte er in zwei Hälften die großen Wassermassen; die eine Hälfte erhob er zu Ehren, — es sind die

---

*) Simon Sohn Jochai's. Dieser bestritt sowohl die Meinung der Schule Sammai's, nach welcher der Himmel zuerst, als auch jene der Schule

התפים התפורים אשר לרקע עתידים: זר יתרם וצח כבודי
לכלמה על מה· אעלה על במתי עב ולעמיתי אדמה·
ותלהטהו אש אוכלת ונכבש הוא ההומה: חדש פני
אדמה בעצי פרי ודשאים· וגזר על העץ למינהו ולא על
הדשאים· ונשאו בעצמם קל וחמר ויצאו מיני דשאים:
טבע שני מאורות בתג ודיוקן השוה· ובתבנית יציר כפים
למו תקן ושוה· וצאת בחלון אחד למו פקד וצוה: יסר
הספהר ונתמעט לשעתו· כי הטיח כלפיו ולא בן אמונת
עתו· ונחמו בתנחומי קטן ולא נתקררה דעתו: כפר
עלי קדש לכן מקריבים המוני· בכל ראשי חדשים כדת
עניני· שעיר עזים אחד לחטאת ליי: למרים מהם פרחי
שושנים· זמנים וקצים חדשים גם ישנים· והיו לאתת
ולמועדים ולימים ושנים: מחזור הלבנה אתיות מודיעות·
בשש הראשונות ספורותיה ידועות· בהוסיפך שביעית
לתמה מגיעות: *)נותרות שתים משמה ראשונה·
ומשניה ושלישית ארבע באמונה· וזין ועין ונון פשוטה

*) Eine Erläuterung dieser dem Alphabet unterlegten Berechnung des jüdischen Kalenderwesens in deutscher Sprache zu geben, verbietet uns der beschränkte Seitenraum, indem eine solche sehr weitläufig werden und überdies für den Uneingeweihten noch immer unverständlich bleiben würde. Wir lassen darum, um einigermaßen die Wißbegierde zu befriedigen, eine kurze Erklärung in ebräischer Sprache folgen: מחזור הלבנה אותיות מודיעות, מחזור לבנה הוא כפי פרקי ר"א ס' ו' עם כ"ב כ"א כ"א שנה, ובקראם מחזור נעבור כי הלבנה מורת מגיד מן כ"א לכ"א שנה

reinen Wasser, bestimmt, einst über die Frommen gesprengt zu werden. Vermessen schrie die zurückgebliebene Hälfte: „Warum soll ich so zu Schanden werden? auch ich will über die wolkige Höhe steigen und meiner ebenbürtigen Hälfte gleichen!“ Da fuhr ein flammendes Feuer sie an und drängte sie zurück; daher das Brausen der Wellen. — Er schmückte der Erde Fläche mit Fruchtbäumen und Gräsern, und hieß den Baum hervorzugehen nach seinen verschiedenen Arten, die Gräser nicht; doch diese folgten gleichem Schlusse und es kamen auch allerlei Arten von Gräsern hervor. — Dann setzte er die zwei Lichter ein, beide gleich in Ansehen und Gestalt, gab ihnen eine dem Menschenantlitz ähnliche Bildung, und befahl ihnen, von einem Ausgangspunkte hervorzugehen. Aber gleich darauf mußte der Herr den Mond bestrafen und ihn verkleinern, weil er sich gegen ihn aufgelehnt und die Wahrheit seiner Bestimmung nicht verstanden hatte. Doch tröstete ihn Gott wieder, indem er ihm die kleinen Lichter (Sterne) zugesellte; aber derselbe beruhigte sich dabei nicht ganz. Darum bringt mein Volk zur Sühne ihm, an jedem Neumondstage einen Ziegenbock zum Sündenopfer vor den Ewigen. Aus dem Gange dieser beiden Lichter lernten die rosig blühenden Männer (des Synedrium's), wann die neuen Jahre beginnen und die alten ausgehen sollen; denn jene dienen auch als Zeichen für Zeiten, Tage und Jahre. Den Mondlauf bezeichnen die Buchstaben. Durch die sechs ersten Buchstaben nämlich werden die Jahre seines Kreislaufes erkannt; fügst du dann den siebenten Buchstaben noch hinzu, so ergibt sich daraus der Kreislauf der Sonne. Es bleiben aber zwei Buchstaben der ersten Reihe zurück, und ebenso bei der zweiten und dritten Reihe vier, und sind es ז (7), ע (70) und ן (700) welche alles ausgleichen*).

---

*) למולד הלבנה ולמזל שבתי כמולד בריאתה כליל ד'. והנה האותיות כ"ב במספרם עם אותיות ך ם ן ף ץ עולים הן חודיעות זה המחזור של כ"ח שנה, ובאופן שמחלקים כ"ב לג' שורות שורה תחת שורה כזה:

א	ב	ג	ד	ה	ו	ז	ח	ט	(אחדים)
י	כ	ל	מ	נ	ס	ע'	פ	צ	(עשרות)
ק	ר	ש	ת	ך	ם	ן'	ף	ץ	(מאות)

והנה בשש אותיות הראשונות ספרותיה ידועות, ר"ל בהצטרף ו' האותיות הראשונות נמספרן יכולו לכן כ"ח, והוא המחזור של לבנה; בהוסיף שביעית לחמה מגיעות,

מבריעות לכלנה: שחי ים השריץ שבע מאות מיני
טהורים· וכשר עפים לאין חקר ומספרים· ועופות
שקצים ארבעה ועשרים: עץ תוציא אדמה חיה ובהמה·
שקץ ורמש להשריץ ולהעצימה· וחמשה יבחושין וכלם
לצרך המה: פוזו ומכרכר לכמה שנים קבועות· שאל
למה נבראו שוטים וטויות תרעות· השיבו תצטרך למו
ליום בריחה לתשועות: צווי פעל כגמר ושכלל· נעשה
אדם בצלמנו מלל· גבלו והנשימו ועזר לו כלל: קלה
בנצטוה והשהו לב הותל· ודנו בדין סנהדרין כגבר נעקש
ונפתל· לקים עליו עם עקש ותפתל: רשם אזכרות
בשלו שבעים ואחד בפרשה· מבראשית ועד נוצר
ומשנוצר ועד גרישה· כנגד סנהדרין בעלי חקירה
ודרישה: שנים חטאו ונתחיבו בתורה· ונחש עמם בלא
טען בשורה· במקום רב ותלמיד הרב ראוי למורא:
תר שביעי עלי יציר כי נתן למהומה· ועמד כגבור

אם תוסיף לאלה כ"א שנה את אות השביעית של השורה היא אות ז' במספרה, אזי הם כ"ח שנה. והם מחזור החמה אשר נקרא גם מחזור גדול, וכן הוא בשטה שניה אם תחשוב מספר י' כ' ל' מ' נ' ס' עולים לסך ר"י והם י' פעמים מחזור הלבנה, ואם תוסיף עליהם אות ע"ן אז הם י' פעמים מחזור החמה; וכן בשטה שלישית. ק' ר' ש' ת' ך' ם' הם כ"א מאות הם ק' פעמים מחזור הלבנה, ואם תצרף להם עוד אות ן' אז הם ק' פעמים מחזור החמה, ע"כ אמר הפייטן רזין ועין ונון משושה (ר"ל ן') מבריעות לכלנה, דהיינו אלו ג' אותיות מכריעות בין מחזור הלבנה למחזור החמה. ואחרי החשבון החמור נותרות שתים אותיות משטה ראשונה, הם אותיות ח' ט', ומשניה ושלישית ארבע אותיות באמונה, ר"ל בשטה השניה גומרות פ' צ', ובשלישית ף' ץ'. הן כל הנודדות ארבע באמונה, ר"ל ח', ט', ופ' פתוחה וסתומה, וצ' פתוחה וסתומה, והן מיותרות לחשבון ולהכרעת המחזורים.

Den Schlamm des Meeres ließ er sieben hundert reine Arten von Fischen aufregen, reines Geflügel unzählig viele, und unreine Vögel vier und zwanzig Arten. Er verordnete, daß die Erde wilde und zahme Thiere hervorbringe, daß sie Insekten und Würmer ziehe und ernähre, und sie regte vieles Geziefer auf, davon keines zwecklos ist. Als der freudig Tanzende (David) nach Verlauf von vielen Jahren (seit der Schöpfung) fragte, warum die Narren, die Spinnen und die Wespen geschaffen seien, erhielt er zur Antwort: „Du selbst wirst ihrer noch bedürfen am Tage der Flucht zu deiner Rettung."*) — Nachdem der Schöpfer diese Werke vollendet hatte, sprach er: „Nun wollen wir einen Menschen machen in unserm Ebenbilde!" und er formte und beseelte ihn und gesellte ihm eine Gehülfin bei. Ein leicht zu beobachtendes Gebot gab ihm darauf der Herr; aber sein bethörtes Herz verführte ihn und er ward verurtheilt wie ein verkehrter und bethörter Mann, an ihm ward bestätigt: „Der Ewige bestraft die Verkehrten." Des göttlichen Namens geschieht ein und siebenzigmal Erwähnung in dem Abschnitte von der Schöpfung und Bildung des Menschen bis zu dessen Verbannung, welches der Anzahl der Mitglieder des Synedriums gleichkommt, die alle Männer waren, fähig zu untersuchen und zu richten. Zwei waren es, die sündigten (Adam und Eva) und schuldig erklärt wurden in der heiligen Schrift, und die Schlange mit ihnen, ohne ihr Zeit zu lassen zu der Vertheidigung: „Wo Lehrer und Schüler sich befinden, da gebührt doch dem Lehrer die Ehrfurcht." — Der Sabbath ersah sich die Gelegenheit, zu Gunsten des bestürzten Adam Fürbitte einzulegen; wie ein Held stand er, ihn wie eine Mauer beschirmend

*) Vergleiche 1. B. Samuel 21, 14 — 16. Ferner soll ein Spinngewebe ihn gerettet haben. Als nämlich Saul, bei seiner Verfolgung des David, in jenen Theil der Höhle, worin dieser sich (nach 1. B. Samuel 24.) verborgen hielt, eintreten wollte, fand er den Eingang von einer Spinne zugebaut, glaubte daher, daß hier kein Mensch hineingekommen sei und suchte nicht weiter. (Ben sira parvum.)

לְהָגֵן כְּחוֹמָה. וְהֵגֵן פְּנֵי מוֹחֵל וְשׁוֹכֵךְ כַּעַס וְחֵמָה:
י׳בְּכֵן נֶפֶשׁ כּוֹ יוֹשֵׁב מְכוֹן קְדוֹשִׁים. נְחָלוֹ לְעַמּוֹ אֲשֶׁר
בְּצִלּוֹ חוֹסִים. מְשַׁבְּחִים לִשְׁמוֹ כִּי בוֹ שָׁבַת מִכָּל
הַמַּעֲשִׂים. קָדוֹשׁ: הכל יודוך.

אופן. ע"פ א"ב מסולס עד סוף יו"ד.

לְךָ אֵלִים אַלְפֵי אֲלָפִים אוֹמְרִים קָדוֹשׁ. לְךָ בְּרָקִים
בְּרוּאֵי בְקָרִים אוֹמְרִים בָּרוּךְ: לְךָ קְהִלּוֹת בַּשַּׁבָּתוֹת
וּבֶחֳדָשִׁים אוֹמְרִים קָדוֹשׁ וּבָרוּךְ: לְךָ גּוֹעִים גְּדוּדֵי גְבוֹהִים
אוֹמְרִים קָדוֹשׁ. לְךָ דּוֹבְבִים דְּמָמָה דַקָּה אוֹמְרִים בָּרוּךְ:
לְךָ קְהִלּוֹת בַּשַּׁבָּתוֹת וּבֶחֳדָשִׁים אוֹמְרִים קָדוֹשׁ וּבָרוּךְ:
לְךָ הוֹמִים הֲמֻלָּה אוֹמְרִים קָדוֹשׁ. לְךָ וְעוּדִים וְעָדֵי
וָתִיקִים אוֹמְרִים בָּרוּךְ: לְךָ קְהִלּוֹת בַּשַּׁבָּתוֹת וּבֶחֳדָשִׁים
אוֹמְרִים קָדוֹשׁ וּבָרוּךְ: לְךָ זוֹעֲקִים זַכֵּי זְבוּלִים אוֹמְרִים
קָדוֹשׁ. לְךָ חָלִים חֲיָלֵי חַשְׁמַלִּים אוֹמְרִים בָּרוּךְ: לְךָ
קְהִלּוֹת בַּשַּׁבָּתוֹת וּבֶחֳדָשִׁים אוֹמְרִים קָדוֹשׁ וּבָרוּךְ: לְךָ
טָסִים טַפְסְרֵי טְפוּחִים אוֹמְרִים קָדוֹשׁ. לְךָ יְקַרְאוּן
יִדֹּדוּן יִדֹּדוּן אוֹמְרִים בָּרוּךְ: לְךָ קְהִלּוֹת בַּשַּׁבָּתוֹת
וּבֶחֳדָשִׁים אוֹמְרִים קָדוֹשׁ וּבָרוּךְ: והחיות ישוררו וכו׳.

זולת. ע"פ א"ב ובסוף חתום מאיר בר יצחק חזק בתורה ובמעשים טובים.

אֱמוּנָתְךָ אֲמִתִּי רַבָּה בְּסוֹד קְדוֹשִׁים מִתְקַדֵּשׁ. בְּהַצִּיבְךָ

und Zorn und Grimm von ihm abwendend. Darum ruhte an ihm Er, der in den hohen Ausdehnungen thronet, darum theilte er ihn auch zu seinem Volke, das sich in dessen Schatten birgt. Und Israel preist den heiligen Namen des Herrn, der an diesem Tage von allen Werken ruhte, er, der Allheilige.

אופן.

Dir rufen der Unsterblichen Myriaden: „heilig!“
Dir rufen glänzende Engel immer auf's Neue: „gebenedeiet!“
Dir rufen Israels Versammlungen an Sabbath- und Neumonds-
tagen: „heilig und gebenedeiet!“

Dir rufen laut der Höhe Schaaren: „heilig!“
Dir rufen sie in sanften Tönen: „gebenedeiet!“
Dir rufen Israels Versammlungen an Sabbath- &c.

Dir rufen die tosend Rauschenden: „heilig!“
Dir rufen die dazu bestimmten Engelschöre: „gebenedeiet!“
Dir rufen Israels Versammlungen an Sabbath- &c.

Dir rufen hoch des Himmels Reinen: „heilig!“
Dir rufen bebend der Chasmalim Heere: „gebenedeiet!“
Dir rufen Israels Versammlungen an Sabbath- &c.

Dir rufen des Himmels Fürsten, zu Dir sich schwingend:
„heilig!“
Dir rufen die hin und her eilenden Schaaren: „gebenedeiet!“
Dir rufen Israels Versammlungen an Sabbath- und Neumonds-
tagen: „heilig und gebenedeiet!“

זולת.

Wie groß ist Deine Treue, wahrhaftiger Gott, in Versammlung der Heiligen geheiligt! Das Zeichen des verheißenen

ציון ישע בעמוד השחר המתחדש· גאולים יאמירוך
ויאמרו מדי שבת וחדש· עדתיך נאמנו מאד לביתך
נאוה קדש: דרך פרי תאר תת כנר למאור· הלוך
השמשות המאורות כבו גבול לתאור· וסמוך לבקר
אשרך ואצפה לך נאור· כי עמך מקור חיים באורך נראה
אור: זהר מקום כבודך יראה לבחיריך כמעלם· חלונות
מקטינות ומרחיבות כזה וכזה לעלם· טעם חוזך יאמן צר
ואור להתעלם· כי יי יהיה לך לאור עולם: יוף מכלל
דבירך ישב יסר שתיות· כם ושם השלם מהשתמש
בשתי אותיות· לעבדיך שם חדש כחדשים וחדשה
אותיות· רנו שמים כי עשה יי הריעו תחתיות: מראש
אמנה ולפנים גליות משבים בהשחל· נקבה תסובב
גבר פרק שיר נחל· סוד נהוג עלמות כעלמות תופפות
אחר חיל· עיר עז לנו ישועה ישית חומות וחל: פה
פקידה בחנם העירה ברית ישנינו· צמח צדיק קרב
שנים תחדש שנינו· תהלוך מורא כמלך ואריס נסיל
שנינו· אז ימלא רנה ושחק פינו ולשוננו: ברביצת
פוך וספיר חקקה חוק ערתי· ברוש תדהר ותאשור

Helles strahlest Du fest, wie das sich täglich erneuernde Morgenroth. Die Erlösten erheben Dich mit jedem Sabbath- und Neumondstag und sprechen: „Deine Zeugnisse sind lautere Wahrheit, Dein Haus schmücket Heiligkeit!“ — Herr, Deine Lieblingsfrucht (Israel) gleicht den Himmelslichtern, dem Gange der Sterne; denn wie diese mit ihrem Verlöschen die Grenze der Nacht erreichen und dann der Morgen naht, so auch harren und hoffen wir auf Dich, Ehrfurchtbarer, Deine Lebensquelle und in Deinem Lichte Licht zu schauen. Die Pracht des Wohnsitzes Deiner Herrlichkeit zeige sich wieder Deinen Erwählten nach ihrem Verdienste; jene von Innen nach Außen sich erweiternde Fenster, wie sie der erste und zweite Tempel hatte, mögen wieder eingesetzt und die Verheißung Deiner Seher erfüllt werden: „Mond und Sonne werden verschwinden, denn Gott wird dir sein zum ewigen Lichte.“ Die Zierde und den Glanz Deines Pallastes setze wieder ein, gründe ihn auf festem Grunde, daß Dein Name wieder throne auf Deines Tempels Sitze und man Dich nicht mehr anders als mit Deinem heiligen vierbuchstäbigen Namen nenne. Deinen Dienern verschaffe neuen Ruhm, wie Du einstens neue Himmel und Erde schaffest. Jauchzet, Himmel, denn Gott vollführt es; jubelt, ihr Tiefen der Erde! Innerhalb der Spitzen Amana's*) werden die aus ihrem Elende Zurückkehrenden einstens ruhen und Frauen wie Männer ihr Danklied anstimmen; vereint in jugendlichem Zuge ziehen sie einher, wie früher am Meere, als paukenschlagende Mädchen hinter dem Heere zogen. Eine feste Stadt haben wir dann wieder und Gottes Hülfe ist uns Mauer und Zwinger. — Vom Bunde mit unsern entschlafenen Vätern angeregt, gedachtest Du unser dort in Chanes (Egypten); Allgerechter, so lasse auch uns bald den gesalbten Sprößling kommen, erneuere unsre früheren Jahre! ziehe uns zur Hülfe entgegen, Ehrfurchtbarer, wie ein König mit seinem Gefolge! dann füllt mit Jubel sich unser Mund und unsre Zunge wird Gesang. Mit glänzenden Platten von

*) Name eines Berges in der Nordgrenze Palästina's. Siehe auch hohes Lied 4, 8. nebst dem Kommentar Raschi.

רהיטי ברותי חמדתי · ובמעון שיר מסובים באו בם
גארתי · החזק מגן וצנה וקומה בעזרתי: עזרת.

יוצר לשבת בראשית ·

ע"ס א"ב מרונס, וחתום בו שלמה הקטן.

אל נשא · ארנן בהתעלסה · אמץ עשה · אגיד בכבנסה:
בסוד ברה · בישר אתחברה · בראשית ברא · באר
ולדברה: שיתו לב לשבוד · מלך הכבוד · קדוש:

גדל פלל · גבורותיו נמלל · גיהוליל · גדלו נסלל: דרוש
כיצר · די מעצר · דל יצר · דעה מהתקצר: הל בחשבו ·
העולם לישבו · התיעץ במחשבו · המשחקת במושבו:
וכה נשוה · ודעתה השוה · והסכימה במחשבה · ולבראת
השיבה: וממו הרהר · זרח מהר · זמן מוהר · וסלי
טהר: חלד האריך · חדר הוריך · חן המריך · חלף
מעריך: טלול הקריש · טעתו השריש · טמונים להגריש ·
מרוד ולהמריש: יצר פוצחים · יחדו מנצחים · ימן
קדוחים · יסר נדחים: כנס כאגדו · כבירי מדודו · כהודם
גגדו · כבשם בפחדו: לראשי הגשי · לחודשיא · להרבות
ולהפשיא · למוריש ולמרשיא: מעשים ומנם · מאמר

Saphir gründe und befestige meines Tempels Vorhof, von Tannen, Cypressen und Buchs sei das Getäfel des Hauses, dahin zurück wir kehren, und schöne Lieder werden angestimmt, wie einst am Meere, das Du uns theiltest. So ergreife, Herr, Schild und Harnisch und erhebe Dich zu meinem Beistand! —

יוצר לשבת בראשית·

Den erhabenen Gott besing' ich mit Lust, was er Großes gethan, will in Volksversammlung ich erzählen. Der reinen Gemeinde will ich mich zugesellen, um über die Schöpfungsgeschichte ausführlich zu reden. Jedoch vor Allem nehmet zu Herzen, dem König der Ehre zu dienen, dem Allheiligen.

Groß ist Gott im Urtheil; von seinen Thaten laßt uns Tag und Nacht erzählen, seine Größe laßt uns preisen. Doch in der Schöpfung zu forschen, müssen wir behutsam sein; der Arme muß den Mund verschließen, da es ihm an Einsicht gebricht. — Als des Allmächtigen Gedanke die Welt in's Dasein rief, da zog er die Weisheit zu Rathe, die vor ihm spielte in seiner Residenz. Und sie war derselben Meinung, stimmte mit seinem Entwurf überein und hielt es für gut, daß die Welt geschaffen werde. Den gedachten Entwurf vollführte schnell der Schöpfer; er bereitete aus dem Lichte die reinglänzenden Himmel, gründete den Erdball, streute Lichtstrahlen umher, und schärfte auch der Hölle Pfeile für die Bösewichter. Er stellte fest die Himmelswölbung, spannte wie ein Zelt sie aus; die noch zurückgebliebenen Wasser schied er ab und trieb sie in ihre Grenzen. Er bildete Wesen, die seine Einheit ewiglich loben; bestimmte auch der Hölle Gluth, Abtrünnige zu züchtigen. Er ließ die mächtig gemessenen Fluthen an einen Ort sich sammeln, und die sich dessen nicht fügen wollten, bewältigte er durch seine Macht. Den Erhebungen des Erdballs spendete er Feuchtigkeit für das Wachsthum, viel Samen zu bringen, viel Sprossen zu treiben. Die Werke, die der Herr bereitet, hat

יְקָנָם · מְאוֹרוֹת הֲמוֹנָם · מְרוּחוֹ מִבְּנָם: גַּעֲלָן צוֹעֵר · גְּאֵצָן עַד · נוֹטְרִים מוֹעֵד · נִתְקָפִים מֵהוֹמָעֵד: סִלֵּק מֵהֲבוּאִים · שֵׁחִים וְדָאִים · סִמֵּן לְנִבְרָאִים · סִיר מִטְּמֵאִים: עָרוּךְ בָּחַר · עֵינָיו כְּשַׁחַר · עָתִיד לִסְחַר · עֲמוּסֵי מִשְׁחָר: פּוֹעֵל בְּחָכְמָה · פִּקֵּד אֲדָמָה · פִּלּוּט בְּיָחוּמָה · פְּרָאִים וּבְהֵמָה: צְאֱלִים יְסִכּוּהוּ · צִפָּה לְעָרְכֵהוּ · צָדוּ לְנַכְּסֵהוּ · צְנוּעִים לְכוּסֵהוּ: קָדוֹשׁ מֵאַרְצוֹ · קֵצַע קְרוּצוֹ · קוֹמְמִיּוּת הִפְרִיצוֹ · קִשְּׁטוֹ מִמַּעֲרָצוֹ: רַק כְּשַׁחַת · רוּחוֹ נִפַּחַת · רֶשֶׁת שַׁחַת · רֶדֶת לְתַחַת: שִׁלֵּם פָּעֳלוֹ · שָׁבַת בִּזְבוּלוֹ · שְׁבִיעִי עִלּוֹ · שָׁמוּר מֵחַלְּלוֹ: תִּגְוִי שֶׁפֶר · תְּמוּר שֶׁפֶר · תֵּת כֹּפֶר · תָּאַב עֹפֶר: שָׁמְרוּ לְהַנְחִילוֹ · לְעַם נְחִילוֹ · מָן בְּהַשְׁחִילוֹ · הִשְׁמִיעוֹ הִתְחִילוֹ: הִתְעַנֵּג לְהִתְנָאוֹת · קְלוּט יְצִיאוֹת · טוֹעֵן מַשָּׂאוֹת · נוֹחַ מִלְּלְאוֹת: שִׁיתוּ לֵב לַעֲבוֹד · מֶלֶךְ הַכָּבוֹד · קָדוֹשׁ: הכל.

אופן. כל חרוזיו מתחילים באות ל׳ וסופם שאחריה היא אות אחת עם המחבר בנימן.

לְבַעַל הַתִּפְאֶרֶת · מְתַכֵּן רוֹם בְּזֶרֶת · מַעֲצִימִים אַדֶּרֶת · מַלְאֲכֵי הַשָּׁרֵת · נוֹתְנִים לוֹ לְתִשְׁתֶּרֶת · כַּהֲלָכָה וּמַסֹּרֶת · וַאֲנִי שְׁתַּחֲוֶרֶת · תְּהִלָּה בְּפִי סוֹדֶרֶת: לְנִקְרָא רִאשׁוֹן וְאַחֲרוֹן · מֶלֶךְ אַדִּירִירוֹן · מַבִּיעִים סֶלֶד וָרֹן · בְּיֹשֶׁר

sein bloßes Wort hervorgebracht; die Lichtmenge — sein Hauch erzeugte sie. Die freudig ihre Bahn durchschreitende Sonne und der Mond, als zuverlässiger Zeuge (die Festtage zu bestimmen), sie halten unwandelbar ihren Kreislauf ein. Er hieß aus den umschlossenen Wassern die Kriechenden und die Fliegenden sich erheben und bezeichnete sie zugleich, auf daß der Unreinen wir uns enthalten. Jenes Unthier (Livjathan), dessen Augen wie die Morgenröthe glänzen, wählte er, um es einstens seinen Holdgepflegten aufzutischen und sie damit zu laben. Er, der mit Allweisheit wirkt, befahl der Erde, wilde und zahme Thiere zu erzeugen. Das im Dickicht der Bäume sich schattende Unthier (den Behemoth) hat er ausersehen, um es einstens zuzurichten den Bescheidenen zum Mahle. Der Heilige formte aus Erde sein Gebilde, den Menschen, wies ihm die aufrechte Stellung an, schmückte ihn aus mit seiner Macht. — Daß derselbe auf Abwege gerieth, dies nur verringerte dessen Werth und brachte ihn dahin, in die Gruft zu fahren und der Verwesung anheim zu fallen. — Als nun der Herr sein Werk vollendet hatte, da ruhete er in seinen Himmeln, und er erhob den siebenten Tag, daß auch wir ihn halten und nicht entweihen sollen. Laßt uns in lieblichen Tönen singen ihm, der den heilbringenden Sabbath uns gab; Er, der Allgütige gab ihn uns zur Sühne unsrer Sünden. Er setzte den Sabbath ein, um seinem eigenthümlichen Volke ihn zu vererben, und als er den Kindern Israel das Manna zukommen ließ, da begann er die Sabbathgesetze hören zu lassen: „Ergötze dich und schmücke dich an ihm, enthalte dich der Gänge in die Weite, trage keine Lasten, ruhe aus und ermüde dich nicht!“ — Jedoch vor Allem nehmet zu Herzen, dem König der Ehre zu dienen, dem Allheiligen!

אופן.

Dem Herrn der Herrlichkeit, der mit einer Spanne den Himmel mißt, weihen die dienstbaren Engel ein kräftiges Lob; sie sind stets bereit zu seinem Preise, nach Vorschrift und Gebrauches Weise. Und ich, im Dunkel schmachtend, ordne in meinem Munde ihm ein Ruhmlied an. — Den wir den Ersten und Letzten

ובכשרון. ואתם משטרון. פסקון אטמון וסנגרון. ואני
חבצלת השרון. משתחוה פני ארון: ליה חוצב להבה.
נערץ בסוד קדושים רבה. ועירי מרכבה. וקדישי
שלהבה. מתגברים להקשיבה. קדשה כאחת חטיבה.
ואני חולת אהבה. בקשה כשי ערבה: למפליא פלאות.
אדון כל הנפלאות. כתים וחילות. בחדרי היכלות.
רועשים בקולות. נועדים במקהלות. ואני חומה ושדי
כמגדלות. תשבחות ותהלות: לנאמן בבריתו. וקים
בשבועתו. חשמלי שרותו. מתבהלים משאתו.
מתנטלים מאימתו. מגידים אלהותו. ואני לדודי ועלי
תשוקתו. ברוך שם כבוד מלכותו: והחיות ישוררת וכו'.

זולת. ע"ס א"ב ונסוף חתום שלמה הקטן יגדל בתורה חזק ואמץ סלה.

אחשבה לדעת עמל ודברים יגעים. למה כאבי נצח
אנוש ממרגועים. ברית באים יסורים ונגעים נוגעים.
ורשות רופאים נתנה לפגעים פוגעים: גזו וגם נגזו
מבשלי הסמנים. סרו אף הוסרו סרחו האמנים. דרכי
בנסתרה אדד אצל ממנים. מחזרת שואלת מצוא
תשובת מונים: השאננים בטח ובעמל אנוש אינמו.
ועם אדם לא ינגעו אונימו. ובריאים כמריאים יצא מחלב
עינימו. יפיעו ידברו רע ומר ענינימו: ואת העיזה ומצחה

nennen, den mächtigen König, ihm lassen sie Gesang erschallen in reiner Verehrung; mit ihnen singen Metatron, Pisgon, Itmon und Sigron*). Und ich, die Lilie aus dem Thale Saron, werfe mich nieder vor der Lade des Herrn. — Ihm, der flammende Blitze schafft, der hocherhaben ist im Rathe der Heiligen, ihm bringen die Wächter seines Thrones, die flammenden hehren Geister, mit würdigem Streben die Huldigung dar. Und ich, in meiner Sehnsucht Schmerzen, wende mit Gebet mich an den Herrn. — Ihm, dem Urheber aller Wunder, ihm rauschen gefeierte Töne von Schaaren der Engel, in Chören versammelt im innersten himmlischen Heiligthume. Und ich, fest wie Mauern und Thürme, ergieße mich in Lob und Dank zum Herrn. — Vor ihm, der treu ist seinem Bunde, der seine Verheißung erfüllt, vor ihm beben seine dienenden Chasmalim; ergriffen von seiner ehrfurchtbaren Größe schweben sie wieder weg von ihm, seine Gottheit verkündend. Und ich bin dem Allgütigen; er hat mir viele Lieb' erwiesen — sein herrlicher Name sei gepriesen!

זולת.

Ob der Mühen und drückenden Beschwerden sinne ich nach, warum mein Weh ewig ohne Erholung ist. Es ist als hätten die Leiden und Plagen einen Bund gegen mich geschlossen, und wenn die Aerzte üblen Zufällen entgegen wirken können, so gibt es nur für mich keine Wundenheiler, keine Salbenstreicher. Gehe ich auch in meiner verzweiflungsvollen Lage zu den Einsichtsvollen, um mir Rath zu holen, so geben sie mir nur täuschende Antwort. — Jene sorgenlos Glücklichen, die nichts von Menschenleid wissen, die von Andern nicht geplagt werden und denen, wie gemästetes Vieh, das Auge vor Fett herausdringt, sie sinnen und reden Böses in ihrem bittern Treiben: „Siehe, diese Nation (die israelitische), frech steht sie da, mit unverschämter

*) Metatron Name des höchsten Engels; Pisgon, Itmon und Sigron Beinamen des Engels Gabriels; nach Talmud Sanhedrin 38, b. und 44, b.

לֹא כְיָשָׁן· לֵב לָהּ לָדַעַת רַק תַּדִּיר לִשָּׁן· תָּחוּל סַם הַיּוּשָׁם
וְנֶגַע יְדֻשָּׁן· זֶה כַּמָּה שָׁנִים יָשָׁן נוֹשָׁן: מְעוּתֵי אֲתָרֵיהֶם
תַּיִּתָּם לֹא פוֹסֶקֶת· כְּפֶחָם לַגֶּחָלִים וְעֵצִים לָאֵשׁ נִסֶּקֶת·
יְרִיעוֹתַיִךְ שְׁכֵנַי בִּשְׁכוּנָה לֹא נוֹזֶקֶת· וְסִפְרֵי רְפוּאָתֵךְ מַה
תֶּיגְעִי עוֹשֶׁקֶת: כְּלֵי יָפְיֵךְ כְּמַכָּה לֹא שׁוֹלֶטֶת· בְּחַן אִם
תְּבַקְשִׁי הַשַּׁלְוָה מְחֻלֶּטֶת: לַבַּת לִבִּי אַף כִּי קוֹלֶטֶת·
קִרְבָתֵךְ לִי טוֹב חוֹלֶטֶת פּוֹלֶטֶת: מַה לִּי וְלָכֶם מֵחַן הַדֶּגֶל·
אַף הַטִּנֹּפֶת פִּגֵּל וְלֹא הִתְגַּלְגֵּל: נָעִים וָטוֹב מַה מָּתוֹק
מִתְרַגֵּל· מְצֻוֶּה לִרְצוֹי אָב לַבֵּן יְפַרְגֵּל: סְפִירַת הַחֶשְׁבּוֹנוֹת
אַף לְפִי כָּלְתָה· וַאֲרֻכַת בַּת עַמִּי לֹא עָלְתָה· עֲגוּן חַכֵּה
לוֹ מַצֶּבֶת גָּלְתָה· תַּאֲוַת נֶפֶשׁ תִּכַּת דּוֹד לֹא חָלְתָה: פִּתְגָּם
זֶה תַּרְתִּי בְּלִבִּי הַמְּצֻעַ· הַמַּכּוֹת אֲשֶׁר הֻכֵּיתִי רַב הַמַּרְצֵעַ·
צוּר מִדּוֹת שׁוֹנוֹת טֶרֶם הִקְצִיעַ· כֵּוֵּן מַטְלֵית מַקְצִיעַ
וְאִסְפְּלָנִית הִצִּיעַ: קֶשֶׁר קָמִיעַ מְמֻחֶה וּלְחִישׁוֹת מְעֻלּוֹת·
דְּבָרוֹ בָּדוּק וּמְהֵימָן כַּמָּה מַעֲלוֹת· רוֹפֵא אָמָן לוֹ נִתְכְּנוּ
עֲלִילוֹת· אֲשֶׁר בְּיָדוֹ נִרְתַּק רַב תְּעָלוֹת: שִׁקַּצְתִּי חַי
מִשְׁבֶּצֶת מֵרֹב בֹּשֶׁת· טְעוּנָה כְּלִמּוֹת וָרֹק מִנִּי הַבֹּשֶׁת·
תְּבוּעַ אָשִׁית עַד יִבֹּשֶׁת תַּחְבֹּשֶׁת· אַחַר הַמַּכָּה צְדָקָה
לָךְ תִּלְבֹּשֶׁת: שָׁפוּט לִטְרוֹף טֶרֶף עֵינָיו תְּצַפֶּינָה· לֹא
לְשַׁחֵת בְּרִיּוֹתָיו דְּרָכָיו תְּרַפֶּינָה· מִתּוֹךְ דִּין לְרַחֵם מִדּוֹתָיו

Stirne, als habe sie Einsicht; doch nur Zungenwitz ist's. Sie möchte erkennen, ob ihrem alten Schaden ein Verband angelegt, ihr Schmerz gelindert werden könne." Und so hört ihre wilde Menge nicht auf, mich zu verleiten: „Wie Kohlen bist du in der Gluth, wie Holz, das sich im Feuer verzehrt! schlage darum deine Zelten in unsrer gefahrlosen Nachbarschaft auf und mühe dich nicht länger mit deines Heiles Bücher ab; erhöhet wirst du dann deine Schönheit sehen, und keine Plage wird dich mehr treffen! Prüfe dies, wenn du je den wahren Frieden suchen willst." Wollte auch der Trieb meines Herzens dieser Rede geneigt sein, so macht mich die Gottesannäherung gefaßt zum schnellen Ausweichen, und ich erwiedere: „Wie wäre mir es möglich, meine Fahne mit den Eurigen zu vereinigen? den Schlamm scheut Jeder, der nicht darein versinken will." — Allein wie angenehm ist's, vom Allgütigen sich gewöhnen lassen! der Vater, er drängt den Sohn zu seinem Besten durch die Zucht. Ist auch die berechnete Zeit zu Ende und meinem Volke noch nicht das Heil gekommen, so stehe doch fest in deiner Hoffnung, du würdige Verbannte! deiner Seele Lust, die Liebe deines Gottes ist stets ungeschwächt. Diese Erklärung auch suchte ich in meinem Sinne zu ermitteln, da ich mit vielen Plagen so empfindlich heimgesucht wurde: „Bevor noch Gott die angemessenen Strafen verhängte, hatte er das rechte Pflaster für die Heilung schon bereitet. Mehr als wohl geknüpftes und bewährtes Angebinde und mehr als die vorzüglichsten Geheimmittel ist Gottes Wort zuverlässig und erhaben. Ein kunstgeschickter Arzt ist er, der alle Thaten erwägt und in seiner Hand die Fülle der Heilmittel vereinigt." — Lästig ist mir mein Leben geworden, das, so vieler Beschämung ausgesetzt, mit Schmach beladen ist, mehr als ein Kameel je tragen kann. Doch setze ich getrost meine Bitte fort, bis Du, o Gott, die Wunde heilest; denn nach der Strafe hüllest Du in Gnade Dich. Um strenge Gerechtigkeit zu üben, waltet das Auge des Allwissenden; aber es ist seine Weise nicht, die Geschöpfe ganz zu verderben, und Gnade läßt er oft vor Recht ergehen. Er

תְּסַפֶּינָה· הוּא אֵיךְ בָּא אִיבוֹ וְהִתְבּוֹשֵׁשׁ· יִמְחַץ וְיָדָיו תְּרַפֶּינָה: הַמַּפְלִיא לַעֲשׂוֹת עִם בָּרִיא וְאֻמְלָל· קְרוֹבִים רַחֲמָיו וְלֹא כְּתָעִיר קָמֵל· מוֹרִיָּה לִרְמִיָּה יְגַלְגֵּל בּוֹ כְּאִזְמֵל· נֵס בְּתוֹךְ נֵס יְנוֹסֵס חוֹמֵל: יְצוּרָיו חַיָּבִים לְהוֹדוֹת חֶסֶד גּוֹמֵל· גַּלֵּי יָם יוֹרְדִים וְנִכְנָסִים לְנָמֵל· דֶּרֶךְ תּוֹעִים יְיַשֵּׁר יַעַר וְכַרְמֶל· לְבוּטִים יְרַפֵּא וּמַתִּיר חָבוּשׁ וְעָמֵל: בִּין וּשְׁמוֹר אֵלֶּה עַם נָבוֹן וְחָכָם· תַּר בְּנָף מִכְּאוֹבָם וּבְכֹשֶׁר מְשָׁכָם· וַיַּנְחֵם לָבֶטַח וְיָם כִּסָּה פּוֹרְכָם· רַגְלָם הַמִּדְבָּרָה וְאַרְבָּעִים סִפֵּק צָרְכָּם: חִזְקוּ וְיַאֲמֵץ לְבַבְכֶם מְיַחֲלִים לוֹ הוֹמִים· סֹלּוּ לָרֹכֵב בָּעֲרָבוֹת מִכָּל כְּלִי יְהָבִים· הוֹדוּ לְזֵכֶר קָדְשׁוֹ מוֹחֵץ רְהָבִים· בַּעַל זֹאת רְצוּ וְשַׁבְּחוּ אֲהוּבִים:

עזרת וכו'.

יוצר לשבת ראשונה דחנוכה·

ע"ס א"ב כפול תשעה, וחתום בו יוסף בר שלמה.

אוֹדְךָ כִּי אָנַפְתָּ בִּי וַתָּשָׁב· אָזְנְךָ תַּטֶּה שַׁוְעִי לְקַשּׁוֹב· אִיַּבְתִּי בִּקֵּשׁ בְּעַלְעֶלֶת לִנְשׁוֹב: אָבִינָה וְאֶזְכְּרָה יְמֵי קֶדֶם· אֲשֶׁר קְרָאוּנִי כְּנִבְנָתָם אָדָם· אוֹתוֹתָם אַגִּידָה וְלֹא אֶרְדָּם: אָשִׁיתָה צָרוֹת וְנִקְמַת אַנְטִיוֹכַס· אִבַּח חֲסִידַי וּמַשְׁחִית נְגָבֶם· אֱוִילֵי עַמִּי כְּהִתְקָרִיצוּנִי לְהַרְבֵּם: יַעַן וְיַעַד סוֹסֵי

---

ferner Josephus alte Geschichte 12. Buch, Kap. 7; ferner das Buch Judith; ferner das Buch Megilath Antiochus.

sendet den Schmerz und verbindet wieder, er schlägt und seine Hand heilet. Er thut Wunder an Gesunden und an Kranken; nahe ist sein Erbarmen stets und ewig unvergänglich. Mit einem und demselben Messer bereitet er Wunden und heilet sie auch, und gar oft läßt er, der Allerbarmer, ein Wunder in dem andern sichtbar werden. Der Geschöpfe Pflicht ist es darum, zu danken ihm, der Gnade spendet. Die das Meer Befahrenden läßt er glücklich den Hafen erreichen, den irren Reisenden ebnet er den Weg durch Wald und Feld, den Geschwächten schenkt er Heilung wieder, den Gefesselten und Gedrückten gewähret er Erlösung. — So merke denn und achte wohl darauf, weises und verständiges Volk! Gott befreite deine Vorfahren vom Drucke in Egypten und führte sie zur guten Stunde heraus. Er leitete sicher sie, indeß das Meer ihre Unterdrücker bedeckte; er führte sie in der Wüste und versah sie vierzig Jahre hindurch mit allem Bedarf. Seid darum starken, festen Muthes, die ihr in eurer Noth zu ihm hoffet! Erhebet den Lenker der Höhen, der auch eure Schicksale lenket; danket seinem heiligen Namen, so wie ihn die Geliebten (Israel) freudig priesen, als er die stolzen Egypter vor ihnen demüthigte.

יוצר לשבת ראשונה דחנוכה.

*) Ich danke Dir, mein Gott! Du zürntest mir und nahmst mich wieder gnädig auf; Du neigtest Dein Ohr, mein Flehen zu vernehmen und wehtest meine Feinde wie Spreu im Sturme weg. Ich betrachte und gedenke der frühern Zeiten und des, was mir einst begegnete, weil meine Sünden roth gezeichnet waren. Jene Vorgänge will ich nun erzählen und nicht ermüden, will erzählen von den Leiden und Gewaltthaten, die Antiochus mir zufügte, wie er meine Frommen würgte und meine Gesalbten dahin schlachtete, als einige Thoren meines Volkes — Vernichtung drohend — mich bei ihm verläumdeten. — Aber feuersprühende Rosse versammelnd, worauf wohl-

*) Man vergleiche zu diesem Piut Josippon Gorjon's jüdische Geschichte 4. Buch; ferner I. Mackab. Kap. 1; II. Mackab. Kap. 6 und 7;

פלדות. כמו חוכבים שנוסי לפידות. מופת הראות
בתוך עיר נכבדות. קדוש:

באו אבן פריצים ללשן. בחרי אף המלך לעשן.
בער להכרית שרוצי גשן: בערה חמתו ויתא בפתע.
כלה בשרי וחיתי שתע. בערים חבאתי כבהמות
להתע: בכלותו להשמיד עם ולרפוס. באר לשר
צבאו פילפוס. ברית להעבירי ופסלו לתפוש: גזר מי
בחזיר יפגל. גם מושך ערלה לעגל. גויתו להשאיר
והממאן מלסגל: גאלו בכפת כגו ובאליל חיה. גברו כתמם
שת לשאיה. גרע וכלה נוצרי תושיה: גבירות שתים
בניהן מלו. גלל כן בשדיהן נתלו. גורים ואמותם
ממגדל הפילו: דמו לסנף בזכחיהם אלעזר. דתו שמר
ועז נאזר. דחוהו דברי האכזר: דבב דאבתי על נפשך.
דרוש אדרוש מבשר קדשך. דם כמו האמנתי ואנשך:
דלף בן תשעים שנה אנכי. דחול אהי במרמה תמליכי.
דברך כלה ונחתים מלהפכי: הלזה יאוה צדיק דרכו.
הבחור יוסיף אמץ ברכו. הישיש בשורו נהרג בערכו:
העל אלה לא תפקוד. הצעיר והשעיר בחרונך ליקוד.
הראש והרגל הזקן והקדקד: הבט וזכור את כל התלאה.
השינה עדת צלעה ונהלאה. הלעולמים תזנח לרבת

gerüstete blitzende Reiter saßen, zeigte Wunder in der ehrwürdigen Stadt der Allheilige.

Fürwahr, es kamen freche Verläumder zum Könige (Antiochus) und schürten seinen Zorn, daß er den in Gosen zum Volk gewordenen Stamm vertilge. Und wuthentbranut kam er plötzlich, brachte Verderben mir und beklemmte mein Leben. Da mußte ich mich in Wäldern verbergen, wie die wilden Thiere umher irren. Als er dann lange genug das Volk vertilgend niedergetreten hatte, bedeutete er seinem Feldherrn Philippus, mich vom heiligen Bunde abzubringen, um seinen Götzendienst dafür einzuführen. Dieser befahl nun, daß wer sich am Schweine verunreinigt, und die Beschneidung verleugnet, der soll leben bleiben; wer sich aber dessen nicht fügt, der werde nicht verschont. Die seine unreine Kost und seine Götzen mit ihm theilten, die erhielt er; allein diejenigen, die eines frommen Wandels sich beflissen und das Gesetz gewissenhaft befolgten, gab er der Vernichtung und dem Verderben preis. Zwei Frauen hatten ihre Söhne beschnitten und wurden deshalb an ihren Brüsten aufgehängt; junge Kinder sammt ihren Müttern stürzte man von einem Thurme herab. Den Elasar wollten die Heiden mit ihren Opfermahlen besudeln; doch er beobachtete sein Gesetz, hielt fest daran und wies verachtend von sich den Antrag des Grausamen (Philippus). „Es ist mir leid um dein Leben," hatte dieser gesagt, „ich erwarte darum von deinem reinen Willen, daß du dich nur so stellest, als handelest du nach meinem Glauben, und ich werde dich in Frieden lassen." Aber er antwortete: „Wie willst du mir, einem Neunzigjährigen, noch anrathen, meinem Gotte mit Hinterlist zu dienen? Höre nur auf mit deinen Worten, ich verwerfe sie und werde meinen Glauben nicht ändern. Denn hält der Fromme fest an seinem Wandel, so wird auch der Jüngling immer fester stehen, wenn er stehet, daß der Greis würdig zu sterben weiß." Und Du, o Gott! solltest dies ungeahndet lassen, und nicht den Ziegenbock (den Griechen) mit Deines Zornes Gluth verzehren, so Haupt und Fuß und Bart sammt Scheitel? Schaue herab, gedenke doch all der Mühseligkeiten, welche die schwache und weithin zerstreute Nation von jeher betroffen! und gewiß Du verläßest sie nimmer,

חלאה: ואביעה עוד מקרה שבעה · ותיקים אחים תמימי
דעה · וקלם באש בשוא נתעה: ועל לא אכלו מזבחו ·
וידבקו בעשה תבל בכחו · וששפם נבל באכזריות רוחו:
ומחבת נחשת באור רתח · ויפשח הראשון נתח נתח ·
ועור ראשו חשף בתותח: וזמם להרוג ששת אחיו · זד
יהיר בעברת טוחיו · ובחם כבבש אלוף בחוחיו: וזמם
אמתה השביעי קטנם · זהב אעשירך אליו נם · ומנתיק
לי למשנה קונם: זרח העלם הטוב לבחר · ושק הרגני
נא למה תאחר · ונתתי להשתחות לאל אחר: חם ויחר
מושל רשע · חזק מכותיו בלי פשע · חסן הילד ולסובלם
שעשע: חזתה הורדתם משפטי בניה · חמתה נפשה על
ניניה · חלפה ותשב רוחה לקונה: חמסי אם גבר לעכור ·
חסידים אלו והריגתם זכור · חנן כרויי בלתך וכר: טפש
עוד מדון מגרה · טפטופי אשר לא ימרה · טמוסי יוני
החי יקרא: טכס זוכר שמו יהודי · טבוח וקרוץ כמו גדי ·
טריה ובקרת להכביד בשלדי: טהר טבילות מקוה
מהם החדיל · טשו קדושים מנשיהם להבדיל · טרחם
סקרת נם להגדיל: יחיד ונשא שוכן שמים · יזמן לכלם
מקואות מים · יען חסידיו מיחדיו פעמים: יסף ידו לתעב
המון · ידידות בית לאיש כזמן · ישכבנה אז תחלה

ihrer Sünden Menge ungeachtet. — Nun will ich noch das Geschick von sieben frommen, kenntnißreichen Brüdern erzählen, die der Irrgläubige dem Feuertod bestimmte. Weil sie nicht von seinem Opfermahle zehren wollten, weil sie dem Schöpfer des Weltalls innigst anhingen, darum zerfleischte der Unhold sie grausamer Weise. Eine kupferne Pfanne ließ er glühend machen, legte den Ersten zerstückt hinein und zog ihm die Haut vom Kopfe ab. So weihte der hochfahrende Wüthrich dessen sechs Brüder dem Tode und schlachtete in seiner Blutgier sie hin, wie Schaafe auf der Schlachtbank. Den siebenten, den jüngsten von ihnen, meinte er zu überreden und sagte zu ihm: „Ich mache dich reich an Gold, und schwöre es dir zu, dich zu meinem nächsten Staatsrathe zu machen, wenn du mir folgest!" Aber schnell wählte der Knabe das nur wahrhaft Gute, und rief aus: „Tödte mich nur! was säumest du? denn ich verwerfe es, mich vor einem Abgott nieder zu werfen." Darüber ergrimmte der Tyrann und verdoppelte dem unschuldigen Kinde die Qualen; standhaft ertrug es sie, wie ein Spiel. — Die Mutter sah die Leiden ihrer Söhne, und entzückt über deren Betragen verschwand auch ihr Geist zu seinem Schöpfer. — War mein Frevel auch so groß, daß ich mein Trübsal verdiente, so gedenke doch, Gnadenvoller, dieser Frommen und ihres Todes und sei gnädig wieder den Dir eigenthümlich Erkauften (Israel)! — Immer verstockter fuhr Jener, in den Gemüthern Hader erregend, fort: „Wer meiner Rede nicht widerspenstig ist und nach griechischer Weise lebt, der werde zu den Lebenden gezählt; jedoch wessen Namen als der eines Juden gedacht wird — so verordnete er — der werde wie ein Lamm hingeschlachtet und zerstümmelt; wenigstens soll er ohne Schonung mit Geißelstreichen bestraft werden!" Die Reinigung der Wassertauchungen verbot er ihnen; da hielten die Frommen sich von ihren Frauen gesondert. Doch ihre Unbill sah der Herr und erwies ihnen viele Wunder; er, der Einzige, der im Himmel erhaben thront, hatte Wasserbehältnisse geschaffen seinen Frommen, die ihn zweimal täglich „Einzig" preisen. — Immer noch unwürdiger behandelte der Tyrann das Volk; hatte ein Mann

הַהֶגְמוֹן: יָחַד זֹאת נִתְקְעָה לְגָרֵשׁ· יְרָחִים אַרְבָּעִים
וְאַרְבָּעָה חֹדֶשׁ· יְהוּדָה הוֹשִׁיעָה כֹּהֵן הַקֹּדֶשׁ: כְּנִתְמַלֵּא
סֶפֶק וְשַׁדַּי תָּנַן· כְּנֵס חַשְׁמוֹנַי לְבַת יוֹחָנָן· כְּנִסּוּם לְחֻפָּה
בְּמִשְׁתֶּה לְהִתְרוֹנָן: כָּל עֲדָיֶיהָ פָּתְחָה הַכַּלָּה· כּוֹס מָזְגָה
לִקְרוּאֵי הַהִלּוּלָה· כָּבְשׁוּ פְנֵיהֶם מֵהַבִּיט צַלָּה: כָּבֵד שֶׁצָּף
הָאָח לְעֻמָּהּ· כַּבִּירִים קְרוּאִים פֹּה לְהַנְעִימָהּ· כְּנֶגְדָּם אֵיךְ
עָמַדְתְּ כִּקְדֵשָׁה עֲרוּמָּה: לָמוֹ הֵשִׁיבָה נָוַת יְפֵה־פִיָּה· לִי
אֵיךְ תְּגַסְּרוּנִי בִּרְמִיָּה· לְעָרֵל וְטָמֵא תַשְׁגִּילוּנִי הַלַּיְלָה
עֲרִיָּה: לְבֹשֶׁה רוּחַ אָז יְהוּדָה· לִבּוֹ מְלָאוֹ גְבוּרָה עֲנוּדָה·
לָחַשׁ וַיְקַנֵּא קִנְאָה כְּבֵדָה: לְקֵט הֲדַס וּמִינֵי בְשָׂמִים· לְהָכִין
כְּמוֹ בְגִיל וְהַנְּעִימִים· לְהִתְעַת עֲוֶל כְּחֻקּוֹ מַשְׁלִימִים: מֵרָחוֹק
בְּשָׁקְקָם מְזַמְּרִים וּמְחַנְּגִים· מִלֵּל אֵלֶּה הַשָּׁרִים הַמְּנַהִיגִים·
מֵעַתָּה יִכָּנְסוּ בְּנִמּוּסֵי עֲרוּגִים: מְשָׁרְתָיו וּמַחֲנֵהוּ חוּצָה
הֵנִים· מַתִּתְיָהוּ וְאֶחָיו פְּנִימָה הַכֹּהֲנִים· מַכַּבֵּי יְהוּדָה גְּבוּרָה
הִשְׁנִים: מֵאָסַת כָּל עֵץ הַדְּקִיר הַמְּנַוֵּה· מֵעֲכוּ לִנְמֵרִים
רָדַף הַפּוֹתֶה· מְתָאם וְכֻלָּם וַיַּגֵּד לְאֱלִיפֶרְנֵי: נָסַע וַיֵּאָסֵף
הֲמוֹנוֹ לְהַקְמִיל· נָח קָרוֹב מִצִּיּוֹן מִיל· נָע לְבָבִי כְּיַעַר וְכַרְמִיל:
גָּדְכוּ הָעָם לָשׁוּב לִמְחוֹלָלָם· נֶאֱנָחִים בְּצוֹם וּבְכִי כֻּלָּם·

sich ein Weib zur Ehe bestimmt, so beschlief sie zuerst der griechische Fürst. Und fest, wie ein tiefgesteckter Pflock, stand diese Abscheulichkeit vier und vierzig Monden lang, bis Jehuda der heilige Priester sie wegräumte. Das Maaß des Sünders war endlich voll, und der Allmächtige half uns in seiner Gnade. — Als der Chasmonäer die Tochter Jochanan's heimführte und Alle sich bei'm Hochzeitsmahle ergötzten, da entkleidete sich die Braut all ihres Schmuckes und schenkte so die Gläser ein den eingeladenen Hochzeitsgästen; diese schlugen die Augen nieder, um ihrer Schönheit Abglanz nicht zu schauen. Aber ihr Bruder fuhr sie hart an: „Wie magst du vor so angesehenen Gästen die zum Festgesange hier beisammen sind, wie eine absichtlich schmucklose Buhlerin dastehen?“ Und es erwiederte ihm die für's häusliche Glück bestimmte Schöne: „Mich wollt ihr des Trugs bezüchtigen, ihr, die ihr mich diese Nacht der schändlichen Umarmung eines Unbeschnittenen und Unreinen blos gebet?“ Da fuhr hohe Begeisterung in Jehuda, sein Herz ward voll entschlossener Kraft, und er gerieth in stilles Brüten auf schwere Rache. Er brachte Myrthen und Gewürze zusammen, sie ordnend wie zur Freude und Hochzeitlust, um den Wütherich glauben zu machen, man bringe sein Gebot wirklich in Vollzug. Von fern vernahm man den Lärm der Sänger und Tänzer, und der Bösewicht sagte: „Ha, ihre Fürsten und Führer bekommen endlich Lust, in unsre Sitten eingeführt zu werden!“ Seine Diener und sein Heer ließ er außen sich versammeln, und den Mathithjahu und dessen Freunde ließ er hereinkommen. Indessen waffnete sich Jehuda der Makkabäer mit seiner vollen Kraft. Mit seinem Schwerte, jeden Widerstand verachtend, durchbohrte er den Wollüstling, verfolgte dann dessen Schaar von Akko bis Nimrim und zerhieb und vernichtete sie, daß Holofernes es mit Schrecken vernahm. Dieser versammelte hierauf sein Heer und zog zum Vernichten heran und schlug sein Lager eine Meile von Zion auf. Da erbebte Israel das Herz wie Waldesbäume bei Sturmes Rauschen, und sehnsuchtsvoll wandten sie sich wieder zu ihrem Schöpfer mit Seufzen, Fasten und Weinen, beschäftigten sich in ernstem Nachdenken

חמודים מפז תגו בסלסלם: נבא למלך תגמלו אביור·
גריב יועץ דקם ואספיור· גערו חקם ותיתוך כביור:
שומן כהאזין עליו הגעיר· שח להוקיעו כבודו להבעיר·
סמוך מבוא שער העיר: סתף מהר הקריה כאנחיל·
סיפי בראש זה אתחיל· סגרון משנאי תמור השחיל:
סגבתני בלילה היא יהודית· סודה ברוך ומעמה עדית·
סותרה לעמה ולין לפדית: עיר ויושביה בכשר בחזותה·
עלצה ותלך עמה שפחתה· על יי השליכה יהבתה: עמדה
בראש מחנות האויב· עליצותיו להפג וחיליו לדייב· על
ראשו גמולו לחייב: עדי יפיה הגידו למלך· עלמה שאין
כמוה במלך· ערבת עליו ולהביאה הלך: פן מה דרכך
השמיעיני· פצתה ממשפחת נביאים אני· פותרים עליך
מלבי וקציני: פתע פתאום בבא מהר· פגריך יתצו ותעיר
בסהר· פסעתי לבשרך לבל תאחר: פורה בדרכך במו
חמתך· פקוד וזכור את אמתך· פרחי משפחתי ישרתוך
בביתך: צפצף כל שאלתך אמלא· צביני אם תעשי
מלכלך צאצאי בית אביך אעלה: צרתה לו אתני
טהורה· צו להעביר קול וגזרה· צוה מהגיע בעלמה

mit dem kostbaren Schatze des göttlichen Wortes. Dem Befehlshaber (Holifornes) hatte es Achior (sein fürstlicher Rath, Herzog und Oberpriester) prophezeihet: „Wenn dieses Volk (Israel) sein Gesetz hält, so vermag es wie ein Feuerbrand dich verheerend zu entzünden." Der Tyrann, der dies vernommen, schalt ihn darüber heftig aus und befahl, daß er, der seinen Stolz gekränkt, aufgehängt werden sollte nahe am Eingange des Thores der belagerten Stadt. „Morgen, wann ich die Stadt verbrenne und schleife, sagte er, soll mein Schwert das Haupt dieses (Achior) treffen, der es wagte, für meine Feinde Fürsprache vorzubringen." — Aber in dieser Nacht schützte mich Jehudith. Lobenswerth war ihr Sinn, edel ihr Benehmen, ein Schild war sie ihrem Volke, den Griechen ein Unglück bringender Blitz. Für das Beste der Stadt und ihrer Bewohner, deren frommen Wandel sie gesehen, ging sie freudig hin nebst ihrer Magd, auf Gott allein ihr Vertrauen setzend. Sie zeigte sich dem Feinde vorn am Eingange des Lagers, seine Freude zu stören, seinem Heere Trauer zu bereiten und sein Verschulden auf sein Haupt zurück zu bringen. Als man dem Befehlshaber von ihrer großen Schönheit erzählt hatte, daß ein Mädchen ihres Gleichen im ganzen Lande nicht zu finden sei, da freute es ihn sehr und er befahl sie herbei kommen zu lassen. „Was ist dein Begehren?" hob er an, „laß mich es hören!" worauf sie erwiederte: „ich bin aus einem Geschlechte von Propheten, die günstig für dich deuten, mein Herrscher und Fürst! daß nämlich Morgen unversehener Weise deine Mauerbrecher die Stadtmauer wie Scherben zertrümmern werden, und ich wollte mich beeilen, dir dieses ungesäumt zu verkünden. Wenn du nun die Eroberte in deinem Grimme niedertrittst, so gedenke doch deiner Magd, und die Sprößlinge meiner Familie werden dir in deinem Pallaste willig dienen." „Deinen Wunsch will ich erfüllen, sprach er, in so fern du meinen Willen thust; die Angehörigen deines väterlichen Hauses werde ich dann nicht verderben, sondern im Gegentheil zu hohen Würden sie befördern!" — Da bedauerte sie ihm, nicht rein zu sein, und er ließ durch Ausruf den Befehl ergehen,

הַמִּשְׁתֶּרָה: צָהַל בְּסוּס מְזֻיָּן וְכִרְכָּרִי. צְבָאָיו בְּמִשְׁתֵּה
שְׁמָנִים הִשְׁכָּר. צִוָּארוֹ לָצוּד שָׁתָה וַיִּשְׁכָּר: קִפַּחְתּוֹ אָז
שְׁנַת תַּרְדֵּמָה. קָרְאוּ לוֹ הַנַּעֲרָה לְפַגְּמָה. קָדְקְדוֹ הִשְׁכִּיב
וּכְיָשֵׁן נִרְדָּמָה: קָמוּ חִישׁ וּפָנוּ לְדַרְכָּם. קַלּוּ רֶגֶל מֵעַל
מַלְכָּם. קִדְּמוּ וַיָּרֻצוּ לְאָהֳלֵי סֻכָּם: קְרוּאָה יִרְאַת יְיָ
וּמַשְׂכֶּלֶת. קְצָצָה גֻלְגָּלְתּוֹ כְּרֹאשׁ שִׁבֹּלֶת. קָחַתּוּ וֶהֱבִיאַתּוּ
לְהֵטִיב תּוֹחֶלֶת: רָאוּהוּ וְלֹא הֶאֱמִינוּ לָהּ. רָצוּ לָאִישׁ
אֲשֶׁר בְּקִצְפּוֹ תָּלָה. רָחַשׁ הוּא רֹאשׁוֹ בְּאָלָה: רְמַשׁ הַהוּא
גָּדְלוּ שְׂמָחוֹת. רָחֲקוּ וַיָּנֻסוּ יָגוֹן וַאֲנָחוֹת. רוֹדֵף וּמִתְנַקֵּם
כְּהֶרֶף לְהִמָּחוֹת: רָקְדוּ וְחָדוּ כָּל הַלַּיְלָה. רֶנֶן הִנְעִימוּ
לְנוֹרָא עֲלִילָה. רְחָפָם וּפְקָדָם בְּפָסוֹחַ וְחֶמְלָה: שַׁחַר
כְּהִקְרִין וְהַבֹּקֶר אוֹר. שָׁאֲגוּ בְּקוֹל חָזָק וְנָאוֹר. שְׁמַע יִשְׂרָאֵל
יְיָ לְבָאוֹר: שׁוֹדְדִים כְּשָׁמְעָם הֲמֻלַּת הֶהָמוֹן. שָׁקְדוּ לְהָקִיץ
הַמֶּלֶךְ וְלִכְמוֹן. שְׁזָפוּהוּ מֵת מֻשְׁכָּב בְּאַרְמוֹן: שְׁאוֹנָם
נִכְנַע וַתִּבָּרַח רוּחָם. שָׁחֲחוּ וְחָגְרוּ בְּפַחַד אֶבְחָם. שׁוֹבֵיהֶם
רְדָפוּם וְהִכּוּם לְפִלְחָם: תַּמּוּם וַהֲרָגוּם תִּלֵּי תִלִּים. תּוֹדוֹת
וְהַלֵּל סִיְּגוּ סְגוּלִים. תֹּקֶף הַנֵּס קָבְעוּ מַשְׂכִּילִים: תִּמְּמוּ
הַלֵּל לִגְמוֹר שְׁמוֹנָה. תִּכֵּן נֵרוֹת לְהַעֲלוֹת בְּרִנָּה. תָּמִיד
בְּכָל שָׁנָה וְשָׁנָה: תְּאַמּוּ הַיּוֹם שַׁבָּת (וְרֹאשׁ חֹדֶשׁ) וַחֲנֻכָּה.

daß Jedermann sich hüte, dem Mädchen was zu Leide zu thun, das seiner Reinigung beflissen sei. — Einem geilen Hengste gleich sprang er freudig herum, berauschte seine Leute bei'm leckern Mahle, trank und berauschte sich selbst, daß es ihm an den Hals ging und tiefer Schlaf sich seiner bemächtigte. Man ließ ihm das Mädchen rufen, ihrer zu mißbrauchen, sobald er wie ein Schlafender den Kopf aufgelegt hatte. Auch erhoben sich die Gäste bald, entfernten sich leichten Fußes von ihrem Gebieter und wandten sich eilends den sie schützenden Zelten zu. Die Kluge und Gottesfürchtige (Jehudith) hieb ihm indessen das Haupt ab, als wäre es die Spitze eines Kornhalmes, nahm's und brachte es in die Stadt, um der Harrenden Hoffnung zu befriedigen. Diese sahen es und glaubten ihr kaum, liefen deshalb zu dem Achior hin, welchen der Tyrann in seinem Zorne wollte aufhängen lassen, und er bejahte mit einem Schwure: „Es ist sein (Holifornes') Haupt!" Denselben Abend war große Freude bei ihnen, Kummer und Sorge waren verschwunden, nur darauf waren sie bedacht, den rachedurstigen Verfolger schnell weg zu tilgen. Sie brachten die Nacht in Tanz und Freude zu, sangen Loblieder dem wunderbar Waltenden, der erbarmungsvoll ihrer dachte und schützend über ihnen schwebte. Und als die Frühröthe den Morgen erhellte, da beteten sie klar und deutlich mit starktönender Stimme das „Höre Israel" (שמע ישראל). — Die Belagerer hörten das Getümmel dieser Volksmenge und eilten ihren Befehlshaber zu wecken, daß auf der Hut er sei; aber sie erblickten ihn todt in seinem Zelte liegend. Da legte sich ihr Brausen und der Muth entfiel ihnen. Gebeugt in Angst gürteten sie ihre Schwerter um; aber ihre Gegner (Israel) verfolgten nun sie und trafen sie tödtlich, sie hieben sie in Stücke sammt und sonders. Die Sieger stimmten dann Dank- und Lobgesänge an. Wegen der Größe dieser Wunder setzten die weisen Schriftgelehrten es fest und führten es ein, daß das vollständige Ruhmlied (הלל) während der acht Tage gesungen und eine bestimmte Anzahl Lichter mit freudigem Sinne angezündet werde jedes Jahr. — Vereint sind heute Sabbath (Neumond)

תפאר מעונים משגבה ורבה. תעידך נצח כי לך המלוכה:
יחידיך וידידיך סלה פקדוך. כל נדמית שגבוך לכדוך.
משבי הדרים והכל יודוך. קדוש: הכל יודוך.

חיזט דיעזער שבת צוגלייך ראש חדש, זא ווירד נור אופן לך אלים
געזונגען, זיעהע זייטע 18.

מאורה. מחברו שלמה, וידוע בשם גבירול, כי כזיר זקול.

שני זיתים. נכרתים. בגן נעול יצהירו: לראש קהתים.
ואפרתים. שתי עטרות יכתירו: ועל מנורה. הטהורה.
כמו נרות יזהירו. הן במחנה. אל מול פני המנורה יאירו:
לבן אפרת. ציץ נכרת. אשר היה כציץ נובל: לבן
המשיח. אשר הושח. כמו אניה בלי חובל: זכור מראה.
אשר ראה. זכריהו בעיר בבל: כמו זכרתם. והושעתם.
אזי על יד זרבבל: זכור זרעם. להושיעם. וגם תקרא
שנת יובל: ושים אותם. מקום אבותם. היות מושלים
בכל תבל: ומעל יד. איש ציד. טבעתם יסירו: הן במחנה.
ממלכה. ממשכה. לעיר ציון תשיבנה: ובת כבודה.
ברב עבדה. לבית אמה תביאנה: והגבירה. והצפירה.
בראש דוד תשימנה: ומצנפת. מעלפת. בראש אהרן
תקימנה: והתמיד. אזי תעמיד. והמנחה תרימנה:
והמרקח. אשר לקח. ולא ראיתיו עד הנה: והערות.

3) Das prophetische Gesicht in Sechariah Kap. 4, welches auf die Erlösung zielt.

und das Weihefest; darum preiset Dich, Herr, die sanftfühlende Nation, indem sie die Geschichte dieser Tage bespricht, und sie bezeugt ewiglich, daß Dir allein die Regierung ist. Deine Einzigen und Geliebten gedenken immer Deiner und erheben Dich allein, Dich, Unvergleichlicher! O, befreie sie aus dem Drucke, und Alle werden Dir danken, Allheiliger!

מאורה׃

Die zwei Oelbäume, jetzt gestürzt, werden im wohlverwahrten Garten einstens wieder blühen, das Haupt der Kehathiten und Ephrathiten[1]) werden zwei Kronen wieder schmücken, und über der reinen Lampe (Israel[2]) werden sie wie Lichter glänzen; ja sie werden in dem Lager an der Lampe Vorderseite strahlen. — Dem Sohne Ephrath's, dem die Krone genommen, der zur welken Blüthe geworden, dem gesalbten Priestersohne der gebeugt, wie ein Schiff ohne Führer, herum irrt — ihnen gedenke, Herr, jenes Gesicht, das dem Secharjahu in der Stadt Babel ward![3]) Wie Du ihrer dachtest und damals sie durch Serubabel befreitest: so mögest Du auch ihrer Nachkommen gedenken, ihnen zu helfen und das Befreiungsjahr herbei zu rufen. O, setze sie in ihrer Eltern Heimath wieder ein, laß frei sie werden auf der ganzen Erde und aus der Hand des Jägermannes ihren Siegelring sich wieder erringen, daß sie in dem Lager an der Lampe Vorderseite strahlen. — Die so lange im Elend zurückgehaltene Nation führe wieder nach Zion, die Ehrenwerthe bringe wieder, beladen mit der Schätze Fülle, in ihr Mutterhaus zurück, und die Herrscherpracht laß' von David's Haupte strahlen; die gewundene Mütze richte hoch empor auf Aharon's Haupt. Das tägliche Opfer stelle wieder her, das Mehlopfer lasse wieder sich erheben, und das Salböl, das uns genommen ward, das wir bis jetzt nicht sahen.

---

1) Kehathiten deutet auf die Priester, die der Familie Kehath entstammten, und Ephrathiten auf die Könige aus dem Hause David's, der aus Ephrath (d. i. Bethlehem) war.

2) Israel wird hier einer Lampe verglichen, weil seine Bestimmung es ist, mit seinem reinen Gottesglauben die Welt immer mehr zu erhellen.

במנורות· בני אהרן יבעירו: הן כמחנה· הנבאה· והצמאה·
אשר תמיד לך תהליל: סמוך ידיה· בבן דודה· הנקרא
שמו תכליל: ותכניסם· לגן בשם· וחפתם בהוד תכליל:
ותוליכם· ותמליכם· בהר ציון והגליל: וחק ישר· אזי
יושר· עלי נבל וגם חליל: ועם אוהבי שמך ועוזבי חזון
שקר ושוא ואליל: ואם פרוכים· יהיו ברוכים· כל רואיהם
יכירו: הן כמחנה· אל מול פני המנורה יאירו: אור חדש.

אלת.

ע"ם א"ב, ובסוף חתום שלמה הקטן בירבי יהודה חזק.

אין צור חלף· תבנית כל גולף· לכושל חיל חולף·
למכשל חית שולף: בער שקד לסלף· עם דת אלף· מעט
פרחי תלף· גבר מרב אלף: גמצי שיחות כר· שלש
עשרה כרכר· ראות ברכות סקר· בענוי נפש נקר:
דבר שם יקר· כל מזכיר ידקר· ואז לרב הפקר· מרוד
כפור בעקר: הערים סוד בליעל· להוגי חן יעל· מסוך
סף רעל· חימו המרר והרעל: ועוד הוסיף מעל· לאל
מודד שעל· בטל עוד מהעל· קרבן תמיד מועל: זרע
קדש התירץ· חכמו קלי מרץ· גזור אצבע קרן· כותב

Die Lichter auf dem Leuchter werden dann von den Söhnen Aharon's wieder angezündet, daß sie in dem Lager an der Lampe Vorderseite strahlen. — Den Schmachtenden und Betrübten, die also zu Dir flehen, helfe wieder auf durch den Sohn des Erwählten, deß Name ist der Rothwangige[1]); führe sie dem gewürzreichen Garten zu und schmücke ihre Heimath mit vollkommner Schönheit! Leite sie und laß' sie schalten auf dem Berge Zion und in Galiläa! Nach dem wahrhaften Gesetze wird alsdann gesungen unter Begleitung der Harf' und Flöte. Das Volk, das Deinen Namen liebt, das falsche Propheten so wie Aberglauben haßt, des gedrückten Stammes Genossen — sie werden dann gesegnet sein, und Alle, die es sehen, werden sie als solche anerkennen; ja sie werden in dem Lager an der Lampe Vorderseite strahlen. —

זולת·

Er, der Aller Schöpfer ist, ihm gleicht kein anderer Bildner. Dem Strauchelnden (Israel) theilte er frische Kräfte zu, dem Mißbrauchübenden (Antiochus) entzog er die Gewalt. Der Alberne, er wollte das dem Gesetz lebende Volk irre führen; aber wenige Sprößlinge von den Priestern des Tempels siegten über Tausende der Feinde. Diese hatten Fallgruben gegraben und in dreizehn Rissen die Tempelmauer durchbrochen. Wer sich nach Wasserteichen zur Reinigung umsah, den blendeten sie und übergaben ihn der Finsterniß Qual; wer den hochwürdigsten Namen aussprach, wurde erstochen — was Viele verleitete, von des Glaubens Grundsätzen abzufallen. Der Ruchlose ersann listige Ränke gegen die Frommen, die sich mit dem anmuthigen, erhebenden Worte Gottes beschäftigten, und goß ihnen einen Becher voll Wermuth ein, hinreichend das Leben zu verbittern und zu vergiften. Und noch ärger war sein Trotz gegen den Allmächtigen, der mit der hohlen Hand Oceane mißt, indem er das Darbringen des täglichen Opfers untersagte. Um das heilige Geschlecht auszurotten, hatten die Leichtfertigen (Griechen)

[1]) Das ist David nach I. B. Samuel 16, 12.

כְּתֹבֶת פֶּרֶץ: חִבּוּל טֻמְאַת שֶׁרֶץ. גַּן נָעוּל הַשֶּׁרֶץ. שִׁתּוּק
אִסּוּף הַפֶּרֶץ. וּמָה סַפֵּק אֶרֶץ: טָשׁוּ חַרְגּוֹלֵי יֶלֶק. וְמוֹדֵי
הַבֶּקֶק וְהַבֶּלֶק. כְּנֵץ עַל צִפּוֹר דּוֹלֵק. גּוֹזָלֵי בֶּתֶר וְהַמְלֵק:
יָקְדוּ כְּהַבְהֲבֵי עָלֶק. חַרְחַר רִיב וְחֵלֶק. עֲקוֹר מַתַּן
חֵלֶק. חַג וּמְנוֹרָה דּוֹלֵק: כְּנוּיִים שֶׁפְּנֵי סֶלַע. הוּמָתוּ
לְתַנִּינֵי בֶלַע. לְבָאֵי שֵׁן וּמַתְלַע. תְּבוּאַת קֹדֶשׁ יָלַע:
לְאֵיד הֱכִינוּ צֶלַע. נְטוּשׁ מְדָנֵי גַּלַּע. בְּשַׂר קֹדֶשׁ קַלַּע.
מֵעֵם מָשׁוּל תּוֹלָע: מִדַּת חָמָס גָּמָלוּ. כֵּן גְּמוּל הַגְּמָלוּ.
כְּסוּף יְאוֹר קָמֵלוּ. כְּרֹאשׁ שִׁבֹּלֶת נִמָּלוּ: נִמְּיוֹן רָעוֹת
גִּבְּלוּ. כַּל יוּכְלוּ שֶׁכִּלוּ. כְּקַשׁ יָבֵשׁ אֻכְּלוּ. כָּלוּ בֶעָשָׁן
כָּלוּ: סוֹד שֵׁם לְחַלֵּל. תְּמוּר רָשָׁע מִתְחוֹלֵל. יוֹמָם
הָפַךְ לְלֵיל. בְּכֵן יִגָּמֵר הַלֵּל: עֹז בְּכֵן יִתְהַלֵּל. מִפִּי
יוֹנֵק וְעוֹלֵל. לְמַשְׁבִּית צַר וּמִתְעוֹלֵל. כֹּל הַנְּשָׁמָה תְּהַלֵּל:
פִּלְּגוּ לְשִׁבְעָה חֲלוּצִים. וְקָבְעוּ שְׁמוֹנָה מְלִיצִים. נֶגֶר
שֶׁקּוֹדַת נִצִּים. וּתְקוּפַת שְׁנַת קִצִּים: צָעֲרוּ כְּעַקְרַבֵּי
עֲקָצִים. וְצִעֲרוּ כִּגְמַלֵּי שְׁקָצִים. לְהָטוּ כַּעֲצֵי קְצָצִים.
דָּעֲכוּ כְּאֵשׁ קוֹצִים: קְהָלִים נוֹסְדוּ מְדָנַי. בִּשְׁנֵים עָשָׂר
עִדָּנַי. רָב רִיבָם יְיָ. עַל חוֹשְׁבֵי אֲבָדָנַי: שְׁפוֹט כֵּן דִּינַי.

die Verordnung ersonnen, daß Jedem, der einen Ehevertrag schreibt, der Finger abgehauen werde. Die Unreinen wollten gern den wohlverwahrten Garten unsittlich bevölkern, daß durch das Ueberhandnehmen außer Ehe erzeugter Kinder die Unzucht sich im Lande häufe. Wie Heuschrecken flogen sie heran, zerstörten und verheerten die treibenden Ranken; wie der Sperber auf einen Vogel stürzt, so zerrissen und rupften sie meine unschuldigen Jungen. Sie brannten vor Wuth wie die Hölle, erregten Zwist und Hader und hoben das gabenreiche Beschlußfest (שמיני עצרת) auf, das Fest mit den brennenden Lichtern[1]). Die sonst Bergkaninchen Genannten wandelten sich in verschlingende Drachen um, mit Löwenzähnen zermalmten sie die heiligen Abkömmlinge; verderblichen Sturz bereiteten sie ihnen, da der verheerende Krieg ausbrach. Der heilige Bund am Fleische ward sogar verwehrt dem Volke, das dem Wurm verglichen ist[2]). — Den Maßstab der Gewalt hatten die Griechen angewandt, und mit Gleichem ward ihnen vergolten; wie welkes Schilf, wie gemähte Halmen sanken sie hin. Die bösen Anschläge, die sie gefaßt, konnten sie nicht vollführen; denn sie wurden hingerafft, wie dürres Stroh verzehrt, und verschwunden waren sie wie Rauch. Den heiligen Namen Gottes wollte der Bösewicht herabwürdigen, darum wurde er mit steter Angst geplagt, darum der Tag in Nacht ihm verwandelt. — Und wir, wir singen deshalb das vollständige Ruhmlied, und Säuglinge und Lallende preisen die Macht dessen, der den Feind und Widersacher ausgerottet; Alles, was Odem hat, lobet Ihn! — Die Chasmonäer hatten sich in sieben Heerhaufen getheilt, und setzten acht Gedenktage fest, gleich der Zahl der mandelförmig verzierten Arme des Leuchters, und gleich der Tage des Hüttenfestes, welches das Jahr beschließt. — Sie, die wie stechende Scorpionen uns peinigten, wurden wie Ameisenhaufen zertreten, wurden wie klein gebrochenes Holz, wie Dornenstrauch in der Flamme verzehrt. — Abermals versammelten sich in Menge meine Feinde, im zwölften Monate des Jahres; doch Du, o Herr!

---

1) Dieses Fest wurde ehedem, mit besonderer Fröhlichkeit, mit Gesang, Tanz und Illumination begangen. 2) Jesajas 41, 14.

עוֹד זוּלָתְךָ אֲדֹנָי · תֹּאבַד כֵּן זֵדוֹנַי · כָּל אוֹיְבֶיךָ יְיָ: שְׁמוֹר
לְפִי מוֹלִים · הֵם הִקְשִׁיב קוֹבְלִים · מְרוֹד נוֹף בְּהוֹלְלִים · יָחִיל
רוֹזְנֵי בְּעָלִים: יְצִיאַת יוֹם הִלּוּלִים · וְקֶרַע דִּין הוֹלְלִים ·
חֲזוּת קְרוֹא בִמְהַלְלִים · מִי כָמֹכָה בָּאֵלִם: עזרת וכו'.

יוצר לשבת שניה דחנוכה·

ע"ס א"ב כפול וכל חרוז מסיים בל' ככתוב ובסוף חתום מנחם ברבי מכיר חיה חזק.

אוֹדְךָ כִּי עֲנִיתָנִי · וְחִיִּיתַנִי וְלֹא כִלִּיתָנִי · אוֹיְבַי לֹא שִׂמַּחְתָּ
לִי · מִשְּׁאוֹל הֶעֱלִיתָנִי · אֲרוֹמִמְךָ יְיָ כִּי דִלִּיתָנִי: בִּנְתָּ מֵרָחוֹק
לָחֹק חֹק דָּבָר מְכֻוָּן · בְּטֶרֶם תָּבוֹאנָה חֲדָשׁוֹת הוֹדַעְתָּ
אֱמֶת כֵּן · וְעוֹרַרְתִּי בָנַיִךְ צִיּוֹן עַל בָּנַיִךְ יָוָן: גְּאַלְתַּנִי מֵרֹאשׁ
מֵחֹמֶר וּלְבֵנַת פִּיבֶסֶת וְאָוֶן · גַּם כֵּן מִיָּוֵן מְצוּלָה פֹּעֲלֵי
אָוֶן · מִכּוּר שָׁאוֹן מְשִׂיט הַיָּוֵן: מְנוֹרָה וְחַג וְחֹק וָשֵׁם מְנָעוּ
לִשְׁמוֹר · נְתַתַּנִי חֵלֶק שִׁבְעָה וּשְׁמוֹנָה הַלֵּל לִגְמוֹר · לַמְנַצֵּחַ
עַל הַשְּׁמִינִית מִזְמוֹר · קָדוֹשׁ:

דִּבְרַת מַלְכוּת שְׁלִישִׁית חֲלַם חֲמוּדוֹת בְּפֵרוּשִׁים · דְּמוּת

---

2) מי כמכה באלם יהוה (II. B. M. 15, 11), diese Worte sollen auch auf der Kriegsfahne der Mackabäer gestanden sein, daraus — nach Einigen — auch der Name Mackabäer (מכבי) als die vier Anfangsbuchstaben gedachter Worte, sich herleitet.

3) Namen zweier Städte in Egypten (Jechesk. 30, 17).

nahmst Dich meines Rechtes an gegen die, welche auf meine Vernichtung bedacht waren [1]). So mögest Du auch Alle richten, die mit mir rechten wollen, als gebe es außer Dir noch sonst ein Gott; vernichte, Ewiger, die ruchlosen Feinde alle! O, achte auf die Worte meines Mundes, neige Dein Ohr und vernimm unsre Klage! Wie ehedem Du Noph (Egypten) mit Deinen Strafen schrecktest, so ängstige alle Götzendiener! Jenen gepriesenen Erlösungstag, da Du Strafgerichte an den Uebermüthigen (Egyptern) übtest, laß' uns erneuert wieder sehen; daß auch wir, wie damals jene Sänger, rufen: „Wer gleichet unter den Mächten Dir?" [2])

יוצר לשבת שניה דחנוכה.

Ich danke Dir, daß Du mich erhörtest, mich erhieltest und nicht dem Verderben übergabst; meine Feinde ließest Du nicht über mich frohlocken. Du zogst aus dem Abgrund mich; Preis Dir, Ewiger, der Du mir aufgeholfen! In früherer Zeit schon ließest Du die Sache genau verzeichnen; bevor noch die unerwarteten Ereignisse eintrafen, hattest Du sie schon in der Wahrheit kund gethan: „Zion, ich werde deine Söhne gegen die Söhne Griechenlands führen!" (Secharjah 9, 13.) Und wie Du mich ehedem von der Lehm- und Ziegelarbeit in Pibeseth und Aven [3]) befreiet hast, ebenso zogst Du mich aus der Grube des Verderbens, aus dem tiefen Schlamme der gewaltthätigen Griechen. Sie (die Griechen) wollten mir das Anzünden des heiligen Leuchters, das Halten der Feste, die Beobachtung der Gesetze Gottes und die Verehrung seines Namens verwehren; doch Du, Gott, halfst, Du verschafftest mir wieder den Antheil der sieben Tage (der Feste), nebst den acht Weihetagen, an denen ich das ganze הלל Dir singe. So laßt uns denn für acht Tage ein freudiges Lied anstimmen dem Verleiher des Sieges, dem Heiligen.

In Betreff des dritten (griechischen) Reiches sah der anmuthsvolle Daniel in seinem Traume deutlich die Gestalt eines Leo-

---

[1]) Siehe II. Mackab. Kap. 14 u. 15, sowie Megill. Thaanith Abschn. 12.

גמר לו ארבע כנפים להרשים · ומשם יפרד והיה לארבעה
ראשים: הראה שנית צפיר גדל ועצם להתאימה · הקרן
הגדלה נשברה וארבע תחתיה להתקימה · צפונה ונגבה
וקדמה וימה: וזה החלם לעשות במשול בעלי מדני · ויצו
חקוק בקרן השור ובבריח אפדני · אין לכם חלק ביי ׀ זד מלך
עז פנים משישך וששך · זהר למשנהו גזרותיו על עמי
משך · ויכס את עין כל הארץ ותחשך: חשב להפר חדש
ושבת ודתי דיני · חקו יעבר קול גם במכתב רשם מוקדני ·
ואמר הס כי לא להזכיר בשם אדני: טכסיסי חפה וברית
געד יהרגו קוסטנר · טהורים נוסדו בהתאסף עם בשנום
להסתגר · קול רחים ואור נר: יעצו לבטל טבילות עם
בזוז ומשסה · זמו לעשות נבלה ארושה בטרם תנשא ·
לשכב את בת יעקב וכן לא יעשה: כנס אלעזר חנה בת
סגנים וחורים · כנס אנשי המקום למשתה שמנים
מבחרים · כי כן יעשו הבחורים: לעיני הקרואים יעלת
חן ראשה פרעה · ליינה מסכה בדמעה על אודות הרעה ·

---

sich versammle, durch das Zeichen des Mühlgeräusches und Licht-anzündens." Das heißt, die Trauung und Beschneidung soll in diesen zwei festen, den Syrern unzugänglichen Städten vorgenommen, und das Volk davon durch den Ton einer Handmühle (Signal der Trauung) und das Anzünden der Lichter (Signal der Beschneidung) unterrichtet werden. Vergl. תלמוד ירושלמי כתובות פרק א' משנה ה' בנחרש (wo statt בעגר בעיר zu lesen ist) und בבלי סנהדרין ל"ב, ב', (wo die Stadt בורני בעגר heißt).

worden mit vier Flügel versehen, aus dem sich dann vier Köpfe sonderten. Er sah darauf zum zweitenmale einen großen und furchtbar starken Ziegenbock, dessen großes Horn zerbrach und dann an seiner Stelle vier andere Hörner kamen, nach Norden und Süden, Osten und Westen sich richtend. — So kam denn eine gegen mich feindlich gesinnte Gewalt zur Herrschaft, deren Erstes es war, auf jedes Rindshorn und an jede Zeltthüre die Worte eingraben zu lassen: „Keinen Antheil habt ihr an Gott!“[1]) Aerger als die Könige von Schischack und Scheschach[2]) trieb es der freche König (Antiochus); er ließ seinen Minister mit grausamen Befehlen gegen mein Volk herziehen, mit seinem Heere das ganze Land besetzen, und finster ward's darin. Neumond und Sabbath und alle meine Satzungen wollte der Macedonier stören, in Wort und Schrift ließ er die Verordnung durch's ganze Land ergehen, daß Niemand sich unterstehe, den göttlichen Namen zu erwähnen. Wer bei einer Trauung oder Beschneidung zugegen war, den brachte der Scharfrichter um. — Die Reingesinnten hielten darum ihre Berathung und Volksversammlung geheim des Nachts, die Waffen umgürtet, bei'm Geräusch der Mühlen und bei'm Lampenlicht[3]). — Die Griechen waren des Sinnes, dem geplünderten und gedrückten Volke die reinigenden Bäder zu entziehen, sie faßten den schändlichen Gedanken, die Verlobte zur Entehrten zu machen, ehe die Heirath vollzogen würde, die Töchter Jakob's zu mißbrauchen, was noch nie geschah. Da vermählte sich Elasar mit der edlen Fürstentochter Chanah, und versammelte die Leute des Ortes zu einem köstlichen Mahle, wie es bei den Jünglingen Brauch ist. Aber vor den Augen der Gäste entblößte die holde Braut ihr Haupt, vermischte in ihrem Kummer den Wein mit ihren Thränen und zerriß das

---

1) Das heißt sie ließen allenthalben den strengen Befehl ergehen, nicht mehr Gott zu verehren. Siehe übrigens Beresch. rabba Abschn. 44, und Meg. Thaanith Abschn. 2.

2) Egypten und Babel (I. B. Könige 14, 25. Jirm. 25, 26).

3) Nach einem andern alten handschriftlichen Texte: טהורים נוסדו להתאסף עם בְּבְרוֹר חֵל וּבְעָנֵר׳ קול רחים ואור נר lautet die Uebersetzung: „Die Reingesinnten riethen darum, daß das Volk in Beror chel und Aner

וכתנת הפסים אשר עליה קרעה: מלל יהודה אחיה
תנה למה תבכי· מה לך אפוא כשכרה תשתוחחי
ותשתפכי· ותאמר לא אדני אשה קשת רוח אנכי: נבל
פן יתעולל בי ביום חפתי· נמצאתי מחללת את אבי
ומוצאת לשרפתי· ואני אנה אוליך את חרפתי: שיח מרת
נפש בבכי ובתחנונים ובזעקה· שם אחיה ללבו ויחרד
חרדה מועקה· ויכר יהודה ויאמר צדקה: עצה הבו לכם
בקנאת עושה נוראים· עמדו השרים משחו מגן הטא
יראים· ויחרדו ויקמו כל הקרואים: פצו חזק ונתחזק
בעד עמנו ומשפחותינו· פן תחללנה בנותינו ויתערבו
בנו משחיתינו· ויאמרו הכזונה יעשה את אחותנו: צבאו
פתח ארמון הגמון מעדן וכלי· צהל לקראתם
ואמר בואו לברכה אלי· ויקרא הוציאו כל איש מעלי:
קפץ יהודה ואחיו במרמה כבאים לחתונו· קרב ולקח
אשרה העומדת לפניו לשטנו· ויתקעה בבטנו: ראשו
כרת אלעזר וישלך חוצה לנדוף· ראו עבדיו כי מת
אדוניהם וינסו להדוף· ויקח את אחיו עמו וירדף:
שרדום ויכום ויכתום ומתניהם החרידו והרגיזו· שלטו
היהודים בשנאיהם אשר אותם בזו· באו על החללים
ויבזו: תקף המלך ורכב פילו הטוב והמבחור· תשועת

seidne Kleid, das sie an hatte. Da redete ihr Bruder Jehudah sie an: „Chanah, warum weinest du? was ist dir denn, daß du wie eine Betrunkene dich krümmest und geberdest? und sie antwortete: „Nicht so! aber mein Gemüth ist zu sehr bedrängt. Wenn nur der Abscheuliche mich nicht mißbraucht an meinem Vermählungstage! Ich würde dadurch meinen Vater entweihen und zum Scheiterhaufen hingebracht; und wohin sollte ich tragen meine Schmach?" Die seelenbetrübende Klage, die sie so mit Weinen und Schluchzen vorgebracht, nahm sich ihr Bruder Jehuda zu Herzen, gerieth darüber in heftige Bewegung, erkannte es und rief aus: „Sie hat recht! Berathschlagt euch in heiligem Eifer für die Sache des furchtbar herrlichen Gottes! Auf, ihr Fürsten! streicht die Schilde, ihr Gottesfürchtigen!" — In hastiger Eile fuhren alle Gäste auf und riefen: „Laßt uns muthig kämpfen für unser Volk und unsre Familien, daß unsre Töchter nicht entehrt und unsre Dränger nicht mit uns vermischt werden! Was? unsre Schwestern sollten Buhlerinnen gleich geachtet sein?" — Hierauf versammelten sie sich am Eingange des Pallastes des wollüstigen Tyrannen, der ihnen mit freundlicher Miene zurief: „Kommt immer getrost herein!" „Jeder Andere, rief er zugleich, gehe von mir hinaus!" Nun schritt in schlauer Weise Jehuda mit seinen Brüdern vor, als kämen sie zu einem Hochzeitsmahle; er näherte sich und ergriff eine Lanze, die zu Jenes Verderben vor ihm stand und stieß sie dem Barbaren in den Leib, und Elasar hieb ihm den Kopf ab und warf ihn hinaus. Dessen Diener aber flohen, sobald sie ihren Herrn todt erblickten, eilends davon, und Jehudah mit seinen Brüdern verfolgte sie. Sie fielen über sie her, hieben sie nieder und verbreiteten Schrecken in ihrem Lager. Also schalteten die Jehudim an ihren Feinden, die ihnen früher so zugesetzt, sie kamen über die Erschlagenen und plünderten sie. — Da rüstete sich auf's Neue der König und bestieg seinen besten Elephanten; doch die Hülfe kam, ein Pfeil

חֵן יָרַד בְּשִׁרְיוֹנוֹ וַיִּקֹּב חוֹד · וַיִּפֹּל רֹכְבוֹ אָחוֹר : מָכָּה
וְנִשְׁבַּר עַצְמוֹת בָּרַח וַיֵּצֵא יָצוֹא · מִהֲרוּ עֲבָדָיו וּלְאַפַּרְכֵי יָם
הֱנִיסוּהוּ רָצוֹא · וַיָּשָׁב בְּבֹשֶׁת פָּנִים לְאַרְצוֹ : נִלְחָמִים
בְּאַנְטוֹכְיָא עִיר גְּדוֹלָה בְּעַם וְהוֹדוֹתִים · נָצְחוּ בָנִים יוֹצְאֵי
צָבָא בְּשׁוֹרוּ כְּמֵתִים · וַיִּשְׁמְעוּ אֶת קוֹל יְיָ אֱלֹהִים : חוֹלוֹת
יוֹשֶׁבֶת יָחַד תְּקוּעָה לְהַצְעִיר וּלְהַסְעִיר · חֲרֵבָה עֶקְרוֹן
תֵּעָקֵר קְסָרִי בַּת שֵׂעִיר · עַל כֵּן קָרָא שֵׁם הָעִיר · מֵאָז
בְּבָשְׁוּהָ קְצִינַי בְּשֵׁם יְיָ נִסִּי · מְסִבַּת שֵׁם נִקְרֵאת אֲחִידַת
מִגְדַּל נָשִׂיא · וְהָיָה כְּאַלֻּף בִּיהוּדָה וְעֶקְרוֹן כִּיבוּסִי : בְּהִלָּכֵד
בֵּן צוֹר וְצִידוֹן וְעָרֵי דִירָתָם · כְּרַכִּים יוֹשְׁבִים לִפְנֵי יְיָ יִלְמְדוּ
תוֹרָתָם · בְּחַצְרֵיהֶם וּבְטִירוֹתָם : רוֹזְנִים עָשׂוּ בְּשׂוֹנְאֵיהֶם
כִּרְצוֹנָם כְּמִשְׁפַּט אֲדוֹנִים · רָדוּ בְשׂוֹנְאֵיהֶם וַעֲבָדוּם וְעִנּוּ
מְדָיָנִים וּמְדָנִים · וּבְנֵי יָוָן אֱלִישָׁה וְתַרְשִׁישׁ כִּתִּים וְדֹדָנִים :
בַּעֲבוּר נִמְכְּרוּ לְיָוָנִים שָׁנִים מֵאָה וּשְׁמוֹנִים · בְּרַצֵּי
כֶסֶף לְהִתְרַפֵּס יֶאֱתָיוּ חַשְׁמַנִּים לְחַשְׁמוֹנִים · נָתְנוּ לְאוֹצַר
הַמְּלָאכָה זָהָב דַּרְכְּמוֹנִים : יְדִידוּת מַמְלֶכֶת כֹּהֲנִים וְגוֹי
קָדוֹשׁ הַמְּבֻכָּר · יָשְׁבוּ מֵאָה וְשָׁלֹשׁ וְלָמוּ שָׁלְחוּ כָר · מִנְחָה
יָשִׁיבוּ מַלְכֵי שְׁבָא וּסְבָא אֶשְׁכָּר : מֵחֲמִשִּׁים חָלְצוּ חֲמֻשִּׁים

---

die Lesart אחידת מגדל שר vor sich hatte, welches שר er wegen des Reimes in das gleichbedeutende נָשִׂיא übertrug. Diese Lesart scheint denn auch die richtige zu sein.

flog in den Leib des Thieres, es durchbohrend, und sein Reiter fiel rücklings herab. Verwundet und mit zerbrochenen Gliedern mußte er fliehen, seine Diener brachten ihn eilends in die Landschaft am Meere, und mit Schande bedeckt, kehrte er in sein Land zurück[1]). — Darauf bekriegten sie (die Chasmonäer) Antiochien, die große Stadt mit ihren stolzen Einwohnern. „Gesiegt haben die im Felde stehenden Söhne!" wurde den nach Botschaft Verlangenden verkündet, und es klang ihnen, als hörten sie Gottes Stimme. Die im Thale liegende Stadt Cäsarea, die Tochter Seïrs, die ein fester Pflock gewesen, Israel zu kränken und zu beschränken, sie wurde verheert und völlig zerstört und erhielt einen andern Namen. Meine edlen Fürsten, die sie im Namen des Ewigen, meines Paniers, eroberten, wandelten ihren Namen um in אחידת מגדל נשיא („Eingenommener Fürstenthurm"[2]), und sie ward noch eine der besten Städte in Jehuda, die Zerstörte ward Jebusi (Jerusalem) gleich. — Wenn einst Zor und Zidon und ihre Ortschaften so bezwungen werden, dann werden Viele in deren Gehöfen und Schlössern sitzen, sich ganz dem Dienste des Herrn ergebend und die heilige Lehre studirend. — Die Fürsten Juda's (die Chasmonäer) beherrschten nun als wahre Herren ihre Feinde; sie unterjochten ihre Gegner und machten zinsbar die Midjaniten und Medaniten und die Söhne Javan's (Griechenland): Elischah und Tharschisch, Kithim und Dodanim. Der Jahre 180 waren sie (Israel) den Griechen unterworfen; aber endlich mußten Fürsten Silberbarren den Chasmonäern überbringen und zu dem Tempelwerke Dariken Goldes geben. So saß das geliebte Priesterreich, der heilige bevorzugte Stamm (die Chasmonäer) 103 Jahre auf dem Throne, und ihnen sandten Geschenke die Könige von Scheba und Seba. — Gerüstet

---

1) Siehe Josippon 2. B., Abschn. 20.

2) Im Talmud Megil. 6 heißt sie אחידת מגדל שיר und in Megil. Thaan. Abschn. 8 אחידת מגדל צור. Aus Obigem erhellt jedoch, daß der Festdichter

עַד חַג שָׁלֵו· מִצְבָא הַמִּלְחָמָה שָׁבוּ בְּעֶשְׂרִים וַחֲמִשָּׁה
לְכִסְלֵו· וַיֵּלְכוּ לְאָהֳלֵיהֶם שְׂמֵחִים וְטוֹבֵי לֵב: כָּל אַבְנֵי
הַמִּזְבֵּחַ אֲשֶׁר שִׁקְּצוּ יְוָנִים· כִּנְסוּם וּגְנָזוּם בְּמִזְרָחִית צְפוֹנִית
לְשִׁכַּת תְּוָנִים· וְלָקְחוּ אֲבָנִים אֲחֵרוֹת וְהֵבִיאוּ אֶל תַּחַת
הָאֲבָנִים: יַחַד לְוִיִּם נֶאֶסְפוּ לְשׁוֹרֵר וּלְהוֹדוֹת וּלְשַׁבֵּחַ·
יְשָׁרִים מְשָׁרְתֵי קֹדֶשׁ יָבוֹאוּ לְהַקְרִיב וּלְזַבֵּחַ· אֶת קָרְבָּנָם
לַחֲנֻכַּת הַמִּזְבֵּחַ: רָצוּי הַגָּדוֹל מֵאֶחָיו מוֹחֵץ קָמָיו בְּכִלָּיוֹן·
רִצָּה בְּפֹעַל מִלֹּאוּ יָדָיו כְּדָת גִּלָּיוֹן· לֶחֶם וָיַיִן וְהוּא כֹהֵן
לְאֵל עֶלְיוֹן: חֵיל פָּרִיצִים בְּבֹא לְחַלֵּל בֵּית הַיַּעַר· חֵל סוֹרֵג
הָיָה גָּבְהוֹ עֲשָׂרָה בְּמִשְׁעָר· פָּרְצוּ וַיַּעַבְרוּ שָׁעַר: יְדִידִים
כְּחִזְּקוּ שְׁלֹשׁ עֶשְׂרֵה בְּדֶקֶן בְּגֹדֶשׁ· יַעַן כֵּן תִּקְּנוּ לְמִסְפָּרָם
הִשְׁתַּחֲוָיוֹת לְחַדֵּשׁ· וְהִשְׁתַּחֲווּ לַייָ בְּהַר הַקֹּדֶשׁ: הָאוֹיֵב
בְּחֵילוֹ אַחֲרֵי אֲשֶׁר מָחוֹה נִמְחָה· הָרָצִים יָצְאוּ לְבַשֵּׂר
בִּגְבוּלִים יְשׁוּעָה צָמְחָה· לַהֲבִיאָם לִירוּשָׁלַיִם לַעֲשׂוֹת
חֲנֻכָּה וְשִׂמְחָה: תִּכְּנוּ וְכִבְּרוּ הֵיכָל לְהַעֲלוֹת נֵר בְּאֹמֶן·
חִפְּשׂוּ וּמָצְאוּ בְּשִׁיתִין פַּךְ שֶׁיֵּשׁ בְּטָמֶן· כִּי אִם אָסוּךְ שָׁמֶן:
וְהָרוּ מָצָא בְּנֵס לְיָמִים שְׁמוֹנָה לְשִׁקְדָנַי· קָבְעוּ לָכֵן הַיָּמִים
הָאֵלֶּה לְדוֹרוֹת עַדָנַי· וּלְהַזְכִּיר וּלְהוֹדוֹת וּלְהַלֵּל
לַייָ: מְכַהֲנֶיךָ לָבְשׁוּ צֶדֶק בְּהַצִּיתָךְ שָׁמִיר וָשַׁיִת· נִצַּחְתָּ

blieben die fünf Chasmonäer[1]) bis zum Freudenfeste (סכות); den 25. Kislev kehrten sie vom Felde zurück, freudig und wohlgemuth in ihre Wohnungen. Alle Steine des Altars, welche die Griechen entweihet hatten, verbargen sie in eine der nordöstlichen Tempelkammern, und setzten andre Steine an deren Stelle. Die Leviten versammelten sich zum Singen, Danken und Preisen, die frommen Diener des Heiligthums kamen wieder, ihre Opfer zu schlachten zur Einweihung des Altars. Als der Größte seiner Brüder (als Hohepriester) ward derjenige erwählt, der seine Widersacher vernichtend getroffen hatte (Jehuda der Mackabäer); er beging seine Einsetzung feierlich, nach der Vorschrift in der Gesetzrolle, mit Speise- und Trankopfer[2]), als wahrer Priester des höchsten Gottes. — Als die frechen Feinde herangekommen waren, den Tempel zu entweihen, durchbrachen sie den zehn Ellen hohen Wall hinter der Gittermauer und drangen ein in das Thor. Als dann die geliebten Priester die dreizehn Risse der Mauer wieder vollständig ausgebessert hatten, da verordneten sie, eine gleiche Anzahl von Verbeugungen sich zu verbeugen vor dem Ewigen, auf dem heiligen Berge[3]). Nachdem der Feind mit seinem Heere vernichtet war, eilten Boten nach allen Bezirken, die eingetroffene Rettung zu verkünden und Alles nach Jerusalem zu bringen, um der Einweihung und dem Freudenfeste beizuwohnen. Sie reinigten und weihten den Tempel wieder ein, wollten auch das beständige Licht wieder anzünden, und nach anhaltendem Suchen fanden sie in des Altars unteren Räumen nur ein einziges marmornes Krüglein taugliches Oel verborgen. Doch es reichte dasselbe wunderbarer Weise zum Lichte für ganze acht Tage hin; darum bestimmte man für künftige Zeiten eben so viele Feiertage, an ihnen Gott zu preisen, zu danken und zu loben. — Deine Priester, Herr! waren in Tugend gekleidet damals, als Du

---

1) Des Mathithjahu fünf Söhne יוחנן, שמעון, יהודה, אלעזר und יהונתן.
2) Nach II. B. M., Kap. 29.
3) Siehe darüber Talmud Middoth, Abschnitt 2.

חֲסִידֶיךָ וְרִנְּנוּ בְּהַדְלִיקָם שֶׁמֶן זַיִת· מִזְמוֹר שִׁיר חֲנֻכַּת הַבַּיִת· קָדוֹשׁ: הכל יודוך וכו׳.

יוצר לפרשת שקלים·

ע״ס א״ב.

אֵל מִתְנַשֵּׂא לְכֹל לְרֹאשׁ· כֶּתֶר בָּאֹם דַּלַּת רֹאשׁ· כְּבִכּוּרָה בִתְאֵנָה בְּרֹאשׁ: בִּיטָּה וְאוֹתָהּ דְּרוֹשׁ· מִכָּל אֹם לְפָרוּשׁ· לְנִשָּׂאָה עַל כָּל רֹאשׁ: גּוֹעֲלָהּ תָּשִׁית לְמָנוֹד רֹאשׁ· וְהִיא תָּרִים רֹאשׁ· כְּכִסֵּא כָבוֹד מֵרֹאשׁ: כְּבוֹדִי וּמֵרִים רֹאשִׁי· עַתָּה יַעֲבוֹר בְּרֹאשִׁי· וְיִדְרְשׁוּ וִיבַקְשׁוּ· קָדוֹשׁ:

דָּבָר כָּזֶה סֵפֶר· וְקִיֵּם בְּאִמְרֵי שֶׁפֶר· לִמְשׁוּלֵי עָפָר וָאֵפֶר· הֱיוֹתָם נוֹתְנִים כֹּפֶר· בְּלִי דֹפִי וָחֵפֶר· בְּעַד עֲוֹנָם לְכַפֵּר: וְצִדְקָתָם תִּכְתּוֹב בַּסֵּפֶר· בְּזִכָּרוֹן הַסֵּפֶר· לִמְנוֹתָם עִם גָּם אָנֹכִי עָפָר וָאֵפֶר: זֶה אֵלִי גַּם לַאֲבִי חוֹזֶה· וְהֶרְאָהוּ כְּמִין מַטְבֵּעַ אֵשׁ בְּמַחֲזֶה· וְגַם הַכֹּל יִתְּנוּ כָּזֶה: חַסְדָּם יוֹשַׁת כָּזֶה· וְאֶחָד מֵהֶם אַל יִתְבַּזֶּה· וְצִדְקָם יִרְצֶה: טוֹבוֹת יוּטְבוּ עַל זֶה· וּשְׁכִינָה יִזְכּוּ לֶחֱזֶה· וְגוֹי לְגוֹיִם רַבִּים יַזֶּה: יָחִיד שׁוֹכֵן רוּמָה· הִתְנָה בְּתוֹרָה תְמִימָה· לְיוֹנָה שֶׁהִיא תַמָּה: כָּל הָעוֹבֵר בַּיָּמָה· יִשְׁקְלוּ שֶׁקֶל בְּלִי מְהוּמָה· מַחֲצִית

die Dornen und Disteln wegfegtest[1]); darum verliehest Du auch Sieg Deinen Frommen, und frohlockend zündeten sie Lichter von reinem Olivenöl an, bei'm Psalmlied zur Einweihung Deines Hauses, Heiliger!

יוצר לפרשת שקלים.

Gott, über alles Hohe Erhabener! der Du Dir eine an Zahl arme Nation erwähltest, wie Erstlingsfrucht am frühen Feigenbaume — o schaue herab, Allmächtiger, beachte sie und zeichne sie hocherhebend vor allen Nationen aus! Die sie verschmähen, lasse zum Gespötte werden; aber sie erhebe wieder das Haupt in der heiligen Stätte von Anbeginn bereitet. — Ja, der Ewige, meine Ehre, er hebt mein Haupt empor, und zieht vor mir einher, mich wieder beachtend und verlangend, Er, der Heilige. —

Es gab der Ewige im Buche des Gesetzes in lieblichen Worten dem Staub und Asche verglichenen Israel den Befehl, ein Lösegeld zu geben, auf daß sie von jedem Flecken und jeder Schmach gereinigt und ihre Missethat ihnen vergeben werde und der Ewige sie als schuldlos in das Buch verzeichnen kann, in das Gedenkbuch, und sie gleichsetze dem, der sprach: „Ich bin ja nur Staub und Asche“[2]). Zum Vater der Seher (Mosche) sprach Gott, eine feurige Münze in der Erscheinung ihm zeigend: „Ein Jeder gebe dieser ähnlich eine!“ Eine Gnade wurde ihnen damit erzeigt; dadurch kamen sie nicht zu Schanden, entkräftet war dadurch ihr Feind. Gutes wird ihnen darob noch in der spätesten Zukunft zu Theil; sie werden die Herrlichkeit Gottes schauen und wird alsdann das eine Volk Israel viele Völker in Erstaunen setzen. Der Einzige, der in der Höhe thront, bedingte in der vollkommenen Lehre mit seinem vollkommenen Taubenvolke (Israel), daß Jeder, der das Meer durchzog, ohne Unterschied einen halben Schekel

---

1) Das heißt: die abgöttischen Feinde vertilgtest.
2) Abraham, I. B. M. 18, 27.

הַשֶּׁקֶל תְּרוּמָה: לְטוֹבָתָם בְּלִי לְעַלְמָה· וְתִהְיֶה לָהֶם כְּחוֹמָה· תְּלֵה אֶרֶץ עַל בְּלִימָה: מִבֶּן עֶשְׂרִים שָׁנָה· יִתְנַדְּבוּ בַּחֲנִינָה· פְּנֵי שׁוֹכֵן מְעוֹנָה: נְשִׂיאִים וְדַכִּים בְּמִשְׁעָנָה· כֻּלָּם יִשְׁווּ בְּנְתִינָה· בְּלִי עוֹד לְהִתְמַהְמֵהּ: סֶלָה יַסְכִּית תְּתִנָּה· בְּכָל עֵת וּבְכָל עוֹנָה· וְיִתְקַיְּמוּ בְּרִנָּה: עַל נַפְשׁוֹתֵיהֶם יְכַפֵּרוּ· וְחַטֹּאתֵיהֶם יוּפָרוּ· וּבְחֵלֶק טוֹב יְסַפֵּרוּ: פְּאֵרָם הַכֹּל יְסַפֵּרוּ· וְשֶׁבַח יְתַנּוּ וְיִגְמְרוּ· וְהוֹדָיָה לְצוּר יְשׁוֹרֵרוּ: צָרֵיהֶם יְמַעֲטוּ וְיֶחְסָרוּ· וְעַל צַוָּארֵיהֶם יִגְבָּרוּ· וּבְשֹׂבַע שְׂמָחוֹת יְחֻבָּרוּ: קְהָלָם לְהִתְחַזֵּק בִּתְעוּדָה· בְּלִי עוֹד לִמְעָדָה· בְּהַקְרִיבָם זֶה לַעֲבוֹדָה: רָם עִמָּם הַוָּעֲדָה· בְּאַהֲבָה וּבְחֶמְדָּה· בִּישִׁיבָה וּבַעֲמִידָה: שְׂמֵם כַּחַיִּים הַתְּמִידָה· בְּכָל כְּלוּל חֶמְדָּה· לַגֵּר בְּלִי לְעָבְדָה: תָּמִיד תִּהְיֶה לְזִכָּרוֹן· לַחֲבַצֶּלֶת הַשָּׁרוֹן· בְּכִפּוּר וְתָרוֹן· לִפְנֵי מָרוֹם· קָדוֹשׁ: הכל יודוך.

חיוט דיעזער שבת חויך ראש חדש, זָה ווירד נוך פופן לך אלים געזונגען, חָבען זייטע 18.

זולת. ע״ס א״ב.

אַתָּה אָהַבְתָּ עַמְּךָ· בַּעֲבוּרָם רָדְתָּ מִמְּרוֹמָךְ· גָּזַרְתָּ לָהֶם יַמְּךָ· דִּבַּקְתָּם בְּאַהַב לִשְׁמָךְ· הֵם נַחֲלָתְךָ וְעַמָּךְ· וּמַתְמִידִים לְרוֹמְמָךְ· זְכוֹר בְּרִית נְאֻמָךְ· חֲמוֹל וְקָרֵב לָהֶם יוֹמָךְ: טוֹב נַמְתָּ לְאַדִּירִים· יִשְׁקְלוּ כֶּסֶף כִּפֻּרִים· כַּפֵּר עָוֹן

zur Hebe entrichte. Dafür wirst Du ihnen das Gute nicht entziehen, wirst wie eine Mauer sie beschützen, Du, der die Erde an ein Nichts aufhängte. Wer zwanzig Jahre alt ist, hat diese Gabe mit willigem Gemüthe zu spenden vor dem Herrn, der in den Wolken thronet. Sowohl Fürsten als Dürftige, Alle sollen gleiche Gabe geben ohne Aufschub zur bestimmten Zeit; damit der Ewige zu jeder Zeit ihre Bitten erhöret und ihnen Freude gewähret. Ihre Personen werden dadurch gesühnt, ihre Sünden vergeben und ein schönes Loos wird ihnen zu Theil. Alle erzählen es, wie sie der Herr gekrönt, verkünden sein Lob, preisen und singen Dank dem Schöpfer. Ihre Dränger werden immer weniger, immer mächtiger steigen sie (Israel) empor, gesättiget mit Freudenfülle. Die Versammlung erstarkt durch das Zeugniß (Thora), um nie mehr zu wanken, indem sie diese Gabe (das Schekel) dem heiligen Dienste weihet. — Erhabener! erhalte ihnen darum Deine Liebe und Deinen Wohlgefallen in allen ihren Lagen. Laß ihren Namen in einem segenvollsten Leben fortdauern und keiner fremden Macht sie unterthänig sein. O, möchte stets die Lilie Scharon's (Israel) mit vollständiger Versöhnung gedacht werden vor dem Erhabenen, dem Allheiligen!

זולת.

Du liebtest Dein Volk, ließest ihretwegen aus Deiner Höhe Dich herab und spaltetest ihnen das Meer, vereintest in Deiner Liebe sie mit Dir, daß sie, **Dein** Erbe und **Dein** Volk, immerwährend Dich erheben. Gedenke darum Deines ihnen verheißenen Bundes und bringe erbarmend ihren Erlösungstag herbei. Allgütiger, Du befahlst den Herrlichen (Israel), Lösegeld zu geben, zur Sühne ihrer Sünden, damit dadurch

מְכַפְּרִים· לְעַד יְהוּ מְשֻׁמָּרִים: מִבֵּין מָעוֹת עֶשְׂרִים· נְתִינַת
עֲנִיִּים וַעֲשִׁירִים· סְמִיכַת כָּל הַנִּסְפָּרִים· עוֹלְצִים בְּכָל
עֲבָרִים: פְּקֻדֵיהֶם וּשְׁמוֹתָם· צְבָאָם וְרִבְבוֹתָם· קוֹמֵם
בְּמַתְּנוֹתָם· רָם הַשּׁוֹכֵן אִתָּם· שִׁבְטֵי שְׁאֵרִיתָם· תְּהִי
תִקְוָה לְאַחֲרִיתָם· תִּתֵּן לְבִרְכָתָם· כִּקְרִיעַת יַם סוּף
וּכְמַכַּת בְּכוֹרִים שׂוֹנְאֵיהֶם לְהַכּוֹתָם: עזרת, ומתפללים זכנו.

קרובות. הש"ץ חוזר התפלה עד מלך עוזר ומושיע ומגן.

מִסּוֹד חֲכָמִים וּנְבוֹנִים. וּמִלֶּמֶד דַּעַת מְבִינִים. אֶפְתְּחָה פִּי
בְּשִׁיר וּרְנָנִים. לְהוֹדוֹת וּלְהַלֵּל פְּנֵי שׁוֹכֵן מְעוֹנִים:
ע"ס א"ב

אָז מֵאָז זַמּוֹתָ בְּכָל פֹּעַל· בְּמִסְפָּר בְּמִשְׁקָל כֹּל לְךָ
לְהַעַל· גַּדְתָּ בְּכֵן לְמָשׁוּי מִמֵּי שַׁעַל· דַּעַת מִפְקַד יְפֵי
פְּעָמֵי נָעַל: הַעַל הֵמִירוּ כְּבוֹד רֵעַ בְּבַעַל· וְזֶה לְלֹא זֶה
פָּצְחוּ בְּמַעַל· זָנְחוּ בַּחֲרוֹן אַף לְנֶגֶף וָגַעַל· חַל בַּעֲדָם חֶבֶר
וְהַצֳּרִי תַעַל: טֹרַח מַשָּׂאָם הֻגַּד לוֹ שְׂאֵת· יְשָׁרָם לְהָלִיץ
תְּלוּי רֹאשׁ לָשֵׂאת· י' כָּפְרָם פֵּץ תֵּת לְאֻמִּים מַשְׂאֵת·
לְנַטְּלָם לְנַשְּׂאָם בְּכִי תִשָּׂא אֵת:

רֹאשִׁי עַל כָּל רֹאשׁ נִשֵּׂאתָ· גֵּוִי עַל גַּפֵּי מְרֹמֵי קֶרֶת
הִתְנַשֵּׂאתָ· יוֹן אַהֲבָה עַל כָּל פֶּשַׁע כִּסִּיתָ· בְּגִין צֵל יְמִינְךָ
לְגוֹנְנִי הִתְנַשֵּׂאתָ: בָּרוּךְ אַתָּה יְיָ מָגֵן אַבְרָהָם:

אתה גבור וכו' עד להחיות מתים.

מַעְתִּיק פְּלוּסִים צָר וּבוֹרֵא רוּחַ· מְמַדֵּד וּמְשַׁקֵּל נֹזֵל

auf ewig sie behütet bleiben. Die Summe von zwanzig מעות[1]) haben sowohl Arme, als Reiche zu geben; es sei zur Stütze den Gezählten, daß in allen Orten sie fröhlich sein können. — Ihre Zahl und ihre Namen, ihre Schaar von Tausenden, richte auch jetzt in ihren Wohnungen empor, Du, Erhabener, der Du in ihrer Mitte thronest! Laß den Stämmen ihres Ueberrestes eine schöne Zukunft werden! Nimm wohlgefällig ihre Lobgesänge auf, wie ehedem am gespaltenen Meere; wie Du Egyptens Erstgebornen schlugest, so schlage ihre Feinde.

קרובות·

מסוד Nach dem Rathe der Weisen und Verständigen, nach dem Unterrichte und der Meinung der Gelehrten, öffne ich den Mund, mit Liedern und Gesängen dankend zu loben Ihn, der in des Himmels Räumen thronet.

אז Ewiger! der Du bei'm Anbeginn wohlüberdacht jedes Werk nach seinem richtigen Maaß und Gewicht hervorgebracht, Du befahlst auch so dem aus der Fluth Gezogenen (Mosche) die Anzahl der im geregelten Zuge Einherziehenden (Israel) zu erforschen. Sie hatten die Herrlichkeit Gottes gegen ein Götzenbild vertauscht, hatten frevelnd zum nichtigen Kalbe gerufen: „Dies ist unser Gott." Darum wurden sie im Grimme verlassen, der Pest und Verstoßung übergeben, bis daß ihr treuer Führer (Mosche) für sie flehte und heilenden Balsam ihnen verschaffte. Diesem übertrug der Herr des Volkes ermüdende Last, daß er ein steter Fürsprecher ihnen sei, und so die Strafe ihnen erlassen werde. Zum Lösegeld für sie, sprach der Herr, will ich Nationen hingeben; erhoben soll Israel werden durch den Spruch: „Nehme auf ihre Zahl." (2. B. M. 30, 12.)

ראשי Mein Haupt erhobst Du über alle Häupter, brachtest zu hohem Sitze mich, Du Hocherhabener! Deine Liebe deckte alle Frevel zu. Du zeigtest Deine Erhabenheit, da Du mich in den Schutz Deiner Rechten nahmst. Gelobt seist Du, Ewiger, Schutz Abraham's.

מעתיק Der Du Berge rückest und bildest, den Wind schaffest, das Wasser sammt der Luft missest und wägest, Du

[1]) Chaldäische Benennung des ebräischen גרה (II. B. M. 30, 13).

עם רוח· נגף לכל ניזק לנדכאי רוח· נוכבתם תת
פדיון לכל רוח: שריג יד שעיר טרם עמד· סקרת כי
למוקש ולצנין יעמד· עצת זה לזה שמע במעמד· עתוד
שקלים מראש חדש ללמד: פרשה זאת להגות בקץ
זה· פלסיה להקדים לפלס צר וכוזה· י׳ צורת מטבע
כחז אבי חוזה· צוה צור לציר כן תת מתן זה:

שמו משתף בעם לו עמותים· ועליו כל היום הם
מומתים· י׳ יעיר ויחשוף זרוע ויד ממתים· בזיל נטפי
לקש להחיות מתים: ברוך אתה יי מחיה המתים:

קצובה היא זאת לשועים וקלים· קצינים ורשים יחד בה
שקולים· קצין לכל יעז מול מקהלים· קרא לאמר הוני
פרעני מעקולים: רב עם אשר לא יספר· רב עם צעיר
מעשרים להספר· ראוים לענש וזהר בסדר להתפר·
רשע וכל פשע לכפר ולהפר: שעורים בזה שעור במפקד
להגבר· שתילמו לנשיאת ראש אתם לחבר: י׳ שקלי כסף
כפורים כפרם להדבר· שמורים לזכרון תת כל העבר:

תמדו מאז כל עדת קדושים· תרום בשלשה פרקים

befahlst den Demüthigen, für jede Seele ein Lösegeld zu geben, damit keine Pest sie treffe. Ehe noch der Zweig des frevelnden Seïr's (Haman) entstanden war, schautest Du schon, daß er Israel zum Fallstrick und zum Stachel emporwächst; Du ließest darum die Versammlung den Rathschluß vernehmen, vom Neumondstage an für die Schekalim zu sorgen und den davon handelnden Abschnitt[1]) in diesem Zeitpunkte zu lesen, damit das darin vorkommende Gewicht der Schekalim dem Gewichte Silbers des schmähenden Feindes (Haman) zuvorkomme. Die Gestalt einer Münze sah der Vater der Seher (Mosche), der Schöpfer befahl seinem Gesandten: „So sei die Gabe, die ihr entrichtet.“

שמי Er, dessen Name vereinigt ist mit dem Namen des ihm anhängenden Volkes, das um seinetwillen jeder Zeit dem Tod sich hingibt, er möge sich erheben, seinen heiligen Arm, seine Macht den Völkern zu offenbaren, und mit dem träufelnden Thaue die Todten wieder zu beleben. Gelobt seist Du, Ewiger, der Du die Todten wieder belebst.

קצובה Sowohl für Vornehme, als Geringe war diese Steuer festgesetzt, Reiche und Arme waren dabei gleichgehalten, damit der Begüterte nicht prahlend in der Versammlung sprechen kann: „Mein Vermögeu hat mich von Unfällen befreit.“ Die ungeheure Menge Volkes, groß wie klein, wurde gezählt, sobald sie das zwanzigste Jahr erreicht; sobald sie der Strafe und Warnung unterworfen waren, wurden sie der Reihe der Pflichtigen zugesellt. So wurden alle Frevel und Verbrechen versöhnt und weggeräumt. Den nach dieser Vorschrift Gemusterten wurde die Verheißung, daß sie an Zahl immer stärker werden, daß auch ihre Kinder noch neben ihnen zur Zählung stehen werden. Die Silberschekel der Auslösung, Versöhnung herbeiführend, werden darum zum Andenken bewahret, und jeder Pflichtige gibt sie.

תמרו So hatte ehedem jedes Jahr die ganze Gemeinde der Heiligen dreimal die heilige Hebe entrichtet; bestimmt zur

---

[1]) In 2. B. M. 30, 11—16.

תְּרוּמַת קֳדָשִׁים· יי תְּכוּנָה לְבֶדֶק הַבַּיִת וְכָל אִשִּׁים· תֵּת בְּיַד הַכֹּהֲנִים כֶּסֶף הַקֳּדָשִׁים:

תֶּפֶן בְּאוֹן פִּיד טִיט רִפְשֵׁנוּ· תַּבִּיט בְּדַרְכֵּינוּ וְעוֹד כָּל תַּכְפִּישֵׁנוּ· יי תִּקְרָא דְרוֹר כְּמֵאָז כּוֹ לְהַחְפִּישֵׁנוּ· תֵּת הֲמוֹן לְאֻמִּים תַּחַת נַפְשֵׁנוּ:

תִּזְכּוֹר לְהַעֲלוֹת נְשׂוּאֵי רַחַם מִדְּכָיִם· תְּמוּכִים נְזוּרִים בְּהוֹד טוּב עֲדָיִם: יי תֹּקֶף עֹז אַדִּירוּךְ עַל יָם· תִּזְכּוֹר לְעַם מִסְפָּרָם כְּחוֹל הַיָּם:

יִמְלֹךְ יְיָ לְעוֹלָם אֱלֹהַיִךְ צִיּוֹן לְדֹר וָדֹר הַלְלוּיָהּ:

וְאַתָּה קָדוֹשׁ יוֹשֵׁב תְּהִלּוֹת יִשְׂרָאֵל אֵל נָא:

מִי יוּכַל לְשַׁעֵר כָּל הַפְּקוּדִים· אֲשֶׁר בְּחֶבֶל וּבְחֶלֶשׁ לֹא נִפְקָדִים· בְּרִית כְּרוּתָה לָמוֹ מֵאָז בִּפְקוּדִים· לְבַל יֶחְסַר הַמֶּזֶג מֵחֹמֶשׁ פְּקוּדִים· וְאִם כְּתֹךְ וְכַנֵּם יֶשְׁרְדוּ מִפְּקָדִים· לֹא יִמְעֲטוּ מִשִּׁשִּׁים רִבּוֹא מְנֻקָּדִים· וְאִם לְנֶגֶף וָאֶנֶף בְּאַף מִפְקָדִים· כֶּסֶף תֵּת כֹּפֶר הֵם מְפֻקָּדִים· וּבְכָל עֶרֶב נִשְׁמָתָם בְּיָדְךָ מַפְקִידִים· וּבְכָל רִגְעֵי בֹקֶר נִבְחָנִים וְנִפְקָדִים· וְלִי מַה יָּקְרוּ עָלַי הַפְּקוּדִים· אֵלֶּה הַפְּקֻדִים וְהַמִּתְפַּקְּדִים: שְׁמוֹר פִּקּוּדִים· וְנִפְקָדִים וְשׁוֹקְדִים· הֱיוֹת מְשֻׁקָּדִים· וּלְךָ קוֹדִים·

חַי וְקַיָּם נוֹרָא וּמָרוֹם וְקָדוֹשׁ:

Ausbesserung des Tempels und Anschaffung der Opfer ward sie den Händen der Priester übergeben.

הפן Wende Dich, o Gott, zu unserm Schmerz und Unglück, zum tiefen Elend, in das wir gesunken! Schaue unsern Druck und beuge uns nicht länger! rufe, wie ehedem, Erlösung aus, daß frei wir werden; der Feinde Menge gebe statt unserer hin!

תזכור Sei eingedenk, die von Mutterschoos aus in Deine Obhut Aufgenommenen aus ihrem Elende herauszuziehen und mit prächtigem Schmucke zu zieren und zu krönen! Das kräftige Siegeslied, womit am Meere sie Dich verherrlichten, gedenke dem Volke, dessen Zahl dem Sande des Meeres verglichen ist. —

ימלך „Der Ewige regieret ewiglich, dein Gott, o Zion, von Geschlecht zu Geschlecht. Hallelujah!"

ואתה „So throne doch, Du Allerheiligster, Allmächtiger, unter den Lobgesängen Israels!"

מי Wer vermag die Gemusterten alle zu schätzen? kein Maaß, kein Loos kann ihre Zahl bestimmen. Im Gesetze ward ein Bund mit ihnen geschlossen, laut dessen ihre Zahl nie weniger sein wird als die im Zählungsbuche[1]) angegebene; und sollten auch nur Einzelne der Gemusterten übrig bleiben, gleich dem Heerzeichen und Panier, so wird es doch nie an der ihnen bestimmten Zahl von sechzig Myriaden fehlen. Sucht sie Gottes Zorn mit Sterben und Unfällen heim, so geben sie nach Vorschrift das Lösegeld zur Sühne. Jeden Abend empfehlen sie ihre Seele Dir, Ewiger! jeden Morgen prüfst und musterst Du sie. Und mir, wie theuer sind mir diese Gemusterten und Gezählten! Bewahre sie, Gott! sie, die darnach streben, Deines Schutzes würdig zu sein, die nur Dich verehren,

Du Lebendiger, Selbstständiger, Furchtbarer, Erhabener und Heiliger!

---

[1]) Das 4. B. M. wird auch „Buch der Zählung" (חומש הפקודים) genannt.

רהטי חרוזיו אלעזר בירבי קליר.

אומן בשמעו כי תשא את ראש · חל ויחת איך אותנ
דרוש: לעם אשר לא ימד ולא יספר · איככה אספרנ
ולא נתנו להספר: עקרם כנאמר לו הבט וספר · שנ
ויושב אם תוכל לספר: זרעם כחול ימים וכוכבים
ספורים · ואני איך אספרם ולעד פרים: רם חוה לו אור
מספרם · איך למנותם ולעמוד על ספרם: בקור ראש
שמותם לחשבון תעלה · ומדת מנינם בידך או תעלה
יקר שלישי בתוכם לא הפקד · כי לגיון מלך לבדו נפקד
רשום מבטן להפקד במשמרת הקדש · וצבאו ופקדי
נמנים מבן חדש: בשמעו אמר ונתנו איש כפר · פי
במה יתרצה אשכל הכפר: יציר מה יתן פדיון נפשו
וימצא חנינה פני שם נפשו: קדוש כחפץ להצדיק עב
זה · כמין מטבע אש הראהו במחזה: למדו זה יתנו ולא
יתמתנו · ולכל יתנו את אשר נתנו: יה לא מצאנו
שגיא כח · כאשר נקית חטא גבורי כח: רחום כרחמ
בשואיך בכסף כפורים · כן שעה שפתינו בשלום פרים

שמעון 300,000, יהודה 10,000 u. s. w.) so ergibt sich die Zahl von 597,000; dazu gerechnet die bei der Versündigung des Kalbes Gefallenen 3000 gibt die runde Summe von 600,000. So nach Midr. Jalkut Abschnitt Ki thissa §. 886.

אומץ Als der Erzieher (Mosche) den Befehl vernahm: „Zähle die Häupter der Kinder Israels!“ rief er erschrocken aus: „Wie kann ich dies erfahren? ein Volk, das weder zu messen noch zu zählen ist, wie kann ich es zählen? Schon ihrem Stammvater (Abraham), als der Ewige zu ihm sprach: „Schaue und zähle einmal die Sterne!“ wurde darauf die Verheißung: „Wie du diese nicht zählen kannst, so werden auch deine Nachkommen wie der Sand des Meeres und wie die Sterne unzählig sein!“ — und ich sollte sie zählen können, sie, die immer mehr zunehmen?!“ — Der Erhabene zeigte ihm hierauf das Kennzeichen ihrer Zahl, nach dem man sie zählen und ihre Anzahl bestimmen kann: „Nehme nur die Anfangsbuchstaben ihrer Stammnamen und berechne sie, und es ergibt sich dir daraus das Maas ihrer Zahl[1]). Doch den edlen, dritten Stamm (Levi) darfst du nicht mit ihnen rechnen; er als Ehrenlegion werde besonders gemustert. Schon von Mutterleib dazu bevorzugt, den Dienst des Heiligthums zu besorgen, soll die Heeresmusterung dieses Stammes von einem Monate an geschehen.“ — Als Mosche den Ausspruch hörte: „Ein Jeder gebe für seine Person ein Lösegeld!“ sprach er: „Womit kann man den Herrn versöhnen? was vermag das Erdengeschöpf zur Auslößung seiner Seele ihm zu geben, daß Gnade es vor seinem Schöpfer finde? — Und der Heilige, der sein Volk gerne schuldlos sieht, zeigte ihm in der Erscheinung eine feurige Münze, und belehrte ihn: „Eine solche sollen sie ohne Aufschub geben, und allenthalben können sie erzählen, welche geringe Gabe ich von ihnen fordere.“ — Majestätischer! Du kamst nicht mit Allgewalt, als Du von Sünden reinigtest die Willensstarken (Israel). Barmherziger! Wie Du Deines erhobenen Volkes durch das Lösegeld Dich erbarmtest, so nehme auch das Gebet unserer Lippen wohlgefällig auf, statt der früheren Opferstiere! —

---

1) Wenn man von den Namen der eilf Söhne Jakob's (Levi ausgenommen — siehe im Texte weiter) die Anfangsbuchstaben nach ihrem Zahlenwerthe je zu Tausenden zusammenberechnet (als ראוב: 200,000,

ס״אֵל נָא· לְעוֹלָם תֵּעָרַץ· וּלְעוֹלָם תֻּקְדָּשׁ· וּלְעוֹלְמֵי עוֹלָמִים· תִּמְלוֹךְ וְתִתְנַשֵּׂא· הָאֵל מֶלֶךְ· נוֹרָא מָרוֹם וְקָדוֹשׁ· כִּי אַתָּה הוּא מֶלֶךְ מַלְכֵי הַמְּלָכִים· מַלְכוּתוֹ נֶצַח· נוֹרְאוֹתָיו שִׂיחוּ· סַפְּרוּ עֻזּוֹ· פָּאֲרוּהוּ צְבָאָיו· קַדְּשׁוּהוּ רוֹמְמוּהוּ· רֹן שִׁיר וָשֶׁבַח· תֹּקֶף תְּהִלּוֹת תִּפְאַרְתּוֹ:

חי״ק עַד אָשָׂא רֹאשׁ· כְּמוֹ מֵרֹאשׁ· לְהַקְדִּישׁ לְקָדוֹשׁ:

חי״ק עַד בְּמֹאזְנֵי צֶדֶק· יַכְרִיעֵנִי לְצֶדֶק· נוֹרָא וְקָדוֹשׁ:

אֵלֶּה אֶזְכְּרָה אֵת אֲשֶׁר נַעֲשָׂה· בִּהְיוֹתִי בֶטַח וְשָׁקֵט בְּנָכוֹן וְנִשָּׂא· גֻּלֵּיתִי בַּעֲבוּר שִׁקְלֵי אֵיךְ אֶשָּׂא: דֵּי שְׁקָלַי עַד לֹא שָׁקַלְתִּי· הִנָּם לְמַס עוֹבֵד הַיּוֹם שֶׁקָּלְתִּי· וּבְחֵטְא עֱוִיל שֶׁקֶל לְרָשָׁע נִשְׁקַלְתִּי: זָהַי לְלֹא תַתִּי לְשָׁכְנִי בְגִילָה· חַבְתִּי לְתַשְׁלוּם דַּרְכְּמוֹן לְעוּלֵי גוֹלָה· טָבְעוּ גַּם הֵם וְהֶעֱרַמְתִּי מְגֻלָּה: יֹשֶׁר שָׁלֹשׁ קְפוּת מְשֻׁלָּשׁוֹת סְאִים· כְּנוּסוֹת לְמִקַּח שַׁי מְרִיאִים וְשֵׂיִם· לְקָחוּ וְאֵין עוֹד בִּנְצָעֵי נוֹשְׂאִים: מִדַּת שִׁפְרוֹת תִּקְלִין חַדְתִּין וַעֲתִיקִין· נְדָבוֹת אֲשֶׁר בָּם הָיוּ מַעְתִּיקִין· סָרוּ כַּמָּה מֻנַּי וְהַדְּבָרִים עַתִּיקִין: עֹצֶם הָמוֹן חוֹגֵג וְשׁוֹטֵף כְּנָהָר· פֻּזַּר וְנוֹתַרְתִּי כְּתֹרֶן

אל Allmächtiger! ewiglich wirst Du verherrlicht, ewiglich geheiligt, in allen Ewigkeiten regierst Du hocherhaben, Allmächtiger, König, Furchtbarer, Erhabenster und Allheiliger! Ja, Du bist der König aller Könige, dessen Regierung immerdauernd ist! Verkündet darum seine furchtbaren Thaten, erzählet von seiner Macht; preiset ihn, ihr, seine Schaaren! Heiligt ihn, erhöhet ihn mit Gesang, Lied und Lob, hoch preiset seine Herrlichkeit! —

עד אשא Immer noch erhebe ich das Haupt, wie ehedem, zu heiligen den Allheiligen.

עד כמאזני Immer noch läßt in der Waage der Gerechtigkeit meine Gerechtigkeit überwiegen Er, der Furchtbare und Allheilige.

אלה Deß gedenke ich, was geschah, als friedlich und sicher ich noch wohnte im festgegründeten hohen Tempel! aber jetzt, wo in allen Weltenden ich zerstreuet bin, wie kann ich da die Schekalim entrichten? Ehedem hatte ich die Schekalim nicht gehörig entrichtet, darum muß zu meiner Strafe ich sie jetzt als Tribut entrichten; frevelntlich wog ich ehedem falsch die Schekalim zu, darum bin ich nun dem Feinde zugewogen. Meine Hebe entrichtete ich nicht dem Herrn, als er mich in Freuden ruhen ließ, schuldig wurde ich deshalb, sie in Dariken zu ersetzen, den aus der (babylonischen) Gefangenschaft Ziehenden[1]); aber auch diese hörten auf und ganz nackt und entblößt bin ich jetzt. Die drei Kufen, jede drei Seah haltend, da hinein die Hebe regelmäßig gespendet ward zur Anschaffung der Opfer der fetten Stiere und Lämmer — sie sind dahin, versöhnen nicht mehr unsre Frevel. Jene Büchsen, in welche die neuen und alten Schekalim, so wie alle freiwillige Gaben gelegt wurden — es ist eine allbekannte Sache, daß sie schon vor vielen Jahren mir entschwunden sind. Die große festliche Schaar, einst wie die Fluth zum Tempel strömend, ist zerstreut, und nur Einzelne blieben übrig, gleich dem Heerzeichen auf dem Gipfel des

---

[1]) Siehe Esra 2, 68. 69.

בְּרֹאשׁ הָהָר· צֶדֶק מְלוֹנִי שֶׁעָבַר כְּתֵל הָר: קַן צִפּוֹר
קָרָא לִמְרוֹם הָרִים· רֹאשׁ נְשׂוּאֶיךָ כְּמָאוֹ בּוֹ לְהָרִים·
שִׁבְעָה וּשְׁמֹנָה עֲלֵיהֶם לְרֹאשׁ תָּרִים: עד אשא וכו׳.

סלוק.

ת׳ וּבְכֵן וּלְךָ תַעֲלֶה קְדֻשָּׁה כִּי אַתָּה קְדוֹשׁ יִשְׂרָאֵל וּמוֹשִׁיעַ·

אָז רָאִיתָ וְסִפַּרְתָּ· וַהֲכִינוֹתָ וְחָקַרְתָּ· וּמָדַדְתָּ וְשָׁקַלְתָּ
וְכָלְתָּ וְאָמַדְתָּ וְצָבַרְתָּ· וּפָקַדְתָּ וְחָשַׁבְתָּ וְסִכַּמְתָּ וּמָנִיתָ
וְסָפַרְתָּ· וְקָצַבְתָּ וְחָרַצְתָּ וְגָזַרְתָּ וְטִפַּחְתָּ וְשִׁעַרְתָּ· וְהִכַּמְתָּ
וַהֲבִנוֹתָ וְהִשְׂכַּלְתָּ וְשַׂרְתָּ וְסָקַרְתָּ· וְכָתַבְתָּ וְתָרַמְתָּ וְחָקַקְתָּ
וְצִיַּנְתָּ וְחָרַתָּ· וְלִמַּדְתָּ וְהוֹדַעְתָּ וְחִוִּיתָ וְהוֹרֵיתָ וְגָזַרְתָּ·
וְצִוִּיתָ וְקָרָאתָ וְעָנִיתָ וְדִבַּרְתָּ וְאָמַרְתָּ· כָּל מִנְיָן וּמִסְפָּר
חֶשְׁבּוֹן וּמִסְפָּרָיו· כָּל מִשְׁקָל וָפֶלֶס וְכִים וְגִזּוּרָיו· כָּל כַּיִל
לַח וְיָבֵשׁ וּמְשׂוּרָיו· כָּל קַו וְקֶצֶב וּמֶדֶד וְשִׁעוּרָיו: הֵיךְ
לְדַקְדֵּק חֶשְׁבּוֹן לְכָל דָּבָר· לְכַל יְגַלֵּם חֶשְׁבּוֹן וְיִשְׁטַף וְיַעֲבֹר:
מַתְחִיל בִּמְדִידָה מֵחֲמֵשׁ מֵאוֹת שָׁנָה· עַד שֶׁהוּא מְכַלֶּה
בְּאֶצְבַּע הַקְּטַנָּה: דֶּרֶךְ יוֹם הוּא בְּעֶשֶׂר פַּרְסָה· וְאַרְבַּעַת
מִיל הִיא כָּל פַּרְסָה: וּמִדַּת הַמִּיל שִׁבְעָה וּמֶחֱצָה
רִים· וּבִשְׁלֹשִׁים קָנִים הוּא קֶצֶב הָרִים: וְשִׁעוּר הַקָּנֶה
שֵׁשׁ אַמּוֹת תַּחַת· וְכָל אַמָּה מוּדֶדֶת שָׁלִישׁ כַּזֶּרֶת· וְהַזֶּרֶת
מוּתַחַת עַד שְׁנַיִם בַּסִּיט· וְאַרְבַּע אֶצְבָּעוֹת הוּא הַטֶּפַח

Berges; die Stadt, in der Gerechtigkeit weilte, ist verwüstet, ist zum Schutthaufen geworden. — Bringe den verscheuchten Vogel (Israel) wieder in sein Nest zurück auf den erhabenen Berg, erhebe, wie früher, das Haupt Deiner Erwählten wieder und stelle die ihnen verheißenen sieben Führer und acht Fürsten an ihre Spitze [1])!

סלוק·

ובכן Nun soll sie Dir aufsteigen die Heiligung, denn Du bist Israels Heiligster und Helfer!

אז [2]) Bei'm Anbeginn der Welt schautest Du, und ordnetest, bestimmtest, erforschtest und richtetest Alles in seinem Maaße und Gewicht, in seiner Form und Zahl nach Deiner Weisheit ein. Jedem Dinge steckteſt Du seine bestimmte Grenze, jedes Geschöpf überschautest und prüftest Du, und schriebst ihm feststehende Gesetze vor. Auch den Menschen hast Du unterrichtet und ihm Lehren und Gesetze bekannt gemacht. Auch begünstigtest Du ihn mit der Kenntniß der Zahlen, des Gewichtes und Maaßes, wie jede Sache genau zu berechnen sei, nicht verwickelt, nicht zu wenig und nicht zu viel. So beginnt man mit dem Messen einer Strecke, die in 500 Jahren zurückgelegt wird und endet mit der Länge des kleinen Fingers. Eine Tagreise wird zu 10 Parsah angenommen; eine Parsah hat 4 Mil, eine Mil 7½ Riß und ein Riß mißt 30 Ruthen. Die Ruthe enthält 6 Ellen und eine Spanne; jede Elle mißt 3 Spannen, die Spanne 2 Sit, und 4 Fingerbreiten ist eine Handbreite (Palme) oder ein Sit. Und wie ein

[1]) Nach Talmud Suca 52, b. mit Bezugnahme auf Micha 5, 4 sind אדם, שת, מתושלח, דוד, אברהם, יעקב und משה die sieben Führer, und ישי, שאול, שמואל, עמוס, צפניה, חזקיה, משיח und אליה die acht Fürsten.

[2]) Im Texte kommen hier in den ersten 6 Zeilen lauter Synonymen vor, die in der Uebersetzung nur frei übertragen werden konnten.

וְהַסִּים: וּכְמוֹ נִתְּנָה מִדָּה לִמְדִידַת הָאָרֶץ. כֵּן נִתַּן כֵּיל לְתוֹלְדוֹת הָאָרֶץ: מַתְחִיל מִמֵּאָה וְשִׁשִּׁים וְשֵׁשׁ שָׁנָה. עַד שֶׁהוּא מְכַלֶּה בִּשְׁתּוּת אֶצְבַּע קְטַנָּה: זֶה הַיָּם הַגָּדוֹל בְּשָׁלִישׁ יוֹשֵׁב. בְּמֵאָה וְשִׁשִּׁים וְשֵׁשׁ וָעוֹד מִתְחַשֵּׁב: וְעָמְקוֹ בְּעֶשְׂרִים וְאַרְבָּעָה לְמֶתַח סוּף. וְסוּף בְּשִׁבְעִים וּשְׁנַיִם לְעֵגֶל גִּיחוֹן. וְגִיחוֹן מַכְפִּיל שִׁשִּׁים כְּמִדַּת פְּרָת. וְהַפְּרָת תָּקְפּוֹ כְּנֶגֶד שְׁנֵי הַנְּהָרוֹת. וּשְׁנֵי הַנְּהָרוֹת מַעֲדִיפִים בְּאֹרֶךְ הַיַּרְדֵּן. וְהַיַּרְדֵּן מַרְחִיב חֲמִשָּׁה כְּיָם הַזְּבוּל. וְיָם הַזְּבוּל מֵאָה וַחֲמִשִּׁים מִקְוָאוֹת. וּמִדַּת הַמִּקְוֶה כִּשְׁנֵי חֳמָרִים בְּיָבֵשׁ. וְשִׁעוּר כָּל חֹמֶר כִּשְׁנֵי לְתָכִים. וְכָל לֶתֶךְ יָכִיל חָמֵשׁ אֵיפוֹת. וְכָל אֵיפָה עוֹשָׂה עֲשָׂרָה עֳמָרִים. וְכָל עֹמֶר שִׁבְעַת רֶבַע וּכְלָה. וְהַכְּלָה אֶחָד מִמֵּאָה וָעוֹד בִּסְאָה. וּסְאַת יָבֵשׁ חֲסֵרָה שְׁלִישׁ בְּלַח. וּסְאַת הַלַּח אֶחָד מִשְּׁלֹשָׁה בְּבַת. וְכָל בַּת מַחֲזֶקֶת שִׁשָּׁה בַּהִין. וְהַהִין כֻּלּוֹ שְׁנֵים עָשָׂר לֹג וָעוֹד. הַלֹּג מִתְחַלֵּק לְאַרְבַּעַת רְבָעִים. וְרֶבַע מוּכָן לְרִבּוּעַ כּוֹס יְשׁוּעוֹת. וְהַכּוֹס סוֹבֵב אֶצְבָּעַיִם עַל אֶצְבָּעַיִם. וְעַל גָּבְהוֹ חָסֵר שְׁתוּת מֵאֶצְבָּעַיִם: וּכְמוֹ נִתַּן כֵּיל לְתוֹלְדוֹת הָאָרֶץ. כֵּן נִתַּן קֵץ לִימֵי הָאָרֶץ: מַתְחִיל לִמְנוֹת מִשֵּׁשֶׁת אַלְפֵי עֶרֶץ. עַד שֶׁהוּא מְכַלֶּה בְּרִתְעֵי אָרֶץ: כִּי הָעוֹלָם כֻּלּוֹ שֵׁשֶׁת אֲלָפִים. עוֹשִׂים חֲמִשָּׁה וּשְׁתֵּי יָדַיִם מַחֲזוֹרוֹת. וּמִבֵּין

Maaßstab zum Messen der Erde gegeben wurde, so auch für die Erzeugnisse derselben. Man beginnt mit 166 Jahren und endet mit dem Sechstel des kleinen Fingers. Das Weltmeer ist ein Drittheil der bewohnten Erde und wird auf 166 Jahren und etwas darüber berechnet. Seine Tiefe ist 24mal größer als die Länge des Schilfmeers, und das Schilfmeer 72mal[1]) größer als der Umfang des Gichon, und der Gichon hat 60mal das Maaß des Perath, und der Perath faßt den Inhalt der beiden andern Ströme (Pischon und Chidekel). Die beiden Ströme übertreffen an Länge den Jarden und der Jarden ist 5mal breiter als das Meer im Tempel (1. Kön. 7, 23). Das Meer des Tempels enthält das Wasser von 150 Badwannen; das Maaß einer Badwanne ist gleich 2 Chomer nach dem Maaß des Trockenen. Ein Chomer hält 2 Lethech, ein Lethech faßt 5 Epha, ein Epha macht 10 Omer, ein Omer 7 Viertel und ein Chela, und ein Chela ist der hundertste Theil einer Seah und etwas darüber. Eine Seah bei'm trockenen Maaße ist um ein Drittheil geringer als bei'm nassen Maaß. Eine Seah nasses Maaß ist das Drittheil einer Bath, eine jede Bath enthält 6 Hin, ein Hin 12 Log. Ein Log theilt sich noch in 4 Viertel; ein solches Viertel ist das vorgeschriebene Maaß für jeden der 4 Weinbecher, die bei der Erzählung der Wunderthaten Gottes (an den Peßachabenden) getrunken werden. Der Becher faßt 2 Fingerbreite in's Geviert und in der Höhe ein Sechstel weniger. — Und wie für die Erzeugnisse der Erde ein Maaßstab gegeben wurde, so wurde auch die Zeit derselben in bestimmte Grenzen gebracht. Man fängt mit der großen Zahl von 6000 Jahren an und schließt mit Augenblicken. Die Dauer der Welt ist nämlich auf 6000 Jahren angenommen; diese betragen 5 Zikleu

[1]) Nach anderer handschriftlichen Leseart, 22 mal.

הַמַּחֲזוֹר בְּעֶשְׂרִים וּשְׁנַיִם יוֹבְלוֹת. וּשְׁנַת הַיּוֹבֵל שֶׁבַע שַׁבְּתוֹת שָׁנִים. וְשַׁבְּתוֹת הַשָּׁנִים בְּעֶשְׂרִים וּשְׁמוֹנָה תְּקוּפוֹת. וִימוֹת הַתְּקוּפָה תִּשְׁעִים וְאֶחָד יוֹם וּשְׁלִישׁ. וְעוֹנוֹת הַיּוֹם חֲמֵשׁ מֵאוֹת וְשִׁבְעִים וָשֵׁשׁ. וְרִגְעֵי הָעוֹנָה כְּעוֹנוֹת כָּל הַיּוֹם. וְהַמְדַקְדֵּק מְחַלֵּק הָרֶגַע לְכַמָּה רְגָעִים: וּכְמוֹ נָתַן חֶשְׁבּוֹן עַל כֹּל. כֵּן נָתַן מִשְׁקָל וָפֶלֶס לַכֹּל. מַתְחִיל מִכִּכָּר עַד פְּרוּטָה קְטַנָּה: כִּכַּר הַגָּדוֹל כְּגֹדֶל שְׁנֵי מָנֶה. וְהַמָּנֶה עוֹלֶה עַד שִׁשִּׁים שֶׁקֶל. וְהַשֶּׁקֶל מִתְחַשֵּׁב בְּעֶשְׂרִים חָמֵשׁ סֶלַע. וְהַסֶּלַע חֶצְיוֹ בֶּקַע וּרְבִיעַ זוּז. וְהַזּוּז מִתְחַלֵּק לְפֶלֶג וַחֲמִשּׁוֹ מָעָה. נִמְצָא הַזּוּז חֲמֵשׁ מָעוֹת כֶּסֶף. וְהַמָּעָה שְׁתֵּי פוּנְדְּיוֹנוֹת בְּאִסָּר דָּת. וְהָאִסָּר עוֹלֶה עַד שְׁמֹנָה פְּרוּטוֹת. נִמְצָא הַבֶּקַע כְּאַרְבַּע מֵאוֹת פְּרוּטוֹת. וְהֵם בִּכְתָב חֲרוּטוֹת. וּבְפֶה מְפֹרָשׁוֹת: וְעַד מְקוֹם שֶׁאֱנוֹשׁ יָכוֹל לִמְנוֹת. נִמְסַר לוֹ לִמְדּוֹד וְגַם לִמְנוֹת: לְפִי כֹחוֹ וּלְפִי מִעוּט חֵילוֹ. הֻקְצַב לוֹ מִעוּט הוֹן שִׁקְלוֹ. וּלְפִי שִׂכְלוֹ כֵּן יְהִי הִלּוּלוֹ. גָּדוֹל אֲדוֹנֵינוּ וְרַב כֹּחַ חֵילוֹ. עַל כֵּן אוֹחִיל לוֹ: כִּי מִדָּתוֹ וְשִׁקְלוֹ לְפִי גָדְלוֹ. כָּל אוֹצְרוֹת שֶׁלֶג וְרוּחַ פִּלֵּס בְּמִשְׁקָלוֹ. וּמִי בְרֵאשִׁית מָדַד בְּשָׁעֳלוֹ. וּשְׁמֵי רוּם תִּכֵּן זֶרֶתוֹ מְלֹא. וְכָל הַרְרֵי קֶדֶם בְּאֶצְבָּעוֹ שְׁקָלוֹ. וְגִבְעוֹת עוֹלָם תָּמַךְ בְּהוֹד אֲגֻדָּלוֹ. גַּיְא וְכָל עֲפָרָהּ בְּעָדְדָהּ

und 2 Theile eines Zillus. Ein Zillus besteht aus 22 Jobeln, ein Jobel aus 7 Jahrwochen; eine Jahrwoche enthält an 28 Kreisläufen, und ein Kreislauf 91 und 1/3 Tage. Die Zeit des Tages ist in 576 Abschnitte getheilt und die Zeittheilchen eines solchen Abschnittes kommen der Zahl der Abschnitte eines Tages gleich, und wer es genau nimmt, theilt jedes Theilchen wieder in kleinere Theile. Und wie für Alles eine Berechnung festgestellt wurde, so gibt es auch für Alles Gewicht und Wage. Man beginnt mit dem Kikar und schließt mit dem kleinen Pfennig. Der große Kikar ist so groß wie 2 Maneh, das Maneh hält 60 Schekel, der Schekel wird auf 25 Sela berechnet. Die Hälfte des Sela ist ein Beka, der vierte Theil ein Sus. Das Sus theilt sich wieder in 2 Peleg und dessen Fünftel ist eine Maah; also hat das Sus 5 Maah Silber. Die Maah hat 2 Pondejon und ebenso ein Pondejon 2 Jßar, das Jßar beträgt 8 Pfennige; also enthält ein Beka ohngefähr 400 Pfennige. So ist es niedergeschrieben und mündlich erklärt, und so weit der Sterbliche rechnen kann, ist es ihm freigestellt, nach seiner Kraft zu messen und zu zählen. Und von seinem geringen Vermögen ward ihm nur ein Geringes, nur ein Schekel zur Opfergabe festgesetzt. — Aber Gottes Ruhm ist groß wie seine Weisheit, groß ist unser Herr und von unbeschränkter Kraft, darum hoffe ich zu Ihm. Sein Messen und Wägen zeugt von seiner Größe. Alle Gemächer des Windes wog Er mit seinem Gewichte, alle Gewässer der Schöpfung maß Er mit der hohlen Hand, alle Himmel der Höhe bestimmte er mit dem kleinen Finger, alle Gebirge der Urwelt wog Er mit dem Zeigefinger, die ewigen Hügel hält Er mit dem Daumen, das Erdenthal und all dessen Staub faßt Er mit dem Mittelfinger, und die

הֱכִילוֹ. לְחוֹלֵל תַּנִּין כִּיזְמֶנֶת הֵכִין לוֹ: נִמְצֵאת כָּל מִדַּת יְצִירַת עוֹלָמוֹ. כִּמְלוֹא פִּסַּת יָד הִיא רִשּׁוּמוֹ. וּבְקָמִיץ בְּיַד גִּבּוֹר כְּזְרוֹעַ חוֹתְמוֹ. וְאֵין לְקִצּוּב רֹב מֶחְקְרֵי תַּעֲצוּמוֹ. אֲשֶׁר מָדַד וְקָצַב וְשִׁעֵר בִּמְרוֹמוֹ. עַל כָּל מִדַּת כִּסְאוֹ וַהֲדוֹמוֹ: מִדַּת בַּת מֶלֶךְ בְּכָל מְעָלָה. בְּאֹרֶךְ בְּרֹחַב בְּעֹמֶק בְּגֹבַהּ מִתְעַלָּה. כִּי יֵשׁ קֵץ לְכָל תִּכְלָה. וְאִמְרָהּ רְחָבָה לָעַד לֹא כָלָה: מִדַּת עוֹלָם כִּמְלֹא פִּסַּת יָד. וּמִדָּתָהּ נְתוּנָה בְּיָמִין וּזְרוֹעַ וָיָד: מִדַּת עוֹלָם כִּמְזֶרֶת וְעַד אֲגוּדָל. וּמִדָּתָהּ בְּקַו אֲשֶׁר מְאֹד גָּדֹל: מִדַּת עוֹלָם נִמְדֶּדֶת בְּשָׁלִישׁ אַמָּה. וּמִדָּתָהּ עוֹלָה וְנוֹסֶבֶת כְּאַלְפַּיִם אַמָּה: כְּמַרְאֵה הַמִּדָּה אֲשֶׁר צִיר רָאָה. מְגִלָּה עֶשְׂרִים עַל עֶשֶׂר אַמָּה. עָפָה אַרְבָּעִים עַל עֶשְׂרִים וּשְׁמֹנֶה מֵאוֹת אַמָּה*). וְכָל הָעוֹלָם כֻּלּוֹ בְּשָׁלִישׁ אַמָּה: נִמְצֵאת דָּת בְּמִדּוֹתֶיהָ רְחָבָה וַאֲרֻכָּה. אַלְפַּיִם וְאַרְבַּע מֵאוֹת בָּעוֹלָם מַאֲרִיכָה: וְהִיא נוֹתֶנֶת לָעוֹלָם מַרְפֵּא וַאֲרוּכָה. וּבִימִינָהּ קוֹצֶבֶת כָּל יְמֵי אַרְכָּה. וּבִשְׂמֹאלָהּ שׁוֹקֶלֶת עֹשֶׁר וְכָבוֹד וּבְרָכָה: וְהִיא הוֹדִיעָה אֶת כָּל חֶבְיוֹן סְתוּרוֹת. וְהִיא קָצְבָה כָּל מִדּוֹת

---

*) נ״א עָפָה אַרְבָּעִים עַל עֶשְׂרִים אַמָּה. אַרְבָּעִים מֵעֶשְׂרִים שְׁמֹנֶה מֵאוֹת אַמָּה.

rechte Hand hat Er dazu bestimmt, den Drachen (Pharaoh) zu erschlagen. So ist das Maaß aller Geschöpfe seiner Welt mit seiner Handfläche bezeichnet, und wie ein Angebinde am Arme des Helden, so trägt er die mit seinem Siegel geprägte Schöpfung. Nicht zu bestimmen und nicht zu erforschen ist seine Allgewalt, mit der Er das Maaß seines Thrones in der Höhe und seines Fußschemels in der Tiefe gemessen, bestimmt und abgewogen. — Das Maaß der Königstochter aber (der Thora) ist über Alles erhaben, in der Länge und Breite, der Tiefe und Höhe ausgezeichnet. Alles Vergängliche hat eine Grenze, ihr Wort aber ist unbegrenzt und endet ewiglich nicht. Das Maaß der Welt ist wie die Handfläche, ihr Maaß aber ist mit der Rechten und dem ganzen Arm gegeben. Das Maaß der Welt ist wie vom Kleinfinger bis zum Daumen, ihr Maaß aber wie eine sich immerfort ausdehnende Schnur. Das Maaß der Welt wird mit einer Drittelelle gemessen, ihr Maaß aber dehnt sich über 2000 Ellen aus, nach jener Erscheinung des Maaßes, welche der Gesandte (Secharia*) sah. Er sah nämlich die Gesetzrolle 20 Ellen lang und 10 Ellen breit; sie lag aber doppelt, also 40 Ellen lang und 20 Ellen breit oder im Ganzen 800 Geviertellen; und die ganze Welt mißt blos $^1/_3$ Elle. Folglich übertrifft das Gesetz im Maaß seiner Breite und Länge die Welt um 2400 Ellen. Und diese Gotteslehre wurde der Welt als Heil- und Genesungsmittel gegeben, mit ihrer Rechten verleiht sie langes Leben und mit ihrer Linken wägt sie Reichthum, Ehre und Segen zu. Sie machte das Geheimverborgene bekannt, sie bestimmte alle Messungen und Zählungen,

*) Sechar. 5, 2.

סְפוּרוֹת וְהִיא פָּתְחָה אֶת כָּל סְגוּרוֹת. וְהִיא שָׁקְלָה
וְאָצְרָה אֶת כָּל אוֹצָרוֹת: וְהִיא חָקְרָה הֲמוֹן מִפְקַד
תַּחְתּוֹנִים. וְהִיא נָתְנָה מִסְפַּר גְּדוּדֵי עֶלְיוֹנִים. וְהִיא
שִׁעֲרָה קוֹמַת אַלְפֵי שִׁנְאַנִּים. אֲשֶׁר זֶה מִזֶּה בְּקוֹמָתָם
מְשֻׁנִּים: יֵשׁ כְּמִדַּת הַיָּם הַגָּדוֹל קוֹמָתָם. וְיֵשׁ כַּחֲלָלוֹ
שֶׁל עוֹלָם הֲקָמָתָם. וְיֵשׁ כִּמְלֹא כָּל עוֹלָם תְּקוּמָתָם:
יֵשׁ לִשְׁתֵּי טִישׁוֹת טָשִׁים עוֹלָם. וְיֵשׁ לְטִישָׁה אַחַת עָפִים
עוֹלָם. וְכָל אֶחָד וְאֶחָד בְּמַחֲנֵהוּ נֶעְלָם. וּבִמְחִיצָתוֹ
צָג וְחָשׁ וְדוֹמֵם וְנֶאֱלָם. עַד יִתֵּן רְשׁוּת מֶלֶךְ עוֹלָם.
וְחָשִׁים עַד יַמְלִיכוּהוּ עַם עוֹלָם. וְאָז יִפְצְחוּ לְפָאֵר
אֱלֹהֵי עוֹלָם: וּמִשֶּׁהֵם מְפָאֲרִים עוֹד לֹא שׁוֹנִים. כִּי
בִנְהַר דִּינוּר שָׁחִים וְנִתָּנִים. וְעוֹד מִנּוּ נֶחֱצָבִים וּמִתְחַדְּשִׁים
כָּרִאשׁוֹנִים. שֶׁבַח וְהַלֵּל וָרֹן לָאֵל מְשַׁנְּנִים. וְכַפֵּי קֶשֶׁת
עִם כַּנְפֵי רְנָנִים. זֶמֶר וְשִׁיר וָעֹז וָרֶנֶן מְרַנְּנִים. וּשְׂרָפִים
הַמְעֻלִּים עַל כָּל שִׁנְאַנִּים. שֵׁשׁ שֵׁשׁ כְּנָפַיִם בְּגֵוָיִם תְּנוּנִים.
מִמַּעַל לְיוֹשֵׁב עֲרָבוֹת כַּכֵּם נְתוּנִים. וּלְיוֹשֵׁב עַל כִּסֵּא
תְּהִלָּה מְעַנִּים. מְצוֹא חֵן כְּנִגּוּנָם מְתַנְּנִים. וְקֹדֶם לְכָל
צָבָא מִמַּעַל עוֹנִים. וְשִׁלּוּשׁ קְדֻשָּׁה לְרָם וְנִשָּׂא טוֹתְנִים.

sie löste alle Knoten und weg und bewahrte alle Schätze. Sie erforschte die Menge der Geschlechter der Unterwelt und gab die Zahl für die Schaaren der Oberwelt, sie berechnete die Höhe der Tausenden von Engeln, die in ihrer Höhe verschieden sind. Einige sind so hoch, wie das Weltmeer groß ist, Andere wie der Raum von der Erde bis zum Himmel und wieder Andere wie der Umfang der ganzen Welt. Einige durchfliegen mit zwei Flügen die Welt, Andere durchfliegen sie mit einem Fluge. Jeder dieser Engel hält sich verborgen in seinem Lager, still und schweigend an seinem Orte, bis ihm der Weltenkönig zum Reden die Erlaubniß ertheilt. Allesammt schweigen sie bis das Volk der Urzeit (Israel) dem Herrn gehuldigt hat; dann eröffnen auch sie die Verherrlichung des Gottes der Ewigkeit. Und die einmal die Verherrlichung dargebracht haben, wiederholen dieselbe nicht mehr, sondern versenken sich in den Feuerstrom. Aus diesem Strome bilden und erneuen sich dann immer wieder neue Wesen den vorigen gleich und lassen Lob und Ruhm und Jubel ihm, dem Allmächtigen erschallen. Die Himmelswölbungen sammt den befliegelten Sängern vereinigen sich zum Preis und Lied und mächtigem Jauchzen. Und die über alle Engel erhabenen Seraphim, deren Gestalt sechs Flügeln gnädig verliehen wurde*), umgeben in den Höhen den Thron des in der Aetherwüste Wohnenden, singen bebend Ihm, dem Thronenden, ihr Lied und flehen, daß ihr Sang Gunst vor Ihm finden möge. Vor allen Himmelsheeren stimmen sie die Lieder an und bringen die dreifache Heiligung dem Hocherhabenen dar.

---

*) Jesaia 6, 2.

כּוֹרְעִים וּמִשְׁתַּחֲוִים הֲמוֹנִים הֲמוֹנִים· לְנַעֲרָץ בְּסוֹד הֲמוֹן גְּדוּדֵי עֶלְיוֹנִים· וְנִקְדָּשׁ בְּאַלְפֵי רִבְבוֹת תַּחְתּוֹנִים:

ככתוב על יד נביאך וקרא זה אל זה ואמר קדוש קדוש וכו'.

מוּסַף לְפָרָשַׁת שְׁקָלִים·

הש"ץ חוזר התפלה עד מלך עוזר ומושיע ומגן, ואומרים:

אֶשְׁכּוֹל אִוּוּי תַּאֲוַת כָּל נֶפֶשׁ· בְּצִלּוֹ חִמַּדְתִּי שֶׁבֶת מְצֹא נֹפֶשׁ· בְּבַקַּשְׁתִּיו וְלֹא מְצָאתִיו וּפַצְתִּי בְּמֶמֶשׁ· חָמַק עָבַר מִלְּהַדְרִיר לִי חֹפֶשׁ· גָּלַלְתִּי שְׁקָלַי מִתַּת כֹּפֶר נֶפֶשׁ· טֻבַּעְתִּי בְּמֵי צוּל בְּטִיט וָרֶפֶשׁ: ה' אוֹר פָּנֶיךָ עָלֵינוּ אָדוֹן נְסָה· וְשֶׁקֶל אֶשָּׂא כְּבֵית נָכוֹן וְנִשָּׂא· וּבִצְדָקָה הֶגֶה עֶרְכְּךָ כִּי תִשָּׂא· גּוֹנְנֵנוּ בְּמָגֵן אֵל רָם וְנִשָּׂא: בָּא"יְ מָגֵן אַבְרָהָם:

אתה גבור לעולם וכו' עד להחיות מתים.

הַכֹּפֶר דְּעוּ דִּרְשׁוּ מֵעַל סֵפֶר· כְּמוֹ הוּא חָרוּת בְּאִמְרֵי שֶׁפֶר· הַתְשִׁירוּ בּוֹ פְּנֵי נִדְמֶה לְעֹפֶר· וְיִזְכּוֹר לָהֶם זְכוּת עֵפֶר וָאֵפֶר· וְלֹא יִהְיֶה בָּכֶם נֶגֶף וָחֵפֶר· בְּתִתְּכֶם מַתַּן זֶה לְשֵׁם כֹּפֶר: ה' אוֹר פָּנֶיךָ עָלֵינוּ אָדוֹן נְסָה· וְשֶׁקֶל אֶשָּׂא כְּבֵית נָכוֹן וְנִשָּׂא· וּבִצְדָקָה הֶגֶה עֶרְכְּךָ כִּי תִשָּׂא· הַחֲיֵינוּ בְּגֶשֶׁם אֵל רָם וְנִשָּׂא: בָּרוּךְ אַתָּה יְיָ מְחַיֵּה הַמֵּתִים:

נעריצך וכו' עד וקדוש אתה.

דּוֹדִי זְכָר לִי שִׁקְלֵי עֶפְרוֹן· אֲשֶׁר שָׁקַל אָב בְּמַכְפֵּל

Es knieen dann die Schaaren alle und fallen anbetend nieder vor Ihm, dem Verherrlichten von der Engelsschaar der Myriaden Tausenden in der Oberwelt, vor ihm dem Geheiligten von den Myriaden Tausenden in der Unterwelt.

מוסף לפרשת שקלים.

אאבל Der Allvollkommene, aller Seelen Verlangen und Begehren, in seinem Schatten wünschten wir zu wohnen und Ruhe zu finden. — Wir suchten ihn, und fanden ihn nicht; da sprachen thöricht wir: „Er hat sich von uns weggewendet, zurückgezogen, will keine Freiheit uns gewähren.“ Aber der Raub, den wir begingen, daß wir die Schekalim — der Seele Lösegeld — nicht entrichteten, dies ist die Ursache, warum wir so in die Tiefe, in Schlamm und Koth versunken sind.— O, laß uns doch das Licht Deines Antlitzes wieder leuchten, Herr! daß wir im festgegründeten, hohen Tempel den Schekel wieder darbringen, ganz nach Recht des Ausspruches der Gesetzordnung Ki-thißa. Schütze uns mit Deinem Schutze, Allmächtiger, Hocherhabener! Gelobt seist Du, Ewiger, Schutz Abraham's! —

הכפר Leset nach wegen des Lösegeldes im Buche Gottes, wie es dort mit deutlichen Worten verzeichnet ist, und bringt als Gabe es vor des Ewigen Antlitz, damit er euch das Verdienst desjenigen gedenke, der da sprach: „Ich bin nur Staub und Asche!“ Keine Plage, keine Schande wird euch treffen, so ihr diese Gabe als Lösegeld hingebet.— O, laß uns doch das Licht Deines Antlitzes wieder leuchten, Herr! daß wir im festgegründeten, hohen Tempel den Schekel wieder darbringen, ganz nach Recht des Ausspruches der Gesetzordnung Ki-thißa. Belebe uns mit Deinem Regen, Allmächtiger, Hocherhabener! Gelobt seist Du, Ewiger, der Du die Todten wieder belebst. —

דודי Gott, unser Freund! Gedenke uns die Schekalim, die der Stammvater Abraham dem Ephron zugewogen für die Höhle

חֲבָרוֹן׃ חֵקֶר שִׁקְלֵי יָמִים מַשְׁבִּיתֵי חָרוֹן׃ וְזָכְרָה לִי עוֹד לְדוֹר אַחֲרוֹן׃ טַעַם חִין אֲשֶׁר אֶקְרָא בְגָרוֹן׃ שְׁעֵה מְנִי אֵל בְּשׁוּבִי לְבִצָּרוֹן׃ י׳ אוֹר פָּנֶיךָ עָלֵינוּ אָדוֹן נְסָה׃ וְשֶׁקֶל אֶשָּׂא בְּבַיִת נָכוֹן וְנִשָּׂא׃ וּבְצֶדֶק הֶגֶה עֶרְכְּךָ כִּי תִשָּׂא׃ וְנַקְדִּישְׁךָ קָדוֹשׁ אֵל רָם וְנִשָּׂא׃ בָּרוּךְ אַתָּה יְיָ הָאֵל הַקָּדוֹשׁ׃

תכנת שבת עד מקדשי שמך. ובר״ח אתה יצרת עד קבעת.

לִי יִשָּׂא עַל אֶבְרַת נֶשֶׁר׃ כִּי יַגִּיד מֵלִיץ עָלַי שִׂיחַ יֹשֶׁר׃ כֹּפֶר מִשֶּׁלוֹ אֶתֶּן לוֹ תְּשַׁר׃ כִּי מִלְּפָנָיו הוֹן וְכָבוֹד וָעֹשֶׁר׃ לְהַצְדִּיק אֱנוֹשׁ וּלְהַמְצִיא לוֹ כֹשֶׁר׃ שָׁת לוֹ פִּדְיוֹן לִמְצוֹא אֹשֶׁר׃ י׳ אוֹר פָּנֶיךָ עָלֵינוּ אָדוֹן נְסָה׃ וְשֶׁקֶל אֶשָּׂא בְּבַיִת נָכוֹן וְנִשָּׂא׃ וּבְצֶדֶק הֶגֶה עֶרְכְּךָ כִּי תִשָּׂא׃ עַנְּגֵנוּ בְּנַפְשׁוֹ צֵל רָם וְנִשָּׂא׃ בָּא״יְ מְקַדֵּשׁ הַשַּׁבָּת (וְיִשְׂרָאֵל וְר״ח)׃ רצה עד בשובך לציון ברחמים.

בְּכַרְמֵי מְלוֹן בֵּין שְׁנֵי שָׁדַי׃ אַרְבַּע מֵאוֹת וָעֶשֶׂר הֲלִינוֹתִי שָׁדָי׃ נָח בְּשִׁכְבָם וְגַם יֵשׁ דַּי׃ וּבְכֵס וַהֲדוֹם לֹא נָם שַׁדַּי׃ סָע וְעָף בְּבֶצַע שִׁקְלֵי חֲשָׁדַי׃ וְנָשָׂא אֶת רְדִידֵי מֵעָלַי שׁוֹדְדָי׃ י׳ אוֹר פָּנֶיךָ עָלֵינוּ אָדוֹן נְסָה׃ וְשֶׁקֶל אֶשָּׂא בְּבַיִת נָכוֹן וְנִשָּׂא׃ וּבְצֶדֶק הֶגֶה עֶרְכְּךָ כִּי תִשָּׂא׃ רְצֵנוּ כְּשַׁי אֵל רָם וְנִשָּׂא׃ בָּרוּךְ אַתָּה יְיָ הַמַּחֲזִיר שְׁכִינָתוֹ לְצִיּוֹן׃

מודים וגו׳ עד האל ישועתנו ועזרתנו סלה:

---

²) So lange stand der erste Tetrapek ...

zu Chebron; bis in das späteste Geschlecht gedenke uns die, um den Zorn des Himmels zu versöhnen, dem Jebusiten dargereichten Schekalim [1])! Die schönen Lieder, womit wir laut Dich preisen, Herr, nehme wohlgefällig auf und laß' zur festen Burg zurück uns kehren! — O, laß uns doch das Licht Deines Antlitzes wieder leuchten, Herr! daß wir im festgegründeten, hohen Tempel den Schekel wieder darbringen, ganz nach Recht des Ausspruches der Gesetzordnung Ki-thißa; und wir heiligen Dich, Heiliger, Allmächtiger, Hocherhabner! Gelobt seist Du, Ewiger, Allmächtiger, Heiliger! —

ל׳ Auf Adlersflügeln trägt uns Gott; Er ist unser Fürsprecher, Er verschafft uns Recht. Von dem, was Sein gehört entrichten wir ein Lösegeld Ihm; denn nur von Ihm kommt Vermögen, Ehre und Reichthum. Des Sterblichen sich annehmend, daß rein er werde, bestimmte ihm der Allgütige ein Auslösungsgeld, ihm zum Heil gereichend. — O, laß uns doch das Licht Deines Antlitzes wieder leuchten, Herr! daß wir im festgegründeten, hohen Tempel den Schekel wieder darbringen, ganz nach dem Recht des Ausspruches der Gesetzordnung Ki-thißa. Erquicke uns mit Deiner Sabbathruhe, Allmächtiger, Hocherhabener! Gelobt seist Du, Ewiger, Heiliger des Sabbaths! —

בכרמי In des Weinbergs Wohnung (im Tempel) zwischen den zwei Stangen der Bundeslade, dort residirte der Allmächtige 410 Jahre unter uns; [2]) „In diesem Sitze, sprach er, genügt es mir zu wohnen, obgleich der Himmel, mein Thron, und die Erde, mein Schemel, mich nicht fassen können." Aber als wir mit dem Raub der Schekalim uns verschuldet hatten, da zog er aus, hob sich weg von dort, und unsern Zierrath trugen Räuber fort. — O, laß uns doch das Licht Deines Antlitzes wieder leuchten, Herr! daß wir im festgegründeten, hohen Tempel den Schekel wieder darbringen, ganz nach Recht des Ausspruches in der Gesetzordnung Ki-thißa. Nehme uns, wie Opfergaben, wohlwollend wieder auf, Allmächtiger, Hocherhabener! Gelobt seist Du, Ewiger, der seine Majestät einst wieder in Zion thronen läßt. —

[1]) Siehe II. B. Sam. 24, 18. ff.

עין עצם המון מספר שני עפרים · מי מנהו ופקד בחלש ופודים · פקדם פוקד בחומש ספרים · וגם עוד חמש בכל הספרים · צחות ניב שפתינו ישלם פרים · כי אפס כסף שקלי כפרים: י׳ אור פניך עלינו ארון נסה · ושקל אשא בבית נכון ונשא · ובצדק הנה ערך כי תשא · ותיטיב לנו בטובך צ׳ רם ונשא: ב״א י׳ הטוב שמך ולך נאה להודות:

אלהינו ואלהי אבותינו וכו׳ עד בכל עת ובכל שעה בשלומך:

גדי קשור ידים ברכות לשא · באהב עוד גדיו שכינה נתעלסה · רעה גדיותיו על אבן מעמסה · צאנו על שכם ותצן במעמסה · שוחה בני מעניה באף מעשה · תלבשת הוד עדי עדים מכוסה: י׳ אור פניך עלינו ארון נסה · ושקל אשא בבית נכון ונשא · ובצדק הנה ערך כי תשא · ברכנו בשלום צ׳ רם ונשא: ב״א י׳ המברך את עמו ישראל בשלום:

יוצר להפסקה ראשונה ·

פ״ס א״ב, ובסוף חתום מנחם ברבי מכיר הצעיר.

אור זרוע זרח כבודו · אצר ונצר לאשר עבדו · אהים וגד טוב וחדו: בן בישבי נטעים ונדרה מראשית · בטרם ירה

David (II. S. S. 24, 9), einmal die unter Esra zurückgekehrten Exulanten (Esra Kap. 2) und eine Zählung soll noch in der Zukunft stattfinden, laut Jirm. 33, 13. So im Midrasch Jalkut zu II. B. M. §. 386.

עץ Die mächtig große Menge der an Zahl dem Staub Verglichenen — wer vermag sie mit dem Loose zu bestimmen? Ihr Oberhaupt (Mosche) hat sie gezählt, wie dies die fünf Gesetzbücher beschreiben; auch später wurden sie noch fünfmal gezählt, nach Angabe der übrigen Bücher der Schrift [1]. — O, laß das reine Gebet unserer Lippen statt der früheren Opferstiere gelten; denn dahin ist das Geld, dahin die Schekalim der Versöhnung! O, laß uns doch das Licht Deines Antlitzes wieder leuchten, Herr! daß wir im festgegründeten, hohen Tempel den Schekel wieder darbringen, ganz nach Recht des Ausspruches der Gesetzordnung Ki-thißa. Thue uns wohl in Deiner Güte, Allmächtiger, Hocherhabener! Gelobt seist Du, Ewiger, Allgütiger ist Dein Name, und Dir allein gebührt der Dank!

גדי Mit den Fellen der Schäfchen belegte Jakob seine Hände, um den Segen zu empfangen; in Folge dessen haben seine Schäfchen (seine Nachkommen) sich heute noch der Liebe Gottes zu erfreuen. O, Ewiger! führe Israels Söhne, seine Schäfchen wieder auf ihren Felsenberg (Jerusalem), daß dort auf den Schultern, auf den Armen sie getragen werden. Die Söhne ihrer Peiniger beuge und schmettere nieder; aber Israel kleide in Prachtgewänder und köstlichen Schmuck! — O, laß uns doch das Licht Deines Antlitzes wieder leuchten, Herr! daß wir im festgegründeten, hohen Tempel den Schekel wieder darbringen, ganz nach Recht des Ausspruches der Gesetzordnung Ki-thißa. Segne uns mit Frieden, Allmächtiger, Hocherhabener! Gelobt seist Du, Ewiger, der sein Volk Israel segnet mit Frieden!

יוצר להפסקה ראשונה.

Jenes glänzende Licht, Seiner Herrlichkeit Strahl, bewahrt Gott seinen Dienern auf; die ihn lieben, beschenkte er mit diesem schönen Geschenke. Beim Anbeginn, ehe noch der

---

1) Nämlich zweimal von Saul (I. B. Sam. 11, 8. 15, 4.), einmal von

פִּנָּה וּבָרָא שִׁית· מְצוּקֵי אֶרֶץ עֲלֵיהֶם תֵּבֵל הֵשִׁית: גִּלָּה
סוֹדוֹ לִישָׁרָיו וְלִירֵאָיו· לָחֹג מוֹעֲדָיו קְרָא מִקְרָאָיו· בָּרוּךְ
שֶׁחָלַק מֵחָכְמָתוֹ לִירֵאָיו: מֵנִיחַ מְבָרְכָיו בְּיוֹם קָדְשׁוֹ·
מְכַבְּדָיו יוֹרְשֵׁת עַם קָדְשׁוֹ· שׁוֹמֵר שַׁבַּתּוֹ וּמוֹרָא מִקְדָּשׁוֹ· קָדוֹשׁ:

דַּעַת לִמֵּד חִבֵּר אֶת הָעָם· אִזֵּן וְתִקֵּן לִקְרוֹא בְּכָל פַּעַם·
וְלִשְׁאוֹל וְלִדְרוֹשׁ בְּעִנְיַן טַעַם: הוֹסִיפוּ לֶקַח שֶׁבֶת
תַּחְכְּמוֹנִים· וְהִתְקִינוּ לְהַקְדִּים שְׁלֹשִׁים נִמְנִים· לִהְיוֹת
שׁוֹאֲלִים בְּהִלְכוֹת זְמַנִּים: וּכְשַׁבָּת יוֹצְאִים שְׁלוּחִים בֶּעָרִים·
עַל נִיסָן וְעַל תִּשְׁרֵי יִהְיוּ נוֹעָדִים· שֶׁבָּהֶם מְתַקְּנִים אֶת
הַמּוֹעֲדִים: זִכְרוֹן סֵפֶר נִדְבָּרִים לְהִכָּתֵב וּלְהֵחָתֵם· הָאֻמָּה
אִתָּם לְשַׁתֵּק חוֹלֵק וּלְסַתֵּם· מוֹעֲדֵי יְיָ אֲשֶׁר תִּקְרְאוּ אֹתָם
אַתֶּם: חָכְמוּ לִקְבּוֹעַ רִאשׁוֹן וּלְיַסְּדוֹ· בְּאַנְהִי לַעֲשׂוֹת
הַפֶּסַח בְּמוֹעֲדוֹ· זֵכֶר לַדָּבָר הוּא לְבַדּוֹ וְלֹא בַּדּוֹ: סַד
וְגַעַר שָׂטָן בְּאֵתָן הַהָאֲצַל· בַּעֲבוּר אזו וַיַּגִּיעוּ בִּגְהִי אֶל
אָצֵל· סָמַךְ לְמִקְרָא הֲלֹא זֶה אוּד מֻצָּל: יָסְפוּ לְהַצִּיב
צִיּוּנִים לָשׂוּם תַּמְרוּרִים· לֵיל הַלֵּל וְיֵלֵל בְּשָׁוֶה נְעָרִים·
יַעֲשׂוּ אוֹתוֹ עַל מַצּוֹת וּמְרוֹרִים: כִּוְּנוּ יוֹם חִנּוּךְ וְיוֹם כִּבּוּד

Herr den Grundstein zur Welt gelegt, ehe er noch die Pfeiler gesenkt hatte, auf denen der Erdball ruhe, erschauete er schon den umzäunten Garten (d. h. das Gesetz — Thora) und alle die in dessen Pflanzungen wohnen. Dies sein Geheimniß offenbarte er dann seinen Frommen und Verehrern, auf daß sie seine Feste und heilige Verkündigungen feiern können. Gelobt sei er, der von seiner Allweisheit seinen Verehrern zugetheilt. — Seinen Gesegneten gewährt er Erholung an seinem heiligen Tage, den er ganz als Erbtheil seines heiligen Volkes weihte. So haltet denn seinen Sabbath, habe Ehrfurcht vor seinem Heiligthume! Er ist der Heilige. —

Der treue Gefährte (Mosche), der mit Einsicht die Nation belehrte, erwog und verordnete, daß an jedem Feste der darauf bezügliche Gesetzabschnitt gelesen und dessen Inhalt deutlich erklärt werden soll. Dazu setzte der Rath der Weisen noch die fernere Anordnung, daß man mit den Regeln jedes Festes sich schon 30 Tage vorher befassen soll, sowie daß selbst am Sabbath Boten als Zeugen ausgeschickt werden dürfen, um die 2 Monate Nißan und Thischre zu bestimmen, weil von diesen die Einrichtung aller Feste abhängt. Im Gedenkbuch steht's geschrieben und besiegelt, daß der Tag, auf den die Weisen das Fest zu legen für gut befinden, auch jedesmal der richtige sei, und Niemand sich dagegen auflehnen darf; denn es heißt: „Die Festzeiten des Ewigen habt ihr (die Weisen) ausrufen[1])". Sie sannen es aus, den ersten Monat so einzusetzen und zu bestimmen, daß die Peßachfeier auf den ersten, dritten, fünften oder siebenten Wochentag fällt, aber niemals auf den zweiten, vierten oder sechsten. Die dem ausgezeichneten Herbstmonate hinderlichen Tage wurden ebenfalls ausgeschieden, übergangen der erste, vierte oder sechste Wochentag, und gereichen demnach der zweite, dritte, fünfte oder siebente Tag für das hohe Neujahrsfest. Ferner setzten sie als Denkzeichen ein: „Das Bittere ist gleichgestellt;" die Nacht des Ruhmgesanges und die Nacht des Klagegesanges, die Nacht, wo man sich mit ungesäuertem Brode, sowie jene, in der man sich mit Wehmuth sättigt, fallen auf gleichen Wochentag. Sie richteten es ein,

---

[1]) III. M. 23, 2. nach der talmudischen Deutung (Rosch Hasch. 24).

לְתָאוֹר · כְּסִדְרָן וַחֲסֵרִין וְלֹא שְׁלֵמִין לְבָאוֹר · כִּי נֵר מִצְוָה
וְתוֹרָה אוֹר: לְאַרְבַּעַת זְמַנִּים צַדַף רֶצֶף מְלָסוֹר · א״תְּ ב״ש
ג״ר ד״ק ה״ץ זֶה לָזֶה אָסוּר · מִפְּנֵי כִּפּוּר וַעֲרָבָה חֹק זֶה מָסוּר:
מַשְׂכִּילִים בְּשִׁמּוּר חֹדֶשׁ הָאָבִיב רִאשׁוֹנָה · וְחַג הָאָסִיף
תְּקוּפַת הַשָּׁנָה כְּחֻקָּה יְשָׁנָה · מֵרֵשִׁית הַשָּׁנָה וְעַד אַחֲרִית
שָׁנָה: נִמְסַר בְּיָדָם לְמַלֹּאות וּלְחַסֵּר פְּעָמִים · לִקְבּוֹעַ
וְלִדְחוֹת וְלִפְשׁוֹט וּלְעַבֵּר מִטְּעָמִים · כִּי הִיא חָכְמַתְכֶם
וּבִינַתְכֶם לְעֵינֵי הָעַמִּים: סֵדֶר יְסוֹד עוֹלָם לְבָרְרָה וּלְלַבְּנָה ·
מוֹנִים אֱמוּנִים יוֹדְעֵי לָעִתִּים בִּינָה · תְּקוּפוֹת מִנִּיסָן לְחַמָּה
וְשָׁנִים מִתִּשְׁרֵי לַלְּבָנָה: עֵרֶךְ פָּרָשִׁיּוֹת הוֹרוּ יְשִׁישֵׁי
עִקָּרִים · שְׁתַּיִם לִפְנֵי מְגִלָּה וּשְׁתַּיִם לְאַחֲרֶיהָ קוֹרִים ·
לַעֲלוֹת וְזִכְרוֹן כַּעֲשִׂיָּתָן לְעַם יְקָרִים: פּוֹתְחִים שַׁבָּת
רִאשׁוֹנָה בִּשְׁקָלִים · וּבַשְּׁנִיָּה זָכוֹר מְחִיַּת מְקַלְקְלִים ·

Monate חשון und כסלו nur 29 Tage haben. Vollständig (שלמה) wird endlich das Jahr genannt, wenn חשון und כסלו beide 30 Tage zählen.

2) Es sind dies Kalenderzeichen, darnach man leicht, wenn man nur einmal den Wochentag weiß, auf den der erste Tag des פסח fällt, alle andere Feste berechnen kann. Die ersten Buchstaben eines jeden dieser Zeichen sind nämlich Zahlen, auf die Ordnung der פסח-Tage hinweisend, als א erster, ב zweiter, ג dritter Tag des Festes u. s. w. Die zweiten Buchstaben sind Abreviaturen der Festnamen, nämlich ת׳ תשעה באב, ש׳ שבועות, ר׳ ראש השנה, ק׳ קריאת התורה (das ist שמחת תורה), צ׳ צום כפור. Der Sinn dieser Zeichen ist also: את. wie der erste Tag פסח, so auch תשעה באב; בש wie der zweite Tag פסח, so auch שבועות; גר wie der dritte Tag פסח, so auch ראש השנה u. s. w.

daß der erste Tag des Weihefestes gleichmäßig fällt mit dem vorhergegangenen Erstlingsfeste (Schabuoth), jedoch mit dem Bemerken, wenn das Jahr in regelmäßiger oder mangelhafter Ordnung geht, aber nicht wenn es vollständig ist[1]); als Denkspruch gilt: „Die Ausübung des Gebotes der Beleuchtung geschieht am Tage der Gesetzerleuchtung." Die 4 übrigen Festzeiten sind genau vom Peßach abhängig geordnet, und richtet sich eins nach dem andern, der Regel א״ח, ב״ש, ג״ר, ר״ק, ה״ץ folgend[2]). Diese Einrichtung wurde getroffen, damit das Versöhnungsfest und der Weidentag (הושענא רבה) vorschriftsmäßig gefeiert werden können. — Um den ersten Monat stets als Frühlingsmonat und das Fest des Fruchteinbringens (סכות) immer am Jahresschlusse eintreffen zu lassen — nach der alten Satzung, den Anfang des Jahres und das Ende desselben richtig zu bestimmen — ward es den Einsichtsvollen in Händen gegeben, manchmal das Jahr vollständig, manchmal mangelhaft einzurichten, nach gewissen Bestimmungen Tage hinzuzusetzen oder hinwegzunehmen, gewöhnliche oder Schalt-Jahre einzuführen. — Hierin besteht die eigentliche Weisheit und Vernunft Israels vor andern Nationen. — Um die Jahresberechnungen mit dem Gange der Welt in Uebereinstimmung zu halten, rechnen die Treubewährten, welche sich mit der Zeitbestimmung beschäftigen, die Zeitumläufe von Nißan an nach der Sonne, die Jahre aber von Thischre an nach dem Monde. — Die Vorlesung der besondern Gesetzabschnitte (im Monate Adar) ordneten die alten Weisen so, daß zwei von ihnen vor dem Purimfeste und zwei nach demselben zu lesen sind; damit dadurch dem würdigen Volke es angerechnet werde, als hätte es in der That ausgeübt, was diese Abschnitte enthalten. Den ersten Sabbath liest man den Abschnitt der Schekalim (2. B. M. 30, 11—17), den zweiten jenen von זכור „Gedenke" (5. B. M. 25, 17—19), der die Ausrottung der verderbten Nachkommen Amaleks enthält, dem Israel zuvorgekommen war mit seinen Schekalim,

---

[1]) In regelmäßiger Ordnung gehend (כסדרה) nennt man das Jahr, wenn alle Monate von תשרי an immer der eine 30 und der folgende 29 Tage zählen; mangelhaft (חסרה) heißt es aber, wenn die beiden

לתקדים ולהכריע בקע למאה זוזים קלים: צווי פרה
בשלישית להתרגל: וברביעית החדש להתחבר
עם סגל. בזרוז קדשה וטהרה לרגל: קבוע אדר הסמוך
לניסן. זכרו סמן מזמן ומחסן. לסמוך גאלה לגאלה
במצות יתחסן: ראוי לבא בשבת ראש מנינו. (וקורים ביומו)
ובשמונה כו בפרשת ענינו. ומפסיקים אחר מגלה וזו
סמנו: שני חל בו מקדימים לשעבר. ומפסיקים לשבת
הבאה וסמן בו ידבר. והשלש בשלש רצופות עינן
יחבר. תר לבא ברביעי מקדימים. ומפסיקים לשבת
הבאה מסרת די מסימים. והשלש משלבות זו אחר זו
משלימים: מדי בוא בששי שתי הפסקות יהיו. למחר
ולאחר פורים בציון וביו. והשניות לבד במשפטן לחבר
יבעיו: נדיבים משמיעים על השקלים מראש חדש.

---

vorausſehend, das Gebot gegeben, daß Israel als Präſervativ die Schekalim entrichten ſoll. Dieſe beliefen ſich, laut II. B. M. 38, 25. in runder Summe auf 100 Kikar, und kam alſo gegen je 100 Schekel Haman's 1 Schekel Israels.

2) Bei dieſem ſo wie den folgenden Zeichen דד בו, וביו, bedeutet der erſte Buchſtabe den Wochentag, auf den der erſte Adar fallen kann, die andern Buchſtaben den Monatstag an dem Pauſe zu machen iſt, d. h. von den oben beſprochenen vier Geſetzabſchnitten keine geleſen wird. Alſo זט"ו „Wenn der erſte Tag am Sabbath (ז) dann Pauſe am 15 Tag" (טו), בו „Wenn der erſte Tag am Montag (ב), dann Pauſe am 6. des Monats" (ו), דד „wenn der Erſte am Mittwoch (ד), dann Pauſe am 4. des Monats (ד), ובי"ו „wenn der erſte Tag am Freitag (ו) dann folgen zwei Pauſen, am 2. des Monats (ב) und 16. des Monats (יו).

davon ein בקע hundert jener Verderbten aufwog[1]). Mit dem Gebote von der rothen Kuh (4. B. M. 19.) beschäftige man sich am dritten Sabbathe, und mit jenem von החדש, „Dieser Monat" (2. B. M. 12, 1—21) am vierten Sabbathe, daß so das erkorne Volk in Heiligkeit und Reinheit sich auf das nahende Fest (Peßach) vorbereite. — Der Erste des dem Nißan vorangehenden Monats Adar kann nur am siebenten, zweiten, vierten oder sechsten Tage der Woche sein; mancherlei Gebotausübungen finden in diesem Monate statt, um die in ihm vorkommende Erlösungsfeier (Purim) würdig zu feiern, ähnlich der darauf folgenden Erlösungsfeier (Peßach). Fällt der erste Tag dieses Monats Adar auf einen Sabbath, so liest man an diesem sowie am achten des Monats die auf sie bezüglichen Abschnitte; am Sabbathe aber, der auf das Megillah-Lesen (auf Purim) folgt, macht man eine Pause — das Merkzeichen ist זטו[2]). Ist der Erste des Monats am zweiten Tag der Woche, so wird schon am Sabbath vorher der Abschnitt von den Schekalim gelesen und am kommenden Sabbathe pausirt, nach dem Merkzeichen בו; die drei andern Abschnitte werden dann an den drei übrigen nach einander folgenden Sabbathtagen gelesen. Kommt die Reihe des Ersten im Monat auf den vierten Tag der Woche, so liest man ebenfalls den Schekel-Abschnitt schon am Sabbath vorher, macht am folgenden Sabbath eine Pause, und die andern Sabbathe liest man die übrigen drei Abschnitte aufeinander folgend; das überlieferte Merkwort hierzu ist דד. Trifft aber der Erste des Monats auf den sechsten Tag der Woche ein, so sind zwei Pausen zu halten, eine gleich am darauf folgenden Sabbath und eine gleich nach Purim, wobei das Kennzeichen ובו. Die letzten zwei Gesetzabschnitte folgen dann, nach ihrer Regel, verbunden auf einander. — Das freigebige Israel wurde an die Schekalim schon am Neumonds-

---

[1]) Eine Anspielung auf die 10,000 Kikar, welche Haman Abkömmling Amalek's in den königlichen Schatz zu legen versprach, wenn ihm die Erlaubniß ertheilt wird, Israel vertilgen zu dürfen. Nach dem Talmud (Megil. 13) hatte darum Gott, diesen Mordplan Haman's

חדשים וגם ישנים לתרום ראשון בהתחדש. מצוה
להביא קרבן מתרומה חדשה בקדש: ברית עולם
לעמו ישמרנה ויגבירנה. בעתה יחיש כל מוטה ינתק
וישברנה. ייטיב ציון ויחזיר שלם ברנה: מתי
להתראות פנים בקדש יקהלו. כימי עולם מנחתם
יובילו וינהלו. רנו שמחה ליעקב וצהלו: הנה צופות
עיני למועדי עדני. ימים על ימים אחכה כסוד סודני.
רנו שמים כי עשה יי: מנחיל חמדת יום מימים.
ברית שם בינו לבדולי מעמים. מי כמוך נורא חי
העולמים. קדוש: הכל יודוך וכו׳.

יוצר לפרשת זכור.

ע"ס א"ב, אלא שבראש כל חרוז יקדים לו תבת זכור.

זכור את אשר עשה. ויהי לבז ולמשסה. וגזעו יעקר
בכעיסה. ביטה אל וחטאו אל תשא. כי קהלך עשה.
בכל צרה הדריסה. גם בך לא חסה. ובעזות הדליל עמוסה.
בתוך אבן מעמסה: אתה זוכר נשכחים. זכור
אם לך משבחים. וקדשה לך מפציחים. קדוש:

זכור הדבר עתק בכל ערך. על המוקי ירך. לדוחי
מפרך. הקדים ויצא בדרך. לזנב כל ברך. לדוש

tage des Adar erinnert, damit sie sowohl die alten als neuen Gaben mit dem Neumondstage des Nißan entrichtet hatten; und war es Pflicht von dieser neuen Hebe auch gleich ein Opfer darzubringen im Heiligthume. — Den ewigen Bund bewahre Gott seinem Volke, lasse stark ihn sein; Er beschleunige die Zeit, wo er uns aller Bürden entlastet, Zion wohlthut und in Wonne uns nach Salem zurückführt. Wann werden die Frommen sich wieder versammeln, im Heiligthume zu erscheinen und wie in den Tagen der Vorzeit ihre Geschenke dorthin zu bringen? wann frohlocken sie wieder und jauchzen Jakob zu? Siehe unsre Augen schmachten der uns bestimmten glücklichen Zeit entgegen, von Jahr zu Jahr harren wir, nach dem Rathe unsrer Lehrer, der Tage, da die Himmel jauchzen ob der Wunderthaten Gottes. —

Den anmuthsvollsten Tag aller Tage (den Sabbath) hat uns Gott vererbt; er setzte ihn ein als Bund zwischen sich und den aus allen Völkern Auserwählten. Wer ist Dir gleich, Furchtbarer, Ewiglebender, Allheiliger!

יוצר לפרשת זכור·

Gedenke, was Amalek gethan! laß ihn zum Raube und zur Beute werden, entwurzelt werde sein Stamm durch Deinen Zorn! Schaue, Gott, verzeihe seine Sünden nicht! denn er drückte Deine Gemeinde mit mannichfachen Drangsalen; nichts nach Dir fragend, schwächte er in seiner Frechheit selbst in der heiligen Stadt Deine Erhobenen. — Der Du alle längst vergessenen Dinge gedenkest, gedenke der Nation, die Dich preiset, und die Heiligung Dir anstimmt, Du Allheiliger!

Gedenke, Herr, wie Amalek in jedem Kampfe die Auserkornen lästerte! Den kaum aus der Sklaverei Befreiten zog er eilends nach, erschlug alle Schwachen hinter ihnen her,

בגאות ולהדרך · וכבודך צץ מהדך · בכל רחב וארך ·
ועמק בטובך להאריך: זכור ומורה שהשליך למעלה ·
ואהוביך אין לחללה · עשותם כמעי מפלה · חזק לשיתם
כלה · אותם להפילה · בהכנעה ובהשפלה · טוב שומע
תפלה · תפלתו כבהלה · ואחריתו לקלקלה: זכור יהיר
רשע · כי למאוד פשע · והציק בן משעשע · כבד חטא
ורשע · ואזניו הכבד ועיניו השע · וליראתך לא שע ·
למענך צדיק ונושע · חיש לנושעים ישע · עבר על פשע:
זכור מלולו למולך · ומאס בפעלך · לבחורי קהלך · נא
זכור יום זבולך · וישלם לו משלך · גמול רע מחילך ·
סערהו בשצף עלך · וכל פה יהללך · על פלא מפעלך:
זכור עמך ונחלתך · אשר הם אהבתך · ומקוים לישועתך ·
פנה בתהלתך · ורחם על עדתך · ההוגים בשעשועי דתך ·
צהלם ביראתך · ותטעם בקריתך · ושם תצמצם שכינתך:
זכור קרית חנה · ועדת מי מנה · המפוזרת בכל פנה ·
רוממה בחנינה · כי געה עונה · ועת לחננה · שכח שם
עדינה · מכל צר ומכל פנה · והמלכות לבעליה השבנא:
תפקוד עתה ברחמים · ותופיע ממרומים · להושיע
מעוטי עמים · קדוש: הכל יודוך וכו'.

trat sie nieder in seinem Uebermuthe. Doch Deine Herrlichkeit, die vom Himmel herab das ganze Weltgebäude überblickt, schickte allgütig Heilung Deinem Volke. — Gedenke, Herr, wie schändlich der Feind mit Deinen Geliebten verfuhr! Er wollte sie ganz entweihen, einem verfallenen Steinhaufen wollte er sie gleichmachen, mit Gewalt sie vernichten, stürzen und gänzlich unterdrücken. Doch Du, Allgütiger, erhörtest ihr Gebet, und stürztest schrecklich ihn, gabst sein Ende der Vernichtung preiß.— Gedenke es dem stolzen Bösewicht, der so sehr gefrevelt, der Deine Lieblingssöhne bedrängte! Schwer sind seine Sünden und Verbrechen, seine Ohren taub, seine Augen verblendet, zur Gottesfurcht kehrt er sich nicht. Um Deinetwegen, allgerechter Helfer, beschleunige die Hülfe uns und vergib unsre Missethaten.— Gedenke dem Feinde seine Lästerungen gegen Dich, wie er selbst Dein Werk, das Heiligthum verachtete! O, gedenke Deiner auserwählten Gemeinde den Tag, da Deine Wohnung zerstört ward, auf daß dem Feinde volle Vergeltung werde nach Deiner Gerechtigkeit, und Du ihn hinwegstürmest in Deinem strengen Gerichte. Jeder Mund lobpreist Dich dann ob Deiner Wunderthaten. — Gedenke Deiner eigenthümlichen Nation, die Dich liebt und Deiner Hülfe harret! Wende Deinen Verehrern Dich zu, erbarme Dich Deiner Gemeinde! Die sich ganz mit Deinem Gesetze beschäftigen, erfreue sie mit Deiner Herrlichkeit, pflanze sie ein in Deine Stadt und laß' dort Deine Majestät wieder residiren! Gedenke der Residenzstadt, gedenke der unzähligen Gemeinde, die in allen Enden zerstreuet ist, und hebe sie huldvoll wieder empor! Es möge die Stunde nahen, da Du ihr wieder gnädig bist. Den Namen des üppigen Feindes bringe an allen Orten in Vergessenheit, und übergebe wieder das Reich seinen rechtmäßigen Eigenthümern! O, nehme Dich erbarmend unser an; erscheine aus Deiner Höhe, um dem geringsten der Völker (Israel) zu helfen, Du, Allheiliger!

זולת. ע"ס א"ב.

אתה מלא רחמים· ברחמיך שמח עגומים· גאלם
כי הם יתומים· דתך בהגיון נואמים· הם מבדלים
מעממים· ואותך בהתמר מרוממים· זכור שלשת
קדומים· חפוף בבנוי כמו רמים: טוב זכור ידידיך·
יחד שמחם כרב חסדיך· כי הם עבדיך· למודים
לעבדך· מהרה קומם נגידיך· נהלם כחוק ידך· סמכם
בשם יחודך· ענדם במאדך: פדה תפדה מזכיריך·
צועקים בכל לב לשחרך· קים עלימו דבריך· רבצם
בבית בחירך· שוכבם לחדריך· שכנם בעירך· תשתבח
בהדרך· תפדם כבקיעת פלג עדריך:

עזרת וכו'.

קרובות. כס"ץ חוזר התפלה עד מלך עוזר ומושיע ומגן.

מסוד חכמים ונבונים. ומלמד דעת מבינים. אפתחה פי
בשיר ורננים. להודות ולהלל פני שוכן מעונים:

ע"ס א"ב.

אזכיר סלה זכרון מעשים· בימים האלה נזכרים
ונעשים· גחון גח מבין עכסים· דראונו להזכיר לרקב
כעסים: החוח הנץ מגלגל ודרדר· ומדור לדור גלגל
ודרדר· זכר עון אבותיו הקדר· חטאת אמו בלי להעדר:
טרף אף וישחת רחם· יחומתו מקלום בהריון יחם·

זולת.

Du Erbarmungsvoller, erfreue die Betrübten durch Deine Barmherzigkeit, erlöse sie, die jetzt Verwaisten! Dein Gesetz ist ihr Gedanke, ihr Gespräch; gesondert von allen Völkern erheben sie Dich immerdar. Gedenke ihnen darum den Bund der drei Ahnen und ruhe wieder im himmelan gebauten Heiligthume! O, Allgütiger, gedenke Deiner Lieblinge und erfreue sie allesammt nach Deiner großen Gnade! Sie sind ja Deine Diener, gewohnt nur Dir zu dienen. Setze ihnen bald Deine Fürsten wieder ein, rüste sie aus mit Kraft aus Deiner Hand, unterstütze sie mit Deiner Einheit Namen und kröne sie mit Macht! Ja, befreie uns, die wir Deiner stets gedenken! Mit ganzem Herzen flehen wir zu Dir: „Bestätige Deine Verheißungen!" Lagere uns wieder in Deinem erwählten Hause, führe uns in Deines Tempels Gemächer, setze uns ein in Deine Stadt! Gepriesen wirst Du dann in Deiner Herrlichkeit, wann Du Deine Heerde befreiest, wie ehedem am getheilten Meere.

קרובות.

מסוד Nach dem Rathe der Weisen und Verständigen, nach dem Unterrichte und der Meinung der Gelehrten, öffne ich den Mund, mit Liedern und Gesängen dankend zu loben Ihn, der in des Himmels Räumen thronet.

Stets will ich der Begebenheiten gedenken, die um diese Zeit sich zugetragen haben; des aus dem Vypernnest hervorgegangenen Drachen (Amalek) gedenke ich, zur Schmach und zur Verwesung ihm. Wie ein gefährlicher Dorn schoß er immer wieder auf, obwohl er von Geschlecht zu Geschlecht den Dornen gleich ausgerottet wurde. Schon seines Vaters Missethaten machen seinen Namen schwarz, seiner Mutter Sünde wird nie ihm abgenommen. Sein Ahne (Esau) schon verursachte in seiner Wildheit der Mutter große Schmerzen, bei seiner Geburt schon ward sie durch ihn beschädigt. Dessen schwere Sünde, daß er auf den Tod seines Vaters Isaak gewartet[1]) wurde an seinem

[1]) Vgl. 1. B. M. 27, 41.

כְּהָפְקַד לְשָׁלִישׁוֹ חֵטְא נִחַם. לְבַט לְהִלָּחֵם בְּלוֹחֲמֵי לָחַם:
מַהֲלַךְ אַרְבַּע מֵאוֹת פַּרְסָה. נָע וָנָד מִכְמֹרֶת לְפָרְשָׂה.
סָע מִשֵּׂעִיר וְהִכְמִין פְּרוּסָה. עָיֵף וְיָגֵעַ מְבוּשָׁיו לְסָרְסָה:
פָּעַל שְׁטִימַת בְּכוֹרָה לַעֲכוֹר. צְמִיתוּת צֹאן קָדָשִׁים
לִמְכּוֹר. קְלוֹנוֹ הֶחֱרַט בְּעֵט לִזְכּוֹר. רֵאשִׁית גּוֹיִם לְגַלַּע
בְּזָכוֹר: שַׁדַּי זָכַר לַיְלָה חִלֵּק. שֹׁרֶשׁ וְעָנָף בַּחֲלַקְלַק לְהַחֲלֵק.
יי תְּמוּר כִּי חֲשָׁלָיו הִמְלֵק. תָּבַע לְהִזָּכֵר מַעַשׂ עֲמָלֵק:
לָאַחֲרוֹנָה יִסְעוּ שֶׁבָּם שָׁלַט. כִּי הֶעָנָן מִטָּם פָּלַט.
יי לָעֵת יִמָּחֶה וְלֹא יְמַלֵּט. יְגוֹנֵן עַם גָּנוֹן וּמְפַלָּט: בָּרוּךְ
אַתָּה יְיָ מָגֵן אַבְרָהָם: אתה גבור וכו׳ עד להחיות מתים

ע״ס תשר״ק.

תְּמִימִים בְּעָוְדָם בְּסִין וּרְפִידִים. שִׁכּוּן עֲדֵי עֲדָיִים אֲפוּדִים.
רָצוּ שְׁלוּל מַתַּן לַפִּידִים. קָפְצוּ יָדַיִם רָפוֹת בִּרְפִידִים: צוֹרֵר
אֹסֶף כָּל אֲסַפְסוּף. פּוֹשֵׁעַ סְבִיבוֹת מַחֲנָם אָסוּף. עֲלוֹת
פְּעָמָיו מִמְּצוּלוֹת סוּף. סִבֵּר לְקָמְלָם כְּקָנֶה וָסוּף: נָדַד
וַיָּעַף שָׁלֹשׁ פְּעָמִים. מְחַזֵּר בְּנִינֵי חֲמִשָּׁה עֲמָמִים. לֵץ הֵסַב
וּפִתִּי הָעֲמָמִים. כְּלַל לְהִתְיַחֵס נְדִיבֵי עַמִּים: יָהִיר לֵץ וְהֶעֱמִיד
מְסִלָּה. טִכּוּס בַּחוּרֵי בְּזִמָּה סִלָּה. חֲמוּקֵי יְרֵכַי בָּם לְסַלְּלָה.
זֶרַע לְהַרְבִּיעַ וּלְהַתְעִיב סְגֻלָּה: וַיִּשְׂטֹם שְׂטִימַת יְשִׁישׁוֹ
הַמַּתְבָּא. הֵחֵל לָבֹא מֵרֹאשׁ בַּמַּתְבָּא. דָּגַר שֵׁנִית בְּחֶרֶב

Enkel endlich bestraft; im Kriege mit den Gesetztreuen (Israel) ward er geschlagen. — Einen Weg von vier hundert Meilen war Amalek herbei geeilt, um Israel ein Netz auszubreiten, von Seïr kam er hergezogen, um verborgene Schlingen zu legen, um die Matten und Müden zu entmannen. Der Haß Esau's wegen der Erstgeburt war die Triebfeder zu dieser seiner schändlichen That, und auf ewig wollte er das heilige Volk unterjochen. Aber die Schandthat des ersten der Völker wurde zum Andenken mit dem Griffel eingegraben und überall bekannt gemacht. An Jenen, der in der Nacht seine Leute theilte (Abraham), dachte der Allmächtige und rottete den heuchlerischen Feind sammt der Wurzel aus. Die Schwachen im Heere hatte Amalek gewürgt; darum gebot der Ewige diese seine That stets zu denken.

לאחרונה Die, welche der Feind ergriffen, waren die Letzten im Heereszuge, aus jenem Stamme, den die Wolkensäule nicht beschützte. Aber einstens, wann der Tyrann schonungslos vernichtet wird, schützt der Ewige sein befreites Volk.

תמימים In Sin lagernd waren die Vollkommenen mit köstlichem Schmucke geziert, und dennoch, als ihnen das Geschenk der Lehre aus den Flammen zu Theil werden sollte, blieben sie dabei gleichgültig in Rephidim. Da sammelte der Dränger (Amalek) alles Gesindel und umzog damit frevelnd das Lager Derer, die kaum die Tiefe der Binsensee durchschritten hatten; er glaubte wie Rohr und Binse sie zerknicken zu können. Dreimal zog er eilends gegen Israel zu Felde mit einem Heere, gesammelt aus den fünf cananitischen Völkerschaften. Aber der Herr schlug den Spötter, vertilgte den Thor, der es sich zur Ehre gerechnet hatte, Vornehmstes der Völker zu heißen. — Vermessen stellte sich der Spötter ihnen in den Weg, um die schönen Jünglinge zur Unzucht zu verleiten, die herrliche Mannschaft herabzuwürdigen, die Nachkommenschaft der Auserkornen zu beflecken und verächtlich zu machen. Wie sein Stammvater (Esau) trug auch er seinen Haß heimlich nach; zuerst fing er damit an, Israel heimlich aufzulauern, dann kam er zum zweitenmal mit gezücktem Schwerte und das drittemal trat

לְהוֹבָה. גַּשׁ בַּשְּׁלִישִׁי בַּעֲלִיל בְּחוֹבָה: כְּמָשְׁלוֹ שֶׁשְּׁכִי בְּאַם מוֹשְׁלִים. בְּפֶרֶק עָמַד מִסּוֹר נְשׁוּלִים. ם׳ אָמְרוּ לְכוּ וְנַכְחִיד נִכְשָׁלִים. אָז כְּמֵאָז זְנֵב כָּל הַנֶּחֱשָׁלִים:

ק׳ שׂוֹנְאֶיךָ הֵם יִלְבְּשׁוּ בֹשֶׁת. כְּמוֹ בִצְלָעִי שָׂמְחוּ בְּיַבָּשֶׁת: י׳ בְּעַטְתְּךָ עֲטֶרֶת עֶדְיֵי תִּלְבֹּשֶׁת. לְהַגְשִׁים תַּחַת לְצַלַּעַת תַּחְכֹּשֶׁת: בָּרוּךְ אַתָּה יְיָ מְחַיֵּה הַמֵּתִים:

ע״ס א״ת ב״ש, ונסוף חתום יהודה.

אֲצִילֵי מְרֵעֵי נֶגֶד שֵׂעִיר. תּוֹלְדוֹת אֵלֶּה בְּנֵי שֵׂעִיר. בְּבַקְּשָׁם אֲצוּ אִשֵּׁי לְהַבְעִיר. שֶׁאוֹנָם חָרְשׁוּ כְּשָׂדֶה עִיר: גּוֹי גָּדוֹל שֶׁלֹּא זָכַרְתָּ. רִשְׁיוֹנוֹתָיו לָמָּה אָז זָכַרְתָּ. דְּגָלִים בְּלֹא הוֹן מָכַרְתָּ. קְדוֹשִׁים בַּזּוֹנָה וּבַיַּיִן הִמְכַּרְתָּ: הַזָּכָר לְעָרִים נָוֶה נֵאָרוּ. צָרִים אֲשֶׁר חוֹמוֹת עִרְעֵרוּ. וְעַד הַיְסוֹד עָרוּ עָרוּ. פִּימוֹ דִּבְּרוּ בְגֵאוּת וּפָעֲרוּ: וְהָאֵין לְפָנֶיךָ שִׁכְחָה. עֶבְרָתָם שְׁמָרָה נֶצַח מִלְּשַׁכְּחָה. חֵלֶף לֹא יָדְעוּ עֲשׂוֹת נְכוֹחָה. סִפְרָם חָתוּם לְיוֹם תּוֹכֵחָה: מַטַּעַם חֹק בְּדַת מוֹכִחַ. נִזְכַּר כִּי לֹא תִשָּׁכַח: ם׳ יוֹם בּוֹא עִמָּם לְהִתְוַכֵּחַ. מִכֵּן צִוִּיתָ לְעַמְּךָ לֹא תִשְׁכָּח:

יְקַשׁ לֵץ לְהָרֵף צְבָאוֹת. הַתְּאוֹמֵי בְרִית בְּצָבָא וָאוֹת. וְהֻפְקַד מִדָּה בְּמִדָּה לְתוֹצָאוֹת: ח׳ הַדַּעַת כִּי לְעֵת הַמְּצִיאוֹת. הוּא יִפָּקֵד בְּשֵׁם יְיָ צְבָאוֹת:

der Sündhafte offen als Feind auf. Als später Scheschach's König (Nebuchadnezar) das Fürstenvolk (Israel) beherrschte, war Amalek es, der an den Grenzen stand, um die Flüchtlinge auszuliefern; „Kommt, laßt uns die Strauchelnden vertilgen!" riefen sie, und schlugen wiederum, wie ehedem alle Schwachen.

שונאך Doch Schande bedeckt Deine Hasser, die in der Wüste sich an meinem Unglück freuten, einstens, wann Du Dich mit dem Schmucke Deines Richtergewandes umhüllst. Thau des Lebens aber sendest Du alsdann der unglücklichen Nation als Heilung.

אצילי Jene Großen, meine Peiniger, die Nachkommen, die Urenkel Seïrs — eilig waren sie, den flammenden Brand in meinen Tempel zu werfen; ihre tobende Menge überpflügte wie ein Feld die heilige Stadt. Und Du, o Herr, beachtetest nicht Dein großes Volk. Warum gedachtest Du seiner ihm längst bewahrten Sünden? warum übergabst Du seine Schaaren ohne Angeld den Feinden? warum ließest Du die Heiligen um Buhlerinnen, um Wein vertauschen?[1]) Gedenke es doch den Feinden, welche die heilige Wohnung zerstörten, den Drängern, welche die Mauern durchbrachen und, freche Lästerungen ausstoßend, bis auf den Grund niederrissen! Du, vor dem keine Vergessenheit ist, bewahre diese ihre Rachgier unvergeßlich ihnen auf, die Strafe ihres unmenschlichen Verfahrens besiegle ihnen im Buche des einstigen Gerichtstages! — Die Ursache der Verordnung: „Gedenket dieser That, vergesset sie nie!" ist deutlich im Gesetze angegeben; fest bestimmt hast Du den Tag, da Du in's Gericht mit diesem Feinde gehst, darum befahlst Du Deinem Volke: „Vergeßt es nie!"

יקש Schwer sündigte der Spötter (Amalek); er lästerte die Heerschaaren Gottes, die mit dem Bundeszeichen der Beschneidung als seine Diener bezeichnet sind. In gleichem Maaße wurden darum die Strafen über ihn verhängt, bekannt gemacht, daß zur gelegenen Zeit im Namen des Ewigen Zebaoth er heimgesucht werden wird.

---

1) Vgl. Joel 4, 3.

ימלך יי לעולם אלהיך ציון לדר ודר הללויה:
ואתה קדוש יושב תהלות ישראל אל נא:

בלשון אשר הזכרת לזוכריך זכור · בו בלשון הזכירוך נא אתה זכור · ואם המה כאדם עברו ברית מלזכור · אתה אל ולא איש למה לא תזכור: בזאת ידעתי כי יש לך לזכור · אבל תשוח עלי נפשי עד זכור תזכור · מה כחי כי איחל לקץ זכור · ומה קצי כי אאריך נפשי עד שתזכור: אם לא למעני תזכור · למענך ולמען ירושלים זכור · חק כי לא תשכח עדות זכור · ואמר אם אשכחך עתה לה זכור · ותפקד ותזכור · כאב צר לעכור · פיהו לסכור · לנוע כשכור · ועוד כל תמכור · נקוביך בן בכור: יי נכריה בלתך וכר · ופארך אזכור · וארצך לזכור · בפרשת זכור ·

חי וקים נורא ומרום וקדוש:

גם המחבר אלעזר בירבי קליר חתום בראשי החרוזים.

אץ קוצץ בן קוצץ · קצוצי לקצץ · בדבור מפוצץ · רצוצי לרצץ: לץ בבוא ללוצץ · פלץ ונתלוצץ · כעץ מתוצצים לחצץ · כנץ על צפור לנצץ: עב בקע מראש · יחידים מנו גרוש · חל וילך ויפרוש · וישב על גבי חרוש: זמן והנקב לראש · ראשית גוים לרע לדרוש · היות לכל

ימלך „Der Herr regieret ewiglich, dein Gott, o Zion, von Geschlecht zu Geschlecht! Hallelujah."

ואתה „So throne doch, Du Allheiligster, Allmächtiger, unter den Lobgesängen Israels!"

בלשון Mit demselben Ausdrucke, den Du Deinen Verehrern anempfahlst — „Gedenke," mit diesem Ausdrucke richten sie ihre Bitte an Dich und sprechen: „Gedenke!" Haben sie auch in menschlicher Schwäche Deinen Bund übertreten, seiner nicht gedacht, so bist Du ja kein Mensch, Gott! warum willst Du ihrer nicht gedenken? — Deß bin ich gewiß, daß Du unser noch gedenkest; aber bis dahin bleibt gebeugt meine Seele. Was ist meine Kraft, daß ich ausharren könnte, bis jener Zeitpunkt kommt? wie lange meine Lebensdauer, daß ich dulden könnte, bis Du meiner gedenkest? O, wenn nicht meinetwegen, so gedenke doch Deinetwegen, wegen Jerusalem's meiner! Um des Gesetzes, des Zeugnisses willen, das nie vergessen wird, sei eingedenk des Wortes „Nie vergeß' ich deiner!" Suche heim den Feind mit Schmerzen und Nöthen, verschließe seinen Mund; laß' wie Trunkener ihn taumeln und übergib ihm nicht länger Deine erstgebornen Söhne, die Du Deinem heiligen Gesetze Dir erkauftest. Und wir erwähnen Dein Lob, erflehen Dein Wohlwollen am Sabbathe der Erinnerung (פרשת זכור),

Du Lebendiger, Selbstständiger, Furchtbarer, Erhabener und Heiliger!

אץ Der Verderber, Sohn des Verderbens, wie eilig war er, die hinter dem Heere Ziehenden zu vernichten, mit niederschmetternden Worten zu entmuthigen und zu zermalmen. Der Spötter kam zu spotten; aber Schrecken überfiel ihn und er ward verspottet, er, der unsere Schaaren trennen wollte, er, der auf uns losstürzte, wie ein Sperber über die Vögel. Sein Erstes war, daß er durch die schützende Wolke drang und Einzelne daraus vertrieb! dann stellte er sich öffentlich dem Heere entgegen, um wiederholt auf unserm Rücken zu pflügen. Darum auch ward dem Verderben er geweiht. Das erste der Völker, schrecklich heimgesucht sollte es werden; aller

בּוֹגְדִים רֹאשׁ · וְצִפְּעוּ תְּלוֹת בְּמִבְחַר כְּרוֹשׁ: רָץ וְהִקְרָה
בַּדֶּרֶךְ · עֲיֵפֵי מַרְחוּת הַדֶּרֶךְ · וּפָץ לֹא זוּ הַדֶּרֶךְ · תָּעוּ בַמִּדְבָּר
בִּישִׁימוֹן דָּרֶךְ: בְּנָחָשׁ עֲלֵי דֶרֶךְ · שָׁלַח יָד בְּחַפּוּקֵי יָרֵךְ ·
וְעַל כָּל רֹאשׁ דֶּרֶךְ · זִנֵּב כָּל עֹבְרֵי דָרֶךְ: יָעֵף וְעָף וְחָשׁ ·
וּמֵהוֹר פֶּתֶן רָחַשׁ · וְנוֹדַע כִּי הוּחָשׁ · מִשֹּׁרֶשׁ נָחָשׁ: רָגַשׁ
וְלַחַשׁ · וְעֵת לֵדָתוֹ נִחֵשׁ · וּבִכְשָׁפָיו הִכְחַשׁ · וּבְחַלָּשׁ
גֶּחֱלָשׁ וְלֹא חָשׁ: בִּכְשָׁפָיו הִלֵּלוֹ · וּבִקְסָמָיו חִלְּלוֹ · יוֹם
הֶעֱמִיד וְחִלֵּלוֹ · שֶׁמֶשׁ הִדְמִים וְזִלְזְלוֹ: יָגַע וְלֹא הוּנַח לוֹ ·
וְלַחֲרָפוֹת נִחֲלוֹ · עַד בֹּא הַשֶּׁמֶשׁ הִזְחִילוֹ · לְהִמָּחוֹת הוּא
וְכָל חֵילוֹ: קָטוּשֵׁן חָרַק · וְנֶאָצוֹת שָׁרַק · וְמוֹרָה בְּאַפּוֹ הֵרַק ·
וְחַרְבּוֹ הִבְרַק: לַמִּילָה פֵּרַק · וּכְלַפֵּי מַעְלָה זָרַק · וּלְשֵׁם שֶׁמֶן
תּוּרַק · בְּעַזּוּת יָרוֹק יָרַק: יָהּ אֶשְׁכֹּל הַכֹּפֶר · צִוָּה אֶל מְשׁוּל
עֹפֶר · זִכְרוֹן מִשְׁלֵי אֵפֶר · כְּתֹב זֹאת זִכָּרוֹן בַּסֵּפֶר: רֶשַׁם
בְּזֶה סֵפֶר · בַּתּוֹרָה וּבַנְּבִיאִים וּבַכְּתוּבִים לְהִתָּפֵר · לְהִמָּחוֹת
מִסֵּפֶר · וְלֹא יִכָּתֵב עִם כָּל הַכָּתוּב לַחַיִּים בַּסֵּפֶר:

ח׳ אֵל נָא · לְעוֹלָם תֻּעֲרָץ · וּלְעוֹלָם תֻּקְדָּשׁ · וּלְעוֹלְמֵי
עוֹלָמִים · תִּמְלוֹךְ וְתִתְנַשָּׂא · הָאֵל מֶלֶךְ · נוֹרָא מָרוֹם
וְקָדוֹשׁ · כִּי אַתָּה הוּא מֶלֶךְ מַלְכֵי הַמְּלָכִים · מַלְכוּתוֹ

Treulosen war der Erste er, darum ward sein Auswuchs (Haman) an den Galgen gehenkt. Unversehens trat er auf ihrem Wege den Ermüdeten entgegen, rief: „Dies ist nicht der rechte Weg!" und suchte sie irre zu führen auf dem öden Pfade der Wüste. Den der Schlange auf dem Wege verglichenen Stamm[1]) griff er an, legte die Hand an die Edelen des Volkes und metzelte, an der Straße lauernd, jeden Nachzügler nieder. — Eilig flog er daher, der aus dem Basiliskenneſt Hervorgegangene (Amalek), und gar zu bald wurde es bekannt, warum er so eilte. Seine Zaubereien erkannte Moſche, und wählte darum Männer, die um dieselbe Zeit wie er geboren waren. Dadurch ward Amaleks Zauberkunst vereitelt, und er durch das Loos bis zur Ermattung geschlagen. Seiner Zauberei ward er da verhöhnt, seiner Wahrsagerkunst verspottet. Den Tag hielt Moſche an, daß Amalek gänzlich aufgerieben, hieß die Sonne stille stehen, daß er ganz zu Schanden werde. So hatte er sich vergebens abgemühet, hatte nur Schmach geerbt; bis zum Sonnenuntergang hatten sie ihn niedergeworfen und vernichtet, ihn mit seinem ganzen Heere. — Zürnend bleckte der Feind die Zähne, stieß Lästerungen aus und übte Schandthaten vor dem Herrn; er wetzte das Schwert, hieb die edelsten Glieder den Frommen ab und warf sie in die Höhe, den herrlichen Namen Gottes frech verhöhnend. Der Herr, der Allvollkommene, befahl darum dem der Gazelle verglichenen Moſche: „Sein (des Amalek) Andenken sei einem Aschenhaufen gleich! schreibe dies ein zum Gedächtnisse in das Buch der Thora." — Und eingezeichnet ward's im Buche, in dem Gesetze, den Propheten und den übrigen heiligen Schriften, daß zur Schande er werde, ausgelöscht aus dem Buche und nimmer verzeichnet unter denen, die im Buche des Lebens eingeschrieben sind. —

אל Allmächtiger! ewiglich wirst Du verherrlicht, ewiglich geheiligt, in allen Ewigkeiten regierst Du hocherhaben, Allmächtiger, König, Furchtbarer, Erhabenster und Allheiliger! Ja, Du bist der König aller Könige, dessen Regierung immer-

[1]) Den Stamm Dann. Siehe 1. B. M. 49, 17.

נצח · נוראותיו שיחו · ספרו עזו · פארוהו צבאיו · קדשוהו
רוממוהו · רן שיר ושבח · תקף תהלות תפארתו:

ח' ובכן זכור את אשר עשה לך עמלק:

חו"ק ומה שמו וזכרו · ונמח זכורו · מלהזכירו · בזכרון קדוש:
חו"ק יען אשר לא זכר · ונחשב כגבר · מלהזכר · בזכרון קדוש:

ע"ס אב"ג בג"ד גר"ה.

זכור איש אשר הגיע אב ללא עתו · ברצוח וגנוב ונאוף
בעתו · גרע חמש שנים ממחיתו: זכור כוזה על גמילות
חסד · גועל את עש לזקנו חסד · דומה למם מרעהו חסר:
זכור גלה ערות מצואת שדה · דם שפך בבואו מן השדה ·
הפך לב אב שח בשדה: זכור דחוי באזן הערלה · הבוזה
בכורה בכוס התעלה · ופרק מנו על ומשך לו ערלה:
זכור הפכפך דרך איש וזר · והכהה מאור אב בעשן
עבודת זר · זמם בלב היות לאח לאכזר: זכור ונתעולל
לרבע באשה · ודון לבו השיאו באשה · חתו גבוריו להיות
כלב אשה: זכור זרע מרעים נתעב ונאלח · חלק להשחית
ולאמר האח · טמנו גאים פח לחבל אח: זכור תעם מנו
עמלקי · טש כילק לאבד חלקי · ירע כבידים לעין כל

dauernd ist! Verkündet darum seine furchtbaren Thaten, erzählet von seiner Macht; preiset ihn, ihr, seine Schaaren! Heiligt ihn, erhöhet ihn mit Gesang, Lied und Lob, hoch preiset seine Herrlichkeit! —

ובכן So gedenke denn daran, was Dir Amalek gethan!

ימח Getilgt werde sein Name und Andenken, verlöscht seine Erinnerung, seiner werde nicht erwähnt im Gedächtnisse des Heiligen!

יען Weil er der Verwandschaft mit Israel nicht gedachte, darum werde er fremd geachtet im Gedächtnisse des Heiligen!

זכור Gedenke, Ewiger, des Mannes Esau, welcher den Vater Abraham vor der Zeit in's Grab brachte; mit seinem mörderischen, räuberischen und unzüchtigen Lebenswandel hatte er ihn tief gekränkt und um fünf Jahre dessen Leben verkürzt. Gedenke seiner, der Wohlthun verachtete, der den dem Großvater Verehrung zollenden Bruder Jakob verabscheuete, der dem Nächsten alle Liebe entzog. Gedenke seiner, der die Jungfrau auf dem Felde schändete, der, vom Felde heimgekommen, Blut vergoß, der das Herz seines auf dem Felde betenden Vaters (Isaak) hinterging. Gedenke dieses Verworfenen, der sein Ohr gegen alle Mahnung verstopfte, der bei'm Taumelbecher die Erstgeburt verachtete, der die Herrschaft Gottes leugnete und dessen Bundeszeichen der Beschneidung spottete. Gedenke dieses Entarteten, der auf verkehrten Wegen ging, der mit Götzenräucherung des Vaters Augen trübte, dessen Herz mit dem Plane umging, grausam mit dem Bruder zu verfahren. Gedenke seiner, der sich zu den abscheulichsten Schandthaten gebrauchen ließ, dessen frecher Uebermuth ihn zu allem Nichtswürdigen verführte! — Darum aber auch werden seine Helden verzagen, feigherzig werden, wie ein Weib. — Gedenke dessen unwürdigen und verderbten Nachkommenschaft, der Boshaften, die Freundschaft heuchelnd mich zu verderben suchten, die übermüthig jauchzend die Schlinge legten, um den Bruder zu vernichten. Gedenke des Esau's Sprößling, des Amalek, der wie Heuschrecken herbeiflog, um unser Erbe zu vernichten, um die Edelen zu zerschmettern und

לְלוֹקְקִי: זָכוֹר טָפֵשׁ מֵהָעֲרִימָה׃ יָרַד וְכִתֵּת עַמִּי עַד חָרְמָה׃
כְּמוֹ כֵן חַיָּב לְהַחֲרִימָה: זָכוֹר יֹשֵׁב הַנֶּגֶב בְּלִי עַל בַּעֲרָד ·
כְּסוּת וְלָשׁוֹן שִׁנָּה הֱיוֹת מֶלֶךְ עֲרָד · לְשַׁבּוֹת שְׁבִי מָרַד וְחָרָד:
זָכוֹר כְּסִיל שׁוֹנֶה בְּאִוַּלְתּוֹ · לְתַעֲרוּבַת מִדְיָן בְּעָלוֹתוֹ · מִהֵר
יְרֻבֶּשֶׁת וְגִלָּה נַבְלוּתוֹ: זָכוֹר לְקַעֲקַע בִּצָּתוֹ מִשֹּׁרֶשׁ · מִלַּעֲזָב
לוֹ עָנָף וְגַם שֹׁרֶשׁ · נֶעֱנַשׁ קִישִׁי כִּי הִשְׁאִיר לוֹ שֹׁרֶשׁ:
זָכוֹר מַעֲשֵׂה אֲגַג מַעֲדַנּוֹת · נָשִׁים כְּשִׁכְּלָה חַרְבּוֹ לְעַנּוֹת ·
סַדָּם שְׁאָרוֹ לְשִׁסּוּף יַעֲנוֹת: זָכוֹר נָגִיד לְחָמְלוֹ הַסְּכִּים ·
סָר מִמְּלוּכָה מִבֵּין נְסִיכִים · עוֹלֵל הַנּוֹתָר עָמַד לְשׂוֹכִים:
זָכוֹר סִבֵּב צִקְלַג וָנֶגֶב · עֲמָלֵק יוֹשֵׁב בְּאֶרֶץ הַנֶּגֶב · פִּגְרוֹ טוֹב
רֹאִי מְנַשֵּׁף בָּעֶגֶב: זָכוֹר עָרִיץ בָּעַמּוֹנִים נֶחְבָּא · פֶּרֶץ כַּרְמֵי
עֵין גֶּדִי בְּהוּבָא · צְרָבוֹ אִישׁ בְּאָחִיו בְּחֶרֶב לְהוּבָה: זָכוֹר
פְּלֵטִים אֲשֶׁר בְּאַף הִסְעִיר · צְבָאַי בְּלֶכְתָּם הַר שֵׂעִיר · קִנֵּא
לִנְקוֹם עֲיָרוֹת שֵׂעִיר: זָכוֹר צָג בְּפֶרֶק לְהַסְגִּיר שְׂרִידַי · קָם
בְּרֹאשׁ דְּרָכִים לִסְעוֹד אֶת רוֹדַי · רָדַף וּמָסַר בְּיָדָם פְּרוּדַי
רְפוּדַי: זָכוֹר קָפַץ לְשַׁעַר הַשָּׁמַיִם · רָעַשׁ וְשָׁאַג מִי לִי

---

2) Beiname Gideon's nach 2. B. Sam. 11, 21.
3) 2. B. Chron. 20, 1. Siehe dort den Komment. Raschi.
4) Wegen des Tributs, den diese Städte früher an jene Flüchtlinge entrichten mußten.

gänzlich aufzureiben. Gedenke des Thoren, der ohne Ueberlegung über das Volk herfiel und es bis Chormah verfolgte, und sich dadurch die Strafe der Ausrottung zuzog. Gedenke des Südbewohners (Amalek[1]), wie er, an Unbändigkeit dem Waldesel gleich, Kleidung und Sprache änderte, und verstellt als König von Arad[1]), treulos herbei eilte und Gefangene machte. Gedenke des Narren, der seine Thorheit wiederholte und, mit Midian verbunden, heraufzog gegen uns. — Doch schnell war Jerubescheth[2]) da und deckte seine Schlechtigkeiten auf. — Gedenke es, Herr, und entwurzele dessen Stamm von Grund aus, daß weder Zweig noch Wurzel bleibe ihm, über den Saul der Kischite bestraft ward, weil er ihn nicht gänzlich vertilgt hatte. Gedenke der Thaten, die der Wollüstling Agag geübt. Der Frauen viele machte sein Schwert kinderlos, viele derselben schwächte er; darum ward er verstümmelt, sein Fleisch in Stücken den Straußvögeln preisgegeben. Gedenke seiner (Agag's), über den der Fürst (Saul) sich erbarmte und deßhalb von der Regierung abtreten, aus der Reihe der Gesalbten weichen mußte. — In einem Knaben pflanzte Agag sich fort und ward dadurch späterhin Israel wieder zum stechenden Dorn. Gedenke des im Südlande wohnenden Amalek's, welcher Ziklag und die Südgegend umzüngelte, und den der schöngebildete David niederhieb, ihn des Abends bei seinen Buhlereien überraschend. Gedenke des Gewaltthätigen, der unter den Ammoniten sich versteckte, als der Unfall bei den Weinbergen En-Gedi's sich ereignete und Einer durch das blitzende Schwert des Andern hinweggerafft wurde[3]). Gedenke, wie dieser Feind in seinem Zorne die flüchtigen Heere, die sich nach dem Gebirge Seïr gewendet hatten, vertrieb, indem er jetzt die Städte Seïr's eifrig rächte[4]). Gedenke seiner, der am Scheideweg lauerte, um meine Entronnenen auszuliefern, der auf der Heerstraße stand, meine Unterdrücker unterstützend; er verfolgte und überlieferte ihnen alle von meinen Lagern Getrennten. Gedenke seiner, der in die Pforte des Himmels (in das Allerheiligste) drang,

---

1) Siehe 4. B. M. 13, 29. und 21, 1.

בַּשָּׁמַיִם· שֶׁלֹּא יִגְדַּל עַד לַשָּׁמָיִם: זָכוֹר רָדַף צַר חָנֵף לְהַתְנִיף
מַמְלֶכֶת· שִׁמְשֵׁי אֲשֶׁר שִׁמְשׁוּ מֵאַמֶּשֶׁת וְהוֹלֶכֶת· תַּמָּה
הִלְשִׁין לְרַפּוֹתָהּ מִמְּלָאכֶת: זָכוֹר שָׁקַל אֲלָפִים עֲשָׂרָה·
שְׁתִילִים מֵאָה הֶחֱנִיט לְשִׁבְרָה· שְׁעֵר מֵהֶם עֲשָׂרָה
לִשְׂרֵרָה: זָכוֹר תָּבַע לְהָפֵר חֲמִשִּׁים· תְּמִימָה קָצַב לְכַלּוֹת
חֲמִשִּׁים· תַּכְלִית שִׁבְעִים נִתְלָה עַל חֲמִשִּׁים:

י׳ וּבְכֵן וּלְךָ תַעֲלֶה קְדֻשָּׁה כִּי אַתָּה קְדוֹשׁ יִשְׂרָאֵל וּמוֹשִׁיעַ:

סלוק

אֱלֹהִים צַ דֳּמִי לָךְ· כְּקוֹל מַיִם רַבִּים נִשְׁמַע קוֹלָךְ· מִשְׁמַעַת
וּמְצוָּה לְעַמְּךָ בְּקִנֵּן פָּעֳלָךְ· זָכוֹר אֵת אֲשֶׁר עָשָׂה לָךְ· אֲשֶׁר
קָרְךָ וַיְחַשִּׁילָךְ· וְהָיָה בְּהָנִיחַ יְיָ אֱלֹהֶיךָ לָךְ· תִּמְחֶה זֵכֶר
מִכָּל גְּבוּלָךְ· וְהֵם יָשִׁיבוּ וְיֹאמְרוּ לָךְ· וּמִשֶּׁלָּךְ עוֹד יִתְּנוּ לָךְ·
אָנָּא הָקֵם אֶת דְּבַר מִלּוּלָךְ· עַד שֶׁאַתָּה מְצַוֵּנוּ הַזָּכַר לָךְ·
אַתָּה זְכוֹר אֵת אֲשֶׁר עָשׂוּ לָךְ· זְכוֹר יְיָ אֶת יוֹם זְבוּלָךְ·
הַמִּתְגָּאִים וְנוֹאֲמִים פֹּה מַה לָּךְ· הַשּׁוֹלְחִים וּמוֹרוֹת בְּאַף
לְחַלְּלָךְ· זְכוֹר כִּסֵּא כְּבוֹד גָּדְלָךְ· אֲשֶׁר מִגְּרוּ וְנִאֲצוּ לְמוּלָךְ·
וְשִׁלְּחוּ בָּאֵשׁ הֵיכָלָךְ· וַיַּשִּׁימוּ כָּל גְּבוּלָךְ· וְשִׁדְּדוּ וְנִתְּקוּ
יְרִיעוֹת אָהֳלָךְ· אֲשֶׁר צִוִּיתָה לֹא יָבֹאוּ בִּקְהַל לָךְ· אָמְרוּ לָכוּ

---

2) Nach dem Midrasch zu Pred. 6, 3. u. Ps. 22 hatte Haman 100 Söhne.

3) Vom 13. Nißan, an dem Haman die Mordbefehle fortschickte (Esther 3, 12) bis zum 23. Sivan, an dem Mordochai jene Befehle widerrief (das. 8, 9) ist ein Zeitverlauf von 70 Tagen.

tobend und schreiend: „Wer ist über mir im Himmel?“ — er ward mächtig und groß bis zum Himmel. — Gedenke deß' (Haman's), der dem gewissenlosen Herrscher (Achasveros) schmeichelte, um eine ganze Nation zu Grunde zu richten. Gedenke Schimschai's, dessen Sonne sich immer mehr verdunkelte, der das fromme Israel verleumdete, um es vom Bau des Tempels abzuhalten[1]). Gedenke deß', der zehn tausend Kikar Silber dem königlichen Schatz zuwog, der ein hundert hoffnungsvolle Söhne gezeugt und zehn von ihnen zu hohen Aemtern befördert hatte[2]). Gedenke seiner, der die Gesetze der heiligen fünf Bücher vernichten wollte, der nach Ablauf des Jahres (im Monat Adar) die mit Gottvertrauen bewaffnete Nation zu vertilgen gedachte, aber darum nach siebenzig Tagen schon an dem fünfzig Ellen hohen Galgen baumelte[3]).

ובכן Und so möge zu Dir aufsteigen die Heiligung, denn nur Du bist Israels Heiligster und Helfer!

אלהים Gott, schweige nicht! laß' gleich der Stimme brausenden Gewässers Deine Stimme hören, Du, der Du in Deinem Gesetze Deinem Volke den Befehl ertheiltest: „Gedenke was die Amalekiten Dir gethan, wie sie Dich überfielen und schwächten, und vertilge darum, sobald Du zur Ruhe gelangst, ihr Andenken aus allen Deinen Grenzen!“ — Und Israel, Deine Worte erwiedernd, spricht zu Dir: „Ach, Herr, bestätige doch den Ausspruch Deiner Rede! Um deßwillen, was Du uns befahlst, gedenke Deiner selbst! Gedenke, was Dir sie thaten; gedenke des Tags der Zerstörung Deiner Wohnung, wie sie da übermüthig sprachen: „Was hast Du hier zu thun?“ und trotzig Schandthaten vor Deinem Angesichte übten! Gedenke des prächtigen Thrones Deiner Größe, den sie lästernd stürzten, Deines Heiligthums, das sie in Brand gesteckt, Deines Gebietes, das sie verheert, Deines Zeltes, das sie zerrüttet und zerstört! Sie, wegen derer Du gebotest: „Nie sollen sie in Deine Gemeinde aufgenommen werden“, sie sprachen: „Kommt, laßt

---

1) Siehe Esra 4, 8. ff. Nach dem Talmud war dieser שמשי einer von den Söhnen des Hamans. (Talm. Megil. 16. Midr. Esther 117. und Raschi zu Esra 4, 8.)

וְנַכְחִידֵם מִגּוֹי בִּגְלָלֶךָ · וְלֹא יִזָּכֵר שֵׁם הוֹלְלָךְ · עָלֶיךָ יָשׁוּב
חֵילֶךָ · וְיוֹתֵר מֵאֲשֶׁר עָשׂוּ לָנוּ עָשׂוּ לָךְ: אוֹתָנוּ בַּמִּדְבָּר
נִלְחָמוּ · וְאוֹתְךָ בַּיִּשּׁוּב נִתְלָחֲמוּ · אוֹתָנוּ חוּץ לַמַּחֲנֶה הָמוּ ·
וְאוֹתְךָ בְּקֶרֶב הַמַּחֲנֶה נָהֲמוּ · אוֹתָנוּ פְּלֵטֵי עָנָן זָמָמוּ · וְאוֹתְךָ
כַּפֹּרֶת עָנָן גָּמָמוּ · אוֹתָנוּ לַחֲשׁוּלֵי עָב רָמוּ · וְאוֹתְךָ עוֹלוֹת עַל
בָּמֳתֵי עָב דָּמָמוּ · אוֹתָנוּ חוּץ מִמְּחִצָּה קָמוּ · וְאוֹתְךָ לִפְנַי
וְלִפְנִים קִדְּמוּ · אוֹתָנוּ בְּרָחוֹק מָקוֹם אִשְּׁמוּ · וְאוֹתְךָ בְּקֶרֶת
מְקוֹמְךָ שִׁמֲמוּ · אוֹתָנוּ חוּץ מִישִׁיבָתֵנוּ דָּמוּ · וְאוֹתְךָ בִּמְכוֹן
שִׁבְתְּךָ דִּמּוּ · אוֹתָנוּ אוֹת בְּרִית מִשְּׁאֵר הֵרִימוּ · וְאוֹתְךָ
עֲשֶׂרֶת אַבִּירֵי בְרִית הֶחֱרִימוּ · אוֹתָנוּ בְּרוּם יְדֵי עָמוּ הֶחֱרָמוּ ·
וְאוֹתְךָ תְּלוּת יָד לְמוֹלֶךְ הֵרִימוּ · אוֹתָנוּ נִתְיָעֲצוּ וְסוֹד הֶעֱרִימוּ ·
וְאוֹתְךָ כְּרוּבֵי סוֹדְךָ לַחֲרָפוֹת הִגְרִימוּ: וְאַתָּה יְיָ לְעוֹלָם תֵּשֵׁב ·
וְהוּא נֶגְדְּךָ בְּמַטֶּה יוֹשֵׁב · תָּפוּשׂ מִדְבָּר וְכָל הַיִּשּׁוּב · אֲנִי
וְאַפְסִי עוֹד בְּלֵב מִתְחַשֵּׁב · אִם לֹא עַתָּה תָּקוּם וְתַקְשֵׁב ·
בְּשָׁלֹשׁ עֶשְׂרֵה קִימוֹת נְקָמוֹת לְחַשֵּׁב · בְּפַחַד וָפַחַת
וָפַח לִפְקֹד עַל הַיּוֹשֵׁב · וְאִם אֵין כַּגֵּר תֵּחָשֵׁב: וְכָל הַמּוֹנֶה
וְסוֹפֵר וְחוֹשֵׁב · קֵץ הַפְּלָאוֹת לְהָבִין וּלְחַשֵּׁב · נָשְׁתָה גְבוּרָתוֹ
מִמְּחַשֵּׁב · וְלֹא יִמָּצֵא מַשְׂגֶּה לְהָשֵׁב · וְיֶחֱשֶׁה דוּמִיָּה מִתְקַשֵּׁב ·
וּבֶאֱמוּנָה כְּסָלָיו יַשֵּׁב · וְזֹאת עַל לִבּוֹ יָשֵׁב · וְיֹאמַר

[2]) Siehe 2. B. M. 17, 11.

sie uns aus den Völkern tilgen!" Dir zum Trotze beschlossen sie dies, damit Dein gepriesener Name nicht mehr gedacht werde. Doch Dir, Gott, überläßt sich Dein Heer; denn Aergeres noch als mir, thaten jene Feinde vor Dir. Gegen uns kämpften sie in der Wüste, gegen Dich in bewohntem Lande; uns brachten sie außerhalb des Lagers in Verwirrung, gegen Dich tobten sie in des Lagers Mitte; bei uns entweihten sie die außerhalb der Wolkensäule Ziehenden, und bei Dir zerhieben sie den die Bundeslade deckenden Vorhang; unsern Schwachen außerhalb der Wolke strebten sie nach, und gegen Dich strebten sie frech der Höhe der Wolken hinan; unser Lager griffen sie von Außen an, und in das Deinige drangen sie bis in's Innerste ein; uns betrübten sie fern von unserm Lande, und Dich — in Deiner Wohnung Mitte; uns stürzten sie außerhalb unsres Wohnplatzes, und Dich schreckten sie in Deinem festen Sitze auf; an unserm Fleische vernichteten sie das heilige Bundeszeichen, Deine zehn Bundestreuen tödteten sie[1]). Von uns wurden sie aufgerieben, da der Demüthige (Mosche) seine Hände erhob[2]), und dennoch erhoben sie später wieder lästernd die Hand gegen Dich. Sie beriethen sich gegen uns und ersannen listige Anschläge, und trugen die Cherubim Deines Geheimnisses zum Gespötte umher. Du, Gott, thronst ewiglich in der Höhe! er der Feind regiert auf Erden, erobert Wüsten und bewohnte Länder, und denkt im Herzen: „Ich allein bin Herr und Niemand außer mir!" Erhebe Dich darum, Ewiger, höre seine Lästerung und suche ihn mit mannichfachen Strafgerichten heim; mit Schrecken, Schlinge und Verderben züchtige ihn, damit Dein Dasein er nicht ferner leugne. — Wer, um die einstige Wunderzeit der Erlösung zu finden, eine Berechnung aufstellen wollte, würde umsonst seine Denkkraft anstrengen, er findet keine befriedigende Antwort. Man lasse darum ab von dergleichen Rechnungen und dulde stille mit festem Glauben im Herzen, denke, daß der Herr Alles überschauet,

---

1) Die aus so manchen Fast- und Klagegedichten bekannten zehn Königs-Märtyrer — עשרת הרוגי מלכות.

ונכחידם מגוי בגללך · ולא יזכר שם הילולך · עליך ישוב
חילך · ויותר מאשר עשו לנו עשו לך: אתנו במדבר
נלחמו · ואתך בישוב נתלחמו · אתנו חוץ למחנה המו ·
ואתך בקרב המחנה נהמו · אתנו פלשי ענן זממו · ואתך
כפרת ענן גממו · אתנו לחשולי עב דמו · ואתך עלות על
במתי עב דממו · אתנו חוץ ממחיצה קמו · ואתך לפני
ולפנים קדמו · אתנו ברחוק מקום אשמו · ואתך בקרב
מקומך שממו · אתנו חוץ מישיבתנו דמו · ואתך במכון
שבתך דמו · אתנו אות ברית משאר הרימו · ואתך
עשרת אבירי ברית החרימו · אתנו ברום ידי ענו החרמו ·
ואתך תלות יד למולך הרימו · אתנו נתיעצו וסוד הערימו ·
ואתך כרובי סודך לחרפות הגרימו: ואתה יי לעלם תשב ·
והוא נגדך במטה יושב · תפוש מדבר וכל הישוב · אני
ואפסי עוד בלב מתחשב · אם לא עתה תקום ותקשב ·
בשלש עשרה קימות נקמות לחשב · בפחד ופחת
ופח לפקד על היושב · ואם אין כגר תחשב: וכל המונה
וסופר וחושב · קץ הפלאות להבין ולחשב · נשתה גבורתו
ממחשב · ולא ימצא משגה להשב · ויחשה דומיה מתקשב ·
ובאמונה כסליו ישב · ואת על לבו ישב · ויאמר

[2]) Siehe 2. B. M. 17, 11.

עד ישקיף וירא ויקשב: ונחשבתי כעד זומם · כל היום
מדמם · ונפשי נבהלה מאד ומשתומם · ואת יעד מתי
ראה ודמם · זכור בית מקדשך השמם · כל עובר עליך
משתומם · מתי תתנשא ותתרומם · וחבר אמר פיך קומם ·
בשלש עתת עמלק להמם · בשלש מיתות זכרם להדמם ·
בשלשת ימי אפלה נגהם להעמם · בשבעה ימי עברה
להרשימם · בעשרת מיני שמד להאשימם: וכמו מעשרה
דברים עכבו עם מענות · ומשבע מצות המשנות · כן
בעשר ושבע ישברו לענות · ובת קול תצא ממעונות ·
ותפוצץ בכל המתנות · זכרון דברים להגיד ולענות · אל
תזכרו ראשנות · בינו נא ישועות אחרונות · והזכירו זכר
רננות · עמלק אשר בא ועוית מתנות · והקר אתכם בפני
בנות · ויצא לו שם בכל המדינות · ראו עתה זאת לתנות ·
איך נמחה כחתף בכל פנות · וצבא המרום אשר במעונות ·
אשר הסמך עליהם במשענות · יפקד עליהם את העונות ·
לרב ימים להמנות · לחשוב להם חשבונות · להפילם
לתפת הראונות · והמון לאמים וכל הלשונות · על עוזר
ועזור ישאו קינות · וכשל עוזר ונפל עזר מקוננות: וידע כל
פעל כי לא שכחת · ויבין כל יצור כי שמם שכחת · ושעיר
ושריו אז וכחת · ועמלק וספריו הוכחת · ואתם במשפטם

Alles sieht und bemerkt. — Lügenzungen werden wir gleich geachtet, müssen immer schweigen, unsere Seele ist sehr geängstigt und betäubt; und Du, o Gott, wie lange noch siehst Du es zu und schweigst? Gedenke doch Deines verwüsteten Heiligthums, über dessen Verheerung jeder Vorübergehende staunt! Wann machst Du Dich auf, wann wirst Du Dich erheben, um Dein verheißenes Wort zu bestätigen, und Amalek drei doppelt aufzureiben, ihr Andenken durch dreifachen Tod auszurotten, durch dreitägige Finsterniß ihren Glanz auszulöschen, die sieben Tage Deines Zorngerichtes über sie zu bringen und zu zehnfacher Vertilgung sie zu verdammen?! — Ja wie sie Dein Volk von der Erfüllung der zehn Gebote und der sieben alten (noachidischen) Gesetze abzuhalten suchten, so berauschst und beugst Du sie mit zehn und wieder mit sieben Plagen. In allen Lagern wird alsdann eine himmlische Stimme gehört, welche — den Gang der Ereignisse erklärend — spricht: „Gedenkt nicht mehr des Frühern, betrachtet das kommende Heil und singt Lobgesänge! Amalek, die euere Lager verwirrten, die euch vor den Augen aller Nationen geringschätzten, sich selbst aber einen Namen in allen Ländern erwarben — seht nun und erzählet es, wie schnell sie aus allen Orten ausgerottet wurden! Und selbst das Himmelsheer, früher ihnen zur Stütze, erinnerte jetzt an alle ihre Missethaten, die Sünden all ihrer Lebenstage ihnen zur Rechnung zu bringen und sie als Scheusal in die Hölle zu stürzen." — Die Nationen aller Zungen erheben Klagelieder dann über diese ihre gesunkene Stütze — „Es strauchelte der Unterstützer, es sinkt der Unterstützte!" klagen sie. — Jedes Geschöpf, jedes Wesen erkennt und sieht dann ein, daß Du nichts vergissest, da Du der Feinde Namen der Vergessenheit übergibst, mit Seïr's Fürsten, mit Amalek's Mächtigen in's Gericht gehest und sie nach dem

נתוספות: ויזכרו עם אשר זכרת· כי לטובה אתם הזכרת·
ובזכרון טוב אתם נזכרת: י׳ והמזכירים את יי· יאמרו
תמיד יגדל יי· ויאמרו גאולי יי· כן יאבדו כל אויביך יי·
והעומדים בבית יי· והבוטחים ביי· והשתולים בבית יי·
יחזו בנעם יי· ויגידו כי אין קדוש כיי· כי א׳ רחום יי· אשרי
כל יראי יי· טוב להודות ליי· טוב לחסות ביי· רננו צדיקים
ביי· קול אומרים הודו את יי· כי הם זרע ברך יי· זה היום
עשה יי· כי א׳ גדול יי· ברוך הבא בשם יי· שוש אשיש ביי: ע״כ.
ואם כל המועדים יהיו בטלים· ימי הפורים לא נבטלים·
וזכרם לא יסוף מנטלים· ויזכרו לעד גאולים· לששון
ולשמחת גילים· מפעלות א׳להים מגלים· ועזוז נוראותיו
מגדילים· ושרים כחללים· בעשרת מיני עשר מסלסלים·
בכנורות ובנבלים· בעשרת מיני הלל מהללים· בעשרת
לשונות שמחה צהלים· ושרפי הקדש המעלים· כתלמיד
לרב יהיו למו שואלים· מה פעל אל אלים: כי אלה יחו
מכפנים· ואלה מלפניהם מפנים· ואלה חוצה למו פונים·
ואלה לפני ולפנים· בצל שדי מתלוננים· ובחמשה קלות
הצפונים· קול רנה וישועה מצפינים· באהלי צדיקים
צפונים· ההוגים ביקרה מפנינים· וקדמו שרים אחר
נוגנים· לדעת איך הם מנגנים· בגאות אפיקי מגנים·

Rechte bestrafft. Dein Volk aber wird alsdann bedacht, Du gedenkest seiner zum guten Angedenken und zum Glücke. — Die des Herrn gedenken, stets sprechen sie darum: „Groß ist Er, der Herr!" die von ihm Erlösten: — „so müssen untergehen alle Deine Feinde, Herr!" Die im Hause des Herrn stehen und fest auf ihn vertrauen, die schauen seine Lieblichkeit und sprechen: „Keiner ist heilig wie der Herr! er ist ein barmherziger Gott! Heil Jedem, der ihn verehrt!" Ja schön ist's, ihm zu danken, gut, Schutz bei ihm zu suchen. Frohlocket Gerechte dem Herrn, singt laut und danket ihm, ihr von ihm gesegneten Geschlechter! — Diesen Tag gab uns der Herr, der große Gott; willkommen sei uns der kommende! — freuen will ich mich an ihm im Namen des Herrn. — Und sollten auch alle Feste aufhören, so werden jedoch die Tage des Purimfestes nie aufgehoben werden, ihr Gedächtniß wird nie schwinden bei dem erhobenen Volke; ewiglich werden sie von den Erlösten gedacht in Wonne, Freude und Jubel. Sie erzählen an diesen Tagen die Wunderthaten Gottes, verherrlichen ihn, ob seiner erstaunlichen Macht, erheben ihn mit Sang und Tanz, mit zehnsaitigen Psaltern, Zythern und Harfen, preisen ihn mit zehnfachem Ruhme und lassen in zehnfachen Weisen Jubel ihm erschallen. — — Und einstens werden die heiligen erhabenen Seraphim, gleich Schüler den Lehrer, die Frommen Israels fragen: „Was schafft Gott der Götter eben?" Denn diese der Engel sind im Innern des göttlichen Pallastes, jene etwas weiter vorgestellt und wieder Andere nach Außen gewandt. Israels Frommen aber werden im innersten Gemache wohnen, im Schatten des Allmächtigen sich bergen. In den Wohnungen der Gerechten dort wird in fünf geheimnißvollen Tönen der Triumph- und Siegsgesang angestimmt von ihnen, die mit der mehr als Perlen werthen Lehre sich beschäftigen. — So gehen voran Israels Sänger, dann folgen die Engel und spielen, nachahmend die Weisen Jener. Im Schatten ihrer (Israels) mächtigen Hoheit möchten gerne sie ruhen, unter ihren Fittigen gerne sich

בְּצַלְמָם חֲזוֹת גְּווֹנִים · וּבְאַבְרוֹתָם מִתְגּוֹנְנִים · וְעַל חוֹמוֹתָם מִתְמַנִּים · לְשׁוֹעֲרִים וּלְשׁוֹמְרִים מְמֻנִּים · כָּל הַיּוֹם וְכָל הַלַּיְלָה מְזֻמָּנִים · לְהַזְכִּיר קְדֻשַּׁת נוֹצֵר אֱמוּנִים · לְהַעֲרִיץ זְכִירַת גּוֹי שׁוֹמֵר אֱמוּנִים · וּבְשֵׁם יִשְׂרָאֵל מִתְכַּנִּים · וּבִשְׁלוֹשׁ קְדֻשָּׁה לְקָדוֹשׁ מִתְכַּוְּנִים · שְׁתַּיִם בְּרֹאשׁ בָּנִים מַשְׁכִּינִים · וְאַחַת בְּרֹאשׁ מַלְכָּם מַתְקִינִים · וּבִשְׁלָשְׁתָּם הֵם נְכוֹנִים · כִּסֵּא שָׁלֵם וְשֵׁם שָׁלֵם בָּם מְכִינִים · וּבִשְׁלוֹשׁ קְדֻשָּׁה עֲנוֹת בָּאָז מוּכָנִים · קָרוֹא זֶה אֶל זֶה מְכֻוָּנִים · וּבְכִנּוּי שֵׁם קָדוֹשׁ קוֹרְאִים וּמְכַנִּים: כַּכָּתוּב עַל יַד נְבִיאָךְ וְכוּ׳.

יוצר להפסקה שניה·

ע"ס א"ב משולש, וגם המחבר מאיר חתום אחר אות א' ובסוף.
ובסדור כ"י ישן מצאתי שם כתב עליו, יסדו הר"מ מרוטנבורג תנצ"ב.

אוֹרוֹת מֵאֹפֶל הִזְרִיחַ מֵהוֹדוֹ · מִצִּיּוֹן יוֹפִיעַ לַעֲבָדָיו גִּלָּה סוֹדוֹ · וְהָאָרֶץ הֵאִירָה מִכְּבוֹדוֹ: אֶדֶר יִפְעָתוֹ וְקַרְנֵי הוֹד עַמִּיתוֹ · הֵאִירוּ בְרָקָיו דּוּמִיָּה תְהִלָּתוֹ · כְּסוּתוֹ לְבָדָהּ הִיא שִׂמְלָתוֹ: אִתְּךָ חֲתוּמִים בְּאוֹצְרוֹתֶיךָ כְּמוּסִים · כְּשֶׁאֵין הָעוֹלָם כְּדַי הֱיוֹת בָּם מִתְעַלְּסִים · צָפַנְתָּ לִירֵאֶיךָ פָּעַלְתָּ לַחוֹסִים: מֵאֵין חֵשֶׁק כְּחָשְׁקְךָ לְזִכְרְךָ תַּאֲוָה · רִשְׁפֶּיךָ רִשְׁפֵּי אֵשׁ שַׁלְהֶבֶת אַהֲבָה · רַנְּנוּ צַדִּיקִים בַּיְיָ לַיְשָׁרִים נָאוָה · קָדוֹשׁ: בְּרוּם עוֹלָם מוֹשָׁבְךָ בִּמְרוֹם רָמִים · וְאִוִּיתָ מִקְדָּשׁ מְעַט

bergen. Auf ihren Mauern sind sie als Wächter bestellt, den ganzen Tag und die ganze Nacht bereit, zu preisen die Heiligkeit Gottes, der die Treuen schützet, zu verherrlichen das Gedächtniß des Volkes — Israel genannt — das die Treue bewahret. Mit dem Dreimalheilig wenden sie dem Allheiligen sich zu, lassen zwei davon auf dem Haupte seiner Söhne (Israel) ruhen, und eins bestimmen sie ihm, dem König; aus allen drei zusammen aber bereiten sie dem Throne Gottes und dessen Namen eine vollkommene Zierde. Wie von jeher, so sind sie immerdar zum Dreimalheilig bereit und rufen regelmäßig einer dem andern das Lob des heiligen Namen Gottes entgegen.

יוצר להפסקה שניה·

Aus der Finsterniß ließ Er das Licht aufgehen, Er, der von Zion einherstrahlte und seinen Dienern das Geheimniß (des Gesetzes) offenbarte, und die Erde leuchtete von seiner Herrlichkeit. Sein hoher Glanz, sein prachtvoll strahlendes Gewand, davon seine Blitze leuchten, wer will es beschreiben? Schweigen nur ist ihm Lob! Einzig ihm ist diese Hülle, sein ist dies Gewand. Jene Urlichtstrahlen — bei Dir sind sie verwahrt, in Deinem Schatze aufgehoben, denn nicht würdig war die Erdenwelt sich ihrer zu erfreuen; darum verbargst Du sie für Deine Frommen, bereitest sie für die, so Dir vertrauen[1]). — Keine Lust gleicht der, die Du an Deinen Dienern hast, die Deinen Namen preisen; ihre Gluth ist feurige Gluth, flammender Bruderliebe gleich. Jauchzet darum dem Ewigen, ihr Gerechten und Redlichen, wie es ziemet ihm, dem Allheiligen! —

Ueber der Weltenhöhe hast Du Deinen Thron, und dennoch zeigtest Du Deinen Wohlgefallen an dem geringen Heiligthume, das das geringste der Völker Dir bereitet hat zu

---

[1]) Siehe hierüber Raschi zu 1. B. M. 1, 4.

ממעוטי עמים · מכון לשבתך עולמים: בחדרת הסתופף
בחלקת טורף פניני · משענת זקן בן זקוני · לבנימן אמר
ידיד יי: בשלך יכבדוך בניך חמודי · כי לך תבל ומלואה
מכל די · כל עוף הרים וזיז שדי: גע זמן תרומה משמיעים
על החדשה · באחד באדר שלשים יום לפני הפרשה ·
תורה צוה לנו משה מורשה: גם ישבו שרים חמשה עשר
בו בכל ערי · איש איש צרור כספו להחליף לכל עוברי ·
תערך לפני שלחן נגד צדדי: גמרו עשרים וחמשה בו
עת לחקר · לקנות ולבדוק ארבעה תמיד הבקר · לחזות
בנעם יי ולבקר: דורש עתידות חש להשמיע קול ·
להקדים שקלינו אל שקלי כל אשר אמר המן לשקול:
דבר המלך נחוץ הכרוז הולך · החלו ממשכנים כל הנמצא
בפלך · לכן לא בא אל שלחן המלך: דתו אחת לנעצל
שקלו מלשגר · ממשכנים כסוד המורים החרש והמסגר ·
תורה אחת יהיה לאזרח ולגר: הכל מעביטים אך לא
מכהני · הכהנים בנותי והבנים בני · וגם הכהנים הנגשים
אל יי: הדבק בדרכי היוצר ועשה ברכות לעילום · דרכיו

---

auf judäischem und die Westseite mit dem Allerheiligsten auf binjamitischem Boden stand.

2) Siehe oben Seite 93 die Anmerkung 1.

Deinem ewiglichen Wohnsitze. Und Du erwähltest Dir zur Wohnung das Innerste dieses Hauses, das im Erbtheil jenes Tapfern (Binjamin) stand, der des Vaters Altersstütze war; von ihm, dem Binjamin, heißt es darum: „Er ist der Liebling Gottes[1]).“ Mit dem, was Dein ist, verehren Dich als Deine Kinder meine Frommen; denn Dein ist der Erdball mit seiner ganzen Fülle, Dein jeder Vogel der Berge und was sich regt im Felde. So wurde, als die Zeit der Tempelhebe nahte, allenthalben bekannt gemacht, auf's Neue die Schekel zu bringen; dies geschah nämlich am ersten Tage des Monates Adar, dreissig Tage bevor man dieselben einthat, nach der Vorschrift der Lehre, die Mosche uns vererbte. Am Fünfzehnten besagten Monates saßen Beamten in allen Städten, um einem Jeden seine Münzen in Schekel auszuwechseln und es bewährte sich da das Schriftwort: „Du stellst Tische vor mir auf im Angesichte meiner Feinde.“ Nach Verlauf von fünfundzwanzig Tagen aber wurde schon strenger nach den Schekel geforscht, damit man vier Tage vor dem Monate Nißan das beständige Morgenopfer dafür anschaffen könne, um damit vor der Lieblichkeit Gottes zu erscheinen. Der die Zukunft kennt, befahl, das Darbringen der Schekel schon mit dem Ersten des Monates zu verkünden, damit so unsere Schekel jenen vielen Schekel vorkommen mögen, die Haman darzuwägen versprach[2]). Dringend wurde dieser Befehl Gottes verkündet und Jeder auf dem Lande, der nicht zum Schekeltische kam, wurde ausgepfändet. Ein Gleiches geschah Denen, die zu träge waren, ihre Schekel nach der Hauptstadt zu schicken. Die Lehrer und Weisen des Volkes hatten es so verordnet, und ein Recht war für den Eingebornen wie für den Fremdling. Jeden konnte man mit Strenge zur Steuer anhalten, mit Ausnahme der Dienstboten und kleinen Kinder, sowie auch der Priester, die vor Gott hintreten. — So wandelt denn in den Wegen des Schöpfers und mit ewiglichen Segnungen werdet ihr gekrönt. Seine

1) Nach Talm. Joma 12 war der Tempel auf dem Grenzgebiete der Provinzen Juda's und Binjamin's gebauet, so daß dessen Ostseite

דַּרְכֵי נֹעַם כֶּתֶר נוֹרָא יְהַלֵּם · הֹרֵשׁ טוֹב לְעַמּוֹ וְדֹבֵר שָׁלוֹם:
הַנָּכְרִי וְהַכּוּתִי לֹא מִבְּנֵי יִשְׂרָאֵל הֵמָּה · אִם יִשְׁקְלוּ אֵין
מְקַבְּלִים מִיָּדָם מְאוּמָה · אֲשֶׁר יָרִימוּ לַיָי תְּרוּמָה: וְלֹא מֵהֶם
וּמֵהֲמוֹנָם יִהְיוּ לְשָׁמִיר וָשָׁיִת · מִגָּדִישׁ וְעַד קָמָה וְעַד כֶּרֶם
זָיִת · לֹא לָכֶם וָלָנוּ לִבְנוֹת בָּיִת: וַאֲנַחְנוּ יַחַד נִבְנֶה וְלֹא
יִתְעָרֵב זָר בֵּינוֹתֵינוּ · כְּשֶׁכְּבָר רָפוּ יְדֵי יְהוּדָה וְיֹשְׁבֵי יְרוּשָׁלָםִ ·
לֹא הִפְנוּ אָבוֹת אֶל בָּנִים מֵרִפְיוֹן יָדָיִם: וְהַכֹּהֲנִים וְהַקְּטַנִּים
לִשְׁקוֹל בְּהִתְנַדְּבָן · כָּל נְדִיב לֵב עוֹלוֹת לְלִשְׁכַּת הַקָּרְבָּן ·
וְכָל הַנָּשִׁים אֲשֶׁר נָשָׂא לִבָּן: זְרִזוּ מִפְּרֹס הַפֶּסַח לְסַלֵּק
הַיְשָׁנָה · תְּרוּם בְּשָׁלֹשׁ קֻפּוֹת הָאַחַת אָלֶף סִמָּנָהּ · לֵאמֹר
זֶה יָצָא רִאשֹׁנָה: זָהֲרוּ הַמַּשְׂכִּילִים אַבְנֵי נֵזֶר נֹסְסוּ · לְקֻפָּה
שְׁנִיָּה יַד פֵּרְשׂוּ · וְזֹאת שֵׁנִית תַּעֲשׂוּ: זֹאת וְעוֹד אַחֶרֶת
בְּאוֹת גִּימֶל מְכֻרַעַת · כָּל אַחַת שָׁלֹשׁ סְאִים בְּלִי מִגְרַעַת ·
הֲלֹא כָתַבְתִּי לְךָ שָׁלִשִׁים בְּמֹעֵצוֹת וָדָעַת: חָזְרוּ לַעֲשׂוֹת
פּוֹמְבֵּי הוֹרוּ נְבוֹנַי · בִּפְרֹס הָעֲצֶרֶת כְּמִשְׁפַּט רִאשׁוֹנַי · כֵּן
תָּרִימוּ גַם אַתֶּם תְּרוּמַת יְיָ: חִדְּשׁוּ עוֹד תְּרוּמָה אַחַת
בָּאַחֲרוֹנָה · לְבַד מִשְׁתַּיִם אֵלֶּה כָּל אַחַת בִּזְמַנָּהּ · וְחַג הָאָסִיף
תְּקוּפַת הַשָּׁנָה: חִפּוּ שְׁיָרֵי שְׁתַּיִם רִאשׁוֹנוֹת בְּקַמְבְּלָאוֹת ·
שֶׁלֹּא לִתְרוֹם מֵהֶם עוֹד לְעִתִּים הַבָּאוֹת · לִפְנֵי הָעֵדוּת
לְמִשְׁמֶרֶת לְאוֹת: טֹהַר יָדַיִם חָלוּץ תִּנְעַל לְלִשְׁכָּה קֹדֶם ·

Wege sind Wege der Lieblichkeit, sind ein prächtiges Diadem; er verleihet Glück und Frieden seinem Volke. — Heiden und Kuthäer sind nicht zu den Kindern Israels gerechnet, von ihrer Hand wurden weder Schekel noch sonst etwas angenommen, das sie als Hebe dem Ewigen bringen wollten. Nichts von ihnen und ihrer Menge — sie seien den Dornen und Disteln überlassen sammt ihren Garben, Saaten und Gärten! Nicht ihnen kommt es zu, das Haus zu bauen; wir bauen es allein und kein Fremder sei dabei. Haben sie auch deswegen die Hände Jehuda's und Jerusalem's zu schwächen gesucht, so konnten sie aber später vor Muthlosigkeit sich selbst nicht mehr nach ihren eignen Kindern umschauen[1]). — Was aber Priester und Kinder aus eigenem Herzensantriebe an Schekel brachten, wurde angenommen und in die Opferhalle gelegt; ebenso die Gaben, welche Frauen brachten. Vierzehn Tage vor dem Peßachfeste war man eifrig daran, die alten Opfergelder in drei dazu bestimmten Kufen einzuthun, und es wurde hierzu zuerst eine Kufe mit Aleph (I) gezeichnet, hingestellt. Hierauf gingen die Weisen, mit kostbaren Kronen gekrönt, zur zweiten Kufe und füllten auch diese, und zuletzt füllten sie noch eine dritte, die mit Gimel (III) gezeichnet war. Eine jede dieser drei Kufen hielt nicht weniger als drei Seah, und waren sie durch Zeichen deutlich von einander unterschieden. Vierzehn Tage vor dem Wochenfeste wiederholten die Weisen diese Feierlichkeit und thaten wiederum, wie das Erstemal, die Hebe Gottes ein. Nach diesen zwei zu ihren bestimmten Zeiten stattgefundenen Einfüllungen wurde dann zuletzt noch einmal die Hebe eingethan, vor dem Feste der Einsammlung (Laubhüttenfest) am Schlusse des Jahres. Die nach den ersten zwei Hebeabscheidungen übrig gebliebenen Gelder wurden dann mit Decken zugedeckt und verwahrt, damit man bei spätern Abscheidungen nicht noch einmal davon nehme. — Der die Hebe abzuscheiden hatte, durfte nicht anders, als mit leeren Händen und barfuß in die Geldkammer gehen; auch durfte er kein weitsäumiges

---

[1]) Vgl. Esra 4.

ולא בפרגוד החושות פנים מהתאדם. ומצא חן ושכל
טוב בעיני אלהים ואדם: טבוע בתורה ובנביאים ובכתובים
הואל. לצאת ידי שמים וידי עם אל. והייתם נקיים מיי
ומישראל: טרוד אם יקראו יאמרו מעון לשכה לוקה.
וכי ירבה כבוד ביתו מחשך לא יזכה. ואץ להעשיר לא
ינקה: יספו מעלה תרום לשם ארץ צבי תהלה. והשניה
לשם כרכים המוקפים לה. אלהים יכוננה עד עולם סלה:
יפרישו השלישית שירי שירים. לשם בבל ומדי והרחוקת
מירושלם. אשר ישאר מאשור וממצרים: יזהירו תורם
מלתרום שלא ברצון חכמים. שלא לטול שררה עד
ירשה שלש פעמים. כי רבים חללים הפילה ועצמים:
כל ארחות חכמים חסד ונתיבם. לשונם מרפא עשר
וברכה בניבם. כי ישרים דרכי יי וצדקים ילכו בם:
כנכנס תורם גוזברים מדברים עמו עד שיצא.
מפשפשים צפוניו כבשת גנב כי ימצא. פגול הוא לא
ירצה: כן גם קוץ מלתרום החדלתי. לבל יטמין
בקליעות קוציו הזהרתי. קלע אל השערה ולא
יחטא: להגדיל שקל טהורי לב יסדו. פונדיון להכריע
דעת את העם למדו. אשר חכמים יגידו ולא כחדו:

Die Münzen für den Tempelschatz jedoch waren in doppeltem Werthe geschlagen und hatte daher ein halber Tempelschekel den Werth eines sonstigen ganzen.

Kleid anhaben, damit er nicht in Verdacht komme, sondern in Gunst bleibe bei Gott und bei den Menschen. So lehren auch die Thora, die Propheten und die Hagiographen, daß man, wie vor Gott, so auch vor den Menschen sich seiner Schuldigkeit entledigen und seinen guten Ruf bewahren soll. Hätte darum Jener keine Vorsicht gebraucht, so hätte er üblen Nachreden nicht entgehen können. Bei einem Unfalle, der ihm begegnet wäre, hätte man gesagt, er habe sich in der Geldkammer verschuldet; bei'm Zuwachs seines Vermögens aber, sein schneller Reichthum käme von den Opfergeldern her. — Das heilige, herrliche Land hatte den Vorzug, daß man dessen Hebe zuerst abschied. Die zweite Abscheidung war die, der umliegenden Städte — Gott gründe sie wieder auf ewig, — und die dritte Abscheidung war die der übrigen Gelder aus Babylon und Medien, Assyrien und Egypten und allen weitentfernten Orten. — Dem Hebeeinsammler war anbefohlen, nicht eigenmächtig, ohne Auftrag der Weisen, einzusammeln, und nicht eher zu beginnen, bis sie es ihn dreimal geheißen; denn gar Viele sind es, die der Ehrgeiz stürzte. Aber die Wege der Weisen — sie führen zum Heil, das Wort ihrer Zunge bringt Genesung, Glück und Gedeihen; sie wandeln in den Wegen Gottes. — Ging nun der Einsammler in die Geldkammer, so unterhielten die Verwalter ein Gespräch mit ihm bis er wieder heraus kam, untersuchten ihn auch, ob er nichts bei sich verborgen habe. Wurde er als Dieb befunden, welche Schande dann für ihn! er ward verworfen und verachtet. Deßhalb auch wurden Solche, die lange Haarlocken trugen, zu diesem Amte nicht zugelassen, damit sie nichts in ihre Haarflechten verstecken können und nicht durch ihre Haare zur Sünde kommen. — Damit der Schekel vollwichtig sei, haben die reingesinnten Weisen festgesetzt, daß das Volk zu einem jeden Schekel noch ein Pondejon[1]) lege, und wie die Weisen ver-

[1]) Eine kleine Münze, davon 48 einem ganzen Schekel und 2 einer Maah gleich kamen. Das Münzverhältniß, während der zweiten Tempelzeit war wie folgt: 8 פרוטה gleich 1 אסר, 2 אסר = 1 פונדיון, 2 פונדיון = 1 מעה, 6 מעה = 1 דינר (oder זוז), 4 דינר = 1 שקל (chaldäisch סלע), 25 שקל = 1 מנה (oder ליטרא), 60 מנה = 1 ככר.

לְמִינֵי מַטְבְּעוֹת שׁוֹקֵל וְחוֹבֵר. יַכְרִיעַ חֲצִי מָעָה לָצֵאת
בְּכָל עֵבֶר. שֶׁקֶל כֶּסֶף עֹבֵר: לְהַטּוֹת אַחֲרֵי רַבִּים וְלֹא
יַעֲלוּ גְּרוֹמִים. הַשּׁוֹקְלִים חֲצָיֵי שְׁקָלִים שְׁלֵמִים. הַט אָזְנְךָ
וּשְׁמַע דִּבְרֵי חֲכָמִים: מְצָרֵף שִׁקְלוֹ וְשֶׁל חֲבֵרוֹ יַחַד. חֲכָמִים
יַגִּידוּ בְּלִי כַחַד. מִמַּחֲצִית בְּנֵי יִשְׂרָאֵל אֶת הָאָח וְאָחָד: מַצְדִּיק
מִשֶּׁלּוֹ עַל יַד עָנִי בֶּן עִירוֹ אוֹ שְׁכֵנוֹ. נִפְטַר מִן הַקָּלְבּוֹן וְאִם
הִלְוָם נוֹתְנוֹ. אֶל פֶּתַח אֹהֶל מוֹעֵד יַקְרִיב אֹתוֹ לִרְצֹנוֹ: מִשְׁפָּט
אֶחָד אֶל דְּבַר הַשֵּׁם חֲרֵדִים. לְהַכְרִיעַ כַּף מִשְׁקֹלֶת בַּחֲצָאֵי
שְׁקָלִים כְּבֵדִים. לִשְׁקוֹל עַל גִּנְזֵי הַמֶּלֶךְ בַּיְּהוּדִים: נִפְטָר
עֶבֶד וְקָטָן הוֹרוּ חַכְמֵי חֲרָשִׁים. בֵּין שֶׁשָּׁקַל אַחֵר עֲלֵיהֶם
אוֹ הֵם בְּעַצְמָם מַפְרִישִׁים. וְנֶפֶשׁ אָדָם מִן הַנָּשִׁים: נִשְׁתַּתְּפוּ
הָאַחִים אַחַר שֶׁחָלְקוּ. חַיָּבִים בְּקָלְבּוֹן וּבִתְפוּשַׂת הַבַּיִת נְקִי.
כִּי אִישׁ בְּנַחֲלָתוֹ יִדְבָּקוּ: נוֹתֵן סֶלַע בְּשֶׁקֶל יָד לֹא תִקְצָר.
מִלְּהַכְרִיעַ מָעָה שְׁלֵמָה בְּלִי מַעֲצָר. אֶל הַלְּשָׁכוֹת לְבֵית
הָאוֹצָר: סֹלֶת לַחְמֵי אִשֵּׁי יֵינֵי וּשְׁמָנֵי. וְכָל נִחוּחֵי צִבּוּר
יַסְפִּיקוּ מִמָּנֶה כֹּהֲנֵי. עֹשֵׂי הַמְּלָאכָה הַמֻּפְקָדִים בֵּית יְיָ:
סְפִיחֵי שְׁבִיעִית נוֹטְרִים לְמִנְחַת בִּכּוּרִים עֲתִידִים. שְׂכָרָם
מִתּוֹכָהּ וְהַמְגַדְּלוֹת לְפָרָה יְלָדִים. חֵלֶף עֲבֹדָתָם אֲשֶׁר הֵם

ordneten, so that man, und legte bei allen Münzsorten, die man in den Silberschekel umwechselte, noch eine halbe Maah[1]) bei. Wer jedoch den halben Schekel gleich in einem Stücke gab, brauchte — nach der Stimmenmehrheit der Weisen — keinen Zusatz hinzu zu legen. Ebenso wer für sich und seinen Gefährten zusammen einen ganzen Schekel brachte, hatte, nach der Weisen Verordnung, nur einen Zusatz beizugeben. Wer für einen Armen, Nachbar oder Bekannten den Schekel steuerte, ohne denselben wieder von ihnen zurück zu verlangen, war von der Zulage befreiet; hatte er aber den Schekel blos für sie ausgelegt, so mußte er auch den Zusatz dazu legen. — Ein Recht galt für alle dem Gebote Gottes genau Nachlebenden, nämlich: nach schwerem Gewichte den halben Schekel für den Tempelschatz darzubringen. — Von besagtem Zusatze waren Knechte und Kinder frei — so lehren die Gesetzkundigen — sowohl, wenn sie selbst, als auch wenn Andere für sie den Schekel entrichteten; auch die Frauen waren davon befreiet. Brüder, die, nachdem sie ihr väterliches Erbe getheilt, Gemeinschaft machten, waren schuldig die Zulage zu geben; gaben sie aber von dem Gute, wie sie es vom Vater geerbt, so waren sie frei. Gab Jemand einen ganzen Sela[2]) hin, daß man ihm die Hälfte wieder herauszahle, so wurde ihm eine doppelte Zulage, also eine Maah abgezogen und in die Schatzkammer gebracht. — Diese Gelder verwandten die Priester und Geschäftsverwalter, welche im Tempel angestellt waren, zur Anschaffung des Mehls für die Schaubrode, der Feueropfer, des Weins, des Oels und aller Gemeindeopfer. Auch die Wächter, welche in einem Feierjahre auf den Nachwachs — von dem die Erstlingsopfer gebracht wurden — Acht hatten, sowie Diejenigen, welche ihre Kinder in besonderer Reinheit aufzogen, damit sie zur Bereitung des Sprengwassers gebraucht werden können[3]), wurden für ihre Bemühungen von diesem

---

[1]) D. i. ein Pondejon. S. vorige Note.

[2]) Chaldäische Benennung des ebräischen שקל.

[3]) Siehe darüber das Stück אצילי עם סגולי im קרובות לפרשת פרה.

עבדים: ספרים מגידים ומבקרי מומים. וכלי הקדש
לשרת בבית עולמים. שמן המאור וקטרת הסמים: עוד
ממנה שכר מלמדי הלכות שחיטה וקמיצה ושכר
אורגות בפרכות. לא נעשה כן לכל ממלכות: על עבי
קירות הבית רצוף חשוקי כבושים. פחי זהב ממותר
תרומת אשים. אל דביר הבית׳ קדש הקדשים: עשים
משירי לשכה צרכי עיר ומגדלותיה. נוי מטפראותיה
ולצוי בירניותיה. חומת ארמנותיה: פסו ספו תמו
אפסו חדלו קרבני. מעת הוסר התמיד לתת שקוץ מוני.
ואני תפלתי לך יי: פתח מקדש מעט את יי דרשתי. והנה
כבוד יי עמד וצבא גדודיו לעמתי. לך כל המתנה הזה
אשר פגשתי: פלגת לבבי עברת בין בתרי. פסחת על
פתחי בדם ברית שלחת אסירי. לי אבי אלוף נערי: ציון
השלחת בספר כריתות גרושך. או המכרת לצמיתות
צמי מנושיך. אך אוסיף להביט אל היכל קדשך: צמאה
לתשועתה נפשי ותוחלתי ממשכה. אסירת התקוה
בקוי אחד קוי חובה. כי שם צוה יי את הברכה: צבי
צבאות גוים מחמד לבי ועיני. תדבק לשוני לחכי אם לא

Gelde bezahlt. Die Korrektoren der Gesetzrollen und die Besichtiger der Opferthiere wurden davon besoldet, die heiligen Tempelgeräthe, das Oel zur Beleuchtung und das Räucherwerk dafür angeschafft. Ferner wurden davon bezahlt die Lehrer, welche die Regeln des Schlachtens und des Aushebens der Speiseopfer lehrten, sowie die Frauen, welche die Tempelvorhänge webten, dergleichen in keinem andern Lande gemacht wurden. Von diesem Hebegelde deckte man auch die Kosten für die nöthigen Goldplatten zur Belegung und Verzierung der Wände und des Fußbodens des Tempels und Allerheiligsten. Das übrige Geld der Hebekammer wurde zur Unterhaltung der Städte und ihrer Thürme, zur Verschönerung der Schlösser und Ausbesserung der Burgen und Festungen verwendet. — — Aber dahin, hinweg, verschwunden sind diese meine Opfergelder schon seit jener Zeit, da meine Dränger an die Stelle des täglichen Opfers ein Götzenbild aufstellten, und nichts blieb mir übrig, Herr! als mein Gebet zu Dir. Am Eingange des kleinen Heiligthums[1]) suche ich jetzt den Ewigen, und siehe, seine Herrlichkeit und das Heer seiner Himmelsschaaren steht auch da zur Seite mir. Dein ist alles Gute, das mir von jeher begegnet ist! Du durchforschtest mein Herz in seinen geheimsten Gedanken und schrittest über meine Thüren weg, Du befreitest uns ob dem Bundesblute aus der Knechtschaft in Egypten; mein Vater warst Du, Führer meiner Jugend! Und nun, o Ewiger, entließest Du denn Zion mit dem Scheidebriefe? oder verkauftest Du sie auf ewig? Wer ist denn Dein Gläubiger? — Doch ich werde wiedersehen Deinen heiligen Tempel! Nach Hülfe lechzet meine Seele, und meine Hoffnung zieht sich in die Länge; dennoch harre ich, von der Hoffnung gefesselt, immerfort des Tages, an dem der Ewige uns wieder Segen spenden wird dort, in der aller Herrlichkeiten vollen Stadt, die da ist die Lust unserer Herzen und Augen. Ja es klebe mir die Zunge am Gaumen, so ich

---

1) „Kleines Heiligthum", so werden unsere jetzigen Bethäuser (Synagogen) genannt. Talm. Megil. 29.

אחרים בראש כל זמרוני · נגן כל ימי חיינו על בית יי קולי
שמעת השב לשכנינו אל חיקם · חרפתם אשר חרפוך יי
מנת חלקם · שנת רצון ליי ויום נקם: קרא לשבוים
דרור ולאסורים פקחקוח · תנחה אל מחוז חפצם הולכי
שחוח · ושם ינוחו יגיעי כח: קדם קנינך וסגלתך · לא
יסיפו לדאבה צאן מרעיתך · והם עמך ונחלתך: רצתי
מעבודתי מרעיד אל עבודתך · פניתי הבית לחשק נשק
חשק תשוקתך · ואני ברב חסדך אבא ביתך: ראות
עין לא נראתה לבריותיך · צפית לב במקצת המשלת
אך כל תפארתך עין לא ראתה אלהים זולתך:
רננות יהלל פי באין להביאך תשורי · כזכרך חבת
ירושלם ותיסד שממות עירי · אבא ביתך בעולות אשלם
לך נדרי: שויתיך לנגדי הנני עומד לפניך לרוממך ·
הטית לארץ שמיך או העליתני למרומיך · אשתחוה
אל היכל קדשך ואודה את שמך: שמה פני מועדות
ואליך תשוקותי · לשמך ולזכרך תאות משק חשקותי ·
כמים עמדי חתום באוצרתי: שנת לעיני לא אתן
לשעפי תנומה · אשכבה בהקיץ תמונה מכל נעלמה ·
מחזיונות לילה בנפל תרדמה: תתנה עלי מתנה
לקראתך קדמתי · לא ארפך עד שאביאך אל ישועתי ·

Wer nicht bei jedem Andenken gedenkt — Alle Tage unseres Lebens wollen wir lobsingen im Hause Gottes! O höre meine Stimme; gib unseren Nachbaren ihre Schmach, womit sie Dich, Ewiger, schmähten, in ihren eigenen Busen zurück! Führe herbei das Gnadenjahr, den Tag der Vergeltung. Verkünde den Gefangenen Freiheit und den Gefesselten Entlassung, führe die Niedergebeugten zum erwünschten Erbe, daß sie ausruhen dort von ihrer Mühseligkeit! Die von jeher Dein Gut und Eigenthum, die Schafe Deiner Weide sind—laß sie keinen Kummer mehr fühlen! sie sind ja Dein Volk, Dein Erbe.— Meine Geschäfte verlasse ich, um mich Deinem Dienste zu weihen an einem besondern Orte, den ich mir dazu bestimmte, in meiner großen Anhänglichkeit und Liebe zu Dir, und im Vertrauen auf Deine große Güte betrete ich Dein Haus. Keines Deiner Geschöpfe vermag Dich mit dem Auge zu schauen, nur der Geist in seinen Schlüssen kann Dich einigermaßen erkennen; doch Deine ganze Herrlichkeit, Gott, erblickt Niemand, außer Dir. Mit Lobgesängen preise Dich jetzt mein Mund; denn Geschenke kann ich Dir nicht bringen, bis Du einstens Jerusalems wieder liebevoll gedenken und meine verheerten Städte wieder gründen wirst, — dann komme ich in Dein Haus mit Ganzopfern, bezahle Dir meine Gelübde. Ich habe Dich stets vor Augen, Herr! ich stehe vor Dir, erhebe Dich; und ob Du Deine Himmel zur Erde neigtest oder mich zur Höhe höbest — ich werfe mich nieder im Tempel Deiner Heiligkeit und danke Deinem Namen. Dahin ist mein Angesicht gewendet, nach Dir ist mein Verlangen, Dein Name und Dein Ruhm meine ganze Lust, all mein Inneres erfüllt von Dir. Den Schlaf versage ich meinen Augen, den Schlummer meinen Lidern, labe mich mit meinem Erwachen an der alten verborgenen Erscheinung, die in betäubenden, nächtlichen Gesichten sich mir zeigt. Lagert sich des Feindes Schaar um mich, so trete ich mit Gebet vor Dich und laß' Dich nicht, bis Du mir Hülfe

אל בית אמי ואל חדר הורתי: תשלום פרים חשוב
שיח שפתי. מערכי דל שפה חקותי ותורתי. נתתי
לך את משמרת תרומתי: תשר משלך פי יהללך
קדש הלולים. בהושיבך ציון אתשיר על מזבחך
עולים. עלות מחים אעלה לך עם קטרת אילים:
משרים אהבוך ידידיך לישעך כמהים: רב טובך
יביעו גבה מעל גבהים. יודוך עמים אלהים.
קדוש: הכל יודוך וכו'.

יוצר לפרשת פרה.

ע"ס א"ב.

אם אשר בך דבוקה. חפצת ורצית לצדקה. להנחילה
מדבש מתוקה: באור ארכה ועמקה. בהם באהב
לחשקה. כרביד לצואר לחבקה: גם היא במאד מחזקה.
בתקף ובתני נחקקה. טעמו בלי לסלקה: אשרי מי
זאת. בהתחזקם בתורה זאת. בפתחי מזוזות קדוש:

דרש בעד נמרה. וגם להביא פרה. בעדם עבור
לכפרה: הלא כחטאו בבן פרה. חרת עליהם גזרה. והגם
באמירה סררה: וזה המקבל עתירה. חשך מהם עברה.
וכל צוקה וצרה: זכרון פרה אדמה. כפי יונה תמה. לעד
בלי לעלמה: חסד דת תמימה. יעטו בה להתרוממה.

schaffest, bis Du mich in's Haus meiner Eltern, in den Wohnsitz meiner Erzeuger bringst. — Als Ersatz der Opferstiere nimm das Wort meiner Lippen an! Die Ordnung meiner Gebete — nach Gesetz und Vorschrift weihe ich sie Dir, statt meiner frühern Hebeopfer. Alle Gaben kommen von Dir! Mit heiligen Hymnen rühme Dich mein Mund. Und wenn Du Zion wieder wohlthun wirst, weihe ich Opfer Dir auf Deinem Altare, bringe Dir feiste Ganzopfer dar, sammt dem Duft der Widder. — Aufrichtig lieben Deine Geliebten Dich, harren Deiner Hülfe, verkünden Deine große Güte, Du, Höchster aller Hohen! Alle Völker preisen Dich, Gott, Allheiliger!

יוצר לפרשת פרה׃

An der Nation, die Dir anhangt, hattest Du Wohlgefallen und wolltest fromm sie machen, darum gabst Du ihr zum Erbe Dein Gesetz, das süßer ist als Honig, mit seinen großen, weiten und tiefen Lehren. Dieses soll die Nation mit Lust und Liebe halten, festhalten wie ein werthvolles Halsgeschmeide. Aber auch wie fest steht diese Lehre! mit mächtigen Bedingungen ist sie entworfen, und nie wird Er sie seinem Volke nehmen. Heil diesem Volke, wenn es allenthalben fest hält diese Lehre des Allheiligen!

Du, Ewiger, nahmst Dich derer an, die das Gesetz bewahren und befahlst, eine Kuh darzubringen, ihnen zur Sühne. Denn als sie sich mit dem Kalbe versündigt hatten, fälltest Du das Strafurtheil über sie, indem Du sie Abtrünnige nanntest. Doch Du nahmst ihr Flehen an und wandtest den Grimm und jede Noth und Bedrängniß von ihnen ab. — Nie weiche darum das Gedächtniß der rothen Kuh aus dem Munde des schuldlosen Taubenvolkes (Israel). Mit dieser Gnade des vollkommenen Gesetzes umhüllen sie sich und erheben sich zum

לִפְנֵי יוֹצֵר נְשָׁמָה: טוֹעֲמֶיהָ בְּטוּב נְעִימָה. בְּלִי הֱיוֹת לְשַׁמָּה. בְּהוֹשִׁיבְךָ הָאָרֶץ הַנְּשַׁמָּה: זֹאת חֻקַּת הַתּוֹרָה. עֲרוּכָה בַכֹּל וּשְׁמוּרָה. בָּהּ לְהַקְדִּישׁ לְנוֹרָא. קָדוֹשׁ:

יְקָרָה וְהַרְבֵּה תְמִימָה. וּמִכָּל מוּם שְׁלֵמָה. וּבִנְקִיּוּת וּבְטָהֳרָה מְסֻיָּמָה: כְּתָב חָקוּק רְשׁוּמָה. לְשַׂמֵּחַ נֶפֶשׁ עֲגוּמָה. לְמַעְלָה לְזָקוּף וּלְרוֹמֵמָה: לְטַהֵר חֵטְא וְאַשְׁמָה. וְלִמְחוֹל עָוֹן וְעוּמָה. עוֹד בְּלִי לְהַאֲשִׁימָה: מְטַהֶרֶת גּוֹי אֶחָד. לְרַצּוֹת לְשֵׁם הַמְיֻחָד. אֲשֶׁר בְּכָל פֶּה מִתְיַחֵד: נַפְשָׁם תֶּחֱשַׂךְ מִפַּחַד. וְהֶגְיוֹנָם כָּל יִתְכַּחֵד. בְּהִתְפַּלְּלָם בְּלֵב אֶחָד: שׂוֹנְאֵיהֶם יוּרְשׁוּ כְּאֶחָד. בְּפַחַת וָפַח וָפַחַד. בְּעָבְדָם לְצוּר שְׁכֶם אֶחָד: עַל יַד כֹּהֵן נְתִינָתָהּ. לִכְבוֹדוֹ מַתְּנָתָהּ. דִּקְדֵּק בְּכָל פִּנָּתָהּ: פְּעֻלָּתָהּ וְהַקְרָבָתָהּ. הוּא יַקְרִיב אוֹתָהּ. וְהוּא יוֹצִיא אוֹתָהּ: צוֹפִים הַכֹּל בְּטוֹבָתָהּ. וּמְתַנִּים אֶת בִּרְכָתָהּ. כָּל קְהַל רַעְיָתָהּ: קְדוֹשָׁה וְלֹא פְסוּלָה. בְּלִי מוּם וְעַוְלָה. כְּקָרְבַּן כָּלִיל וְעוֹלָה: רָם אוֹתָהּ עִלָּה: בְּחֵפֶץ וְלֹא בִגְעִילָה. קָהֲלוֹ בָּהּ לְהוֹעִילָה: שׁוֹמְרֶיהָ יִנָּצְרוּ מֵחַלְחָלָה. וּמִכָּל נֶגַע וּמַחֲלָה. בְּשׁוֹרְרָם שִׁיר וּתְהִלָּה: תְּפֵן בְּכֻלָּם בְּרוּרִים. אֲשֶׁר שִׁמְךָ מַזְכִּירִים. וְזָרוֹק עָלֵימוֹ מַיִם טְהוֹרִים. קָדוֹשׁ: הכל יודוך.

Schöpfer aller Seelen. Sie kosten des Gesetzes Güte und Lieblichkeit, und kein Schrecken wird sie treffen, und Du wirst das verödete Land wieder bevölkern. — Dies Gesetz der Lehre, vollkommen geordnet und bewahrt, durch es verherrlichen wir den Ehrfurchtbaren und Allheiligen.

Trefflich und ganz vollkommen mußte jene Kuh sein, von jedem Fehler frei, und ausgezeichnet rein. Die Gesetze über sie sind deutlich aufgezeichnet, daß sie betrübte Seelen erfreue und aufrichte, daß sie von Sünde und Vergehung reinige, daß durch sie jene gräuliche Missethat (bei'm goldenen Kalbe) vergeben und nicht mehr als Schuld angerechnet werde. Gereinigt wird durch sie das einzige Volk, besänftigt des Einzigen Name, den jeder Mund als den Einzigen anerkennt. — Der Frommen Seele wird dem Verderben entzogen, ihre Bitte ihnen nicht versagt, wenn sie mit einem Herzen beten. Ihre Hasser werden vernichtet allesammt durch Grube und Schlinge und Schrecken, wenn sie (Israel) dem Schöpfer dienen einmüthig. — Dem Priester ward die rothe Kuh übergeben, und zur Ehre gereichte es ihm. Er vollzog auf's Genaueste alle Verrichtungen, er brachte sie herbei, er führte sie zum Lager hinaus. Jeder hoffte, daß Alles vorschriftsmäßig mit ihr geschehe, und Lobgesänge stimmte dann die ganze Versammlung an. Heilig war sie, frei von jedem Fehler und Gebrechen einem Ganz- und Brandopfer gleich. Der Höchste in seinem Willen erhob sie zu solchem Werthe, damit durch sie seiner Gemeinde geholfen werde, damit die, so ihre Vorschriften beobachten, bewahrt bleiben vor Schrecken, Plagen und Krankheit, und Lied anstimmen ihm, dem Ewigen. — O so wende Dich zu Allen, die Du Dir auserlesen, die Deinen Namen gedenken und sprenge über sie Reinigungswasser, Allheiliger!

זולת. ע״ס א״ב.

אַשְׁרֵי כָּל חוֹסֵי בָךְ׃ בְּאַהַב יֶאֱהָבְךָ׃ גּוֹי אֲשֶׁר אֲהֵבְךָ׃ דְּבֵקָתָם בָּךְ׃ הֲלֹא אַתָּה תָּרִיב רִיבָךְ׃ וְתִיַּסֵּד אֶת נָוֶךָ׃ זְכוֹר בָּנֶיךָ וַאֲהוּבֶיךָ׃ חֲתוּמֵי עַל לִבָּךְ׃ טַהֲרֵם מִכָּל טֻמְאוֹתָם׃ יָהּ כַּפֵּר אַשְׁמָתָם׃ כַּשֵּׁר תְּהִי אַחֲרִיתָם׃ לָעַד יִתְקַיֵּם שְׁמוֹתָם׃ מַהֵר עַתָּה תְּשׁוּעָתָם׃ נָאוֹר כִּי אַתָּה תִּקְוָתָם׃ שַׂמְּחֵם בְּשֹׂבַע שִׂמְחָתָם׃ עֻזְּךָ תְּפָאֵר אוֹתָם׃ פְּנֵה אוֹתָם לְצַדְּקָם׃ צְמָחֵי צֶמַח לְהַצְדִּיקָם׃ קָדוֹשׁ מִכָּל עָוֹן נַקֵּם׃ רָם בְּטוּב חַזְּקֵם׃ שָׁמְרֵם וּבְצִלְּךָ דַּבְּקֵם׃ שַׁכְּנֵם וְכָאֵזוֹר תַּדְבִּיקֵם׃ תֹּאמַר בְּרִתְךָ לְהַמְתִּיקָם׃ כִּקְרִיעַת יַם סוּף וּכְמַכַּת בְּכוֹרִים שׂוֹנְאֵיהֶם לְהַדְבִּיקָם׃ עזרת וכו׳.

קרובות. כס״ז סוד התפלה עד מלך עוזר ומושיע ומגן.

מִסּוֹד חֲכָמִים וּנְבוֹנִים. וּמִלֶּמֶד דַּעַת מְבִינִים. אֶפְתְּחָה פִּי בְּשִׁיר וּרְנָנִים. לְהוֹדוֹת וּלְהַלֵּל פְּנֵי שׁוֹכֵן מְעוֹנִים׃

ע״ס א״ב.

אֲצוּלַת אֹמֶן בְּצֵרוּף זְקוּקָה׃ בְּגִבְגֶּיהָ זֹאת בַּלֶּט פְּקוּקָה׃ גְּלוּמָה עֲלוּמָה וּנְקוּקָה׃ דְּבוּרַת עַל אָפְן חֲקוּקָה׃ הַמְּסֻקָּלָה וְהַמְעֻנָּקָה׃ וְרִשּׁוּנָה רִשּׁוּן לְמִשְׁמַר חֻקָּה׃ זַר שִׁבְעָתַיִם מְזֻקָּקָה׃ חֹק טָהוֹר מִטָּמֵא מְחֻזָּקָה׃ טְבוּעָה בְּלֹא רְחוּקָה וְהִיא רְחוּקָה׃ יְחוּסָה אֲסוּרָה וּדְחוּקָה׃ י׳ כְּתַבְנִית תַּמּוּקָה בָּהּ מְחוּקָה׃ לְטַהֲרַת חֲשׁוּקָה׃ נֶחְקְקָה זֹאת חֻקָּה׃

זולת·

Heil Allen, die Dir vertrauen, die Dich in Wahrheit lieben! — So liebt Dich das Volk, das Du Dir auserkoren; nehme darum Deines Rechtes Dich an und gründe Deine Wohnung wieder! Gedenke Deiner geliebten Söhne wieder, die Du so sehr bevorzugt hast! Reinige sie von all ihrer Unreinheit; versöhne, Herr, ihre Schuld! Laß Glück die Zukunft ihnen bringen und ihren Namen ewig dauern! Beschleunige doch die Hülfe ihnen, Ehrfurchtbarer! denn Du bist ihre Hoffnung. Sättige sie mit Freudenfülle und kröne sie mit Deiner Macht! Wende Dich zu ihnen, sie gerecht zu sprechen, und sende ihnen des Sprossen Sprößling (den Messias)! Heiliger, spreche sie frei von jeder Missethat! Erhabener, kräftige sie mit allem Guten, bewahre sie, laß' sie in Deinem Schatten ruhen! Mache sie Dir anhänglich, wie ein Gürtel dem Leibe, laß sie Deiner Lehre Süßigkeit genießen, und wie ehedem am gespaltenen Meere und wie Du die Erstgebornen Egyptens schlugst, so vernichte ihre Feinde! —

קרובות·

מסוד Nach dem Rathe der Weisen und Verständigen, nach dem Unterrichte und der Meinung der Gelehrten, öffne ich den Mund, mit Liedern und Gesängen dankend zu loben Ihn, der in des Himmels Räumen thronet.

Die den Treuen anvertraute reine Lehre, in ihren Tiefen ist dies geheimnißvoll verschleierte und unergründliche Gesetz (von der rothen Kuh) enthalten, in wohlgesetzter Rede aufgezeichnet, geläutert und umzäunt. Ihre Asche wurde aufbewahrt, laut ihres siebenfach geläuterten und gekrönten Gesetzes, und ihr Zweck ist, Unreine rein zu machen. Wohl steht dies Gesetz in der uns bekannten Lehre, doch unergründlich ist's, hocherhaben und fest verschlossen. Um die Flecken der Anmuthsvollen wegzuwaschen, um die Geliebten zu reinigen, deßhalb wurde dies Gesetz gegeben.

מְקוֹמָהּ יִגְלֶה· מַעֲמַקֶּיהָ יְדַלֶּה· י׳ לְעֵת יְגַלֶּה· גְּנוּנָיו יַעֲלֶה: בָּ״אַ יְיָ מָגֵן אַבְרָהָם: אתה גבור וכו׳ עד להחיות מתים.

מְסוּרָה חֻקָּה גָזָר· מִגַּבְנוּן אִמְרָה נִגְזָר· גֶּאֱמַן לַאֲוֻנָּה נִתְאַזָּר· גָּצַח עֲדֵי כֵן כִּבְנֵזֶרֶת נֵזֶר· סְלוּל צְפוּנֶיהָ חֵלֶץ אָזָר· שִׁקֵּר כְּאָבִיהָ וְנֶחֱשַׁב לְמוּזָר· עָרַךְ בָּהּ חֹק לְעַם מְפֻזָּר· עֲבוּר מִלְּפַתֵּל עִקֵּשׁ כְּמִין וָזָר· פֵּאֵר בְּקוֹרֶיהָ בְּאֶגֶד מְשֻׁזָּר· פְּעֻלָּתָהּ בְּסֶגֶן בְּעַדֵי מָשְׁזָר· י׳ צְפוּנָה לְטָהֳרַת עַם אֵל עָזָר· צִוָּה צוּר לְצִיר צוּר צְחוֹרָה לְאֶלְעָזָר:

עוֹלָם וּמְלוֹאוֹ שֶׁלָּךְ· חָפַצְתָּ לְהַצְדִּיק קְהָלָךְ· י׳ עַל כֵּן אוֹחִיל לָךְ· לְהַגְשִׁים תְּחִי אֲטוּמֵי פְּעָלָךְ: בָּרוּךְ אַתָּה יְיָ מְחַיֵּה הַמֵּתִים:

קִפְאוֹן חֹק אֶלְפַּת הַיְקָר· לוּטָה בְּאוֹר יָקָר· חֲשׂוּף לְעַם מְיֻקָּר· לַעֲמֹד עַל עִקָּר: רְעֵבִים לְפַעֲנֵחַ דָּתֶיהָ· פַּעֲנֵחַ מְדוֹתֶיהָ· צְמֵאִים גְּמוּת חִדוֹתֶיהָ· גִּלָּה לָהֶם עֵדוֹתֶיהָ: שֶׁמֶן דְּגָלִים טָהֵר· מְצָרֵף וּמְטַהֵר· הֶרֶב לְכַבְּסֵם תְּמַהֵר· מְעֻוִּים אוֹתָם לְטַהֵר: תִּקָּרֵא כֹהֵן· בְּחִטּוּאָךְ בְּאֵזוֹב מִתְכַּהֵן· טְהוֹרִים זָרוֹק כִּמְכַהֵן· תְּמוּר דָּם מִקַּח אֶלְעָזָר הַכֹּהֵן:

מקומה Ihr Geheimniß wird Gott offenbaren, ihre Verborgenheiten entdecken, einst, wann er sich offenbaret und seine Beschützten erhebt. Gelobt seist Du, Ewiger, Schutz Abrahams!

ממרה Zu Marah ward diese Satzung gegeben, vom Berge (Sinai) herab ihr Wort wiederholt, und der Treue (Mosche) horchte aufmerksam. Darum auch ward ihre Krone auf ewig ihm verliehen; er gürtete seine Lenden, um ihre Geheimnisse vollkommen zu verstehen, er durchschauete ihre Regeln alle, die räthselhaft ihm waren. Als Satzung legte der Herr dies Gebot dem jetzt zerstreueten Volke vor, damit ein Verkehrter, Leugner oder Fremder nichts dagegen einwenden könne[1]). Die Schönheit der Kuh wurde so genau untersucht, daß auch nicht zwei Haare beisammen stehen durften, die nicht roth waren, und die Verrichtung derselben geschah durch den Unterpriester mit dem gezwirnten Prachtgewand bekleidet. Die Asche ward aufbewahrt zur Reinigung des Volkes, dem Gott beisteht; seinem Gesandten befahl der Schöpfer: „Gib sie zur Verwahrung dem Elasar!“ —

עולם Dein ist die Welt und was sie füllet! Dein Wille war's, rein Deine Gemeinde zu machen. So hoffe ich denn auf Dich, daß Du Deine im Grabe ruhenden Geschöpfe durch Deine belebende Regen einst wieder auferstehen lassen wirst. Gelobt seist Du, Ewiger, der Du die Todten belebst.

קמאץ Das dunkele Gesetz von der auserlesenen Kuh — umhüllt mit hellem Lichte, offenbare es dem würdigen Volke, auf daß sie dessen Grund verstehen! Ihnen, die begierig sind, dies Gesetz zu ergründen, entdecke dessen Eigenschaften; die darnach lechzen, seine Räthsel zu enthüllen, mache sie bekannt mit all den Zeugnissen! Der Du läuterst und reinigst, reinige ihre Paniere von allen Flecken; eile, wasche und reinige sie wohl von ihren Vergehen! Werde Du selbst ein Priester uns, indem Du uns mit Ysop reinigst; gieße, dem Priester gleich, Reinigungswasser über uns, statt des Blutes, das der Priester Elasar nahm! —

---

[1]) Siehe Raschi zu 4. B. M. 19, 2.

ימלך יי לעולם אלהיך ציון לדר ודר הללויה:
ואתה קדוש יושב תהלות ישראל אל נא:

אמרתי אחכמה והיא רחוקה· שח איתיאל עברי זאת
חקה· בלא נפלאת היא ולא רחוקה· זאת פליאה היא
ומרחקה· מלפניה משפט וחקה· ומאחריה תורה
וחקה· בחרות חקוקה· ובלוחי לב מחקה· מדק תלולה
ומשאול עמקה· ומדירי ארקא· מסלתה חמוקה: בכן
אין לעמד בסודה· ואין להגיע יסודה· ואין לחקור
חקה· ואין להחליש חלקה· ואין לידע ערכה· ואין
להבין דרכה· אלהים הבין דרכה·

חי וקים נורא ומרום וקדוש:

ראשי חרוזיו אלעזר בירבי קליר.

אצורה ומפרשה· עצורה ולא מפרשה· זאת חקת
הפרשה· בכל שנה מתפרשה: לבעלי אספות· חדותיה
חשופות· וכל צרורות כסופות· דקדוקיה ספות: ערוכה
ושמורה· קצובה וגמורה· דרושה ואמורה· בקלה
וחמורה: זינה לענו· כפניני מעוניו· והגיה עיניו· בפוץ
מעיניו: רעד כהסכית טעם תחלת משנתה· פרה בת
שתים עגלה בת שנתה: בצר ציר תחן כקשב שמועתה·
בא מני יפרה מורה הלכה לשעתה: ידעו בה הליכות·

ימלך „Der Ewige regieret ewiglich, dein Gott, o Zion, von Geschlecht zu Geschlecht. Hallelujah!"

ואתה „So throne doch, Du Allerheiligster, Allmächtiger, unter den Lobgesängen Israels!"

אמרתי „Ich dachte: ich besäße die Weisheit, aber sie ist noch ferne von mir!" so sprach Ithiël[1]) ob dieser Satzung. In der Lehre, die nicht verborgen und nicht fern uns ist, ist diese Satzung doch verhohlen und uns entfernt; ihr Anfang ist Recht und Satzung und ihr Ende Verordnung und Satzung. Der Tafel des Gesetzes wie der Tafel unseres Herzens ist tief sie eingegraben; aber höher als der Himmel und tiefer als der Abgrund ist ihr Geheimniß, den Erdbewohnern ist ihre Bahn verschlossen. Keiner kann darum ihren Plan erforschen, ihren Grund erreichen, ihr Gesetz ergründen. Keiner kann ihr Loos ermessen, Keiner vermag ihren Werth zu schätzen, Keiner kennt ihren Weg; nur Gott allein kennt ihren Weg, nur

Du Lebendiger, Selbstständiger, Furchtbarer, Erhabener und Heiliger!

אצורה Der verschlossene, abgesonderte und unerklärliche Abschnitt dieser Satzung wird alljährlich vorgelesen. Einiges ihrer Räthseln ward den Schriftgelehrten enthüllt, und alle Seelen sehnen sich die Menge ihrer Vorschriften zu erkennen, in ihrer vollkommenen Ordnung, genau bestimmt, erklärt und besprochen, sowohl im Kleinen wie im Großen. Der Ewige, in seiner himmlischen Wohnung, krönte den Demüthigen (Mosche) mit diesem Gesetze, erleuchtete ihn und ließ den Weisheitsquell ihm zuströmen. Bebend vernahm er den Anfang des Abschnittes: „Die Kuh muß zwei Jahre, das Versöhnungskalb ein Jahr alt sein[2])!" und anhaltend flehete er, der treue Gesandte, als er diesen Ausspruch hörte: „Möge doch jener Weise, der diese Regel lehren wird, mir entstammen!" Der Ewige machte ihn bekannt mit

---

1) Der König Salomo, nach Spr. 30, 1.
2) Es sind dies die Anfangsworte des die Gesetze der rothen Kuh abhandelnden talmudischen Tractats Parah.

ושפון הלכות · אלה הערוכות · ואלה המתהלכות:
ראיתה איך לחוות · דמה איך להוות · באורה מלהבזות ·
לחוות למי זאת: בדבור אמור אל הכהנים שנא עז פניו ·
שב ויערך זאת לפניו · והאיר עיניו: יען כנאמר לו ולקח
לטמא · פלצות בעתתו ושח מי יתן טהור מטמא: קשט
אמרי פרה · כל טהור מטמאה · ואיך היא תעביר רוח
הטמאה: לו הגיד אל חקה חקתי · ומה תתנגע לידע · עמקה
משאול מה תדע: יבא אפר פרה · להלבין טנוף בן פרה ·
הוות כפרה · לסדרה כפרה: רמז בויקחו אליך · הוות
פרתו מתמדת · שכל הפרות כלות · ושלך לעד עומדת:

פ׳ אל נא · לעולם תערץ · ולעולם תקדש · ולעולמי
עולמים · תמלוך ותתנשא · האל מלך · נורא מרום
וקדוש · כי אתה הוא מלך מלכי המלכים · מלכותו
נצח · נוראותיו שיחו · ספרו עזו · פארוהו צבאיו · קדשוהו
רוממוהו · רן שיר ושבח · תקף תהלות תפארתו:

חו"ק לטהר טמאים · לטמא טהורים · באמר קדוש:

אמרה סנונה וצרופה · בדולה בדתה מערופה · גדלה
ברענן לתרופה: דרושה בזקוק שבעה משבעה · הזות
טבילות וכבוסים שבעה · ופרות וכהנים מטהרים ומטמאים

den Gängen und Regeln dieses Gesetzes, mit der Ordnung und Ausübung desselben, wie die Kuh zu untersuchen, wie ihr Blut zu sprengen sei, und daß er es ja nicht geringe achte, diese Erklärung dem einzigen Volke zu verkünden. Bei'm Befehle: „Sage den Priestern, sich rein zu halten!" veränderte sich die Farbe seines Gesichtes; aber als ihm Gott darauf dieses Gesetz vorlegte, erleuchteten sich seine Augen wieder. Da ihm gesagt wurde: „Man nehme für den Unreinen von der Asche dieser Kuh!" da rief er verwirrt: „Wie kann Reines aus Unreinem hervorgehen? Wird ja an dieser Kuh jeder Reine unrein, wie sollte sie darum den Geist der Unreinheit vertreiben?" Aber Gott bedeutete ihm: „Eine Satzung habe ich eingesetzt, was bemühest du dich, sie zu erforschen? tiefer als der Abgrund ist sie, wie kannst du sie erkennen? Es komme die Asche der Kuh, um den Flecken wieder weiß zu machen, der durch das Kalb entstanden; eine Sühne sei sie den gleich einer wilden Kuh Abgewichenen." — Mit dem Worte: „Man nehme dir eine Kuh!" ward ihm angedeutet, daß seine Kuh fortdauern, daß alle Kühe vergehen, die seinige aber ewig bleiben wird. —

אל Allmächtiger! ewiglich wirst Du verherrlicht, ewiglich geheiligt, in allen Ewigkeiten regierst Du hocherhaben, Allmächtiger, König, Furchtbarer, Erhabenster und Allheiliger! Ja, Du bist der König aller Könige, dessen Regierung immerdauernd ist! Verkündet darum seine furchtbaren Thaten, erzählet von seiner Macht; preiset ihn, ihr, seine Schaaren! Heiligt ihn, erhöhet ihn mit Gesang, Lied und Lob, hoch preiset seine Herrlichkeit! —

לטהר So werden die Unreinen rein, die Reinen unrein, nach dem Worte des Heiligen.

אמרה Das Satzungswort über die rothe Kuh — geläutert klar ist es und verschieden von dem des Kalbes, dem das Genick gebrochen wurde; einem grünenden Baume gleich bringt es Genesung. Alle Vorschriften dabei wurden genau nach der Zahl sieben beobachtet; so das Blutsprengen, Baden, Waschen, so die Kühe, das Rein- oder Unreinsein der Priester, alle

שבעה: זקני גזית תמימים ממום. תבואיה יבקרו לכל
הוות בה מום. טהורה תהיה לאדמות כממום: יעשה
מהון כהן כבש פרה. כפה מול אטם בהוד תפארה.
להוציא בה תמימה חטא תמה מפירה: מסעדיו אתו
יצאו להר המשחה. נחץ טבול שנית עבור כרה שחה.
סדר מערכת ולא שהה: עמד מקדם ופניו למערב. פרה
שחט ודם לא ערב. צת בה חריות ומוקדה הרב: קם
מול שער איתון ודם שבע יזה. הענן ארז ואזוב ושני יחזה.
שמע לכל עץ ארז זה ואזוב זה: תרגל וחלקה לשלשה
חלקים. כל משמרות היו מנה מחלקים. תסוה
למשמרת עד נקוקים יקים:

חין דען אייניטען קהלות ווירד דאז פאלגענדע ניכט געזאגט, זאנדערן גליך
ובכן ולך תעלה אנגעפאנגען.

יו״ק זאת הקשה מאד בעיניהם. איך לטהר בית מעוניהם. טהור
וקדוש האיר עיניהם. קדוש:

רהטי חרוזיו אלעזר בירבי קיליר.

אצילי עם עולי גולה. כחש בוא קץ גאלה. עלו בנות בית
בגילה: לחגי זכריה ומלאכי נגלה. ולהם אל במחזה גלה. קץ וזמן
פרה ועגלה: ערוך מול גרן עגלה. זאת עשות כחק מגלה. לטהר
טמאת סורה וגלה: זממו בנות בתי חצרים. על צחיח סלע

---

2) Eingangsthor, so hieß das östliche Thor des Tempels. (Siehe auch Jechesk. 40, 15. und Kimchi zu 2. Könige 11, 6.)

waren sieben. Die Aeltesten des hohen Rathes, die Vollkommenen, untersuchten die Kuh bis zu den geheimsten Stellen, ob fehlerfrei, ob ganz roth, ganz ohne Gebrechen sie sei. Vom Privatvermögen des Priesters ward eine Treppe gemacht mit prachtvollen Wölbungen, dem Grunde gegenüber, um auf ihr hinauszuführen die fehlerfreie Kuh, die die Sünden der frommen Nation wegnehmen sollte. Des Priesters Gehülfen gingen mit hinaus auf den Oelberg; dort badete er sich schnell zum zweitenmale, der Gesetzleugner wegen, die nur Fallgruben zu legen suchen[1]) und gleich darauf ordnete er den Holzstoß. Hierauf stellte er sich auf die Ostseite, mit dem Angesichte gegen Westen gewendet, und schlachtete die Kuh, vermengte aber das Blut nicht, zündete sie dann mit Dattelreisern an und ließ groß die Flamme werden. Er stellte sich gegen das Thor Ithon[2]) und sprengte das Blut siebenmal, schaute dann das Zedernholz, den Ysop und den rothen Faden an und sprach vernehmlich zu allen Umstehenden: „Zedernholz ist dies! Ysop ist dies!“ Dann ging er und theilte die Asche in drei Theile, und allen Wachen ward davon übergeben. — Aufbewahrt liegt diese Asche, bis einst der Ewige die in den Grüften Schlummernden wird auferstehen lassen.

מאז Schwer begreiflich war es dem Volke, auf welche Art sie ihr Heiligthum reinigen sollten; doch der Reine und Heilige erleuchtete ihre Augen.

אצילי Die Edelen des Volkes, die aus dem Exil Rückkehrenden — schnell war ihnen die Erlösungszeit herbei geeilt und freudig zogen sie hinauf, den Tempel wieder zu erbauen. Da erschien der Allmächtige dem Chaggai, Secharjah und Malachi und offenbarte ihnen im prophetischen Gesichte, daß nun auch die Zeit sei, um die rothe Kuh zuzubereiten. Diese stellten darauf dem hohen Rathe vor, dies Gebot nach seiner gesetzlichen Vorschrift auszuüben, damit die verstoßen und vertrieben Gewesenen von ihrer Verunreinigung gereinigt werden können. Da wurde beschlossen, hohlstehende Gebäude auf Felsen anzulegen, die so vor

---

[1]) Nämlich die Secte der Sadducäer, welche behauptete, daß die mit der rothen Kuh sich Beschäftigenden schon vom vorigen Tage an rein sein müßten (Parah Abschn. 3, §. 7).

מבוארים. מפני טומאת תהום מאצרים: רגלו בם מלאות עברים
בתוכם נולדים ושם גרים. עד יגדלו בכח כגבורים: גשת יפריח
כבעלי דברים. יגישו למו איתני שורים. מרפינים להחזיק ילדי
גבורים: ירכיבו על גבם דלתות. כאיש על רגלו באות. ע
דרך שלוח לאתות: רגל מלהוציא חוץ מדלתות. בלי להא
בטמאת מיתות. הקדוק טהרות שמור ברתות: בידם כוסות א
למלאת. מים קדושים בם לדלות. מי נדה לקדם להעלות: יש
משם לבית עזרה. זכים משגיאות הרהור זרה. להוציא רש
השמור לעזרה: קנקן החבוי שם בחפירה. מלא מאז אפר פרה
לתשע מאות וששים לתפארה: יביאו איל מקרן במטרה. בראש
חבל ושוט מהרה. למהרת זאת גרמים נמדרה: לקחו מעפר אש
בכלי. ושהרו וקדשו הוד היכלי. מפי רעת יין חכלילי: ירעו ט
נצוח נחילי. רחצו והזכו כל קהלי. וחתלו חבש עצב מחלי: ור
מהיר עוד לאילי. ופרה שניה עש וחילי. ונקדש יהוה אדני חילי

סלוק.

י׳ ובכן ולך תעלה קדשה כי אתה קדוש ישראל ומושיע

אין לשוחח עצם נפלאותיך · אין להגיד חקר דתותיך
אין להבין תקף מפעלותיך · אין לפענח עמק פלאותיך ·
אין לעמוד על ספן מדותיך · אין לחקור חקר חידותיך ·
אין להשמיע כל תהלותיך · אין לגלות סוד ערותיך:
המפרשות סתומות · הנלויות עלומות · המבארור
חתומות · המשננות עצומות · החקוקות רשומות ·

---

[2]) Vom Auszuge aus Egypten bis zum Wiederaufbau des zweiten Tempels ist ein Zeitraum von 960 Jahren.

jeder Unreinheit bewahrt sind, und schwangere Frauen in diese Gebäude zu bringen, und die darin gebornen Kinder dort zu lassen, bis sie herangewachsen seien. Konnten sie dann ordentlich sprechen, so führte man ihnen fette Ochsen zu, mit Brettersitzen auf dem Rücken, und setzte sie darauf. So auf diesen Brettern sitzend, wurden dann die Kinder in geordnetem Zuge nach der Quelle Schiloach[1]) gebracht. Sie durften die Füße nicht aus den Bretterwänden herausthun, damit sie nicht durch etwaiges Anrühren an Gräbern unrein werden konnten; denn außerordentliche Reinheit war bei diesen Verrichtungen zu beobachten. In den Händen hatten sie steinerne Krüge; damit schöpften sie heiliges Wasser aus der Quelle, das als Sprengwasser genommen wurde. Hierauf zogen sie in den Frauenhof des Tempels, und die von Frevel und bösen Gedanken Freien brachten die aufbewahrte Asche in den Hof, eine Kanne nämlich, die in einem Behälter verborgen und noch aus Mosche's Zeiten her mit Asche der rothen Kuh gefüllt 960 Jahre lang aufbewahrt war[2]). Dann nahmen sie einen dazu bestimmten gehörnten Widder und banden ihm einen Strick und Stock um den Kopf, daß er beitrage zur Reinigung des Volkes, das Gottes Weinberg (Gesetz) hütet. Alsdann nahmen sie von der Asche aus dem Gefäße und reinigten und heiligten den herrlichen Tempel, ganz nach Vorschrift des Gesetzes. Durch mächtigen Trompetenschall wurde diese Handlung bekannt gemacht; die ganze Versammlung wurde besprengt und gereinigt und wieder geheilt von ihrem Schmerz und Kummer. So bemühte sich jener gewandte Schriftgelehrte (Esra) uns wieder zu erheben; er ließ zum zweitenmale eine rothe Kuh schlachten zu meiner Reinigung, und geheiligt ward Gott, der Herr, unsere Macht. —

סלוק·

Nun soll sie Dir aufsteigen die Heiligung, denn Du bist Israels Heiligster und Helfer!

Nicht auszusprechen sind Deine gewaltigen Wunderthaten, Herr! nicht zu erzählen die Tiefe Deiner Gesetze, nicht zu verstehen Deine mächtigen Werke, nicht zu enthüllen Deine erstaunlichen Wunder, nicht zu begreifen Deine hohen Eigenschaften, nicht zu erforschen Deine verborgenen Räthsel, nicht zu verkünden all Dein Lob und nicht zu entdecken das Geheimniß Deiner Zeugnisse. Das deutlich Scheinende ist uns verhüllt, das Offenbare uns verborgen, das Erklärliche versiegelt, das Eingeschärfte verschlossen; das Tiefeingegrabene ist uns nur

---

[1]) Schiloach (Jes. 8, 6) auch Schelach (Neh. 3, 15) eine Wasserleitung bei Jerusalem.

הַחֲסֵרוֹת מְיֻתָּרוֹת. הָאֲסוּרוֹת מֻתָּרוֹת. הַשְּׁחוֹרוֹת צְחוֹרוֹת. הַחֲשׁוּפוֹת אֲטוּרוֹת. הַפְּרוּטוֹת אֲצוּרוֹת. הַכְּלוּלוֹת עֲצוּרוֹת. הַקַּלּוֹת חֲמוּרוֹת. מוֹצִיא מַזָּלוֹת יְקָרוֹת. מַתִּיר מֵאֲסוּרוֹת מֻתָּרוֹת. נוֹתֵן מִטְמֵאוֹת טְהוֹרוֹת: מִן הַחֵלֶב. שֶׁמֶן הַלֵּב: וּמִן הַדָּם. טְחוֹל וְכָבֵד הַדָּם: וּמִבָּשָׂר בְּחָלָב. כְּחַל הֶחָלָב: מִכִּלְאֵי בְגָדִים. תְּכֵלֶת בְּסָדִין: מֵאֵשֶׁת אָח. יִבּוּם הָאָח: מֵאֵשֶׁת אִישׁ. יְפַת תֹּאַר לְאִישׁ: מִטֻּמְאַת נִדַּת אִשָּׁה. טָהֳרַת בְּתוּלֵי אִשָּׁה: מֵהֶתֵּר אִסּוּר. וּמֵאִסּוּר הֶתֵּר: מִטָּמֵא טָהוֹר. וּמִטָּהוֹר טָמֵא: בַּהֶרֶת מְמֻעָט תִּטַּמֵּא. פָּרְחָה בְּכֻלּוֹ עוֹד בַּל תְּטַמֵּא: הַמֵּת בְּבַיִת אֵינוֹ טָמֵא. יָצָא מִמֶּנּוּ אוֹתוֹ מְטַמֵּא: שְׂעִיר יוֹם כִּפּוּר מְכַפֵּר עַל כָּל טָמֵא. וְכָל מַעֲסִיקָיו בְּגָדִים מְטַמֵּא: פָּרָה אֲדֻמָּה עוֹשֶׂיהָ מְטַמְּאָהּ. וְהִיא עֲשׂוּיָה לְטַהֵר כָּל טֻמְאָה: וְאֶפְרָהּ נַעֲשֶׂה אָב הַטֻּמְאָה. וְהִיא מְטַהֶרֶת אֲבִי אֲבוֹת הַטֻּמְאָה: בְּכֵן אֵין לְהָבִין סוֹד תּוֹרָתְךָ. וְלֹא זִקּוּק אִמְרָתְךָ. וְלֹא צֵרוּף גְּזֵרָתְךָ: בְּכֵן אֵין לְהָמִיר וְלֹא לְהַתְמִיר. אֵין לְהַרְהֵר וְלֹא לְחַרְחֵר: אֵין לֵידַע וְלֹא לִידַע. עֲמֻקָּה מִשְּׁאוֹל מַה תֵּדָע. נָעוּ מַעְגְּלֹתֶיהָ לֹא תֵדָע: זוֹ בַּאֲמִירָה וְזוֹ בִגְזֵרָה. זוֹ בַּאֲסִיפָה וְזוֹ בַחֲשִׂיפָה. זוֹ בִנְשִׁיקָה וְזוֹ בִתְשׁוּקָה. זוֹ בִּכְבִישָׁה וְזוֹ בְּהַפְרָשָׁה. זוֹ בִּדְרִישָׁה וְזוֹ בַחֲרִישָׁה: וְכָל אִמְרָה הֶחָקוּק בָּהּ חֻקָּה.

schwach gezeichnet, das uns mangelhaft Scheinende ist im Ueberfluß gegeben, das verboten Scheinende ist erlaubt; was schwarz uns scheint, ist weiß, das Offene ist geschlossen, das Einzelstehende verwahrt, das Allbekannte uns entzogen, das Leichte uns schwer begreiflich. Aus dem Geringfügigen bringst Du Würdiges hervor, aus dem Verbotenen manches Erlaubte und aus dem Unreinen Reines. So erlaubtest Du uns vom Unschlitte das Herzfett, vom Blute die blutige Milz, vom Fleisch mit Blut vermischt die milchige Euter, von den vermischten Arten die himmelblaue Wolle am leinenen Kleide. So erlaubtest Du die Frau des Bruders in der Leviratsehe (Jibbum — 5. B. M. 25, 5), eines Andern Weib in dem gefangenen schönen Weibe (5. B. M. 21, 10 ff.), das Blut der Absonderung im jungfräulichen Blute, und läßt aus dem Erlaubten Unerlaubtes, aus dem Unerlaubten Erlaubtes, aus dem Unreinen Reines und aus dem Reinen Unreines hervorgehen. Ein kleiner Flecken macht unrein, blühet er aber über den ganzen Leib, so verunreinigt er nicht mehr. Das todte Kind in Mutterleib macht nicht unrein, sobald es aber zur Welt kommt, verunreinigt es die Mutter. Der Ziegenbock des Versöhnungstages versöhnt auf jede Unreinheit, er selbst jedoch verunreinigt die Kleider Aller, die sich mit ihm beschäftigen. Die rothe Kuh verunreinigt Alle, die mit ihr umgehen, sie selbst aber ist dazu bestimmt, jede Unreinheit rein zu machen. Ihre Asche an sich ist die größte Unreinheit und dennoch schafft sie die größte Unreinheit weg. Nicht zu verstehen ist darum das Geheimniß Deiner Lehre, der tiefe Sinn Deines Wortes, die lautere Wahrheit Deiner Beschlüsse. Darum kann nichts daran geändert und verwechselt, erforscht, nachgegrübelt und beurtheilt werden; tiefer als der Abgrund sind sie — was willst du erforschen? fern sind dir ihre Pfade — du erkennst sie nicht. Dies ist Rede, jenes Satzung, dies Geheimniß, jenes Bekanntes, dies leicht und angenehm, jenes verhohlen und abgesondert, dies leicht erklärlich, jenes räthselhaft. Und bei jedem Worte,

אֵין לְהַרְהֵר וְלֵאמֹר עַל מֶה נֶחְקְקָה · שֶׁכָּךְ נִתְּנָה בִּנְשִׁיקָה:
וְכֻלָּם נְכֹחִים לַמֵּבִין · וְכָל הַמַּשְׂכִּיל יָבִין · חוּץ מִטַּעֲמֵי
פָרָה שֶׁאֵין לְהָבִין · וְכָל חֲכַם לֵב יַדֵּל מִבִּין · חֲפָצֶיהָ אֵין
לְהָבִין: וּבִשְׁמוֹת תְּעוּדָה הִיא נְקוּבָה · לְכָל קָרְבַּן שַׁי לֹא
שָׁוָה · שֶׁהֵם זְכָרִים וְהִיא נְקֵבָה · לְטַהֵר שִׁמְצַת עֵגֶל תּוֹעֵבָה:
הֵם הֵמִירוּ כָבוֹד בְּבֶן פָּרָה · וְסָרְרוּ כּוֹ כְּפָרָה · תָּבֹא אִמּוֹ
אֲשֶׁר הִיא פָרָה · וְתִהְיֶה לָעָם כַּפָּרָה: הֵם הֶאְדִּימוּ בוֹ פָּנִים ·
וְאָדְמוּ עֶצֶם מִפְּנִינִים · תָּבֹא אִמּוֹ אֲשֶׁר הִיא אֲדֻמַּת
פָּנִים · וּבָהּ צַח וְאָדוֹם יִשָּׂא פָנִים: הֵם חֲרָטוּהוּ הֱיוֹת צָג
כִּתְמִים · וּבוֹ חִיְּבוּ מִהְיוֹת תְּמִימִים · תָּבֹא אִמּוֹ תְּמִימַת
תְּמִימִים · וּבָהּ יְטַהֵר תַּמָּה הַצּוּר תָּמִים: הֵם שֶׁחֲתוּ לְפֶסֶל
כָּל מוּם · וְנֶעֶגְשׁוּ כוֹ הֱיוֹת בַּעֲלֵי מוּם · תָּבֹא אִמּוֹ אֲשֶׁר אֵין
בָּהּ מוּם · לְהָדִיחַ דְּמֵי יָפָה וְאֵין בָּהּ מוּם: הֵם זָמֲמוּ בְּעֵגֶל
לִמְעוֹל · וַיִּזְבְּחוּ לוֹ וַיִּפְרְקוּ עֹל · תָּבֹא אִמּוֹ אֲשֶׁר לֹא עָלָה
עָלֶיהָ עֹל · וְתִנָּתֵן עַל שִׁכְמָם כְּעֹל: הֵם נִקְהֲלוּ עֲבוּרוֹ אֶל
כֹּהֵן · וְאָנַף בְּהַשְׁמֵד אִישׁ מְכַהֵן · תָּבֹא אִמּוֹ וְתִנָּתֵן לַכֹּהֵן ·
וִיכַפֵּר בָּהּ עֲוֹן כֹּהֵן: וּכְמוֹ בָאֵשׁ נִשְׂרַף · כֵּן בָּאֵשׁ תִּשָּׂרֵף:
וּכְמוֹ טָחַן וְהֵדַק עַד עָפָר · כֵּן תֻּדַּק וְתֵעָשֶׂה עָפָר:

von dem es heißt, es sei Gesetz, ist nichts nachzudenken und nicht zu fragen, warum es gegeben sei; denn Gott hat es so eingesetzt. Sämmtliche Gesetze sind richtig dem Verständigen, jeder Aufmerksame versteht sie; nur die Bedeutung von der rothen Kuh ist nicht zu begreifen, selbst der Weiseste versteht sie nicht. — Mit fünf Namen[1]), gleich dem Zeugnisse (die Thora), ward sie bezeichnet, sie glich keinem der übrigen Opfer, die vom männlichen Geschlechte genommen wurden, sie aber war weiblich und dazu bestimmt, von der gräulichen Schmach des Kalbes zu reinigen. Denn sie (Israel) vertauschten die Herrlichkeit Gottes gegen das Kalb und waren abtrünnig wie eine wilde Kuh; darum komme die Mutter des Kalbes, die Kuh, und sei eine Sühne auf das Volk. Eifrig dienten sie dem Kalbe, mit Gesichtern rother als Korallen; darum komme des Kalbes Mutter, die rothe, durch die der Herrliche (Gott) dem Volke verzeihet. Sie stellten sich das gegossene Kalb als Vollkommenheit auf und wurden durch diese Schuld der Vollkommenheit beraubt; darum komme des Kalbes Mutter, die Vollkommene, daß durch sie der vollkommene Schöpfer die Nation reinige und wieder vollkommen herstelle. Sie beugten sich vor dem gebrechlichen Götzen und wurden bestraft, wurden voller Fehler; darum komme des Kalbes Mutter, die Fehlerfreie, und wasche ab des Volkes Schuld, daß kein Fehler mehr an ihnen sei. Durch den Kalbesdienst wurden sie treulos und warfen ab das Joch der Gesetze; darum komme des Kalbes Mutter, auf die noch kein Joch gekommen ist, und liege wie ein schweres Joch auf ihren Schultern. Sie versammelten sich wegen des Kalbes zum Priester (Aharon), und der Ewige zürnte und wollte ihn vertilgen; darum komme des Kalbes Mutter und werde dem Priester übergeben und dadurch des Priesters Schuld versöhnt. Und wie jenes Kalb im Feuer verbrannt wurde, so werde auch sie, die Kuh, verbrannt; wie Jenes zerstoßen und zu Staub zermalmt wurde, so wird auch Diese zermalmt

---

[1]) Diese sind: עגלה, פרה, אלף, שור, בקר.

וּכְמוֹ הָשְׁלַךְ עֲפָרוֹ אֶל הַמַּיִם · כֵּן יַשְׁלִךְ אֶפְרָהּ אֶל הַמָּיִם:
וּכְמוֹ נָפְלוּ בוֹ שְׁלֹשֶׁת אַלְפֵי יֹשֶׁר · כֵּן יִפְּלוּ בָהּ שְׁלֹשֶׁת מִינֵי
כֹשֶׁר: וּכְמוֹ טִנֵּף עִם טָהוֹר · כֵּן תְּטַמֵּא בְּמַגָּע כָּל טָהוֹר:
וּכְמוֹ טִהֵר עִם בּוֹ נִטְמָא · כֵּן תְּטַהֵר אִישׁ אֲשֶׁר נִטְמָא:
וּכְמוֹ פֻּזַּר פִּשְׁעוֹ לְכָל דּוֹר שָׁמוּר לְחַטָּאת · כֵּן תְּהִי
לְמִשְׁמֶרֶת לְמֵי חַטָּאת: לְהָדִיחַ דָּמִים · לְכַבֵּס כְּתָמִים ·
לְנַקּוֹת טִנּוּפִים · לְהַרְחִיץ צוֹאִים · לְהַלְבִּין חֲטָאִים · לְטַהֵר
טְמֵאִים · לְקַדֵּשׁ קְדוֹשִׁים · לְהַצְדִּיק עֲמוּסִים · בְּעֵץ אֶרֶז ·
לַעֲנוּפִים כְּאֶרֶז · בְּאֵזוֹב · לְנִדְכָּאִים כָּאֵזוֹב · בַּשָּׁנִי ·
לְשִׂפְתוֹתֶיהָ כַּשָּׁנִי · בְּתוֹלַעַת · לְאַל תִּירְאִי תּוֹלַעַת · לְכָל
יִתְגָּאֶה מִתְגָּאֶה כְּאֶרֶז · שֶׁאִם לֹא יָמֹךְ כְּאֵזוֹב וְיֵחָשֵׁב
כְּתוֹלַעַת · לֹא יִטְהַר בְּאֵזוֹב וּבִשְׁנִי תוֹלַעַת · וְאִם לֹא יִשְׁפּוֹךְ
לֵב כַּמַּיִם · לֹא יִטְהַר בִּזְרִיקַת מָיִם: וּמַה יִּתְגָּאֶה חָצִיר
יָבֵשׁ · נֹכַח אֵשׁ אוֹכְלָה אֵשׁ · וּמַה יָּעוֹ צִיץ גַּאֲוָה · נֹכַח אֵל
גָּאֹה גָּאָה · וְהוּא רוֹכֵב שְׁחָקִים בְּגַאֲוָה · גֵּאֶה עַל גֵּאִים ·
מִתְנַשֵּׂא עַל נְשָׂאִים · וּמִתְגָּאֶה כְּאֶרֶז עַל מִתְגָּאִים · וְעָנָו
כְּאֵזוֹב עַל נִדְכָּאִים · וְצָר בְּעוֹלָמוֹ חֲמִשָּׁה מִינֵי גֵּאִים · שׁוֹר
בִּבְהֵמָה · אַרְיֵה בְּחַיָּה · נֶשֶׁר בִּמְעוֹפְפִים · אֶרֶז בְּעֵצִים ·

und zu Staub gemacht; wie der Staub von Jenem in's Wasser geworfen wurde, so wird auch die Asche Dieser in's Wasser gestreut; wie bei'm Kalbe drei tausend Mann fielen, so wird die Asche der Kuh mit drei Gegenständen geweiht[1]); wie das Kalb das reine Volk befleckte, so verunreinigt auch die Kuh jeden Reinen, der sie berührt; wie die Asche des Kalbes das Volk reinigte, so reinigt auch die Asche der Kuh jeden Unreinen. Wie jener Frevel bei'm Kalbe in allen Zeitaltern als Schuld aufbewahrt wird, so wird auch die Asche der Kuh aufbewahrt zum Entsündigungswasser — die Schuld zu tilgen, die Flecken zu waschen, den Schmutz zu reinigen, den Unflath zu entfernen, die Sünden weiß, die Unreinen rein, die Geheiligten heilig und die Geliebten schuldlos zu machen. Mit Zedernholz werden die gereinigt, die stolz wie die Zeder sich erhoben, mit Ysop, die sich niederbeugen, wie das Ysop, mit dem karmosinrothen Faden die, deren Lippen dem Karmosin gleichen, und mit dem Kokuswurm das Volk, dem verheißen ward: „Fürchte dich nicht Würmchen Jakob!" (Jes. 41, 14) — Der Stolze soll sich darum nicht wie die Zeder hoch erheben. Beugt er sich nicht wie das Ysop und achtet sich nicht dem Wurme gleich, so wird er nicht rein werden durch das Ysop und durch das Roth des Wurmes; gießt er nicht reuevoll aus sein Herz wie Wasser, so wird er nicht rein werden durch das Sprengen des Wassers. — Wie will sich auch das dürre Gras erheben gegen das Feuer verzehrende Feuer (Gott)? wie kann die welke Blume stolz und mächtig thun gegen den Allmächtigen und Hocherhabenen, der in seiner Hoheit die Himmelsräume lenkt, der Höchste aller Hohen, der Erhabenste aller Erhabenen? Den Stolzen zeigt er sich hocherhaben wie die Zeder, herablassend wie das Ysop den Gebeugten. Er schuf in seiner Welt fünf Hohen: den Stier unter dem Viehe, den Löwen unter dem Gewilde, den Adler unter den Vögeln, die Zeder unter den Bäumen und

---

1) Nämlich mit Zedernholz, Ysop und einem rothen Faden; siehe 4. B. Mos. 19, 6.

וְאָדָם בְּכֻלָּם · וּמֶלֶךְ מִתְגָּאֶה עַל כֻּלָּם · לָבֵשׁ גֵּאוּת מִכֻּלָּם · חֲקָקָם בְּבֵם שְׁבִיבֵי אֵשׁ · אַרְבָּעָה בְּבֵם מַעְלָה · וְאֶחָד בְּבֵם מַטָּה: כִּי כֵם מַעְלָה מְכֻוָּן כְּנֶגֶד כֵּם מַטָּה · וְכָל אֲשֶׁר יֵשׁ בְּמַעְלָה יֵשׁ בְּמַטָּה · כִּסֵּא מוּל כִּסֵּא · הֵיכָל מוּל הֵיכָל · מִקְדָּשׁ מוּל מִקְדָּשׁ · זְבוּל מוּל זְבוּל · מִזְבֵּחַ מוּל מִזְבֵּחַ · בָּנִים מוּל בָּנִים · מַלְאָכִים מוּל מַלְאָכִים · מְשָׁרְתִים מוּל מְשָׁרְתִים · עֲבָדִים מוּל עֲבָדִים · צְבָאוֹת מוּל צְבָאוֹת · כְּרוּבִים מוּל כְּרוּבִים · אֲלָפִים מוּל אֲלָפִים · רְבָבוֹת מוּל רְבָבוֹת · קְדוֹשִׁים מוּל קְדוֹשִׁים · מַחֲנוֹת מוּל מַחֲנוֹת · מַעֲרִיצִים מוּל מַעֲרִיצִים · מַקְדִּישִׁים מוּל מַקְדִּישִׁים · וּקְדֻשָּׁה לְקָדוֹשׁ מְשַׁלְּשִׁים: ככתוב על יד נביאך וקרא זה אל זה ומ׳.

יוצר לפרשת החדש·

ע״ס א״ב.

אוֹת זֶה הַחֹדֶשׁ · אַצְּתָּ מִכָּל לְקַדֵּשׁ · וּבוֹ יֶשַׁע לְחַדֵּשׁ: בּוֹחֲרֶיךָ תּוֹבְעִים אוֹתְךָ לְקַדֵּשׁ · וְאַתָּה אוֹתָם מְקַדֵּשׁ · אֵל נַעֲרָץ בְּקֹדֶשׁ: גְּאֻלָּתָם עַתָּה תְּחַדֵּשׁ · וְשׂוֹנְאֶיךָ פִּתְאֹם לְהַדֵּשׁ · וְכָל פֶּה יְרוֹמֵם וִיקַדֵּשׁ: ״ הַחֹדֶשׁ הַזֶּה לָכֶם · בְּכָל מוֹשְׁבֹתֵיכֶם · נַחֲלָה בְּכָל קְהַלְכֶם · קָדוֹשׁ:

דְּרַשְׁתּוֹ מִכָּל חֳדָשִׁים · וְהִנְחַלְתּוֹ לִקְדוֹשִׁים · הֱיוֹת בּוֹ מְקֻדָּשִׁים: הִזְמַנְתּוֹ לַשְּׁלִישִׁים · לְאֶפְרָתִים מְגֻלָּשִׁים ·

den Menschen über sie Alle. Er, der Herr aber ist der erhabene König über Alle, über Alle in Hoheit gekleidet. Er hat vier dieser Hohen an seinem himmlischen flammenden Feuerthrone ausgeprägt[1]), und einer derselben fand sich am irdischen Throne (am Tempel[2]). Denn der Thron der Höhe steht dem irdischen Throne gegenüber, und was in der Höhe ist, ist auch unten auf Erden: — Thron gegen Thron, Tempel gegen Tempel, Heiligthum gegen Heiligthum, Wohnsitz gegen Wohnsitz, Altar gegen Altar, Söhne Gottes gegen Söhne Gottes, Engel gegen Engel, Boten gegen Boten, Diener gegen Diener, Schaaren gegen Schaaren, Cherubim gegen Cherubim, Tausende gegen Tausende, Myriaden gegen Myriaden, Heilige gegen Heilige, Lager gegen Lager, verherrlichende Wesen gegen verherrlichende Wesen, Heiligende gegen Heiligende, die die Heiligkeit des Heiligen dreimal täglich verkünden.

יוצר לפרשת החדש·

Diesen ausgezeichneten Monat Nißan, heiligtest Du mehr als alle Monate, in ihm erneuertest Du Hülfe uns. Darum auch verehren und heiligen Dich Deine Erwählten, die Du heiligtest, Du, in Heiligkeit Verherrlichter! So erneuere auch jetzt ihre Erlösung, zermalme plötzlich Deine Feinde, und jeder Mund erhebt und heiligt Dich. — Dieser Monat sei euch der Erste in allen euern Wohnplätzen, ein Erbe in allen euern Versammlungen — so spricht der Allheilige!

Diesen Monat bevorzugtest Du vor allen Monaten, gabst ihn den Heiligen zum Erbe, daß sie durch ihn geheiligt werden. Für die Hohen, die Gelehrten und Edelen bestimmtest

---

1) Siehe Jechesk. 1, 10.
2) Nämlich die Zeder; denn, wie bekannt, war der Tempel aus Zedernholz gebauet.

לִמְנוֹת בּוֹ עַד שְׁלשִׁים: וּבוֹ תַּפִּיל קְדֵשִׁים. וְתַחְמוֹל עַל
צֹאן קָדָשִׁים. בְּבֵית קֹדֶשׁ הַקֳּדָשִׁים: זִכְרוֹן שְׁבוּעַת
בְּרוּכִים. הִנְחַלְתָּ לִמְבֹרָכִים. לְהוֹשִׁיעָם מִיַּד מַפְרִיכִים:
חוֹנֵן דַּלִּים וְדַכִּים. חָמַלְתָּ עַל נְמוּכִים. אֲשֶׁר אַחֲרֶיךָ
מְשׁוּכִים: טוּב טַעַם מַאֲרִיכִים. וּלְפָנֶיךָ לֵב שׁוֹפְכִים.
בְּרֹאשׁ יֶרַח מַמְלִיכִים: יִקָּבְצוּ עַתָּה מַקְהִלִים. כִּיפִי תֹאַר
מַכְלוּלִים. וְשָׁם תִּשְׁמַע פִּלּוּלִים: כְּבוֹד שִׁמְךָ מְעַלִּים.
בְּשִׁיר וּבְתַחַן מִתְפַּלְּלִים. בְּחֶשְׁבּוֹן רֹאשׁ רְגָלִים: לְפָנֶיךָ
יִהְיוּ מְסֻגָּלִים. כָּל גְּזָעֵי דְגָלִים. מְשׁוֹרְרִים וּמְהַלְלִים: מַה
גָּדְלוּ מַעֲשִׂים. לְעֹשֵׂה נִפְלָאוֹת וְנִסִּים. לְבָנִים אֲהוּבִים
וַעֲמוּסִים: נִצְּלוּ מִיַּד פַּתְרוּסִים. אֲשֶׁר אוֹתָם מְעַשִּׂים.
וְהֶעֱמִדוּ הֱוֹות שָׁשִׁים: שׂוֹנְאֵיהֶם בַּיָּם דּוֹרְסִים. וְכִנַּת
רָאשֵׁימוֹ רוֹפְסִים. כִּי בְּגוֹתָם הָיוּ חוֹסִים: עוֹלָצֵי בְשִׂמְחוֹת
יָשִׂישׂוּ בְּרֹב הַצְלָחוֹת. וְיִתְמַלְּטוּ מִכָּל אֲנָחוֹת: פּוֹדֶה אֱלֹהֵי
הָרוּחוֹת. הַמַּעֲלֶה בְּכָל שְׁבָחוֹת. יַטֶּה אֹזֶן לְשִׂיחוֹת: צוֹרְרֵיהֶם
יַפִּיל בְּשׁוּחוֹת. וְנַפְשׁוֹתָם תִּהְיֶינָה שָׁחוֹת. בְּכָל רַע מוּכָחוֹת:
קָדוֹשׁ יְקַבֵּץ עֲדָרִים. וְיִזְכּוֹר בְּרִית אַבִּירִים. אֲשֶׁר לְפָנָיו
הָיוּ בְרוּרִים: רָצָה בָּנִים מְבֹחָרִים. בְּכָל צַר וַעֲבָרִים.
לְפָנָיו הֱיוֹת מְשֻׁמָּרִים: שָׁקַד עֲלֵיהֶם בְּלֵיל שִׁמֻּרִים.
וְקִטֵּל לְמַעֲנָם בְּכוֹרִים. וְהוֹצִיאָם כְּפָרוֹת מְדֻדָּרִים:

Du ihn, und immer sei er dreißig Tage lang. In ihm stürztest Du die Unzüchtigen (Egypter) und erbarmtest Dich der heiligen Schafe im Allerheiligsten. Das Andenken des den gesegneten Stammvätern gegebenen Schwures hieltest Du den Gesegneten und halfst ihnen aus der Hand der Peiniger. Der Du Dich der Armen und Gebeugten annimmst, Du erbarmtest Dich der Gesunkenen, die an Dir sich hielten. Mit schönen und inhaltsvollen Gebeten schütten sie darum ihr Herz vor Dir aus und huldigen Dir am Anfange des Monates. Sie versammeln sich jetzt in Gemeinden, geschmückt mit Schönheit und Pracht; erhöre dort ihre Gebete! Deinen herrlichen Namen erheben sie, beten mit Lied und Gesängen beim Anbeginn der Festberechnung. O, daß die Sprößlinge jener Stämme Deine Lieblinge stets seien, stets Dir singend und Dich rühmend! — Wie groß sind die Werke, Zeichen und Wunder, die Du Deinen geliebten und erhobenen Kindern erzeigtest! Sie wurden aus der Hand der Pathrusim (Egypter), die sie drückten, errettet, und freudig vereint zogen sie aus. Ihre Feinde wurden in's Meer geworfen und deren Haupt wie Kelter getreten, da auf ihren Schöpfer sie (Israel) vertraueten. — So lasse sie auch fortan Fröhlichkeit genießen, sich der Fülle des Glückes erfreuen und allen Seufzern entrinnen. Erlöser, Gott der Geister, über alles Lob Erhabener, neige Dein Ohr unserm Flehen, und stürze die Feinde in die Grube, beuge ihre Seelen und strafe sie mit allem Uebel! Allheiliger, sammle Deine Heerden wieder, gedenke Deines Bundes mit den Starken (Stammvätern), die rein vor Dir befunden wurden! Der Du an Deinen Auserwählten Wohlgefallen hattest und sie auf allen Seiten bewahrtest, der Du sie in jener Bewahrungsnacht bewachtest, um ihretwillen Egyptens Erstgebornen schlugst, und sie (Israel) zur Freiheit führtest—

תפן באני ישינה. ותצילנה מעדינה. בראשון לחדש
השנה. קדוש: הכל יודוך.

חיזט דיענער שבת חויך ראש חדש, זאָ ווירד נוך סופן לך אלי
גענזונגען, זעבען זייטע 18.

פ"ס א"ב.

זולת. אל עשה נפלאות. בעבורם עשית נוראות. גליו
ברבבי צבאות. הגלימו להוציא מתלאות. הם כנשרי
נשואות. ומשארותם נשאות. ועד טוב מלאות. חס
בעיניהם רואות: טוב בנים כללם. יודע פרי מעללם
כל ההדך נהלם. לפני כל התלילם. מלא כל משאלם
נואמי רעתם הפילם. שבע מן האכילם. על כל א
עלם: פצו פה בשירה. צדקו לאיום ונורא. קול תודה
חמרה. רננו לשוררה. שם הנכבד והנורא. שבחו להעי
במורא. תקפו כלם להתאזרה. תנות קרישת ים ס
ומכת בכורים להגבירה: עזרת אבותינו וכו'.

קרובות. כש"ץ חוזר התפלה עד מלך עוזר ומושיע ומגן.

מסוד חכמים ונבונים. ומלמד דעת מבינים. אפתחה פי
בשיר ורננים. להודות ולהלל פני שוכן מעונים:

פ"ס א"ב. אתנית עת דודים כגעה. באחת ועשר פוט נגעה. גיש
צקון מכפל כפנעה. דלג שם וזאת רגעה: השגיח ע
סתרך ארבות. וחיל ארך בתבם תערובות. וזמן קפ

wende Dich doch den Ermatteten wieder zu und errette sie aus der Hand der Wollüstigen, mit dem Ersten der Monate des Jahres! Du, Allheiliger! —

זולת.

Allmächtiger! Wunderthäter! Deiner Erkornen wegen übtest Du erstaunliche Thaten, offenbartest Dich unter Myriaden Himmelsschaaren und führtest Deine Heere aus dem Drangsal. Auf Adlerflügeln getragen, trugen sie ihre Teige; mit köstlichen Gaben beschenkt, sahen sie augenscheinlich die Gnade Gottes. Der Allgütige krönte seine Söhne; Er, der ihre Werke kannte, leitete sie auf dem ganzen Wege und erhob sie vor Aller Augen. Er erfüllte all ihre Wünsche und stürzte Alle, die ihnen übel wollten. Er speiste sie im Ueberfluß mit Man und erhob sie über alle Nationen. Und mit Gesang öffneten sie den Mund, priesen des Furchtbaren Allgerechtigkeit, mit Dank und Hochgesang jubelten sie Lieder dem Namen des Herrlichen entgegen. Und noch jetzt lassen sie ehrfurchtsvoll sein Lob ertönen, verkünden laut seine Allgewalt, erzählen, wie er das Schilfmeer theilte und die Erstgebornen der Egypter mächtig schlug.

קרובות.

מסוד Nach dem Rathe der Weisen und Verständigen, nach dem Unterrichte und der Meinung der Gelehrten, öffne ich den Mund, mit Liedern und Gesängen dankend zu loben Ihn, der in des Himmels Räumen thronet.

Die Zeit der Erlösung kam und Put (Egypten) wurde mit zehn Plagen, eine härter als die andere, heimgesucht; das Gebet der in der Machpelah-Gruft Ruhenden drang zum Herrn, und er überschritt 190 Jahre[1]) und sein Volk erlangte Ruhe. Aus seinen Himmeln schaute der Allgütige und bereitete ein Heilmittel seinem Volke aus der Mischung des

---

[1]) So viel Jahre hätten nämlich Israel — nach der talmudischen Berechnung — eigentlich noch in Egypten Sclaven sein müssen.

עֲשׂוֹת רַבּוֹת. חֳדָשִׁים וְגַם יְשָׁנִים לְהַרְבּוֹת: מָשׁ וַיַּרְא
וְעִדָּן שָׁנָה. יָקֵץ כְּיָשֵׁן וָעֵר כְּמִשְׁנֶה. ח׳ כָּסַף וְדָפַק בְּפִתְחֵי
יְשֵׁנָה. לְחַפְּשָׂהּ בָּרִאשׁוֹן לְחָדְשֵׁי הַשָּׁנָה:

לִי עוֹד תִּגְנוֹן. בְּפָסוֹחַ וְגָנוֹן. ח׳ בְּגוֹנְנְךָ לְכָנוֹן. כְּמוֹנֶגֶת יִנּוֹן:
בָּרוּךְ אַתָּה יְיָ מָגֵן אַבְרָהָם: אתה גבור עד להחיות מתים.

מְרִימֵי עַל עֶגְלָה לְהַלְאוֹת. מִכְּאֵב הַגְּעָתָהּ לְהַרְאוֹת אוֹת.
נַאֲקָה הֵחִישָׁהּ קֵץ הַפְּלָאוֹת. נִתְּצוּ לְמָאתַיִם (וְעֶשֶׂר) אַרְבַּע
מֵאוֹת: שֶׂה הַמְסֻכָּךְ לְעֵקֶד צוּר. סִיֵּם זִכְרוֹ בְּפֶקֶד נָצוּר.
עֲמוּסִים כְּאָתָיו לְעֵת בִּצּוּר. עֲדָרִימוֹ לְשַׁי יְהִי עָצוּר: פֶּלֶא
עֲשׂוֹת נֶגֶד אָבוֹת. פֶּן מִכְּעָשֵׂר לְאָסְרוֹ כַּעֲבוֹת. ס׳ צְלִיחַת
יַרְדֵּן בּוֹ לְהַתְווֹת. צְפִיַּת שֶׂה לְבֵית אָבוֹת:

לְךָ עוֹד נַקְשִׁיבָה. מִמַּעַיְנֵי הַיְשׁוּעָה נִשְׁאָבָה. ח׳ שָׂשׂוֹן
יִשָּׂאֵךְ הֲשִׁיבָה. וּבִתְחִיַּת גֶּשֶׁם נֶחְשָׁבָה: בָּרוּךְ אַתָּה יְיָ
מְחַיֵּה הַמֵּתִים:

קִיחַת עֲלִית עֵקֶד. הִיא נִצְּבָה בְּפֶקֶד. תּוֹכַחַת בִּתְרֵי שָׁקֵד.
רִשְׁפֵּי לוֹד לִיקֵד: רַחַשׁ יְשֵׁנִים כְּעֶרֶב. דַּם תְּבוּסָה כְּעָרֵב.
קֵץ חָשׁ וְקָרֵב. לְעוֹרֵר בְּתַגִּין קְרָב: שֶׁמַּע מִכְּסַת פְּסָחִים.

---

2) Siehe 1. B. M. 15, 13.
3) Die ebenfalls am 10. Nissan geschah (Jos. 4, 19).

Blutes;[1]) Er übersprang die Zeit und that viel Großes, fügte den alten Wundern neue hinzu. Er eilte wie im Flug herbei, die Unglückszeit zu ändern, Er erwachte wie vom Schlafe und klopfte liebevoll an die Pforten der schlafenden Nation, um sie frei zu machen, im ersten der Monate des Jahres.

לי So bewahre auch uns in Deinem Schirm und Schutz, so laß' Deinen Schutz wieder über dem Tempel walten, und sende uns zum Schutz den Gesalbten! Gelobt seist Du, Ewiger, Schutz Abraham's!

מריטי Das Joch legten sie dem duldenden Kalbe (Israel) auf, um es zu erdrücken; doch Du verhießest Rettung ihm von seinem Schmerze; ließest es Deine Wunder schauen. Sein Jammern führte schnell das Erlösungsziel herbei, so, daß die vier hundert bestimmten Jahre[2]) auf zwei hundert und zehn herabgesetzt wurden. Das Gedächtniß des bei Abraham's Opferung im Dickicht verstrickten Lammes ward im bewahrten Gesetze verzeichnet, ward aufbewahrt für die Erkornen, die in jener Leidenszeit dem Herrn ein Lamm zum Opfer brachten. Wunder den Vätern zeigend sprach der Herr, daß man dieses Lamm schon am Zehnten mit Stricken binden soll; die spätere Spaltung des Jardens ward ihnen damit angezeigt[3]), angedeutet mit diesem Lamm für jedes Haus.

לך. Dir gehorchen wir noch, schöpfen aus den Quellen des Heils. O führe uns die Wonne Deiner Hülfe wieder zu, zähle uns unter Jene, die Dein Regen einst wieder belebt! Gelobt seist Du, Ewiger, der Du die Todten wieder belebst!

קדוח Die Frömmigkeit Abraham's, der seinen Sohn als Ganzopfer band, ward in Egypten uns gedacht und stand uns bei; er, der Stammvater sah schon damals, als er bei den zerschnittenen Fleischstücken wachte, das Feuer, welches Lud (Egypten) verzehrte. Das Gebet der schlafenden Väter, sowie das fließende gemischte Blut nahm Gott wohlgefällig auf, und eilends nahte das Ende heran und der Kampf mit dem Krokodill (Pharaoh) begann. Die Verkündigung von der Zahl

---

[1]) D. h. er gab dem Volke die beiden blutigen Gebote des Ueberschreitungslammes und der Beschneidung, und die Willigkeit, womit es sie befolgte, machte es der Erlösung würdig.

אשר כפז מסוחים. היא צמותה כסלוחים. להצידתם
בקוצים כסוחים: תרפים כדי למעט. מנויי מתי מעט.
פ' תקף הדרת מלך מלהמעט. הרשם להמנות בואם ימעט:

החדש הזה לכם לשמור. בסכם אסופי הר מור.
פ' ואתם אל יגמור. שלשת אותות בו לשמור:

הדש זה חדש בחדשו. לאות ולמופת קדשו.
פ' ידידי עם קדושו. הושיעה לו ימינו וזרוע קדשו:

הדם אשר מגר והדש. כהיום הזה יחדש בגדש.
פ' ונוביל שי בקדש. בראשון באחד לחדש:

ימלך יי לעולם אלהיך ציון לדר ודר הללויה:

ואתה קדוש יושב תהלות ישראל אל נא:

רבות עשית וחשבת וספרת. ממפעלותיך פעל בסדר
ספרת. לאותת ולמועדים חבלו שפרת. לתקופות
ומחזורות קצו צפרת. לאלפים וארבע מאות וארבעים
ושמנה ומנו בארת. ובתשע מאות עבורים עדיו עברת.
והיום הודית לעם אשר בחרת. לכן על כל חדש חדשו

der Ueberschreitungsopfer, die die Ueberschrittenen zählten — sie stürzte die Kaßluchim (Egypter), verzehrte sie, wie die Flamme abgehauene Dornen verzehrt. Egyptens Abgötter, die Lämmer, wurden dadurch vermindert, daß sie vom kleinen Volke (Israel) je nach der Zahl geschlachtet wurden. Damit es jedoch bei dieser herrlichen Verehrung Gottes nicht an Leuten fehle, ward das Gebot verzeichnet, daß mehrere Familien zusammengehen sollen, wenn eine für sich zu klein ist. —

החדש Diesen Monat sollt ihr beobachten, wie ihn die auf dem Berge Mor[1]) Versammelten nach drei Hauptregeln einsetzen[2]); denn ihren Beschluß bestätigt der Ewige.

חדש Diesen Monat erwählte Gott und weihte ihn zum Zeichen und Merkmal; denn in ihm half Er seinem geliebten und heiligen Volke mit seiner Rechten und seinem heiligen Arme.

הרום O daß der gestürzte und verheerte Tempel jetzt wieder vollständig hergestellt werde, auf daß wir unsere Opfer im Heiligthum darbringen, am Ersten des ersten Monates. —

ימלך „Der Ewige regieret ewiglich, dein Gott, o Zion, von Geschlecht zu Geschlecht. Hallelujah!"

ואתה „So throne doch, Du Allheiligster, Allmächtiger, unter den Lobgesängen Israels!"

רבות Großes thatest Du, berechnetest und zähltest, und Dein Wunderwirken war nach dem Mondeslauf berechnet. Ein schönes Loos ließest Du seinem Neumond werden, Zeichen und Feste, Zeit- und Jahresumläufe werden nach ihm berechnet. Im 2448sten Jahre nach Erschaffung der Welt, nachdem 900 Schaltjahre verflossen waren, erklärtest Du seine (des Mondes) Zeit, und belehrtest über ihn das Volk, das Du erwähltest. So erhobst Du seinen Monat über alle Monate und stelltest

---

1) Moriah — d. h. der im Tempel sitzende hohe Rath.

2) Diese drei Regeln sind: 1) mit dem Peßachfeste muß schon reife neue Gerste da sein; 2) muß das Sommer-Aequinoctium (תקופה) vor dem 17ten Nißan eintreffen und 3) müssen in diesem Monate schon blühende Bäume zu sehen sein (Talmud Sanhedrin 11, b).

תִּגְבַּרְתָּ· סְפָרוֹ בִּקַּרְתָּ· קִצּוֹ חָקַרְתָּ· נִגְלוֹ הֵיקַרְתָּ·
פִּלְאוֹ סִפַּרְתָּ· מוֹעֲדוֹ יִקַּרְתָּ· וּבוֹ יָקַרְתָּ וְנִתְיַקַּרְתָּ·
חַי וְקַיָּם נוֹרָא וּמָרוֹם וְקָדוֹשׁ:

פזוס סכמ"פ אלעזר בירבי קליר·

אֲבִי כָל חוֹזֶה· חָל בּוֹ בְּמַחֲזֶה· כְּנֶאֱמַר לוֹ חֲזֵה· תַּבְנִית
הַחֹדֶשׁ הַזֶּה: לְהָבִין קִצְּבַ מוֹלַדְתּוֹ· מִתְּחִלָּתוֹ· וְאֹרֶךְ מְלַאכְתּוֹ·
עַד תַּכְלִיתוֹ: עִמְּתוֹ לְהַרְאוֹתוֹ· וְלֹא הִכִּיר מַרְאֵהוּ· עַד
בְּאֶצְבַּע הֶרְאָהוּ· אָז בָּן וְרָאָהוּ: זֹהַר לְשָׁעוֹת שֵׁשׁ· תְּאָרוֹ
לְהִתְאוֹשֵׁשׁ· פָּחוּת מִשֵּׁשׁ· כָּל עַיִן יְעַשֵּׁשׁ: רוֹאָיו לְבַקֵּר·
עָרָיו לְחַקֵּר· מַאֲמִירָיו לְיַקֵּר· מְמִירָיו לְעַקֵּר: בְּמֶדֶד לוֹ
שַׁעַר· עָבְיוֹ אֵיךְ לְשַׁעֵר· עַד שְׁמִיפַּת שַׁעַר· יְקַבְּלוּ יֹשְׁבֵי
שַׁעַר: יָדְעוּ תְּבוּנָה· לְהַוּוֹת לְאֹם נְכוֹנָה· לְהוֹרוֹת לְיוֹדְעֵי
בִינָה· עֵרֶךְ לְבָנָה: רְגָלִים לְיַשֵּׁב· זְמַנִּים לְחַשֵּׁב· בְּעִבּוּר
אֵיךְ לְיַשֵּׁב· וְסוֹד מָה לְהַקְשֵׁב: בְּפָנָיו צִוָּנוּ אֵלִי קֹדֶשׁ·
לְהָעִיד עֵדוּת חֹדֶשׁ· וְאֵל נִתְעַטֵּף בְּקֹדֶשׁ· כִּמְקַדְּשֵׁי חֹדֶשׁ:
יָהּ בְּדָקָם לְעֵינוֹ· וְעֵדוּתָם דִּקְדֵּק בְּמִשְׁנוֹ· וְהַכֹּל צִוָּה
בִּמְעוֹנוֹ· מְקַדֵּשׁ הַחֹדֶשׁ בִּזְמַנּוֹ: קֵץ מוֹלָדוֹ חָל לְהַקְצוֹת·
בְּיוֹם רְבִיעִי בַּחֲצוֹת· וְעַד שְׁלֹשִׁים מְרוּצוֹת· לֹא נִכָּר בְּחוּצוֹת:

dessen Berechnung und dessen Verhältniß fest. Kühle Regen läßt Du in ihm fließen, zeichnest ihn durch Wunder aus, verherrlichest sein Fest, verherrlichest in ihm Dein Volk und wirst durch es verherrlicht,

Du Lebendiger, Selbstständiger, Furchtbarer, Erhabener und Heiliger!

אבי Als dem Meister der Propheten (Moscheh) im prophetischen Gesichte das Wort ward: „Siehe die Gestalt dieses Neumonds!" da flehte er zum Herrn, ihm doch das Verhältniß zu erklären, nach welchem der Neumond beginnt, wie lange der Vollmond dauert und wann dessen Ende eintritt. Und der Herr brachte den Mond ihm näher, ihm, der dessen Gang nicht begriffen hatte, und bezeichnete es ihm deutlich und Moscheh begriff und erkannte. Sechs Stunden nach dem Neumond ist der Glanz des Mondes und seine Gestalt schon deutlich zu erkennen; aber vor dieser Zeit bleibt er noch jedem Auge unsichtbar. Die den Neumond sahen, werden darnach geprüft, seine Zeugen erforscht, die Wahren beehrt, die Falschen ausgerottet. — Das Maß bestimmte der Ewige ihm (dem Moscheh), wie die Größe des Neumonds zu messen ist, so daß, wenn er selbst ein Haarbreit nur gesehen worden sei, die Richter am Thore dies Zeugniß annehmen können. Mit dieser Kenntniß machte der Herr seinen Diener bekannt, auf daß er sie der geraden Nation mittheile und die Einsichtsvollen über den Mondlauf belehre, wie darnach die Feste zu bestimmen, die Zeiten zu berechnen, die Schaltmonate einzuführen sind und von welchem Grundsatze man hierbei auszugehen hat. Die heiligen Engel standen vor Moscheh und legten Zeugniß ab vom Neumonde, und der Allmächtige, in Heiligkeit gehüllt, heiligte den Monat. Er prüfte die Himmlischen vor des Propheten Augen und untersuchte genau ihr Zeugniß; Alles rief dann in der Höhe: „Geheiligt ist der Monat zur rechten Zeit!" — Das Eintreffen des Neumonds jenes Monates Nißan (beim Auszug aus Egypten) geschah genau auf den Mittag des vierten Wochentages; doch erst nach 30 Stunden war der

לאוה ציר ושחר · ותר מעת לעת מספר אחד · ותצר פנן לו יחד · מערב עד ערב מנות אחד: ילדות חרם וסהר בו ביום חשבון מצו · וכתחלת בריתם בחלון אחד נמצאו · רעים כנתן למו מסרת אמצו · לחשב לעבר ולקדש ספורות כמצאו:

ה׳ אל נא · לעולם תערץ · ולעולם תקדש · ולעולמי עולמים · תמלוך ותתנשא · האל מלך · נורא מרום וקדוש · כי אתה הוא מלך מלכי המלכים · מלכותו נצח · נוראותיו שיחו · ספרו עזו · פארוהו צבאיו · קדשוהו רוממוהו · רן שיר ושבח · תקף תהלות תפארתו:

חו״ק ראשון הוא לכם · לפסח עליכם · להתקדש בתוככם · קדוש:

חו״ק לכם הוא ראשון · נצורי כאישון · להעריץ לאל אחרון וראשון · קדוש:

ע״פ א״ב.

ארון מקדם תכנו ראש · בינו לא גל בספר תולדות ראש · גלהו תחלה לכם לדרוש: הדש להשוות בו גיהי ואישון · הפלא מכל עם ולשון · ולא המסר לאדם הראשון: ומן ערגה בו בשרה · תנוט לקצו עקוד למסרה ·

Mond sichtbar im Freien. Da war der Gesandte (Mosche) im Zweifel, ob er nicht nach 24 Stunden, von diesem eingetretenen Neumonde an, einen Tag zählen müsse, und zu seiner Beruhigung sprach der Felsenschutz zu ihm: „Von Abend bis Abend wird ein Tag gezählt." Die Anfänge des Kreislaufs der Sonne wie des Mondes trafen an jenem Tage genau zusammen, und beide fanden sich wie bei ihrer Schöpfung wieder in einem Himmelszeichen. — Die Regeln des Kalenderwesens wurden den Geliebten überliefert, und sie beeiferten sich, darnach zu berechnen, einzuschalten und Monate zu heiligen.

אל Allmächtiger! ewiglich wirst Du verherrlicht, ewiglich geheiligt, in allen Ewigkeiten regierst Du hocherhaben, Allmächtiger, König, Furchtbarer, Erhabenster und Allheiliger! Ja, Du bist der König aller Könige, dessen Regierung immerdauernd ist! Verkündet darum seine furchtbaren Thaten, erzählet von seiner Macht; preiset ihn, ihr, seine Schaaren! Heiligt ihn, erhöhet ihn mit Gesang, Lied und Lob, hoch preiset seine Herrlichkeit! —

ראשון Der Erste der Monate ist dieser (Nißan) euch, an dem euch überschritt und in euerer Mitte geheiligt ward der Heilige.

לכם Euch ist er der Erste, ihr, gleich dem Augapfel Bewahrte. — Verherrlicht Gott den Letzten und Ersten, den Heiligen!

ארון Der Herr setzte diesen Monat schon bei'm Anbeginn als Ersten ein, seine Berechnung aber hat er nicht im Geschichtsbuche der ersten Menschen offenbart; Israel war es, denen er sie zuerst mittheilte, auf daß sie sich darnach richten. Eingerichtet wird es, daß in diesem Monate Tag und Nacht gleich seien, welche Regeln allen Nationen fremd blieben und selbst dem Ersten (Adam) nicht überliefert wurden. — Die Zeit der Wollust ward in diesem Monate der Sarah verkündet, und nach Jahresfrist gebar sie den, der zum Opfer geweihet wurde (den Isaak); eben so ward auch ihren Nachkommen in diesem Monate fröhliche Botschaft gebracht.

טפיה בכן בו בשרו בשורה: ירח אשר לא תשנח
לראשונים. כמוס לצפון חדשים וגם ישנים. לראש
השם לארבעה ראשי שנים: מועדים מזמין לנדגלים.
נועדים בו עינימו ציורי רוגלים. ספור הוא למלכים
ולרגלים: עבור מעברים לשמרו במועדו. פרח ואביב
תקופה בם לועדו. ציון שלשתם יצרם לסעדו: קדש
בראשו ושלישו ותציו ורבו לשמור. לקדש לקחת לחגג
לקצור יגמור. רשם בכל דור שמור הוא לרכב על
חמור: שמירת שלישו בירדן עמדה. שלהבת חציו שאון
פול השמידה. תשועת קצירו ימיני העמידה:

ח׳ ובכן ולך תעלה קדשה כי אתה קדוש ישראל ומושיע:
סלוק

הוא נקרא ראש וראשון. ונאמו נקרא ראש וראשון.
ומועדו נקרא ראש וראשון. ואוויו נקרא ראש וראשון.
ונוחליו נקראו ראש וראשון. ואיכם נקרא ראש וראשון.
ואוהבם נקרא ראש וראשון. וגאלם נקרא ראש וראשון:
הנה העת יבא בראש וראשון. בקץ אשר הוא ראש
וראשון. לשבור בראש וראשון. לכתן נכון בראש וראשון.
ואתו נוצר ברוח ראש וראשון. לקעקע שרידי אדמת

2) Das Nehmen des Peßachlammes am 10. des Monates; siehe oben Seite 162 die Note 3.

3) Sanherib's, welches nach der Tradition am 15. Nißan geschah. Siehe 2. B. Könige 19, 35.

Dieser Monat, den der Herr den frühern nicht offenbarte, ward aufbewahrt, um die vielen neuen und alten Wunder in ihm geschehen zu lassen, zum Ersten ward er bestimmt unter den vier Neujahrszeiten. Er legt alle Feste der erhobenen Nation, in ihm versammeln sie sich, um nach den Boten zu schauen, die den Neumond verkünden, nach ihm werden die Regierungsjahre der Könige[1]), nach ihm werden die Feste gezählt. Schaltjahr macht man, um diesen Monat zu seiner gehörigen Zeit zu beobachten, daß nämlich blühende Bäume, frische Aehren und Frühlingsanfang in ihm eintreffen. Eins von diesen Dreien reicht hin, wenn noch andere Umstände es unterstützend dazu kommen. Geheiligt ist dieses Monates Anfang, sein Drittheil, seine Hälfte und sein größter Theil; er wird beobachtet, geheiligt, das Peßachopfer wird in ihm genommen, das Fest gefeiert, das Omer geerntet, die Feier vollendet. Allen Geschlechtern ist er wichtig bezeichnet, aufbewahrt für den Gesalbten, der auf dem Esel rettet. Die Beobachtung des Drittheils dieses Monates[2]) stand dem Volke bei'm Jarden bei, die Flamme (bei'm Braten des Lammes) in der Mitte des Monates vertilgte das Heer Puls[3]), der Beistand der Omer-Ernte stellte den Jeminiten (Mordochai) als Retter auf. —

ובכן Nun soll sie Dir aufsteigen die Heiligung, denn
Du bist Israels Heiligster und Helfer!

Er, der Herr, heißt der Oberste und Erste, und sein Wort das Oberste und Erste, sein Festmonat (Nißan) der Oberste und Erste, sein anmuthiger Tempel der Oberste und Erste, sein Erbe (Israel) das Oberste und Erste und dessen Feind der Oberste und Erste, der geliebte Stammvater Israels heißt der Oberste und Erste und sein Erlöser der Oberste und Erste. So möge denn Er, der Herr, im ersten der Monate erscheinen am Ende der Tage, in jener hochwichtigen Zeit, und an der Spitze Israels einherziehen, um den Tempel wieder

---

[1]) Trat nämlich ein König im Monate Adar seine Regierung an, so wurde ihm mit dem darauffolgenden Nißan schon sein zweites Regierungsjahr gezählt.

ראש וראשון. לעודד צורים החצובים מראש וראשון.
לפעול חדשות בראש וראשון. לרצות חדוש תשורת
ראש וראשון. להוביל בו שי לראש וראשון: ועוד כל
יזכרו ראשונים. כי יחודשו חדשים וגם ישנים. פלאים
מפלאים משנים. ויקיצו כל ישנים. מהללים ומשוררים
שירים משירים משננים: ולא יאמרו עוד חי יי אשר
העלה בנביא. כי אם חי יי אשר העלה ואשר הביא. ואז
אל ישאג כלביא. לערוך קרבי. חדשות להביא. ביד
איש נביא. משבט לוי. להשיב לבבי. לחדש קרבי:
ויצמיח צמח נקוב שבעה. ואתו יהיו רועים שבעה. ויחודש
לאם דברים שבעה. ויתכסה מהם שבעים שבעה:
וישוב ויגלה לעם קדושים. אשר עמו יהיו מקדשים. ולא
לעדרי צאן קדשים. עד קץ ששה חדשים. עד בו ראשון
לראשי חדשים. ואז יראה לעדת קדושים. הנשארים
מעל קדשים. ויראה למו אותות חדשים. לחדש שמים
החדשים. למשוח קדש קדשים. לפתוח דלת לקדושים.
בשבתות ובחדשים: ואז יצוה חדוש עבודת חדש. מה

---

2) Siehe oben Seite 73, Note 1.

3) Diese sind: מנורה, אורים ותומים, רוח הקדש, שכינה, אש של מעלה, ארון, שמן המשחה (Vgl. Midrasch Bamid rab. Abschnitt 15, und Midrasch Schir S. 38, und Talm. Joma 21, b., und Jerusalmi Thaanith Abschnitt 2. §. 1).

zu gründen auf dem ersten, vorzüglichsten der Berge. Mit ihm komme der Erlöser, der mit göttlichem Geist Begabte, um die Ueberreste aus dem Lande des Ersten (Esau's) zu vertilgen, die Stammväter, jene Felsen der Vorzeit, wieder zu erwecken und neue Wunderthaten im ersten der Monate zu üben. Wohlgefällig wird alsdann in diesem ersten Monate das neue Opfer wieder aufgenommen, die Gaben, dargebracht dem Obersten und Ersten, dem Herrn. — Die früheren Thaten werden dann nicht mehr gedacht, denn zu den alten Wundern werden neue kommen in mannichfacher Weise. Alle im Staube Schlafenden werden wieder erwachen und Ruhm- und Preislieder und Gesänge über Gesänge anstimmen. Dann wird man nicht mehr sagen: „So wahr Gott lebt, der uns durch Propheten geholfen!“ sondern: „So wahr Gott lebt, der selbst uns erhoben und aus dem Elend geführt hat!“ — Dann donnert der Allmächtige, im Streite für uns, wie Löwengebrüll, bringt uns neues Glück durch jenen Propheten aus dem Stamme Levi (Eliahu), erquickt unser Herz und erneuert unsern Geist. Hoch empor sproßt der Sprößling, der mit sieben Namen benannte Erlöser[1]); sieben Anführer stehen ihm zur Seite[2]), und sieben heilige Gegenstände werden der Nation wieder erneuert[3]). Sieben Jahreswachen verbirgt sich dann der Erlöser wieder. Hierauf offenbart er sich abermals den Heiligen des Volkes, die mit ihm geheiligt wurden; der ganzen Heerde der heiligen Schafe (Israels) aber erst nach Verlauf von sechs Monaten, mit dem Beginn des ersten der Monate. Dann erscheint er der Gemeinde der Heiligen, die dem Joche der lasterhaften Feinde entgingen, und zeigt ihnen neue Wunderzeichen, wie der Ewige neue Himmel schaffet; er weihet das Allerheiligste wieder und öffnet dessen Pforte den Heiligen an Ruhe- und Neumondstagen. Dann befiehlt der Ewige von Neuem den Dienst des Neumondes,

---

[1]) Der einstige Erlöser (משיח) führt noch folgende sieben Namen: שר שלום, אבי עד, אל גביר, יועץ, פלא, צמח, ינון (Maase thora vgl. auch Talmud Sanhedrin 98, b).

לְהַעֲלוֹת בְּרֹאשׁ כָּל חֹדֶשׁ · וַעֲבוֹדַת רִאשׁוֹן כָּל חֹדֶשׁ · וְהִיא תַּקְדִּים תְּחִלָּה לְכָל חֹדֶשׁ · כִּי כְּמוֹ הָיָה רֹאשׁ לְכָל חֹדֶשׁ · כֵּן יִהְיֶה רֹאשׁ לְכָל חֹדֶשׁ : וְתֵעָשֶׂה בּוֹ חֲדָשָׁה · לִבְרֹאת אֶרֶץ חֲדָשָׁה · לְהִנָּתֵן דָּת חֲדָשָׁה · לִכְרוֹת בְּרִית חֲדָשָׁה · לְהִבָּרְאוֹת בְּרִיָּה חֲדָשָׁה · לְהִתְחַדֵּשׁ רוּחַ חֲדָשָׁה · לְהוֹבִיל בּוֹ שַׁי מִנְחָה חֲדָשָׁה : וְחַמָּה וּלְבָנָה תִּתְחַדֵּשׁ · וְאוֹדֶם שִׁבְעָתַיִם יְחֻדָּשׁ : שְׁתַּיִם כַּשָּׁנָה יִתְחַדֵּשׁ · וִיצַמְצֵם שְׁכִינָתוֹ בְּתוֹךְ שַׁעַר הֶחָדָשׁ · וְיִקָּרֵא לוֹ שֵׁם חָדָשׁ · כְּשֵׁם הָעִיר מִיּוֹם הַמִּקְדָּשׁ · וְיִנָּתֵן לָעָם לֵב חָדָשׁ · לְשׁוֹרֵר בְּפִיהֶם שִׁיר חָדָשׁ · שִׁיר מְפֹאָר וּמְחֻדָּשׁ · עַל כָּל שִׁיר מְהֻלָּל וּמְקֻדָּשׁ : כִּי שִׁירֵי אֶרְאֶלִּים · אֲשֶׁר שִׁיר וְתִשְׁבָּחוֹת מְהַלְּלִים · לִפְנֵי שִׁיר זֶה לֹא חָלִים : וְנִצּוּחַ אֵלִים · אֲשֶׁר קוֹל הַמֻּלָּה צוֹהֲלִים · לִפְנֵי שִׁיר זֶה לֹא מְמַלְלִים : וְרֶכֶב גַּלְגַּלִּים · אֲשֶׁר אִם הִרְשׁוּ כָּל גּוֹלְלִים · לִפְנֵי שִׁיר זֶה לֹא כּוֹלְלִים : וְאֵימַת כְּרוּבִים · אֲשֶׁר הֵם צָגִים כְּמוֹ רוֹכְבִים · לִפְנֵי שִׁיר זֶה לֹא מַרְבִּים : וְהַדְרַת אוֹפַנִּים · אֲשֶׁר הֵם מְרֻבְּעֵי פָנִים · לִפְנֵי שִׁיר זֶה לֹא סוֹפְנִים : וַהֲמוֹן גְּדוּדִים · אֲשֶׁר הֵם הוֹד אֵל מַגִּידִים · לִפְנֵי שִׁיר זֶה לֹא גַאֲגָדִים : וְסוֹד עִירִין · אֲשֶׁר כְּעֵין קָלָל בּוֹעֲרִים · לִפְנֵי שִׁיר זֶה לֹא מְפָאֲרִים : וְרֶגֶשׁ קַדִּישִׁין · אֲשֶׁר לַבְּקָרִים מִתְחַדְּשִׁים · לִפְנֵי שִׁיר זֶה לֹא מַקְדִּישִׁים : וְנַהַם שַׁנְאַנִּים · אֲשֶׁר מַטְעַמִּים

was am Ersten jeden Monates für Opfer darzubringen seien. Der Opferdienst des Ersten aller Monate jedoch wird vor allen Monaten den Vorzug haben; denn wie er der Erste aller Monate war, so wird er es auch wieder werden. — Viel Neues wird in diesem Monate geschehen: die Erde wird Gott auf's Neue schaffen, die Lehre auf's Neue geben und einen neuen Bund mit uns schließen. Neue Wesen läßt Er erstehen, verleihet uns einen neuen Geist, und ein neues Dankopfer bringen wir Ihm dar. Sonne und Mond werden erneuert, daß siebenmal stärker ihr Licht strahlet und sich zweimal im Jahre verjünget. Seine Herrlichkeit läßt der Herr durch das neue Tempelthor einziehen, das an jenem Tage einen neuen Namen erhält, gleich dem heiligen Namen der Stadt[1]). Dem Volke wird ein neues Herz gegeben, daß sie ein neues Lied singen, ein schönes und erhabenes Lied, über alle Gesänge herrlich und heilig. Denn der Erellim[2]) Lieder und Gesänge, mit denen sie den Ewigen rühmen, beginnen nicht vor diesem Liede (Israels); die Musik der Elim, welche sie mächtig tönen lassen, lassen vor diesem Liede sie nicht vernehmen; der Jubel der Galgallim, den sie nach erhaltener Erlaubniß jubeln, wird vor diesem Liede nicht eröffnet; die in Ehrerbietung dastehenden jugendlichen Cherubim fahren, ob diesem Liede, in dem ihrigen nicht fort; die Pracht der mit vier Gesichtern begabten Ophannim ist nichts gegen dieses Lied geachtet; die Menge der Himmelsschaaren, bestimmt die Majestät Gottes zu verkünden, versammeln sich vor diesem Liede nicht; der Bund der wie glänzendes Erz funkelnden Irin preiset nicht vor diesem Liede; die rauschenden Heiligen, die jeden Morgen sich erneuen, stimmen ihre heiligen Hymnen nicht vor diesem Liede an: die tosenden Schinannim, unveränderlich in ihren Weisen, lobsingen nicht

---

1) Siehe Jechesk. 48, 35.

2) Die hier folgenden Benennungen sind Namen von Engelschören.

לא משנים · לפני שיר זה לא משננים : ופחד שרפים · אשר ברנע כל שורפים · לפני שיר זה לא רפפים : כי כל מתנות משרתים קדושים · משרתיו יחד מקדישים · וגם המון צבא מלאכים · מנעימיו יחד ממליכים : ומרוצות חיל זקים · כחם יחד מחזקים · וחיו משלח ברקים · פניהם יחד מבריקים · וחוצה למו הוזים · מתעלסים באהבים : ועד מחיצתם לא באים · באשם נלהבים · ובגחלתם נכוים · ובפארם הם נאלמים : ועת כי יתחילו יחישו · ועת כי יתכילו יחילו · ועת כי יתמורו יעריצו · ועת כי יחשו יקדישו · ועת כי ישתוקו ישלשו קדשה משלשת : ככתוב על יד נביאך וקרא זה אל זה וכו׳.

מוסף לפרשת החדש ·

ש״ץ חוזר התפלה עד מלך עוזר ומושיע ומגן, ואומרים:
ע״ס א״ב כפול, אלא שבכאן בראש כל פסקא תיבה אחת מפסוק ראשון לציון וגו׳.

ראשון אפצת לפרח שושנים · אמוץ לעדר מרדם ישנים · מברך ברית ראשנים · בצפון חדשים גם ישנים · גלותו בדת שנונים · גזר ראש לארבעה ראשי שנים : ס׳ ארבעה ראשי שנים במחזה · בארת זה מזה לחוזה · כאשר שמענו כן עוד נחזה · גוננו במגן בחדש הזה : ברוך אתה יי מגן אברהם : אתה גבור וגו׳ עד להחיות מתים.

vor diesem Liede; die schrecklichen Seraphim, die in einem Augenblicke Alles verbrennen könnten, regen sich nicht vor diesem Liede. — Ja alle Lager der himmlischen Diener erklären seine Diener (Israel) heilig, die ganze Menge der Engelsheere huldigen seinen Sängern; die eilenden flammenden Geistern verstärken ihre (Israels) Kräfte, erleuchten ihr Gesicht, daß es strahlet wie der Blitz. Außerhalb harrend, ergötzen sie sich an der Liebe zu Israel, in's Innerste aber kommen sie nicht; denn das Israel schützende Feuer würde sie verzehren. Sie sind stille bei'm Preisgesange Israels, schweigen, sobald dieser beginnt. Sind dann Israel mit ihrem Lobe zu Ende, so fangen sie an, den Ewigen zu verherrlichen und zu heiligen mit der dreifachen Heiligung.

מוסף לפרשת החדש.

ראשון Den ersten Monat stelltest Du fest für die blühende Rose (Israel), bestimmtest ihn zur Erweckung der Todten aus ihrem Schlafe; Du gedenkst einst in ihm Deines Bundes mit den Frühern und tilgest neue und alte Sünden. Den im Gesetze Geübten offenbartest Du ihn, und setztest ihn ein als Ersten der vier Neujahrszeiten. — Diese vier Neujahrszeiten, Du zeigtest und erklärtest sie im Gesetze dem Propheten. — Was wir vernommen, laß' auch jetzt uns schauen, beschirme auch uns mit Deinem Schutze in diesem Monate! Gelobt seist Du, Ewiger, Schutz Abrahams! — —

לְצִיּוֹן דְּרוֹר חָשְׁתָּ בּוֹ קְפוּת · דְּבַר אוֹר יְקָרוֹת לְקִפּוּת ·
הַחֹדֶשׁ אֲשֶׁר יְשׁוּעוֹת בּוֹ מְקִיפוֹת · הַחוֹסִים בּוֹ מִתְקִיפוֹת ·
וּמָנוּי מַתְחִילוֹת וְתוֹקְפוֹת · וַעַד רֹאשׁ לְאַרְבַּע תְּקוּפוֹת:
י׳ אַרְבַּע תְּקוּפוֹת בַּשָּׁנָה · תְּחַדֵּשׁ אוֹרָם כְּבָרִאשֹׁנָה · כַּאֲשֶׁר
שְׁמַעְנוּ כֵּן עוֹד חִישׁ נָא · הַחֲיֵנוּ בְגֶשֶׁם בָּרִאשׁוֹן לְחָדְשֵׁי
הַשָּׁנָה: בָּרוּךְ אַתָּה יְיָ מְחַיֵּה הַמֵּתִים: נעריצך וגו׳ עד וקדוש אתה.

הִנֵּה זֶה בָּא לְפָרְקִים · זְמַן לִגְאֹל רְצוּצֵי אֲרָקִים · חֹדֶשׁ
אֲשֶׁר רְבִיבִים בּוֹ מְרִיקִים · חַשְׁרַת מַיִם לְמַלֹּאת רֵיקִים ·
מַטָּעוֹת לְרַוּוֹת וִירַקִּים · טְלָאִים בּוֹ לְהָקִים בְּאַרְבָּעָה פְרָקִים:
י׳ אַרְבָּעָה פְרָקִים כְּבַמַּחֲזֶה · בְּאֶרֶת זֶה מִזֶּה לַחוֹזֶה · כַּאֲשֶׁר
שְׁמַעְנוּ כֵּן עוֹד נֶחֱזֶה · וְנַקְדִּישְׁךָ קָדוֹשׁ בַּחֹדֶשׁ הַזֶּה: בָּא״י
הָאֵל הַקָּדוֹשׁ: תכנת שבת עד מקדשי שמך. וכר״ח אתה יצרת עד קבעת.

הִנָּם יָמִים הַמְבֹרָכִים · יוֹרֶה וּמַלְקוֹשׁ בְּאִבָּם פּוֹרְכִים ·
כֹּחַ תֵּת בַּאֲבִיבִים רַכִּים · כַּרְמֶל לְהַקְלִיא אָבִיב פּוֹרְכִים ·
לְשַׁנֵּן מִפְעָלוֹת מֵצִיץ מֵחֲרַכִּים · לְפָנָיו קוֹרְאִים עֲנָק
אַרְבָּעָה עֲרָכִים · י׳ אַרְבָּעָה עֲרָכִים אֲשַׁנְּנָה · סִפּוּר מַסּוֹת
פִּרְחֵי שׁוֹשַׁנָּה · כַּאֲשֶׁר שְׁמַעְנוּ כֵּן עוֹד חִישׁ נָא · עַנְּנוּ
בְּנֶפֶשׁ בָּרִאשׁוֹן לְחָדְשֵׁי הַשָּׁנָה: בָּרוּךְ אַתָּה יְיָ מְקַדֵּשׁ
הַשַּׁבָּת (וכר״ח וְיִשְׂרָאֵל וְרָאשֵׁי חֳדָשִׁים):

רצה וגו׳ עד בשובך לציון ברחמים:

לציון Für Zion eilest Du in diesem Monate Freiheit herbeizuführen und jene Verheißung vom hellen Lichte zu erfüllen. Die auf diesen Monat hoffen, werden umringt und gestärkt vom Heile, das in ihm ersproßt und wächst. Als Erster der vier Zeitumläufe ist er eingesetzt. Erneuere, o Gott, diese vier Zeitumläufe mit Deinem Lichte, wie ehemals bei'm Anbeginn! Was wir vernommen, führe es schnell herbei, erquicke uns mit Deinem belebenden Regen im ersten der Monate des Jahres! Gelobt seist Du, Ewiger, der Du die Todten wieder belebst! —

הנה Siehe, er der Gesalbte wird zur bestimmten Zeit eintreffen, bereit, die in den Ländern Unterdrückten zu erlösen, in diesem Monate, da Regengüsse fallen, Wasserfluthen die Zisternen füllen und Bäume und Kräuter erquicken. Die duldenden Schafe (Israel) wird er dann wieder aufrichten in diesem ersten der vier Zeitabschnitte. Diese vier Zeitabschnitte, Du zeigtest und erklärtest sie im Gesetze dem Propheten. — Was wir vernommen, laß' auch jetzt uns schauen, und wir verherrlichen Dich, Heiliger, in diesem Monate! Gelobt seist Du, Ewiger, Allmächtiger, Heiliger! —

הם Es sind dies gesegnete Tage. Früh- und Spätregen zeitigen die Gewächse und geben Stärke den zarten Pflanzen; die Aehren werden reif, die Frühfrüchte dürre — und man erzählt von den Wunderthaten des vom Himmel Schauenden und liest den Inhalt der vier verschiedenen Gesetzabschnitte. Von diesen vier Abschnitten erzählen wir, von den heiligen Gaben der blühenden Rose (Israel). — Was wir vernommen, führe es schnell herbei, verschaffe uns Seelenruhe mit dem ersten der Monate des Jahres! Gelobt seist Du, Ewiger, Heiliger des Sabbaths! —

וְלִירוּשָׁלַםִ מוּפַת הוּחַקְקוּ כְּסוּת· מֵעֵין כָּל חַי לְהִתְכַּסּוֹת· גְּקְמוֹת אֲשֶׁר בְּלֵב מְכֻסּוֹת· נִתְכְּנוּ בְּמוֹעֵד זֶה הֱיוֹת טְכוּסוֹת· שֶׂה לְבֵית אָבוֹת מְנוֹת בְּמִכְסֹת· סַבּוֹת עָלָיו עָסִים אַרְבָּעָה כּוֹסוֹת: ה׳ אַרְבָּעָה כּוֹסוֹת כְּבַמַּחֲזֶה· בָּאַרְתָּ זֶה מֶזֶה לַחוֹזֶה· כַּאֲשֶׁר שָׁמַעְנוּ כֵּן עוֹד נֶחֱזֶה· רְצֵנוּ כְּשֵׂי בַּחֹדֶשׁ הַזֶּה: בָּ״אַ יְיָ הַמַּחֲזִיר שְׁכִינָתוֹ לְצִיּוֹן: מודים וגו׳ עד האל ישועתנו ועזרתנו סלה:

מְבַשֵּׂר עַם זְכִיּוֹת· עֲצוּרִים לְהַעֲלוֹת מִצּוּל דָּכְיוֹת· פּוֹרְחִים תְּוָה בְּמַשְׂכִּיּוֹת· פְּצוֹחַ שִׁירִים תְּמוּר בְּכִיּוֹת· צְבָאוֹת כָּל חֶמְדַּת שְׂכִיּוֹת· צֶאֱצָאָן יַצִּיעַ לְרוֹשֵׁשׁ אַרְבַּע מַלְכִיּוֹת: ה׳ אַרְבַּע מַלְכִיּוֹת נָרוֹשׁ נָא· בְּמַדּוּתְךָ פְּעָלָתָם כְּבָרִאשׁוֹנָה· כַּאֲשֶׁר שָׁמַעְנוּ כֵּן עוֹד חִישׁ נָא· וְתֵיטִיב לָנוּ כְּטוּבְךָ בָּרִאשׁוֹן לְחָדְשֵׁי הַשָּׁנָה: בָּ״אַ יְיָ הַטּוֹב שִׁמְךָ וּלְךָ נָאֶה לְהוֹדוֹת:

אלהינו ואלהי אבותינו וגו׳ עד בכל עת ובכל שעה בשלומך:

אֶתֵּן קוֹל כְּשׁוֹרְרוּ רָאשִׁים· קָרוֹא בְגָרוֹן בְּגֵי הֶחֳרָשִׁים· רָאשֵׁי הַתּוֹבְנִים אֲשֶׁר עַל גַּבֵּי חֲרָשִׁים· רְאוּתָם בָּזֶה חֹדֶשׁ מְגֹרָשִׁים· שִׁיר חָדָשׁ וְהֶגֶה מְחֻדָּשִׁים· תְּרַנֵּנָה שִׂפְתֵי בְּשׂוּרֵי אַרְבָּעָה חֳדָשִׁים: ה׳ אַרְבָּעָה חֳדָשִׁים כְּבַמַּחֲזֶה· בֵּאַרְתָּ זֶה מִזֶּה לַחוֹזֶה· כַּאֲשֶׁר שָׁמַעְנוּ כֵּן עוֹד נֶחֱזֶה· בָּרְכֵנוּ בַּשָּׁלוֹם בַּחֹדֶשׁ הַזֶּה: בָּ״אַ יְיָ הַמְבָרֵךְ אֶת עַמּוֹ יִשְׂרָאֵל בַּשָּׁלוֹם:

ולירושלים Für Jerusalem geschehen einst in diesem Monate Wunderzeichen, die bis dahin dem Auge aller Lebenden verborgen bleiben; Ahndungen, dem Ewigen allein bekannt, finden statt an dem Feste, wo in jeder Familie je nach Anzahl der Personen ein Lamm gegessen und dazu vier Becher Wein getrunken werden. Die Bedeutung dieser vier Becher zeigtest und erklärtest Du im Gesetze dem Propheten. — Was wir vernommen, laß' auch jetzt uns schauen, nimm uns wohlwollend, wie Opfergaben, wieder auf in diesem Monate! Gelobt seist Du, Ewiger, der seine Majestät einst wieder in Zion thronen läßt! —

מבשר Den Freudenboten sendest Du dem reinen Volke, ziehest die Gefangenen aus dem Pfuhl des Elendes, und erlöst werden sie, wie es die Seher prophezeihet. Lieder tönen dann statt der frühern Klagen. Mit allen Herrlichkeiten und Lustgebilden schmückst Du die öden Städte aus, erniedrigst unsere Feinde, stürzest sie, missest ihnen nach ihren Thaten zu. — Was wir vernommen, führe es schnell herbei, thue uns wohl in Deiner Güte im ersten der Monate des Jahres! Gelobt seist Du, Ewiger, Allgütiger ist Dein Name, und Dir allein gebührt der Dank! —

אהן Erheben werde ich die Stimme, wie ehedem die Volkshäupter, die am Meere sangen; laut jubeln werde ich in unserem Lande, einstens, wann die Ungeheuer, die auf unserm Rücken pflügen, ich vernichtet sehe in diesem Monate. Ein neues Lied, inhaltsreicher Worte voll, werden meine Lippen singen, wenn jene vier Meister ich erblicke[1]). Diese vier Meister, Du zeigtest deutlich sie im Gesichte dem Propheten. — Was wir vernommen, laß' auch jetzt uns schauen, segne uns mit Frieden in diesem Monate. Gelobt seist Du, Ewiger, der sein Volk Israel segnet mit Frieden! —

[1]) Diese vier Meister sind nach dem Midrasch Schir Blatt 17, mit Bezug auf Secharja 2, 3: Eliahu, der Messias, Malkizedek und der Kriegsgesalbte. (Vgl. auch Bamid. rab. 256 und Talm. Succa 52.)

ע״ס א״ב, ואחר כך ב׳ ותמונו חתום בנימן בן זרח חזק.

אתי מלבנון כלה מראש אמנה תשורי· במוהר עדיי
לובש התכתני והתפארי· בשם רקוח התבשמי מור
ולבונה התקטרי· כי בא עת והגיע שעה אשר למלך
תשורי: ה׳ בין שדי ילין אשכל הכפר· מצפצפת נואמת
כלה באמרי שפר· בני מכון זבולו רוחשים בלי חפר· חק
זכר קדושתו בערץ ונספר· במעלה יתקדש ובמטה
יסתלסל תמיד ליל וצפר· קדוש:

גן נעול קראני דודי· חמק עבר ושמורים נשאו
רדידי· דלפה עיני וגרסה בזכר עניי ומרודי· דודי
אהבת חשק תאות דודי: הן בלא לב ולב ונפש
חפצה· חתן מתנדב וכלה רוצה· ועל מה זה מתאחר
דין העליצה· שלוחים הריצו לזה ולזו במרוצה:
זכר בה ברית ושבועת אלה· אשר בשעת ארושיה כרתי
למהללה· חפצי ורצוני לקים בבהלה· השיב חתן לשלוחי
כלה: מענה סגלה אף היא ישר אמרים· נכונה אני
ומקימת פתן הן הדברים· יגמול רק עמי חסד ויזכר
אהבת נעורים· וימהר לפדותי מבין חמורים: בציר
מרפא ושלוחי אמונים· נתמצעו תאומים בזוג חתנים·
לדבר על לב כלה דברים הגונים· ולהעיד לב חתן

„Mit mir vom Libanon, Braut (Israel), mit mir schaue vom Gipfel Amana herab; mit reinen Prachtgewändern schmück' und ziere dich, salbe dich mit würzigen Salben, laß' Myrrhe und Weihrauch dich beduften! denn die Zeit ist gekommen, die Stunde genahet, da du den König (Gott) schauen sollst." — Der Allvollkommene, er will wieder bei mir weilen! so flüstert die Braut mit ihrer lieblichen Stimme; die Kinder seiner festen Wohnung sprechen frei es aus: „Laßt uns nach Gebühr seine Heiligkeit verherrlichen und verkünden! In der Höhe sei er verherrlicht, hier unten gepriesen immerfort, des Abends und des Morgens, Er, der Allheilige!" —

Einen verschlossenen Garten nannte mich einst mein Freund (der Herr); doch er entwich und entzog sich mir und die Wächter rissen den Schleier mir ab. Mein Auge trieft und bricht bei der Erinnerung an meine Bedrückung und Verfolgung, an meines Freundes entschwundene Liebe und Zuneigung. Siehe, mit ungetheiltem Herzen und willigem Gemüthe erklärten Bräutigam und Braut sich gegenseitig ; woran liegt's also, daß die Lustbarkeit so lange ausbleibt, da doch die Boten ihre Aufträge schnell genug befördert haben? — „Eingedenk bin ich des Bundes und des Schwures, den ich mit der Preiswürdigen in der Verlobungszeit geschlossen habe, und erfüllen will ich ihn jetzt ungesäumt!" so sprach der Bräutigam zu den Abgeordneten der Braut. Darauf erwiederte denn die Erkorene die schönen Worte: „Bereit bin ich, den Vertrag fest zu halten! Nur erweise Er mir die Treue, gedenke der Jugendliebe und eile, mich von den Barbaren zu befreien." — Und jene heilbringenden, treuen Gesandten, jene gleichen Brüder (Mosche und Aharon), die Vermittler der Verlobten, redeten der Braut in's Herz mit eindringlichen Worten und fachten des Bräutigams

בקנאת מגנים: מלוכה בהתבשרה כלה בתמרוקיה
מאד השביחה· רמוניה הנצו וסמדרה פתחה· נכנו
שדיה ושערה צמחה· ותתנאה לכתר ולמלכות הצליחה:
סוא מפריכה בראותה תמהה בעיניה· הלא זאת הנמכה
והנקלה השיבה לסגניה· על זאת שלחה וקראה
לאצטגניניה· עליה חושבת וחורקת שניה: פריץ חיות
נוהם ולבו מכבד· כלה לענות בקשי לשעבד· צערה
בפרך ובעל כבד· אולי תתגנה ותהיה ככלי אבד: קרא
עליו מועד בחוריו לשבר· צפרדע חנמל וכנים חמרים
חמרים לצבור· רשף ודבר וברד לפניו לעבור· וראשית
כל אונים באהלי חם לקבור: שלחה פרוכה בעל כח
מסתולל· ותצאן כל הנשים אחריה בתף לחולל· תנות
לאל זמר והודיות ושבח והלל· שככה אתות בדים מפר
וקסמים יהולל: י' בין שדי ילין אשכל הכפר· מצפצפת
נואמת כלה באמרי שפר· בני מכון זבולו רחשים בלי
חפר· חק זכר קדשתו נעריץ ונספר· במעלה יתקדש
ובמטה יסתלסל תמיד ליל וצפר· קדוש: הכל יודוך וכו'.

זולת. ע"ס א"ב וחתום בסופו בנימן בן זרח.

אומרת אני מעשי למלך· בת שוע ונדיב הנמלך בעמק
המלך· ברחוב נהלמת ונזורה בכל פלך· טהרת תאר

schützenden Eifer an. Als die Braut solche Botschaft von ihrer Erhebung erhielt, da legte sie herrlichen Schmuck an, entfaltete alle ihre Reize und stand in vollkommener Schönheit da, würdig der Krone und königlichen Erhebung. So (Egypten), die Drängerin, dies gewahrend, erstaunte und sprach zu ihren Großen: „Ist dies nicht die verachtete und unbedeutende Nation?" Gleich schickte sie nach ihren Wahrsagern und schmiedete boshafte Pläne. Der thierisch Wilde (Phareoh) brüllte; hartherzig plagte er die Braut mit schwerer Unterdrückung, peinigte sie mit schwerer Arbeit und hartem Joche, damit sie häßlich werde wie ein verdorbenes Gefäß. Aber der Ewige rief die Ahndungszeit über ihn herauf, um seine Mannschaft zu zerschmettern. Zuerst kamen Frösche, Heuschrecken und Ungeziefer haufenweise, Feuer, Pest und Hagel fuhren über ihn her, und dann wurden alle Erstgebornen in den Zelten Cham's (Egyptens) begraben. Der sich so lange gesträubt, entließ dann endlich die Gedrückten, und alle Frauen schlossen den Zug mit Pauken und Reigen, und sangen Lieder, Dank, Lob und Preis dem Allmächtigen, der so die Zeichen der Lügner vereitelte und die Wahrsager Egyptens bethörte. — Der Allvollkommene, er will wieder bei mir weilen! so flüstert die Braut mit ihrer lieblichen Stimme; die Kinder seiner festen Wohnung sprechen frei es aus: „Laßt uns nach Gebühr seine Heiligkeit verherrlichen und verkünden! In der Höhe sei er verherrlicht, hier unten gepriesen immerfort, des Abends und des Morgens, Er, der Allheilige!" —

זולת.

Es spricht die edelmüthige Fürstentochter (Israel), die im Königsthale[1]) gekrönt worden: „Alle meine Handlungen sind meinem Könige geweiht!" Werde ich auch jetzt in allen Straßen herumgestoßen und bin fremd in allen Landen, so

[1]) D. h. im Lande Israel.

מַקְרֶנֶת בְּעַד נְכוֹן הַיּוֹם הוֹלֵךְ: גִּדְּלַנִי אָבִי וְרוֹמְמַתְנִי אִמִּי·
בְּפַת בַּג עִדּוּנִים מִכָּל בְּנוֹת אִמִּי· דִּגְּלוּנִי בְּאַהֲבָתָם כָּל
בְּנֵי אִמִּי· וּבְתַאֲוַת גַּעְגּוּעַ מִתְרַפְּקִים עִמִּי: הָיִיתִי בְקַטְנוּתִי
בְּאָדָם כְּבוּשָׁה· בְּשֵׁשׁ וָמֶשִׁי בְּבִגְדֵי חֹפֶשׁ חֲבוּשָׁה· וְהִנֵּה
הַמְּדִינָה כְּבוּלֶשֶׁת נִבְלָשָׁה· וַיִּתְאַוֵּנִי מַלְכִּי לְהַנְסִיכִי לוֹ
בִּקְדֻשָּׁה: זָבַדְתִּי אֵפוֹד בֵּין קְטַנּוֹת לַנְּעָרוֹת· בְּאֶרֶץ
תָּם עַד הֱיוֹתִי בְגֵרוֹת· חֲלוֹמוֹת חֹלֵם גְּרָמוּנִי לְקַבֵּל
מָרוֹת· תָּכֵם בְּהַגִּיעִי כִּזְמַן בַּגָּרוֹת: טָפְחָה וְרָקְדָה צֹאן
בְּרָדָתִי· אָמְרָה הֶאָח הֶאָח אָמָה לַעֲבָדוּת קָנִיתִי· יָעֲצָה
לְהַחְכִּים בְּפֶרֶךְ לִרְדוּתִי· וַתֹּאמֶר אַךְ עָשַׁרְתִּי וְאוֹן לִי
מָצָאתִי: כְּעֵת לְהוֹרִי קֶבַע מַלְכִּי עָבָר· אַנְחוֹת צַעֲקָתִי
מִכֹּבֶד הָעֲבֹדָה שָׁמַע וַיִּתְעַבָּר· לִבְנוֹת הַמָּקוֹם שֶׁצַּל הֶרְאִיתָם
בַּת צוֹבֶרֶת בָּר· וַתַּעֲנֶינָה יֵשׁ כְּבַיִת שְׂפַת שֶׁקֶר בְּלֹא דָבָר:
מִמָּדוֹר לְמָדוֹר חֹפֶשׁ וּמִשְׁכוּנָה לִשְׁכוּנָה· וּמְצָאַנִי הָיִיתִי
שְׂרוּיָה בְּהֵיכַל מְסֻתֹּלֵל חוֹנָה· נִצָּנֵי נִרְאוּ וְשָׁדַיִם נָכֹנָה·
סְמָדָרַי פִּתְּחוּ וּפַגֶּיהָ חָנְטָה הַתְּאֵנָה: עָלַי כְּנָפָיו פֵּרַשׂ
מִתְבּוֹסֶסֶת בְּדָמַי כְּרָאַנִי· וּבִבְרִית אָלָה עִמּוֹ הֱבִיאַנִי·
פּוֹצְרִים צִירִים שָׁלַח וְשִׁדְּכַנִי· וּבְדִפּוּק קוֹלוֹ שִׁמְּעַנִי· קוּמִי
לָךְ בִּשַּׂרְתַּנִי: צָלְחָה הָעֲבָרָה לְהַעֲבִיר יָפְיָהּ· וַתֵּרָא וַתְּקַנֵּא

glänzt doch meine Reinheit noch, wie das helle Tageslicht. Vater und Mutter haben mich wohl erzogen, sorgfältig mich gepflegt, mehr als alle meine Geschwister; alle meine Verwandten beehren mich mit ihrer Liebe und mit eifrigem Verlangen hangen sie mir an. In meiner Kindheit schon war ich beliebt unter den Menschen, gekleidet in Byssus und Seide und ausgesuchten Gewändern; Anderer Landschaft wurde heimgesucht, aber an mir hatte seine Lust mein König und salbte mich mit Heiligkeit. Etwas mehr herangewachsen, hatte ich die Krone auf im Lande Cham (Egypten), bis ich endlich als fremd betrachtet wurde. Jene Träume Joseph's waren die Veranlassung zu der Bitterkeit, die ich da in Chanes [1]) einnahm, zur Zeit meiner Mannbarkeit. Zoan [1]) klatschte und hüpfte, weil ich gesunken war; „Ha, ha, rief sie, eine Sklavin habe ich nun zu meinem Dienste!“ und entwarf listige Pläne, mich mit schwerer Arbeit zu drücken, sprach: „O jetzt bin ich reich, habe Vermögen erworben!“ Doch zu der meinem Ahnen (Abraham) bestimmten Zeit kam mein König. Er vernahm mein Seufzen unter der schweren Arbeit und erzürnt fragte er die Töchter des Landes: „Sahet ihr nicht des Kornaufhäufers (Joseph's) Tochter?“ Sie antworteten mit Lügenrede: „Ja, sie ist hier und wohnt in Einigkeit mit uns.“ Er suchte von Wohnung zu Wohnung, von Nachbarschaft zu Nachbarschaft, und fand mich sitzend bei den Pallästen des Uebermüthigen (Pharaoh); meine Reize blühten, meine Schönheit war vollkommen, wie eine erschlossene Knospe, wie ein fruchttragender Feigenbaum. Er sah, wie ich das Gesetz des Blutes (die Beschneidung) hielt, da breitete er seine Fittige über mich aus und brachte mich in seinen beeidigten Bund. Dringende Botschafter sandte er, um mich sich anzuwerben; seine anklopfende Stimme ließ er mich hören, rief mir entgegen: „Mache dich auf!“ und schnell kam das Fahrzeug herbei, die Schöne überzuführen. Das schöne Kalb (Egypten [2]) sah es und ereiferte

[1]) Egypten, nach Jesaja 30, 4.

[2]) Jir. 46, 20. Der Egypter Abgott war nämlich das Kalb (Apis), daher dieser Beiname.

עגלה יפה פיה. קציניה כקראה פקו פליליה. רמסי בחמר
החזיקי מלבן סערה עניה: ראי דרכך בגיא דעי מה
עשית למהללה. ובעבורה נגרשה ושקעה מצרים כלה.
שיתי לבך להלך המסלה. ומה תעשי ליום פקדה אם
בן ארעך בשעת קלה: תכפוה חבלי יולדה וצירי חלחלה.
וקמה בבהלה להוציאי בלילה. כבן פיה הרשיעה וצדקה
מדת הדין למולה. יצאתי אפודה כבעדי קשורי הכלה:
נב וגלגל וגבעון בהם השכמתי לכרמים. דדי נתתי לו
בבית עולמים. יצאתי כהנומא וכתר הלומים. שנים
ארבע מאות ועשר מיום ליום שלמים: מאז העמקתי
לשטות וזרים אהבתי. נטרת כרמים שמוני וכרמי שלי
לא נטרתי. בני אמי נחרו בי וטרדוני מחפתי. ואיך עתה
הלאוני והשמו כל עדתי: זנחתי רעי חלל בריתו. ועיט
צבוע היתה לי נחלתו. והנה קטן ובזוי מושל באימתו.
והמון מעיו התאפקו ואיה קנאתו וגבורתו: יוקדת אש
בלבי מבעירות. בנות שעיר וחתנו שבנות וחברות.
ידידך הנאהב מתעלם בחשק אחרות. ואת יושבת
ומצפה לנחם בשורות: ח' חזרתי מען והפקתי תשובה.
ימים רבים קרא שובה משבה. האמרתיו והאמירני

sich darüber, rief seine Großen herbei, die das böse Urtheil gesprochen hatten: „Stampfe Thon, brenne Ziegel, du Unruhige, Arme!“ — „Siehe dein Betragen im Thale, Egypten! erkenne, was du der Preiswürdigen gethan, deswegen du ausgetrieben wurdest und völlig untersankst! Nehme es zu Herzen und betrete die rechte Bahn! Was willst du erst am Tage der Ahndung thun, wenn schon bei leichter Bestrafung dir solches begegnete?“ Plötzlich wand sie (Egypten) sich in Angst und Wehen, wie eine Gebärerin; in Schrecken stand sie auf des Nachts und gab mich frei. Ja sie bekannte selbst sich schuldig und erkannte die Allgerechtigkeit des Herrn — und ich zog aus, geziert wie eine geschmückte Braut. Zu Nob, Gilgal und Gibon kam ich in Gottes Weinberg (die Stiftshütte[1]), bezeigte meine Liebe ihm im Weltentempel. Mit Schleier und prächtiger Krone ging ich da aus volle 410 Jahre. Aber ach! ich fiel tief ab, hing Götzen an, und zur Weinbergshüterin machten sie mich, weil ich meinen Weinberg nicht gehütet hatte. Meiner Mutter Söhne schnaubten mich an und stießen mich aus meinem Branthimmel. Wie belästigten sie mich nun, wie richteten sie zu Grunde Alles, was mich umgab! Ich verließ meinen Freund (Gott), entweihte seinen Bund, und dem gierigen Raubthiere ward sein Erbe preis gegeben; Niedrige und Verächtliche herrschen über seine einst gefürchtete Nation — und er hält sein Erbarmen zurück; wo ist sein gewaltiger Eifer? — Seïr's und seines Verwandten Töchter, meine Nachbarinnen und Gefährtinnen, fachen glühendes Feuer in meinem Herzen an: „Dein lieber Freund freuet sich mit Andern, du sitzest verlassen und hoffst auf tröstende Botschaft!“— Doch ich erwiedere und antworte: „Schon vor langer Zeit rief Gott mir zu: „Kehre wieder zurück zu mir, Abtrünnige!“

[1] In diesen drei Orten stand abwechselnd der Altar bevor der Tempel gebaut war. (S. Talm. Sebachim 118, b.)

וְנַעֲשִׂינוּ אַחַת חֲטִיבָה. מַיִם רַבִּים לֹא יוּכְלוּ לְכַבּוֹת אֶת הָאַהֲבָה: עזרת וכו'.

כנ"ך מוזר התפלה עד מלך עוזר ומושיע ומגן.

קרובות

מִסּוֹד חֲכָמִים וּנְבוֹנִים. וּמִלֶּמֶד דַּעַת מְבִינִים. אֶפְתְּחָה פִּי בְּשִׁיר וּרְנָנִים. לְהוֹדוֹת וּלְהַלֵּל פְּנֵי שׁוֹכֵן מְעוֹנִים:

ע"ס א"ב, ובסופו סתום ינאי.

אוֹנֵי פִּטְרֵי רַחֲמָתַיִם. כִּתַּקְתָּ בְּמִשּׁוּלֵי חֲמוֹרָתַיִם. גָּדְלְךָ פָּסַע בֵּינָתַיִם. דָּבָר לְהַמְשִׁיל בֵּינוֹתַיִם: הֵן רֶגַע יָמוּתוּ דִּבַּרְתָּ. וּגְאוֹנָם בַּדֶּבֶר הִדְבַּרְתָּ. זְרוֹעַ צָר בִּבְכוֹרָיו שִׁבַּרְתָּ. חֲצוֹת לַיְלָה שָׁם עָבַרְתָּ: טְמֵאִים וָזֶה בָזֶה נִצִּיתָ. יְדִידִים זֶה בָזֶה רִצִּיתָ. יי' כָּל בְּכוֹר שֶׁהוּא בְּכִלָּיוֹן מִצִּיתָ. לַיְלָה כְּחוּט הַשַּׂעֲרָה בְּעֵת חָצִיתָ:

כְּיָד וּבְיָמִין תִּסְמְכֵנוּ. וּמִנֶּגֶף תַּחְסְכֵנוּ: יי' בְּאֶבְרָתְךָ תְּסוֹכְכֵנוּ. בְּצֵל מָגִנְּךָ תְּגוֹנְנֵנוּ: בָּרוּךְ אַתָּה יְיָ מָגֵן אַבְרָהָם: אתה גבור וגו' עד להחיות מתים.

מֵתִים בְּכָל בַּיִת בְּנֹף כְּנֶחֱנָקוּ. נַאֲקוֹת חֲלָלִים נָאָקוּ. סִבְּרוּ וְלִבּוֹתָם נָמָקוּ. עָלְפוּ וְרוּחוֹתָם נָבָקוּ: פְּגָרִים מֵתִים לָמוֹ עָשִׂיתָ. צוּרַת כָּל בְּכוֹר גַּם בִּמְעֵיהֶם לֹא חַסְתָּ. קוּמִי לָךְ לִבְכוֹרֵךְ שַׁתָּ. רָפוֹא וְנָגוֹף שַׁמָּה שַׂמְתָּ: שׁוֹאָה וּמְשׁוֹאָה וּבֶהָלָה. שִׁמּוּרוֹת וְשָׁאוֹן וְחַלְחָלָה. יי' תָּקְפָה בָּהֶם הַלַּיְלָה. תִּמָּהוֹן קָמוּ וְיָצְאוּ בַלַּיְלָה:

Ich habe ihn und er hat mich verherrlicht. Er und ich — beide sind wir ohne Gleichen, und die mächtigsten Fluthen können unsere Liebe nicht erlöschen." —

קרובות׃

מסוד Nach dem Rathe der Weisen und Verständigen, nach dem Unterrichte und der Meinung der Gelehrten, öffne ich den Mund, mit Liedern und Gesängen dankend zu loben Ihn, der in des Himmels Räumen thronet.

אוני Du Herr, tödtetest die kräftige Erstgeburt der Egypter, die den Eseln glichen, Deine Allmacht schritt zwischen ihnen einher und ließ die Pest unter ihnen wüthen; in einem Augenblicke starben sie dahin, wie Du es vorhergedroht, ihr Stolz ward durch die Seuche weggerafft. Du brachest des Drängers Macht in seinen Erstgebornen, als in der Mitternacht Du das Land durchfuhrst. Die Unreinen ließest Du in Streit gerathen, Deine Geliebten aber in Einigkeit mit einander leben. Jeden Erstgebornen der Egypterfamilien zermalmtest Du im Verderben in jener Nacht, die Du auf's Haar getheilt. —

ביד Stütze uns mit Deiner Rechten, entziehe uns jeder Plage, birg uns in Deinen Fittigen, schütze uns im Schatten Deines Schildes! Gelobt seist Du, Ewiger, Schutz Abrahams!

מתים Todte, Erwürgte waren in jedem Hause Noph's (Egypten), überall Gestöhn der Sterbenden. Die dem Verderben Geweihten sanken betäubt danieder und hauchten aus den Geist. Todte auf Todte häuftest Du und schontest selbst der Erstgebornen in Mutterleibe nicht; aber zu Deinem Erstgebornen (Israel) sprachst Du: „mache dich auf!" und führtest so Heil und Verderben zugleich herbei. Zerstörung, Verwüstung und Schrecken, Entsetzen, Geschrei und Angst brachte dieser Jammer über die Egypter, betäubt standen sie auf und liefen aus den Häusern des Nachts.

שׁוֹאָה וּמְשׁוֹאָה׃ ס׳תַּפִּיל אוֹיְבֶיךָ לְשׁוּחָה׃ וְתִהְיֶה בְּגֶשֶׁם יְשׁוּעָה׃ בָּרוּךְ אַתָּה יְיָ מְחַיֵּה הַמֵּתִים׃

יִשְׁמַע לְצַר כְּשֵׁמַע מִצְרָיִם׃ מַשָּׂא דוּמָה כְּמַשָּׂא מִצְרָיִם׃ נִפְרַעְתָּ מִפַּתְרוֹס בְּתַכְלִית מַכָּה עֲשִׂירִית׃ בְּצַר תִּפָּרַע בְּתַכְלִית קֶרֶן עֲשִׂירִית׃ יָרְדוּ רְאֵמִים עִמָּם׃ בְּכוֹרֵי מַלְכוּת עַמָּם׃ מִזֵּר תַּעֲרִימֵם׃ בְּאַף תַּחֲרִימֵם׃ י׳יֶשַׁע שָׁמוּר׃ הוּא לֵיל שִׁמּוּר׃ אָמַר שֹׁמֵר אָתָא קֵץ אַשְׁמוּר׃

יִמְלֹךְ יְיָ לְעוֹלָם אֱלֹהַיִךְ צִיּוֹן לְדֹר וָדֹר הַלְלוּיָהּ׃

וְאַתָּה קָדוֹשׁ יוֹשֵׁב תְּהִלּוֹת יִשְׂרָאֵל אֵל נָא׃

אֵל נָא לְיֶשַׁע עַמְּךָ בַּחֲצִי לֵיל יָצָאתָ׃ וּבְעֶצֶם הַיּוֹם אוֹתָם הוֹצֵאתָ׃ הַדָּן עַמּוֹ בַּיּוֹם וַעֲמָמִים בַּלָּיְלָה׃ כִּי לְךָ הַיּוֹם אַף לְךָ לָיְלָה׃ לַיְלָה אֲשֶׁר בּוֹ נִפְדּוּ רִאשׁוֹנִים׃ שִׁמּוּרִים נַמַּת יְהִי לָאַחֲרוֹנִים׃ וּמַה שֶּׁהָיָה בָּרִאשׁוֹנָה הוּא שֶׁיִּהְיֶה לָאַחֲרוֹנָה׃ כְּשֵׁמַע מִצְרַיִם תַּשְׁמִיעַ לְצָרִים׃ י׳תְּנַצֵּחַ וְתַצְרִיחַ וְתַצְלִיחַ תִּרְכַּב תִּתְקַע וְתִתְקַף עַל עָם. נוֹרָא וּמָרוֹם וְקָדוֹשׁ׃

אָז תֵּשַׁע מַכּוֹת הָיוּ אֲרוּכִים קָשֶׁה׃ אֲשֶׁר בָּם סִפַּרְתָּ גּוֹי לִבּוֹ מַקְשֶׁה׃ בְּעוּז מֶלֶךְ עַז הָיְתָה מַכָּה עֲשִׂירִית׃ אֲשֶׁר הִמְשַׁלְתָּ בְּנוֹגְשֵׂי בְּנֵי נֻסָּה עֲשִׂירִית׃ גְּרִיעַת בְּכוֹרוֹת הָיְתָה תַּכְלִיתָם׃ אֲשֶׁר שָׁתָה אַפְּךָ עַל תַּכְלִיתָם׃ דַּנְתָּ לִפְנֵיהֶם אֶת אֱלֹהֵיהֶם׃ וְגַם צוּרָתָם הִפַּלְתָּ בְּאָהֳלֵיהֶם׃ הִכִּיתָ כָּל

ואתה Mit solcher Zerstörung und Verwüstung stürze Deine Feinde, Herr! uns belebe mit Deinem Regen des Heils! Gelobt seist Du, Ewiger, der Du die Todten wieder belebst!

ישמע Möge von Zor gehört werden, was man von Egypten hörte, der Ausspruch über Dumah gleiche dem über Egypten. Pathros' Strafe vollendetest Du mit der zehnten Plage; Zor bestrafe mit dem Enden seines zehnten Horns! Laß' die gewaltigen Feinde sinken, entkleide sie ihrer Größe, vernichte sie in Deinem Zorne! — Das Heil ist aufbewahrt, aufbewahrt die Bewahrungsnacht, und einstens wird der Wächter sprechen: „Das Ende der Nachtwache ist gekommen!"

ימלך „Der Ewige regieret ewiglich, dein Gott, o Zion, von Geschlecht zu Geschlecht. Hallelujah!"

ואתה „So throne doch, Du Allheiligster, Allmächtiger, unter den Lobgesängen Israels!"

אל Allmächtiger! Um Mitternacht durchzogst Du Egypten zur Rettung Deines Volkes, und am hellen Tage führtest Du sie heraus, Du, der des Tags sein Volk, des Nachts die Völker richtet. Dein ist der Tag, Dein die Nacht! Du verhießest, daß jene Nacht in der die Vorfahren erlöst wurden, auch aufbewahrt sei für die Nachkommen, und was damals geschah, soll auch in der Zukunft wieder geschehen, die Kunde von Egypten werde auch die Kunde von Zor sein.

Alsdann durchdringt Dein mächtiger Ruf die ganze Welt, und unter Posaunenschall regierst Du erhaben über Deinem Volke, Du Furchtbarer, Erhabener und Heiliger! —

או Neun Plagen kamen damals über den strengen Herrn (Pharaoh), das verstockte Volk ward ihnen Preis gegeben. Verhärtet blieb der König, darum traf hart die zehnte Plage die Unterdrücker der Nachkommen des zehnfach Geprüften (Abraham); Ausrottung der Erstgebornen war das Letzte, womit Dein Zorn ihre Schändlichkeiten strafte. Vor ihren Augen übtest Du Strafgerichte an ihren Götzen, stürztest in den Zelten ihre Mannschaft nieder, schlugst jeden Erstgebornen,

בכור לכל ראש משפחה· בכור לאיש ואשה בכור לעבד ושפחה: ובכור לבהמה ובכור לכל דבר· בבית ובחוץ דבר שת לכל דבר: נשף ונחת נגלית נגוף ורפא· לבכורי צר נגוף ולבנך בכורך רפא: חצות לילה בכן יודוך מודיך· על משפטי צדקך ועל צדק אהביך: טבס אצבעך עשתה תשע מכות· ידך עשתה מכת בכורות: ימין עזך משבעה צר ירוממוך הכל· זרוע קדשך תפדנו ותרום על כל:

ס׳ אל נא· לעולם תערץ· ולעולם תקדש· ולעולמי עולמים· תמלוך ותתנשא· האל מלך· נורא מרום וקדוש· כי אתה הוא מלך מלכי המלכים· מלכותו נצח· נוראותיו שיחו· ספרו עזו· פארוהו צבאיו· קדשוהו רוממוהו· רן שיר ושבח· תקף תהלות תפארתו:

ובכן ויהי בחצי הלילה:

ע״ס א״ב.

אז רב נסים הפלאת — בלילה:

בראש אשמורת זה — הלילה:

גר צדק נצחתו כנחלק לו — לילה:

ויהי בחצי הלילה:

דנת מלך גרר בחלום — הלילה:

הפחדת ארמי באמש — לילה:

וישראל ישר לאל ויוכל לו — לילה:

den Obersten in jeder Familie; des Mannes und des Weibes, des Sklaven und der Sklavin, des Viehes und jedes lebenden Wesens Erstgeburt, im Hause, wie im Freien — Alle traf die Pest. Zürnend und freundlich, tödtend und schonend zeigtest Du Dich zugleich, tödtend — des Drängers Erstgebornen, schonend — Deinem Erstgebornen Sohne (Israel). Um Mitternacht danken Dir darum Deine Verehrer ob Deiner gerechten Urtheilssprüche und Deiner wohlwollenden Liebe. — Die Vollzieher Deines Winkes brachten die neun Strafen über Egypten; die Strafe an den Erstgebornen aber vollführte Deine Hand. Deine mächtige Rechte versenkte endlich noch den Feind, und Alles pries Dich hoch. So erlöse auch uns Dein heiliger Arm und zeige sich hocherhaben! —

אל Allmächtiger! ewiglich wirst Du verherrlicht, ewiglich geheiligt, in allen Ewigkeiten regierst Du hocherhaben, Allmächtiger, König, Furchtbarer, Erhabenster und Allheiliger! Ja, Du bist der König aller Könige, dessen Regierung immerdauernd ist! Verkündet darum seine furchtbaren Thaten, erzählet von seiner Macht; preiset ihn, ihr, seine Schaaren! Heiligt ihn, erhöhet ihn mit Gesang, Lied und Lob, hoch preiset seine Herrlichkeit! —

ובכן Es war in der Mitte der Nacht.

Von jeher thatest Du viele Wunder des Nachts,
In der ersten der Wachen[1]) dieser Nacht.
Jenen tugendhaften Weltbürger (Abraham) ließest Du siegen,
als sich ihm theilte die Nacht[2]).
Es war in der Mitte der Nacht.
Den König von Gerar (Abimelech) richtetest Du im Traume der Nacht,
Schrecktest den Aramiten (Laban) in der grausen Nacht.
Mit göttlichem Wesen kämpfte Israel und kam ihm bei des Nachts.

---

[1]) Jede Nacht ward in drei Wachen getheilt; die Erste dauerte bis Mitternacht.

[2]) Siehe Raschi zu 1. B. M. 14, 5.

וַיְהִי בַּחֲצִי הַלַּיְלָה:

זֶרַע בְּכוֹרֵי פַתְרוֹס מָחַצְתָּ בַּחֲצִי הַלַּיְלָה:

חֵילָם לֹא מָצְאוּ בְּקוּמָם בַּלַּיְלָה:

טִיסַת נְגִיד חֲרֹשֶׁת סִלִּיתָ בְּכוֹכְבֵי לַיְלָה:

וַיְהִי בַּחֲצִי הַלַּיְלָה:

יָעַץ מְחָרֵף לְנוֹפֵף אִוּוּי הוֹבַשְׁתָּ פְגָרָיו בַּלַּיְלָה:

כָּרַע בֵּל וּמַצָּבוֹ בְּאִישׁוֹן לַיְלָה:

לְאִישׁ חֲמוּדוֹת נִגְלָה רָז חֲזוֹת לַיְלָה:

וַיְהִי בַּחֲצִי הַלַּיְלָה:

מִשְׁתַּכֵּר בִּכְלֵי קֹדֶשׁ נֶהֱרַג בּוֹ בַּלַּיְלָה:

נוֹשַׁע מִבּוֹר אֲרָיוֹת פּוֹתֵר בִּעֲתוּתֵי לַיְלָה:

שִׂנְאָה נָטַר אֲגָגִי וְכָתַב סְפָרִים בַּלַּיְלָה:

וַיְהִי בַּחֲצִי הַלַּיְלָה:

עוֹרַרְתָּ נִצְחֲךָ עָלָיו בְּנֶדֶד שְׁנַת לַיְלָה:

פּוּרָה תִדְרוֹךְ לְשׁוֹמֵר מַה מִּלַּיְלָה:

צָרַח כַּשּׁוֹמֵר וְשָׂח אָתָא בֹקֶר וְגַם לַיְלָה:

וַיְהִי בַּחֲצִי הַלַּיְלָה:

קָרֵב יוֹם אֲשֶׁר הוּא לֹא יוֹם וְלֹא לַיְלָה:

Es war in der Mitte der Nacht.

Die erstgeborne Mannschaft Pathros' (der Egypter) schlugst Du in der Mitte der Nacht,
Und keine Macht hatten sie mehr als sie aufstanden des Nachts.
Das Heer des Fürsten zu Charoscheth[1]) tratest Du nieder mit den Sternen der Nacht.

Es war in der Mitte der Nacht.

Es sann der Lästerer (Sancherib), wie er sich des Tempels bemächtige; aber Du machtest ihn zu Schanden, seine Leute starben des Nachts.
Es stürzte nieder der Götze Bel sammt seinem Fußgestelle in der finstern Nacht.
Dem lieblichen Manne (Daniel) ward offenbart das Geheimniß des Gesichtes der Nacht.

Es war in der Mitte der Nacht.

Der aus den heiligen Gefäßen sich berauschte[2]) ward erschlagen in derselben Nacht,
Gerettet ward aus der Löwengrube der Traumdeuter (Daniel) in dieser Zeit der Nacht.
Den Haß trug der Agagi (Haman) nach und schrieb die Briefe in dieser Nacht.

Es war in der Mitte der Nacht.

Du, Ewiger, erweckest Dein mächtiges Strafgericht über ihn (den Haman), indem Du vom Könige (Achasverosch) den Schlaf verscheuchtest in dieser Nacht.
Die Kelter wirst Du treten für die harrend Sprechenden: „Was soll werden aus dieser Nacht?"
Du riefst einem Wächter gleich: „Es kommt der Morgen, auch die Nacht!"

Es war in der Mitte der Nacht.

Bringe herbei den Tag, der nicht Tag ist und nicht Nacht![3])

---

1) Sisera, siehe Richter Kap. 4, und Kap. 5, 20.
2) Belschazar, Daniel Kap. 5.
3) Der Tag der einstigen Erlösung; nach Secharja 14, 7.

רם הודע כי לך היום אף לך הלילה:
שומרים הפקד לעירך כל היום וכל הלילה:
תאיר כאור יום חשכת לילה:
ויהי בחצי הלילה:

כשיסיים קהלות אומרים כאן ובכן ולך תעלה קדושה וכו', ואומרים אדיר דר מתוחים בתפלת מוסף קודם אלהינו ואלהי אבותינו רצה במנוחתנו.

סדר. ע"ס א"ב כפול.

אדיר דר מתוחים. בחסד כל מלוחים. אזן אנקת אסוחים. והוציאם מבין התוחים: או ברב חמלתו. דר מעון דירתו. ושרה מארך אימתו. וכגם חבל נחלתו: בם בשבעים עממים. ונמצאו לפניו עמומים. והגריל במלאכי מרומים. ונפל חבלו בנעימים: בשרו גער ומקים. שמח בטעם חשוקים. כיום גמית דק וארקים. תת־למו דתות חקים: גשתי בתוך ענוה ורכה. אסור להתיר להעריכה. לכל אבשל להמרכה. היום כדבר הלכה: גשתי כשאני אבור. לפשט בטעם צבור. כמוכיר ולא כמזהיר בדבור. להוציא חובת צבור: דהרת דת סגלה. דרשו והורו חכמי גרן עגלה. והיו בסדר הגעלה. להבגים יורה קטנה בתוך יורה גדולה: דרך גדולה חשופה. עושין לה כמין שפה. וברותח נמצאת חפופה. ממי רותחין גופה: הבנת קשרות ומליחן. בבלי

Thue es kund, Erhabener, daß Dein der Tag ist, Dein die Nacht!
Setze Wächter wieder ein in Deine Stadt, sowohl des Tags
wie in der Nacht;
Erhelle wie Tageslicht die Finsterniß der Nacht!
Es war in der Mitte der Nacht. —

סדר·

Der Mächtige, der in den Himmeln thronet, der mit Gnade Alles speiset, er hörte das Seufzen der Gedrückten und führte sie heraus aus den Dornen. In seinem großen Erbarmen ließ er sich herab aus seiner hohen Wohnung, befreiete vom Drucke sein Volk und nannte es sein eigenthümliches Erbe. Siebenzig Nationen hatte er überschaut, alle waren verdunkelt vor ihm erschienen; da warf er das Loos in seiner Höhe und es fiel den Anmuthigen (Israel) zu. Er schauete auf sie, er, der beschließt und vollführt, freuete sich dieser schönen Nation, wie an dem Tage, da er Himmel und Erde gründete, und gab ihnen Gesetze und Rechte. — In der edeln Versammlung trete ich nun vor, um das Verbotene und Erlaubte vorzutragen; o, daß ich nicht irre, nicht strauchele bei dieser gesetzlichen Untersuchung heute. Unerschrocken nahe ich mich, um der versammelten Gemeinde Erklärungen zu geben; keine Warnungen, blos Erinnerungen enthalte diese Rede, womit ich für die Gemeinde die Pflicht erfülle. Die das vollkommene Gesetz zu erforschen Berufenen, die im Halbkreis sitzenden Weisen lehrten, daß bei dem Auskochen der Geschirre, das kleinere Gefäß in das größere zu bringen ist. Ein großes offenes Gefäß bedeckt man oben mit einem Lehmrande und wird es alsdann durch das darin in die Höhe sprudelnde, siedende Wasser rein. Schüsseln u. dgl. die als zweite Gefäße ge-

שני שפשופיהן · כשמכבין מסיר בהן · כך שמכבין רותחין
עליהן: הגגית כללן וצחצוחן · מעץ ואבן שרין בהדחן ·
ומחרס מצוה להזניחן · עד לאחר הפסח יכול להניחן:
ושמוש סכין ועניינו · מדיחים אותו לתקנו · בכלי ראשון
תקונו · כך הגעלתו ובחונו: ולכן ברזל באור בגלשון ·
לטהרו מכל רפשון · וקתא בחמין נצורי בראשון · והלכתא
כלו ברותחין ובכלי ראשון: וקוק עץ פרור וחטוטו · בכלי
ראשון צבטו · ברותחין הגעלת קשוטו · כבולעו כך פולטו:
ולפו חכמים בשנונם · קדרות חרס בשברונם · והתירו
במחיצות מן התין לסמנם · עשות בהם אחר הרגל בין
במינם ובין שלא במינם: חקור קדרי נפה ושפוד ופטילה ·
מעלות הן כלם בהגעלה · מאני דקוניא כפחרא משולה ·
מתרין הן בהדחה כבורמי דגללא: חיוב כלים הרי הן
מרוחין · ומאסורן מצחצחין · וכרת הן מונחין: תמו הלכות
הגעלה ברותחין: טעמי דת מוסר · מהם בלי לחסר ·
בדיקת חמץ לנו נמסר · מאור לארבעה עשר: טירת גנן
בוקקה · אין בודקין לחמה ואבוקה · כי אם לנר דלוקה ·
שהנר יפה לבדיקה: ידועים בארו לאמץ · המתחיל לבער
חמץ · מברך כזאת באמץ · ברוך אשר קדשנו במצותיו

braucht werden, d. h. wo das in andern Töpfen Gekochte hineingeschüttet wird[1]), braucht man blos mit heißem Wasser zu übergießen. Bei Trinkgeschirren, wenn sie aus Holz oder Stein sind, ist die Regel, daß sie durch bloßes Ausschwenken rein werden; irdene Gefäße aber soll man gar nicht gebrauchen, darf sie aber bis nach dem Feste aufheben. Die Vorschrift für Messer und ähnliche Gegenstände ist, sie gut zu reinigen und dann im ersten Gefäße[2]) auszukochen; dadurch werden sie geläutert. Eiserne Gefäße sind im Feuer wohl durchzuglühen und von allem Unflathe zu reinigen. Die Hefte der Geräthe spült man mit warmem Wasser ab, nach einiger Gelehrten Meinung; aber die Regel ist, sie in siedendes Wasser und in erstes Gefäß zu bringen. Die Läuterung und Säuberung von Kochlöffeln besteht ebenfalls darin, daß man sie in erstem Gefäße in siedendem Wasser kocht; denn so wie ein Gefäß das Gesäuerte an sich zog muß es dasselbe auch wieder von sich geben. Auch tragen die Weisen in ihrer Lehre vor, daß irdene Töpfe eigentlich zerbrochen werden sollten, erlaubten aber doch, sie an einem abgeschiedenen Orte dem Auge zu verbergen, wo man sie dann nach dem Feste wieder nach Belieben gebrauchen darf. Seihen, Bratspieße und Bratröste werden alle durch Auskochen brauchbar; glasürtes Geschirr ist irdenem gleich, und steinerne Gefäße sind durch Ausschwenken erlaubt. So sind denn die Vorschriften für die Gefäße, wie sie vom Verbotenen befreiet und für Peßach gesetzlich brauchbar gemacht werden können erläutert und sind hiermit die Regeln vom Auskochen beendigt. — — Von den Gesetzkundigen, die nichts unerforscht ließen, ward uns überliefert, daß das Aufsuchen des Gesäuerten am Abende des Vierzehnten vorzunehmen ist. Die Gemächer der abgepflückten Weinrebe (Israel) dürfen aber weder bei'm Sonnen- noch Fackellichte, sondern blos bei'm Kerzenlichte durchsucht werden; denn das einfache Licht ist das passendeste zum Suchen. Die Bewußten lehren ferner, daß, bevor man die Nachsuchung beginnt, man Folgendes mit Andacht sprechen soll: „Gelobt sei Er, der uns mit seinen Ge-

[1]) Aber sie nicht selbst zum Kochen aufgestellt werden.
[2]) D. h. in über Feuer siedendem Wasser.

וְתָמוּ עַל בִּעוּר חָמֵץ: יִשְׂרָאֵל אִמָּתַי מִצְוָה עֲלֵיהֶם. לִבְדּוֹק
בְּיֹשֶׁר נֵרֵיהֶם. עֲשׂוֹת פִּקּוּד רִקְמֵיהֶם. כְּשֶׁבְּנֵי אָדָם מְצוּיִים
בְּבָתֵּיהֶם: כְּבֵי בֵית עֶלְיוֹנִים וְתַחְתּוֹנִים. לִבְדִיקָה אֵינָם
מְזֻמָּנִים. וְאֶמְצָעִים לְבַד פּוֹנִים. שֶׁחָמֵץ בָּם נוֹתְנִים: כְּלָל
גַּג יָצִיעַ וּמִגְדָּל וְרֶפֶת בָּקָר. וְלוּלִין וּמַתְבֵּנִים בְּלִי לְסַקֵּר.
וְאוֹצְרוֹת יַיִן וְשֶׁמֶן מִתְחַקֵּר. אֵלּוּ בּוֹדְקִין כָּל עִקָּר: לְאֶמְצָעִית
חוֹר בֵּינוֹ וּבֵין קְרוֹבוֹ. זֶה בּוֹדֵק עַד מְקוֹם הַגָּעַת יָדוֹ בְּאָרְכּוֹ.
וְזֶה בּוֹדֵק לְמַחֲצִית אָרְכּוֹ. וְהַשְּׁאָר מְבַטְּלוֹ בְּלִבּוֹ: לְחֹק
(נ"א לְהֵיק) יְהוּדִי וְגוֹי בְּחוֹר שֻׁתָּפִין. לֹא יִבְדּוֹק נָמוֹ צוֹפִים.
מִפְּנֵי סַכָּנַת גּוּפִים. פֶּן יֵחָשְׁדוּ לִכְשָׁפִים: מַפֹּלֶת עַל חָמֵץ
שֶׁבִּגְּרוּ כָּל נִמְרָחִים. וְהוּא כִּמְבֹעָר בִּמְקוֹם נִדָּחִים. לְכָל
חוֹפְשִׂים אַחֲרָיו נִבְחִים. וַחֲפִישָׁתָן שְׁלֹשָׁה טְפָחִים: מַרְתֵּף
בִּשְׁתֵּי שׁוּרוֹת. בְּהַכְנָסַת חָמֵץ מִתְחַקְּרוֹת. וְאוֹצְרוֹת יַיִן
(וְשֶׁמֶן) מְסוּרוֹת. בְּמִסְתַּפֵּק אֲסוּרוֹת. וְאִם בְּדָקָן מֻתָּרוֹת:
נְוֵי דָגִים קְטַנִּים. לִבְדִיקָה הֵם מְזֻמָּנִים. וּבָתֵּי תְמָרִים
וּשְׂאֵי אֲפוּנִים. צְרִיכִין בְּדִיקָה וְהֵם בְּחוּנִים: נֶצַח בֵּית
מֶלַח וּצְרִי גְּלוּיִם. לִבְדִיקָה הֵם רְאוּיִם. וְחָצֵר פְּטוּרִים מִטָּה
קְנוּיִם. שֶׁהָעוֹרְבִים שָׁם מְצוּיִם: סוֹף אַרְבַּע שָׁעוֹת לְבַשֵּׁשׁ.
וְאַחַר כֵּן לְבַשֵּׁר וְלֹא לְמַשֵּׁשׁ. אוֹכְלִין כָּל אַרְבַּע וְתוֹלִין כָּל

boten geheiligt und uns die Wegräumung des Gesäuerten befohlen hat." Wann ist der Israelite verpflichtet, die genaue Untersuchung der Wohnungen und Nachforschung der Gewänder anzufangen? Am Abende, sobald die Leute sich nach Hause begeben. — Die Fenster der Häuser, die obersten und untersten braucht man nicht zu untersuchen; blos den mittleren wende man sich zu, weil man da gewöhnlich Gesäuertes hinlegt. Die Regel ist: Dächer von Ueberbauten und Thürmen, sowie Rinderställe, Hühnersteigen und Strohmagazine braucht man nicht nachzusehen; Wein- und Oelmagazine aber müssen ganz durchsucht werden. Ein Loch, das in der Wand zwischen zwei Häusern durchgeht, untersuchen beide Eigenthümer, ein Jeder, soweit er mit dem Arme reichen kann und das Uebrige vernichten sie in Gedanken. Sind aber ein Jehudi und ein Heide die Nachbaren, so ist von den Lehrern das Gesetz ausgesprochen, das Loch nicht zu untersuchen, und zwar wegen Lebensgefahr, indem der Heide ihn da leicht der Zauberei beschuldigen könnte. Ist ein Schutthaufen auf Gesäuertes gefallen, so braucht man sich seinetwegen nicht zu bemühen, und wird es wie weggeräumt betrachtet, sobald die Hunde es nicht mehr hervorholen können, wenn es nämlich drei Handbreiten verschüttet liegt. In einem Weingewölbe werden die zwei ersten Reihen der Fässer, wo Gesäuertes hingekommen sein kann, untersucht. Wein- und Oelkeller hingegen aus denen man das ganze Jahr hindurch seinen Bedarf geholt hat, sind für Peßach verboten; hat man sie aber nachgesucht, so sind sie erlaubt. In Behältern kleiner Fische muß nachgesucht werden; ebenso in Magazinen von Datteln und Kichererbsen, Salz und Balsam, die gewöhnlich immer geöffnet sind; den Hof aber brauchen die Gottgeweiheten nicht zu untersuchen, da dort die Raben sich einfinden und das Gesäuerte wegfressen. Bis zu Ende der 4ten Stunde des Rüsttages darf man das Gesäuerte noch zurückhalten, dann aber muß es weggeräumt werden. Die ganze 4te Stunde darf man noch Gesäuertes essen,

חמש · ושורפו בתחלת שש: שם יהודי חמץ אצל נכרי ·
עד ארבע צריך לאחרו · בשש שורפו ובחמש מוכרו ·
שהכל מצוין עליו לבערו: ערל שהפקיד חמצו לישראל
בביתו · וקבל עליו שמירתו ואחריותו · ונגנב או אבד חיב
על פריעתו · בהגעת שש חיב בהבערתו: עמד ויחד לו
מקומו · ויוציא מרשות עצמו · כבאור תורה פרסמו ·
ואין עליו אשמו: פרש לים ויוצא בשירה · בתוך שלשים
זקוק לבערה · וקדם שלשים נמי חכמי יקרה · אינו זקוק
לפנות בית דירה: פצו לחסור רפתא יהא נעור · וחוזר
ובודק מקום בעור · ואומר כל חמירא כשעור · תמו הלכות
בעור: צווי לישת עסה מגלה · במים שלנו הלילה · וחמין
וחמי חמה פסולה · ובמים גרופים נמי לא: צריכות שלש
נשים להכניסה · עשוקות בבצק בעין יפה · אחת לשה ואחת
מקטפת ואחת אופה: קטן וחרש ושוטה וגוי ארבעתן ·
כשאור פרשו לישתן · ועבד ושפחה שלא כדת טבילתן ·
בראשונות אסורות עסתן: קיחת כלים שנים איש איש
במושבו · ללישת עסת פקוד לחטבו · אחת שמקטפת בו ·
ואחת שמצננת בו: רחיצת כלי תשמישו של נחתום
נחוצים · להכשירן כשל עצים · לשפכן במדרון והיות נפצים ·
מפני שהם מתחמיצים: רוע מכת טריתו · לא ילעוס חטים

die ganze 5te Stunde enthalte man sich dessen, und am Anfange der 6ten Stunde verbrenne man es. Hat ein Jehudi dem Andern Gesäuertes aufzuheben gegeben, so halte er es bis zur 4ten Stunde zurück, in der 6ten Stunde verbrenne er es, oder verkaufe es in der 5ten; denn Jedem liegt die Pflicht es wegzuschaffen ob. Hat man von einem Nichtjuden Gesäuertes in Verwahrschaft und hat übernommen, es wohl in Acht zu nehmen und wenn es gestohlen werden oder verloren gehen sollte, es zu bezahlen, so ist er verbunden, mit der 6ten Stunde es wegzuschaffen. Hat er es aber an einem besondern Ort außerhalb seines Hauses gebracht, so erklärt das Gesetz, daß keine Schuld wegen des Gesäuerten auf ihn fällt. Wer zur See geht oder mit einer Karavane zieht, ist, wenn es 30 Tage vor dem Feste geschieht, schuldig, das Gesäuerte wegzuräumen; vor 30 Tagen aber, sprechen die Weisen des Gesetzes, braucht er nicht sein Haus zu durchsuchen. Ferner lehren sie, daß wenn von dem aufgefundenen Brode etwas fehlen sollte, man nochmals die Nachsuchung anstellen muß; nachher spricht man: „Alles Gesäuerte u. s. w. Hiermit sind die Regeln vom Ausräumen beendigt. — Es ist deutlich befohlen zum Kneten des Teiges für die Mazzoth nur solches Wasser zu nehmen, das über Nacht gestanden hat; gewärmtes oder von der Sonne warmes Wasser hingegen ist verboten, ebenso aus einem kupfernen Behälter Geschöpftes. Es erforderlich, daß 3 Frauen sich zum Teigmachen vereinen, eine, die ihn knetet, eine, die ihn tüpfet und eine, die ihn backt. Ein Unerwachsener, Taubstummer, Blödsinniger und ein Heide, diese 4 sind wie Säuerteig vom Kneten fern zu halten; haben Sklave und Sklavin, die noch nicht das Bekehrungsbad erhielten, den Teig geknetet, so darf man die daraus gemachten Mazzoth an den ersten beiden Festabenden nicht genießen. Man habe 2 Gefäße am Knetplatze in Bereitschaft, eines womit man den Teig anknetet und eines in dem man die Hand abkühlt. Die Backgeschirre sind dann so zu reinigen wie hölzernes Geschirr gereinigt werden muß, und das Wasser ist an einem abhängigen Ort auszugießen, weil es sonst leicht eine Säuerung verursachen könnte. Man kaue keinen Weizen als Pflaster zu einer eiternden

לאספלניתו · לתן על גבי מכתו · מפני שהוא מחמצתו:
שמש שאכל כזית מצה · כשהוא מסב ידי חובתו יצא · ויין
ושמן ודבש בעסה מתחמצה · בראשונות אסורות אבל
בשאר נרצה: שר מצה דמויה לחררה · שלא בשלה
כשורה · ונעשית חוטין כשהכסיפה מדורה · חייבין עליה
והיא אסורה: תמיכות נשים במצות פסח לברדה ·
כאנשים פקודים לשמרה לבערי חמירא ולמיכל פטירא ·
ולמשתי ארבע כסי דחמרא: תת מצה ומרור וחרסת
בסעודה · לפני כל אחד ואחד בעגידה · ואין עוקרין את
השלחן להעמידה · ונמו כלהו לפני מי שאומר ההגדה:

סלוק.

י' ובכן ולך תעלה קדשה כי אתה קדוש ישראל ומושיע:

ובכן כי אין לפניך לילה · והכל לפניך יום · ויום ליום
יביע אמר · ולילה ללילה דעת יודיע: וחשך לא יחשיך
ממך · ונהורא שרא עמך · בקרים יגידו חסדך · ולילות
ישננו אמונתך: ושחר ובקר וצהרים ונגה · וערבים ונשף
ולילה · וכל עת ועדן וזמן ורגע · יזכירו נסי פלאך · ויגיד
אותות ומופתי נפלאותיך: המחדש ישועות · ומפליא
פלאות · ועשה נוראות · הסופר ימים · ומנה עתים: ויומך
אלף שנים · ושנותיך לא יתמו · כי הכל כלה · ואתה לא

Wunde und lege ihn nicht auf, weil er dadurch in Säuerung geräth. — Hat der Aufwärter an den ersten Festabenden ein Stückchen Mazzoh so groß wie eine Olive angelehnt genossen, so hat er seine Pflicht erfüllt. — Ein mit Oel, Wein und Honig angekneteter Teig wird an den ersten beiden Abenden des Festes als Gesäuertes betrachtet, an den andern Festtagen aber ist er erlaubt. Eine Mazzoh, die kuchenweich und nicht recht durchgebacken ist, darf man zum Verbrauche einweichen; ist sie aber blos vom Feuer gebleicht und zieht sich zu Fäden, so ist sie Gesäuertem gleich und verboten. Bei'm Peßachgebote werden die Frauen den Männern ganz gleich gehalten und haben auch sie alle Gebote zu halten, das Ausräumen des Gesäuerten, das Genießen des Ungesäuerten und das Trinken der 4 Becher Wein. Mazzoh, bitteres Kraut und Charoseth wird bei der Mahlzeit an den Peßachabenden jedem der Tischgesellschaft vorgelegt; man räumt den Tisch nicht ab und stellt ihn nicht weg, und Alles erzählt vor dem Weltenschöpfer die Befreiungsgeschichte.

סלוק·

Und so möge zu Dir aufsteigen die Heiligung, denn nur Du bist Israels Heiligster und Helfer!

אכן, Bei Dir ist keine Nacht, bei Dir ist steter Tag! Ein Tag strömt dem andern das Wort entgegen, eine Nacht bringt der andern die Kunde, daß Finsterniß Dir nicht dunkel ist, daß das Licht bei Dir wohnet. Alle Morgen erzählen Deine Gnade, alle Nächte Deine Treue; frühe Morgenröthe, heller Mittag, Dämmerung, Abend und Nacht, jede Zeit, jede Stunde und jeder Augenblick erwähnen Deine erstaunlichen Thaten, erzählen Deine Zeichen und Wunder. Du erneuest wundervolle Hülfe, übst furchtbare Thaten, zählst die Tage und bestimmst die Zeiten. Aber Dir sind tausend Jahre ein Tag nur, Deine Jahre enden nicht; hört Alles auf, so hörst doch Du nicht auf!

בלה: ובאשר אתה חי בן משרתיך חיים· טהור והם
טהורים· קדוש והם קדושים· וקדשה לקדוש מקדישים
ומשלשים: כתוב על יד נביאך וקרא זה אל זה ואמר קדוש קדוש וגו'.

סדר הזולתות שבין פסח לשבועות·

פֿאָן ערזטען שבת נאָך ר"ח אייר ביז שבועות, אַזוי אויך דען שבתות צווישען שבעה עשר בתמוז און תשעה באב, ווערדען פֿאָלגענדע זולתות געזאָגט.

זולת לשבת ראשונה אחר ר"ח אייר·

ע"ס א"ב, ובסוף חתום משלם.

אזכרך דודי מארץ ירדן וחרמונים· בגדל מסות אשר
הפלאת לקדמונים· גאלתם בזרוע והצלתם כמה מונים·
דמינו עתה בגולה כמתי אשמנים: הדיתני הארי ושבר
ועצם עצמי· והצלתני מפיו לפי מלאת ימי· זנבני הדב
וגרם גרמי· חלצתני מידו ודרשת דמי: טרף נמר ופרץ
היכלי· יען מבית ומחוץ לשכלי· כלית אגפיו כשמעת
קולי· לגיוניו מחצת והושעת קהלי: מכלם תקף חזיר
הבר· נאץ ותרף ועד כוכבים גבר· סלני כרסמני ולכלותי
סבר· ערער זבולך ועד היסוד עבר: פק פליליה ושנה ע
דתי· צוני לכחש יחוד עדתי· קונך היעצר כח לעמתי·
רפסתי דביריו והגני בקומתי: שמעת חרפתם אל תחרש

Und wie Du der Ewiglebende bist, so sind auch Deine Diener ewigdauernd, wie Du der Reine, so sind rein auch sie, wie Du der Heilige, so sind auch sie heilig und heiligen Dich, Allheiliger, mit der dreifachen Heiligung.

Sulathoth

für die Sabbathe zwischen Peßach und Schabuoth.

זולת לשבת ראשונה אחר ר"ח אייר.

Ich gedenke Dein, Allgütiger, von den Fluren aus am Jarden und am Chermon; welch' große Wunder übtest Du dort für die Frühern! Du erlöstest sie mit starkem Arme, befreitest vielmals sie, — und nun gleichen wir im Exil den Todten in finsterer Gruft. — Der Löwe (die Babylonier) stieß mich nieder und zermalmte meine Gebeine — Du rettetest mich aus seinem Rachen, als meine bitteren Tage voll waren; es fiel mich an der Bär (die Perser) und nagte an mir — Du zogst mich aus seiner Tatze, rächtest mein Blut; der Tiger (die Griechen*) packte meinen Tempel an und riß an ihm, er ging darauf aus, mich von Innen und Außen aufzureiben — aber Du hörtest mein Schreien und vernichtetest seine Heere, schlugst seine Legionen und halfst meiner Versammlung wieder auf. Doch mächtiger als alle diese war der wilde Eber (die heidnischen Römer), er schmähte und lästerte bis zu den Sternen, trat mich nieder, zerstampfte mich und wollte mich ganz vertilgen; er zerstörte Deinen Wohnsitz bis auf den Grund. Er sprach das schlimme Urtheil aus, mein herrliches Gesetz zu ändern, befahl mir, den einzigen Gott meiner Gemeinde zu verleugnen; sprach: „Besitzt denn Dein Herr Kraft gegen mich? habe ich nicht seinen Pallast niedergetreten und — stehe erhaben da?" — Du hörtest die Lästerung;

---

*) Vgl. Raschi zu Jirm. 5, 6.

לריבי· שבעתים השב אל חיק מריבי· תבע גאלתי
דודי וקרובי· תחיש לי מפלט עמק לערבי: ממחצבת
רהב העירה עז נקם ללבוש· שחץ עדינה תשבית מכתי
לחבוש· לדרוך פורה בגדי נקם תלבוש· מלוכה לאדרך
בשמי ים סוף כיבוש: עזרת אבותינו וכו'.

זולת לשבת שניה אחר ר״ח אייר·

חזום דיכטער זכ״ת סלחת בהר״ נתן ווירד לויט זולת אחרי נמכר (זייטע 214) געזאגט.
ע״ס א״ב, ובסוף חתום בנימן.

אלהים אל דמי לך אל תשקט ותחרש· בעד נוה היכלך
כי נהרס ונחרש· גוים ירשוהו כבן ראוי לירש· דם עבדיך
שפכו ודורש לא נדרש: הלא אתה מאז ומקדם בכל
צרתם צרת· וטרם קראוך רחמיך נכמרת· ונתתם עתה
ופנים הסתרת· חדש אכל חלק לך ברת: מחי תאל
שוחחים לי בחרף· יוצרך שכחך ופנה לך ערף· כלינו
בית מרפדו וטמאנוהו כגרף· לא חש להושיע כי נפש
ויירף: מלך עליון עד אנה עלי יתמלאון· נוהמים כלבאים
וכהמות ים ישאון· שגיא כח רמה ידך כל יחזיון ויראון·
עדי כמהי ישעך מופתיך יתפלאון: פשע שמם קדש
חזון והתמיד· צפה כימי קדם לחדש ולהעמיד· קרבנות
שחר וערב על מזבחך תתמיד· רעיתך קומם שמה

schweige nicht zu meiner Rechtssache! Vergelte siebenfach meinem Widersacher, fordere meine Befreiung, Du, mein mir naher Freund; bringe schnell mir Rettung und berge mich bei Dir! Erwache, kleide Dich in mächtige Rache, wie damals als Du die Stolze (Egypten) schlugst, und schaffe weg die Hoffart, die Wollüstigen. Verbinde meine Wunden! Ziehe an die Rachegewänder, um die Kelter zu treten und Dein Reich zu verherrlichen, wie ehedem, als Du das Schilfmeer trocknetest!

זולת לשבת שניה אחר ר״ח אייר·

Gott, sei doch nicht still, ruhe nicht und schweige nicht, um Deines Tempels willen, der niedergerissen und umgepflügt wurde! Völker nahmen ihn in Besitz, als sei er ihr rechtmäßiges Erbe; sie vergossen Deiner Diener Blut, und es ward nicht gerächt. — Bist Du es nicht, der Du von jeher bei all ihren Drangsalen Dich ihrer annahmst, Dich ihrer schon erbarmtest, bevor sie Dich noch anriefen? und jetzt hast Du sie verlassen und ihnen Dein Angesicht verhüllt, und der Unheilsmonat (Ab) verzehrte das Antheil, das Du Dir auserlesen hattest. Die prahlerisch Schwatzenden sprechen lästernd zu mir: „Dein Schöpfer hat dich vergessen, den Rücken dir zugewandt! Haben wir doch sein Wohnhaus zerstört und verunreinigt, und er eilte nicht zur Hülfe herbei, ließ gänzlich ab!“ — Allerhöchster König! wie lange noch sollen sie sich wider mich versammeln, wie Löwen brüllen und wie tosendes Meer toben? Allmächtiger! sie sehen nicht Deinen erhobenen Arm, fürchten sich nicht eher, bis daß die nach Deiner Hülfe Schmachtenden wieder von Neuem durch Deine Wunderthaten ausgezeichnet werden. Unsere Frevel verwüsteten das Heiligthum, entzogen uns die Weissagung und die Opfer; o schaue herab, stelle es uns erneuert wieder her, wie in der Vorzeit Tagen! Laß' die Morgen- und Abendopfer wieder beständig auf Deinem Altare brennen! Richte Deine Geliebten wieder auf, ihre

ועוינה תשמיד: שערים המטבעים הקם על תלם. תיסד
על מכונו היכל ואולם. במעשותך נוראות יקוך עם עולם.
מוראך נצח יעריצו כאז כהגאלם: עזרת אבותינו וכו'.

זולת לשבת שלישית אחר ר"ח אייר.

היינט דיעזער שבת פרשת בהר זיין ווירד דאנן זולת אחרי נמכר (זייטע 214) געזאגט.

ע"ס א"ב, ובסוף חתום משלם.

אתה אלהים וזולתך אין עוד. עדינה נמה אני ואפסי
עוד. באתי בחדרי מלך ועררתי מקום ועוד. ובשלום
יצאתי בלי פגע ומעוד: גבוריו שוסיתי אביריו עשיתי.
טירותיו הרסתי משכנותיו רמסתי. דביריו רעצתי נחלתו
ענתי. צבאיו רצצתי ורע לא אניתי: הנני שלוה דשנה
ורעננה. יושבת בארמון שקטה ושאננה. ואיה נפלאותיו
אשר הפליא לבנה. מדוע מידי לא יצילנה: ומירות היכלו
החשיתי וחללתי שירותיו. והצתי באש מקדשו וערערתי
חצרותיו. חללתי צפונו וקרקרתי קירותיו. ועל מזבח
טבחתי משרתיו: טיף חוזי סערה ונבוי צופיה. הנבאים
לה עוד תעדי תופיה. ימים ארכו ואבד חזון מצפיה. אין
לה רויה מאש רשפיה: כביר כח אתה יי אדוננו. העל
אלה תתאפק תחשה ותעננו. למה תביט בוגדים
הקמים עלינו. תחריש בבלע רשע שארית קהלינו:

Widersacher und Neider rotte aus! Die gesunkenen Thore setze wieder ein auf ihre Stelle, den Tempel und die Halle gründe auf ihre Stätte! Uebe furchtbare Thaten für Dein ewigdauerndes Volk, das auf Dich hoffet, und immerdar verherrlichen sie Deine Erhabenheit, wie damals, da Du sie (aus Egypten) befreitest! —

זולת לשבת שלישית אחר ר״ח אייר·

Du bist Gott, Keiner außer Dir! und dennoch spricht der wollüstige Feind: „Ich bin's, außer mir kein Anderer! Ich drang in des Königs Gemächer, durchwühlte den geweihten Ort und kam glücklich wieder heraus ohne Unfall, ohne zu wanken. Ich plünderte seine Helden aus, drückte seine Starken nieder; seine Schlösser riß ich ein, trat seine Wohnungen zu Boden, zertrümmerte sein Allerheiligstes und überwältigte sein Erbe, seine Heere schlug ich und mir begegnete nicht Böses. Ich sitze sorglos in meinem Pallaste, kraft- und saftvoll, ruhig und sicher; wo sind denn nun die Wunderthaten, die er für seine Pflanzung (Israel) übt! Warum rettet er sie denn nicht aus meiner Hand! — Seine Tempelgesänge ließ ich verstummen, entweihete seine Lieder, sein Heiligthum zündete ich an und durchwühlte seine Vorhöfe, das Verborgenste entweihete ich, untergrub seine Mauern und schlachtete auf seinem Altare seine Diener hin. Die Weissagung jener Seher der Umhergetriebenen, die Prophezeihung der Harrenden: „„Du wirst dich wieder mit Pauken schmücken!““ schon viele Jahre sind verflossen und sie blieb unerfüllt; keine Erquickung ward der Nation, die das Feuer verzehrt!“ — Mächtiger, Du, Ewiger, unser Herr! willst Du hierbei an Dich halten, schweigen und uns so sehr niederdrücken? Warum siehst Du zu den Treulosen, die gegen mich aufstehen, schweigst, wenn der Frevler den Rest meiner Versammlung verschlingt?

מונים ומענים ומדכאים עמך · ומרבים נאצים וחרופים
לשמך · נאור ואדיר לא יכילו גוים ועמך · יחדו מריביך
והמם בקול רעמך : סתמו פיות ממליכיך שמך מליחד ·
עדות שקר להעד ואמתך לכחד · עורה למה תישן קומך
להכחד · מלכותך להמליך בפומבי ויחודך לסהד : פניך
האר והפלא חסדיך · הושע חוסיך והרנן חסידיך · צאנך
נהל לקרית מועדך · דעת הכל כי אין בלעדיך : קומם
סכך בשלם כמקדם · ועד שם אכולי מאחור ומקדם ·
רוממותך להפק ובתודה פניך נקדם · בשובך שביתנו
חדש ימינו כקדם : שיר לך יחדש ומען הלולים · פרותך
עם עני מכף הוללים · תהלה יביעו בשמך נדגלים · כאז
בעברם בין גלים · מלתך תקים מלך עולמים · שלא
להזכיר פרות סבל עגומים · לאמר חי המעלה מאפסי
תהומים · מחליו בגולה בדכיות תהומים : עורה וכו'.

זולת לפרשת בהר סיני ·

ע"פ א"ב, ותמוך חתום ברוך בר שמואל חזק ואמץ.

אחרי נמכר גאלה תהיה לו · תקן הבכורה יבא גאלו ·
ברך יי חילו ותבנה בית זבולו · תאזין אזנך לו כי יחנן קולו :
גרש גם גלה ובשלחך אב אינו · איב לעיניך בפנך

Sie drängen und drücken und peinigen Dein Volk und stoßen schreckliche Lästerungen gegen Dich aus. Furchtbarer und Mächtiger, laß sie nicht aushalten vor Deinem Grimme, zernichte sie, Deine Widersacher, betäube sie mit Deiner Donnerstimme! Sie verschlossen den Mund denen, die Dir huldigen, daß sie Deine Einheit nicht mehr verkünden sollen; zum Lügenzeugniß wollten sie uns zwingen, uns zwingen, Deine Wahrheit zu verleugnen. Erwache, warum schläfst Du? Herr! vertilge Deine Widersacher, stelle feierlich Dein Reich wieder her, als Zeugniß Deiner Einheit! Laß' Dein Antlitz leuchten, zeige die Wunder Deiner Gnade, hilf den auf Dich Vertrauenden und laß' frohlocken Deine Frommen! Führe Deine Heerde wieder in Deine erwählte Stadt, auf daß Alle erkennen, daß Keiner ist außer Dir! Richte Deinen Wohnsitz wieder auf in Schalem (Jerusalem), wie ehedem, und sammele dort die von allen Seiten Angegriffenen! Dann werden wir Deine Hoheit preisen und in Dank vor Dir erscheinen, wann Du uns aus dem Elende zurück bringest und die frühern glücklichen Tage uns erneuerst. Neue Lieder und Wettgesänge werden dann Dir tönen, wann Du das verarmte Volk aus der Hand der Spötter befreiest; Deinen Ruhm verkünden sie nach ihren Fahnen, wie ehedem, als sie durch die Meereswellen zogen. Bestätige Dein Wort, König aller Welten, daß man nicht mehr gedenke der Erlösung von der Last der Anamim (Egypter), sondern spreche: So wahr Gott lebt, der aus den Enden der Erde heraufgeführt diejenigen, welche im Exil und im tiefen Elende auf ihn vertrauet hatten!

זולת לפרשת בהר סיני.

Verkauft ist er, darum möge Erlösung ihm werden; der erstgeborne Sohn, ihm komme sein Erlöser! Segne, Ewiger, seine Kraft und baue seinen Wohnsitz wieder auf! Er flehet zu Dir, neige ihm Dein Ohr! Er ist vertrieben und versägt, nicht mehr am Tische seines Vaters, der Feind beherrscht

יְרָדֵנוּ· דָּרוֹשׁ תִּדְרְשֶׁנּוּ וְנַחֵם תְּנַחֲמֶנּוּ· כָּלוּ עֵינָיו עַד הוֹדוֹ
יִגְאָלֵנוּ: הָאָב חַיָּב בִּבְנוֹ לִפְדוֹתוֹ· וְלָמָּה זֶה שְׁכַחְתּוֹ הֲלֹא
תָשׁוּב לְקַחְתּוֹ· וּלְךָ מִשְׁפַּט הַגְּאֻלָּה שֵׁנִית לִקְנוֹתוֹ· וַעֲלֶיךָ
שְׁמִירָתוֹ לְהַעֲמִידוֹ עַל חֻקָּתוֹ: זֵכֶר נִפְלְאוֹתֶיךָ בְּאָזְנֵינוּ
שָׁמַעְנוּ· כְּשֵׁמַע מִצְרַיִם לְעֵינֵינוּ תַּרְאֵנוּ· חַדֵּשׁ כְּבָרִאשׁוֹנָה
וְחִנָּם קְנֵנוּ· גְּאֻלַּת עוֹלָם תִּהְיֶה לָנוּ: טוֹב וְיָשָׁר מוֹרֶה
דַּרְכֵי אָרְחוֹתֶיךָ· נִדָּח הָשֵׁב וַאֲסַפְתּוֹ אֶל תּוֹךְ בֵּיתֶךָ· יַשֵּׁר
עָקֹב עַל חַסְדְּךָ עַל אֲמִתֶּךָ· גְּאֻלָּה תִּהְיֶה לוֹ כִּי כֵן מִדָּתֶךָ:
כָּרוּ זֵדִים לִי שׁוּחָה לְהַפִּילִי· חוֹשְׁבִים מַחְשְׁבוֹת רֶשַׁע
לְהַכְבִּיד אֶת עֻלִּי· לִבִּי לַמָּרוֹם וְעֵינַי לִמְחוֹלְלִי· גְּאַל לְךָ
אַתָּה אֶת גְּאֻלָּתִי כִּי לֹא אוּכַל לִגְאָל לִי: מִקַּל וָחֹמֶר בָּנוּ
הֵעַדְתָּה· מַלְאָךְ גָּזַר וְאַתָּה קִיַּמְתָּה· נְבִיאִים נִבְּאוּ כַּאֲשֶׁר
צִוִּיתָה· כְּנָפֶיךָ תִּפְרוֹשׂ כִּי גֹאֵל אָתָּה: סַב וּפְגַע בַּצָּר
אֲשֶׁר עָנִי יֶאֱרוֹב· רָעָתוֹ רַבָּה תְּבַטֵּל בְּרֹב· עֲמֹק הַנִּרְדָּף
לְטוֹבָתוֹ תַּעֲרוֹב· עַתָּה כִּי אָמְנָם יֵשׁ גֹּאֵל קָרוֹב: פֶּרֶץ רַב
תִּפְרֹץ בְּפוּרָה הָאֲדוֹמִית· תֵּהָפֵךְ רֶגַע כְּמַהְפֵּכַת סְדוֹמִית·
צִיצִים וּפְרָחִים תַּפְרִיחַ שׁוּלַמִּית· גְּאָלֶנָּה שֵׁנִית גְּאֻלָּה
עוֹלָמִית: קְרָא אֶל הַחֶרֶב לְאַבֵּד שׂוֹטְנֶיךָ· יַעַן כִּי טָבְחָה
צֹאנְךָ לְעֵינֶיךָ· רַחֵם עֲנִיֶּיךָ וּגְאַל בָּנֶיךָ· בְּנֵי מַאֲמִינֶיךָ גַּם
הֵם אֱמוּנֶיךָ: שְׂפָתֵינוּ פָּרִים וּכְבָשִׂים נְשַׁלֵּם· לִרְוָחָתִי

vor Deinen Augen ihn mit Strenge; fordere ihn zurück und tröste ihn! seine Augen sehnen sich nach seinem Freunde, daß er ihn erlöse. — Es ist des Vaters Pflicht, seinen Sohn auszulösen; doch warum hast Du ihn vergessen? willst Du Dich seiner nicht wieder annehmen, Du, dem das Recht der Lösung zukommt, ihn zum zweitenmale loszukaufen, zu beachten und wieder in seine alte Stärke einzusetzen? — Das Gedächtniß Deiner Wunder haben wir mit unsern Ohren vernommen; so zeige auch vor unsern Augen, was man von Egypten gehört! Erneuere uns die früheren Zeiten, erwerbe uns umsonst, laß' ewige Erlösung uns werden! Gütiger und Gerechter, der Du uns Deine Wege lehrtest, bringe den Verstoßenen wieder zurück und nehme ihn auf in Dein Haus, ebene ihm den krummen Pfad, um Deiner Gnade und Wahrheit willen; erlöse ihn nach Deiner Huld! — Die Uebermüthigen höhlten Gruben mir aus, um mich zu stürzen, sannen boshafte Anschläge aus, um mein Joch zu erschweren. Aber mein Herz ist nach der Höhe, meine Augen zu meinem Schöpfer gerichtet; führe Du meine Erlösung herbei, denn ich kann mich nicht befreien. In kleinen und großen Reden hast Du es uns verheißen, der Gesandte (Mosche) that den Ausspruch und Du hast ihn bestätigt, die Propheten weissagten es nach Deinem Befehle, daß Du Deine Fittige wieder über uns ausbreiten und uns wieder erlösen willst. Wende Dich nach den Drängern, die dem Armen auflauern, und ergreife sie, vernichte ihre Menge ob ihrer großen Laster! Deinem verfolgten Volke stehe bei zu seinem Besten, denn fürwahr, Du bist der nächste Erlöser uns! — Reiße ein die edomitische Kelter, daß sie verschwinde, wie Sedom verschwand. Wie blühende Blumen erblühe Sulamith[1]), werde zum zweitenmale frei auf ewig! Rufe dem Schwerte, daß Deine Feinde es vernichte, weil sie geschlachtet Deine Schafe vor Deinen Augen! Erbarme Dich Deiner Armen, erlöse Deine Kinder, Deine Treuen, die Nachkommen Deiner Gläubigen! Mit dem Gebete unserer

---

[1]) Beiname Israels, nach Hohesl. 7, 1.

לשועתי אזן אל תעלם. תכון תפלתי ולא אכלם. בנך
תעלם וממות תגאלם: ברוך לך נכרע להרבות המשלחת.
השב נדחה בשובה ונחת. רוכב שמים באש מתלקחת.
הושע צוחת הגואל משחת: ברור לך מנה יפה חבלים
הנעימים. בחרב נרדפים ומודיעים הדמים. שור נא
בערת אילם מאדמים. גואל הדם מלך עולמים: מי
כמכה באלם נושא באלמות. למה תישן עורה באף
תחגור חימות. ונקום נקמת דם עגומות. גואל האל
הנותן נקמות: אמור לבת ציון שובי למנוחיכי. כי אנכי
הוא הגואל משחת חייכי. קומי יפתי ולכי. כי אחפץ
לגאלך וגאלתיך אנכי: למה יי לנצח תשכחנו. הן הבט
נא עמך כלנו. אנחנו החמר ואתה יוצרנו. אתה יי
אבינו גואלנו: חזק ואמיץ מעולם אתה אל. שופט
ודין פודה וגואל. רחם ונחם ובנה בית אריאל. אתה
הוא מעולם גואל ישראל: עזרת אבותינו וכו'.

פֿאַללט שבועות נאָך פרשת נשא, זאָ ווירד אָהן זולת פרשת במדבר דאָ
זולת אתה אלהים געזאָגט, אָבען זייטע 212.

Lippen ersetzen wir die Stiere- und Lämmeropfer — wende Dein Ohr nicht ab, wenn ich um Rettung zu Dir flehe! Laß mein Gebet Dir wohlgefällig sein, auf daß ich nicht zu Schanden werde; erhebe Deine Kinder, erlöse sie vom Verderben! Wir beugen das Knie vor Dir; mache wieder groß die jetzt Vertriebene, führe zurück die Verstoßene zur Ruhe und Stille! Der Du die Himmel lenkst in verzehrendem Feuer, der Du aus der Gruft erlösest, hilf der Jammernden! Erwähle Dir wieder zum schönen Antheile die anmuthigen Schaaren, die jetzt vom Schwert verfolgt, mit Blut gezeichnet sind! Siehe doch, Bluträcher, ewiger König, wie ihre Vornehmen hingemordet werden! Wer ist wie Du unter den Mächten, der dies schweigend ertrage? Warum schläfst Du? Erwache im Zorne, umgürte mit dem Grimme Dich und räche das Blut der Betrübten, Du Erlöser, Gott der Rache! Sprich zu Zion's Tochter: „Kehre zur Ruhe zurück, denn ich bin es, der dein Leben vom Verderben errettet! mache dich auf, meine Schöne, komme! ich will dich erlösen; ja, ich erlöse dich!“ — Warum, Ewiger, willst Du auf immer uns vergessen? Siehe, schaue, wir sind doch allesammt Dein Volk, wir der Thon, Du, Ewiger, unser Bildner, unser Vater und Erlöser! Von Ewigkeit bist Du Gott, der Allmächtige und Starke, der Richter, Erretter und Befreier! So erbarme Dich, tröste und erbaue wieder das Haus Ariel (den Tempel)! Du bist von jeher der Erlöser Israels!

אהבה לשבת לפני שבועות ולפני ט׳ באב·

אם שבת פאר שבועות אונד פאר תשעה באב, ווען דער חזן האט אהבה רבה
ביז להודות לך וליחדך האט, זאגט מאן פאלגענדעס אותך כל היום.

ע״ס א״ב, ובסוף סימן אפרים בר יצחק חזק.

אותך כל היום קוינו· לשמך ולזכרך אוינו· אתה יי
אבינו: בן בכורך הדחתו· למה לנצח שכחתו· ולא תשוב
לקחתו· ועד מתי יי: גרש מבית חדריו· מוצא מכלל
הדריו· והדלת סגר אחריו: דחוי ושוב לא נראה· נשבר
ונדכה ונכאה· נשבה ואין רואה· ועד מתי יי: הייתי במוסר
מתנודד· שדוד ביד שודד· הייתי כצפור בודד: ונסתי כל
היום נרדף· ברוח עריצים נשדף· וקול עלה נדף· ועד מתי יי:
זממו נפשי לקחת· ומפח יוקשים בורחת· עלתה
נצה והיא כפורחת: חרף סלה שאפי· ובמה אשיב
דבר חורפי· ידי שמתי למו פי· ועד מתי יי: טמנו רשת
לפעם· חבלו מקל נעם· העם אשר זעם: יחד עלי
יתלחשו· לכל אשר לי ינקשו· יום יום ידרשו· ועד מתי יי:*
מה אוחיל ומה אקוה· הר צבי קדש נוה· אל
עמק שוה: נפג לבי לקץ עדני· חדשים לבקרים
דיני· ונחם יסתר מעיני· ועד מתי יי: סלה אחל לעדן·
והגה הרג ואבדן· ולמזור אין דן: עשיתי ובעשיתי
הדמין· נואשתי עוד מלהאמין· לקץ הימין· ועד מתי יי:

---

*) פה נשמטו ב׳ חרוזים מטעם ידוע.

Zu Dir hoffen wir alle Tage, haben unsere Lust an Deinem Namen und Deinem Ruhme, Du bist der Ewige unser Vater! Deinen erstgebornen Sohn (Israel) hast Du verstoßen; willst Du ihn ewiglich vergessen, Dich seiner nicht wieder annehmen? Wie lange noch, o Ewiger? — Er ist vertrieben aus seinen Gemächern, der köstliche Schmuck ist daraus entfernt und die Thüre ihm verschlossen. Er ist verstoßen, wird nicht geachtet, wird zerschlagen, gedrückt, gepeinigt und gefesselt und Niemand sieht ihn an. — Wie lange noch, o Ewiger? — Vor Elend wanke ich, bin ausgeplündert von Räubern, bin einem verscheuchten Vogel gleich. Ich fliehe, verfolgt jeden Tag, durch die Wuth der Tyrannen geschlagen, vor einem rauschenden Blatte. — Wie lange noch, o Ewiger? — Sie trachteten nach meinem Leben; kaum entfloh ich der Vogelfänger Schlinge. Der Feind wächst empor und blüht, der Auflauerer schmähet immerfort, und ich, was soll ich dem Lästerer erwiedern? Ich lege die Hand auf meinen Mund. — Wie lange noch, o Ewiger? — Verborgene Netze legten sie meinen Schritten, das Volk, dem Gott zürnt, zerbrach den lieblichen Stab (Israel[1]); sie bereden sich über mich, stellen Allem nach, was ich habe und fordern jeden Tag. — Wie lange noch, o Ewiger? — Was harr' und hoffe ich noch? Ist ja der herrliche Berg der heiligen Wohnung dem Thale gleich gemacht und mein Herz vergeht, bevor das Ende meiner Trauerzeit kommt. Mit jedem Morgen erneuen sich meine Strafen, Trost ist meinen Augen verborgen. — Wie lange noch, o Ewiger? — In einem fort hoffe ich der Zeit entgegen, aber Erwürgung und Vertilgung bringt sie mir, und Niemand ist, der mich verbindet. Zerdrückt werde ich, in Stücke gehauen, fast zweifele ich am Ende meiner Leidenszeit. — Wie

---

[1]) Nach Secharja 11, 10.

פְּרָעוּנִי מוֹנַי אֲבָלוּנִי. וְעַד תַּכְלִית כִּלּוּנִי. אַךְ
בְּשַׁחַת יְסַבְּלוּנִי: צָמְתוּ חַיַּי לְהִתְגָּאֵל. דּוֹרֵשׁ אֶל
הַמֵּת וְשׁוֹאֵל. הֵם קִנְאוּנִי בְּלֹא אֵל. ועד מתי יי:
קָרְאוּ אַכְזָרִים שָׁפְכוּ דָּם. וְלֹא שָׁמְךָ אֱלֹהִים
לְנֶגְדָּם. וּמַה לְּךָ נִרְדָּם: רָאִיתָ שִׁמְךָ חִלְּלוּ.
עֲלִילוֹת בְּרֶשַׁע יַעֲלִילוּ. וּמֹשְׁלָיו יְהֵילִילוּ. ועד מתי יי:
שְׁאוֹן קָמֶיךָ עוֹלֶה. לְאָסְרֵנִי בְּבֵית כֶּלֶא. כְּנִכְבָּד כְּנִקְלֶה:
תְּלָאוֹתָם הִלְאוּנִי הֶרֶב. שָׂמוּ חֳרָבוֹת חֶרֶב. עִם שְׂרִידֵי
חֶרֶב. ועד מתי יי: אָמְרוּ מִגּוֹי לְהַכְחִידִי. רָגְשׁוּ אֵלַי
לְהַחֲרִידִי. שִׁוִּיתִי יְיָ לְנֶגְדִּי: פְּנֵיהֶם חִזְּקוּ וְהֵעִיזוּ. וּבְרֹב
גְּאוֹנָם הִרְגִּיזוּ. שָׁבוּ וַיָּבוֹזּוּ. ועד מתי יי: רָצְחוּ וְגַם יָרָשׁוּ.
עֻלָּם עָלַי הִקְשׁוּ. וְעַל גַּבִּי חָרְשׁוּ: יֶאֱרִיכוּ עָלַי מַעֲנִית. וּמָדְדוּ
אֶת תָּכְנִית. הֲסִבֹּתָ אֶת לִבָּם אֲחֹרַנִּית. ועד מתי יי:
מְיַחֲדֶיךָ שִׁמְךָ יַאֲמִירוּ. וְעָלֶיךָ נִכְרְתוּ וְנִגְמְרוּ.
מִשְׁמֶרֶת יְיָ שָׁמָרוּ: בָּנֶיךָ בְּחֻנֶּיךָ יְדוּעִים. וְהַדָּמִים
מוֹדִיעִים. לַבְּקָרִים וְלִרְגָעִים. ועד מתי יי: רַבִּים
אוֹמְרִים לְהַדִּיחִי. יָעֲצוּ מִמְּךָ לְהַזְנִיחִי. אָמְרוּ לְנַפְשִׁי
שְׁחִי: זָמְמוּ שְׁמִי לַעֲקוֹר. שִׁמְךָ עוֹד מִלִּזְכּוֹר. הֲלֹא
אֱלֹהִים יַחֲקָר. ועד מתי יי: צֹאן הַהֲרֵגָה וְצֹלֵעָה.
נִדָּחָה בְּרָעוֹת שָׂבְעָה. יְיָ הוֹשִׁיעָה: חַי גֹּאֲלִי נוֹשָׁן.

lange noch, o Ewiger? — Meine Dränger zerrütteten mich, verschlangen und verdarben mich gänzlich, tauchten mich in den Schlamm. Sie beengten mein Leben, damit ich mich mit nichtigen Götzen beflecken sollte; mit Ungöttern reizten sie mich. — Wie lange noch, o Ewiger? — Grausam rufen sie aus, Blut zu vergießen, und haben Dich, Gott, nicht vor Augen; was schläfst Du noch? Schaue, wie Deinen Namen sie entweihen, gottlose Thaten üben und wie ihre Großen noch dazu frohlocken! Wie lange noch, o Ewiger? — Mächtig toben Deine Feinde, kerkern mich ein allesammt, groß wie klein, schwächen mich sehr mit ihren Drangsalen, machen zu wüsten Trümmern das kaum dem Schwert entronnene Volk. — Wie lange noch, o Ewiger? — Sie wähnten, mich auszurotten aus den Völkern, bestürmten und erschreckten mich; aber ich habe den Ewigen vor Augen. Mit frechem Gesichte sammelten sie sich, stürmten herbei in ihrem Hochmuthe und fielen mich räuberisch an. — Wie lange noch, o Ewiger? — Sie mordeten, nahmen mein Vermögen in Besitz und legten schweres Joch mir auf. Auf meinem Rücken pflügten sie, zogen lang die Furchen und maßen aus meinen Grund und Boden. Du kehrtest das Herz in ihnen um. Wie lange noch, o Ewiger? — Die Deine Einheit verkünden, Deinen Namen verherrlichen, um Deinetwillen lassen sie sich morden und würgen, und halten dennoch Dein Gesetz; sie sind bekannt als Deine geprüften Söhne, das Blut macht sie kenntlich jeden Tag, jeden Augenblick. — Wie lange noch, o Ewiger? — Viele glaubten, uns verleiten zu können, riethen mir an, Dich zu verlassen und sprachen zu mir: „bücke dich vor dem Götzen!“ Sie wollten, daß mein Name verschwinde, daß Dein Name nicht mehr gedacht werde; willst Du, Gott, dies nicht beachten? Wie lange noch, o Ewiger? — Die geschlagene und verletzte Heerde, die verstoßene und mit Leiden gesättigte, o Ewiger, hilf ihr wieder, Lebendiger, der

אהבה לשבת לפני שבועות ולפני ט׳ באב׃

אום שבת פאר שבועות אדער פאר תשעה באב, ווען דער חזן אין אהבה רבה
אן להודות לך וליחדך באהבה, זאגט מען פאלגענדע: אותך כל היום.

ע״ס א״ב, ובסוף חתום אפרים בר יצחק חזק.

אותך כל היום קוינו׃ לשמך ולזכרך אוינו׃ אתה יי
אבינו׃ כן בכורך הדחתו׃ למה לנצח שכחתו׃ ולא תשוב
לקחתו׃ ועד מתי יי׃ גרש מבית הדריו׃ מוצא מכלל
הדריו׃ והדלת סגר אחריו׃ דחוי ושוב לא נראה׃ נשבר
ונדכה ונכאה׃ נשבה ואין רואה׃ ועד מתי יי׃ הייתי במוסר
מתנודד׃ שדוד ביד שודד׃ הייתי כצפור בודד׃ ונסתי כל
היום נרדף׃ ברוח עריצים נשדף׃ וקול עלה נדף׃ ועד מתי יי׃
זממו נפשי לקחת׃ ומפח יוקשים בורחת׃ עלתה
נצה והיא כפרחת׃ חרף סלה שאפי׃ ומה אשיב
דבר חורפי׃ ידי שמתי למו פי׃ ועד מתי יי׃ טמנו רשת
לפעם׃ חבלו מקל נעם׃ העם אשר זעם׃ יחד עלי
יתלחשו׃ לכל אשר לי ינקשו׃ יום יום ידרשו׃ ועד מתי יי׃*
מה אוחיל ומה אקוה׃ הר צבי קדש נוה׃ אל
עמק שוה׃ נפג לבי לקץ עדני׃ חדשים לבקרים
דיני׃ ונחם יסתר מעיני׃ ועד מתי יי׃ סלה איחל לעדן׃
ותגרה הרג ואבדן׃ ולמזור אין דן׃ עשיתי ובעשית
הדמין׃ נואשתי עוד מלהאמין׃ לקץ הימין׃ ועד מתי יי׃

---

*) פה בנוסחנו ב׳ חרוזים מטעם ידוע.

Zu Dir hoffen wir alle Tage, haben unsere Lust an Deinem Namen und Deinem Ruhme, Du bist der Ewige unser Vater! Deinen erstgebornen Sohn (Israel) hast Du verstoßen; willst Du ihn ewiglich vergessen, Dich seiner nicht wieder annehmen? Wie lange noch, o Ewiger? — Er ist vertrieben aus seinen Gemächern, der köstliche Schmuck ist daraus entfernt und die Thüre ihm verschlossen. Er ist verstoßen, wird nicht geachtet, wird zerschlagen, gedrückt, gepeinigt und gefesselt und Niemand sieht ihn an. — Wie lange noch, o Ewiger? — Vor Elend wanke ich, bin ausgeplündert von Räubern, bin einem verscheuchten Vogel gleich. Ich fliehe, verfolgt jeden Tag, durch die Wuth der Tyrannen geschlagen, vor einem rauschenden Blatte. — Wie lange noch, o Ewiger? — Sie trachteten nach meinem Leben; kaum entfloh ich der Vogelfänger Schlinge. Der Feind wächst empor und blüht, der Auflauerer schmähet immerfort, und ich, was soll ich dem Lästerer erwiedern? Ich lege die Hand auf meinen Mund. — Wie lange noch, o Ewiger? — Verborgene Netze legten sie meinen Schritten, das Volk, dem Gott zürnt, zerbrach den lieblichen Stab (Israel[1]); sie bereden sich über mich, stellen Allem nach, was ich habe und fordern jeden Tag. — Wie lange noch, o Ewiger? — Was harr' und hoffe ich noch? Ist ja der herrliche Berg der heiligen Wohnung dem Thale gleich gemacht und mein Herz vergeht, bevor das Ende meiner Trauerzeit kommt. Mit jedem Morgen erneuen sich meine Strafen, Trost ist meinen Augen verborgen. — Wie lange noch, o Ewiger? — In einem fort hoffe ich der Zeit entgegen, aber Erwürgung und Vertilgung bringt sie mir, und Niemand ist, der mich verbindet. Zerdrückt werde ich, in Stücke gehauen, fast zweifele ich am Ende meiner Leidenszeit. — Wie

---

1) Nach Secharja 11, 10.

תַּצְמִיחַ מֵעֵמֶק שׁוֹשָׁן. עוּרָה לָמָּה תִישָׁן. ועד מתי יי׳: קָמַי יִתְבַּעֵר כְּגַלַּל. קַנָּא שִׁמְךָ הַמְּהֻלָּל. וּבַגּוֹיִם מְחֻלָּל: חֲזַק גּוֹאֲלִי עוֹרְרָה גְבוּרָתְךָ חוּשָׁה לְעֶזְרָה. עוּרָה כְבוֹדִי עוּרָה. ועד מתי יי׳: חִבָּה יְתֵרָה עָלַי תְּזוֹרֵר. קִנְאָתְךָ בְּחֵמָה תְעוֹרֵר. עַל הַצַּר הַצּוֹרֵר: זְכוֹר אוֹהֲבֶיךָ בְּנֶפֶשׁ כֻּלָּם. וְאַל תְּאַחֵר פְּעֻלָּתָם מִלְּשַׁלֵּם. אֲהַבְתָּנוּ אַהֲבַת עוֹלָם. ואתה יי׳: להודות לך וליחדך באהבה וכו׳.

זולת לשבת לפני שבועות ולפני ט׳ באב.

ע״ס א״ב, וכל חרוזיו מסיימים על ל״ה, חוץ מג׳ חרוזים אתוספו על גזרת תתנ״ו, וחתום בו אליעזר ברבי נתן חזק ואמץ.

אֱלֹהִים בְּאָזְנֵינוּ שָׁמַעְנוּ אֲבוֹתֵינוּ סִפְּרוּ לָנוּ. פֹּעַל פָּעַלְתָּ בִּימֵי קֶדֶם לִמְעַנֵּנוּ. בְּכָל דּוֹר וָדוֹר נוֹרָאוֹת שַׁמְתָּ עֲבוּרֵנוּ. רַבּוֹת עָשִׂיתָ אַתָּה יְיָ אֱלֹהֵי נִפְלְאוֹתֶיךָ וּמַחְשְׁבוֹתֶיךָ אֵלֵינוּ: גְּאַלְתָּנוּ בְּחֹזֶק יָד מִנָּחָשׁ וְצָרִים. מֵאֲרִי וְדֹב וְנָמֵר וּשְׁאָר צוֹרְרִים. דִּכְּאוּנוּ עַתָּה רַגְלֵי חֲזִירֵי יְעָרִים. כִּמְעַט נָטְיוּ רַגְלֵינוּ וְשֻׁפְּכוּ אֲשֻׁרִים: הֲלֹא אַתָּה אֱלֹהִים זְנַחְתָּנוּ לִשְׁכֹּחָה. יוֹתֵר מֵאֶלֶף שָׁנִים בְּיָגוֹן וַאֲנָחָה. וַתִּזְנַח מִשָּׁלוֹם נַפְשֵׁנוּ בְּפֶרֶץ וּצְוָחָה. כִּי עָלֶיךָ הֹרַגְנוּ כָּל הַיּוֹם נֶחְשַׁבְנוּ כְּצֹאן טִבְחָה: וְמַן אַחַר זְמַן נַפְשֵׁנוּ חִכְּתָה. וְאָרַךְ הַקֵּץ וַאֲרוּכָה לֹא עָלְתָה. חֶשְׁבּוֹן תֵּת לְיַעֲקֹב תְּבִינוּ יֶשַׁע

Du von jeher unser Erlöser bist, lasse wieder die Lilie (Israel) aus dem Thale sproßen! Erwache, warum schläfst Du? Wie lange noch, o Ewiger? — Schaffe meine Widersacher weg wie Unrath, eifre für Deinen gepriesenen Namen, den die Feinde entweihten! Starker, mein Erlöser, erwecke Deine Allmacht und eile mir zur Hülfe! Erwache, mein Herrlicher, erwache! Wie lange noch, o Ewiger? — Laß' Deine große Liebe wieder über uns walten, Deinen Zorneseifer rege werden wider den drängenden Verfolger! Sei eingedenk Aller, die Dich mit ganzer Seele lieben und säume nicht ihre Thaten ihnen zu vergelten! Liebe uns mit ewiger Liebe, Du, Ewiger! —

זולת לשבת לפני שבועות ולפני ט׳ באב·

Gott! Wir haben es vernommen, unsere Väter erzählten uns, was Du in der Vorzeit Tagen für uns gethan; in jedem Zeitalter übtest Du erstaunliche Thaten für uns. Großes thatest Du, Ewiger, unser Gott, Deine Wunder und Deine Gedanken bewiesest Du an uns! Du erlöstest uns mit starker Hand von bösen Schlangen, von Löwen, Bären, Tigern[1]) und sonstigen Verfolgern. Und jetzt zerstampfen uns wilde Eber; wenig fehlte und unsere Füße wankten und unsere Schritte glitten aus. Du Gott hast uns verlassen, vergessen; über ein tausend Jahre schon verbringen wir in Kummer und Gram, Unheil und Jammer, und unsere Seele ist des Friedens beraubt; man würgt uns täglich Deinetwegen, wir werden Schlachtvieh gleich geachtet. — Von einer Zeit zur andern harret unsere Seele, doch das Ende säumt und Heilung kommt uns keine. Am zweihundert sechs und fünfzigsten Monde

---

[1]) Die Bedeutung dieser Thiernamen siehe oben S. 209 im ersten Sulath.

בעתה. קוה לשלום ואין טוב לעת מרפא והנה בעתה:
טוב קוינו והנה אופל ואשמנים. במחזור רנ״ו אחת עשרה
שנים. יחדו נועצו גוי עז פנים. אזי עבר על נפשנו המים
הזידונים: כחרות אפם בנו חיים בלענו. טף ונשים
כצאן לטבחה התיקונו. להכרית עולל מחוץ בחורים
מרחובותינו. פני כהנים לא נשאו זקנים לא חננו: מקול
מחרף ומגדף מפני אויב ומתנקם. ממך להפרישנו סג
ארחותיך לעקם. נפשנו נבהלה מאד מפני חמת המעקם.
העל אלה לא תפקד בם ולא תתנקם: נהרג רב ויום
טבוח בתיתו נגזרה גזרה. ונהרגו קהלות הקדש בזעם
ועברה וצרה. זקן ובחור ובתולה ערומים נמשכו לקבורה.
חפורות מלאות ילדים וילדות ותלמידי התורה*: טרם
היה אורחי כזרח יחידו לעקדה. ישמיעוהו מן השמים אל
תשלח ידך להשמידה. כמה עתה נשחטים בנים ובנות
ביהודה. לא חש להושיע טבוחים ושרופים על מוקדה:
מתן אמון שעשועים ספרי תורות ידועים. נמצאים לארץ
קרועים על מוטות רקועים. סוף עשאום בתי שוקים
למנעל רגלי מצורעים. על אלה אני בוכיה ועיני כמים

*) העל אלה התאפק אל גדול ונורא: כך נוסף בכ״י.

zirkel hofften wir sicher auf Hülfe; auf Frieden hofften wir — nichts Gutes kam, auf die Zeit der Heilung — Schrecken traf ein. Gutes hofften wir; doch Finsterniß und Gräber sahen wir. Im eilften Jahre zum zweihundert sechs und fünfzigsten Mondeszirkel¹) beriethen sich einmüthig die frechen Feinde, und die wilden Fluthen brachen über uns aus. Zornentbrannt verschlangen sie uns lebendig, stellten uns nebst Frauen und Kindern zusammen wie Schafe zur Schlachtbank, vertilgten das Kind von der Gasse und die Jünglinge von der Straße, achteten nicht das Ansehen der Priester und schonten nicht der Greise. Wehe, ob der Schänder und Lästerer Stimme, ob des Feindes und Racheschnaubenden, der uns von Dir trennen will, uns zwingen will, von Deinem Pfade zu weichen! Unsere Seele ist sehr in Angst vor der Wuth des Zerstörers. Und das wolltest Du nicht ahnden und keine Rache nehmen? —

Tage des Mordens und Schlachtens kamen über uns im Jahre Achthundert sechs und fünfzig, Tage der Wuth, des Grimmes und des Drangsals. Ganze Gemeinden der Heiligen wurden ermordet, Greise, Jünglinge und Jungfrauen wurden nackt in's Grab geschleppt, Gruben angefüllt mit Knaben und Mädchen und Gesetzlehrern. — Damals, als der gehorsame Morgenländer (Abraham) willig seinen einzigen Sohn zum Opfer band, ward ihm der Zuruf vom Himmel herab: „Strecke Deine Hand nicht aus und bringe ihn nicht um!“ Ach, wie Viele von den Söhnen und Töchtern Jehuda's wurden jetzt geschlachtet und Niemand nahm sich ihrer an, sie wurden hingerichtet und auf dem Holzstoß verbrannt. Das köstliche Geschenk, unsere ganze Lust, die heiligen Gesetzrollen, sie wurden über die Zelten der Verwilderten gespannt, über die Stangen ausgebreitet; Beinkleider machten sie endlich noch daraus und Schuhe für die Füße der Aussätzigen. — Darüber weine ich und meine Augen zerfließen in Wasser! —

1) D. i. das Jahr 4856 a. m. (1096), mit dem die Kreuzzüge und die damit verbundenen gräulichen Judenverfolgungen ihren Anfang nahmen.

נושעים:] ספר התורה התגוללו כך ערים · וגם שבלו
חורשיך מפניניים יקרים · עלבונך תבעי ואלמון נפש
אדירים · אלי כבתולה חגרת שק על בעל נעורים: פני
יי שפכי לבך בסודם · לנקום נקמתו שביר תשיו מדם ·
צורריו תאכל חרבו כמגן מאדם · עזר מצר הבה ושוא
תשועת אדם: קומה יי באפך לשפוט קמים · ולא יחצו
ימיהם אנשי דמים · רצים אחריך ונפשם עליך למות
משלימים · ברכים תחלק למו שלל עצומים: שיתה יי
מורה לאנשי ריבך · לכל יענו עוד זרע אוהביך · תקים
לנו אשר הבטחת במכתבך · ונתן לך רחמים ורחמך
והרבך: חשוף זרוע קדשך שנית קנותנו · כאשר מכף
גאלת את אבותינו · ואמץ זרועינו באו בים כעברנו ·
חושה לעזרתנו אדני תשועתנו: עזרת אבותינו וכו'.

זולת לשבת ראשונה אחר י"ז בתמוז ·

סימן ע"פ א"ב, ובסוף חזק שמעון בר יצחק.

אל אלהי ארנן · בלב וכשר אתחנן · שדי ראה חנן:
בשמלי גוני תכם · כי קצה אתכם · הסר מעלי שקם · צ
דמי לך: גבירה עלי גלות · בחסר כל חדלות · כראותי
כרמולת: דבאוני ערב יבקר · וכרך מפו לשכר · בהיקק

Buch der Lehre! Feinde trieben Spott mit dir, machten kinderlos deine edelen Forscher. Fordere Rache darum für deine Schmach und für die Schmach der Frommen; klage, wie eine Jungfrau, die in Sack sich hüllet ob dem Geliebten ihrer Jugend! Schütte dein Herz aus vor dem Ewigen, daß er Rache nehme an der Feinde Versammlung! Er berausche seine Pfeile mit Blut, sein Schwert verzehre seine Feinde, sein Schild schimmere roth! Er schaffe Hülfe gegen den Dränger, da eitel ist der Menschen Hülfe! — Erhebe Dich, Ewiger, in Deinem Zorne um die Widersacher zu richten; laß die Blutgierigen nicht die Hälfte ihrer Tage erreichen! Die Dir anhangen, und um Deinetwegen ihr Leben gern dem Tode weihen — gib ihnen Antheil unter den Großen, vertheile ihnen Beute der Mächtigen! Sende, Ewiger, Schrecken über Deine Gegner, daß sie nicht mehr peinigen die Nachkommen Deiner Geliebten! Bestätige uns, was Du in Deiner Schrift verheißen hast: „Er schenket dir Barmherzigkeit, erbarmt sich deiner und vermehret dich." (5. B. M. 13, 18). Entblöße Deinen heiligen Arm und erwirb uns zum zweitenmale, wie Du unsere Väter aus Noph (Egypten) erlöstest! Stärke unsern Arm wie ehedem, da wir durch das Schilfmeer zogen, eile uns zur Hülfe, Herr, unser Heil! —

זולת לשבת ראשונה אחר י״ז בתמוז

Zum lebendigen Gott bete ich, flehe mit ganzem Herzen zum Allmächtigen, der Erkenntniß verleihet: Schaue mein Trübsal! ich werde wie Dill geklopft; wende doch die Ruthe von mir ab! Schweige nicht dazu! — Das Elend übermannte mich, ich leide Mangel an Allem, bin verarmt und muß zusehen, wie Verächtliche sich erheben. Des Abends und des Morgens stoßen sie mich, wollen Dein Angedenken aus meinem Munde vertilgen und nicht zugeben, daß Deinen Tempel ich

כלי לבקר. ירמי לד: הזניחני מוני בתלאה. ומסמנו עברת
חלאה. ואמרו ישה מתלאה: ומהולכם להעלב. חרדי
תער גלב. נשפתהם כמות מלב. ירמי לד: ונתתי שתי
תענותם. משתיהם ופת כגם. וכל מועדי חגם: חשלך
הרגנו. ובכלי ריק חצננו. נפש עלך ערגנו. ירמי לו:
ממנו. פה ומוקש. ישור כשך יוקש. עבור מסך
להעקש: יעולו עלילות רשע. בלי עון ופשע. מסך
נוחיל ישע. ירמי לה: כל שמחה ערבה. אלי גיל בלי לקרבי
רעתנו כי רבה: למה תבים מוגדיך. תחריש כבלעם
ידידיך. כהתאפק המון חסדיך. ירמי לד. מעת היכלי שמם
בדד ישבתי ודמם. כל היום משתומם: נפלו וכחום ועלו
ובטל ענג היכלות. ועטרות חתנים וכלות: ירמי לד: סר
סנהדרי ערעי. זקנים שבתו משערי. מפית לבנון שרי. עגב
נהפך לעגן. ובטלו שירי נגן. מבית משתאות מגנן. ירמי לד:
פקד גפן כנתך. גורל וחבל מנתך. כרם חמד נטעתך: צור
לשעך תמהרנה. גיה אורך תגברנה. לילה ויום
תבצרנה. ירמי לד: קרית משושך בנה. גער חית קנה.
שבית עמך תקנה: רבה כחול צבאיה. וקים חזון נביאיה.
חשפת כבוד במקראיה. ירמי לד: שית נוירה ...

besuche: Schweige nicht dazu! — Schwer lassen meine Peiniger mich leiden, verunreinigen mich mit vielem Unrath und sprechen: „Siehe, wie beschwerlich! warum scheuet ihr euch auch zu thun wie wir? Barbieret euch ebenfalls mit dem glatten Scheermesser, sonst werdet ihr vergessen wie ein Todter!" — Schweige nicht dazu! — Ich verwarf ihr Wohlleben, ihr Getränke, ihre Leckerbissen, ihre Festtage alle. Lebendiger! um Deinetwillen werden wir gemordet und wie ein leeres Gefäß dahin gestellt; unsere Seele schmachtet nach Dir — schweige nicht dazu! Fallen und Schlingen legten sie, lauerten gleich Vogelfängern uns auf, um uns von Dir abzuwenden; Frevelthaten übten sie an den Schuldlosen aus. Hülfe hoffen wir von Dir, schweige nicht dazu! — Verdüstert ist uns jede Freude, Fröhlichkeit kehrt nicht bei uns ein, unser Uebel ist groß! Warum schauest Du zu den Treulosen, schweigst; wenn sie Deine Lieblinge verschlingen, hältst zurück Dein großes Erbarmen? Schweige nicht dazu! Seit mein Tempel verwüstet ist, sitze ich einsam den ganzen Tag, stumm und betrübt. Die Schlacht- und Ganzopfer sind dahin, verschwunden die herrlichen Palläste, die Kränze der Bräutigame und der Bräute. — Schweige nicht dazu! — Der Sitz meiner Räthe ist zerstört, das Gericht der Aeltesten im Thore und im Hause des Waldes Libanon (im Tempel[1]) hat aufgehört. Lust hat sich in Kummer verwandelt, die lieblichen Lieder, die Gesänge bei den Gastmählern haben geendet. — Schweige nicht dazu! Denke doch an den Weinstock Deiner Pflanzung, an das Loos Deines Antheils, an Deinen schönen Weinberg (an Israel)! Bringe sie schnell zu Deinem Heile, Schöpfer! Laß' sie im Glanze Deines Lichtes leuchten, bewahre sie Tag und Nacht! Schweige nicht! Erbaue wieder die Stadt Deiner Wonne, verscheuche das Gezücht im Schilfe, erwirb Deine Nation zum zweitenmale! Vermehre wie Sand ihre Heere und erfülle die Weissagung ihrer Propheten: „Prächtige Decke über ihre Sammelplätze!" — Schweige nicht! — Schmücke sie wie einen Bräutigam,

---

[1]) Siehe Raschi zu Sechar. 11, 1.

להושיבה בנוה איתן. בדרשי מהר ומתן: תשיב מלוכה
לבעליה. עלך תפרוש עליה. וככלה תעדה כליה. ארומך:
שלח ממעמק פדות. ונשיר שיר ידידות. כאז בצאתי
מעבדות: כים רעיתך בגוות. תצאה חפשי בעליזות.
קדוש שבחה על זאת. אל רם לך: עזרת אבותינו וכו'.

זולת לשבת שניה אחר י"ז בתמוז.

חוץ דיעזער שבת ר"ח זאָ ווירד דיעזער זולת ניכט געזאָגט, זאָנדערן
יענער פֿאָן שבת ור"ח.

ע"ס א"ב, ונסף חתום יוסף בר שמואל טוב עלם.

אריות הדיחוני פזורה. מבית לשכות ועזרה. מאין
אבקש עזרה: באו כלם בברית. נועצים לב להברית.
מכלי תת שארית. חושה לעזרתי: גבר חמא ואשמה.
אויב מקיף בנשמה. שם נפני לשמה: דכים ואריות
נהמו. חפצי קרבתך המו. מעי כים יהמו. חושה לעזרתי:
הרסו מרום הרים. ארצי באו נהרים. לשפך דם
ממהרים: ותמיד בתוך לבאות. יחלתי לאלהי
הצבאות. הראותי למודה זאות. חושה לעזרתי:
זדים מאד הליצוני. בעצב נבזה הפיצוני. מה
תחכה נאצוני: חלף זמן ועדן. נגרע ענג ומעדן. ארם
קצים ומועדן. חושה לעזרתי: מכנו פחים למשכה. גלות

und setze sie ein in feste Wohnung, überhäuft mit vielen Geschenken! Bringe wieder das Reich an seine rechtmäßigen Eigenthümer, breite Deinen Schirm über sie aus, laß' sie glänzen, wie eine Braut in ihrem Schmucke! — Schweige nicht! Sende uns Erlösung, und ein liebliches Lied singen wir Dir, wie ehedem, da aus der Sklaverei wir zogen. Das Meer durchschritten damals Deine Geliebten frei und fröhlich, und lobten Dich, Allheiliger! So schweige auch jetzt nicht, Ewiger!

זולת לשבת שניה אחר י״ז בתמוז.

Die Wüthenden stießen mich Verbannte aus des heiligen Hauses Gemächern hinaus, — von Wannen soll ich Hülfe erwarten? Verbunden haben sie sich Alle, beschlossen einmüthig, mich auszurotten und keinen Ueberrest zu lassen. Eile doch zur Hülfe mir! — Sünde und Schuld nahen überhand; darum kamen die Feinde, umzüngelten gierig mich und machten meinen Weinstock wüste. Wie Bären und Löwen brüllten sie und tobten gegen die nach Dir Verlangenden; darob ist aufgeregt mein Inneres, wie das Meer. Eile doch zur Hülfe mir! — Den hoch wie der Berg dastehenden Tempel rissen die Feinde nieder, ihre Schaaren plünderten mein Land, waren eilig im Blutvergießen, und ich, von Löwen stets umgeben, harre zum Gotte Zebaoth. So laß uns doch ein Zeichen sehen zum Guten, eile doch zur Hülfe mir! — Wie sehr spotten die Frevler meiner, schleudern mich umher, wie ein verachtetes Bildwerk, sprechen lästernd: „Was hoffst Du noch?“ — Geschwunden ist die Zeit des Glückes, weg das Vergnügen und das Wohlleben, und das Ende zieht sich lange hinaus. Eile doch zur Hülfe mir! — Sie verbargen Schlingen, um mich zu fangen; ach,

מאור מושבה· הנה אימות וחשכה: ידידות משכנותיך
ירשו· בנים מגו גרשו· על גבי חרשו· חושה לעזרתי:
הזכיר בית מנוחה· מקום זבח ומנחה· מלאתי יגון
ואנחה: לאבל נהפך כנורי· מתי יגע בצוארי· ואתה
תאיר נרי· חושה לעזרתי: מלך עזך מפרש· רחק עני
ורש· איכה תביט ותחרש: נאץ שמך מתאגרים·
ללא אלהים סוגרים· למה תביט בוגדים· חושה לעזרתי:
סמר בשרי מפחד· הודי נהפך ונכחד· כהוסדם עלי
יחד: ערף מאד מקשים· להניא יחודך מבקשים·
יספרו לטמון מוקשים· חושה לעזרתי: פרשו מכמרת
מצרים· אויב לוחץ עצורים· ישב במארב חצרים:
צור אלהי עולם· למה תחשה ותתעלם· תן להם
כפעלם· חושה לעזרתי: קמו עלי עולים· במרירות אותי
מרעילים· אהלי כוש וישמעאלים: רבתי עם דומה·
מקוה ישעך שוממה· ימין יי רוממה· חושה לעזרתי:
שירות היכל גנוזים· פסו נביאים וחוזים· שבת גאון
עליזים: תמיד נשמעה צוחה· נפשי לעפר שחה·
ערבה כל שמחה· חושה לעזרתי: ידידי בוססים בפרך·
ורוחי נבקה מפרך· ספקתי עליהם: פנה לעזר מבטחה·
לשבם אנוש נכמה: ראה יי והביטה· חושה לעזרתי:

Lange währet die Verbannung, die furchtbare Finsterniß! — Deine lieblichen Wohnungen nahmen sie in Besitz, trieben Deine Söhne heraus und pflügten auf deren Rücken. Eile doch zur Hülfe mir! — So ich der Ruhestätte gedenke, des Ortes der Schlacht- und Speiseopfer, o, dann erfüllt mich Kummer und Betrübniß und meine Zither wandelt sich in Trauer. Wann wirst Du wieder nahen Deiner Stadt, wann wirst Du meine Leuchte wieder erhellen? Eile doch zur Hülfe mir! — König, dessen Allmacht bekannt ist, wie kannst Du die Drangsal der Armen sehen und schweigen? Deinen Namen zu lästern verbinden sich die Feinde, beten Undinge an; warum schauest Du zu den Treulosen? Eile doch zur Hülfe mir! — Es schaudert mir die Haut vor Furcht, mein Glanz schwand dahin, da sie sich wider mich versammelten. Hartnäckig und verhärtet erkennen sie Dich, Einziger, nicht an, trachten immer Fallstricke zu legen. Eile doch zur Hülfe mir! — Netze breiten die Dränger aus, drücken die Gefangenen, lauern im Hinterhalt der Höfe. Schöpfer, Gott der Ewigkeit! Warum schweigst Du und hältst Dich zurück? Vergilt ihnen nach ihren Thaten! Eile doch zur Hülfe mir! — Buben versammeln sich um mich, die Gezelte Kusch's und der Ismaëliten lassen mich den Taumelbecher leeren; die Volkreiche ist verstummt, die Deiner Hülfe harret, ist betrübt. Erhebe doch Deine Rechte, o Ewiger! Eile doch zur Hülfe mir! — Hinweg sind die Tempellieder, dahin die Propheten und Seher; dahin die Hoheit und Fröhlichkeit; Nichts als Jammer wird gehört. Gebeugt bis in den Staub ist meine Seele, verdüstert jede Freude mir: Eile doch zur Hülfe mir! — Meine Widersacher treten mich nieder mit Gewalt, mein Muth entschwindet vor Kraftlosigkeit, ich schlage mir an die Hüfte. Die zu ihrem Schöpfer, zu ihrer Zuversicht sich wendet, wird mit harter Ruthe geschlagen. Siehe es, o Gott, und schaue! Eile doch zur Hülfe mir! —

שואגים בקול ששון· מחכים ברית ושבועה· והיה
רק זועה: אנא חיש עליצותם· להאזין חין מליצתם·
באו כנף בצאתם· חושה לעזרתי: טוב סוכך באברה·
ונותן מלוכה ומשבירה· בידך כח וגבורה: ערכך
השב למאתים· למענך חי וקים· מושל בגאות
הים· חושה לעזרתי: עזרת אבותינו וכו'.

יוצר לשבת נחמו·

מ"ס א"ב מפולג וסיום כל בית מע' לב"ב, וחתום בן מאיר ברבי יצחק יחיה לחיי עולם.

ארוממך אלי חי· אספרה שמך לאחי· אודך בהוד שבחי:
באין יחוד וכחי· בתוך עדת ישישים שומרי מזוזות פתחי·
בפרש שדי מלכים בה למנין נתחי: גיה חמשת בסוד
יסוד עז מבטחי· גיא וגבוהים בראת ישכילו כם מוחי:

מי עשיר יעשה כמותם· או חכם יבין דמותם· יגיע
מי גבור לרמותם· רנו שמים כי עשה יי· קדוש:

דרך תבונות ומדעים· דקדק תמים דעים· דחות אחד
משבעים: הושב כפה מביעים· החתם מתחם בקיעים·
הדלם מעל רקיעים· הכנים לאוצר שקועים· הקיף לדין
תקועים: וממנו יגורו נרתעים· ונהר יוצק לתועים·
ונבראו כתות רבועים· ומהם כתרשיש קבועים:

Flehentlich rufen wir zu Dir, harren des Bundes und Schwures — ach, nur Schrecken kommt uns zu. O führe doch schleunig unsere Freude herbei, und melodische Lieder lassen wir wieder Dich hören, wie damals, als aus Noph (Egypten) wir zogen. Eile doch zur Hülfe uns! — Allgütiger, Beschirmender! der Du Reiche einsetzest und Reiche wegschaffest, Du, in dessen Hand die Macht und Stärke ist — führe Deine Heerde wieder in ihren ersehnten Wohnsitz zurück! Thue es um Deinetwillen, Lebendiger und Beständiger! Der Du das stolze Meer beherrschest, eile doch zur Hülfe mir! —

יוצר לשבת נחמו·

Lebendiger Gott! Dich will ich erheben, Deinen Ruhm verkünden unter meinen Brüdern; mit meinen schönsten Liedern will ich Dich preisen. — Bestimmte Opfer haben wir keine mehr — ich will darum statt der Zahl der Opferstücke im Gebete meine Hände ausbreiten zu Dir, Allmächtiger der Könige! in der Versammlung der Ehrwürdigen, die hier in Deinem Hause stehen. Du bereitetest das Licht durch das Geheimniß Deines mächtigen Wortes, Du schufst die Unter- und Oberwelt, und meine Gedanken stellen Betrachtungen darüber an, — Wer ist so mächtig, dergleichen hervorzubringen? wer ist so weise, ihre Einrichtung zu begreifen? wer so stark, ihre Höhen zu erreichen? Frohlocket, ihr Himmel! der Ewige that's, der Heilige. —

ורק Mit Einsicht und Kenntniß ordnete der Allweise Alles auf's Genaueste. Er trieb weg die farbigen Fluthen, sein Mund hieß die Strömungen stille stehen; er theilte und schlug sie, hob Theile davon in die Höhe hinauf und that in Behälter die in der Tiefe Gebliebenen, Er umzäunte diese Wassermassen, und sie scheuen sich und beben vor ihm. Einen Feuerstrom (die Hölle) gründete er dann für die Irrenden, schuf die Schaaren der Vierflügler (Engel), darunter Glänzende wie Edelgestein.

[2] בהשביח שאונו אשר בראו · ראות כח גבורות מוראו ·
יעיד גל לרעו במקראו · האותי לא תיראו נאם יי · קדוש:

זכר עשה לנפלאותיו · זויות דרך מלאותיו · זכות מרחוק
קריאותיו · זרדה עדן לבריותיו: חלק שם מנותיו · חשך
יושבי כלאותיו · חפת כבוד נותיו · ישבעו זיו הנאותיו:
טכס אפסי פאותיו · אילנות ודשאי נאותיו · טללם
כתאב תפלותיו · טוב נשנה בכפלותיו:

יתנו צדקות חי וקים · יען מעשיו כון למאוים · חל שר
העולם וסים · יהי כבוד יי לעולם ישמח במעשיו יי · קדוש:

יחיד ביתרה בינה · יצר חמה ולבנה · יקר לכת כתבינה ·
כבין קשרות חלבינה: כפתה קוללת עלסונה ·
באו בגבעת הלבונה · כחדשה קרב קרבנה · כפר על
התבונה: למען קטן חשבונה · לנחם שלם מדאבונה ·
להשקיע אור הגדול ולבנה · מאור הקטן לכוננה:
לזכר ציון יחד צבאותם · תגלגל שנים וכל רבותם · יחד למעלה
השלישית ממבואתם · יבאו וישתחוו לפניך אדני · קדוש:

---

[2]) Bei'm dritten Schöpfungstage steht zweimal „Gott sah, daß es gut sei."

[3]) Siehe Talm. Chulin 60; a.

[4]) Das heißt, der in seinem Kreislaufe bald dem Sonnenball, bald dem Erdball zugewendet ist.

Er beschwichtigte das Brausen des Meeres, Er, der es erschuf, und zeigte seine furchtbare Macht und Stärke. Eine Welle bezeugt der andern den Spruch: „Wollt ihr mich nicht fürchten? spricht der Ewige, der Heilige." —

אור Ein Denkmal stiftete Er in seinen Wundern, indem er die vielen Wasser in die Winkel der Erde zusammendrängte. — Bei'm Anbeginn schon bereitete er den Lohn seinen Frommen, pflanzte für seine Diener das Eden an und legte seine Geschenke dort nieder für die in Finsterniß Eingekerkerten, daß dort in herrlichen Prachtgezelten sie sich an seiner Majestät Strahlen ergötzen. — Die fernsten Enden der Erde schmückte er aus, bestellte mit Bäumen und Gräsern die Fluren und — wohlwollend des Menschen Gebet aufnehmend — ließ er den Thau auf sie niederträufeln[1]). Doppelt gut nannte der Herr den Tag, da er dieses schuf[2]). — Rühmet die Güte des Lebendigen und Beständigen, der allen seinen Geschöpfen ihre Bedürfnisse reicht! Hat ja auch der Schutzengel der Welt damals seine Hymne angestimmt und geschlossen mit: „Gottes Herrlichkeit dauert ewig; Er freut sich seiner Werke, Er, der Heilige." [3])

ייר Mit hoher Weisheit schuf der Einzige die Sonne und den Mond, bereitete die stolz wandelnde Sonne, verlieh weißen Schimmer dem wie zwischen Scheiben laufenden Monde[4]). Der kleingebildete Mond klagte über seine Schmach, und es ward darum an jedem seiner Neumonde ein Opfer für ihn dargebracht, ein Sühnopfer seinem Schöpfer. Das kleine Israel berechnet seine Jahre nach dem Lauf des Mondes, mit ihm tröstet sich Schalem (Jerusalem) in ihrem Trübsal, daß wenn das Licht des Großen (der Feinde) erbleicht und untergeht, das Licht des Kleinen (Israel) sich erheben wird. So bestimmte Gott die Himmelslichter Zion zum Andenken. — Die Planeten und die Myriaden Sterne alle erheben sich allesammt zur dritten Stufe der Wesen (zu den Geistern) und kommen, Dich anzubeten, Ewiger, Heiliger! —

---

1) Nach dem Talmud (Chulin 60, b) fiel nicht eher Thau und Regen, bis erst Adam darüber zu Gott gebeten hatte.

מי כל נהרות איתן · משלא תעלו ואימתן · ממוסד
צרות שבח לשמו יתן: נוצר ליום נחמה לשחק קולותן ·
נאה מנה ויפה ליושבי גנת ביתן · סחר סבך ותלתל
ובשור ירושלים יותן · סעד בו לכבוד ויז שדי עמו:

עת ברח חזיונו התחביא · ונדר בזה בתבל להביא ·
למוריד ומעלה שבח הנביא · אשר נדרתי אשלמה
ישועתה לה׳: קדוש:

עליון מעשיו השוה · עלי תבל צוה · ערך בהמות תהוי
אשר להרר הנוה: פקד ראשית דרכיו בחבר אלף התוי
פקדת ישועה ורצון להוכי לו לתקוה · צרכי סעודה התוי
צפה בציון אוה · צורת דיוקנו מה צלעו · עזר לו להוה:

מי אל בשמים ובארץ · אשר יעשה כמעשיך לתרץ ·
יה באות נוהה בחרץ · רבות עשית אתה ה׳ · קדוש:

קמה מלאכת איום · קלסה וקדשה היום · התוה כשר
לשגיון: רנן עלי הגיון · רוח המציא ופריון · תוה אור

---

[2]) Sie wird im Midrasch Wajikra Abschn. 22. als ein Vogel von ungeheurer Größe angegeben.

[3]) Siehe 5. B. M. 14, 4 und 5.

[4]) Den Behemoth (Bergstier); siehe Job Kap. 40, und Psalm 50, 10 nebst Raschi, sowie auch Midrasch Wajikra Abschnitt 13 und 22.

[5]) Mit dem Buchstaben (ה), siehe Raschi zu 1. B. M. 2, 4.

מי Wer maß die mächtigen Ströme aus? Wunderbar und erstaunlich ist Gottes Werk! Des Wassers Gebilde bildete er; Preis seinem Namen! Für den einstigen Tag des Trostes schuf er zur Ergötzung den Livjathan [1]). Eine köstliche Speise wird dieser sein für die im herrlichen Palaste sitzenden Frommen; dessen Haut wird als beschattende Decke über die Mauern Jerusalems ausgebreitet, und zur Verschönerung jener Mahlzeit wird auch der Vogel Sis [2]) noch aufgetragen werden. — Der einst entfloh, indem er der göttlichen Weissagung sich entziehen wollte (der Prophet Jonah), gelobte, dieses flüchtige Ungeheuer einst in der Schlinge herbeizubringen. Den, der erniedrigt und erhebt, pries der Prophet, sprach: „Wie ich gelobte, werde ich erfüllen; Rettung ist bei'm Ewigen, dem Heiligen!" —

עלץ Gleich vertheilt hat der Höchste seine Werke, die er auf dem Erdball entstehen ließ. Nützliche Thierarten ließ er viele werden und zeichnete zehn von ihnen als erlaubte aus [3]). Als Erstlinge dieser Geschöpfe rief er jenes Riesenthier hervor, dem er tausend Berge zur Weide bestimmte [4]), und bewahrt, es auf, um die auf Seine Hülfe und Gnade Hoffenden einst damit zu erfreuen. — Des Menschen Bedarf und Nahrung war nun gesammelt. Da schaute Gott auf Zion herab, ersah sich von da die Erde aus und bildete daraus sein herrliches Ebenbild, den Menschen; aus dessen Rippe gesellte er ihm dann die Gehülfin zu. — Wer ist, o Gott, im Himmel oder auf Erden, der, wie Du solche wohlgeordnete Werke ausführen könnte? Herr, mit einem unhörbaren Buchstaben [5]) schuf Deine Allmacht die vielen Wesen! Du bist der Ewige, der Heilige! —

קמה Vollendet stand das Werk des Ehrfurchtbaren da. Da segnete und heiligte er den Ruhetag, bestimmte ihn zur Sühne für Vergehen, zum Preis und Gesang, und ließ an ihm den Menschen Erholung und Erlösung finden. Licht die

---

[1]) Das größte Meerungeheuer. Siehe darüber Job Kap. 40, und Talmud Baba-bathra 74. b.

ברביון: שבת שלם מדביון · שמש צדקה לאביון · שפ
נחלתו בצביון · שקד למסרו בחביון · תכן מלאכות
בגליון · תקן משכני עליון:
מעין דגמת העולם הבא · אוהביו להנחיל יש באהבה · ר
טוב הצפון באמונה רבה · יחל ישראל אל יי · קדוש: הכל יודוך

אופן.

רמזי חרוזיו ל' ככתוב בישעיה ס' כ"ו, ובארבעה החרוזים האחרונים רמזיהם ברוך כבוד ה' ממקומו, ובחרוזים המשולשים חתום מנחם.

שאו מנחה · משבחה · ביום מנוחה · התשירו:
מרום דר · בעז נאדר · בהוד והדר · הכשירו:
עיניכם · לנגדכם · עפעפיכם · הישירו:
וראו אור · צר ואור · מאורי אור · תשירו:
מרנני שפר · וכוכבי צפר · שיר חדש ישירו:
והחיות ישוררו וכרובים יפארו:

מי מסר · שנים עשר מזלות ברקיע: ברא למול
בני תם ומול אשר בחשן השקיע: אלה הם · חליהם
משלשים התקיע: המוציא גלגל חצי עליל וחצי
משקיע: במספרכן · אפוד תכן · שבטים חצים הבקיע:
נגדו לכן · הם בתוכן · בגלגל האירו: והחיות ישוררו וכו':

צבאם נצור · בתוך צר צור · יצו שרימו למעלה:

Fülle theilte Gott dem Sabbath zu; er bringt Linderung dem Schmerz, ist eine Sonne des Heils dem Leidenden. Herrlich stattete der Wohlwollende diesen Sabbath aus und übergab ihn uns als göttliches Geheimniß. Die an ihm verbotenen Arbeiten sind deutlich aufgezählt; es sind alle diejenigen, die bei'm Baue der Wohnung des Höchsten (bei'm Stiftszelte) verrichtet wurden. — Ein Vorbild jenes ewigen Lebens ist der Sabbath, jenes wesentlichen Gutes, das der Herr seinen Verehrern liebevoll gewähret. Groß ist das Gut, das der Treue aufbewahrt ist; hoffe darum, Israel, zum Ewigen, dem Heiligen! —

וכו׳

אופן.

Nehmt herrliche Opfergaben und bringt sie dar am Ruhetage! Preiset nach Gebühr den in der Höhe Thronenden herrlich in Macht, Glanz und Majestät! Blicket hin, erhebt die Augen, schauet das Licht, den Mond und die Sonne, und besinget diese Leuchten! Die Morgenröthe und die Morgensterne singen neue Hymnen; die Chajoth lobpreisen, die Cherubim verherrlichen. —

מי Wer ist es, der die zwölf Sternbilder einsetzte in's Firmament? der sie schuf, gleich der Zahl der Söhne Jakob's und der im Brustschilde (des Hohenpriesters) eingefaßten Steine? Sie sind in ihren Gruppen je drei und drei zusammengestellt, und Gott leitet ihren Kreis halb sichtbar stets und halb verdeckt, und ebenso ließ er auf dem Ephod die Stämme in zwei Hälften theilen[1]). So folgen sie dem Herrn in zugemessener Bahn und leuchten in ihrem Kreise. Die Chajoth lobpreisen, die Cherubim verherrlichen. —

צבאם Behüte, Herr, die Heere Israels, behüte sie unter den Feinden! Befehle zu ihrem Schutze den Engeln der Höhe,

---

1) S. 2. M. 28, 6—13, nebst dem Commentar Mischar hámamarim. Vgl. auch Meor enajim Abschn. 48.

לְכֻלָּם חַיִל· שׁוֹמְרֵי חֵיל חוֹמוֹת עִיר עַל תִּלָּהּ: בְּשֵׁם יִפְקוֹד· שָׁמוֹר וְשָׁקוֹד· תָּמִיד יוֹם וָלַיְלָה: יִקְרָא לַצָּבָא· שְׁנַת רָצוֹן· אַל תִּתְּנוּ דֳמִי סֶלָה: חַשְׁמַלִּים· וְאֶרְאֶלִּים· אִישׁ אֶת רֵעֵהוּ יַעְזוֹרוּ: והחיות ישוררו וכו׳.

מֵרֹב חַיִל· הֲלֹא מְחוֹלֵל· וַיַּעַ חַיּוֹת מְסַכָּה: אוֹנִים לוֹ· וְהִלּוּלוֹ· שׁוֹכֵן אֶת דַּכָּא וְנָכֵה: וְאַמִּיץ יָהּ· בְּנֵי עֲלִיָּה· לְפָנָיו אַשְׁרֵי זוֹכֶה: כֹּחַ רַב· לְמִי נִקְרַב· בְּמִנְיָן לוֹ כָּל חוֹכֵי: אִישׁ אִישׁ בְּבַר· וְיֵשׁ בְּלֹא בַר· נִכְנָס בְּמַרְאִית סוּכָה: מְלִיצֵי עַם· הֵם בְּנַעַם· יִגְּשׁוּ אָז יְדַבֵּרוּ: והחיות ישוררו וכו׳.

לֹא מְרֻשִּׁים· תַּרְשִׁישִׁים· בְּשִׁיר כַּתְּבִיבִים אֱמוּנִים: נֶעְדַּר אַךְ כָּל מַלְאָךְ· רוֹן לְהַתְמִיד בְּכָל זְמַנִּים: בָּרוּךְ שְׁמוֹ· בְּבָרְכֵמוֹ· אַחֲרֵי קִלּוּס מְשַׁנְּנִים: כְּבוֹד עָמְדָם· בְּעֵת עִם דָּם· תְּרַפֶּינָה כַּנְפֵי רְנָנִים: יְיָ שֵׁם· בְּהַקְדִּישָׁם· פַּעַם אַחַת נִמְנִים: מִמְּקוֹמוֹ· יִתְמְהוּ לָמוֹ· חַיּוֹת לִשְׁאָלָם פּוֹנִים: אֵין אֲבִיר תָּם· בְּכֵס נַחְתָּם· וּבֵאלֹהֵי יִשְׂרָאֵל יַזְכִּירוּ: וְהַחַיּוֹת יְשׁוֹרֵרוּ וּכְרוּבִים יְפָאֵרוּ:

זולת. ע״ס א״ב, ונסוף סתום מאיר בר יצחק חזק ואמץ.

אֻמַּת מָשָׁל הָיָה, בְּאַמְתַּחַת קַדְמוֹנִי מְשָׁלֵיהֶם· גֶּבֶר תָּם

die ganze himmlische Schaar bewache den Wall und die Mauern der Stadt Jerusalem auf ihrem Grunde! Gedenke Deines Volkes, bewahre und beschirme sie immerwährend, Tag und Nacht; führe für Deine Heerde das Gnadenjahr herbei! — Unterlasset nicht für uns zu beten, ihr Chasmalim und Erelim; unterstützet euch gegenseitig! Die Chajoth lobpreisen die Cherubim verherrlichen. —

מרב Vor großer Angst triefen die Chajoth in Schweiß, denn groß ist die Allgewalt des Herrn! Dennoch ist's sein größtes Lob, daß er sich herab läßt zum Gebeugten und Zerknirschten. Die als tugendhaft Bewährten kommen vor ihn, den Allmächtigen. Glücklich sie, die zu jener hohen Seligkeit gelangen, sich Gott nahen zu dürfen, und mitgezählt zu sein jenen sechsunddreißig Tugendhaften, die ihres Lohnes harren![1]) Sie schauen Gottes Majestät mit oder ohne Erlaubniß, sie sind die Fürsprecher ihres Volkes, sie tragen ihre anmuthigen Reden vor, und die Chajoth lobpreisen, die Cherubim verherrlichen.

לא Die glänzenden Himmelsschaaren haben nicht die Erlaubniß ihre Hymnen so oft hören zu lassen, als das geliebte, treue Israel; zurückgehalten werden die Engel, daß sie nicht zu jeder Zeit ihr Lied anstimmen. Ihr Lob: „Gebenedeiet sei des Ewigen Name!" können sie nicht eher sprechen, als bis Israels Gesang beendigt ist. Sie stehen vor Gottes Herrlichkeit, um, sobald das Lied Israels schweigt, ihre beflügelten Gesänge zu erheben. Dort, bei ihrer Heiligung, überzählt sie Gott alle auf einmal. Betäubt suchen sie des Ewigen Wohnung, wenden sich zu den Chajoth, fragend: „Wo finden wir den Mächtigen jenes Vollkommenen (Jakob), dessen Bild am Throne eingegraben ist!" Israels Gott rufen sie an, die Chajoth lobpreisen, die Cherubim verherrlichen.

זולת.

Fürwahr, tiefe Wahrheit liegt in jenem Gleichnisse euerer alten Gleichnißreden! Jener fromme und redliche Mann (Job) kam als Bild euerer Regentenstadt (Jerusalem)

---

[1]) Nach Talmud Succa 45, b.

וְיָשָׁר, דִּמְיוֹן קִרְיַת מוֹשְׁלֵיכֶם. הַכֶּפֶל בְּמִשְׁנֶה נֶחָמוֹת,
וּבְיַד הַנְּבִיאִים אֲלֵיכֶם. נַחֲמוּ נַחֲמוּ עַמִּי יֹאמַר אֱלֹהֵיכֶם:
זֶה חָכָם בְּעֻזּוֹ, חָסוּת בָּאָה לְנַחֵם. מְכֻסֶּה בְּמַשְׂכֹּרֶת
שְׁלֵמָה, יָדִיד מְגִיַּת לֶחֶם. כַּמָּה וְכַמָּה יֹאמְרוּ לִירוּשָׁלַיִם
בְּסוֹדָהּ בְּתַתֵּיהֶם. נִחַם יְיָ עַמּוֹ וַעֲנִיָּיו יְרַחֵם: מְשׁוּחַ מֵחֲבֵרָיו
לְבַשֵּׂר נְבוּאוֹת וְנֶחָמוֹת בְּכִפְלַיִם. שׂוֹשׂ אָשִׂישׂ, הִתְעוֹרְרִי
עוּרִי, יְרוּדָה פְּלָאִים. פֶּרֶץ עֲלוֹת מְנַחֵם, צִדְקֵנוּ מַהֵר
שִׁלַּיִם. נִחַם יְיָ עוֹד אֶת צִיּוֹן וּבָחַר עוֹד בִּירוּשָׁלָיִם: קָבוּעַ כֹּה
וְכָזֶה, רוּם עֶשְׂרִים אַרְכּוֹתֶיהָ. שִׁמְשׁוֹתֶיהָ לְאַבְנֵי חֵפֶץ, שָׁלוֹם
לָשׂוּם גְּבוּלוֹתֶיהָ. תִּקֵּן מִדְבָּרָהּ כְּעֵדֶן, כְּגַן יְיָ עַרְבוֹתֶיהָ.
נִחַם יְיָ צִיּוֹן נִחַם כָּל חָרְבוֹתֶיהָ: מְאֹהֲבֶיהָ יִרְוְיֻן דֶּשֶׁן, מִטַּל
עֲדָנֵי נְחוּמֶיהָ. כִּרְצוֹתְךָ תַּנְחוּמִים לְדַבֵּר עַל לֵב רְחוּמֶיהָ.
יִצְדְּקוּ וְיִתְהַלְּלוּ בָךְ, חוֹכֵי קְשׁוֹט תְּחוּמֶיהָ. תִּינְקוּ וּשְׂבַעְתֶּם
מִשֹּׁד תַּנְחוּמֶיהָ. חִזָּיוֹן קְדוֹשִׁים עֲשָׂרָה עִמְּךָ בְּהִשְׁתַּתֵּף
בְּקִימוּתַנִי. וְאוֹתִיּוֹת מְצֹרָפוֹת לְתַנְחוּמָךְ, לְצֹאנְךָ וְכַרְמְךָ
בְּסִמַּתַנִי. בְּשִׁיר וְתוֹדוֹת אֲאַמְּרָךְ, כְּאָז מִנֶּגֶף הוֹצֵאתַנִי,
כִּי אַתָּה יְיָ עֲזַרְתַּנִי וְנִחַמְתָּנִי: עזרת אבותינו וכו'.

gelten. Wie er wieder doppelt getröstet wurde, so ward auch euch die doppelte Tröstung in dem Prophetenworte: „Tröstet, tröstet mein Volk, spricht euer Gott!" — Hat sich jener Weise (Boas) mit Macht umgürtet, um die bei ihm Schutz Suchende (Ruth) zu trösten, hat dieser Gelehrte in Bethlehem sie mit vollkommenem Lohne ausgestattet — um wie viel mehr erst wird sich an Jerusalem das Wort bestätigen, daß sie wieder in ihre Herrlichkeit eingesetzt wird, daß der Ewige sein Volk tröstet, sich seiner Unterdrückten erbarmet. — Vorgezogen seinen Gefährten wurde der Prophet Jesaja, daß er die Weissagungen und Tröstungen immer doppelt verkünde; als: „Wie freue, wie freue ich mich! Ermuntere, ermuntere Dich, die du so tief gesunken bist! denn der Gewaltige erhebt sich, der Tröster, um uns zu rechtfertigen und zu reinigen bis auf den Saum, und Gott wird Zion wieder trösten und Jerusalem wieder erwählen!" — Zwanzig Ellen hohe Fenster aus glänzendem Edelgestein werden, nach der Weisen einstimmigen Meinung, einst in Jerusalem's Thoren prangen [1]), Friede wird in ihren Grenzen sein, ihre Wüsteneien werden zum Eden und ihre Steppen zum Gottesgarten werden; der Ewige tröstet Zion, tröstet alle ihre Trümmer. — Die sie (die Stadt) lieben, werden sich im Ueberfluß aus den Wonnebächen der Tröstungen sättigen, einst, wann Du, Wohlwollender, Deinen Geliebten Ruhe schaffest. Die des schönen Erbtheils harren, werden dann, Dich als den Treuen anerkennend und sich Deiner rühmend, sich an der Brust des Trostes sättigen. — So erscheine denn, o Ewiger, wie Du es mit deutlichen Worten verheißen — begleitet von jenen zehn heiligen Sehern [2]) — zum Troste des Volkes, das Du als Deine Schafe, als Deinen Weinberg bezeichnet hast! und Preis und Dank singen wir Dir, wie damals, als aus Noph (Egypten) Du uns emporhobst; denn Du, Ewiger, bist es allein, der uns helfen und uns trösten kann!

---

[1]) Siehe Talmud Baba-bathra S. 75. und Midrasch zu Psalm 87.

[2]) Jene zehn Propheten, deren Trostverkündigungen Israel nicht glauben wollte. S. Jalkut Jesaja § 307.

ע"ס א"ב כפול וחתום השם אליעזר ברבי נתן חזק אמץ חיים נצחו, וכל חרוז מסיים על פסוק אחד מפרשה דרשו וגו' כדאיתא סמן נ"ב.

אור עולם קראו· אחריו תלכו למוראו· דרשו יי בהמצאו: באלו ימים לערוב· בתשובה בא לקרוב· קראוהו בהיותו קרוב: גדול ואין כערכו· גזר ליצר להאריכו· יעזב רשע דרכו: אלינו מחשבותיו לשר· על זאת רשום להעד· שובה ישראל עד קדוש:

דכא אנוש תשובותיו· דיו לעשות משובותיו· ואיש און מחשבותיו: העולם עד לא שותתהו· הקדים תשובה לשובבהו· וישב אל יי וירחמהו: ועד כסא כבוד מגעת צלוח· ומתחתיו יד לשלוח· ואל אלהינו כי ירבה לסלוח: ברב עם הדרת מלכנו· בעדם יאמרו לאלהינו· שובה יי את שביתנו· קדוש:

זורעי על כל מים אשריכם· זכו והטיבו דרכיכם· כי לא מחשבותי מחשבותיכם: חפצי ורצוני תלכו בדרכי· חשקי לטהר מבדרכי· ולא דרכיכם דרכי: טבי להשתפש בכלי גני· טהורי לב יעמדו לפני· נאם יי: נצח אקוה לאל· תנה ישועה לעם שואל· שובה יי רבבות אלפי ישראל· קדוש:

ידו פשוטה לקבל במרץ· יודע ישב ונחם בתרץ· כי גבהו שמים מארץ: כן אגביר חסדי עליכם· כרחוקם

Der das Licht der Welt hervorgerufen — wandelt in Ehrfurcht vor Ihm; sucht ihn, den Ewigen, da er zu finden ist! In diesen Tagen nahet ihm mit Gebet und Buße, ruft ihn an, da er nahe ist! Er, der unendlich Große bestimmte das Heilmittel seinen Geschöpfen — es verlasse darum der Frevler seinen Sündenweg! — Gottes Gedanken sind immerdar auf uns gerichtet; darum verzeichnete er als Mahnung: „Kehre um, Israel, zu dem Heiligen!“ —

דכא Zerknirscht in Buße sei der Mensch, lasse ab von seiner Verwilderung; der Mann des Unrechts lasse seine Bosheit! Noch ehe Gott die Welt gegründet, schuf er die Buße schon, um durch sie den Sünder zurückzuführen; er kehre zum Ewigen zurück, er wird sich seiner erbarmen! Denn bis zum Throne Gottes hinauf dringt die Buße durch; sie aufzunehmen ist die Hand ausgestreckt. Wendet euch darum zu unserm Gotte, der gerne verzeihet! In der Volksmenge, die sich zur Verherrlichung Gottes, unseres Königs versammelt, sprechet: Führe uns zurück aus der Verbannung, Heiliger! —

זורעי „Die ihr auf wasserreichen Boden säet [1]), Heil euch! läutert und bessert nur immerfort euern Wandel, denn meine Gedanken sind nicht euere Gedanken! Mein Wunsch und Wille ist's, daß ihr in meinen Wegen wandelt, meine Lust ist, die Reinigung meiner Gesegneten. Wahrlich nicht euere Wege sind die Meinigen; meine Eigenschaft ist's, mich unmangelhafter Gefäße zu bedienen, die reinen Herzens sind bestehen vor mir!“ so spricht der Ewige. — Immerfort hoffe ich darum zu Gott: Verleihe Hülfe dem flehenden Volke, bringe zurück die Myriaden tausende Israels, Ewiger, Heiliger! —

ידו Seine Hand ist ausgestreckt; gerne nimmt er die Bußfertigen auf! Wer Einsicht hat, kehre darum zurück und bereue aufrichtig seine Sünden. Denn so sehr der Himmel höher ist als die Erde, so sehr lasse ich meine Gnade über

1) D. h. die ihr Tugend übet — siehe Raschi zu Jes. 32, 20.

אַרְחִיק פְּשָׁעֵיכֶם · כֵּן גָּבְהוּ דְרָכַי מִדַּרְכֵיכֶם : לְפָנַי תָּשׁוּבוּ
וַאֲשִׁיבְכֶם · לְחַיֵּי עוֹלָם אַתְוִיכֶם · וּמַחְשְׁבוֹתַי מִמַּחְשְׁבוֹתֵיכֶם :
זְכֹר לְטוֹבָה וְרַחֵם עַמְּךָ עֲמוּסֵי מֵרֶחֶם · שׁוּבָה יְיָ עַד מָתַי
וְהִנָּחֵם · קָדוֹשׁ :

מְחַכֶּה לְמֵשִׂים נַפְשׁוֹ אָשָׁם · מְצַפֶּה לִתְחִיָּה לְרַשָּׁם · כִּי
כַּאֲשֶׁר יֵרֵד הַגֶּשֶׁם : נֵצַח לָנֶצַח יוֹדֶה לְעוֹלָמִים · כָּל יְמֵי יְרִידַת
הַמַּיִם וְהַשֶּׁלֶג מִן הַשָּׁמַיִם : שָׂמֵחַ בְּנִצּוּחַ לְנוֹצֵחַ בְּשׁוּב ·
סֶלָה חַי חַי לְהוֹדוֹת חָשׁוּב · וְשָׁמָּה לֹא יָשׁוּב : חִזְּקֵנוּ מִימֵי
חַיֵּינוּ · וּמִתְּהוֹם תָּשׁוּב תַּעֲלֵנוּ · שׁוּבָה יְיָ חַלְּצָה נַפְשֵׁנוּ · קָדוֹשׁ :

עִזּוּז בִּשְׁמֵי עֶרֶץ · עוֹשֶׂה צְדָקָה בָּאָרֶץ · כִּי אִם הִרְוָה אֶת
הָאָרֶץ : פּוּר זֶבַח וּמִנְחָה · פֶּגַע מַעֲמַד וְשִׂיחָה · וְהוֹלִידָהּ
וְהִצְמִיחָהּ : צוּר כִּסְאוֹ קוֹרֵעַ · צִקּוּן קוֹרְאָיו מַשְׁתֵּעַ ·
וְנָתַן זֶרַע לַזּוֹרֵעַ : אֹמֶץ תּוֹסִיף כִּי טִהַרְתִּיךָ · לָשׁוּב
אֵלַי כִּי סִיַּעְתִּיךָ · שׁוּבָה אֵלַי כִּי גְאַלְתִּיךָ · קָדוֹשׁ :

קָרוֹב וְרָחוֹק בְּלִי נֶגֶל · קִדַּמְתִּי שָׁלוֹם כְּאַבְקַת רוֹכֵל ·
וְלֶחֶם לָאֹכֵל : רִצַּפְתִּי חֶלְבְּנָה עִם צֳרִי · רֵיחֲךָ רֵיחַ
כְּהַעֲבִירִי · כֵּן יִהְיֶה דְבָרִי : שׁוּר בֵּינִי לְבֵינְךָ שׁוּב · שׁוּרַת
אֲנָשִׁים כָּל תָּשׁוּב · אֲשֶׁר יֵצֵא מִפִּי לֹא יָשׁוּב : תִּכּוֹן
אֱמוּנָתִי בַּת הַשּׁוֹבֵבָה · תּוֹשְׁעִי בְּנַחַת וְשׁוּבָה · אֶרְפָּא
מְשׁוּבָתָם אֹהֲבֵם נְדָבָה · קָדוֹשׁ : הכל יודוך וכו'.

euch warten — spricht Gott — so sehr entferne ich eure Frevelthaten! Ja meine Wege sind höher als die Eurigen! Zu mir kehret zurück, und ich bringe euch zurück, verzeichne euch zum ewigen Leben! denn anders sind meine Gedanken als die Eurigen! — Gedenke zum Guten uns, erbarme Dich Deines von Mutterleib aus erhobenen Volkes! Bringe uns zurück, Ewiger! wie lange noch? ändere Deinen Rathschluß, Heiliger! —

מחכה Der Ewige wartet darauf, daß der Schuldige ihm seine Seele weihe, und er will ihn dann bei'm Leben erhalten, wie der niederfallende Regen die Welt erhält. Darum danke der Mensch dem Ewigen ewiglich, so lange Wasser und Schnee vom Himmel fällt. Ja, der Bußfertige, der über das Böse siegt, gefällt dem Ewigen wohl, angenehm ist ihm der Umkehrende, der bei Lebzeiten sich noch bessert; denn dort im Jenseits ist keine Zeit mehr zur Buße. — Stärke uns, helle unsere viele Wunden, erhebe uns wieder aus der Tiefe, befreie unsere Seele, Ewiger, Heiliger! —

עזי Der Mächtige in den hohen Himmeln, er übt Gerechtigkeit auf Erden, sättigt sie in seiner Gnade. — Schlacht- und Speiseopfer sind aufgehoben; unser Flehen und Gebet läßt jetzt an deren Stelle uns das Heil ersprießen. Er, der Schöpfer spaltet seinen Thron, daß der Flehenden Herzensergießung durchdringe, und er gewähret ihnen Erhörung, spricht: „Zunehmen sollst Du an Stärke, denn ich reinige dich; ich stehe dir bei in deiner Bekehrung! Kehre nur zurück zu mir, ich erlöse dich, ich, der Heilige!" —

קרוב „Dem Nahen und Fernen, der nichts von Arglist weiß, lasse ich den Frieden wie Gewürzeduft zuströmen, und gebe ihm seinen Unterhalt. Galban und Balsam ließ ich vereinigen; so vernichte ich auch deinen üblen Geruch, meiner Verheißung gemäß. Siehe nach und bekehre dich in's geheim, prahle nicht mit deiner Buße vor den Leuten; was aus meinem Munde geht, laß' ich dann nicht unerfüllt!" — „Meinen Glauben befestige die wilde Tochter (Israel), und Heil und Ruhe wird ihr verliehen; ich heile sie von ihrer Verwilderung, liebe sie huldvoll, ich, der Heilige!" —

פיוט זה יסודתו בהררים חתום אליעזר בר נתן חזק, שלא כסדרים בראש כל חרוז תיבה אחת מפסוק כי שם ה' אקרא הבו גדל לאלהינו, ונראה הראשה בשלישית תיבה ואני, והאמצעית היא על לשון הפסוק.

אופן. כִּי, אִם שֵׁם אַדִּיר יְיָ אֲדוֹנֵנוּ · אֵילֵי שַׁחַק עוֹמְדִים לְהַקְדִּישֵׁנוּ · וַאֲנִי, אָשִׁירָה לַייָ וַאֲזַמְּרֵנוּ · שִׁמְעוּ מְלָכִים וְרוֹזְנִים הַאֲזִינוּ: שֵׁם, לְבַדּוֹ נִשְׂגָּב לְעוֹלָמִים · לְעוֹלָם יְיָ דְּבָרוֹ נִצָּב בַּשָּׁמַיִם · וַאֲנִי, לְיַחֲדוֹ בְּכָל יוֹם פַּעֲמַיִם · תְּנָה הוֹדְךָ עַל הַשָּׁמָיִם: יְיָ, יְחוּדוֹ בְּמַעֲמָדָיו עֲטָרָה · יִשְׂרָאֵל אֲשֶׁר בְּךָ אֶתְפָּאֵרָה · וַאֲנִי, יְקָר מַלְכוּתוֹ אֲסַפֵּרָה · שִׁמְעָה עַמִּי וַאֲדַבֵּרָה: אֶקְרָא, עֶלְיוֹן וְהַקּוֹל נִשְׁמַע · עֲטָרָה לְרֹאשׁוֹ לַעֲנוֹד וְלִקְמַע · וַאֲנִי, עֲתִירָתִי בְּלַחַשׁ אַשְׁמַע · וְאֶזְעַק אֵלֶיךָ מִצָּרָתִי וְתִשְׁמַע: הָבוּ, וְרוּתִים כָּבוֹד בָּאָרֶץ · זְמִרֹת יַשְׁמִיעוּ מִכְּנַף הָאָרֶץ · וַאֲנִי, זִכְרוֹ אֲבָרֵךְ בְּמֶרֶץ · מָה אַדִּיר שִׁמְךָ בְּכָל הָאָרֶץ: גֹּדֶל, רֶכֶב רִבֹּתַיִם קָדוֹשׁ אוֹמְרֵי · רוֹגְשִׁים אוֹפַנִּים בָּרוּךְ גּוֹמְרֵי · וַאֲנִי, רִנָּתִי מֵאָה עִם שְׁמוֹנָה עֶשְׂרֵה · יִהְיוּ לְרָצוֹן אִמְרֵי: לֵאלֹהֵינוּ, בְּרָן יַחַד כּוֹכְבֵי נִשְׁפִּי · נוֹתְנִים תְּהִלָּה בְּנֵי אֱלֹהִים בְּמוֹ פִי · וַאֲנִי, אֶעֱמְדָה עַל מִצְפִּי · תְּהִלַּת יְיָ יְדַבֶּר פִּי:

קו"א חֵילֵי מַעְלָה מַקְדִּישִׁים · זַכֵּי מַטָּה רוֹחֲשִׁים · קְדֻשָּׁה בְּאַחַת מְשַׁלְּשִׁים: והחיות ישוררו וכו'.

אופן.

Wahrlich, mächtig thronet dort der Ewige, unser Herr; die Himmelsfürsten stehen vor ihm, ihn verherrlichend. Und ich, ich besinge den Ewigen und preise ihn. Hört es Könige, vernehmt's ihr Fürsten! — Sein Name, er allein ist erhaben in allen Welten, ewiglich steht Gottes Wort fest in den Himmeln. Und ich, ich erkenne zweimal täglich seine Einheit an. Du zeigtest Deine Majestät, Herr, an dem Himmel! — Es krönt sich der Ewige mit der Einheitshuldigung seiner Verehrer, rühmt sich Israels. Und ich, ich erzähle, von der Pracht seiner Regierung; höre, mein Volk, ich will reden! Zum Höchsten rufe ich; mein Gebet wird erhört und als Krone Ihm um's Haupt gewunden. Leise flehe ich und klage Dir mein Bedrängniß, Herr! Du vernimmst es. — Gebet, ihr Himmel, dem Mächtigen Ehre, lasset Gesänge hören ihr Enden der Erde! Und ich will kräftig seinen Ruhm verkünden, seinen mächtigen Namen auf Erden. — Das große Heer der Myriaden ruft: „Heilig!" dem Herrn, die rauschenden Ophannim antworten: „Gebenedeiet!" und ich bringe dem Herrn täglich hundert Lobpreisungen dar mit Einschluß der achtzehn Benedeiungen[1]). Mögen ihm doch wohlgefallen diese Worte! — Unserm Gotte jubeln einstimmig die Abendsterne, der Mund der göttlichen Wesen weihet Ruhmlieder Ihm. Und ich, ich stehe auf meiner Warte und mein Mund verkündet das Lob des Ewigen. Die Heere dort oben verherrlichen, die Reinen hier unten preisen; Alle zusammen sprechen sie die dreifache Heiligung.

---

[1]) Des Hauptgebetes שמנה עשרה.

זולת. ע״ס א״ב, ובסוף חתום שם המחבר אליעזר בר נתן.

אֵל אֱלֹהֵינוּ נָשׁוּב בַּצַּר לָנוּ בְּגָלוּתֵנוּ· כִּי אַתָּה צַדִּיק
עַל כָּל הַבָּא עָלֵינוּ· בַּעֲוֹן בִּצְעֵנוּ מֵעַל פָּנֶיךָ שִׁלַּחְתָּנוּ· הֲשִׁיבֵנוּ
וְנָשׁוּבָה כִּי אַתָּה יְיָ אֱלֹהֵינוּ: גּוֹלִים בְּנֵי גוֹלִים מוֹנִים אֹתָנוּ
בְּאֵיכָה· כֶּסֶף נִמְאָס קוֹרְאִים אוֹתָנוּ בְּחוֹבָה· דִּינְךָ יָשָׁר
מִשְׁפָּטְךָ תְּהוֹם רַבָּה· שׁוּבוּ שׁוּבוּ אָמַרְתָּ לָנוּ וְלֹא נַקְשִׁיבָה:
הֲלֹא עַל כִּי אֵין שְׁכִינָתְךָ בְּקִרְבֵּנוּ· מְצָאוּנוּ הָרָעוֹת בְּאֶרֶץ
שִׁבְיֵנוּ· וְכִכְלוֹת כֹּחֵנוּ נָהַמְנוּ בְּאַחֲרִיתֵנוּ· לְכוּ וְנָשׁוּבָה
אֶל יְיָ כִּי הוּא טָרָף וְיִרְפָּאֵנוּ: וְהָקֵים לָנוּ נַפְשֵׁנוּ לְשׁוֹבְבָה·
כַּאֲשֶׁר הִבְטַחְתָּנוּ לְהַרְבּוֹת וּלְהֵיטִיבָה· חֲזַק יָדְךָ וּדְבָרְךָ
לְעוֹלָם נִצָּבָה· הֲשִׁיבֵנוּ יְיָ אֵלֶיךָ וְנָשׁוּבָה: טָרַפְתִּי בַּגּוֹלָה
וְעַד עַתָּה אֵחַרְתִּי· בְּהִתְעַטֵּף עָלַי נַפְשִׁי אֶת יְיָ זָכַרְתִּי· יָגַעְתִּי
בְּאַנְחָתִי מְנוּחָה לֹא מָצָאתִי· כִּי אַחֲרֵי שׁוּבִי נִחַמְתִּי בֹּשְׁתִּי
וְגַם נִכְלַמְתִּי: כְּשֶׁר דְּבָרֶיךָ נִשְׁמְעוּ בְּאָזְנַי וְאֶחְמוֹד·
חֲתוּמוֹת עַל לִבִּי כְּצָמִיד פָּתִיל לִצְמוֹד· לָלֶכֶת לְפָנַי אִם
לִמּוּד תַּלְמוּד· אִם תָּשׁוּב וַאֲשִׁיבְךָ לְפָנַי תַּעֲמֹד: מֵרֻבְּכֶם
מִכָּל עָם לֹא חָשַׁקְתִּי בָּכֶם· כִּי אִם מֵאַהֲבָתִי אֶתְכֶם וְאֶת
אֲבוֹתֵיכֶם· נֶצַח חַסְדִּי וּבְרִיתִי לֹא אָסִיר מִכֶּם· שׁוּבוּ אֵלַי
וְאָשׁוּבָה אֲלֵיכֶם: סֹכּוּ בְּצִלִּי בְּנֵי חֲמוּדַי· וּבֹזַיכֶם יֵקַלּוּ
וַאֲכַבֶּדְכֶם מְכַבְּדַי· עָשִׂיתִי פֶלֶא נֶגֶד אֲבוֹתֵיכֶם עֲבָדַי· וְגַם

זולת.

Zu unserm Gotte wenden wir uns in unserm Leiden und Drangsal. Du, Herr, bist der Gerechte in Allem, was uns betroffen! Unsere eigene Schuld war es, wegen welcher von Deinem Angesichte vertrieben wurden. O führe uns zurück, laß' uns zurückkehren, denn Du bist der Ewige, unser Gott! „Verbannte, Söhne Verbannter! höhnen uns die Feinde, und nennen uns „Falsche Münze." Unsere Sünde zog uns dieses zu; denn Dein Gericht ist gerade, Dein Urtheil unabsehbare Tiefe! Du riefst uns zu: „Kehret um, kehret um!" doch wir gehorchten nicht. Fürwahr, seit Deine Majestät nicht mehr in unsrer Mitte thront, traf uns das Uebel im Lande unserer Verbannung. Jetzt, da unsere Kraft geschwunden ist, stöhnen wir endlich: Kommt und lasset uns zurückkehren zum Ewigen! Er zerriß uns, er wird uns auch wieder heilen. O Gott! bestätige es uns, beruhige unsere Seele wieder, wie Du verheißen hast, uns zu vermehren und uns wohl zu thun! Deine Macht ist groß, Dein Wort ewiglich bestehend — führe uns zurück zu Dir, Ewiger, laß' uns zurückkehren! Zerrissen vom Drangsale dulde ich bis jetzt, mit gebeugter Seele denke ich an den Ewigen; ermattet bin ich vor Seufzen, finde keine Ruhe. Ich bereue es, daß ich abgewichen, stehe beschämt und erröthend da. — — „Ich habe deine schönen Reden gehört und wohlgefällig aufgenommen, habe sie fest versiegelt und mir aufbewahrt. So Du denn wirklich wieder vor mir wandeln und zurück zu mir kehren willst, so werde ich auch dich wieder zurückführen und du sollst vor mir bestehen. Nicht weil ihr mehr seid, als ein anderes Volk, habe ich Gefallen an euch, sondern weil ich euch und eure Voreltern liebe; in Ewigkeit werde ich meine Gnade und meinen Bund euch nicht entziehen. Kehret um zu mir und ich kehre um zu euch! Ihr sollt in meinem Schatten wohnen, meine anmuthigen Söhne! Euere Verächter sollen zu Schanden werden; aber euch, meine Verehrer, verschaffe ich Ehre! Ich that Wunder für eure Väter, meine Diener; so kehrt

עַתָּה נְאֻם יְיָ שֻׁבוּ עָדַי: פּוּרָה אֶדְרוֹךְ כַּאֲשֶׁר הַדִּין יִקֹּב.
בִּמְסוֹלְלֵיכֶם וְאוֹיְבֵיכֶם כִּי אָכְלוּ אֶת יַעֲקֹב. צַדְּקוּ
מַעֲשֵׂיכֶם וְהָסִירוּ לֵב הֶעָקֹב. וּבָא לְצִיּוֹן גּוֹאֵל וּלְשָׁבֵי
פֶשַׁע בְּיַעֲקֹב: קַבֵּץ אֲקַבֶּצְךָ מִן הַגּוֹיִם אֲשֶׁר הִדַּחְתִּיךָ.
וְאֵיטִיבְךָ וְאַרְבֶּה אוֹתְךָ כִּי בְחַרְתִּיךָ. רַחֵם אֲרַחֶמְךָ כִּי אֵלַי
הֲשִׁיבוֹתִיךָ. מָחִיתִי כָעָב פְּשָׁעֶיךָ שׁוּבָה אֵלַי כִּי גְאַלְתִּיךָ:
שׁוּר כִּי אֲנִי יְיָ בְּעִתָּהּ אֲחִישֶׁנָּה. הִצַּתִּי אֵשׁ בְּצִיּוֹן וַאֲנִי
אֶבְנֶנָּה. תָּמִיד לְכָבוֹד אֶהְיֶה בְּתוֹכָהּ וְאֶשְׁכְּנֶנָּה. וּפְדוּיֵי
יְיָ יְשׁוּבוּן וּבָאוּ צִיּוֹן בְּרִנָּה: אֲנוּ לְעוֹלָם נְסַפֵּר תְּהִלָּתְךָ
צוּרֵנוּ. יַעַן כִּי גְאַלְתָּנוּ מִיַּד מְעַנֵּינוּ. זֵר בְּרָכָה נַכְתִּירְךָ
מַלְכֵּנוּ. חוּשָׁה לְעֶזְרָתֵנוּ אֲדֹנֵי תְּשׁוּעָתֵנוּ: עזרת אבותינו וכו׳.

---

auch jetzt, spricht der Ewige, zu mir zurück! Die Kelter werde ich treten, wann das Strafgericht losbricht über euere Peiniger und Feinde, die euch zu Grunde gerichtet. Verbessert nur euere Thaten und entfernt das tückische Herz, und es wird der Erlöser kommen für Zion, für die Bußfertigen in Jakob! Ich werde dich einsammeln aus den Völkern, unter die ich dich verstieß, werde dir wohl thun, dich vermehren, denn dich habe ich erwählt; ich werde mich deiner liebreich annehmen und dich mir zurückführen! Wie Wolken lasse ich deine Missethaten dahin schwinden; kehre zurück zu mir, ich erlöse dich! Schaue! Ich, der Ewige werde es zu seiner Zeit schnell vollführen; ich ließ Zion in Feuer auflodern, ich baue sie auch wieder auf und werde immerdar zur Verherrlichung in ihrer Mitte residiren! Ja, die von Gott Befreieten werden zurückkehren und mit Jubel einziehen in Zion!" — Ewiglich erzählen wir Deinen Ruhm, unser Schöpfer, der Du uns erlöstest aus der Hand unserer Peiniger! Mit einer Krone von Benedeiungen krönen wir Dich, unser König! Eile uns zur Hülfe, unser Herr, unser Heil! —

Printed in the USA
CPSIA information can be obtained
at www.ICGtesting.com
CBHW051556111124
17249CB00003B/38

Gebete

in

deutscher Sprache

für

alle Tage des Jahres.

Bearbeitet

von

S. Baer.

Wenn du ihn suchen wirst den Ewigen, deinen Gott,
So wirst du ihn finden,
Wenn du ihn suchen wirst
Mit deinem ganzen Herzen und deiner ganzen Seele.
V. B. M. 4, 29.

Rödelheim,

Druck u. Verlag von J. Lehrberger & Comp.

1866.

„Bet' oft zu Gott, mit gläubigem Gemüthe,
Schau dich an seinen Wundern satt,
Bring' Lob und Dank ihm, für die Güte,
Mit der er dich geleitet hat.
Bet' oft zu Gott, und schau in Freuden,
Wie freundlich er, dein Vater, ist.
Bet' oft zu Gott, und fühl' im Leiden,
Wie gütig er das Leid versüßt.
Bet' oft, wenn dich Versuchung quälet;
Gott hört's, Gott ist's, der Hülfe schafft!
Bet' oft, wenn innerer Trost dir fehlet;
Er gibt dem Schwachen Stärk' und Kraft.
Bet' oft: so wirst du Glauben halten,
Dich prüfen, und das Böse scheu'n,
An Lieb' und Treue nicht erkalten,
Und gern zum Guten willig sein."

Inhalt.

Bei'm Eintritt in das Gotteshaus.

Ewiger! In Zuversicht auf Deine große Gnade betrete ich Dein Haus, um mich niederzuwerfen vor Deiner großen Herrlichkeit und von Gottesfurcht erfüllt, zu Dir zu beten. Zu Dir, Allvater, erhebe ich meine Seele, und will Dir danken für mein Leben, das Du mir erhalten, für die unzähligen Wohlthaten, die Du mir erzeigt, für mein ganzes Dasein; Dich will ich preisen ob Deiner unermeßlichen Größe und Allmacht, die Du in jedem Deiner Werke offenbarest; Dich will ich erbitten, mir Deinen Schutz und Beistand, dessen ich jeden Augenblick des Lebens bedarf, nie zu entziehen; zu Dir will ich flehen, daß Du doch Nachsicht haben wollest mit meiner menschlichen Schwäche, durch die ich so oft vom Tugendwege abweiche und in Sünden und Fehler verfalle, daß Du mir hilfreich Deine Hand reichest und mich zurückführst auf die rechte Bahn. — Wie ein Kind vor seinem Vater, so stehe ich vor Dir, Allgütiger, und hebe vertrauensvoll meine Hände zu Dir empor. O, nimm es wohlgefällig auf mein Gebet, o, merke auf die geheimste Regung meines Herzens, und erhöre mich, mein Hort und mein Erlöser! Amen.

Morgengebet.

Ewiger! Wohlthäter aller Geschöpfe! In dieser Morgenstunde, wo Geschöpfe ohne Zahl die Herrlichkeit Deines Namens verkünden, will auch ich in ihre Jubellieder stimmen und in frommer Andacht und Demuth Deine unendliche Güte preisen.

Deine Vorsehung, die einen Jeden überwacht und ihn bewahret vor tausendfachen Gefahren, die ihn Tag und Nacht umschweben, sie hat auch über mein Leben gewacht, und während ich im Schlafe lag, vor jedem Unglück mich geschützt. Dank Dir von ganzer Seele für meine Erhaltung, Dank Dir für das Geschenk dieses neuen Tages. Segne mein aufrichtiges Verlangen, ihn zu Deiner Ehre, zu meinem ewigen Heile und zum Wohle meiner Mitmenschen anzuwenden! Ja, mit diesem Vorsatze will ich den neuen Tag beginnen. In dem steten Gedanken, daß Du mich nur darum wieder aus dem todtähnlichen Schlafe zu neuem Leben erwachen ließest, damit ich es zur Verherrlichung Deines Namens anwende, will ich immer das Gute üben und ganz nach Deinem Willen leben. Verleihe Du mir hierzu Deinen Beistand! Gib mir ein reines Herz, Mäßigung und Demuth im Glücke, Geduld, Ausdauer und Zuversicht in Widerwärtigkeiten, und ein heiteres und zufriedenes Gemüth, damit ich mein Tagewerk mit frohem Herzen vollenden möge und Gunst und Wohlgefallen finde bei Dir und bei den Menschen. Amen.

Für den ersten Tag der Woche.

Ewiger Gott! Als Dein Schöpfungswort Himmel und Erde aus dem Nichts in's Dasein rief, da sprachst Du zuerst: „Es werde Licht!" und wunderbar, dem Staubgebornen unbegreiflich, ward die ganze Welt erhellt. Und wie damals in der Schöpfungswoche, so lässt Du mit jedem Tage wunderbar die Finsterniß dem Lichte weichen. Jeden Tag offenbart sich Deine Allmacht, Herr! auf's neue; jeden Morgen geht verjüngt die Sonne auf, Licht und Wärme der Erde spendend.

Betrachte ich dies Dein Allmachtswerk, diese große Feuerkugel, wie sie majestätisch einherstrahlt und jedem Wesen neue Kraft und neues Leben bringt: o, dann fühle ich erst recht, daß ich, ein schwaches Erdenkind, nur ein Sandkorn bin in dem unermeßlichen Weltgebäude. Und dennoch thust Du, Herr! an mir so überschwenglich Gutes, sorgst väterlich jeden Tag, jede Stunde, ja jeden Augenblick für mich. Anbetend werfe ich mich darum vor Dir nieder und stammele Dir meinen schwachen Dank für alle die großen Wohlthaten, die Du mir und allen Wesen erzeigst. Dank Dir insbesondere für den Schutz, den Du mir in der vergangenen Nacht angedeihen ließest, Dank für die Ruhe und Erquickung, die Du mir durch den Schlaf gewährtest, daß ich jetzt neugestärkt mein Tagewerk wieder beginnen kann. — So will ich denn auch in meinem Berufe treu und redlich wirken, will alle meine Handlungen mit dem Gedanken an Dich anfangen und sie so beendigen, wie es Dir wohlgefällt. Unterstütze mich, Allgütiger, in diesem meinem frommen Vorsatze, leite Du mich und segne alle meine Unternehmungen! Amen.

Für den zweiten Tag der Woche.

Himmlischer Vater! Herr der ganzen Welt! der Du am zweiten Schöpfungstage die Himmel ausgespannt, und über ihnen thronst in Deiner großen Herrlichkeit, o, schaue herab von Deiner Höhe und nehme wohlgefällig auf das Gebet, womit ich am zweiten Tage der Woche mich demuthsvoll Dir nahe! Du, Allgütiger! hast mich auch diesen Tag gesund erleben lassen und mir neue Kräfte zu Deinem Dienste verliehen. Mancherlei Unglücksfälle, die mich während der Nacht hätten

treffen können, hat Deine Hand gnädig von mir abgewendet. Dafür danke ich Dir von ganzem Herzen und preise Deine Güte, die sich mit jedem Tage erneuert. — Frohgemuth gehe ich nun wieder an mein Tagewerk, o, laß es gelingen, Herr! Halte jeden Schaden und jedes Unglück fern von mir! Lenke mein Herz zum Guten, auf daß ich Nichts denke, Nichts rede, Nichts thue oder lasse, was Dir mißfallen könnte! Sei Du stets mit mir und leite mich auf allen meinen Wegen! Amen.

Für den dritten Tag der Woche.

Herr! Gott! Welche Zunge wäre würdig, Deines Namens Herrlichkeit zu preisen? Deiner Allmacht Wunder zu verkünden? Durch den Hauch Deines Mundes wurde am dritten Schöpfungstage die Erde mit Gewächsen aller Art bekleidet; Gras, Kräuter und Fruchtbäume kamen auf Dein Geheiß hervor. So bereitetest Du schon im voraus Deinen Geschöpfen alle ihre Speisen. Lob, Preis und Dank Dir, Weltenmeister! — Und wie damals, so sättigest Du fort und fort die Erdbewohner mit den Früchten Deines Werkes, gibst Jeglichem sein Brod, dem Viehe seine Nahrung und selbst den jungen Raben, wonach sie schreien. Getrost sende ich darum mein Gebet zu Dir, Allgütiger: Gib auch mir und meinen Angehörigen unseren Unterhalt, und segne die Arbeit unserer Hände mit Deinem himmlischen Beistande! Laß uns nie eines Menschen Gabe bedürftig werden, sondern verpflege Du uns bis an's Ende mit Deiner milden Hand! Gelobt seist Du, unser Gott, der Du Deine milde Hand öffnest und alles Lebende mit Wohlthun sättigst! Amen!

Für den vierten Tag der Woche.

Erhabener! Weltenschöpfer! Mit frommen Sinn erhebt sich meine Seele und stimmt heiligen Lobgesang Deinem Namen an. — Myriaden Himmelskörper hat Deine Allmacht am vierten Schöpfungstage hervorgebracht; Sonne, Mond und Sterne ließest Du am Firmament aufgehen, daß sie beleuchten den Tag und die Nacht, daß sie dienen zur Bestimmung der Zeiten, der Tage und Jahre, und wir an ihnen Deine große Herrlichkeit und Allweisheit erkennen mögen. Diese zahllosen Gestirne, in der größten Mannigfaltigkeit hast Du sie am Firmament vertheilt, hast einem Jeden seine besondere Laufbahn vorgezeichnet, und in der schönsten Ordnung und Regelmäßigkeit gehorchen sie ihren Gesetzen und keines verläßt den ihm angewiesenen Kreis. Wer sollte da nicht staunend rufen: Groß bist Du, Gott, und allgewaltig, unaussprechlich Deine Weisheit!? — Ja, schaue ich die Sonne mit ihrem Strahlenmeer, den Mond mit seinem Sternenheer, so erkenne ich erst recht, wie gering und nichtig ich bin, und bete in voller Demuth: Was ist der Mensch, daß Du, Schöpfer so vieler Welten, sein gedenkest, was der Erdensohn, daß Du auf ihn siehst! — Doch gütig und gnadenvoll bist Du gegen alle Deine Geschöpfe, alle hast Du sie zu Deiner Verherrlichung geschaffen. Und wie Du sie alle geschaffen hast, so erhältst Du sie auch alle in Deiner Liebe und Barmherzigkeit; und getrost spreche ich: auch meine Hülfe kommt von Gott, dem Schöpfer des Himmels und der Erde. Amen.

Für den fünften Tag der Woche.

Allgütiger Gott und Vater! Du wolltest nicht, daß Deine große und weite Welt unbewohnt bliebe, darum hast Du am fünften Schöpfungstage das Wasser und die Luft mit Geschöpfen aller Art erfüllt. Sie alle freuen sich ihres Daseins, sie alle sind Zeugen von Deiner Größe und Allmacht, sie alle verkünden Deine Huld und Fürsorge, sie alle hoffen auf Dich, daß Du ihnen ihre Nahrung gibst zur rechten Zeit. O Allgütiger! der Du diesen millionen Wesen Deine Hand öffnest und sie sättigest mit Wohlgefallen, Dir und Deiner Gnade vertrauen wir, daß Du auch uns Deine Liebe und Barmherzigkeit zuwenden werdest. Reiche mir und den Meinigen unsere Lebensbedürfnisse mit Ehren, daß wir der Mitmenschen und ihrer Güte nie benöthigt werden. Du, Herr, bist unsere Zuversicht, verlaß' uns nicht! auf Deine Gnade hoffen wir, verleih' uns Deinen Segen! und wir lobsingen Deinem Namen, preisen Deine Vatergüte unser Leben lang. Amen.

Für den sechsten Tag der Woche.

Es preise meine Seele den Ewigen, ich will ihn loben so lang' ich lebe! — Allmächtiger Gott! Am heutigen, am sechsten Deiner Schöpfungstage stand das ganze Weltgebäude seiner Vollendung nahe; nur die Krone zum Ganzen fehlte noch, noch fehlte das Wesen, welches Dich, den Schöpfer, erkennen und verehren soll. Da ertönte Deiner Allmacht Stimme: „Nun wollen wir ein Wesen schaffen nach unserem Ebenbilde!" und es ward der Mensch, der, obschon das Letzte der Schöpfung, durch die hohen Geistesgaben, mit denen Du

ihm ausgerüstet hast, das Oberhaupt aller vor ihm Erschaffenen wurde. Ihn hast Du mit Ruhm und Würde gekrönt, hast ihn mit Vernunft begabt und ihn so zum Herrn der Erde und zum Beherrscher Deiner Werke auf ihr ernannt. — Bedenke ich aber, wie diese Kräfte, die Du in unseren Geist gelegt, einer immer zunehmenden Vervollkommnung fähig sind, so erkenne ich klar und deutlich, daß nicht das kurze Erdenleben hier unsere einzige Bestimmung sein kann, sondern daß Du uns hauptsächlich für das jenseitige ewige Leben geschaffen hast, auf welches wir uns hier würdig vorbereiten sollen. Hier soll die Saat des Guten ausgestreut, dort aber geerntet werden. — O, möge dieser Glaube stets meinen Geist durchdringen, möge diese Ueberzeugung nie aus meinem Gedächtnisse schwinden; dann werde ich — einsehend, daß ich nur ein Pilger bin auf Erden — mich jederzeit bestreben, durch einen frommen Lebenswandel Dir, Ewiger, wohlgefällig zu sein, und sicher kann ich alsdann auch auf die Glückseligkeit hoffen, die Du, Allgütiger, einst in jenem bessern Leben mir bereiten wirst. Amen.

Abendgebet.

Wiederum hat ein Tag sein Ende erreicht, Dunkel bedeckt die Erde, und Alles sehnt sich nach der Ruhe der Nacht. Bevor ich aber mich der Ruhe überlasse, will ich nochmals zu Dir, Allvater, beten und mit dem Gedanken an Dich den Tag beschließen, wie ich ihn mit dem Gedanken an Dich begonnen habe. Ich danke Dir, Allgütiger, für alle Wohlthaten, die ich diesen Tag hindurch von Dir empfangen habe. Mit liebender Vaterhand hast Du mich geleitet, und mit Deiner

Gnade mich erfreut. Und ich, war ich würdig all dieser Barmherzigkeit und Treue, die Du mir erwiesen hast? Habe ich Dich und Dein Gebot immer vor Augen gehabt? Bin ich heute besser, frommer und gottesfürchtiger geworden, als ich gestern war? Habe ich die Sünden und Fehler, welche ich gestern bereute, heute nicht wieder begangen? — Ach, Herr! wer kann merken, wie oft er fehlt? wer kann sagen, er habe sein Herz schuldlos erhalten, er sei frei von Sünden geblieben? Verzeihe mir darum aller Fehler, die ich im Laufe dieses Tages wissentlich oder unwissentlich, vorsätzlich oder unvorsätzlich begangen habe! Du weißt es, Allwissender, daß ich sie aufrichtig bereue und nichts sehnlicher wünsche, als immer besser und vollkommener zu werden. O, gib mir Geistesstärke, daß ich diesem Wunsche immer mehr nachlebe! Lehre mich, mich selbst immer besser kennen, immer sorgfältiger über mich wachen, damit der Abend eines jeden Tages mir das Zeugniß geben kann, daß ich die von Dir empfangenen Wohlthaten zur Aussaat für die Ewigkeit benütze, damit ich mich getrost niederlegen und neben der äußeren Ruhe meines Körpers auch der inneren Ruhe meines Geistes mich erfreuen kann.

Gott, in Deine Hand empfehle ich meinen Geist! Ich lege mich nieder zur Ruhe — bewahre mich vor allen bösen Zufällen! Sei mir und den Meinigen zum Schutze jederzeit, Du, der nicht schlummert und nicht schläft, Du, Hüter Israels! Amen.

Für den Sabbath-Abend.

Gelobt seist Du, Gott, unser Herr, der Du uns durch Deine Gebote heiligtest und uns den Sabbath gabst, den Tag,

den Du von Anbeginn schon ausgezeichnet und vor allen andern Tagen gesegnet hast. Heilig soll er uns sein, ruhen sollen wir an ihm von aller Arbeit und aller Werktagsgeschäfte uns entschlagen, damit wir so ungestört unseren Geist zum Himmlischen, zum Hauptzwecke unseres Daseins erheben und immer mehr zunehmen an Gotteserkenntniß und Frömmigkeit. Dazu hat Deine Güte uns das herrliche Geschenk des Sabbaths gegeben. — In dieser Weise will denn auch ich diesen hochheiligen Tag begehen. Ich will mich an ihm aller werktägigen Arbeiten streng enthalten, und — auf Deine Liebe und väterliche Fürsorge vertrauend — weder von etwaiger Aussicht auf Gewinn noch von kleinlicher Verzweiflung mich bewegen lassen, ihn zum Wochentage herabzuwürdigen. Einzig und allein sei er mir Deinem Lobe und Deiner Verehrung, dem Lesen in Deiner heiligen Lehre und dem Nachdenken über mich und meine Bestimmung gewidmet. Stärke mich, o Vater, zur Standhaftigkeit in diesem meinem heiligen Entschlusse! Segne mein aufrichtiges Streben nach der Tugend und Vollkommenheit; auf daß der Sabbathtag zur Seelenlust und zum Seelenheil mir werde, und ich auf die Freuden jenes großen Sabbathtages, jenes ewigen Lebens hoffen kann. Amen.

Für den Sabbath-Tag.

Dank Dir, gütiger Gott! für jeden Tag, an dem Du uns mit Deiner Güte erfreuest; Dank Dir insbesondere für die köstliche Gabe des Sabbathtages, welche Du aus Deinem himmlischen Schatze uns zugedacht zur Ruhe und Erholung unseres Körpers, zur Erhebung und Heiligung unseres Geistes. So stehe Du, gütiger Gott, selbst uns bei, daß wir diesen

Tag mit der Würde feiern, die ihm gebührt! Heilige Du uns durch Deine Gebote, labe uns mit Deiner Güte und erfreue uns mit Deinem Heile! Läutere unser Herz, daß wir Dich in Wahrheit verehren! Laß diesen Sabbathtag ein Tag des Segens für uns sein, daß dessen Feier einen heilsamen Einfluß auf alle Tage unseres Lebens übe; daß wir durch ihn zu Dir geleitet und erhoben werden und dereinst jener heiligen, ewigen Sabbathruhe uns erfreuen, die Du, Herr! Deinen Verehrern aufbewahret hast. Gelobt seist Du, Ewiger, der den Sabbath geheiligt hat! —

Am Neumondstage (ראש חדש).

Gnadenvoller! Den ersten Tag eines jeden Monats hast Du — wie unsere frommen Väter uns gelehrt — zur Sündenvergebung bestimmt, und ehemals, als noch auf Zion der heilige Tempel prangte, wurde an diesem Tag besondere Sühnopfer dargebracht, und der Reuemüthige fand Versöhnung. Der Tempel ist nicht mehr, und Opfer sind nicht mehr der Ausdruck unserer Reue und Hingebung. Aber unser Gebet ist uns geblieben, der Dienst des Herzens, der an allen Orten Dir wohlgefällig ist. So nehme denn das Opfer meines Herzens wohlgefällig auf, erhöre mein Flehen, womit ich mich am heutigen Tage reuevoll Dir nahe und vergib mir meine Sünden, die ich im verflossenen Monate gegen Dich und meine Nebenmenschen begangen habe. Ich erkenne es, Herr! wie sehr ich mich durch die Sünde erniedrigte, wie sehr ich von meiner Bestimmung gewichen bin; ich sehe es ein, daß früher oder später Vorwurf und Kummer mein ganzes Leben verbittern würden, und nehme mir es darum fest vor, mit dem

neuen Monats meinen Lebenswandel ganz so einzurichten, wie es Dein heiliges Gesetz befiehlt. O Vater, der Du an Reue und Buße Wohlgefallen hast, stehe mir bei, daß ich jederzeit über mein Herz wache, daß ich immer mehr nach der Wahrheit und Tugend strebe und alle meine Gedanken und Handlungen auf das eine Ziel gerichtet sind, heilig zu werden, wie Du heilig bist. — Wache auch in diesem Monate über mich und alle meine Angehörigen, daß er uns dahin gehe zur Freude und Wonne, zum Segen und Frieden. Amen.

An den ersten Peßach-Tagen.

Gütiger Vater und Erlöser! Mit dankerfülltem Herzen feiern wir heute das Fest der ungesäuerten Brode und stimmen Lob- und Preisgesang Deinem Namen an, für die erhabene Erlösung, womit Du Dein Volk begnadigt hast. Du löstest unseren Vätern die schweren Sklavenbanden, in welche Pharaoh sie gefesselt hatte und befreitest sie wunderbar aus dem Lande der Knechtschaft, in dem sie Jahrhunderte geschmachtet. Mit Freude und Jubel dankt Dir, Allgütiger, Dein Volk, für jene Befreiung, an die sich alles Große und Herrliche knüpft, das ihm zu Theil geworden. Ewig neu leben noch im Munde der Kindeskinder die Wunderthaten alle, durch die Du damals Deine Allmacht zeigtest; und dankbar genießen wir die ungesäuerten Brode, die an jenes wunderschnelle Freiwerden uns erinnern, sowie die bitteren Kräuter, auf die bittere Noth andeutend, die unsere Väter in Egypten leiden mußten, bis Du, Allerbarmer! ihnen Deine Hülfe sandest. — So preise auch meine Seele hoch, Dich, Ewiger, Hüter Israels, der

Du, wie in der Vorzeit, so immerdar Wunder wirkst für Deine Kinder. Die Erinnerung an die Befreiung vom egyptischen Sklavenjoche stärke mich im Vertrauen zu Dir, der Du groß und mächtig, huldreich und gnadenvoll bist, Du unser Gott und Vater! Amen.

An dem Sabbathe in den Halbfeiertagen.

(שַׁבַּת חוֹל הַמּוֹעֵד.)

Zweifach hast Du, unser Gott, diesen Tag geheiligt. Neben der Feier, die jeden Sabbath wiederkehrt, gedenken wir dankbar heute der Wunder- und Wohlthaten alle, die Du seit dem Auszuge unserer Väter aus Egypten bis auf den heutigen Tag uns angedeihen ließest. Du hast uns Deines Dienstes gewürdigt und bei allen Gefahren und Stürmen, die uns in allen Zeiten drohten, hat Dein allmächtiger Schutz uns nie verlassen. Dankbar feiern wir darum dieses Festes Woche, wie Du es uns in Deiner Lehre vorgeschrieben. O, möchte Dir unsere Festesfeier und unsere Sabbathruhe wohlgefallen, daß wir an ihnen des Lebens Friede und Glückseligkeit finden und alle Verheißungen Deiner Gnade an uns in Erfüllung gehen. Gib, daß wir durch die Ausübung Deiner Gebote immer besser und vollkommener und so Deiner Huld und Liebe immer würdiger werden. Gelobt seist Du, Ewiger, der Du uns durch die Feier des Festes und des Sabbaths geheiligt! Amen.

An den zwei letzten Pesach-Tagen.

Zu allen Zeiten verkünden Deine Allmacht wir, o Ewiger! durch alle Geschlechter preisen wir Deine Größe. Du nahmst unseren Vätern das harte Sklavenjoch Egyptens ab und verschafftest ihnen ihr Menschenrecht, die Freiheit wieder. — Aber kaum sahen sie sich der drückenden Gewalt enthoben, kaum hatten sie sich aus dem Barbarenland entfernt, als Phareoh — bereuend, sie entlassen zu haben — ihnen nachsetzte bis an's Meer. Schon vertheilte er im Geiste die Beute der Verfolgten und racheschnaubend rief er: „Wir zücken das Schwert und vernichten sie!" — Aber Du, allgerechter Helfer, hattest es anders beschlossen. Du wolltest des Tyrannen Untergang. Darum winktest Du dem Meere, es versiechte, und trockenen Fußes zog Dein Volk hindurch. Die Feinde eilten ihnen nach. Aber wieder ein Wink von Dir, und es häuften sich wieder Wogen auf Wogen und begruben die Dränger im Meere, so daß auch nicht Einer von ihnen entkam. Da sah Israel Deine große Macht und sie glaubten an Dich, den Herrn, und an Mosche, Deinen Diener. Ein Danklied sangen sie Dir, und Jeder sprach: „Mein Sieg, mein Saitenspiel ist „Jah, er ward mir zur Hülfe! Dieser ist mein Gott, ihn will „ich rühmen, meines Vaters Gott, ihn will ich erheben! „Er ist der Herr des Siegs, Ewiger sein Name, und immer „und ewig wird er regieren!" — Ja, Du wirst in Ewigkeit regieren, Du, unser Erlöser, Du, Heiliger Israels. Darum benedeie Dir meine Seele immerdar! Amen.

Am Wochenfeste (שבועות).

Es danke Dir meine Seele, Ewiger! all mein Inneres lobe Deinen heiligen Namen an diesem hochwichtigen Tage, an dem Du einstens unseren Vätern das theuerste Kleinod, Dein heiliges Gesetz gegeben. — Das gesammte Weltall bebte und alle Geschöpfe zittern, als Du, Herr, über dem Berge Sinai erschienst und Dich in Deiner vollen Majestät Deinem Volke offenbartest, und unter Donner und Blitz und Feuerflammen Deine heiligen Zehn Worte ihm verkündetest. Zum Gedächtnisse dieser Erscheinung, der größten aller Erscheinungen, hast Du, Ewiger, das heutige Fest der Gesetzgebung eingesetzt, auf daß wir nie des Bundes vergessen, den Du damals mit unseren Vätern für sie und ihre spätesten Nachkommen gestiftet hast, auf daß wir in unerschütterlicher Treue festhalten an den Lehren der Wahrheit und der Tugend, die Du uns verkündet. — So laß mich denn nie vergessen, dieses Deines Himmelsgeschenkes würdig zu sein! Unterstütze mich, treu zu bleiben Deinen beseligenden Geboten! Laß mich täglich mehr in den Geist Deiner Worte eindringen, täglich mehr die Wahrheit Deiner Gesetze erkennen, damit nichts mich vom Glauben meiner Väter abwendig machen kann, sondern all mein Denken und Handeln, mein Thun und Lassen nach der Vorschrift Deiner Gebote geschehe. Amen.

Am Schlusse des Jahres (עֶרֶב רֹאשׁ הַשָּׁנָה).

Deiner Gnade will ich gedenken, Lob Dir singen, für alles Gute, das Du mir erwiesen nach Deiner unendlichen Barmherzigkeit! — Am Schlusse des Jahres stehe ich heute und mein Herz überströmt vom Danke gegen Dich, mein

Schöpfer und Wohlthäter, für Deine fürsorgende Leitung, womit Du mich geleitet hast dies ganze Jahr hindurch. Leben, Gesundheit und Unterhalt erhielt mir Deine Vatergüte, und Deine Aufsicht bewahrte mich vor so vielen bekannten und unbekannten Gefahren. O gütiger Vater, nimm ihn auf meinen schwachen Dank, für die tausendfachen Wohlthaten, die Du mir bis jetzt erzeigt; möge Dir wohlgefallen dies mein Herzensopfer, gleich den Ganz- und Rauchopfern, die einstens auf Deinem Altare brannten! — Entziehe Du mir auch ferner nicht Deine väterlich Obhut; laß auch mit dem neuen Jahre Deinen Schutz und Deine Liebe über mich walten, Du, der Du groß an Gnade bist, ohne daß man es verdient! Leite mein Herz dahin, daß es sich auch werth mache dieser Deiner großen Huld und Liebe; unterstütze mich in meinem Streben, Dir zu gefallen, auf daß Dein Wille der meinige werde und ich stets wandele in Deinen Wegen. Herr, schaue herab aus Deiner heiligen Wohnung und gewähre Deinen Segen mir und allen meinen Angehörigen, dem gesammten Israel und allen Menschenkindern! Amen.

Am Tage vor dem Neujahrs- (ערב ר"ה) und Versöhnungstage (ערב י"כ), auf dem Friedhofe zu beten [1]).

Herr aller Welten! König aller Könige! Mit zerknirschtem und gebeugtem Gemüthe betrete ich den heiligen Ort dieser frommen Entschlafenen und rufe Dich, Allgnädiger, um Vergebung meiner Sünden an. Ich erkenne meine Unwürdigkeit

---

[1]) Nach herkömmlichem Gebrauche besucht man an diesen Tagen den Friedhof, den Ort, wo Alles an die Vergänglichkeit des Irdischen und an die einstige Vergeltung mahnet und das Gemüth zur Andacht stimmt. Wir haben darum das dahin bezügliche Gebet aus unserem תוצאות חיים hier miteinzurücken für zweckmäßig gehalten.

und meine Schuld schwebt mir stets vor Augen. Ja, wolltest Du nach strengem Recht mit mir verfahren — ich könnte nicht vor Dir bestehen, in's Nichts hinab müßte ich versinken. Aber grenzenlos ist Dein Erbarmen! Du gabst uns die trostreiche Verheißung: daß Du nicht willst des Sünders Tod, sondern daß er umkehre von seinem bösen Wege und lebe; daß du gerne die Hand reichst denen, die zu Dir sich wenden, und Deine Rechte ausgestreckt ist, die Bußfertigen anzunehmen. Darum flehe ich reuevoll zu Dir: Vergib mir meine Sünden, verzeihe meine Verbrechen! Flöße meinem Herzen Liebe und Ehrfurcht vor Dir ein und leite es zu Deinen Geboten! Gib mir stets Kraft, dieselben treulich auszuüben, auf daß ich einst an meinem Sterbetage rein von Sünden sei. O Gott! laß die guten Werke der Gerechten, die hier bis zur Auferstehung ruhen, meine Fürsprache sein vor Deinem Throne, auf daß ich nicht unerhört von diesem heiligen Orte gehe und nicht zu Schanden werde. —

Am Tage vor Neujahr.

Schreibe mich ein an dem morgen kommenden Neujahrstage zu einem glücklichen langen Leben! Verleihe uns

Am Tage vor dem Versöhnungstage.

Besiegele mein Urtheil an dem morgen kommenden Versöhnungstage zu einem glücklichen langen Leben! Bestätige uns

Allen ein gesegnetes Jahr, ein Jahr des Glückes und des Friedens, der Gnade nnd der Hülfe, daß wir alle behütet sind vor Armuth und Drangsal, vor Leiden und bösen Zufällen. Laß Deine Huld stets über uns walten, und alle unsere Unternehmungen zum Guten gelingen! Amen.

Am Neujahrsfeste.

Herr und Weltenrichter! Einen hehren, heiligen Tag feiern wir heute, den Tag, an welchem das Andenken aller Sterblichen vor Dich kommt und Du einem Jeden nach dem Verdienste seiner Thaten zumissest und sein Schicksal für das kommende Jahr bestimmest; den Tag, an welchem Du Gericht hältst über den einzelnen Menschen, wie über ganze Völker, und über sie verhängst, ob zum Glücke oder Unglücke, ob zum Frieden oder Kummer, ob zum Leben oder Tode. Wessen Herz sollte da nicht vor der Zukunft bangen? wer sollte sich da nicht zum Nachdenken, zur Prüfung seines Wandels aufgefordert fühlen? wer sollte Dich nicht in tiefster Demuth um Gnade und Barmherzigkeit anflehen? da Niemand lebt auf Erden, der, wolltest Du nach strengem Recht mit ihm verfahren, vor Dir bestehen könnte. — O Allerbarmer! Ich sehe es ein und bekenne es vor Dir, oft habe ich gegen Dein Gebot gefehlt, habe oft den Tugendweg verlassen und dem Laster gedient. Doch zu Deiner Gnade hoffe ich — denn nicht an der Strafe des Sünders hast Du Wohlgefallen, sondern an seiner Besserung — und mit reuigem Gemüthe flehe ich darum Dich an: Verwirf mich nicht vor Deinem Angesichte und lasse mich nicht büßen nach der Größe meiner Schuld! Lasse mich leben, Herr! damit ich die kommenden Tage der aufrichtigen Bekehrung und Besserung meines bisherigen Wandels widme. O, hilf Du mir, Huldvoller, in dem angetretenen Jahre zu dieser Besserung und Veredlung meines Herzens! Leite Du und stärke mich, daß kein sündhafter Gedanke in mir aufkomme, daß ich immer mehr das Gute will und übe

und dem seligen Ziele meiner ewigen Bestimmung immer näher zu kommen mich bestrebe. Sei Du, mein Gott, stets mein und der Meinigen Trost und Hülfe! Deiner Gnade empfehlen wir uns Alle; verzeichne uns zum Leben, zum Segen und zum Frieden! Amen.

Vor dem Schopharblasen.

Allmächtiger! Allgerechter! Der Du uns in Deiner Lehre vorgeschrieben hast, heute auf dem Schophar zu blasen, damit dessen schmetternder und ergreifender Ton uns erwecke aus unserem Sinnentaumel und uns erinnere an die Wichtigkeit des heutigen Tages, an welchem Du alle unsere Handlungen prüfest und darnach unser Loos bestimmst — ich zittere und zage, wenn ich diese mahnenden Töne höre, mein Inneres erbebt und mein Herz erschrickt; denn ach, wie kann ich vor Dir bestehen an diesem großen Gerichtstage? womit kann ich mich rechtfertigen vor Deinem Throne? Meine Vergehungen sind mir über den Kopf gewachsen und meine Schuld ist groß bis an den Himmel. Aber zu Dir, Gott, hoffe ich; Du bist erbarmend Allen, die Dich mit aufrichtiger Reue anrufen. O, verzeihe meine Sünden! Verfahre mild mit mir, richte mein kummererfülltes Herz wieder auf und laß mich nicht unerhört von Dir gehen! Wohl weiß ich, daß ich keine Verdienste habe; o, so laß die Verdienste meiner Vorfahren mir beistehen und erhöre mich! Vernichte jedes schlimme Urtheil, das über mich verhängt ist, und schreibe mich ein in das Buch des Lebens und des Glückes, der Erlösung und des Heils! Amen.

Am Versöhnungsabende (כָּל נִדְרֵי).

Barmherziger Gott! Tiefgebeugt und mit dem drückenden Bewußtsein, daß ich gesündigt und oftmals gefehlt habe gegen meine Pflicht und gegen Dein ewiges Gebot, nahe ich mich Dir an diesem der feierlichsten Andacht geweihten Abende, und flehe Dich um Gnade an. Ach, ich erkenne es wohl, wolltest Du in strenges Gericht mit mir gehen, ich würde vergehen ob meiner Schuld. — Doch Du willst nicht, daß der Frevler umkomme, sondern daß er ablasse von seinem Sündenwege und zurückkehre zu Dir, und liebevoll reichst Du ihm die Hand und erbarmst Dich seiner wieder. O, so blicke gnädig auch auf mich herab! Du siehst es, Herr, wie das zerknirschte Gefühl meiner Vergehungen mich antreibt, in tiefster Reue und Demüthigung Vergebung bei Dir zu suchen; Du schauest meine innersten Gedanken, wie es mein fester Vorsatz ist, von nun an ganz Deinem Gebote treu zu leben. So lasse denn mein Gebet vor Dich kommen und verstoß' mich nicht! Lösche aus und tilge meine Sünden und nimm mich gnadenreich wieder auf! „Der Ewige ist allmächtig und barmherzig, gnädig und langmüthig und voller Huld und Treue" — dies Gnadenwort, womit Du Deine unendliche Liebe Deinem Diener Mosche zusichertest, es ist mein Trost, und voll kindlicher Zuversicht bete ich zu Dir: Schaff' in mir ein reines Herz, daß der Reiz der Sünde keine Gewalt mehr über mich habe, stärke meinen Willen, daß er fest dem Guten und Edlen anhänge, erleuchte meinen Sinn mit dem Lichte der Wahrheit, auf daß ich Dir in Wahrheit diene. Gelobt seist Du, Barmherziger! auf Deine Gnade vertraue ich. Amen.

Am Versöhnungstage.

Dank Dir, Gott, unser Vater, daß uns ein Tag der Sühne ward eingesetzt, ein Tag der Buße und Reue, an welchem wir uns selber prüfen, uns erkennen und uns als schuldig Dir bekennen. Du wolltest nicht, daß wir, durch der Sünden Last erdrückt, verderben, sondern daß wir an unsere Pflicht gemahnt, uns immer wieder reuigen Herzens zu Dir wenden; wie Du durch Deinen Propheten verkünden ließest: „Sucht den Ewigen, weil er sich finden läßt, ruft ihn an, „weil er nahe ist; der Frevler verlasse seinen Weg, der Uebel„thäter seine sündhaften Gedanken und kehre zum Ewigen zu„rück, er wird sich seiner wieder erbarmen, zu unserem Gotte, „der viel verzeiht!" —

So stehe mir denn bei, mein Gott und Herr, daß ich mit ganzem Herzen mich zu Dir bekehre, mit aufrichtigem Sinne meinen sündhaften Wandel bereue und gute Vorsätze für die Zukunft fasse und ihnen treu bleibe. — Du aber heilige mich von neuem an diesem Tage der Buße und Versöhnung; vergib mir in Deiner großen Gnade meine Sünden und Vergehungen, wie Du es in Deiner Lehre uns verheißen in dem Worte: „An diesem Tage werdet ihr versöhnt, um euch zu reinigen; von allen eueren Sünden sollt ihr rein werden vor dem Ewigen." — Segne meine Vorsätze im Guten und sei allezeit Schutz und Schirm mir und allen Meinigen! Amen.

Am Versöhnungstage zur Neïla-Zeit.

Der Tag hat sich gewendet und die Sonne neigt sich ihrem Untergange zu; o, öffne uns die Pforte Deiner Huld! — Himmlischer Vater! Dahin ist bald der schönste, der heiligste

Tag im Jahre, dahin die kostbaren Stunden, in denen ich meine Sünden vor Dir bekennet und herzlich bereuet habe. O, möge Deine Vatergüte meine heiligen Entschlüsse wohlgefällig aufgenommen, meine frommen Wünsche erhört und meine Schuld mir vergeben haben. Mögest Du nun besiegeln, Herr, mein Urtheil zum Guten im Buche des Lebens, und an mir und ganz Israel in Erfüllung gehen lassen die Verheißung Deines Propheten: „Gleich der Morgenröthe wird dein Licht hervorbrechen und dein Seelenheil wird schnell gedeihen, denn deine Tugend wallt vor dir her und die Herrlichkeit Gottes nimmt dich auf." — Amen.

Am Laubhüttenfeste (סֻכּוֹת).

Allgütiger Vater! Mit freudigem Danke feiern wir dieses Festes Woche, uns erinnernd an alle Wohlthaten die Du unseren Vorfahren angedeihen ließest. Du hast sie aus der egyptischen Knechtschaft erlöst und liebevoll bei ihrer vierzigjährigen Wanderung in der Wüste sie geleitet. Aus dem Felsen ließest Du ihnen Wasser fließen, vom Himmel herab ihre Speise regnen. In einfachen schwachgebauten Hütten wohnten sie, aber Du umgabst sie schützend überall und bewachtest sie wie des Auges Apfel. — Und diesen Schutz hast Du durch alle Zeiten Deinem Volke nicht entzogen, hast bis auf den heutigen Tag in Deiner Vaterliebe uns erhalten. Wie unseren Vätern in der Wüste, so sandtest Du auch uns bei allen Gefahren, die uns je bedrohten, Trost und Hülfe; wie Du sie wunderbar mit Himmelsbrod gesättigt, so öffnest Du noch jetzt Deine Hand und sorgst wunderbar und liebreich für alle unsere Bedürfnisse. Diese Ueberzeugung von

Deiner überschwenglichen Güte, welche uns das heutige Fest zuführt, stärke mich darum in meinem Glauben und Vertrauen zu Dir, damit ich in allen Lagen meines Lebens bedenke, wie Du, Allgütiger, es bist, der mich leibet und bewacht, erhält und ernährt, damit ich im Glücke nicht übermüthig und im Unglücke nicht kleinmüthig werde. —

Du aber, gütiger Gott, laß dieses Festes Feier Freude und Wonne, Glück und Segen, mir und den Meinigen bringen. Breite die Hütte Deines Friedens über uns aus und nehme uns in Deinen Schutz alle Tage unseres Lebens! Amen.

Am Schlußfeste (שְׁמִינִי עֲצֶרֶת).

Unser Gott und Gott unserer Väter! Am heutigen Tage, den Du dem Hüttenfeste noch als Schlußfest hinzugegeben hast, sollen wir uns nochmals innig freuen mit allen Segnungen, womit Du uns bisher geistig und leiblich wohlgethan; wir sollen diesen Tag ganz dem innigsten Danke und der freudigsten Herzenserhebung zu Dir, gütiger Vater, widmen. So nahe denn auch ich Deinem Throne, und danke Dir für alles Gute, womit Deine Allgüte mich erquickte, und besonders für die heiligen Freuden und Segnungen, welche mir die verflossenen Festtage brachten. Nie sollen sie aus meinem Herzen weichen diese frommen Gefühle, von denen mein Herz jetzt erfüllt ist gegen Dich, damit ich immer fester wurzele in meiner Liebe und Anhänglichkeit zu Dir, und so mein ganzes Leben ein Dir geweihter Festtag sei. Nie, mein Gott, will ich Deiner Wohlthaten vergessen, und wie, als der heilige Tempel noch stand, an diesem Feste

unsere Väter ihren Dank dadurch Dir bezeigten, daß sie ein Jeder nach seinen Kräften mit einem Opfer vor dir erschienen: so sei das Opfer, das ich Dir weihe, ein mildthätiges Herz gegen meine Nebenmenschen. Nach dem Maaße des Segens, womit Du mich erfreutest, will ich auch die Armen und Nothleidenden erfreuen und, so viel in meinen Kräften steht, ihr Loos zu lindern suchen. Verleihe Du mir hiezu Deinen Beistand, Ewiger! damit ich diesem guten Vorsatze immer treu bleibe und all mein Thun und Lassen Dir wohlgefällig sei. Amen.

Am Feste der Gesetzfreude (שִׂמְחַת תּוֹרָה).

Unser Gott und Vater! Hohe Freude und Fröhlichkeit erfüllet unsere Seele heute. Wir haben wiederum den festlichen Tag erreicht, an dem wir die jährliche Vorlesung Deines heiligen Gesetzes beendigen, jenes kostbaren Geschenkes, das Du durch Deinen Diener Mosche als ewiges Erbtheil uns verliehen, jener erhabenen Lehre, welche die Seele labt und das Herz erfreut. Nimm meinen Dank für dieses höchste Gut, für diesen Quell der Weisheit und der Tugend wohlgefällig auf! Laß mich, Allgütiger, in meinem Entschlusse, diesem Deinem heiligen Worte treu zu bleiben, immer fester werden! Laß mich dessen Wahrheit immer mehr erkennen und dessen heiligen Inhalt immer mehr begreifen, und verleihe mir Kraft, meinen Lebenswandel darnach einzurichten! Dann wird meine Freude am Gesetze eine heilige, dauernde Freude sein. Ich werde dann immer mehr zunehmen an Tugend und Erkenntniß, und werde theilhaftig der ewigen, himmlischen Freuden, die Du aufbewahrest denen, die Dich in Wahrheit verehren. Amen.

Gebet nach dem Priestersegen. (דוכן).

Mächtiger in der Höhe! Ich habe ihn vernommen den Segen, den Du Deinen Priestern, den Nachkommen Aharon's, über uns auszusprechen befohlen hast. O, schaue herab von Deiner heiligen Wohnung und segne mich mit Deiner Huld und Gnade! Sei mir stets nahe, wo und wann ich zu Dir flehe und erhöre mich! Gib mir und allen Meinigen unseren Unterhalt in Ueberfluß und in Ehren, und laß uns Liebe, Gunst und Wohlwollen finden in den Augen Aller, die uns sehen! Verleihe langes Leben mir und den Meinigen in Glück und Heil und Frieden! Amen.

Bei'm Ausheben der Thora an den drei Festen. (שָׁלֹשׁ רְגָלִים.)

Herr des Weltalls, der Du allmächtig, barmherzig und gnädig, langmüthig und voller Huld und Treue bist; der Du Deine Huld tausenden Geschlechtern aufbewahrest, Missethat, Frevel und Sünde vergibst — erfülle meine Herzenswünsche zum Guten, willfahre mir, und gewähre mir und meinen Angehörigen, was wir zum Leben bedürfen! Stehe uns bei und bewahre uns vor lasterhaften Begierden, damit wir Deinen Willen mit ganzem, ungetheiltem Herzen vollziehen. Laß Deine Herrlichkeit über uns walten, den Geist der Weisheit und Erkenntniß auf uns ruhen, auf daß an uns in Erfüllung gehe jene Verheißung: „Und es wird auf ihm ruhen der Geist Gottes, der Geist der Weisheit und der Einsicht, der Geist des Rathes und der Stärke, der Geist der Erkenntniß und Gottesfurcht.“ So möge es auch Dein Wille sein, uns Fähigkeit zu verleihen, daß wir der guten

Thaten viele vollbringen, in den Wegen der Tugend wandeln und durch die Beobachtung Deiner Gebote heilig werden, auf daß wir hienieden zu einem glücklichen langen Leben gelangen und dort des ewigen Lebens gewiß und sicher sind. Amen.

Bei'm Ausheben der Thora am Neujahrs- und Versöhnungsfeste.

Herr des Weltalls, der Du allmächtig, barmherzig und gnädig, langmüthig und voller Huld und Treue bist; der Du Deine Huld tausenden Geschlechtern aufbewahrest, Missethat, Frevel und Sünde vergibst — erfülle meine Herzenswünsche zum Guten, willfahre mir und erhöre mein Gebet! Vergib in Deiner Gnade und Barmherzigkeit mein und meiner Hausgenossen Sünden und Vergehungen, daß frei von aller Schuld unser heute zum Guten von Dir gedacht werde. Bedenke uns mit Deinem Heil und Deinem Erbarmen und gewähre uns, was wir zum Leben bedürfen! Laß langes und glückliches Leben, Friede, Nahrung und Unterhalt uns beschieden sein, damit wir stets mit heiterem Sinne Deine Gebote beobachten. Gib uns aber auch Verstand und Einsicht, damit wir in die Tiefen Deines Gesetzes eindringen und seinen innersten Sinn erkennen! Sende uns Heilung für alle unsere Schmerzen und segne das Werk unserer Hände! Laß mein Gebet zu Dir aufsteigen, Ewiger, zur Gnadenzeit! Gott, in Deiner großen Güte erhöre mich mit Deiner treuen Hülfe! Amen.

Am Freudenfeste der Tempelweihe (חֲנֻכָּה).

Dein, o Gott, ist die Größe, die Allgewalt, die Herrlichkeit und der Sieg; in Deiner Hand liegt's, den Schwachen

mächtig und den Mächtigen schwach zu machen! Das hast Du uns in der Begebenheit des heutigen Festes kund gethan. Antiochus, der syrische Herrscher — ein zweiter Pharaoh — sprach übermüthig: „Wer ist Gott, daß ich auf ihn achten sollte?" und unter den härtesten Grausamkeiten suchte er unsere Väter zum Abfalle von Deinem Gesetze zu zwingen. Schon hatte er Deinen heiligen Tempel durch Götzenopfer entweihet, schon sah er Viele seiner Uebermacht weichen und treulos ihren Gott und Glauben verlassen, schon glaubte er Deine heilige Religion ganz vertilgt zu haben. Aber Du, Allmächtiger, brachest seinen Uebermuth. Du erwecktest die Heldenfamilie der Chasmonäer, daß sie muthig für ihren Glauben kämpften; Du warst ihnen zur Hülfe, führtest ihren Streit, Du übergabst die frechen Götzendiener in die Hände Deiner Verehrer. Die Feinde wurden vertilgt und Dein Name, Ewiger, auf's neue verherrlicht und gepriesen. Dein entweihter Tempel wurde wieder geheiligt, der Opferdienst unter Sang und Jubel und festlicher Beleuchtung wieder hergestellt und das Freudenfest der Tempelweihe festgesetzt für alle kommenden Zeiten, und noch heute lobsingen wir Deinen wunderbaren Beistand. — So verleihe Du auch uns Kraft und Geistesstärke, wie Du jenen Frommen der Vorzeit verliehen hast, daß wir standhaft treu Dir bleiben sowohl im Glücke, als im Unglücke, und weder Versprechungen noch Drohungen uns verleiten, Dich und Deine fromme Verehrung aufzugeben. Sei Du stets unser Schutz und Schirm! Amen.

Am Purimfeste.

Unser Schöpfer und Erlöser! Dir danken wir und loben Deine Vatergüte. Du rettetest Dein Volk vom Untergange

der ihm in der Vorzeit Tagen im Perserlande drohte. Mordochai, seinem Glauben treu, hatte sich geweigert, dem Haman, dem stolzen Minister des Landes, göttliche Ehre zu bezeigen, und dieser, erboßt darüber, den grausamen Plan gefaßt, alle Jehudim an einem Tage, am dreizehnten des zwölften Monats auszurotten. — Aber Du, Allvater, wachest über den unschuldig Verfolgten; Du hilfst allezeit denen, die auf Dich vertrauen. Du schaffst das Heilmittel schon, ehe Du noch die Wunde schlägst, — und eben dieser Mordochai, der Dein Volk in Gefahr gebracht, mußte auch das Mittel sein zu dessen Rettung aus der Noth. Er hatte sich früher dem Könige verdient gemacht, seine Pflegetochter Esther war zur Königin erhoben worden, alle diese Umstände hatte Deine Allgüte deßhalb schon vorbereitet, um dadurch den Mordplan Hamans wieder zu vereiteln und Deines Volkes Traurigkeit in Freude zu verwandeln. Laß darum, Herr, das heutige Freudenfest, welches wir zur Erinnerung an jene wunderbare Rettung feiern, mich im Vertrauen zu Dir bestärken! Laß mich stets bedenken, daß Du dem Nothleidenden nahe bist und ihm hilfst, so er zu Dir ruft! Laß mich aber auch nie vergessen, Dein heiliges Gebot zu befolgen! Der fromme Mordochai sei ein Vorbild mir, daß ich niemals einen Menschen höher achte oder mehr fürchte, als Dich, unser Gott und Herr! denn Dir, nur Dir allein gebührt die Ehrfurcht und Verehrung. Amen.

Am Trauertage des neunten Ab (תִּשְׁעָה בְּאָב).

Allgerechter Gott! Wehmuth und tiefe Trauer erfüllt mein Herz am heutigen Jammertage, der uns so lebhaft erinnert an das, was wir waren und was aus uns geworden ist.

Du, o Gott, hattest uns aus allen Völkern auserkoren, ein Dir geheiligtes Volk zu sein; Du hattest uns ein Land gegeben, das voll Milch und Honig floß und in dessen Mitte Dein heiliger Tempel prangte zur Verherrlichung Deines Namens, zur Wonne und Zierde uns, und allen Nationen zur Bewunderung. Macht und Ansehen gabst Du uns, Glück und Segen all unseren Werken. — Alles dies ist uns entschwunden! Der Tempel ist zerstört, die heilige Stadt verheert, der israelitische Staat aufgelöst und Dein Volk zerstreut in alle Enden der Erde. Gefallen ist die Krone unseres Hauptes, ach — unsere Sünden und der Väter Frevel haben diese Strafe über uns gebracht. Denn Israel hatte Deinen Bund verlassen, Deine Gebote verachtet und die Ermahnungen Deiner Propheten verspottet; darum zogest Du Deine Hand ab von ihnen und führtest jenen unheilvollen Tag herbei, an dem Du erfülleſt Deine Drohung: „Zion soll wie ein Feld gepflügt, Jerusalem ein Steinhaufe werden und der Tempelberg ein Waldhügel!" —

Allgnädiger! der Leiden viele trafen uns ob unserer Missethaten, doch hast Du uns nicht ganz verstoßen; vielmehr gabst Du uns den Trost, daß Du uns wieder Deine Liebe schenkst, und uns wiedergibst, was wir verloren, einstens, nachdem wir geläutert sind von unseren Sünden. So lehre uns doch einsehen, Herr, unsere Schuld, und gib uns Kraft, uns zu bessern; laß das Laster verstummen, die böse Begierde schwinden aus unserem Herzen, auf daß wir wandeln nach Deinem heiligen Willen, auf daß Du Deine Herrlichkeit wieder thronen läßt in unserer Mitte und die Trauertage in Freudentage uns verwandelst. Führ' uns zurück, o Herr, zu Dir, laß uns zurückkehren; gib die vorigen glücklichen Zeiten uns wieder! Amen.